国家社科基金重大项目（21ZDA053）最终成果

二元经济转型视角下中国新型城乡关系的构建研究

张桂文　孙亚南　等著

中国财经出版传媒集团

经济科学出版社
Economic Science Press

·北京·

图书在版编目（CIP）数据

二元经济转型视角下中国新型城乡关系的构建研究 / 张桂文等著. -- 北京：经济科学出版社，2025.5.
ISBN 978 - 7 - 5218 - 7001 - 5

Ⅰ. F299.21

中国国家版本馆 CIP 数据核字第 20257PX165 号

责任编辑：宋　涛
责任校对：刘　娅　孙　晨
责任印制：范　艳

二元经济转型视角下中国新型城乡关系的构建研究
ERYUAN JINGJI ZHUANXING SHIJIAOXIA ZHONGGUO XINXING
CHENGXIANG GUANXI DE GOUJIAN YANJIU

张桂文　孙亚南　等著

经济科学出版社出版、发行　新华书店经销
社址：北京市海淀区阜成路甲 28 号　邮编：100142
总编部电话：010 - 88191217　发行部电话：010 - 88191522
网址：www.esp.com.cn
电子邮箱：esp@esp.com.cn
天猫网店：经济科学出版社旗舰店
网址：http://jjkxcbs.tmall.com
北京季蜂印刷有限公司印装
710×1000　16 开　52.5 印张　859000 字
2025 年 5 月第 1 版　2025 年 5 月第 1 次印刷
ISBN 978 - 7 - 5218 - 7001 - 5　定价：198.00 元
（图书出现印装问题，本社负责调换。电话：010 - 88191545）
（版权所有　侵权必究　打击盗版　举报热线：010 - 88191661
QQ：2242791300　营销中心电话：010 - 88191537
电子邮箱：dbts@esp.com.cn）

前　言

城乡关系涉及城市与农村居民两大群体、农业与非农业两大产业，以及城市与乡村两大地理空间。一个国家的现代化过程也是其城乡关系的演变和重构过程。不论是发达国家和地区完成二元经济转型的成功经验，还是落入中等收入陷阱国家的失败教训，都充分说明，处理好城乡关系不仅关系到城乡居民的福祉，也决定着现代化进程的成败。正如马克思所说，"城乡关系一改变，整个社会也跟着改变"①。

中国 1978 年底开始的大规模制度变迁，逐步破除了城乡二元经济体制，促进了农业劳动力的非农转移，在推进新一轮工业化的同时，也启动了二元经济转型进程。经过改革开放四十余年的转型发展，中国已从一个农业经济大国转变为工业经济大国。按照现价和全年平均汇率计算，已临近世界银行界定的高收入国家门槛水平。我国初步建立了覆盖城乡的基本公共服务供给体系，近一亿农村贫困人口实现脱贫，历史性地解决了绝对贫困问题，实现了"小康"这个中华民族的千年梦想②。

但是，受传统经济体制与渐进式体制转轨中城乡二元体制变革滞后的影响，中国已从总体上进入了工业化后期，但二元经济转型仍处于后刘易斯转折阶段。农业就业结构转换远滞后于产值结构转换，户籍人口城镇化远低于常住人口城镇化，2024 年农业劳动生产率只有非农产业的 25.58%，城镇居民的平均可支配收入是农村居民的 2.34 倍③。工业与农业、城市与农村之间

---

① 《马克思恩格斯选集》（第 1 卷），人民出版社 2012 年版，第 237 页。
② 习近平：《高举中国特色社会主义伟大旗帜　为全面建成现代化国家而团结奋斗——在中国共产党第二十次全国代表大会上的报告》，中国政府网，2022 年 10 月 16 日。
③ 数据来源于国家统计局官方数据库，农业劳动生产率 = 第一产业国内生产总值/第一产业就业人数，非农业劳动生产率 = （第二产业国内生产总值 + 第三产业国内生产总值）/（第二产业就业人数 + 第三产业就业人数）。

的巨大二元反差表明"三农"问题仍然是我国全面建成社会主义现代化强国的最大短板。目前我国乡村常住人口还有4.65亿[①]。按照当前城镇化发展速度，到2035基本实现现代化时，仍有约3.2亿人口居住在乡村。如果不能构建新型城乡关系，补齐"三农"短板，数亿人口不能同步实现现代化，我国全面建成社会主义现代化强国，实现共同富裕第二个百年奋斗目标就无法实现。从另一个角度分析，二元经济反差的明显存在，也意味着推进二元经济转型，促进城乡融合发展蕴含着巨大的经济增长潜力。无论是从实现现代化目标还是从促进经济持续健康发展的角度看，都需要抓住构建新型城乡关系，促进城乡融合发展这一关键环节。

问题在于，尽管中国二元经济转型滞后于工业化进程，但经过改革开放四十多年的转型增长，中国也进入了后刘易斯转折阶段。这表明原有推进二元经济转型的发展方式和一些制度安排已不再适用。基于体制转轨的制度条件、人口大国的资源禀赋和新一轮科技革命和产业变革，以及国际力量对比深刻调整等特殊国情与时代背景，无论是发达国家还是亚洲四小龙等新兴经济体的二元经济转型实践，都不能为中国二元经济转型提供可以遵循的现成经验；无论是古典、新古典、凯恩斯主义二元经济模型，还是新近具有理论综合特点的二元经济理论，都不能为中国构建新型城乡关系促进城乡融合发展提供现成的理论指导，更难以为推动这一发展进程提供既具有宏观指导意义又具有实际可操作性的对策建议。

以二元经济转型为视角研究中国新型城乡关系的构建，可以在突出二元经济转型的中国本土特点，修正与完善二元经济理论的基础上，聚焦解决中国后刘易斯转折阶段构建新型城乡关系面临的症结性难题，统筹谋划、总体设计构建新型城乡关系的制度框架和激励机制，并对症结性难题进行深入系统的专题研究。这不仅有助于揭示二元经济转型中城乡关系的演变规律，推进发展经济学的理论创新，而且对于我国补齐"三农"短板，促进城乡融合发展，全面建成社会主义现代化强国具有重要的现实意义。

本项目的研究包括三篇共12章的内容。

第一篇是理论基础。这部分在对国内外相关文献进行系统梳理与客观评价，修正与完善刘易斯—费景汉—拉尼斯二元经济模型的基础上，借鉴先行

[①] 数据来源于国家统计局官方数据库。

工业化国家、后起工业化国家和地区、拉美国家二元经济转型过程中协调城乡关系的经验教训，研究二元经济转型中城乡关系演变的规律及其实现机制，为中国新型城乡关系的构建提供理论基础。

第二篇是制度框架与激励机制。这部分探讨中国二元经济转型的特殊性和阶段性，并结合中国二元经济转型的本土化特点，剖析中国后刘易斯转折阶段构建新型城乡关系所面临的症结性难题，在上述研究的基础上，论述构建新型城乡关系的制度框架与激励机制。

第三篇是专题研究。这部分聚焦解决后刘易斯转折阶段构建新型城乡关系面临的症结性难题，对如何通过推进科技创新、促进农民工市民化、强化土地制度改革关联效应、推进城乡基本公共服务均等化、优化城乡空间结构进行专题研究。

本项目以马克思主义政治经济学为指导，综合运用马克思主义政治经济学、发展经济学、新制度经济学、空间经济学等理论，以二元经济转型为视角研究中国新型城乡关系的构建，通过对上述内容深入、系统的研究，提出了以下理论观点。

第一，从马克思主义政治经济学的视角审视发展经济学中最具影响力的古典二元经济理论，结合历史考察与现实分析，发现刘易斯—费景汉—拉尼斯模型存在重大缺陷。（1）刘易斯—费景汉—拉尼斯模型侧重于生产技术二元性，疏忽了制度因素对二元经济转型的影响。这一模型对传统农业和现代工业部门划分的主要标准是基于生产函数差异的劳动生产率不同，对组织制度二元性的分析只是局限于城乡间目标函数和工资决定机制的不同。刘易斯—费景汉—拉尼斯模型没有分析生产技术与组织制度二元性的相互关系，没有涉及生产技术和组织制度双重转型过程中的利益矛盾与冲突，没有探讨制度变迁对二元经济转型的深刻影响。（2）刘易斯—费景汉—拉尼斯模型从要素供给的角度研究二元经济转型，忽略了有效需求对产品实现的影响。刘易斯—费景汉—拉尼斯模型，注重如何通过工业部门的扩张吸收农业剩余劳动力，强调资本积累对二元经济转型的重要作用。在该模型中唯一使二元经济转型中断的因素是工农业贸易条件变化引发的工人工资上涨。（3）刘易斯—费景汉—拉尼斯模型缺少对结构转变空间维度的考察，忽视了二元经济转型中城乡空间结构演变对城乡关系的影响。刘易斯—费景汉—拉尼斯模型是从传统农业部门和现代工业部门相互作用的角度研究二元经济转型问题，除存在着有效要素市场的隐含假设之外，还有两个隐含假设，一是劳动力向城市现代部门转移与人口城乡迁移是同一过程，二是农业劳动力非农转移不会带来土地用途的改变。因此，二元经济理论是从农业与非农业的角度，而不是从城市与乡村的角度来研究二元经济转型问题。(4) 刘易斯—费景汉—拉尼斯模型缺少对二元经济形成和后刘易斯转折阶段经济运行的分析。刘易斯—费景汉—拉尼斯模型中，二元经济转型一开始就存在着传统农业部门和城市现代工业部门；进入刘易斯第二转折点，二元经济转型即告结束。这与已完成二元经济转型国家的实际情况不符。

第二，用马克思主义政治经济学的理论与方法修正经典二元经济理论，有助于形成马克思主义发展经济学的话语体系。研究从传统农业社会向现代工业社会转型的二元经济理论是发展经济学的核心内容，最具代表性的二元经济理论是刘易斯—费景汉—拉尼斯二元经济模型[①]。在对这一模型进行深入反思的基础上，本书用马克思主义政治经济学的理论与方法，根据先行工业化国家、后起工业化国家和地区，以及未完成二元经济转型的拉美国家二元经济转型的实际对这一经典模型进行修正，形成了有别于西方发展经济学的研究结论。(1) 任何两个具有明显生产力发展水平差异的经济体，也必然会存在着组织制度方面的明显区别，根据生产力与生产关系的辩证关系，二元经济转型必然是生产技术与组织制度二元性双重转换的统一。(2) 二元经济转型不仅是农业劳动力的城乡迁移过程，也是包括资本、土地在内的生产要素在城乡之间的再配置过程。二元经济转型中资本、劳动力、土地要素在城乡间动态配置及不断趋于合理化的过程，既是城乡产业间基于比较优势的分工与交换过程，也是城乡空间结构的优化过程。(3) 本书根据对英、法、德等先行工业化国家工业化过程中农业劳动力转移实际情况的考察，认为二元经济转型作为人类从传统农业社会向现代工业社会的转型发展过程，其起点是传统的农业社会，终点是以大规模农业劳动力非农转移结束为标志的传统农业现代化改造基本完成，经济体整体上进入现代工业社会。从一元化传统农业经济向一元化的现代工业经济过渡，大体上要经历二元经济结构形成、二元经济发展、刘易斯转折阶段、后刘易斯转折阶段四个发展阶段。(4) 由

---

① 高帆：《从割裂到融合：中国城乡关系演变的政治经济学》，复旦大学出版社2019年版，第48页。

于发展中国家的自主经济发展过程被西方殖民统治打断,这些国家的二元经济转型与先行工业化国家相比,出现了某种程度的变异。这突出地表现在发展中国家的二元经济转型没有明确的二元分化阶段。(5) 二元经济转型是一个十分艰难和曲折的非线性发展过程。在传统农业基础上的二元分化,并非直接产生的机器大工业,而是经历了漫长的工场手工业发展阶段;发展中国家的二元经济转型具有明显的跨越式特点;二元经济转型不同阶段都经历了多元并存的演进过程。

第三,二元经济转型中城乡关系的演变是有规律可循的,城乡关系演变规律的实现机制是政府与市场的有效组合。(1) 二元经济转型中城乡关系大体上呈现出从二元经济形成阶段的城乡分离、二元经济发展阶段城乡矛盾与对立日益突出、刘易斯转折阶段城乡关系由对立向融合发展转变、后刘易斯转折阶段的城乡融合发展的演变特征。(2) 从马克思生产力与生产关系辩证关系的角度审视经济运行,经济运行不仅包含了人与经济环境的动态博弈,也包含了参与人之间为谋求经济利益而进行的策略互动。因此,经济规律的形成及其发挥作用的客观必然性均离不开人们的社会实践。自现代商品经济产生以来,各种经济规律作用的实现,无不是政府职能与市场机制共同作用的结果,不同的只是二者作用的不同组合。正因为如此,政府与市场的关系才成为经济学的永恒主题。从这个意义上讲,二元经济转型中城乡关系演变规律的实现机制也是政府与市场的有效组合。通过政府与市场的有效组合,促进城乡协调,要遵循二元经济转型中城乡关系的演变规律,根据二元经济转型不同阶段的要素禀赋、需求结构,以及国际竞争条件的变化调整政府干预经济的强度和方式,采取不同的制度安排和相应的城乡关系政策。

第四,中国二元经济转型,既不同于先行工业化国家,也有别于其他发展中国家,具有明显的特殊性。(1) 以经济体制转轨为背景并受体制转轨的制约。从农业劳动力转移的角度分析,我国的二元经济转型是从 1978 年改革开放才开始起步的,因此,我国的二元经济转型是以体制转轨为背景,并受体制转轨制约的。从利益关系调整的角度分析,我国制度变迁中的二元经济转型是在不断破除城乡二元经济体制,逐步协调各方利益关系中不断推进的。从制度变迁方式的角度分析,中国渐进式改革先进行城乡微观经济体制改革,后进行城乡二元资源配置和城乡基本公共服务体制的改革。这种制度变迁的非均衡性对我国二元经济转型产生了深刻影响。(2) 非城市化与半城市化的劳动力转移路径。20世纪90年代中期以前以"离土不离乡"的就地转移为主；20世纪90年代中期以来以"离乡不定居"的非永久性城乡迁移为主。我们把前一种转移称为非城市化转移，后一种转移称为半城市化转移。改革开放以来，我国已有3亿农业劳动力转移到非农产业①，但这些转移人口只是基本完成了职业上的非农化转变，却没有完成从农民到市民的身份转变。在享受公共福利方面与城镇居民存在着巨大差距，引发了诸多的经济与社会问题，严重影响了中国城乡关系的良性互动。

第五，我国于2024年前后进入后刘易斯转折阶段，进入这一阶段，构建新型城乡关系面临着诸多症结性难题。本书对二元经济转型的阶段性测算表明，我国于2024年前后进入刘易斯转折阶段，人口与经济大国的赶超式发展必然会带来更加激烈的国际竞争；社会主义制度特有价值取向与大国经济面临的资源环境与市场需求约束的矛盾将更加突出。体制转型的非均衡性制度变迁导致的要素市场培育、公共服务均等化和现代化政府治理体系建设的滞后，以及农民工非农民化与市民化相脱节，都会对后刘易斯转折阶段构建新型城乡关系产生重要影响。

第六，后刘易斯转折阶段构建新型城乡关系的战略思路和制度框架。(1) 后刘易斯转折阶段构建城乡关系的战略思路是，以正确处理政府与市场的关系为主线；坚持统筹谋划，重点突破；加强工农互助、城乡互补；坚持底线思维，防范化解风险。(2) 以上述战略思路的引导下，后刘易斯转折阶段构建新型城乡的制度框架是：完善政府治理体系，形成以城带乡城乡互补的激励机制；深化科技体制改革，构建促进城乡融合发展的科技支撑体系；以促进农民工市民化为核心，完善人口城镇化的政策体系；强化土地制度改革的关联效应，促进城乡要素优化配置；完善公共资源均衡配置机制，促进城乡基本公共服务均等化；优化城乡空间结构，促进城乡发展良性互动。

第七，完善政府治理形成促进城乡融合发展的激励机制，是形成政府与市场有效组合，促进城乡融合发展的前提条件。改革开放以来行政分权和财政分权形成的纵向行政发包与横向政治锦标赛相互结合政府治理模式，形成

---

① 国家统计局：《2024年农民工监测调查报告》。

了对地方政府促进经济发展的强激励机制，带动了中国经济的高速增长和制度转型的平稳推进。但以经济增长为中心的锦标赛竞争与构建新型城乡关系促进城乡融合发展战略存在着激励不相容；财权与事权不匹配的财政分权体制，不利于城乡融合发展；以经济增长为中心的锦标赛竞争注重的是竞争结果，程序与规则约束相对弱化；乡村治理体系薄弱，不利于农业农村现代化。解决上述问题，要通过科学界定政府与市场的治理边界，形成界定政府职能的正式制度；改革政绩考核制度，构建顶层设计有效实施的执行机制；理顺中央与地方关系，构建财权与事权相匹配的现代财政制度；完善乡村治理体制，提升乡村综合治理能力四个方面，完善政府治理形成促进城乡融合发展的激励机制。

第八，推进科技创新，有助于突破后刘易斯转折阶段资源环境约束，促进城乡融合发展。科技创新可以通过促进发展方式转变为城乡融合奠定生产力基础、推进农业农村现代化补齐"三农"短板、强化城乡要素双向流动促进工农互促城乡互补等路径推动城乡融合发展。我国庞大的市场规模、完备的工业体系、数字经济快速发展，以及中国特色的社会主义制度优势是推进科技创新促进城乡融合发展的现实基础。基于我国科技创新存在主要问题，推进科技创新促进城乡融合发展要健全科技资源配置机制，优化农业农村的科技资源配置；完善以市场需求为导向的科技研发机制，加强农业农村多功能开发领域的科技创新；完善农业科技创新的激励机制，培育农业科技创新的内生动力；健全农业科技转化推广机制，提高农业科技成果转化率；加强专业农业科技人才和新型职业农民队伍的建设。

第九，推进农民工市民化，有助于劳动力要素的城乡优化配置，促进城乡融合发展。（1）农民工市民化可以通过土地规模经营、人力资本投资、扩大投资与消费需求以及城镇化转型促进城乡融合发展。（2）后刘易斯转折阶段推进农民工市民化面临四重深刻矛盾，即城市就业岗位与生活成本、落户难易程度相背离的矛盾；农民工市民化意愿与市民化能力之间的矛盾；农民工市民化需求与地方政府人口城市化动力之间的矛盾；农民工市民化的社会收益与社会成本分担之间的矛盾。（3）推进农民工市民化，促进城乡融合发展，要提高中小城市小城镇产业支撑和大城市综合承载能力，为农民工提供就业岗位和生活空间；把劳动力市场建设与对农民工的人力资本投资结合起来，提高农民工市民化能力；把户籍制度改革与城乡公共服务均等化结合起来，降低农民工市民化成本，提高其市民化收益；完善土地"三权"保护和退出机制，把农民土地权益转化为进城资本；完善"人钱挂钩"和"人地挂钩"政策，健全农民工市民化激励机制。

第十，强化土地制度改革关联效应，有助于解决乡村振兴的"人、地、钱"难题，促进城乡融合发展。（1）强化土地制度改革关系效应通过城乡产业融合、城乡空间结构优化、城乡居民共同富裕等路径促进城乡融合发展。（2）2013年以来以承包地"三权分置"和征地制度、集体经营性建设用地入市、宅基地"三块地改革"为主要内容的综合改革取得了较为显著成效，但也存着集体经营性建设用地入市改革与宅基地"三权分置"改革推进缓慢，土地制度各项改革的内部关联效应有待提升，土地制度与户籍制度、财政制度、金融制度改革外部关联效应不理想，农民土地权益维护力度有待加强等问题。（3）强化土地制度改革关联效应，促进城乡融合发展，要优化政府主导行为与坚持农民主体地位并重；巩固和放大承包地"三权分置"改革成效；加快建设城乡土地使用权交易市场体系、稳步推进宅基地"三权分置"改革；以多重制度改革协同提升土地资源再配置效率。

第十一，推进城乡基本公共服务均等化，有助于缩小城乡发展差距，促进城乡融合发展。（1）城乡基本公共服务均等化与城乡融合发展有着高度关联的契合关系，不仅可以直接缩小城乡发展差距，还可以通过吸引人力资本带动其他要素回流乡村、促进农村剩余劳动力城乡迁移进而推动城乡融合发展。（2）推进城乡基本公共服务均等化要借鉴美国、英国、日本、澳大利亚推进城乡基本公共服务均等化的经验教训，深入推进治理能力现代化，优化城乡基本公共服务财政资源配置；提升乡村基本公共设施筹资和规划能力，补齐城乡基本公共设施均等化短板；以质量提升为导向精准锚定政策发力点，补齐城乡基本公共教育服务短板；均衡配置公共医疗服务资源，补齐乡村基本公共医疗服务短板；深化城乡一体化基本社会保障制度改革，破解应保尽保症结性难题。

第十二，优化城乡空间结构，有助于城乡两大空间功能互补，促进城乡融合发展。（1）优化城乡空间结构可以通过城乡分工协作功能互补、产业布局优化调整、生产要素双向流动、生态环境共保共治促进城乡融合发展。（2）改革开放以来，我国城乡空间结构演进呈现出空间布局形态多元化、结构协同化、动力升级化、县域显现化的发展特征。但总体上看，城乡空间在规划、用地、人口、生态、布局等多个方面仍表现为失调状态。(3) 优化城乡空间结构，促进城乡融合发展，要加强城乡统筹与管理，推进城乡规划一体化；持续优化空间布局和形态，促进大中小城市、小城镇、乡村协调发展；提升县城发展质量，发挥县城以城带乡的关键节点作用；加强区域合作，促进区域间城乡空间协调发展。

张桂文

2024 年 10 月 26 日

目 录
CONTENTS

导论 ··· 1
 0.1 选题背景 ··· 1
 0.2 学术价值与应用价值 ·· 4
 0.3 研究框架与主要内容 ·· 11
 0.4 马克思主义政治经济学的研究方法 ································· 17
 0.5 主要创新与不足 ·· 21

第一篇 理 论 基 础

第 1 章 文献综述 ··· 29
 1.1 国内外城乡关系研究学术史的简要梳理 ·························· 29
 1.2 21 世纪以来国内外城乡关系的研究动态 ························· 35
 1.3 对已有相关文献的评述 ·· 61

第 2 章 对经典二元经济理论的反思与修正 ······························· 65
 2.1 刘易斯—费景汉—拉尼斯二元经济模型及其学术界评价 ····· 65
 2.2 对刘易斯—费景汉—拉尼斯模型的理论反思 ···················· 72
 2.3 二元经济转型的政治经济学含义 ·································· 84
 2.4 二元经济转型阶段的重新界定 ······································ 101
 2.5 二元经济转型的非线性特征 ··· 107

第3章 二元经济转型中城乡关系演变规律及其实现机制 ……… 112
3.1 城乡关系演变的一般规律 ……………………………………… 112
3.2 二元经济转型中城乡关系演变的规律性总结 ………………… 117
3.3 二元经济转型中城乡关系演变规律的实现机制 ……………… 135

第二篇 制度框架与激励机制

第4章 中国二元经济转型的特殊性分析与阶段判断 ………… 145
4.1 中国二元经济转型的特殊性分析 ……………………………… 145
4.2 中国二元经济转型的阶段判断 ………………………………… 152

第5章 后刘易斯转折阶段构建新型城乡关系的难点分析 …… 178
5.1 劳动力成本上升及其影响 ……………………………………… 178
5.2 资源环境成本上升及其影响 …………………………………… 185
5.3 国际竞争加剧及其影响 ………………………………………… 192
5.4 要素市场培育滞后，城乡资源双向流动受阻 ………………… 199
5.5 政府治理体系不完善，城乡间公共资源配置失衡 …………… 212
5.6 城乡空间结构不合理，以城带乡城乡互促效应有待提升 …… 221

第6章 构建新型城乡关系的战略思路与制度框架 …………… 224
6.1 构建新型城乡关系的战略思路 ………………………………… 224
6.2 构建新型城乡关系的制度框架 ………………………………… 227

第7章 完善政府治理形成城乡融合发展的激励机制 ………… 241
7.1 中国政府治理的特点及其利弊分析 …………………………… 241
7.2 完善政府治理形成城乡融合发展激励机制的对策建议 ……… 249

第三篇 专题研究

第8章 推进科技创新促进城乡融合发展 ………………………… 257
8.1 科技创新促进城乡融合发展的理论逻辑 ……………………… 257

目　录

   8.2　科技创新促进城乡融合发展的现实基础 …………………… 268

   8.3　科技创新促进城乡融合发展的实证检验 …………………… 272

   8.4　科技创新促进城乡融合发展的突出短板 …………………… 296

   8.5　推进科技创新促进城乡融合发展的对策建议 ……………… 300

第9章　推进农民工市民化促进城乡融合发展 …………………… 304

   9.1　农民工市民化促进城乡融合发展的作用机理 ……………… 304

   9.2　农民工市民化影响城乡融合发展水平的检验 ……………… 327

   9.3　后刘易斯转折阶段推进农民工市民化面临的多重矛盾 …… 345

   9.4　推进农民工市民化促进城乡融合发展的对策建议 ………… 361

第10章　强化土地制度改革关联效应促进城乡融合发展 ………… 382

   10.1　制度关联框架下土地制度改革的关联效应 ……………… 382

   10.2　强化土地制度改革关联效应促进城乡融合的作用机理 … 396

   10.3　中国土地制度改革的历史考察与现状分析 ……………… 405

   10.4　土地制度改革关联效应影响城乡融合发展的实证检验 … 436

   10.5　土地制度及关联制度改革联动的典型案例剖析

        ——以山东省寿光市为例 …………………………………… 457

   10.6　强化土地制度改革关联效应的对策建议 ………………… 474

第11章　推进基本公共服务均等化促进城乡融合发展 …………… 489

   11.1　城乡基本公共服务均等化促进城乡融合发展的理论分析 … 489

   11.2　我国城乡基本公共服务均等化和城乡融合发展水平测度 … 506

   11.3　城乡基本公共服务均等化影响城乡融合发展水平效应检验 … 520

   11.4　我国城乡基本公共服务均等化的政策实践与成效 ……… 535

   11.5　我国城乡基本公共服务均等化面临的主要问题及其成因 … 548

   11.6　国外基本公共服务均等化的社会实践与经验借鉴 ……… 562

   11.7　完善公共资源均衡配置机制促进城乡基本公共服务均等化的

        对策建议 …………………………………………………… 598

第12章 优化城乡空间结构促进城乡融合发展 ……… 627
12.1 城乡空间结构及其优化的理论分析 ……… 627
12.2 城乡空间结构优化促进城乡融合发展的作用机理及实现条件 ……… 639
12.3 我国城乡空间结构演进的总体特征与失调表现 ……… 659
12.4 我国城乡空间结构耦合协调性测度及其时空格局演变 ……… 683
12.5 我国城乡空间结构优化对城乡融合发展的影响
——基于城市群视角的分析 ……… 702
12.6 优化城乡空间结构促进城乡融合发展的对策建议 ……… 719

附录 ……… 730
附录1 典型国家和地区刘易斯第一、第二转折点的判断 ……… 730
附录2 以人为核心的新型城镇化水平测度 ……… 745
附录3 城乡基本公共服务均等化相关政策法规一览表 ……… 748
附录4 基本公共服务规划主要内容对照表 ……… 750
附录5 新医改相关法律法规和政策要点一览表 ……… 753
附录6 城乡空间结构的实践调研
——以吉林省为例 ……… 758

参考文献 ……… 773
后记 ……… 823

导　论

0.1　选题背景

　　城乡关系涉及城市居民与农村居民两大群体、农业与非农业两大产业，以及城市与乡村两大地理空间。一个国家的现代化过程也是其城乡关系的演变和重构过程。不论是发达国家和地区完成二元经济转型的成功经验，还是落入"中等收入陷阱"国家的失败教训，都充分说明，处理好城乡关系不仅关系到城乡居民的福祉，也决定着现代化进程的成败。正如马克思所说，"城乡关系的面貌一改变，整个社会的面貌也跟着改变"①。

　　纵观人类社会发展史，从传统农业社会向现代工业社会转型大致出现过三次大浪潮②：第一次大浪潮始于18世纪后期到19世纪中叶，是由英国工业革命开端向西欧扩散的早期工业化进程，在这一进程中英国基本完成了二元经济转型，最早进入现代发展阶段；第二次大浪潮发生于19世纪下半叶至20世纪中叶，是工业化向整个欧洲、北美扩散并取得胜利的过程，在这一过程中法国、德国、美国等欧美国家先后完成了二元经济转型，成为发达经济体。第三次大浪潮出现在20世纪下半叶，表现为发达国家向高度工业化升级与大批发展中经济体卷入工业化进程，在这一过程中先是日本，然后是新加坡、韩国以及中国香港和中国台湾完成了二元经济转型，进入发达经济体行列，而绝大多数卷入工业化进程的发展中国家或是滞留于马尔萨斯循环，或是陷入"中等收入陷阱"。

---

　　① 《马克思恩格斯选集》（第1卷），人民出版社1972年版，第123页。
　　② 罗荣渠：《现代化新论——世界与中国的现代化进程》，商务印书馆2004年版，第140~152页。

从1949年新中国成立算起，中国工业化起步时间与"亚洲四小龙"及大多数发展中国家大致相同。受新中国成立之初的特殊历史条件制约，改革开放之前中国实行城乡二元经济体制，严格限制农业劳动力向城市非农产业转移，人为割裂了工业与农业、工业化与城市化的内在联系，工业化推进非但没能带动二元经济转型，反而使国民经济二元性更加严重。1978年底开始的大规模制度变迁，逐步破除了城乡二元经济体制，促进了农业劳动力的非农转移，在推进新一轮工业化的同时，也启动了二元经济转型进程。到2010年，我国GDP达到58791亿美元超过日本，成为仅次于美国的世界第二大经济体。到2021年中国国内生产总值约为17.8万亿美元，从1978年占世界经济比重的1.8%上升到2023年的16.9%，稳居世界第二位[1]。第一产业的增加值占GDP的比重从1978年的27.9%[2]，下降到2024年的16.8%，第二、第三产业增加值占比已高达93.2%[3]，中国已从一个农业经济大国转变为工业经济大国。按照现价和全年平均汇率计算，2024年中国人均GDP为13303.1美元，临近世界银行界定的高收入国家门槛水平。我国初步建立了覆盖城乡的基本公共服务供给体系，全国832个贫困县全部摘帽，12.8万个贫困村全部出列，近1亿农村贫困人口实现脱贫，历史性地解决了绝对贫困问题，实现了"小康"这个中华民族的千年梦想[4]。

但是，受传统经济体制与渐进式体制转轨中城乡二元体制变革滞后的影响，中国二元经济转型远落后于工业化进程。中国已从总体上进入了工业化后期[5]，但二元经济转型仍处于刘易斯转折阶段。农业就业结构转换远滞后于产值结构转换，2024年我国农业就业比重为22.19%，高于产值结构转换15.39个百分点。户籍人口城镇化远低于常住人口城镇化，截至2023年，我国常住人口城镇化率已达到66.2%，但户籍人口城镇化率只有48.3%，二者

---

[1] 1978年中国经济占世界经济的比重数据来自张建平、沈博：《改革开放40年中国经济发展成就及其对世界的影响》，载《当代世界》2018年第5期，第13~14页。2021年数据来自于习近平：《高举中国特色社会主义伟大旗帜 为全面建成现代化国家而团结奋斗——在中国共产党第二十次全国代表大会上的报告》，中国政府网，2022年10月16日。

[2] 资料来源：《中华人民共和国2017年国民经济和社会发展统计公报》。

[3] 资料来源：《中华人民共和国2021年国民经济和社会发展统计公报》。

[4] 习近平：《高举中国特色社会主义伟大旗帜 为全面建成现代化国家而团结奋斗——在中国共产党第二十次全国代表大会上的报告》，中国政府网，2022年10月16日。

[5] 黄群慧：《改革开放40年中国的产业发展与工业化进程》，载《中国工业经济》2018年第9期，第8页。

之差高达18.02个百分点。农业劳动生产率只有非农产业劳动生产率的25.58%，城镇居民的平均可支配收入是农村居民的2.34倍①。工业与农业、城市与农村之间的巨大二元反差表明，"三农"问题仍然是我国全面建成社会主义现代化强国的最大短板。目前我国乡村常住人口还有4.65亿②，按照当前城镇化发展速度，到2035年基本实现现代化时，仍有约3.2亿人口居住在乡村。如果不能构建新型城乡关系、消除城乡二元经济结构、补齐"三农"短板，数亿人口不能同步实现现代化，我国就不能全面建成社会主义现代化强国、实现共同富裕，第二个百年奋斗目标就无法实现。从另一个角度分析，二元经济反差的明显存在，也意味着中国经济增长的潜力尚未能充分发挥。一是农业就业结构转换滞后于产值结构转换，农业劳动力占比过高，说明促进农业劳动力转移，增加非农就业可以优化农业与非农业、城市与乡村间的资源配置，提高潜在经济增长率。二是推进农业转移人口市民化，提高户籍人口城镇化率，可以提高3亿农民工的就业稳定性，缩小农民工及其家属与城镇居民的收入差距和基本公共服务差距，提高农业转移人口的消费能力和消费倾向。三是缩小城乡居民的收入差距，实现城乡基本公共服务均等化，可以从扩大投资需求和消费需求两个方面，带动经济增长。显然，无论是从基本实现现代化目标还是从促进经济持续健康发展的角度看，都需要抓住构建新型城乡关系，促进城乡融合发展这一关键环节。

问题在于，尽管中国二元经济转型滞后于工业化进程，但经过改革开放四十多年的转型增长，中国已经进入了劳动力成本上升的刘易斯转折阶段，并在2024年前后进入刘易斯第二转折点③。这表明原有推进二元经济转型的发展方式和一些制度安排已不再适用。基于体制转轨的制度条件、人口大国的资源禀赋、新一轮科技革命和产业变革，以及国际力量对比的深刻调整等特殊国情与时代背景，无论是发达国家还是亚洲四小龙等新兴经济体的二元经济转型实践，都无法为中国二元经济转型提供可以直接遵循的现成经验；无论是古典、新古典、凯恩斯主义的二元经济模型，还是新近具有理论综合

---

① 资料来源于国家统计局官方数据库，农业劳动生产率=第一产业国内生产总值/第一产业就业人数，非农业劳动生产率=(第二产业国内生产总值+第三产业国内生产总值)/(第二产业就业人数+第三产业就业人数)。
② 资料来源于国家统计局官方数据库。
③ 详见本书第4章中国二元经济转型的特殊性分析与阶段判断。

特点的二元经济理论，都不能为中国构建新型城乡关系促进城乡融合发展提供现成的理论指导，更难以提供既具有宏观指导意义又具有实际可操作性的对策建议，为建成社会主义现代化强国。

在上述背景下，本书笔者根据国家社科基金重大项目选题招标指南中关于"构建工农互促、城乡互补、协调发展、共同繁荣的新型工农城乡关系研究"的方向，拟定了"二元经济转型视角下中国新型城乡关系的构建研究"这一具体选题，并在招标过程中获得了这一研究任务的承接。

本书以二元经济转型为视角研究中国新型城乡关系的构建。自从人类社会形成了城镇与乡村两个差异性的生产和生活空间以来，城乡关系就成为学者们研究和关注的对象。伴随生产力发展和社会进步，城镇和乡村逐渐演变为包含经济、社会、政治、文化、生态等多个维度的综合体。由此，城乡关系也就涵盖了城乡间诸多方面关系的丰富内容。从上述任何维度都可对城乡关系进行研究，由于经济关系是多维城乡关系的基础，本书选择从经济维度来研究城乡关系。从经济维度研究城乡关系演变，也可选择产业结构、空间结构的视角和具有二者兼容特点的二元经济转型视角。现代经济发展的历史表明，二元经济结构是发展中国家国民经济结构的基本特征。国民经济明显的二元结构特征，表明作为国民经济基础的农业部门仍处于传统的生产方式，城镇与乡村两大空间区域，在经济发展水平、居民生活水平上还存在着相当大的差距。以二元经济转型为视角研究城乡关系，可以将农业与非农产业的结构演变与城镇与乡村的空间结构演变结合起来，既可以更好地揭示城乡关系的演变规律，也可以立足于社会主义发展中大国转型的实际，结合中国二元经济转型的特殊性和阶段性特点，论证构建新型城乡关系的总体思路，设计构建新型城乡关系的制度框架，深入研究中国二元经济转型后刘易斯转折阶段面临的症结性难题，为构建新型城乡关系提供可操作性的对策建议。

0.2　学术价值与应用价值

0.2.1　学术价值

第一，把中国促进城乡协调发展的实践经验上升到理论层面，有助于促进中国特色社会主义经济理论的创新和发展。新中国成立以来城乡关系的演变，不仅包含一般发展中国家的二元结构转型，还包含我国特有的城乡二元体制的形成和变革[①]。从改革开放前城乡二元经济体制的形成和固化，到改革开放后二元经济体制的渐进式解体，再到党的十六大提出统筹城乡发展，党的十七大提出推进城乡发展一体化，以及党的十九大和党的十九届五中全会提出建立健全城乡融合发展的体制机制，构建工农互促、城乡互补、协调发展、共同繁荣的新型工农城乡关系，中国二元经济转型已临近后刘易斯转折阶段，城乡关系也经历了从相互割裂到趋向融合的历史性转变。城乡关系作为人类社会发展中最基本的经济关系之一，既是马克思主义经济理论研究的一个基本范畴，也是发展经济学的研究重点。国内外学者从多角度多层面研究了城乡关系的内涵、城乡关系的历史演变、中国城乡关系的现状与成因，以及协调城乡关系的对策建议，取得了较为丰富的研究成果。但已有的研究文献主要采用刘易斯—费景汉—拉尼斯二元经济模型，并未细致地辨析该模型隐含假设与中国本土化实践的匹配问题[②]。立足社会主义发展中大国经济社会转型的特殊国情，深刻认识马克思主义城乡关系理论在中国实践中的应用与发展的学术成果还相对薄弱。本书力图以马克思主义城乡关系理论为指导，根据社会主义发展中大国经济社会转型的特殊国情，深入研究中国城乡关系演变的内在机理与理论逻辑，正确认识和客观评价中国城乡关系政策的实践效果，将中国协调城乡关系的实践经验上升到理论层面，有助于促进中国特色社会主义经济理论的创新和发展。

第二，有助于修正与完善二元经济理论，促进发展经济学的创新与发展。欠发达国家在由传统农业经济向现代工业经济演进过程中都经历了一个二元经济转型阶段。发展中国家工业化阶段的主要任务就是对这种相对落后的国民经济结构进行改造，使异质的二元经济转型为同质的现代化一元经济，因此经济发展的核心问题就是二元经济转型问题。第二次世界大战之后，伴随着大批发展中国家卷入工业化进程，欠发达国家的二元经济转型问题成为发展经济学研究的主要内容，以刘易斯—费景汉—拉尼斯模型为代表的二元经济理论也逐渐成为人们认识与研究城乡关系的理论基础。以刘易斯—费景汉—

[①] 叶兴庆、金三林等：《走城乡融合发展之路》，中国发展出版社1999年版，第2页。
[②] 高帆：《从割裂到融合：中国城乡经济关系演变的政治经济学》，复旦大学出版社2019年版，第68页。

拉尼斯模型为代表的二元经济理论，最突出的理论贡献是突破了新古典经济学在经济均衡条件下研究资源配置问题的理论模式，强调了现代工业部门与传统农业部门的结构差异，论证了二元经济转型的核心问题是农业劳动力非农转移问题。但是，以刘易斯—费景汉—拉尼斯模型为代表的二元经济理论还存在着以下不足：

（1）假设发展中国家的市场是健全有效的。显然，这一隐含的假设前提并不符合发展中国家的实际，更不符合中国转型发展的实际。正是基于这样一种假设，以刘易斯—费景汉—拉尼斯模型为代表的二元经济理论将二元经济反差归因于工农两大部门的要素禀赋差异，进而在不同程度上忽视了制度因素在二元经济转型中的作用。

（2）刘易斯—费景汉—拉尼斯模型从要素供给的角度研究二元经济转型，忽略了有效需求对产品实现的影响。刘易斯—费景汉—拉尼斯模型注重工业部门扩张对农业剩余劳动力的吸收，强调资本积累对二元经济转型的重要作用。在刘易斯—费景汉—拉尼斯模型中，唯一使二元经济转型中断的因素是工农业贸易条件变化引发的工人工资上涨。显然，刘易斯—费景汉—拉尼斯模型没有考虑二元经济转型过程的产品实现问题。

（3）以刘易斯—费景汉—拉尼斯模型为代表的二元经济理论缺少对结构转变空间维度的考察，忽视了二元经济转型中城乡空间结构演变对城乡关系的影响。二元经济理论是从传统农业部门和现代工业部门相互作用的角度研究二元经济转型问题，并把农业劳动力的非农转移作为二元经济转型的核心机制。由于迄今为止的二元经济理论均隐含有两个假设条件，一是劳动力非农转移与城乡迁移是同一过程；二是农业劳动力非农转移不会带来土地用途的改变。因此，二元经济理论是从农业与非农业的角度，而不是从城市与乡村的角度来研究二元经济转型问题。这种重产业部门结构轻城乡空间结构的分析方法，导致二元经济理论忽视了聚集经济对要素转移的作用。

（4）刘易斯—费景汉—拉尼斯模型缺少对二元经济形成和后刘易斯转折阶段经济运行的分析。刘易斯—费景汉—拉尼斯模型中的二元经济转型是从城乡二元分化已经完成、城市现代工业已经存在为起始的，没有分析城乡二元经济结构形成的历史过程。这一模型把刘易斯第二转折点的到来作为二元经济转型结束的标志，没有研究后刘易斯转折阶段经济发展所面临的各种症结性难题。根据刘易斯—费景汉—拉尼斯二元经济模型，农业劳动力转移进入"商业化点",二元经济也就转变为现代化的一元经济。从现有的研究文献来看,绝大多数学者均遵循刘易斯—费景汉—拉尼斯模型的理论观点,认为二元经济转型一旦进入"刘易斯第二转折点",就意味着农业剩余劳动力全部被现代部门吸收完毕,也标志着一个国家或地区二元经济结构转型的完成。从动态演进的角度分析二元经济转型,超过"商业化点"这一临界水平,只是意味着边际劳动生产率低于制度工资的农业剩余劳动力全部转移到非农产业,工农两大部门劳动者的工资水平均由各自劳动边际生产率决定。由于工业部门的聚集效应和规模效应突破了传统农业部门分散化所导致的低效率,降低了生产成本与交易成本,加之工业部门产品需求弹性大且自然风险与市场风险都小于农业部门,一般而言工业部门的边际劳动生产率较高,所以其工资水平通常高于农业部门。因此,刘易斯第二转折点来临之后,工农两大部门的劳动边际生产率并不相等,因而农业劳动力的城乡迁移也远未结束。从各国二元经济转型的实践看,农业劳动力向城市非农产业的大规模转移直到农业劳动力占比在10%左右才会基本结束[1],先行工业化国家农业劳动力占比普遍低于5%[2]。农业劳动力转移会一直持续到农业现代化完成,工农两大部门劳动边际生产率大致相等时才趋于停滞,此时,二元经济转型才真正结束。

本书以马克思主义政治经济学为指导,把二元经济转型作为生产技术二元性和组织制度二元性双重转换的统一,立足社会主义发展中大国经济社会转型的具体国情,根据中国二元经济转型的特殊性,重点研究后刘易斯转折阶段中国新型城乡关系的构建。基于这一研究目的,本书不仅要深入研究中国经济体制转轨的非均衡性对后刘易斯转折阶段城乡关系的影响;更要深入

---

[1] 发达国家农村人口所占比重一般在20%以下,有的甚至低于10%,农业就业人口在总就业人口中的比重大多数均在10%以下(陈轶:《城乡关系发展理论与实践——以石家庄为例》,东南大学出版社2016年版,第7页)。

[2] 目前美国、英国、德国农业劳动力占比分别为2%左右,法国农业劳动力占比约为2.4%(《美国农业概况及其特点》,中国农经信息网,2004年9月2日,http://www.rcre.agri.cn/zjsd/gwnj/202106/t20210608_7695221.htm#:~:text=;《英国农业:少耕地实现多产出》,中国农业农村信息网,2012年2月28日,http://www.agri.cn/zx/jjps/201908/t20190809_6464426.htm#:~:text=;《德国农业和中国相比哪个强?中国农业几大特点,备受德国专家称赞》,腾讯新闻,2022年5月26日,https://new.qq.com/rain/a/20220526A0AJCU00.html#:~:text=;《法国乡村振兴的经验及启示》,宁夏回族自治区乡村振兴局,2021年10月8日,http://xczxj.nx.gov.cn/ztzl/ggtpcgl/202110/t20211011_3078299.html#:~:text=)。

研究如何通过完善要素市场、改进政府治理、促进农民工市民化，以及优化城乡空间结构，解决中国后刘易斯转折阶段所面临的诸多症结性难题，构建工农互促、城乡互补、协调发展、共同繁荣的新型城乡关系。显然，这些研究有助于修正与完善二元经济理论的上述研究不足，促进发展经济学的创新和发展。

第三，运用马克思主义政治经济学基本原理研究二元经济转型中工农关系与城乡关系的演变机理，有助于促进马克思主义政治经济学的创新与发展。马克思认为人类社会发展的根本动力来源于生产力与生产关系的矛盾运动。长期以来，人们常用马克思生产力与生产关系辩证关系的理论来说明人类社会从低级形态向高级形态的发展，却很少用这一理论来解释二元经济转型中城乡关系的演变。如果我们把二元经济转型看作是生产技术与组织制度二元性的双重转换过程，那么这一转型过程中城乡关系的演变更适用于马克思主义政治经济学分析。基于这一认识，本书运用马克思关于生产力与生产关系辩证关系的理论，对二元经济转型中城乡关系的演变进行深入系统地分析，以期揭示二元经济转型中城乡关系的演变规律及其实现机制。上述研究不仅可以更好地揭示二元经济转型中城乡关系演变的规律及其实现机制，也有助于把马克思主义政治经济学基本原理与中国转型发展的具体实践相结合，促进马克思主义政治经济学的创新与发展。

0.2.2 应用价值

第一，有助于揭示二元经济转型中城乡关系的演变规律及其实现机制，为中国新型城乡关系的构建提供理论依据。发展中国家从传统农业社会向现代工业社会的过渡中，存在着一个二元经济转型阶段，二元经济结构是发展中国家完成向发达国家过渡之前的典型特征。著名发展经济学家费景汉和拉尼斯把二元经济向一元经济的演变过程称之为"转型增长"。二元经济转型是人类从传统农业社会向现代工业社会的转型发展过程，这一过程的突出特点是经济结构的急剧变化，并由此引致人均产出的快速增长。发展经济学的二元经济理论采用工农两部门的二元分析方法，根据现行工业化国家二元经济转型的实践，揭示了劳动力非农转移促进工农两大部门由明显的二元反差走向均衡发展的机理。但是由于这一理论假设市场健全完备、劳动力非农转移与城乡迁移的一致性、农业劳动力非农转移不会改变土地用途，并以刘易斯第二转折点作为二元经济转型结束的标志，这就不可避免地导致理论侧重于生产技术层面的二元结构转换，忽视制度因素和城乡空间结构的演变对城乡关系的影响，更不可能研究后刘易斯转折阶段城乡关系的特点。国内外学术界基本上延续了刘易斯—费景汉—拉尼斯模型的主要学术特色，迄今为止的城乡关系理论，均未能很好地揭示二元经济转型中城乡关系的演变规律及其实现机制。这是因为，根据刘易斯—费景汉—拉尼斯二元经济模型大体上可以论证从农业、农村支持工业和城镇到工业反哺农业、城镇支持乡村的城乡关系演变，却难以论证工农互促、城乡互补、协调发展、共同繁荣的新型工农城乡关系的形成。

本书将发展中国家的二元经济转型视为生产技术二元性和组织制度二元性的双重转换，综合运用马克思主义政治经济学、发展经济学、新制度经济学和空间经济学等理论，修正和完善二元经济理论，借鉴先行工业化国家、后起工业化国家和地区，以及发展中国家在二元经济转型过程中协调城乡关系的经验教训，着重研究后刘易斯转折阶段城乡关系的基本特点，揭示二元经济转型中城乡关系的演变规律及其实现机制，为中国新型城乡关系的构建提供理论依据。

第二，有助于解决中国二元经济转型的后刘易斯转折阶段经济发展所面临的诸多症结性难题，促进城乡融合发展。以刘易斯—费景汉—拉尼斯模型为代表的二元经济理论，作为解析发展中国家二元经济转型的经典模型，对于理解发展中国家城乡关系演变具有广泛的学术影响。但是，由于这些二元经济理论把市场完备性、劳动力的非农转移与城乡迁移的一致性、劳动力非农转移不会带来土地用途的改变作为隐含假设，以及侧重于农业与非农产业部门结构转变而忽视城乡空间结构转变的研究特点，不仅难以揭示二元经济转型中城乡关系的演变规律，更难以契合社会主义发展中大国经济社会转型的实际。国内学者虽然从多角度多层次研究了中国城乡关系的演变，但由于学者们对二元经济转型的阶段性划分基本沿用了刘易斯—费景汉—拉尼斯模型的学术观点，将刘易斯第二转折点作为二元经济转型结束的标志，这不仅影响了学者们对中国二元经济转型的阶段判断，更难以对后刘易斯转折阶段构建新型城乡关系所面临的症结性难题进行前瞻性研究。

本书在修正与完善经典二元经济理论的基础上，运用计量经济学方法预测中国二元经济转型的进展情况，结论是我国在2024年前后进入后刘易斯转折阶段。基于这种判断，本书以二元经济转型为视角，立足社会主义发展中大国转型发展的基本国情，结合中国二元经济转型的特殊性，把后刘易斯转折阶段新型城乡关系的构建作为研究主题，遵循问题导向原则，深入分析后刘易斯转折阶段构建新型城乡关系面临的症结难题。在构建新型城乡关系的制度框架和激励机制的基础上，从推进科技创新、促进农民工市民化、强化土地制度改革的关联效应、促进城乡基本公共服务均等化、优化城乡空间结构五个方面，研究如何破解中国后刘易斯转折阶段构建新型城乡关系所面临的症结性难题。对于彻底打破城乡二元经济体制，促进城乡融合发展具有重要现实意义。

第三，有助于转变经济发展方式，跨越"中等收入陷阱"，完成二元经济转型。我国已完成全面建成小康社会的历史任务，总体上进入全面建成社会主义现代化强国的新阶段。作为社会主义发展中大国，临近后刘易斯转折阶段，与二元经济发展阶段和刘易斯转折阶段相比，经济发展面临着劳动力成本上升、资源环境约束和市场需求约束强化，以及国际市场竞争加剧等诸多难点问题。这表明原有推进二元经济转型的发展方式已不再适用，而基于体制转轨的制度条件、人口大国的资源禀赋和新一轮科技革命和产业变革，以及国际力量对比深刻调整等特殊国情与时代背景，中国的二元经济转型，既没有现成的国际经验可供遵循，也没有现成的经济理论可供指导。国内外学者从不同角度、不同层面研究了中国二元经济转型中城乡关系问题，取得了丰富的研究成果。但是由于这些成果多遵循刘易斯—费景汉—拉尼斯模式的研究范式和二元经济转型阶段性判断的学术观点，缺少对中国二元经济转型特殊性和后刘易斯转折阶段的深入研究，进而难以提供契合中国二元经济转型实际的战略思路与对策建议。

本书立足中国转型发展实际，结合中国二元经济转型的特殊性，在探讨二元经济转型中城乡关系演变规律及其实现机制的基础上，本书重点研究后刘易斯转折阶段构建新型城乡关系的问题。根据二元经济转型中城乡关系的演变规律及其实现机制，结合中国二元经济转型的特殊性和后刘易斯转折阶段经济发展面临的症结性难题，从制度关联性的角度，运用系统方法论提出构建新型城乡关系的制度框架和激励机制，并分专题重点研究后刘易斯转折阶段所面临的主要症结性难题，以期通过制度与技术创新，促进经济发展方式的转变，进而提出中国二元经济转型的战略思路与对策方案。

第四，有利于开拓强大的国内市场，形成以国内大循环为主体、国内国际双循环相互促进的新发展格局。当今世界正处于百年未有之大变局。一方面，2024年中国人均GDP已达到13303美元，常住人口城镇化率已达到66.70%，总体上进入全面建成社会主义现代化强国的新阶段，原有的发展模式无法实现新的目标；另一方面，国际力量对比深刻调整，全球经济增长乏力，单边主义、保护主义、霸权主义对世界和平与发展构成威胁。积极应对发展环境的变化，开拓强大的国内市场，形成以国内大循环为主体、国内国际双循环相互促进的新发展格局，充分发挥我国超大规模市场优势，促进经济高质量发展，解决人民日益增长的美好生活需要和不平衡不充分的发展之间的矛盾具有至关重要的作用。作为世界上最大的发展中国家，农村是开拓国内市场的最大潜力所在。从消费需求的潜力看，目前我国5.6亿农民和2.3亿外出农民工的人均消费支出分别仅为城镇居民的47%和68%[①]。若能推进农民工市民化，提高农村居民的收入水平和社会保障水平，将会使国内消费需求大幅度增长；从投资需求的潜力看，农民人均公共设施投入仅是城镇居民的1/5[②]，若能推动城乡基础设施和公共服务一体发展，也将带来巨大的投资需求。研究二元经济转型视角下新型城乡关系的构建，有助于补齐中国经济发展中的"三农"短板，通过工农互促、城乡互补，开拓国内市场，形成以国内大循环为主体、国内国际双循环相互促进的新发展格局。

0.3 研究框架与主要内容

本书除导论外，由三篇组成，共12章内容。

第一篇是本书研究的理论基础，包括第1章到第3章的内容。本部分以马克思主义政治经济学理论为指导，综合运用马克思主义政治经济学、发展经济学、新制度经济学、空间经济学等理论，在系统梳理与客观评价国内外相关文献的基础上，修正与完善刘易斯—费景汉—拉尼斯二元经济模型，借鉴先行工业化国家、后起工业化国家和地区、拉美国家在二元经济转型过程中协调城乡关系的经验教训，研究二元经济转型中城乡关系的演变规律及其

[①②] 胡祖才：应依法合规允许农村集体经营性建设用地异地调整入市_中国经济网——国家经济门户（ce.cn）。

实现机制，为中国新型城乡关系的构建提供理论基础。

第 1 章是文献综述。本章对国内外城乡关系研究的学术史进行了简要梳理，厘清了国内外城乡关系理论演变的历史脉络。从城乡关系内涵看，中国近代以来城乡关系的发展历程与阶段特征、中国城乡关系的量化研究与地方实践总结、马克思恩格斯的城乡关系理论，以及城乡统筹、城乡一体化、城乡融合发展等马克思城乡关系理论的中国化思想和促进城乡协调发展的思路与对策研究等方面系统梳理了 21 世纪以来国内外学者对城乡关系的研究成果，并对上述文献进行了客观评析。通过本章的研究，进一步明确了本书的研究视角和研究重点。

第 2 章是对经典二元经济理论的反思与修正。本章概述了刘易斯—费景汉—拉尼斯二元经济模型的基本内容，以及学界对这一模型的评价。运用马克思主义政治经济学基本理论，结合历史考察与现实分析，对这一经典二元经济理论进行了系统的理论反思。在剖析刘易斯—费景汉—拉尼斯模型理论缺陷的基础上，从农业社会向现代工业社会的转型发展、生产技术和组织制度的双重转换、二元经济转型与城乡间要素配置，以及农业劳动力转移在二元经济转型中的核心作用四个方面阐述了二元经济转型的政治经济学含义。根据对先行工业化国家工业化过程中农业劳动力转移实际情况的考察，重新界定了二元经济转型的阶段性划分，探讨了发展中国家二元经济转型的阶段变异，论证了二元经济转型的非线性特征。

第 3 章研究二元经济转型中城乡关系演变规律及其实现机制。本章在对经典二元经济理论反思与修正的基础上，阐述了马克思恩格斯对城乡关系演变一般规律的认识。根据马克思恩格斯对城乡关系演变一般规律的认识，结合不同经济体二元经济转型不同阶段城乡关系的特点，对二元经济转型中城乡关系演变进行规律性总结和理论解析。从马克思的生产力与生产关系辩证关系的角度审视商品经济产生以来的经济运行，探讨了从政府与市场关系作为特定历史时期的制度现象，二元经济转型中处理政府与市场关系的基本原则，以及二元经济转型不同阶段政府与市场关系的不同组合揭示了二元经济转型中城乡关系演变规律的实现机制。

第二篇是制度框架与激励机制。包括第 4 章到第 7 章的内容。本部分探讨中国二元经济转型的特殊性和阶段性，并结合中国二元经济转型本土化特点，剖析中国后刘易斯转折阶段构建新型城乡关系所面临的症结性难题，在上述研究的基础上，论述了构建新型城乡关系的制度框架与激励机制。

第4章是中国二元经济转型的特殊性分析与阶段判断。本章从中国经济结构二元分化的变异性特点、以经济体制转轨为背景并受体制转轨的制约和非城市化与半城市化的劳动力转移路径三个方面，分析了中国二元经济转型的特殊性。根据农业边际劳动生产率的变动、农民工工资水平的变化、刘易斯转折点和库兹涅茨转折点的契合、农业劳动力占比变动等情况判断刘易斯转折阶段到来的时间，结论是中国已于2006年左右进入刘易斯第一转折点。根据农业劳动边际生产率与最低工资的比较、城镇化率的变动和第一产业产值结构的变动情况判断后刘易斯转折阶段到来的时间，结论是中国将于2024~2025年进入刘易斯第二转折点。

第5章对后刘易斯转折阶段构建新型城乡关系的难点分析。本章立足社会主义发展中大国转型发展的实际，结合中国二元经济转型的特殊性，从劳动力与资源环境成本上升、国际竞争加剧、要素市场培育滞后、政府治理体系不完善、城乡间公共资源配置失衡、农民工非农化与市民化相脱节，以及城乡空间结构不合理等方面分析了后刘易斯转折阶段构建新型城乡关系面临的诸多难题，为构建新型城乡关系的统筹谋划、总体设计，以及专题研究提供现实依据。

第6章阐述构建新型城乡关系的战略思路与制度框架。本章遵循二元经济转型中城乡关系演变的规律及其实现机制，针对中国后刘易斯转折阶段构建新型城乡关系面临的症结性难题，借鉴中国二元经济转型中处理城乡关系的成功经验，参考英国、法国、德国、日本、韩国及中国台湾等国家和地区二元经济转型的经验教训，提出了后刘易斯转折阶段构建新型城乡关系的战略思路与制度框架。主要学术观点有两个方面。其一，后刘易斯转折阶段构建城乡关系的战略思路是：以正确处理政府与市场的关系为主线；坚持统筹谋划，重点突破；加强工农互助、城乡互补；坚持底线思维，防范化解风险。其二，在以上述战略思路的引导下，后刘易斯转折阶段构建新型城乡关系的制度框架是：完善政府治理，形成以城带乡、城乡互补的激励机制；深化科技体制改革，构建促进城乡融合发展的科技支撑体系；以促进农民工市民化为核心，完善人口城镇化的政策体系；强化土地制度改革的关联效应，促进城乡要素优化配置；完善公共资源均衡配置机制，促进城乡基本公共服务均等化；优化城乡空间结构，促进城乡发展良性互动。

第7章是完善政府治理形成城乡融合发展的激励机制。改革开放以来，行政分权和财政分权形成纵向行政发包与横向政治锦标赛相互结合的政府治理模式，形成了对地方政府促进经济发展的强激励，带动了中国经济的高速增长和制度转轨的平稳推进。但以经济增长为中心的锦标赛竞争与构建新型城乡关系促进城乡融合发展战略存在着激励不相容；财权与事权不匹配的财政分权体制，不利于城乡融合发展；以经济增长为中心的锦标赛竞争注重的是竞争结果，程序与规则约束相对弱化；乡村治理体系薄弱，不利于农业农村现代化。解决上述问题需要科学界定政府与市场的治理边界，形成界定政府职能的正式制度；改革政绩考核制度，构建顶层设计的有效实施机制；理顺中央与地方关系，建立财权与事权相匹配的现代财政制度；完善乡村治理体制，提升乡村综合治理能力四个方面，完善政府治理形成促进城乡融合发展的激励机制。

第三篇是专题研究。包括第8章到第12章的内容。这部分聚焦解决后刘易斯转折阶段构建新型城乡关系面临的症结性难题，专题研究如何通过推进科技创新、促进农民工市民化、强化土地制度改革的关联效应、推进城乡基本公共服务均等化、优化城乡空间结构来促进城乡融合发展进行专题研究①。

第8章是推进科技创新促进城乡融合发展。本章聚焦后刘易斯转折阶段发展中国家构建新型城乡关系面临的共性问题，研究如何通过科技创新突破资源环境与市场需求的双重约束，促进城乡融合发展。从促进发展方式转变为城乡融合奠定生产力基础、推进农业农村现代化补齐"三农"短板、强化城乡要素双向流动促进工农互促城乡互补三个方面分析了科技创新促进城乡融合发展的理论逻辑。从庞大的市场规模、完备的工业体系、数字经济快速发展，以及中国特色的社会主义制度优势等方面，研究了通过科技创新促进城乡融合发展的现实基础。根据科技创新促进城乡融合发展的理论分析，在测度城乡融合发展水平的基础上，运用多种计量方法检验科技创新促进城乡

---

① 本书第五章分析了中国后刘易斯转折阶段构建新型城乡关系面临的症结性难题。其中资源环境与市场需求约束强化，国际竞争加剧是发展中国家后刘易斯转折阶段构建新型城乡关系所面临的共性问题。农民工非农化与市民化相脱节、城乡二元土地市场、城乡间公共资源配置失衡，以及城乡空间结构不合理，不仅与现阶段生产力发展水平有关，更受到非均衡性制度变迁导致的要素市场培育、现代化政府治理体系建设滞后的深刻影响。

融合发展的综合效应，以及发展方式转变、农业现代化、城乡要素流动对城乡融合发展的中介效应，剖析了现阶段科技创新促进城乡融合发展的突出短板。健全科技资源配置机制，优化农业农村科技资源配置；完善以市场需求为导向的科技研发机制，加强农业农村多功能开发领域的科技创新；完善农业科技创新的激励机制，培育农业科技创新的内生动力；健全农业科技转化推广机制，提高农业科技成果转化率；加强专业农业科技人才和新型职业农民队伍建设五个方面提出了补齐科技创新短板，促进城乡融合发展的对策建议。

第9章是推进农民工市民化促进城乡融合发展。本章从农地适度规模经营、人力资本投资、扩大消费与投资需求、城镇化转型等方面分析了农民工市民化对促进城乡融合发展的作用机理。在测度农民工市民化和城乡融合发展水平的基础上，用结构方程模型检验了农民工市民化促进城乡融合发展的综合效应和中介效应。分析了后刘易斯转折阶段推进农民工市民化面临的多重矛盾，即城市就业岗位与生活成本、落户难易程度相背离的矛盾；农民工市民化意愿与市民化能力之间的矛盾；农民工市民化需求与地方政府人口城市化动力之间的矛盾；农民工市民化社会收益分享与社会成本分担之间的矛盾。在上述研究的基础上，提出了以提高农民工就业质量为核心，完善人口城镇化政策体系的对策建议。

第10章是强化土地制度改革关联效应促进城乡融合发展。以制度关联为切入点，聚焦土地制度综合改革中承包地"三权分置"、征地制度改革、集体建设用地入市、宅基地改革的内部关联；土地与户籍、财税、金融等制度的外部关联，研究如何通过强化土地制度改革的关联效应破解土地制度改革面临的症结性难题，化解土地制度改革多重利益矛盾，解决乡村振兴中"人、地、钱"的难题，弥补城乡融合发展中的"三农"短板。本章在分析制度关联框架下土地制度改革关联效应的基础上，从城乡产业融合、城乡空间结构优化、城乡居民共同富裕三个方面研究了强化土地制度改革关联效应，促进城乡融合发展的作用机理。在对改革开放以来土地制度改革进行历史考察的基础上，深入分析了2013年以来以承包地"三权分置"和"三块地改革"为主要内容的综合改革的成效及存在的主要问题。运用固定效应回归模型和断点回归模型计量检验了征地制度、集体建设用地、宅基地"三块地"改革对城乡融合发展的影响。针对我国土地制度综合改革存在的主要问题，应优化政府主导行为与坚持农民主体地位并重；巩固和扩大承包地"三权分置"改革成效；加快建设城乡土地使用权交易市场体系，稳步推进宅基地"三权分置"改革；以多重制度改革协同提升土地资源再配置效率四个方面提出了强化土地制度改革的关联效应，促进城乡融合发展的对策建议。

第11章是推进基本公共服务均等化促进城乡融合发展。本章在界定城乡基本公共服务均等化和城乡融合发展含义的基础上，分析了城乡基本公共服务均等化与城乡融合发展的契合关系，阐述了城乡基本公共服务均等化促进城乡融合发展的作用机理。在测度城乡基本公共服务均等化与城乡融合发展水平的基础上，运用固定效应模型和空间计量模型实证检验了我国城乡基本公共服务均等化的城乡融合发展效应。分析了我国城乡基本公共服务均等化取得的成就、存在的主要问题及其形成的原因。在比较分析美国、英国、日本、澳大利亚推进城乡基本公共服务均等化实践经验的基础上，针对我国城乡基本公共服务均等化存在的主要问题及其形成的原因，从深入推进治理能力现代化，优化城乡基本公共服务财政资源配置；提升乡村基本公共设施的筹资和规划能力，补齐城乡基本公共设施均等化的短板；以质量提升为导向精准锚定政策发力点，补齐城乡基本公共教育服务的短板；均衡配置公共医疗服务资源，补齐乡村基本公共医疗服务的短板；深化城乡一体化基本社会保障制度改革，破解应保尽保症结性难题等方面提出了推进城乡基本公共服务均等化促进城乡融合发展的对策建议。

第12章是优化城乡空间结构促进城乡融合发展。本章从分工协作功能互补、产业布局优化调整、生产要素双向流动、生态环境共保共治四个方面分析了城乡空间结构优化对城乡互惠共生、城乡产业融合、城乡要素融合和城乡生态融合的作用机理。在考察我国城乡空间结构演进总体特征的基础上，剖析了我国城乡空间结构存在的主要问题。在运用熵权法测度我国城市空间系统和农村空间系统发展水平的基础上，采用耦合协调度模型测度全国以及31个省份城乡两大系统的空间结构耦合协调度。运用空间计量模型实证检验我国城市群对城乡融合发展的影响，结论是城市群的多中心空间结构能够显著促进城乡融合发展，进而间接验证了本章理论分析的结论。在上述理论分析与经验实证的基础上，加强城乡统筹与管理，推进城乡规划一体化；持续优化空间布局和形态，促进大中小城市、小城镇和乡村的协调发展；提升县城发展质量，发挥县城以城带乡的关键节点作用；加强区域合作，促进区域间城乡空间协调发展四个方面阐述了优化城乡空间结构促进城乡融合发展的对策建议。

0.4 马克思主义政治经济学的研究方法

本书坚持马克思主义政治经济学的研究方法。唯物辩证法是马克思主义政治经济学的基本研究方法。因为是唯物主义的，所以政治经济学的研究要从社会经济发展的实际情况出发，即从客观经济现象和具体经济过程出发来研究经济问题，进而揭示问题的本质，而不是从主观心理和预先设定的假设出发来研究经济问题；由于是辩证的，就要从事物发展的相互联系、相互制约的关系中，从事物发展的内在矛盾运动中考察社会经济现象。唯物辩证法在马克思主义政治经济学研究中的具体运用，体现为科学的抽象法，具体表现为由具体到抽象的研究方法和由抽象到具体的叙述方法；通过生产力与生产关系的矛盾运动来解释社会制度变迁的矛盾分析方法；历史与逻辑相统一的方法，以及定性与定量分析、归纳与演绎分析相结合等理论分析与经验实证相结合的方法。

本书总体上坚持了马克思主义政治经济学的研究方法，具体体现在：

第一，运用从具体到抽象的研究方法，论证二元经济转型中城乡关系的演变规律及其实现机制，运用从抽象到具体的叙述方法设计书的研究框架。本书在修正经典二元经济理论的隐含假设的基础上，深入研究新中国成立以来，特别是改革开放以来中国二元经济转型的实际情况；深入考察发达经济体二元经济转型的历史，以及发展中国家的二元经济转型进程，对大量的历史事实和现实资料进行去粗取精、去伪存真的加工整理，由表及里、由此及彼的抽象分析，透过错综复杂的经济现象，论证二元经济转型中城乡关系演变规律及其实现机制。并在此基础上，运用从抽象到具体的叙述方法，以二元经济转型中城乡关系演变规律及其实现机制为理论基础，设计本书研究的理论基础、制度框架与激励机制，以及专题探讨的研究框架。

第二，运用矛盾分析的方法，从二元经济转型各个不同阶段生产力与生产关系的矛盾运动中，揭示二元经济转型中城乡关系演变规律的理论逻辑，研究不同制度安排对城乡关系的影响。以刘易斯—费景汉—拉尼斯模型为代表的二元经济理论，受其隐含假设的影响，侧重于生产技术层面的二元结构转换，忽视制度因素对二元经济转型的作用。本书运用矛盾分析的方法，根据马克思生产力与生产关系辩证关系的基本原理，把二元经济转型作为生产技术二元性与组织制度二元性双重转换的统一，从二元经济转型不同阶段生产力与生产关系的矛盾运动中，研究城乡关系演变的理论逻辑。以市场与政府的关系为主线，研究制度安排的改变对城乡关系演变的影响。在此基础上，结合中国二元经济转型的特殊性，剖析后刘易斯转折阶段构建新型城乡关系所面临的症结性难题，并针对这些难题设计构建新型城乡关系的制度框架、激励机制，提出对策方案。

第三，运用逻辑与历史相统一的方法研究中国、先行工业化国家、后起工业化国家和地区，以及发展中国家在二元经济转型中城乡关系演变的历史进程，通过对这些经济体在二元经济转型中城乡关系演变历史进程的分析，以及对其差异性和共同性的比较分析，总结出二元经济转型中城乡关系演变的规律性特征。上述经济体的二元经济转型过程充满了艰辛和矛盾，是一个异常复杂的发展过程，本书并没有，也不可能按照上述经济体的工业化、城市化与农业现代化的历史顺序进行分析，而是以农业劳动力转移为主线，以制度与技术创新为重点，根据二元经济转型的四个阶段进行历史考察，力图实现对二元经济转型中城乡关系演变的逻辑与历史的统一研究。

第四，运用理论分析与经验实证相结合的方法研究中国二元经济转型的特殊性与阶段性、后刘易斯转折阶段构建新型城乡关系所面临的症结性难题，以及如何通过技术与制度创新解决这些难题。既运用定性分析的方法研究社会主义发展中大国非均衡性制度变迁对二元经济转型特殊性的影响，以及中国二元经济转型特殊性对后刘易斯转折阶段协调城乡关系的影响，又运用统计分析、计量检验、社会调查、典型案例等方法判断中国二元经济转型的阶段性进展，测度农民工市民化水平、城乡融合发展程度、城乡基本公共服务均等化水平，并对科技创新、农民工市民化、土地制度改革关联效应、城乡基本公共服务均等化以及优化城乡空间结构对城乡融合发展的影响进行计量检验，以尽可能地使本书研究置于客观的定量分析之基础上。

本书研究采用的理论分析与经验实证的主要具体方法：

（1）运用逻辑推演的方法研究科技创新、农民工市民化、土地制度改革的关联效应、城乡基本公共服务均等化、城乡空间结构优化等促进城乡融合发展的作用机理。逻辑推演方法，是理论实证中经常采用的一种方法，是指根据基本原理、变量间的相互关系，遵循逻辑思维规律，进行理论分析的方法。本书的研究中，所有理论实证的内容都采用了这种方法，其中最典型的表现是运用这一方法分析了科技创新、农民工市民化、土地制度改革的关联效应，以及城乡基本公共服务均等化和城乡空间结构优化对促进城乡融合发展的作用机理。

（2）运用描述性统计方法对本书实证研究的所有数据进行分析整理。统计性描述是经验实证中经常采用的一种方法，主要是收集、加工和分析经济运行中的实际数据，并通过图形和表格等形式来描述经济变量间的数量关系和变动规律。统计描述中所收集和加工整理的实际数据，通常构成了计量分析的原始材料。本书立足中国二元经济转型，借鉴先行工业化国家、后起工业化国家和地区，以及发展中国家二元经济转型的经验教训，研究后刘易斯转折阶段构建新型城乡关系问题，需要国内外不同历史阶段的大量数据进行经验实证。本书在研究过程中搜集、挖掘了大量所需数据，并对这些数据进行不同形式的分析整理，不仅为城乡融合发展、基本公共服务均等化、农民工市民化水平测度，以及多种计量检验提供了基础数据，也使本书的研究更能反映二元经济转型中城乡关系演变的客观实际。

（3）运用固定效应回归模型检验科技创新、土地制度改革的关联效应、基本公共服务均等化对城乡融合发展的影响。固定效应回归模型基于面板数据进行回归分析，是计量检验中常用的一种方法。本书在相关内容的研究中运用这一方法，分别对科技创新、土地制度改革的关联效应，以及基本公共服务均等化对城乡融合发展的影响进行了实证检验。

（4）运用结构方程模型检验农民工市民化对城乡融合发展的中介效应和综合效应。结构方程模型是在集路径分析、多元回归分析，以及确认型因子分析等方法的基础上创建的统计数据分析工具，具有识别、估计以及检验不同因果关系的功能。农民工市民化对城乡融合发展的影响是通过土地规模经营、人力资本投资、扩大内需以及城镇化转型等中介变量来实现的，运用结构方程模型分析农民工市民化影响城乡融合发展的中介效应与综合效应是非常适用的。

（5）运用断点回归方法检验土地制度改革关联效应对城乡融合发展的影响。2015年以来的土地征收、经营性建设用地入市，以及宅基地制度的"三块地"改革试点，是一个大规模社会实验，为学者们研究中国土地制度改革的关联效应及其对城乡融合发展的影响提供了难得的实验条件。为了准确检验土地制度改革关联效应对城乡融合发展的影响，本书在固定效应回归检验的基础上，采用断点回归模型做进一步检验。考虑到"三块地"改革开始试点时实施范围较小，且难以收到立竿见影的成效，本书把"三块地"改革试点期限延长的时间点作为断点，分析2017年断点处"三块地"改革对城乡融合发展的局部处理效应，用断点回归方法检验中国土地制度改革对城乡融合发展的影响。

（6）运用空间计量模型检验科技创新和城乡基本公共服务均等化影响城乡融合发展的空间外溢效应，以及多中心城市群对城乡融合发展的影响。由于空间计量模型在处理数据的空间相关性和空间异质性等方面具有独特优势，已成为空间数据的标准分析工具。本书通过构建邻接权重、地理权重、经济权重以及经济地理嵌套权重四种空间权重矩阵来控制回归结果的准确性与稳健性，采用空间自回归模型和空间杜宾模型，检验了科技创新和城乡基本公共服务均等化影响城乡融合发展的空间外溢效应。本书还选用京津冀、长三角、珠三角、成渝、长江中游、山东半岛、粤闽浙沿海、中原、关中平原、北部湾、哈长、辽中南、山西中部、黔中、滇中、呼包鄂榆、兰州－西宁、宁夏沿黄18个国家级城市群作为研究对象，以城市群首位城市经济集中度与首位城市人口集中度作为解释变量，城乡融合发展作为被解释变量，构建城市群邻接空间权重矩阵，采用空间滞后模型、空间杜宾模型和空间误差模型检验了多中心城市群对城乡融合发展的影响。

（7）运用耦合协调度模型测度我国城乡空间结构耦合协调度及其时空格局演变。以31个省份2013～2020年城市空间结构发展水平指数、农村空间结构发展水平指数为基础，采用耦合协调度模型测度全国以及31个省份的城乡两大系统空间结构的耦合协调度，分析我国城乡空间总体耦合协调的时空格局演化，并分别测算了城乡生产空间、城乡生活空间、城乡生态空间耦合协调的时空格局演变情况。

（8）运用典型调研和个案分析方法研究我国土地制度改革关联效应对城乡融合发展的影响。本书选择山东省作为土地制度改革的调研地区，对山东省土地制度改革进行了实地调研。由于山东省寿光市土地制度及关联制度的联动改革进行得比较顺利，也取得了较好成效，本书又对寿光市土地制度改革及其对城乡融合发展的影响进行了深入的典型调研，并在这一典型调研的基础上，对寿光市农村土地制度改革及其对城乡融合发展的影响进行个案分析。

0.5 主要创新与不足

0.5.1 主要创新与推进之处

第一，坚持马克思主义政治经济学的研究方法，对刘易斯—费景汉—拉尼斯的经典二元经济理论进行了深入、系统的反思与修正。自从20世纪50年代刘易斯模式问世以来，不同学术流派的学者纷纷介入这一研究领域，形成了各具特色的二元经济理论。但以马克思主义政治经济学理论为指导，运用马克思主义政治经济学的研究方法，深入系统地研究二元经济转型的学术成果，迄今为止还不多见。本书坚持马克思主义政治经济学的研究方法，依据辩证唯物主义方法论原则，运用马克思关于生产力与生产关系辩证关系原理，总结先行工业化国家、后起工业化国家和地区二元经济转型的成功经验，吸取陷入"中等收入陷阱"国家的失败教训，从侧重生产技术二元性、忽略有效需求的影响、缺少对结构转变空间维度的考察、未考虑二元经济形成阶段，以及将刘易斯第二转折点作为二元经济转型完成的标志等方面对这一模型进行了深入系统的反思，并在此基础上阐述了二元经济转型的政治经济学含义；重新界定了二元经济转型的阶段性划分；分析了发展中国家二元转型的阶段变异及二元经济转型的非线性特征，修正和完善了二元经济理论。

第二，构建了二元经济转型视角下新型城乡关系构建的研究框架。国内外学者从多角度多层面研究了城乡关系的内涵、城乡关系的历史演变、中国城乡关系的现状与成因，以及协调城乡关系的对策建议，取得了较为丰富的研究成果。但已有的研究成果或采用刘易斯—费景汉—拉尼斯模型的研究思路，或是着眼于城乡关系的某一方面。前者由于刘易斯—费景汉—拉尼斯模型与中国本土化实践不匹配，其研究结论及所提对策难以契合中国转型发展实际，后者因聚焦于城乡关系的某一侧面，难以从总体上把握构建新型城乡关系所面临的诸多症结性难题，所提对策不可避免地缺乏全局引领作用。本书以二元经济转型为视角，立足社会主义发展中大国转型发展的基本国情，突出二元经济转型的中国本土化特点。在对二元经济转型中城乡关系演变规律及其实现机制进行深入研究的基础上，剖析了后刘易斯转折阶段构建新型城乡关系面临的症结性难题，遵循二元经济转型中城乡关系的演变规律及其实现机制，聚焦后刘易斯转折阶段构建新型城乡关系面临的症结性难题，统筹谋划和总体设计构建新型城乡关系的制度框架和激励机制，并对症结性难点进行深入系统的专题研究。这一研究框架既突出了理论分析的深刻性，又兼顾了所提对策的全局性、引领性，以及现实可操作性。

第三，论证了二元经济转型中城乡关系的演变规律及其实现机制。以刘易斯—费景汉—拉尼斯为代表的经典二元经济理论，受其隐含假设的影响，忽视制度因素对二元经济转型的作用，缺少对结构转型空间维度的考察，未涉及二元经济的形成阶段，加之其将刘易斯第二转折点作为二元经济转型结束的标志，导致经典二元经济转型理论难以揭示二元经济转型中城乡关系的演变规律及其实现机制。迄今为止，学术界对城乡关系演变规律的研究大都着眼于整个人类社会发展的历史过程，关于二元经济转型中城乡关系演变规律的学术成果本项目组还未能检索到。本书运用马克思主义政治经济学的研究方法，综合运用马克思主义政治经济学、发展经济学、新制度经济学、空间经济学等理论。（1）把二元经济转型作为生产技术与组织制度双重转换的统一，从生产力与生产关系的矛盾运动中，揭示二元经济转型中城乡关系演变规律的理论逻辑。（2）把空间结构纳入城乡关系的研究框架，弥补刘易斯—费景汉—拉尼斯模型的研究不足，从城乡产业结构与空间结构的相互作用中研究城乡关系的演变。（3）重新界定二元经济转型的阶段性划分，根据已完成二元经济转型经济体在不同阶段城乡关系的共性表现，总结二元经济转型中城乡关系演变的规律性特征，研究不同阶段城乡关系的主要特点。（4）从马克思生产力与生产关系辩证关系的角度审视经济运行，论证政府与市场的有效组合是二元经济转型中城乡关系演变规律的实现机制。

第四，分析了中国二元经济转型的特殊性和阶段性。发展中国家的城乡关系问题是二元经济转型研究的重点内容，二元经济转型的不同特点对城乡关系演变具有重要影响，二元经济转型所处的不同阶段城乡关系的特征也大不相同。国内外学者对中国二元经济转型问题展开了多角度研究，但我国二元经济转型有别于先行工业化国家、后起工业化国家和地区以及其他发展中国家的特殊性还是学术研究的薄弱环节。学者们普遍延续了刘易斯—费景汉—拉尼斯二元经济模型的学术观点，认为刘易斯第二转折点的到来标志着二元经济转型的结束，因此未能对后刘易斯转折阶段面临的诸多症结性难题进行深入探讨。本书立足具体国情与时代背景研究中国的二元经济转型，论证中国二元经济转型的两大突出特点，即以经济体制转轨为背景并受体制转轨的制约；农业劳动力非农化与市民化相脱离。运用计量经济学方法对我国二元经济转型所处的阶段进行实证检验。初步测算的结果是我国于2024年前后进入后刘易斯转折阶段。在上述研究的基础上，深入分析了中国二元经济转型的特殊性对后刘易斯转折阶段构建新城乡关系的影响。

第五，强化土地制度改革的关联效应，促进城乡融合发展。从现有的研究文献看，关于土地制度改革与城乡融合发展关系的研究成果较为匮乏。党的十八大以来，中国土地制度改革的总体方向已经明确，但从制度关联的角度对中国土地制度改革进行深入、系统的研究成果还不多见，关于强化土地制度改革的关联效应促进城乡融合发展的研究成果更是难得一见。本书以制度关联性为切入点，研究如何通过强化各项土地改革的内部关联和土地制度改革与相关制度改革的外部关联，促进城乡融合发展。这一研究主题下的具体创新内容有：（1）土地制度改革关联效应促进城乡协调发展的作用机理。从现有文献资料看，土地制度改革与城乡协调发展的互动关系仍是学术研究的薄弱环节，研究土地制度改革关联效应促进城乡协调发展作用机理的学术成果，我们还未能检索到。本书在分析制度关联框架下土地制度改革关联效应的基础上，从城乡产业融合、城乡空间结构优化、城乡居民共同富裕三个方面研究了强化土地制度改革关联效应，促进城乡融合的作用机理。（2）制度关联框架下土地制度改革促进城乡融合发展的成效分析。制度关联理论是新制度经济学的重要内容，但迄今为止，运用制度关联理论分析我国2013年以来土地制度综合改革中土地制度体系的内部关联及其联动效应、土地制度与相关制度的外部关联及其联动效应的学术成果我们也未能检索到。本书在对改革开放以来土地制度改革进行历史考察的基础上，深入分析了2013年以来以承包地"三权分置"和"三块地改革"为主要内容的综合改革成效及存在的主要问题。（3）实证检验中国土地制度改革的关联效应及其对城乡融合发展的影响。土地制度改革的关联效应是制度关联理论在土地制度改革领域的新拓展，实证检验中国土地制度改革关联效应对城乡融合发展的影响更是有待学者们进行研究的新内容。本书运用固定效应回归模型和断点回归模型计量检验了土地制度改革关联效应对城乡融合发展的影响，并对山东省寿光市土地制度改革及其关联效应进行了典型调研和个案分析。

第六，优化城乡空间结构，促进城乡融合发展。以刘易斯—费景汉—拉尼斯模型为代表的二元经济理论，受其假设前提的影响，缺少对结构转型空间维度的考察。受这一经典理论的影响，将城乡产业结构与城乡空间结构结合起来，研究如何通过优化城乡空间结构来促进城乡融合发展的成果较为匮乏。本书在这一主题下的主要创新内容有：（1）综合运用马克思主义政治经济学、空间经济学、发展经济学和新制度经济学理论，探讨二元经济不同发展阶段城乡空间结构的演进情况。（2）从分工协作功能互补、产业布局优化调整、生产要素双向流动、生态环境共保共治等几个方面分析了城乡空间结构优化促进城乡融合发展的作用机理。（3）在测度城市空间系统和农村空间系统发展水平的基础上，采用耦合协调度模型测度全国以及31个省份的城乡两大系统的空间结构耦合协调度。运用空间计量模型实证检验我国城市群对城乡融合发展的影响，结论是城市群的多中心空间结构能够显著促进城乡融合发展，进而间接验证了本章理论分析的结论。

第七，农民工市民化促进城乡融合发展的机理分析与实证检验。经典的二元经济理论虽然都把农业劳动力非农转移作为二元经济转型的核心问题，但也都把劳动力的非农职业转变和市民身份转变作为同一过程，都是在既定的市场经济条件下，从资源配置的角度研究劳动力转移和人口迁移问题。受此影响，国外学者很少专门研究农民工市民化问题。我国学者虽对农民工市民化问题进行了大量研究，也取得了丰富的研究成果，但这些研究多集中在对农民工市民化的含义、农民工市民化进程、农民工市民化的成本分担、农民工市民化的影响因素、推进农民工市民化对策等具体问题的研究上。研究农民工市民化促进城乡融合发展的作用机理，并对其进行实证检验的学术成果，我们还未能检索到。本书从农业规模经营、人力资本投资、扩大消费与投资需求、城镇化转型等角度研究了农民工市民化促进城乡融合发展的作用机理，并运用结构方程模型计量检验了农民工市民化对城乡融合发展的影响。

0.5.2 主要不足之处

对于中国这样一个发展中大国来说，在二元经济转型的后刘易斯转折阶段，构建工农互促、城乡互补、协调发展、共同繁荣的新型城乡关系是一个高度复杂的社会系统工程。本书从二元经济转型视角研究中国新型城乡关系的构建，也是一个难度较大的科研课题。受作者学识水平和数据资料可得性的限制下，无论是在基础理论的构建方面还是在经验实证方面，本书都存在进一步改进和完善的空间。

其一，本书运用逻辑推演的方法分析科技创新、农民工市民化、土地制度改革、城乡基本公共服务均等化、城乡空间结构优化对促进城乡融合发展的作用机理。由于涉及变量较多，且变量间的相互关系较为复杂，受作者数理分析能力的限制，还未能对上述作用机理进行数理分析。

其二，受历史资料搜集难度和专业研究范围的限制，本书在反思与修正经典二元经济理论、研究二元经济转型中城乡关系演变的规律性特征时，重点采用了已完成二元经济转型的先行工业化国家和地区、后起工业化国家和地区，以及未完成二元经济转型的拉美国家的数据和资料，其他发展中国家二元经济转型中城乡关系演变的数据、资料还有待深入挖掘。

第一篇

理论基础

第 1 章

文 献 综 述

城乡关系涉及城市与农村居民两大群体、农业与非农业两大产业，以及城市与乡村两大地理空间。一个国家的现代化过程也是其城乡关系的演变和重构过程。城乡关系的思想演变与工业化历程紧密相关，呈现明显的时代特征。自工业革命以来，城乡关系一直是学术界高度关注的重点。为了从二元经济转型的视角对中国新型城乡关系的构建进行全面系统的深入研究，有必要对国内外城乡关系研究文献进行系统梳理与客观评析，以便在获取知识积淀和参考借鉴的同时，发现不足之处进行重点研究。

1.1 国内外城乡关系研究学术史的简要梳理

1.1.1 国外城乡关系研究学术史的简要梳理

作为人类社会发展过程中形成的两大生产生活空间，城乡自古有之，但国外学术界对城乡关系的研究始于拉开城乡差距的工业革命。因此，城乡关系的思想演变与工业化历程紧密相关，呈现明显的时代特征。19 世纪中叶，随着欧洲主要国家进入现代化工业社会，城乡关系走向对立和冲突。面对资本主义国家不断加剧的城乡对立，空想社会主义者从理想社会的角度，提出了城乡一体化的理论构想。19 世纪中叶，马克思、恩格斯运用历史唯物主义辩证观，批判地吸收了空想社会主义关于城乡一体化的合理思想，创造性地提出了城乡融合理论。20 世纪初到 20 世纪 40 年代，基于对发达国家工业化进程中城乡分离带来的诸多经济、社会问题的思考，一些学者提出了田园城市和城乡有机结合等理论，从城乡地理空间的角度补充、完善了城乡融合理论①②③。

20世纪50~60年代,工业化成为发展中国家追求的首要目标。在这一背景下,具有"城市偏向"的城乡非均衡发展理论,在城乡关系研究中居于主导地位。其中最具代表性的理论是刘易斯于1954年提出的二元经济理论。刘易斯把发展中国家的经济分为现代工业部门与传统农业部门,认为劳动力的非农转移是促进资本积累、推进工业化进程,进而实现从城乡二元经济向现代化一元经济转型的核心机制。在这一模型中,工业部门扩张是实现二元经济转型的唯一途径,农业部门的作用只是为工业扩张提供廉价劳动力。60年代初,美国经济学家古斯塔夫·拉尼斯和费景汉,从二元经济转型阶段划分、农业发展和技术进步作用三个方面扩展和完善了刘易斯二元经济模型,形成了著名的"刘易斯—费景汉—拉尼斯"模型。同时,美国经济学家乔根森不承认发展中国家存在着边际劳动生产力为零的农业剩余劳动力,运用二元结构分析方法,构建了二元经济转型的新古典模型④。刘易斯—费景汉—拉尼斯模型和乔根森模型虽然都强调了农业部门的重要性,但这种认识仍局限在为工业发展提供剩余的范围内,农业发展仅是为了支持工业扩张。

这一时期,弗朗索瓦·佩鲁、冈纳·缪达尔、阿尔伯特·赫希曼和约翰·弗里德曼从地理空间的角度,以"增长极"和"核心—边缘"理论为基础,提出并完善了具有明显城市偏向的城乡空间极化理论⑤⑥⑦⑧。

发展经济学家的理论导向和政府决策的政策导向,忽视了农业和农村发

---

① [英]埃比尼泽·霍华德,金经元译:《明日的田园城市》,商务印书馆2000年版。
② [美]刘易斯、芒福德,倪文彦等译:《城市发展史:起源、演变与前景》,建筑工业出版社1989年版。
③ 参见白雪秋、聂志红、黄俊立等:《乡村振兴与中国特色城乡融合》,国家行政学院出版社2018年版,第39~43页。
④ Jorgenon, D., The Development of a Dual Economy, The Economic Journal, 1961.
⑤ Perroux, F., Economic Space: Theory and Applications, The Quarterly Journal of Economics, 1950.
⑥ Myrdal, G., Economic Theory and Under-development Regions, Gerald Duckworth, 1957, pp. 26 - 36.
⑦ Hirschman, A., The Strategy of Economic Development, City of New Haven: Yale University Press, 1965, pp. 157 - 159.
⑧ Friedmann, J., Regional Development Policy: A Case Study of Venezuela, Boston: M. I. T. Press, 1966, p. 279.

展,导致了发展中国家的农业长期处于停滞状态。从20世纪60年代中期开始,学者们逐渐认识到农业对经济发展的重要作用,在对城市偏向的城乡非均衡发展理论的反思中,形成了具有农村偏向的城乡非均衡发展理论。舒尔茨1964年出版了著名的《改造传统农业》一书,提出通过引进新技术改造传统农业的论点。舒尔茨认为,传统农业的基本特征是技术停滞,虽然农业生产率低下,但要素配置却已达到最优状态。因此,改造传统农业的首要条件是把现代农业技术引入农业生产体系。美国发展经济学家托达罗以发展中国家普遍存在城市失业为前提,阐述了其著名的二元经济模型[①]。托达罗认为消除发展中国家二元经济结构不是依靠农村人口不断流入城市,而是如何提高农业劳动生产率,增加农民收入,改善农村生活条件。这一模型强调要通过农村经济的不断发展来缩小工农差别和城乡差别。速水佑次郎和拉坦以美国和日本农业发展的历史经验为基础,提出了通过诱导技术与制度变革来促进农业发展的理论,论证了要素相对稀缺程度的变化会通过要素价格诱导农民采取不同的农业技术。强调要通过体制改革来突破阻碍技术变革的制度约束。主张应将城镇作为非农业和行政管理功能的主要场所而不是作为一个增长极来看待,以集镇为中心建设发展乡村社区,并实行乡村城市化以促进乡村发展[②]。迈克尔·利普顿认为城市优先发展意味着城乡关系的不平等,这种不平等正是乡村贫困的根源[③]。这一学术观点既得到了许多学者的支持,也引发了对"自下而上"发展战略的探索。显然,进入60年代中期,特别是70年代之后,学者们不再只把农业作为推进工业化的政策工具,而是更关注农业和农村经济发展本身的内在价值。

20世纪80年代以来,随着韩国以及中国台湾等后起工业化国家和地区进入发达经济体行列,以及发展中国家城乡发展战略的调整,城乡协调发展理论又重新受到学术界的重视。英国经济学家蒂姆·昂温提出了"城乡间的相互作用、联系、多种要素相互流动"的分析框架,认为城乡联系实际上是

---

① [美]迈克尔·P. 托达罗,印金强、赵荣美译:《经济发展与第三世界》,中国经济出版社1992年版,第27~31页。

② [日]速水佑次郎、[美]弗农·拉坦:《农业发展的国际分析》,中国社会科学出版社2000年版。

③ Baker, R., Why Poor People Stay Poor: A Study of Urban Bias in World Development by Michael Lipton, Modern Asian Studies, 1979.

多种要素相互作用的复杂过程①。赛西莉亚·塔科里和大卫·塞特思威特构建了"城乡相互作用与区域发展"的关联模式,强调中小城镇在乡村区域发展以及缓解贫困中的作用。岸根卓朗基于系统论视角提出了"自然–空间–人类系统"的城乡融合设计理论;麦基在对亚洲多个国家进行长期研究后,提出了基于区域综合发展的城乡一体化区域模式（"Desakota"模式）,以及道格拉斯从城乡通过人口流、商品流、资金流和信息流相互联系的角度提出的"区域网络发展模型"也受到了广泛的学术关注②③④。

1.1.2 国内城乡关系研究学术史的简要梳理

新中国成立以来的城乡关系研究,是伴随着我国经济发展和经济体制转型过程的不断推进而逐步展开的。经济发展的不同阶段,改革和发展所面临的主要问题不同,城乡关系的研究内容和研究重点也不相同。传统计划经济体制下,经济发展的重点是实现"赶超战略",其制度安排与政策手段都是通过吸收农业剩余促进工业发展,反映在城乡关系研究上的主流观点是"抑农重工",进而为国家重化工业优先发展战略提供理论支持⑤。

改革开放之初,率先进行的农村经济体制改革,极大地促进了农业生产和农村经济发展,乡镇企业异军突起,启动了农村城镇化进程,城乡关系开始从隔离转向联系。自1984年起,经济体制改革从农村扩展到城镇,在促进城乡经济发展的同时,也促进了学术界把城乡关系的研究重点转向了城乡经济体制改革和城乡一体化发展。20世纪80年代学术界对城乡一体化的研究多集中于城乡一体化的主体内容、发展目标、本质特征、动力机制、建设模式、规划实施等方面。20世纪80年代末期,国家经济体制改革委员会编著的《城乡改革实践的思考》,重点讨论了中国城乡经济体制改革的思路,从

---

① Unwin, T., Urban-rural and Interaction in Developing Countries: A Theoretical Perspective. In Potter, Unwin, eds. The Geography of Urban-rural Interaction in Developing Countries. London: Routledge Press, 1989, pp. 11 – 32.

② [日]岸根卓郎:《迈向21世纪的国土规划——城乡融合系统设计》,科学出版社1990年版,第38~72页。

③ McGee, T., The Extended Metropolis: Settlements Transition in Asia. Honolulu: Hawaii University Press, 1991, pp. 3 – 25.

④ Douglass, M., A Regional Network Strategy for Reciprocal Rural-urban Linkages: An Agenda for Policy Research with Reference to Indonesia, Third World Planning Review, 1998.

⑤ 李天芳:《我国新型城镇化进程中城乡关系协调路径研究》,人民出版社2017年版。

完善市场体系的角度，分析了温州改革实践与农村商品经济的发展①。

进入20世纪90年代，受中国经济发展阶段和非均衡制度变迁的影响，以城市为中心的利益格局得以恢复甚至强化。城乡二元经济结构所导致的城乡发展差距成为学术界关注的焦点。蔡昉在其《中国的二元经济与劳动力转移——理论与政策》一书中，将发展战略转变、农业劳动力转移和二元经济结构转换结合起来，分析了我国二元经济结构的成因和劳动力转移的非典型化特征——就业结构转换滞后于产值结构转换、工业中过高的资本劳动比以及三次产业的不发达；论述了农村经济体制改革对劳动力转移和二元经济结构转型的作用②。1993年国家计委经济研究所课题组发表了国家计委研究中心委托项目的研究报告《二元结构矛盾与90年代的经济发展》，考察了我国二元结构矛盾的历史由来与现状，分析了二元结构不断强化与90年代加快发展的要求之间的矛盾，提出了"双层分离式"的工业化战略设想和政策选择③。1994年中国科学院国情分析研究小组的第3号国情报告《城市与乡村——中国城乡矛盾与协调发展研究》，以城乡二元结构为基本线索，分析了我国城乡矛盾及其特征、工业化过程与城乡关系演变，以及城乡关系不协调的成因，并探讨了城乡关系的演变趋势，提出了通过农业剩余劳动力的非农转移，提高农业劳动生产率，加强城乡产业、市场、规划建设、生态环境、体制政策协调，加速传统农业经济向现代工业经济转化的基本思路④。周叔莲、郭克莎认为中国城乡经济和社会发展具有典型的二元结构特征，在分析改革开放以来我国城乡经济及社会发展态势、20世纪80年代中期以来我国城乡关系存在的主要问题和矛盾的基础上，从协调城乡产业结构、提高城乡资源配置效率，以及协调城乡商品流通关系、提高农民收入和消费水平等方面，提出了促进城乡协调发展的思路和对策⑤。陈吉元、韩俊在其出版的《人口大国的农业增长》中，分析了中国城乡分割体制形成的原因及该体制

---

① 李泉：《中外城乡关系问题研究综述》，载《甘肃社会科学》2005年第4期，第207~212页。

② 蔡昉：《中国的二元经济与劳动力转移——理论与政策》，中国人民大学出版社1990年版。

③ 国家计委经济研究所课题组：《二元结构矛盾与90年代的经济发展》，载《经济研究》1993年第7期，第3~14页。

④ 中国科学院国情分析研究小组：《城市与乡村——中国城乡矛盾与协调发展研究》，科学出版社1994年版。

⑤ 周叔莲、郭克莎：《中国城乡经济及社会协调发展研究》，经济管理出版社1996年版。

的现实困境，认为乡镇企业是农村劳动力跨地区流动、农业剩余劳动力转移的主渠道，农民工进城也是农业剩余劳动力转移的有效办法①。

进入21世纪，针对城乡二元结构导致城乡发展差距持续扩大的问题，党的十六大提出统筹城乡发展的战略思想，党的十七大提出形成城乡经济社会发展一体化新格局，党的十九大进一步提出建立健全城乡融合发展的体制机制，标志着中国城乡关系进入了全面破除城乡二元体制，构建新型城乡关系的历史进程。学者们在继续深化城乡二元结构转型研究的基础上，聚焦城乡统筹、城乡发展一体化、城乡融合等城乡协调发展的研究主题。

1.1.3 以刘易斯—费景汉—拉尼斯模型为代表的二元经济理论是学术界研究城乡关系的主要理论参照

刘易斯模型以古典经济理论为基础，强调结构变动对经济发展的重要作用，与经济均衡条件下的总量发展模型相比，更接近发展中国家的经济现实；刘易斯模型揭示了劳动力非农转移对二元经济转型的核心作用，不仅是对发达国家二元经济转型历史经验的总结，也符合欠发达国家二元经济转型的实际；其二元结构的分析方法，为人们研究发展中国家的经济、社会问题，提供了一个新的思路。刘易斯二元经济模型的构建，引发了许多学者对这一问题的深入探讨，促进了以二元经济转型为核心的发展经济学的形成与发展。自刘易斯模型问世以来，相继出现了各具特色的二元经济理论，这些二元经济理论或多或少都受到刘易斯模型的影响，包括那些反对刘易斯学术观点的二元经济理论在内②。

由于拉尼斯和费景汉从二元经济转型的阶段划分、农业发展和技术进步作用三个方面修正和完善了刘易斯模型，使得刘易斯—费景汉—拉尼斯模型兼容了古典与新古典二元经济理论的长处，进而在各具特色的二元经济理论中最具学术影响力。虽然国内外对城乡关系的研究有两条主线，即从城乡产业结构和城乡空间结构的角度进行研究，但总的来说，多数研究成果都或多或少地受刘易斯—费景汉—拉尼斯模型的影响，从要素流动的角度，以城乡

---

① 陈吉元、韩俊：《人口大国的农业增长》，上海远东出版社1996年版。
② 谭崇台：《发展经济学》，上海人民出版社1989年版。

产业变动为主线研究城乡关系问题。这一情况在中国表现得更为突出，我国学界自20世纪90年代初开始，就把城乡关系的研究重点集中于促进二元结构转型、协调城乡发展的主题上。这种学术研究特色的好处是突破了主流经济学在经济均衡框架下研究总量增长的分析范式，抓住了发展中国家经济结构的主要特点。但刘易斯—费景汉—拉尼斯二元经济理论的先天不足，也不可避免地影响了学术研究的深入和拓展。

1.2　21世纪以来国内外城乡关系的研究动态

1.2.1　关于城乡关系内涵的研究

21世纪以来国内外学者对城乡关系基本含义的研究，基本延续了蒂姆·昂温的"城乡间的相互作用、联系、多要素流动"的分析框架和学术观点，把城乡关系视为各种要素相互作用的复杂关系。斯蒂德（Stead）使用人员和材料作为功能关系（流）来描述城乡关系[①]。这一框架虽然能够涵盖农村和城市之间的"可观察和可量化"交换关系，却忽略了难以衡量的相互依存关系，如信息和资金流动[②]。因此，雷普等（Repp et al.）在斯蒂德模型的基础上进行完善，修正部分要素流动方向，引入新"非物质流动"类别，突出了城乡相互依存关系的复杂性[③]。袁政从系统性和市场均衡性的观点出发，认为城市和乡村应当是一个整体，人流、物流、信息流自由合理地流动使城乡经济、社会、文化相互渗透、相互融合、相互依赖[④]。K.林奇（K.lynch）从"食物流、资源流、人员流、观念流、资金流"五个方面总结了欠发达国家城乡间的相互作用，提出"城市与乡村动力学"概念，建议从"资源分配"和"生计战略"的角度分析发展中国家城市与乡村的相互作用、相互联系的复杂性[⑤]。李泉在综合各方面研究的基础上指出，城乡关系是广泛存在

[①] Stead, D., Urban-rural Relationships in the West of England, Built Environment, 2002 (28), pp. 299 – 310.

[②③] Repp, A., Zscheischle, J., Weith, T., Strauß, C., Gaasch, N., Müller, K., Urban-rurale Verflflechtungen: Analytische Zugänge und Governance – Diskurs, Müncheberg: Diskussionspapier Nr. 4, Leibniz – Zentrum für Agrarlandschaftsforschung (ZALF) e. V, 2012.

[④] 袁政:《中国城乡一体化评析及公共政策探讨》，载《经济地理》2004年第3期，第356页。

[⑤] Lynch, K., Rural – Urban Interaction in the Developing World, New York: Routledge, 2005.

于城市和乡村之间的相互作用、相互影响、相互制约的普遍联系与互动关系，是一定社会条件下政治关系、经济关系、阶级关系等在城市和乡村间的集中反映①。马远军、张小林等把城乡关系的内涵分为四个层次，即地理学意义上的城市与乡村的区位关系；经济学意义上的工业与农业关系；社会学意义上的市民与农民关系，以及生态学意义上的斑块与基质关系②。陈方指出，虽然在英文语境中城乡关系有着不同的表达，但其主要含义是将城市和乡村视为通过人口、商品等要素流动而彼此紧密联系、相互依赖的两个共生系统，城乡关系是指城乡之间要素流动和功能耦合的状态③。

城乡关系依据不同角度会有不同的分类，即包括地理空间的关系，如人口、商品、货币、信息和废弃物在城乡区位的流动和分布；也包括不同部门或不同产业的关系，如城镇和乡村生产活动交叉和渗透，形成了具有三次产业融合色彩的都市农业和农业服务化趋势④。还有学者从利益关系的角度来研究城乡关系，认为城乡关系是经济上的利益分配关系与社会上的规范体系，其实质是收益与成本、权利与义务在城市居民同农村居民间的配置关系⑤。邢祖礼等指出，城乡关系的实质是国家与农民的关系，国家战略和政策取向对城乡关系演化有重要影响，市场化在城乡关系中扮演着"双刃剑"角色，应在重构国家与农民政治经济关系的前提下协调好政府与市场的关系，从而实现新时代城乡关系的融合发展⑥。高耿子将城乡关系分为宏观和微观两个角度：从微观角度，可以考察人、财、物等要素在城乡之间的流动性以及在流动中的平等交换性。以宏观为视角，可以考察城乡相互支持相互影响的互动关系特征，是农村支持城市、城市支持农村，或者是农村影响了城市、城市损害了农村，而这一关系不是固化的，随着工业化、城市化的发展，农村支持城市、城市支持农村的互动关系在曲

---

① 李泉：《中外城乡关系问题研究综述》，载《甘肃社会科学》2005年第4期，第207页。
② 马远军、张小林等：《我国城乡关系研究动向及其地理视角》，载《地理与地理信息科学》2006年第3期，第78页。
③ 陈方：《城乡关系：一个国外文献综述》，载《中国农村观察》2013年第6期，第80页。
④ 陈方：《城乡关系：一个国外文献综述》，载《中国农村观察》2013年第6期，第80~89页。
⑤ 王忠武：《当代中国城乡关系的三重建构机制》，载《学术月刊》2012年第12期，第5~13页。
⑥ 邢祖礼、陈杨林、邓朝春：《新中国70年城乡关系演变及其启示》，载《改革》2019年第6期，第20页。

折中转换[1]。近年来，城市远程连接和远程连接（UT）的概念框架被一些学者用来研究城乡关系[2][3]，它提供了一个关于城乡关系的结构化和过程性视角，将"农村—城市互动"拓宽到更广泛的"人类—环境互动"关系中[4]。

从时间序列的角度看，城乡关系大致可划分为乡育城市、城乡分离和城乡融合三种不同的城乡关系模式[5]。按照这种划分方式，当前主要发达国家的城乡关系已经处于第三阶段，城市与农村的产业、空间、公共服务区域边界模糊，城乡基本从分割状态转向城乡之间人流、物流、信息流、资金和技术流形成网络结构的融合状态。大多数发展中国家的城乡关系目前还处于第一阶段或第二阶段，即农业主导阶段或乡村依附城市阶段，城乡之间的经济社会反差相对突出，工业化和城镇化正处在推进过程之中。

1.2.2 对中国近代以来城乡关系发展历程与阶段特征的研究

如何对待和处理工农城乡关系，是中国自鸦片战争以来社会经济的核心问题之一[6]，国内学者对近代工农城乡关系发展历程与阶段特征的梳理大致可以分为以下四个历史阶段。

1.2.2.1 对中国 1840～1949 年城乡关系及其特征的研究

何一民梳理了 1840～1949 年中国城乡关系及其动因、城乡关系变动的趋势、城乡关系的特点与影响等问题，对近代中国城乡关系的变迁做了具体论述。他认为中国近代城乡关系不仅减弱了城乡联系，更直接引致城市畸形发展和农村衰败并存的局面，导致中国在近代的城市化发展速度很慢，并最终

---

[1] 高耿子：《从二元分割到城乡融合发展新思路——中国农村经济高质量发展研究》，载《现代经济探讨》2020 年第 1 期，第 108 页。

[2] Seto, K. C., Reenberg, A., Boone, C. G., Fragkias, M., Haase, D., Langanke, T., et al., Urban Land Teleconnections and Sustainability, Proceedings of the National Academy of Sciences of the United States of America, 2012, 109 (20), pp. 7687–7692.

[3] Friis, C., Jonas Østergaard Nielsen, Otero, I., Haberl, H., Hostert, P., From Teleconnection to Telecoupling: Taking Stock of An Emerging Framework in Land System Science, Journal of Land Use Science, 2016, 11 (2), pp. 131–153.

[4] Friis, C., Telecoupling: A New Framework for Researching Land – Use Change in a Globalised World, Telecoupling, 2019, p. 58.

[5] Bengs, C., Urban – Rural Relations in Europe, in collections of Interregional Conference on Strategies for Enhancing Urban-rural Linkages Approach to Development and Promotion of Local Economic Development, 2006.

[6] 林刚：《良性互动与恶性循环——关于中国城乡关系历史变动的一点思考》，福建教育出版社 2007 年版。

拖累了中国近代可能获得的现代化进程①。蔡云辉的研究显示近代中国城乡关系呈现联系紧密和对抗加剧并存的特点，这种并存的状态，一方面弱化了城乡之间关联度对促进城乡协同进步的作用；另一方面致使农村逐渐凋敝和城市畸形繁荣并存，最终导致了阶级矛盾日益激化②。近代中国经济的发展历程充分说明，符合国情的工农城乡关系，对中国这样一个农业人口大国实现现代化至关重要。没有现代工业和现代经济，现代化无从谈起，而中国现代工业能否发展甚至能否产生，又由农村经济与农民家庭经济是否繁荣决定，由农村市场的购买力决定。这也就决定了现代经济与传统农村经济必须建立起良性互动的关系而不是前者破坏后者③。

1.2.2.2 对中国 1949~1978 年城乡关系及其特征的研究

新中国成立以后，国家依靠计划经济体制较强的资源调配能力，推进了工业化的高速发展。到 20 世纪 70 年代末，中国已建立了较为完整的现代工业体系，但计划体制和工业化政策强化了中国经济和社会的二元特性，使城市和农村在生产生活水平上表现出极大的差异。改革前的快速工业化并没有将中国带入现代化国家的行列。相反，由于过度剥夺农业，实行城乡隔离，造成工农业发展失调，城乡发展失衡，城乡关系扭曲④。

武力认为，1949~1978 年中国最根本的问题就是如何促进农业快速发展并为工业化奠定基础和提供保障，由此形成了农业支持工业、农村支持城市和城乡分隔的"二元经济体制"⑤。完世伟、高伯文等系统回顾了新中国成立后中国城乡演变的历史，重点分析了 1978 年之前和之后农业部门对工业化和城市化的支持方式与机制的演变⑥⑦。赵洋则对 1949~1978 年城乡关系进行

---

① 何一民：《近代中国城市发展与社会变迁》，科学出版社 2004 年版。
② 蔡云辉：《论近代中国城乡关系与城市化发展的低速缓进》，载《社会科学辑刊》2004 年第 2 期，第 111~116 页。
③ 林刚：《中国工农—城乡关系的历史变化与当代问题》，载《中国农村观察》2014 年第 5 期，第 5 页。
④ 韩俊：《统筹城乡经济社会发展改变城乡二元结构》，载《红旗文稿》2003 年第 12 期，第 14 页。
⑤ 武力：《1949—2006 年城乡关系演变的历史分析》，载《中国经济史研究》2007 年第 1 期，第 23 页。
⑥ 完世伟：《当代中国城乡关系的历史考察及思考》，载《当代中国史研究》2009 年第 2 期，第 121 页。
⑦ 高伯文：《一九五三年至一九七八年工业化战略的选择与城乡关系》，载《中共党史研究》2010 年第 9 期，第 36~44 页。

了细化研究，认为1949~1952年国民经济恢复时期，城市与农村之间生产要素交流频繁，城乡关系相对比较融洽；1953~1957年，1958~1978年城市与农村的关系由松到紧，直到形成城乡的二元结构①。左雯敏、樊仁敬等将1949~1978年的城乡关系界定为城乡二元结构时期，认为以统购统销制和生产生活资料配给制为主的制度安排，形成了封闭和僵化的城乡二元结构，导致新中国成立三十年极其缓慢的城镇化进程②。年猛指出，从新中国成立至改革开放前夕是中国城乡二元体制的形成和巩固时期，这时期的城乡关系可以总结为"农业养育工业、农村支持城市"③。

1.2.2.3 对中国1978~2002年城乡关系及其特征的研究

研究这一时期城乡关系，学术界尤其感兴趣的是市场化取向的改革虽然快速推进，但是城乡差距不断拉大、城乡分离对立日趋严重的趋势却无法遏制的事实。蔡昉、杨涛的研究表明，改革开放之前，与重工业优先发展战略相关的一整套干预政策导致了稳定的城市偏向；而改革开放之后，城乡差距的周期性变化则主要源于城市利益集团的压力以及计划经济体制遗留的制度障碍④。方松海、白瑜洁以劳动力转移为参照系，将这一阶段的城乡关系细分为两个阶段：1978~1989年为第一阶段，劳动力在城乡两部门的增长指数比呈现先上升后下降的态势；1990~2002年为第二阶段，非农就业增长指数与农业就业增长指数之比同样先升后降，但到2002年农业就业人数与非农就业人数第一次相等，这一指标被认为具有标志性意义⑤。

中国宏观经济研究院产业所课题组将这一阶段的城乡关系称为"取多予少"阶段⑥。中国宏观经济研究院产业所课题组认为，这一阶段始于我国农

---

① 赵洋：《中国特色社会主义城乡关系变迁：历史、理论与现实》，载《思想理论教育导刊》2016年第9期，第113页。
② 左雯敏、樊仁敬、迟孟昕：《新中国城镇化演进的四个阶段及其特征——基于城乡关系视角的考察》，载《湖南农业大学学报（社会科学版）》2017年第3期，第45页。
③ 年猛：《中国城乡关系演变历程、融合障碍与支持政策》，载《经济学家》2020年第8期，第70页。
④ 蔡昉、杨涛：《城乡收入差距的政治经济学》，载《中国社会科学》2000年第4期，第11~22页。
⑤ 方松海、白瑜洁：《城乡经济社会发展一体化改革回眸——工农城乡关系30年变迁》，载《中国延安干部学院学报》2009年第1期，第95~99页。
⑥ 中国宏观经济研究院产业所课题组：《改革开放40年中国工农关系演变：从缓和走向融合》，载《改革》2018年第10期，第40页。

村的改革，将农业从过度剥削、自我积累不足的困境中释放出来。户籍制度逐步松绑，将农民从封闭的农村解放出来，城乡之间产品交换、要素流动的增强，推动工农关系从扭曲向平衡调整，但总的来说，农村要素向城镇的流入还远大于工业和城镇对农业、农村的反哺。魏后凯、刘长全从农村改革的角度对这一时期的城乡关系进行了描述：1978~1984年，中国改革的重心在农村，农民被不断赋权，农村家庭经济得到重新确立；1985~2000年，包括农产品与生产要素在内的资源配置机制逐步实现从计划向市场过渡，城乡之间的经济联系得以加强[①]。年猛认为这一期间既是城乡二元制度逐步"破冰"的阶段，也是城乡发展差距由缩小转为扩大的时期[②]。

1.2.2.4 对中国 2002~2012 年城乡关系及其特征的研究

张强把这一阶段界定为"由上而下从多方面突破城乡二元制度、设计促进城乡一体化制度的阶段"。这个阶段的主要意义在于，针对旧制度已被废除、新制度尚未建立的诸多领域，逐一设计改革方案，按照"工业反哺农业、城市支持农村"的原则，对农业、农村、农民实行"多予少取放活"的政策，基本建立起城乡经济社会一体化的体制机制[③]。何秀荣对这一时期的城乡关系进行了描述，21世纪开始前后，粮食产量连续五年滑坡，面对"农民真苦、农村真穷、农业真危险"和农村劳动力大量流向城市的现实，2002年党的十六大报告首次提出了统筹城乡发展的总体方略和构建新型工农城乡关系的重大命题。中央政府于2004年开始转向构建"工业反哺农业、城市支持农村"的"三农"政策体系，政府逐年加大农业补贴支持力度，2006年全国取消农业税。2007年党的十七大报告再次强调要"形成城乡经济社会发展一体化新格局"，并把上述党和国家城乡关系政策的调整，视为利益分配、机会公平等制度安排的调整甚至重构[④]。邹一南也认为，真正从全局出发系统地破除城乡二元结构、推进城乡一体化建设，是从党的十六大之后开始的，

[①] 魏后凯、刘长全：《中国农村改革的基本脉络、经验与展望》，载《中国农村经济》2019年第2期，第3~5页。
[②] 年猛：《中国城乡关系演变历程、融合障碍与支持政策》，载《经济学家》2020年第8期，第70~71页。
[③] 张强：《中国城乡一体化发展的研究与探索》，载《中国农村经济》2013年第1期，第19页。
[④] 何秀荣：《建立健全城乡融合发展体制机制的几点思考》，载《区域经济评论》2018年第3期，第117~119页。

并阐述了诸如推进基本公共服务逐步覆盖农村、实现农民工政策取向由限制流动到促进农民工市民化、在局部地区探索农村集体土地入市等国家在破除城乡二元体制、推进城乡统筹发展方面采取的一系列重大举措，进而将这一阶段的城乡关系特征概括为城乡统筹——工业反哺农业，城市支持农村发展[①]。

1.2.2.5 对中国 2012 至今城乡关系及其特征的研究

2012 年党的十八大报告明确提出，要"形成以工促农、以城带乡、工农互惠、城乡一体的新型工农城乡关系"。2017 年党的十九大报告进一步明确要求"建立健全城乡融合发展体制机制和政策体系"，将城乡融合发展作为现代化事业的重要目标。一些学者研究了党的十八大以来的城乡关系及其特征。张海鹏指出，进入 21 世纪以后，中国经济持续快速增长，综合国力不断增强，初步具备了工业反哺农业的条件，政府直接投入成为调整城乡关系的主要手段。党的十八大以来，推动城乡发展一体化成为党和国家工作的重心之一，全面开启了构建城乡融合发展体制机制的新阶段[②]。姚毓春、梁梦宇认为，2017 年以后，我国进入城乡融合发展阶段，构建了城乡融合发展体制机制改革的整体框架，并强调要为实现城乡要素合理配置、城乡基本公共服务普惠共享等创造条件，助力城乡逐渐形成互相渗透的发展态势，展现出党在新时代对城乡关系变化趋势的深刻认识和对城乡发展规律的精准把握[③]。杨佩卿认为党的十八大以来我国城乡关系的体制创设和政策方略主要有三大方面，即新型城镇化建设愈加深入、脱贫攻坚全面推进，以及乡村振兴有序实施。并把党的十八大以来的城乡关系发展阶段概括为"走向城乡融合发展的全面实现现代化阶段"[④]。

1.2.3 对中国城乡关系的量化研究与地方实践的总结

进入 21 世纪城乡关系研究的一个突出的特点，是加强了对城乡关系的

[①] 邹一南：《从二元对立到城乡融合：中国工农城乡关系的制度性重构》，载《科学社会主义》2020 年第 3 期，第 126~127 页。

[②] 张海鹏：《中国城乡关系演变 70 年：从分割到融合》，载《中国农村经济》2019 年第 3 期，第 8~10 页。

[③] 姚毓春、梁梦宇：《新中国成立以来的城乡关系：历程、逻辑与展望》，载《吉林大学社会科学学报》2020 年第 1 期，第 120~129+222 页。

[④] 杨佩卿：《现代化目标：新中国城乡关系演进脉络和价值取向》，载《西安财经大学学报》2020 年第 5 期，第 100~101 页。

量化研究和对促进城乡协调发展实践经验的总结。焦必方、林娣、彭婧妮对2008年全国各省市城乡一体化水平进行了比较排序，并对长三角地区两省一市从1999~2008年的城乡一体化进程进行了监测。结果发现，尽管2008年长三角地区城乡一体化水平处于全国领先地位，但从1999~2008年长三角地区城乡一体化水平整体上呈现下降趋势①。刘红梅、张忠杰、王克强基于城乡一体化理论和引力模型，构建了中国城乡一体化影响因素的时空引力模型，以1997~2010年的省级面板数据为样本进行实证检验。检验结果表明：对城乡一体化有正向影响的因素是农村人均耕地规模、农业技术水平、农业现代化水平；有负向影响的因素是城市偏向的城乡居民收入分配体制、城市偏向的城乡固定资产投资体制和城乡之间的距离；城乡一体化的时间效应和时空滞后效应显著；区域当前城乡一体化在空间上存在示范效应②。

高相铎对天津市城乡空间关系转变的规划响应进行了研究，作者以城乡空间关系为切入点，并以天津为实证对象，分析了我国城乡空间关系的发展演变过程，以及在此过程中存在的问题，并提出了城乡空间关系转变的规划路径③。刘明辉、卢飞选择中国各省级面板数据为依据，实证检验城乡之间的要素流动对城乡融合发展的影响，研究表明我国农业部门生产要素的错配更为严重，人与地的融合对城乡关系协调发展具有较大的促进作用。同时非农业部门的错配呈现出恶化的现象，阻碍了城乡融合发展④。吴丰华从城乡空间融合、城乡经济融合、城乡社会融合、城乡文化融合、城乡生态环境融合五个方面构建指标体系，测度了我国省域城乡融合发展水平⑤。

党的十六大以来，统筹城乡作为全局性的政策安排，国家政策导向是城乡协调发展，各地在推进城乡协调发展中形成了诸多好的经验，一些学者对

---

① 焦必方、林娣、彭婧妮：《城乡一体化评价体系的全新构建及其应用：长三角地区城乡一体化评价》，载《复旦学报（社会科学版）》2011年第4期，第75~83页。
② 刘红梅、张忠杰、王克强：《中国城乡一体化影响因素分析——基于省级面板数据的引力模型》，载《中国农村经济》2012年第8期，第4~15页。
③ 高相铎：《我国城乡空间关系转变的规划响应研究——以天津市为例》，天津大学博士论文，2017年。
④ 刘明辉、卢飞：《城乡要素错配与城乡融合发展——基于中国省级面板数据的实证研究》，载《农业技术经济》2019年第2期，第33~46页。
⑤ 吴丰华：《近代以来中国城乡关系演进与新型城乡关系的形成研究》，人民出版社2021年版，第167~176页。

这些地方实践进行了深入研究。中国社会科学院新型城市化课题组在总结成都推进城乡一体化经验启示的基础上，提出了中国城市化道路选择与总体设计[①]。国务院发展研究中心农村经济研究部在《从城乡二元到城乡一体：我国城乡二元体制的突出矛盾与未来走向》一书中，对重庆市、河南省济源市、江苏省淮安市城乡发展一体化，以及成都市龙泉驿区"农民转市民"的地方实践进行深入的案例分析[②]。方忠明、朱铭佳以《改革协同推进城乡融合发展》为题，总结了乡村振兴的海盐模式[③]。武勇杰以中小城市为研究对象，对城乡关系发展问题进行了研究，提出中小城市发展存在的问题以及困境，由此提出城市功能专业化对我国区域经济的发展起到了至关重要的作用[④]。唐标明以临桂新区、临桂区、四塘镇以及横山屯地区的城乡融合为研究对象，总结了这些地方通过政府的引导，促进城市与乡村之间的产业互动的实践经验[⑤]。白理刚、鲍巧玲对西昌市东部地区进行研究，分析四川省城郊乡村人与地、城市与乡村之间的关系，通过借鉴空间发展模型，提出促进城乡融合发展的城郊乡村的规划方案[⑥]。廖元昌以云南省德宏州为研究对象，对边疆民族地区如何通过加快地区经济社会的发展，促进城市与乡村的融合发展进行了研究[⑦]。

1.2.4　对马克思恩格斯城乡关系理论的研究

马克思、恩格斯认为，城乡关系是人类社会的基本关系之一，涉及人类社会的方方面面，是人类社会发展面貌在城市和乡村层面的集中反映。所以，城乡关系在一定程度上决定着整个社会的发展面貌。

[①] 中国社会科学院新型城市化研究课题组：《中国新型城市化道路——城乡双赢：以成都为案例》，社会科学文献出版社2007年版。

[②] 国务院发展研究中心农村经济研究部：《从城乡二元到城乡一体：我国城乡二元体制的突出矛盾与未来走向》，中国发展出版社2014年版，第140~215页。

[③] 方忠明、朱铭佳：《改革协同推进城乡融合发展：乡村振兴的海盐模式》，中国社会科学出版社2018年版。

[④] 武勇杰：《新型城镇化背景下中小城市发展的关键问题研究》，北京交通大学博士论文，2018年。

[⑤] 唐标明：《城乡高质量融合发展探析——以临桂新区、临桂区、四塘镇及横山屯为例》，载《当代广西》2019年第9期，第58~59页。

[⑥] 白理刚、鲍巧玲：《城郊乡村地区的城乡融合规划研究——以西昌市东部城郊乡村地区为例》，载《小城镇建设》2019年第5期，第25~32页。

[⑦] 廖元昌：《边疆民族地区城乡融合发展研究——以云南省德宏州为例》，载《中共云南省委党校学报》2019年第3期，第106~111页。

党的十六大提出统筹城乡发展的战略任务以来,马克思恩格斯城乡关系思想研究逐渐成为学术界关注的一个热点。学者们分别将这一研究称之为马克思、恩格斯的城乡关系理论研究、统筹城乡发展思想研究、城乡发展理论研究、城乡观研究、城乡融合思想研究、城乡差别思想研究等。一些学者从马克思和恩格斯关于城乡关系形成的时代背景和思想理论背景的分析角度出发,研究了马克思和恩格斯城乡关系理论的主要内容,揭示了其对我国统筹城乡发展、构建新型城乡关系的重要启示[1][2][3][4][5]。例如,陈燕妮在其出版的《马克思恩格斯城乡融合思路与我国城乡一体发展研究》一书中,阐述了马克思恩格斯城乡融合思想产生和发展的社会历史条件和思想渊源,以及发展过程;论述了马克思恩格斯城乡融合思想的主要内容;分析了其历史贡献和时代局限;考察了马克思恩格斯城乡融合思想在中国的运用及实践经验,在上述研究的基础上,提出了马克思恩格斯城乡融合思想对推进我国城乡一体化发展的现实启示。

学者们对马克思恩格斯城乡关系思想启示意义的研究主要有以下三个方面:

其一,实现产业协调发展是促进城乡融合的客观要求。梁琦、黄利春在理解马克思的地域分工理论的基础上,分析了地域分工与产业集聚的关系,在马克思地域分工理论视角下揭示产业集聚对城市和乡村发展的影响,探讨城乡协调发展战略[6]。崔越指出,按照马克思、恩格斯的观点,实现城乡产业结合是走向城乡融合的客观要求[7]。费利群、滕翠华认为,推进城乡产业

---

[1] 陈睿:《马克思恩格斯的城乡关系理论及其对当代的启示》,载《中共福建省委党校学报》2006年第5期,第2~5页。

[2] 周志山:《从分离与对立到统筹与融合——马克思的城乡观及其现实意义》,载《哲学研究》2007年第10期,第9~15页。

[3] 吴学凡:《马克思、恩格斯的城乡差别思想》,载《西北师大学报(社会科学版)》2008年第4期,第76~80页。

[4] 叶昌友、张量:《论马克思、恩格斯的城乡融合思想》,载《求索》2009年第12期,第54~56页。

[5] 陈燕妮:《马克思恩格斯城乡融合思路与我国城乡一体发展研究》,中国社会科学出版社2017年版。

[6] 梁琦、黄利春:《马克思的地域分工理论、产业集聚与城乡协调发展战略》,载《经济前沿》2009年第10期,第10~14页。

[7] 崔越:《马克思、恩格斯城乡融合理论的现实启示》,载《经济与社会发展》2009年第2期,第15~16页。

一体化是沿着马克思、恩格斯城乡关系从对立到融合思想的当代最新理论诠释，是实现我国城乡和谐发展的现实路径①。隋筱童指出，在马克思、恩格斯的城乡关系理论指导下，针对新时代我国城乡发展不平衡不充分的社会矛盾，要加快转变农业生产方式，深化农业供给侧结构性改革，建立城乡一体化劳动力市场，推动城乡融合发展②。

其二，城镇化的健康发展对于城乡融合发展具有重要意义。常宗耀认为，根据马克思恩格斯城乡关系理论，乡村城镇化是我国现代化进程的必然选择，我国完全实现城镇化，要经历从乡村到小城镇、再到中等城市、最后变为大城市的发展过程。在我国城镇化加速发展的过程中，城乡户籍歧视、农民在城市被边缘化和隔离化、农民在城市的待遇和社会地位低下等诸多问题亟待解决③。白永秀、王颂吉指出，马克思主义城乡关系理论揭示了人类社会城乡关系演进的一般规律，是中国提出城乡发展一体化战略和推进城乡发展一体化实践的重要理论依据。国内学术界在马克思主义城乡关系理论的指导下进行了长期探索，最终认识到城乡发展一体化是破除城乡二元结构、解决"三农"问题的根本途径④。白启鹏、衣保中对我国城镇化建设存在的主要问题进行深入分析的基础上，以马克思城乡关系理论为指导，借鉴世界发达国家城镇化建设的经验，认为应从统筹城乡协调发展、创新土地管理机制、深化户籍管理制度改革、建立城乡信息网络等方面探索我国新型城镇化建设的有效途径⑤。许彩玲、李建建指出，马克思主义城乡关系理论揭示了消除城乡二元结构、实现城乡融合发展，是城乡现代化的内在要求，是生产力高度发展的必然结果。城乡融合发展不是城市的单极发展，而是城乡两极的协同交融发展。因此，城乡融合发展不能只依靠城市的单向带动，而是需要城

---

① 费利群、滕翠华：《城乡产业一体化：马克思主义城乡融合思想的当代视界》，载《理论学刊》2010年第1期，第64页。

② 隋筱童：《马克思恩格斯城乡关系理论研究及新时代启示》，载《兰州学刊》2020年第10期，第103~117页。

③ 常宗耀：《乡村城市化：马克思的理论及其启示》，载《北方论丛》2010年第3期，第114~116页。

④ 白永秀、王颂吉：《马克思主义城乡关系理论与中国城乡发展一体化探索》，载《当代经济研究》2014年第2期，第22~27页。

⑤ 白启鹏、衣保中：《基于马克思城乡关系理论的我国新型城镇化发展路径分析》，载《内蒙古社会科学（汉文版）》2015年第6期，第92~96页。

乡双向共同推进①。

其三，统筹城乡劳动力就业是城乡融合发展的重要内容。李保民指出，对于城乡就业一体化的客观规律与历史趋势，马克思主义经典作家进行过大量论述，形成了系统、深刻和科学的城乡就业一体化理论。马克思主义经典作家认为，在彻底消除旧的分工基础上，以实现全体劳动者在社会范围内与生产资料直接结合为主要内容的城乡一体化，是人类社会高级阶段城乡就业一体化的基本特征②。岑乾明、宋卫琴在《分工理论：理解马克思主义城乡观的钥匙》一文中，从马克思城乡观的角度分析了我国现阶段农村落后的原因，认为现阶段农村发展的落后，在于分工的落后，即我国大部分农村仍然是采用以家庭为单位的生产方式，很多富余劳动力没有发挥生产力贡献作用，还使得农业机械化耕作和规模化经营无法实现③。屈愿在概述马克思主义城乡发展理论主要内容的基础上，分析了我国对农民就业歧视的原因，指出改革开放以来，城乡分离形成的二元户籍制度、保障制度、教育制度等是农民就业受歧视的制度根源④。

1.2.5 对马克思城乡关系理论中国化思想的研究

党的十六大提出统筹城乡发展的战略思想；党的十七大提出建立以工促农、以城带乡，形成城乡经济社会发展一体化新格局；党的十九大进一步提出建立健全城乡融合发展的体制机制，是中国共产党对马克思、恩格斯城乡关系理论的继承和发展。党的十六大以来，城乡统筹、城乡一体化、城乡融合成为学术界研究的重点问题。

1.2.5.1 对城乡统筹、城乡一体化、城乡融合之间相互关系的研究

孔祥智、张效榕认为，城乡统筹、城乡一体化、城乡融合，是层层递进的关系。在城乡统筹政策框架下，城乡关系的调整是初步的。在这里"统

---

① 许彩玲、李建建：《城乡融合发展的科学内涵与实现路径——基于马克思主义城乡关系理论的思考》，载《经济学家》2019年第1期，第96页。
② 李保民：《我国统筹城乡就业的回顾与展望——基于马克思主义经济学视角》，载《华北水利水电学院学报（社科版）》2009年第6期，第56页。
③ 岑乾明、宋卫琴：《分工理论：理解马克思主义城乡观的钥匙》，载《求索》2010年第9期，第100~102页。
④ 屈愿：《马克思主义城乡发展理论对我国解决"三农问题"的启示》，载《经营管理者》2011年第10期，第47~48页。

筹"是手段，重心在城；采取"以工补农、以城带乡"的方式推动农业农村发展，缩小城乡差距，体现了这一时期的政策取向。城乡统筹和城乡经济社会化发展一体化之间的关系，表现为后者是前者的阶段性目标，是高级阶段。党的十九大提出"建立健全城乡融合发展体制机制和政策体系"，即通过体制机制的建立和政策体系的构建，促进城乡之间水乳交融，互为发展条件，谁也离不开谁。这表明城乡融合是更高的发展阶段[1]。张克俊、杜婵论证了城乡统筹、城乡一体化、城乡融合三者之间的相互关系。他们认为，从城乡统筹、城乡一体化到城乡融合发展，政府和市场的互动耦合作用更加凸显，乡村和城市成为互动共生的有机整体，要素流动从单向转向双向，工农城乡关系实现根本转变，将农业农村置于优先发展地位，更加注重改革探索的系统集成推进。但是城乡融合发展的基底仍是城乡发展一体化，城乡融合发展是城乡统筹、城乡发展一体化的继承与升华[2]。邹心平对城乡统筹、城乡一体化、城乡融合概念的歧见进行了分析，发现城乡融合概念具有城乡平等互促、乡村价值多元等诸多优势，主张用城乡融合表述城乡关系的目标追求[3]。

1.2.5.2 对城乡统筹的研究

统筹城乡发展在2002年党的十六大报告中首次被提出。统筹城乡发展的战略构想是我国在"三农"矛盾异常突出情形下提出的。城乡统筹的本质是以城带乡，通过体制改革和政策调整，摒弃从前重城市轻农村、重工业轻农业的发展观念和做法，充分发挥工业对农业、城市对乡村的辐射带动作用，最终实现城市和乡村双赢的发展格局[4]。目前国内学者对于这一问题的研究主要集中于以下两个方面：

其一，关于城乡统筹的内涵与意义的研究。陈锡文认为，党的十六大报告中提出的统筹城乡发展是一个宽泛的内容，不仅是指财政方面，也是指整个国家经济发展方面如何实现城乡统筹[5]。姜作培、铁明太指出，正确把握

---

[1] 孔祥智、张效榕：《从城乡一体化到乡村振兴——十八大以来中国城乡关系演变的路径及发展趋势》，载《教学与研究》2018年第8期，第11页。
[2] 张克俊、杜婵：《从城乡统筹、城乡一体化到城乡融合发展：继承与升华》，载《农村经济》2019年第11期，第20页。
[3] 邹心平：《论城乡统筹、城乡一体化、城乡融合概念的歧见及使用》，载《老区建设》2019年第12期，第16~21页。
[4] 张延曼：《新时代中国特色城乡融合发展制度研究》，吉林大学博士论文，2020年。
[5] 陈锡文：《城乡统筹解决三农问题》，载《改革与理论》2003年第3期，第10页。

城乡统筹的内涵,应从其整合性、全面性、协调性、融合性和可持续性入手[1][2]。具体来说,统筹城乡发展,应包括统筹城乡经济建设、政治建设、文化建设和生态建设[3]。

郭建军指出,统筹城乡发展体现了全面建设小康社会的内在要求,为从根本上解决"三农"问题指明了方向。统筹城乡发展是实现城乡经济良性循环的必然要求,城乡统筹发展是构建和谐社会的重要标志和关键所在。城乡关系是否和谐关乎我国和谐社会的构建,城乡经济社会的协调发展是我国社会发展进步的综合体现,是影响整个国民经济健康发展的重要内容[4]。刘奇、王飞;焦伟侠、陈俚君;贾大明等学者也在充分肯定城乡社会经济统筹发展是一种创新思路的基础上,比较深入地阐述了统筹城乡发展的必要性和现实意义[5][6][7]。

其二,关于城乡统筹的举措和实现机制的研究。韩长赋指出,统筹城乡发展要解决四大问题,即解决好农业自身问题,调整优化农业结构,提高农业的质量、效益和竞争力;解决好农业剩余劳动力转移问题,积极稳妥地推进城镇化,促进农村劳动力和人口向非农产业和城镇转移;把农业投入的问题解决好,调整国民收入分配结构,进一步加大对农业的支持力度;把农村改革问题解决好,稳定农村政策、深入农村改革,充分调动和保护农民的积极性[8]。韩俊则认为,从根本上解决"三农"问题必须首先积极推进城镇化,逐步减少农民。城镇化是统筹城乡关系的有效途径,我国的国情决定了城镇化要走多元发展的路子,形成大中小城市和小城镇分工合理,各具特色的城

---

[1] 姜作培:《把握城乡统筹城乡发展的辩证关系》,载《福建论坛》2003年第8期,第26~29页。

[2] 铁明太:《中国特色统筹城乡发展研究》,湖南人民出版社2009年版,第85~92页。

[3] 张小林:《城乡统筹:挑战与抉择》,南京师范大学出版社2009年版,第82~88页。

[4] 郭建军:《我国城乡统筹发展的现状、问题和政策建议》,载《经济研究参考》2007年第1期,第25页。

[5] 刘奇、王飞:《论统筹城乡经济社会发展》,载《中国农村经济》2003年第9期,第4~11页。

[6] 焦伟侠、陈俚君:《关于统筹城乡经济协调发展的思考》,载《经济体制改革》2004年第1期,第37~40页。

[7] 贾大明:《我国农村经济发展的走势及对城乡统筹解决"三农"问题的建议》,载《经济研究参考》2004年第24期,第26~32页。

[8] 韩长赋:《城乡统筹解决"三农"问题》,载《时事报告》2003年第5期,第4~13页。

镇体系①。

袁岳驷构建了主要包括资源配置、公共物品供给、社会保障等内容在内的统筹城乡发展的经济机制②。袁志刚，解栋栋研究了城乡统筹发展的空间动力机制，认为人力资本和土地资本的统一是城乡协调的动力机制③。吴丽娟等把统筹城乡发展的动力机制归纳为三种基本模式，即自上而下模式——以大城市为中心带动小城市和农村的发展；自下而上模式——推动中小城镇产业化发展，转移农村剩余劳动力；自上而下与自下而上结合模式——大城市带动与中小城市小城镇产业发展相结合④。

1.2.5.3 对城乡一体化的研究

关于城乡一体化问题，学者们主要研究了城乡一体化的内容与意义；城乡一体化的动机机制与实现路径，以及城乡公共服务一体化研究等。

其一，城乡一体化的内涵和意义。洪银兴、陈雯认为，城乡一体化是指城市与乡村这两个不同特质的经济社会单元和人类聚落空间，在一个相互依存的区域范围内谋求融合发展、协调共生的过程。城乡一体化的内容包括体制一体化、产业结构一体化、城镇市场化、农业企业化和农民市民化⑤。顾益康、邵峰认为城乡一体化的主要内容是城乡地位平等、城乡开放互通、城乡互补互促、城乡共同进步⑥。方辉振把城乡一体化视为城乡经济发展一体化和城乡社会发展一体化两个方面。经济一体化是指城市与乡村在产出效益上趋于一致，重点是城乡要素的融合；城乡社会发展一体化是指城市与乡村居民生活质量趋于一致，重点是城乡居民享有同等的发展机会和福利待遇⑦。

---

① 韩俊：《中国城乡关系演变60年：回顾与展望》，载《改革》2009年第11期，第12页。
② 袁岳驷：《统筹城乡发展机制研究——以全国统筹城乡综合配套改革试验区成都市为例》，西南财经大学博士论文，2010年。
③ 袁志刚、解栋栋：《统筹城乡发展：人力资本与土地资本的协调再配置》，载《经济学家》2010年第8期，第77~83页。
④ 吴丽娟、刘玉亭、程慧：《城乡统筹发展的动力机制和关键内容研究述评》，载《经济地理》2012年第4期，第115页。
⑤ 洪银兴、陈雯：《城市化和城乡一体化》，载《经济理论与经济管理》2003年第4期，第7页。
⑥ 顾益康、邵峰：《全面推进城乡一体化改革——新时期解决"三农"问题的根本出路》，载《中国农村经济》2003年第1期，第24页。
⑦ 方辉振：《论形成城乡经济社会发展一体化新格局的必然性》，载《中共南京市委党校学报》2008年第1期，第29页。

其二，城乡一体化的动力机制与实现路径。吴伟年运用增长极理论阐述了城乡一体化的动力机制，认为城市集聚经济的拉力、农村工业化的推力，以及城乡间统一要素市场和基础设施的整合作用力是城乡一体化的动力[①]。张果等学者采用因子分析法和灰色关联度法，对成都市城乡一体化的动力机制进行了实证检验，结果表明，经济发展水平、工业化水平、社会人口动力等因素是城乡一体化的主要驱动力[②]。张登国则把产业发展、城乡利益差别、政府利益驱动、政府制度，以及信息化视为推进城乡一体化的主要动力机制[③]。

关于城乡一体化的实现路径，任保平从制度、激励、组织和能力四方面，研究城乡一体化的实现路径，认为实现城乡一体化的关键是通过制度创新形成促进城乡一体化的激励机制，并在此基础上通过组织化和能力建设提高城乡发展一体化的实施能力[④]。白永秀提出了"县城—大镇—大村"三位一体的城乡一体化实践路径，他认为县城、村镇在城乡一体化进程中也起着重要作用[⑤]。厉以宁、余茂辉、吴义达等学者强调城乡要素的自由流动，以及加强城市与乡村的空间利用对实现城乡一体化的作用[⑥][⑦]。

其三，关于城乡公共服务一体化的研究。迟福林指出一个国家（地区）的人类发展水平及其公平程度在很大程度上取决于基本公共服务供给水平，当前中国由"生存型社会"向"发展型社会"过渡，公共服务均等化已成为城乡一体化重要的推进因素[⑧]。厉以宁认为城乡一体化改革中最困难的问题

[①] 吴伟年：《城乡一体化的动力机制与对策思路——以浙江省金华市为例》，载《世界地理研究》2002年第4期，第47页。

[②] 张果等：《城乡一体化发展的动力机制研究——以成都市为例》，载《地域研究与开发》2006年第6期，第35页。

[③] 张登国：《我国城乡一体化的动力体系研究》，载《乡镇经济》2009年第11期，第92~94页。

[④] 任保平：《城乡发展一体化的新格局：制度、激励、组织和能力视角的分析》，载《西北大学学报（哲学社会科学版）》2009年第1期，第14~21页。

[⑤] 白永秀：《后改革时代的关键：城乡经济社会一体化》，载《经济学家》2010年第8期，第87页。

[⑥] 厉以宁：《论城乡一体化》，载《中国流通经济》2010年第11期，第7~10页。

[⑦] 余茂辉、吴义达：《国内城乡一体化的理论探索与实践经验》，载《乡镇经济》2009年第7期，第33~37页。

[⑧] 迟福林、殷仲义：《发展型社会：惠及13亿人的基本公共服务》，载《人民论坛》2008年第24期，第58页。

是就业问题以及失业失地农民的社会保障问题①。吴长剑指出基本公共服务一体化需求已经凸显，但其体系混乱，需要整合②。石红梅从基本公共服务均等化的视角分析了我国社会保障机制③；吴雪等提出了城乡基本医疗保险制度整合的目标及相关对策④。对如何推动城乡服务均等化，学者们还从地方立法、财政制度改革、绩效评价、公共产品供给机制创新等方面进行了研究。

1.2.5.4 对城乡融合发展的研究

城乡融合发展理念随着新时代的到来而出现在党的文件纲领中。城乡统筹和城乡一体化发展理念的提出是为了纠正"重视城市轻视农村、重视工业轻视农业"的政策导向，解决日益严峻的"三农"问题，进而缩小乡村与城市之间的发展差距。然而在实践过程中，我国城乡差距仍然突出⑤。以习近平同志为核心的党中央顺应时代发展潮流，于党的十九大报告中明确提出"建立健全城乡融合发展体制机制和政策体系，加快推进农业农村现代化"⑥，并在2018年中央一号文件中进一步阐释："坚持城乡融合发展。坚持破除体制机制弊端、推动城乡要素自由流动，加快形成工农互促、城乡互补、全面融合、共同繁荣的新型工农城乡关系。"

国内学者关于城乡融合的研究主要集中在近几年，内容包括：关于城乡融合内涵的界定；城乡融合发展现状与存在的问题；促进城乡融合发展的途径研究以及城乡融合发展体制机制的相关研究。

其一，关于城乡融合内涵的界定。国内学者关于城乡融合的概念界定看法不一，对于几个相似的概念——"城乡一体化""城乡统筹""城乡融合"，

---

① 厉以宁：《走向城乡一体化：建国60年城乡体制的变革》，载《北京大学学报（哲学社会科学版）》2009年第11期，第15页。

② 吴长剑：《我国基本公共服务城乡一体化的路径再造——"并轨与整合"分析框架》，载《湖北社会科学》2014年第9期，第30页。

③ 石红梅：《基本公共服务均等化视角下的我国基本社会保障研究》，载《河海大学学报（哲学社会科学版）》2015年第1期，第72~76页。

④ 吴雪、周晓唯、张翔婷：《城乡基本医疗保险制度整合的目标与策略》，载《湖南农业大学学报（社会科学版）》2015年第3期，第98~102页。

⑤ 邹心平：《论城乡统筹、城乡一体化、城乡融合概念的歧见及使用》，载《老区建设》2019年第12期，第18页。

⑥ 习近平：《决胜全面建设小康社会 夺取新时代中国特色社会主义伟大胜利——在中国共产党第十九次全国代表大会上的报告》，载《人民日报》2017年10月28日。

宋迎昌给出了相关的界定：这三个概念都是对城乡发展关系的认识，都是对"城乡分割发展"的否定，但是它们之间还存在细微的差别。"城乡一体化"强调的是目的和结果；"城乡统筹"强调的是手段，强调的是"政府主导"和"城市主导"；"城乡融合"强调的是过程和路径，强调的是"城乡平等"、"互促互动"和"全民参与"。三者之间谁也没有否定谁，只不过时代不同，强调的重点也各不相同[①]。

周凯认为城乡融合是人类历史发展的必然趋势，而且这种融合是要在城乡之间实现政治、经济、文化、人口、生态、社会保障等各方面的融合，最终的目的是要达到城乡能够在政治上同盟、经济上协调、文化上共享、技术上转让、生态上共存、各种差距缩小的和谐城乡社会关系[②]。黄小明从人力资源流动的角度来分析，认为城乡融合的内涵是指相同素质的劳动力，不论在农村还是在城市其收入水平基本相当，从而使得农民工在农村和城市就业的机会成本大致均等[③]。刘彦随依据人地关系地域系统学说和"点—轴"理论，深入分析了城乡融合系统、乡村地域系统的理论认知指出，城乡融合发展的要义在于强化城乡地域系统极化作用的基础上充分发挥扩散效应，构筑城乡命运共同体，形成城乡发展的立体空间和网格结构[④]。刘禹君认为，城乡融合发展的核心在于城市和乡村相互协调，相互依赖，互惠共生，共同繁荣。城乡融合更加强调城乡地位的平等，体现了新形势下党中央对城乡关系的再定位和对乡村发展的重视[⑤]。赵祥对城乡融合的科学内涵进行了解释，城乡融合不仅体现为城乡经济的融合，也体现为城乡空间、城乡基础设施、城乡公共服务、城乡生态环境的融合[⑥]。陈炎兵认为，城乡融合发展，就是要把工业与农业、城市与乡村、城镇居民与农民作为一个有机整体，统筹谋划、通盘考虑，通过体制机制改革创新和政策体系建设，促进城乡在政策、人才、土地、资本等方面的融合，破除城乡二元体制，改变长期形成的城乡

[①] 宋迎昌：《城乡融合发展的路径选择与政策思路——基于文献研究的视角》，载《杭州师范大学学报（社会科学版）》2019年第1期，第131页。
[②] 周凯：《中国城乡融合制度研究》，吉林大学博士论文，2012年。
[③] 黄小明：《收入差距、农村人力资本深化与城乡融合》，载《经济学家》2014年第1期，第85页。
[④] 刘彦随：《中国新时代城乡融合与乡村振兴》，载《地理学报》2018年第4期，第639页。
[⑤] 刘禹君：《加快建立健全城乡融合发展体制机制》，载《吉林日报》2018年7月6日。
[⑥] 赵祥：《建立健全城乡融合发展的体制机制》，载《深圳特区报》2018年12月4日。

二元结构，重塑新型城乡关系①。

其二，城乡融合发展现状与主要问题的研究。韩俊指出，改革开放40余年来，我国城乡互动联系显著增强，城乡融合发展取得了显著成效。但由于基础薄弱，现阶段我国城乡发展不平衡不协调的矛盾依然突出。目前我国发展最大的不平衡是城乡发展不平衡，最大的不充分是农村发展不充分。城乡融合发展还有很长的路要走②。李爱民指出，我国城乡关系随着城乡政策的日益推进已发生显著变化，总体呈现出由城乡分割走向城乡逐步融合的趋势。城乡融合发展依然面临诸多障碍，亟待从根本上加以解决，特别是城乡融合区域差异明显③。曹敏认为，党的十八大以来城乡融合发展取得历史性成就，农业转移人口市民化取得重大进展；农村土地制度改革取得新突破；城乡一体化基本公共服务提供机制逐步建立。同时，城乡融合发展体制机制还不够健全，还存在一些明显的制度短板：一是城乡要素流动仍然存在障碍；二是城乡公共资源配置仍不合理；三是现代农业产业体系尚不健全；四是农民增收长效机制有待完善④。

其三，建立健全城乡融合发展的体制机制。党的十九大报告提出实施乡村振兴战略，并指出要建立健全城乡融合发展体制机制和政策体系。2019年4月15日，中共中央、国务院发布了《关于建立健全城乡融合发展体制机制和政策体系的意见》。国内学者关于城乡融合体制机制方面的研究集中在党的十九大之后。

何秀荣通过分析当前我国新型城乡融合的现状，指出了当前城乡融合发展的突出差距，主要表现在经济和社会方面，并指出建立健全城乡融合发展体制机制的重点应该放在乡村振兴、城乡要素流动、城乡社会事业融合以及深化土地制度改革四个方面⑤。周耿斌、姜涵从乡村振兴的战略角

---

① 陈炎兵：《健全体制机制 推动城乡融合发展》，载《中国经贸导刊》2019年第3期，第50页。
② 韩俊：《破除城乡二元结构 走城乡融合发展道路》，载《理论视野》2018年11月，第6页。
③ 李爱民：《我国城乡融合发展的进程、问题与路径》，载《宏观经济管理》2019年第2期，第40页。
④ 曹敏：《建立健全体制机制 推进城乡融合发展》，载《中国经贸导刊》2019年第10期，第5~6页。
⑤ 何秀荣：《建立健全城乡融合发展体制机制的几点思考》，载《区域经济评论》2018年第3期，第117~119页。

度，指出城乡融合需要加强城乡外部的联系和农村要素内部的融合渗透，促进城乡之间达到深层次的生产、生活、生态空间融合和功能耦合。并针对花都区梯面镇乡村振兴中存在的具体问题，提出要从城乡规划布局、产业发展方式、城乡资源要素、人才队伍建设和城乡基层治理等六大方面优化相关的体制与机制①。刘禹君认为，城乡融合发展机制是解决我国社会主要矛盾的必然选择，具体而言，要通过促进产业融合发展、城乡要素融合、推进城乡公共服务均等化、促进城乡文化的融合四个方面建立相应的体制机制和政策体系②。陈炎兵认为，我国城乡融合发展的基本路径应该聚焦于充分发挥市场主导的作用、充分发挥政府的引领和调控作用、充分调动城市和乡村两个方面的积极性，以及切实发挥特色小镇、小城镇对城乡融合发展的重要推动作用③。林芳兰认为，建立健全城乡融合发展体制机制和政策体系，是对未来新型城乡发展关系做出的重大战略部署，是推进乡村振兴的关键，必须从构建农村三产融合发展体系、抓好农村公共服务体系建设、以特色小城镇构建空间融合、创新农村人才培育引进机制、建立健全支农体系建设等方面加快推进④。谢传会、赵伟峰等认为，树立城乡融合发展的理念，在加速城镇化的进程中要坚持乡村振兴，坚持城镇化和乡村振兴双轮驱动，不能厚此薄彼，顾此失彼，构建城乡融合发展机制包括：城乡双轮驱动机制、资源配置平等机制、要素流动推动机制、产业融合创新机制、土地综合整治机制⑤。高鸣、郑庆宇指出，进入新发展阶段，建立健全城乡融合发展体制机制和政策体系，要在人口方面基本建立城乡有序流动的迁移制度，在土地方面形成城乡统一的建设用地市场，在资金方面建成城乡普惠金融服务体系⑥。

---

① 周耿斌、姜涵：《乡村振兴战略下城乡融合发展的体制机制障碍及其破解——以花都区梯面镇为例》，载《岭南学刊》2018年5月，第47~54页。
② 刘禹君：《加快建立健全城乡融合发展体制机制》，载《吉林日报》2018年7月6日。
③ 陈炎兵：《健全体制机制 推动城乡融合发展》，载《中国经贸导刊》2019年第3期，第50~53页。
④ 林芳兰：《建立健全城乡融合发展体制机制刍议》，载《海南日报》2019年1月2日。
⑤ 谢传会、赵伟峰、程业炳：《马克思、恩格斯城乡融合思想视域下城乡融合机制构建研究》，载《云南农业大学学报（社会科学）》2019年第13期，第116~117页。
⑥ 高鸣、郑庆宇：《党的十八大以来我国农村改革进展与深化方向》，载《改革》2022年第6期，第46页。

1.2.6 促进城乡协调发展的思路与对策研究

进入21世纪以来，国内外城乡关系都出现了与以往不同的特征，针对发展中国家和中国在协调城乡发展中存在的主要问题，国内外学者研究了促进城乡协调发展的思路与对策。

1.2.6.1 促进生产要素在城乡间双向有序流动

促进城乡协调发展，推进城乡融合，要充分发挥市场对资源配置的决定性作用，引导土地、劳动力、资金、技术等生产要素在城乡双向有序流动，实现生产要素在城乡之间的合理配置和优化组合[①]，这一学术观点实际上也是国内外学术界的普遍共识。

二元经济理论把劳动力的非农转移作为促进二元经济转型的核心机制，国内外学者也普遍重视农业劳动力城乡流动对经济增长和城乡居民福利改善的作用。城市的集聚能力吸引农村劳动力在城市就业，进一步增强了城乡之间的依存关系，城市中心的规模经济、多样性和复杂性增加了人力资本存量，促进了创新，提高了生产率，从而带来了更高的要素回报[②][③]。波特等（Potter et al.）学者认为，人口迁移的影响可能是积极的也可能是消极的，这取决于迁移人口和受影响者之间的社会关系[④]。奥尔森（Olsson）采用菲律宾1990~2008/2009年的相关数据，研究了菲律宾在城乡联系不断加强的过程中家庭和个人的长距离流动情况[⑤]。格雷纳等（Greiner et al.）学者则通过对肯尼亚小农家庭城乡迁移情况的分析，认为移民、农业变化与环境之间存在着明显的关联，并在不同程度上受到汇款流动、劳动力流失、社会经济分层、

---

① 张克俊、杜婵：《从城乡统筹、城乡一体化到城乡融合发展：继承与升华》，载《农村经济》2019年第11期，第25页。

② Duranton, G., Puga, D., Micro-Foundations of Urban Agglomeration Economies. In Handbook of Regional and Urban Economics, Henderson, J. V., Thisse, J. F., Netherlands: North-Holland, 2004 (4), pp. 2063-2117.

③ Faggian, A., McCann, P., Human Capital, Graduate Migration and Innovation in British Regions, Cambridge Journal of Economics, 2009 (33), pp. 317-333.

④ Potter, R. B., Binns, J. A., Elliott, J. A. and Smith, D., Geographies of Development, 3rd edition, Harlow: Addison Wesley Longman, 2008.

⑤ Olsson, J., Rural-Urban Spatial Interaction in The Global South: Long-Distance Mobility Changes, Desires and Restrictions Over Two Decades in Rural Philippines, Geografiska Annaler: Series B, Human Geography, 2012, 94 (3), pp. 287-304.

性别、文化等因素的影响①。塔科利等（Tacoli et al.）学者指出，城乡联系的加强使得农村人口向城市迁移，当城市政府试图减少或控制从农村到城市的移民时，不仅会影响移民还会影响城市的低收入者。并非所有移民都是贫穷的，把城市贫困归咎于农村移民是不现实的②。张广婷、江静等通过构建劳动力配置模型，研究中国农村劳动力转移对经济增长的作用，结果表明，1997～2008年中国农村剩余劳动力转移对劳动生产率提高和GDP增长的贡献度分别为16.33%、1.72%③。进入21世纪，国内学者对农业劳动力非农转移的研究重点集中于对农业转移人口市民化的研究。吕炜等在《推进农业转移人口市民化：道路选择、财力保障与地方政府激励研究》一书中，运用政策模拟与仿真模型研究了农业转移人口市民化对收入增长和经济增长的作用，结论是农业转移人口市民化对我国经济发展和国民经济增量的提升有明显的促进作用，而且市民化越完全，市民化比例越高，这种促进作用越明显④。

资本作为重要的生产要素在城乡间的双向流动与合理配置，对城乡协调发展也具有重要作用。夸什（Crush）在对非洲国家的研究中发现，资金的流动已经达到了历史最高水平，成为要素流动的主流，但需注意考虑包括粮食在内的货物双向流动及其对粮食安全的影响⑤。陈雨露分析了中国农户经济行为和金融需求、中国农村金融市场的利率机制和供求关系、中国农村金融的金融机构、中国农村金融中的政府定位与介入路径，以及中国农村金融体系未来发展的核心问题，认为未来的中国将形成"合作性—商业性—政策性"三位一体的农村金融服务体系⑥。程郁、王宾对中国农村土地金融的制度与模式进行了系统研究，认为农地金融是农业现代化发展和农村金融市场必不可少的重要支点，发挥农村土地融资功能是支持农业现代化发展的重要

---

① Greiner, C., Sakdapolrak, P., Rural – Urban Migration, Agrarian Change, And the Environment in Kenya: A Critical Review of The Literature. Popul Environ, 2013 (34), pp. 524 – 553.

② Tacoli, C., McGranahan, G., Satterthwaite, D., Urbanisation, Rural – Urban Migration and Urban Poverty, International Institute for Environment and Development, Working Paper, 2015.

③ 张广婷、江静、陈勇：《中国劳动力转移与经济增长的实证研究》，载《中国工业经济》2010年第10期，第18页。

④ 吕炜等：《农业转移人口市民化理论思辨与实践认知》，东北财经大学出版社2016年版。

⑤ Crush, J., Caesar, M., Why Food Remittances Matter: Rural – Urban Linkages and Food Security in Africa, International Institute for Environment and Development, 2017.

⑥ 陈雨露：《中国农村金融发展的五个核心问题》，载《中国金融》2010年第Z1期，第87～89页。

条件①。白雪秋、聂志红等结合国际经验和发达国家与地区农业金融的成功范例，从加强政策性金融支持、完善商业性金融体系、促进合作性金融发展三个方面提出了重构我国农业金融支持体系的政策建议②。宋文豪、黄祖辉等基于 2015 年、2017 年和 2019 年中国农村家庭追踪调查数据，采用多种计量分析方法实证分析了数字金融使用对农村家庭生计策略选择的影响及其作用机制。研究结论是数字金融使用对农村家庭选择务农主导型生计策略具有显著的负向影响，但对农村家庭选择务工主导型和创业主导型生计策略具有正向促进作用。数字金融应用可以通过提升家庭金融资本、拓宽信息获取渠道和增强社会信任程度促进农村家庭选择非农主导型生计策略③。

1.2.6.2 促进城乡产业融合，加强城乡优势互补

城乡关系从产业上来看主要是指城乡产业发展、产业结构和产业组织关系。城市和农村生产活动间的交叉渗透，形成了三次产业在城乡之间的交叉和融合形态④⑤。霍德（Hodder）认为，农村农业部门和城市工业部门在彼此的发展中不可避免地扮演着战略性角色，并总结了两个部门之间产生密切联系的六个原因⑥。潘加索（Pangarso）利用印度尼西亚爪哇岛中北岸的三堡龙港市（Semarang）的数据进行研究，发现当地城市中的食品工业与农村地区的农业和畜牧业有着很强的联系。食品工业与当地经济的协同作用，可能会促进其与畜牧、园艺以及农业部门之间的联系，并且可以增加工业的正外部性，如创造就业、增加投资，增强城乡的空间一体化⑦。黄祖辉、邵峰等指出，中国农业现代化水平滞后于工业化与城镇化水平，表现在农业劳动力就业比重远高于农业增加值的比重，农业劳动生产率对 GDP 的贡献率远低于非农产业。发挥农业龙头企业在现代农业产业经营中的作用，以推动农业"接

---

① 程郁、王宾：《农村土地金融的制度与模式研究》，中国发展出版社 2015 年版。
② 白雪秋、聂志红等：《乡村振兴与中国特色城乡融合发展》，国家行政学院出版社 2018 年版。
③ 宋文豪、黄祖辉等：《数字金融使用对农村家庭生计策略选择的影响——来自中国农村家庭追踪调查的证据》，载《中国农村经济》2023 年第 6 期，第 92~113 页。
④ Veenhuizen, R. V., Cities Farming for Future: Urban Agriculture for Green and Productive Cities, RUAF Foundation, IDRC and IIRR, 2006.
⑤ Overbeek, G., Terluin, L, Rural Areas Under Pressure: Case Studies of Rural-urban Relationships across Europe, The Hague: Agricultural Economics Research Institute, 2006.
⑥ Hodder, R., Development Geography, London: Routledge, 2000.
⑦ Pangarso, A., The Synergism of Food Industry and The Local Economy in Addressing Rural – Urban Linkage in Semarang Regency, The 1st International Conference on Urban Design and Planning, 2020, pp. 1–9.

二连三",拓展现代农业的发展视野,不仅要发挥农业的产品生产功能,而且要发挥农业在生态、休闲和文化等方面的功能①。李天芳认为,产业是经济发展的重要载体。城乡产业对接就是从城乡协调发展的高度,把城市与农村作为一个相互联系、相互依赖、相互补充、相互促进的有机整体。在这一过程中城乡产业的传统边界被打破,第一产业不断向第二、三产业延伸,相互交叉,相互融合,逐步形成城乡优势互补、分工协作、联动发展的新格局②。黄志海认为,城乡产业融合发展是振兴农村产业的重要途径,也是实现农业现代化促进农民增收的有效措施。推进城乡产业融合需要合理规划地方城乡产业融合发展布局;多渠道引导生产要素向乡村产业充分流动;进一步完善乡村基础设施建设,为城乡产业融合发展提供良好的外部环境;建立完善的农业社会化服务体系,为农业生产经营者提供优质的社会服务③。

1.2.6.3 综合规划,统筹城乡发展空间

城乡关系不仅包括城乡产业结构,也包括城乡空间结构。从城乡空间结构考察,城乡在一个"自然—社会—经济"复杂系统中相互影响,城乡空间结构直接影响城乡产业结构,也关系到城乡居民财产权益与生活质量。尽管城乡关系的重要性在科学和实践中都得到了广泛的认可,但尚无系统理论、研究方法及相关模型来解决城乡在空间中多方面相互联系问题④。拉瓦佐利等(Ravazzoli et al.)学者认为,改善和加强城乡之间的相互联系可以为建立更加包容和更有弹性的社会提供机会,并为建立不同层次的健康生态系统提供条件。因此,有必要超越旧的空间等级和行政界限,制定新的战略,对城市和农村进行综合规划和管理,并加强决策者对此项工作的重视程度⑤。米

---

① 黄祖辉、邵峰、朋文欢:《推进工业化、城镇化和农业现代化协调发展》,载《中国农村经济》2013年第1期,第11、14、39页。

② 李天芳:《我国新型城镇化进程中城乡关系协调路径研究》,人民出版社2017年版,第185页。

③ 黄志海:《乡村振兴背景下推动城乡产业融合发展面临的问题及对策》,载《农业经济》2023年第5期,第40、42~43页。

④ Doernberg A., Weith T., Urban-Rural Interrelations—A Challenge for Sustainable Land Management. In: Weith T., Barkmann T., Gaasch N., Rogga S., Strauß C., Zscheischler J. (eds) Sustainable Land Management in a European Context, 2021.

⑤ Ravazzoli, E., Hoffmann, C., Fostering Rural Urban Relationships to Enhance More Resilient and Just Communities. In: Leal Filho W., Marisa Azul A., Brandli L., Gökçin Özuyar P., Wall T. (eds) Sustainable Cities and Communities. Encyclopedia of the UN Sustainable Development Goals. Springer, Cham, 2020.

什拉（Mishra）收集了 IRMA 举行的"城乡联系"研讨会的成果。该会议主要讨论了印度学术界和决策者面临的关于城乡联系的重要问题，重点是城乡一体化及政策和规划者在其中发挥的作用。这一研究成果，通过案例研究对农业产业动态、非农就业及城乡基础设施建设等方面都提出了相关的政策建议①。维托利娜（Vitolina）通过对拉脱维亚的泽姆盖尔（Zemgale）地区的城乡互动关系的研究，发现基础设施建设和公共服务对城乡联系影响重大。研究建议在制定城乡发展规划战略过程中应注重城市与农村之间的合作，认为这将有利于城乡之间的国土开发②。莫科基（Mookherjee）在对城市地区的研究中发现，城乡规划思想已经从单一的城市偏向转向对核心城市及更广泛周边区域的环境和可持续发展的关注和审查③。

在我国，统筹城乡规划和优化空间结构的问题也开始受到学术界的重视。周游、魏博阳等认为，从城乡关系角度来看，国土空间规划本质是一种城乡统筹规划的高级形式。国土空间规划要统领全局，做好国土空间规划的基础正是城乡协调。他们分析了城乡关系历史演变对规划的启示，建议改变不平等的角色定位、注重建设城乡平等的规划平台、打开城乡经济社会整合的双向通道、塑造城乡平衡发展的区域品牌，以实现城乡同步提升、共同发展，最终实现城乡协调发展目标④。易赛健指出，构建乡村振兴新格局，要坚持乡村振兴和新型城镇化双轮驱动，统筹城乡国土空间格局，优化乡村生产生活生态空间⑤。姜长云分析了特大城市、大中城市和小城镇空间格局对乡村振兴的影响，提出要促进城乡国土空间开发的统筹，注意发挥规划对统筹城乡生产空间、生活空间、生态空间的引领作用，把以城市群为主体构建大中

---

① Mishra, Satyendra Nath, IDRC－TTI Workshop on Rural Urban Linkage (February 20, 2013), Satyendra Nath Mishra, IDRC－TTI workshop on rural urban linkage, Workshop Report 26, Anand: Institute of Rural Management Anand, 2013.

② Vitolina, Z., Jansone, E., The Rural－Urban Interaction in Zemgale Region, Latvia, Section Environmental Economics, 2019, pp. 885－892.

③ Mookherjee, D., Asian MCR: Urban－Rural Interface and Multidimensionality of the Spread Region, In: The Asian Megacity Region. The Urban Book Series. Springer, Cham, 2020.

④ 周游、魏博阳、谢凌峰：《我国城乡关系历史演变下空间协调规划的优化建议》，载《西部人居环境学刊》2019 年第 6 期，第 26、28～30 页。

⑤ 易赛健：《城乡融合发展之路——重塑城乡关系》，中原农民出版社，红旗出版社 2019 年版，第 90～91 页。

小城市和小城镇协调发展的城镇格局衔接起来①。

1.2.6.4 推进制度创新，为城乡协调发展提供制度保障

张晓山等对中国新农村建设的政策体系进行了专题研究，认为土地财政与土地金融成为地方政府谋发展的重要财源，农民的土地成为中央政府与地方政府之间利益关系的焦点，分析了从新农村建设到新型农村社区建设再到新型城镇化过程中地方政府与农民之间的利益关系，提出了破除现有体制机制的约束、全面深化改革、构建新型城乡关系的政策建议②。国务院发展研究中心农村经济研究部在《从城乡二元到城乡一体：我国城乡二元体制的突出矛盾与未来走向》一书中，全面分析了城乡二元体制对城乡协调发展的影响，指出由体制因素和发展阶段共同决定的城乡二元结构明显，城乡发展一体化程度低的局面，仍是目前我国面临的主要结构性问题，并对土地制度、劳动力资源配置制度、农村金融制度，以及城乡公共资源配置制度的改革进行了专题研究③。魏后凯等在《中国农村发展报告——以全面深化改革激发农村发展新动能》一书中，系统分析了新常态下加快农村全面转型面临的高成本严重损害农业竞争力、农业机械化亟待转型升级、"谁来种地"难题尚未破解等八大挑战，指出应对八大挑战，要采取综合配套、整体推进的方式全面深化农村改革。要着力提高农村资源与资产的流动性、全面开展农村集体产权制度改革、加快构建新型农业经营体系，以及深入推进农业供给侧结构性改革④。党国英认为实施乡村振兴战略必须建立城乡统一的要素市场，进一步扩大要素在城乡之间的自由流动⑤。付翠莲指出，通过城乡融合促进乡村振兴的主要路径是深化经济体制改革，建议继续深入推进户籍制度改革，消除城乡二元体制障碍；深化农村土地及要素市场改革，促进城乡要素的融合⑥。

---

① 姜长云：《科学理解推进乡村振兴的重大战略导向》，载《管理世界》2018 年第 4 期，第 22~23 页。
② 张晓山：《构建新型城乡关系——新农村建设政策体系研究》，社会科学文献出版社 2014 年版。
③ 国务院发展研究中心农村经济研究部课题组：《从城乡二元到城乡一体：我国城乡二元体制的突出矛盾与未来走向》，中国发展出版社 2014 年版。
④ 魏后凯、闫坤、谭秋成：《中国农村发展报告——以全面深化改革激发农村发展新动能》，《中国社会科学出版社》2017 年版，第 11~27、37~52 页。
⑤ 党国英：《乡村振兴长策思考》，载《农村工作通讯》2017 年第 21 期，第 14 页。
⑥ 付翠莲：《新时代以城乡融合促进乡村振兴：目标、难点与路径》，载《通化师范学院学报》2018 年第 1 期，第 6~7 页。

叶兴庆、金三林等考察了从城乡二元经济向城乡融合发展的城乡关系演进，分析我国城乡融合发展现状及存在的突出问题，提出要坚持城乡联动改革，扩大双向开放，重点做好农村产权制度和要素市场化改革①。刘守英认为，城乡二元土地制度是影响城乡融合发展的重要障碍，是牵动城乡两个地理空间和工农产业现代化的关键性问题。促进城乡融合的核心是要夯实土地的产权基础，建立城乡统一的建设用地市场②。

1.3 对已有相关文献的评述

自工业革命以来，城乡关系就是学术界高度关注的问题。城乡关系理论的演变与发展既来源于原有理论的不足，更来源于现实经济社会发展的需求。19世纪中叶到20世纪40年代，基于对发达国家工业化进程中城乡分离与对立带来的乡村衰败和城市病等诸多经济社会问题的反思，城乡融合的学术思想在城乡关系研究领域居于主导地位。第二次世界大战以来，国内外城乡关系理论研究都大体经历了由城市偏向的城乡非均衡发展、农村偏向的城乡非均衡发展向城乡协调的均衡发展理论的演变过程。进入21世纪，基于发展中国家特别是中国的城乡二元发展的实际，以及城乡关系对于欠发达国家转型发展和现代化进程的重要作用，国内外学者对城乡关系问题展开了多角度、多层面的广泛研究，相关学术成果可谓是浩如烟海。这些研究多集中于城乡关系的内涵界定、城乡关系的历史演变、城乡关系的量化研究和实践总结、马克思恩格斯城乡关系理论及其在中国的本土化发展，以及促进乡协调发展的思路与对策等方面。

从理论实证的角度分析，学者们以刘易斯—费景汉—拉尼斯模型为代表的二元经济理论作为研究城乡关系的主要理论参照，突破了新古典学派在经济均衡条件下研究资源配置问题的理论模式，从现代和传统两大经济部门的相互联系中寻求促进经济增长的因素，与新古典理论相比，这一理论更符合欠发达国家的经济发展实际。20世纪80年代中期以来，二元经济理论日益融合了古典经济学、新古典经济学、新制度经济学、演化经济学等理论，逐步

---

① 叶兴庆、金三林等：《走城乡融合发展之路》，中国发展出版社2019年版，第1~39页。
② 刘守英：《土地活才有城乡融》，载《农村经营管理》2019年第6期，第12页。

克服了单一研究范式的理论局限，更加符合欠发达国家经济结构与组织制度异质性的客观实际。在这一理论框架下，人们可以运用古典经济理论来分析传统部门的经济增长，用新古典理论分析现代部门的经济增长；考虑到技术与制度的双重二元性，人们还可以运用制度经济学与演化经济学理论来分析二元经济转型中的制度与技术创新及其相互影响；在这一理论框架下，各种理论的综合运用使人们可以较好地解释城乡二元结构的动态演化过程。特别是近年来国内学术界对马克思、恩格斯城乡关系理论及其在中国本土化的发展的研究，对于城乡关系理论的创新和发展具有重要的学术推进作用。从经验实证的角度考察，进入21世纪以来，学者们运用统计学和计量经济学的方法对城乡关系进行量化研究，增加了城乡关系经验实证的客观性和科学性。特别是学者们对党的十六大以来促进城乡协调发展的地方实践进行调研与总结，为城乡关系理论创新提供了经验实证素材，对中国新型城乡关系的构建具有重要的参照与借鉴作用。从规范分析的角度探讨，国内外学者对城乡关系的研究，多数遵循问题导向和学以致用的原则，针对发展中国家，特别是中国二元经济转型中城乡关系存在的主要问题，从多个角度多个层面提出促进城乡协调发展的对策建议。这些对策建议对于解决二元经济转型不同阶段的城乡关系不协调问题具有重要的参考与借鉴价值。概括起来，现有的研究成果对城乡关系理论的深入研究具有重要作用，也为本书研究提供了理论积淀。

虽然经过几代经济学人的长期努力，城乡关系的理论研究更加深入，理论与实际的结合也日趋紧密。但客观地说，现有的城乡关系研究成果，总体上还存在着较大的改进与创新空间，这些改进与创新空间将成为本书研究的重点。

第一，尚未形成一个能够兼容不同理论优势并深入研究中国新型城乡关系构建的理论框架。国内外学者从多角度多层面研究了城乡关系的内涵、中国近代城乡关系的发展历程及其阶段性特征、城乡关系的量化研究与地方经验总结，以及协调城乡关系的对策建议，取得了较为丰富的研究成果。已有的研究成果要么采用刘易斯—费景汉—拉尼斯模型的分析思路研究中国城乡关系协调发展问题，要么侧重研究协调城乡关系的某一侧面。前者由于刘易斯—费景汉—拉尼斯模型的隐含假设与中国本土化实践不完全匹配，其研究结论及所提对策难以契合中国转型发展的实际；后者因聚焦于协调城乡关系的某一侧面，难以对新的历史阶段构建新型城乡关系的诸多症结性难题进行总体把握，所提对策不可避免地缺乏全局性引领作用。

第二，缺少对二元经济转型中城乡关系演变规律及其实现机制的深入研究。以刘易斯—费景汉—拉尼斯为代表的经典二元经济理论，受其市场完备性、劳动力城乡转移不会带来土地用途改变等隐含假设的影响，忽视了制度因素对二元经济转型的影响，缺少对结构转型空间维度的考察，加之其缺少对二元经济形成阶段的理论分析，把刘易斯第二转折点的到来作为二元经济转型结束的标志，导致经典的二元经济转型理论难以揭示二元经济转型中城乡关系的演变规律及其实现机制。国内外学者因普遍承袭了刘—费—拉模型的研究思路和学术特点，难以对二元经济转型中城乡关系的演变进行全过程的深入研究；也不可能深入研究城乡产业结构与空间结构的互动作用，进而难以对二元经济转型中城乡关系的演变进行时空结合性的学术探讨，当然更没有涉及二元经济转型中城乡关系演变的规律及其实现机制。

第三，对马克思主义城乡关系理论的研究还需要进一步深入。党的十六大提出统筹城乡发展战略，特别是党的十九大提出构建城乡融合发展的体制机制以来，马克思恩格斯城乡关系思想研究逐渐成了学术界关注的一个热点。但目前看，学者们对马克思主义城乡关系理论的研究主要局限在三个方面：对马克思、恩格斯等经典著作中城乡关系理论的文本研究，马克思、恩格斯城乡关系理论的现实启示，以及对党的城乡统筹、城乡一体化及城乡融合思路的理论研究。以马克思主义城乡关系理论为指导，借鉴和吸收发展经济学、新制度经济学、空间经济学在城乡关系研究中的科学成果，结合发达国家和发展中国家二元经济转型中城乡关系的演变实际，特别是中国近年来促进城乡协调发展的实践经验，创新发展经济学中二元经济理论的学术成果，本项目组目前尚未检索到。

第四，促进城乡协调发展的规范研究还缺少较为坚实的理论与经验实证基础。进入21世纪以来，学者们更加注重对解决城乡关系问题的对策研究，从要素流动、产业融合、空间结构，以及深化二元土地、就业、金融、财政制度改革等方面提出了促进我国城乡协调发展的对策建议。但这些对策建议大多停留在"应然"层面，而没有深入到"实然"层面，也就是说这些对策建议基本上是研究我国实现城乡协调发展"应该"采取哪些对策措施，而没有从理论分析与经验实证相结合的角度很好地回答为什么要采取这些对策措施①。这一理论研究的欠缺，往往直接影响了这些规范研究成果的实际应用价值。对策性规范研究需建立在坚实的理论与经验实证的基础上，研究促进城乡关系协调发展的对策建议，需要深刻把握二元经济转型中城乡关系演变的基本趋势和内在逻辑，研究不同对策方案对不同利益群体影响及其可能的策略性应对，对策方案的实施机制须能实现利益相关者的参与兼容与激励兼容。

第五，对中国二元经济转型的特殊性和阶段性研究还有待深入。发展中国家的城乡关系问题是二元经济转型研究的重点内容，二元经济转型的不同特点和二元经济转型所处的不同阶段，对城乡关系的演变和发展具有至关重要的影响。国内外学者对中国二元经济转型问题展开了多角度研究，但对我国二元经济转型与先行工业化国家、后起工业化国家，以及其他发展中国家的不同特点的研究，仍是学术研究的薄弱环节。学者们普遍延续了刘易斯—费景汉—拉尼斯二元经济模型的学术观点，认为刘易斯第二转折点的到来标志着二元经济转型的结束，因此未能对中国二元经济转型后刘易斯转折阶段所面临的诸多难题进行深入探讨。这一理论研究的不足直接影响了学者们对促进城乡协调发展所提对策建议的实践价值。具体表现在，对策性研究面面俱到，难以把握抓住其中的关键点；或是以偏概全，难以从全局上把握不同制度安排的内外部关联。学者们普遍将土地制度改革视为促进城乡协调发展的关键对策，却难以解决如何发挥农村"三块地"改革的内在关联，以及土地制度与户籍、财政、金融制度改革的外部关联效应的难题。学者们普遍认为促进城乡协调发展需实现以城带乡、城乡互补，但却未能解决在市场失灵的领域如何引导资源流入乡村的激励兼容难题；学者们普遍认为统筹城乡空间规划，对促进城乡协调发展具有重要意义，但也未能解决城乡产业结构、空间结构良性互动的难题。

---

① 高帆：《从割裂到融合：中国城乡经济关系演变的政治经济学》，复旦大学出版社 2019 年版，第 69 页。

第 2 章

对经典二元经济理论的反思与修正

在发展经济学中，最具代表性的二元经济理论是刘易斯—费景汉—拉尼斯二元经济模型[①]。第二次世界大战之后，伴随着大批发展中国家卷入工业化进程，欠发达国家的二元经济转型问题成为发展经济学研究的主要内容，以刘易斯—费景汉—拉尼斯模型为代表的二元经济理论也逐渐成为人们认识与研究城乡关系的理论基础。这一模型强调现代工业部门与传统农业部门的异质性，论证了二元经济转型的核心问题是农业劳动力非农转移问题，与新古典总量增长模型相比，更接近发展中国家的经济现实。但从马克思主义政治经济学视角分析，这一模型还存在着重大缺陷，对这一经典二元经济理论进行反思与修正，有助于深刻认识现代化进程中城乡关系的演变规律及其作用机制，对于促进新型城乡关系构建具有重要的理论与现实意义。

2.1 刘易斯—费景汉—拉尼斯二元经济模型及其学术界评价

2.1.1 刘易斯—费景汉—拉尼斯模型

第二次世界大战后，取得政治独立的发展中国家普遍面临着快速发展经济摆脱贫困的紧迫任务。然而，无论是新古典经济学的单一范式及其研究内容，还是背离了新古典主义充分就业理念的凯恩斯主义宏观经济理论，都没

[①] 高帆：《从割裂到融合：中国城乡关系演变的政治经济学》，复旦大学出版社2019年版，第48页。

有把欠发达国家的经济发展作为研究主题,更没有涉及发展中国家城乡结构转型问题。上述实践与研究背景,促使刘易斯聚焦欠发达国家的经济发展,基于对发展中国家与发达国家经济结构异质性的认识,以发达国家工业化初期结构转型为参照系,重点研究了发展中国家的二元经济转型问题。

刘易斯二元经济模型假设:(1)发展中国家经济体由两部门构成,即劳动生产率低下,仅能维持生计的农村传统农业部门和劳动生产率较高的城市现代工业部门。传统农业部门较为庞大,没有资本投入,土地十分有限,劳动力十分丰富,因此,农业劳动生产率低下,有一部分劳动力的边际劳动生产率低到零,甚至为负数。城市现代工业部门较为弱小,把资本家和利润全部用于扩大再生产,其产出水平是资本与劳动投入的函数。(2)由于农业部门存在着大量边际劳动生产率为零的剩余劳动力,因此农业部门的工资水平一般只能够维持农民自己及其家庭最低限度的生活水平,即生存工资,而且这一工资水平在农业剩余劳动力存在的条件下是不变的。从这个意义上说,农业部门的工资是保持生存工资水平不变的制度工资。在大量剩余劳动力存在的条件下,现代工业部门的工资水平由传统农业部门的生存工资所决定,并略高于生存工资水平,刘易斯估计约高30%。从这个意义上说,城市现代工业部门在农业剩余劳动力吸收完毕之前,也属于不变制度工资[①]。

在上述假设下,只要现代部门不断扩大生产规模,就可以按现行不变工资水平雇佣到所需要的劳动力。正是从这个意义上,刘易斯把现代工业部门的劳动力供给看作是无限的。一旦传统农业部门边际劳动生产率为零的剩余劳动力全部转移到现代工业部门,包括劳动力在内的所有生产要素都是稀缺的,劳动力的竞争性使用,使两大部门的工资水平不再外生给定,而开始由边际劳动生产率决定。这时,古典经济理论失去了发挥作用的条件,新古典经济

---

① 在刘易斯看来,工业部门的工资水平不能等于农业部门的工资水平,因为城市的生活费用比农村高;农业劳动者进入城市现代工业部门,便置身于一个高节奏、受约束的生活和工作环境中,因此,应有一部分收入来弥补心理成本。为了吸引农村劳动力进入城市工业部门,还必须有一部分额外的净收入作为刺激因素。但城市工业部门的工资水平不可能高于农业生存工资水平很多,否则进入城市的劳动力就业供给会超过工业部门的就业需求,迫使工资下降。农业部门存在大量的剩余劳动力,平均劳动生产率只能维持生计水平,如果由市场力量决定工资水平,那些劳动力边际生产率低于平均劳动生产率的劳动者就不能维持生存。因此,农业部门的工资就只能由习惯和道德因素决定,并等于平均产品。由于工业部门的工资水平由农业部门的生存工资所决定,因此工业部门的工资也属于不变制度工资。

理论开始发挥作用。此时，传统二元经济结构就转换为现代一元经济结构。

费景汉和拉尼斯接受刘易斯的假设前提，沿着古典经济学范式对刘易斯模型进行了改进（费景汉和拉尼斯，1961）。这一改进是建立在对剩余劳动力重新界定基础上的。费景汉和拉尼斯认为农业剩余劳动力包括边际劳动生产率为零和大于零小于不变制度工资两部分。因此，二元经济结构转型需要经过两个阶段[①]：第一阶段是边际劳动生产率为零的农业剩余劳动力向城市工业部门转移阶段。费景汉和拉尼斯把这部分劳动力叫作"多余劳动力"，由于边际劳动生产率为零，所以"多余劳动力"的转移不会影响农业总产量，不会产生粮食短缺，也不会影响现行工资。第二阶段是边际劳动生产率大于零且小于不变工资的农业剩余劳动力转移到现代工业部门。费景汉和拉尼斯把这部分劳动力叫作"伪装失业者"。由于伪装失业者的劳动生产率大于零，这部分农业剩余劳动力转移出去时，农业部门的总产品就会减少。费景汉和拉尼斯把第一阶段和第二阶段的交界处，定义为"短缺点"，表明当平均农业剩余[②]下降到制度工资以下时，农产品特别是粮食开始短缺。当二元经济转型渡过粮食"短缺点"，就进入第二阶段。随着边际劳动生产率大于不变制度工资部分的农业劳动力向现代工业部门的不断转移，农业剩余劳动力会被工业部门吸收完毕，这时，农业劳动者工资就不再由习惯、道德等制度因素决定，而是由市场力量所决定，工资水平也不再等于不变制度工资，而是等于边际劳动生产率。工业部门要吸收更多的农业劳动力，就必须使工资水平提高到至少等于农业边际劳动生产率水平。此时，农业劳动力已成为竞争性商品，与工业部门一样，农业部门也被商品化了，所以费景汉和拉尼斯第二阶段的终点称为"商业化点"。一旦农业劳动力转移进入商业化点，农业部门也就完成了从传统部门向现代部门的转变，二元经济结构转型的任务也就得以完成。由于费景汉—拉尼斯模型是在刘易斯模型基础上的扩展，

[①] 一些研究刘易斯—费景汉—拉尼斯模型的文章认为这一模式把二元经济转型分为三个阶段：第一阶段是边际劳动生产论为零的剩余劳动力转移到现代工业部门的阶段，完成这一阶段二元经济转型进入刘易斯第一转折点（短缺点）；第二阶段是边际劳动生产率大于零小于不变制度工资的剩余劳动力转移到现代工业部门的阶段，完成这一阶段二元经济转型进入刘易斯第二转折点（商业化点）；第三阶段是跨越刘易斯第二转折点之后的阶段。问题在于刘易斯—费景汉—拉尼斯模型有一个重要的学术观点，即进入商业化节点标志着二元经济转型结束。所以严格说来，刘易斯—费景汉—拉尼斯模型中的二元经济转型分为两个阶段。三个阶段不是二元经济转型的阶段划分，而是劳动力转移的阶段划分。

[②] 平均农业剩余是指撤出的农业剩余劳动力的人均农业剩余产值。

学者们又把"短缺点"称为"刘易斯第一转折点",把"商业化点"称为刘易斯第二转折点。

费景汉和拉尼斯认为,二元经济结构转型的最大困难发生在第二阶段。在第二阶段,粮食短缺将导致粮食价格和工业工资水平上升,工业利润减少,结果在农业剩余劳动力全部转移到现代工业部门之前,工业贸易条件的恶化会使工业部门的扩张和农业剩余劳动力转移停滞,经济发展陷入长期停滞状态。解决这一问题的关键,是在农业剩余劳动力转移过程中不断提高农业劳动生产率,如果农业劳动生产率的提高足以补偿农业劳动力转移所带来的总产出损失,工业部门扩张就不会因贸易条件的恶化而受阻。因此,要实现二元经济结构顺利地向一元经济结构转换,就必须提高农业劳动生产率,保持工农业两个部门的平衡增长。两部门平衡增长的原则是农业部门提供的农业剩余刚好能够满足工业部门对农产品的需求。若前者大于后者,农业贸易条件就会恶化,因为粮食供给过剩会损害农业部门;若前者小于后者,工业贸易条件的恶化,就会使工业部门发展受阻。当工农业两大部门持续平衡增长时,就会使工业部门的劳动力供给与其所创造的劳动力需求保持同步,促使"短缺点"与"商业化点"不断靠近并最终重合,实现二元经济结构向一元经济结构的转换。

费景汉—拉尼斯模型还分析了人口增长条件下,二元经济结构转型中农业劳动力转移问题,确定了临界最小努力准则:在人口增长条件下,要实现农业剩余劳动力的顺利转移,一个国家工业部门的劳动力需求增长必须大于人口增长。尽管可以通过控制人口增长来实现这一条件,但对于人口众多的发展中国家来说,控制人口增长只具有长期效应,短期内提高劳动生产率是更有效的办法。提高劳动生产率主要有资本积累与技术进步两个途径。他们认为,发展中国家在二元经济结构转型过程中除了扩大资本积累的规模外,选择技术偏向也是十分重要的。由于发展中国家一般是资本稀缺、劳动力丰裕,因此,应选择资本节约型或劳动使用型技术,或对国外先进技术进行改造,使之能吸收更多的劳动就业。

费景汉—拉尼斯模型与刘易斯模型相比有了很大的发展:

首先,对剩余劳动力做了新的界定,并把二元经济结构转型划分为两个阶段。费景汉和拉尼斯认为,农业剩余劳动力包括边际劳动生产率为零和大于零小于不变制度工资这样两部分。因此,二元经济结构转型需要经过两个阶段：第一阶段是边际劳动生产率为零的农业劳动力转移；第二阶段是边际劳动生产率大于零小于不变工资的农业劳动力转移。只有这部分剩余劳动力转移完毕，经济发展才进入商业化阶段，二元经济结构转型的任务才最终得以完成。对剩余劳动力的重新界定与二元经济结构转型阶段的划分，更加符合欠发达国家的客观实际，也构成费景汉—拉尼斯模型的创新基础。

其次，克服了刘易斯模型忽视农业发展的不足，探讨了二元经济结构转型过程中工农业间的内在联系。刘易斯模型将经济发展界定为农业劳动力向工业部门转移，并将资本积累看作是工业扩张的唯一源泉。在他的模型中农业的唯一作用就是向工业部门提供剩余劳动力。费景汉与拉尼斯的研究表明，农业不仅为工业部门扩张提供所需劳动力，还为工业部门提供农业剩余，而且农业剩余对工业部门的扩张具有决定意义；农业剩余不仅是工业和其他产业存在的基础，还会通过对工业工资水平的影响，制约工业部门的扩张速度和农业劳动力的转移速度。因此，在他们看来，要实现二元经济向一元经济的结构转型，工业与农业必须平衡发展。

再次，把技术进步因素的引入分析，并强调了技术进步的要素偏向。刘易斯模型中技术进步是包含在资本积累中的，由于他假定资本积累与劳动力吸收是按同一比例进行的，因此包含在资本积累中的技术进步也是中性的。实际上，发展中国家引进先进技术多偏重于资本使用型，积累率不低，但就业创造率很低。费景汉和拉尼斯在强调技术进步对农业发展起促进作用的同时，也强调技术选择的重要性。他们认为欠发达国家要充分利用劳动力丰裕的比较优势，选择偏向劳动使用型的技术，以实现最大产出与最大就业的统一。

最后，把人口因素纳入二元经济模型，研究了人口增长条件下二元经济转型的实现条件，即一个国家工业部门的劳动力需求增长必须快于人口增长。尽管费景汉—拉尼斯模型从上述四个维度拓展了刘易斯模型，但由于两个模型的基本假设、核心观点、内在逻辑具有一致性和理论上的继承关系，学界通常把在刘易斯模型基础上扩展而来的费景汉—拉尼斯模型称为"刘—费—拉模型"。

2.1.2 刘易斯—费景汉—拉尼斯模型的学界评价

由于刘—费—拉模型中异质性的二元经济有别于新古典经济学单一范式的均衡分析，这一模型在受到经济学界广泛关注的同时，也遭到了主流经济学的严厉批评。这些批评主要集中在刘易斯—费景汉—拉尼斯模型关于剩余劳动力和制度工资的两个基本假设上[①]。根据新古典经济理论，要素收入是由其边际生产率决定的，因此，工资决定机制是劳动者边际劳动生产率。基于新古典的工资决定机制，即便是农业部门也不存在边际生产率低于实际工资的剩余劳动力，"零值边际劳动生产率更是在统计学上是不可能发生的事情"[②]。

事实上，刘易斯—费景汉—拉尼斯模型的上述基本假设，是延续了以斯密、李嘉图为代表的古典经济学传统。古典经济学认为工资的决定机制是马尔萨斯的人口增长平衡，因此，工资水平的高低与边际劳动生产力无关，而是取决于维持劳动力生产与再生产的基本生存水平。这也就是古典经济学所遵循的工资铁律，即从长期来看，工资水平既不能高于生存工资，也不能低于生存工资。当工资高于生存工资时，会由于人口的增长，人均耕地面积减少，人均收入水平下降，劳动者收入最终会回归到生存工资水平；当工资低于生存工资时，则无法维持劳动力再生产，人口减少的结果会导致工资水平恢复到生存工资水平。由于19世纪初期英国还有大量的农业劳动力存在，李嘉图认为，工业部门吸收农村剩余劳动力，一般不会引起城市或乡村地区工人工资水平的上涨[③]。且不论英国资本主义发展初期，马尔萨斯人口平衡是否是决定生存工资的作用机制[④]，工人工资长期处于仅能维持生存的低水平上[⑤]，农业人口大规模向城市非农产业转移却是一个不争的事实[⑥]。无论是发达国家工业化早期阶段，还是当今多数发展中国家，农业生产均以家庭为主要经济组织，家庭生产的主要目的不是利润最大化，而是通过产出最大化使得所有家庭成员都能够获得基本生存保障。在以家庭为单位的经济组织中，所有家庭成员共同分担工作，平均分享农业产出。石川（Ishikawa，1975）

---

① Ranis G., Arthur Lewis's Contribution to Development Thinking and Policy, The Manchester School, 72 (6), 2004, pp. 712 – 723.

② 乔根森认为，农业部门不存在边际生产率等于零和低于实际工资的剩余劳动力。即使一个经济体陷入低水平均衡状态，人口增长也伴随着农业产出的增长。如果人口增长快于产出增长，人口增长就会自动放慢下来，最终与农业产出增长相适应（谭崇台：《发展经济学》，上海人民出版社1989年版，第325页）。

③ 马尔科姆·吉利斯等：《发展经济学》，经济科学出版社1989年版，第70页。

④ 马克思反对生存工资决定的马尔萨斯机制，认为生存工资决定机制在于资本家对剩余价值的追求。

⑤ 在《资本论》中，马克思清楚地阐明了工人的生存状况，以及资本家通过绝对剩余价值和相对剩余价值生产提高剩余价值率的理论逻辑和实际情况。

⑥ 有数据表明，1770~1851年英国从事农、林、渔业占比从42%下降至21.7%（王章辉、黄柯可：《欧美农村劳动力的转移与城市化》，社科文献出版社1999年版，第7页）。

将农户的工作分担和收入分享定义为"就业和收入分配的社区原则"[①]。显然，在这一原则下，无论家庭成员的边际劳动生产率如何，都能获得不低于最低生存水平的收入，农村也不存在显性失业人口。绝大多数农村人口都以家庭为单位从事农业生产和其他家庭生产性活动，但受制于土地规模小，缺少资本投资，家庭成员无法与生产资料有效结合，劳动生产率很低，一些劳动力转入城市非农部门也不会减少农业产出。正是从这个意义上，刘易斯才提出存在边际劳动生产率为零的剩余劳动力。

新古典学派对制度工资和剩余劳动力两个假设条件的批评，是基于个人劳动力供给对工资变化比较动态的反映基础之上的。新古典经济学中个人劳动力供给决策是根据工资水平的高低在闲暇与就业之间进行选择，工资水平低于其边际劳动生产率，个人会选择闲暇，进而退出劳动力市场。因此，工资决定机制只能是边际劳动生产率，不存在边际劳动生产率低于生存工资水平的剩余劳动力，边际劳动生产率为零的剩余劳动力更是不可想象的。但是在经济发展的早期阶段，劳动生产率低下，绝大部分人收入水平仅能维持家庭成员的基本生存，人们不可能为享受闲暇而放弃任何从事有酬的工作机会。实际上，无论是边际劳动生产率为零，还是边际劳动生产率低于生存工资的剩余劳动力存在，都是劳动力与生产资料非均衡配置的结果，只有从劳动力资源总体配置的角度分析才有意义。

虽然刘易斯—费景汉—拉尼斯模型受到了新古典经济学的严厉批评，但由于该模型强调了现代工业部门与传统农业部门的差异，与新古典总量增长模型相比，更接近发展中国家的经济现实；其二元结构分析方法，为研究发展中国家的社会经济问题提供了一个新的思路；根据发达国家工业化历史经验，把经济发展、二元经济结构转型与农业剩余劳动力转移结合在一起，把农业剩余劳动力再配置作为二元经济转型的核心机制，对发展中国家促进二元经济结构转型具有重要参考价值，进而得到了经济学界的充分肯定和认可。刘易斯的《劳动力无限供给条件下的经济发展》这篇开创性文章"被广泛认为对建立发展经济学学科做出了最有影响力的贡献"[②]，因

[①] Ranis G., Arthur Lewis's Contribution to Development Thinking and Policy, The Manchester School, 72 (6), 2004, pp. 712 – 723.

[②] Kirkpatrick C. Barrientos A., The Lewis Model after 50 Years, The Manchester School, 72 (6), 2004, pp. 679 – 690.

为剩余劳动力范畴和二元经济模型的总体框架对于理解经济发展至关重要，二元经济模型已经深深植根于当代关于发展和增长的思想中[①]。刘易斯—费景汉—拉尼斯模型"成为二元经济理论的集中代表以及理解城乡关系问题的理论基础"[②]。

2.2 对刘易斯—费景汉—拉尼斯模型的理论反思

自从20世纪50年代刘易斯二元经济模型问世以来，发展中国家的二元经济结构吸引了学界和政府部门的广泛关注，并引发了经济学家对二元经济结构的研究兴趣。在刘易斯二元经济理论框架的基础上，许多发展经济学家从不同角度考察和分析了发展中国家二元经济转型问题，形成了各具特色的二元经济理论。其中除了最为著名的刘易斯—费景汉—拉尼斯古典模型之外，具有较大学术影响的还具有鲜明新古典主义色彩的乔根森模型和托达罗模型、具有凯恩斯主义特点的拉克西特模型，以及以分工演进和专业化为视角的杨小凯新兴古典二元经济模型。20世纪80年代中期以来，学者们聚焦于制度因素对二元经济转型的影响，以及二元经济转型对收入分配的影响，并运用数理分析和计量分析的方法，完善与验证发展中国家的二元经济及其转型，使二元经济理论日益融合了古典经济学、新古典经济学、新制度经济学和演化经济学等理论，逐步克服了单一研究范式的局限[③]。但是，以马克思主义政治经济学基本理论为指导，运用马克思主义政治经济学研究方法对经典二元经济理论进行反思与修正的研究成果，迄今为止还不多见。

从马克思主义政治经济学的视角审视发展经济学中最具影响力的古典二

[①] Lewis, A., Economic Development with Unlimited Supplies of Labour, The Manchester School, 22 (2), 1954, pp. 139 – 191; Fei J C H, Ranis G., Development of the Labor Surplus Economy: Theory and policy, Development of the Labor Surplus Economy: Theory and Policy, 1964, p. 3; Wang X., Piesse J., The Micro-foundations of Dual Economy Models, The Manchester School, 81 (1), 2013, pp. 80 – 101; Gollin, D., The Lewis Model: A 60 – Year Retrospective, Journal of Economic Perspectives, 28 (3), 2014, pp. 71 – 88; Villamil A, Wang X, and Zou Y., Growth and Development with Dual Labor Markets, The Manchester School, 88. 6, 2020, pp. 801 – 826.

[②] 高帆:《从割裂到融合：中国城乡关系演变的政治经济学》，复旦大学出版社2019年版，第53页。

[③] 张桂文:《从古典二元论到理论综合基础上的转型增长——二元经济理论演进与发展》，载《当代经济研究》2011年第8期，第43页。

第2章 对经典二元经济理论的反思与修正

元经济理论，结合历史考察与现实分析，发现刘易斯—费景汉—拉尼斯模型还存在重大缺陷。

第一，刘易斯—费景汉—拉尼斯模型侧重于生产技术的二元性，忽略了制度因素对二元经济转型的影响。这一模型对传统农业和现代工业部门划分的主要标准是基于生产函数差异导致的劳动生产率不同，对组织制度二元性的分析仅局限于城乡间目标函数和工资决定机制的不同[①]。刘易斯—费景汉—拉尼斯模型并没有分析生产技术与组织制度二元性的相互关系，没有涉及生产技术和组织制度双重转型过程中的利益矛盾与冲突，没有探讨制度变迁对二元经济转型的深刻影响。由于这一模型中农业剩余劳动力进入城市现代工业部门没有任何障碍，因而要素市场是健全完善的。在这一隐含假设下，城乡二元反差缘于农村人多地少的要素禀赋。只要低于生存工资水平的剩余劳动力转移到城市现代部门，经济运行的古典与新古典方式就会实现无缝对接。

根据马克思生产力与生产关系的辩证关系原理，生产力和生产关系是社会生产不可分割的两个方面。生产力，即生产的物质条件、技术条件，是生

[①] 刘易斯—费景汉—拉尼斯模型中，传统农业部门没有资本投入，由于人口的快速增长，给定土地上持续的人口压力使得劳动力供给十分丰富，在不变土地要素上不断增加劳动力供给，导致小农经济的劳动生产率也十分低下，甚至部分劳动力的边际劳动生产率低至零值。小规模土地与低下的劳动生产率，使得农民收入水平极为低下，只能维持家庭成员的基本生存。城市现代工业部门使用资本与劳动力进行生产，由于资本要素不同于自然形成的土地具有再生性，可以通过与劳动力结合不断地以扩大的规模再生产出来，与维持生存的农业部门相比具有更高的劳动生产率。二元经济转型过程就是通过传统农业部门的剩余劳动力不断向城市现代部门转移，一方面在用工成本不变的条件下促进资本积累，不断扩大现代部门的生产规模；另一方面改变传统农业人多地少的要素禀赋，提高农业劳动生产率，进而缩小传统农业和城市现代部门生产率水平的差距。

客观地讲，刘易斯—费景汉—拉尼斯模型并非没有涉及城乡两部门的组织制度二元性，但对制度二元性的分析只局限于城乡间的目标函数和工资决定机制的不同。传统农业部门的小规模家庭经营必须遵循生存原则，目标函数是产量的最大化，家庭内部的收入分享使得劳动者的收入取决于家庭平均劳动生产率，这一收入水平只能维持基本生存。城市现代工业部门遵从效率原则，目标函数是利润最大化，企业按边际原则配置生产要素，工资由劳动力边际生产率决定。由于农业部门滞留了大量剩余劳动力，城市现代部门的工资水平由农业生存收入外生给定，工业部门的工资不可能低于农业生存收入，因为低于这一界限劳动力无法正常再生产，当然，也不会高出很多，否则，转移到现代部门的劳动力会超过该部门的用工需求，最终工资水平会降到略高于农业生存收入的水平。由于发展中国家通常是农业国，农业部门劳动力十分丰裕，只要现代部门扩大生产规模，就可以按现行不变工资水平雇佣到其所需要的劳动力。正是从这个意义上来说，把现代工业部门的劳动力供给看作是无限的。显然，刘易斯—费景汉—拉尼斯模型对发展中国家组织制度二元性的分析，只是论证了在进入刘易斯第二转折点之前，农业部门可以为城市现代部门提供无限的劳动力供给，从而为农业劳动力向非农部门转移的核心机制奠定了理论前提。

产的物质内容；生产关系，即人们在生产与再生产中所结成的相互关系，是生产的社会形式。从生产力角度分析，社会生产的物质内容是劳动者与生产资料结合的技术关系，即生产函数；而生产关系则是劳动者与生产资料结合的社会形式，具体表现为调节人与人利益关系的各种制度安排。任何两个具有明显生产力发展水平差异的经济体，也必然会存在着组织制度方面的明显区别。事实上，城乡二元结构反差不仅表现为农村传统农业部门和城市现代工业部门劳动生产率方面的巨大落差，也反映了二者在生产关系方面存在着明显的异质性。这种异质性不局限于城乡间目标函数和工资决定机制的不同，还体现在产权制度、劳动力市场、金融组织等诸多方面。自从1985年海拉·明特（Hyla Myint）在《亚洲发展评论》上发表了一篇题为"组织二元结构和经济发展"的论文，第一次使用"组织二元结构"的范畴以来，对组织制度二元性和制度因素对二元经济转型的影响，日益受到学界的重视，也取得了诸多的研究成果[1]。

---

[1] 1985年，海拉·明特（Hyla Myint）在《亚洲发展评论》上发表了一篇题为"组织二元结构和经济发展"的论文，第一次使用"组织二元结构"的概念。他认为，二元结构作为不发达经济的一个显著特征，集中反映在欠发达经济的组织制度框架上，其他二元结构在一定程度上是派生于组织或制度二元结构的。他分别用产品的价格差异、政府行政组织和金融机构的运行效率的差异来说明欠发达国家的市场组织、政府行政组织及金融组织的二元性，并分析了发展中国家组织结构二元性产生的原因（汪小勤：《二元经济结构理论发展述评》，载《经济学动态》1998年第1期，第77页）。
  20世纪80年代中期以来，对发展中国家二元制度结构的分析更多集中于劳动力市场的二元性及其二元经济结构转型的影响。比如，Gautam Bose认为城乡劳动力市场存在明显分割，理解二元经济结构转型的关键是思考城乡劳动力市场的内在关系。在农业工人的长期效率对现行工资具有敏感性，工业工资水平高于农业且存在劳动力迁移成本、农业工人不能获得信用贷款的条件下，工业部门的工资变化会影响农业部门的工资。尽管农业中高工资可以使农业雇工增加储蓄和加快非农化转移，但这会影响到农业雇主的长期收益。因此，当城市工资上升、劳动力向城市非农产业转移变得更加有吸引力时，农业雇主的理性选择是降低工资水平，这反过来又会促使农业剩余劳动力转移（Bose G., Agrarian Efficiency Wages in a Dual Economy, Journal of Development Economics, 49（2），1996，pp. 371 - 386）。Bharati Basu研究了发展中国家工业部门效率工资导致的内生工资扭曲，认为发展中国家城市工业部门的效率工资促进了城乡移民。由于工资扭曲的内生性质，城乡移民通过创造更多就业机会和减少工农两部门的实际工资差异，减轻了工资扭曲的严重性（Basu B., Another Look at Wage Distortion in a Developing Dual Economy, Australian Economic Papers, 43（2），2004，pp. 208 - 227）。Basu还对效率工资、聚集效应与二元经济进行了研究。他在比较了外生工资扭曲条件下城市部门集聚效应和外生工资扭曲、外部规模经济条件下城市部门集聚效应，以及效率工资和外部规模经济条件下的城市部门集聚效应后，指出，由于就业强化了基于效率工资的城乡迁移效果，基于效率工资的聚集效应要强于哈里斯 - 托达罗模型中最低工资扭曲时的聚集效应。利用现有的外部规模经济，聚集降低了部门间的工资差异，并改变了要素积累和商品价格变化的影响（Basu B., Efficiency Wages, Agglomeration, and a Developing Dual Economy, The Annals of Regional Science, 38（4），2004，pp. 607 - 625）。（接下页）

第2章 对经典二元经济理论的反思与修正

无论是已完成二元经济转型的发达国家，还是正进行这一转型的发展中国家，现代工业部门的产生和农业劳动力的大规模转移，并非生产力自然发展的结果。封建制度下，地主对农民的超经济强制，使得农民不可能实现自由迁移。随着社会分工和商品经济的发展，封建社会末期，农村地租逐渐由劳役地租、实物地租转变为货币地租。在这一过程中，封建主一方面加重了对农民的剥削，另一方面也松动了农民对封建主的人身依附关系。小农以及城市手工业者的两极分化，产生了最初的雇佣劳动者。但是摆脱超经济强制的自由劳动力的大量形成，以及大规模劳动力的非农转移，则是以土地制度变革为前提条件的。农村土地制度变革除了英国属于典型的资本原始积累道路外，其他国家的土地制度变革大致可以概括为以普鲁士为代表的改良式道

（接上页）Wei and Yabuuchi 对二元经济中不完善的劳动力流动和失业问题进行了研究，分析了工资补贴政策、要素增长以及劳动力流动性变化对二元经济体失业和国民收入的影响。结果表明，制造业工资补贴增加了城市失业率，而农业工资补贴减少了城市失业率；如果城市制造业工资率对就业敏感，劳动力流动的增加将降低失业率。农业工资补贴增加了国民收入；制造业工资补贴减少了国民收入；劳动流动性以及劳动力增长都增加了国民收入（Wei G, Yabuuchi S., Imperfect Labor Mobility and Unemployment in a Dual Economy, Review of International Economics, 14（4），2006, pp. 698-708）。

近年来，还有学者研究了农村土地市场、农村产权制度以及政府政策对二元经济转型的影响。Peter Rangazas 和 Alexandros Mourmouras 在分析传统农业部门与现代工业部门劳动生产率和工资差距持续存在的原因时，研究了农村土地市场对二元经济转型的影响。他们认为，在传统部门土地交易市场欠缺的情况下，土地和农场遗传给下一代，而下一代必须留在传统部门从事小规模农业经营。代际传承联系往往抑制了低工资工人的迁移，因为他们可以通过继承家庭"农场"获得补偿。如果传统部门的劳动力市场也不完善的话，家庭农场只能依赖家庭劳动。由于农场工作的边际效用递减，家庭劳动力在小规模土地的工作收益将会低于市场工资，从而减少工作时间，进一步加大部门间全年生产力和工资的差距（Rangazas P, Mourmouras A., Wage and Fertility Gaps in Dual Economies, Eurasian Economic Review, 3（1），2013, pp. 59-83）。Fergusson 通过一个将农村产权内生化的理论，分析了农村产权保护与二元经济固化之间的关系。他认为，发展中国家农村大规模的私人农场和维持生计的小农经营并存，而这些小规模经营的土地只具有有限的产权。虽然土地产权的清晰界定和有效保护有利于促进经济增长，但是，具有政治权力的大土地所有者集团，为了使农民接受低工资，选择弱化农民的土地产权。而且，随着工业化进程的推进，城市工资的提升使农民更倾向于迁移到非农部门。这种弱式产权迫使农民为了保护财产而留在农业部门，农民的流动受到阻碍，长期滞留在农业部门，致使二元经济结构固化（Fergusson L., The Political Economy of Rural Property Rights and the Persistence of the Dual Economy, Journal of Development Economics, 103（4），2013, pp. 167-181）。希法（Shifa）分析了二元经济转型中的二元政策，认为不论是理论上还是实践中，不利于农业的政策都是政府减贫的重要障碍之一。农业歧视是独裁政权的主要特点，而且农业经济份额越高，歧视就越严重。作者还通过一个独裁假设下的政治经济模型对农业经济规模与不利农业政策之间的关系进行了研究。结果表明，农业在经济中所占份额越大，独裁者剥削农业的兴趣就越高。农业政策歧视在农业经济占主导的国家也可能出现，即便不存在城乡居民之间的政治权力偏向（Shifa A B., The Dual Policy in the Dual Economy—The Political Economy of Urban Bias in Dictatorial Regimes, Journal of Development of Economics, 105（1），2013, pp. 77-85）。

路和以美国为代表的革命式道路①。英国农村土地制度变革是通过圈地运动完成的。早期圈地的动因是羊毛价格上涨和毛纺织业的兴起，后期则是源于城市工业发展增加了对农产品的需要，要求以集中经营的大农业代替小农经营②。英国持续了 300 年的圈地运动，以暴力的方式掠夺农民的土地，使大批流离失所的农民成为一无所有的无产者。以普鲁士为代表的改良式道路通过赎买的方式解除了农民的封建义务，使其成为自由劳动者。通过这条道路完成土地制度改革的还有俄国、意大利和日本等国家。以美国为代表的革命式道路通过资产阶级革命，摧毁了封建土地所有制，破除了农民对封建地主的超经济强制。法国的土地制度改革也可以归类于革命式道路。"二战"后实现民族独立的发展中国家，大多经历了土地制度改革并破除了农民对地主的人身依附③。

先行工业化国家以机器大工业为代表的现代工业，是在 16 世纪到 18 世纪的资本原始积累基础上，经历了工场手工业发展阶段，通过革命或改良的方式破除了封建制度才最终确立起来的。发展中国家的现代工业则是在先行工业化国家殖民统治和殖民渗透过程中移植过来的，具有明显的飞地经济色彩。显然，现代工业的产生与发展，以及随之而来的农业劳动力向现代非农产业转移，是封建社会末期的生产力发展和顺应生产力发展制度变迁共同作用的结果。

随着农业劳动力大规模非农转移，经济体进入了二元转型发展过程，在这一过程中无论是进入刘易斯第一转折点，还是进入刘易斯第二转折点，最终完成二元经济转型，都离不开经济发展不同阶段制度安排根据生产力发展要求做出的适应性调整，离不开政府经济政策的相应改变。与传统农业经济和现代工业经济相比，处于二元分化与二元经济发展过程中的经济体，其经

---

① 《土地所有制及其形成》，挂云帆学习网，2022 年 6 月 17 日，https：//www.guayunfan.com/baike/214197.html。
② 高德步：《经济发展与制度变迁：历史的视角》，经济科学出版社 2009 年版，第 96 页。
③ 20 世纪 60 年代，拉美国家将大庄园进行分割，实行耕者有其田制度。虽因大土地所有者的阻扰，最终没有形成小农所有制，而是形成了这一地区特有的资本主义大农场主和大量自给性小农所有制并存的二元农业结构，却也使农民从封建土地所有制中解脱出来。韩国和中国台湾等东亚经济体在"二战"后的土地制度改革中，实现了耕者有其田的初衷，形成了以小土地所有者为主的小农所有制结构。农民摆脱了地主阶级的经济强制，成为独立小农。谭崇台：《发达国家发展初期与当今发展中国家经济发展比较研究》，武汉大学出版社 2008 年版，第 536~537 页。

济结构转换过程，伴随着激烈利益矛盾与利益冲突，各国的发展道路和制度选择不同，调节利益矛盾与冲突，完成二元经济转型的经济代价和社会成本也大不相同。以英国为代表的先行工业化国家，通过资本原始积累和资产阶级革命加速了以机器大工业为代表的现代工业部门的产生与发展，以及农业劳动力向城市非农产业的大规模转移，但同时也因资本原始积累对国内外劳动人民的掠夺，激化了国内阶级矛盾和殖民地与宗主国之间的矛盾。在二元经济转型过程中自发和无序的城市化道路，也带来住房拥挤、卫生条件恶劣、失业与贫困严重等一系列经济社会问题。拉美国家特有的资本主义大农场主和大量自给性小农所有制并存的二元农业结构，不仅是这一地区收入分配不公、社会不稳定的制度根源，这也是这一地区过度城市化的制度性成因。显然，由城乡二元经济发展转向现代化的一元经济运行，绝不是一个无缝对接的线性发展过程。

第二，刘易斯—费景汉—拉尼斯模型从要素供给的角度研究二元经济转型，忽略了有效需求对产品实现的影响。刘易斯—费景汉—拉尼斯模型，注重工业部门扩张对农业剩余劳动力的吸收，强调资本积累对二元经济转型的重要作用。刘易斯指出："经济发展理论的中心问题是去理解一个由原先的储蓄和投资占不到国民收入4%或5%的社会本身，变为一个自愿储蓄增加到国民收入12%到15%以上的经济的过程"[1]。在刘易斯—费景汉—拉尼斯模型中，唯一使二元经济转型中断的因素是工农业贸易条件变化引发的工人工资上涨。费景汉和拉尼斯认为，边际劳动生产率大于零但小于制度工资的劳动力转移，会影响农业产出。粮食短缺将引起粮食价格和工业工资水平的上升，工业利润减少。结果在农业剩余劳动力全部转移到现代工业部门之前，工业贸易条件的恶化会使工业部门的扩张和农业剩余劳动力的转移停滞，经济发展陷入长期停滞状态。简而言之，刘易斯—费景汉—拉尼斯模型没有考虑二元经济转型过程的产品实现问题。

从历史角度考察，有效需求不足，无论对先行工业化国家而言还是对当今发展国家来讲，都是其二元经济转型的主要制约因素。先行工业化国家二元经济转型过程中，产品实现问题的解决主要依靠不断开拓海外市场。16~18世纪中叶，欧洲国家工场手工业的广泛发展，提高了劳动生产率，促进了

---

[1] 刘易斯：《二元经济论》，北京经济学院出版社1989年版，第15页。

欧洲国家对外贸易的发展，同时也开启了西欧强国殖民掠夺的历史序幕。但这一时期机器大工业尚未真正建立，通讯交通工具较为落后，欧洲国家的对外贸易范围、商品种类和贸易额，都受到一定限制。18世纪中期以后，随着产业革命的展开和推进，现代工业的建立使生产规模不断扩大，欧洲国家进一步推进殖民政策，使广大殖民地日益成为宗主国的销售市场和原料产地。"海外殖民贸易，或者是以武力为保障的海外贸易，成为发达国家早期通过对外贸易为其经济发展积累原始资本的重要方式。这一特征在英国和法国表现得最典型、最突出，在美国的表现形式虽有所变异但本质是一致的，在后来居上的德国和日本则以试图改写世界殖民版图的两次世界大战的形式表现出来"[1]。第二次世界大战后进入现代化进程的发展中国家，在经济发展初期大多实行进口替代战略，采取贸易保护措施，以本国工业品取代进口产品。这一战略虽然取得了一定成效，促进了经济发展，但由于这一战略贸易保护的高成本造成现代工业发展的低效率，影响了产品出口，使经济趋向"内向型发展"，不利于通过对外贸易扩大国外需求。这样一来，进口替代并没有消除发展中国家对进口的依赖，还影响了本国产品的国际竞争力，强化了国内有效需求的不足。从20世纪60年代开始，东亚地区的韩国、新加坡、中国香港和中国台湾地区，以及拉美的一些发展中国家开始转向出口导向战略。他们抓住发达国家产业结构升级的历史机遇，利用自然资源、特别是劳动力资源丰富的比较优势，大力发展劳动密集型产业，通过扩大出口带动劳动力就业，有效地缓解了国内需求不足的约束。

　　二元经济转型中的需求约束形成，一方面源于大量剩余劳动力压低了劳动者的工资性收入，使得劳动者的收入水平未能随着生产力的发展水平提高而相应增长；另一方面则受到工薪收入和资本所得、城乡居民收入差距不断拉大的影响。马克思深入剖析了以英国为代表的先行工业化国家经济发展过程中伴随着资本积累所形成的生产无限扩大趋势和劳动人民支付能力相对缩小的矛盾，并把这一矛盾看作是资本主义经济危机产生的直接原因[2]。

---

　　[1] 谭崇台：《发达国家发展初期与当今发展中国家经济发展比较研究》，武汉大学出版社2008年版，第393页。

　　[2] 事实上，有效需求不足始终是资本主义经济发展的主要制约因素，对外贸易只能缓解需求约束，却不能从根本上解决这一问题。根据马克思主义政治经济学理论，每隔若干年爆发的经济危机是对生产无限扩大趋势和劳动人民支付能力相对缩小的矛盾的暂时性、强制性化解。

第三,刘易斯—费景汉—拉尼斯模型缺少对结构转变空间维度的考察,忽视了二元经济转型中城乡空间结构演变对城乡关系的影响。刘易斯—费景汉—拉尼斯模型是从传统农业部门和现代工业部门相互作用的角度研究二元经济转型问题,并把农业劳动力的非农转移作为二元经济转型的核心机制。这一模型除了存在有效要素市场的隐含假设之外,还有两个隐含假设:一是劳动力向城市现代部门的转移与人口向城乡迁移是同一过程;二是农业劳动力的非农转移不会带来土地用途的改变[1]。因此,二元经济理论是从农业与非农业的角度,而不是从城市与乡村的角度来研究二元经济转型问题。这种注重产业部门结构而轻视城乡空间结构的分析方法,导致二元经济理论忽视了聚集经济对要素转移的作用,也忽视了二元经济转型中城乡空间结构演变对城乡关系的影响。

从总体上讲,城市化与工业化是一个相互影响、相互推动的发展过程。在一国的工业化发展过程中,劳动力、资本和技术不断向第二、三产业转移,带动了生产要素在空间结构上不断向区位条件相对优越的地点聚集,进而促进了城市化的发展[2]。城市化的推进一方面通过聚集经济效应促进了非农产业发展;另一方面通过城市空间结构优化形成大中小城市小城镇协调发展空间布局,提高了土地的利用效率,带动了农村经济与社会发展。一国的工业化和城市化是一个相互影响、相互推动的发展过程,但这并不意味着二者是同一发展过程。纵观发达国家和发展中国家的二元经济转型历程,以劳动力向城市现代部门转移为表征的工业化和以人口向城市迁移为特点的城市化并非同一过程。在二元经济转型的实践中,二者之间的时序联动关系通常有三种情况,即城市化与工业化同步发展、城市化滞后于工业化、城市化超前于工业化[3]。

率先完成二元经济转型的国家属于内源型现代化国家,最初的工业发展起始于农村小工业,农村人口就地完成职业转换,随着农村工业的发展和工厂规模的扩大,逐渐产生集中要求,原来的乡村也随之发展为城镇和城市。

---

[1] 在刘易斯—费景汉—拉尼斯模型中,农业生产函数中没有资本,现代工业也不使用土地。因此,二元经济转型过程中不会发生土地用途的改变。

[2] 张桂文:《中国二元经济结构转换研究》,吉林人民出版社2001年版,第104~106页。

[3] 倪鹏飞、颜银根、张安全:《城市化滞后之谜:基于国际贸易的解释》,载《中国社会科学》2014年第7期,第107页。

那些没有发展为城市的工业村镇，则会出现工厂向其他城市的迁移。在这一过程中，一些工业村镇衰落了，而另一些则成为较大的工业中心或较大城市。因此，先行工业化国家的人口非农转移先于城乡迁移，其工业化与城市化的时序关联表现为城市化滞后于工业化。谭崇台学术团队根据相关研究文献整理了主要发达国家工业化与城市化时序关联的数据资料，结论是英国、法国、德国、日本工业化的完成先于城市化，属于城市化滞后于工业化的类型[1]。

倪鹏飞、颜银根基于国际贸易失衡分析城市化滞后于工业化的原因，把劳动力非农转移与对外贸易结合起来进行研究。认为在开放经济条件以及不存在劳动力城乡流动制度性障碍的条件下，基于劳动充裕和资本稀缺的要素禀赋，存在剩余劳动力的国家可以利用本国廉价劳动力和外国商品市场，加快工业化进程，并带动城市化发展。但受劳动力无限供给的影响，这一阶段工人的工资水平低下，难以支付举家定居城市的生活费用，城市化发展缓慢，进而导致城市化滞后于工业化。他们通过构建开放经济条件下农村剩余劳动力转移的数理模型，证明在先行工业化国家的"刘易斯第一拐点"之前，城市化滞后于工业化的程度逐步加剧；在这一转折点之后，城市化滞后程度逐步减弱，并利用1995~2010年40个未完成工业化的国家的面板数据，采用固定效应—工具变量的研究方法验证了城市化与工业化时序联动关系受对外贸易差额影响的理论假说[2]。

第二次世界大战后取得民族独立的发展中国家，由于长期被西方殖民统治，处于边缘化或半边缘化状态，其工业化具有明显的依附性特点。殖民地时期的本土工业与母国工业体系配套，技术选择并不依据本土的要素禀赋，而是从属于母国的发展战略，通常会使用资本偏向型技术，不利于就业岗位的增加。一些发展中国家，为了尽快实现经济独立，大力推行具有明显城

---

[1] 谭崇台：《发达国家发展初期与当今发展中国家经济发展比较研究》，武汉大学出版社2008年版，第555~556页。事实上，英国的劳动力从农业向非农产业的转移，早在工业化开始之前就在缓慢发生。广大农民通过家庭工业生产和其他非农生产，全部或部分地脱离了农业。1700年农村中从事农业人口只占66%，34%的人口已转入非农产业。如果从整个人口结构来看，这时的城市人口只占17%，而农村非农人口已达28%。到1801年，城市人口占比上升至27.5%，而农村非农人口上升到36.25%仍高于城市人口占比（罗伯特·L. 罗特内格、西奥多·拉布：《人口与经济》，剑桥大学出版社1986年英文版，第140页；高德步：《经济发展与制度变迁：历史的视角》，经济科学出版社2006年版，第176页）。

[2] 倪鹏飞、颜银根、张安全：《城市化滞后之谜：基于国际贸易的解释》，载《中国社会科学》2014年第7期，第124页。

偏向的工业化战略，忽视了农业和农村的发展，造成了农业生产的长期停滞、农村经济的严重落后，城乡经济发展严重失衡。进而导致农村人口源源不断地流入城市，形成了城市化超前于工业化的时序关联关系[①]。城市化超前于工业化在拉美国家表现得最为突出。在拉美国家，由于公共部门和外资企业的高薪带动了工资上涨，城市工业工资水平不像刘易斯估计的那样只高出农业劳动者收入的30%，而是高达300%~400%[②]。在农村"推力"和城市"拉力"的双重作用下，大量农村人口流入城市，引发了拉美国家的过度城市化：巴西的城市化率由1965年的51%提高到2013年的85%，墨西哥的城市化率在1960~2013年由51%增加到79%[③]。

无论是发达国家的滞后型城市化还是发展中国家的超前型城市化，在其发展过程中都出现了住房拥挤、环境恶化、失业与贫困等城市病，以及农村人口老龄化、农村落后、农民贫困等农村病。滞后型城市化和超前型城市化所产生的经济社会问题严重程度，大多与城市空间结构密切相关。英国、法国城市化进程中均形成了人口在大城市高度聚集的城市空间布局，拉美国家人口在大城市高度聚集的情况则更加严重。自20世纪60年代起，巴西、墨西哥开始进行大都市规划，人口主要向少数几个大城市集中。巴西呈现出"双城带动"城市化格局，即里约热内卢和圣保罗两个城市齐头并进。从城市首位度[④]考察，1960年以来巴西一直在12%以上，墨西哥的大城市集中现象更为明显，其城市首位度一直在20%以上。由于人口过度集中于大城市，不仅造成大中小城市小城镇以及区域发展严重失衡，城市病严重，也影响了城市对乡村的辐射带动作用，使得农村病长期得不到有效治理。发达国家城市化带来的经济社会问题在英国最为严重，发展中国家城市化进程中城市病

---

① 根据托达罗二元经济模型，城市化超前于工业化是因为城市现代部门就业岗位的创造远低于农业剩余劳动力的供给，但城市现代部门与传统农业部门的实际收入差距较大。当城市现代部门的就业需求远小于劳动力供给时，就会出现城市失业。为了解释城市失业和劳动力城乡迁移并存的现象，托达罗的二元经济模型中引入了城市预期收入的范畴。城市预期收入等于城市就业概率与城市实际收入的乘积。虽然城市失业的存在，导致就业概率下降，从而使预期收入下降，但只要预期收入仍大于劳动力在农村就业的工资收入和迁移成本，劳动力由农村到城市的迁移行为就会发生。发展中国家的二元经济结构决定了较大的城乡收入差异，这就必然导致农村人口源源不断地流入城市，进而形成了城市化超前于工业化的时序关联关系。

② 张勇：《拉美劳动力流动与就业研究》，当代世界出版社2010年版，第66页。

③ 孙亚南：《二元经济转型国际比较研究》，中国社会科学出版社2016年版，第170页。

④ 城市首位度，即最大城市人口占城市人口总量的比例。

与农村病以拉美国家最为突出。虽然德国在二元经济转型中出现过城市住房拥挤、卫生条件差、传染病流行等"城市病"问题,但很快得到化解。其中最为重要的原因是德国注重小城镇发展,没有形成人口过度集中于大城市的畸形空间结构,而是形成了大城市与小城市连成一片的城市布局,不仅化解了城市病,也有效地带动了农业和农村发展。

从历史的角度考察,无论是发达国家还是发展中国家的二元经济转型,农业劳动力和农村人口的城乡迁移都伴随着土地用途的相应改变。二元经济转型过程中的城市化推进,不仅表现为农村人口向城市迁移,也表现为原有乡村通过工业聚集演变为城市。前者的结果是城市规模的扩大,后者则是城市数量的增加。无论是城市规模扩大还是城市数量增加,都使大量的农业用地转为非农用地。土地用途改变带来的土地增值收益,用于资本积累会促进非农产业进一步发展;用于城市基础设施建设则会有效减轻城市病,有利于发挥城市的集聚效应。但围绕土地增值收益的分配也会产生激烈的利益冲突。城市化进程中,土地价格上涨带动了房地产价格的上涨,一方面促进房地产业及相关产业的发展,扩大了城市非农产业的就业需求;另一方面,也会影响实体经济发展,提高城市非农产业的生产成本和城市居民的生活费用,并引发新的收入分配不公。二元经济转型中,土地城市化快于人口城市化还会导致农业用地减少,进而影响农业和农村经济发展。而城市化进程中土地用途的改变及其对城乡关系的影响,长期以来并没有被纳入二元经济转型的研究框架。

第四,刘易斯—费景汉—拉尼斯模型缺少对二元经济形成和后刘易斯转折点经济运行的分析。刘易斯—费景汉—拉尼斯模型中的二元经济转型是从城乡二元分化已经完成,城市现代工业已经存在开始的。这一模型假设二元经济转型一开始就存在着农村的传统农业部门和城市的现代工业部门。事实上,先行工业化国家农村传统农业部门并没有直接孕育现代工业,在农业部门直接发展起来的并不是机器大工业而是工场手工业。工业革命前,农村家庭工业具有分散的工场手工业性质,"在使用机器以前,纺纱织布都是在工人家里进行的"[①]。随着商业资本的介入,商业资本与家庭手工业者之间形成了变相的资本—劳动关系,即包买商向家庭手工业者提供羊毛和织布机,并负责产品销售,家庭手工业者事实上成为商业资本家的雇佣工人。在这一基

[①] 《马克思恩格斯全集》(第 2 卷),人民出版社 1956 年版,第 281 页。

第2章 对经典二元经济理论的反思与修正

础上,一些商业资本家创办大型手工作坊,进而产生和发展了集中手工工场。以专业化协作为基本特征的工场手工业,通过劳动工具的专门化促进了机器的发明和使用,以蒸汽为动力系统的机械化生产,最终使工业化走出家庭生产形式,工厂制度成为占统治地位的工业生产制度,以机器大工业为代表的现代工业最终得以确立起来。二战前沦为先行工业化国家殖民地或半殖民地的发展中国家,大多没有经历工场手工业发展阶段,现代工业则是在先行工业化国家殖民统治和殖民渗透过程中移植过来的[①]。

在刘易斯—费景汉—拉尼斯模型中,当边际劳动生产率大于零且小于制度工资时,农业剩余劳动力全部转移到现代工业部门,即进入刘易斯第二转折点,二元经济转型即告结束。刘易斯—费景汉—拉尼斯模型中,工农两大部门生产率的差距和剩余劳动力的存在是同一命题的两个方面,剩余劳动力消失意味着两部门生产率差距的最终收敛。从完成二元经济转型国家的实际情况看,进入刘易斯第二转折点,农业劳动力向城市非农产业的大规模转移并没有结束,农业与非农产业的劳动生产率还有较大差距[②]。根据本项目组测算,法国大约在20世纪50年代进入刘易斯第二转折点[③],但农业劳动力的大规模转移仍在继续。1954~1962年的8年间,仅涌入巴黎地区的人口就达65.2万人,年均8.15万人的迁入规模创历史之最;1962~1968年,年均迁入人口虽有所下降(约为6.1万人),但36.4万人的迁入总量依然可观[④]。

[①] 中国、印度这样的农业文明较为发达的国家,在被先行工业化国家殖民或半殖民统治之前,手工业曾较为发达。"农业与商品化家庭工副业的密切结合,是受西方资本主义国家冲击前的很长的历史时期中长江三角洲传统农业的基本形式,在明清时期达至最盛。"(林刚:《关于中国经济的二元结构和三元结构问题》,载《中国经济史研究》2000年第3期,第47页)。印度在英国殖民统治之前,手工棉纺织品曾出口到世界各地。

[②] 张桂文认为,从动态演进的角度分析二元经济转型,超过"商业化点"这一临界水平,只是意味着工农两大部门劳动者的工资均由各自的边际劳动生产率决定,但这两个部门的边际劳动生产率并不相等,主要原因在于工业部门的聚集效应和规模效应能够降低生产成本与交易成本,而且工业部门生产的产品需求弹性大;而农业部门经营分散,效率低下,自然风险与市场风险都要大于工业部门,从而其工资水平要低于工业部门。因此,即使刘易斯第二转折点到来,工农两大部门的边际劳动生产率并不相等,因而农业劳动力的城乡迁移也远未结束,农业劳动力转移会一直持续到农业现代化完成,工农两大部门边际劳动生产率大致相等时停滞,该国家或地区也就进入了高收入国家行列,二元经济转型才真正结束(张桂文:《二元转型及其动态演进下的刘易斯转折点讨论》,《中国人口科学》2012年第4期,第61~62页)。

[③] 具体测算方法见本报告的附录1典型国家和地区刘易斯第一、第二转折点的判断。

[④] 王章辉、黄柯可:《欧美农村劳动力的转移与城市化》,社科文献出版社1999年版,第97页。

事实上，法国大规模劳动力非农转移和人口城乡迁移是在第二转折点到来之后开始的。1954年法国农业劳动力和农村人口占比分别为27.3%和44%，此后直线下降，1987年二者分别下降到27%和7.5%，下降速度为历史之最①。日本与韩国分别大约于1960年和1980年进入刘易斯第二转折点，日本1970年农业劳动力占比为17.4%，1980年农业劳动力占比为10.4%，这一期间农业劳动力占比年均减少5.6%；韩国1989年农业劳动力占比为19.61%，到2001年为10%，这一期间农业劳动力年均转移速度为5.9%。日本农业劳动力占比减少的速度大致相当于我国1995~2005年农业劳动力占比减少的速度（我国为0.74%），韩国这一期间比我国1995~2005年农业劳动力占比减少的速度还高出0.06%②。进入刘易斯第二转折点，大规模农业劳动力转移仍在持续进行，说明二元经济转型并未结束。

2.3 二元经济转型的政治经济学含义

本节以马克思主义制度分析理论为指导，在反思刘易斯—费景汉—拉尼斯经典二元经济模型的基础上，基于生产力与生产关系的辩证关系探讨二元经济转型的政治经济学含义，研究生产技术与组织制度二元性的相互作用及其动态演进，分析二元经济转型的阶段性划分，以及各阶段需要解决的关键问题。

2.3.1 从农业社会向现代工业社会的转型发展

二元经济转型是指人类从农业社会向现代工业社会的转型发展过程。在这一过程中，现代工业部门从无到有地发展起来，并逐渐成为国民经济的主导；传统农业也逐步摆脱落后状态，完成现代化改造。在二元经济转型的历史坐标原点，只有传统农业的单一结构，被称为传统一元结构；在二元经济转型的坐标终点，无论农业还是非农业均同质化为现代产业，被称为现代一元结构。二元经济结构作为从传统向现代的过渡结构，其基本特征是传统农业部门和以城市工业为主的现代部门并存（见图2-1）。刘易斯—费景汉—

---

① 王章辉、黄柯可：《欧美农村劳动力的转移与城市化》，社科文献出版社1999年版，第139页。
② 张桂文、孙亚南：《二元经济转型视角下中国潜在经济增长率分析》，载《当代经济研究》2015年第12期，第65页。

拉尼斯模型把城市现代工业已经确立、城乡二元分化已经完成作为二元经济转型的坐标原点，把刘易斯第二转折点的到来作为二元经济转型的坐标终点，难以涵盖从传统一元结构向现代一元结构转型的全部历史进程。

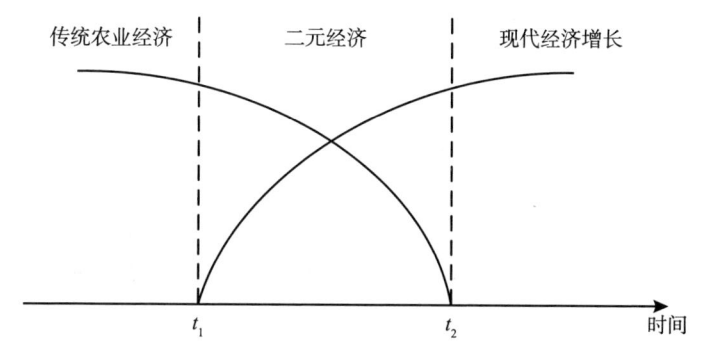

图 2-1　从农业社会向现代工业社会的转型发展

人类文明的历史是从农业经济开始的。在漫长的传统农业经济阶段，生产力发展水平极为低下，经济增长呈现出典型的马尔萨斯特征①。马尔萨斯时代的经济增长并不是完全停滞的，而是以极其缓慢的速度演进②，农业经济发展到中世纪已达到它的最后阶段，在中世纪晚期人类社会开始向工业经济转变③。马克思在《资本论》中详细分析了从简单协作、工场手工业到机器大工业化的发展过程，显然，现代资本主义大工业并非直接来自传统农业经济，而是直接产生于工场手工业④。16~18世纪西欧工场手

---

① 即受土地和自然资源的制约，在固定土地上劳动力的不断投入会产生收益递减效应，这一情况使得人口的增长快于经济增长，一旦人口数量超过了食物的供给，就会出现战争、灾难、瘟疫、疾病等，使人口增长与食物供给保持强制平衡，进而使人均产出继续保持在生存水平上。经济史学界把前工业社会人口增长与土地、自然资源不足的矛盾所导致的人均产出长期维持在生存水平状况下，称之为马尔萨斯陷阱。

② 蔡昉：《二元经济作为一个发展阶段的形成过程》，载《经济研究》2015年第7期，第7页。

③ 朱寰：《工业文明兴起的新视野——亚欧诸国由中古向近代过渡比较研究》（上册），商务印书馆2015年版，第8页。

④ 英国步入经济发展时期，大致是在16世纪（谭崇台：《发达国家发展初期与当今发展中国家经济发展比较研究》，武汉大学出版社2008年版，第393~395页）。虽然在14~15世纪英国出现了资本主义生产关系的萌芽，但小农经济仍然占主导地位，城市手工业还处在行会的统治之下，直到15世纪末和16世纪初，英国仍是一个较为落后的国家，16世纪英国工场手工业快速发展通过专业化分工协作和劳动工具的专门化提高了劳动生产率，促进了机器的发明和使用，进而打破了传统农业经济的马尔萨斯循环，进入现代经济增长阶段。工场手工业的发展不局限于英国，西方中世纪较为先进的国家，如尼德兰、法国也都基本上同时出现了工场手工业生产。

工业是以专业化分工协作和劳动工具专门化为基本特征的，进而体现出一种与传统农业和手工业个体生产不同的社会生产力。马克思曾指出："工场手工业分工通过手工业活动的分解，劳动工具的专门化，局部工人的形成以及局部工人在一个总机械中的分组和结合，造成了社会生产过程质的划分和量的比例，从而创立了社会劳动的一定组织，这样就同时发展了新的、社会的劳动生产力。"① 作为一种新的社会生产力，工场手工业不仅通过专业化分工协作和劳动工具的专门化大幅度提高了劳动生产率，促进了机器的发明和应用，也带来了生产关系的变革。这是因为工场手工业内部分工是以许多工人在同一资本的雇佣和指挥下进行共同劳动为前提的，集中型的手工工场，工场主与工人间的关系已不是手工作坊的师傅与学徒、帮工的关系，而是新型的资本主义雇佣关系。工场手工业是从传统农业社会的行会手工业小生产向现代工业大生产过渡的中间环节，是资本主义工业文明的早期阶段。

经过1500~1800年近三百年工场手工业的发展，18世纪中叶到19世纪初英国完成工业革命，机器大工业最终得以确立。从二元经济转型的角度分析，英国工业革命的完成则标志着从传统一元结构向传统农业经济和现代工业经济并存的二元分化得以完成，农业劳动力向现代工业部门的大规模转移，推进了工业化、城市化和农业现代化进程，大约在20世纪初期最终完成二元经济转型。继英国之后，法国、美国、德国等国家先后在大约20世纪中叶前后通过工业革命完成二元经济转型②。

16~18世纪对英国、法国、德国等先行工业化国家而言，不仅是工场手工业的发展阶段，也是其以殖民掠夺为主要内容的资本原始积累阶段。历经

---

① 《马克思恩格斯全集》（第23卷），人民出版社1972年版，第403页。
② 《马克思恩格斯全集》（第23卷），人民出版社1972年版，第403页。
根据对刘易斯—费景汉—拉尼斯二元经济转型的反思，我们不把刘易斯转折点作为二元经济转型结束的时间节点，而把现代化完成作为二元经济转型结束的基本标志。邹一南认为，如果以工业革命为标志，英国的现代化开始于18世纪中叶，完成于20世纪初，历时约250年；法国的现代化从19世纪起步，但一般把法国现代化的起点认定为1789年的大革命，其现代化完成时间是20世纪中叶，历时160年。美国在1776年独立后开始现代化进程，到20世纪20年代基本完成，历时约150年；德国的现代化起始于19世纪30年代的德意志工业革命，由于长期未真正实现统一，其现代化进程经历过反复，可以认为20世纪末两德统一之后才完全实现，历时约160年（中国式现代化新道路的时空特征与实践逻辑，引自蔡昉：《中国式现代化发展战略与路径》，中信出版集团2022年版，第128页）。

第2章 对经典二元经济理论的反思与修正

三百多年先行工业化国家的殖民掠夺和海外贸易，除日本之外[①]，到19世纪中叶，亚洲、非洲和拉丁美洲国家大体都沦为先行工业化国家的殖民地或半殖民地，进而中断了从传统农业向现代工业转型的自主发展过程。这些国家大多在二战后才获得政治独立，也是此后才开始工业化进程。发展中国家的二元经济转型与先行工业化国家不同，他们没有经历漫长的工场手工业发展阶段和以海外掠夺为主要内容的资本原始积累阶段，其弱小的现代工业部门或是来自宗主国的海外投资，或是来自技术和设备直接引进。后进入工业化进程的国家到目前为止，只有日本、韩国、中国香港和中国台湾，以及新加坡完成了二元经济转型。

从1500年工场手工业发展算起，到20世纪初英国完成二元经济转型，大约历时550年，法国由于现代化完成时间晚于英国，从工场手工业到二元经济转型完成，大约用了600年[②]。由于发展中国家或地区经济发展过程被西方殖民统治打断，其外源式现代化，导致这些国家或地区二元经济转型具有时间浓缩型特点。即便如此，从"二战"后政治独立算起，到完成二元经济转型进入中等发达国家行列，韩国也经历了近半个世纪[③]。在这一转型发展过程中，生产力发展水平和经济结构发生了重大变化，即从人力手工劳动

[①] 日本经过1868年明治维新，推翻了封建幕府的专制统治，在经历了从明治维新到19世纪80年代的过渡期后，启动了现代化发展进程（谭崇台：《发达国家发展初期与当今发展中国家经济发展比较研究》，武汉大学出版社2008年版，第196页），到20世纪下半叶基本完成了二元经济转型。值得提出的是，在后起工业化国家中，日本虽然摆脱了其他后发展国家的殖民地和半殖民地的命运，却也与西方先行工业化国家一样，通过对外扩张和殖民地贸易为其早期经济发展提供巨额的资本原始积累、海外市场和原材料来源。

[②] 16~18世纪法国的封建土地所有制已有相当程度瓦解，在农奴制解体基础上所产生的农民土地所有制进一步扩大。15世纪下半叶开始，法国经济进入一个新的发展阶段，各种分散型、集中型和混合型的手工工场也随之出现。16世纪中叶起法国开始积极参与对美洲、非洲和亚洲的殖民掠夺。基于历史上错综复杂的原因，法国工业化具有起步早、进展缓慢和完成晚的特点（朱寰：《工业文明兴起的新视野——亚欧诸国由中古向近代过渡比较研究》（下册），商务印书馆2015年版，第735~741页）。

[③] 二元经济转型过程实际上也是一个国家以工业化为代表的现代化发展过程。关于现代化演进起始时间，学术界有两种认识。其一，是把英国工业革命（18世纪末）作为现代化的起点，其二，是从16世纪中世纪向现代社会过渡视为一个国家或地区走向现代化的开端。从城乡二元经济转型的角度分析，我们发现第二种学术观点。其原因是从16世纪算起，可以包括二元经济结构的形成、二元发展和二元转型完成的全部历程，不仅更符合先行工业化国家二元经济转型的实际，也能更深入地剖析发展中国家二元经济转型的特征及其面临的症结性难题。事实上，英国社会经济的一系列重大变化大致从16世纪开始，16~18世纪中叶，英国社会经济急剧变动，18世纪中期至19世纪初期完成工业革命（谭崇台：《发达国家发展初期与当今发展中国家经济发展比较研究》，武汉大学出版社2008年版，第37~39、562页）。

转变为自然能源带动的机械化操作，从个体小生产发展为具有规模经济效应的社会化大生产，从传统农业经济转变为以工业为主导的现代经济。

关于先行工业化国家二元经济转型的起始年代，学术界多遵循刘易斯—费景汉—拉尼斯模型，把以机器大工业为代表的现代工业已经确立作为二元经济转型的开始，忽略了二元经济的形成。蔡昉在2015年《二元经济作为一个发展阶段的形成过程》一文中论证了各国经济史上都经历过积累大规模农业剩余劳动力，从而形成二元经济结构的过程，并将这一过程称为"格尔茨内卷化"经济发展阶段，进而论证了在传统农业部门与现代工业部门并存的二元经济结构形成之前，还有二元经济结构形成的阶段，并把二元经济结构的形成归因于大规模农业剩余劳动力的积累。认为"无论是在西方还是东方，历史上都存在着一个传统经济内卷化的过程。由于这个过程不同于马尔萨斯式的贫困循环，而是现代意义上人口转变的起点，因此它是二元经济结构形成早期的过程，一旦现代经济增长部门具备了吸纳剩余劳动力而扩张的条件，刘易斯式的二元经济发展过程便开始"。蔡昉是从人口转变的角度，分析了农业剩余劳动力的形成，并没有从现代部门形成的角度分析二元经济结构的形成。事实上，二元经济结构的形成可以从两个方面分析，一是从农业部门大规模剩余劳动力积累的角度分析，原因是剩余劳动力向现代非农产业转移是二元经济转型的核心问题，若没有大规模农业剩余劳动力的积累，也就无所谓二元经济转型。这正是蔡昉文章中所要论证的内容，但这篇文章只是用史实说明在刘易斯二元发展阶段之前，的确存在以现代意义上人口转变为起点的农业剩余劳动力的积累阶段，却没有分析大规模农业剩余劳动力是如何形成的。二是从现代工业部门确立的角度分析，农业剩余劳动力开始向现代工业部门转移，进而进入刘易斯二元发展阶段。16~18世纪的工场手工业发展阶段，不仅是从传统农业向机器大工业的过渡阶段，也是通过农业的技术变革、提高劳动生产率、积累农业剩余劳动力的阶段。产业革命之前，欧洲各国大多发生了农业革命，各国农业革命发生的时间不尽相同，其中英国为1690~1700年，法国为1750~1760年，德国为1790~1800年。西欧的农业总体上讲在16世纪之前几乎是停滞的，1600~1800年农业劳动生产率才开始有所增长。英国的农业生产率在1700~1750年总共提高了25%，1700~1800年英国每个农业工人的产量提高了100%。法国1751~1803年期间，每个男性农业工人的最终产品增加了24%。到产业革命前夕，欧洲发达国家已经将粮食剩余率由15%提高到大约50%①。从理论上讲，农业剩余劳动力与工场手工业的发展是相互强化的，一方面农业剩余劳动力为工场手工业的发展提供了劳动力供给；另一方面，农业剩余劳动力非农转移，也会通过扩大农业规模经营提高农业劳动生产率，进而释放更多的农业劳动力。当工场手工业转为机器大工业，二元分化基本完成，农业剩余劳动力开始向现代工业部门转移，二元经济转型进入刘易斯二元发展阶段。

把16~18世纪工场手工业阶段纳入二元经济转型进行分析，不仅是因为这一阶段无论是从农业剩余劳动力的形成，还是从机器大工业确立的角度，都是二元经济结构形成的历史阶段，还因为，这一阶段也正是人类社会由中世纪向现代社会的过渡阶段。在这一阶段先行工业化国家传统封闭的封建农业经济逐渐解体，以市场为中心的开放的资本主义工业经济逐渐产生。18世纪末期英国的工业革命，标志着人类社会完成了从传统农业向机器大工业的过渡，进入了传统农业经济与现代工业经济并存的二元发展阶段②。就全球范围来讲，16~18世纪，欧洲诸国和广大非西方国家都发生了重大变化，西方先行工业化国家走向资本主义工业化道路，亚洲、非洲、拉丁美洲国家则沦为殖民地或半殖民地，被发达国家边缘化或半边缘化。

迄今为止，发展经济学家基本上延续刘易斯—费景汉—拉尼斯模型的学术观点，把刘易斯第二转折点的到来作为二元经济转型结束的终点。但从各国二元经济转型实际情况看，商业化拐点到来之后农业劳动力大规模非农转移并未结束，农业边际劳动生产率仍然低于现代非农产业。因此，本书将农业劳动力大规模转移基本结束作为二元经济转型的终点，这意味着只有当一个国家或地区的农业及其他现代化完成时，才是二元经济转型的终点。

"工业文明开始于16世纪以后的工场手工业时代。而工业革命的完成并不是工业文明时代的开始，而是工业文明发展到一个新阶段的标志。"③ 而本

---

① 西欧早期农业剩余劳动力的形成，不仅有农业技术变革的作用，也受圈地运动带来的农民失地和土地耕种面积扩大的影响。谭崇台：《发达国家发展初期与当今发展中国家经济发展比较研究》，武汉大学出版社2008年版，第520~523页。

② 超边际分析的新兴古典经济学也曾从分工演进的角度分析了城乡二元经济的形成。实际上，这种分析只是涉及非农产业和城市是如何通过专业化分工从农业和农村分离出来的，这一分析并不涉及传统农业如何分化出现代工业部门，也不涉及农业剩余劳动力的形成。

③ 朱寰：《工业文明兴起的新视野——亚欧诸国由中古向近代过渡比较研究》（上册），商务印书馆2015年版，第3页。

项目所说的工业化或现代化，也不能仅仅理解为18世纪末到19世纪中叶的第一次工业革命完成的工业化①。从现代化动态演进的角度分析，英国、法国、德国、美国等都是到20世纪中叶前后才进入成熟的高度工业化社会。"二战"后进入现代化进程的发展中国家，除了韩国、中国香港和中国台湾，以及新加坡完成了二元经济转型外，大都处于二元经济转型的不同阶段。就内源式现代化的发达国家而言，完整的二元经济转型历史进程就不是短短几十年的历史，而是经历了几百年的演变历程。就第二次世界大战后进入现代化进程的发展中国家而言，最早完成二元经济转型的韩国也经历了近半个世纪的发展过程②。

2.3.2 生产技术和组织制度的双重转换

根据马克思主义政治经济学原理，任何社会再生产都是物质资料再生产与生产关系再生产的统一，任何经济活动也必然是人与物的关系和人与人的关系的统一。根据生产力与生产关系的辩证关系，任何两个具有明显生产力发展水平差异的经济体，也必然会存在着组织制度方面的明显区别。以此推论，处于从传统农业社会向现代工业社会转型的二元经济，也必然具有生产技术与组织制度双重二元性的特点。

迄今为止，绝大多数学者继承了刘易斯—费景汉—拉尼斯模型的传统，侧重从两部门劳动生产率差异的角度研究二元经济转型，多从生产力的角度来分析二元经济转型问题，认为工农两部门的差距在于生产力的差异，即以农业为代表的传统部门在生产力发展水平上明显低于以工业为代表的现代部

---

① 迄今为止，人类社会共发生三次工业革命，第一次工业革命是指18世纪末从英国发起到19世纪中叶完成的工业革命，以机器和蒸汽动力广泛使用为标志；第二次工业革命是19世纪下半叶到20世纪初，以电力广泛使用为标志；第三次工业革命是指20世纪四五十年代至今，以原子能、电子计算机、空间技术和生物工程的发明和应用为主要标志的时期，涉及信息技术、新能源技术、新材料技术、生物技术、空间技术和海洋技术等诸多领域的一场信息控制技术革命。

② 费景汉和拉尼斯把由二元经济向一元经济的演变过程称之为"转型增长"。认为"转型式增长，发生于一个时代的体系向另一个时代的体系转变之时，因而由一个时期更长的现象构成，尽管这一过程可能需要数十年才得以完成"（[美]费景汉、古斯塔夫·拉尼斯，洪银兴等译：《增长和发展：演进观点》，商务印书馆2004年版，第4页）。这一认知的理论依据是其对二元经济转型的历史定位。刘易斯—费景汉—拉尼斯二元经济模型把二元经济转型的始点定位于现代工业已经确立，终点定位于边际劳动生产率低于生存工资的农业剩余劳动力全部转移到现代部门的刘易斯第二转折点。但从他们所列举的相关数据看，他们对这一转型式增长阶段的界定远远小于他们对二元经济转型的历史定位。

门，实现结构转型的主要目的在于使得农业发展赶上工业发展水平。然而，工农两大部门在组织制度上也呈现出二元结构的特点。海拉·明特最早使用"组织二元结构"研究了发展中国家组织或制度二元结构的特征。他在论文《组织二元结构和经济发展》中明确指出，二元结构作为不发达经济的一个显著特征集中反映在欠发达经济的组织制度框架上，其他二元结构在一定程度上是派生于组织或制度二元结构的①。具体来说，海拉·明特认为，在欠发达国家的资本市场上，无组织市场的利息率要高于现代部门的利息率；在商品市场上，发展中国家同一商品的地区差价可能比发达国家更大；而在私营贸易部门，批零差价比在整合紧密的经济中更大②，说明发展中国家存在着市场组织、政府行政组织及金融组织的二元性。张桂文（2012）也从生产力和生产关系的辩证关系角度分析得出，二元经济转型是生产技术和组织制度二元性双重转换的统一的结论③。

通过对刘易斯—费景汉—拉尼斯模型的反思以及对已完成二元经济转型国家工业化进程的历史考察，我们不难发现二元经济转型不仅是随着工业化、城市化和农业现代化的推进，工农两大部门发展差距不断缩小，边际劳动生产率逐渐趋于一致的过程，也是经济体的组织制度在适应二元经济转型不同阶段的生产力发展水平的过程中不断变革的过程。从二元经济转型的时序角度考察，二元经济转型中组织制度的变革可分为两大阶段：

一是二元经济形成阶段的组织制度变革。虽然工场手工业时期生产力的发展没有像机器大工业确立时那样出现革命性变革，但欧洲主要国家的基本制度变革却都发生在这一发展阶段。英国1688年的光荣革命推翻了封建专制制度，确立了君主立宪制政体。18世纪末的法国大革命推翻了封建贵族统治，组建了新的资产阶级共和国。英法两国资产阶级革命，不仅推进了工场手工业的发展，更为两国的工业革命奠定了制度基础④。16世纪上半叶，德

---

① 张桂文：《从古典二元论到理论综合基础上的转型增长——二元经济理论演进与发展》，载《当代经济研究》2011年第8期，第41页。
② [英]杰拉尔德·M.迈耶：《发展经济学的先驱理论》，云南人民出版社1995年版，第146~147页。
③ 张桂文：《二元转型及其动态演进下的刘易斯转折点讨论》，载《中国人口科学》2012年第4期，第60~61页。
④ 欧洲最早的政治革命是指16世纪后半期尼德兰反对西班牙封建专制统治，争取民族独立的资产阶级革命。这次政治革命建立了荷兰共和国，为欧洲资产阶级反抗封建专制树立的成功典范。

意志在冶金、金银器皿制造、武器制造、造纸、印刷等行业中，生产技术进一步改进，手工工场大量增加，与国外市场联系的商人将其资本渗入农村家庭手工业。但旷日持久的三十年战争使德国经历了近一百年的经济全面衰落。19世纪初期的普鲁士改革，废除了封建农奴制度，为德国现代工业发展创造了制度条件①。工场手工业时期的制度转换，还表现在工场手工业的专业化分工协作和劳动工具的专门化，实现了由行东与帮工关系向雇主和雇工关系的转变。而这一时期以海外掠夺为主要内容的资本原始积累，不仅为先行工业化国家积累了机器大工业生产所需的初始资本，也形成了国际关系中的中心与外围、殖民与被殖民的关系。对于二战后进入现代化进程的发展中国家而言，由于其经济自主发展过程被西方殖民统治打断，现代工业是从外部移植而来，因此，缺少二元经济形成的历史过程。二战后广大发展中国家大多是在通过争取殖民独立的政治革命取得民族独立之后，才开始推动工业化进程，启动二元经济转型。为了破除封建土地所有制，促进农业发展，在二元经济转型初期，发展中国家大多进行了土地制度改革。发展中国家土地制度改革大致包括土地占有制度和租佃制度的改革。前者是由政府根据土改法令从地主手中征收法定持有最高限额以外的土地，然后将其有偿或无偿地分配给少地或无地农民。后者则是由政府颁布法令减少地租，保障租佃权，以保护佃农的生产利益②。

二是城乡二元分化完成后的组织制度变革。现代大工业确立之后，城乡二元分化基本完成，经济体由传统的农业经济过渡到农村传统农业和城市现代工业并存的二元经济结构。此后，二元经济转型过程中组织制度变革，大体上是在基本经济、政治制度不变的条件下，根据二元经济转型不同阶段的生产力发展水平进行适应性调整。组织制度变革的内容大体包括政府与市场关系、产业政策、工农关系、城乡关系以及劳资关系的调整。一个国家或地区若能根据二元经济转型不同阶段生产力发展水平的变化，相应调整其制度安排，就能较好地解决转型过程中面临的症结性难题，调节不同利益群体的利益矛盾，较为顺利地完成二元经济转型；反之，或是在二元经济转型初期陷入低水平收入陷阱，或是在二元经济转型中后期陷入"中等收入陷阱"，

---

① 谭崇台：《发达国家发展初期与当今发展中国家经济发展比较研究》，武汉大学出版社2008年版，第106~112页。

② 谈世中：《发展中国家的理论和实践》，中国金融出版社1992年版，第429页。

第 2 章 对经典二元经济理论的反思与修正

即便最终摆脱低水平恶性循环，跨越"中等收入陷阱"，也会付出较大的社会代价①。

刘易斯—费景汉—拉尼斯模型虽然侧重于生产技术二元性的分析，但忽略了二元经济形成时期的重大制度转变，以及二元经济发展中的制度安排和经济政策的演变，但是与新古典经济理论相比，这一模型揭示了以工业为代表的现代部门与以农业为代表的传统部门，不仅在生产力发展水平方面存在巨大差距，其经济运行还遵循着不同原则：前者遵循利润最大化原则，从而实际工资率及相对工资份额由城市劳动力市场竞争性决定；后者遵循产量最大化原则，实际工资取决于农业平均产出水平。二元经济转型初期，绝大多数人口在农村从事农业生产，劳动生产率极低，农业产出仅能维持生存，给定土地上持续人口压力导致农业边际劳动生产率低于农业平均产出。这种"生存农业"的特点，一方面决定了传统农业的高度自给自足，农业生产的目标是为自己家庭提供赖以生存的生活资料，因此，产量最大化成为其行为准则；另一方面也决定了农业部门的实际工资不由农业边际劳动生产率决定，而只能由农业平均产出水平决定。这种由农业平均产出水平决定的工资被称作生存工资或制度工资。称作生存工资是因为这种工资水平仅够维持生存；称作制度工资是因为这种工资不是按商业化原则取酬，而是在农户家庭内部按分享制原则分配，其中经济租金的一部分以血缘关系为基础进行分配，用于补偿家庭成员。因此，在传统农业阶段，经济租金在运行层次上并不重要，土地作为一种生产要素无疑是农民的安身立命之本，基本没有可能通过不同形式的商业活动实现资本化收益。可见，农业所以被称为传统部门，不仅是由于其劳动生产率远低于城市非农产业，更是由于其自给自足的生存导向及由血缘关系和分享制所决定的非商品化分配原则。因此，二元经济转型不仅是指突破生产技术二元性，使经济结构从以农业为主转向以非农产业为主，也是指突破组织制度二元性，使农业与非农产业都依据市场化原则运行②。

---

① 张桂文、周健等：《制度变迁视角下的中国二元经济转型研究》，社会科学文献出版社 2021 年版，第 92~157 页；孙亚南：《二元经济转型国际比较研究》，中国社会科学出版社 2016 年版。

② 刘易斯—费景汉—拉尼斯模型虽然也是侧重从生产力维度研究二元经济转型，但由于其古典主义经济的分析特征，把农业剩余劳动力与不变制度工资联系起来进行研究，进而论述了现代工业部门与传统农业部门在组织制度方面的差异。也正是基于这一原因，本项目组才选择该模型作为研究与拓展的基础。

综上所述，二元经济形成及其演变，不仅表现为农村传统部门和城市现代部门在生产力发展水平上的差距不断缩小，边际劳动生产率逐渐趋于一致；也表现为组织制度根据二元经济转型不同阶段生产力发展要求不断做出适应性变革和调整。二元经济作为一个非均质的经济，不仅在生产力发展水平上存在较大差距，在组织制度上也存在明显的不对称。二元经济转型，既包含了生产力方面的二元经济结构转换，也包括了生产关系方面的组织制度转换，是双重转换的统一（见图2-2）。

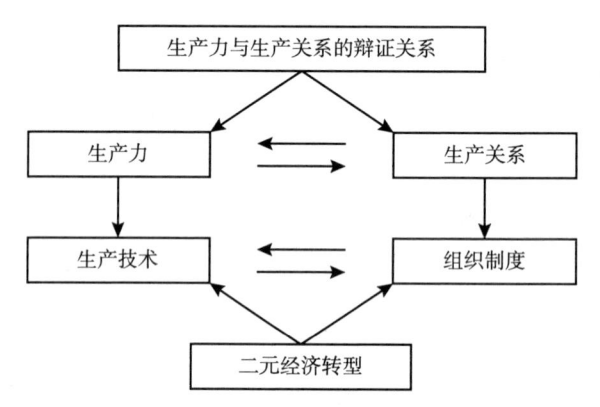

图2-2 二元经济转型是生产技术和组织制度双重转换的统一

2.3.3 二元经济转型与城乡间要素配置

2.3.3.1 二元经济转型过程是生产要素在城乡间的流动与配置过程

经济发展中的结构转换过程实质是包括劳动力、资本、土地等生产要素的优化配置过程。然而，无论是刘易斯—拉尼斯—费景汉模型①，还是乔根森和托达罗模型，都有一个通病，即农业部门不使用资本，现代工业部门不

---

① 美国发展经济学家拉尼斯和美籍华人发展经济学家费景汉是刘易斯二元经济理论的继承者，他们二人首次合作的论文《经济发展理论》发表于1961年9月的《美国经济评论》上，该论文阐述的二元经济模型，被称为费景汉—拉尼斯模型。此后，两人合作发表多篇论文，并在1964年合作出版了《劳动剩余经济的发展：理论与政策》，该书详细地阐述了他们的理论。目前，被学者们广泛引用的费景汉—拉尼斯二元经济模型，实际上是他们1961~1964年的成果概括。后来，拉尼斯和费景汉应布莱克韦尔出版社的邀请，对1964年出版的《劳动剩余经济的发展：理论与政策》一书进行修订。修订后的著作名称是《增长和发展：演进观点》，这本书的中译本于2004年由商务印书馆出版。《增长和发展：演进观点》虽然是建立在原有二元经济基本模型上展开的研究，但在很多方面对既有研究做了较大改进和发展。

使用土地，城乡间的要素流动仅限于劳动力，均未将城乡间资本要素的流动纳入二元经济理论的分析框架，更没有涉及二元经济转型中土地要素在城乡间的再配置问题[①]。事实上，一个经济体的二元经济转型过程，不仅是农业劳动力在城乡间向非农产业转移的过程，也是包括资本、土地在内的生产要素在城乡间流动与配置的过程。

费景汉和拉尼斯在2004年出版的《增长和发展：演进观点》一书中分析了与农业剩余劳动力转移相关的商品、金融、劳动力三个市场之间的相互关系，把资本流动引入二元经济转型分析，弥补了刘易斯—拉尼斯—费景汉模型中缺少资本要素流动的不足。在劳动力市场上，农业剩余劳动力流入城市非农产业，获得由农业平均产出所决定的生存工资。在部门间的商品市场上，农民出售剩余农业产出；城市工人则用生存工资购买农产品以满足其生存需求。农民出售剩余农产品所获得的收入，一部分用于购买生活消费品和农用生产资料，另一部分形成农业储蓄。在金融市场上，城市工业投资来源于资本家的利润和农业部门的储蓄。费景汉和拉尼斯特别指出，"在转型增长阶段，部门间融资不仅对工业部门，而且对农业部门也极其重要"[②]。二元经济转型初期，工业部门相对弱小，农业部门在国民经济中占较大比重，现代工业的发展必须依靠农业部门提供大部分储蓄基金。对于农业部门来说，农业储蓄转化为工业投资，使农业储蓄者有机会拥有不断增长的工业资本。随着生产性非农业资产的取得，农民不仅有了资本积累的来源，更形成了资本积累的倾向。因此，"工业资本的所有权推动了农民的商业化，或者说，成为促进农业现代化的一个重要因素"[③]。二元经济转型中农业剩余劳动力和农业储蓄不断流入城市工业部门，一方面促进了现代工业部门的快速扩张；另一方面也改善了农业资源的配置效率，通过工业资本所有权激励，促进农业商业化，进而推进农业现代化。因此，一个国家和地区的二元经济转型过程，也是其工业化和农业现代化的发展过程。

但是迄今为止，无论是古典与新古典的二元经济理论，还是20世纪80

[①] 刘易斯—费景汉—拉尼斯模型的假设条件已在2.1中得到阐述。乔根森认为"……农业部门的产出仅仅是土地和劳动函数，这里没有资本积累，制造业的产出水平只是资本和劳动的生产函数"。转引自张红梅：《戴尔·乔根森及其经济理论——第十二届约翰·贝茨·克拉克奖获得者评介》，载《经济学动态》1997年第5期，第76页。

[②][③] 费景汉、古斯塔夫·拉尼斯：《增长和发展：演进观点》，商务印书馆2004年版，第108页。

年代以来的各种二元经济理论，都很少研究二元经济转型中土地资源的配置问题①。事实上，一个国家或地区的二元经济转型过程不仅是其工业化与农业现代化的过程，也是其城市化的发展过程。在这一过程中，伴随着农业人口的非农化和城乡转移，人口及其他生产要素在城市中的聚集也必然会发生。这是因为土地是人类生产与生活的空间载体，任何国家的城市化都包含着"人口城市化"和"空间城市化"两个维度。从社会生产的角度看，土地不仅是农业生产的基本条件，其可持续利用直接关系到人类的生存与发展；工商业生产与经营活动也必须有相应的土地资源相匹配，无论是制造业还是服务业发展，都需要一定数量的厂房、办公场所、机器、设备，上述设施无不需要相应数量的土地作为建设与承载的基础。从人类生活的角度看，无论农村居民还是城市居民都需要相应的居住场所，不论住房的集中化程度如何，住房建设总是要有相应的土地作为载体。从人类生产与生活的综合角度看，无论是生产活动还是社会生活，都需要有相应的道路、桥梁等基础设施，以方便人们的出行、交易以及社会交往。这些生产与生活的基础设施也必须以相应土地作为空间载体。

在二元经济转型过程中，农业劳动力和农业人口逐渐从农业和农村转移出来进入城市从事工业与商业活动。伴随着农业劳动力和农村人口的非农化城乡迁移，城市土地规模会发生相应的变化，土地的利用性质也要进行相应调整，以适应农村迁移人口生产、生活的用地需要。二元经济转型中土地资源的配置表现为，随着农业劳动力的非农化和城乡迁移，土地资源在城乡之间以及城市与乡村内部重新配置。土地资源的城乡间配置，主要表现为原有城市的空间扩张和原有乡村由于人口与非农产业聚集而成为新的城市。无论

---

① 其中的原因，可能有以下几个方面：(1) 迄今为止的二元经济理论多是从工业与农业两大部门的角度，而不是从城市与乡村的角度来研究二元经济转型问题。由于只研究生产要素在工业与农业两大部门间的配置问题，而不研究城市与农村间的资源配置问题，所以，土地这一重要的生产要素随着工业化与城市化的发展在城乡间重新配置的问题就没有得到二元经济理论的重视。(2) 杨小凯等人的新兴古典二元经济结构模型虽然涉及了生产要素在城乡间的配置问题，但由于这一模型研究重点是分工演进过程中的城乡关系变化，虽然涉及了城乡间的"土地消费"问题，但并没有研究二元经济转型中土地资源的配置及其作用。(3) 土地资源的城乡配置问题无法用传统新古典经济学分析方法得到很好的解释。在经典的阿罗—德布鲁一般均衡模型中，消费者偏好、消费集合和企业都被假设为严格凸性，且不存在规模收益递增现象，因此，完全竞争下的市场价格机制就无法解释二元经济转型中城市化带来的经济活动空间聚集。在西方主流经济学中土地被作为固定资本纳入其分析框架，土地资源在城乡配置中所发生的区域差异性、预期收益变化，以及收益分配问题被长期忽视。

是原有城市的空间扩张还是新的城镇形成,都会涉及土地资源由农业用途转为非农用途。城市内部的土地资源配置主要是随着城市规模的扩大,在大中小城市与小城镇之间进行配置。土地资源在乡村内部配置,主要是指在二元经济转型过程中,由于农业劳动力非农化的城乡迁移,土地资源在不改变农业用途条件下的重新配置过程。土地资源在乡村内部的再配置,通常会促进农业规模经营,推动农业现代化进程。

二元经济转型中土地资源的合理配置,实际是各种可流动性生产要素与土地要素的合理匹配。土地资源在城乡间的合理配置,可以通过人口与生产要素的聚集效应促进非农产业的资本积累,扩大非农产业的生产规模;而非农产业生产规模的扩大可以吸收更多的农业劳动力,促使人口流向城市非农产业,同时也有利于农村内部土地资源的合理配置,通过农业的规模经营,促进农业现代化进程;农业现代化水平的提升,又会提高农业劳动生产率,进一步推进农业劳动力与农业人口流向城市非农产业,从而形成农业与非农产业相互促进的良性循环。

二元经济转型过程中土地资源在城市内部的动态配置及其不断趋于合理化的过程,也是城市由单一中心向多中心发展,大中小城市和小城镇合理分布的城市空间体系,以及城市群和城市带的形成与发展过程。在这一过程中随着城市对农村地区的辐射影响范围不断扩大,城市信息、科技、产品也不断向乡村扩散。这一扩散效应表现为大城市向周边市郊和次等级城市的扩散;中小城市和小城镇向广大农村腹地的扩散[1]。同时,二元经济转型中土地资源在城乡间的合理配置过程,实际上也是城乡间基本比较优势的分工与交换过程,随着城市化规模的优化与城市空间体系、城市群和城市带的形成与发展,城市非农产业和城市居民对农产品的市场需求也会随之扩大,对农产品和农业资源的多样化需求也在不断增加,城乡间产品与要素的分工与交换,会促进城乡经济越来越向一体化发展。

当然,在各国二元经济转型的实践过程中,土地资源的合理配置及其所带来的城乡空间结构的合理化,并非如理论分析的那样简单,而是一个十分艰难和曲折的历史过程,在这一过程中充满了利益矛盾和利益冲突。英国、

---

[1] 徐同文:《地市城乡经济协调发展研究》,社会科学文献出版社2008年版,第160页。

法国、日本等国家在其城市化进程中都曾出现各种要素过度集中于大城市所引发的严重城市病，拉美国家由于人口过度集中于大城市所带来的各种经济社会问题，至今未能得到有效解决。

2.3.3.2 农业劳动力非农转移是二元经济转型的核心[①]

自从20世纪50年代刘易斯二元经济理论模型问世以来，无论是古典二元经济理论，还是新古典二元经济理论都把农业劳动力非农转移作为二元经济转型的核心问题。刘易斯—费景汉—拉尼斯的古典二元经济模型与乔根森和托达罗的新古典主义二元经济模型的主要区别是，前者坚持农业剩余劳动力的边际劳动生产率为零，以及以此为基础的不变制度工资的存在，从而揭示了二元经济转型中传统农业部门与现代化工业部门不仅存在着生产技术方面的重大差异，而且在组织制度方面也大不相同；后者则认为包括劳动力在内的所有要素都是稀缺的，没有不变的制度工资存在。凯恩斯主义、新兴古典，以及其他二元经济理论虽然从不同角度研究了二元经济转型问题，但也都重点研究了农业劳动力转移问题。鉴于刘易斯—费景汉—拉尼斯模型揭示了发展中国家传统农业部门和现代工业部门不仅在生产技术上存在着二元性，而且在组织制度上也存在着二元性，更符合发展中国家二元经济转型的实际。因此，我们用刘易斯—费景汉—拉尼斯模型来说明二元经济转型中农业劳动力的非农转移（见图2-3）。

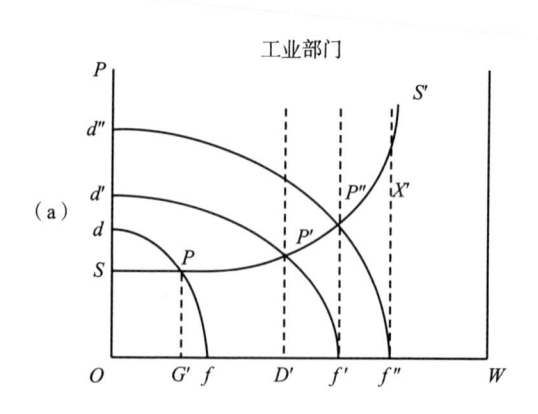

[①] 张桂文、周健等：《制度变迁视角下的中国二元经济转型》，社会科学文献出版社2021年版，第83~86页。

图2-3 刘易斯—费景汉—拉尼斯模型

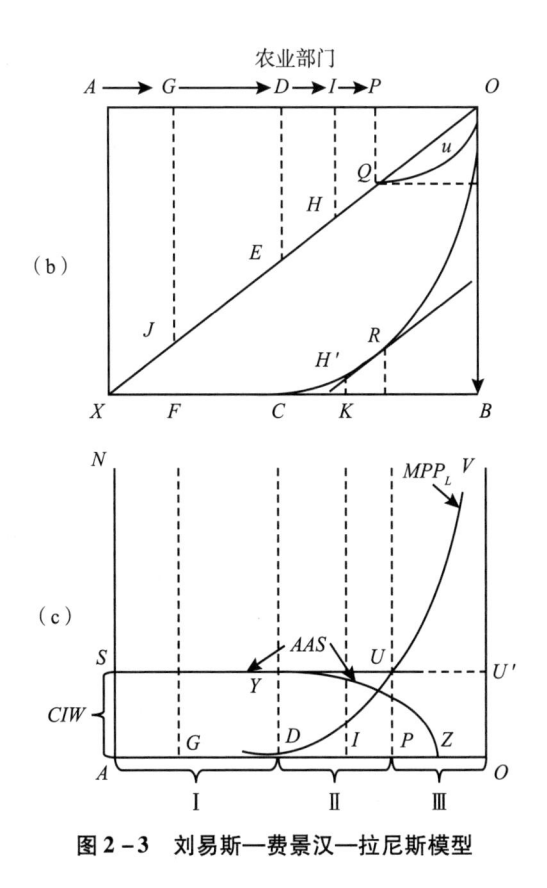

劳动力供给曲线由水平部分 Sp' 和上升部分 $p'S'$ 构成，p' 为转折点。p' 点之前劳动力无限供给，p' 点之后，劳动力像资本一样变为稀缺要素，因此劳动力的供给曲线是向右上方倾斜的。显然这是继承了刘易斯关于发展中国家劳动力转移两个阶段划分的观点。但与刘易斯不同，费景汉和拉尼斯考察了农业增长、人口增长与劳动力转移之间的关系，认为只有当农业生产率提高，劳动力转移的速度高于人口增长的速度时，这个转折点才能够达到。

图2-3（b）和图2-3（c）分析了农业劳动力流出对农业部门的影响。在图2-3（b）中，横轴 OA 从右向左代表农业部门的劳动力；纵轴 OB 从上到下代表农业部门总产出。$ORCX$ 代表农业部门总产出曲线，由 ORC 和 CX 两部分组成，其中 ORC 部分表示随着劳动力的增加，农业边际生产率递减；CX 部分表示劳动边际产品的产出为零。与此相对应，农业劳动力中 AD 数量

的人员从农业部门转移出来不会影响农业产出。与刘易斯观点不同,费景汉和拉尼斯把农业剩余劳动力分为两部分:

边际劳动生产率为零的劳动力（AD 数量的农业劳动力）和边际劳动生产率大于零小于平均农业产出的劳动力（DP 数量的农业劳动力）。由于剩余劳动力的存在,农业部门的工资水平维持在制度工资水平,用农业劳动者的平均收入 AX/OA,即 OX 斜率来表示。在 R 点,其切线与 OX 线是平行的,代表农业边际劳动生产率等于固定制度工资。费景汉和拉尼斯把农业部门总产出减去农业部门的总消费量的余额称为农业总剩余,这部分剩余是提供给工业部门消费的,在图 2 – 3（b）中 AP 段中表示为 OX 曲线与总产出曲线间的距离,但在 P 点之后,由于按边际劳动生产率决定的工资高于固定工资,所以提供给工业部门的农业剩余稍小于这个距离,即农业剩余不再是 OQ 到 OR 之间的距离,而是变为曲线 OuQ 与 OR 之间的距离。

在图 2 – 3（c）中,纵轴 AN 从下到上代表农业的平均产品和边际产品,横轴 OA 从右到左代表农业劳动力,VUDA 表示农业部门边际劳动生产率曲线,由 VUD 和 DA 两部分组成,这一点与图 2 – 3（b）中的总生产率曲线的含义相同。SU' 为不变制度工资线,它与横轴的距离等于图 2 – 3（b）中的 OX 的斜率,即农业平均产品。曲线 SYZ 代表平均农业剩余,表示在每一种劳动转移数量上可以获得的平均农业剩余。当劳动转移数量为 AD 时,平均农业剩余是 YD,即图 2 – 3（b）中的 EC/AD。当劳动力转移到 DP 部分时,农业总产出将会减少。拉尼斯和费景汉认为,发展中国家经济发展的关键在于如何把农村的伪装失业者全部转移到工业部门中去。当 DP 数量的伪装失业者全部转移到现代工业部门后,两个部门的工资均由边际劳动生产率决定,发展中国家的二元经济转型完成。

不同的二元经济模型都把农业劳动力转移作为二元经济转型的核心问题,主要原因有:其一,从类型学角度分析,二元经济分为劳动力过剩的二元经济和土地过剩的二元经济两大类型。目前,绝大多数发展中国家属于劳动力过剩的二元经济国家。对于这类二元经济国家来说,经济可持续增长的关键是通过农业劳动力的非农转移实现从农业到非农业的再配置。其二,解决马尔萨斯式贫穷恶性循环,最直接的途径是通过农业劳动力的非农转移,改善农业资源的配置效率,提高农业劳动生产率。其三,即使是土地过剩型二元经济类型，由于农业产品收入弹性与需求弹性低，随着经济增长和人们收入水平的提高，经济结构的重心从传统农业经济向现代城市工业经济转移仍是不可避免的趋势，在这一过程中也必然会出现农业劳动力向城镇非农产业的转移。

2.4 二元经济转型阶段的重新界定

2.4.1 二元经济转型的四个阶段

刘易斯—费景汉—拉尼斯模型缺少对二元经济结构形成和刘易斯第二转折点之后劳动力转移的分析，把二元经济转型分为两个阶段[①]。学界基本上沿用这一划分来研究二元经济转型。蔡昉通过对经济增长理论的梳理和世界经济史的研究，将东西方各国从时间上继起和空间上并存的经济增长概括为五个阶段：马尔萨斯贫困陷阱（M 类型增长）、格尔茨内卷化（G 类型增长）、刘易斯二元经济发展（L 类型增长）、刘易斯转折点（T 类型增长）和索洛新古典增长（S 类型增长）[②]。刘易斯—费景汉—拉尼斯模型中二元经济转型的两个阶段与之对应的就是 L 类型增长和 T 类型增长，S 类型增长阶段到来则是二元经济转型完成的标志。

本书通过对英、法、德等先行工业化国家在工业化过程中农业劳动力转移实际情况的考察，认为二元经济转型作为人类从传统农业社会向现代工业

[①] 第一阶段是边际劳动生产率为零的农业剩余劳动力全部转移到现代非农产业阶段，标志是二元经济转型进入了"刘易斯第一转折点"（图 2-3（a）中的 D' 点，图 2-3（b）和图 2-3（c）中 D 点）。转折点之前，由于农业边际劳动生产率为零，因此，农业剩余劳动力流入非农部门时不影响现代部门的工资水平；刘易斯第一转折点之后，农业边际劳动生产率大于零小于制度工资水平，农业剩余劳动力陆续向城市非农部门转移就会因粮食短缺导致粮价和工资出现上涨。费景汉和拉尼斯又把"刘易斯第一转折点"称为"粮食短缺点"。渡过"粮食短缺点"二元经济转型进入第二阶段，当边际劳动生产率大于零小于制度工资劳动力全部转移到城市非农产业后，二元经济转型就进入了"刘易斯第二转折点"，即"商业化点"（图 2-3（a）中的 f' 点，图 2-3（b）和图 2-3（c）中 P 点）。进入农业劳动力转移进入"商业化点"，两部门工资均由边际劳动生产率决定，进而工资水平也有较大幅度的增长。根据刘易斯—费景汉—拉尼斯模型，进入刘易斯第二转折点，二元经济也就转变为现代化的一元经济。

[②] 蔡昉：《二元经济作为一个发展阶段的形成过程》，载《经济研究》2015 年第 7 期，第 13 页。

社会转型的发展过程,其起点是传统的农业社会,终点是以大规模农业劳动力非农转移为标志的传统农业现代化改造基本完成,经济体整体上进入现代工业社会(见2.3.1)。从一元化传统农业经济向一元化现代工业经济过渡,大体上要经历二元经济结构形成、二元经济发展、刘易斯转折阶段、后刘易斯转折阶段四个发展阶段(见图2-4)。

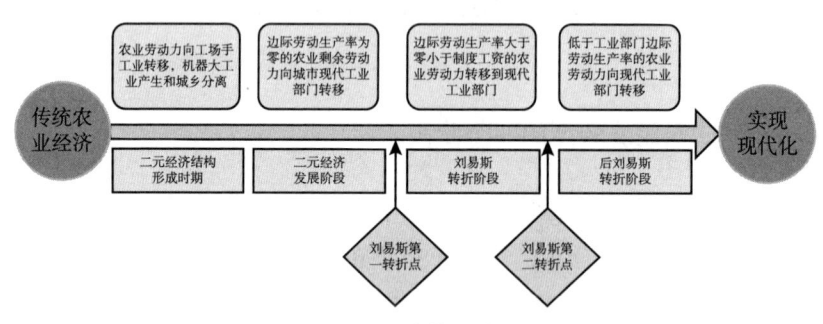

图 2-4 二元经济转型的四大阶段

二元经济转型的第一阶段是二元经济结构的形成阶段。在这一阶段,从生产力发展的角度分析,传统农业经济分化出工场手工业,工场手工业的专业化分工协作和劳动工具的专门化,不仅大幅度提高了劳动生产率,更促进了机器大工业的产生和发展。从生产关系演变的角度研究,工场手工业与个体手工业的最大不同,是许多手工业者受雇于同一资本,在同一资本指挥下从事专业化分工协作,进而形成了建立在工业生产基础上,摆脱了封建行会束缚的雇佣劳动制度。16世纪以后的工场手工业的发展,不仅从微观层面使封建社会管制下的个体劳动演变为具有资本主义性质的社会化生产,还在宏观层面带来了生产关系的根本变革。无论是17世纪末期英国君主立宪制的确立、18世纪末法国的资产阶级大革命,还是19世纪初期的普鲁士改革,均发生于上述国家的工场手工业时期。正是由于上述生产关系的变革,才促使上述国家在工场手工业发展的基础上于18世纪末到19世纪中叶相继进入了机器大工业发展阶段,完成了由一元化的传统农业向传统农业和现代工业并存的二元分化①。

---

① 这一阶段从经济发展的时序角度考察相当于蔡昉所阐述的格尔茨内卷化(G类型增长)。

第2章　对经典二元经济理论的反思与修正

二元经济转型的第二阶段是二元经济发展阶段①，即刘易斯—费景汉—拉尼斯模型中的边际劳动生产率为零的剩余劳动力全部转移到城市现代部门的阶段。这一阶段虽然现代工业已经得到发展，但传统农业经济仍占主导地位。这一阶段从生产力角度分析，由于资本高度稀缺，劳动力十分丰富，现代工业可以充分利用廉价劳动力，促进资本积累，获得较快发展。对农业部门来说，零值边际劳动生产率的剩余劳动力不断向城市现代工业部门转移，也不会影响农业产出，因此，这一阶段农业劳动力的非农化转移通常会比较顺利。从生产关系角度考察，由于边际劳动生产率为零的剩余劳动力的大量存在，工农两大部门的劳动者收入都属于只能维持基本生存需要的制度工资。不变的制度性生存工资表明这一阶段劳动者难以通过工资水平提高分享经济发展的成果，劳动者与资本家之间的收入分配不断恶化。基于现代工业与传统农业劳动生产率间的差异，随着劳动力向城市现代部门转移，城乡间收入分配差距也出现扩大趋势。

二元经济转型的第三阶段是刘易斯转折阶段②，即刘易斯—费景汉—拉尼斯模型中的边际劳动生产率大于零小于制度工资的剩余劳动力全部转移到城市现代部门的阶段。从生产力角度分析，由于边际劳动生产率为零的农业剩余劳动力全部转移到城市现代工业部门，劳动力由无限供给转变为有限供给，用工成本上升会倒逼企业进行产业结构升级，进而促进产业结构由劳动密集型向资本密集型转变。随着边际劳动生产率大于零小于制度工资的农业劳动力不断向城市现代部门转移，农业资源配置效率进一步提高，带动了农业现代化水平不断提升。从生产关系的角度考察，一方面，劳动力供求关系的变化和产业结构升级带来的固定资本比重增加均会使收入分配更有利于劳动者；另一方面，边际劳动生产率为正的农业劳动力向非农领域的转移，可

---

① 之所以把这一阶段界定为二元经济发展阶段，是因为这一阶段现代工业可以充分利用廉价劳动力，促进资本积累，获得较快发展。对农业部门来说，零边际劳动生产率的剩余劳动力不断向城市现代工业部门转移，也不会影响农业产出，经济增长通常保持较高水平。虽然农业剩余劳动力的乡城转移不影响农业产出，但绝大多数人口还滞留在农村从事农业生产，劳动生产率极为低下。由于这一阶段非农产业的发展远快于传统农业的现代化改造，工农间、城乡间发展差距呈现出扩大趋势。一方面，工业化、城镇化快速推进，经济增长率保持较高水平；另一方面，二元结构强度非但未能缩小还出现强化趋势，经济二元发展特征明显。

② 之所以把这一阶段界定为刘易斯转折阶段，是因为边际劳动生产率大于零小于制度工资的剩余劳动力全部转移到城市现代部门的阶段，也就是刘易斯第一转折点和刘易斯第二转折点之间的时段。

能会通过改善农业贸易条件来增加农业收入。更重要的是，劳动力转移带来的农业资源配置效率的提高，会通过提升劳动生产率，增加农民收入，从而缩小城乡收入分配差距。这一阶段，边际劳动生产率大于零且小于生存工资水平的农业劳动力进一步转移可能会减少农业产出。农产品短缺所带来的工业贸易条件恶化，会导致企业用工成本上升，进而影响对农业剩余劳动力的吸收，结果在商业化拐点到来之前，工业部门扩张就会停滞。正是由于上述原因，费景汉和拉尼斯认为从"粮食短缺点"到"商业化点"是二元经济转型最困难的阶段①。

二元经济转型的第四阶段是后刘易斯转折阶段，即边际劳动生产率低于现代非农产业的劳动力向城市现代部门继续大规模转移的阶段。从目前研究二元经济转型的文献来看，绝大多数学者均遵循刘易斯—费景汉—拉尼斯模型，认为二元经济转型一旦进入"刘易斯第二转折点"，意味着农业剩余劳动力全部被现代部门吸收完毕，也标志着一个国家或地区二元经济结构转型的完成。本书认为，从动态演进的角度分析二元经济转型，超过"商业化点"这一临界水平，只是意味着工农两大部门劳动者的工资均由各自的边际劳动生产率决定，但这两个部门的边际劳动生产率并不相等。这是因为，进入刘易斯第二转折点，只是表明农业部门的边际劳动生产率超过了由平均劳动生产率所决定的生存工资。因此，刘易斯第二转折点之后农业部门的工资水平也由边际劳动生产率来决定。但是由于进入刘易斯第二转折点，并不能说明农业部门已完成现代化改造。由于工业部门的聚集效应和规模效应突破了农业部门分散化所引致的低效率，降低了生产成本与交易成本，加之工业部门产品需求弹性大且自然风险与市场风险都要小于农业部门，一般而言工业部门的边际劳动生产率要高于农业部门，从而其工资水平要高于农业部门。因此，刘易斯第二转折点来临之后，工农两大部门的边际劳动生产率并不相等，因而农业劳动力的城乡迁移也远未结束。从各国二元经济转型的实践看，农业劳动力向城市非农产业的大规模迁移一直到农业劳动力占比在10%左右才会基本结束②。农业劳动力的大规模转移

---

① "粮食短缺点"被称为刘易斯第一转折点，"商业化点"被称为刘易斯第二转折点。
② 发达国家农村人口所占比重一般在20%以下，有的甚至低于10%，农业就业人口在总就业人口中的比重大多数均低于10%以下（陈轶：《城乡关系发展理论与实践——以石家庄为例》，东南大学出版社2016年版，第7页）。

会一直持续到农业现代化完成，工农两大部门的边际劳动生产率大致相等时停止，届时经济体整体进入现代化社会，二元经济转型才真正结束（详见2.2）。

后刘易斯转折阶段，从生产力角度分析，边际劳动生产率大于零但低于制度工资的劳动力转移完成后，一方面会促使用工成本进一步提高，从而推动企业通过技术进步提高劳动生产率，进而带动产业结构由资本密集型向知识技术密集型转换；另一方面会进一步改善农业资源配置效率，通过农业规模经营，提高农业劳动生产率。从生产关系的角度考察，进入刘易斯第二转折点表明农业部门"商业化"过程基本完成，农业部门的收入分配由传统分享制转为遵循商业化原则，即由农业边际劳动生产率决定其工资水平。特别值得重视的是，一旦进入刘易斯第二转折点，劳动力的竞争性使用，也使得非农产业的工资水平不再受制于农业生存工资。随着农民市场参与程度大幅度提升，农业经营的目标函数由产量最大化转为利润最大化，土地也开始由农民的生存保障变为商业化资产。劳动力的竞争性作用，工农两大部门决定机制的变化，以及人力资本对产业结构升级的重要作用，为缩小劳资双方的收入分配差距提供了前提条件；农民市场参与程度的提升及目标函数的变化，也会进一步提高农业劳动生产率，有利于缩小城乡间的收入分配差距。

值得特别提出的是，二元经济转型的不同阶段经济发展都面临着资源环境与市场需求的双重约束。先行工业化国家在二元经济转型不同阶段，通过技术进步和制度变革，借助殖民掠夺、圈地运动，以及国际市场上的垄断地位解决了资源短缺和产品的市场实现问题，率先完成了从传统农业社会向现代工业社会的转型发展。长期的殖民、半殖民统治，使广大发展中国家未能通过工场手工业发展实现经济结构的二元分化，其现代工业是从发达国家移植而来。由于经济发展起步低，经济结构畸形化，在国际分工体系中处于不平等的地位，其二元经济转型中资源环境与市场需求的约束更加突出。从发展中国家二元经济转型的历史进程来看，二战以后进入现代化发展进程的欠发达国家和地区，只有韩国、新加坡，以及中国香港和中国台湾完成了二元经济转型，进入发达经济体。这说明，在不平等的国际分工体系下，发展中国家要突破资源环境与市场需求的双重约束，进入现代一元发展阶段需要付出更大的努力。

2.4.2 发展中国家二元转型的阶段变异

我们根据先行工业化国家二元经济转型的历史考察，把二元经济转型分为四个发展阶段，并概述了四个阶段生产力与生产关系方面的基本特点。但是对第二次世界大战后进入现代化进程的发展中国家而言，由于其自主的经济发展过程被西方殖民统治打断，这些国家的二元经济转型阶段与先行工业化国家相比，出现了某种程度的变异。这突出地表现在发展中国家的二元经济转型没有明确的二元分化阶段。这是因为这些国家都没有经历工场手工业发展阶段，其现代工业是从发达国家移植而来，现代工业不仅十分弱小，还具有非常突出的依附性特点。殖民地半殖民地时期，先行工业化国家作为宗主国，通过资本输出的方式在发展中国家创办企业，由此形成了发展中国家最初的现代工业，但具有飞地性质的现代工业由于没有植根于本土要素禀赋和国情特点，而是服务于宗主国殖民掠夺和海外市场开拓，难以带动本土经济的发展。即便发展中国家取得了政治独立，但只要企业所有权没有发生根本性变化，这些飞地经济仍然服从于投资国的利益诉求，并保持其依附性特点不变。取得政治独立后，发展中国家大多通过进口替代战略自主发展现代工业，但进口替代所需的技术与装备，也需要从发达国家引进。问题在于，发展中国家进口替代所需的外汇在工业化启动初期，只能来自初级产品的出口，但这些产品技术含量低、收入需求弹性小，与发达国家工业制成品交易，贸易条件十分不利，进而不能为现代工业提供足够的资本积累。这样一来，虽然发展中国家工业化起步处于二元经济发展阶段，但由于现代工业的弱小性和依附性，与先行工业化国家二元发展阶段相比，经济发展起点低，农业劳动力比重高，剩余劳动力非农化任务空前艰巨。西欧工业革命开始时，其农业劳动力仅占总劳动力的50%左右，而现代发展中国家工业化起步之时，农业劳动力占总劳动力的比例为70%~80%[1]。为了在低起点上实现二元经济转型，发展中国家不得不强化国家干预，通过提取农业剩余、高积累低消费等方式为现代工业提供资金支持。显然，上述各种措施都带有明显的资本原始积累色彩。

---

[1] 林刚：《关于中国经济的二元结构和三元结构问题》，载《中国经济史研究》2000年第3期，第44~45页。

2.5 二元经济转型的非线性特征

2.4.1 的分析表明,二元经济转型是有规律可循的。内源性现代化国家在生产力与生产关系的矛盾运动中,二元经济转型过程大体上经历了经济结构的二元分化、二元经济发展、刘易斯转折阶段和后刘易斯转折阶段四个时序演变,最终整体上进入一元化发展的现代社会。但上述二元经济转型四个阶段的时序变化,绝非是一个简单的线性发展过程。

第一,在传统农业基础上的二元分化,并非直接产生的机器大工业,而是经历了漫长的工场手工业发展阶段。16~18世纪是西欧先行工业化国家的工场手工业发展阶段,同时进行着以圈地运动和海外掠夺为主要特征的资本原始积累。工场手工业的发展不仅为机器大工业的产生奠定了技术基础,也促进了先行工业化国家的封建制度解体和资本主义生产关系的确立。正如马克思所说:"资本主义时代是从16世纪开始的。"[1] 生产关系的变革,不仅为机器大工业的产生创造了制度条件,"去封建化"的过程,也促进了农业的发展。英国在工业革命之前,已有过一场毫不逊色的农业革命。正是在上述诸多因素的共同作用下,才有了18世纪后半期到19世纪中叶的第一次工业革命。

第二,发展中国家的二元经济转型具有明显的跨越式特点。这不仅表现在受西方国家殖民统治的影响,发展中国家没有经历工场手工业向机器大工业过渡的二元分化阶段,通过移植现代工业的途径,直接进入二元经济发展阶段,还突出地表现在以下四个方面:(1)在政府主导下实行赶超型发展战略。发展中国家独立后,所面临的是被殖民主义掠夺而导致的不发达经济,农业十分落后,现代工业非常弱小,长期的殖民统治,大多数发展中国家形成了专门生产一种或几种供出口的初级产品的单一结构,作为经济发展必要条件的社会基础设施十分落后。经济发展起点低,单纯靠市场调节,难以摆脱经济结构畸形化和国际分工体系中的不平等地位,大多数发展中国家都强化了政府在经济发展中的作用,政府不仅作为市场失灵者介入社会再生产过程,还通过政府计划或模拟市场的方式替代市场配置资源,在经济结构转型

---

[1] 《马克思恩格斯全集》(第23卷),人民出版社1972年版,第784页。

中发挥着主导作用。发展中国家政府主导经济结构转型的重要内容是制定实施产业政策，把促进产业结构优化升级作为目标，在经济结构转型中一般采取赶超型发展战略。（2）在三次产业的演进顺序上，表现为第三次产业超前发展。钱纳里等人通过多国模型来考察发展中国家结构变动的特点，多国模型对附加值、就业和资本存量的模拟表明，在发展中国家的结构转换过程中，"工业就业的增加，远远低于农业就业的减少，因此，劳动力的转移主要发生在农业和服务业之间"①。（3）在第二产业内部，重化工业和重加工工业超前发展。从发达国家的经济发展历史轨迹来看，随着科学技术和经济发展水平的变化，第二产业内部结构自然演变的顺序是，轻纺工业——重基础工业——重加工工业——高新技术产业。第二次世界大战以后，发展中国家普遍认为，实现工业化的关键是发展重工业。基于以上思想认识，发展中国家在经济结构转换过程中，普遍将重工业的发展放在优先和主导地位。据统计，1963~1973年，发展中国家轻工业的年均增长率为5%，重工业达9%，1973~1980年，轻工业的年均增长率为3.8%，重工业为5.8%，这使重工业在产业结构中所占的比重越来越大，于20世纪80年代初超过了轻工业所占比重②。（4）发展中国家二元经济转型具有发展任务的高度叠加性。迄今人类社会先后发生的三次工业革命，均由西方发达国家主导。发展中国家错失了蒸汽技术和电力技术两次工业革命的历史机遇，被发达国家边缘化，二战后才进入现代工业化进程，刚刚赶上以计算机及信息技术为主导的第三次工业革命。面临发达国家主导的国际竞争格局，发展中国家必须抓住第三次工业革命的历史契机，在推进工业化的同时，完成信息化发展任务。如果说西方发达国家的工业化、城镇化、农业现代化、信息化是一个顺序演进的"串联式"发展过程，那么发展中国家的工业化、信息化、城镇化、农业现代化则必须是一个"并联式"发展过程③。发展中国家二元经济转型发展任务的高

---

① ［美］霍利斯·钱纳里：《工业化和经济增长的比较研究》，上海人民出版社2015年版，第90~91页。
② 谈世中主编：《发展中国家经济发展的理论和实践》，中国金融出版社1992年版，第163页。
③ 习近平指出："我国现代化同西方发达国家有很大不同。西方发达国家是一个'串联式'的发展过程，工业化、城镇化、农业现代化、信息化顺序发展，发展到目前水平用了二百多年时间，我们要后来居上，把'失去的二百年'找回来，决定了我国发展必然是一个'并联式'的过程，工业化、信息化、城镇化、农业现代化是叠加发展的。"（中共中央文献研究室：《习近平关于社会主义经济建设论述摘编》，中央文献出版社2017年版，第159页。）

度叠加性，使其在转型发展时间上显示出了高度的压缩性，这突出地表现在韩国、新加坡，以及中国香港和中国台湾完成二元经济转型的时间均远远短于西方发达国家。

第三，二元经济转型不同阶段都经历了多元并存的演进过程。从二元经济向一元经济转型，是对二元经济转型过程理论抽象的结果，无论是发达国家，还是发展中国家的二元经济转型过程均表明，从传统农业与现代工业并存的二元经济向现代化一元经济转型，经历了不同阶段多元并存的演变过程。就发达国家而言，二元经济结构形成阶段，农业剩余劳动力不是流入现代工业，而是流入工场手工业。现代工业产生的初期阶段，英国不仅有现代机器大工业还存在着大量具有过渡性质的工场手工业，城市现代机器大工业与工场手工业并存的双元结构，使得农业剩余劳动力分别转移到了机器为主体的现代工厂和以手工技术为基础的手工工场，较大程度上缓解了这一时期的就业压力。这一时期"现代工场手工业"和"现代家庭工业"的劳动密集性和普及性特点，使其成为除农业以外的第二个吸纳剩余劳动力的蓄水池。特别是家庭手工业，马克思将其称为剩余劳动力的"最后避难所"[1]。有资料表明，直到19世纪80年代以后，英国工业中的过渡形式——工场手工业才基本消失[2]。由于农业中也存在着资本主义性质的大农场和传统小农经济，二元经济发展初期，以英国为代表的先行工业化国家实际上存在着城乡四元经济结构。

就广大发展中国家而言，二元经济转型过程中城市非农产业普遍存在正规部门与非正规部门并存的经济结构，由于以城市现代工业为代表的正规部门较为弱小，大量农业剩余劳动力转入到非正规就业领域。对发展中国家城市非正规部门规模的估计表明，在大多数国家，非正规部门的规模很大，在许多情况下占城市劳动力的一半以上，在一些非洲国家中最高。平均而言，非正规经济部门在非洲国内生产总值中所占的比例为42%，津巴布韦在1999～2000年这一比例为59.4%[3]。对于大多数发展中国家而言，二元经济转型过

---

[1] 马克思：《资本论》（第1卷），人民出版社1975年版，第515页。
[2] 高德步：《经济发展与制度变迁：历史的视角》，经济科学出版社2006年版，第133～136页。
[3] Voccideo C., Tenets of Lewis' Dualistic Theory of Development and its Relevance to the Historical Development Process of Zimbabwe, This paper was prepared by Voccideo Chikura from University of Zimbabwe (Department of Economics), which is get from voccideochikura@ gmail. com, vachikura@ icloud. com.

程中存在着三重经济结构,即农村传统农业、城市正规部门与非正规部门。城市非正规就业部门的大量存在,既根源于移植来的现代工业十分弱小,难以吸纳大量农业剩余劳动力,又与优先发展重化工业选择资本密集型技术有关。发展中国家第三产业的超前发展,正是由于城市正规部门无法吸收大量进城的农村人口,导致进城劳动力只能在传统三产的非正规部门谋生。拉美国家由于土地占有高度集中的不合理结构,形成了农村以资本主义农业企业和以小生产为特点的传统农业并存的局面,加之城市中正规与非正规部门并存,拉美国家在二元经济发展中普遍存在着农村与城市双重二元结构[①]。

第四,二元经济转型是一个十分艰难和曲折的历史过程。以英国为代表的先行工业化国家,进入现代社会之前经历了漫长的工场手工业发展阶段,通过革命和改良的道路摧毁了封建制度,确立了资本主义生产关系,才于18世纪后期启动了第一次工业革命。18世纪后期到19世纪后半期,是英国工业革命向西欧扩散的早期工业化进程,在这一过程中英国基本完成了二元经济转型,最早进入现代发展阶段;19世纪下半叶至20世纪下半叶,是工业化向整个欧洲、北美扩散并取得胜利的过程,在这一过程中法国、美国、德国等国家先后完成了二元经济转型,成为发达经济体;20世纪下半叶至今,发达国家向高度工业化升级,广大发展中国家(地区)卷入工业化进程。在这一过程中,新加坡、韩国,以及中国香港和中国台湾完成了二元经济转型,进入发达经济体行列[②]。而绝大多数卷入工业化进程的发展中国家或是滞留在二元经济发展初期,或是陷入"中等收入陷阱"。

从传统农业社会向现代工业社会的转型发展过程,是人类历史上最激烈、最深远、最彻底的经济与社会变革。即便是先行工业化国家也大多经历过生死攸关的发展阶段[③],并借助海外掠夺和殖民统治所积累的原始资本才率先完成二元经济转型,进入现代社会。长期的殖民半殖民统治,使广大发展中国家不仅经济发展起步低,经济结构畸形化,更在国际分工体系中处于不平等的地位。相比于发达国家,发展中国家二元经济转型所面临的约束条件更

---

① 张勇:《拉美劳动力流动与就业研究》,当代世界出版社2010年版,第61页。
② 日本也是在这一时期完成的二元经济转型。但日本是19世纪下半叶明治维新之后进入工业化进程,20世纪初期完成了工业化起步。
③ [德]迪特·森哈斯,贾根良、梅俊杰译:《欧洲发展的历史经验》,商务印书馆2015年版,第23页。

加严格，虽然存在着引进技术方面的后发优势，但也面临着贫穷恶性循环、贸易条件恶化、发达国家的"排挤性竞争"① 等后发劣势。第二次世界大战后发展中国家和地区的现代化进程举步维艰，只有韩国、新加坡及中国香港和中国台湾进入发达经济体，新古典理论预期的经济发展差距的收敛并没有在多数国家成为现实。

---

① 迪特·森哈斯认为，当发展水平相异的社会接触时，发展程度更高的社会和生产力更强的经济会释放一个排挤性竞争过程，施加到欠发达的社会和较低效的经济内部。如果欠发达国家不能抵消能力上的差距，则会被强国边缘化（［德］迪特·森哈斯，贾根良、梅俊杰译：《欧洲发展的历史经验》，商务印书馆2015年版，第22页）。

第 3 章

二元经济转型中城乡关系演变规律及其实现机制

城乡关系涉及城市居民与农村居民两大群体、农业与非农业两大产业,以及城市与乡村两大地理空间。一个国家的现代化过程也是其城乡关系的演变和重构过程。不论是发达国家完成二元经济转型的成功经验,还是落入"中等收入陷阱"国家的失败教训,都充分说明,处理好城乡关系不仅关系到城乡居民的福祉,也决定着现代化进程的成败。在对经典二元经济理论反思与修正的基础上,探讨二元经济转型中城乡关系的演变规律及其作用机制,对于在新的历史条件下促进城乡融合发展具有重要的理论与现实意义。

3.1 城乡关系演变的一般规律

马克思恩格斯坚持历史唯物主义世界观,在重点研究资本主义生产方式的同时,把城乡关系纳入生产方式和社会形态演进的语境下,体现了马克思城乡关系理论的历史视野。马克思恩格斯认为,在人类历史的发展过程中,随着生产力发展带来的社会分工不断深化,城乡关系依次经历了乡村孕育城市、城乡分离和对立,以及城乡融合发展三个阶段[1]。

乡村孕育城市阶段是指城市从乡村中诞生,但二者没有完全分开的历史阶段。人类社会早期,"分工是纯属自然产生的"[2],表现为原始社会以性别、

---

[1] 陈燕妮:《马克思恩格斯城乡融合思想与我国城乡一体化发展研究》,中国社会科学出版社 2017 年版,第 101~104 页。

[2] 《马克思恩格斯选集》(第 4 卷),人民出版社 2012 年版,第 175 页。

第3章 二元经济转型中城乡关系演变规律及其实现机制

年龄和体质等为基础的自然分工。随着生产力的发展,剩余产品开始出现,畜牧业从农业中分离出来。之后,随着金属工具的出现和劳动生产率的提高,出现了农业和手工业的分工,即第二次社会大分工。两次社会大分工标志着原始社会末期生产力有了巨大的发展,第一次社会大分工使交换成为可能和必要,第二次社会大分工则出现了以交换为目的的商品生产,随着产品交换日益频繁,形成了固定的交易场所。与此同时,由于分工和商品交换进一步提高了劳动生产率,一部分社会成员开始专门从事艺术、宗教、教育、部落或部落联盟管理等精神活动,城市开始出现。城市的雏形是城堡,其主要功能是安全防范。虽然以安全防范为主要目的的城堡还不是城市,但人类聚居形式的变化,也促进了社会分工和商品交换,使最初的城堡越来越具有工商业城市的特点。虽然"从中世纪的农奴中产生了初期城市的城关市民,从这个市民等级中发展出最初的资产阶级分子"[1],但直到工场手工业之前,城市的地位还没有完全确立起来。原始社会末期出现的第二次社会大分工产生了城市的雏形,到中世纪封建社会的城市形成与发展,城市化进展十分缓慢,从总体上讲这一阶段属于乡村孕育城市的发展阶段。城市的存在至少有几千年的历史,全世界平均城市化率到1800年才达到3%[2],1850年为6.4%[3]。世界上第一个工业化国家英国,直到17世纪后半叶城市化率才超过10%[4]。

先行工业化国家进入工场手工业阶段以后,才出现了真正意义上的城乡分离与对立。城市的产生虽然有几千年的历史,但近代之前的城市并非工商业发展所引致的人口聚集,通常是不同层级封建社会政府所在地,是封建统治的政治军事中心。城市中为数不多的非农产业,也只是依附于城市的行政系统,在与乡村产品的少量交换中维持生存。这种性质的城市当然不可能在规模上持续扩大,城市数量也不可能持续增加[5]。马克思曾指出:这类城市是"以土地私有制和农业为基础的城市","真正的大城市在这里只能看作是王公的营垒和经济结构上的赘疣"[6]。16世纪以后,随着海外市场的扩大和城市行会制度的解体,推动了先行工业化国家工场手工业的发展,进而形成了

---

[1] 《马克思恩格斯选集》(第1卷),人民出版社2012年版,第401页。
[2] 叶维钧、张秉忱等:《中国城市化道路初探》,中国展望出版社1988年版,第71页。
[3] 叶维钧、张秉忱等:《中国城市化道路初探》,中国展望出版社1988年版,第67页。
[4] 叶维钧、张秉忱等:《中国城市化道路初探》,中国展望出版社1988年版,第75页。
[5] 王询:《工业化过程中的劳动力转移》,东北财经大学出版社1994年版,第183页。
[6] 《马克思恩格斯全集》(第8卷),人民出版社2009年版,第131页。

最初的农业劳动力向非农产业转移的趋势。专业化分工协作促进了集中型的工场手工业发展，有的毛纺织手工工场已达到较大规模，毛纺织业有了自己的固定中心，并在各地区间形成了专业化分工，促进了采矿、冶金、制盐等行业工场手工业的发展。这样一来，一些工商业集中之地逐渐发展成为城市，进而出现一批新的工商业城市。马克思以纺织业为例，阐述了当时一些乡村在纺织业的带动下扩张为城市的现象。"织布业多半在没有行会组织的乡村和小市镇上经营，这些地方逐渐发展成为城市，而且很快就成为每个国家最繁荣的城市。"① 工场手工业的发展使城市呈现多元发展格局。就英国来说，16 世纪到 17 世纪早期，大多数城市的变化还不大。17 世纪中期以后，由于内外贸易活动的增加，中小城市的商业化加速。到 18 世纪中期，许多大中城市和一些小城市作为繁忙的服务、买卖和交易中心快速发展起来，伦敦和利物浦就是英国早期城市发展的典型②。马克思恩格斯认为，当城市与乡村从混沌一体走向分离后，城乡关系就进入了分立对抗阶段③。工场手工业时期，农村的资本和廉价劳动力不断流向城市，使得城乡差距不断扩大，城乡矛盾非常尖锐。但是工场手工业还没有发展成机器大工业，尽管这一时期城市有了一定程度的发展，但城市的物质基础并不稳固，在城乡对立中城市处于劣势。马克思恩格斯曾对工场手工业的弱质性特点有过明确的阐述："工场手工业一般离开保护是不行的，因为只要其他国家发生任何最微小的变动都足以使它失去市场而遭到破产。"④

机器大工业的发展不仅为资本主义生产关系奠定了物质基础，也极大促进了城市化快速发展。马克思恩格斯指出："它（大工业）建立了现代的大工业城市——它们的出现如雨后春笋——来代替自然形成的城市。凡是它渗入的地方，它就破坏手工业和工业的一切旧阶段。它使城市最终战胜了乡村。"⑤ 18 世纪中叶产业革命之前，农业一直是英国国民经济的基础产业。1688 年前后，农业收入约占英格兰和威尔士国民收入的 40%，从事农业的劳

---

① 《马克思恩格斯选集》（第 1 卷），人民出版社 2012 年版，第 189 页。
② 谭崇台：《发达国家发展初期与当今发展中国家经济发展比较研究》，武汉大学出版社 2008 年版，第 43 页。
③ 李天芳：《我国新型城镇化进程中城乡关系协调路径研究》，人民出版社 2017 年版，第 22 页。
④ 《马克思恩格斯选集》（第 1 卷），人民出版社 2012 年版，第 192 页。
⑤ 《马克思恩格斯选集》（第 1 卷），人民出版社 2012 年版，第 194 页。

第3章　二元经济转型中城乡关系演变规律及其实现机制

动力大约占全部就业人口的40%。1750年农村人口约占全国人口的3/4。显然,这时的英国和世界上其他国家一样,还是典型的农业社会[①]。在机器大工业代替工场手工业的变革过程中,棉纺织等新兴产业迅猛发展,带动了钢铁工业、机械制造业、交通运输业、商业和其他服务业的发展,这些产业占国民经济的比重快速超过了农业。农业在国民经济中的份额由工业革命前的40%,下降到1851年的20.3%[②]。产业结构的巨大变化,一方面,带动了人口向城市转移;另一方面,工商业的聚集也使得城市数量日渐增加。1801~1911年英格兰和威尔士两地的总人口增加了4倍多,其中城市人口增长了9.5倍。产业革命前,经济最发达和人口最密集的地区,是以伦敦为中心的农业发达的东南地区,产业革命起步之后,在煤、铁矿藏较为集中的西北部出现了许多新兴的工业中心,并逐渐成为全国经济中心,农村人口开始向这些地区聚集[③]。人口大量流入城市,使英格兰和威尔士城市人口占比快速上升,从1750年的25%左右提高到1851年的50.2%,基本上实现了城市化[④]。近代以来,随着工业化的迅猛发展,城市化快速发展是全球工业化进程中的普遍现象。以美国为例,1780~1840年的60年,美国城市人口占总人口的比重仅从2.7%上升到8.5%。1870年美国工业革命开始时,城市人口占比不超过20%,到1920年,这一比例攀升至51.4%[⑤]。从1800~1950年,地球人口增长了1.6倍,而城市人口增加了23倍[⑥]。现代大工业的发展,改变了城市对乡村的依附地位,使城市成为经济发展的中心。随着工业化的不断推进,城乡间的分离与对立,表现为城市的不断扩张和乡村的日渐萎缩,城乡二元反差越加突出。欧美等先行工业化国家城乡关系分离与对立的情况直

[①] 王章辉、黄柯可:《欧美农村劳动力的转移与城市化》,社会科学文献出版社1999年版,第4页。

[②] 王章辉、黄柯可:《欧美农村劳动力的转移与城市化》,社会科学文献出版社1999年版,第7页。

[③] 谭崇台:《发达国家发展初期与当今发展中国家经济发展比较研究》,武汉大学出版社2008年版,第555页。

[④] 王章辉、黄柯可:《欧美农村劳动力的转移与城市化》,社会科学文献出版社1999年版,第21页。

[⑤] 白永秀:《城乡二元结构的中国视角:形成、拓展、路径》,载《学术月刊》2012年第5期,第68页。

[⑥] 潘晓成:《论城乡关系——从分离到融合的历史与现实》,人民日报出版社2018年版,第17页。

到20世纪中叶前后，农业现代化的基本完成才结束，绝大多数发展中国家至今尚未完成二元经济转型，城乡分离与对立带来的诸多经济、社会问题仍是这些国家需要面对的症结性难题。

马克思认为城乡分离对立的历史作用具有二重性。一方面，城乡分离和对立与单一的乡村聚落形态相比，具有历史进步性。马克思指出"一切发达的、以商品交换为中介的分工的基础，都是城乡的分裂。可以说，社会的全部经济史，都概括为这种对立的运动"①。另一方面，城乡分离对立不仅造成严重的城市病和农村病，还造成了人的畸形发展。"城乡之间的对立是个人屈从于分工、屈从于他被迫从事的某种活动的最鲜明的反映，这种屈从把一部分人变为受局限的城市动物，把另一部分人变为受局限的乡村动物。"②

马克思认为城乡分离与对立是一个历史范畴，城乡分离与对立对经济社会的消极影响不断深化，表明城乡分离与对立必将随着社会生产力的发展而消失。在《共产主义原理》中恩格斯首次提到"通过城乡的融合，使社会全体成员的才能得到全面发展"③。并认为"城乡融合"就是"把城市和农村生活方式的优点结合起来，避免二者的片面性和缺点"④。马克思认为城乡关系演变的终极目标是消灭城乡对立，实现城乡融合。城乡对立只是"工农业发展水平还不够高的阶段"，要消灭城乡对立，实现城乡融合，必须大力发展生产力，为城乡融合创造相应的物质基础。从生产力发展的角度，马克思提出了实现城乡融合的基本路径。（1）加强工业与农业的有机结合。广义上工业与农业是以城市与乡村为空间载体的两大产业。实现城乡融合发展，首先要加强农业与工业的有机联系。马克思明确提出，"把农业和工业结合起来，促使城乡对立逐步消灭"⑤。（2）实现生产力的合理布局。合理布局生产力对于优化资源配置、实现城乡融合具有重要作用。"大工业在全国的尽可能均衡的分布是消灭城市和乡村分离的条件。"⑥（3）发挥城市对乡村的辐射和带动作用。马克思在分析资本主义社会城乡分离对立造成的诸多负面影响的同时，也肯定了城市对乡村的辐射和带动作用。城市对乡村的辐射和带动作用，

---

① 《马克思恩格斯选集》（第2卷），人民出版社2012年版，第215页。
② 《马克思恩格斯选集》（第1卷），人民出版社2012年版，第184~185页。
③ 《马克思恩格斯选集》（第1卷），人民出版社2012年版，第308~309页。
④ 《马克思恩格斯选集》（第1卷），人民出版社2012年版，第305页。
⑤ 《马克思恩格斯选集》（第1卷），人民出版社2012年版，第422页。
⑥ 《马克思恩格斯选集》（第3卷），人民出版社2012年版，第684页。

不仅表现为城市可以为农村提供机器设备、技术，以及人才支持，更重要的是体现在城市对农业生产方式和农民生活方式的变革和影响上①。

3.2 二元经济转型中城乡关系演变的规律性总结

2.4.1 的分析表明，内源性现代化国家，在生产力与生产关系的矛盾运动中，其二元经济转型过程大体上经历了经济结构的二元分化、二元经济发展、刘易斯转折阶段和后刘易斯转折阶段四个发展阶段的时序演变，最终整体上进入一元化发展的现代社会。根据马克思恩格斯对城乡关系演变一般规律的认识，结合不同国家二元经济转型不同阶段城乡关系的特点，对二元经济转型中城乡关系演变进行规律性总结和理论解析。

3.2.1 二元经济结构形成阶段也是城乡分离的历史阶段

二元经济转型第一阶段是先行工业化国家，通过工场手工业实现经济结构二元分化的阶段，即二元经济结构的形成阶段。这一阶段的起始时间大约为16世纪到18世纪，但不同国家也不尽相同。作为率先完成工业化的英国，大约在16世纪进入经济结构的二元分化阶段。虽然英国在14~15世纪商品货币关系有了较大发展，出现了资本主义萌芽，但工场手工业以家庭手工工场的形式分散于乡村②。16世纪以后，英国工场手工业迅猛发展，并出现了集中型的工场手工业，一些集中型毛纺织手工工场已达到较大规模。在毛纺织业的带动下，手工工场在钢铁、冶金、采矿、制盐、棉织等行业获得了较大发展。工场手工业的快速发展，带动了农业剩余劳动力的非农转移。英国农业劳动力占比从1520年的76%下降到1688年的55.6%，到工业革命开始的18世纪后半叶，该国农业劳动力占比仅为40%左右③。工场手工业的发展不仅带动了农业劳动力的非农转移，也开启了城乡分离的历史过程。1500年英国城市人口占全国总人口的比率只有4%左右，到1650年达到11%左右④，

---

① 李天芳：《我国新型城镇化进程中城乡关系协调路径研究》，人民出版社2017年版，第28页。
② 谭崇台：《发展经济学》，上海人民出版社1989年版，第33页。
③ 孙亚南：《二元经济转型国际比较研究》，中国社会科学出版社2016年版，第48页。
④ 朱寰：《工业文明兴起的新视野——亚欧诸国由中古向近代过渡比较研究》（上册），商务印书馆2015年版，第320页。

1750 年英国工业革命开始前夕,这一比率达到 17%[①]。这一阶段,城市人口占比有了较快增长,城市开始进入起步阶段[②],城市也逐渐褪去其原有的封建主义属性,日益具有工商业城市的特点[③]。从 16 世纪工场手工业快速发展到 18 世纪中叶工业革命,英国的二元经济形成经历了 250 年的历史。自百年战争结束后的 15 世纪下半叶开始,法国经济开始逐渐摆脱封建经济特色,进入一个新的发展阶段。随着技术水平的提高和专业化分工的加强,各种分散型、集中型和混合型的手工工场也随之出现[④],16~17 世纪,法国大体上与英国处于同一发展水平,各种分散型、集中型和混合型的手工工场在毛麻纺织业普遍存在。在印刷、玻璃、陶瓷等行业中也出现了资本主义手工工场[⑤]。到 18 世纪后期,继英国之后法国开始了工业革命,纺纱机、织布机、蒸汽机、高炉、汽锤等新式机械,在一些地区和行业开始使用,国内外贸易也有了一定的进展[⑥]。德意志的手工业在中世纪晚期相当发达[⑦],16 世纪上半叶,德意志在冶金、金银器皿、造纸、印刷等行业中生产技术有了进一步改进,手工工场大量增加。与国外有联系的商人将其资本渗入农村家庭手工业,到 18 世纪包买商控制了工场手工业,在农村和城市之间,由包买商控制的手工工场迅速在德意志境内扩展开来。到 18 世纪末,德意志境内也偶尔出现了使用机器的现象[⑧]。

[①] 简新华、何志扬、黄锟:《中国城镇化与特色城镇化道路》,山东人民出版社 2010 年版,第 9 页。

[②] 简新华认为,不能把城市和城市人口产生的时候视为城市化的起点,而应把城市人口占总人口比重 10% 左右作为城市化起步阶段(简新华、何志扬、黄锟:《中国城镇化与特色城镇化道路》,山东人民出版社 2010 年版,第 8~9 页)。

[③] 中世纪欧洲的城市大致有三种类型,即手工业的商业聚集地、政治与军事中心以及宗教中心。显然,后两种类型是封建社会结构的重要组成部分,即便是手工业的商业聚集地,多数也是依附于政治、军事和宗教中心,也只是作为小农经济的必要补充而存在。中世纪的西欧城市,无论是在经济上还是在政治上,都受封建社会关系的制约,在很多方面都带有封建性的特征(参见朱寰:《工业文明兴起的新视野——亚欧诸国由中古向近代过渡比较研究》(上册),商务印书馆 2015 年版,第 101~103 页)。

[④] 朱寰:《工业文明兴起的新视野——亚欧诸国由中古向近代过渡比较研究》(下册),商务印书馆 2015 年版,第 738~739 页。

[⑤] 朱寰:《工业文明兴起的新视野——亚欧诸国由中古向近代过渡比较研究》(上册),商务印书馆 2015 年版,第 42 页。

[⑥] 朱寰:《工业文明兴起的新视野——亚欧诸国由中古向近代过渡比较研究》(下册),商务印书馆 2015 年版,第 739 页。

[⑦] 朱寰:《工业文明兴起的新视野——亚欧诸国由中古向近代过渡比较研究》(下册),商务印书馆 2015 年版,第 840 页。

[⑧] 谭崇台:《发达国家发展初期与当今发展中国家经济发展比较研究》,武汉大学出版社 2008 年版,第 106~108 页。

法国和德国的工场手工业发展虽然不如英国那样典型，但也为其工业革命奠定了良好的基础条件，促进了现代工业的形成和城乡分离。

这一时期，虽然工场手工业有了快速发展，并以集中型工场手工业为产业支撑形成了一批新型的工商业城市，并使原有城市逐渐退去其原有的封建主义属性，日益具有工商业城市的特点，进而促进了城乡分离，但是工场手工业还没有发展成机器大工业，工商业城市发展物质技术基础尚未具备，城市化水平还刚刚处于城市化的起步阶段，在城乡矛盾与冲突中，城市还处于劣势地位。

3.2.2 二元经济发展阶段城乡矛盾与对立日益突出

先行工业化国家经过漫长的工场手工业阶段，进入到机器大工业阶段，完成了经济结构的二元分化，促进了城乡分离。18世纪60年代第一次工业革命发端于英国，标志着工场手工业时代的结束和现代工业时代的开始[①]。继英国之后，法国18世纪后期开启了工业革命的进程，德国工业革命晚于英法两国，由于长期处于分裂状态，经济发展滞后，19世纪30年代才开始走上工业革命道路。从二元经济转型的角度看，进入机器大工业时代，标志着经济体经过工场手工业阶段的发展，基本完成了经济结构的二元分化并进入了二元经济发展阶段。如果说经济结构的二元分化阶段工场手工业孕育了机器大工业，带动城乡分离，那么二元经济发展阶段则是机器大工业代替工场手工业，在促进城市化快速发展的同时，进一步拉大了城乡间的发展差距。

在机器大生产代替手工工场的变革中，先行工业化国家运用原始资本积累的成果全力支持工业化发展，不仅促进了产业结构升级，还带动了铁路、公路等基础设施建设。英国工业产值从1788年的21%增加到1850年的35%[②]，1825年英国建造了世界上第一条铁路，到1855年英国铁路里程达到12960公里，内陆铁路运输网络逐渐形成。自从1761年修建了第一条人工运

[①] 1765年，英国詹姆斯·哈格里夫斯发明了珍妮纺纱机，揭开了工业革命的序幕。1769年，詹姆斯·瓦特改良纽可门的蒸汽机为"单动式蒸汽机"，此后一系列以蒸汽机为动力的发明开启了人类18世纪60年代到19世纪中期的"蒸汽时代"。第一次工业革命的实质是以机器大生产取代手工工场的过程（潘晓成，《论城乡关系——从分离到融合的历史与现实》，人民日报出版社2018年版，第103页）。

[②] [英] B.R.米切尔，贺力平译：《帕尔格雷夫世界历史统计（欧洲卷）1750—1993年（第四版）》，经济科学出版社2002年版，第986页。

河以后，到1842年英国已修建3900公里的人工运河，曼彻斯特、伯明翰成了著名的运河枢纽①。法国虽然工业化起步仅次于英国，但由于拿破仑长期对外战争和国内斗争致使法国的工业革命直到拿破仑帝国灭亡之后才得到真正发展。法国农业就业比重从1830年的70%下降到1851年的64.4%。19世纪50~60年代法国出现了工业化第一次高潮，1860年法国的工业产值占世界工业总产值的比重达到16%，成为仅次于英国的世界第二工业大国②，这种地位一直持续到1870年。19世纪40年代，法国启动铁路、公路等交通规划与建设，1870年法国铁路里程已达17924公里，以巴黎为中心的全国铁路网初步形成。此外，运河水运系统和公路运输系统也初具规模，全国水陆交通大为方便③。德国从19世纪30年代开始进入工业革命进程，到1870年德国在纺织、采煤、冶金等行业的发展速度均快于英国和法国，在煤铁产量、铁路长度、蒸汽动力的使用等方面已超过法国，德国在世界工业总产量中的比重已达到13.2%④。

随着工业化的迅猛发展，城市化进程也大大加快。英国城市化率从1750年的17%，增加到1801年的36.6%；1750年5000人以上城市的人口比例为16%，到1801年，居住在1万人以上城市的人口比重达21%⑤。1800年英国只有一个大城市——伦敦，人口仅有100万，1850年伦敦人口增加到236.3万人，英国还有其他9个城市的人口在10万以上，18个城市的人口在5万~10万人之间⑥。1851年英国的城市人口第一次超过了农村人口，城市化率超过50%，初步实现了城市化。1851~1866年法国城市人口由913万上升到1159万，同一时期5万人以上城市的人口数量占全国总人口的比例由5.44%上升到10.83%⑦。德国的城市化率从1850年的20%上升到1871年的

---

① 潘晓成：《论城乡关系——从分离到融合的历史与现实》，人民日报出版社2018年版，第104页。
② 穆良平：《主要工业国家近现代经济史》，西南财经大学出版社2005年版，第157页。
③ 朱寰：《工业文明兴起的新视野——亚欧诸国由中古向近代过渡比较研究》（下册），商务印书馆2015年版，第740页。
④ 姜德昌、夏景才：《资本主义现代化比较研究》，吉林人民出版社1989年版，第287页。
⑤ 孙亚南：《二元经济转型国际比较研究》，中国社会科学出版社2016年版，第45~46页。
⑥ ［意］卡洛·M.奇波拉，吴良健等译：《欧洲经济史（第三卷）：工业革命》，商务印书馆1989年版，第24页。
⑦ 马胜祥：《法国现代化（下册）》，河北人民出版社2004年版，第902页。

36.1%，到1891年德国城市人口比重超过农村人口比重①。

后起工业化国家中的日本，是在19世纪后期到20世纪初工业革命向整个欧洲和北美大陆扩散的第二次工业革命浪潮中进入现代化进程的。明治维新改革为日本经济向近代工业化发展奠定了政治基础，通过学习西方，"脱亚入欧"，改革落后的封建制度，日本于19世纪70年代启动了工业化进程和近代经济增长的序幕，进入了二元经济发展阶段。日本实施"殖产兴业"等一系列经济体制改革，大力发展资本主义工业，以纤维工业和食品工业等轻工业为中心的近代工业化兴起，铁路、矿山、机械制造、交通通信等部门在国家扶持下得到发展，工业化得到了迅速发展。"二战"以后，日本在经济恢复和重建过程中大力发展劳动密集型产业，加快了农业劳动力的非农化转移和城市化发展。1872年日本农业就业比重高达72.6%，1913年下降到了58%，"二战"后的1955年农业就业比重下降到41%。城市化率从1920年的18.1%增加到1955年的56.30%。

与日本不同，韩国和中国台湾地区则是在20世纪下半叶全球扩展的第三次现代化浪潮中进入现代化进程的。"二战"之前，韩国受日本的殖民统治长达36年，是一个半殖民地半封建社会，1945年独立后，由于长期受殖民掠夺和战争的影响，韩国是一个国土狭小，资源贫乏，资金短缺，工业基础薄弱的农业小国。20世纪50年代初期，由于朝鲜战争爆发，韩国经济受到严重破坏，直接经济损失达30亿美元②。1953年战争结束后，在美国的援助和扶持下，韩国恢复和发展经济，工业化得到初步发展，进入了二元经济发展阶段。1953~1961年，美国和联合国为韩国提供了23亿美元的无偿经济援助，韩国利用这笔巨额资金，实施进口替代工业化发展战略，在关税壁垒的保护下，通过优惠政策促进消费品工业发展。20世纪60年代初韩国工业化发展战略从"进口替代"转向"出口导向"。工业化的快速发展，促进了劳动力的非农转移和城市化的迅速发展，农业劳动力占比由1950年的74.1%下降到1970年的50.4%，城市化率也从1955年的24.4%上升到1970年的40.70%③。中国台湾地区在"二战"结束之前也是受到日本的殖民统治，在"二战"后的第三次世界现代化浪潮中进入二元发展阶段。与韩国相

---

① 孙亚南：《二元经济转型国际比较研究》，中国社会科学出版社2016年版，第58~59页。
② 李仲生：《发展中国家的人口增加与经济发展》，世界图书出版公司2012年版，第168页。
③ 孙亚南：《二元经济转型国际比较研究》，中国社会科学出版社2016年版，第79~81页。

同，20世纪50年代实行进口替代战略，20世纪60年代初转为出口导向。劳动密集型产业的快速发展，带动了农业劳动力非农转移和城市化的快速发展。1953~1964年农业部门向非农部门转移剩余劳动力达19.8万人①，1961~1970年台湾地区乡村人口净迁出率达17.4%，每年大约有10万人由农村迁往城市②。农业就业比重出现了大幅下降，从1953年的55.6%降到1968年的40.8%，降低了14.8个百分点，而同期内工业就业比重从17.6%增加到25.4%③。大规模的劳动力转移带动了城市化人口的增加，1950年台湾5万人以上的主要城市仅有9个，1961年增至34个，到1971年达到了57个，而且在1970年首次出现了人口达百万以上的大型城市④，城市化率从1950年的24.1%增加到1970年的55%，增长了30.9个百分点⑤。

二元经济发展阶段，先行工业化国家利用原始积累的资本全力推进工业化，由于在国际竞争中的主导地位，以及拥有广阔的殖民地，这些国家基本上实行"自由放任"的经济政策。随着现代工业的不断扩张和城市化的持续加速，城乡间发展差距日益拉大，城乡间的矛盾与对立更加突出。有研究显示，1815年以后，英国农业产量虽然大大增长了，但工资和就业却下降了。除了收割季节，劳动力仍然有剩余。剩余劳动力的存在使一部分农民以最低生活水平的工资维持稳定就业，另一部分则断断续续地被雇用，工资很低，靠济贫补助维持生存⑥。由于工业化进程中青壮年劳动力向城市非农产业转移，进而使"农村日益荒凉"，在城市不断展现其"聚集力"的同时，"而在乡村则是完全相反的情况：隔绝和分散"⑦。在城乡矛盾与对立日益严重的同时，在资本逻辑的支配下，城市的人口聚集带来了住房拥挤、环境污染严重、犯罪率上升等城市病。

后起的工业化国家和地区，除日本外，在工业化之前都是先行工业化

---

① 于宗先、王金利：《台湾人口变动与经济发展》，联经2009年版，第102页。
② 韩俊：《台湾农业劳动力转移问题探析》，载《台湾研究集刊》1988年第4期，第11页。
③ 资料来源：根据亚太经合组织（APEC）数据库等文献资料整理得到。
④ 汤韵：《台湾城市化发展及其动力研究：基于空间计量经济学的实证分析》，浙江大学出版社2011年版，第35页。
⑤ 根据中国台湾地区《都市及区域发展统计汇编》整理得到。
⑥ 彼得·马赛厄斯、M.M.波斯坦、徐强、李军、马宏生译：《欧洲剑桥经济史（第七卷）工业经济：资本、劳动力和企业——法国、英国、德国和斯堪的纳维亚》，经济科学出版社2003年版，第177页。
⑦ 《马克思恩格斯选集》（第1卷），人民出版社2012年版，第184页。

国家的殖民地或半殖民地，经济发展起点低。即使日本现代化的高速推进是以牺牲东亚其他国家的现代化为代价的，但由于其没有经历工场手工业的发展阶段，经济发展起点也远低于先行工业化国家。后起的工业化国家和地区，工业化推进不仅要追赶先行工业化国家早已达到的历史目标，还要适应发达工业世界的当前发展趋势[1]。因此，这些国家和地区在工业化起步的二元经济发展阶段，通常会采取工业和城市偏向的经济政策，通过国家干预推进工业化发展。虽有先行工业化国家的前车之鉴，但在经济二元发展阶段也都不同程度上出现了城乡发展差距拉大和城乡矛盾与对立日益严重的情况。日本工业化起步时期，依靠后发国家优势，通过从西方国家引进新技术与新设备加速工业化发展。20世纪初，"富国强兵"政策和军国主义驱使日本集中发展重化工业，1901~1938年重化工业增长率为9.88%[2]。然而日本却忽视了农业发展，农业增长极其缓慢。二战之前主要是以佃农和家族经营为主要特点的小农经营，1891~1900年日本农业生产实际增长率为1.26%，1900~1911年为2.1%，之后农业生产出现了恶化，1912~1926年仅为1.3%[3]。"二战"之后，1945年农业生产指数下降到1933~1935年的58%[4]，全国陷入严重的粮食危机。韩国这一时期虽然实行了农地改革，消除了寄生地主制度，但仍以个体农业为基础。小农经济的脆弱性使得农业和农村严重落后于工业和城市发展，80%的农民没有解决温饱问题。1962年人均GDP仅为104美元[5]，农业增加值占国民生产总值的43%[6]，农业劳动力占比高达63%，城市化率也仅29.46%。总体看，20世纪60年代之前的韩国城乡二元经济反差十分突出。

3.2.3 刘易斯转折阶段城乡关系由对立向融合发展转变

当边际劳动生产率为零的剩余劳动力全部转移到城市非农产业，二元经

---

[1] 罗荣渠：《现代化新论——世界与中国的现代化进程》，商务印书馆2004年版，第215页。
[2] 李仲生：《发达国家的人口变动与经济发展》，清华大学出版社2011年版，第114页。
[3] 李仲生：《发达国家的人口变动与经济发展》，清华大学出版社2011年版，第121页。
[4] 江瑞平：《日本〈农地法〉的历史沿革》，载《世界农业》1989年第10期，第10~13、27页。
[5] 吴白乙：《拉丁美洲和加勒比发展报告（2010—2011）》，社会科学文献出版社2011年版，第5页。
[6] 唐筱霞：《韩国实施工业反哺农业政策对我国的启示》，载《福建行政学院学报》2010年第3期，第98页。

济转型就进入到刘易斯转折阶段。尽管剩余劳动力的存在受到新古典经济学派的质疑和挑战，但是在刘易斯转折阶段之前，大部分人的生活水平仅限于维持生存，人们不可能为享受闲暇而放弃任何从事有酬工作的机会。无论是英国、法国等先行工业化国家，还是日本、韩国、中国台湾地区等后起工业化国家和地区，在二元经济转型过程中，大都经历了工资水平保持在生存水平上且变动较小的阶段[①]，其农业实际工资呈现出分段变动的特点。根据这一实际情况，本书以农业部门实际工资的变化作为判断刘易斯转折点是否到来的标准[②]。若农业部门实际工资开始上升，说明该国已跨越了刘易斯第一转折点，劳动力市场从劳动力无限供给阶段转向有限供给阶段；如果农业实际工资速度快速上升，说明已跨越刘易斯第二转折点。测算的结果是19世纪50年代中期英国进入了刘易斯第一转折点，自19世纪70年代进入刘易斯第二转折点。法国的刘易斯第一转折点出现在19世纪70年代初期，第二转折点出现在20世纪50年代。德国于19世纪90年代进入刘易斯第一转折点，20世纪初进入刘易斯第二转折点。后起的工业国家和地区，日本的刘易斯转折阶段时间很短，大致时间是20世纪50年代中期到60年代初；韩国和中国

---

① 悉尼·波拉德（Sidney Pollard, 2004）认为在19世纪50年代之前的一个多世纪中，英国工资趋近于保持在或接近于贫困生存线的水平上，劳动力的供给基本处于一种过剩状况，市场环境对劳动者一方非常不利（[英]悉尼·波拉德（Sidney Pollard）：《大不列颠的劳动力状况》，转引自［英］彼得·马赛厄斯、M. M. 波斯坦，王春法等译：《剑桥欧洲经济史（第七卷）：工业经济：资本、劳动力和企业》（上册），经济科学出版社2003年版，第198页）。从1820年至法兰西第二帝国时期实际工资徘徊不前，这时期法国工人一直都在为生存而挣扎。复辟王朝（1815～1830年）时期，工人平均日工资为1.5～3法郎，女工报酬要少很多，女工的平均收入为每天1法郎，最多1.5法郎。工人生活极其艰苦，就连肉、糖和某些别的必需食品的极简单的伙食费用比普通工人一天挣的工资多一倍；而七月王朝（1830—1848年）时期，工人名义工资相当固定，但生活费用提高了15%～20%，工人实际生活水平下降了。企业主经常以女工、童工来代替男工，当时童工占总雇佣人数的12.5%，女工占到40%。在里昂丝织业中心，有的人一天工作18小时仅仅拿到1法郎的工资（马胜祥：《法国现代化（下册）》，河北人民出版社2004年版，第971页）。德国从19世纪初开始的70多年中实际工资虽然存在短期剧烈波动，但基本上还是维持在某种稳定状态（[英]彼得·马赛厄斯、M. M. 波斯坦，王春法等译：《剑桥欧洲经济史（第七卷）：工业经济：资本、劳动力和企业》（上册），经济科学出版社2003年版，第590页）。本书对英国、法国、德国和日本、韩国、中国台湾地区的刘易斯第一转折点的测算，也验证了这一结论。

② 这一测算标准又称为Minami准则三。受数据可得性的限制，本书根据汪进、钟笑寒（2011）的研究，采用劳动力转移速度来判断先行工业化国家的刘易斯第二转折点，即存在一个经济发展水平（人均收入）下农业劳动力占比从加速下降转变为减速下降的时点，这一时点可视作刘易斯第二转折点（参见：[日]南亮进，关权译：《经济发展的转折点：日本经验》，社会科学文献出版社2008年版，第65～69页；汪进、钟笑寒：《中国的刘易斯转折点是否到来——理论辨析与国际经验》，载《中国社会科学》2011年第5期，第24～25页）。

台湾地区刘易斯转折阶段的起止时间基本相同，大约是从20世纪60年代中后期到80年代初。

从农业劳动力转移的角度分析，刘易斯转折阶段是边际劳动生产率大于零且小于生存工资的农业剩余劳动力向城市非农产业转移的阶段。这一阶段二元经济转型面临的最大难题是企业用工成本上升，通过影响企业利润，导致农业劳动力转移受阻。这是因为，边际劳动生产率大于零且小于生存工资的农业剩余劳动力的转移，会减少农业产出，进而会通过农产品价格上涨引致工人的工资水平上升。如果企业劳动生产率的提高幅度小于工资水平上升的幅度，企业用工成本就会增加。即使工人工资因企业劳动生产率的提高而上涨，只要工资提高的幅度小于或等于农产品价格上涨的幅度，工人的实际工资就会下降或没有变化。但农产品短缺所带来的农业贸易条件的改善，会导致农业劳动力转移的机会成本上升，农业劳动力非农化城乡迁移的意愿下降，从而影响工业部门的劳动力供给。显然，如果不能解决因农产品价格上涨引致的工农业贸易条件的恶化，工业部门就会因利润的减少而降低资本积累的速度，从而难以继续吸纳更多的农业劳动力。

已经完成二元经济转型的国家在刘易斯第一转折点到来之后，都在不同程度上出现了工资水平上升的情况。为了解决因农产品价格上涨引致的工农业贸易条件的恶化，各国大都采取支持农业和农村发展的经济政策。在刘易斯转折阶段，法国十分重视农业和农民问题，1881年设立农业部，地方建立"农业改良服务站"，政府出资兴办农业院校，设立农业奖励基金，建立农业信贷银行；农业合作社的出现提高了小生产者的竞争力和抗风险能力；农业内部结构中畜牧业在农业生产中的比重逐渐增加。1896年法国工业再次低空起飞带动农业实现新增长，在农业专门化、商品化和机械化方面取得重大进展，质量和数量齐头并进。1896~1913年法国成为欧洲最大的农业生产国，其中酒产量占欧洲第一位，小麦占第二位，土豆占第三位，甜菜占第四位[①]。第三共和国后期，法国的农业合作社有了新进展，农产品结构更加适应工业和城市居民需要，20世纪30年代农业机械化处于初期阶段。总体来看，"二战"之前法国在转型过程中工业和农业的发展步调均比

---

① 马胜祥：《法国现代化（下册）》，河北人民出版社2004年版，第786~787页。

较缓和，农业没有做出巨大牺牲，但也没有特别显著的变化，使得法国在整个发展时期粮食进口量很小①，没有过度依赖国外市场，工农业保持了较为平衡的发展。

德国在刘易斯转折阶段，注重城市群的建设，在防止人口在大城市过分集中的同时，推动邻近小城镇发展。德国10万人口以上的城市1800年只有2个，到1850年有4个，到1910年增加到45个，1880~1912年5万人口以上的城市由41个增加到94个②。城市群的发展，加强了城市对乡村的辐射带动作用，加速了农业生产的机械化，尤其是推动了农业生产向专业化、商品化转变。虽然农村的地理位置依旧，然而农村的经济和社会面貌却在发生日新月异的变化，逐渐向城市靠拢，也缓解了城市就业压力。1900~1910年，德国劳动人口的失业率控制在2.6%以下，最低年份达到1.2%③。

日本在刘易斯转折阶段的农业政策转变主要有两大方面，其一，农业政策目标从粮食增产向提高农业生产率转变。日本政府于1956年颁布了《新农业建设综合对策纲要》，提出日本的农业政策从粮食增产政策转变为扩大畜牧和蔬菜水果生产，以提高农业生产率为中心对农业进行技术改造。五年间，农业综合生产指数从69%上升到76.4%，农业劳动生产率从24.8%上升到31.9%。农业机械化方面不断加强，其中，机动耕耘机增加了435台，机动喷雾机增加了156台④。同时注重农业保护，对生产者实行补贴政策、利用国际国内贸易的优势不断稳定国内市场的农产品的供给平衡。其二，积极推进城乡一体化。日本政府于1955年出台《町村合并促进法》，采取合并村镇的方式建立新城市，同时将部分工业向小城镇延伸转移，不仅有利于就地吸收农业转移人口，提高了工业化和城市化水平，也加强了城乡的统规统建及有机结合，促进了城乡要素有序流动，促进了日本城乡一体化。

---

① ［意］卡洛·M. 奇波拉，吴良健等译：《欧洲经济史（第三卷）：工业革命》，商务印书馆1989年版，第382~383页。

② ［意］卡洛·M. 奇波拉，吴良健等译：《欧洲经济史（第三卷）：工业革命》，商务印书馆1989年版，第24~25页。

③ 邢来顺、周小粒：《德意志帝国时期社会现代化的历史考察》，载《华中师范大学学报》2008年第4期，第75页。

④ ［日］桥本寿朗、长谷川信、宫岛英昭等，戴晓芙译：《现代日本经济》，上海财经大学出版社2001年版，第111页。

第3章 二元经济转型中城乡关系演变规律及其实现机制

在刘易斯转折阶段,韩国政府的主要举措体现为两大方面:一是高度重视农村工业发展,实行农村工业化政策,把发展农村工业作为"国家"开发战略。1967年制定了农民家庭副业计划,旨在促进由10户以上农户组成的传统家庭企业的发展。20世纪80年代,韩国又把大力发展乡村工业摆在了发展战略地位,以提高农民收入。为此,韩国采取了多种形式的农村工业,包括卫星式、群体式和间隙式等。1983年韩国有农村工业1357家,雇工百万余人,从1984年开始韩国还建成一大批农村工业小区,建成投产的企业开工率为95%以上[1]。二是推出了"新村运动",提倡"勤俭、自助、合作"精神,改善农村生活状况,提高农村居民收入,拓宽农村劳动力的就业途径,缓解城乡二元经济结构。

刘易斯转折阶段的到来使得中国台湾地区由"农业支持工业"向"工业反哺农业"的阶段转变。台湾地区行政管理机构于1969年推出"农业政策检讨纲要",开始对农业政策进行调整,1970年3月,中国台湾地区通过"现阶段农村经济建设纲领",1972年宣布"加速农村建设重要措施",努力把农业政策的目标从过去的"压缩"转化为"平衡"。1978年开始第二次土地改革,以此来保护优良农田,实现农地规模化经营,提高农业效益。这一时期,台湾地区还实行城市均衡发展战略和分散化转移政策,发展农村工业引导劳动力向城镇转移,此举既促进中小城市和农村地区发展,又避免人口向大城市过度集中。20世纪70年代提出设置"生活区"和"地方生活圈",以地方中心和普通市镇为代表的中小城市成为各种服务的主要提供地,并成为城市体系的主体。以20世纪60年代中期为分界,之前时段台湾地区的农业劳动力主要流入台北、高雄、台中、台南和基隆五大城市,之后时段农业劳动力转移的主要载体为接近大城市的中等县辖市和工商业较为发达、交通较为便捷的中心镇[2]。

英国在刘易斯转折阶段,应对工农业贸易条件恶化的措施是把农业转移到海外,将殖民地、附属国当作自己的农业生产基地,并力图以廉价的生产成本维持自身工业品的竞争能力。英国进入刘易斯转折阶段,农业剩余劳动力日趋短缺,再加上农业生产率不高,农业发展日渐衰落,粮食自给自足率

---

[1] 薛清生:《韩国高度重视农村工业的发展》,载《科学与管理》1995年第1期,第39页。
[2] 韩俊:《台湾农业劳动力转移问题探析》,载《台湾研究集刊》1988年第4期,第12页。

从1870年的79%下降到1900年的39.6%[①]。除粮食外，大部分农业原料也需要进口，19世纪中叶，作为世界第一棉织业强国的英国，全部棉花都需要进口[②]。当时，英国的小麦、面粉和其他谷物的主要供应者是加拿大、澳大利亚和阿根廷；饲料的主要供应者是阿根廷和亚洲的殖民地；肉类的主要供应者是澳大利亚、新西兰、阿根廷；乳制品由澳大利亚、新西兰供应[③]。到"一战"前夕，英国人已经变成"周末人"民族，即英国人所需的面包总量中，从英国土地上生产的只能满足一周的1/5，也就是从星期六下午到星期一早晨的消耗[④]。英国为了经营和保持庞大的殖民帝国，按照区域比较利益原则实行了区域内部分工，牺牲了对本土虽有重要意义但生产成本较大、经济利益较小的农业部门。这虽然也使英国较为顺利地渡过了刘易斯转折阶段，但却给殖民帝国瓦解后的经济社会发展带来了隐患。

综上可见，二元经济转型的刘易斯转折阶段，除英国依托庞大的殖民帝国，将殖民地、附属国作为自己的农业生产基地，通过廉价农产品输入化解工农业贸易条件恶化带来的不利影响外，其他经济体均发生了"农业支持工业"向"工业反哺农业"的政策转变。在"工业反哺农业"政策支持下，刘易斯转折阶段，农业劳动生产率不断提高，城乡间发展差距逐渐缩小，城乡关系由对立向融合发展转变。

3.2.4 后刘易斯转折阶段城乡关系进入融合发展阶段

当边际劳动生产率小于生存工资水平的剩余劳动力全部转移到现代工业部门，二元经济转型就进入刘易斯第二转折点，即进入了后刘易斯转折阶段。进入刘易斯第二转折点意味着农业部门的商业化转型基本完成。农业部门的收入分配由传统分享制转为遵循商业化原则，即其工资水平不再由平均产出决定，而是取决于农业劳动的边际生产率；随着农民市场参与程度的大幅度提升，农业经营的目标函数由产量最大化转为利润最大化；土地开始由农民

[①] 孔祥智：《英国在工业化、城市化进程中是怎样处理工农关系的》，载《前线》1999年第4期，第18页。
[②] 戎殿新、司马军：《各国农业劳动力转移问题研究》，经济日报出版社1989年版，第196页。
[③] 罗志如、厉以宁：《二十世纪的英国经济——"英国病"研究》，商务印书馆2013年版，第136页。
[④] 高德步：《英国工业化过程中的农业劳动力转移》，载《中国人民大学学报》1995年第3期，第26页。

的生存保障变为商业化资产①。工农两大部门在分配规则和目标函数的一致化，标志着组织制度和二元经济转型的基本完成。市场化农业的发展使工业与农业、城市与乡村间相互影响和相互依赖的关系更加密切，城乡关系由分离对立转为融合发展。

发达国家或地区的二元经济转型实践表明，进入后刘易斯转折阶段，农业的现代化改造尚未完成，农业劳动生产率远低于现代非农产业，城乡间的发展差距依然明显，生产技术的二元经济转型仍未结束。这一阶段二元经济转型的主要任务是推进农业和农村的现代化，不断提高城乡融合发展水平。因此，进入后刘易斯转折阶段，各国大都加大了工业反哺农业、城市支援乡村的政策力度。"二战"以后为了摆脱"小农经济"的困扰，法国政府采取了"以工养农"政策。其一，20世纪50年代中期，政府出台一系列措施，加速土地集中，促进农业规模经营。1955年，法国10公顷以下的小农场有

---

① 把二元经济转型作为动态演进过程来考察，我们不难发现，虽然进入刘易斯转折点并不意味着生产技术二元转换的完成，却可表明农业部门"商业化"过程基本完成。首先，刘易斯第二转折点的到来，说明农业部门的收入分配由传统分享制转为遵循商业化原则。设刘易斯第二转折点为时间点 T^*，W_A 为农业劳动力工资，IW 为农业部门的制度工资，MPP_A 为农业劳动边际生产率。刘易斯转折点前后农业部门的工资收入、制度工资与劳动边际生产率的关系如下：

$$W_A = IW > MPP_A \quad 当 T < T^*; \quad W_A = MPP_A \geq IW \quad 当 T \geq T^*$$

当 $T \geq T^*$ 时，$MPP_A \geq IW$，说明在转折点上的农业劳动力可以按最低生存标准供养所有人，进入这一临界点后，农业部门的劳动边际生产率将高于生存工资水平，从此时开始农业部门的收入分配遵循商业化原则，即由农业劳动边际生产率决定其工资水平。特别值得人们重视的是，一旦进入刘易斯第二转折点，劳动力的竞争性使用，也使得非农产业的工资水平不再受制于农业生存工资。

其次，进入刘易斯第二转折点，随着农民市场参与程度大幅度提升，农业经营的目标函数由产量最大化转为利润最大化。当 $T < T^*$ 时，$MPP_A < IW$，经济租金的一部分会用于对家庭成员的补偿，因此，农户用于市场交易的产品小于经济租金份额，农产品商品率或农民的市场参与率很低。当 $T \geq T^*$ 时，由于 $MPP_A \geq IW$，经济租金不必用于对家庭成员的补偿，可以全部作为剩余产品用于市场交易。由于农业劳动生产率的提高使农民摆脱了生存压力，随着农民市场参与程度的提高，农业经营的目标函数也开始由追求产量最大化转为追求利润最大化。

最后，进入刘易斯第二转折点，土地开始由农民的生存保障变为商业化资产。当 $T \geq T^*$ 时，由于 $MPP_A \geq IW$，土地地租也不必用于家庭成员的生活补偿；同时，非农产业发展，又使非农就业的稳定性及工资收入不断增加，上述两个因素共同作用的结果是使土地对农民的生存保障作用相对减弱；而农民市场参与程度的提高及对利润最大化的追求，又突出了土地的物质资本属性。进入非农产业就业的农民希望通过土地流转获得地租收入或通过一次性的土地转让实现地租收入的资本化；从事农业经营的农户希望通过农业规模经营获得更多收入，并通过土地抵押等形式获得资金支持。因此，以往基于安全考虑而一直当作农户财产的土地，如今已作为一种商业化资产进入市场交易，比如用于抵押。传统主义就这样被农村社会中劳动力和土地资产的商业化所削弱（费景汉、古斯塔夫·拉尼斯：《增长和发展：演进观点》，商务印书馆2004年版，第142页）。

127万个，20年后减少到53万个，50公顷以上的大农场增加了4万多[1]。其二，注重农业机械化、农业电气化、农业生产的化学化和生物技术的现代化，提高农业生产效率。以农业机械化为例，1955～1970年，各农场拖拉机占有量从3万台增加到170万台，联合收割机从4900部增加至10万部，其他现代化农用机械，也很快得到普及。法国只用了15年时间，就实现了农业机械化[2]。其三，推进农业生产专业化。法国根据自然条件、历史习惯和技术水平，对农业布局进行统一规划。到20世纪70年代，法国半数以上农场实现了专业化经营，多数小农户也只生产两三种农产品[3]。其四，促进第一、第二、第三产业融合，发展一体化农业。农业的弱质性特点决定了仅依靠农业生产环节和政府保护政策，难以缩小城乡发展的差距。进入后刘易斯转折阶段，法国政府调整了对农业支持的思路，把扶持农业的重点放到了农业全产业链的发展上。采取互相控股、垂直合同关系和各类合作社等形式，把农业与同农业相关的工业、商业、运输、信贷等部门结合起来，组成利益共同体，发展一体化农业。与欧洲其他国家相比，法国农业合作社非常发达，1967年参加合作社的农户占法国农户总数的83%[4]。20世纪60年代末，法国进入了发达经济体行列，基本完成了二元经济转型。

由于以德国为主导的两次世界大战使德国经济受到重创，中断了二元经济转型进程，其后刘易斯转折阶段时间较长。"二战"结束后，德国遵循"农村与城市生活不同但等值"的理念，通过土地整理、村庄革新等方式，推进城乡等值化建设。通过农业规模化经营和加强农村基础设施建设，促进城乡协调发展。在乡村建设中注重村镇历史文化的保护和传承，注重城镇化过程中土地的节约利用和城乡生态环境的保护，建设由农业区、林业区、自然保护区组成的乡村绿化带，以实现可持续的城镇化和城乡生态的良性循环。积极发展都市农业和观光农业，拓展农业的生产、生活、生态、景观、教育等多种功能。通过分散型城市化道路，在都市圈周边建设新城，解决城市过度发展与周边农村比较落后的矛盾[5]。上述措施，使德国农业和农村逐渐走

---

[1] 王东京、孙浩等：《领读西方经济史》，中国青年出版社2013年版，第91页。
[2] 王东京、孙浩等：《领读西方经济史》，中国青年出版社2013年版，第92页。
[3] 王东京、孙浩等：《领读西方经济史》，中国青年出版社2013年版，第93页。
[4] 王勇辉等：《农村城镇化与城乡统筹的国际比较》，中国社会科学出版社2011年版，第68页。
[5] 王勇辉等：《农村城镇化与城乡统筹的国际比较》，中国社会科学出版社2011年版，第107～109页。

向现代化，农业就业比重从1910年的34%下降到1970年的8.9%，城市化率从第二次世界大战前的60%上升到1970年的81.3%。

日本在后刘易斯转折阶段注重推进农业现代化，保护农民合法权益。1961年颁布《农业基本法》，消除了1952年《农地法》对土地占有和流动的严格限制，开始改善农业经营结构，扩大农业经营规模，鼓励农户和农民"脱农"向非农产业转移，推动农业现代化。日本政府还制定《农业现代化资金筹措法》，该计划由国家补贴利息，为农户提供长期低息贷款，为促进农业现代化提供必要的资金支持。国家在基础设施方面也向农村倾斜，在给农民提供便利的同时，千方百计增加农民收入。为了缓解城乡收入差距，日本政府采取措施促进农民增收，把粮价与城市居民的收入增长进行联动，如果城市居民收入增长10%，政府从农民手中收购粮食的价格也随之上涨10%。从社会保障制度看，1961年日本开始实行国民养老金制度，医疗保险实现了"全民皆保险"的目标，也在一定程度上缩小了日本的收入差距[1]。为了解决大量农村人口流入城市导致的农村基础设施进一步削弱、城市过密和农村过疏的问题，日本政府于1962年制订了"全国综合开发计划"，大力推进农村产业振兴和缩小地区及城乡发展差距[2]。1985年日本人均GDP超过1.1万美元，达到11464.24美元[3]，进入高收入经济体行列，成为发达国家[4]，同年农业就业比重达到8.8%，城市化率达到76.8%，这意味着日本已经完成了农业剩余劳动力的转移任务，至此日本完成二元经济结构转型。

进入后刘易斯转折阶段，韩国把大力发展乡村工业摆在了发展的战略地位，采取卫星式农村工业、群体式农村工业、间隙式农村工业等多种形式，提高农民收入。1983年韩国有农村工业企业1357家，雇工百多万人，1984年开始还建成一大批农村工业小区，建成投产的企业开工率为95%以上[5]。完善城乡一体化的社会保障制度，提高了农村居民的社会保障程度。《国民

---

[1] 孙亚南：《二元经济转型国际比较研究》，中国社会科学出版社2016年版，第75~76页。
[2] 王勇辉等：《农村城镇化与城乡统筹的国际比较》，中国社会科学出版社2011年版，第177页。
[3] 吴白乙：《拉丁美洲和加勒比发展报告（2010—2011）》，社会科学文献出版社2011年版，第6页。
[4] 吴白乙：《拉丁美洲和加勒比发展报告（2010—2011）》，社会科学文献出版社2011年版，第5页。
[5] 薛清生：《韩国高度重视农村工业的发展》，载《科学与管理》1995年第1期，第39页。

年金法》于 1988 年 1 月开始实行，1995 年 7 月开始扩大到农村和渔村。1963 年，韩国颁布了第一部《医疗保险法》，20 世纪 90 年代开始在全国农村强制实施，覆盖 90% 的农民，另外 10% 的贫困农民由政府提供医疗救济费用。"新村运动"进入到自我发展阶段，政府的政策意图逐渐转变为国民的自觉行动。1972 年，韩国政府成立了中央研修院，1990 年，该院正式定名为"新村运动中央协议会中央研修院"，通过新村教育，培养了一批献身于国家经济发展的社会骨干。农业科技推广培训组织、农村教育机构、农协、农村综合开发等机构在"新村运动"中发挥了重要作用[①]。1995 年韩国人均 GDP 跨越了 11000 美元，达到了 12403.86 美元[②]，成功跨越"中等收入陷阱"，进入发达经济体。农业就业比重从 1980 年的 34% 下降到 1995 年的 12.34%，同期城市化率从 58.41% 上升到 78.24%[③]。可见，韩国在工业化、城市化快速推进的过程中，于 20 世纪 90 年代中期实现城乡经济协调发展和城乡居民收入的同步提高，较短的时间内成功完成了二元经济结构向一元化经济的转型。

中国台湾地区与韩国相同，大约在 20 世纪 80 年代初进入后刘易斯转折阶段。为推进农业农村现代化，中国台湾地区在第二次土地改革的基础上，通过制定"提高农民所得加强农村建设方案"（1978 年）、"农业发展条例修正案"（1980 年）、"第二阶段农地改革方案"（1981 年）、"核心农民八万农建大军培养辅导计划"（1983 年）等措施促进农地规模化经营，提高机械化率和农业效益。将科技应用于农业发展，重视科技在农业生产中的运用，提高农民的科学文化水平，通过科技化带动农业产业化[④]。后刘易斯转折阶段，农业就业比重从 1980 年的 19.5% 下降到 1994 年的 10.9%，同期城镇化率从 70.3% 上升到 81%。1994 年中国台湾地区人均 GDP 跨越了 11000 美元，达到了 11932.17 美元[⑤]，跨越了"中等收入陷阱"，成功实现了传统二元经济

[①] 白雪秋、聂志红、黄俊立等：《乡村振兴与中国特色城乡融合发展》，国家行政学院出版社 2018 年版，第 84~87 页。

[②] 吴白乙：《拉丁美洲和加勒比发展报告（2010—2011）》，社会科学文献出版社 2011 年版，第 6 页。

[③] 孙亚南：《二元经济转型国际比较研究》，中国社会科学出版社 2016 年版，第 83 页。

[④] 杨殿闯、李伟伟：《台湾工业化、城镇化加速时期农业政策调整的经验与特点》，载《世界农业》2012 年第 12 期，第 119 页。

[⑤] 孙亚南：《二元经济转型国际比较研究》，中国社会科学出版社 2016 年版，第 90 页。

向现代化一元化经济的转型。

英国在后刘易斯转折阶段，城乡关系政策发生了重大转变。二战前由于英国依托庞大的殖民帝国，将农业生产转移到国外，农业多年来停滞不前，二元经济转型一度停滞。直到经历两次世界大战后，英国将农业剩余劳动力转移的政策与福利政策联系起来，为在城市中难以就业的劳动力提供专业的职业培训及就业计划，使他们享有与城市居民同等的社会安全保障，为劳动力转移创造了良好的经济条件与社会环境，进一步促进了农业劳动力向城市的转移，推进了二元经济转型。

综上所述，进入后刘易斯转折阶段，为了实现二元经济转型和农业及农村现代化，各国政府不仅加强了对农业和农村的支持力度，还优化了政策支持的目标，补齐了农民社会保障、城乡生态环境、农村第一、第二、第三产业融合等短板，拓展了农业的生产、生活和生态等多重功能，最终完成了农业农村现代化改造，实现了城乡融合。

3.2.5 二元经济转型中城乡关系演变规律性总结的几点说明

本节的前四个问题的研究表明，二元经济转型中城乡关系的演变经历了二元经济结构形成阶段的城乡分离、经济二元发展阶段的城乡对立、刘易斯转折阶段的城乡由对立向融合的过渡，以及后刘易斯转折阶段城乡融合发展水平不断提高，最终实现城乡融合的演变发展过程。与以往对城乡关系演变规律的研究的不同之处有以下几点：

第一，根据二元经济转型不同阶段城乡关系演变的客观实际，总结二元经济转型中城乡关系演变的规律性特征。迄今为止，学术界对城乡关系演变规律的研究大都是着眼于整个人类社会发展的历史过程，本书未能检索到研究二元经济转型中城乡关系演变特征的学术成果。我们将马克思、恩格斯揭示的人类社会发展过程中城乡关系演变的规律称为城乡关系演变的一般规律。在此基础上，根据已完成二元经济转型国家在不同阶段城乡关系的共性表现，总结出二元经济转型中城乡关系演变的规律性特征，其目的是为发展中国家在二元经济转型进程中推进城乡融合发展提供理论参考。

第二，重新界定了城乡分离的历史起点。对于城乡分离的历史起点，学术界有两种代表性的认识。一是把手工业与农业分离之后的城市产生作为城乡分离的历史起点。认为手工业生产的目的是交换，随之出现了固定的交易场所——集市，在集市基础上逐渐形成城市，进而出现了城乡分离[①]。二是把欧洲中世纪城市的兴起作为城乡分离的起点[②]。从二元经济转型的角度考察，虽然手工业与农业分离，促进了城市产生，但是直到工场手工业产生之前，工商业城市的地位仍没有完全确立起来。即使是在中世纪的欧洲，城市也存在多种类型，有的是手工业和商业中心，有的则是政治与军事中心，还有相当一部分是宗教中心。作为政治、军事与宗教中心的城市是封建统治的重要组成部分，无法作为工商业城市独立发展。在封建农本经济占主导地位的条件下，作为手工业和商业中心的城市，也只是作为封建农本经济的必要补充而存在的[③]。本书根据先行工业化国家工商业城市发展的历史，把16世纪工场手工业带动工商业城市的发展，作为城乡分离的历史起点，更符合二元经济形成的历史进程。

第三，突出了城乡关系演变的非线性及渐进性的特点。一是揭示了二元经济转型中城乡关系的演变经历了二元经济结构形成阶段的城乡分离、经济二元发展阶段的城乡对立、刘易斯转折阶段的城乡由对立向融合的过渡，以及后刘易斯转折阶段城乡融合发展的演变过程。二是把城乡融合发展作为一个经济发展的阶段性特征，而不是实现城乡融合的一个时间节点。这是因为进入后刘易斯转折阶段，农业与非农业运行所遵循的规则差异已不复存在，组织制度的二元转型基本结束，市场化农业的发展使城乡间的相互依存和相互影响更加紧密，但农业与非农产业之间、城市与乡村之间的发展差距依然明显存在。这一阶段既不能归类于城乡分离或对立，又没有真正实现城乡融合。根据这一转型实际，我们把后刘易斯转折阶段的城乡关系演变界定为城乡融合发展阶段。从发达国家二元经济转型的实际情况看，在有效市场和有为政府的双重作用下，经过后刘易斯转折阶段城乡融合发展水平的不断提升，当这些国家进入发达经济体之时，农业和农村的现代化改造已经完成，城乡融合基本实现。三是把刘易斯转折阶段的城乡关系演变界定为从城乡对立到城乡融合的转变阶段。这是因为，已经完成二元经济转型的国家在刘易斯转

[①] 白雪秋、聂志红、黄俊立等：《乡村振兴与中国特色城乡融合发展》，国家行政学院出版社2018年版，第25页。

[②] 潘晓东：《论城乡关系——从分离到融合的历史与现实》，人民日报出版社2018年版，第13页。

[③] 朱寰：《工业文明兴起的新视野——亚欧诸国由中古向近代过渡比较研究》，商务印书馆2015年版，第102~103页。

折阶段大体实现了工农关系政策的转变,为了解决因农产品价格上涨引致的工农业贸易条件的恶化,各国大都采取支持农业和农村发展的经济政策。在国家政策的引导下,城乡关系不再具有对立性色彩,但城乡间的制度差异和生产力发展水平的差距还明显存在。从发达国家二元经济转型的实践看,经过刘易斯转折阶段农业劳动生产率的不断提高,进入刘易斯第二转折点,组织制度二元转型基本完成,市场化农业的发展使城乡关系具有了明显融合发展的特点。

3.3 二元经济转型中城乡关系演变规律的实现机制

从马克思生产力与生产关系辩证关系的角度审视经济运行,经济运行不仅包含了人与经济环境的动态博弈,也包含了参与人之间为谋求经济利益而进行的策略互动。因此,经济规律的形成及其发挥作用的客观必然性均离不开人们的社会实践。自商品经济产生以来,各种经济规律作用的实现,无不是政府职能与市场机制共同作用的结果,不同的只是二者作用的不同组合。正因如此,政府与市场的关系才成为经济学的永恒主题。从这个意义上讲,二元经济转型中城乡关系演变规律的实现机制也是政府与市场的有效组合。

3.3.1 政府与市场关系是特定历史时期的制度现象

自18世纪以来,政府与市场的关系一直是经济学界讨论的焦点。传统经济理论认为,自然垄断、公共物品、外部效应和信息不对称等造成了市场失灵,这些市场失灵的地方就是政府的职能所在。现代经济理论则对传统经济理论进行了补充,认为由于市场无法解决收入分配不公平问题和由经济周期性波动带来的社会稳定性问题,因此,政府职能应进一步扩大到收入分配、社会稳定和社会保障领域[①]。市场失灵产生了对政府作用的需求,但政府干预与调节同样也会存在政府失灵,无论是市场失灵还是政府失灵,都是社会福利的损失。由此,学术界对政府与市场的关系进行了长期的学术探讨,就经济学理论本身而言,提倡市场机制"右手"和重视政府干预"左手"的经

---

① [美]维托·坦茨,王宇等译:《政府与市场——变革中的政府职能》,商务印书馆2014年版,第X页。

济理论，不断交锋[①]。

20世纪80年代以来，随着对市场与政府作用认识的不断深化，人们逐渐认识到，市场制度作为一种分散决策、自愿交易的经济制度安排，尽管由于垄断、公共物品，以及信息不完全等原因也会失灵，但与政府干预相比，由于其能够更好地解决资源配置中的信息传输和激励相容两大难题，迄今为止仍是人类社会资源配置的有效方式。现代市场经济条件下，处理政府与市场关系的关键是要合理界定政府与市场的治理边界，凡是市场能够做得了、做得好的事情，就交由市场处理。

但上述认识是把市场健全完善作为前提假设，对政府与市场关系做静态分析得出的结论。当我们放松市场健全完善的前提假设，延伸时间和空间维度，就会发现在二元经济转型中处理好政府与市场的关系，远没有上述现代市场经济条件下那样简单。这是因为，先行工业化国家在机器大工业产生之前的二元结构分化阶段，不仅是工场手工业通过专业化分工孕育机器大工业的阶段，更是封建制度解体和市场制度形成与确立的阶段，以及通过殖民掠夺进行资本原始积累的阶段。正是由于经历了漫长的工场手工业的市场制度的形成和确立，以及建立在殖民掠夺基础上的资本原始积累，先行工业化国家才能率先完成工业革命，进入经济二元发展阶段，并有可能在这一阶段实行自由贸易政策。

对于广大发展中国家而言，由于没有经历工场手工业阶段，通过引入现代工业直接进入了二元经济发展阶段，经济发展起点低，市场制度仍不成熟，单纯依靠市场机制调节，难以摆脱经济结构畸形化和国际分工体系中的不平等地位。发展中国家独立后，所面对的是长期被殖民主义掠夺而导致的欠发达经济。20世纪50~60年代开始起步时，民族经济十分薄弱，资金短缺，就业压力大，科学技术落后越来越成为发展中国家经济发展的重要制约因素；从经济结构方面考察，由于长期的殖民统治，大多数发展中国家发展形成了专门生产一种或几种供出口的农矿产品的单一结构，传统农业在整个国民经济结构中占有绝大部分比重，现代工业十分弱小，作为经济发展必要条件的社会基础设施十分落后。在上述条件下启动并完成二元经济转型，对发展中国家来说必然是一个经济赶超的过程。著名经济史学家格申克隆在研究落后

---

① 潘向东：《真实繁荣》，社会科学文献出版社2016年版，第92页。

国家工业化时提出了一个著名论点，即落后国家要赶上先进国家，在工业化起步阶段经济上多采取政府导向的大推进战略。罗荣渠教授根据发达国家工业化进程中的政府与市场关系演变的历史经验，依照格申克隆的经济命题，把经济战略引申到政治战略，对格申克隆的观点进行了补充，认为"一个国家工业愈落后，工业化的启动愈需要强大的国家导向与政治推动"[①]。这是因为发展中国家的市场本身存在着缺陷，正如其经济欠发达一样，其市场也是欠发达的。由于发展中国家的市场本身不健全，一些在发达国家主要依靠市场机制实现的过程和取得的成效，只能通过政府的行政干预来替代市场实现。考虑到发展中国家要在较短的时间内完成发达国家数百年才完成的二元经济转型，而市场价格不能完全反映工业化发展的动态效应，即便市场机制基本完备，也无法迅速、高效地将社会资源配置到支柱产业、主导产业和高风险产业，以及与国家利益密切相关的一些产业。在这种情况下也需要政府通过经济手段进行间接干预，以实现发达国家已经完成的发展过程，以获得时间和资源的节约。

发展中国家在经济赶超期，不仅存在着政府主导经济发展的必要性，也具备了政府主导的可行性。其一，发达国家经济结构的演进历程为发展中国家促进经济结构转型提供了导向。其二，发展中国家可以从发达国家引进成功的技术和管理经验，加速产业结构的演变，推进二元经济转型进程。发展中国家由于经济发展的后起性，在科技创新方面远远落后于发达国家。在这一条件下，发展中国家可以通过引进技术，降低研究和开发成本，并借鉴发达国家在技术发展过程中的经验教训，绕过某些不必要的研发环节，缩短与发达国家在技术水平与产业层次的差距。如果说，经济发展水平低下，市场制度不成熟，在客观上要求发展中国家必须加强政府在二元经济转型中的作用的话，那么发达国家与发展中国家在技术，以及产业发展方面的巨大差距，则为发展中国家制定正确的经济政策，促进二元经济转型提供了必要的前提条件。

已完成二元经济转型国家的现代化发展历史表明，在二元经济转型的不同阶段，不仅政府干预经济生活的力度差异较大，政府采取的工农关系和城乡关系政策也大相径庭。这说明，政府与市场的关系不是超历史的存在，而

---

① 罗荣渠：《现代化新论——世界与中国的现代化进程》，商务印书馆2004年版，第509页。

是存在于特定历史时期的制度现象，研究二元经济转型中政府与市场的关系，必须立足于二元经济转型不同阶段的历史与社会条件。

3.3.2 二元经济转型中处理政府与市场关系的基本原则[①]

第一，合理界定政府与市场的治理边界。迄今为止各种经济理论都在探讨实现社会资源合理配置和经济增长的最优路径。从经济学说史的角度看，主流经济理论对上述问题的研究总是围绕着政府与市场的关系进行讨论，多数研究是在探讨自由市场与政府干预哪一个对资源配置更加有效。事实上，在现实的经济运行中，不存在独立于政府之外的完全放任的自由市场，实现社会资源合理配置和促进经济增长的有效手段是实现政府与市场作用的有效组合。因此，合理界定政府与市场的治理边界就成为正确处理二者之间关系的基本前提[②]。

第二，根据二元经济转型不同阶段的经济、社会条件和市场发育与完善程度，选择不同的政府与市场的作用组合。实现社会资源合理配置，促进经济增长的有效手段是政府与市场作用的有效组合。由于二元经济转型的不同阶段，经济、社会条件和市场发育与完善的程度不同，政府与市场的治理边界也不相同，由此决定了政府与市场作用的有效组合也会有所区别。

第三，要把政府与市场的关系看作是一个动态演进过程，不仅在二元经济转型的不同阶段选择政府与市场作用的不同组合，而且在二元经济转型的同一发展阶段，也要根据经济、社会条件的变化和市场发育与完善程度，对政府与市场的作用组合进行调整。经济理论的研究多是以成熟的市场经济为前提，来分析政府与市场的关系，或是强调市场失灵，主张政府干预经济；或是强调政府失败，主张市场自发调节；或是既承认市场失灵也承认政府失败，进而主张二者相互补充。但很少把政府与市场的关系看作是一个动态演

[①] 张桂文、周健等：《制度变迁视角下的中国二元经济转型》，社会科学文献出版社2021年版，第135~138页。

[②] 即使是在发育成熟的现代市场经济条件下，市场机制也无法解决垄断及外部性条件下的资源合理配置问题；依靠市场机制的自发调节，会出现公共物品的供给不足、收入分配的马太效应以及宏观经济周期性波动。同时，即使是在健全完善的国家治理体系下，政府也会由于在信息传递和激励相容方面的不足，在竞争性领域配置资源，其效率也远低于市场机制。所以，在现代市场经济条件下，政府与市场治理的合理边界是，市场机制在竞争性领域发挥资源配置的基础性或决定性作用，政府则要在市场失灵的领域进行微观规制和宏观调控。

进过程。我们必须认识到，现实的市场经济是具体的，而不是抽象的，研究政府与市场的关系，必须立足于不同历史时期的经济与社会环境。不仅二元经济转型不同阶段经济发展所面临的经济、社会条件和市场发育程度会有较大的差别，即使在同一发展阶段，上述条件也会发生变化，这也就需要对政府与市场的作用组合进行动态调整。不同国家，二元经济转型同一阶段的经济发展水平和市场发育完善程度不同，政府与市场作用的组合也会出现相对不同的特点。例如，进入二元经济发展阶段且市场发育程度较高的国家，在其经济发展中较少采用行政手段直接干预经济运行；而经济发展水平较低，尤其是市场发育程度较低的国家，则较多地运用行政手段进行社会动员。同时，二元经济转型同一阶段的初期与后期，政府与市场作用组合通常也会表现出不同的特点，由于二元经济转型前一阶段的终点就是后一阶段的起点，一般来说，二元经济转型同一阶段后期的政府与市场作用的组合，更具有下一阶段的特征。

第四，正确处理政府与市场关系的关键是加强法治建设，构建有效的法治市场。现代市场经济是一种信用经济和法治经济，每一个市场参与者都要受商品交易契约的约束和市场经济运行的规则约束，只有这样，才能保证市场参与者基于对自身利益的追求，在市场机制的作用下趋利避害，能够在实现个人利益最大化的同时，实现社会资源的合理配置。法治不仅是对生产者、要素所有者，以及消费者的规范，更是对政府的规范。这是因为，如果对政府公权力不能形成有效制约，在行政权力的主导下，一个国家或许会在短期取得较快的经济增长，但却由于政府对经济的过度干预，使经济失去活力，甚至导致政府腐败。要通过法治的方式来约束政府，以预先制定的规则来划分政府与市场的治理边界，形成对政府公权力具有实际约束作用的制度安排。

3.3.3　二元经济转型不同阶段政府与市场关系不同组合[①]

根据本项目组对刘易斯—费景汉—拉尼斯模型的反思、对二元经济转型

---

① 二元经济转型不同阶段政府与市场关系不同组合除了二元经济分化阶段外，主要针对发展中国家而言。这是因为先行工业化国家由于在二元经济形成阶段，市场体系经历了长期的培育与完善过程，二元经济转型后几个阶段的政府与市场的组合会与发展中国家具有不同的特点。基于本项目理论研究的目的是为发展中国家推进二元经济转型实现城乡融合提供理论参考和经验借鉴，在这一部分我们把研究重点聚焦于发展中国家二元经济转型不同阶段政府与市场关系的不同组合。

的政治经济学含义的分析，以及对二元经济转型中城乡关系演变规律的总结，我们不难发现，在先行工业化国家的二元经济分化阶段和后发国家的二元经济发展阶段，政府对经济运行的干预范围最广，干预程度最深，不仅采用经济手段进行间接干预还包括运用行政手段进行直接干预。这是因为，先行工业化国家在这一阶段不仅完成了破除封建制度、建立市场制度的重大制度变革，也为机器大工业的确立和经济二元发展积累了原始资本。发展中国家的二元经济结构源于发达国家的殖民、半殖民地直接侵入或经济掠夺，它们没有，也不可能经历像西欧国家那样的原始资本积累和漫长的市场孕育阶段，因此，在二元经济发展的阶段，既要为经济起飞创造前提条件，又要完成经济起飞的历史任务。这就使得发展中国家政府不仅要在市场缺失的条件下用行政手段替代市场，促进资本积累，还要培育和完善市场，构建市场经济运行的制度基础。

进入刘易斯转折阶段，除自然垄断行业外，发展中国家政府可以基本取消对微观经济活动的直接干预，但由于经济赶超的任务尚未完成，市场体系也有待于进一步完善，政府还应保留对经济生活必要的间接干预。与二元经济发展阶段相比，市场机制的作用相对强化，政府干预经济的作用相应弱化，但弥补市场失灵的作用，应通过政府的工农关系政策、劳资关系政策的调整凸显出来[1]。涉及二元经济转型的主要制度安排的全面调整或转变，不仅会带来利益关系的调整，受到相关利益集团的反对；还会因为政府干预范围的减少和干预程度的弱化，受到来自不同政府部门和不同行政层级政府官员的掣肘。刘易斯转折阶段是二元经济转型中最为特殊的一个阶段，进入这一阶段，完成经济起飞的制度安排已不再适用，但经济赶超的过程并未结束，既要充分发挥市场机制的作用，又要保留适当的经济干预。同时，一个国家进入刘易斯转折阶段，通常来说，也就进入了中等收入阶段，如果这一阶段不能完成上述制度安排的转变，就很难进入二元经济转型的下一个阶段，甚至会落入中等收入陷阱。

进入后刘易斯转折阶段，政府与市场的关系基本上具有了现代市场经济条件下政府与市场作用组合的特点。进入刘易斯第二转折点后，工农两大部

---

[1] 张桂文、周健等：《制度变迁视角下的中国二元经济转型》，社会科学文献出版社2021年版，第136页。

第3章　二元经济转型中城乡关系演变规律及其实现机制

门的工资都取决于各自的边际劳动生产率，农业部门的商业化实现，标志着二元经济组织制度转型的完成。事实上，对于广大发展中国家来说，由于启动二元经济转型时市场发育程度低下，经过二元经济转型初期和刘易斯发展阶段的经济发展与市场培育，进入后刘易斯发展阶段，不仅农业部门实现了商业化，农村从自然经济转变为市场经济，而且发展中国家的市场制度趋于完善。与此相适应，政府治理也更加成熟。总的来讲，这一时期，政府职能将会从发展型政府向服务型政府转变。如果这一转变能够较好实现，发展中国家就会较为顺利地跨越"中等收入陷阱"，进入发达经济体，进而完成生产技术方面的二元经济转型。如果上述转变不能实现，我们可能会陷入"中等收入陷阱"，甚至可能导致经济发展出现逆转，重新回到刘易斯转折阶段[1]。

---

[1] 本学术团队在《制度变迁视角下中国二元经济转型》（国家社科基金重大项目的结项成果）一书中具体分析了二元经济转型不同阶段政府与市场关系的演变过程，以及产业政策、工农关系政策、劳资关系政策的具体转变，进而较为全面地阐述了二元经济转型不同阶段政府与市场关系的不同组合。

第二篇

制度框架与激励机制

第4章

中国二元经济转型的特殊性分析与阶段判断

二元经济转型作为人类社会从农业经济向现代工业经济转变的历史过程，是有规律可循的。但是，由于各国的历史环境、资源禀赋、制度条件等方面差异性的存在，决定了不同国家的二元经济转型在基本遵循客观演进规律的同时，也各有独特之处。正如马克思所说："极为相似的事情，但在不同的历史环境中就引起了完全不同的结果。"[①] 分析中国二元经济转型的特殊性，以及判断其所处阶段，对于探讨现阶段中国推进二元经济转型，促进城乡融合发展面临的症结性难题，进而提出解决方案具有重要意义。

4.1 中国二元经济转型的特殊性分析

中国作为社会主义发展中的人口大国，其二元经济转型，既不同于先行工业化国家，也有别于其他发展中国家。

4.1.1 中国经济结构二元分化的变异性特点

1840 年的鸦片战争，一方面破坏了中国的主权，输入了鸦片，建立了租界划分的势力范围，使中国沦为半殖民地半封建社会；另一方面也打开了国门，诱发了中国最早的工业化努力——"洋务运动"。显然，与其他发展中国家相同，中国的工业化起步也具有明显的外生性特点。但是由于长期封建

---

① 马克思：《给〈祖国纪事的〉杂志社的信》，引自《马克思恩格斯全集》（第 25 卷）人民出版社 2001 年版，第 145 页。

专制的制度基础并未从根本上改变,加上两次日本对华侵略战争,以及其他西方列强对中国主权的进一步侵蚀,导致中国长期处于政治分裂和战争状态。到1949年中华人民共和国成立之初,全国工农业总产值只有466亿元,工业基础十分薄弱,现代工业占社会总产值的比重不足10%,90%的人口生活在农村,80%以上的劳动力从事农业生产[1]。尽管中国最早的工业化努力可追溯到19世纪60年代的"洋务运动",然而中国经济结构显著的二元分化是在新中国成立之后才开始的。

本研究在2.4.2中分析了发展中国家二元经济转型的阶段变异,认为由于这些国家都没有经历工场手工业发展阶段,其现代工业是从发达国家移植而来,现代工业不仅十分弱小,还具有非常突出的依附性特点,发展中国家的二元经济转型没有明确的二元分化阶段。这些国家在取得民族独立后,在推进工业化进程的同时,通过农业劳动力的非农转移和人口的城乡迁移,启动了二元经济发展过程。从没有经过工场手工业发展阶段的角度考察,中国似乎也没有明确的经济结构二元分化阶段。但是,与其他发展中国家不同,中华人民共和国成立后到改革开放之前,中国一方面大力推进工业化进程;另一方面又限制了农业劳动力的非农转移和人口的城乡迁移。从现代工业快速推进的角度看,中国已经渡过了经济结构的二元分化阶段,进入了经济的二元发展阶段,但是从劳动力转移和人口城乡迁移的角度分析,中国还没有通过农业劳动力转移启动二元经济发展。考虑到中国虽然没有经历工场手工业孕育机器大工业的发展阶段,但是改革开放前30年,中国走独立自主的工业化道路,建立了独立的民族工业体系,传统农业和现代工业的二元分化特色明显[2]。从独立自主地建立民族工业体系的角度出发,我们把从新中国成立到改革开放之前的30年界定为经济结构的二元分化阶段。与先行工业化国家相比,我国经济结构的二元分化阶段具有如下变异性特点:

首先,从生产力角度分析,先行工业化国家经济结构二元分化过程是工

---

[1] 林毅夫、蔡昉等:《中国的奇迹:发展战略与经济改革》,上海三联书店、上海人民出版社1994年版,第20~21页。

[2] 发展中国家没有经历明确的经济结构的二元分化阶段,除了这些国家没有经历工场手工业孕育机器大工业阶段,经济二元分化是在殖民统治下形成以外,还由于这些国家民族独立后的工业化发展也带有突出的依附性色彩。这种依附性,在完成二元经济转型的国家中表现为畸形的经济结构,对于个别完成二元经济转型的国家或地区来说,则多表现为在发达国家经济援助下完成了二元经济转型,其代价则是难以摆脱援助方在经济和政治方面的制约。

场手工业孕育机器大工业的历史过程。原发型工业化的特点，使这些国家在完成经济结构的二元分化之前，就已经处于世界领先地位。中华人民共和国成立后经济结构二元分化，则是在第三次工业革命的浪潮中，在经济起点十分低下的条件下启动的，工业化推进具有鲜明的赶超型特征。

其次，从生产关系角度考察，先行工业化国家经济结构的二元分化过程，既是这些国家封建制度解体后资本主义市场经济形成的历史过程，又是主要通过殖民掠夺进行资本原始积累的过程。中国经济结构的二元分化过程，则是在社会主义制度的基础上，通过城乡分割的二元经济体制，推进重化工业发展[1]。客观地讲，这一时期中国经济结构的二元分化，也不可避免地带有资本原始积累的色彩，但原始资本主要来源于通过工农产品剪刀差抽取的农业剩余。农业剩余总量中，扣除国家财政用于农业的支出，1952～1978年农业资金净流出量为3832.93亿元，平均每年达141.96亿元[2]。这一原始资本积累方式，致使这一时期中国工业与农业之间、城市与乡村之间发展差距很大。

从劳动力资源配置的角度分析，先行工业化国家经济结构二元分化过程，也是农业劳动力非农转移和人口向城市迁移的过程。先行工业化国家，在工场手工业阶段农业劳动力的非农转移先于人口的城乡迁移。进入集中型工场手工业发展阶段，农业劳动力非农转移和人口的城乡迁移逐渐趋于一致。因此，先行工业化国家经济结构的二元分化阶段，不仅农业劳动力占比大幅度下降，城市化进程也明显加快。中国在改革开放之前，在工业化快速推进的同时，为了化解重工业发展难以带动更多劳动力就业的难题，减少由于劳动力转移而带来的城市化压力，对农业劳动力转为非农就业和城乡人口迁移进行了严格控制。这一阶段中国工业化水平有了较大提升，但农业劳动力占比

---

[1] 受当时的国际政治、经济环境制约，面对朝鲜战争的威胁和以美国为首的西方资本主义国家的政治孤立与经济封锁，新生的中华人民共和国必须迅速建立起比较完备、自成体系的工业结构，而重工业则是其中的关键。但由于重工业资本高度密集的特点，重工业优先发展为特征的赶超型发展战略与我国的资源禀赋特点及资本形成能力相矛盾。为了保证重工业的优先发展，必须依靠一种新的制度安排——由政府统一调配资源，以降低发展重工业的成本，并减轻工业化过程中由于劳动力的转移而形成的城市化压力。这种新的制度安排是城乡分割、高度集中的计划经济体制。

[2] 农业剩余总量中，扣除国家财政用于农业的支出，1952～1978年农业资金净流出量为3832.93亿元，平均每年达141.96亿元（根据牛若峰：《中国农业的发展与变革》，中国统计出版社1997年5月第1版，第47页数字计算）。

和城市化率远远滞后于工业化进程。从1952~1978年工业总产值在工农业总产值中的比重增加了32.1个百分点,在社会总产值中的比重增加了27.51个百分点。但工业劳动力占全社会劳动力的比重仅增加了6.5个百分点。与其在经济中所占的份额相比,工业吸收的劳动力份额和增长速度显然是太低了[①]。1978年,从三次产业的产值结构看,我国第二次产业所占比重已达44.8%,已具有人均GDP 3000美元以上的中等发达国家的特征;而从劳动就业结构看,农业劳动力比重仍高达70.7%,是人均GDP 200美元以下的农业国家的典型特征[②]。1952~1978年我国工业化率从17.6%上升到44.3%,城市化率从12.6上升到17.9%,城市化滞后于工业化程度为59.6%[③]。

4.1.2 以经济体制转轨为背景并受经济体制转轨制约

从农业劳动力转移的角度分析,我国的二元经济转型是从1978年改革开放才开始起步的[④]。始于1978年的二元经济体制改革,从资源配置方式的角度看,是以市场取向为特征的。改革开放以来,我国二元经济结构发生重大变化的最重要的原因,就是改革开放的不断深入,市场机制对资源配置的作用不断增强。我国的二元经济体制改革,从资源配置方式的角度分析,实际上有三条主线:一是以所有制结构调整和产权制度改革为中心,通过促进市场竞争主体的形成,为市场经济的发展奠定微观基础;二是以价格改革和市场体系培育为重点,建立市场经济有效运行的组织载体和公平竞争、规范有序的市场秩序;三是改革以指令性计划为主的宏观管理体制,建立符合市场经济发展的宏观经济管理体制,并根据经济发展的需要,制定、实施相关的经济政策。

从利益关系调整的角度分析,我国制度变迁中的二元经济转型是在不断破除城乡二元经济体制,逐步协调各方利益关系中推进的。在工、农关系与

[①] 黄守宏:《乡镇企业是国民经济发展的推动力量》,载《经济研究》1990年第5期,第41页。

[②] 国家计委经济研究所课题组:《二元经济结构矛盾与90年代的经济发展》,载《经济研究》1993年第7期,第4页。

[③] 张桂文:《中国二元经济结构转换研究》,吉林人民出版社2001年版,第107页。

[④] 如4.1.1所述,从现代工业的建立的角度看,新中国成立到改革开放之前,是我国二元经济转型的城乡分化阶段,即二元经济的形成阶段。但从劳动力转移的角度看,由于这一阶段我国严格控制劳动力和人口的城乡迁移,二元经济转型还没有真正启动。

城乡关系方面，以2002年党的十六大为分界线，从农业、农村支持工业和城市发展，转为工业、城市反哺农业、农村，统筹城乡协调发展。党的十八大以来，以习近平同志为核心的党中央，根据工业化后期中国二元经济转型实际，把促进农业和农村发展作为全面建成小康社会和全面建设社会主义现代化国家的关键环节，高度重视"三农"问题的彻底解决，强调建立健全城乡融合发展的体制机制，实行"工农互促、城乡互补"的城乡关系政策。

我国市场取向的经济体制改革，逐渐破除城乡二元经济体制，为农业劳动力的非农转移和城乡资源的合理配置创造了制度条件，在市场机制和政府职能的双重作用下，我国充分发挥劳动力资源丰裕的比较优势，通过农业劳动力大规模的非农转移，促进了中国的二元经济转型。2006年前后我国二元经济转型进入了刘易斯转折阶段，2024年前后我国进入"商业化转折点"（刘易斯第二转折点），进入后刘易斯转折阶段[①]。

以上分析表明，我国的二元经济转型是以体制转轨为背景，并受体制转轨制约的。正是在这个意义上，学术界把1978年以来的中国改革开放称为从传统计划经济向社会主义市场经济，以及从二元经济向现代化一元经济的双重转型。受中国体制改革初始条件和制度变迁路径依赖等多重因素的影响，我国采取了政府主导下的渐进式改革方式，由此，中国经济体制转轨表现为非均衡的制度变迁过程。从城乡二元经济体制变革的角度分析，这种制度变迁的非均衡性表现在两个方面：一是从城市与农村两大区域的改革来看，我国二元经济体制变革表现为先农村改革，后城市改革，最后是城乡综合配套改革；二是从二元经济体制的不同组成部分的改革来看，表现为先进行城乡微观经济体制改革，后进行二元资源配置和二元就业体制与城乡基本公共服务体制的改革。这种制度变迁的非均衡性对我国二元经济转型产生了深刻影响[②]。

4.1.3 非城市化与半城市化的劳动力转移路径

根据发展经济学的二元经济模型，二元结构转换的核心问题是农业剩余

---

① 具体测算见4.2。
② 本文系学术团队，在《制度变迁视角下的中国二元经济转型》（国家社科基金重大项目《制度变迁视角下的中国二元经济转型研究》的最终成果。中国社会科学文献出版社2021年版，第168~169页。）一书中具体分析了中国改革开放以来的非均衡制度变迁对二元经济转型的影响。由于本项目的研究重点不在于此，相关具体内容在这一结项报告中不作具体阐述。

劳动力转移问题，发展中国家的二元结构转换过程，就是农业剩余劳动力向城市非农产业转移的过程。这一模式客观地反映了世界各国工业化过程的一般规律。大多数国家的二元结构转型都是通过农业剩余劳动力向城市非农产业转移来实现的，在结构转换中农业劳动力向非农产业转移和人口向城市迁移基本上是同一过程①。因此，二元结构转换过程实际上也是一个国家的工业化与城市化的发展过程。

我国的二元结构转换与发展经济学所描述的，通过城市现代工业部门的扩张来促进农业剩余劳动力转移的道路有很大的不同。我国农业剩余劳动力转移的基本特点是就地转移与非永久性城乡迁移相结合，20世纪90年代中期以前以"离土不离乡"的就地转移为主；20世纪90年代中期以来以"离乡不定居"的非永久性乡城迁移为主。我们把前一种转移称为非城市化转移，后一种转移称为半城市化转移。

我国特殊的农业劳动力转移路径的形成，根源于我国改革开放以来非均衡的制度变迁。我国的二元经济体制变革是从农村开始起步的，以家庭联产承包责任制为核心的农业经营体制的改革，一方面，极大地调动了农民的生产积极性，大幅度提高了农业劳动生产率，使农村隐性失业显性化；另一方面，增加了农民收入，为农村工业生产与发展奠定了最初的资金积累基础。改革初期，由于城市经济体制改革滞后，国有经济缺乏市场竞争力，民营经济尚未发展起来，我国以乡镇企业为代表的农村工业，利用渐进式改革所形成的城乡体制错位的机遇，获得了超常发展。但是以户籍制度为核心的各种城乡隔离的制度安排仍然存在并发挥作用。在城乡生产要素不能自由流动的条件下推进二元经济结构转型，决定了农业剩余劳动力只能就地转移到农村工业，而不可能大规模地向城市转移。1979~1997年我国农业剩余劳动力向非农产业转移的累计总规模达13106万人，其中转移到城市就业的只有2729万人，占农业劳动力转移总数的20.8%，而同期转入农村非农产业就业的达10377万人，占农业剩余劳动力转移总数的79.2%②。1996年以来，农村工

---

① 先行工业化国家在家庭工场手工业发展过程中，劳动力非农转移先于人口的乡城迁移，但集中型工场手工业发展起来之后，农业剩余劳动力的非农转移与人口的乡城迁移基本上趋于一致。这种情况在英国表现得最为明显。

② 根据张桂文：《中国二元经济结构转换研究》，吉林人民出版社2001年版，第70~71页的数据计算。

业的主体——乡镇企业增长速度下降，吸收剩余劳动力的能力有所减弱，但总体上仍维持1亿人以上的规模。

20世纪90年代中期以来，受经济体制转轨过程中城市工业竞争力增强与市场有效需求不足的双重影响，乡镇企业超速发展的局面已经不复存在。面临城市工业的强有力竞争和市场有效需求不足的约束，乡镇企业增长速度下降，亏损增加，一部分乡镇企业甚至因亏损倒闭而退出市场，另一部分企业则在市场竞争的压力下不得不走上提高资本有机构成的路子。这样一来就不可避免地使乡镇企业吸收剩余劳动力的能力减弱。1985年以后以城市为主的经济体制改革，扩大了企业用工自主权，民营经济的迅速壮大与国有企业改革，促进了城市经济的快速发展，为农业劳动力向城市迁移提供了就业空间。改革开放以来由于农业生产经营体制改革所带来的农产品供给的大幅度增加，带动了农产品统购统销制度改革，农民进城可以通过市场交易获得基本生活资料，进而使农民进城务工成为可能。但是我国户籍制度改革滞后，依附于户籍制度上的劳动就业、社会保障、居住权利、子女教育等城乡差别，大幅度提高了农村劳动力的迁移成本，降低了迁移收益，使农村劳动力在城市定居得不偿失。上述因素的综合作用，导致了我国农业劳动力既要向城市非农产业转移，又不可能在城市定居下来，从而形成了具有中国特色的农村劳动力的非永久性乡城迁移。20世纪90年代以来，随着城乡隔离体制的松动，农民外出打工数量逐渐增多，特别是1998年以后，农村劳动力外出打工的数量急剧增加，1998年（3077万人）至2021年（17172万人）外出农民工的总量增加了约14095万人，平均每年新增约587万人[1]。每年数以亿计的农民工像候鸟一样往返于城乡之间，波澜壮阔的农民工潮，引起了社会各界的高度关注。

改革开放以来，我国已有2.96亿农业劳动力转移到非农产业[2]，但这些转移人口只是基本完成了从农民到市民的身份转变，却没有完成从职业上的非农化转变。客观地说，我国农业劳动力非永久性乡城迁移，与计划经济时期严格限制劳动力流动相比，优化了资源配置，促进了工业化和城镇化进程，对我国经济增长和二元经济转型做出了历史性贡献。但数以亿计的农民工长

---

[1] 根据张桂文：《中国二元经济结构转换研究》，吉林人民出版社2001年版，第71页的数据和国家统计局《2022年全国农民工监测调查报告》数据计算。

[2] 国家统计局：《2022年农民工调查监测报告》。

期候鸟式往返于乡城之间，在享受公共福利方面与城镇居民存在着巨大差别，引发了诸多的经济与社会问题，严重影响了中国城乡关系的良性互动。

4.2 中国二元经济转型的阶段判断

2004年左右，中国"民工荒"的出现，使国内一些学者把"民工荒"与刘易斯转折点联系起来，进而引发了中国刘易斯转折点是否到来的争论。对于中国二元经济转型的阶段判断，学者们发表了大量的研究成果，但迄今为止并未达成学术共识。本节在参考借鉴国内外学者对这一问题研究成果的基础上，以刘易斯—费景汉—拉尼斯的判断标准为主，并辅之以收入分配，以及农业劳动力占比、城市化水平等结构性指标，运用计量经济学的方法对中国二元经济转型的阶段进行判断，得出的结论是中国在2006年左右跨越了刘易斯第一转折点，并将于2024年左右跨越刘易斯第二转折点。

4.2.1 刘易斯转折点的判断标准

4.2.1.1 刘易斯—费景汉—拉尼斯模型的判断标准

1954年，刘易斯在英国曼彻斯特大学学报上发表了《劳动无限供给条件下的经济发展》一文，首次提出了完整的二元经济发展模型。1961年，费景汉和拉尼斯对刘易斯模型进行了改进和精细化。两者的基本理论和分析框架基本一致，因此被称为刘易斯—拉尼斯—费景汉模型。这一模型界定了刘易斯第一转折点和第二转折点，并提出了相应的判断标准。

1. 刘易斯第一转折点的判断标准是农业边际生产率大于等于零

刘易斯的第一个转折点被称为"短缺点"。在这点之前劳动边际生产率小于零的农业剩余劳动力转移不会影响粮食总产量，从而不会发生粮食短缺。如果超过了这一点，劳动边际生产率大于零且小于生存工资的劳动力转移就会减少粮食总产量，从而出现粮食短缺，农业剩余劳动力也由无限供给变为有限供给。由于工农业部门贸易条件的恶化，现代工业部门的工资开始上升。显然，农业边际生产率小于等于零的农业剩余劳动从农业部门中转移出来是刘易斯第一转折点出现的关键。由此，农业边际生产率大于等于零成为刘易斯第一转折点的判断标准。

2. 刘易斯第二转折点的判断标准是农业边际生产率大于等于生存工资

刘易斯的第二个转折点被称为"商业化点"。在此之前，农业边际劳动生产率低于由农业平均产出决定的生存工资。刘易斯第二转折点到来后，农业部门的劳动边际生产率将大于等于生存工资水平，从此时开始农业部门的收入分配遵循商业化原则，即由农业劳动边际生产率决定其工资水平。由此，农业部门的劳动边际生产率大于等于生存工资水平就成为刘易斯第二转折点的判断标准。

4.2.1.2　南亮进的判断标准

南亮进在《经济发展的转折点：日本经验》一书中提出了五个判断刘易斯转折点是否到来的标准，并对日本转折点进行了验证[①]。

一是农业部门[②]工资与劳动边际生产率的比较。在转折点之前，农业部门实际工资由生存工资决定，而且其高于劳动边际生产力，超越转折点之后，二者相等了。因此，通过比较农业部门劳动边际产出和实际工资，就可以确定转折点。

二是农业部门工资和劳动边际生产力之间的相关关系。在劳动的无限供给阶段，两者之间的相关性相对较弱；在劳动有限供给阶段，两者之间的相关性相对较强。

三是农业部门实际工资的动向。历史上生存工资水平的上升是缓慢的，但如果农业部门或非熟练劳动力的实际工资水平开始显示出缓慢上升的倾向，然后从某时期开始快速上升，这个时期就是转折点。

四是工资差别的变化。非熟练劳动力的实际工资加速上涨、工资差别开始缩小的时期，就可以看成是转折点。

五是农业部门对工业部门劳动供给的弹性。如果供给弹性在某年由无穷大变成一个有限的正数，也许就会出现转折点。

南亮进指出，上述五个标准中，标准一提供了最直接的标准，第二标准由标准五给出，其他标准也都将被尝试使用。但是必须注意的是，南亮进提出的验证准则是对刘易斯第二转折点（即商业化点）的验证。其研究结论指出，日本在20世纪60年代初发生的变化可以通过转折点理论进行解释。

---

① 南亮进：《经济发展的转折点：日本经验》，社会科学文献出版社2008年版。
② 在南亮进书中使用的是"非资本主义部门"和"资本主义部门"，这里为了与我国现实更为接近，使用与其相近的"农业部门"和"工业部门"作为代替。

4.2.1.3 国内学者提出的判断标准

2004年由我国沿海地区逐渐向内地蔓延的"民工荒"以及农民工工资的快速上涨，引发了社会各界对"我国刘易斯转折点是否已经到来"的广泛关注和热议。但对于如何判断中国是否进入刘易斯转折点，学术界并没有一个统一的标准，目前国内学者的判断标准主要有：

一是劳动边际生产率标准。农业劳动力的边际生产率将从"0"转变为"正"的临界点就是"刘易斯第一转折点"，而当传统部门与现代部门的边际生产率相等时，"刘易斯第二转折点"开始到来。高铁梅、范晓非通过农业总产出曲线计算得出，中国的"刘易斯第一转折点"应在2005年后出现[①]。吴海民基于农业部门和工业部门的劳动边际生产率比较，提出中国的"刘易斯第二转折点"应在2043年左右出现[②]。

二是农业剩余劳动力数量标准，即农业剩余劳动力数量的测算。蔡昉估算得出2005年（40岁以下）农村剩余劳动力约为5800万人，农村剩余劳动力不再能够无限供给，因此大约在2004年就到了"刘易斯转折点"[③]。樊纲认为，中国现在仍然有2.5亿~3亿的农民，因此中国仍将长期处于劳动力过剩阶段，还未到达所谓的"刘易斯转折点"[④]。

三是工资标准，即现代部门实际工资显著持续上升。吴要武发现，与2002年相比，2003年和2006年的企业工资支付水平都有明显提高，其中2006年提高了约30%，据此他认为中国的"刘易斯转折点"已经到来[⑤]。袁志刚则指出，农民工的工资上涨，是多种因素促成的结果，并不能从中得出"刘易斯转折点"已经到来的结论[⑥]。

四是结构标准，如人均GDP、三次产业就业结构和产值结构、城市化率、工业化率等结构性指标来判断。黎煦认为，当人均GDP在300~500美

[①] 高铁梅、范晓非：《中国劳动力市场的结构转型与供求拐点》，载《财经问题研究》2011年第1期，第22~31页。

[②] 吴海民：《我国刘易斯拐点的新检验——基于1990—2010年农业和工业部门劳动边际生产率的考察》，载《贵州财经大学学报》2012年第3期，第6~11页。

[③] 蔡昉：《中国人口与劳动问题报告 NO.8——刘易斯转折点及其政策挑战》，社会科学文献出版社2007年版。

[④] 樊纲：《企业家最重要的社会责任就是创造就业》，新华网重庆频道，2007年11月5日。

[⑤] 吴要武：《"刘易斯转折点"来临：我国劳动力市场调整的机遇》，载《开放导报》2007年第6期，第50~56页。

[⑥] 袁志刚：《三问"刘易斯拐点"》，载《解放日报》2010年9月12日。

第4章 中国二元经济转型的特殊性分析与阶段判断

元并且农业劳动力比重为40%~50%时会出现"刘易斯第一转折点"[①]。李德伟则指出,"刘易斯第二转折点"到来时,我国城市化、工业化的发展进程基本完成,经济开始进入一元经济结构条件下的相对更加稳定的发展状态[②]。金三林从日本、韩国等一些国家的经验来看,跨越刘易斯第二转折点时在城镇化率、第一产业就业结构、工业化等方面也出现一些共同的特征,如城镇化率高于60%,第一产业就业结构低于20%[③]。

五是非农产业劳动生产率相对较高。该指标为国际上衡量二元经济转化状况的常用指标,杨俊青等通过计算1952~2020年的非农产业比较劳动生产率,发现2004年前后我国非农产业比较劳动生产率具有明显的变化,表明农业劳动力的非农转移达到了一个节点,并确定该点为刘易斯第一转折点[④]。

当然大多数学者并不是只使用一个指标,而是将多个指标综合运用。以上只是列举了代表性学者的论述,更多更为具体的相关研究文献如表4-1所示。

表4-1 国内外学者关于中国是否进入刘易斯转折点的相关研究

作者及论文发表时间	指标	是否到达刘易斯转折点	备注
蔡昉(2005、2007、2008、2010)	人口转变、工资率、剩余劳动力、收入差距	是	第一转折点(2004年)
包小忠(2005)	工资率	否	第一转折点
王诚(2005)	工资率	不确定	第一转折点
刘伟(2005)	未来劳动年龄人口占总人口比例、劳动者工资占GDP比重	否	第二转折点
大塚启二郎(2006)	工资率	是	第二转折点

[①] 黎煦:《刘易斯转折点与劳动力保护》,载《首都经济贸易大学学报》2007年第4期,第60~66页。
[②] 李德伟:《中国将迎来劳动力供给的"刘易斯转折点"吗?》,载《理论前沿》2008年第12期,第37~38页。
[③] 金三林:《对"刘易斯转折"阶段进程的判断》,载《学习时报》2012年7月2日。
[④] 杨俊青、王玉博、靳伟择:《劳动力有限供给条件下的二元经济转化探索》,载《中国人口科学》2022年第1期,第44~58+127页。

续表

作者及论文发表时间	指标	是否到达刘易斯转折点	备注
樊纲（2007）	剩余劳动力	否	第一转折点
吴要武（2007）	非技术劳动者的工资变化、非正规就业规模变化、厂商开始用资本要素替代劳动力投入等	是	第二转折点（2002~2004年）
周祝平（2007）	城市化等	否	第二转折点
黎煦（2007）	三大产业就业比重、人均GDP、工资率、劳动力供给率（民工荒）	是	第一转折点
孙自铎（2008）	剩余劳动力	否	第一转折点
田岛俊雄（2008）	农业劳动生产力	否	第二转折点（2013年）
李德伟（2008）	劳动力供给、城市化、工业化、城乡劳动力市场	否	第一转折点
耿元和林玳玳（2008）	劳动力的供给弹性、城镇化率	否	第一转折点
刘洪银（2009）	农业产出水平、工资率、农业劳动的边际生产率	否	第一转折点
钟钰和蓝海涛（2009）	剩余劳动力	否	第一转折点
侯东民等（2009）	工资率、劳动力供给（民工荒）	是	第一转折点
宋世方（2009）	工资率	是	第一转折点（1997年）
袁志刚（2010）	工资率	不确定	第一转折点
周天勇（2010）	城市化、剩余劳动力	否	第二转折点（2020年之后）
Minami等（2010）	失业率、劳动边际生产率、剩余劳动力	否	第二转折点
Wang（2010）[①]	边际劳动生产率	是	第一转折点
Yao等（2010）	劳动力供求	否	第二转折点
钟笑寒和汪进（2010）	人均GDP、农业劳动力比例	否	第一转折点
张晓波等（2010）	工资率	是	第一转折点

第4章 中国二元经济转型的特殊性分析与阶段判断

续表

作者及论文发表时间	指标	是否到达刘易斯转折点	备注
国务院课题组（2010）	工资率、剩余劳动力、收入分配、城乡人口结构	否	第一转折点
贾先文等（2010）	剩余劳动力	否	第二转折点
赵显洲（2010）	剩余劳动力	否	第二转折点
夏怡然（2010）	工资率	否	第一转折点
佟家栋和周燕（2011）	剩余劳动力、行业间工资差异、三大产业就业比重	否	第一转折点
卿涛等（2011）	农业部门劳动边际生产率、工资率、工资差别的变化、劳动力的供给弹性等	是	第一转折点
王金营和顾瑶（2011）	劳动力供求	否	第一转折点
中国人民银行上海总部统计部课题组（2011）	剩余劳动力、工资率、消费支出结构、福利、劳动力供求	否	第一转折点（2015年）第二转折点（2020年）
高铁梅和范晓非（2011，2014）	劳动边际生产率、劳动力供给弹性、收入分配、工资率	是	第一转折点（2005年或2007年）
吴海民（2012）	劳动边际生产率	是	第一转折点（2005年）第二转折点（2043年）
金三林（2012）	农业就业比重、城镇化率、工资率、劳动力供给（民工荒）、剩余劳动力	是	第一转折点 第二转折点（2025~2030年）
岳龙华等（2013）[②]	劳动边际生产率、工资率	是	第一转折点（2004年）
刘守英和章元（2014）[③]	劳动边际生产率	是	第一转折点（2010年前后）

续表

作者及论文发表时间	指标	是否到达刘易斯转折点	备注
王必达和张忠杰（2014）④	劳动力短缺、工资上涨、区域差异	是	第一转折点（1997~2004年）（2005~2012年回到第一转折阶段）
王庆芳和郭金兴（2018）⑤	剩余劳动力	是	第一转折点
易定红（2020）⑥	劳动边际生产率、工资率	是	第一转折点（2005年）第二转折点（2035年）
杨俊青等（2022）⑦	非农产业比较劳动生产率、农业就业比重	是	第一转折点（2004年）第二转折点（2035年）

注：①Meiyan W. "The rise of labor cost and the fall of labor input: Has China reached Lewis turning point?", China Economic Journal, 2010, 3（2）: 137-153.
②岳龙华、杨仕元、申荣太：《中国的刘易斯转折点到来了吗？——基于农业部门工资决定的视角》，载《人口学刊》2013年第3期，第89~96页。
③刘守英、章元：《"刘易斯转折点"的区域测度与战略选择：国家统计局7万户抽样农户证据》，载《改革》2014年第5期，第75~81页。
④王必达、张忠杰：《中国刘易斯拐点及阶段研究——基于31个省际面板数据》，载《经济学家》2014年第7期，第16~26页。
⑤王庆芳、郭金兴：《中国农村剩余劳动力估计：2010—2018年》，载《经济理论与经济管理》2021年第12期，第93~110页。
⑥易定红：《中国的刘易斯拐点：问题、影响与对策》，载《中国劳动》2020年第2期，第5~19页。
⑦杨俊青、王玉博、靳伟择：《劳动力有限供给条件下的二元经济转化探索》，载《中国人口科学》2022年第1期，第44~58、127页。

4.2.1.4 本章的判断标准

根据刘易斯—费景汉—拉尼斯模型及国内外学者对刘易斯转折点含义的界定，本章对刘易斯转折点的判断标准选择主要有以下两个方面：

第一，直接标准，即根据农业边际生产力变化进行判断。这也是刘易斯—费景汉—拉尼斯模型对于刘易斯转折点的基本判断标准。农业劳动的边际产出决定着农业剩余劳动力的数量、农业总产出、收入分配状况等，其发展变化对刘易斯转折点的变化趋势和程度会产生直接影响，因此其作为衡量指标是直接标准。农业边际生产力大于等于零则跨越了刘易斯第一转折点，大于农业部门的生存工资则跨越了刘易斯第二转折点。南亮进和白暮凯利用日本、韩国的资料分析发现，在两国二元经济转型过程中，都出现了农业劳动边际生产率大于农业生存工资水平的持续变化现象[①]。

第二，间接标准。一是根据普通劳动者工资显著持续上升进行判断。从刘易斯—费景汉—拉尼斯模型可以看出，在二元经济发展的早期，由于传统农业部门存在着大量的剩余劳动力，现代工业部门或资本主义部门的增长，可以在一个较低的不变工资水平上获得无限劳动力供给。随着农业劳动力不断转入城市非农产业，进入刘易斯转折点后，普通劳动者的工资会出现显著的持续上升。二是根据一些结构性指标变化进行判断，如就业结构、城市化率等指标。跨越刘易斯转折点的最基本和最重要的方式是通过传统农业部门劳动力向城市现代工业部门转移，因此，刘易斯转折点的衡量标准必然对应着农业就业结构和城市化率的相应标准。以上两个方面都是"刘易斯转折点"带来的外在变化，也会受到其他因素的影响，因此属于间接衡量标准。

4.2.2 刘易斯第一转折点的判断

4.2.2.1 基于农业边际生产力变化的判断

1. 模型构建

这里借鉴高铁梅等的研究，构建农业总产出曲线模型，影响农业总产出的因素除了劳动力、土地外，财政支农支出也是重要投入要素[②]。近年来，随着国家对"三农"问题的重视不断加强，种粮直补、农资综合补贴、良种补贴、农机购置补贴、农业防灾减灾稳产增产关键技术补助等相关政策的出台，调动了广大农民从事农业的积极性，甚至有些农民外出打工数年又重新回到土地劳作，越来越多的农民逐渐采用先进的科技手段、机械化等措施进行农业生产，提高了劳动生产率，农业总产出逐年提高。此外，相关研究发

[①] 吴海民：《我国刘易斯拐点的新检验——基于1990~2010年农业和工业部门劳动边际生产率的考察》，载《贵州财经大学学报》2012年第3期，第6~11页。

[②] 高铁梅、范晓非：《中国劳动力市场的结构转型与供求拐点》，载《财经问题研究》2011年第1期，第22~31页。

现,农业资本存量也是影响农业总产出的重要因素[1]。因此,本书将农业从业人数、土地播种面积、国家财政用于农业支出以及农业资本存量作为自变量,以农业总产值作为因变量,构建农业总产出曲线模型,可得出农业劳动平均产出、农业劳动边际产出的变动情况。农业总产出曲线模型为:

$$Y_t = \alpha_0 + \alpha_1 L_t + \alpha_2 L_t^2 + \alpha_4 S_t + \alpha_5 F_t + \alpha_6 K_t(-2) + \varepsilon_t \quad (4.1)$$

其中,Y_t、L_t、S_t、F_t、K_t 分别代表农业实际总产值、农业就业人数、土地播种面积、国家财政用于农业支出实际值以及农业资本存量,ε_t 为随机误差项。

2. 数据来源及数据处理

本模型数据采用 1990~2021 年的时间序列数据,其中农业总产值、农业从业人数以及土地播种面积数据来源于中国统计年鉴,农业总产值经 1978 年农业总产值平减指数剔除价格因素影响,得到农业实际总产值。农业总产值平减指数(1978 年 = 100)由农业总产值(现价)除以农业总产值(不变价)(1978 年 = 100)计算得来的。"国家财政用于农业支出"数据来源于《中国农村统计年鉴》,是由国家财政用于农业支出经农业总产值平减指数(1978 年 = 100)平减得到的。农业资本存量数据经过测算得出。总体上来看,我国关于总量资本与工业资本估计的文献较为丰富,已形成了公开的数据库,其中影响较为突出的包括张军等、单豪杰等对资本存量的估计[2]。但是,或因农业投入产出复杂性与数据可得性限制,关于农业资本存量的讨论较为稀缺,现有研究农业产出增长的文献多使用拖拉机数量或中间投入物资费用作为替代变量[3]。然而,相关研究表明拖拉机数量与农业资本存量相关系数较低,并不是理想的代理变量[4],物质费用与农业资本存量间的替

---

[1] 王必达、张忠杰:《中国刘易斯拐点及阶段研究——基于 31 个省际面板数据》,载《经济学家》2014 年第 7 期,第 16~26 页;姚万军、曾霞、楚克本:《土地私有化是促进农地流转的必然选择吗?——基于日本经验的实证分析》,载《南开经济研究》2016 年第 1 期,第 117~128 页;王璐、杨汝岱、吴比:《中国农户农业生产全要素生产率研究》,载《管理世界》2020 年第 12 期,第 77~93 页。

[2] 张军、吴桂英、张吉鹏:《中国省际物质资本存量估算:1952—2000》,载《经济研究》2004 年第 10 期,第 35~44 页;单豪杰:《中国资本存量 K 的再估算:1952—2006 年》,载《数量经济技术经济研究》2008 年第 10 期,第 17~31 页。

[3] Ito J, Ni J. "Capital Deepening, Land Use Policy, and Self-sufficiency in China's Grain Sector", China Economic Review, 2013, 24: 95–107;王美艳:《农民工还能返回农业吗?——来自全国农产品成本收益调查数据的分析》,载《中国农村观察》2011 年第 1 期,第 26 页。

[4] Butzer R, Mundlak Y, Larson D F. "Measures of Fixed Capital in Agriculture", Productivity Growth in Agriculture: An International Perspective. Wallingford UK: CABI, 2012: 313–334.

代关系也不强。故而专家学者逐渐地意识到农业资本存量测度的重要性，取得了极有借鉴意义的成果①。本课题借鉴李谷成等的研究，使用永续盘存法测算我国农业资本存量，并以1978年为基期剔除价格影响。具体测算公式为：

$$K_t = K_{t-1}(1-\delta) + I_t \qquad (4.2)$$

其中，K_t为当期农业资本存量，K_{t-1}为上一期农业资本存量，I_t为当期农业资本投资，δ为折旧率。根据公式4.1，测度农业资本存量需要确定基期农业资本存量、折旧率以及当期农业资本投资。其中基期农业资本存量估算公式借鉴李谷成的研究，使用$K_{1978} = I_{1978}/(5.42\% + g_i)$测度，折旧率为5.42%②，$g_i$为1978~2021年农业实际生产总值的几何年均增长率（计算可得5.32%），分母总和为10.74%（与Young、张军等将分母直接设定为10%差别不大），一定程度上表明基期农业资本存量的测度具有一定的合理性。1978~1985年农业资本投资数据来自《中国国内生产总值核算历史资料》③，1985年后农业资本投资数据来源于《中国农村统计年鉴》，并均以1978年为基期剔除价格影响。最终选用1990~2021年农业资本存量数据与其他指标匹配进行回归分析。

经过整理，各变量的基本统计特征如表4-2所示。

表4-2　　　　　　　　中国各变量的基本统计特征

变量名称	平均值	最小值	最大值	标准差
Y_t（亿元）	4386.37	1831.095	7010.091	1656.286
L_t（万人）	30122.5	17072	39098	7225.622

---

① 吴方卫：《我国农业资本存量的估计》，载《农业技术经济》1999年第6期，第34~38页；张军、章元：《对中国资本存量K的再估计》，载《经济研究》2003年第7期，第35~43+90页；李谷成、范丽霞、冯中朝：《资本积累、制度变迁与农业增长——对1978~2011年中国农业增长与资本存量的实证估计》，载《管理世界》2014年第5期，第67~79页；李海鹏、李卓、张俊飚：《中国农业能源回弹效应的形成机制、时空演变及影响因素》，载《中国人口·资源与环境》2022年第10期，第24~34页。

② 李谷成、范丽霞、冯中朝：《资本积累、制度变迁与农业增长——对1978~2011年中国农业增长与资本存量的实证估计》，载《管理世界》2014年第5期，第67~79页。

③ 该数据集包括《中国国内生产总值核算历史资料》（1952~1995年）、（1996~2002年）和（1952~2004年）三本统计资料，全文统称为《中国国内生产总值核算历史资料》或《历史资料》。

续表

变量名称	平均值	最小值	最大值	标准差
S_t（千公顷）	157353.8	147741	168695	6621.887
F_t（亿元）	776.4933	108.862	1968.417	634.0632
K_t（亿元）	5585.12	874.4799	10648.89	2954.025

资料来源：作者根据原始数据整理得到。

3. 模型估计及结果

根据上述数据，通过计量软件得出了农业总产出估计曲线。通常来讲，当期的农业产出与历史积累的农业资本存量相关，经过试验，当农业资本存量滞后 2 期后，模型不存在自相关，最后得到农业总产出曲线的估计结果：

$$Y_t = -13521.6 + 0.3151058 \times L_t - (4.79E-06) \times L_t^2 + 0.0689483 \times S_t$$
$$+ 0.9776831 \times F_t + 0.2863723 \times K_t(-2)$$
$$(-3.79) \quad (4.08) \quad (-3.89) \quad (3.76) \quad (2.57)$$
$$(6.69)$$

$$\bar{R}^2 = 0.9846 \qquad D.W. = 1.9883 \qquad F = 293.15$$

从模型的拟合结果看，该模型的拟合优度较高，方程总体通过显著性检验，各关键性变量在 5% 的显著性水平下显著不为零。其中，农业播种面积（S_t）、国家财政用于农业支出实际值（F_t）、农业资本存量（K_t）的回归系数为正值，表明农业播种面积、国家财政用于农业支出以及农业资本存量的增加均能够提高农业的总产出。农业劳动边际产出 $\frac{\partial Y_t}{\partial L_t} = a_1 + 2 \times a_2 \times L_t$ 可通过模型计算得到，如表 4-3 所示。

表 4-3　　　　1990~2021 年中国农业劳动边际产出的变动情况

单位：万元，以 1978 年基期

年份	农业劳动边际产出	年份	农业劳动边际产出
1990	-0.0577	1993	-0.0459
1991	-0.0595	1994	-0.0358
1992	-0.0556	1995	-0.0253

续表

年份	农业劳动边际产出	年份	农业劳动边际产出
1996	-0.0185	2009	0.0383
1997	-0.0187	2010	0.0475
1998	-0.0219	2011	0.0615
1999	-0.0276	2012	0.0705
2000	-0.0302	2013	0.0867
2001	-0.0336	2014	0.1008
2002	-0.0359	2015	0.1099
2003	-0.0317	2016	0.1148
2004	-0.0186	2017	0.1207
2005	-0.0053	2018	0.1282
2006	0.0091	2019	0.1364
2007	0.0207	2020	0.1454
2008	0.0284	2021	0.1516

从表4-3可以看出，我国农业劳动边际产出在2006年之前基本都为负值或接近于零值，在2006年转为正值，且增长速度较快。这说明2006年我国已进入刘易斯第一转折点。

4.2.2.2 基于收入分配变化的判断

1. 农民工工资大幅上涨

由表4-4可见，1979~1999年，全国农民工月平均工资总体上呈波动上涨趋势。1984年以前，农民工月平均工资未超过100元，1984年农民工的月平均工资大幅度升高至240元，随后回落，仍高于1984年前的水平，1988年回升至接近1984年水平。1989年再次回落，随后上升，1991年开始稳定在250元以上，随后波动上升，1998年上升至609.1元，但1999年又下降到488.9元，仍高于1998年之前的水平。2000~2021年，全国农民工月平均工资总体上呈持续上涨趋势，从2000年的517.8元上升至2021年的4432元，增长幅度为3914.2元，年均增长率为10.76%。

表4-4　　　　　　　　　　1979~2021年农民工月平均工资

年份	月平均工资（元）	年份	月平均工资（元）	年份	月平均工资（元）
1979	90.0	1994	394.4	2009	1417
1980	85.0	1995	483.5	2010	1690
1981	80.0	1996	449.8	2011	2049
1982	92.5	1997	390.0	2012	2290
1983	75.0	1998	609.1	2013	2609
1984	240.0	1999	488.9	2014	2864
1985	116.7	2000	517.8	2015	3072
1986	120.6	2001	574.6	2016	3275
1987	151.3	2002	628.8	2017	3485
1988	221.8	2003	806.0	2018	3721
1989	182.9	2004	822.0	2019	3962
1990	190.0	2005	960.8	2020	4072
1991	252.8	2006	1014.4	2021	4432
1992	341.2	2007	1145.3		
1993	324.0	2008	1180.5		

资料来源：1979~2008年数据，转引自卢锋：《中国农民工工资走势：1979—2010》，载《中国社会科学》2012年第7期，第49~50页；2009~2021年数据来源于2009~2021年全国农民工监测调查报告。

2. 刘易斯转折点和库兹涅茨转折点契合

第一，我国收入差距由扩大到缩小的转折点大致出现在刘易斯第一转折点前后。改革开放以来我国收入分配经历了由扩大到缩小的过程。从表4-5可以看出，20世纪80年代中期我国城乡居民收入比为1.82（1983年、1984年、1985年的平均值）；此后城乡居民收入差距呈现出扩大趋势，2009年城乡居民收入比达到3.33，自此之后出现下降趋势，2021年下降到2.50。从表4-6中可以看出，我国全国总体基尼系数从1985年开始呈现出波动性上升的趋势，到2008年达到最高值0.4391。此后全国总体基尼系数开始下降，到2010年下降到0.4381。国家统计局2013年开始发布全国总体基尼系数，由于与本节具体计算方法不一致，所以二者年度基尼系数的具体数值没有可比性，但从基尼系数变化趋势上看，二者是一致的。从表 4-7 可以看出，根据国家统计局的数据，我国全国总体基尼系数在 2008 年达到最高值 0.491，此后逐步回落，2016 年回落至 0.465，之后保持持续平稳，微小浮动。城乡差值基尼系数是指城镇（或农村）居民收入占全国总收入的比重和城镇（或农村）人口占全国总人口比重之差的绝对值。城乡居民收入比值越大、城乡居民人口比值越小、差值基尼系数越大，说明城乡收入分配差距越大。从表 4-8 可以看出，城乡差值基尼系数从 1981 年开始下降，到 1983 年下降到最低点 0.1109，之后波动上升，到 2003 年达到最高点 0.2824。2004 年开始，除 2006 年存在小幅上升外，呈持续下降趋势，到 2021 年下降到 0.1740。综合来看，城乡居民收入差距、基尼系数、城乡差值基尼系数整体变动趋势基本相同。

表 4-5　　　　1978~2021 年中国历年城乡居民收入比变动情况

年份	城乡居民收入比	年份	城乡居民收入比	年份	城乡居民收入比
1978	2.57	1993	2.80	2008	3.31
1979	2.51	1994	2.86	2009	3.33
1980	2.50	1995	2.71	2010	3.23
1981	2.20	1996	2.51	2011	3.13
1982	1.95	1997	2.47	2012	3.10
1983	1.76	1998	2.51	2013	3.03
1984	1.83	1999	2.65	2014	2.97
1985	1.86	2000	2.79	2015	2.90
1986	2.12	2001	2.90	2016	2.72
1987	2.17	2002	3.11	2017	2.71
1988	2.17	2003	3.23	2018	2.69
1989	2.29	2004	3.21	2019	2.64
1990	2.20	2005	3.22	2020	2.56
1991	2.40	2006	3.28	2021	2.50
1992	2.58	2007	3.33		

资料来源：田卫民：《中国基尼系数计算及其变动趋势分析》，载《人文杂志》2012 年第 2 期，第 59 页。

表4-6　　　　　　　1980~2010年全国基尼系数的变动情况

年份	全国基尼系数	年份	全国基尼系数	年份	全国基尼系数
1980	0.3151	1991	0.3498	2002	0.4253
1981	0.2976	1992	0.3693	2003	0.4361
1982	0.2750	1993	0.3943	2004	0.4343
1983	0.2592	1994	0.4035	2005	0.4341
1984	0.2639	1995	0.3947	2006	0.4381
1985	0.2593	1996	0.3746	2007	0.4385
1986	0.3216	1997	0.3737	2008	0.4391
1987	0.3258	1998	0.3827	2009	0.4380
1988	0.3252	1999	0.3886	2010	0.4381
1989	0.3386	2000	0.3951		
1990	0.3320	2001	0.4050		

资料来源：田卫民：《中国基尼系数计算及其变动趋势分析》，载《人文杂志》2012年第2期，第59页。

表4-7　　　　　　　2003~2021年全国基尼系数的变动情况

年份	全国基尼系数	年份	全国基尼系数	年份	全国基尼系数
2003	0.479	2010	0.481	2017	0.467
2004	0.473	2011	0.477	2018	0.468
2005	0.485	2012	0.474	2019	0.465
2006	0.487	2013	0.473	2020	0.468
2007	0.484	2014	0.469	2021	0.466
2008	0.491	2015	0.462		
2009	0.490	2016	0.465		

资料来源：2003~2011年数据来源于国民经济运行情况新闻发布会图文实录：http://www.scio.gov.cn/m/xwfbh/xwfbh/wqfbh/2013/0118/tw/Document/1272715/1272715.htm，2012~2021年数据来源于《中国统计年鉴》。

第4章 中国二元经济转型的特殊性分析与阶段判断

表4-8　　　　1978~2021年中国城乡差值基尼系数的变动情况

年份	差值基尼系数	年份	差值基尼系数	年份	差值基尼系数
1978	0.1802	1993	0.2410	2008	0.2762
1979	0.1802	1994	0.2480	2009	0.2738
1980	0.1813	1995	0.2359	2010	0.2636
1981	0.1558	1996	0.2193	2011	0.2525
1982	0.1320	1997	0.2173	2012	0.2474
1983	0.1109	1998	0.2232	2013	0.2390
1984	0.1239	1999	0.2377	2014	0.2316
1985	0.1291	2000	0.2506	2015	0.2253
1986	0.1629	2001	0.2599	2016	0.2070
1987	0.1703	2002	0.2754	2017	0.2017
1988	0.1719	2003	0.2824	2018	0.1959
1989	0.1861	2004	0.2794	2019	0.1893
1990	0.1772	2005	0.2786	2020	0.1802
1991	0.2001	2006	0.2797	2021	0.1740
1992	0.2200	2007	0.2796		

资料来源：根据中华人民共和国统计局数据库和《2022年中国统计年鉴》整理计算而得。

第二，中国二元经济转型中收入分配演变存在着倒"U"形趋势。如果以第一产业就业比重为解释变量，以基尼系数为被解释变量，对二者进行二次曲线拟合，若能证明二者存在着二次函数关系，就说明中国二元经济转型中收入分配演变存在着倒"U"形趋势。根据这一思路，本节使用农业就业比重数据对全国基尼系数进行了二次曲线拟合。

模型设定为：

$$Q_t = \beta_0 - \beta_1 L_t + \beta_2 L_t^2 + \mu \tag{4.3}$$

其中，Q_t 表示全国基尼系数，L_t 表示农业就业比重，μ 是随机误差项，得到估计模型：

$$Q_t = 0.2635128 + 0.9659519 L_t - 1.175514 L_t^2$$

$$(3.73) \quad (-5.33)$$

$$\bar{R}^2 = 0.8836 \quad F = 148.09 \quad D.W. = 0.5945743$$

该模型中，$D.W.$ 值为 0.59，表明该模型存在自相关现象。经过试验，进行二次差分变换消除模型自相关，得到估计结果为：

$$Q_t = 0.05510 + 1.9116 L_t - 2.4021 L_t^2$$
$$(2.71) \quad (-3.39)$$
$$\bar{R}^2 = 0.9432 \quad F = 125.63 \quad D.W. = 2.18$$

从模型的回归结果看，该模型的拟合优度较高，方程总体通过显著性检验，L_t^2 和 L_t 在 5% 的显著性水平下显著不为零，因此，全国基尼系数与农业就业比重存在着二次曲线的关系，前者随着农业就业比重的下降先缓慢上升，而后又逐渐下降。令 $dQ_t/dL_t = 0$ 时，可知在 $L_t = 0.3979$ 时，Q_t 达到最大值 0.4313，全国基尼系数呈现出倒"U"形演变的趋势，如图 4-1 所示。

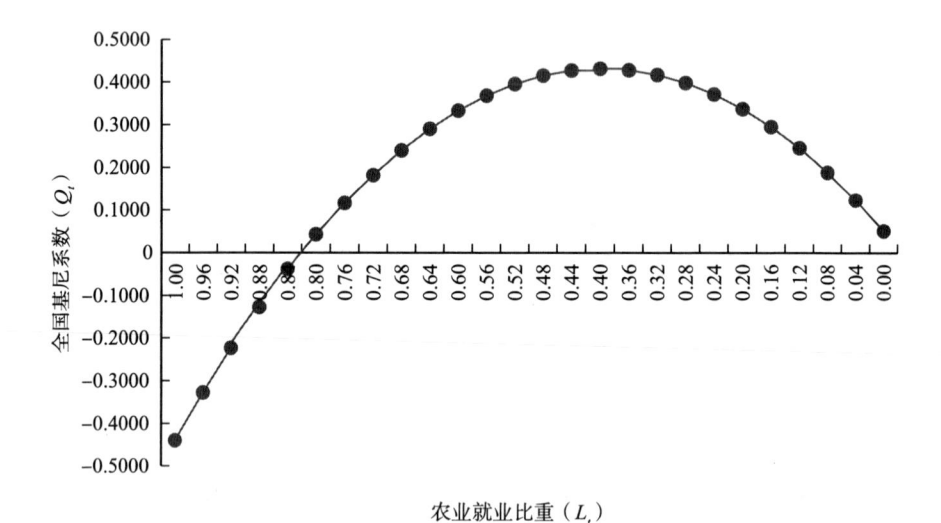

图 4-1 全国基尼系数倒"U"形曲线

通过对中国二元经济转型收入演变的经验实证分析，我们不难看出，虽然中国二元经济转型中收入分配表现出较大的波动，但总体来看是随着农业就业比重的下降呈现出由扩大到缩小的倒"U"形演变趋势。根据我们上述逻辑推演，由于二元经济转型不同阶段收入分配差距具有不同的变化轨迹，从而形成了收入分配的倒"U"形演变。因此，考察中国二元经济转型中收入分配差距的演变，必须与中国二元经济的转型阶段进行分析。根据高铁梅等学者[1]和本团队的研究,中国刘易斯第一转折点出现在 2005 年左右,从表 4-6 可见,全国总体基尼系数从 1985 年开始波动性上升,到 2008 年达到最高值 0.4391,此后开始下降;从表 4-7 可以看出,2003~2021 年,全国总体基尼系数呈现出波动下降的趋势,从 2003 年的 0.479 下降至 2021 年的 0.466,下降幅度为 0.013,年均下降率为 0.15%;从表 4-8 可以看出,我国城乡差值基尼系数从 1984 年开始呈现出波动性上升的趋势,到 2003 年达到最高值 0.2824,此后逐渐下降,到 2021 年已经下降到 0.1740。我国收入差距由扩大到缩小的转折点大致在刘易斯第一转折点前后。这说明中国二元经济转型对收入分配的演变的影响基本符合二元经济转型中收入分配的演变规律。

4.2.2.3 基于结构性指标变化的判断

1. "民工荒"的出现

2004 年前后,中国东南沿海出现了广泛的低端劳动力供给紧张的问题。制造业成为"民工荒"的重灾区,随后在一些中部省份如湖南、河南等农村劳动力流出省份也出现了用工紧张的现象。

第一,2004 年的"民工荒"并非一时之事。由表 4-9 可见,2010 年以来农民工总量尽管有所增加,但增速持续回落,2011 年、2012 年、2013 年、2014 年、2015 年、2018 年和 2020 年农民工总量增速分别比上年回落 1.0 个、0.5 个、1.5 个、0.5 个、0.6 个、1.1 个、2.6 个百分点,2017 年有所回升,比 2016 年上升 0.2 个百分点,2021 年大幅回升,总量水平基本恢复到 2019 年水平并略有提高,但增速下降的趋势并未改变。外出农民工人数增速则持续下降,2011 年、2012 年、2013 年、2014 年、2015 年、2016 年、2018 年和 2020 年分别比上年回落 2.1 个、0.5 个、1.3 个、0.4 个、0.9 个、0.1 个、1.0 个和 3.6 个百分点(见表 4-10)。

表 4-9　　　　　　　　2008~2021 年农民工总量及其增速

年份	总量(万人)	比上年增加量(万人)	比上年增速(%)
2008	22542	—	—
2009	22978	436	1.9

---

[1] 高铁梅、范晓非:《中国劳动力市场的结构转型与供求拐点》,载《财经问题研究》2011 年第 1 期,第 22~31 页。

续表

年份	总量（万人）	比上年增加量（万人）	比上年增速（%）
2010	24223	1245	5.4
2011	25278	1055	4.4
2012	26261	983	3.9
2013	26894	633	2.4
2014	27395	501	1.9
2015	27747	352	1.3
2016	28171	424	1.5
2017	28652	481	1.7
2018	28836	184	0.6
2019	29077	241	0.8
2020	28560	-517	-1.8
2021	29251	691	2.4

资料来源：2014~2021年全国农民工监测调查报告。

表4-10　　　　2000~2021年外出农民工总量及其增速

年份	总量（万人）	比上年增加量（万人）	比上年增速（%）
2000	7849	—	—
2001	8399	550	7.01
2002	10470	2071	24.66
2003	11390	920	8.79
2004	11823	433	3.80
2005	12578	755	6.39
2006	13181	603	4.79
2007	13611	430	3.26
2008	14041	430	3.16
2009	14533	492	3.50
2010	15335	802	5.52
2011	15863	528	3.44

续表

年份	总量（万人）	比上年增加量（万人）	比上年增速（%）
2012	16336	473	2.98
2013	16610	274	1.68
2014	16821	211	1.27
2015	16884	63	0.37
2016	16934	50	0.30
2017	17185	251	1.48
2018	17266	81	0.47
2019	17425	159	0.92
2020	16959	-466	-2.67
2021	17172	213	1.26

资料来源：2000~2006年来自国家统计局调查数据；2007年数据缺失，为2006年和2008年的均值；2008~2021年数据来自2014~2021年全国农民工监测调查报告。

由表4-11可见，40岁以下农民工所占比重继续下降，由2010年的66%下降到2021年的48.2%，农民工平均年龄也由35.5岁上升到41.7[①]岁。年轻农民工比重逐年下降表明农村劳动力的蓄水池已近干涸，劳动力供给发生了逆转，"民工荒"将会是一种长期发展趋势。

表4-11　　　　　2010~2021年农民工年龄构成　　　　　单位：%

年份	16~20岁	21~30岁	31~40岁	41~50岁	50岁以上
2010	6.6	35.9	23.5	21.2	12.9
2011	6.3	32.7	22.7	24.0	14.3
2012	4.9	31.9	22.5	25.6	15.1
2013	4.7	30.8	22.9	26.4	15.2
2014	3.5	30.2	22.8	26.4	17.1
2015	3.7	29.2	22.3	26.9	17.9
2016	3.3	28.6	22.0	27.0	19.2

① 资料来源：2021年农民工监测调查报告。

续表

年份	16～20 岁	21～30 岁	31～40 岁	41～50 岁	50 岁以上
2017	2.6	27.3	22.5	26.3	21.3
2018	2.4	25.2	24.5	25.5	22.4
2019	2.0	23.1	25.5	24.8	24.6
2020	1.6	21.1	26.7	24.2	26.4
2021	1.6	19.6	27.0	24.5	27.3

资料来源：2014～2021 年全国农民工监测调查报告。

第二，区域性"民工荒"也呈现出长期性特征。据广东省人社厅的数据，2014 年春节后广州市用工缺口从 2013 年的 11.23 万人增加到 12.33 万人[①]。人力资源社会保障部在 117 个城市进行的调查发现，岗位数量与求职者数量之比从 2005 年的 0.97 上升到 2020 年第一季度的 1.60[②]。

2. 第一产业结构就业变化

从表 4-12 可见，1978 年农业劳动力占比还高达 70% 以上。随着中国由计划经济向市场经济转轨，农业劳动力转移开始大规模启动。1987 年第一产业就业结构降低到 60% 以下，1997 年降到了 50% 以下，但并不稳定。不过从 2003 年下降到 50% 以下之后第一产业就业结构呈现持续稳定快速下降的趋势。陈建军从对日本经济发展的历史经验研究得出，当第一产业的就业人数和社会总就业人数之比低于 50% 时，就标志着劳动力"无限供给"状态的结束，也即跨越了刘易斯第一个转折点[③]。这表明，2003 年后中国也跨越了刘易斯第一个转折点。在这之后，第一产业的就业人数和社会总就业人数之比下降很快，从 2003 年的 49.10% 降低到 2008 年的 39.6%，仅用了 5 年时间降低了近 10 个百分点，到 2014 年首次降低到 30% 以下，达到 29.5%，到 2021 年这一比重已下降到 22.9%。

---

① 许经勇：《"刘易斯拐点"倒逼发展方式转型》，载《北方经济》2014 年第 8 期，第 6 页。
② 《2021 年第一季度部分城市公共就业服务机构市场供求状况分析》，中华人民共和国人力资源和社会保障部，2021 年 4 月 19 日，http：//www.mohrss.gov.cn/xxgk2020/fdzdgknr/jy_4208/jyscgqfx/202108/t20210806_420212.html。
③ 陈建军：《"无限供给"走向终结》，载《IT 经理世界》2004 年第 21 期，第 83～84 页。

表4-12　　　　1978~2021年中国第一产业就业结构变动情况　　　　单位：%

年份	第一产业就业结构	年份	第一产业就业结构	年份	第一产业就业结构
1978	70.53	1993	56.40	2008	39.60
1979	69.80	1994	54.30	2009	38.10
1980	68.75	1995	52.20	2010	36.70
1981	68.10	1996	50.50	2011	34.80
1982	68.13	1997	49.90	2012	33.60
1983	67.08	1998	49.80	2013	31.40
1984	64.05	1999	50.10	2014	29.50
1985	62.42	2000	50.00	2015	28.30
1986	60.95	2001	50.00	2016	27.7
1987	59.99	2002	50.00	2017	26.7
1988	59.35	2003	49.10	2018	25.7
1989	60.05	2004	46.90	2019	24.7
1990	60.10	2005	44.80	2020	23.6
1991	59.70	2006	42.60	2021	22.9
1992	58.50	2007	40.80		

资料来源：《中国统计年鉴2022》。

4.2.3 刘易斯第二转折点的预测

4.2.3.1 国内外学者的相关预测结果

现有研究关于刘易斯第二转折点的理解不同，判断方法存在差异，所得到的结论也不尽相同。大体可以分为2020年之前和2020年之后两种判断结果。

第一，2020年之前。吴要武从非技术劳动者的工资变化、非正规就业规模变化等角度指出，我国第二个刘易斯转折点应该在2002~2004年之间已经到达[1]。田岛俊雄认为，2013年前后中国将很快越过第二个刘易斯转折点[2]。

---

[1] 吴要武：《"刘易斯转折点"来临：我国劳动力市场调整的机遇》，载《开放导报》2007年第6期，第50~56页。

[2] ［日］田岛俊雄：《刘易斯转折点和中国农业农村经济问题》，台北：中央研究院人文社会科学研究中心，2008年。

中国人民银行上海总部统计部课题组从农村剩余劳动力推断，我国越过刘易斯转折区间的时间将不会晚于 2020 年[①]。金三林预期，从理论上来看，到 2025～2030 年，我国将基本完成劳动力转移，到达刘易斯第二转折点。但是，我国刘易斯第二转折点实际上有可能在 2017 年左右来到，2020 年前我国将可能完成具有中国特色的刘易斯转折进程[②]。

第二，2020 年之后。周天勇认为，中国目前城市化水平还很低，农业还有大量剩余劳动力，城乡生产率和工资水平还存在较大差距，因此，刘易斯第二转折点可能在 2020 年之后[③]，但其没有给出具体的时间。吴海民基于 1990～2010 年农业和工业部门劳动边际生产率的考察得出，我国将在 2043 年迎来刘易斯第二拐点[④]。杨俊青等基于 1952～2020 年农业劳动力占三次产业总劳动力比重指标，以农业劳动力占三次产业总劳动力比重下降到 12.6% 为标准，推算得到我国将于 2035 年前后越过刘易斯第二转折点[⑤]。

4.2.3.2 本章的判断结果

鉴于传统农业部门的不变制度工资估算难度较大，本章采用最低工资水平代表不变制度工资，各省份最新最低工资标准调整如表 4-13 所示。

表 4-13　　　　　　　　各省份最低工资标准　　　　　　　　单位：元

省份	最低工资标准	实施时间	最低工资标准	实施时间	最低工资标准	实施时间	最低工资标准	实施时间	最低工资标准	实施时间
上海	2590	2021.7.1	2420	2018.4.1	2020	2015.4.1	1280	2011.4.1	690	2005.7.1
广东	2300	2021.12.1	1895	2015.5.1	1895	2015.5.1	1300	2011.3.1	684	2004.12.1

[①] 中国人民银行上海总部调查统计部课题组：《刘易斯转折点研究：判断、趋势及对策（二）》，载《金融发展评论》2011 年第 7 期，第 53~76 页。
[②] 金三林：《对"刘易斯转折"阶段进程的判断》，载《学习时报》2012 年 7 月 2 日。
[③] 周天勇：《"刘易斯拐点"到来了吗》，载《中国财经报》2010 年 8 月 3 日。
[④] 吴海民：《我国刘易斯拐点的新检验——基于 1990—2010 年农业和工业部门劳动边际生产率的考察》，载《贵州财经大学学报》2012 年第 3 期，第 6~11 页。
[⑤] 杨俊青、王玉博、靳伟择：《劳动力有限供给条件下的二元经济转化探索》，载《中国人口科学》2022 年第 1 期，第 44~58+127 页；蔡昉：《农业劳动力转移潜力耗尽了吗》，载《中国农村经济》2018 年第 9 期，第 2~13 页。

续表

省份	最低工资标准	实施时间	最低工资标准	实施时间	最低工资标准	实施时间	最低工资标准	实施时间	最低工资标准	实施时间
浙江	2280	2021.8.1	2010	2017.12.1	1860	2015.11.1	1310	2011.4.1	670	2005.12.1
天津	2180	2021.7.1	2050	2017.7.1	1850	2015.4.1	1160	2011.4.1	590	2005.7.1
江苏	2280	2021.8.1	1890	2017.7.1	1770	2016.1.1	1140	2011.2.1	690	2005.11.1
北京	2320	2021.8.1	2000	2017.9.1	1720	2015.4.1	1160	2011.1.1	580	2005.7.1
新疆	1900	2021.4.1	1820	2018.1.1	1670	2015.7.1	1160	2011.6.1	480	2004.5.1
内蒙古	1980	2021.12.1	1760	2017.8.1	1640	2015.7.1	1050	2011.11.1	420	2004.7.1
山西	1980	2023.1.1	1700	2017.10.1	1620	2015.5.1	980	2011.4.1	520	2004.7.1
山东	2100	2021.10.1	1910	2018.6.1	1600	2015.3.1	1100	2011.3.1	530	2005.1.1
河南	2000	2022.1.1	1720	2017.10.1	1600	2015.7.1	1080	2011.10.1	480	2005.10.1
贵州	1890	2023.2.1	1680	2017.7.1	1600	2015.10.1	930	2011.09.1	400	2004.10.1
云南	1900	2022.10.1	1670	2018.5.1	1570	2015.9.1	950	2011.09.1	470	2004.10.1
湖北	2010	2021.9.1	1750	2017.11.1	1550	2015.9.1	1100	2011.12.1	460	2005.3.1
江西	1850	2021.4.1	1680	2018.1.1	1530	2015.10.1	720	2010.07.1	360	2004.9.1
辽宁	1910	2021.11.1	1620	2018.1.1	1530	2016.1.1	1100	2011.07.1	450	2004.11.11
安徽	2060	2023.3.1	1520	2015.11.1	1520	2015.11.1	1010	2011.07.1	410	2004.10.1
四川	2100	2022.4.1	1500	2015.7.1	1500	2015.7.1	850	2010.08.1	450	2004.8.30
福建	2030	2022.4.1	1700	2017.7.1	1500	2015.7.1	1100	2011.03.1	470	2005.7.1
重庆	2100	2022.4.1	1500	2016.1.1	1500	2016.1.1	870	2011.01.1	400	2004.5.1
河北	2200	2023.1.1	1650	2016.7.1	1480	2014.12.1	1100	2011.07.1	520	2004.7.1
陕西	1950	2021.5.1	1680	2017.5.1	1480	2015.5.1	860	2011.01.1	490	2005.7.1
吉林	1880	2021.12.1	1780	2017.10.1	1480	2015.12.1	1000	2011.05.1	360	2003.9.1
黑龙江	1860	2021.4.1	1680	2017.10.1	1480	2015.10.1	880	2010.07.1	390	2004.2.3
宁夏	1950	2021.9.1	1660	2017.10.1	1480	2015.11.1	900	2011.04.1	380	2004.2.1
甘肃	1820	2021.9.1	1620	2017.2.1	1470	2015.4.1	760	2010.10.1	340	2004.1.1
西藏	1850	2021.7.1	1650	2018.1.1	1400	2015.1.1	950	2010.08.1	495	2004.11.1
广西	1810	2020.3.1	1680	2018.2.1	1400	2015.1.1	820	2010.09.1	460	2004.10.25

续表

省份	最低工资标准	实施时间	最低工资标准	实施时间	最低工资标准	实施时间	最低工资标准	实施时间	最低工资标准	实施时间
湖南	1930	2022.4.1	1580	2017.7.1	1390	2015.1.1	1020	2011.07.1	480	2005.7.1
青海	1880	2023.2.1	1500	2017.5.1	1270	2014.5.1	920	2011.12.1	370	2004.10.1
海南	1830	2021.12.1	1430	2016.5.1	1270	2015.1.1	830	2010.07.1	500	2004.7.1

资料来源：中华人民共和国人力资源和社会保障部。

2021年全国平均最低工资水平为24278.71元[1]，以GDP平减指数剔除价格影响后，2021年实际最低工资水平为2040.91元，而农业劳动边际产出为1516元（见表4-3），明显低于全国实际最低工资水平，因此可以初步判断2021年刘易斯第二转折点并未到来[2]。

我国早在1994年就已经开始实行了最低工资制度，《最低工资规定》于2003年12月30日颁布，2004年3月1日起施行，而据本书测算，2006年我国进入刘易斯转折阶段，经过整理计算，2006~2021年全国最低工资年均增长率为4.0%；而2006~2021年农业劳动边际产出年均增长率高达20.6%，若二者分别按照这种速度增长，到2024年，我国农业劳动边际产出会首次超过全国实际最低工资的水平，这就意味着我国在2024年以后迎来刘易斯第二转折点。

本章对"刘易斯第二转折点"的判断结果与现有研究存在较大差异，可能的原因，一是不同于现有研究多采用间接判断标准（如城市化水平、农业劳动力占三次产业总劳动力比重等），本文是根据刘易斯—费景汉—拉尼斯模型对于刘易斯转折点的基本判断标准，采用农业劳动边际生产率是否超过农业部门的生存工资来判断刘易斯第二转折点是否到来进行判断；二是不同于现有将刘易斯第二转折点的到来作为二元经济转型结束终点的理解，本书认为刘易斯第二转折点的到来仅标志着农业劳动边际生产率超

---

[1] 本节的最低工资水平根据全国各地政府最新"调整最低工资文件"获得各地月最低工资额，经平均获得全国月平均最低工资额，从而得到年平均最低工资额。

[2] 本节农业劳动边际产出的测度均使用实际指标，因此与全国实际最低工资水平对比更具合理性。

过了农业部门的生存工资，农业劳动力的大规模非农转移并未结束，农业劳动边际生产率仍然低于现代非农产业，一个国家或地区包括农业在内的现代化完成才是二元经济转型的终点。因此本章关于我国将会在 2024 年以后迎来刘易斯第二转折点的判断，虽然有别于现有研究，但符合我国经济社会的发展实际。

第 5 章

后刘易斯转折阶段构建新型
城乡关系的难点分析

第 4 章的研究表明，中国二元经济转型在 2024 年前后跨越刘易斯第二转折点。进入后刘易斯转折阶段，人口与经济大国的赶超式发展必然会带来更加激烈的国际竞争；社会主义制度特有价值取向与大国经济面临的资源环境与市场需求约束的矛盾将更加突出。体制转型的非均衡性制度变迁导致的要素市场培育、公共服务均等化和现代化政府治理体系建设的滞后，以及农民工非农化与市民化相脱节，都会对后刘易斯转折阶段构建新型城乡关系产生重要的影响。本章立足社会主义发展中大国转型发展的实际，结合中国二元经济转型的特殊性，分析后刘易斯转折阶段构建新型城乡关系面临的症结性难题，为构建新型城乡关系的统筹谋划、总体设计，以及专题性研究提供现实依据。

5.1 劳动力成本上升及其影响

作为大国经济体，进入后刘易斯转折阶段，构建新型城乡关系，促进城乡融合发展，面临的第一大难题就是劳动力与资源环境成本上升及其对二元经济转型的多重影响。

5.1.1 劳动力成本上升及其对就业需求的影响

从劳动力成本的角度分析，进入后刘易斯转折阶段，农业部门的工资决定机制发生根本性变化，由遵循分享制原则转为遵循市场化原则，即工资水平由平均产出决定转由边际劳动生产率决定。由于劳动力市场供给关系的重

第5章 后刘易斯转折阶段构建新型城乡关系的难点分析

大变化，工业部门的工资水平也不再受制于农业的生存工资。对发达经济体二元经济转型中工资变动的历史考察表明，进入后刘易斯转折阶段，工资水平都有较大幅度的增长。我国已于2006年左右进入刘易斯转折阶段，正临近刘易斯第二转折点。2004年起我国工资水平持续上升，劳动力成本也随之上涨（见表5-1）。

由表5-1可见，2004年以来，劳动力成本呈现为绝对上升和相对上升两种情况。前者表现为，城镇单位就业人员平均工资呈现明显的上升趋势，2004~2021年城镇单位就业人员平均工资年均上涨11.8%；城镇单位就业人员工资上涨幅度高于人均GDP上涨幅度，2004~2021年，除个别年份外，城镇单位就业人员平均货币工资和平均实际工资指数均高于人均GDP指数，平均分别高出3.64个和1.12个百分点。后者则表现为，工资上涨幅度高于劳动生产率上涨幅度，除个别年份外，2004~2021年城镇单位就业人员平均货币工资指数和平均实际工资指数基本高于全社会劳动生产率指数（见图5-1）。

表5-1　城镇单位就业人员平均工资、工资指数、人均国内生产总值指数和全社会劳动生产率指数

年份	城镇单位就业人员平均工资（元）	城镇单位就业人员平均货币工资指数（上年=100）	城镇单位就业人员平均实际工资指数（上年=100）	人均国内生产总值指数（上年=100）	全社会劳动生产率指数（上年=100）
2004	15920	114.0	110.3	109.5	109.33
2005	18200	114.3	112.5	110.7	110.82
2006	20856	114.6	112.9	112.1	112.22
2007	24721	118.5	113.4	113.6	113.71
2008	28898	116.9	110.7	109.1	109.30
2009	32244	111.6	112.6	108.9	109.02
2010	36539	113.3	109.8	110.1	110.23
2011	41799	114.4	108.6	109.0	109.42
2012	46769	111.9	109	107.1	107.78
2013	51483	110.1	107.3	107.1	107.70
2014	56360	109.5	107.2	106.8	107.36

续表

年份	城镇单位就业人员平均工资（元）	城镇单位就业人员平均货币工资指数（上年=100）	城镇单位就业人员平均实际工资指数（上年=100）	人均国内生产总值指数（上年=100）	全社会劳动生产率指数（上年=100）
2015	62029	110.1	108.5	106.4	107.08
2016	67569	108.9	106.7	106.2	106.95
2017	74318	110.0	108.2	106.3	107.21
2018	82413	110.9	108.6	106.3	107.14
2019	90501	109.8	106.8	105.6	106.42
2020	97379	107.6	105.2	102.0	102.76
2021	106837	109.7	108.6	108.4	109.04

注：全社会劳动生产率＝国内生产总值/就业人员（国内生产总值采用1978＝100）。
资料来源：根据国家统计局网站相关数据计算整理得出。

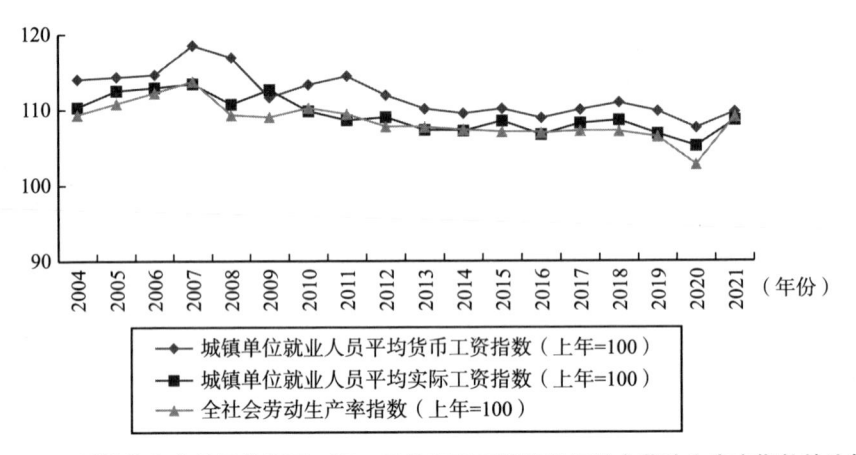

图 5-1 城镇就业人员平均货币工资、平均实际工资指数与社会劳动生产率指数的比较
资料来源：根据表 5-1 整理得出。

劳动力成本上升通过替代效应、规模效应，以及影响出口三个途径影响企业的用工需求。

第一，通过劳动力需求的替代效应和规模效应产生影响。由图 5-2 可见，当劳动力市场的工资水平为 w_0，等产量曲线为 Q_0 时，企业的就业需求由 P 点决定，其水平为 E_P。由于工资是劳动力价格，如果工资上升而资本价格保持不变，那么，相对于资本而言，劳动就变得比以前更昂贵，企业将会重新调整其投入组合，多使用资本，少使用劳动，也就是用资本来代替劳动，提高资本集约度。由此，产出 Q_0 不变，企业的生产要素组合在等产量曲线上移动，由 P 点移动到 P' 点，企业的就业需求从 E_P 下降到 E'_P。由于工资上升，企业的实际预算也下降了。此时，新的预算约束线 w_1 与等产量曲线 Q_1 相切于 q 点，企业的就业需求从 E'_P 下降到 E_q。E_P 下降到 E'_P 是替代效应，E'_P 下降到 E_Q 是规模效应。工资上升导致企业对就业需求下降的总效应是 E_P 到 E_q。

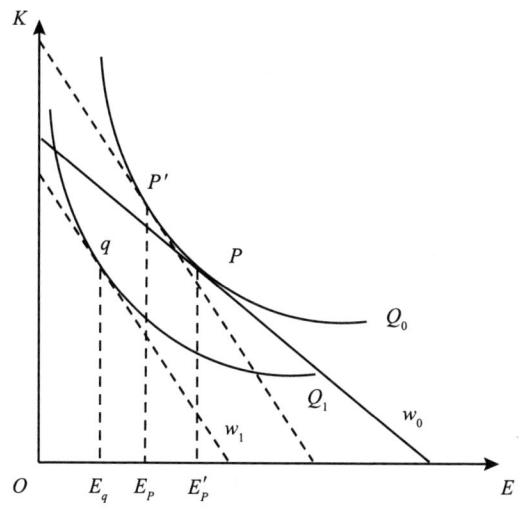

图 5-2 工资上升的规模效应和替代效应

第二，通过出口产生影响。劳动力成本上升，产品价格会上升，一国出口产品的价格竞争力就必然会被削弱，从而使该产品的出口量减少或出口增速下降，由此，企业的生产和规模扩张都会受到限制。第一财经研究院在博鳌论坛 2018 年年会上发布的《中国与全球制造业竞争力》报告显示，中国制造业竞争力相对优势下滑，劳动力成本上升是主因。"据测算，2017 年我国城镇单位制造业劳动力成本总额约为 4.63 万亿元，年人均劳动力成本约为 10 万元（人民币）。2013~2017 年制造业劳动力成本水平呈现出上升趋势，其中，2015~2017 年的增速分别为 5.93%、6.31% 和 7.93%。据美国贸易经济统计机构（Trading Economics）数据，2019 年一季度中国劳动力成本指数达到 104.8，创 2016 年以来新高。"① 通过与 40 个发达国家、发展中国家的数据进行比较可以发现，虽然我国在 2008 年、2013 年和 2018 年的排名都是第一，但随着劳动力成本的不断提高，得分逐渐下降，劳动力的成本优势正在减弱（见表 5-2）。劳动力成本优势的减弱不可避免地会通过影响产品出口来减少就业需求。近年来，我国出口贸易增速下降是多因素综合作用的结果，但不可否认的是劳动力成本优势减弱在多因素作用中占有重要地位②。

表 5-2　2008 年、2013 年和 2018 年 40 个国家劳动力成本排名优势

2008 年排名	国家	2008 年总分	2013 年排名	国家	2013 年总分	2018 年排名	国家	2018 年总分
1	中国	0.7305	1	中国	0.6934	1	中国	0.7078
2	土耳其	0.6880	2	土耳其	0.6807	2	印度	0.6856
3	印度	0.6474	3	印度	0.6410	3	阿根廷	0.6571
4	印度尼西亚	0.6470	4	印度尼西亚	0.6291	4	印度尼西亚	0.6469
5	乌克兰	0.6239	5	埃及	0.6149	5	墨西哥	0.6424
6	墨西哥	0.5971	6	墨西哥	0.6037	6	菲律宾	0.6275
7	泰国	0.5962	7	菲律宾	0.6028	7	哈萨克斯坦	0.6208
8	埃及	0.5952	8	阿根廷	0.5972	8	泰国	0.6068
9	俄罗斯	0.5951	9	哈萨克斯坦	0.5814	9	孟加拉国	0.6019
10	巴西	0.5931	10	马来西亚	0.5788	10	埃及	0.6008
11	马来西亚	0.5898	11	泰国	0.5706	11	土耳其	0.5891
12	菲律宾	0.5880	12	巴基斯坦	0.5586	12	马来西亚	0.5562
13	阿根廷	0.5866	13	俄罗斯	0.5554	13	巴基斯坦	0.5543
14	巴基斯坦	0.5856	14	荷兰	0.5548	14	柬埔寨	0.5482
15	孟加拉国	0.5677	15	西班牙	0.5441	15	西班牙	0.5431
16	柬埔寨	0.5643	16	孟加拉国	0.5356	16	荷兰	0.5422
17	瑞典	0.5640	17	巴西	0.5153	17	巴西	0.5406

---

① 钱诚：《我国制造业劳动力成本优势的国际比较》，载《发展研究》2020 年第 3 期，第 4~8 页。

② 由于我国在新冠疫情条件下经济增长远好于世界其他国家，2020~2021 年我国出口贸易有较大的增长。

续表

2008年排名	国家	2008年总分	2013年排名	国家	2013年总分	2018年排名	国家	2018年总分
18	哈萨克斯坦	0.5626	18	澳大利亚	0.4870	18	俄罗斯	0.5097
19	越南	0.5471	19	丹麦	0.4830	19	日本	0.5030
20	西班牙	0.5387	20	加拿大	0.4802	20	保加利亚	0.4988
21	匈牙利	0.5387	21	日本	0.4687	21	韩国	0.4880
22	意大利	0.5049	22	匈牙利	0.4615	22	意大利	0.4841
23	荷兰	0.4873	23	韩国	0.4601	23	越南	0.4836
24	波兰	0.4823	24	捷克	0.4467	24	捷克	0.4812
25	韩国	0.4783	25	柬埔寨	0.4387	25	奥地利	0.4811
26	日本	0.4749	26	保加利亚	0.4361	26	英国	0.4753
27	加拿大	0.4648	27	南非	0.4349	27	瑞士	0.4552
28	捷克	0.4559	28	瑞典	0.4336	28	丹麦	0.4535
29	澳大利亚	0.4513	29	越南	0.4279	29	匈牙利	0.4484
30	南非	0.4430	30	波兰	0.4139	30	加拿大	0.4465
31	丹麦	0.4424	31	奥地利	0.3949	31	瑞典	0.4428
32	奥地利	0.4417	32	美国	0.3882	32	芬兰	0.4306
33	芬兰	0.4384	33	比利时	0.3772	33	法国	0.4272
34	法国	0.4259	34	乌克兰	0.3724	34	波兰	0.4021
35	保加利亚	0.3763	35	意大利	0.3712	35	澳大利亚	0.3984
36	瑞士	0.3583	36	瑞士	0.3692	36	南非	0.3835
37	比利时	0.3563	37	芬兰	0.3610	37	比利时	0.3775
38	美国	0.3548	38	法国	0.3594	38	乌克兰	0.3600
39	英国	0.3161	39	英国	0.3335	39	美国	0.3543
40	德国	0.2384	40	德国	0.2321	40	德国	0.3270

资料来源：基于劳动力成本优势评价模型；一些国家部分年份数据缺失，根据相邻年份数据估算得到。转引自钱诚：《我国制造业劳动力成本优势的国际比较》，载《发展研究》2020年第3期，第4~8页。

5.1.2 劳动力成本上升对农业劳动力转移及农民工市民化的影响

劳动力成本上升会通过影响就业总量和就业结构影响农业劳动力非农转移和农民工市民化进程。从就业总量上来看，劳动力成本上升带来的替代效应和规模效应，以及对出口贸易的影响都会减少企业的用工需求。《2022 年国民经济和社会发展统计公报》显示，2022 年我国的城镇就业人员数为 45931 万人①，相较于 2021 年的 46773 万人减少了 842 万人，这是自 1962 年以来，我国首次出现城镇就业人员减少。城镇劳动力市场总体规模的缩小、就业机会的减少，将直接影响农业劳动力的非农转移和农民工市民化进程。

从就业结构的角度分析，劳动力成本上升的替代效应不仅会影响就业总量，也会影响就业结构。企业用资本替代劳动，促进了产业结构从劳动密集型产业转向资本和技术密集型产业。资本密集型和技术密集型产业不仅对劳动者的受教育程度和职业技能提出了更高的要求，而且单位资本的用工需求明显少于劳动密集型产业。随着劳动力成本的提高，我国人工智能等新技术在工业和服务业不断推广和普及，制造业的数字化转型使得劳动力在工作中从事的任务发生变化，重复性的简单劳动逐步被替代，劳动力市场对非技能型的劳动力需求显著降低。武汉大学质量发展战略研究院发布的《中国企业—劳动力匹配调查（CEES）报告（2015—2016）》显示，广东制造业企业的总人数在 2013～2014 年下降了 2.2%，2014～2015 年下降了 6.3%；湖北制造业企业的总人数在 2014～2015 年下降了 3.3%。员工人数下降主要集中在非技能型劳动力方面，一线工人的人数下降了 6.2%，其他员工下降了 2.9%；技能型劳动力则下降得更少，其中中高层管理者下降了 0.5%，其他管理人员下降了 1.4%，销售人员下降 0.7%，而技术和设计人员则略微增长了 0.6%。安帕西迪斯等（Ampatzidis et al.，2017）的研究表明人工智能技术对制造业就业的影响较为显著②。孟祺通过对 2000～2018 年我国 17 个行业的数据分析发现，数字经济对低技能密集型行业的就业产生了冲击③。叶胥等则认为，智能资本的引入降低了主要以程式化任务为主的第二产业就业比重，显著促进了生产性服务业与其他高端服务业就业，诱发了知识与技术密集型行业对劳动力的需求④。

---

① 数据来源为国家统计局：《中华人民共和国 2022 年国家经济和社会发展统计公报》，http://www.stats.gov.cn/xxgk/sjfb/zxfb2020/202302/t20230228_1919001.html。

② Ampatzidis, Y., Bellis, L. D., Luvisi, A., iPathology: Robotic Applications and Management of Plants and Plant Diseases, Sustainability, 2017, 6 (9): pp. 1 – 14.

③ 孟祺：《数字经济与高质量就业：理论与实证》，载《社会科学》2021 年第 2 期，第 47～58 页。

④ 叶胥、杜云晗、何文军：《数字经济发展的就业结构效应》，载《财贸研究》2021 年第 4 期，第 1～13 页。

相较于城镇居民，农民工在教育水平及职业技术方面还是有较大差距。根据《2022年农民工监测调查报告》，在全部农民工中，未上过学的占0.7%，小学文化程度占13.4%，初中文化程度占55.2%，高中文化程度占17.0%，大专及以上文化程度占13.7%；在外出农民工中，大专及以上文化程度的占18.7%；在本地农民工中，大专及以上文化程度的占9.1%[①]。大多数进城务工的农民多从事简单、重复性工作，其劳动力素质与资本和技术密集型产业的岗位匹配程度较低。

受劳动力成本上升带来的就业总量相对甚至绝对减少，就业结构变化与农民工人力资本水平匹配程度下降的双重影响，近年来本地农民工和外出农民工的增速都明显放缓，不利于农业规模经营和农业农村现代化，给构建新型城乡关系带来新的挑战。

5.2 资源环境成本上升及其影响

与发展中大国与小国经济体不同，二元经济转型进入后刘易斯转折阶段，构建新型城乡关系必须面对资源环境承载能力下降所带来的资源环境成本上升及其影响。

5.2.1 资源和环境承载力的下降

中国地大物博，幅员辽阔，从资源总量来看，属于资源大国。正是基于这一比较优势，中国二元经济转型过程中形成了长期依赖于"高投入、高消耗"；"低产出、低效率"的发展模式。尽管这一发展方式推动了中国经济高速增长，但也导致了资源和环境承载力的下降。

首先，资源利用效率明显偏低，人均资源占有量持续下降。与发达国家和区域以及同等发展水平的国家和区域相比，我国资源利用效率明显偏低。以水资源为例，虽然中国水的生产率持续上升（见表5-3），但是与世界其他国家相比仍然较低。2019年经合组织成员水的生产率为48.48，而我国仅为24.16，相当于经合组织成员的50%左右，高收入国家的43.52%

---

① 数据来源为国家统计局：《2022年农民工监测调查报告》，http：//www.stats.gov.cn/sj/zxfb/202304/t20230427_1939124.html。

（见表5-4）。由于资源利用效率较差，导致伴随经济增长，人均资源占有量持续下降。

表5-3　　　　　　　中国部分年份水的生产率　　单位：2015年不变价美元GDP/每立方米的总淡水抽取

年份	水的生产率
1980	0.9528
1985	1.4576
1990	2.0548
1993	2.7793
2000	5.0283
2007	10.0088
2012	14.9071
2015	18.6914
2017	21.3590
2019	24.1574

资料来源：世界银行数据库。

表5-4　　　　　　2019年中国水的生产率与世界比较

单位：2015年不变价美元GDP/每立方米的总淡水抽取

国家或地区	水的生产率
中国	24.16
世界	21.19
经合组织成员	48.48
中高等收入国家	18.83
高收入国家	55.51

资料来源：世界银行数据库。

中国人均耕地面积持续下降，从1978年的人均0.1017公顷下降到2020年的0.0847公顷，下降了52.28%（见表5-5）。与世界各地区相比，中国人均耕地面积偏低。2020年世界人均耕地面积为0.1775公顷，而我国仅为0.0847公顷，是世界平均水平的47.72%，相当于俄罗斯的10.03%，美国的17.80%，欧盟的38.43%，巴西的32.38%，印度的76.10%，经合组织成员的31.24%，高收入国家的30.57%，中高收入国家的44.28%（见表5-6）。

表5-5　　　　　　　1961～2020年中国人均耕地面积　　　　　单位：公顷

年份	人均耕地	年份	人均耕地	年份	人均耕地
1961	0.1566	1981	0.0981	2001	0.0946
1962	0.1549	1982	0.1016	2002	0.0942
1963	0.1508	1983	0.1056	2003	0.0938
1964	0.1471	1984	0.1107	2004	0.0934
1965	0.1433	1985	0.1150	2005	0.0930
1966	0.1387	1986	0.1136	2006	0.0928
1967	0.1345	1987	0.1115	2007	0.0922
1968	0.1304	1988	0.1104	2008	0.0919
1969	0.1263	1989	0.1099	2009	0.0916
1970	0.1223	1990	0.1097	2010	0.0907
1971	0.1185	1991	0.1091	2011	0.0897
1972	0.1150	1992	0.1061	2012	0.0886
1973	0.1119	1993	0.1035	2013	0.0879
1974	0.1102	1994	0.1018	2014	0.0872
1975	0.1067	1995	0.0998	2015	0.0867
1976	0.1049	1996	0.0986	2016	0.0861
1977	0.1033	1997	0.0973	2017	0.0856
1978	0.1017	1998	0.0964	2018	0.0852
1979	0.1002	1999	0.0955	2019	0.0849
1980	0.0988	2000	0.0948	2020	0.0847

资料来源：世界银行数据库。

表 5-6 2020 年中国人均耕地与世界比较 单位：人均公顷数

国家或地区	耕地
中国	0.0847
世界	0.1775
俄罗斯联邦	0.8444
美国	0.4758
欧洲联盟	0.2204
巴西	0.2616
印度	0.1113
经合组织成员	0.2711
高收入国家	0.2771
中高等收入国家	0.1913

资料来源：世界银行数据库。

中国人均可再生内陆淡水资源也出现了持续下降，从 1977 年的 2981.49 立方米下降到 2019 年的 1998.16 立方米，下降了 32.98%（见表 5-7）。而且与世界各地区相比，中国人均可再生内陆淡水资源也偏低。2019 年世界人均可再生内陆淡水资源为 5555.38 立方米，而我国仅为 1998.16 立方米，是世界平均水平的 35.97%，相当于东亚与太平洋地区的 45.89%，欧盟的 65.74%，北美的 12.90%，经合组织成员的 21.35%，高收入国家的 23.56%，中高收入国家的 24.67%（见表 5-8）。

表 5-7 中国部分年份人均可再生内陆淡水资源 单位：立方米

年份	人均可再生内陆淡水资源
1962	4225.03
1967	3727.92
1972	3263.11
1977	2981.49
1982	2788.83
1987	2594.84
1992	2414.57

第5章 后刘易斯转折阶段构建新型城乡关系的难点分析

续表

年份	人均可再生内陆淡水资源
1997	2286.77
2002	2196.89
2007	2134.40
2012	2082.63
2014	2077.18
2016	2026.89
2019	1998.16

资料来源：世界银行数据库。

表5-8　　　2019年中国人均可再生内陆淡水资源与世界比较　　　单位：立方米

国家或地区	人均可再生内陆淡水资源
中国	1998.16
世界	5555.38
东亚与太平洋地区	4354.65
欧洲联盟	3039.43
北美	15489.25
经合组织成员	9359.91
中高等收入国家	8099.62
高收入国家	8483.53

资料来源：世界银行数据库。

从矿产资源种类和总量来看，我国属于矿产资源大国，但我国许多矿产的人均占有量都低于世界平均水平，如2017年中国人均原油、天然气和煤炭探明储量分别只有世界平均水平的8.46%、14.47%和72.85%[1]。

其次，中国目前面临着环境严重污染、生态系统遭到破坏、生活环境质量下降等严峻问题。一是从大气质量来看，2021年，全国339个地级及以上城市中，有218个城市环境空气质量达标，占全部城市数的64.3%；121个城市环境空气质量超标，占35.7%[2]。虽然中国二氧化碳排放量呈现较为明

---

[1]　根据"世界能源数据库"相关数据计算得出。
[2]　资料来源：《2021中国生态环境状况公报》。

显的下降趋势（见表5-9），从1990年的2.1154千克/2010年美元GDP降低到2019年的0.7489千克/2010年美元GDP，但与世界其他地区相比碳排放量仍然较高。2019年世界平均二氧化碳排放量为0.4056，而我国为0.7489，是世界平均水平的1.85倍，相当于东亚与太平洋地区的1.29倍，北美的3.0倍，欧盟的4.06倍，经合组织成员的3.32倍，高收入国家的3.23倍，中高收入国家的1.11倍（见表5-10）。二是从酸雨频率来看，2021年465个监测降水的城市（区、县）中，酸雨频率平均为8.5%，出现酸雨的城市比例为30.8%[1]。三是从地表水质量来看，2021年，全国地表水监测的3632个国考断面中，Ⅰ~Ⅲ类水质断面（点位）占84.9%；劣Ⅴ类占1.2%。四是从地下水质量来看，对全国1900个国家地下水环境质量考核点位开展了地下水水质监测。评价结果显示：Ⅰ~Ⅳ类水质点位占79.4%，Ⅴ类占20.6%[2]。

表5-9 　　　　　　　　1990~2019年中国二氧化碳排放量

单位：千克/2010年美元GDP

年份	二氧化碳排放量	年份	二氧化碳排放量
1990	2.1154	2005	1.3176
1991	2.0509	2006	1.2919
1992	1.8859	2007	1.2286
1993	1.8116	2008	1.1535
1994	1.6768	2009	1.1305
1995	1.6865	2010	1.1219
1996	1.5252	2011	1.1217
1997	1.4252	2012	1.0690
1998	1.3646	2013	1.0379
1999	1.2351	2014	0.9683
2000	1.2081	2015	0.8915
2001	1.1760	2016	0.8355
2002	1.1633	2017	0.7987
2003	1.2253	2018	0.7784
2004	1.2914	2019	0.7489

资料来源：世界银行数据库，https://data.worldbank.org.cn/indicator/EN.ATM.CO2E.KD.GD。

[1][2] 资料来源：《2021中国生态环境状况公报》。

表 5-10　　　　　　中国与世界部分地区二氧化碳排放量的比较

单位：千克/2010 年美元 GDP

国家或地区	2019 年
中国	0.7489
世界	0.4056
东亚与太平洋地区	0.5798
欧洲联盟	0.1845
北美	0.2496
经合组织成员	0.2253
中高等收入国家	0.6757
高收入国家	0.2315

资料来源：世界银行数据库。

5.2.2　资源环境交易成本和企业生产成本上升及其影响

我国已经成为世界第二大能源消费国，资源利用效率明显偏低，人均资源占有量持续下降，势必增强对国际市场的资源依赖，不得不承受资源价格大幅度上升的压力；随着全球碳排放、碳关税等技术标准的实行，会使得中国工农业生产面临着高额的资源环境交易成本；中国政府对于资源环境的管制会更加严格，国内资源环境交易成本也在不断提高。

然而，在中国经济发展已接近资源环境的边界的同时，中国经济发展对于资源环境的需求却不断增加。党的二十大报告提出要全面建成社会主义现代化强国，2035 年基本实现社会主义现代化，本世纪中叶把我国建成富强民主文明和谐美丽的社会主义现代化强国。而要实现这一目标，就必须推动社会经济全面快速发展，资源环境则是不可替代的支撑条件，对其需求也必不可少。从能源需求来看，《世界能源展望 2018》指出，2016~2040 年，中国能源消费增长 41%，高于全球的 35%，到 2040 年中国将占世界能源消费总量的 24%，占全球净增长量的 27%，中国仍将是全球最大的煤炭消费国，占 2040 年全球煤炭需求的 41%。由此可见，如果中国经济发展不能突破资源和环境条件的约束，经济就不能持续发展，但是如何突破是我们必须思考的关键问题。2020 年 9 月 22 日，国家主席习近平在第七十五届联合国大会上宣布，中国力争 2030 年前二氧化碳排放达到峰值，努力争取 2060 年前实现碳中和。2021年，习近平主席在世界经济论坛"达沃斯议程"上指出"中国将继续促进可持续发展，全面落实联合国2030年可持续发展议程。中国加强生态文明建设、加快调整产业结构、能源结构，倡导绿色低碳的生活方式"。资源环境交易成本的上升，一方面会通过产业结构、能源结构的调整以及绿色生活方式转变，促进经济发展的绿色转型和国民经济的持续健康发展；另一方面也不可避免地增加工农业生产成本，进而降低经济增长的就业弹性。

资源环境约束对于企业来说，一方面短期内会产生阵痛，企业自身设备升级换代会产生大量的成本，利润在一定时期内会下降，甚至是亏损；另一方面又是必然的选择，随着消费者对于绿色消费品的日益关注，以及环保意识的增强，不符合能耗和环保标准要求的产品将难以生产和销售。由此，企业面临的是适应资源环境约束的要求进行升级改造还是铤而走险继续走高污染高耗能的老路的"生死抉择"。从国际和国内发展的趋势来看，铤而走险继续走高污染高耗能的老路注定是死路一条，适应资源环境约束的要求进行升级改造才是企业必然的选择。不过，企业适应资源环境约束要求而进行的升级改造，也会因为生产成本上升对农民工的就业产生不利影响：一是随着生产成本的上升，企业可能会降低生产规模的扩张速度甚至缩小生产规模，从而增加解雇率，降低对劳动力包括农民工的需求；二是企业升级改造，会增加对高素质劳动力的需求，这就会抑制人力资本水平较低的农民工的就业[1]。这对于我国二元经济转型会产生不利的影响。但是，我国是一个人口众多、生态脆弱、人与自然界的平衡状况容易出问题的国家，资源环境已经达到了极限，已不能容忍过去那种肆意消耗资源和严重污染环境的发展方式继续下去，中国的二元经济转型也必然要求"绿色转型"。

5.3 国际竞争加剧及其影响

进入后刘易斯转折阶段，中国作为后起的发展中大国即将进入发达国家行列，引起了国际竞争格局的深刻变化。如何跨越大国竞争的"修昔底德陷

---

[1] 穆怀中、范洪敏：《环境规制对农民工就业的门槛效应研究》，载《经济学动态》2016年第10期，第5页。

阱",积极应对发达国家再工业化和其他发展中国家劳动密集型产业低成本优势带来的双向竞争压力,是中国二元经济转型后刘易斯转折阶段,构建新型城乡关系必须面对的又一症结性难题。

5.3.1 欧美国家再工业化和全球贸易摩擦

20世纪经济全球化促进发达国家进行产业升级,加快经济结构调整的步伐,除了在国内大力发展高新技术产业外,一个非常重要的方式是向发展中国家转移成熟技术和过剩的生产能力,从而使世界工业结构的国际化趋势继续加快,并进一步改变了国际分工的格局。发达国家的产业结构升级,为我国通过参与较高层次的国际分工、吸引国外投资和引进技术,逐步改善国际分工地位创造了有利条件。但是,2008年美国金融危机爆发后,缺乏以制造业为核心的实体经济为支撑的过度膨胀的虚拟经济受到巨大冲击。为了走出经济困境,重塑竞争优势,欧美等发达国家开始推行"再工业化"战略,以提振制造业的方式向实体经济回归[1]。为了实现这一战略,发达国家的主要做法有:一是重点支持中高端制造业向本国回归和复兴,加大培育和扶持诸如绿色能源、生物技术等战略性新兴产业;二是通过制定优惠政策、改善投资环境来刺激国内制造业投资并吸引制造业企业回归本土置业和生产;三是鼓励研发和创新;四是在生产技术方面对发展中国家设置了各种的障碍,如限制海外并购,限制高技术设备的出口,甚至是实施技术封锁等手段;五是制定和实施更为强硬的贸易措施,加大贸易保护力度,在更广泛的领域参与国际市场的争夺[2]。

中国作为世界最大的发展中国家的迅速崛起,威胁到美国的世界霸权地位。尽管中国向来主张和平发展,从未有过争霸之念,但在美国看来,中国正在全方位地和美国争夺战略影响力和全球事务的主导权,并且越来越具有

---

[1] 例如:2009年美国发布了《美国制造业振兴框架报告》,2010年发布了《鼓励制造业和就业机会回国策略》,2011年宣布创设隶属于国家经济委员会的制造业政策办公室,2012年公布《美国基业长青蓝图》。2008年英国发布《制造业:新挑战,新机遇》战略报告,2010年《欧盟2020战略》明确提出恢复工业的应有地位,2010年法国在推出的"新产业政策"中明确将工业置于国家发展的核心位置(万继蓉:《欧美国家再工业化背景下我国制造业的创新驱动发展研究》,载《经济纵横》2013年第8期,第112~114页)。

[2] 周春山、刘毅:《发达国家的再工业化及对我国的影响》,载《世界地理研究》2013年第1期,第47~56页。

对抗性。2018年3月23日,美国总统特朗普在白宫正式签署对华贸易备忘录,对从中国进口的600亿美元商品加征关税,并限制中国企业对美投资并购,对中国航空航天、信息通信技术、机械等产品加收25%的关税①。由此掀开新一轮中美贸易摩擦的序幕,这也似乎宣告了中美两国已经不可避免地陷入"修昔底德陷阱"。2018年6月特朗普政府宣布对来自中国进口"含有在工业上有意义的技术"的产品加征高额关税,金额高达约500亿美元②。2021年拜登政府执政之后,提出的"小院高墙"政策思路仍强调了美国要在中美经贸关系中处于主导地位③。实际上自新冠疫情以来,美国在安全、供应链和制造业方面都有新的战略布局,积极推动国际经贸规则重塑,内容涉及产业链布局、高新技术、人工智能、互联网与数字领域、半导体、锂电池、关键矿产等多方面,2020~2022年的合作规划项目多达28项。在宏观规则合作方面,2021年9月成立了美国——欧盟贸易和技术委员会,以加强美国与欧盟在数字与新兴技术领域的合作,10月推出"印度——太平洋经济框架",以拓展其在太平洋地区的贸易弹性和扩展性,2022年6月推出"美洲经济繁荣伙伴关系"的主要目的是拉拢中南美国家以实现其"友岸外包"(Friend-Shoring)的战略④。显然,由美国主动挑起的中美贸易战,已不局限于美国对中国的贸易壁垒,已经演变为全球贸易摩擦。近年来美国主导的经贸规则主要聚焦于基础性和高科技领域,以所谓的"保障美国供应链安全"为理由,联合其他发达国家和发展中国家,试图通过科技封锁来孤立中国,阻碍中国在新兴科技领域的发展。

5.3.2 来自发展中国家的竞争

2008年美国金融危机以来,中国受到国内外诸多不利经济因素影响,特

---

① 《中美贸易战给我们带来的启示》,搜狐财经,2018年4月30日,https://www.sohu.com/a/229999954_100135080。
② 倪峰:《2018年以来特朗普政府的内政外交及中美关系》,引自王灵桂主编:《2018年的中国与世界》,社会科学文献出版社2021年版,第159~169页。
③ 万军:《中国制造业应对全球产业竞争格局变化的策略研究》,引自王灵桂主编的《2018年的中国与世界》,社会科学文献出版社2021年版,第105~118页。
④ 石先进:《美国推动新经贸规则体系对全球价值链格局的影响》,引自张宇燕、孙杰、姚枝仲主编:《世界经济黄皮书:2023年世界经济形势分析与预测》,社会科学文献出版社2022年版,第316~336页。

别是以劳动密集型行业为特征的制造业集中的珠三角受到巨大冲击，其中一个冲击就来自外商的减资撤资。廉价劳动力优势导致国际产业资本大量涌入中国，但随着中国劳动力成本上升，国际产业资本也必然会寻求新的劳动力市场，向劳动力价格更为低廉的国家迁徙。与此同时，美国财务部部长耶伦也提出了"友岸外包"的做法，希望传统的产业链能够掌握在与其政治关系比较稳定的印度、越南这些国家手里。近年来，外商减资撤资在中国依旧延续着，由此，一是会形成中国与东南亚国家之间对外商直接投资的竞争；二是会使得中国的"世界工厂"地位遭遇挑战。转移到东南亚地区的企业生产出来的商品对于"中国制造"具有极高可替代性，由此会形成与中国产品的直接竞争，缺乏成本优势的中国产品在价格上就会失去竞争优势，出口必然受限。由此，中国企业，特别是中小企业在与东南亚为代表的发展中国家竞争中，可能会因为失去优势而破产、减产，从而削弱经济发展的动力，难以吸纳大规模的农村劳动力非农和城镇化就业。

在全球产业链重塑的过程中，越南的优势地位开始不断凸显，甚至有相关言论认为越南将会代替中国成为新的"世界工厂"。2020年受新冠疫情的影响，全球贸易总体呈现出衰退的趋势，越南在抗疫方面的成功不仅使其成为为数不多的经济正增长的国家之一，货物进出口不仅没有受到严重影响，总额增幅还达到了5.4%[1]。耐克财报显示，2010年，越南取代了中国成为耐克鞋类产品最大生产国。随着时间的推移，越南代工的比例不断攀升。2020年，越南生产了耐克50%的鞋类产品，2021年，该比例进一步升至51%。与此同时，中国的生产比例从2006年的35%逐渐降至2021年的21%。与耐克类似，另一运动服装巨头阿迪达斯的鞋类制造环节也呈现类似变化。2013年，越南取代中国成为阿迪达斯鞋类产品最大的生产地。当年，越南生产了阿迪达斯35%的鞋类制品，中国则占据31%的份额；2020年，越南的生产比例已经升至42%，中国则只剩下15%[2]。近年来，越南政府采取了一系列措施，包括放松管制，推动国内开放，肃清官场、简化法律等措施，积极创造良好的外国投资营商环境，提高吸引力，越南吸引FDI的情况

---

[1] 聂槟、尚锋：《2020～2021年越南对外贸易的发展与展望》，引自解桂海主编：《越南蓝皮书：越南国情报告（2021）》，社会科学文献出版社2023年版，第285～322页。

[2] 《谁在制造耐克：十年间，越南取代了中国｜大国造物》，第一财经，2022年1月5日，https://www.yicai.com/news/101279228.html。

呈现大幅度上升的趋势（除2022年初的特殊情况外），而其承接的FDI，有很大一部分是来自中国内地的转移。经济学人智库的数据显示，越南在外国直接投资政策方面的得分高于中国和印度。与此同时，越南的税收政策也明显优于中国，积极减轻企业的实际税负。2017~2022年，越南为更加深入地参与全球生产的分工当中，先后加入了全面与进步跨太平洋伙伴关系协定（CPTPP）、印太经济框架（IPEF）等国际经贸合作协议[①]。

除了越南，印度近年来的经济发展态势也十分亮眼。新冠疫情之后，印度经济在2021年开始迅猛增长，2022年的国内生产总值（GDP）增长高达6.7%，超越了英国，成为世界第五大经济体[②]。虽然印度的经济增长主要是依靠国内庞大的年轻人口来拉动内需，但莫迪执政之后就推出了"印度制造"政策，希望印度转变为全球设计和制造出口中心。与越南相同，印度为吸引国际投资在企业税率上面做出了相应的调整，将在2019年10月至2023年3月间成立并运行的制造业企业的基本税率从25%降至15%。通过提高手机及零部件的进口关税来促成手机及零部件厂在印度的建立，引导跨国企业将供应链转移至印度来激发印度制造业的活力，目前印度已经成为全球第二大手机生产国，同时积极在半导体领域布局，加大对显示器和半导体制造商的财政支持。2022年9月印度矿业巨头瓦丹塔（Vedanta）和印度古吉拉特邦政府与富士康签署谅解备忘录，同意在古吉拉特邦最大城市艾哈迈达巴德设立半导体与显示器制造厂[③]。

5.3.3 国际竞争加剧的影响

首先，国际竞争的加剧对我国的出口需求产生了影响。欧美国家再工业化，使中国在高科技领域面临更加激烈的国际竞争，资本密集型和技术密集型产品的出口更加困难。劳动密集型产品出口，一方面，面临发达国家再工业化过程中用高新技术改造传统产业所带来的挑战；另一方面，面临着发展

[①] 徐奇渊、马盈盈：《全球产业链重组背景下的产业链外移及其应对》，引自谢伏瞻、蔡昉等主编：《经济蓝皮书：2023年中国经济形势分析与预测》，社会科学文献出版社2022年版，第246~264页。

[②] 《印度GDP超英国、人口超中国，离世界第三大经济体还差4年？》，第一财经，2023年3月2日，https://www.yicai.com/news/101690727.html。

[③] 《2022-2023：挥别与重启 越南制造业起飞，印度发力半导体》，第一财经，2022年12月29日，https://www.yicai.com/news/101636915.html。

第5章 后刘易斯转折阶段构建新型城乡关系的难点分析

中国家劳动力和资源环境低成本竞争优势所形成的压力。由美国挑起的主要针对中国的全球贸易摩擦，更加大了中国开拓国际市场的困难。1978年以来中国货物和服务对外贸易经历了7年逆差，1994年以后均为顺差，贸易差额占GDP的比重从1994年到2007年保持较快增长，2008年之后则下降很快，从2008年的7.59%迅速下降到2018年的0.66%，2019年开始有所回升，2020~2021年恢复至2%左右的水平，虽然好于世界平均水平和大多数其他地区，但远低于2008年水平（见表5-11）。

表5-11 中国和部分地区货物和服务对外贸易差额 单位：占GDP百分比

年份	中国	世界	欧洲联盟	东亚与太平洋地区	拉丁美洲与加勒比海地区	北美	经合组织成员	中高等收入国家	高收入国家
1978	-0.54	-0.23	-0.32	0.75	-2.54	-0.96	-0.18	0.16	0.01
1979	-0.76	-0.34	-1.33	-1.11	-1.80	-0.74	-0.96	0.51	-0.47
1980	-0.60	-0.45	-2.95	-0.98	-1.99	-0.26	-1.29	0.17	-0.36
1981	0.00	-0.53	-2.22	-0.46	-2.12	-0.29	-0.74	-3.27	0.17
1982	1.69	-0.74	-1.92	-0.62	-0.29	-0.21	-0.51	-1.79	-0.30
1983	0.84	-0.58	-0.99	0.42	3.36	-1.02	-0.35	0.96	-0.50
1984	0.02	-0.52	-0.48	1.64	3.75	-2.06	-0.55	1.73	-0.66
1985	-4.03	-0.52	-0.50	1.70	3.67	-2.24	-0.53	0.89	-0.50
1986	-2.46	-0.41	0.43	2.78	1.73	-2.58	-0.26	0.26	-0.20
1987	0.09	-0.25	-0.13	2.83	1.72	-2.64	-0.44	1.76	-0.32
1988	-1.00	-0.28	-0.22	2.01	1.89	-1.83	-0.38	1.58	-0.28
1989	-1.08	-0.37	-0.58	1.27	2.36	-1.39	-0.57	0.85	-0.43
1990	2.70	-0.29	-0.42	0.76	1.87	-1.16	-0.53	0.52	-0.31
1991	2.81	0.04	-0.29	1.27	0.27	-0.46	-0.01	0.01	0.14
1992	1.01	0.40	-0.08	1.66	-1.21	-0.51	0.13	1.84	0.35
1993	-1.90	0.42	1.21	1.55	-1.82	-0.86	0.46	-0.69	0.73
1994	1.30	0.42	1.36	1.41	-1.76	-1.08	0.42	-0.77	0.71
1995	1.63	0.42	1.61	0.68	-0.82	-0.85	0.55	-0.56	0.72
1996	2.03	0.36	1.77	0.24	-0.84	-0.81	0.36	-0.37	0.62
1997	4.45	0.49	2.07	1.19	-1.93	-0.96	0.50	-0.02	0.75

续表

年份	中国	世界	欧洲联盟	东亚与太平洋地区	拉丁美洲与加勒比海地区	北美	经合组织成员	中高等收入国家	高收入国家
1998	4.26	0.39	1.76	3.06	-2.57	-1.54	0.35	0.94	0.53
1999	2.80	0.26	1.29	2.49	-1.08	-2.27	-0.17	1.93	0.12
2000	2.38	0.09	0.78	2.08	-0.74	-3.07	-0.74	2.04	-0.29
2001	2.10	-0.04	1.45	1.76	-0.84	-2.94	-0.67	1.55	-0.25
2002	2.54	0.20	2.32	2.33	0.98	-3.47	-0.57	2.41	-0.11
2003	2.16	0.17	1.89	2.51	2.01	-3.93	-0.70	2.51	-0.15
2004	2.62	0.27	2.09	2.59	2.28	-4.43	-0.67	2.69	-0.10
2005	5.45	0.35	1.57	2.99	2.43	-4.87	-1.13	3.89	-0.33
2006	7.59	0.59	1.21	3.79	2.26	-4.95	-1.28	4.84	-0.38
2007	8.68	0.67	1.25	4.64	1.01	-4.40	-0.92	4.70	-0.12
2008	7.59	0.59	0.85	3.36	-0.22	-4.36	-1.13	4.45	-0.21
2009	4.31	0.58	1.66	3.19	0.02	-2.76	-0.14	2.99	0.43
2010	3.65	0.83	1.59	3.00	0.48	-3.36	-0.41	2.58	0.55
2011	2.40	0.87	1.68	1.90	0.06	-3.44	-0.65	2.13	0.74
2012	2.72	0.96	2.87	1.54	-0.86	-3.23	-0.38	2.16	1.06
2013	2.45	0.94	3.51	1.51	-1.87	-2.71	-0.06	1.46	1.36
2014	2.11	0.76	3.76	1.68	-2.87	-2.71	0.02	1.38	1.23
2015	3.24	0.71	4.36	2.92	-1.49	-2.85	0.16	1.99	0.93
2016	2.27	0.68	4.35	2.65	-0.52	-2.67	0.30	1.58	1.04
2017	1.75	0.71	4.24	2.44	-0.46	-2.70	0.31	1.47	1.17
2018	0.66	0.63	3.81	1.51	-1.02	-2.80	0.16	1.41	1.13
2019	0.93	0.51	3.41	1.64	-0.55	-2.61	0.06	1.48	0.85
2020	2.42	0.78	3.61	2.62	0.90	-2.90	0.13	2.05	0.76
2021	2.61	0.96	3.71	2.67	-0.55	-3.39	-0.02	2.56	0.93

资料来源：世界银行数据库。

其次，国际竞争的加剧对我国的技术引进产生了影响。从发达国家的利益出发，他们不可能把其先进技术转让给后来的竞争者。发达国家作为技术的供给方，向发展中国家转让技术的直接目的是通过延长技术的经济生命周期，获取更多商业利益，因此，他们向发展中国家转让技术是有条件的。能够进入转让技术目录的前提条件是：该项技术至少已经处于成熟期，并进入边际收益递减阶段，随时有可能被新的更先进的技术所替代。后刘易斯转折阶段，中国产业发展的技术水平与发达国家不断接近，通过技术引进的模仿创新空间越来越小。2008年世界经济危机以来，国际竞争加剧，发达国家再工业化过程中在生产技术方面对发展中国家设置了诸如限制海外并购、限制高新技术设备出口，甚至是实施技术封锁等多重障碍，增加了我国通过技术引进促进技术创新的难度。尤其是近年来，全球贸易摩擦中，美国主导的国际经贸规则重塑，主要聚集于高科技领域对中国实行全面技术封锁，更是使我国失去了通过技术引进实现技术进步的可能性。

最后，国际竞争加剧对我国利用外资产生了影响。这种影响，一是来自发达国家再工业化过程中对制造业投资的优惠政策对投资者的激励作用。欧美国家再工业化过程中大都通过土地、税收等优惠政策，以及改善投资环境，刺激国内资本投资于本国的制造业，并吸引国外投资的制造业企业回归本土置业和生产。发达国家再工业化的优惠政策，无疑会提高我国利用外资的成本，进而减少对外资的引入。二是来自其他发展中国家劳动力与资源环境低成本比较优势的吸引力。随着我国二元经济转型进入刘易斯转折阶段，临近刘易斯第二转折点，与其他发展中国家相比，我国劳动力与资源环境成本的比较优势不复存在，资本逐利本性，使得原来在我国投资办工厂的外商，纷纷把企业迁入劳动力与资源环境成本更低的发展中国家。

5.4 要素市场培育滞后，城乡资源双向流动受阻

受制度变迁非均衡的影响，我国城乡商品市场比较完善，已基本实现一体化。但劳动力、土地与资本等要素市场还存在制度性分割，城乡要素市场一体化还处于试点阶段，要素城乡双向流动面临多重制约，人、地、钱等要素在城乡间单向流动的总体情况尚未发生根本性改变[1]。

---

[1] 叶兴庆、金三林等：《走城乡融合发展之路》，中国发展出版社2019年版，第21页。

5.4.1 城乡二元劳动力市场，影响农民工市民化进程

改革开放以来，随着户籍和就业制度改革的不断深入，我国劳动力市场的二元分割逐渐被打破，从20世纪90年代中期开始，大规模农业劳动力非永久性城乡转移已成为我国农业劳动力转移的主要方式。但是由于依附于户籍之上的城乡二元社会福利差异还明显存在，城市常住人口和户籍人口还没有实现社会保障体系和公共服务的均等化，农村人口进入城市还无法享受与城市居民同等的社会保障和公共服务。特大城市的户籍门槛日益提高，"积分落户"政策成为筛选人才、控制户籍人口的重要手段。同时，城里人"下乡难"的问题也正在显现。如城市科技人员下乡、大学生返乡、农民工返乡创业还面临着用地难、贷款难等问题[1]。这说明我国劳动力市场二元性虽明显减弱，但是城乡劳动力市场的二元分割仍然存在。

城乡劳动力市场二元性突出表现在农民工与城市户籍职工之间还存在明显的就业差异。首先，农民工与城镇职工的就业机会不平等。进入城市的农业转移劳动力难以进入以国有企业、党政机关部门、事业单位、垄断行业为代表的城市一级劳动力市场。他们主要集中在制造业、建筑业，以及第三产业中的批发零售、交通运输、仓储和邮政、住宿和餐饮业、居民服务、修理和其他服务业中，并从事这些行业中的"脏、险、苦、累、差"的工作，就业稳定性差，工资水平也明显低于同行业的城镇居民（见表5-12）。农民工的就业分布和工资收入固然与他们的文化程度、职业技能有关，但也受城镇用人单位对非户籍人口的就业歧视的影响。这是因为，近年来，农民工的受教育程度有了普遍提高。2011~2022年，农民工高中及以上文化程度的人数占比由23%提升至30.7%，增加了7.7个百分点；外出农民工中大专及以上文化程度的占比由7%提高至18.7%，增加了11.7个百分点[2]，但农民工的职业分布基本上没有发生变化。目前，虽然城市大多数就业岗位已不再与本地户籍挂钩，但隐性挂钩的现象仍然存在。

---

[1] 叶兴庆、金三林等：《走城乡融合发展之路》，中国发展出版社2019年版，第25页。
[2] 根据《2011年农民工监测调查报告》《2022年农民工监测调查报告》计算得到。

表 5-12　2021 年城镇职工分行业的工资收入与农民工的行业分布及工资收入

行业	城镇居民年平均工资（元）	农民工年均收入（元）	农民工从业行业分布占比（％）
农、林、牧、渔、业	53819	—	0.5
采矿业	108467	—	—
制造业	92459	45080	27.1
电力、热力、燃气及水生产和供应业	125332	—	—
建筑业	75762	51410	19.0
批发和零售业	107735	37960	12.1
交通运输、仓储和邮政业	109851	51510	6.9
住宿和餐饮业	53631	36380	6.4
信息传输、软件和信息技术	201506	—	—
金融业	150843	—	—
房地产业	91143	—	—
租赁和商务服务业	102537	—	—
科学研究和技术服务业	151776	—	—
水利、环境和公共设施管理业	65802	—	—
居民服务、修理和其他服务业	65193	37100	11.8
教育	111392	—	—
卫生和社会工作	126828	—	—
文化、体育和娱乐业	117329	—	—
公共管理、社会保障和社会组织	111361	—	—

数据来源：根据《中国统计年鉴 2022》和《2021 年农民工监测调查报告》的相关数据整理所得。

其次，农民工参与社会保障的水平较低，难以平等享受城市居民的基本公共服务待遇。据《2016 年度人力资源和社会保障事业发展统计公报》的数据，2014 年农民工参加工伤、医疗、养老、失业保险比率分别为：26.7％、17.1％、21.1％、16.5％。2019 年除了医疗保险比率略有下降（16.56％），其余各项比率均有所提高，其中工伤保险的比率为 29.63％、养老保险比率为 21.17%、失业保险比率为 17.05%[①]。2018 年只有 2.9% 的进城农民工家庭享受保障性住房，其中 1.3% 为租赁公租房，1.6% 为自购保障性住房[②]。虽然近年来政府在解决农民工随迁子女教育问题上进行了大量的投入，但费用高、本地升学难，以及子女没有人照顾三方面问题仍被农民工子女的家长视为子女教育的主要问题[③]。

城乡二元劳动力市场的存在，一是提高了农民工市民化成本，减少了市民化收益，不利于农民工市民化进程的推进。虽然为了保护农民工的合法权益，国家出台了一系列法规和政策，鼓励农民进城落户，但农民工市民化进程仍不理想。截至 2021 年，我国常住人口城镇化率已达到 64.72%，但户籍人口城镇化率只有 46.70%，二者之差高达 18.02 个百分点。这一差额比 2001 年同一指标高出 7.02 个百分点，说明农业转移人口市民化的速度远低于农业劳动力非农转移的速度。

二是农民工的制度性歧视导致农村资源间接性流出。这是因为自 20 世纪 90 年代以来，虽然有大批的农民工进入城市就业，对繁荣城市经济、吸引外资、缩小城乡差距做出了巨大贡献，但他们在就业、住房、教育、社会保障等诸多方面受到歧视与排斥。农民工通过创造财富，创造国内生产总值直接或间接向国家做出各种税费贡献，却没有享受到与城市居民相同的社会福利。因此，农民工通过创造国内生产总值所提供的税收，大部分是农民对国家的净贡献。从这个角度来看，对农民工的制度性歧视已经成为农村资金流出的又一新渠道（见表 5-13）。

表 5-13　　　　　　　2021 年农民工提供的国家财政收入估算

项目	单位	数值	项目编号
农民工总人数	万人	29251	(1)
农民工平均月工资	元/月	4432	(2)
农民工工作月数	个	10	(3)

[①] 程郁等：《分层次推进农民工市民化——破解"愿落不能落、能落不愿落"的两难困境》，载《管理世界》2022 年第 4 期，第 61 页。
[②] 国家统计局：《2018 年农民工监测调查报告》。
[③] 国家统计局：《2017 年农民工监测调查报告》。

第 5 章 后刘易斯转折阶段构建新型城乡关系的难点分析

续表

项目	单位	数值	项目编号
农民工人均年工资	元/年	44320	(4) = (2)×(3)
社会平均工资	元/年	106837	(5)
农民工年工资占社会平均年工资比重	%	41.48	(6) = (4)/(5)
二、三产业劳动力	万人	57580	(7)
二、三产业 GDP	亿元	1060584.2	(8)
二、三产业人均 GDP	元	184193.16	(9) = (8)/(7)
农民工人均 GDP	元/人	76403.32	(10) = (6)×(9)
农民工 GDP 总计	亿元	223487.1	(11) = (1)×(10)
国家财政收入占 GDP	%	17.71	(12)
农民工提供国家财政收入	亿元	39579.57	(13) = (11)×(12)

注：表 5-13 的设计来源于柯炳生：《工业反哺农业的理论与实践研究》，人民出版社 2008 年版，第 97 页。

资料来源：农民工数据来源于《2021 年农民工监测调查报告》，其余根据《中国统计年鉴 2022 年》相关数据计算。

5.4.2 城乡二元土地市场，影响土地资源的优化配置

1978 年到 20 世纪末，我国农村土地制度改革以推行与完善家庭承包制为重点，有效解决了农业生产的激励问题，使大量的劳动力从农业生产中释放出来，为工业化发展提供了充足的劳动力资源。进入 21 世纪，我国农村土地制度改革开始沿着两条主线向纵深推进，一条主线是以法律的形式规范土地承包制度，另一条主线是对农村土地征用制度和建设用地制度进行改革[1]。党的十八大以来，党和政府加大了农村土地制度的改革步伐，2013 年党的十八届三中全会对土地制度改革进行了总体部署，2014 年底开始推行农地集体所有权、农户承包权、农地经营权的"三权分置"改革，2015 年初全国人大常委会决定授权国务院在北京市大兴区等 33 个县（市、区），试点"征地、集体经营性建设用地、宅基地"制度改革。农村承包地"三权分置"改革以

---

[1] 张桂文、冯双生等：《中国二元经济转型与农村土地制度改革》，经济科学出版社 2017 年版，第 99 页。

及"征地、集体经营性建设用地、宅基地"改革试点，标志着中国农村土地制度改革进入了新一轮制度创新与全面深化阶段。新一轮土地制度改革，为探索集体土地所有制的实现形式，统一城乡建设用地市场积累了宝贵经验。但受土地产权结构的高度复杂性、土地制度变迁的路径依赖和低效锁定等多重因素的影响，我国上述各项土地制度改革尚难以形成协同推进的联动效应。城乡土地权利差异的明显存在，不利于保护农民土地财产权利，促进城乡土地资源的优化配置。

首先，土地发展权不平等，导致土地城镇化与人口城镇化失衡，扩大了城乡发展差距。城市土地主要用于工商业发展，具有较高的价格，并具有较大的升值空间。原《中华人民共和国土地管理法》规定，农村集体土地不得出让、转让或出租用于城镇非农建设。农村用地转为城市用地必须经过国家征地，把农村集体土地所有权转变为国有土地所有权。新一轮土地制度改革的一项重要内容是严格界定公共利益用地，缩小征地范围，与之相配套的改革措施是允许农村集体经营性建设用地入市。这两项改革措施同时实施，改变了城市用地的供给结构，由原来单一通过国家征地形成的国有土地供给，改变为国家征地和农村集体建设用地入市共同供给。《农村集体经营性建设用地入市试点实施细则》将农村集体经营性建设用地的入市范围限定在土地利用总体规划和城乡规划确定的工矿仓储、商服等经营性用途用地。目前符合国家法律规定入市的经营性建设用地占集体建设用地总量的比重很低，据估计，符合国家法律规定可以入市的集体经营性建设用地仅占集体建设用地总量的1/10①，且分布不均。如果严格按照公益性用地征收，现有的集体经营性建设用地就无法满足城市建设用地的需求。因此，在绝大多数情况下，城镇建设用地仍需通过土地征收来解决。可见，少量集体经营性建设用地入市，难以打破国家对土地一级市场的垄断。在现有制度条件下，土地转变用途的增值收益仍然是地方政府的重要收入来源。2003年以来，土地出让金占地方财政收入的比重都在33%以上，其中2020年高达84.02%。2021年、2022年土地出让金占地方财政收入的比重虽有所下降，但2022年仍高达61.44%（见表5-14）。

---

① 张延龙：《完善农村集体经营性建设用地入市流转收益分配机制》，载《中国社会科学报》2018年7月18日，第4版。

表 5-14　　土地出让金及其占地方财政预算收入的比重

年份	土地出让金（亿元）	土地出让金增幅（%）	地方财政一般预算收入（亿元）	土地出让金占比（%）
2001	1296.00	—	7803.30	16.61
2002	2417.00	86.50	8515.00	28.39
2003	5421.00	124.29	9849.98	55.04
2004	6412.00	18.28	11893.37	53.91
2005	5884.00	-8.23	15100.76	38.96
2006	7677.00	30.47	18303.58	41.94
2007	13000.00	69.34	23572.62	55.15
2008	9600.00	-26.15	28649.79	33.51
2009	16000.00	66.67	32602.59	49.08
2010	27000.00	68.75	40613.04	66.48
2011	31500.00	16.67	52547.11	59.95
2012	26900.00	-14.60	61078.29	44.04
2013	42000.00	56.13	69011.16	60.86
2014	33400.00	-20.48	75876.58	44.02
2015	33657.73	0.77	83002.04	40.55
2016	37457.00	11.29	87239.35	42.94
2017	52059.00	38.98	91469.41	56.91
2018	65096.00	25.04	97903.38	66.49
2019	72517.00	11.40	101080.61	71.74
2020	84142.00	16.03	100143.16	84.02
2021	77540.00	-7.85	111084.23	69.80
2022	66854.00	-13.78	108818.00	61.44

资料来源：自然资源部网站和财政部网站。

地方政府既可以通过行政性征收与市场化转让，获得巨额的土地差价，又可以通过土地征收过程中的税费收入，甚至以土地作抵押获得土地融资性收入。城市用地者依法获得了城市用地的使用权，也就获得了该土地在转让期限内的占有、使用、收益、转让，以及担保抵押权。城市用地者虽然通过市场化方式，以较高的价格获得了非农用地的使用权，但同时也获得了土地未来增值收益的权利。大量的土地财政收入用于城市非农产业和基础设施建设，城市土地占有者也可通过土地增值收益进行非农产业投资，这就不可避免地拉大了城乡间的经济与社会发展差距。

土地发展权不平等，不仅扩大了城乡发展差距，也造成了土地城镇化与人口城镇化的失衡。现行二元土地制度下，地方政府既可以通过行政手段低价征收土地，又可以通过市场化方式独家转让土地，从而形成了地方政府多征多占农村集体土地的制度性激励；低价征地高价出售又抬高了房地产价格，增加了农业转移人口的居住成本。加之现行的户籍制度下城镇公共服务经费依户籍人数而定，地方政府没有动力、很多地方政府也没有足够财力来为农业转移人口提供公共服务。由此，在城市化进程中地方政府"要地不要人"的行为选择，使我国土地城市化与人口城市化相脱离，一方面城市建成区面积不断增加，各类城市发展呈现从中心城市向边缘空间快速扩展的态势；另一方面数以亿计的农业转移人口无法获得与城市户籍人口同等的住房、社保、医疗和教育等公共服务。我国常住人口城镇化率从 2000 年的 36.22% 增加至 2021 年的 64.72%，增长了 28.50%，年均增长率为 2.80%；同期内，城镇建成区面积①从 53772.27 平方公里增加至 126804.72 平方公里，增加了 73032.45 平方公里，年均增长率达到 4.17%。

其次，土地流转权利不平等，不仅影响了农地规模经营，也造成了土地资源的浪费。通过招标、拍卖、协议等出让方式取得的国有土地使用权可以进行租赁、转让、抵押。农村宅基地使用权只能流转给本集体经济组织成员。农地"三权分置"改革，放活了承包地经营权，2019 年新的《中华人民共和国农村土地承包法》，放宽了土地经营权流转的范围，允许非集体经济组织成员获得土地经营权，但对承包地经营权转让中如何保障承包方和土地经营权受让方各自的合法权益，并未作出具体规定。从各地实践情况来看，"三权分置"贯彻实施的支持和保障体系并不健全②。农地"三权分置"改革以来，土地经营权流转面积、参与流转农户数量虽逐年增加，但在土地承包权性质、经营权性质、土地经营权抵押和资产处置规则、"三权"的权利边界、

---

① 城镇建成区面积包括城市建成区面积、县城建成区面积和建制镇建成区面积。
② 管洪彦、孔祥智：《农地"三权分置"典型模式的改革启示与未来展望》，载《经济体制改革》2018 年第 6 期，第 63~69 页。

第5章 后刘易斯转折阶段构建新型城乡关系的难点分析

权利内容和"三权"之间的关系等尚未明晰界定的条件下,农地"三权分置"的实施效果还不理想,2018 年农地流转面积达到 5.39 亿亩,仅占家庭承包地总面积的 33.8%[①]。2018 年我国经营 30 亩以下的农户数占全国农户总数的 95.8%,其中经营耕地 10 亩以上的农户占农户总数的 85.2%。我国小农户数量占到农业经营主体的 98% 以上,小农户从业人员占农业从业人员的 90%。小农户经营耕地面积占总耕地面积的 70%[②]。

宅基地只能在集体经济组织内部流转的规定,在一户一宅和农村人口大规模进城就业的条件下,使得宅基地难以流转。宅基地难以流转是我国农村土地资源浪费的重要原因。2018 年,农村宅基地的闲置率已超过 10%[③]。据估算,我国农村宅基地总量在 1.4 亿~1.8 亿亩[④],闲置率超过 10% 意味着至少有 1400 多万亩宅基地处于闲置状态,占同期城市建设用地[⑤]的 16.7%。

最后,物权保护的不平等影响了农民的土地财产收益。在用益物权方面,《中华人民共和国物权法》规定:"建设用地使用权人依法对国家所有的土地享有占有、使用、收益的权利",但并未将集体建设用地使用权作为用益物权进行保护。相比之下,宅基地使用权人依法对集体所有的土地享有占有、使用的权利,但其收益权能相对较少。在担保物权方面,《中华人民共和国物权法》规定,国有建设用地使用权大部分情况下可以抵押,但"耕地、宅基地、自留地、自留山等集体所有的土地使用权"不得抵押。2019 年的《中华人民共和国农村土地承包法》虽然规定土地经营权可以抵押融资,但没有具体规定,在土地经营权作为抵押品被银行收走的情况下,如果保障承包方的利益,宅基地用益物权不完整与宅基地只限于集体经济组织内部流转的法律规定是相辅相成的,承包权与宅基地作为抵押品是为了保留农民最基本的居住及生存保障,但也影响了农民的土地财产收益。

---

① 资料来源:《中国农村经营管理统计年报》。
② 数据来自第三次全国农业普查。
③ 魏后凯、黄秉信:《农村绿皮书:中国农村经济形势分析与预测(2018—2019)》,社会科学文献出版社 2019 年版,第 232~235 页。
④ 农村宅基地总量在 933.98 万~1194.13 万公顷之间,按亩计算即 1.4 亿~1.8 亿亩之间。参见任育锋等:《中国农村宅基地资源时空分布及利用特征》,载《中国农业大学学报》2020 年第 10 期,第 175 页。
⑤ 参见国家统计局:2018 年城市建设用地面积 560 万公顷即 8400 万亩,https://data.stats.gov.cn/easyquery.htm? cn = C01。

5.4.3 城乡金融二元性明显，农村资金流出仍未改变

改革开放以来，我国城乡二元金融体制改革经历了1979~1996年恢复和创建农村金融机构、1996~2004年商业银行网点撤并和农村合作基金会整治、2004~2010年农村金融机构全面深化改革和金融服务下沉等阶段，以及2010年以来强化农村金融机构普惠服务职能的四个阶段，农村金融服务状况得到明显改善，城乡金融资源配置差距有所缩小[1]。但由于城乡二元资源配置改革相对滞后，城乡金融的二元性还明显存在。

首先，城市金融与农村金融在服务对象、市场规模和金融工具方面存在着明显差异性。就我国实际情况看，城市金融是由发达的现代银行（包括国有商业银行、其他商业银行、外资银行）、证券、保险机构组成的一个以城市经济主体为服务对象的金融网络体系。农村金融则是由规模较小的农村商业银行和农村信用社，以及农村小额贷款公司、村镇银行和资金互助社等组成的以农村经济主体为服务对象的金融体系。城市金融的市场规模要远大于农村金融，农村金融工具主要是信贷，城市金融使用信贷、证券及保险等多元化金融工具。

其次，城乡之间的抵押权利存在不平等。基于规避经营风险的考虑，抵押贷款是金融机构普遍采用的一种贷款方式。其好处是既避免了金融机构因借款人难以还本付息带来的经济损失，又可以使借款人在不转移抵押物的条件下满足其资金需求，并通过提高违约成本约束其有意违约的机会主义行为。在现有的金融制度安排下，城市居民住房产权、大部分国有土地使用权、企业设备等都可以作为银行贷款的抵押物。但农民的土地承包权、宅基地使用权、农村公益性建设用地等都不能作为银行贷款的抵押品。近年来，新一轮土地制度改革成果已上升到法律层面，新的《中华人民共和国农村土地承包法》规定农村土地经营权和宅基地住房财产权可以用于抵押融资，但从实施情况看，这类抵押资产在银行管理系统内部不被作为冲抵贷款的资产，其风险权重与无抵押贷款权重并无区别[2]。

最后，政策性金融受主营业务要求的影响普适性不强。农业发展银行的主要职能是支持粮、棉、油等重要农产品的政策性收购，虽然近年来围绕脱

---

[1] 叶兴庆、金三林、韩杨等：《走城乡融合发展之路》，中国发展出版社2019年版，第133~136页。

[2] 叶兴庆、金三林、韩杨等：《走城乡融合发展之路》，中国发展出版社2019年版，第143页。

第5章 后刘易斯转折阶段构建新型城乡关系的难点分析

贫攻坚、农业现代化等国家战略拓展了业务领域，但其主营业务仍是重要农产品的政策性收购。国家开发银行对农村发展的支持也主要体现在政府投资建设的基础设施、移民搬迁等重大项目上。政策性金融的业务定位导致广大农业经营主体无法享受政策性银行的金融服务。

尤其值得提出的是，资金要素城乡配置失衡不仅缘于城乡二元金融的存在，还受到金融机构逐利本性的影响。一是邮政储蓄银行虽然介入农村，但主要在农村吸收存款，成为农村资金外流的重要渠道（见表5-15）。二是改革开放以来，农村信用社贷款占存款比例始终小于1，近年来虽有所增加，但仍小于70%，资金外流情况较为突出（见表5-16）。三是县域金融机构网点的大幅度增加，不仅没有带来资金向农村的净流入，相反，2005~2012年县域每新增一家金融机构网点将使当地人均外流资金增加6元[①]。2012~2016年，全国60%左右的县贷存比小于1，农村存款外流的现象依然非常普遍[②]。

表5-15　　　　通过邮政储蓄渠道农村资金外流情况　　　　单位：亿元

年份	邮政储蓄在农村吸收的存款余额	年度农村资金经邮政储蓄净流出额
1989	20.5	20.5
1990	45.8	25.3
1991	88.0	42.2
1992	124.7	36.7
1993	215.2	90.5
1994	339.0	123.8
1995	546.9	207.9
1996	740.0	193.1
1997	882.8	142.8
1998	1079.0	196.2
1999	1262.7	183.7
2000	1632.7	370.0
2001	2024.9	392.2

---

① 谭燕芝、刘旋、赵迪：《农村金融网点扩张与县域资金外流——基于2005—2012年县域经验证据》，载《中国经济问题》2018年第2期，第72页。
② 周天芸：《金融扶贫、存款外流与农村金融困境》，载《金融发展研究》2018年第4期，第75页。

续表

年份	邮政储蓄在农村吸收的存款余额	年度农村资金经邮政储蓄净流出额
2002	2511.9	487.0
2003	3066.1	554.2
2004	3768.3	702.2
2005	4861.7	1093.4
2006	5758.0	896.3
2007	6852.1	1094.1
2008	—	—
2009	—	—
2010	—	—
2011	—	—
2012	—	—
2013	52064.48	
2014	58029.46	5965.0
2015	63050.14	5020.7
2016	72863.11	9813.0
2017	80626.59	7763.5
2018	86274.40	5647.8
2019	93140.66	6866.3
2020	103580.29	10439.6
2021	113540.73	9960.4

注：本年度农村资金经邮政储蓄净流出额等于本年度新增存款额减去本年度新增贷款额。

资料来源：2005年之前的数据转引自柯炳生：《工业反哺农业的理论与实践研究》，人民出版社2008年版，第189页；2005~2007年数据来源于2008年《中国金融统计年鉴》；2014~2021年数据来源于邮政储蓄年度公报。

表5-16　　　　农村信用社存贷款及其资金净流出情况　　　　单位：亿元

年份	各项存款余额	各项贷款余额	新增存款余额	新增贷款余额	年资金净流出	存贷款比（%）
1978	166	45.1	—	—	—	27.2
1979	215.9	47.5	49.9	2.4	47.5	22
1980	265.1	81.6	49.2	34.1	15.1	30.8

第5章　后刘易斯转折阶段构建新型城乡关系的难点分析

续表

年份	各项存款余额	各项贷款余额	新增存款余额	新增贷款余额	年资金净流出	存贷款比（%）
1981	318.6	96.4	53.5	14.8	38.7	30.3
1982	388.7	121.2	70.1	24.8	45.3	31.2
1983	486.1	163.1	97.4	41.9	55.5	33.6
1984	623.9	354.5	137.8	191.4	-53.6	56.8
1985	724.9	400	101	45.5	55.5	55.2
1986	962.3	568.5	237.4	168.5	68.9	59.1
1987	1225.2	771.4	262.9	202.9	60	63
1988	1399.8	908.6	174.6	137.2	37.4	64.9
1989	1663.4	1094.9	263.6	186.3	77.3	65.8
1990	2144.9	1413	481.5	318.1	163.4	65.9
1991	2707.5	1808.6	562.6	395.6	167	66.8
1992	3478.5	2453.9	771	645.3	125.7	70.5
1993	4297.3	3143.9	818.8	690	128.8	73.2
1994	5669.7	4168.6	1372.4	1024.7	347.7	73.5
1995	7172.9	5234.2	1503.2	1065.6	437.6	73
1996	8793.6	6364.7	1620.7	1130.5	490.2	72.4
1997	10555.8	7273.2	1762.2	908.5	853.7	68.9
1998	12191.5	8340.2	1635.7	1067	568.7	68.4
1999	13358.1	9225.6	1166.6	885.4	281.2	69.1
2000	15129.4	10489.3	1771.3	1263.7	507.6	69.3
2001	17263.5	11971.2	2134.1	1481.5	652.2	69.3
2002	19875.47	13937.71	2611.97	1966.51	645.46	70.1
2003	23710.2	16978.69	3834.73	3040.98	793.75	71.6
2004	27289.1	19237.84	3578.9	2259.15	1319.75	70.5
2005	27605.61	18680.86	316.51	-556.98	873.49	67.7
2006	30341.28	20618.9	2735.67	1938.04	797.63	67.96
2007	35167.03	24121.61	4825.75	3502.71	1323.04	68.59
2008	41529.10	27449.01	6362.07	3327.4	3034.67	66.10

续表

年份	各项存款余额	各项贷款余额	新增存款余额	新增贷款余额	年资金净流出	存贷款比（%）
2009	47306.73	32156.31	5777.63	4707.3	1070.33	67.97
2010	50409.95	33972.91	3103.22	1816.6	1286.62	67.39
2011	55698.92	36715.91	5288.97	2743	2545.97	65.92
2012	59724.84	38370.09	4025.92	1654.18	2371.74	64.24
2013	65119.5	41167.62	5394.66	2797.53	2597.13	63.22
2014	66539.53	42480.65	1420.03	1313.03	107	63.84
2015	68207.51	42941.01	1667.98	460.36	1207.67	62.96
2016	57676.65	35827.88	-10530.86	-7113.73		62.12
2017	52968.23	32949.27	-4708.42	-2878.61		62.21
2018	46495.75	29951.75	-6472.48	-2997.52		64.42
2019	42219.27	27554.00	-4276.48	-2397.75		65.26

注：本年度农村资金净流出额等于本年度新增存款额减去本年度新增贷款额。
资料来源：2005年之前的数据转引自柯炳生：《工业反哺农业的理论与实践研究》，人民出版社2008年版，第188页；2005~2019年数据来源于2008年、2010年、2012年、2014年、2015年、2016年、2017年、2018年、2019年、2020年《中国金融年鉴》。

城乡金融市场的二元性明显存在，加之商业性金融逐利动机的影响，我国涉农政策向农村的"输血"仍难以补足农村金融的"失血"[①]。

5.5 政府治理体系不完善，城乡间公共资源配置失衡

5.5.1 政府治理体系不完善

1978年的改革开放，在推进市场取向改革的同时，也打破了传统自上而下行政命令的政府管理体制，体制转轨过程中出现的地方分权、财政包干和地方政府间以经济增长为中心的政治"锦标赛"等政府治理变革，促进了经

---

① 叶兴庆、金三林、韩杨等：《走城乡融合发展之路》，中国发展出版社2019年版，第138页。

济的高速发展①。但在后刘易斯转折阶段，现有的政府治理模式难以满足经济高质量发展和构建新型城乡关系，促进城乡融合发展的要求。

首先，以 GDP 增长为核心的政治"锦标赛"竞争，使地方政府缺少推进城乡基本公共服务均等化，以及推进农民工市民化等民生福祉的内在动力。这是因为推进城乡基本公共服务均等化，以及推进农业转移人口市民化，不仅需要政府的财力支持，还需要大量的管理与协调工作，这些财力支出和努力都难以在短期内对经济增长产生明显成效。从机会成本的角度分析，相同的财政支出和同样的工作量，若是放到招商引资、土地征用、增加税源等方面，就会在较短的期间获得更大的政绩。

其次，财权与事权不匹配的财政分权，不仅催生了土地政府的土地财政，还影响了中央政府民生政策目标的实现。1994 年开始的财政分税制度，调动了地方政府促进经济发展的积极性，对我国经济发展起到了巨大的推动作用。但分税制度实行以后，存在着财权上收事权下放的倾向，地方政府预算收入占比下降，而其所承担的经济、民生和政治建设任务不断加大，导致财政支出比例有所提高。现行财政体制下地方政府财权与事权的不匹配，一是使得一些财政困难的地方政府无力承受基本公共服务均等化和农民工市民化的社会成本。二是催生了土地财政，使农村土地财产收益通过征地渠道转入城市建设，在拉动经济增长的同时，也进一步扩大了城乡发展差距。

最后，乡村治理体系薄弱，严重影响了农业农村现代化的进程。一是乡镇级政府治理能力正在弱化。农村税费制度改革减轻了农民的税费负担，在工业化、城市化进程中终结了农村赋税调整的"黄宗羲定律"，实现了乡村治理的重大转型。但在财权与事权不匹配的财政分权体制下，税费改革也给乡镇政府带来了财政困难，一些乡镇政府不仅无法提供必要的基本公共服务，甚至连日常运转都难以维持。二是乡村治理主体的缺位和弱化。从改革开放之初至今，城镇人口逐年增长而乡村人口则呈现逐年减少态势。大量农村高素质青壮年劳动力的外流，造成村庄发展精英匮乏，村级事务管理者选择难度加大，管理团队综合素质与能力低下。由于流出的高素质青壮年劳动力多是家庭决策主体和农村公共事务主要参与人，其大规模外流对于整个村庄来

---

① 周黎安：《中国政府治理的变革与现代化》，引自蔡昉等：《中国式现代化——发展战略与路径》，中信出版集团 2022 年版，第 297 页。

说就等价于大量家庭对于农村公共事务和民主管理的实质性退出，农村治理的机制自然极易被破坏，民主化进程也将因此被拖后。三是乡村规划体制和体系严重缺失，城乡规划难以衔接，城乡空间结构不能优化。由于乡村两级治理能力弱化，乡村规划管理严重缺位，虽然各地大都按上级政府的要求编制了乡村规划，但是这些规划或是对长远发展考虑不够，或是因缺少村民参与，实用性不强。

5.5.2 城乡基本公共服务供给失衡

根据二元经济转型中城乡关系演变规律，进入刘易斯后转折阶段也就进入了城乡关系的融合发展阶段。由于制度变迁非均衡特点，我国城乡二元福利制度的改革相对滞后，加之政府治理体系存在的诸多问题，不可避免地影响到城乡公共资源的均衡配置，造成了城乡居民公共服务实际水平的明显差距。

首先，基本公共设施服务供给失衡。同城市相比，农村公共基础设施的建设与农村发展相脱节，发展速度缓慢，严重阻碍着农村居民生活水平的提高。在供水普及率、燃气普及率、排水管道密度等公共设施指标方面，城乡之间都存在着明显的差距（见表5–17）。

表5–17　　　　　城乡公共基础设施水平比较

年份	燃气普及率（%）			供水普及率（%）			排水管道密度（千米/平方千米）		
	城市	农村	城乡差距	城市	农村	城乡差距	城市	农村	城乡差距
2006	79.11	17.00	62.11	86.07	63.40	22.67	5.18	2.00	3.18
2007	87.40	16.90	70.50	93.83	59.10	34.73	5.39	1.43	3.96
2008	89.55	17.60	71.95	94.73	62.60	32.13	8.68	1.53	7.15
2009	91.41	18.30	73.11	96.12	63.50	32.62	8.76	3.01	5.75
2010	92.04	19.00	73.04	96.68	65.60	31.08	9.23	3.12	6.11
2011	92.41	19.10	73.31	97.04	65.70	31.34	9.50	3.12	6.38
2012	93.15	19.40	73.75	97.16	66.70	30.46	9.64	3.18	6.46
2013	94.25	19.50	74.75	97.56	68.24	29.32	9.71	3.57	6.14
2014	94.57	20.32	74.25	97.64	69.26	28.38	10.27	3.83	6.44

第 5 章 后刘易斯转折阶段构建新型城乡关系的难点分析

续表

年份	燃气普及率（%）			供水普及率（%）			排水管道密度（千米/平方千米）		
	城市	农村	城乡差距	城市	农村	城乡差距	城市	农村	城乡差距
2015	95.30	21.38	73.92	98.07	70.37	27.70	10.36	4.18	6.18
2016	95.75	22.00	73.75	98.42	71.90	26.52	10.61	4.52	6.09
2017	96.26	25.02	71.24	98.30	78.80	19.50	11.21	5.29	5.92
2018	96.70	25.61	71.09	98.36	79.20	19.16	11.69	6.46	5.23
2019	97.29	26.81	70.48	98.78	80.50	18.28	12.34	7.41	4.93
2020	97.87	30.87	67.00	98.99	83.90	15.09	13.22	7.18	6.04
2021	98.04	33.63	64.41	99.38	84.20	15.18	13.97	7.53	6.44

资料来源：根据 2006~2021 年《中国城乡建设统计年鉴》中的城乡市政公用设施水平数据计算整理而得。

从表 5-17 可知，截至 2021 年，城市燃气普及率为 98.04%，农村只有 33.63%；城市供水普及率为 99.38%，农村只有 84.20%；城市排水管道密度为 13.97 千米/平方千米，农村只有 7.53 千米/平方千米。同城市相比，农村各项基础设施建设底子薄，虽然在国家政策的大力扶持下有了较大改善，但十五年以来增长幅度依然总体低于城市，如 2006~2021 年城市燃气普及率提高了 18.93 个百分点，农村则只提高了 16.63 个百分点，2006~2013 年城乡燃气普及率差距由 62.11% 增加到 74.75%，随后呈逐年下降趋势，到 2021 年该差距降至 64.41%，虽然有所改善，但差距依然明显。排水管道密度的城乡绝对差距在 2006~2021 年总体上也呈逐年扩大趋势。

其次，城乡间义务教育服务供给失衡。城乡间义务教育服务供给失衡突出地体现在教育经费的投入上。从表 5-18 可以看出，2011~2021 年，我国普通小学和普通初中的生均公共财政预算教育事业费和生均公共财政预算公用经费逐年增加，但每年增长比例总体呈下降趋势；农村大体上同步于全国发展，但总体水平依然落后于全国水平，而且农村和全国的差距，以及城市生活费用占全国的比例整体上呈上升趋势。因此，可以认为：政府对农村教育经费的投入力度虽然在逐年增加，但是依然低于全国平均水平，而且城乡义务教育经费投入差距并没有减小。

表5-18 国家财政性教育经费比较

项目	年份	普通小学 全国（元）	较上年增长比例（%）	农村（元）	较上年增长比例（%）	全国-农村/全国（%）	普通初中 全国（元）	年均增长比例（%）	农村（元）	年均增长比例（%）	全国-农村/全国（%）
生均公共财政预算教育事业费	2011	4966.04		4764.65		4	6541.86		6207.10		5
	2012	6128.99	23	6017.58	26	2	8137.00	24	7906.61	27	3
	2013	6901.77	13	6854.96	14	1	9258.37	14	9195.77	16	1
	2014	7681.02	11	7403.91	8	4	10359.3	12	9711.82	6	6
	2015	8838.44	15	8576.75	16	3	12105.1	17	11348.8	17	6
	2016	9557.89	8	9246	8	3	13416	11	12477.3	10	7
	2017	10911.2	6.7	9768.57	5.7	10.5	14641.2	9.1	13447.1	7.8	8.2
	2018	10566.29	3.6	10102.9	3.4	4	15199.11	4.8	13912.4	3.5	8
	2019	11197.33	6.0	10681.3	5.7	5	16009.43	5.3	14542.2	4.5	9
	2020	11654.5	4.1	11178.7	4.7	4	16633.35	3.9	15112.1	3.9	9
	2021	11841.80	1.6	—	—	—	16790.89	1.0	—	—	—
生均公共财政预算公用经费	2011	1366.41		1282.91		6	2044.93		1956.66		4
	2012	1829.14	34	1743.41	36	5	2691.76	32	2602.13	33	3
	2013	2068.47	13	1973.53	13	5	2983.75	11	2968.37	14	1
	2014	2241.83	8	2102.09	7	6	3120.81	5	2915.31	-2	7
	2015	2434.26	9	2245.30	7	8	3361.11	8	3093.82	6	8

第5章 后刘易斯转折阶段构建新型城乡关系的难点分析

续表

<table>
<tr><th rowspan="2">项目</th><th rowspan="2">年份</th><th colspan="4">普通小学</th><th colspan="4">普通初中</th></tr>
<tr><th>全国（元）</th><th>较上年增长比例（%）</th><th>农村（元）</th><th>较上年增长比例（%）</th><th>全国-农村/全国（%）</th><th>全国（元）</th><th>年均增长比例（%）</th><th>农村（元）</th><th>年均增长比例（%）</th><th>全国-农村/全国（%）</th></tr>
<tr><td rowspan="6">生均公共财政预算公用经费</td><td>2016</td><td>2610.80</td><td>7</td><td>2402.18</td><td>7</td><td>8</td><td>3562.05</td><td>6</td><td>3257.19</td><td>5</td><td>9</td></tr>
<tr><td>2017</td><td>2732.07</td><td>4.6</td><td>2495.84</td><td>3.9</td><td>8.6</td><td>3792.53</td><td>6.5</td><td>3406.72</td><td>4.6</td><td>10.2</td></tr>
<tr><td>2018</td><td>2794.58</td><td>2.3</td><td>2545.54</td><td>2.0</td><td>8.9</td><td>3907.82</td><td>3.0</td><td>3460.77</td><td>1.6</td><td>11.4</td></tr>
<tr><td>2019</td><td>2843.79</td><td>1.8</td><td>2548.73</td><td>0.1</td><td>10.4</td><td>4012.45</td><td>2.7</td><td>3513.97</td><td>1.5</td><td>12.4</td></tr>
<tr><td>2020</td><td>2873.43</td><td>1.0</td><td>2586.72</td><td>1.5</td><td>10.0</td><td>4183.59</td><td>4.3</td><td>3633.56</td><td>3.4</td><td>13.1</td></tr>
<tr><td>2021</td><td>2855.13</td><td>-0.6</td><td>—</td><td>—</td><td>—</td><td>4203.76</td><td>0.2</td><td>—</td><td>—</td><td>—</td></tr>
</table>

资料来源：根据2011～2021年《教育部 国家统计局 财政部关于全国教育经费执行情况统计公告》整理计算而得。

再次,基本公共医疗卫生服务供给失衡。由表 5-19 可以看出,2021 年城市每千人拥有的执业(助理)医师数是农村的 1.54 倍,每千人拥有的卫生技术人员数是农村的 1.57 倍,每千人拥有的医疗卫生机构床位数是农村的 1.24 倍,2016 年城市人均卫生费用是农村的 2.42 倍。无论是人均卫生费用还是人均卫生医疗资源,城市与农村的差距都很大。

表 5-19　　　　　　　　城乡公共医疗卫生服务差异

年份	每千人拥有执业(助理)医师数(人) 城市	每千人拥有执业(助理)医师数(人) 农村	每千人拥有卫生技术人员数(人) 城市	每千人拥有卫生技术人员数(人) 农村	每千人拥有医疗卫生机构床位数(张) 城市	每千人拥有医疗卫生机构床位数(张) 农村	人均卫生费用(元) 城市	人均卫生费用(元) 农村
2010	2.97	1.32	7.62	3.04	5.94	2.60	2315.5	666.3
2011	3.00	1.33	7.90	3.19	6.24	2.80	2697.5	879.4
2012	3.19	1.40	8.54	3.41	6.88	3.11	2999.3	1064.8
2013	3.39	1.48	9.18	3.64	7.36	3.35	3234.1	1274.4
2014	3.54	1.51	9.70	3.77	7.84	3.54	3558.3	1412.2
2015	3.72	1.55	10.21	3.90	8.27	3.71	4058.5	1603.6
2016	3.79	1.61	10.42	4.08	8.41	3.91	4471.5	1846.1
2017	3.97	1.68	10.87	4.28	8.75	4.19	—	—
2018	4.01	1.82	10.91	4.63	8.70	4.56	—	—
2019	4.10	1.96	11.10	4.96	8.78	4.81	—	—
2020	4.25	2.06	11.46	5.18	8.81	4.95	—	—
2021	3.73	2.42	9.87	6.27	7.47	6.01	—	—

资料来源:《中国统计年鉴(2022)》;《中国卫生健康统计年鉴(2022)》。

实际上这还没有考虑到城乡医疗水平的差异。中国的医疗卫生事业发展走的是一条高水平、低覆盖的路子,医疗卫生资源配置不合理,卫生服务提供严重不均等,高新技术、先进设备、优秀卫生人才基本上都集中在大城市的大医院。城市里不仅拥有医疗设备先进的大医院,也有方便就诊的社区医院,较好地满足了城市居民的医疗卫生服务需要。相比之下,农村的医疗水平和医疗条件比较落后。因此,如果将城乡医疗水平的差异考虑进来,城乡基本医疗卫生服务供给差距还将被放大。

第5章 后刘易斯转折阶段构建新型城乡关系的难点分析

最后，基本社会保障服务供给失衡。近年来，我国在扩大城乡基本社会保障覆盖面、提高基本社会保障水平方面有了较大进展，但基本社会保障体系的重心仍在城镇，现有的社会保障制度在设计上明显向城市居民倾斜。在农村居民的参保上，绝大多数仍然以新农保和新农合为主。农村居民社会保险参保率低、社会保险覆盖面狭窄、保障水平偏低、抵御风险的能力较脆弱是不争的事实。中国广大农村的社会保障建设正处于起步阶段，很多地方仍处于极为薄弱乃至空白的境况，失业保险、工伤保险、生育保险、住房保障及很多社会福利项目没有或者基本没有。

即便是农村和城市都已建立的社会保障项目，在覆盖率和保障水平方面，农村与城市仍然存在着很大的差距。由表5-20可以看出，2021年城市年人均社会保障支出是农村的2.16倍，年人均社会保障财政基金支出是农村的17.28倍；由此可知，城乡人均社会保障支出差距较大，而且农村对财政支出的依赖性更强，城市则体现出社会保障供给的多元化。

表5-20　　　　城乡人均社会保障支出数额对比　　　单位：元/每人每年

年份	人均社会保障支出 城市	人均社会保障支出 农村	人均社会保障财政基金支出 城市	人均社会保障财政基金支出 农村
2010	5092	549	4106	195
2011	5709	701	4496	177
2012	6368	833	5115	238
2013	4323	1648	5733	271
2014	4816	1877	6375	314
2015	5340	2066	7300	419
2016	5910	2328	8398	423
2017	6524	2603	9444	463
2018	6988	2921	10540	557
2019	7563	3298	11218	585
2020	8116	3661	11220	622
2021	8497	3937	11753	680

资料来源：《中国统计年鉴（2011—2022）》。

表 5-21 展示了城乡最低社会保障水平的对比情况。从中可以看出，近几年，我国城乡最低社会保障水平一直在提高，农村最低生活保障人均月标准从 2009 年的 100.8 元提高到 2021 年的 530.2 元，提高了 429.4 元，年均增长 16.29%；城市最低生活保障人均月标准从 2009 年的 227.8 元提高到 2021 年的 711.4 元，提高了 489.05 元，年均增长率为 10.91%。2009 年城市居民最低生活保障人均标准是农村居民的 2.26 倍，2021 年缩小为 1.34 倍。城乡之间仍存在较大的差距，城市居民和农村居民因为户籍差异享受的最低生活保障水平不均等的现象仍然存在。从享受最低生活保障的人数来看，农村由 2009 年的 4760 万人降低到 2021 年的 3474.5 万人，下降了 27%；城镇由 2009 年的 2345.60 万人下降到 2021 年的 737.8 万人，下降了 68.5%；农村与城市享受最低生活保障的人数之比由 2009 年的 2.03∶1 增至 2021 年的 2.71∶1，这反映了国家对农村最低生活保障线下人口的社会保障给予了更多关注，但也可以看出农村与城市最低生活保障线下人口的数量差距不降反增。

表 5-21　　　　　　　　　　城乡最低社会保障水平对比

年份	农村最低生活保障人均月标准（元）	城镇最低生活保障人均月标准（元）	农村最低生活保障人数（万人）	城镇最低生活保障人数（万人）
2009	100.8	227.8	4760	2345.6
2010	117.0	251.2	5214	2310.5
2011	143.2	287.6	5305.7	2276.8
2012	172.3	330.1	5344.5	2143.5
2013	202.8	373.3	5388	2064.2
2014	231.4	410.5	5207.2	1877
2015	264.9	450.1	4903.6	1701.1
2016	312.0	494.6	4586.5	1480.2
2017	358.4	540.6	4045.2	1261
2018	402.8	579.7	3519.1	1007
2019	444.6	624	3455.4	860.9
2020	496.9	677.6	3620.8	805.1
2021	530.2	711.4	3474.5	737.8

资料来源：根据 2009~2021 年《中国民政统计年鉴》相关数据整理所得。

5.6 城乡空间结构不合理，以城带乡城乡互促效应有待提升

首先，城市空间结构不合理，城市对乡村的极化效应大于其扩散效应。在二元经济转型过程中发挥城市对乡村的辐射和带动作用，是实现城乡融合发展的重要条件。但城市对乡村的辐射和带动作用是以优化城市空间结构，形成大、中、小城市、小城镇合理布局的城市空间体系为前提的[①]。我国政府治理体系不完善，城乡规划体系的一体化尚未形成，城镇规划缺乏科学性，我国城市空间结构不合理，绝大多数城市都是单中心格局。超大城市急剧扩张和部分中小城市、小城镇出现萎缩是现阶段城市空间结构变动的两大特征。根据第七次人口普查数据，2020 年我国超大城市一共是 7 座，包括上海、北京、深圳、重庆、广州、成都、天津，它们的城区人口都超过了 1000 万，根

---

① 法国著名的经济学家弗朗索瓦·佩鲁于 20 世纪 50 年代提出并系统论证了增长极理论，这一理论经佩鲁在其后一系列著作中的不断完善，以及布德维尔、赫希曼等学者的发展，被广泛地应用于区域发展规划中。这一理论的核心思想是，经济增长往往集中于某些主导部门和创新产业聚集的地区，这些地区就形成了经济增长极。增长极的形成和发展会产生两种效应：极化效应和扩散效应。所谓极化效应是指增长极会使人口、资本、生产技术、贸易等高度集聚，进而产生"城市化趋向"，而这些大城市由于聚集了大量的物质资源和人力资本，通常是生产、贸易、金融、信息、交通运输的中心。所谓扩散效应则是指人口和各种生产要素从增长极向周围地区的不断扩散，并通过这种扩散效应推动整个地区甚至是一个国家的经济发展的现象。20 世纪 80 年代初以来，随着"新产业组织理论""新贸易理论""新增长理论"的兴起，又产生了"新经济地理学"。新经济地理学研究了聚集与扩散效应驱动下的城市空间形态的演变，其结论是城市的产生是源于城市的聚集效应，而城市规模和结构的变化则是由市场效应和价格效应所形成的聚集力；以及由市场拥挤、城市拥挤和知识溢出所导致的扩散力相互作用的结果。显然，无论是增长极理论还是新经济地理学理论，都认为极化效应或聚集效应会导致农业资源不断向中心城市集中，而扩散效应则会使城市资源向中心城市周边的农村扩散。但中心城市的扩散效应发挥是有条件的，那就是多中心城市体系的形成。一个众所周知的事实是，越是邻近城市，农业的现代化程度和农产品的商品化率就越高，农民土地的租金收入也就越高。随着城市规模的扩大，城市对农村腹地的辐射范围也不断扩大，而多中心城市体系的形成，特别是城市带和城市群的形成，使广大农村都能通过大中小城市和小城镇的城市空间体系受到城市经济的辐射与影响。在开放的城市体系中，城市与农村存在着以分工为基础的相互依存相互促进的关系。一方面广大的农村腹地为城市经济提供食品、农业原材料和劳动力、土地等生产要素；另一方面城市又为农村提供大量非农消费品、农业投资品及其他服务。随着城市空间范围的扩大，城市空间体系的形成，以及城市之间联系不断强化，城乡间通过商品交换、要素流动的联系不断深化，城市对农村的腹地的辐射与带动作用也就越加突出。如果说，单一中心的城市发展阶段，城市对农村的辐射作用只是体现在中心城市郊区的话，那么，随着多中心城市体系和城市带的形成，城市对农村的辐射作用则表现为通过城市网络体系覆盖整个农村区域。

据魏后凯的模拟,到2035年,如果按照这种态势发展下去,超大城市还有可能会增加5座达到12座。这些年来我国超大城市扩张得很快,2000年的时候1座都没有,2010年是3座,2020年七普的数据是7座,我们预计到2035年可能达到12座。再从超大城市城区人口占全国总城镇人口的比重来看,2000年是0,2010年是6.5%,2020年是12.3%①。由于我国多中心的城市网络体系尚未形成,总体上看,城市对乡村资源吸纳的极化作用大于其对乡村的辐射带动作用。

特别值得提出的是,在大中小城市和小城镇体系中,县域经济是突出的短板。县域经济发展滞后,其联结城乡经济的枢纽作用发挥不足。当前虽然县域经济在政策层面给予了非常大的发展空间,在实际践行层面,县域经济潜能在空间区位、产业基础、市场要素、资源禀赋和政策红利等方面的优势难以充分释放,城乡空间融合发展难以深入推进。再加上受到"城市偏向"政策的遗留影响,导致大城市发展较为迅速,对于近域乡村的带动与辐射能力较为有限,小城镇发展受到限制,乡村空间布局较为分散,县域经济发展还有很大的提升空间,其枢纽带动作用还有待于释放和发挥。

其次,乡村"空心化"问题突出,土地集约利用程度不高。由于我国农民工非农化与市民化相脱离,大量青壮年劳动力进入城镇,却又难以在城镇长期定居,把老人、妇女和儿童留在农村,进而导致了农村的"空心化"状态。根据2016年民政部对留守儿童的定义②,全国农村留守儿童人数为902万人③;根据2016年民政部摸底排查结果,农村留守老人人数为1600万左右④;根据第六次全国人口普查数据,农村留守妇女人数为4800万⑤。乡村空心化,导致土地资源浪费严重。改革开放以来我国农村人口数量大幅减少约2.39亿人的情况下,宅基地面积不但没有减少,反而累计增加超过3000

---

① 魏后凯:《科学合理的城镇化格局有利于共同富裕》,载《北京日报》2021年11月8日。
② 即不与双方父母同住,或者一方外出另一方无监护能力的16岁以下儿童。
③ 陈媛媛、傅伟:《特大城市人口调控政策、入学门槛与儿童留守》,载《经济学(季刊)》2023年第1期,第98页。
④ 《农村留守老人现状调查:农作负担重心理孤单多》,载《法治日报》2021年10月13日,https://s.cyol.com/articles/2021-10/13/content_1Rxya3iL.html。
⑤ 耿小娟、柳建平:《贫困地区的农户农业女性化——基于甘肃省14个贫困村调查数据的研究》,载《人口与经济》2020年第3期,第76页。

万亩①，闲置宅基地面积也达到3000万亩左右②。"空心村"的普遍存在恶化了农业生产和生活条件，对农村经济与社会发展带来了诸多不利。

最后，城乡用地和人口空间配置之间存在矛盾。21世纪以来，我国城镇化呈现稳步发展的趋势。城镇人口2000年为45906万人，到2021年增至91425万人，增加了45519万人，增长了约2倍，城镇人口年均增长率为3.33%。城市建成区面积2000年为22439.3平方公里，2021年为62420.53平方公里，增加了39981.23平方公里，增长了约2.78倍，城市建成区面积年均增长率为4.99%。如果用城市建成区面积代表土地城镇化，用城镇化率代表人口城镇化，那么土地城镇化的增长速度约为人口城镇化的2.50倍。中国城市规划设计院认为城镇用地规模弹性系数（也称城镇用地扩张合理性系数）为1.12比较合适③。但2000~2021年这21年间我国的城镇用地规模弹性系数均值为1.47，显然，中国的城镇用地扩张速度高于其合理区间④。随着大规模人口城乡转移，我国乡村人均用地水平明显偏高。2021年我国村庄人均用地面积为161.75平方米，乡镇人均建成区面积为267.27平方米，均远高于城市人均建成区面积（136.44平方米）⑤。总之，上述城乡空间结构失调，难以形成以城带乡、城乡互促的融合发展格局。

---

① 邹一南：《积极推进农村宅基地制度改革试点》，载《学习时报》2020年8月12日。
② 柳文：《闲置资源是怎样生金的》，载《经济日报》2022年4月21日。
③ 冯云廷：《城市经济学》，东北财经大学出版社2011年版，第200页。
④ 见本书12.3.3.4的内容。
⑤ 见本书12.3.3.5的内容。

第 6 章

构建新型城乡关系的战略思路与制度框架

在第5章，我们结合中国二元经济转型的特殊性，分析了后刘易斯转折阶段构建新型城乡关系面临的症结性难题。新的历史条件下构建新型城乡关系就是要解决这些症结性难题，在全面建成社会主义现代化强国的新征程中，形成工农互促、城乡互补的新型城乡关系，以实现四化同步、城乡融合。为此，要遵循二元经济转型中城乡关系演变规律，立足社会主义发展中大国转型发展的实际，传承中国二元经济转型中处理城乡关系的成功经验，借鉴其他国家二元经济转型的经验教训，形成构建新型城乡关系的战略思路与制度构架。

6.1 构建新型城乡关系的战略思路

中国的城乡关系演变大致符合二元经济转型中的城乡关系演变规律。新中国成立之初，我国根据新中国成立初期经济发展起点低，工业基础十分薄弱，以及西方资本主义国家政治孤立和经济封锁的特殊历史条件，选择了重工业优先发展战略和与该战略相契合的城乡二元体制，以及"以农补工、以乡助城"的城乡关系政策，建立起了独立完整的民族工业体系，进而实现了传统农业与现代工业的二元分化。1978年的改革开放，在启动计划经济向社会主义市场经济转轨的同时，也通过城乡二元经济体制的改革，促进了农业剩余劳动力的转移和人口的城乡流动，进而开启了二元经济发展进程。到2006年前后，我国二元经济转型进入刘易斯发展阶段，与这一阶段城乡关系演变的特点相一致，我国以2002年党的十六大为分界线，城乡关系政策从"以农补工、以乡助城"转向"以工促农、以城带乡"。党的十八大以来，以

第6章 构建新型城乡关系的战略思路与制度框架

习近平同志为核心的党中央领导集体，根据"三农"工作的新进展，强化了"以工促农、以城带乡"政策的实施力度，推进了城乡二元经济体制的改革，促进了中国二元经济转型。据本研究测算，2024年前后中国进入后刘易斯转折阶段。与这一阶段城乡关系演变的特点相一致，2020年党的十九届五中全会根据新的历史阶段中国社会的主要矛盾，深入分析了我国发展环境所面临的深刻复杂变化和中国城乡关系的演变实际，进一步提出："走中国特色社会主义乡村振兴道路，全面实施乡村振兴战略，强化以工补农、以城带乡，推动形成工农互促、城乡互补、协调发展、共同繁荣的新型工农城乡关系，加快农业农村现代化。"[1]

从城乡关系政策演变的角度考察，进入后刘易斯转折阶段，我国城乡关系也进入了城乡融合发展阶段。城乡融合发展不是一个时点概念，而是具有时空演变特征的阶段性范畴，进入后刘易斯转折阶段，并不意味着消灭了城乡发展差距，实现了城乡融合，而是要解决后刘易斯转折阶段城乡关系发展所面临的新问题，不断提升城乡融合发展水平，最终完成二元经济转型，实现城乡融合。

我国后刘易斯转折阶段构建新型城乡关系面临的症结性难题，大致可分为两大类。第一类问题是发展中国家在后刘易斯转折阶段均可能遇到的共性问题。包括劳动力成本上升的规模效应和替代效应对就业需求的影响；资源环境约束强化带来的生产成本和交易成本上涨；国际竞争加剧强化了需求约束，以及对技术与外资引进的不利影响。第二类问题则是源于中国二元经济转型特殊性的个性问题。这些问题包括要素市场的二元性及其对城乡资源优化配置的不利影响；政府治理体系不完善和城乡二元福利制度改革滞后带来的城乡基本公共服务供给失衡；农业转移人口非农化与市民化相脱离和城市空间结构不合理导致城市化质量不高及其对农村辐射带动作用的不利影响。显然，我国后刘易斯转折阶段，就是要着力解决上述症结性难题，不断提升城乡融合发展水平。

在后刘易斯转折阶段构建新型城乡关系进程中，发展中国家面临的共性难题，需要通过技术创新提高全要素生产率，以突破资源环境与市场需求的

---

[1] 《中国共产党第十九届中央委员会第五次全体会议公报》，2020年10月29日，http://www.gov.cn/xinwen/2020-10/29/content_5555877.htm。

双重约束，提高国际竞争力。这一阶段构建新型城乡关系所面临的个性难题，多与我国非均衡制度变迁中城乡二元资源配置体制改革和政府治理体制改革滞后有关。基于这一特殊国情，解决后一类症结性难题，则需要通过制度创新，深化城乡二元资源配置体制改革，培育与完善城乡要素市场；深化政府治理体制改革，推进政府治理体系和治理能力的现代化。就解决个性难题而言，改革城乡二元资源配置体制，培育与完善要素市场，是要充分发挥市场对资源配置的决定性作用；深化政府治理体制改革，是要更好地发挥政府的作用，以弥补"三农"领域的市场失灵。虽然技术创新是解决经济发展的资源环境约束与市场需求约束，以及提高国际竞争力的必要条件，但技术创新也需要与之相契合的制度条件[①]。在市场经济条件下，以技术创新为核心的生产力发展，也离不开政府与市场作用的有效结合。

解决后刘易斯转折阶段构建新型城乡关系面临的症结性难题，不仅要遵循二元经济转型中城乡关系演变规律，还要根据后刘易斯转折阶段城乡关系演变的特点，在充分发挥市场机制作用的同时，更好地发挥政府的作用；还必须立足中国特色社会主义发展中大国的具体国情，把坚持社会主义制度的价值取向和防范风险的底层思维结合起来。基于上述考量，新的历史阶段我国构建新型城乡关系的战略思路是：以正确处理政府与市场的关系为主线；坚持统筹谋划，重点突破；加强工农互助、城乡互补；坚持底线思维，防范化解风险。

以正确处理政府与市场的关系为主线，就是要根据二元经济转型后刘易斯转折阶段城乡关系演变的特点，形成政府职能与市场作用的有效组合。我们聚焦劳动力、土地、资本要素和公共资源在城乡间的双向流动和优化配置，补齐要素市场培育和政府治理体系建设的短板，促进城乡要素权益等值化和公共资源配置均等化。同时，我们形成以城带乡、城乡互补的激励机制，提高城乡综合治理能力；优化城乡空间结构，形成城市对乡村辐射和带动的网络体系。

[①] 一个国家的制度变量虽然对生产力发展的作用是间接的，但其影响却是根本性的。资源禀赋只是决定了经济体的生产可能性边界，该经济体的实际生产水平能否达到其生产可能性边界，并随着经济发展扩展其生产可能性边界，则取决于其生产要素能否得到科学合理的组织和使用，以及能否通过技术创新不断突破经济发展的资源环境与市场需求的约束。而能够对经济活动的参与者提供有效激励和稳定预期的制度安排，不仅可使经济活动的参与者多用相对丰裕的资源，少用稀缺程度较高的资源，生产满足市场需求的商品，还可以激发经济活动参与者的创造性，促进技术创新。

第6章 构建新型城乡关系的战略思路与制度框架

构建新型城乡关系是一项综合的社会系统工程，需要围绕乡村全面振兴和全面建成社会主义现代化强国的建设目标，强化整体谋划和顶层设计，增强改革的系统性、整体性、协同性。重点是要针对后刘易斯转折阶段构建新型城乡关系的症结性难点问题，攻关克难，通过技术与制度创新，化解新型城乡关系构建的资源环境与需求约束，破除深化二元经济体制改革过程中面临的体制机制障碍和多重利益矛盾。由于现阶段农业和农村发展不充分是构建新型城乡关系的薄弱环节，强化以工补农、以城带乡仍然是我国城乡关系政策的重要取向。

后刘易斯转折阶段构建新型城乡关系，还要加强工农互促、城乡互补。强化以工补农、以城带乡是指通过工业对农业的反哺和城镇对乡村的支持补齐农业与农村发展的短板。同时，加强工农互促、城乡互补也是指着眼于工农间、城乡间的比较优势，通过工业与农业、城市与乡村的良性互动，促进城乡融合发展。加强"工农互促、城乡互补"应该以多元价值为导向，积极拓展农业和农村的生产、生活和生态等多重功能，促进城乡产业融合。同时，应该促进城乡要素的双向流动，尤其是城市的资本、人才、信息等要素流向农村，为农业农村现代化创造有利条件；注重城乡空间结构优化，通过大中小城市、小城镇协调发展带动农业农村发展的同时，以县城、小城镇为载体，促进乡村产业多元化、一二三产业融合发展。

坚持底线思维，防范化解风险，要求在政府与市场有效组合的作用下，正确处理守正与创新的关系，在深化二元经济体制改革，推进体制机制破旧立新的过程中，我们必须守住土地所有制性质不改变、耕地红线不突破、农民利益不受损的底线，同时也要守住生态保护红线，守住乡村文化根脉；正确处理好改革发展与稳定的关系，坚持因地制宜、循序渐进的原则，立足中国地域广阔、经济社会发展不平衡的客观实际，稳妥把握改革时序、节奏和步骤，分类施策、梯次推进，试点先行，有效防范和化解深化改革过程中可能出现的各类经济政治社会风险，切实保障广大城乡居民都能在新型城乡关系构建过程中，分享城乡融合发展的成果。

6.2 构建新型城乡关系的制度框架

依据二元经济转型中城乡关系演变规律及其实现机制，以及中国构建新型城乡关系面临的症结性难题,在构建新型城乡关系战略思路的引领下,构建新型城乡关系的制度框架如图6-1所示。

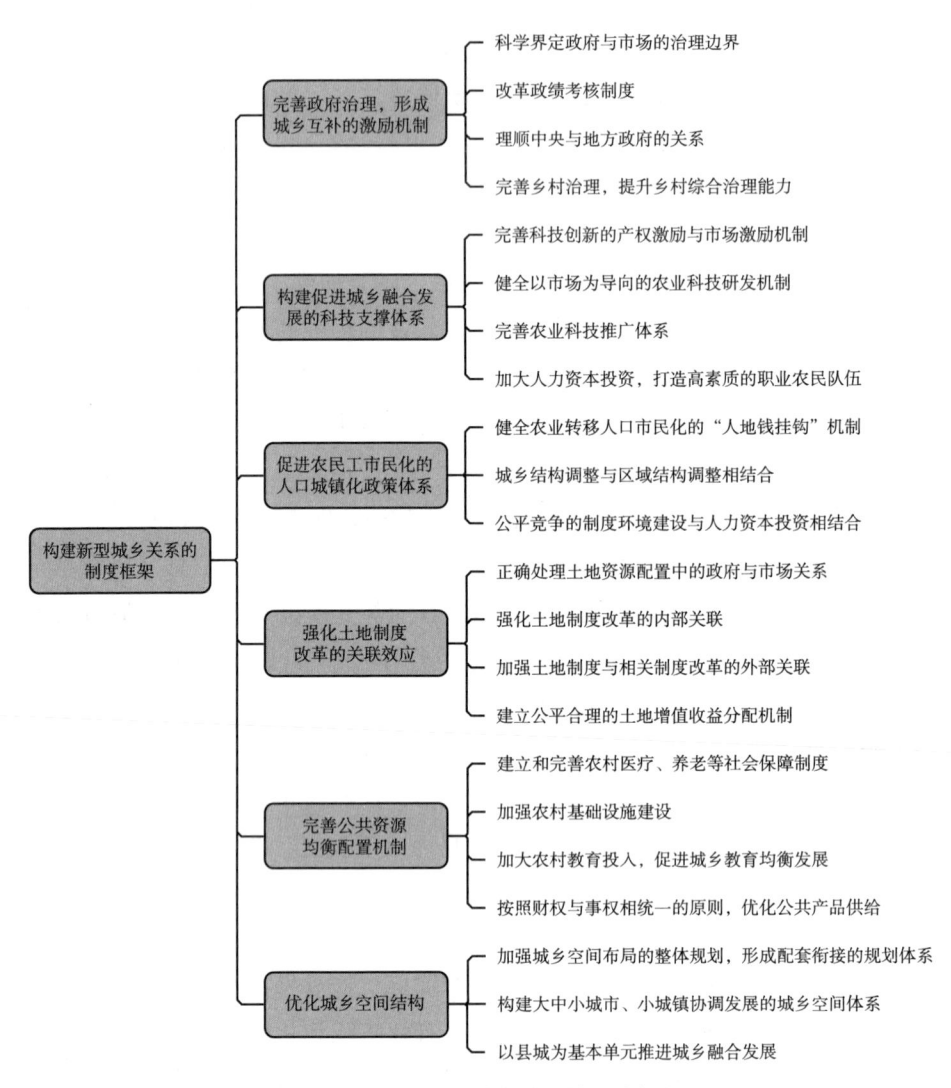

构建新型城乡关系的制度框架
- 完善政府治理,形成城乡互补的激励机制
  - 科学界定政府与市场的治理边界
  - 改革政绩考核制度
  - 理顺中央与地方政府的关系
  - 完善乡村治理,提升乡村综合治理能力
- 构建促进城乡融合发展的科技支撑体系
  - 完善科技创新的产权激励与市场激励机制
  - 健全以市场为导向的农业科技研发机制
  - 完善农业科技推广体系
  - 加大人力资本投资,打造高素质的职业农民队伍
- 促进农民工市民化的人口城镇化政策体系
  - 健全农业转移人口市民化的"人地钱挂钩"机制
  - 城乡结构调整与区域结构调整相结合
  - 公平竞争的制度环境建设与人力资本投资相结合
- 强化土地制度改革的关联效应
  - 正确处理土地资源配置中的政府与市场关系
  - 强化土地制度改革的内部关联
  - 加强土地制度与相关制度改革的外部关联
  - 建立公平合理的土地增值收益分配机制
- 完善公共资源均衡配置机制
  - 建立和完善农村医疗、养老等社会保障制度
  - 加强农村基础设施建设
  - 加大农村教育投入,促进城乡教育均衡发展
  - 按照财权与事权相统一的原则,优化公共产品供给
- 优化城乡空间结构
  - 加强城乡空间布局的整体规划,形成配套衔接的规划体系
  - 构建大中小城市、小城镇协调发展的城乡空间体系
  - 以县城为基本单元推进城乡融合发展

图6-1 构建新型城乡关系的制度框架

6.2.1 完善政府治理体系,形成以城带乡城乡互补的激励机制

后刘易斯转折阶段,我国社会的主要矛盾已转化为人民日益增长的美好生活需要和不平衡不充分的发展之间的矛盾。现阶段中国社会最大的发展不

平衡是城乡发展的不平衡,最大的发展不充分是农村发展的不充分。构建新型城乡关系,解决中国社会最大的发展不充分和不平衡问题,是后刘易斯时代经济社会发展的主要任务。但改革开放以来,以经济增长为核心、以行政性分权为特点的政府管理体制,以及财权与事权不匹配的财税体制,难以形成构建新型城乡关系的激励机制。这也正是中央政府协调城乡关系各项顶层设计难以落实到位的直接原因。以正确处理政府与市场的关系为主线,解决后刘易斯转折阶段新型城乡关系构建面临的症结性难题,促进城乡融合发展,首先要完善政府治理体系,形成以城带乡、城乡互补的激励机制。

完善政府治理,形成以城带乡、城乡互补的激励机制,第一,要科学界定政府与市场的治理边界,形成界定政府职能的正式制度。现阶段合理界定政府与市场边界的基本原则是取消政府对经济生活的直接干预,减少其间接干预,让市场在资源配置中发挥决定性作用。从政府治理改革的角度考察,就是要实现从发展型全能政府向服务型有限政府转变。

第二,改革政绩考核制度,构建顶层设计并有效实施的执行机制。以GDP为主要指标的政绩考核制度,与中央政府转变政府职能、促进城乡融合发展的顶层设计之间存在激励不相容的现象。这是导致长期以来,许多好的政策目标难以实现的重要原因。构建顶层设计有效实施的执行机制,要改革现行的政绩考核指标体系,增加创新、绿色、环保,以及基本公共服务均等化等民生指标在政绩考核指标体系中的权重;建立由上级考核,同级人大、政协等机构参与,以及民众评价相结合的多元化考核机制;建立第三方政策评估体系,以及过错追究、执行督察和无为问责制度。

第三,理顺中央与地方政府的关系,构建财权与事权相匹配的现代财政制度。现阶段我国财权与事权不匹配的财政分权制,不仅扩大了城乡间、区域间的发展差距,还催生了地方政府的土地财政,严重影响了中央政府民生政策目标的实现。要根据不同层级政府的支出责任给予其相应的财政权力,并建立和完善转移支付制度,以弥补县乡财政收入不足,促进地区公平。

第四,完善乡村治理体系,提升乡村综合治理能力。长期以来,乡村治理是我国政府治理体系的薄弱环节。完善乡村治理,要强化农村基层党组织的领导核心地位,强化乡镇政府能力建设,建立健全人才下乡机制,健全乡村自治组织体系和法律制度规范,加强农村道德文化建设,实现农村基层党组织领导下"自治、法治、德治"的有效衔接。

6.2.2 深化科技体制改革，构建促进城乡融合发展的科技支撑体系

随着刘易斯第二转折点的到来，中国劳动力成本上涨的压力逐渐加大。中国虽然地大物博、幅员辽阔，但就人均资源的拥有量来看，却属于资源贫国。长期以来，要素驱动型发展方式在推动经济高速增长的同时，也导致了资源环境成本的不断攀升。改革开放以来，中国成功抓住第三次全球化的历史机遇，积极融入现代世界体系，形成了出口导向型发展模式，以劳动力低成本的比较优势，通过引进技术、引进外资、引进管理等手段，向世界市场提供了大量的优质廉价商品，弥补了国内市场需求的不足。但是，随着刘易斯第二转折点的临近，中国与发达国家的发展差距不断缩小，作为世界第二大经济体，中国不仅面临着与发展中国家的低成本竞争，更受到发达国家日益严重的贸易壁垒的限制，近期美国通过对中国的贸易制裁来遏制中国的发展，成为发达国家与中国贸易摩擦的升级版。国际市场竞争的加剧，使我国外部需求持续减弱。解决上述问题，必须通过科技创新提高全要素生产率。这是因为，科技创新一方面可以降低企业生产成本和交易成本，并通过提供新产品和提高产品质量扩大市场需求；另一方面也可以提高产品的国际竞争力，在开拓国际市场的同时，占领科技制高点。显然，科技创新可以通过扩大就业需求促进经济高质量发展，带动农业劳动力的非农转移和人口的乡城迁移，进而实现农业规模经济，推进农业和农村的现代化。

从生产力发展的角度考察，城乡间的发展差距是二者发展能力上的差距，而科技创新则有利于为乡村注入科技要素，提高乡村的发展能力，为城乡融合提供科技支撑。从生产力与生产关系辩证关系的角度分析，推进科技创新，为城乡融合提供技术支撑，必须深化科技体制改革，打破科技资源集中于城市的资源配置格局，构建促进城乡融合发展的科技支撑体系。

第一，完善科技创新的产权激励和市场激励机制。从以引进模仿和模仿创新为主要方式的"干中学"型技术进步向自主创新型技术进步转变，不是一个简单的技术路径转变，主要是体制机制的转变。对自主创新进行激励的核心是自主创新的知识产权能够获得清晰界定与有效保护，使创新主体能够通过自主知识产权获得"垄断租金"。因此，政府应该建立健全诚信体系，加大对知识产权的保护力度；建立第三方产权服务平台，为创新主体的知识产权交易提供咨询和中介服务；同时，依法对侵犯知识产权行为进行惩处，

形成尊重知识产权的社会氛围。

第二,健全以市场为导向的农业科技研发机制。要在认真总结现代农业科技革命经验的基础上,根据国际农业科技发展的新趋势和我国农业发展的新要求,加大对基础性、战略性、前沿性领域的科技投入力度。坚持"农科教"和"产学研"相结合,扶持一批高效、精干的科研院所和大学,增建一批国家级农业重点实验室和研发中心。适应消费结构升级和产业转型的需要,加强对农业新品种培育、生态循环农业技术、现代农业装备技术、农产品质量安全技术、营养健康食品开发与保鲜物流技术,以及农业资源高效利用技术等方面的研究。要通过税收减免、信贷优惠、政策补贴、信息支持等政策支持,引导和鼓励有条件的新型农业主体从事农业科技开发。探索农业合作社、家庭农场、农户和涉农企业的科技开发合作机制,积极培育乡村自身的创新力量,激发乡村内在的创新活力。

第三,完善农业科技推广体系。要把先进实用的农业技术推广作为科技转化为生产力的关键环节。建立农技推广机构、高校、科研机构和涉农企业紧密结合的农业科技服务网络[1]。加强农业科技成果的试验推广,支持集约化、数字化和绿色生态农业的科技成果推广[2]。加强小农户与现代农业发展的有机衔接,鼓励新型农业经济主体与小农户建立利益联结机制,提升小农户的组织化和专业化程度,实现科技推广对小农户的全覆盖[3]。

第四,加大人力资本投入,打造高素质的职业农民队伍。建立和完善新型职业农民的培育机制,切实加强对农民的技术培训,提高对农民技术培训的针对性和实效性。形成农业高等教育、中等职业技术教育和短期培训相结合的农村教育体系,提高农民对先进农业技术的接受能力[4]。

6.2.3 以促进农民工市民化为核心,完善人口城镇化的政策体系

改革开放以来,我国已有3亿农业劳动力转移到非农产业,但这些转移人口只是基本完成了从农民到市民的转变,却没有完成从职业上的非农

---

[1] 刘江:《21世纪初中国农业发展战略》,中国农业出版社2000年版,第18页。
[2] 孙景森等:《乡村振兴战略》,浙江人民出版社2018年版,第165页。
[3] 卞靖:《乡村振兴:农业现代化发展——市场机制与政策体系研究》,中国社会科学出版社2019年版,第121页。
[4] 刘江:《21世纪初中国农业发展战略》,中国农业出版社2000年版,第19页。

化转变。数以亿计的农民工长期候鸟式往返于乡城之间，在享受公共服务方面与城镇居民存在着巨大差别，引发了诸多经济与社会问题。如果说，农民工非农化与市民化相脱离，以低劳动力成本促进了中国工业化发展，那么，在新的历史条件下，这一劳动力转移方式的负面影响将日益显现。因此，农民工市民化已成为后刘易斯转折阶段构建新型城乡关系亟待解决的问题。

农民工市民化可以增加劳均耕地面积，通过土地规模经营促进农业现代化；农民工市民化可以提高农民工和农村居民的人力资本投资意愿和投资能力，为工业与农业现代化提供人力资本；农民工市民化可以通过释放消费需求和投资需求潜力，为农业与非农产业协调发展提供市场条件；农民工市民化可以通过城镇化转型，充分发挥城镇的聚集效应和对农村的辐射、带动作用，促进工农协调和城乡融合。

随着市场化改革的不断深入，农民工市民化取得了显著成效，2016～2020年，约1亿农业转移人口在城镇落户[1]。但是，农民工市民化是一项高度复杂的社会系统工程，市民化涉及多方利益群体的切身利益，受二元经济体制改革、非均衡的路径依赖和低效锁定等多重因素的影响，中国农业转移人口市民化进程还不理想，2020年中国农业转移人口市民化程度仅为59.5%[2]。构建新型城乡关系，促进城乡融合发展必须推进农民工市民化。

首先，推进户籍、土地、财税、金融制度的综合配套改革，健全农业转移人口市民化的"人地钱挂钩"机制。坚持尊重意愿、存量优先、循序渐进的原则，放宽农业转移人口的户籍准入，切实完善差别化落户政策；根据农业转移人口的职业特点、市民化意愿、就业和居住稳定性等情况，给予相应的公共服务待遇，不断缩小农业转移人口与市民之间在教育、医疗、养老、住房保障等方面的差距，逐步实现城镇常住人口基本公共服务全覆盖；深化农村土地制度改革，完善农村土地金融制度，建立进城落户农民土地产权的维护保障机制和市场化退出机制，提高农业转移人口市民化的财产性收益；通过加大转移支付力度，以常住人口变动为依据，对吸纳农业转移人口较多的地区给予倾斜支持，以及合理增加与农业转移人口数量相配套的城镇住房、

---

[1] 中华人民共和国国务院新闻办公室：《中国的全面小康（白皮书）》，http://www.scio.gov.cn/zfbps/32832/Document/1713886/1713886.htm。

[2] 根据生活工资法测算得出。

基础设施和公共服务设施的用地供给等措施，健全农业转移人口市民化的"人地钱挂钩"机制，在增强人口流入地政府推进农业转移人口市民化动力的同时，提高其均等化公共服务的供给能力。

其次，应该将城乡结构和区域结构调整结合起来，提高中小城市、小城镇的产业支撑和大城市的综合承载能力，为农民工提供更多的就业岗位和生活空间。我国农业转移人口市民化的困境在于，东部大城市特别是超大城市虽然就业机会多，但是生活成本高，农业转移人口难以永久迁入；西北和东北等欠发达地区中小城市、小城镇虽然生活成本低，却缺乏产业支撑，就业机会不足，难以吸引农业转移人口。解决这一问题，要把城乡结构与区域结构调整结合起来，提高中小城市、小城镇的产业支撑能力和大城市的综合承载能力。东部的超大城市、特大城市要向西北、东北等欠发达地区进行产业转移和功能疏解，以缓解资源环境压力，降低农业转移人口的生活成本，并通过产业转型升级创造更多高质量的就业机会。西北、东北等欠发达地区要在承接产业梯度转移的同时，加强其基础设施和公共服务投资，加快城市群的培育，以更有成效地提高大城市集聚能力和中小城市、小城镇的就业吸纳能力，为农业转移人口提供更多的就业岗位。

最后，把机会均等、公平竞争的制度环境建设与人力资本投资结合起来，提高农业转移人口的城市融入能力。要通过切实推行劳动合同制、健全合理的工资增长机制，以及劳动基准、劳动监察与劳动争议处理机制，完善公平竞争的劳动力市场，提高农业转移人口的就业质量和收入水平。建立由政府、企业、社区、教育机构和社会中介参与的职业培训和职业教育网络体系，提高农业转移人口的技能素质。健全农业转移人口的劳动权益保护机制和人文关怀机制，塑造开放包容的城市文化，提高农业转移人口的社会参与水平。

6.2.4 强化土地制度改革的关联效应，促进城乡要素优化配置

我国自20世纪70年代末期开始的土地制度改革，实现了耕者有其田，基本解决了传统农耕社会的土地问题。2013年党的十八届三中全会对土地制度改革进行了总体部署，其后，我国在推进承包地三权分置改革的同时，推进了土地转用制度和宅基地制度改革。由于土地产权结构的高度复杂性、土地制度变迁的路径依赖和低效锁定等多重因素的影响，我国上述三项土地制

度改革难以形成协同推进的联动效应。同时，土地与户籍、财税、金融、城乡规划等制度的综合配套改革也未能取得实质性进展。从中国转型发展的实际情况看，城乡二元土地制度仍是制约新型城乡关系构建的主要制度因素；从中国土地制度改革绩效的角度分析，强化土地制度改革的关联效应，不仅是破解土地制度改革面临的症结性难题，化解土地制度改革多重利益矛盾的关键，对于完善要素市场，促进城乡要素平等交换与优化配置也具有至关重要的作用。

由于我国新一轮土地制度改革的关联效应尚未充分发挥，"新土改"还面临着多重矛盾。

其一，提升土地经济价值与保障土地社会、生态价值的矛盾。土地是农村最大的财富，解决乡村振兴中的资金需求，需要通过改变土地用途来提升土地的经济价值。放活农地经营权和宅基地使用权、集体建设用地直接入市，虽然可以增加农民的土地财产收入，缓解乡村振兴的资金约束，但也存在着农地非农化失控的风险。一些地方政府和农民在农地与非农用地之间巨大利差的诱导下，违规扩大建设用地规模。2010～2017年我国耕地净减少780多万亩，一些地方占好地、补差地，导致耕地退化、污染严重[①]。如果这一矛盾不能得到有效解决，不仅会直接影响失地农民的长远生计，更会影响我国的粮食安全与生态安全。

其二，增加农民财产性收入与地方政府对土地财政高度依赖的矛盾。缩小征地范围、提高征地补偿标准，以及集体经营性建设用地入市一方面增加了农民的财产性收入；另一方面也相应减少了地方政府的土地财政收入。2003年以来土地出让金占地方财政收入的比重都在35%以上，2021年这一比重高达78.36%[②]。考虑到在现有制度条件下，土地增值收入已成为地方政府的重要收入来源，土地财政收入的减少会直接影响到地方政府对城市基础设施和公用事业的投资，甚至会进一步加大地方政府的债务风险。

其三，集体经营性建设用地规模相对较小与城市建设用地需求之间存在矛盾。征地制度改革的重要内容是严格界定公共利益用地，缩小征地范围，与之相配套的改革措施是允许农村集体经营性建设用地入市。目前符合国家

[①] 搜狐网：《耕地质量的下降是威胁国家粮食安全的重要因素》，2020年9月21日，https：//www.sohu.com/a/419796374_100137189。

[②] 具体数据见第10章中的表10-1。

法律规定可以入市的集体经营性建设用地仅占集体建设用地总量的 1/10[①]。如果严格按照公益性用地征收，现有的集体经营性建设用地无法满足城市建设用地的需求。

其四，土地产权结构的高度复杂性与土地增值收益公平分配之间存在矛盾。土地作为不动产与可流动性资产相比，其产权结构要更加复杂，我国农村土地制度正处于深刻变革之中，土地产权结构不仅涉及集体土地与国有土地的产权关系，也涉及承包地、宅基地"三权分置"形成的不同主体间的产权关系，加之土地资源具有较强的外部性，土地区位优势和用途改变所带来的增值收益分配，不仅关系到相关利益主体的切身利益，也关系到不同土地产权主体的切身利益。由于集体经营性建设用地集中于东部发达地区，因此非农用地需求主要集中在东部发达省份、城市近郊，特别是大城市周边；同一区域不同用途土地的市场价格差距巨大，如何通过公平分配土地增值收益，协调东部发达地区与其他欠发达地区的利益矛盾、城市周边地区土地产权主体与广大边远地区农民和农民工群体的利益矛盾、集体经营性建设用地入市的农民与城市居民之间的利益矛盾，以及由经营性建设用地入市与公益性征地价差所引发的同一村落不同产权主体间的利益关系，平等地对待这些城乡居民的利益诉求，是新一轮土地制度改革必须解决的症结性难题。

破解上述新一轮土地制度改革面临的多重矛盾，首先，要正确处理土地资源配置中政府与市场的关系。土地资源合理配置需要实现土地的经济价值、社会价值、生态价值的动态平衡。为了弥补市场失灵，提高土地资源的综合配置效率，政府需要有效协调生产、生活、生态用地空间，形成兼顾土地经济、社会、生态价值，以及近期与远期发展的土地资源规划体系。同时，政府还需要通过土地征收制度满足经济与社会发展对公益性用地的需求；调控土地价格，保障土地及房地产市场平稳运行；调节土地增值收益分配，促进社会公平；规范土地市场交易规则，降低土地交易成本。

其次，要加强土地制度改革的内部关联。深化农村土地制度改革，必须加强农用地的三权分置、征地制度改革、集体经营性建设用地入市，以及宅基地制度改革等多项土地制度改革的内部关联，以提高土地资源配置的整体

---

① 张延龙：《完善农村集体经营性建设用地入市流转收益分配机制》，载《中国社会科学报》2018 年 7 月 18 日，第 4 版。

性和协调性。征地制度改革必须与集体经营性建设用地入市统筹安排，缩小征地范围要与集体经营性建设用地入市规模保持动态平衡，要探索通过宅基地有偿退出、废弃中小学等公益用地整治等途径增加集体经营性建设用地规模；在房价上涨过快的特大城市、大城市近郊探索利用集体建设用地建廉租房和公租房，在提高农民土地财产性收入的同时，解决低收入群体的住房难题；促进放活农地经营权、集体经营性建设用地整治、宅基地使用权流转和有偿退出的联动改革，在提高集体经营性建设用地入市效率的同时，实现土地适度规模经营。

再次，加强土地制度与相关制度改革的外部关联。要促进土地制度与户籍制度联动改革，健全农民工市民化的配置政策和激励机制，实现人口城镇化和土地城镇化的动态平衡；统筹城乡基本公共服务供给，强化土地的社会保障功能，提高土地资源的利用效率；促进土地制度与财税制度改革的联动，可以增加农民土地财产性收入，减少土地财政收入，同时保障地方政府具有稳定的税收来源。此外，还可以促进土地制度与金融体制改革的联动，引导资金向农村回流，规避和化解金融风险。

最后，建立公平合理的土地增值收益分配机制。一是要根据不同地区的具体情况，需要合理确定国家、集体和农民间的分配比例，同时，需要防止土地增值收益完全归地方政府所有，甚至部分成为地方官员的体制外收入。此外，还需要防止土地增值收益完全归原土地权利主体，形成一夜暴富的少数食利者阶层。二是要构建农地发展权，在保障粮食安全和生态安全的同时，使农业用地的权利主体能够分享工业化、城市化带来的土地增值收益。三是探讨不同集体经济组织之间经营性建设用地入市的收益平衡机制，减少不同集体经济组织因规划用途、土地区位不同带来的收入差异。四是构建公众参与土地增值收益分配制度，引入公众监督机制，提高土地增值收益分配的公众认同度。

6.2.5 完善公共资源均衡配置机制，促进城乡基本公共服务均等化

经过改革开放以来破除二元经济体制的努力，我国已初步构建起覆盖全民的基本公共服务体系。国家对农村基础设施建设的投入明显增加，农村免费义务教育制度、新农合制度、农村低保制度、新农保制度从无到有，不断完善。但是城乡二元公共资源配置体制并未完全消除，公共资源均衡配置机制仍不健全。城乡基本公共服务制度差异的存在，导致城乡居民公共服务水

平也存在较大差距。后刘易斯转折阶段不仅需要培育与完善要素市场，促进城乡间要素平等交换，也需要完善公共资源配置机制，促进城乡基本公共服务均等化。

第一，建立和完善农村社会保障制度。社会保障制度是基本公共服务的重要内容，建立和完善农村社会保障制度要着重做好以下工作：其一，完善农村合作医疗制度。重点是统一城乡基本医疗保险和大病保险制度，做好农民的重大疾病的救助工作；实现城乡居民医疗保险异地就医联网结算。其二，完善农村养老保险制度。建议尽快制定和颁布《农村养老保险法》，以确保农村养老保险制度的稳定性和持续性。同时，建立基本养老保险待遇确定和基础养老金标准的正常调节机制，提高农民参与社会养老保险的经济承受能力。其三，完善农村最低生活保障制度和社会救助制度。特别要健全农村留守儿童和妇女、老人以及困境儿童的关爱服务制度。

第二，加强农村基础设施建设。一是要加强农业基础设施建设，提高农业的综合生产能力。我们需要以水利为重点的农业基础设施建设，以水土保持为重点的农业生态环境建设，以及支持农业基础研究和公益性项目研究。二是要加快农村交通、供水、供电、通信等基础设施建设。三是开发适应农村与农业特点的信息技术，推动远程医疗、远程教育发展，弥合城乡间的数字鸿沟。四是加强对农村垃圾、污水等农村突出环境问题的治理，建设生态宜居的美丽乡村。

第三，加大对农村的教育投入，促进城乡教育均衡发展。各级政府要认真落实筹措教育经费的各项法律规定和政策，建立农村义务教育经费保障的长效机制；推动优质办学资源向乡村倾斜，改变农村办学质量不高的现状；制定优惠政策鼓励社会办学，多渠道筹集办学资金；在保证农村基础教育的同时，加大对农村职业教育和成人教育的经费投入，努力改善办学条件；大力推进农林高等院校教学的现代化，加强教学基础设施建设，改善教师待遇，以稳定师资队伍，提高教学质量；建立健全教学、科研、推广三结合的农林教育体制；加强基础教育、职业教育及成人教育的统筹管理，建立起基础教育、职业教育及成人教育相互沟通，农科教等部门技术培训与推广力量相结合的县、乡、村三级教育培训网络。

第四，按照财权与事权相统一的原则，优化公共产品供给。事权调整的主要依据是公共产品受益区域的大小，全国性公共产品由中央政府提供，范围大小不同的地区性公共产品由不同层次的地方政府来提供,几个地区共同受益的公共产品由有关地区政府联合提供。要建立和完善中央政府向地方政府,以及省级以下政府的转移支付制度,以解决县乡财政收入不足的问题,促进地区公平。

6.2.6 优化城乡空间结构,促进城乡发展良性互动

由于土地地理位置的固定性,二元经济转型过程中城乡空间结构的优化表现为劳动力、资本等各种流动要素与土地要素的合理匹配过程。城乡空间结构优化可以通过城市聚集经济提高企业效益,从而有利于非农产业的资本积累;可以通过形成合理的城市空间网络体系带动乡村发展;可以通过农业规模经营推进农业农村现代化进程。

二元经济转型过程中城乡空间结构的优化,也是城市由单一中心向多中心发展,大中小城市、小城镇合理分布的城市空间体系,以及城市群和城市带的形成与发展过程。在这一过程中,随着城市对农村地区的辐射影响范围不断扩大,城市信息、科技、产品也不断向乡村扩散。这一扩散效应表现为大城市向周边市郊和次等级城市的扩散;中小城市和小城镇向广大农村腹地的扩散。同时,二元经济转型中城乡空间结构的优化过程,也是城乡间基于比较优势的分工与交换过程,随着城市化规模的优化与城市群和城市带的形成与发展,城市非农产业和城市居民对农产品的市场需求也会随之扩大,对农产品和农业资源的多样化需求也在不断增加,城乡间的产品与要素的分工与交换,会促进城乡经济越来越一体化发展。

目前,我国城乡空间结构失衡,空间效率不高,已成为影响城乡协调发展的重大问题。后刘易斯转折阶段构建新型城乡关系必须优化城乡空间结构,促进城乡发展的良性互动。

首先,应该加强城乡空间布局的整体规划,并形成配套衔接的规划体系。坚持"多规合一"改革,统一规划体系,加强城乡空间布局的整体规划,实现城乡建设规划、特色产业规划、现代农业规划、美丽乡村规划等重点规划的相互衔接[①]。"通盘考虑城市与乡村发展,统筹规划产业、基础设施、公共

---

① 方忠明、朱铭佳:《改革协同推进 城乡融合发展——乡村振兴的海盐模式》,中国社会科学出版社 2018 年版,第 18~19 页。

第6章 构建新型城乡关系的战略思路与制度框架

服务、生态环境保护等主要空间布局,形成田园乡村与现代城市各具特色、交相辉映的城乡发展形态。"①

其次,以城市群、都市圈为依托构建大中小城市和小城镇协调发展的城市空间体系,发挥城市对乡村的辐射带动作用。一是以城市群和都市圈为主体,实现大中小城市、小城镇协调发展。东部地区要重点发挥大城市、特大城市对中小城镇的辐射力,提升东部城市群的发展质量,加强其对全国经济、社会发展的引领作用;中西部地区要在资源环境承载力强、中心城市发展基础好的地区积极培育区域性城市群,壮大中小城市,带动小城镇发展,使更多的农业人口实现就地转移。二是引导产业向中西部中小城市、小城镇梯度转移,形成"雁行"工业化与城镇化发展格局,在延续劳动密集型产业比较优势的同时,通过产业结构升级,提高我国的国际竞争力。三是注重资源节约与环境友好,实现城镇可持续发展。中小城镇要在承接产业转移的同时,加强基础设施与公共服务投入,努力提高其综合承载能力;东部地区不能以邻为壑,把落后产能与高污染企业转移到欠发达地区;要合理调控超大城市人口规模,重点解决交通拥堵、环境污染、城中村等突出问题。四是合理引导农村工业向小城镇集中,加大城镇对农业、农村的辐射作用。

最后,以县域为基本单元推进城乡融合发展。县域是承上启下的经济区域层次,县域经济一方面可以承接大中城市的辐射和带动作用,促进小城市和小城镇的发展,另一方面又可以通过小城市和小城镇的发展带动农业和农村发展。县域作为城镇体系的基础层次,土地资源和劳动力资源丰裕,与大中城市相比,企业运营成本低,有利于承接大中城市的产业转移,以及民营经济和中、小、微企业发展。县城及其所属小城镇的非农产业发展可以吸收更多的农业剩余劳动力,促进农业规模经营,加快农业现代化进程。小城市、小城镇的发展有利于农民工就近就地城镇化,有利于治理空心村等农村病,有效遏制劳动力和人口外流。小城市和小城镇发展有利于形成大中小城市、小城镇协调发展的城镇体系,在带动农业与农村经济发展的同时,治理"城市病",提高城市化水平。因此,县域经济发展有利于缩小城乡发展差距,

---

① 中共中央、国务院:《乡村振兴战略规划(2018—2022年)》,2018年9月26日,http://www.gov.cn/zhengce/2018-09/26/content_5325534.htm。

对促进城乡融合发展具有重要作用。以县域为基本单元推进城乡融合发展，需要优化县域产业结构，提升县域经济综合实力；促进县域特色发展，形成县域经济均衡发展格局；深化财政金融体制改革，促进人力资本投资，培育县域经济自主发展能力。

第 7 章

完善政府治理形成城乡融合发展的激励机制

构建工农互促、城乡互补、协调发展、共同繁荣的新型城乡关系，促进城乡融合发展是党的十八大以来的重大战略部署，也是一项关系十四亿多人口切身利益的社会系统工程。中央政府的战略部署能否得以实现，惠及十四亿多人口的社会系统工程能否顺利进行，不仅取决于构建新型城乡关系的战略思路和制度构架是否顺应城乡关系的演变规律，是否符合现阶段中国转型发展的实际，还取决于各级政府官员是否能够把中央政府的顶层设计和学者们切实可行的咨询建议转化为促进城乡融合发展的具体实践。显然，完善政府治理形成城乡融合发展的激励机制，对于构建新型城乡关系具有关键性作用。

7.1 中国政府治理的特点及其利弊分析

中国不仅经济总量、人口规模、国土面积超大，而且区域间、城乡间发展不平衡，各地风俗文化、地理差异很大。一方面，维护超大规模和发展不平衡国度的国土完整和民族统一，并不断提升综合国力和国际竞争力，必然要求维护中央的权威和统一领导；另一方面，中国人口规模、经济体量之大，又决定了中央的统一领导必须依靠地方政府的努力工作才能最终实现。处理好中央与地方的关系历来是政府治理的核心问题。

从政府治理体系的角度分析，中国政府治理有垂直管理和属地管理两大体系。垂直管理具体表现为中国五级政府管理体系，即中央—省—市—县区—乡镇（见图 7-1）。在五级管理体系中，中央政府的主要政治架构（党委、政府、人大、政协等）和主要部委机构在各级地方政府中均有对应部门。这种从上到下的政府间与部门间的垂直管理关系，被称为"条条"管理。所谓属地管理，是指以行政区划为权责边界，一个地区谁主管，谁负责。这种以行政区划为界的横向管理关系，被称为"块块"管理①。从垂直管理与属地管理的关系看，各地方政府的主要领导均由上级政府任免，地方政府的各部门不仅要接受同级党委和政府的领导，也要服从上级主管部门的领导，即接受条条与块块的双重领导。但在通常情况下，地方政府各部门的官员任免由地方党委和政府决定。

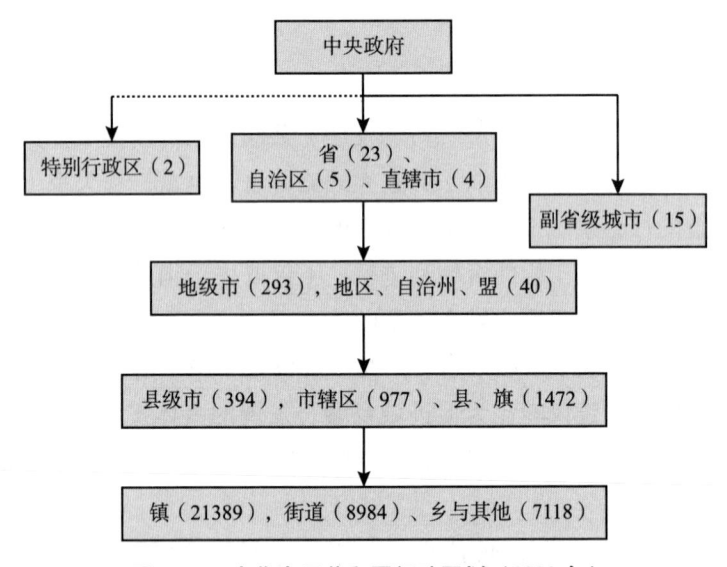

图 7-1　中华人民共和国行政区划（2022 年）

注：括号中的数字为对应的行政单位数目（个）。

资料来源：《2022 年民政事业发展统计公报》，民政部网站，2023 年 10 月 13 日，https：//www.mca.gov.cn/n156/n2679/c1662004999979995221/attr/306352.pdf。

从垂直管理与属地管理相互关系的角度考察，中国政府治理的中央与地方的关系，既不同于苏联式计划经济从上到下，以中央部委为主的资源调动方式，也不同于美英等西方国家的联邦制或单一制。中国政府治理的中央与地方的关系既保持了权威组织内部的上下级间权力关系，也注重发挥地方政府属地管理的作用。毛泽东在著名的《论十大关系》中指出："我们的国家

---

① 兰小欢：《置身事内——中国政府与经济发展》，上海人民出版社 2021 年版，第 14 页。

第7章 完善政府治理形成城乡融合发展的激励机制

这样大，人口这样多，情况这样复杂，有中央和地方两个积极性，比只有一个积极性好得多。我们不能像苏联那样，把什么都集中到中央，把地方卡得死死的，一点机动权也没有。"①

改革开放以来，中国政府治理的最大变化，是强化了地方政府在经济发展中的作用。中央实施"简政放权"，即把一些属于中央部委的行政管理权和经济管理权下放给地方政府，地方政府逐渐获得了越来越多的决策自主权，如投资决策权、招商引资权、对外贸易权等。在下放行政管理和经济管理权限的同时，中国也开始了财政分权的改革。20世纪80年代初至1993年，实行了"划分收支、分级包干"的财政包干体制②。1994年的分税制改革提高了中央政府财政收入占比，实现了中央和地方对不同税种的收入分享，进一步建立了分税制的财政分权体制③。"行政分权"和"财政分权"强化了中国政府治理体系中属地管理的作用，使地方政府由计划经济体制下的被动执行者变为经济发展的积极参与者。

周黎安把改革开放以来，行政分权和财政分权形成的中国政府治理体系概括为纵向行政发包与横向政治锦标赛相互结合④。中央政府在向地方政府"简政放权"的同时，也通过纵向行政发包强化了地方政府的属地管理责任。所谓纵向行政发包，是指中央把绝大多数经济与社会发展任务"包"给省一级政府，省一级政府又进一步把这些事务进行分解，再发包给地级市，如此，层层转包，直到县乡基层政府。所谓横向政治锦标赛，是指同级地方政府间为取得职务晋升而围绕上级政府发包任务展开的竞争。为了获得职务晋升，具体的属地承包人不仅要完成上级的发包任务，还必须要比他的竞争对手完

---

① 《毛泽东著作选编》，中共中央党校出版社2002年版，第399页。

② 改革开放后，多个省份作为分权试验改革试点，开启了"财政包干"财政体制的实验阶段，即由中央核定收支总额，由地方包干上缴收入或中央差额补贴。1980年，在改革试验基础上，"划分收支、分级包干"财政体制逐渐推广至全国，地方政府财权与事权不断扩大。1985年，对包干制进一步修订，两步利改税完成，开始实行"划分税收、核定收支、分级包干"财政体制，首次开启以税种划分中央与地方政府财政收入的方式。1988年后，依据不同地区的现实情况，政府制定了不同的包干办法，包括"总额分成""定额补助""收入递增包干"等（邓金钱、张娜：《中国财政体制改革的历史方位、逻辑主线与"十四五"取向》，载《经济体制改革》2021年第3期，第129~130页）。

③ 分税制改变了中央占全国预算收入比重和国家预算收入占GDP比重不断下滑的趋势，增强了中央政府的宏观调控能力。但财权与事权不匹配的分税制，也带来了一些问题。

④ 周黎安在《中国政府治理的变革与现代化》（载于蔡昉等：《中国式现代化——发展战略与路径》，中信出版集团2022年版，第297~312页）一文中较为详细阐述了纵向行政发包和横向政治锦标赛，以及二者相互作用形成的"官场+市场"的治理模式。

成得更为出色。

中央向地方分权使地方政府获得了较大的自主决策权利，经济与社会发展任务的行政发包强化了地方政府的属地管理责任，而横向"政治锦标赛"则把地方政府官员职务晋升与其工作绩效结合起来，基本形成了对地方政府促进经济发展的强激励机制。这是因为，虽然纵向行政发包强化了地方政府对属地的经济与社会多方面的责任，但对于处于二元经济转型的发展中国家来说，经济发展才是硬道理。在以经济建设为中心的导向下，各级党委对地方官员的绩效考核多聚焦于区域经济发展的相关指标，如经济增长、财税收入、招商引资规模等。这样一来，在以经济发展为基础的横向"政治锦标赛"与纵向行政发包的相互作用下，地方官员要在"政治锦标赛"中获胜，取得职务晋升，必须为属地企业创造良好的基础设施和市场竞争条件，进而促进了企业间的市场竞争，形成了独具特色的"官场+市场"的政府与市场互动模式。这种互动模式的优势有：一是把地方官员晋升的政治激励与地方经济发展业绩挂钩，形成了区域经济增长的内生动力。改革开放以来，各地方政府都把经济增长作为辖区的首要任务，调动辖区所有资源，采取各种政策措施提高经济增长率。二是有利于培育市场竞争主体，创造公平竞争的市场环境。官场锦标赛的竞争获胜取决于辖区的经济绩效，而区域经济绩效最终取决于该区域各类企业的市场竞争力。正如在改革开放过程中，为了促进经济发展，中央政府要通过行政分权和财政分权向地方政府"放权让利"一样，为了实现辖区经济增长，地方政府也必须在向公有制企业放权让利，促进公有制企业市场化转型的同时，大力发展民营经济。除了招商引资，地方政府还需要为投资者提供良好的基础设施与公平竞争的市场环境。改革开放四十余年的转型发展历程充分说明，哪个地区在改革开放过程中较早地完成了公有制企业市场主体的重塑，较早地发展了民营经济，并为企业发展提供了良好的软硬件条件，哪个地区就展现出较为突出的经济发展绩效。在中国由计划经济向社会主义市场经济转型基本完成之际，回首渐进式改革过程中各地区、各企业争取到的优惠政策，更多是较早放开计划控制，率先获得市场竞争机会的政策。中央政府向地方政府放权让利，地方政府向企业放权让利并促进民营经济发展的过程，也正是中国市场主体的培育和公平竞争市场环境的形成过程。三是以市场竞争约束官员行为。由于地方政府只是全国和世界市场规则的接受者而不是其决定者，"地方政府促进经济发展的任何经

第7章　完善政府治理形成城乡融合发展的激励机制

济战略和政策都必须接受市场逻辑的最终检验"①。要取得突出的经济业绩，地方政府必须对辖区的企业一视同仁，善待企业和人才，这就从根本上限制了政府对企业的过度干预，以及各种政治创租、政治抽租的行为②。若政府官员不作为或乱作为，企业会通过用脚投票转入其他地区，这对于以职业晋升作为主要利益目标的政府官员来说是得不偿失的。基于上述原因，纵向行政发包与横向政治锦标赛相互结合形成的官场竞争与市场竞争的相互作用，带动了中国经济的高速增长和制度转型的平稳推进。

但是纵向行政发包与横向"政治锦标赛"相互结合形成的"官场＋市场"政府治理模式，也只能在特定历史条件下才能充分发挥其作用。从构建新型城乡关系，促进城乡融合发展的角度分析，这一模式还存在着以下明显不足。

首先，以经济增长为中心的锦标赛竞争与构建新型城乡关系促进城乡融合发展战略存在着机理不相容的现象。在二元经济转型初期，经济发展面临严重的资金约束，推进工业化进程，通过经济增长使广大农村居民通过非农就业分享经济发展成果就成为各级政府的主要任务。但是进入刘易斯转折阶段，特别是后刘易斯转折阶段，补齐"三农"短板，发挥农业、农村的生产、生活和生态多功能作用，将更多的资源投入教育、医疗、社会保障等民生领域，促进城乡基本公共服务均等化，就成为推进二元经济转型，实现全面建成社会主义现代化强国必须完成的重要任务。但是，把地方官员的职业晋升与地区经济增长挂钩的"政治锦标赛"，使得地方政府更关注与经济增长有关的考核指标，而忽略那些关系民生但在考核体系中不受重视的"软指标"。农业、农村发展与工业、城市发展相比，其对经济增长的贡献率较低。实现城乡基本公共服务均等化，不仅需要大量的资金投入，还会影响短期的经济绩效，均不利于官员的职业晋升。党的十八大以来，以经济增长为中心的政治锦标赛正经历一系列的调整，中央政府不再简单地以 GDP 论英雄，地方政府考核体系中增加了民生指标的考核力度。但由于经济增长仍然是地方政府的工作重点和主要业绩，GDP 增长仍然是领导干部政绩考核的决定性指

---

① 周黎安：《中国政府治理的变革与现代化》，引自蔡昉等：《中国式现代化——发展战略与路径》，中信出版集团 2022 年版，第 305 页。

② 政治创租是指政府通过行政权力创造市场进入障碍，进而诱使企业向政府提供资金或其他好处来获得这一行政垄断。政治抽租则是指现有企业由于政府政策优惠获得了较其他企业更多的收益，要保持现有的利益地位，必须拿出其收益的一部分给政府官员分享。

标，加之经济增长容易量化考察，易于对比分析，而一些民生指标很难用简单的统计指标进行量化分析，这类指标在考核体系中权重不大。因此，地方政府在工作重点的选择上还是偏向于经济增长，推进城乡基本公共服务均等化、促进城乡融合发展的主动性和积极性明显不足。

其次，财权与事权不匹配的财政分权体制，不利于城乡融合发展。分税制改革加大了中央政府的财政权力。目前中央政府享有的税收种类较为集中，也比较优质，主要包括各大国有、上市公司中规模较大且集中的营业税、所得税等部分以及关税、消费税、增值税中较为集中的大宗部分，而地方政府享有的税种则是较分散且规模较小、征收成本较高的部分。但是中央与地方政府并没有就具体公共服务项目的事权归属做出明确划分，而是基本沿袭了财政包干制下的做法，主要采用了"分级管理"的形式，即各自负责本级范围内的公共服务事权。正是由于这种事权归属的模糊性，在实践中，越来越多的支出责任落到了地方政府身上。表7-1显示了2007~2021年中央和地方在部分公共支出中的负担占比情况。由此，可以较为清楚地看到，地方政府承担了大部分公共支出责任，且大部分支出项目中这一比例表现出随时间上升的趋势。此外，省级以下政府间事权的划分也不够合理，《中华人民共和国预算法》修订后只是宽泛地划分了中央和地方政府支出责任，并没有细化省市县之间的支出责任，易形成事权与支出责任在多级政府间层层下压，最终导致主要公共服务项目由基层政府提供，这不仅给县乡级财政带来极大压力，也不利于区域乃至全国范围的统筹兼顾，在实践中必然导致乡村基本公共服务的供给不足。

表7-1　　2007~2021年中央和地方在部分公共支出中的负担占比　　单位：%

指标	层级	2007年	2009年	2011年	2013年	2015年	2017年	2019年	2021年
一般公共服务支出	中央	25.37	11.83	8.22	7.28	7.79	7.70	9.76	7.91
	地方	74.63	88.17	91.78	92.72	92.21	92.30	90.24	92.09
公共安全支出	中央	17.44	17.83	16.45	16.66	16.89	14.84	13.23	13.71
	地方	82.56	82.17	83.55	83.34	83.11	85.16	86.77	86.29
教育支出	中央	5.55	5.44	6.06	5.03	5.17	5.14	5.28	4.51
	地方	94.45	94.56	93.94	94.97	94.83	94.86	94.72	95.49

续表

指标	层级	2007年	2009年	2011年	2013年	2015年	2017年	2019年	2021年
科学技术支出	中央	51.86	52.24	50.73	46.59	42.27	38.90	37.13	33.15
	地方	48.14	47.76	49.27	53.41	57.73	61.10	62.87	66.85
文化体育与传媒支出	中央	14.16	11.11	9.97	8.04	8.84	7.99	7.56	5.30
	地方	85.84	88.89	90.03	91.96	91.16	92.01	92.44	94.70
社会保障和就业支出	中央	6.29	5.47	4.52	4.42	3.80	4.07	4.19	2.63
	地方	93.71	94.53	95.48	95.58	96.20	95.93	95.81	97.37
医疗卫生支出	中央	1.72	1.59	1.11	0.93	0.71	0.74	1.49	1.17
	地方	98.28	98.41	98.89	99.07	99.29	99.26	98.51	98.83
环境保护支出	中央	3.47	1.96	2.81	2.92	8.34	6.24	5.70	4.96
	地方	96.53	98.04	97.19	97.08	91.66	93.76	94.30	95.04
城乡社区事务支出	中央	0.19	0.08	0.15	0.17	0.07	0.11	0.37	0.45
	地方	99.81	99.92	99.85	99.83	99.93	99.89	99.63	99.55
农林水事务支出	中央	9.21	4.74	4.19	3.95	4.25	3.71	2.33	2.26
	地方	90.79	95.26	95.81	96.05	95.75	96.29	97.67	97.74
交通运输支出	中央	40.84	23.01	4.42	7.73	6.90	10.83	12.04	7.19
	地方	59.16	76.99	95.58	92.27	93.10	89.17	87.96	92.81

资料来源：表中数据来自国家统计局网站。

当前我国政府基本公共服务支出仍以辖区户籍人口为基础，这就造成诸如教育、住房、医疗等社会基本公共服务无法覆盖全部常住人口，农业转移人口中部分随迁子女无法在流入地接受义务教育，城市公租房的保障对象以及医疗补助对象通常也仅限当地户籍人口。造成这一局面的主要原因在于地方城市政府财权与公共服务支出责任的不对称，地方政府缺乏随常住人口增加而增长的稳定的财政资金来源。虽然近年来，中央一般财政转移支付所占比重呈逐年提高趋势，还特别增设了农业转移人口市民化的专项奖励资金，"三挂钩"[①]

[①] "三挂钩"就是财政转移支付与农业转移人口市民化挂钩、城镇建设用地新增指标与农业转移人口落户数挂钩、中央基建投资安排与农业转移人口市民化挂钩。《拓宽入户通道与"三挂钩"机制提高户籍人口城镇化率》，中国政府网，2015年11月3日，http：//www.gov.cn/xinwen/2015-11/03/content_2959484.htm。

配套政策也逐步完善，但国家层面"三挂钩"配套政策执行并不到位，"人钱挂钩""人地挂钩"的奖励在省市县层面如何分配、财政资金的投入方向、新增建设用地指标的使用范围等也缺乏明晰的制度安排，而且大多数地区并未按照国家要求，制定省级政府对农业转移人口市民化的奖励配套政策[①]。

　　从城乡融合发展的角度分析，财权与事权不匹配的财政分权制度不仅影响了城乡基本公共服务均等化和农业转移人口的市民化，还衍生了土地财政。分税制减少了地方政府可支配的财政资源，但支出责任并未相应减少，反而随着经济发展不断增多。虽然中央转移支付和税收返还可以弥补一部分收支缺口，但经济与社会发展所需诸多支出还需另寻筹资渠道。由于农村土地转为城市建设用地的收益归地方所有，于是地方政府借助在土地一级市场的垄断地位，通过低价征地和"招拍挂"卖地获取土地出让金收入，以及与土地使用和开发有关的各种税收收入，就成为地方政府的理性选择。2003 年以来，土地出让金占地方财政收入的比重都在 33% 以上，其中 2020 年高达 84.02%。近两年土地出让金占地方财政收入的比重虽然有所下降，但在 2022 年仍高达 61.44%（见第 5 章表 5 - 14）。客观地讲，土地财政盘活了土地资源，通过土地未来收益的资本化推进了我国工业化和城市化进程。但从城乡融合发展的角度考察，一方面，土地财政带动了城市房地产价格上涨，提高了农民工市民化的生活成本；另一方面，使农村土地财产收益通过征地渠道转入城市建设，在拉动经济增长的同时，也进一步扩大了城乡发展差距。

　　再次，以经济增长为中心的锦标赛竞争注重的是竞争结果，程序与规则约束相对弱化。以任务下达和指标分解为特征的经济与社会性事务层层发包后，对地方政府官员的激励与约束大多依赖于上级政府对地方政府工作业绩的验收考核，而绩效考核更多的是结果导向，只要不违法乱纪，经济增长绩效突出，地方政府官员就会获得职业晋升。这就导致地方政府享有大量的自由裁量权，经济与社会发展的方方面面都高度依赖于政府，并受到政府的直接与间接干预。在经济发展初期阶段，在市场缺失的条件下用行政手段替代市场，促进资本积累，完成经济起飞是十分必要的。中国体制转轨是一个破旧立新的渐进式改革过程，在社会主义市场经济体制逐步确立的过程中，鼓

[①]《坚持城乡并重，着力提高农业转移人口市民化质量》，2022 年 9 月 27 日，https://www.ndrc.gov.cn/wsdwhfz/202209/t20220927_1336475_ext.html。

励地方官员"放手做事",大胆创新,对于推进改革开放进程也起到了重要作用。但是官场政治锦标赛以结果论英雄,以及强激励弱约束的特点,也导致了一些政府官员为了短期业绩不惜通过高额债务拉动 GDP 快速增长;"以邻为壑"向其他地区转移其高增长和高污染的外部负效应;不求晋升但求无过的不作为;甚至借招商引资和土地转让之机以权谋私,败坏官场政治生态。

最后,乡村治理体系薄弱,不利于农业农村现代化。乡村治理是提升政府治理能力的基础,对于构建新型城乡关系和促进城乡融合发展至关重要。改革开放以来,农村实行家庭联产承包责任制,随着人民公社、生产大队、生产队等基层组织的解体,乡村治理由乡(镇)政府和村民委员会共同负责,进而形成了"乡政村治"模式[①]。乡(镇)政府是国家依法设在农村的基层政权组织,行使国家行政管理的职能,但不参与乡村的具体事务管理。村民委员会是农村基层的群众自治性组织,在乡(镇)政府的指导下,对乡村具体事务进行管理。在财权与事权不匹配的财政分权体制下,乡(镇)级政府财政收支严重不平衡,一些乡镇政府不仅无法提供必要的基本公共服务,甚至连日常运转都难以维持。这导致乡镇级政府债务负担严重,乡镇政府的规划建设、环境监管、食品安全管理、市场监管等机构和人员严重不足,职能缺失严重。由于大量的农村青壮年劳动力外流,村级治理主体的缺位与弱化,一些乡村自治难以实现。由于乡村两级治理能力弱化,乡村规划管理严重缺位,城乡规划难以衔接,城乡空间结构不能优化。

7.2 完善政府治理形成城乡融合发展激励机制的对策建议

在二元经济转型初期,发展中国家既要为经济起飞创造前提条件,又要完成经济起飞的历史任务,在市场体系尚未建立的条件下,政府用行政手段替代市场,促进资本积累,具有客观必要性和现实可行性。进入刘易斯转折阶段,完成经济起飞的制度安排已不再适用,但经济赶超的过程并未结束,既要保留适当的经济干预,又要充分发挥市场机制的作用。中国在体制转轨和二元经济转型过程中,通过行政分权和财政分权形成了纵向行政发包与横向政治锦标赛相结合的"官场+市场"的治理模式,官场竞争与企业间市场

---

① 张厚安:《乡政村治——中国特色的农村政治模式》,载《政策》1996 年第 8 期,第 26 页。

竞争的相互作用，充分发挥了劳动力资源丰裕的比较优势和技术创新的后发优势，极大地推进了中国的工业化和城市化，促进了二元经济的转型。随着二元经济转型进入后刘易斯转折阶段，纵向行政发包与横向政治锦标赛相互结合形成的"官场+市场"政府治理模式的诸多缺陷严重影响了乡村振兴和新型城镇化顶层设计的实现。构建新型城乡关系促进城乡融合发展，必须完善政府治理，实现官员职业晋升与城乡融合发展激励相兼容。

7.2.1 科学界定政府与市场的治理边界，形成界定政府职能的正式制度

我国二元经济转型已进入后刘易斯转折阶段，资源环境约束的强化和国际市场竞争的加剧，需要重新界定政府与市场治理边界。经过改革开放40年经济增长，我国的经济实力不断增强，与发达国家经济、技术差距不断缩小，政府干预经济生活的"赶超效应"边际递减，受发达国家的贸易壁垒和技术遏制，其作用空间也所剩无几。特别是经过40年来市场化取向的制度变迁，市场体系与法律制度已趋于完善，经济运行的市场调节功能基本形成。因此，现阶段合理界定政府与市场边界的基本原则是让市场在社会资源配置中发挥决定性作用，更好地发挥政府的作用。从政府治理改革的角度考察，就是要实现从发展型全能政府向服务型有限政府转变。从构建新型城乡关系促进城乡融合发展的角度分析，服务型有限政府的基本经济职能是：其一，提供教育、医疗卫生、养老保障、基础设施、生态与环境安全等公共物品和公共服务，推进城乡基本公共服务均等化。其二，界定与保护产权、制定竞争规则、监督和保障规则执行，保障公平竞争，维护城乡市场秩序。其三，深化城乡二元经济体制改革，培育与完善城乡要素市场，促进生产要素在城乡间双向流动和优化配置。其四，强化以城带乡、以工补农，拓展农业农村多种功能，弥补"三农"领域的市场失灵。其五，坚持人口资源环境相均衡、经济社会生态效益相统一，科学规划城乡发展空间。政府的职能是有限的，也就意味着政府的权力是有限的，防止政府权力扩张的根本途径是用制度化的形式对其进行约束。制定企业市场准入负面清单和政府职权正面清单，形成界定政府与市场边界的正式制度，是实现政府职能法定化，防止政府的"越位""缺位"，以及不作为和乱作为的有效办法。

7.2.2 改革政绩考核制度，构建顶层设计有效实施的执行机制

完善政府治理，正确处理政府与市场的关系，要求中央政府发挥核心作

第7章　完善政府治理形成城乡融合发展的激励机制

用，做好改革与发展的顶层设计。从中国的具体实践来看，党的十八大以来，中央政府在转变政府职能、促进城乡融合方面出台了一系列顶层设计。但是由于以经济增长为中心的锦标赛竞争与构建新型城乡关系促进城乡融合发展的战略存在着激励不相容的矛盾，很多顶层设计只是停留在规划层面。因此，现阶段完善政府治理的重点是构建顶层设计并有效实施的执行机制。

首先，改革现行政绩考核指标体系。让创新、绿色、环保以及基本公共服务均等化等民生指标进入官员晋升考核的指标体系。要根据不同地区的经济发展水平、自然区位条件，制定差异化的绩效考核体系。发达地区要实现考核指标从经济指标为主向民生指标为主转变，欠发达地区也要加大民生指标在绩效考核指标体系中的权重。要强化对地方官员重大决策对区域经济、社会长期发展影响的跟踪式考核，尽量杜绝官员因任职期限产生的短期行为对区域经济、社会长期发展带来的负面影响。

其次，建立对政府官员的多元化考核机制。以往对政府官员的考核多是机械式的、自上而下的"达标式"考核[1]，这种以结果为导向的考核，往往忽略了业绩达标的过程，使得一些政府官员为达目的不择手段。因此，对政府官员的考核要从单一的上级考核向上级考核、同级人大、政协等机构参与，以及民众评价相结合的多元化考核转变。要发挥同级人大和政协对政府部门的监督约束作用，注重人大、政协评价对官员晋升和任免的重要作用。要充分利用现代数字技术，运用移动通信工具，让辖区市场主体和城乡居民采用投票、打分、点评，以及提出意见建议等方式参与对政府部门的考核与评估。要科学设计上级考核、同级机构参与和民众评价在综合考核中的不同侧重和不同权重，综合考虑多元考核的权威性和可行性，避免以结果论英雄带来的激励偏差，或因竞争不公平而造成"逆向激励"。

再次，建立第三方政策评估体系。适时引入专家学者、社团组织和第三方政策评估机构参与政府政策的制定与政策实施绩效的评估，尽可能保证政策制定的科学性，以及政策实施绩效评价的客观公正性。要鼓励社会各界为政策制定、实施以及修正完善建言献策，并监督各级政府对构建新型城乡关系政策的具体执行情况。

---

[1] 林影倩、庞明礼：《政府绩效考核何以推进乡村振兴：一个"治理赋能—问责嵌入"解释框架——基于湖南省W镇的经验分析》，载《甘肃行政学院学报》2022年第1期，第89页。

最后，建立过错追究制度、执行督察制度和无为问责制度。由于传统政府治理具有强激励弱约束的特点，政府官员乱作为、不作为的现象不是个案。实现对政府官员的激励与约束平衡，就要建立过错追究制度、执行督察制度和无为问责制度。要参照行政执法过错责任追究办法[①]，对单一行政机关或多个机关按过错责任实施有效问责，并具体问责到人，形成行政长官"终身追责"制度。同时，我们畅通复议渠道，以避免过错追究过程中出现追责误判或"权责罚"不匹配的情况。要进一步构建与基层治理相适应的权力监督制约机制，探索形成基层党委与群众对基层行政进行合力监督的有效机制。要拓宽监督渠道，充分采纳群众意见，对责任心不强、办事拖拉、推诿塞责的人员执行无为问责制度，采取通报、诫勉、组织调整或者组织处理等多种形式的问责方法，以迫使政府官员转变工作作风。

7.2.3 理顺中央与地方关系，构建财权与事权相匹配的现代财政制度

中央和地方政府关系是政府层级系统的基础性关系，理顺中央与地方政府关系是现阶段完善政府治理，正确处理政府与市场关系的一个非常重要的环节。受渐进式改革路径依赖的制约，以及二元经济转型初期政府行政干预的影响，现阶段我国财权与事权不匹配的财政分权制度，不仅催生了地方政府的土地财政，还严重影响了城乡基本公共服务均等化和农民工市民化进程，扩大了城乡发展差距和居民的收入差距。因此，理顺中央与地方政府关系的重点是构建财权与事权相匹配的现代财政制度。构建财权与事权相匹配的财政制度要根据不同层级政府的支出责任给予其相应的财政权力。支出责任的划分原则主要有三条：一是公共物品或准公共物品的外部性范围，如果外部性仅局限于地方，则支出责任也应界定给地方政府；反之，则由中央政府承担；二是政府支出管理的信息复杂程度，信息复杂程度越高，越适合地方政府来管理；三是激励相容，即支出责任的划分要有利于地方政府按职责在做好本地区事情的同时，也有利于使全国整体利益最大化。要根据上述依据划分支出责任，并根据支出责任给予不同层级政府相应的财政权力。

具体来说，农业科技推广、农业环境保护、农业信息网建设、农业基础科学研究、义务教育等直接关系国家总体利益的公共产品供给应主要由中央

[①] 《河南省行政执法过错责任追究办法》（河南省人民政府令第187号），2018年。

政府负责提供；农业基础设施、农村公路、农村社保等区域性公共产品可由县级政府或是省、市政府，或有关地区政府联合提供，依据其受益范围的大小来决定。同时，事权调整要适应简化财政管理层次的要求，逐步淡化乡镇财政管理职能，减少乡镇事权，将大部分事权上移至县级政府。在划分事权，明晰各级政府职责的基础上，根据事权划分赋予各级政府相应的财权，以确保农村公共产品的供给有足够的财力保障。

构建财权与事权相匹配的现代财政制度，还要建立和完善转移支付制度，以解决县乡财政收入不足的问题，促进地区公平。要逐步将现行多种转移支付形式归并为一般性转移支付和专项转移支付两类，并推进省级以下政府的转移支付制度建设，以缩小辖区内财力差距所导致的公共产品供给的不公平。

要把构建财权与事权相匹配的现代财政制度与推进农业转移人口市民化结合起来。通过按常住人口安排财政转移支付和增加直接税等改革措施，形成地方政府吸纳外来人口的激励机制。设计与土地流转、土地增值，以及与土地使用有关的税种，规范土地财政为税收财政，合理分配土地转变用途后的增值收益，为常住人口公共服务均等化提供财力支持。

7.2.4 完善乡村治理体制，提升乡村综合治理能力

习近平总书记指出："农村现代化既包括'物'的现代化，也包括'人'的现代化，还包括乡村治理体系和治理能力的现代化。要坚持农业现代化和农村现代化一体设计、一并推进，实现农业大国向农业强国跨越。"[1] 现阶段完善乡村治理体制，提升乡村综合治理能力，首先要加强农村基层党组织建设，突出农村基层党组织的领导核心地位。乡镇党委应该通过思想、政治和组织等领导方式，深入贯彻党的路线、方针和政策，充分发挥党委在乡村治理中的领导作用。要提升村级党组织的政治引领作用，必须将上级党委的各项计划和部署直接落实到村民身上，并将其转化为村民的实际行动。要加强党性教育，充分发挥广大党员干部在乡村建设中的模范带头作用，带领广大村民推动乡村各项事业的发展。

其次，提升乡镇政府服务能力。要加强乡镇领导班子建设，通过下派和基层选拔的双重渠道，提升乡镇领导的综合素质。要结合机构改革，加快推

---

[1] 习近平：《把乡村振兴战略作为新时代"三农"工作总抓手》，载《求是》2019年第11期。

进乡镇政府的机构调整和人员配置，以满足乡镇辖区居民对基本公共服务的需求。要合理划分县乡财政权力与支出责任，改进乡镇政府基本公共服务投入机制，健全城乡统筹的基本公共服务经费保障机制。

再次，建立健全人才下乡机制，有效解决乡村治理主体缺失难题。要健全城市专业技术人才下乡、农民工返乡创业的激励机制，强化农村大学生、复员退伍人员回乡创业的帮扶机制，以解决农村空心化带来的乡村治理主体缺失难题，提高乡村治理水平。

最后，在农村基层党组织的领导与引领下，推进"三治结合"。"三治结合"是指在农村基层党组织的领导下，组织多元治理主体、融合多元治理规范、利用多元治理工具，将自治、法治与德治相结合的乡村治理体制。"三治结合"是指自治是基础，法治是保障，德治则在自治与法治之间起到调节和辅助作用。推进"三治结合"要在党委和政府的主导下，健全乡村自治组织体系，培育和激发乡村自治力量和自治活力；推进依法行政、依法办事、深化法治教育，以及健全乡村法律制度规范，注重发挥法治的保障作用，提升基层治理的"硬实力"；以社会主义核心价值观为引领，加强农村道德文化建设，注重发挥德治的引领作用，提升基层治理的"软实力"[①]。

---

① 孙景淼等：《乡村振兴战略》，浙江人民出版社2018年版，第192页。

第三篇

专题研究

第 8 章

推进科技创新促进城乡融合发展

根据本书对中国二元经济转型的阶段性判断，我国二元经济转型已临近刘易斯第二转折点，2024年前后进入二元经济转型后期发展阶段。进入后刘易斯转折阶段，人口与经济大国的赶超式发展必然会带来更加激烈的国际竞争；社会主义制度特有价值取向与大国经济面临的资源环境与市场需求约束的矛盾将更加突出。传统的要素驱动型发展方式已难以为继，推进科技创新，形成创新驱动型发展方式，对于应对后刘易斯转折阶段更加激烈的国际竞争，突破资源环境与市场需求的双重约束，补齐农业农村现代化短板，促进城乡融合发展具有重要意义。

8.1 科技创新促进城乡融合发展的理论逻辑

8.1.1 促进发展方式转变为城乡融合奠定生产力基础

马克思主义政治经济学认为，经济学研究的终极目的是通过经济发展来满足人类不断增长的物质文化需求。从二元经济转型视角分析，二元经济转型不同阶段的生产力发展水平不同，其所决定的经济发展方式也就不同。只有在二元经济转型的不同阶段，选择适应生产力发展的经济发展方式，才能促进生产力的发展，顺利完成从传统农业社会向现代工业社会的过渡，最终实现城乡融合。

二元经济转型的不同阶段，生产力发展水平不同，社会生产力最基本的构成要素的稀缺程度不相同，由此决定了该社会的资源禀赋也不相同。从社会需求的角度分析，在不同的生产力发展水平下，社会的需求结构也大不相同。二元经济转型后期,从要素禀赋的角度考察,随着边际劳动生产率大于零小于制度工资的农业剩余劳动力全部转移到现代工业部门,生产规模不断扩大、资本积累日益增加,与资本要素相比,劳动要素的稀缺程度更高。从社会需要的角度分析,这一阶段工资决定机制的变化使得人们收入水平不断提高,促进了消费结构进一步升级,人们对产品的需要也更加多样化、个性化。而且,由于生产规模的不断扩大,资源环境与市场需求的约束进一步强化;特别是国际竞争格局的改变,使进入二元经济转型后期的经济体面临的国际市场竞争更加激烈。显然,无论是要素禀赋、社会需求结构的变化,还是突破资源环境与市场需要的约束,或是提高国际竞争力的需要,二元经济转型后期,经济发展方式都要从要素驱动型转为创新驱动型。

受劳动力成本上升、资源环境与市场需求约束强化的影响,近年来中国经济增速明显下降,且远低于潜在经济增长率[①]。这说明临近刘易斯第二转折点,二元经济初期和刘易斯转折阶段支撑中国经济增长的低人力成本、低资源环境成本和外需导向的传统优势已经发生改变,由要素驱动型发展方式向创新驱动型发展方式转变必须在近期取得实质性进展。

创新驱动型发展方式的核心是通过科技创新提高全要素生产率,以突破资源环境与市场需求的双重约束。科技创新,一方面可以通过改变生产函数,提高劳动生产率和资源利用率,使经济增长突破资源环境的约束;另一方面能够扩大市场需求,使经济增长突破需求约束。具体来讲,科技创新包括水平创新和垂直创新两种类型,前者是指新产品、新材料和新生产工艺的发明,后者是指通过革新改造,采用新材料、新技术和新工艺,提高原有产品的质量与性能。显然,高水平创新可以提高生产效率、增加社会供给的同时,增加社会可消费产品的种类,创造新的社会需求。垂直创新可以提高生产效率,降低生产成本,在价格水平不变的条件下增加社会产品的供给,同时还可以通过产品质量和性能的提高,扩大消费者对高质量和高性能产品的需求。

从各国二元经济转型历程看,通过科技创新突破资源环境与市场需求的约束,实现经济发展方式由要素驱动向创新驱动转变,对于跨越"中等收入陷阱",完成二元经济转型,实现城乡融合具有至关重要的作用。第二次世

[①] 根据林毅夫的学术团队估算我国在 2020 年到 2035 年还有约 8% 的增长潜力(林毅夫等:《读懂中国式现代化——科学内涵与发展路径》,中信出版集团 2023 年版,第 26 页)。

界大战之后,国际上公认成功跨越"中等收入陷阱"的国家和地区只有13个,但就较大规模的经济体而言,只有日本和韩国两个国家。拉美地区的33个经济体中,属于4000~12000美元的上中等收入国家有28个。这些国家半个多世纪以来,长期徘徊于高收入国家之外,其原因固然是多方面的,但科技创新不足是其中最不可忽视的因素①。这是因为,这些国家进入中等收入阶段后,由于科技创新能力不足,既难以通过科技创新提高劳动生产率和资源利用率,降低用工成本和资源环境成本,又难以通过科技创新创造新的市场需求,进而导致经济可持续发展难以为继。由于未能通过科技创新实现发展方式的转变,我国失去了低劳动力成本和低资源环境成本的比较优势,难以在低端市场与低收入国家竞争,长期滞留在全球产业链低端,也无法在高端市场与高收入国家抗衡,在国际竞争中处于十分不利的地位。

8.1.2 推进农业农村现代化补齐"三农"短板

8.1.2.1 农业农村现代化的内涵界定

农业农村现代化是一个具有时代特色和动态演进特点的范畴,其基本内涵与科技进步、生产力发展水平和特定发展阶段的时空条件密切相关。20世纪五六十年代是新中国现代化建设的起步阶段,学者们强调现代工业技术在农业生产中的运用,将农业现代化概括为机械化、化肥化、水利化和电气化②。改革开放之初的20世纪70年代末到80年代末,伴随着以家庭联产承包责任制为核心的农村基本经营制度改革的完成,农业现代化的内涵逐渐从农业生产领域扩展到农业经营领域,学者们认为农业现代化不仅包括生产过程的现代化,还包括农业经营管理方式的现代化③。20世纪90年代,随着社会主义市场经济体制的初步确立,以及可持续发展理念的逐渐普及,学者们进一步引入市场化和生态化理念,从系统论的角度阐释农业现代化的内涵,认为农业现代化是由传统部门向现代产业的演进过程。农业现代化要用现代技术装备武装农业,用现代生物科学技术改造农业,用现代市场经济观念和组织方式来管理农业,在提高综合生产力的同时,创造良好的生

---

① 人民论坛:《科技创新——中国式现代化创新发展之路》,中国科学技术出版社2023年版,第7页。
② 周振华:《论中国式现代化道路的若干特点》,载《经济研究》1980年第8期,第38页。
③ 中国农业经济学编写组:《中国农业经济学》,辽宁人民出版社1984年版。

态环境，实现农业的持续发展[①]。进入21世纪，在国民经济中的占比下降，"三农"问题日益突出的背景下，党和国家出台了一系列调整城乡关系，统筹城乡发展的惠农政策，"农业现代化的内涵丰富了城乡统筹和'四化同步'的思想，更加重视工业化、信息化、城镇化对农业现代化的拉动和影响作用"[②]。

随着社会主要矛盾转化为人民日益增长的美好生活需要和不平衡不充分的发展之间的矛盾，我国城乡发展不平衡，农业农村发展不充分，成为我国现代化建设中的最大短板。在"两个一百年"奋斗目标的历史交汇期，党中央根据"三农"短板的问题导向，在党的十九大报告中首次提出"农业农村现代化"的整体表述："坚持农业农村优先发展，按照产业兴旺、生态宜居、乡风文明、治理有效、生活富裕的总要求，建立健全城乡融合发展体制机制和政策体系，加快推进农业农村现代化。"从农业现代化到农业农村现代化的内涵扩展，更加符合全面建设社会主义现代化国家的要求。

虽然农业农村现代化提出的时间较短，但学者们也从不同角度对其基本内涵进行了理论阐释。贾敬敦等认为农业现代化是改造传统农业的过程，是用现代物质条件装备农业，用现代科学技术改造农业，用现代产业体系提升农业，用现代经营形式推进农业，用现代发展理念引领农业，用培养新型农民发展农业的过程。农村现代化是以农村为中心，将其置于整个社会经济大系统的现代化之中，包括农业现代化，农村经济现代化和农村社会现代化[③]。蓝红星等则把农业农村现代化看作是农业现代化、农民现代化和农村现代化"三化"有机融合的现代化[④]。中国工程院"加快农业农村现代化发展战略研究"课题组认为农业农村现代化涉及农业、农村、农民三个维度，涵盖经济、政治、文化、社会、生态文明五大领域。综合学者们的相关研究，我们采用中国工程院"加快农业农村现代化发展战略研究"课题组对

[①] 牛若峰：《要全面理解和正确把握农业现代化》，载《农业经济问题》1999年第10期，第14页。

[②] 中国工程院"加快农业农村现代化发展战略研究"课题组：《加快农业农村现代化发展战略研究》，科学出版社2022年版，第3页。

[③] 贾敬敦等：《农业农村现代化与科技创新重大问题研究》，科学技术文献出版社2019年版，第28~29页。

[④] 蓝红星、王婷昱、施帝斌：《中国农业农村现代化的生成逻辑、内涵特征与推进方略》，载《改革》2023年第7期，第108页。

农业农村现代化内涵的界定，即农业农村现代化是作为本体的农业、作为主体的农民和作为载体的农村同步实现现代化的一个过程，这是农村产业现代化、农村生态现代化、农村文化现代化、乡村治理现代化、农民生活现代化的过程[1]。

8.1.2.2 科技创新促进农业农村现代化的理论解析

（1）用现代科技武装农业，提高劳动生产率、土地产出率和资源利用率，促进农村产业现代化。美国著名经济学家舒尔茨认为传统农业贫穷且有效率，虽然传统农业生产效率低下，但在现有的技术条件下要素配置已达到最优化。因此，改造传统农业的根本出路在于引入现代农业技术[2]。速水佑次朗和弗农·拉坦将农业技术分为两种类型，一种是"劳动节约型"的机械系列技术；另一种是"土地节约型"的生物系列技术[3]。前者用农用机械替代劳动，通过对土地的规模经营提高劳动生产率，后者则通过良种、肥料和水利技术广泛应用和劳动力更加密集地使用，提高土地产出率。根据速水佑次朗和弗农·拉坦的诱发性技术创新理论，一个国家或地区采用何种农业技术取决于这个国家或地区的资源禀赋，人少地多的经济体，通常会创造和使用"劳动节约型"的机械系列技术；人多地少的经济体通常会创造和使用"土地节约型"的生物系列技术。比如，美国主要采用机械化技术，劳动生产率很高，但每公顷的产量却大大低于许多国家；日本主要采用生物技术，虽然其农业劳动生产率远低于美国，但是每公顷的产量却是美国的好几倍[4]。随着二元经济转型的不断深入，原来劳动力丰富土地稀缺的经济体，由于劳动力非农业转移，劳动力稀缺程度不断提高，用工成本的攀升，这些经济体也大量采用农业机械替代劳动；而原有土地丰富的国家，由于土地非农化使用和人们对农产品需求的不断增长，土地资源稀缺程度也不断加深，这些国家也利用生物技术提高土地产出。农业技术采用的实际情况是发达国家普遍综合采用两类农业科技，总的来说劳动生产率和土地产出率均高于多数传统

---

[1] 中国工程院"加快农业农村现代化发展战略研究"课题组：《加快农业农村现代化发展战略研究》，科学出版社2022年版，第7~9页。

[2] [美]舒尔茨：《改造传统农业》，商务印书馆1987年版，第29~31页。

[3] [日]速水佑次郎、[美]弗农·拉坦：《农业发展的国际分析》，中国社会科学出版社2000年版，第91页。

[4] [美]马尔科姆·吉利斯、德怀特·珀金斯、唐纳德·R.斯诺德格拉斯：《发展经济学》，科学出版社1989年版，第640~641页。

农业类型的发展中国家①。

　　当然，机械技术和生物技术对农业生产率的作用不可能严格区分，一些机械技术在提高劳动生产率的同时，也会提高土地产出率，一些生物技术在提高土地产出率的同时，也会提高劳动生产率②。从成本节约的角度看，无论是"劳动节约型"的机械系列技术还是"土地节约型"的生物系列技术，都会由于单位生产成本的降低，提高资源的利用效率。

　　特别值得提出的是，21世纪以来，现代科技革命对全球农业现代化带来的前所未有的变化，机械、良种、施肥、农药、灌溉等农业常规技术与现代生物技术、信息技术、自动控制技术、先进制造技术深度融合，在加快培育具有高产、抗逆、抗病特征的优质农作物新品种，发展生物肥料、生物农药、清洁能源的同时，实现了农业生产全过程的数字化、精准化和智能化，不仅提高了农业劳动生产率和土地产出率，在提高资源利用效率方面更是取得了突出的成效。在这方面最为典型的案例是以色列的农业奇迹。以色列位于亚洲西部干旱半干旱地区，沙漠占国土面积的2/3，耕地只占国土面积的13.76%。土地资源稀少，自然环境恶劣，人均水资源极少。由于高度重视农业科技创新，以及对农业高科技的集成化应用，1948年至今的70多年里，以色列耕地面积增加了近3倍。农业产出增加16倍，农业自给率达到95%以上。每年生产的蔬菜、瓜果、花卉大量向欧洲出口。同时农业基础设施和生态环境得到了极大的改善。农业已发展成国民经济的一个重要产业③。

　　(2) 改变传统农业生产方式和农村生活方式，促进农村生态文明建设。农业生产是自然再生产和经济再生产的统一。长期以来，人类一直把农业增产作为农业发展的唯一目标，重视农业的经济效益，严重忽略了农业的生态效益与

---

① 美国较早实现了现代农业的全面发展，单位劳动产出率达到中国的百倍以上，农业技术渗透率和机械化、生物化程度领先世界（潘启龙、韩振、陈珏颖：《美国农村阶段发展及对中国乡村振兴的启示》，载《世界农业》2021年第9期，第79页）。20世纪60年代初到80年代初，日本经济快速发展，农业劳动力大规模城乡迁移使得农业劳动力不足的矛盾日益突出。为适应新形势的需要，宽幅联合收割机、高速插秧机、拖拉机等大中型农机设备逐渐被推广，日本农业生产基本实现了机械化（潘沐哲：《日本如何实现农业机械化》，中山大学中国区域协调发展与乡村建设研究院，https://rrlab.sysu.edu.cn/article/308）。

② 机械耕作为深耕的一种手段，不仅减少了劳动要素的投入，也提高了土地生产率。除草剂的使用，代替了人工除草，节约了大量的劳动投入。

③ 吴东立、施雯、高凌云等：《给农业插上科技的翅膀——科技创新与农业现代化》，中国农业出版社2020年版，第47~48页。

社会效益。农业现代化实际上走了条石油化学农业道路，农业生产过度依赖大型农用机械和化肥农药。虽然从成本节约的角度分析，以石油为动力的农用机械和化肥农药的使用都降低了单位产出的生产成本，但以石油为动力的农用机械大规模使用对于能源的消耗巨大。据估计，一个美国人一年的食物消费，需要耗费1吨石油才能生产出来。化肥农药的大量使用以及机械化的耕作还造成了严重的水土污染和流失问题。据统计，美国平均每年有31亿吨土壤流失，过去50年平均每年有100万至120万公顷的土地发生了严重的土质退化[1]。显然，"石化农业"现代化的道路难以实现农业和农村的可持续发展。

20世纪初期以来，"石化农业"在取得世界粮食产量不断提高的同时，也带来了环境污染、能源消耗、生态恶化等问题，"石化农业"现代化道路难以实现农业和农村的可持续发展。从根本上解决这一问题的唯一途径是通过科技创新，以现代生物技术、信息技术、新能源新材料技术、先进制造技术等高新技术为引领，推进"石化农业"、传统农业向生态化、智能化、精准化转型。在提高劳动生产率和土地产出率的前提下，解决"石化农业"对生态环境带来的负效应，一个有效途径是通过农业科技的集成化使用，以前沿科技改造农业常规技术，推行可持续发展基础上"新的绿色革命"[2]。农业科技的集成化是将农业先进适用技术组合使用，通过不同技术的动态整合，实现提高经济绩效与环境友好的双重目标。进入21世纪，全球需要开展一场"新的绿色革命"不仅成为世界农业科学与农村发展研究领域的学术共识，也体现在农业科技创新应用的具体行动中[3]。例如，美国高度重视发展以基因工程、细胞工程、生物工程、酶工程为代表的新型农业生物技术，以智能机械装备、精准农业技术为代表的新型制造技术和信息技术，并将信息技术与农业生产全面结合，创新发展精准农业和智能农业[4]。农业智能化系统可以在遵循收益最大化原则的基础上，选择成本最低、最环保的生产模式，精

---

[1] 陈潇：《美国农业现代化发展的经验及启示》，载《经济体制改革》2019年第6期，第160页。

[2] "新的绿色革命"是指20世纪90年代一些科学家所呼吁的"第二次绿色革命"，即在20世纪50~80年代中国农业绿色革命引致的土地产出率大幅度提高的基础上，改善资源基础和生态环境，实现农业和农村的绿色可持续发展。

[3] 刘江：《21世纪初中国农业发展战略》，中国农业出版社2000年版，第99页。

[4] 贾敬敦：《农业农村现代化与科技创新重大问题研究》，科学技术文献出版社2019年版，第43页。

准施肥、节能灌溉在满足农作物生长需求的同时，减少对资源的浪费和环境的污染，最终实现提高经济效益和生态效益的双重目标[①]。

促进农村生态现代化，不仅要解决"石化农业"带来的生态恶化问题，还要解决农村生活污染，以及城市污染转移带来的环境恶化问题。传统农业社会，农村生活垃圾主要由果皮菜叶等有机物构成，容易降解；人、畜排泄物通常作为肥料用于农业生产。伴随着工业化的不断推进，人们生活水平的提高，农村生活越来越多地使用由无机原料制成的日用工业品，农村生活垃圾中也包括越来越多的塑料制品、废旧电池等难以降解的成分[②]。在化肥的大量使用、劳动力非农转移带来用工成本提高，以及农业劳动力老龄化的条件下，由于人、畜粪便等有机肥料的使用劳动强度大，用工成本高，很多地区不再用于农业生产，进而成为农村的一大污染源。在工业化和城镇化推进的过程中，受城市发展空间的制约及污染排放的严格限制，城市和工业污染向乡村转移的现象普遍存在。

解决农村生活污染，以及城市污染转移带来的环境恶化问题的根本途径是通过先进的垃圾、污水处理技术，改变农村生活方式，提升乡村环境综合治理水平。发达国家工业化和城市化起步早，其乡村不仅较早地受到工业化和城市化的辐射带动，也较早地受到工业化和城市化快速发展的负面影响；为了解决农村发展面临的资源环境问题，率先开展了乡村更新转型和转型升级的探索和实践[③]。欧美等老牌发达国家，早在20世纪环境问题成为全球焦点之前，就已基本完成了城乡一体化建设，生活垃圾和污水处理起步早，并建立了较为完整的管理体系。日本和韩国分别在"造村运动"和"新村运动"中，通过强化农村基础设施建设、发展生物能源，以及对资源的循环利用等途径，有效改善了乡村生态环境和人居环境[④]。

（3）强化乡风文明建设、创新治理模式，促进农村文化和农村治理现代化。乡风文明建设是一项社会系统工程，涉及生产力、生产关系、上层建筑

[①] 陈潇：《美国农业现代化发展的经验及启示》，载《经济体制改革》2019年第6期，第158页。

[②] 中国工程院"加快农业农村现代化发展战略研究课题组"：《加快农业农村发展战略研究》，科学出版社2022年版，第25页。

[③] 朱建江：《乡村振兴与中小城市小城镇发展》，经济科学出版社2018年版，第32页。

[④] 中国工程院"实施乡村振兴战略重大问题研究项目组"，《实施乡村振兴战略重大问题研究》，科学出版社2022年版，第170~172页。

第8章 推进科技创新促进城乡融合发展

等各个层面。从生产力层面分析,科技创新成果的普及与应用,一方面,可以通过科学文化的普及和科技成果使用的"干中学"过程,提高农民的科学文化素养,有利于形成卫生、文明、科学的生活方式;另一方面,科技创新成果应用带来收入水平的提高,可以成为激励农民学习新知识、掌握新技能的内在动力,有利于形成努力刻苦学习、积极进取的乡村风尚。此外,利用科技创新带来的诸如移动互联网、微博、微信、新闻客户端等学习、交流手段与平台,可以更好地进行社会主义核心价值观和优秀传统文化的宣传教育,有助于提升乡村文明程度。

乡村治理是国家治理的重要组成部分,乡村治理现代化不仅关系到农业农村现代化,也关系到国家治理现代化的目标实现。推进乡村治理现代化,实现乡村治理有效的关键,是在充分发挥党组织在乡村治理中领导作用的前提下,健全政府负责、公众参与,自治、法治、德治相结合的乡村治理体系。现代信息技术改变了信息的传输方式,提高了信息传输效率,对推进乡村治理现代化具有重要作用。在工业化城镇化快速推进、二元经济转型不断深化的条件下,农业劳动力和农村人口,特别是青壮年劳动力大量进入城镇,不仅人口和户籍分离的情况极为普遍,而且乡村老龄人口占比日益超过城镇;乡村与城市间的经济联系日益紧密、市场在资源配置中的决定性作用更加突出,乡土关系形成的熟人社会正在转变为半熟人半陌生人社会。在这种情况下,利用互联网、移动通信、智能终端等信息技术,可以方便党员之间、党组织与村民、外出务工人员的联系与交流,有利于强化基层党组织建设和党对乡村治理的领导作用;可以高效地公示相关信息、宣传相关政策,有助于实现村民有效知情、有效参与和有效监督。可以通过远程教育、微信公众号、新闻客户端等平台,进行普法教育和社会主义核心价值观的教育,提升村民的法治与德治意识。大数据、人工智能等技术和手段还可以打造乡村治理和服务系统,方便对重点人群和集体经济运行情况进行动态管理,便利村民办理日常业务,提高乡村治理效率。此外,利用现代信息技术,通过移动互联网和远程教育等手段,培育新型职业农民,有助于解决青壮年劳动力大量进入城镇带来的乡村"空心化"难题[①]。

---

① 徐勇:《挣脱土地束缚之后的乡村困境及应对——农村人口流动与乡村治理的一项相关性分析》,载《华中师范大学学报(人文社会科学版)》2000年第2期,第10页。

(4) 提高农民的收入水平和人力资本水平，促进农民生活现代化。农民生活现代化是农村现代化的重要内容，也是农业农村现代化的最终目的。实现农民生活现代化不仅要加强人力资本投资，提高农民的收入挣得能力，更要持续增加农民收入，以带动消费结构升级。现代农业生物技术、农业信息与装备技术、生物能源和生物材料等领域科技创新突破及其成果的应用，不仅可以提高农业劳动生产率和土地产出率，还可以延长农业的产业链，提升价值链，开发农业农村的生态涵养、休闲体验、文化传承等功能，促进农村一二三产业融合，开拓农民增收新渠道，进而提高其收入水平。现代信息技术的创新与应用还可以通过大数据、云计算等技术手段，以及远程教育平台，构建基于"互联网+"的新型职业农民培训的虚拟网络教学模式，降低农民的人力资本投资成本，激励农民进行人力资本投资，以提高其收入挣得能力。从收入水平与人力资本投资相互作用的角度分析，一方面，农民收入持续增长，可以提高其对人力资本的投资意愿，促进其对个人及子女的人力资本投资，提高其个人及子女的人力资本水平；另一方面，人力资本投资又会通过"人工效应""配置效应""创新效应"[①]提高劳动者的劳动生产率，使其相应的投资获得回报和收益，进而形成收入水平与人力资本投资相互促进的良性循环。

8.1.3 强化城乡要素双向流动促进工农互促城乡互补

城乡融合发展是将城市和乡村放在平等的地位，既重视发挥城市的聚集功能，带动区域乃至国家发展；又要注重乡村的经济、生态、社会、文化等多重功能，强化工农互促城乡互补，实现新型城镇化与农业农村现代化协调发展。通过科技创新促进生产要素在城乡间双向流动，对于改变城乡发展失衡，形成工农互促城乡互补的新型城乡关系具有重要作用。

8.1.3.1 降低劳动力城乡转移成本提高转移收益，促进农业劳动力转移

二元经济转型的核心问题是农业劳动力转移。农业劳动力的非农化转移，一方面可以满足城市非农产业发展对劳动力的需求，降低企业用工成本，促

---

① "人工效应"是指通过人力资本投资使劳动者的技能得到改善，增加其知识储备与知识含量；"配置效应"是人力资本投资可以提高劳动者的认知能力与判断能力，从而面对各种可供选择的机会做出更有效率的选择；"创新效应"是在"人工效应"的基础上产生的发明创造能力。参见：张凤林：《人力资本理论及其应用研究》，商务出版社2011年版，第66~67页。

进城市非农产业发展；另一方面由于农业剩余劳动力的减少，促进了土地适度规模经营，有利于推进农业机械化和科学化。农业劳动力的非农化转移，取决于农业转移人口对城乡转移成本与收益的权衡。乡城转移成本与收益的高低受制度与技术因素的双重影响。从技术层面分析，现代信息技术和交通通讯技术，可以减少农民工往返于乡城之间的交通通信成本、寻求合适工作以实现岗位匹配的搜寻成本；科技创新带来的产业结构升级，不仅对产业工人的劳动技能提出了更高的要求、为从业者获得更高的薪酬水平提供了物质技术条件，科技创新产生的现代信息技术也为农民工通过人力资本投资提高职业技能，适应产业结构升级对劳动技术的需求提供了技术支持。依托现代信息技术产生的各类"互联网＋教育培训"模式，以及增强现实、虚拟现实、混合现实等交互培训的前沿科技手段，可以大幅度降低农民工人力资本投资成本，激励其进行人力资本投资，以提高其对高技能工作岗位的匹配程度。农民工人力资本水平的提高，会通过提高从业竞争力和劳动生产率等途径提高其薪酬水平，进而增加其乡城转移收益。随着我国二元经济转型的不断推进，2025年前后将进入刘易斯第二转折点，企业用工成本会进一步提高，产业结构转型升级的进程也会随之加快；40余年的改革开放，劳动力市场不断完善，阻碍劳动力乡城迁移的制度性因素日益消解，通过科技创新降低劳动力要素的乡城迁移成本、提高迁移收益，对于促进农业转移人口市民化的作用更加重要。

8.1.3.2 延长农业产业链、拓展农业农村多重功能，引导要素"上山下乡"

由于农业分散化生产，产品需求弹性低，且具有自然与市场双重风险，农业农村在城乡关系中易处于弱势地位。在市场机制的作用下，农村各种生产要素不断流入投资回报率高的城市非农产业。人们把农业视为弱质性产业，是因为传统农业只是局限于种植业，至多涵盖农、林、牧、副、渔各业，这些产业所衍生出来的第二、第三产业大多配置于城市，农业一直停留在整个产业链和价值链的低端；农业农村只具有向城市提供农产品的"产品贡献"、输出劳动力和农业剩余的"要素贡献"、购买城市非农产品的"市场贡献"，以及农产品出口换汇的"外汇贡献"的工具价值，农业农村的生态、社会、文化功能还未能得到充分发挥。显然，农业农村在城乡关系中处于弱势地位的根本原因在于农业产业链条短，对农业农村的多重功能开发利用得不够。

解决农村资源向城市单向输出导致的城乡发展失衡问题最为有效的办法，是延长农业产业链、拓展农业农村多重功能，使农业成为有市场竞争力的产业，农村成为人们安居乐业的宜居之地。现代信息技术、生物技术、制造技术、新材料技术、新能源技术等前沿性科技成果应用于农业农村领域，可以为延长农业产业链、提升价值链、拓展农业农村多重功能提供技术支撑。例如，创新与应用农业生物技术可以实现优良品种和优良栽培管理方法配套；创新与应用先进制造技术可以实现农机与农艺结合；应用自动控制系统可以实现农业生产智能化；大数据和系统集成不仅会提高农业生产的精准化程度，还可以通过物联网、电子商务促进农产品销售；创新与应用农产品加工与食品制造技术可以提供优质、绿色、健康食品。上述科技创新成果综合运用，则有利于实现农业生产由产中环节向产前和产后环节延伸，实现农业全产业链开发。现代生物技术、新材料技术、新能源技术、生态环保技术，以及信息技术的应用，有利于开拓农业农村的生态保护、观光休闲、文化传承、健康养生、就业增收等多元功能，提升农业农村的经济、生态、社会、文化多重价值。农业产业链延伸和农业农村多重功能的拓展，实际上也是生产要素在乡城之间优化配置的过程。随着农业全产业链的形成，以及农业农村多元价值的实现，农村不再是资源配置洼地，人力资本、物质资本会在市场机制作用下进入农业和农村。

8.2 科技创新促进城乡融合发展的现实基础

中国庞大的市场规模、完备的工业体系、数字经济快速发展，以及中国特色的社会主义制度优势构成了全面建设社会主义现代化国家，通过科技创新促进城乡融合发展的现实基础。

第一，中国庞大的市场规模形成了科技创新的规模经济、范围经济和财富效应[1]。我国有14亿人口，约占全球人口的20%，2021年我国人均GDP达到1.25万美元，已接近高收入国家门槛[2]。居世界前列的人口总量与

---

[1] 中金公司研究部、中金研究院：《创新：不灭的火炬》，中信出版集团2022年版，第135～141页。

[2] 国家发展和改革委员会：《人均GDP1.25万美元 我们离"高收入国家"还有多远？》，2022年3月25日，https：//www.ndrc.gov.cn/fggz/jyysr/jysrsbxf/202203/t20220325_1320252.html。

不断增长的人均收入叠加，使我国成为全球第二大消费市场，2021年中国消费品零售额达6.83万亿美元，远超英国、德国、日本等发达国家，相当于美国的92.12%[1]。大国需求科技创新的规模经济表现在分摊研发成本和"干中学"两个方面。在庞大市场需求支持下的大规模生产可以降低单位产品的研发成本，进而激励市场主体从事科技研发活动；在科技推广应用的过程中，在庞大市场需求支持下的大规模生产，劳动者使用科技成果"干中学"的生产实践，可以在不增加科技投入的条件下，提高生产效率，促进技术进步。

大国需求科技创新的范围经济效应是指庞大市场的多样化需求有助于实施产品差异化策略，进而激励市场主体提高创新投入。罗默认为，垄断利润是研发投入的发动机[2]，市场主体是否进行创新投入，取决于创新活动是否能够获得科技创新的垄断收益，而通过科技创新实现产品的差异化是获得垄断利润的重要方式。但产品差异化策略能否成功实施的关键，取决于经济体是否能够形成足以吸收多样化产品的市场需求。中国市场规模庞大，不仅随着人们收入水平的不断提高，消费需求多样化日益突出，而且依托大国的规模优势，多样化需求形成的特定产品细分市场，也足以激励市场主体不断进行科技创新以满足和引导不同消费者的差异化需求。

市场规模的财富效应是指人们收入水平提高带来的消费水平的提升，会形成吸引创新人才，以及吸引消费者参与科技创新的有效激励。科技创新人才是经济体进行科技创新的关键要素，一个国家或地区科技创新型人才的多少不仅取决于该经济体的人口规模、人力资本投资水平，还取决于其人均收入和消费水平。2003年以来，随着中美人均GDP的差距快速缩小，中国对本国人才的吸引力显著增强，出国留学人数与学成归国人数之比也快速缩小[3]，缓解了中国人才外流的情况。随着人们收入水平的提高，消费需求日益多样化，消费者也会通过独立设计生产、与企业合作等方式参与产品的创新研发和生产过程，进而增加全社会的创新投入。有研究表明，在部分发达国家，

---

[1] 黄奇帆：《中国式现代化的产业体系和市场体制》，载于林毅夫：《读懂中国式现代化——科学内涵与发展路径》，中信出版集团2023年版，第129页。

[2] The Committee for the Prize in Economic Sciences in Memory of Alfred Nobel, Economic, Growth, Technological Change, and Climate Change, October 8, 2018.

[3] 中金公司研究部、中金研究院：《创新：不灭的火炬》，中信出版集团2022年版，第140页。

消费者对科技创新的投入或已超过企业的科技研发投入①。

第二，完备的工业体系为科技创新促进城乡融合发展奠定了良好的产业基础。我国拥有世界上最完整的工业体系，220多种工业产品的产量居全球第一，是全球工业门类最齐全的国家之一，是全球产业链、供应链的重要参与者与维护者。2022年，全年规模以上工业增加值同比增长3.6%；全部工业增加值达到40.2万亿元，制造业增加值达到33.5万亿元，均居世界首位②。通过科技创新促进城乡融合发展一个非常重要的途径是促进乡村一、二、三产业融合，开发农业农村的经济、生态、文化、社会的多重功能，进而拓展农业增收渠道，吸引人力、物力和财力资源流入乡村。我国强大的制造能力和完备的工业体系，为我国乡村产业融合和农业农村多功能价值实现，进而促进城乡融合发展提供了强大的产业配套支持。

第三，数字经济快速发展为科技创新促进城乡融合发展提供了信息技术条件。随着大数据、区块链、人工智能、云计算、物联网、5G等新一代信息技术的广泛应用，我国数字经济发展迅速，在经济社会发展中的技术支撑作用日益凸显。统计资料显示，我国作为世界上第二大数字经济发展体，数字经济规模在2022年已达到50.2万亿，占GDP的比重高达41.5%③。数字经济的突出特点是运用新一代信息技术改造提升传统产业、培育新产业和新业态。以大数据、区块链、人工智能、云计算、物联网、5G等新一代信息技术具有渗透性强、覆盖范围广、科技含量高、融合效应突出等特点。新一代信息技术与城市传统产业、农村特色农业有机结合，不仅可以促进城乡一、二、三产业融合，延长农业的产业链，提升农业的价值链；还可以依托农业农村的经济、生态、文化、社会功能，以健康、养生、生态、创意为出发点，利用农村田园景观、自然生态及资源条件，结合农业生产经营活动、农耕文化特色培育休闲农业；集互联网、云计算、物联网、人工智能技术于一体，依托农业生产、经营和服务各个环节打造智慧农业；把创意作为一种生产要素，集现代生物技术、现代信息技术、传统农业技术于一体，把农业产品的生产、

---

① Von Hippel et al., Comparing Business and Household Sector Innovation in Consumer Products: Findings From a Representatives Study in the United kingdom. Management Science, 2012.

② 《产业体系更完善 产业链韧性更强》，中国政府网，2023年2月9日，https://www.gov.cn/xinwen/2023-02/09/content_5740719.htm? eqid = cbd2a1ab00009c560000000464916075。

③ 资料来源：《中国数字经济发展报告（2023年）》。

消费与文化创意活动相融合,培育创意农业。无论是城乡产业融合、农业产业链延长和价值链提升,还是农业农村多功能拓展,都可以在促进农业农村经济社会发展的同时,提高城乡融合水平。

第四,中国特色社会主义经济制度是科技创新促进城乡融合发展的制度保障。以公有制为主体的多种所有制经济共同发展的中国特色社会主义经济制度决定了经济发展的根本目的是实现共同富裕。这一价值取向,决定了党和国家能够从人民的整体利益和长远利益出发,有效抵御利益集团的压力和民粹主义的干扰,遵循经济发展的客观规律,根据经济发展不同阶段的要素禀赋和社会需求,选择合适的科技创新形式、科技创新路线和相应的制度安排,进而通过科技创新不断突破制约经济发展的科技瓶颈,推进二元经济转型。以公有制为主体的多种所有制经济共同发展,决定了我国的经济体制必然是社会主义市场经济。这一经济体制的最大优势是可以更好地处理政府与市场的关系,实现有为政府与有效市场的有机结合。从有为政府的角度分析,社会主义市场经济体制可以发挥新型举国体制优势,制定国家农业农村科技发展战略规划,强化农业基础和前沿技术研究,解决农业农村科技创新的战略性、关键性和引领性问题;构建农业农村科技创新平台,加快科技成果转化与应用,为农业农村发展提供新动能;构建农业农村人才培育体系,为农业农村科技创新提供人才保障;健全科技社会化服务体系,为科技创新促进城乡融合提供服务保障。从有效市场的角度探讨,社会主义市场经济体制,可以通过市场体系的不断完善和市场机制的日益健全,充分发挥市场在优化资源配置中的决定性作用,推动多元化、多层次、多渠道的科技投入体系建设,面向产业发展和民生需求进行科技创新,在不断满足人民日益增长的物质文化需求的同时,推进农业农村现代化。

基于中国特色社会主义经济制度的价值取向,党和国家历来高度重视科技创新对经济发展和民生改善的重要作用。改革开放以来,党和国家把科技创新置于经济社会发展的核心地位,大力推进创新驱动发展战略,引领我国科技创新事业取得举世瞩目的历史性成就,为新的历史阶段通过科技创新促进城乡融合发展奠定良好的科技条件。我国整体科技实力显著增强,2019年我国研究经费支出达2.21万亿元,超过欧盟平均水平,国内发明专利授权量连续多年居世界首位,在国际上最有影响的几个国家创新能力评价排名中,我国已处于发展中国家前列[①]。农业科技投入强度逐步提高，农业农村科技水平显著提升，生物技术、信息技术、材料技术和资源环境技术的最新进展不断在农业领域得到应用，有力推动了农业农村现代化[②]。

8.3 科技创新促进城乡融合发展的实证检验

本小节根据科技创新促进城乡融合发展的理论分析，在合理测度城乡融合发展水平的基础上，充分考虑影响城乡融合发展的主要因素，运用多种计量方法检验科技创新对城乡融合发展的影响，以及发展方式转变、农业现代化、城乡要素流动对城乡融合发展的中介效应。

8.3.1 城乡融合发展水平测度

8.3.1.1 测度方法

现有研究普遍采用构建多层次指标体系计算综合评价得分的方法来测度城乡融合发展水平，但关于指标维度的选取并没有达成一致，关于综合评价得分的计算方法也存在差异。从指标维度选取角度考察，有研究选取"经济、社会、生态"三个维度[③]，有研究选取"经济、社会、空间、生态"四个维度[④]，也有研究选取"人口、经济、社会、空间、生态"五个维度[⑤]，此

[①] 白春礼：《强化国家战略科技力量》，引自《中共中央关于制定国民经济和社会发展第十四个五年规划和二〇三五年远景目标的建议辅导读本》，人民出版社2020年版，第173页。

[②] 贾敬敦等：《农业农村现代化与科技创新重大问题研究》，科学技术文献出版社2019年版，第20~24页。

[③] 张海朋等：《大都市区城乡融合系统耦合协调度时空演化及其影响因素——以环首都地区为例》，载《经济地理》2020年第11期，第56~67页；张海朋等：《环首都地区城乡融合水平时空分异与乡村振兴路径》，载《自然资源学报》2021年第10期，第2652~2671页；王耀晨、张桂文：《中国城乡融合发展进程评价》，载《统计与决策》2022年第24期，第33~38页。

[④] 周江燕、白永秀：《中国城乡发展一体化水平的时序变化与地区差异分析》，载《中国工业经济》2014年第2期，第5~17页；王松茂、尹延晓、徐宣国：《数字经济能促进城乡融合吗：以长江经济带11个省份为例》，载《中国软科学》2023年第5期，第77~87页。

[⑤] 周佳宁、秦富仓、刘佳、朱高立、邹伟：《多维视域下中国城乡融合水平测度、时空演变与影响机制》，载《中国人口·资源与环境》2019年第9期，第166~176页；周佳宁、邹伟、秦富仓：《等值化理念下中国城乡融合多维审视及影响因素》，载《地理研究》2020年第8期，第1837页；廖祖君、王理、杨伟：《经济集聚与区域城乡融合发展——基于空间计量模型的实证分析》，载《软科学》2019年第8期，第54~60+72页；黄永春、宫尚俊、邹晨、贾琳、许子飞：《数字经济、要素配置效率与城乡融合发展》，载《中国人口·资源与环境》2022年第10期，第77~87页。

第8章 推进科技创新促进城乡融合发展

外也有研究选取"空间、经济、社会""人、地、资本"等维度[①];从综合评价得分测度角度考察,主要包括熵值法、全局主成分分析法、耦合协调度模型、熵权 TOPSIS 法等。

借鉴现有研究,充分考虑数据的权威性与可获得性,并综合考虑分析性指标(对比类)、显示性指标(状态类)以及传导性指标(动力类)[②],基于人口、经济、社会、空间、生态五个维度构建用于评价我国城乡融合发展水平的指标体系,具体指标选取如表 8-1 所示。

表 8-1　　　　　　　　　城乡融合发展指标体系构建

融合类型	指标选取	指标说明	类型	属性
人口融合	人口城镇化水平	城镇人口/总人口	状态	正
	非农与农业从业比	二三产就业比/一产就业比	对比	正
	城乡人口平均受教育年限比	城镇人口平均受教育年限/农村人口平均受教育年限	对比	负
经济融合	城乡人均可支配收入比	城镇人均可支配收入/农村人均可支配收入	对比	负
	城乡恩格尔系数比	城镇恩格尔系数/农村恩格尔系数	对比	正
	城乡固定资产投资比	城镇固定资产投资/农村固定资产投资	对比	负
	城乡人均消费比	城镇人均消费支出/农村人均消费支出	对比	负
社会融合	城乡宽带接入用户比	城镇宽带接入用户数/农村宽带接入用户数	对比	负
	城乡人均医疗保健支出比	城镇人均医疗保健支出/农村医疗保健支出	对比	负
	城乡最低生活保障平均标准比	城镇最低生活保障平均标准/农村最低生活保障平均标准	对比	负
	城乡交通和通讯支出比	城镇交通和通讯支出/农村交通和通讯支出	对比	负

---

① 张新林、仇方道、朱传耿:《时空交互视角下淮海经济区城乡融合发展水平演化》,载《自然资源学报》2020 年第 8 期,第 1867~1880 页;谢会强、吴晓迪:《城乡融合对中国农业碳排放效率的影响及其机制》,载《资源科学》2023 年第 1 期,第 48~61 页。

② 对比类指标表示城乡融合的原因、状态类指标表示城乡融合的结果、动力类指标体现城乡融合的过程。周佳宁、邹伟、秦富仓:《等值化理念下中国城乡融合多维审视及影响因素》,载《地理研究》2020 年第 8 期,第 1837 页。

续表

融合类型	指标选取	指标说明	类型	属性
空间融合	土地城镇化水平	建成区面积/土地总面积	状态	正
	城乡空间交通网密度	公路与铁路运营里程/土地总面积（万公里/万平方公里）	状态	正
	城乡空间流通主体	旅客周转量（亿人次/公里）	动力	正
	城乡空间流通载体	私人汽车拥有量/总人口（辆/人）	动力	正
生态融合	城乡人均公园绿地面积比	城镇人均公园绿地面积/农村人均公园绿地面积	对比	负
	城乡绿化覆盖率比	城镇绿化覆盖率/农村绿化覆盖率	对比	负
	污水处理率	污水处理率（%）	动力	正
	生活垃圾无害化处理率	生活垃圾无害化处理率（%）	动力	正

资料来源：《中国统计年鉴》《中国固定资产投资统计年鉴》《中国社会统计年鉴》《中国城乡建设统计年鉴》《中国环境统计年鉴》《中国人口和就业统计年鉴》以及 CSMAR 数据库。

进一步使用熵权法测度我国省级城乡融合发展水平，具体测算公式如下：

第一，对所有指标进行无量纲化处理。

$$Y_{ijt} = \begin{cases} \dfrac{X_{ijt} - \min X_{ijt}}{\max X_{ijt} - \min X_{ijt}}, & X_{ijt}\text{为正向指标} \\ \dfrac{\max X_{ijt} - X_{ijt}}{\max X_{ijt} - \min X_{ijt}}, & X_{ijt}\text{为负向指标} \end{cases} \quad (8.1)$$

其中，i 表示省份，j 表示测度指标，t 表示年份，Y_{ijt} 是无量纲化处理之后的标准化指标值，X_{ijt} 是处理前的原始系统指标值。

第二，求信息熵。

$$e_j = \frac{-1}{\ln(mn)} \sum_{i=1}^{m} \sum_{t=1}^{n} \left[\frac{Y_{ijt}}{\sum_{i=1}^{m}\sum_{t=1}^{n}Y_{ijt}} \ln\left(\frac{Y_{ijt}}{\sum_{i=1}^{m}\sum_{t=1}^{n}Y_{ijt}}\right) \right] \quad (8.2)$$

第三，求冗余度 d_j。

$$d_j = 1 - e_j \quad (8.3)$$

第四，求指标权重 w_j。

$$w_j = \frac{d_j}{\sum_{j=1}^{q} d_j} \quad (8.4)$$

第五，求城乡融合发展水平。

$$URC_{it} = \sum_{j=1}^{q} w_j Y_{ijt} \qquad (8.5)$$

8.3.1.2 测度结果

基于中国 2013~2021 年省级面板数据（考虑到数据的可得性与完整性，未包含香港、澳门、台湾以及西藏地区）测度的各省份城乡融合发展水平如表 8-2 所示。可见，考察期内，全国整体城乡融合发展水平呈逐年递增趋势，从 0.1994 上升为 0.2788，年均增长 4.2756%。

表 8-2　　　　　　中国各省份城乡融合发展水平

地区	2013年	2014年	2015年	2016年	2017年	2018年	2019年	2020年	2021年	年均增长率（%）
北京	0.5011	0.5253	0.5305	0.5451	0.5433	0.5534	0.5747	0.6031	0.6235	2.7703
天津	0.4606	0.4644	0.4765	0.5037	0.5123	0.5150	0.5292	0.4943	0.5184	1.4874
河北	0.1794	0.1902	0.1953	0.2169	0.2303	0.2317	0.2456	0.2426	0.2525	4.3677
山西	0.1554	0.1655	0.1839	0.1865	0.1933	0.2023	0.2127	0.2303	0.2237	4.6601
内蒙古	0.1248	0.1323	0.1417	0.1516	0.1623	0.1671	0.1788	0.1878	0.1921	5.5322
辽宁	0.1840	0.2003	0.2127	0.2206	0.2234	0.2283	0.2380	0.2336	0.2462	3.7108
吉林	0.1391	0.1475	0.1575	0.1688	0.1771	0.1783	0.1903	0.2018	0.2057	5.0047
黑龙江	0.1136	0.1293	0.1428	0.1484	0.1543	0.1571	0.1732	0.1850	0.1884	6.5256
上海	0.6569	0.7194	0.7246	0.7292	0.7488	0.7994	0.8142	0.8300	0.8719	3.6019
江苏	0.3091	0.3252	0.3370	0.3467	0.3591	0.3641	0.3741	0.3574	0.3676	2.1911
浙江	0.2985	0.3151	0.3293	0.3422	0.3569	0.3715	0.3916	0.3991	0.4092	4.0216
安徽	0.2008	0.2170	0.2188	0.2323	0.2427	0.2552	0.2677	0.2717	0.2757	4.0384
福建	0.1932	0.2062	0.2129	0.2221	0.2344	0.2486	0.2544	0.2544	0.2650	4.0283
江西	0.1614	0.1737	0.1818	0.1908	0.2015	0.2071	0.2245	0.2316	0.2388	5.0123
山东	0.2323	0.2498	0.2602	0.2751	0.2871	0.2932	0.3079	0.2981	0.3097	3.6605
河南	0.1965	0.2137	0.2213	0.2448	0.2481	0.2585	0.2728	0.2595	0.2680	3.9514
湖北	0.1719	0.1915	0.2090	0.2225	0.2274	0.2376	0.2462	0.2436	0.2506	4.8246
湖南	0.1638	0.1827	0.1878	0.1964	0.2054	0.2137	0.2191	0.2222	0.2310	4.3902
广东	0.2609	0.2827	0.2811	0.2962	0.3031	0.3207	0.3405	0.3214	0.3204	2.5970
广西	0.1078	0.1182	0.1301	0.1427	0.1516	0.1616	0.1813	0.1830	0.1903	7.3657
海南	0.1596	0.1678	0.1776	0.1876	0.1970	0.2078	0.2164	0.2236	0.2329	4.8382
重庆	0.1896	0.2065	0.2219	0.2394	0.2455	0.2557	0.2745	0.2740	0.2837	5.1675

续表

地区	2013年	2014年	2015年	2016年	2017年	2018年	2019年	2020年	2021年	年均增长率（%）
四川	0.1162	0.1287	0.1408	0.1526	0.1612	0.1654	0.1787	0.1871	0.1937	6.6014
贵州	0.0980	0.1089	0.1248	0.1392	0.1490	0.1632	0.1855	0.1837	0.1820	8.0540
云南	0.0835	0.0920	0.0997	0.1091	0.1146	0.1297	0.1467	0.1491	0.1548	8.0258
陕西	0.1192	0.1267	0.1373	0.1526	0.1590	0.1741	0.1869	0.1878	0.1941	6.2823
甘肃	0.0820	0.0856	0.0998	0.1068	0.1095	0.1204	0.1286	0.1308	0.1346	6.3879
青海	0.0895	0.0937	0.1055	0.1236	0.1219	0.1319	0.1384	0.1543	0.1598	7.5181
宁夏	0.1340	0.1461	0.1570	0.1688	0.1698	0.1790	0.1893	0.2046	0.2150	6.0838
新疆	0.1004	0.1045	0.1120	0.1235	0.1207	0.1330	0.1452	0.1580	0.1645	6.3671
全国	0.1994	0.2137	0.2237	0.2362	0.2437	0.2542	0.2676	0.2701	0.2788	4.2756

将全国样本根据国家统计局标准化分为东部、中部、西部以及东北部地区，考察期内，各地区城乡融合发展水平总体上呈上升趋势，但具有明显的区域异质性（见图8-1）。东部地区的城乡融合发展水平要高于中部、东北部以及西部地区。从增长幅度的角度来看，东部地区的增长幅度要高于西部、中部和东北部地区，分别为0.0919、0.0745、0.0730、0.0678；从增长速度角度来看，西部地区要高于东北部、中部以及东部地区，年均增速分别为6.5273%、4.8985%、4.4528%以及3.1616%。

图8-1 城乡融合发展水平区域差异

8.3.2 科技创新促进城乡融合发展的计量检验

8.3.2.1 模型设计

1. 固定效应模型

本章的基准回归模型设定为固定效应模型，具体形式为：

$$urc_{it} = \alpha_0 + \alpha_1 tec_{it} + \beta_i Z_{it} + \mu_i + year_t + \varepsilon_{it} \quad (8.6)$$

其中，urc_{it}为被解释变量，表示i省份t时期的城乡融合发展水平；tec_{it}为核心解释变量，表示i省份t时期的科技创新水平；Z_{it}为控制变量组合，μ_i与$year_t$分别为省份和年份固定效应，ε_{it}为随机扰动项，α_0、α_1、β_i为模型的待估参数。

2. 中介效应回归模型

正如本章 8.1 小节所阐述，科技创新能够通过发展方式转变促进城乡融合发展，也能够通过推进农业农村现代化、强化城乡要素流动等途径促进城乡融合发展，故而引用中介效应模型对此机理进行检验，模型设定如下：

$$urc_{it} = \alpha_0 + \alpha_1 tec_{it} + \alpha_i Z_{it} + \mu_i + year_t + \varepsilon_{it}$$
$$Med_{it} = \beta_0 + \beta_1 tec_{it} + \beta_i Z_{it} + \mu_i + year_t + \varepsilon_{2it}$$
$$urc_{it} = \delta_0 + \delta_1 tec_{it} + \gamma Med_{it} + \delta Z_{it} + \mu_i + year_t + \varepsilon_{3it} \quad (8.7)$$

其中，Med_{it}为中介变量，而其他变量则与公式（8.6）中固定效应模型的含义相同。

3. 空间计量模型

相关研究表明，科技创新与城乡融合发展均具有很强的空间关联性[①]，科技创新对城乡融合发展的影响很可能具有空间外溢性，为验证这一可能性，本章将进一步引入空间因素进行分析，空间模型设定为：

$$urc_{it} = \alpha_0 + \rho \sum_{j=1}^{n} w_{ij} urc_{it} + \alpha_1 tec_{it} + \beta_i Z_{it} + \mu_i + year_t + \varepsilon_{it} \quad (8.8)$$
$$urc_{it} = \alpha_0 + \alpha_1 tec_{it} + \beta_i Z_{it} + \mu_i + year_t + \varepsilon_{it}$$

[①] 杜江等：《科技金融对科技创新影响的空间效应分析》，载《软科学》2017 年第 4 期，第 21 页；周佳宁、邹伟、秦富仓：《等值化理念下中国城乡融合多维审视及影响因素》，载《地理研究》2020 年第 8 期，第 1841 页。

$$\varepsilon_{it} = \delta \sum_{j=1}^{n} w_{ij}\varepsilon_{it} + \omega_{it} \qquad (8.9)$$

$$urc_{it} = \alpha_0 + \rho \sum_{j=1}^{n} w_{ij}urc_{it} + \alpha_1 tec_{it} + \theta_1 \sum_{j=1}^{n} w_{ij}crl_{it} + \beta_i Z_{it}$$

$$+ \theta_i \sum_{j=1}^{n} w_{ij}Z_{it} + \mu_i + year_t + \varepsilon_{it} \qquad (8.10)$$

模型（8.8）~模型（8.10）分别为空间自回归模型（SAR）、空间误差模型（SEM）以及空间杜宾模型（SDM），w_{ij}为空间权重矩阵。本章将构建四种空间权重矩阵以确保回归结果的准确性和稳健性，这些矩阵包括邻接权重矩阵（W1）、地理权重矩阵（W2）、经济权重矩阵（W3）以及经济地理嵌套权重矩阵（W4）。

8.3.2.2 变量选择及统计特征

本章的研究主体为2013~2021年中国省级面板数据，考虑到数据的可得性和完整性，未包含港澳台地区以及西藏地区。所有与价格相关的变量都以2013年为基期剔除了价格的影响。对于部分缺失数据，我们采用了线性插值法进行补充。

1. 变量选择

被解释变量：城乡融合发展水平（urc），使用本章8.3.2.1部分所测度的城乡融合发展水平衡量。

核心解释变量：科技创新（tec），借鉴沈可和李雅凝的研究[①]，使用人均专利申请受理数量衡量，并将使用R&D资本存量指标作为替代变量进行稳健性分析，数据来源为《中国统计年鉴》《中国科技统计年鉴》，回归时取对数平滑处理。

中介变量：全要素生产率（tfp），创新驱动型发展方式的核心是通过科技创新提高全要素生产率，借鉴郭家堂和骆品亮的研究[②]，使用非参数Malmquist指数法测度中国省级全要素生产率，其中投入指标包括劳动投入和资本投入。劳动投入使用就业总人数衡量，资本存量参考单豪杰的研究[③]，

[①] 沈可、李雅凝：《中国的人口老龄化如何影响科技创新？——基于系统GMM方法与动态面板门槛模型的经验证据》，载《人口研究》2021年第4期，第103页。

[②] 郭家堂、骆品亮：《互联网对中国全要素生产率有促进作用吗？》，载《管理世界》2016年第10期，第34~49页。

[③] 单豪杰：《中国资本存量K的再估算：1952~2006年》，载《数量经济技术经济研究》2008年第10期，第17~31页。

使用永续盘存法进行估算。产出指标使用中国各省实际生产总值进行衡量，数据来源为《中国统计年鉴》、CSMAR 数据库；农业农村现代化（modern），根据本章 8.1.2.1 中关于农业农村现代化的内涵界定，并借鉴已有关于农业农村现代化测度的研究[1]，从农村产业现代化、农村生态现代化、农村文化现代化、乡村治理现代化以及农民生活现代化五个维度出发，构建用于度量农业农村现代化水平的指标体系，具体指标选取如表 8－3 所示。并进一步使用熵权法测度中国省级农业农村现代化水平。

表 8－3　　　　　　　　农业农村现代化指标体系构建

现代化类型	指标选取	指标说明	属性
农村产业现代化	农机总动力	农机总动力/耕地面积（万千瓦/千公顷）	正向
	有效灌溉率	有效灌溉面积/耕地面积（%）	正向
	土地生产率	农林牧渔业增加值/耕地面积（亿元/千公顷）	正向
	劳动生产率	农林牧渔业增加值/农林牧渔从业人口（万元/人）	正向
农村生态现代化	卫生厕所普及率	农村卫生厕所普及率（%）	正向
	垃圾处理	农村生活垃圾处理率（%）	正向
	污水处理	农村生活污水处理率（%）	正向
	农业碳排放[2]	化肥＋薄膜＋柴油＋农药＋翻耕＋灌溉碳排放（万吨）	负向
农村文化现代化	文盲率	农村 15 岁以上文盲数/农村 15 岁以上总人数（%）	负向
	文化站数	农村文化站数/农村总人口数	正向
	彩色电视机数量	农村每百户拥有彩色电视机数量（台）	正向
	教育文化娱乐支出	农村人均教育文化娱乐服务支出（元）	正向
乡村治理现代化	村民委员会	村民委员会个数（个）	正向
	水土流失治理	水土流失治理面积（千公顷）	正向
	低保覆盖率	农村最低生活保障覆盖率（%）	正向
	敬老院收养人数	农村敬老院收养人数/农村人口（/）	正向

---

[1]　覃诚等：《中国分地区农业农村现代化发展水平评价》，载《中国农业资源与区划》2022 年第 4 期，第 174 页。

[2]　丁宝根、赵玉、邓俊红：《中国种植业碳排放的测度、脱钩特征及驱动因素研究》，载《中国农业资源与区划》2022 年第 5 期，第 2 页。

续表

现代化类型	指标选取	指标说明	属性
农民生活现代化	卫生技术人员	农村每千人拥有的卫生技术人员（个）	正向
	燃气普及率	农村燃气普及率（%）	正向
	用水普及率	农村用水普及率（%）	正向
	互联网普及率	农村宽带接入用户/农村人口总数（%）	正向

资料来源：《中国社会统计年鉴》、《中国城乡建设统计年鉴》、《中国卫生和计划生育统计年鉴》、《中国卫生健康统计年鉴》、CSMAR 数据库以及各省统计年鉴。

城乡要素流动：劳动力要素流动（labor），参考张志新等的研究[①]，使用外出务工劳动力占农村总劳动力的比例衡量，数据来源为《中国农村经营管理统计年报》；土地要素流动（land），借鉴杜志雄和肖卫东的研究[②]，使用家庭承包耕地流转面积与家庭承包耕地面积的比值衡量，其中 2013～2018 年数据来源为《中国农村经营管理统计年报》、2019～2021 年数据来源为《中国农村政策与改革统计年报》；资本要素流动（capital），借鉴张溢堃和王永生的研究[③]，测算公式为：

$$capital_{it} = (rcfs_{it} + ucfs_{it}) \times \frac{RSFC_{it-1}}{SFC_{it-1}} - rcfs_{it}$$

$$= -(rcfs_{it} + ucfs_{it}) \times \frac{USFC_{it-1}}{SFC_{it-1}} + ucfs_{it} \quad (8.11)$$

其中，$rcfs_{it}$、$ucfs_{it}$ 分别表示 i 省份、t 年度农村与城市的资本变化量，SFC_{it-1}、$RSFC_{it-1}$、$USFC_{it-1}$ 分别表示 i 省份、$t-1$ 年度全省总体、农村以及城市的固定资本存量，原始数据来源为《中国固定资产投资统计年鉴》、中经网统计数据库，回归时取对数平滑处理。

控制变量：财政分权（fd），财政分权是地方政府财政自主权的重要体

[①] 张志新、周亚楠、丁鑫：《高标准农田建设政策对农业绿色发展的影响研究》，载《农林经济管理学报》2023 年第 1 期，第 119 页。

[②] 杜志雄、肖卫东：《农业规模化经营：现状、问题和政策选择》，载《江淮论坛》2019 年第 4 期，第 19 页。

[③] 张溢堃、王永生：《中国省域城乡要素流动测度方法与时空特征》，载《地理学报》2023 年第 8 期，第 1892～1893 页。

现，是影响城乡融合发展的重要因素之一。借鉴张庆君和闵晓莹的研究[1]，使用（地方财政预算内支出/地方人口）/（地方财政预算内支出/地方人口＋中央财政预算内支出/全国人口）测度，数据来源为《中国统计年鉴》，回归时取对数平滑处理；加大财政支农力度（fsa），财政支农支出比重的提高能够通过平衡财政城乡支出弱化城乡收入差距，促进城乡融合发展。借鉴曾建中等的研究[2]，我们可以使用财政涉农支出占财政支出比例来衡量，数据来源为《中国农村经营管理统计年报》；金融规模（fds），金融规模的扩大，一方面能够通过降低融资成本、缓解融资约束等方式促进城乡要素流动和人力资本积累，带动城乡融合发展；另一方面也受趋利性影响，存在城乡配置失衡的风险。参考陈钰芬和范嵩盈的研究[3]，以地区金融业增加值占GDP比例测度金融发展规模，数据来源为《中国统计年鉴》及各省统计年鉴；乡村人口老龄化（old），农村老龄化程度与老龄化速度远高于城市[4]，从生产角度来看，与年轻人相比，老年人的各项生理机能有所下降，相同的产出需要更多的时间和精力投入，尽管老年人具有更深厚的传统农业生产经验，但难以适应现代农业发展需求[5]；从生活角度来看，中国家庭，尤其是农村家庭形成了以子女赡养为主的家庭养老保障体系[6]，农村老龄化程度的加深加剧了农村养老压力，不利于消费增长和生活水平的提升，是城乡融合发展面临的一大挑战。借鉴范洪敏和穆怀中的研究[7]，使用农村老年抚养比（即65岁及以上老年人口占15~64岁劳动年龄人口的比重）衡量，数据来源为《中国人口和就业统计年鉴》；外商直接投资（fdi），外商直接投资一方面能够通过

---

[1] 张庆君、闵晓莹：《财政分权、地方政府债务与企业杠杆：刺激还是抑制》，载《财政研究》2019年第11期，第55页。

[2] 曾建中、李银珍、刘桂东：《数字普惠金融赋能乡村产业兴旺的作用机理和空间效应研究——基于县域空间动态面板数据的实证检验》，载《国际金融研究》2023年第4期，第43页。

[3] 陈钰芬、范嵩盈：《区域知识创新水平的测度逻辑及比较》，载《统计研究》2022年第10期，第38页。

[4] 陈锡文、陈昱阳、张建军：《中国农村人口老龄化对农业产出影响的量化研究》，载《中国人口科学》2011年第2期，第39页。

[5] 廖柳文、高晓路：《人口老龄化对乡村发展影响研究进展与展望》，载《地理科学进展》2018年第5期，第618页。

[6] 梅兴文、冯譞：《代际支持与农村老年人健康水平——基于返乡农民工家庭的研究》，载《人口与发展》2023年第4期，第124页。

[7] 范洪敏、穆怀中：《人口老龄化会阻碍中等收入阶段跨越吗？》，载《人口研究》2018年第1期，第34页。

引进资金和适宜的技术促进农业农村现代化，有利于城乡融合发展；另一方面可能存在着城市偏向性投资选择，不利于城乡融合发展。借鉴戴宏伟等的研究[①]，使用外商直接投资额与名义地区生产总值的比值衡量，数据来源为《中国统计年鉴》。

2. 统计特征

各变量描述性统计如表8-4所示。

表8-4　　　　　　各变量描述性统计（观测值=270）

变量类型	变量名称	变量代码	均值	标准差	最小值	最大值
被解释变量	城乡融合发展水平	urc	0.243	0.143	0.082	0.872
解释变量	科技创新	lntec	10.384	1.384	6.219	13.679
中介变量	全要素生产率	tfp	0.952	0.063	0.715	1.177
	农业农村现代化	modern	0.265	0.076	0.125	0.519
	劳动力要素流动	labor	0.408	0.095	0.080	0.658
	土地要素流动	land	0.346	0.163	0.039	0.911
	资本要素流动	lncapital	6.213	1.167	1.993	7.712
控制变量	财政分权	lnfd	4.455	0.041	4.371	4.540
	财政支农力度	fsa	0.220	0.036	0.145	0.353
	金融规模	fds	3.391	1.141	1.664	8.131
	乡村人口老龄化	old	0.199	0.071	0.077	0.458
	外商直接投资	fdi	0.018	0.016	0.000	0.121

8.3.2.3　模型检验

1. 多重共线性检验

方差膨胀因子VIF检验结果如表8-5所示，可见各变量的VIF值均小于7.5，表明模型中未出现变量冗余，变量间不存在多重共线性问题[②]。

[①] 戴宏伟、郑立晨、王佳宁：《喜新厌旧？高科技产业政策有效的边界条件与跟风行为：基于205个地级市政府工作报告的实证研究》，载《中国软科学》2023年第7期，第39页。

[②] 汪凡等：《中国基础教育公共服务均等化空间格局及其影响因素》，载《地理研究》2019年第2期，第290页；耿甜伟等：《基于GWR的陕西省生态系统服务价值时空演变特征及影响因素分析》，载《自然资源学报》2020年第7期，第1721页；杨慧敏、许家伟、李小建：《城镇化进程中平原农区县域人口分布变化特征及影响因素——以豫东平原柘城县为例》，载《地理研究》2023年第6期，第1535页。

表8-5　　　　　　　　　　　VIF检验结果

变量名称	变量代码	VIF	1/VIF
科技创新	lntec	6.380	0.157
全要素生产率	tfp	1.360	0.737
农业农村现代化	modern	3.080	0.325
劳动力要素流动	labor	2.020	0.495
土地要素流动	land	3.080	0.324
资本要素流动	lncapital	3.750	0.267
财政分权	lnfd	4.190	0.238
财政支农力度	fsa	1.930	0.519
金融规模	fds	3.120	0.320
乡村人口老龄化	old	2.630	0.381
外商直接投资	fdi	1.510	0.662
Mean VIF		3.000	

2. 空间自相关检验

在进行空间计量分析之前，需要在不同的空间权重矩阵下检验科技创新和城乡融合发展全局莫兰空间自相关性[①]，以判断引入空间因素的合理性。检验结果显示，各空间权重矩阵下莫兰指数均通过了显著性检验，表8-6显示了经济地理嵌套权重矩阵（W4）下的检验结果。

表8-6　　　　　　　　全局莫兰空间自相关检验

年份	科技创新 Moran's I	P-value	城乡融合发展 Moran's I	P-value
2013	0.225	0.013	0.444	0.000
2014	0.219	0.015	0.420	0.000
2015	0.224	0.013	0.424	0.000
2016	0.237	0.010	0.427	0.000
2017	0.231	0.011	0.422	0.000

---

① Moran P A P. Notes on continuous stochastic phenomena. Biometrika, 1950, 37 (1/2): pp. 17-23.

续表

年份	科技创新		城乡融合发展	
	Moran's I	P-value	Moran's I	P-value
2018	0.241	0.009	0.403	0.000
2019	0.235	0.010	0.403	0.000
2020	0.234	0.010	0.397	0.000
2021	0.218	0.016	0.395	0.000

考察期内，我国科技创新与城乡融合发展水平的全局 Moran's I 指数均通过了 5% 的显著性水平检验，表明科技创新与城乡融合发展均具有较强的正向空间关联性，在回归分析中引入空间因素更为合理。

进一步进行局部 Moran's I 检验①，以确定研究对象的空间特征，检验结果如图 8-2 所示。可见中国大多省份这两项指数落在第一、第三象限，具有高高—低低聚集特征，在回归模型中引入空间因素更为合理。

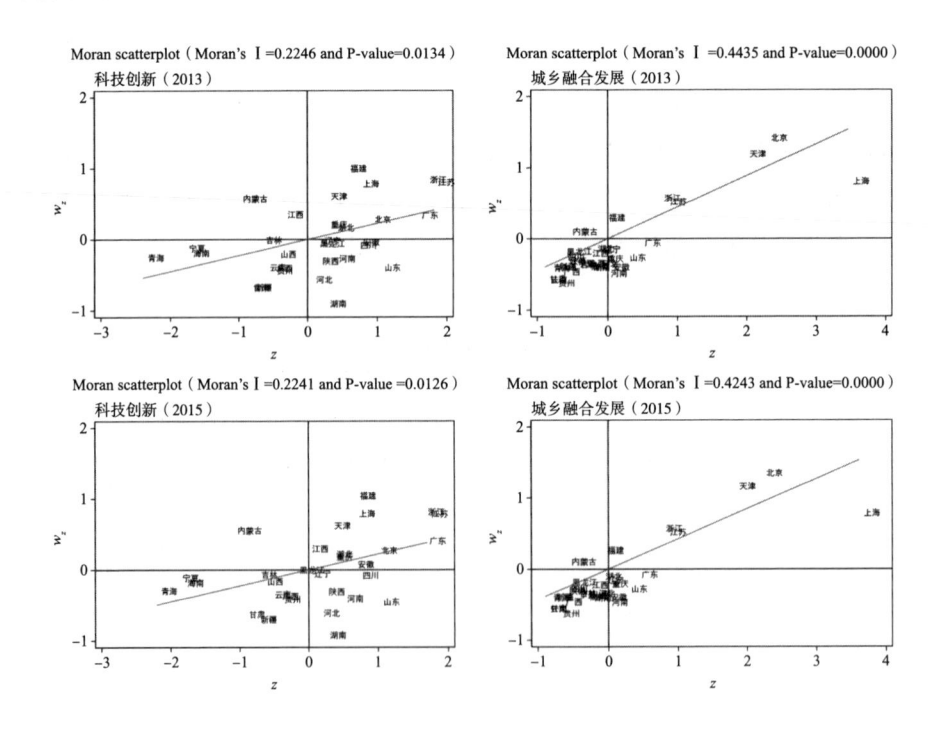

---

① Anselin L. Local indicator of spatial association – LISA. Geographical Analysis, 1995 (27): 93-115.

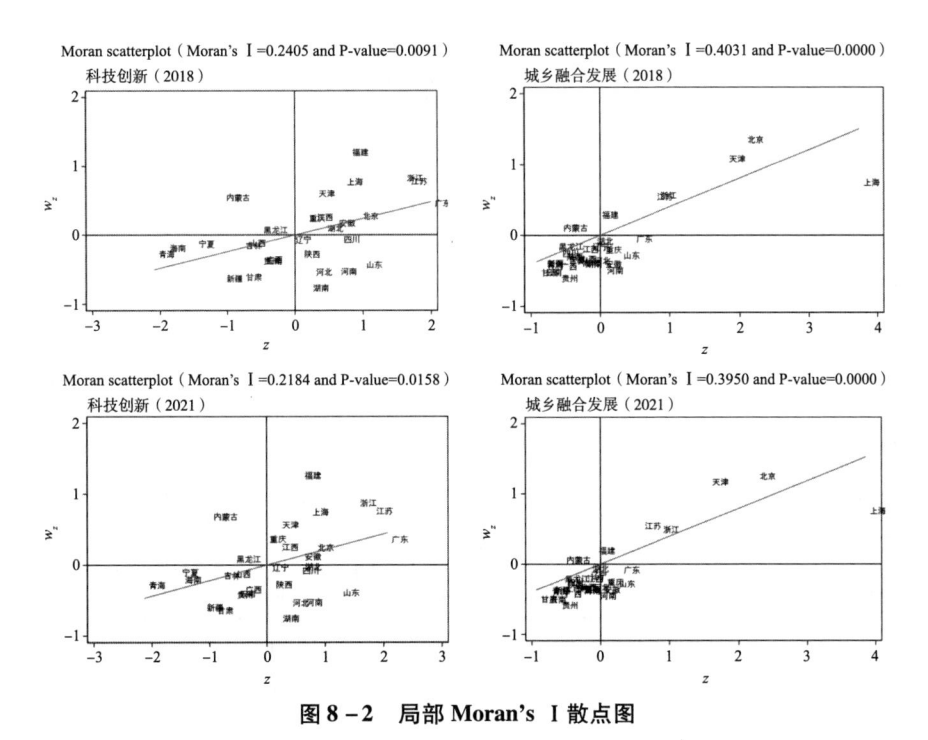

图 8-2 局部 Moran's I 散点图

8.3.2.4 结果分析

1. 基准回归结果分析

（1）豪斯曼检验结果表明，固定效应优于随机效应，面板数据双向固定效应基准模型回归结果如表 8-7 所示。

表 8-7　　　　　　　　　　基准回归结果

变量名称	变量代码	模型 1	模型 2	模型 3	模型 4	模型 5	模型 6
科技创新	lntec	0.056 *** (0.000)	0.076 *** (0.000)	0.077 *** (0.000)	0.066 *** (0.000)	0.068 *** (0.000)	0.065 *** (0.000)
财政分权	lnfd		0.026 *** (0.000)	0.024 *** (0.000)	0.013 *** (0.000)	0.013 *** (0.000)	0.013 *** (0.000)
财政支农力度	fsa			0.307 * (0.050)	0.712 *** (0.000)	0.716 *** (0.000)	0.569 *** (0.000)
金融规模	fds				0.042 *** (0.000)	0.042 *** (0.000)	0.044 *** (0.000)

续表

变量名称	变量代码	模型1	模型2	模型3	模型4	模型5	模型6
乡村人口老龄化	old					-0.063 (0.463)	-0.012 (0.888)
外商直接投资	fdi						0.100*** (0.001)
常数项	Con	-0.341*** (0.000)	-2.759*** (0.000)	-2.726*** (0.000)	-1.855*** (0.000)	-1.860*** (0.000)	-1.808*** (0.000)
省份固定	Prov fixed	是	是	是	是	是	是
年份固定	Year fixed	是	是	是	是	是	是
观测值	Obs	270	270	270	270	270	270
可决系数	R^2	0.2955	0.6613	0.6649	0.7184	0.7190	0.7298

注：*、**、***分别表示在10%、5%、1%水平上显著，括号内为p值。

其中，模型1是未引入控制变量时，科技创新对城乡融合发展的回归结果；模型2～模型6是在模型1的基础上依次增加财政分权、财政支农力度、金融规模、乡村人口老龄化以及外商直接投资等控制变量的回归结果。

从核心解释变量角度来看，科技创新对城乡融合发展的影响显著为正，依次增加控制变量并未影响其显著性，一定程度上表明科技创新对城乡融合发展的正向影响具有稳健性；从控制变量角度来看，财政分权、财政支农力度以及金融规模对城乡融合发展均具有显著的正向影响，表明地方政府财政自主程度越高、财政支农力度越强、金融规模越大，越有利于城乡融合发展。乡村人口老龄化对城乡融合发展的影响系数为负，但没有通过显著性检验，可能的原因是人口老龄化对生产、消费等方面的影响是逐渐积累的长期过程，其对城乡融合发展的影响也可能是逐渐显现的过程，但不可忽视的是其负向的影响系数。外商直接投资对城乡融合发展的影响显著为正，符合本章的理论预期。

（2）内生性处理。解决内生性问题是经济学研究中不可忽视的问题。尽管本章已尽可能控制了影响城乡融合发展的变量，但仍然可能存在内生性问题。为了进一步缓解内生性问题，我们参考现有研究的内生性处理方式，分别使用了将核心解释变量滞后一期①、解释变量与所有控制变量滞后一期②的方法。回归结果如表 8-8 所示。

表 8-8　内生性处理

变量名称	变量代码	模型 7 2SLS	模型 8 2SLS
科技创新滞后一期	$L.\text{lntec}$	0.067 *** (0.000)	0.064 *** (0.000)
常数项	Con	-5.480 *** (0.000)	-1.875 *** (0.000)
控制变量	Z_{it}	是	—
控制变量均滞后一期	$L.Z_{it}$	—	是
省份固定	Prov fixed	是	是
年份固定	Year fixed	是	是
观测值	Obs	240	240
可决系数	R^2	0.7304	0.7296
Anderson canon. corr. LM statistic		232.289 *** (0.000)	231.664 *** (0.000)
Cragg-Donald Wald F statistic		7018.548	6475.269

注：*、**、*** 分别表示在 10%、5%、1% 水平上显著，括号内为 p 值。

可见，各模型的 LM 统计值均通过了 1% 显著性水平检验，表明不存在不可识别问题。F 统计值均大于 10% maximal IV size（16.38），表明工具变量并非弱工具变量。处理了内生性后，科技创新对城乡融合发展依然具有显著

---

① 熊虎、沈坤荣：《地方政府债务对创新的挤出效应研究》，载《经济科学》第 4 期，第 11 页；戚聿东、刘翠花、丁述磊：《数字经济发展、就业结构优化与就业质量提升》，载《经济学动态》2020 年第 11 期，第 30 页；李俊彤、王文蔚：《谁驱动了环境规制下的企业风险承担："转型动力"还是"生存压力"？》，载《中国人口·资源与环境》2022 年第 8 期，第 43 页。

② 蔡贵龙等：《国有企业的政府放权意愿与混合所有制改革》，载《经济研究》2018 年第 9 期，第 112 页；贺小刚等：《期望落差下的组织搜索：长期债务融资及其价值再造》，载《中国工业经济》2020 年第 5 期，第 182 页。

的正向影响,一定程度上验证了本文实证结果的可靠性。

(3) 异质性检验。我国城乡融合发展水平具有明显的区域异质性[①],为检验科技创新对城乡融合发展的影响是否具有区域异质性,本文将全国总体样本按国家统计局标准划分为东部、中部、西部以及东北部地区,各样本的回归结果如表 8-9 所示。

表 8-9　　　　　　　　　　区域异质性回归结果

变量名称	变量代码	模型 9 东部	模型 10 中部	模型 11 西部	模型 12 东北部
科技创新	lntec	0.099*** (0.000)	0.025*** (0.005)	0.052*** (0.000)	-0.017 (0.306)
常数项	Con	1.561 (0.250)	0.243 (0.772)	1.083 (1.196)	0.610 (0.425)
控制变量	Z_{it}	是	是	是	是
省份固定	Prov fixed	是	是	是	是
年份固定	Year fixed	是	是	是	是
观测值	Obs	90	54	99	27
可决系数	R^2	0.7759	0.9432	0.9233	0.9441

注:*、**、***分别表示在 10%、5%、1% 水平上显著,括号内为 p 值。

可见,科技创新对城乡融合发展的影响具有明显的区域异质性,东部、中部和西部地区具有显著的促进作用,而东北部地区不具有显著影响。东北地区科技创新对城乡融合发展的影响不显著,可能的原因是:东北部地区虽然具有深厚的传统产业发展底蕴,但存在着经济体制僵化[②]、市场化指数不高和技术创新不足等问题[③],科技创新对城乡融合发展的潜在促进作用有待

---

① 周文:《新型城镇化和乡村振兴背景下的城乡融合发展研究》,载《政治经济学评论》2022 年第 3 期,第 99 页。

② 孙久文等:《"建立更加有效的区域协调发展新机制"笔谈》,载《中国工业经济》2017 年第 11 期,第 41 页。

③ 柳如眉、刘淑娜、柳清瑞:《人口变动对东北地区经济增长的影响研究》,载《中国人口科学》2021 年第 5 期,第 75 页。

深入挖掘。

（4）稳健性检验。为避免异常值、指标选取、样本选择等对计量结果的影响，本文将通过对所有连续型变量进行1%缩尾、更换核心解释变量以及剔除直辖市样本等方法来考察回归结果的稳健性，回归结果如表8-10所示。

表8-10　　　　　　　　　　稳健性检验

变量名称	变量代码	模型13 连续型变量1%缩尾	模型14 更换核心解释变量	模型15 剔除直辖市样本
科技创新	lntec	0.064 *** (0.000)	0.071 *** (0.000)	0.049 *** (0.000)
常数项	Con	-0.527 *** (0.000)	0.298 (0.626)	0.901 ** (0.031)
控制变量	Z_{it}	是	是	是
省份固定	Prov fixed	是	是	是
年份固定	Year fixed	是	是	是
观测值	Obs	270	270	234
可决系数	R^2	0.8354	0.7906	0.8940

注：*、**、*** 分别表示在10%、5%、1%水平上显著，括号内为 p 值。

通过对连续型变量进行1%缩尾处理、以 R&D 资本存量替换核心解释变量以及剔除北京、上海、天津、重庆等直辖市样本等方法，并未改变科技创新对城乡融合发展的正向影响，验证了本文回归结果的稳健性。

2. 中介效应分析

（1）以发展方式转变为中介。以全要素生产率衡量的发展方式转变为中介的回归结果如表8-11所示，一方面科技创新对全要素生产率具有显著的正向影响，影响系数为0.011；另一方面全要素生产率对城乡融合发展也具有显著的促进作用，影响系数为0.278。采用 Bootstrap 抽样的检验结果表明（见表8-16），科技创新通过提高全要素生产率促进城乡融合发展这一中介路径具有显著性。

表 8-11　　　　　　　中介效应回归结果（全要素生产率）

变量名称	变量代码	tfp	urc
科技创新	lntec	0.011 *** (0.000)	0.062 *** (0.000)
全要素生产率	tfp		0.278 ** (0.014)
常数项	Con	0.782 *** (0.000)	-0.949 *** (0.000)
控制变量	Z_{it}	控制	控制
观测值	Obs	270	270
可决系数	R^2	0.0576	0.3811

注：*、**、*** 分别表示在 10%、5%、1% 水平上显著，括号内为 p 值。

（2）以农业农村现代化为中介。以指标体系构建法所测度的农业农村现代化水平为中介的回归结果如表 8-12 所示，一方面科技创新对农业农村现代化有显著的正向影响，影响系数为 0.042；另一方面农业农村现代化对城乡融合发展也具有显著的促进作用，影响系数为 0.447。采用 Bootstrap 抽样的检验结果表明（见表 8-16），科技创新通过促进农业农村现代化带动城乡融合发展这一中介路径具有显著性。

表 8-12　　　　　　　中介效应回归结果（农业农村现代化）

变量名称	变量代码	modern	urc
科技创新	lntec	0.042 *** (0.000)	0.046 *** (0.000)
农业农村现代化	modern		0.447 *** (0.001)
常数项	Con	-0.366 *** (0.000)	-0.568 *** (0.000)
控制变量	Z_{it}	控制	控制
观测值	Obs	270	270
可决系数	R^2	0.5298	0.3943

注：*、**、*** 分别表示在 10%、5%、1% 水平上显著，括号内为 p 值。

（3）以城乡要素流动为中介。以城乡劳动力要素流动、土地要素流动以及资本要素流动为中介的回归结果分别如表8-13、表8-14和表8-15所示。一是科技创新对劳动力要素流动具有显著的正向影响，其影响系数为0.078，同时劳动力要素流动对城乡融合发展具有显著的促进作用，其影响系数为0.068；二是科技创新对土地要素流动具有显著的正向影响，影响系数为0.079，同时土地要素流动对城乡融合发展具有显著的促进作用，影响系数为0.559；三是科技创新对资本要素流动具有显著的正向影响，影响系数为0.159，但资本要素流动对城乡融合发展显著为负。Bootstrap抽样检验结果表明（见表8-16），科技创新通过促进劳动力要素、土地要素流动带动城乡融合发展的中介路径均具有显著性；尽管科技创新通过资本流动影响城乡融合发展的中介路径同样具有显著性，但其间接效应为负，可能的原因是城镇部门资本的实际收益率要高于农村部门，趋利性的资本会逃离农村流向城镇[1]，不利于城乡融合发展。

表8-13　　　　　　　　中介效应回归结果（劳动力要素流动）

变量名称	变量代码	labor	urc
科技创新	lntec	0.078 *** (0.000)	0.060 *** (0.001)
劳动力要素流动	labor		0.068 *** (0.000)
常数项	Con	-0.760 *** (0.000)	-0.822 *** (0.000)
控制变量	Z_{it}	控制	控制
观测值	Obs	270	270
可决系数	R^2	0.4128	0.7645

注：*、**、*** 分别表示在10%、5%、1%水平上显著，括号内为p值。

---

[1] 任重：《教育、医疗公共品供给与城乡收入差距的关系研究》，南开大学博士学位论文，2009年，第93页。

表 8-14　　　　　　中介效应回归结果（土地要素流动）

变量名称	变量代码	land	urc
科技创新	lntec	0.079*** (0.000)	0.021*** (0.001)
土地要素流动	land		0.559*** (0.000)
常数项	Con	-0.834*** (0.000)	-0.266*** (0.000)
控制变量	Z_{it}	控制	控制
观测值	Obs	270	270
可决系数	R^2	0.4089	0.6100

注：*、**、*** 分别表示在 10%、5%、1% 水平上显著，括号内为 p 值。

表 8-15　　　　　　中介效应回归结果（资本要素流动）

变量名称	变量代码	lncapital	urc
科技创新	lntec	0.159*** (0.003)	0.079*** (0.000)
资本要素流动	lncapital		-0.087*** (0.000)
常数项	Con	3.842*** (0.000)	-0.399*** (0.000)
控制变量	Z_{it}	控制	控制
观测值	Obs	270	270
可决系数	R^2	0.0322	0.8565

注：*、**、*** 分别表示在 10%、5%、1% 水平上显著，括号内为 p 值。

表 8-16　　　　　Bootstrap 抽样检验结果（抽样次数为 1000）

中介变量	中介指标	路径	Coef.	P>|z|	95% Conf.	Interval
发展方式转变	全要素生产率	间接效应	0.003	0.084	0.000	0.007
		直接效应	0.062	0.000	0.052	0.073

续表

中介变量	中介指标	路径	Coef.	P>|z|	95% Conf.	Interval
农业农村现代化	农业农村现代化水平	间接效应	0.019	0.000	0.009	0.029
		直接效应	0.046	0.000	0.032	0.062
城乡要素流动	劳动力要素流动	间接效应	0.005	0.000	0.002	0.009
		直接效应	0.060	0.000	0.050	0.071
	土地要素流动	间接效应	0.044	0.000	0.029	0.061
		直接效应	0.021	0.000	0.011	0.031
	资本要素流动	间接效应	-0.014	0.001	-0.022	-0.006
		直接效应	0.079	0.000	0.074	0.085

3. 空间溢出性分析

表 8-17 显示了基于经济地理嵌套权重矩阵（W4）的空间杜宾固定效应模型估计结果。可见，依次增加控制变量时，城乡融合发展的空间自回归系数 ρ 均通过了显著性检验，表明我国城乡融合发展具有显著的正向空间溢出效应，即一省的城乡融合发展水平提升能够促进与其经济或地理关联省份的城乡融合发展。

表 8-17　　　　　空间杜宾双向固定效应模型回归结果

变量名称	变量代码	模型16	模型17	模型18	模型19	模型20	模型21
科技创新	ln*tec*	0.039*** (0.000)	0.068*** (0.000)	0.069*** (0.000)	0.064*** (0.000)	0.066*** (0.000)	0.071*** (0.004)
财政分权	ln*fd*		0.023*** (0.000)	0.023*** (0.000)	0.011*** (0.000)	0.009*** (0.000)	0.009*** (0.000)
财政支农力度	*fsa*			0.125*** (0.006)	0.481*** (0.000)	0.571*** (0.000)	0.655*** (0.000)
金融规模	*fds*				0.044*** (0.000)	0.046*** (0.000)	0.047*** (0.000)
乡村人口老龄化	*old*					-0.307*** (0.000)	-0.337*** (0.000)

续表

变量名称	变量代码	模型16	模型17	模型18	模型19	模型20	模型21
外商直接投资	fdi						-0.540*** (0.009)
$W.$ 科技创新	$W.lntec$	0.035*** (0.000)	0.073*** (0.000)	0.074*** (0.000)	0.077*** (0.000)	0.073*** (0.000)	0.084*** (0.000)
$W.$ 财政分权	$W.lnfd$		0.009*** (0.003)	0.011*** (0.001)	0.006** (0.047)	0.012*** (0.000)	0.009*** (0.006)
$W.$ 财政支农力度	$W.fsa$			0.148 (0.494)	0.061 (0.794)	0.194 (0.367)	0.088 (0.710)
$W.$ 金融规模	$W.fds$				0.021** (0.016)	0.025*** (0.002)	0.030*** (0.000)
$W.$ 乡村人口老龄化	$W.old$					0.051 (0.381)	0.015 (0.442)
$W.$ 外商直接投资	$W.fdi$						-1.204 (0.112)
空间自回归系数	ρ	0.460*** (0.000)	0.435*** (0.000)	0.539*** (0.000)	0.238** (0.016)	0.273*** (0.005)	0.288*** (0.003)
省份固定	Prov fixed	是	是	是	是	是	是
年份固定	Year fixed	是	是	是	是	是	是
观测值	Obs	270	270	270	270	270	270
可决系数	R^2	0.4964	0.6803	0.6942	0.7602	0.8150	0.8362

注：*，**，***分别代表10%，5%和1%的显著性水平，括号内为p值。

鉴于空间杜宾模型中引入了空间内生与外生交互效应，需要计算出直接效应与间接效应（空间溢出效应）才能更准确表征各解释变量系数的经济意义，进一步采用偏微分方法（LeSage，2009）[①]，可以得到科技创新对城乡融合发展影响的效应分解，各空间权重矩阵下的效应分解结果如表8-18所示。

---

① LeSage J，Pace R K. Introduction to spatial econometrics. Florida：CRC Press，2009.

表 8 – 18　　　　　　　　　　效应分解结果

变量	空间权重矩阵			
	W1	W2	W3	W4
Direct	0.016*** (0.002)	0.049*** (0.000)	0.027*** (0.000)	0.067*** (0.000)
Indirect	0.031*** (0.002)	0.089*** (0.000)	0.058*** (0.000)	0.053*** (0.000)
Total	0.047*** (0.000)	0.138*** (0.000)	0.085*** (0.000)	0.120*** (0.000)
控制变量	是	是	是	是
时间固定	是	是	是	是
省份固定	是	是	是	是
R^2	0.8926	0.5949	0.5263	0.8362
Log-likelihood	888.0941	466.8422	451.1823	470.8142
Obs	270	270	270	270

注：*、**、*** 分别表示在10%、5%、1%水平上显著，括号内为 p 值。

可见，基于不同空间权重矩阵的回归结果并无明显差别，一定程度上验证了本文研究结论的稳健性。具体而言，本地区科技创新对本地区城乡融合发展的影响（直接效应）、对与其经济或地理关联地区城乡融合发展的影响（溢出效应）以及总效应（直接效应与溢出效应之和）均显著为正，表明科技创新的增强不仅会促进本地区的城乡融合发展，同时还会带动与其经济或地理关联地区的城乡融合发展。

8.3.3　主要结论

本小节基于中国 2013~2021 年省级面板数据，在构建多层次指标体系并使用熵权法合理测度城乡融合发展水平的基础上，采用面板数据固定效应模型、中介效应模型以及空间计量模型等方法，深入剖析科技创新促进城乡融合发展的实践基础，主要研究结论包括：

第一，2013~2021 年，全国整体城乡融合发展水平呈增长趋势，但存在着明显的区域异质性，东部地区城乡融合发展水平要高于中部、东北部以及西部地区；考察期内，东部地区的城乡融合发展水平增长幅度要高于西部、中部以及东北部地区，而西部地区的城乡融合发展水平增长速度要高于东北部、中部以及东部地区。

第二，科技创新对城乡融合发展具有显著的促进作用。固定效应模型回归结果显示，科技创新对城乡融合发展具有显著的正向影响。通过依次增加控制变量，回归结果具有稳健性，处理了内生性后的回归结果与基准回归并无明显差别；以国家统计局标准划分的区域异质性分析表明，东部、中部和西部地区科技创新对城乡融合发展具有显著的促进作用，而东北部地区没有显著影响；中介效应模型回归结果显示，科技创新通过发展方式转变、农业农村现代化以及城乡劳动力和土地要素流动促进城乡融合发展的中介路径均显著。值得注意的是：科技创新通过资本流动影响城乡融合发展的中介路径虽然具有显著性，但间接效应为负，可能的原因是趋利性的资本具有逃离农村流向城镇的倾向，不利于城乡融合发展，故而需要顶层设计和相关政策引导其流向农村或有利于城乡融合发展的项目。

第三，科技创新对城乡融合发展的影响具有显著的空间溢出效应。全局莫兰和局部莫兰检验结果显示科技创新和城乡融合发展均具有较强的正向空间关联性，在回归分析中引入空间因素更为合理。空间杜宾模型回归结果显示，科技创新对城乡融合发展的影响具有显著的空间外溢性，即一省科技创新的增强在促进本省城乡融合发展的同时，也能够带动与其经济或地理关联省份的城乡融合发展，基于不同空间权重矩阵的回归结果具有稳健性，忽略空间因素的影响将会低估科技创新对城乡融合发展的真实影响。

8.4 科技创新促进城乡融合发展的突出短板

新中国成立以来，我国作为一个发展中大国高度重视科技创新在经济发展中的重要作用，采取与不同发展阶段相适应的科技创新战略，在科技创新领域取得了举世瞩目的成就，为通过科技创新促进城乡融合发展奠定了现实基础。科技创新促进城乡融合发展的实证检验结果也表明，科技创新对城乡融合发展具有显著的促进作用。但也必须清醒地看到，目前我国在科技创新促进城乡融合发展方面还存在一些突出短板。

第一，科技资源配置不合理，农业自主创新能力薄弱。改革开放之前的二元经济体制下，科技资源高度集中于城市非农产业，农业农村科技资源极为稀缺。尽管随着二元经济体制改革的不断深化，以及国家城乡关系政策不断向农业农村倾斜，科技资源配置城乡两极分化的情况得到了很大改变，但科技资源集中于城市非农产业的情况还未得到根本改变。我国财政农业科技支出经费在国家科技拨款中所占的比重较低，且呈明显下降的趋势，2015~2020年这一指标由4.02%下降到3.76%。在城市聚集经济的作用下，一些从原来乡镇企业成长起来的农业产业化龙头企业、农业高新技术企业不断向城市集中，导致县城和乡镇市场化的科技资源进一步流入城市。上述两方面因素综合作用的结果是我国农业科技投入严重不足。2020年我国农业科技投入在科技总投入中的占比仅为6.3%，全国农业科技投入强度仅为0.67%，不仅远低于欧美国家水平，与巴西、智利等发展中国家1.5%到2.5%水平也存在明显差距[①]。农业科研院所、高校、企业等多元主体，在国家科技创新体系中定位不清晰、职责分工不明确，同质化竞争严重；各科研主体缺乏有效协同攻关，产学研合作多以"短平快"合作项目为主，严重影响了科技资源的配置效率。

农业科技投入不足，科技资源配置效率不高，严重影响了我国农业科技自主创新能力的提升。国家第六次技术预测结果显示，我国农业农村领域领跑性前沿技术仅占10%，动植物育种、农业机械化、农业信息化、农业绿色技术等领域的技术供给不足，农业技术的对外依存度较大。如畜禽遗传育种核心种源80%依赖国外进口，大宗蔬菜品种自主率为87%[②]。农业科技自主创新能力薄弱，是我国农业科技含量不高，农产品国际竞争力较低的重要原因。我国良种对农业增产的贡献率只有45%，远低于欧美发达国家60%以上的水平[③]。中国农业科学院和国际食物政策研究所联合发布的《中国农业产业发展报告2022》和《2022全球粮食政策报告》显示，近些年中国油料作物成本不断上涨，大豆和油菜籽净利润为负，成本收益国际竞争力较弱[④]。

第二，农业农村多功能开发的科技创新滞后于经济社会发展需求。随着

[①②] 钱加荣：《强化农业科技创新在国家创新体系中的战略地位》，载《中国农村科技》2023年第7期，第24页。

[③] 蓝红星、王婷昱、施帝斌：《中国农业农村现代化的生成逻辑、内涵特征与推进方略》，载《改革》2023年第7期，第111页。

[④] [经济日报]《中国农业产业发展报告2022》指出中国油料作物亟须加大科技投入（caas.cn）。

工业化、城镇化的不断推进和人民生活水平的不断提高,我国城乡居民生活方式也正在发生重大改变,良好的生态环境、优质健康的食品、个性化的文化休闲已成为消费需求的重要内容。农业作为经济再生产与自然再生产的统一产业、乡村作为农业生产空间、自然生态空间和人类休养生息的聚落空间,同时承载着经济、生态、文化、社会等多重功能。开发农业农村多重功能,契合了新时代城乡居民对美好生活的多样化追求,在为城乡居民提供优质健康农产品的同时,还可以保护生态环境、维持自然、人文景观和生物多样性。但是,目前综合运用现代信息技术、生物技术、制造技术、新材料技术、新能源技术等前沿性科技,开发农业农村多重功能的科技创新远不能满足经济与社会发展对农业农村多功能的需求。如,农作物品质的研究长期得不到应有重视,提高农产品品质的问题直到20世纪90年代才开始提出[1],一些农产品的品质和农作物的食用安全与发达国家相比还有差距。一方面,一些农产品因品质问题大量积压,相当一些优质农产品依赖进口;另一方面,由于农药、抗生素和兽药的大量使用直接影响到城乡居民的食品安全。再如,由于生态调控、物理防治、生物防治等节肥技术还未能普遍应用,我国化肥利用率低,当季氮肥利用率仅为35%,磷肥的利用率仅为10%~25%,进而导致化肥使用量过高。目前我国化肥使用量居世界首位,占全球总用量的1/3。据估计,每生产9斤粮食就消耗1斤化肥,如果每个人粮食定量按照30斤/月计算,那么每个人每年差不多就消耗化肥40斤。化肥使用量过高,不仅严重影响农产品品质,危害人体健康,还会造成土壤理化性质的改变及环境的污染[2]。

第三,科技创新激励机制不完善,自主创新的动力不足。科技创新从投入到产出是一个长期积累的非线性过程,具有复杂程度高、不确定性强的特点。因此,科技创新需要有足够的回报来吸引科研人员积极参与。现阶段,我国对科研人员的科技创新激励机制还不完善,影响了科研人员的创新积极性。其一,现有的知识产权制度忽视对科研单位及职务发明人知识产权的保护[3],导致科技创新成果的产权收益不能充分实现。其二,科技创新型人才

---

[1] 刘江:《21世纪初中国农业发展战略》,中国农业出版社2000年版,第111页。
[2] 《央视:人均每年"吃化肥"40斤!农业种植方式面临大洗牌》,网易新闻,2020年9月27日,https://www.163.com/dy/article/FNH557MI0511BESU.html。
[3] 薛润、梁正:《构建现代化中国科技创新体系》,南方出版传媒2021年版,第43页。

的薪酬激励不足,其人力资本的市场价值被严重低估。科研人员收入较低,导致我国最优秀高校毕业生大多进入金融和投资领域而不是科技领域。我国科研经费使用上重物不重人的现象严重,科研经费可以大量用于科研设备、资料的购买上,但不能大量用于研究人员的劳务支出。据经济合作与发展组织的统计数据,我国研发经费中用于人员经费所占比例仅为28%。不仅远低于美国(66%)、法国(61%)、德国(60%)、日本(38%)、韩国(43%)等发达国家,也远低于俄罗斯(55%)和南非(57%)等发展中国家[1]。其三,对科研人员的评价考核制度存在着明显的急功近利色彩。绝大多数的考核周期为一年,考核指标多为发表论文的期刊类别、论文数量、项目级别与经费数量,不利于激励科研人员进行研究周期较长、不确定性较高的创新型研究。

第四,农业科技成果的转化推广体系不健全。农业科技创新成果只有转化为农业生产的实用技术,才能真正发挥其效能。我国农业科技成果的转化应用与发达农业大国还存在较大差距。据相关统计数据,我国每年有7000余项农业科技成果产出,但其转化为农业实用技术的比率只有40%左右,进行大规模推广的农业科技成果不足30%,远远低于发达国家70%~80%的科技成果转化水平。农业科技成果转化应用水平低下固然有多方面原因[2],但不可否认的是农业科技成果转化推广体系不健全是其中不容忽略的重要原因。我国虽然已经建立了涵盖县、乡、村三级的农业科技转化推广体系,但基层农业科技成果转化推广体系的人力、物力、财力远远不能满足科技推广与服务的现实需求;城乡之间存在着数字鸿沟和信息鸿沟,农业科技转化与应用的基础平台建设滞后;农业科技转化推广人员年龄结构偏大,人才储备不足;专业化、特色化的农业科技中介服务组织发展不足。

第五,农业科技创新人才队伍建设滞后。人才是科技创新的核心要素,我国农业科技创新人才供给不足,是制约我国农业科技创新的重要原因。一方面,由于农业科技创新产出周期长、不确定性强,存在着自然与市场双重

---

[1] 人民论坛:《科技创新——中国式现代化创新发展之路》,中国科学技术出版社2023年版,第98页。

[2] 农业科技成果转化应用水平低下既有科技成果供给方提供的科技成果与市场需求严重脱节的原因,也有需求方对农业科技成果接受能力低下原因,还受小农户分散经营带来的农业科技成果转化推广成本高,收益低等因素的影响。

风险，从事农业科技创新不是绝大多数高校毕业生的优先选择，这不可避免地导致农业科技创新缺少必要的人才储备；另一方面，在城市非农产业高收入拉力和农业比较利益低下推力的双重作用下，不仅人力资本存量较高的农业农村劳动力不断流向城市非农产业，一些基层农业科技人才也选择离开收入水平低、发展平台小的农业科技推广和服务岗位。由于上述两方面的原因，我国农业专业科技人才相对短缺，高端人才严重不足，人才年龄断层现象较为突出。截至2020年底，农业科研机构研发人员合计6.5万人，农林院校教学与科研人员合计6.0万人，分别仅占全国研发人员和高等院校的12.43%、4.92%。农业领域"两院"院士140名，仅占院士总数的8.18%；农业领域"万人计划"科技创新领军人才261人，仅占总人数的11.08%。中央一级的农业科研机构35岁以下青年科技人才中，具备高级职称的仅占1/10，70%以上的农业科研院校创新团队首席超过50岁[1]。农业科技专业人才总量构成与农业农村在经济与社会发展中的战略地位严重不对等。

从广义的角度看，农业科技创新人才队伍不仅有专业科技人员，还包括知识型职业农民。这是因为农业科技成果的转化与应用最终取决于农民对农业科技成果的接受能力。随着我国城镇化的不断推进，大量农村青壮年劳动力进入城镇就业，农村"空心村"、主要劳动力老龄化、农业生产专业化的情况普遍存在，严重影响了农业科技成果的转化与应用。

8.5 推进科技创新促进城乡融合发展的对策建议

科技创新可以促进发展方式转变，为城乡融合奠定生产力基础；有助于补齐"三农"短板，促进农业农村现代化；可以强化城乡要素双向流动，促进工农互促城乡互补，进而促进城乡融合发展。从生产力与生产关系的辩证关系角度分析，推进技术创新，为城乡融合提供技术支撑，必须补齐科技创新促进城乡融合发展的突出短板，构建促进城乡融合发展的科技支撑体系。

第一，健全科技资源配置机制，优化农业农村的科技资源配置，提高农业自主创新能力。要全面深化科技体制改革，加大农业农村科技投入力度，

---

[1] 刘瑞明等：《农业科技战略人才力量建设研究：内涵、需求与路径》，载《中国人事科学》2022年第12期，第30~31页。

强化农业科技协同创新。基于农业科技创新具有突出的公共性、基础性和社会性特点,要通过深化科技体制改革,建立以政府投入为主,引导社会资本参与的多元、稳定、高效的农业科技投入机制。持续加大财政投入力度,确保"十四五"期间农业农村科技研发投入占农业总产值比重达到1%以上,争取稳定性农业农村科技支持比例达到50%以上[①];设立农业科技创新引导基金,大力引导社会资本参与农业科技创新。要推进涉农高校和科研院所的科研机构改革,明确高校、科研院所在科技人才培养、基础研究、原始创新、公益性科技研究中的主体定位与核心使命;积极发展由企业、非营利性社会组织成立的涉农科技研究机构,积极探索由政府引导,科技专家、企业家、社会公众共同参与,国家、企业、社会力量各司其职、密切合作的科技协同模式。

要在优化科技资源配置,加大农业农村科技投入力度,强化农业科技协同创新的基础上,针对关系现代农业核心竞争力的基础性、前瞻性和"卡脖子"瓶颈问题,我们聚焦高效育种、生物制造、农业标准化生产、农林生态环境、农业大数据信息、农机装备智能化,以及农产品加工与食品制造技术,加强农业基础研究、农业前沿技术研究,不断突破农业科技瓶颈,提高农业科技自主创新能力。

第二,完善以市场需求为导向的科技研发机制,加强农业农村多功能开发领域的科技创新。坚持有效市场和有为政府更好结合,在加强政府在农业战略性领域科技创新主导地位的同时,强化企业创新主体地位,根据现阶段我国城乡居民对优质健康农产品、良好生态环境,以及自然、人文景观和生物多样性的需求,形成政府与企业良性互动合力,推动跨学科技术融合,综合运用基因工程、细胞工程、生物工程、酶工程等现代生物技术,利用大数据、物联网、工业云、人工智能等前沿信息技术,拓展农业科技边界,将食品产业与农业、生态、医药、健康、文化、教育等行业有机融合,形成以农业观光、生态旅游、医药制造、民俗文化等一、二、三产业融合的新业态。创新与应用绿色农业高新技术,大力发展现代生态循环农业,深入开展乡村人居环境整治,增加农业农村生态产品和服务的供给,形成生态环境与经济效益的良性循环。针对农产品供需不匹配导致的价值实现困难,运用现代信

[①]《"十四五"全国农业农村科技发展规划》,中华人民共和国农业农村部网站,2021年12月29日,P020220106615353271383.pdf(moa.gov.cn)。

息技术，促进农业与物流产业融合，搭建农产品供给和需求信息平台，建立满足与引导消费需求的产需联动机制，通过构建智慧农业物流体系，促进农产品供求平衡。

第三，完善农业科技创新的激励机制，培育农业科技创新的内生动力。通过财政支持、税收减免、信贷优惠、渠道对接、平台建设等各类倾斜性政策，强化企业创新的主体地位，形成以企业为核心、产学研密切结合的协同创新格局。完善知识产权保护制度，形成知识产权创造、使用、转让、保护的全链条综合管理服务制度，完善原始创新和消化吸收再创新的权益保障机制，拓展技术入股的产权激励模式，在增强农业知识产权系统保护能力的同时，扩大农业科技创新成果的转化应用。进一步优化高校、科研院所的考核评价制度，针对科学研究、技术开发、示范推广等不同科技活动类型，构建以技术研发创新度、产业需求关联度、产业发展贡献度为导向的分类评价制度[①]，延长考核周期，突出创新导向、实绩导向和产业贡献，根据不同分类评价制度设计考核具体指标及其相应权重，激励科研人员大胆实践、勇于创新。推行第三方评价，探索建立政府主管部门、外单位专家、社会组织、公众等多方参与的评价和绩效考核制度，降低考核评价中的寻租成本，保证考核结果的客观公正。

第四，健全农业科技转化推广体系，提高农业科技成果转化率。紧密围绕农业科技成果产业化、市场化，构建公益性与市场化服务相结合的农业科技转化推广体系。要加强县乡农业科技推广机构的建设，解决基层科技推广机构人员不足、年龄结构老化、经费短缺的问题，以县级农科所及各级农技推广中心（站）、乡镇农业站、林业站、农机站为基本依托，健全基层公益性农业技术推广网络的同时，提升其履行好公益性职责的能力。通过创新一批基础条件好、符合现代农业发展方向、具有显著示范带头作用的农业科技成果转化示范基地，实行研究孵化、整合转化、验证熟化、示范引领一体化运作，提高公益性科技转化推广机构的服务能力，提升科技成果转化效率。充分发挥涉农高校、农业科研院所的技术、人才、平台等优势，鼓励其联合农业龙头企业、基层农业科技推广体系，以及专业农户建立科技推广服务网

---

① 《"十四五"全国农业农村科技发展规划》，中华人民共和国农业农村部网站，2021年12月29日，P020220106615353271383.pdf（moa.gov.cn）。

络，通过研发合作、技术转让、技术许可、作价投资等多种形式，在促进农业科技成果转化与应用的同时，实现知识产权的市场价值。通过政策扶持、项目带动、示范引领等形式，引导社会资本和各类企业开展农业科技转化推广服务，建设一批专业化、特色化的农业科技中介服务组织。运用云计算、物联网、大数据等新一代信息技术，推进农业专业信息和综合服务信息的平台建设，弥补数字鸿沟和信息鸿沟。加强小农户与现代农业科技的有机衔接，探索合作社、家庭农场、龙头企业与小农户在科技成果使用中的利益联结和收益分享机制，提升小农户的组织化和专业化程度，降低农业科技转化推广成本。

第五，加强专业农业科技人才和新型职业农民队伍的建设。培养专业农业科技人才，需做好以下三方面的工作，一是加强农业科技研发人员的队伍建设，培养和造就一批具有国际水平的农业科技研发人才。围绕现代农业科技和国家战略需求，着力培养基础性创新人才；借助各类科技平台、重要科技项目，依托国家各类人才计划，培养造就能够破解农业科技瓶颈的领军人才和创新团队。二是加强科技创新成果转化服务的人才队伍建设，优化转化服务人员的年龄和职称结构，提高转化服务人员的职业素质。三是根据全球农业科技发展趋势优化涉农高校、科研院所的专业和课程设置，改进教学方法和人才培养模式，为农业科技研发和成果转化推广提供人才储备。四是健全科技创新要素获得知识产权和人力资本投资的收益分配机制，制定知识、技术、技能等创新要素按贡献参与收入分配的可行性方法，留住和吸引人才从事农业科技研发和推广工作。

为了加强新型职业农民队伍建设，我们深入实施高素质农民培育计划。要大力发展中、高等农业职业教育，推动中、高等职业院校加强涉农专业建设，在培养在校学生的同时，扩大招收农民学员规模，采取学费减免、弹性学制、送教下乡等方法，降低农民接受各层次职业教育的成本；实施职业技术培训，紧密围绕构建现代农业生产经营体系，满足拓展农业农村多功能的市场需求，建立新型职业农民的实习培训基地和创业孵化基地，加强培训后期的技术指导和跟踪服务，提高对农民技术培训的针对性和实效性；充分发挥涉农高校、科研院所、农业科技企业的科技资源优势，借助各种农业科技推广平台，通过线上、线下互动等形式建立常态化的农业科普机制，不断提高农民对先进农业技术的理解和接受能力。

第9章

推进农民工市民化促进城乡融合发展

改革开放以来,中国经济增长取得了举世瞩目的成绩,农业劳动力转移的规模和速度也堪称世界之最。然而,中国二元经济转型远滞后于工业化进程,城乡分离、对立的局面也没有得到根本性改变。形成这一问题的一个重要原因是农民工的非市民化。2024年,我国农民工总量为29973万人[①],但这些转移人口只是基本完成了职业上的非农化转变,却没有完成从农民到市民的身份转变。数以亿计的农民工长期候鸟式往返于城乡之间,在享受公共服务方面与城镇居民存在着巨大差别,引发了诸多经济与社会问题。在新的历史条件下,农民工非农化与市民化相脱离已严重制约了中国的二元经济转型和城乡融合发展[②]。由此可见,农民工市民化已成为现阶段促进城乡融合发展亟待解决的问题,也是实现城乡融合发展的必然要求。因此,我们应该以农民工市民化为突破口,推进城乡融合发展。

9.1 农民工市民化促进城乡融合发展的作用机理

农民工市民化可以从农业规模经营、人力资本投资、扩大消费和投资需求以及城镇化转型等角度促进城乡融合发展。

9.1.1 通过农地适度规模经营促进农业现代化

西奥多·W. 舒尔茨指出,"完全以农民世代使用的各种生产要素为基础

[①] 资料来源:《2024年全国农民工监测调查报告》。
[②] 张桂文、周健等:《制度变迁视角下的中国二元经济转型》,社会科学文献出版社2021年版,第594~595页。

的农业可以称之为传统农业"①。传统农业生产函数的典型特征是以土地和劳动为主要投入要素,其决定了传统农业的小农经济特点:一是在土地总量不变的条件下,随着人口的不断增加,人均耕地面积趋于减少,在固定规模的土地上劳动投入的边际报酬递减;二是由于缺少非农就业机会,在小规模土地上从事农业生产,以及在既定的土地上密集性地投入劳动成为农民的理性选择;三是农民最先考虑的不是边际收益的最大化,而是生存压力的最小化,出于规避与防范风险的考虑,农民不仅会基本上沿用祖辈传下来的生产工具和生产技术,其生产目的也只能是满足家庭基本生存需求。在小农经济条件下,传统农业社会受土地有限性的制约,人均收入会陷入一种勉强维持生存的低水平陷阱,即马尔萨斯陷阱。马尔萨斯陷阱的出现,说明在传统农业生产方式下社会生产力已经发展到极限。摆脱马尔萨斯陷阱的关键是创造一个新的、更加广阔的就业领域,把过剩的农业劳动力转移出来,实现农村土地的顺利流转和适度规模化经营,优化农业资源配置,提高农业劳动生产率。

农地适度规模经营是实现农业现代化的重要前提。小规模经营条件下,农户资源禀赋表现为劳动力资源充裕,土地与资本稀缺,加之小农经济抗风险能力差,对于农民来说除了劳动投入外,任何对土地的长期投资成本都会大于收益②。2016 年,全国农业生产经营人员 31422 万人,规模农业经营户农业生产经营人员(包括本户生产经营人员及雇佣人员)1289 万人,仅占 4.1%③。农业劳动力大规模向城市非农产业转移并永久在城市定居,不仅可以永久性减少农业剩余劳动力,也能使农民彻底摆脱对土地的依赖,从而更大程度地增加人均耕地面积。与农业劳动力转移的非城市化和半城市化相比,永久性迁移更能促进农地适度规模经营,并通过农地适度规模经营改变传统农业的生产方式,促进农业现代化,还可以吸引高素质的城乡居民从事农业生产,有助于解决城镇化进程中"谁来种地"的难题。

第一,农地适度规模经营可改变农业生产函数,促进农业投资与技术进步。在传统农业的生产函数中,生产要素主要是土地和劳动,对土地的物质资本投资,以及对农业劳动者的人力资本投资几乎可以忽略不计。显然,在

---

① [美] 舒尔茨:《改造传统农业》,商务印书馆 1987 年版,第 4 页。
② 张桂文等:《中国农业劳动力转移的减贫效应研究》,载《中国人口科学》2018 年第 4 期,第 21 页。
③ 资料来源:《第三次全国农业普查主要数据公报(第五号)》。

小规模农业经营的条件下，缺少对农业的物质资本和人力资本投资，无论是农业生产的机械化、自动化，还是农业生产的科学化都是难以实现的，而农地适度规模经营，一方面使得采用先进技术装备和应用现代生物技术等物质资本成为有利可图的事情；另一方面土地—劳动比的提高改变了农业资源的配置效率，提高了农业劳动生产率，提高了农民的务农收入，进而增加了农民对土地进行物质资本投资的可能性。农业物质资本投资的增加，农业机械化的推广和现代农业生产技术的应用，也会对农业劳动力的技术水平提出更高要求，进而会促进农业部门的人力资本投资。农业物质资本与人力资本的引入可以改变传统农业生产函数关系。由于农地适度规模经营所引致农业生产函数的改变，标志着农业突破了低收入的马尔萨斯均衡，进入了"物质资本与人力资本投入——收入水平提高——物质资本与人力资本再投入——收入再提高"的良性循环，进而推进了农业现代化进程[①]。

第二，农地适度规模经营可以转变农户的生产目标，促进农业生产的商品化。小农经济条件下，虽然通过密集性的劳动投入，土地生产率较高，但由于土地规模过小，农民难以通过对土地的精耕细作，获得超过生存需求的更多收益；虽然有大量的劳动力可以利用，但受限于小规模土地，劳动生产率和边际产出十分低下。这种小规模经营条件下，农业劳动力十分丰富，但劳动生产率极为低下；土地生产率虽然较高，但土地规模过小，农民既不能通过农业生产有效地改变自己的生存状况，更难以承担农业自然风险和市场风险。因此，在小农经济条件下，农户的生产目的只能是维持家庭生存需求的产量最大化，而不可能是利润最大化。伴随着农业劳动力的永久性乡城迁移，农地经营规模的扩大，农业劳动生产率的不断提高，农民摆脱了低水平的生存收入陷阱，不再把维持基本生存需求作为农业生产基本目的，而是转向通过农产品市场交易获得经营收益。农户经营目标的改变，不仅是农业生产商品化的基本前提，也进一步促进了农业投资和农业技术进步。

第三，农地适度规模经营可以促进农业分工，实现农业生产的专业化和社会化。小规模农业经营的条件下，由于农户的生产目的是满足家庭基本生存需求，农业分工只能局限于家庭内部，并尽可能在农户家庭经营的范围内

---

① 张桂文等：《中国农业劳动力转移的减贫效应研究》，载《中国人口科学》2018年第4期，第21页。

生产出满足家庭需求的各种农产品。但农地适度规模经营，改变了传统农业生产函数，并使自给自足的农业生产转变为商品化农业，这就使得农业分工不再局限于农户家庭内部。一方面，农业生产的商品化形成了对农业的社会分工和专业化生产的诱致性需求；另一方面，农地适度规模经营，以及农业先进装备和科学技术采用，也为农业的社会化分工和专业化生产创造了良好条件。

9.1.2 通过人力资本投资促进工业化与农业现代化间的良性循环

9.1.2.1 提高农民工和农村居民的人力资本投资意愿和投资能力

农民工市民化不仅实现了从农业向非农产业的职业转换，也完成了从农民向市民的身份转变，而且这使其具有更高的人力资本投资意愿和能力。人力资本投资需求取决于其预期收益的贴现值与投资成本的比较。只有当预期收益的贴现值大于成本时，农民工才会有进行人力资本投资的意愿。农民工市民化，一方面，更容易获得多样化的人力资本投资渠道，更多的人力资本投资机会，以及更高的人力资本学习效应；另一方面，有利于突破局限于群体内认同的封闭状态，打破与本地市民的壁垒，扩大和深化社会网络关系，获得更多的社会资源，进而提升其工作搜寻与转换以及职业选择的能力，使其更易于在城市中获得持续性就业的机会，并通过就业稳定性的提高，使企业为其分担部分人力资本投资成本。由此，农民工可以获得远高于非永久性迁移的工资性和非工资性收入，提高了其人力资本投资意愿和能力，并使其更有意愿和能力承担各种形式人力资本投资所需的会计成本与机会成本。

而与此同时，农村居民的人力资本投资意愿和能力也会提高。其原因主要是：一方面，农民工市民化永久性减少了农业剩余劳动力，促进了农业规模经济以及农业生产的机械化和科学化，其在提高土地物质资本投资收益的同时，也增加了农民的人力资本投资收益；另一方面，农民工市民化带来的农业劳动生产率的提高、农业生产的市场化和专业化可以增加农业经营收入，进而提高农村居民的人力资本投资能力。从动态角度看，农民工与农民的人力资本投资，不仅会提高其自身的收入挣得能力，进而提高其工资与福利待遇，还有利于其教育生活空间和教育经验观念融入城市之中，进而可以使子女享受到更好的城市教育资源，在未来也就能够获得更好的职业地位、经济利益等①。由此，通过家庭代际的传递作用，形成正向的人力资本累积效应，增加未来一代或几代人的人力资本投资，进而使农民工与农民家庭摆脱贫穷的恶性循环。李明哲等的调查研究显示，子女因素很大程度上能够决定农民工的去留，"子女在苏州上学"的农民工为了孩子的教育和未来更想成为苏州市民②。

9.1.2.2　人力资本投资有助于工业化与农业现代化相互促进的良性循环

第一，有助于形成高素质产业工人队伍，促进工业化进程的顺利进行。工业化进程不仅是经济增长的过程，更是产业结构转型升级的过程。一般来说，在工业化初期，劳动密集型产业占主导地位，较低人力资本存量的农业转移劳动力基本上可以与劳动密集型产业的岗位需求相适应；进入工业化中期以后，产业结构需要从劳动密集型产业为主，相继转变为以资本密集型产业、技术密集型产业为主，此时则需要高素质的产业工人队伍。对发展中国家或地区来说，农业转移劳动力是其非农产业的员工主体，只有加大对这一群体的人力资本投资才能形成高素质的产业工人队伍。人力资本投资可以提高农民工的科技文化素质、专业知识技能水平，还可以提高农民工的道德水准、意志品格，改进其生活态度。而这对于促进产业结构的转型升级，顺利推进工业化进程具有至关重要的作用。

第二，可以促进农业现代化发展。农业现代化的实现主要依靠农业技术进步，而这不仅需要对农业进行物质资本投资，更需要提高农民的知识水平与劳动技能。舒尔茨指出："有能力的人民是现代经济丰裕的关键"③，"离开大量的人力投资，要取得现代化农业的成果和达到现代工业的富足程度是完全不可能的"④。一方面随着农业劳动力不断向城市非农产业的永久性迁移，劳均耕地面积不断增加，留在农业部门内部的劳动者在市场需求和要素供给条件变化的诱导下，会通过物质资本和人力资本投资来促进农业技术进步，进而推进农业现代化进程；另一方面伴随着持续实施的乡村振兴和县域经济发展政策，产业的梯度转移，外出农民工已出现较大规模的回流趋势，与留

---

① 戴红宇：《"市民化"进程中乡城迁移家庭的子女教育困境》，载《当代教育科学》2022年第3期，第58~65页。
② 李明哲：《经济发达地区农民工市民化水平多维分异与影响机理分析——以苏州市为例》，载《农村经济与科技》2022年第9期，第248页。
③ [美] 舒尔茨：《改造传统农业》，商务印书馆1987年版，第132页。
④ [美] 舒尔茨：《论人力资本投资》，北京经济学院出版社1990年版，第16页。

守农村的农业劳动力相比，具有外出经历的农民工人力资本水平更高，更容易选择创业[①]，由此可以通过人力资本投资的外溢作用带动留守农村的农业劳动力的人力资本投资，形成新型农业经营主体，促进农业现代化的实现。

第三，有利于实现工业化与农业现代化之间的良性循环。城乡融合发展实际上是通过工农业共同作用来实现的。一方面是通过工业化的发展吸纳农业剩余劳动力，带动传统农业的改造；另一方面是通过农业部门发展为工业部门扩张提供前提条件，并完成从传统农业向现代农业的转变[②]。在这一动态发展过程中，工农业两大部门的人力资本投资起到了至关重要的作用。从工业化角度分析，人力资本投资是工业化发展不同阶段物质资本与人力资本相互匹配和适应的必要条件，更是形成高素质产业工人队伍和推动产业结构转型升级的关键。从农业现代化角度考察，离开了农业劳动者人力资本水平的提高，无论是资源节约型还是劳动节约型的技术进步都无从谈起。人力资本投资，一方面促进了工业化的顺利进行，并通过非农产业的扩张不断吸收农业剩余劳动力和农村人口，优化农业资源配置，推动农业现代化进程；另一方面使农业生产函数发生转变，促进了农业的技术进步和生产方式的转变，为工业部门的扩张提供农业剩余劳动力资源和不断扩大的市场需求。由此可以在工农两大部门间的相互联系、相互促进的良性循环运动中，实现从工业先进和农业停滞落后，向工业和农业的同步发展转变，最终完成城乡融合发展。

9.1.3　释放消费和投资需求潜力，进而为工农业协调发展提供市场条件

9.1.3.1　农民工市民化可以释放消费需求潜力

第一，农民工市民化可以提高农民工群体和农村居民的收入水平，进而增加对消费品的市场需求。农民工市民化，一是可以提高就业的稳定性，由此促使"干中学"的效率增进，以及增加培训等人力资本投资活动，进而提高这一群体的收入水平；二是可以实现农业规模经营，由此提高了农业资源的配置效率，促进了农业部门的物质资本与人力资本投资，推进了农业技术进步和农业劳动生产率提高，进而增加了农民收入。消费是收入的函数，在

[①] 周广肃等：《外出务工经历有益于返乡农民工创业吗?》，载《经济学（季刊）》2017年第2期，第808页。

[②] 张桂文：《中国二元经济结构转换研究》，吉林人民出版社2001年版，第191页。

消费倾向一定的条件下，农民工群体收入水平的提高会直接增加他们对消费品的市场需求。

第二，农民工市民化可以促进农民工消费观念和消费习惯的改变，进而提高其平均消费倾向和边际消费倾向。农民工非农化与市民化相脱离，使得他们虽然在城镇就业但其消费观念和消费习惯仍然具有自给性很强的乡村特点，他们在城市的消费支出仅能维持其基本生活需求，大部分收入转回农村用于储蓄或改建住房[1]。农民工市民化有助于提升农民工与城市居民的交往与互动水平，构建稳定的社会关系网络，增强对城市生活的融入感和归属感[2]，进而促进其消费观念和消费习惯的改变。由表9-1可见，进城农民工的城市融合度不断提升，2016～2021年认为自己是所居住城市的"本地人"的比例从35.6%上升到41.5%，非常适应和比较适应本地生活的比例高于80%，对业余生活非常满意和比较满意以及参加过所在社区组织的活动的比例也都不断提升。这些显著的变化必然会提高其平均消费倾向和边际消费倾向。根据消费函数，在收入水平不变的条件下，农民工平均消费倾向和边际消费倾向的提高必将扩大消费需求。由此可见，农民工市民化不仅能够提高其平均消费倾向和边际消费倾向，推动消费结构不断升级，扩大消费需求，同时也避免了农村宅基地建而不用所造成的资源浪费。

对于新生代农民工而言这一作用更为突出。与老一代农民工相比，新生代农民工存在着巨大的代际差异[3]。他们在消费观念、消费习惯等方面具有与老一代农民工不同的积极特征，与城市居民更加同质化，对城市的认同感也更加强烈。由图9-1和表9-1可见，2017年，1980年及以后出生的新生代农民工成为农民工主体，占全国农民工总量的50.5%[4]；2018年，1980年及以后出生的新生代农民工占全国农民工总量的51.5%，其中，"80后"占50.4%；"90后"占43.2%；"00后"占6.4%[5]。若能有效促进新生代农民

---

[1] 黄群慧、陈创练：《新发展格局下需求侧管理与供给侧结构性改革的动态协同》，载《改革》2021年第3期，第10页。

[2] 聂伟、风笑天：《就业质量、社会交往与农民工入户意愿？——基于珠三角和长三角的农民工调查》，载《农业经济问题》2016年第6期，第41页。

[3] 李春玲：《社会变迁与青年问题——近年来青年社会学的关注点及研究取向》，载《中国社会学年鉴（2011—2014）》，中国社会科学出版社2016年版，第281页。

[4] 资料来源：《2017年全国农民工监测调查报告》。

[5] 资料来源：《2018年全国农民工监测调查报告》。

工市民化，则更能有效促使农民工在城市基础设施、住房和高端消费品等领域产生更多、更高层次的消费需求①。

表 9-1　　　　　2016~2021 年进城农民工社会融合情况　　　　单位：%

年份	认为自己是所居住城市的"本地人"的比例	对本地生活的适应情况 非常适应和比较适应	对本地生活的适应情况 不太适应和非常不适应	对业余生活的满意度 非常满意和比较满意	对业余生活的满意度 一般	对业余生活的满意度 不太满意和非常不满意	参加过所在社区组织的活动	经常参加	偶尔参加
2016	35.6	—							
2017	38	80.4	1.3	56.1	36.8	7.1	—	—	—
2018	38	81.1	—	—	—	—	26.5	3.5	23.0
2019	40	80.6	1.1	52.9	42.3	4.8	27.6	3.9	23.7
2020	41.4	83.3	1.2	60.5	36.1	3.4	29.3	3.9	25.4
2021	41.5	83	—	—	—	—	30.4	4.0	26.4

资料来源：根据 2016~2021 年《农民工监测调查报告》整理得出。

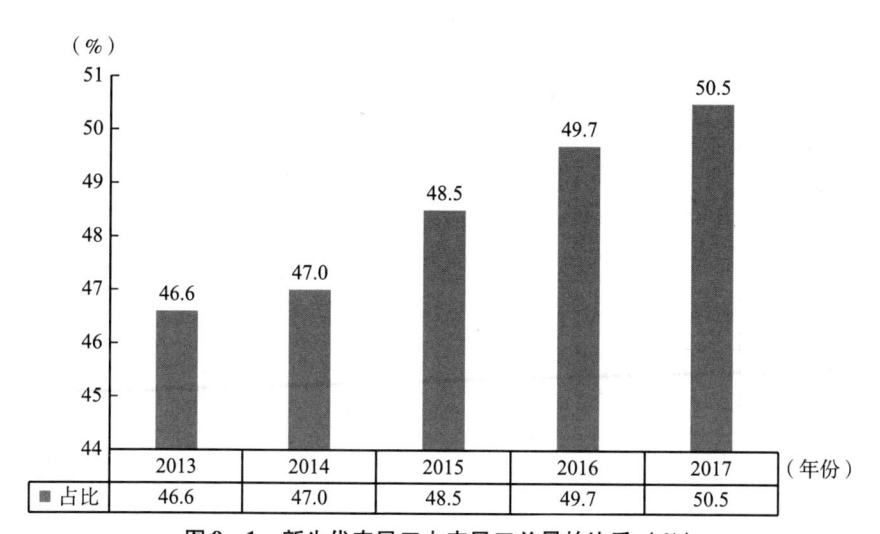

年份	2013	2014	2015	2016	2017
占比	46.6	47.0	48.5	49.7	50.5

图 9-1　新生代农民工占农民工总量的比重（%）

资料来源：《2017 年全国农民工监测调查报告》。

---

① 蔡昉：《农民工市民化与新消费者的成长》，载《中国社会科学院研究生院学报》2011 年第 3 期，第 10 页。

第三,农民工市民化可以提高其社会保障水平,增强其扩大消费支出的信心。农村土地对农民工来说具有十分重要的社会保障功能,但从资源要素禀赋视角来看,并不是资源本身对人们的生产生活具有直接保障作用,而是该资源所产生的收益。在广大农民工的眼中,其在城市中享有的社会保障不完全、不健全,不仅反映了他们与城市居民在福利上存在的差距,也反映了他们之间存在着一种长期的非工资性收入差距。农民工市民化可以使其与城市户籍的居民拥有同样的权利,而这可以使其更平等地享受所在城市的社会保障,提高其社会保障水平,增强其分散和抵御非农就业所面临的社会经济风险的能力。一是医疗保险可以降低农民工医疗支出,减少预防性储蓄,从而促进消费;二是养老保险可以为农民工提供退休后稳定的生活来源,降低其预防性储蓄动机,进而扩大消费支出;三是失业保险可以为农民工抵御暂时性失业风险,进而为其再就业提供良好的保障。由此可见,农民工市民化能够减少其不安全感和心理压力,从而形成一个稳定的未来发展预期,提升城市生活信心,减少扩大消费支出的后顾之忧[①]。由表 9-2 可见,2008~2014 年,农民工参加社会保险的比例不断提升,2015~2019 年也呈现一个上升趋势,但处于迟缓、徘徊状态。

表 9-2　　　　　　　　农民工参加社会保障的比例　　　　　　　单位:%

年份	养老保险	工伤保险	医疗保险	失业保险	生育保险
2008	9.8	24.1	13.1	3.7	2.0
2009	7.6	21.8	12.2	3.9	2.4
2010	9.5	24.1	14.3	4.9	2.9
2011	13.9	23.6	16.7	8.0	5.6
2012	14.3	24.0	16.9	8.4	6.1
2013	15.7	28.5	17.6	9.1	6.6
2014	16.4	29.7	18.2	9.8	7.1
2015	20.1	27	18.6	15.2	—
2016	21.1	26.7	17.1	16.5	—

---

① 聂伟、风笑天:《就业质量、社会交往与农民工入户意愿?——基于珠三角和长三角的农民工调查》,载《农业经济问题》2016 年第 6 期,第 40 页。

续表

年份	养老保险	工伤保险	医疗保险	失业保险	生育保险
2017	21.6	27.2	21.7	17.1	—
—	—	—	—	—	—
2019	21.68	29.63	16.56	17.05	—

注：2008~2014年为外出农民工数据，2015~2017年为全体农民工数据。

资料来源：2008~2014年数据来源于《2013年农民工监测调查报告》和《2014年农民工监测调查报告》；2015~2017数据来源于《人力资源和社会保障事业发展统计公报》，其中养老保险是指城镇职工基本养老保险，医疗保险是指城镇基本医疗保险，其与2008~2014年数据不具可比性；2019年数据来源于程郁等：《分层次推进农民工市民化——破解"愿落不能落、能落不愿落"的两难困境》，载《管理世界》2022年第4期。

第四，农民工市民化可以缩小城乡居民、农民工群体与城市居民的收入分配差距，进而扩大消费需求。农民工市民化可以提高农民工和农民的收入，进而缩小收入分配差距，而这一方面可以提高边际消费倾向较高的低收入群体的消费能力；另一方面可以降低相对剥夺感，减少不公平感。劳动者之间通常会相互比较其劳动收入和劳动支出，并在这种比较的基础上改变其行为方式。故而，当农民工在比较中感受到公平时，会不断强化自我认同，进而就会更有热情、更有责任心，更加努力地工作，并由此可以获得相对更高的收入，甚至在"攀比效应"的作用下刺激其扩张消费。因此，在其他条件不变的情况下，收入分配差距的缩小有利于扩大消费需求。

当前，农民工和城市居民在消费方面仍然存在着较大的差距。在城市务工的农民工平均消费指数为0.53，城市人口的消费指数为0.81[1]，农民工边际消费倾向比城市居民低3%[2]。更为具体来说，以农民工为主的未落户城镇的常住人口人均消费支出仅为城镇居民人均消费支出的68%[3]。如果农业转移人口平均消费倾向与城镇户籍居民保持一致，那么他们的人均消费支出将会增加超过6000元[4]；如果整个家庭进行市民化，那么农业转移人口的消费

---

[1] 吕炜等：《农业转移人口市民化理论思辨与实践认知》，东北财经大学出版社2016年版，第133页。

[2] 王美艳：《农民消费潜力估计——以城市居民为参照系》，载《宏观经济研究》2016年第2期，第11页。

[3] 胡祖才：《城乡融合发展的新图景》，载《求是》2019年第14期，第49页。

[4] 蔡翼飞：《加快推进农业转移人口市民化是实施扩大内需战略的重要着力点》，载《中国投资》2021年第ZB期，第14页。

需求平均将会扩大 26.03%①；如果 1 个农村居民转化为市民，收入水平和消费能力同步提高，每年至少增加 1.33 万元的消费需求，按现阶段每年新增 2100 万城镇人口计算，每年可新增约 2800 亿元的直接消费②。进一步从长期来看，流动人口市民化后，与本地居民消费弹性趋于一致，那么，2030 年流动人口实现的消费将达到 15.8 万亿元，约等于当年 GDP 的 9.3%，其中流动人口市民化直接创造的消费增长约 8 万亿元，相当于 GDP 的 4.7%③。显然，推进农民工市民化，将会有效扩大消费需求。

9.1.3.2 农民工市民化可以释放投资需求潜力

农民工在城市永久性居住，并享有城市居民应有的社会保障和公共服务，一是会形成在城市中拥有固定居所的需求。当前，超过 40% 的农业转移人口计划通过购买商品房、申请保障性住房、长租住房等方式长期在城镇定居④，而这可以显著降低房地产库存，其中对住宅的作用效果更显著⑤。目前进城农民工人均居住面积为 21.5 平方米，仅为城镇居民的一半左右，47.8% 的住房缺乏取暖设施⑥，住房内没有给排水和洗浴设备的比例分别为 31.92%、43.88%⑦。虽然农民工在城市中购买住房的比例依然偏低，住房条件较差，但其中也蕴藏着巨大的需求潜力，尤其是在新生代农民工身上表现得更为明显。新生代农民工对于务工地住房位置、住房面积、配套设施等的选择都要高于老一代，但其满意度却低于老一代，这表明其对于住房条件存在着更高期望⑧。二是会引发子女教育、养老、医疗和休闲娱乐等方面的需求。农民

---

① 桂河清等：《农业转移人口市民化扩大其消费需求的实证研究——基于倾向得分匹配及无条件分位数分解的方法》，载《农业技术经济》2018 年第 8 期，第 59 页。
② 史育龙：《提高农业转移人口市民化质量加快释放内需潜力》，载《宏观经济管理》2021 年第 11 期，第 12 页。
③ 程杰、尹熙：《流动人口市民化的消费潜力有多大？——基于新时期中国流动人口消费弹性估算》，载《城市与环境研究》2020 年第 1 期，第 50 页。
④ 李智：《聚焦"稳定住房"提升农业转移人口市民化质量——基于 2.3 万农民工居住状况的调查分析》，载《中国经贸导刊》2021 年第 23 期，第 49 页。
⑤ 焦会娜：《农业转移人口市民化对房地产库存的影响研究》，重庆大学硕士学位论文，2021 年，第 65~67 页。
⑥ 李智：《聚焦"稳定住房"提升农业转移人口市民化质量——基于 2.3 万农民工居住状况的调查分析》，载《中国经贸导刊》2021 年第 23 期，第 49 页。
⑦ 资料来源：《2018 年农民工监测调查报告》。
⑧ 顾岳汶等：《农业转移人口市民化过程中住房消费选择研究——基于行为经济学的分析视角》，载《城市问题》2022 年第 7 期，第 69 页。

工消费需求的扩张会促进大规模的城市基础设施、公共服务设施及居民住宅的建设，由此极大地带动对相关投资品的需求。有调查显示，补齐农民工市民化的短板，可以为每个随迁子女增加教育投资 15971 元，为每个农业转移人口增加医疗卫生投资 1265 元和住房投资 66011 元，如若每年新增城镇建设用地 280 万亩，则由此可产生投资 1.1 万亿元①。而且还会通过投资乘数的作用进一步促进就业和消费需求的增长。

9.1.3.3 消费需求和投资需求提升为工农业两大部门发展提供市场条件

任何产业的发展都要以市场需求为前提，有效需求不足一直是我国二元经济转型所面临的一大症结。一是消费需求不足。由表 9-3 可见，1978~2020 年，消费需求一直是中国最为主要的拉动经济增长的因素之一，其中贡献率超过 50% 的年份占比为 62.8%，低于 40% 的年份仅有 4 次。消费升级将是未来中国经济发展最重要的推动力。由表 9-4 可见，1995~2020 年，中国居民人均最终消费支出与世界及部分地区的差距不断缩小，但目前居民人均消费水平依然偏低。2020 年，中国人均居民最终消费支出只有世界平均水平的 67.49%，东亚与太平洋地区的 79.65%，拉丁美洲与加勒比海地区的 76.16%，更是远低于发达地区，只有欧盟的 24.24%，北美的 10.52%，经合组织成员的 18.52%，高收入国家的 16.75%，甚至于中国尽管已经进入中高收入国家行列，但只有 90.17%。

表 9-3 1978~2020 年最终消费支出对国内生产总值增长贡献率和拉动

年份	最终消费支出对国内生产总值增长贡献率（%）	最终消费支出对国内生产总值增长拉动（百分点）
1978	38.7	4.5
1980	78.1	6.1
1985	71.9	9.7
1990	89.0	3.5
1995	46.7	5.1
2000	78.8	6.7

---

① 蔡翼飞：《加快推进农业转移人口市民化是实施扩大内需战略的重要着力点》，载《中国投资》2021 年第 ZB 期，第 15 页。

续表

年份	最终消费支出对国内生产总值增长贡献率（%）	最终消费支出对国内生产总值增长拉动（百分点）
2001	50.0	4.2
2002	58.1	5.3
2003	36.1	3.6
2004	42.9	4.3
2005	56.8	6.5
2006	43.2	5.5
2007	47.9	6.8
2008	44.0	4.2
2009	57.6	5.4
2010	47.4	5.0
2011	65.7	6.3
2012	55.4	4.4
2013	50.2	3.9
2014	56.3	4.2
2015	69.0	4.9
2016	66.0	4.5
2017	55.9	3.9
2018	64.0	4.3
2019	58.6	3.5
2020	-22.0	-0.5

资料来源：《2021年中国统计年鉴》。

表9-4　　1995~2020年中国和部分地区人均居民最终消费支出

单位：2015年不变价美元

年份	中国	世界	东亚与太平洋地区	欧洲联盟	拉丁美洲与加勒比海地区	北美	经合组织成员	高收入国家	中高等收入国家
1995	557.01	4095.80	2281.87	12818.83	3854.15	25816.23	15847.21	17188.33	1555.90
1996	615.01	4188.07	2366.51	13094.90	3956.94	26397.96	16214.95	17609.56	1631.12

续表

年份	中国	世界	东亚与太平洋地区	欧洲联盟	拉丁美洲与加勒比海地区	北美	经合组织成员	高收入国家	中高等收入国家
1997	644.93	4266.95	2406.07	13338.24	4099.98	27088.59	16599.93	18030.65	1693.35
1998	681.99	4340.40	2373.62	13754.14	4134.06	28161.46	17042.01	18522.53	1710.16
1999	739.24	4451.35	2454.52	14186.41	4110.26	29322.31	17617.04	19183.66	1738.80
2000	818.45	4582.40	2553.65	14587.06	4213.42	30446.26	18201.29	19832.98	1835.55
2001	869.28	4652.30	2626.11	14845.65	4189.34	30888.68	18474.19	20182.32	1874.45
2002	942.29	4714.79	2714.13	14974.28	4136.48	31404.25	18737.20	20503.43	1932.02
2003	994.11	4787.50	2765.47	15129.05	4166.95	32111.19	19033.01	20839.10	2003.50
2004	1068.14	4907.12	2855.58	15388.12	4316.82	33000.53	19463.74	21334.56	2129.61
2005	1178.94	5037.43	2971.57	15669.88	4451.02	33862.79	19888.64	21815.71	2269.89
2006	1292.16	5149.91	3076.97	15978.65	4651.30	34535.13	20254.49	22240.99	2429.75
2007	1462.51	5300.05	3231.14	16276.93	4843.29	35081.79	20595.66	22653.98	2632.19
2008	1582.83	5323.24	3312.12	16326.45	4992.01	34862.22	20518.77	22609.66	2775.92
2009	1732.34	5254.40	3387.87	16105.87	4906.42	34129.47	20120.68	22160.45	2825.13
2010	1923.96	5359.26	3566.18	16236.00	5149.93	34520.93	20407.52	22403.51	3036.00
2011	2201.39	5462.83	3765.06	16320.46	5355.03	34858.84	20586.99	22587.95	3291.45
2012	2387.78	5527.27	3930.36	16160.38	5468.87	35077.38	20678.85	22693.64	3471.94
2013	2582.16	5610.84	4099.76	16039.28	5590.05	35367.74	20828.06	22860.23	3647.25
2014	2801.86	5700.92	4247.87	16167.77	5625.62	36047.12	21082.60	23175.72	3798.11
2015	3028.05	5799.89	4413.59	16472.05	5609.58	36931.98	21491.15	23620.00	3903.24
2016	3279.81	5901.11	4593.74	16804.96	5563.41	37549.73	21835.52	24010.29	4038.10
2017	3570.87	6032.98	4817.96	17138.73	5663.99	38228.43	22195.81	24440.79	4256.82
2018	3849.97	6164.21	5033.14	17422.75	5727.71	39083.30	22562.34	24898.05	4455.83
2019	4083.11	6253.71	5198.82	17681.59	5724.85	39703.21	22811.80	25224.36	4613.65
2020	3971.54	5884.54	4986.13	16385.24	5214.52	37762.01	21449.53	23707.31	4404.73

资料来源：世界银行数据库（2022）。

二是投资需求不足。由表9-5可见，1978~2020年，投资需求一直是中国最为主要的拉动经济增长的因素之一，特别是在发生经济危机时其作用更为明显。由表9-6可见，1978~2020年中国资本形成总额占国民生产总值的比例一直高于世界和其他地区10个百分点左右。但2009年以来我国投资全社会、第二产业和第三产业的固定资产投资增速均呈现不断回落的趋势，2013年以来的民间固定资产投资增速也在波动中下降（见表9-7）。

表9-5　1978~2020年资本形成总额对国内生产总值增长贡献率和拉动

年份	资本形成总额对国内生产总值增长贡献率（%）	资本形成总额对国内生产总值增长拉动（百分点）
1978	66.7	7.8
1980	20.1	1.6
1985	79.6	10.7
1990	-69.4	-2.7
1995	46.1	5.0
2000	21.7	1.8
2001	63.5	5.3
2002	40.0	3.7
2003	68.8	6.9
2004	62.0	6.3
2005	33.1	3.8
2006	42.5	5.4
2007	44.2	6.3
2008	53.3	5.1
2009	85.3	8.0
2010	63.4	6.7
2011	41.1	3.9
2012	42.1	3.3
2013	53.1	4.1
2014	45.0	3.3

续表

年份	资本形成总额对国内生产总值增长贡献率（%）	资本形成总额对国内生产总值增长拉动（百分点）
2015	22.6	1.6
2016	45.7	3.1
2017	39.5	2.7
2018	43.2	2.9
2019	28.9	1.7
2020	94.1	2.2

资料来源：《2021年中国统计年鉴》。

表9-6　1978~2020年中国和部分地区资本形成总额占国内生产总值比例　单位：%

年份	中国	东亚与太平洋地区	欧洲联盟	高收入国家	拉丁美洲与加勒比海地区	北美	经合组织成员	中高等收入国家	世界
1978	37.60	33.16	25.03	26.55	25.44	24.73	26.26	27.24	28.04
1979	36.30	34.57	25.95	27.10	24.71	25.12	26.94	26.85	28.25
1980	34.61	33.80	26.57	26.24	24.35	23.36	26.24	27.35	27.62
1981	32.95	32.96	24.17	25.54	24.49	24.37	25.60	27.92	26.85
1982	31.98	32.02	23.60	24.27	22.15	21.89	24.14	25.86	25.34
1983	31.93	31.24	22.83	24.08	18.51	22.09	23.81	23.54	24.58
1984	34.38	31.11	22.88	25.34	18.43	24.77	25.09	23.76	25.36
1985	39.06	31.50	22.79	24.77	19.19	23.99	24.72	25.71	24.92
1986	37.73	31.31	22.69	24.84	18.77	23.59	24.79	24.67	24.85
1987	37.32	31.78	22.77	25.10	20.79	23.51	25.08	25.08	25.03
1988	39.08	33.91	23.84	26.01	22.42	22.90	25.97	26.94	25.99
1989	37.21	34.61	24.70	26.49	22.92	22.62	26.27	28.06	26.42
1990	34.16	35.03	24.91	25.81	19.75	21.52	25.80	27.25	26.03
1991	35.24	34.87	24.31	25.04	19.58	20.05	24.96	27.02	25.29
1992	39.07	33.80	23.32	24.33	20.07	19.94	24.21	26.96	24.74
1993	43.28	32.97	21.44	23.77	21.34	20.25	23.65	26.94	24.18

续表

年份	中国	东亚与太平洋地区	欧洲联盟	高收入国家	拉丁美洲与加勒比海地区	北美	经合组织成员	中高等收入国家	世界
1994	40.05	31.87	21.84	24.04	22.20	21.15	23.95	27.06	24.46
1995	38.84	32.35	22.29	24.30	19.31	21.14	24.15	26.00	24.60
1996	37.54	32.93	21.73	24.18	19.48	21.51	24.07	25.67	24.41
1997	35.52	31.92	21.96	24.12	20.67	22.32	23.97	24.83	24.29
1998	34.81	29.68	22.71	23.93	21.27	22.83	23.81	23.86	23.98
1999	34.11	28.67	22.99	23.99	19.96	23.24	23.87	23.49	24.01
2000	33.57	29.09	23.65	24.40	20.46	23.47	24.32	24.21	24.34
2001	35.54	28.62	23.01	23.22	19.66	22.01	23.15	24.79	23.54
2002	36.15	27.73	22.07	22.42	18.98	21.59	22.39	25.28	22.92
2003	39.62	28.55	22.04	22.38	18.60	21.65	22.39	26.77	23.13
2004	41.85	29.44	22.29	22.84	19.65	22.55	22.85	28.06	23.82
2005	40.35	29.70	22.52	23.30	19.69	23.31	23.36	27.50	24.21
2006	39.91	30.03	23.56	23.78	20.59	23.54	23.86	28.06	24.80
2007	40.48	30.57	24.44	23.85	21.76	22.68	23.81	29.16	25.25
2008	42.27	31.92	24.02	23.31	22.95	21.32	23.24	30.91	25.25
2009	45.36	31.50	20.63	20.33	20.27	18.13	20.13	31.02	23.21
2010	46.56	32.82	21.19	21.10	21.63	19.14	20.96	32.54	24.38
2011	46.66	33.78	21.74	21.59	22.05	19.56	21.63	33.29	25.15
2012	46.23	34.35	20.31	21.53	22.15	20.44	21.53	33.53	25.33
2013	46.40	35.39	19.89	21.48	22.08	20.79	21.51	34.13	25.42
2014	45.82	35.67	20.29	21.85	21.38	21.16	21.79	34.14	25.72
2015	43.23	34.78	20.74	22.16	20.12	21.40	22.02	33.84	25.77
2016	42.63	34.24	20.95	21.95	19.01	20.73	21.80	33.44	25.43
2017	43.01	34.86	21.57	22.29	18.57	21.00	22.21	33.56	25.89
2018	43.79	35.70	22.14	22.55	19.07	21.30	22.47	34.55	26.39
2019	43.25	35.30	22.94	22.83	18.67	21.48	22.65	34.21	26.44
2020	43.37	35.27	22.09	22.36	17.44	21.23	22.26	35.26	26.22

资料来源：世界银行数据库。

表 9-7　　2000~2020 年全社会、三次产业和民间固定资产投资

年份	全社会固定资产投资 绝对数（亿元）	比上年增长（%）	第一产业 绝对数（亿元）	比上年增长（%）	第二产业 绝对数（亿元）	比上年增长（%）	第三产业 绝对数（亿元）	比上年增长（%）	民间固定资产投资 绝对数（亿元）	比上年增长（%）
2000	32918	10.3	—	—	—	—	—	—	—	—
2001	37214	13.0	—	—	—	—	—	—	—	—
2002	43500	16.9	—	—	—	—	—	—	—	—
2003	53841	23.8	518	—	16112	—	27759	—	—	—
2004	66235	23.0	595	14.8	21017	30.4	33862	22.0	—	—
2005	80994	22.3	727	22.1	27588	31.3	40199	18.7	—	—
2006	97583	20.5	898	23.6	33263	20.6	48670	21.1	—	—
2007	118323	21.3	1096	22.1	41001	23.3	59114	21.5	—	—
2008	144587	22.2	1588	44.8	50365	22.8	72481	22.6	—	—
2009	181760	25.7	2220	39.9	61177	21.5	93536	29.0	—	—
2010	218834	20.4	2493	12.3	72647	18.7	114825	22.8	—	—
2011	238782	20.1	3712	16.4	87371	19.7	138609	20.8	—	—
2012	281684	18.0	4442	19.6	99620	14.0	167781	21.0	153698	—
2013	329318	16.9	5399	21.6	111876	12.3	201496	20.1	184662	20.1
2014	373637	13.5	6613	22.5	122410	9.4	233858	16.1	213811	15.8
2015	405928	8.6	8095	22.4	129557	5.8	257865	10.3	232644	8.8
2016	434364	7.0	9146	13.0	132867	2.6	282386	9.5	239137	2.8
2017	461284	6.2	9810	7.3	135970	2.3	305949	8.3	251650	5.2
2018	488499	5.9	11075	12.9	144455	6.2	322931	5.6	273543	8.7
2019	513608	5.1	11136	0.6	149005	3.2	344071	6.5	286400	4.7
2020	527270	2.7	13302	19.5	149154	0.1	356451	3.6	289264	1.0

资料来源：《中国统计年鉴》。

三是净出口需求不足。由表 9-8 可见，1978 年以来，中国货物和服务净出口对国内生产总值增长贡献率和拉动波动性较大，其中负向年份占比

44.2%。由表9-9可见，1978~2006年中国贸易额占国民生产总值比例持续上升，之后呈现下降趋势，而世界其他地区尽管也有波动，但下降幅度不大，欧盟则表现为持续上升趋势。

表9-8　1978~2020年货物和服务净出口对国内生产总值增长贡献率和拉动

年份	货物和服务净出口对国内生产总值增长贡献率（%）	货物和服务净出口对国内生产总值增长拉动（百分点）
1978	-5.4	-0.6
1980	1.8	0.1
1985	-51.5	-6.9
1990	80.5	3.2
1995	7.2	0.8
2000	-0.5	0.0
2001	-13.5	-1.1
2002	1.9	0.2
2003	-4.9	-0.5
2004	-4.9	-0.5
2005	10.1	1.1
2006	14.3	1.8
2007	7.8	1.1
2008	2.7	0.3
2009	-42.8	-4.0
2010	-10.8	-1.1
2011	-6.8	-0.6
2012	2.5	0.2
2013	-3.3	-0.3
2014	-1.3	-0.1
2015	8.4	0.6
2016	-11.7	-0.8
2017	4.7	0.3

续表

年份	货物和服务净出口对国内生产总值增长贡献率（%）	货物和服务净出口对国内生产总值增长拉动（百分点）
2018	-7.2	-0.5
2019	12.6	0.7
2020	28.0	0.7

资料来源：《中国统计年鉴》。

表9-9　1978~2020年中国和部分地区贸易额占国民生产总值比例　　单位：%

年份	中国	世界	欧洲联盟	东亚与太平洋地区	拉丁美洲与加勒比海地区	北美	经合组织成员	中高等收入国家	高收入国家
1978	9.65	32.00	46.24	28.72	27.67	19.71	31.40	17.36	37.20
1979	11.09	34.25	49.26	31.98	29.09	21.28	33.39	19.00	39.55
1980	12.42	37.12	51.64	35.17	30.30	22.96	36.47	21.23	42.80
1981	14.90	37.39	54.17	36.37	29.32	22.23	36.87	22.69	43.07
1982	14.22	35.90	54.10	34.65	27.90	20.03	35.69	22.01	41.43
1983	13.57	35.23	53.99	33.66	29.43	19.25	35.14	21.80	40.59
1984	15.77	36.66	56.87	34.72	30.16	20.52	37.04	23.57	42.28
1985	20.69	36.68	57.36	36.09	29.65	19.72	36.60	26.45	41.50
1986	19.90	34.29	50.65	34.56	28.59	20.00	34.06	25.13	38.75
1987	20.75	35.00	50.05	36.03	29.37	20.80	34.12	26.47	39.06
1988	23.03	36.42	51.26	38.05	32.52	21.84	34.91	29.26	39.90
1989	19.13	37.00	54.02	36.09	32.36	22.35	35.95	28.23	40.89
1990	22.20	37.49	53.06	37.84	33.10	22.41	35.88	29.58	40.87
1991	24.07	37.48	53.29	38.59	32.44	22.31	35.41	29.63	40.57
1992	26.10	40.06	52.96	39.16	33.17	22.77	35.36	39.77	40.34
1993	25.90	38.71	51.44	38.71	31.64	23.32	35.12	35.39	40.04
1994	35.77	40.99	54.06	44.24	32.11	24.77	36.88	40.06	41.60
1995	34.28	43.09	57.07	45.30	35.19	26.45	39.22	40.65	44.16
1996	33.81	43.18	57.85	44.95	36.10	26.77	40.23	39.88	44.66

续表

年份	中国	世界	欧洲联盟	东亚与太平洋地区	拉丁美洲与加勒比海地区	北美	经合组织成员	中高等收入国家	高收入国家
1997	34.53	45.08	61.97	46.34	36.18	27.77	42.30	41.90	46.55
1998	32.42	45.48	63.31	47.81	36.21	27.54	42.64	41.59	46.79
1999	33.52	45.91	64.19	46.61	37.35	28.16	42.77	43.86	47.09
2000	39.41	50.55	71.84	52.38	39.16	30.03	46.73	48.17	51.55
2001	38.53	49.46	71.09	51.08	39.24	27.70	45.52	47.17	50.40
2002	42.75	49.27	68.82	52.62	41.57	26.85	44.14	49.65	49.25
2003	51.80	51.01	67.86	58.18	43.53	26.66	43.89	55.00	49.60
2004	59.51	54.44	70.99	64.75	45.78	28.35	46.18	59.80	52.50
2005	62.21	56.50	74.28	67.30	45.75	29.41	48.10	61.06	54.80
2006	64.48	58.75	78.96	69.73	46.38	30.48	50.86	62.05	57.81
2007	62.19	59.10	80.87	68.85	46.41	31.28	51.99	60.24	59.10
2008	57.61	60.74	82.02	69.35	48.15	33.04	54.19	58.67	61.73
2009	45.18	52.26	71.72	57.26	41.35	27.64	47.22	48.75	53.79
2010	50.72	56.71	79.66	62.59	43.98	30.97	51.82	52.50	58.90
2011	50.74	59.90	85.14	64.68	46.43	33.56	55.67	53.51	62.93
2012	48.27	59.67	86.78	63.26	46.03	33.42	56.10	52.11	63.33
2013	46.74	58.85	86.22	62.49	45.21	32.77	55.68	50.64	62.97
2014	44.91	58.26	87.11	61.51	44.22	32.95	55.83	49.51	62.86
2015	39.46	55.87	88.50	55.86	44.52	31.10	54.83	46.46	61.06
2016	36.89	54.06	87.48	52.20	44.41	29.91	53.69	44.51	59.36
2017	37.63	55.78	90.57	54.08	44.67	30.49	55.62	45.49	61.25
2018	37.57	57.27	92.25	55.07	48.14	30.92	56.94	47.20	62.29
2019	35.89	55.97	92.17	52.81	46.70	29.72	56.22	45.65	61.37
2020	34.59	52.10	85.60	49.77	46.66	26.65	51.82	43.75	56.60

资料来源：世界银行数据库。

近年来，受全球经济危机、贸易保护主义、中美经贸摩擦以及新冠疫情等因素的影响，国际市场需求受到严重抑制。因此，在外需不振的情况下，立足国内市场，充分发掘内需潜力，加快推进农业转移人口市民化显得尤为重要[1]。农民工市民化是扩大内需的关键，是国内大循环的重要组成部分[2]。提升农业转移人口市民化质量，充分发挥内需作为经济发展基本动力的作用，有助于应对外部风险挑战，稳定我国经济基本局面[3]。近2.9亿人的农民工及其家属的市民化，将会从公共服务设施、基础设施、住房需求等方面释放出巨大的内需潜力。蔡翼飞和马佳丽2022年的测算显示，2019年基准方案下，农民工市民化对总需求的拉动作用为14286亿元，拉动国内总需求增长1.46个百分点，加快方案下拉动作用为19687亿元；其中，基准方案下对投资增长的拉动作用为12573亿元，加快方案下拉动作用为17193亿元；基准方案下对消费增长的拉动作用为1713亿元，加快方案下拉动作用为2494亿元[4]。由此可见，农民工市民化可以极大地带动消费需求和投资需求提升，而这有助于突破农业与非农产业发展的需求约束，为工农业两大部门发展提供市场条件。

9.1.4 农民工市民化可以通过城镇化转型促进工农业协调发展

农民工市民化可以使得农村人口在空间结构上不断向区位条件相对优越的城镇聚集。而随着城镇规模的扩大，聚集效应的提高又会进一步促进工业化进程，并通过工业化与城镇化相互作用，优化农业资源配置，改善农村生产、生活条件。而这一城镇化的过程必须是以人为核心的转型过程，一是提高农民工融入城市的意愿和能力，为他们自由迁移创造公平的制度环境，妥善解决他们的就业、安居、子女教育、社会保障和社会融入等问题；二是实现资源要素在大城市、中小城市、城镇和农村之间自由流动和均衡配置。

推进农民工市民化进程，实现以人为核心的城镇化发展转型，第一，可以通过城镇聚集效应促进工业化与农业现代化协调发展。农民工群体如果像

---

[1] 蔡翼飞、马佳丽：《农业转移人口市民化的内需拉动效应研究》，载《河北经贸大学学报》2022年第3期，第77页。

[2] 李爱民等：《我国农业转移人口深度市民化研究》，载《中国软科学》2022年第8期，第70页。

[3] 史育龙：《提高农业转移人口市民化质量加快释放内需潜力》，载《宏观经济管理》2021年第11期，第12页。

[4] 蔡翼飞、马佳丽：《农业转移人口市民化的内需拉动效应研究》，载《河北经贸大学学报》2022年第3期，第82页。

候鸟一样在城乡间往返流动,不能实现永久性迁移,就会严重影响城镇聚集效应的形成。农民工市民化提高了这一群体的就业稳定性、薪酬水平和社会保障程度,使他们能够在城镇定居下来,从而促进人口与其他生产要素在城镇聚集,形成城镇聚集效应,而这可以实现,一是通过对厂房、机械设备、运输管道等固定资本,以及城镇基础设施、交通、管理、污染防治等公共物品、准公共物品的集中使用降低企业的生产成本;二是通过多样化的商品集中和人力资本集中,提高企业的信息交流与商品交换的便利性,降低企业的交易成本;三是通过促进分工和生产专业化,提高生产的循环程度,扩大对中间产品和生产性服务的需求,由此促进资本积累并推进工业化进程。随着生产要素在城镇聚集,农村内部土地资源也会出现重新配置,这突出地表现在农业劳动力和农村人口在城市聚集经济的吸引下不断流向城镇非农产业,农村人均耕地面积会相应增加,从而为农业现代化创造良好条件。

第二,可以通过形成科学、合理的城镇空间体系,发挥城镇对乡村的辐射、带动作用,促进城乡融合发展。在聚集经济条件下,生产要素和经济活动会向具有区位优势的城镇集中。但是由于企业和居民对有利区位的竞争,也会提高地租并产生其他"拥挤"成本,因此,城市空间边界就会在聚集经济所产生的吸引力和聚集不经济所产生的分散力之间错综复杂的相互作用下,以及在市场主体对聚集收益与聚集成本的权衡之下,演变成不同的形态。发达国家二元经济转型过程中,城市空间结构不仅呈现出由单一中心向多中心演变,形成了以大城市为中心,中小城市、小城镇协调发展的城市体系,而且随着两个或多个城市体系之间的联系不断加强,城市体系间形成了大量的中小城市和小城镇,进而形成了城市带和城市群。

科学、合理的城镇空间体系的形成,不仅提高了土地资源的利用效率,改善了资源配置效率,更通过城镇对农村的辐射作用,带动了农村经济与社会发展。越是邻近城市,农业的现代化程度和农产品的商品化率就越高,农民土地的租金收入也就越高。随着城市规模的扩大,城市对农村腹地的辐射范围也随之扩大,而多中心城市体系的形成,特别是城市带和城市群的形成,使广大农村都能通过大中小城市和小城镇的城市空间体系受到城市经济的辐射与影响。在开放的城市体系中,城市与农村存在着以分工为基础的相互依存相互促进的关系。一方面广大的农村腹地为城市经济提供食品、农业原材料和劳动力、土地等生产要素;另一方面城市又为农村提供大量非农消费品、农业投资品及其他服务。随着城市空间范围的扩大，城市空间体系的形成，以及城市之间联系的不断强化，城乡间通过商品交换、要素流动的联系不断深化，城市对农村腹地的辐射与带动作用也就愈加突出。如果说，单一中心城市发展阶段，城市对农村的辐射作用只是体现在中心城市郊区的话，那么，随着多中心城市体系和城市带的形成，城市对农村的辐射作用则表现为通过城市网络体系覆盖整个农村区域。

9.2 农民工市民化影响城乡融合发展水平的检验

本节构建了计量模型，对农民工市民化促进城乡融合发展的作用机理做以检验。

9.2.1 农业劳动力转移的基本状况

自20世纪90年代中期以来，我国外出农民工的人数逐渐超过本地农民工，成为农民工的主体。国家统计局农民工监测调查报告数据显示，2008~2021年间，除受新冠疫情影响最为严重的2020年农民工总量有小幅度回落外，其余年份农民工总量均呈增长趋势，从2008年的22542万人增加到2021年的29251万人，年均转移规模为536.85万人，年均增长为2.4%。其中外出农民工人数从14041万人增加到17172万人；本地农民工人数从8501万人增加到12079万人（见表9-10）。

表9-10　　　　2008~2021年农民工及外出农民工统计数据　　　单位：万人

年份	农民工总量	外出农民工	本地农民工
2008	22542	14041	8501
2009	22978	14533	8445
2010	24223	15335	8888
2011	25278	15863	9415
2012	26261	16336	9925
2013	26894	16610	10284
2014	27395	16821	10574

续表

年份	农民工总量	外出农民工	本地农民工
2015	27747	16884	10863
2016	28171	16934	11237
2017	28652	17185	11467
2018	28836	17266	11570
2019	29077	17425	11652
2020	28560	16959	11601
2021	29251	17172	12079

资料来源：根据2008~2021年《农民工监测调查报告》和2008~2021年《国民经济和社会发展统计公报》整理得出。

9.2.2 农民工市民化的测度

关于农民工市民化程度的测度在学术界已有一定的成果，但并没有形成统一的方法。王瑜等[1]、张光辉[2]利用生活工资（Anker）法测算了农民工市民化程度，刘静等基于需求可识别的双变量Probit和HLM模型测度了农民工市民化程度[3]，王春超等基于经济生活、社会保障、文化素质、自我实现和心理五个维度构建了衡量农民工市民化水平的综合评价指标体系[4]。

农民工的市民化程度实际上是"基本城市生活门槛到达率"，也即农民工在城市体面生活所需要的"生活工资"水平[5]。2005年，理查德·安克（Richard Anker）在国际劳动组织日内瓦工作报告中（No.72）中首次提出生活工资法。生活工资主要是指工人在合理的工作时间内，能够负担得起被社

---

[1] 王瑜等：《农民工跨越市民化经济门槛分析——基于生活工资Anker法的新测量工具》，载《经济地理》2018年第9期，第47~58页。

[2] 张光辉：《二元经济转型视角下农民工市民化研究》，辽宁大学博士学位论文，2019年，第63页。

[3] 刘静，张锦华：城市异质影响下的农民工市民化程度——基于需求可识别双变量Probit和HLM模型的测度与分析，载《浙江社会科学》2021年第10期，第63~71+80+157页。

[4] 王春超，蔡文鑫：《流动人口市民化与推进路径测算研究——基于同质化水平测度的视角》，载《经济社会体制比较》2021年第5期，第161~173页。

[5] 张光辉：《二元经济转型视角下农民工市民化研究》，辽宁大学博士学位论文，2019年，第62页。

会认可且符合所处社会的经济发展程度的基本体面家庭生活的工资水平①。理查德·安克认为,"体面的生活"包括食物、水、居家、教育、医疗、交通等其他必要生活支出②。这种测算方法的测量逻辑可以更加精准地反映出边缘群体"收入水平与生存环境"间的冲突和张力,与其他测算方法相比更适用于对边缘流动群体在新居住地的适应状况分析。由此可见,这一方法可以用于农民工市民化程度的测量。因此,本章借鉴王瑜等、张光辉等采用生活工资法测算农民工市民化程度,具体测算流程图如图9-2所示。

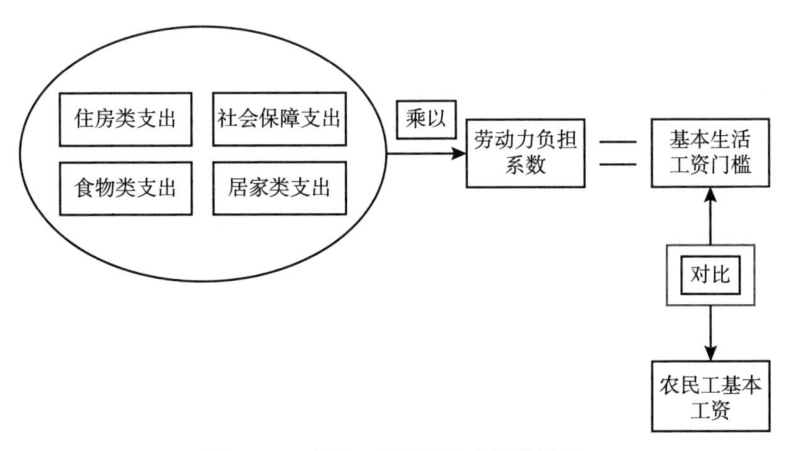

图 9-2　农民工市民化程度测算流程

在测算城市必要生活支出(包括住房类支出、社会保障支出、食物类支出和居家类支出)的基础上,乘以农民工的家庭劳动力负担系数(家庭每个成年劳动力所需供养的人口数),得到基本生活工资门槛(要承担和抚养其家庭在城市中的基本生活所须负担的人均费用),并与农民工人均工资收入相对比,最终得到农民工市民化程度测量结果。

9.2.2.1　关于城市必要生活支出的测算

现阶段没有住房类支出、社会保障支出、食物类支出和居家类支出的相关城镇门槛支出数据,需要通过其他统计数据间接测算。我国针对城市低收

---

① 王瑜等:《农民工跨越市民化经济门槛分析——基于生活工资 Anker 法的新测量工具》,载《经济地理》2018 年第 9 期,第 49~50 页。

② Anker R, Anker M., Living Wages Around the World: Manual for Measurement, Northampton: Edward Elgar Publishing, 2017.

入群体所提供的社会救助，目的在于帮助这些低收入群体在城市获得"体面生活"。由此，城市低保群体获得社会救助后的人均消费支出，将更接近城镇基本生活的支出门槛。较为遗憾的是，这方面的数据依然难以获得，最终本文采取的办法是，根据城镇居民人均消费支出、农村居民人均消费支出以及不同种类消费支出占城镇居民人均消费支出的比例数据对城市必要生活支出进行近似估算。基于现有统计参照对象的数据特征，采用"混入法"和"取小法"两种数据处理方式。

"混入法"，该种方法的数据处理逻辑为，通过引入农村居民平均消费支出数据，来"抑低"城镇居民平均消费支出，进而使得后者更趋近于门槛消费支出。城镇居民的门槛类消费支出，与城镇居民的平均消费支出相比较低，但与农村居民的平均消费支出相比较高。而且，在某些支出门类下，反而会更接近农村居民的平均消费支出。因此，采用"混入"农村居民平均消费支出的方式来间接测算城市必要生活支出，具有合理的测算理由和测算价值。测算公式见式（9.1）。

$$\begin{cases} 城镇居民人均基本门槛消费支出 = \dfrac{\sum\left(\dfrac{\sum(C+V)}{2}+V\right)}{2} \\ C:城镇居民人均消费支出 \\ V:农村居民人均消费支出 \end{cases} \quad (9.1)$$

即在求得我国城乡居民平均消费支出的基础上，对我国农村居民人均消费支出与城乡平均消费支出进行加总求平均，便可得到较为贴近城市基本门槛消费支出的数据[①]。

"取小法"，如果存在权威的比例尺度数据（如，某类消费支出占城镇居民平均消费支出的比例为某个区间），这时，选取最小比例测算门槛消费支出的好处是，不必纠结于居民消费的低值数据，而是去探讨低比例所对应的

---

① 公式中将农村居民平均消费支出与城乡平均消费支出加总求平均，而非和城镇居民平均消费支出加总。其原因在于，混入法的目的是引入农村居民平均消费支出来降低城镇平均消费支出数据，使得最终数据更加合理。但因为统计年鉴中的城镇人口，主要为户籍人口，而我们考虑到城镇基本消费支出是包括非户籍人口在内的常住人口。因此，在忽视这个问题的背景下，等比例直接求均值的话，会高估城镇基本门槛消费支出，使得我们对其进行降值的努力无效。因此需要在第一步"均值"的基础上，再次和农村居民平均消费支出数据求二次平均，得到的最终结果则更加合乎城镇最基本门槛消费支出数据。

消费数据，从而可以解决没有门槛生活数据，只有城镇平均生活水平数据的测量才是难题。

第一，住房类支出的测量方法。本章采用第二种测量方法来测算住房类支出。由于城镇居住环境和居住条件的差异，以及居住类型的不同（租房、自有房等），住房类支出的测量较为困难。因此，平均数只具有参考价值。尽管如此，除了平均居住类支出数据以外，其他反映住房类支出的有效数据可获得性较低。因此，本章综合参考了《中国统计年鉴》中关于城镇家庭居住类消费支出的统计数据以及链家、安居客、房天下等网站的一些调查报告，以便能够更加精准全面地反映城镇住房价格和消费变化情况。以2020年为例，城镇居民人均居住类消费为6958元，占总消费的比例为25.76%左右[1]。与同年，房天下、安居客等第三方专业机构网站的数据显示的居民租房支出占其月收入的比例数据相比，差距不大[2]，因此，本书选择最低的测算门槛——占收入25%这一比例数据，来测算城市的体面住房类支出。2020年城镇居民人均可支配收入为43834元，因此最终结果为10958.5元。

第二，社会保障类支出的测量。社会保障类支出的测量难度更高，据历年统计局数据汇总可以发现，我国居民社保费率占收入比例为12%~15%。总体来看，城镇职工的工作性质存在差异，绝大多数就业单位为非机关事业单位的企业，尤其是中小微企业（张光辉，2019）[3]。受雇于中小微企业的员工与机关事业单位、国有企业、私营大型企业等员工相比个人社保意识和积极性较低，同时在2020年各地逐步实现社保缴纳制度改革前，很多地方的中小微企业并没有或者没有足额、足期缴纳社保，因此社会保障实际缴纳比例会更低一些。据此，我们可以按照城镇居民社保支出占工资收入的12%来估算基本社会保障支出的门槛。2020年城镇单位就业人员平均工资为97379元[4]，这样计算结果为11685.48元。

第三，食物类支出的测量。测算基本食物类支出要充分考虑基本营养需求、兼顾膳食平衡。2020年，城镇居民的恩格尔系数为29.2%[5]，农村居民的恩格尔系数为32.7%[6]。城镇居民人均消费支出为27007元，农村居民人

---

[1][4][5][6] 资料来源：《2021年中国统计年鉴》。
[2] 所占比例不同也有可能是统计口径不同所造成的。
[3] 张光辉：《二元经济转型视角下农民工市民化研究》，辽宁大学博士学位论文，2019年，第67页。

均消费支出为13713元①。根据以上数据，城镇居民的人均食物类支出为7886元，农村居民的人均食物类支出为4484元。之后，采用"混入法"[公式（9.1）]，可以求得城市居民的基本体面食物类支出为5334.5元。

第四，居家类支出的测量。居家类支出主要是指城镇居民日常生活中所需的各项基本支出，如交通出行、日化用品和消耗品购买、通信网络、供暖供热、水电燃气、求医问药以及教育文化支出等。这些支出与食品类支出相比，更难以估算。2020年，城镇居民人均衣着支出、生活用品及服务支出、交通通信支出、教育文化支出、医疗保健消费支出分别为1645元、1640元、3474元、2592元以及2172元，共计11523元。农村居民人均衣着支出、生活用品及服务支出、交通通信支出、教育文化支出、医疗保健消费支出分别为713元、768元、1841元、1309元以及1418元，共计6049元。进一步使用"混入法"及公式（9.1），来计算城镇居民的基本体面居家类支出费用，最终得到城镇居民的体面居家类支出为7417.5元。

9.2.2.2 关于劳动力负担系数的说明

国家卫生健康委员会发布的《中国家庭发展报告》是针对城乡家庭进行的长期调查。根据《中国家庭发展报告（2015）》中的数据，我国农村每户家庭平均规模为3.06人②。本节以3人为家庭规模，按照每个家庭两个成年劳动力来计算，可得劳动力负担系数为1.5。

9.2.2.3 测算结果

如表9-11所示，2012~2020年所选样本各省市的农民工市民化程度均呈现出逐年递增的趋势。从年均增长速度来看，云南、陕西、山东、广东、重庆排名前五位，增长速度分别为年均7.0%、4.71%、4.07%、2.78%、2.42%。湖北、甘肃、上海、天津、吉林的增长速度排名后五位，数值分别为1.28%、1.11%、1.07%、1.03%、0.93%。

---

① 资料来源：《2021年中国统计年鉴》。
② 《中国家庭发展报告（2015年）》，百度文库，2018年7月4日，https://wenku.baidu.com/view/7f99c49dd05abe23482fb4daa58da0116c171f0f.html?_wkts_=1702032299774&bdQuery=中国家庭发展报告%282015年%29。

第9章 推进农民工市民化促进城乡融合发展

表 9-11　　　　　　　　　　农民工市民化程度

地区	2012年	2013年	2014年	2015年	2016年	2017年	2018年	2019年	2020年	年均增长率（%）2012~2020年
北京	0.50	0.51	0.51	0.51	0.53	0.54	0.54	0.54	0.56	1.33
天津	0.54	0.55	0.55	0.56	0.57	0.57	0.57	0.58	0.59	1.03
河北	0.46	0.46	0.47	0.48	0.49	0.49	0.50	0.51	0.52	1.45
山西	0.47	0.48	0.49	0.50	0.50	0.51	0.51	0.53	0.54	1.65
辽宁	0.49	0.51	0.51	0.53	0.53	0.54	0.55	0.55	0.56	1.59
吉林	0.48	0.48	0.49	0.49	0.50	0.50	0.51	0.51	0.52	0.93
黑龙江	0.48	0.50	0.50	0.51	0.52	0.53	0.53	0.54	0.55	1.62
上海	0.52	0.53	0.54	0.55	0.55	0.56	0.56	0.56	0.57	1.07
江苏	0.50	0.51	0.53	0.54	0.54	0.55	0.56	0.57	0.57	1.56
浙江	0.50	0.51	0.53	0.53	0.54	0.55	0.56	0.57	0.57	1.56
安徽	0.45	0.47	0.48	0.49	0.49	0.50	0.51	0.51	0.52	1.73
福建	0.48	0.50	0.51	0.53	0.54	0.55	0.55	0.57	0.57	2.08
江西	0.44	0.44	0.45	0.46	0.48	0.49	0.50	0.50	0.51	1.77
山东	0.41	0.44	0.45	0.46	0.48	0.50	0.53	0.53	0.56	4.07
河南	0.39	0.40	0.42	0.43	0.44	0.44	0.46	0.46	0.47	2.28
湖北	0.52	0.53	0.54	0.55	0.56	0.56	0.57	0.57	0.58	1.28
湖南	0.44	0.44	0.45	0.47	0.48	0.48	0.49	0.50	0.50	1.52
广东	0.48	0.49	0.51	0.51	0.52	0.54	0.57	0.59	0.60	2.78
海南	0.46	0.47	0.48	0.50	0.50	0.51	0.52	0.51	0.53	1.69
重庆	0.46	0.50	0.52	0.53	0.54	0.55	0.56	0.58	0.56	2.42
四川	0.40	0.40	0.42	0.43	0.43	0.44	0.45	0.47	0.48	2.22
贵州	0.38	0.38	0.40	0.41	0.41	0.42	0.42	0.43	0.43	1.46
云南	0.27	0.29	0.32	0.33	0.35	0.38	0.38	0.42	0.44	7.00
陕西	0.33	0.35	0.42	0.43	0.44	0.44	0.45	0.47	0.47	4.71
甘肃	0.40	0.42	0.43	0.43	0.42	0.43	0.43	0.44	0.44	1.11

资料来源：计量部分统一给出。

东部地区总体来讲市民化程度要高于中部、西部地区，其中市民化水平最低的三个省份为甘肃、云南、贵州，市民化程度分别为44%、44%、43%，均属于西部地区。

9.2.3 城乡融合发展水平的测度

2016年，王艳飞等基于投资、产业、收入及消费四个方面建立了衡量城乡融合发展水平的指标体系[1]；2017年，郭岚选用经济发展、基础设施、社会生活、公共服务及生态环境五个维度指标来构建城乡融合发展水平的指标体系，采用层次分析法分析了该指标变化趋势[2]；2019年，周佳宁等从经济、社会、人口、空间、生态环境五个维度出发构建了指标体系并利用主成分分析法测度了城乡融合发展指数[3]。本书结合现有理论以及指标选取的科学性、系统性、代表性、可操作性原则，充分考虑城市、乡村发展的异质性，基于经济、社会、文化、生态四个维度构建城乡融合发展的指标体系，并利用比较成熟的复合系统协调度模型测算城乡融合发展指数，具体指标选择如表9-12所示。

表9-12　　　　　　　　城乡融合发展综合评价体系

系统	一级指标	二级指标
城市系统	经济发展	城市家庭可支配收入（元）
		城镇单位就业人员平均工资（元）
		城市居民人均消费支出（元）
		城市居民家庭恩格尔系数（%）
		城市生产总值（亿元）
		城镇就业人员数（万人）

---

[1] 王艳飞等：《中国城乡协调发展格局特征及影响因素》，载《地理科学》2016年第1期，第20~28页。

[2] 郭岚：《上海城乡一体化测度研究》，载《上海经济研究》2017年第7期，第93~104页。

[3] 周佳宁等：《多维视域下中国城乡融合水平测度、时空演变与影响机制》，载《中国人口·资源与环境》2019年第9期，第166~176页。

第9章 推进农民工市民化促进城乡融合发展

续表

系统	一级指标	二级指标
城市系统	社会发展	城市每万人拥有公共交通车辆（标台）
		城市居民最低生活保障人数（万人）
		城市每万人拥有卫生技术人员数（人）
		城市医疗卫生机构床位数（万张）
		城镇居民失业率（%）
		城市平均受教育年限
	文化发展	城镇居民人均文教娱乐现金消费支出（元）
		博物馆参观人次（万人次）
	生态发展	建成区绿化覆盖率（%）
		工业污染治理完成投资（万元）
		人均公园绿地面积（平方米）
		城镇垃圾无害化处理率（%）
农村系统	经济发展	农林牧渔业总产值（亿元）
		农业从业人员数（万人）
		农作物总播种面积（千公顷）
		农村恩格尔系数（%）
		农村居民人均消费支出（元）
		农村居民家庭人均可支配收入（元）
	社会发展	农村平均受教育年限
		农村居民最低生活保障人数（万人）
		农村每万人拥有卫生技术人员数（人）
		农业机械总动力（万千瓦）
		农村宽带接入用户（万户）
		村卫生室个数（个）
		农村水电建设本年完成投资额（万元）
	文化发展	农村居民人均文教娱乐现金消费支出（元）
		农村广播节目人口覆盖率（%）
	生态发展	森林覆盖率（%）
		森林病虫鼠害防治率（%）

资料来源：计量部分统一给出。

城乡融合度模型为：

$$D = \sqrt{C \times T}$$
$$C = 2\sqrt{u(x) \times r(y)} \times [u(x) + r(y)]^{-1}$$
$$T = \alpha u(x) + \beta r(y)$$

其中，D 为城乡融合度，其值越高越好。C 为协调系数，$C \in [0, 1]$，k 为调节系数（表示当城市、农村发展水平一定的条件下，为使城乡融合度达到最大，城市、农村进行组合协调的数量等级，本文取值为2）；T 为城乡融合发展综合评价系数，α、β 为城市、农村发展综合指标权重，本书假定 $\alpha = \beta = 0.5$（城市和农村同样重要），$u(x)$、$r(y)$ 分别为城市、农村综合发展评价指数[①]。2012～2020年，中国各省份的城乡融合度如表9–13所示。

表 9 – 13　　　　　　　　2012～2020 年中国城乡融合度

省份	2012年	2013年	2014年	2015年	2016年	2017年	2018年	2019年	2020年	年均增长率（%）2012～2020年
北京	0.51	0.52	0.53	0.53	0.55	0.56	0.57	0.58	0.59	1.67
天津	0.43	0.43	0.44	0.44	0.45	0.46	0.46	0.48	0.48	1.28
河北	0.53	0.55	0.56	0.58	0.58	0.58	0.60	0.61	0.62	1.92
山西	0.46	0.46	0.47	0.46	0.46	0.48	0.49	0.49	0.50	1.07
辽宁	0.48	0.49	0.51	0.52	0.52	0.52	0.53	0.53	0.52	0.88
吉林	0.43	0.43	0.43	0.45	0.46	0.46	0.47	0.48	0.48	1.35
黑龙江	0.38	0.39	0.38	0.39	0.40	0.41	0.41	0.41	0.41	1.06
上海	0.50	0.51	0.53	0.54	0.54	0.55	0.57	0.58	0.58	1.56
江苏	0.72	0.74	0.74	0.75	0.77	0.79	0.79	0.80	0.83	1.67
浙江	0.68	0.70	0.72	0.76	0.77	0.77	0.78	0.78	0.81	2.17
安徽	0.50	0.52	0.52	0.52	0.53	0.56	0.58	0.59	0.59	2.13

---

① 城市、农村综合发展评价指数采用面板数据熵值法测度，其中城市综合发展评价各一级指标权重为：经济（0.4042）、社会（0.2676）、文化（0.1645）、生态（0.1637）；农村综合发展评价各一级指标权重为：经济（0.3798）、社会（0.4516）、文化（0.0915）、生态（0.0771）。

续表

省份	2012年	2013年	2014年	2015年	2016年	2017年	2018年	2019年	2020年	年均增长率（%）2012~2020年
福建	0.49	0.52	0.52	0.53	0.54	0.54	0.56	0.58	0.59	2.36
江西	0.49	0.50	0.51	0.51	0.53	0.54	0.55	0.55	0.55	1.32
山东	0.64	0.66	0.66	0.70	0.73	0.75	0.76	0.76	0.76	2.12
河南	0.59	0.61	0.62	0.63	0.63	0.66	0.66	0.67	0.68	1.69
湖北	0.52	0.53	0.54	0.54	0.54	0.57	0.57	0.59	0.59	1.48
湖南	0.55	0.56	0.57	0.59	0.61	0.60	0.62	0.62	0.63	1.68
广东	0.60	0.62	0.63	0.64	0.65	0.66	0.68	0.71	0.71	1.96
海南	0.36	0.37	0.37	0.38	0.38	0.40	0.41	0.43	0.43	2.24
重庆	0.45	0.46	0.47	0.47	0.48	0.49	0.50	0.51	0.51	1.47
四川	0.59	0.61	0.61	0.63	0.64	0.65	0.66	0.67	0.68	1.66
贵州	0.30	0.32	0.33	0.36	0.37	0.38	0.39	0.41	0.42	4.39
云南	0.45	0.48	0.49	0.51	0.52	0.53	0.52	0.54	0.54	2.25
陕西	0.50	0.51	0.52	0.51	0.52	0.53	0.53	0.55	0.56	1.31
甘肃	0.41	0.43	0.44	0.45	0.45	0.47	0.48	0.48	0.48	2.09

由此可见，2012~2020年所选样本各省市的城乡融合程度均呈逐年递增趋势。从年均增长速度来看，贵州、福建、云南、海南、浙江排名前五位，增长速度分别为年均4.39%、2.36%、2.25%、2.24%、2.17%，陕西、天津、山西、黑龙江、辽宁的增长速度排名后五位，数值分别为1.31%、1.28%、1.07%、1.06%、0.88%。

9.2.4 农民工市民化影响城乡融合发展的计量检验

9.2.4.1 变量选取与数据来源

根据农民工市民化影响城乡融合发展的理论机理以及数据的可得性，本文的被解释变量为城乡融合发展，衡量指标为城乡融合发展指数（见表9-13）；核心解释变量为农民工市民化，衡量指标为利用生活工资法测算的农民工市民化程度（见表9-11）；中介变量包括农业规模经营（衡量指标为家庭承包经营耕地面积，单位为亿亩）、人力资本投资（衡量指标为大专及以上学历人数占比)、资本存量参考张军等[1]采用永续盘存法测算,单位换算为万亿元、城镇化转型使用以人为核心的新型城镇化水平衡量[2]。各变量的描述性统计如表9-14所示。

表9-14　　　　　　　　各变量描述性统计

Variable	Obs	Mean	Std. Dev.	Min	Max
城乡融合发展(ruc)	225	0.545	0.108	0.304	0.828
农民工市民化(citizen)	225	0.493	0.059	0.273	0.6
农业规模经营(area)	225	0.479	0.317	0.017	1.300
人力资本投资(hr)	225	0.199	0.777	0.058	11.75
资本存量(k)	225	7.404	4.824	0.563	23.933
城镇化转型(newur)	225	0.122	0.077	0.052	0.436

本节利用2012~2020年中国内陆25个省份(除去5个民族自治地区、青海省、港澳台等地区)的省级面板数据进行计量检验[3]。数据来源包括《中国统计年鉴》《中国农村经营管理统计年报》《中国农业年鉴》《全国农村固定观察点调查数据汇编》《中国教育统计年鉴》《城乡建设统计年鉴》以及各省统计年鉴。

9.2.4.2　模型构建

结构方程模型(SEM)具有多因果联系和路径分析的特点,适用于具有多中介变量的中介效应分析,故本书使用该模型来分析农民工市民化通过农业规模经营、人力资本投资、资本积累以及城镇化转型来影响城乡融合发展的中介效应和综合效应。因本报告所选用的数据皆为公共类数据,因此可以不做信效度检验,但需要进行验证性因子检验和拟合优度检验。

第一,验证因子分析结果。如图9-3所示,log likelihood 统计值约为640.043 > 2.73,说明模型适配度很好。从所构建模型路径因子角度来看,农

---

[1] 张军等:《中国省际物质资本存量估算:1952—2000》,载《经济研究》2004年第10期,第35~44页。
[2] 以人为核心的新型城镇化水平测度方法及结果见本报告的附表2-1和附表2-2。
[3] 5个民族自治地区、青海省、港澳台地区因部分数据缺失及土地政策推进上存在时间差异,缺乏可比性,在进行数据分析时未选用。

民工市民化对中介变量农业规模经营、人力资本投资、资本存量以及城镇化转型影响的 P 值均为 0.000，各中介变量对城乡融合发展的影响除农业规模经营不显著外（P 值为 0.356），其他的中介变量 P 值最大为 0.083＜0.10，说明在 10% 水平上表现显著。

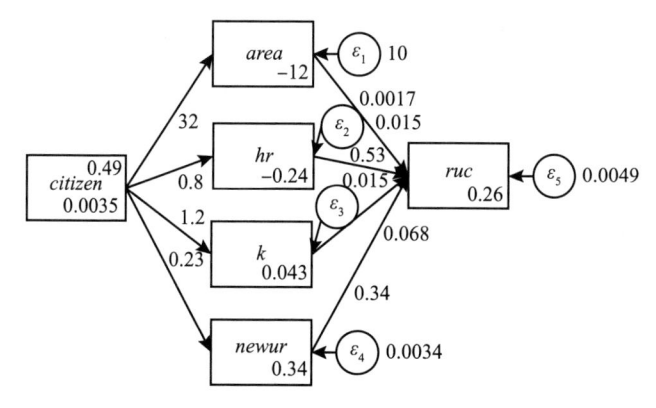

```
Structural equation model                  Number of obs    =         225
Estimation method = ml
Log likelihood    = 640.04298
```

	Coef.	OIM Std. Err.	z	P>|z|	[95% Conf. Interval]	
Structural						
area						
citizen	31.77258	3.565564	8.91	0.000	24.7842	38.76096
_cons	-12.48591	1.769961	-7.05	0.000	-15.95497	-9.016856
hr						
citizen	.7977166	.1385471	5.76	0.000	.5261692	1.069264
_cons	-.2426119	.0687754	-3.53	0.000	-.3774092	-.1078147
k						
citizen	1.16009	.1393277	8.33	0.000	.8870132	1.433168
_cons	.0425794	.0691628	0.62	0.538	-.0929773	.1781361
newur						
citizen	.2306479	.0654599	3.52	0.000	.1023489	.3589469
_cons	.3379004	.0324945	10.40	0.000	.2742123	.4015886
ruc						
area	.0017487	.0018933	0.92	0.356	-.0019621	.0054595
hr	.5258889	.0474428	11.08	0.000	.4329027	.6188751
k	.0682428	.0393772	1.73	0.083	-.0089351	.1454208
newur	.3444751	.0784513	4.39	0.000	.1907134	.4982369
_cons	.2625876	.0402573	6.52	0.000	.1836847	.3414905
var(e.area)	10.04909	.9474373			8.35362	12.08868
var(e.hr)	.0151728	.0014305			.0126129	.0182523
var(e.k)	.0153442	.0014467			.0127554	.0184585
var(e.newur)	.003387	.0003193			.0028156	.0040745
var(e.ruc)	.0048943	.0004614			.0040685	.0058876

```
LR test of model vs. saturated: chi2(7)    =    152.95, Prob > chi2 = 0.0000
```

图 9-3 验证因子分析结果

第二，拟合优度检验结果。如图 9-4 所示，$RMSEA = 0.304 > 0.08$；$CFI = 0.709$、$TLI = 0.377$ 均未超过 0.9，说明模型拟合程度不高，其原因是农业转移人口市民化通过农业规模经营影响城乡融合发展这条中介路径不显著，虽然对模型进行修正后（剔除农业规模经营的中介路径）拟合优度检验结果良好，但却也无法观测到该条中介路径的潜在传导机制，为探究本书理论分析中农民工市民化通过各中介路径影响城乡融合发展的情况，并未对模型进行修正处理。

```
Fit statistic              Value       Description

Likelihood ratio
          chi2_ms(7)      152.945      model vs. saturated
            p > chi2        0.000
         chi2_bs(15)      516.940      baseline vs. saturated
            p > chi2        0.000

Population error
               RMSEA        0.304      Root mean squared error of approximation
   90% CI, lower bound      0.264
           upper bound      0.347
              pclose        0.000      Probability RMSEA <= 0.05

Information criteria
                 AIC    -1244.086      Akaike's information criterion
                 BIC    -1182.596      Bayesian information criterion

Baseline comparison
                 CFI        0.709      Comparative fit index
                 TLI        0.377      Tucker-Lewis index

Size of residuals
                SRMR        0.155      Standardized root mean squared residual
                  CD        0.463      Coefficient of determination
```

图 9-4　拟合优度检验结果

9.2.4.3　基准回归结果

农民工市民化对各中介变量的直接效应以及各中介变量对城乡融合发展的直接效应估计结果如表 9-15 所示。

表 9-15　　　　农民工市民化影响城乡融合发展的直接效应

变量	估计系数	标准误差
农民工市民化→农业规模经营	31.7726***	3.566
农民工市民化→人力资本投资	0.7977***	0.139

第9章　推进农民工市民化促进城乡融合发展

续表

变量	估计系数	标准误差
农民工市民化→资本存量	1.1601***	0.139
农民工市民化→城镇化转型	0.2306***	0.065
农业规模经营→城乡融合发展	0.0017	0.002
人力资本投资→城乡融合发展	0.5259***	0.047
资本存量→城乡融合发展	0.0682*	0.039
城镇化转型→城乡融合发展	0.3445***	0.078

注：* 表示 $p<0.1$，** 表示 $p<0.05$，*** 表示 $p<0.01$。

根据表9-15以及中介效应、综合效应公式①，可以计算出农民工市民化对城乡融合发展影响的中介效应、综合效应（见表9-16）。

表9-16　农民工市民化影响城乡融合发展的中介效应

中介变量	中介效应	中介效应显著性	综合效应
农业规模经营	0.0540	不显著	0.6320
人力资本投资	0.4195	显著	
资本存量	0.0791	显著	
城镇化转型	0.0794	显著	

从表9-15和表9-16可见，农民工市民化可以通过人力资本投资、资本存量、城镇化转型等中介变量显著促进城乡融合发展，其通过农业规模经营促进城乡融合发展的中介路径虽不显著，但从该中介路径的路径因子可见，目前农民工市民化对农业规模经营具有显著的促进作用，尽管农业规模经营对城乡融合发展的影响不具有显著性，但从侧面说明了该路径具有潜在的显著性。农民工市民化对城乡融合发展影响的综合效应为0.6320。

第一，从农业规模经营这条中介路径来看，农民工市民化对农业规模经营

---

① 设 $M_i(i=1, 2, \cdots, n)$ 为自变量 X 对因变量 Y 影响的中介变量，$a_i(i=1, 2, \cdots, n)$ 为 X 到 M_i 的路径系数（直接效应），$b_i(i=1, 2, \cdots, n)$ 表示 M_i 到 Y 的路径系数，$V_i(i=1, 2, \cdots, n)$ 表示 $X \to M_i \to Y$ 这 n 个路径的中介效应，C 表示 X 到 Y 的总效应（综合效应），C^* 表示 X 到 Y 的直接效应，则中介效应为 $V_i = a_i \times b_i (i=1, 2, \cdots, n)$；综合效应为 $C = \sum V_i + C^*$，$(i=1, 2, \cdots, n)$。若 X 与 Y 无直接影响路径则 C^* 为0。

影响显著，二者的直接效应系数为31.7726；农业规模经营对城乡融合发展的直接影响系数为0.0017，不具显著性；这一路径的潜在中介效应为0.0540。这一结论与本文的理论分析不完全相符，其原因可能是，2016年底农地"三权分置"政策才在全国范围内普遍推广[①]，该政策实施的时间尚短，农地所有权、经营权、承包权在土地流转中的权利边界还需进一步明晰，加之农民承包地退出机制尚不健全、土地流转方式较为单一，配套性制度安排，诸如农村土地产权交易市场、城乡居民基本公共服务均等化等还具有完善的空间，促进农地规模经营的期望效果未能充分显现。虽然农民工市民化在一定程度上促进了农业的规模经营，但小规模经营现状并未得到根本性改变，因此需要加快推进农业规模经营，提高农业收益，实现农业现代化，促进城乡融合发展。

第二，从人力资本投资这条中介路径来看，农民工市民化对人力资本投资的影响显著为正，直接效应为0.7977；人力资本投资对城乡融合发展的影响显著，系数为0.5259；农民工市民化通过人力资本投资影响城乡融合发展的中介效应为0.4195。结果表明，农民工市民化可以显著提高农民工和农村居民的人力资本投资意愿以及投资能力，进而提高工农两大部门的劳动力素质，促进城乡融合发展，验证了本书关于农民工市民化可以通过人力资本投资促进城乡融合发展的理论观点。

第三，从资本存量这条路径来看，农民工市民化对资本存量的影响显著为正，直接效应为1.1601；资本存量对城乡融合发展的影响显著为正，直接效应为0.0682；农民工市民化通过资本存量影响城乡融合发展的中介效应为0.0791。验证了本书关于农民工市民化可以释放消费需求和投资需求潜力，进而为工农两大部门协调发展提供市场条件的理论机理。

第四，从城镇化转型这条路径来看，农民工市民化对城镇化转型的影响显著为正，直接效应为0.2306；城镇化转型对城乡融合发展的影响显著为正，直接效应为0.3445；农民工市民化通过城镇化转型影响城乡融合发展的中介效应为0.0794。验证了本书关于农民工市民化可以通过城镇化转型促进工农协调与城乡融合的理论机理。

9.2.4.4 内生性分析

导致内生性的主要途径包括遗漏变量、反向因果、度量误差等，本章考虑

[①] 《关于完善农村土地所有权承包权经营权分置办法的意见》，中华人民共和国中央政府网，2016年10月30日，https://www.gov.cn/zhengce/2016-10/30/content_5126200.htm。

的研究对象，重点处理反向因果所引起的内生性问题。本章根据有效工具变量选择应满足的两个条件（相关性和外生性，即与解释变量相关同时与扰动项不相关），借鉴韩先锋等[①]处理内生性问题的思路，将核心解释变量（农民工市民化）的一阶滞后作为工具变量来进行检验，各路径因子如图9-5所示。

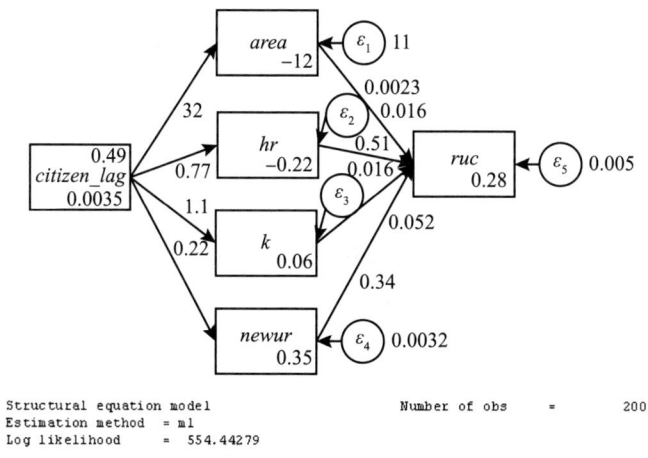

```
Structural equation model                    Number of obs    =     200
Estimation method  = ml
Log likelihood     = 554.44279
```

	OIM Coef.	Std. Err.	z	P>|z|	[95% Conf. Interval]
Structural					
area					
citizen_lag	31.93194	3.953156	8.08	0.000	24.1839 39.67998
_cons	-12.12897	1.944685	-6.24	0.000	-15.94048 -8.317458
hr					
citizen_lag	.7669578	.1530269	5.01	0.000	.4670306 1.066885
_cons	-.2187077	.0752789	-2.91	0.004	-.3662516 -.0711638
k					
citizen_lag	1.144061	.1522403	7.51	0.000	.8456756 1.442447
_cons	.0601424	.074892	0.80	0.422	-.0866432 .2069279
newur					
citizen_lag	.2195422	.0674312	3.26	0.001	.0873794 .351705
_cons	.3474884	.0331716	10.48	0.000	.2824732 .4125036
ruc					
area	.0023401	.0019998	1.17	0.242	-.0015795 .0062597
hr	.5060391	.0496867	10.18	0.000	.4086549 .6034233
k	.0524616	.0416869	1.26	0.208	-.0292433 .1341665
newur	.3423146	.0872899	3.92	0.000	.1712296 .5133996
_cons	.2750205	.0437435	6.29	0.000	.1892848 .3607561
var(e.area)	10.89516	1.089516			8.955984 13.2542
var(e.hr)	.016326	.0016326			.0134203 .019861
var(e.k)	.0161587	.0016159			.0132827 .0196574
var(e.newur)	.0031701	.000317			.0026058 .0038565
var(e.ruc)	.0049583	.0004958			.0040758 .0060319

```
LR test of model vs. saturated: chi2(7)   =    150.45, Prob > chi2 = 0.0000
```

图9-5 内生性处理回归结果

---

① 韩先锋等：《互联网能否成为中国区域创新效率提升的新动能吗?》，载《中国工业经济》2019年第7期，第119~136页。

可见，引入农民工市民化一阶滞后作为工具变量后，农民工市民化通过各中介变量影响城乡融合发展的中介效应显著性与影响方向并无明显的变化，进一步验证了本节机理的合理性。

9.2.4.5 异质性分析

无论是农民工市民化还是城乡融合发展均具有明显的区域异质性，那么农民工市民化通过各中介变量影响城乡融合发展的中介效应与综合效应是否具有区域异质性？本章通过将全国总体样本划分为东部、中部、西部地区进行对比分析①，得出了各区域直接效应、中介效应和综合效应的回归结果，如表9-17和表9-18所示。

表9-17　　　　　　　　直接效应区域异质性

变量	东部地区估计系数	中部地区估计系数	西部地区估计系数
农民工市民化→农业规模经营	74.5046 ***	14.8747 ***	7.8974 ***
农民工市民化→人力资本投资	1.2728 ***	0.3582 *	0.2204 *
农民工市民化→资本存量	1.1708 ***	0.6975 ***	0.6975 ***
农民工市民化→城镇化转型	0.1116 ***	0.2136 ***	0.4685 ***
农业规模经营→城乡融合发展	0.0020	0.0074	0.0059
人力资本投资→城乡融合发展	0.4981 ***	0.5445 ***	0.5989 ***
资本存量→城乡融合发展	0.0232 *	0.3804 ***	0.9772 ***
城镇化转型→城乡融合发展	0.1691 ***	0.9107 ***	0.6855 ***

注：* 表示 $p<0.1$，** 表示 $p<0.05$，*** 表示 $p<0.01$。

表9-18　　　　　中介效应及综合效应区域异质性

中介变量	中介效应 东部地区	中介效应 中部地区	中介效应 西部地区	综合效应 东部地区	综合效应 中部地区	综合效应 西部地区
农业规模经营	0.1490	0.1101	0.0466	0.8290	0.7650	1.1813
人力资本投资	0.6340	0.1950	0.1320			
资本存量	0.0272	0.2653	0.6816			
城镇化转型	0.0189	0.1945	0.3212			

---

① 东部地区包括北京、天津、辽宁、河北、上海、江苏、浙江、福建、山东、广东、海南；中部地区包括黑龙江、吉林、山西、安徽、江西、河南、湖北、湖南；西部地区包括陕西、重庆、四川、贵州、云南、甘肃。

从中介效应角度来看，东部地区农民工市民化通过农业规模经营、人力资本投资影响城乡融合发展的中介效应大于中部、西部地区，可能的原因是地区间的社会经济发展、资源要素禀赋差异。东部地区具有天然的区位优势、科技优势、教育优势，农民工市民化的意愿与能力较中部、西部地区优势明显，更能够促进农业规模经营、人力资本投资，而中部地区虽然具有四通八达的交通条件，但人均资源占有量较少、生态环境较为脆弱、产业体系不够健全，西部地区虽然幅员辽阔但地形复杂，多数地区受高寒气候与短缺水源限制，缺乏规模经营的条件，因此农民工市民化对于农业规模经营、人力资本投资的促进作用较东部地区弱；西部地区农民工市民化通过资本积累、城镇化转型促进城乡融合发展的影响系数大于中部、东部地区，可能的原因是，由于西部地区的社会经济发展、资源要素禀赋基础较差，资本存量和城镇化率提升所形成的边际效应更为明显。从综合效应角度来看，西部地区农民工市民化对城乡融合发展的影响最大，其次是东部地区，影响最小的是中部地区。

9.2.4.6 稳健性分析

从表 9-17 和表 9-18 可见，将全国样本分为东部、中部、西部地区，各子样本的农民工市民化通过中介变量影响城乡融合发展的直接路径系数、中介效应与综合效应显著性均无明显区别，只是存在影响大小的差异，验证了本书回归结果的稳健性，具有一定的参考价值。

9.3 后刘易斯转折阶段推进农民工市民化面临的多重矛盾

后刘易斯转折阶段推进农民工市民化面临四重深刻矛盾，即城市就业岗位与生活成本、落户难易程度相背离的矛盾；农民工市民化意愿与市民化能力之间的矛盾；农民工市民化需求与地方政府人口城市化动力之间的矛盾；农民工市民化的社会收益与社会成本分担之间的矛盾。

9.3.1 城市就业岗位与生活成本、落户难易程度相背离的矛盾

农民工市民化，要先解决其经济融入问题，其中最重要的是要解决他们的就业岗位和生活空间问题，使其能够通过非农收入承担城市的生活成本，

满足在城市定居，并能体面生活的基本需求。受到中西部地区和中小城市就业岗位不足的影响，农民工多流向东部地区和大城市。由表9-19可见，虽然近年来，东部地区的农民工的数量占比有所下降，但半数以上的农民工仍然在东部地区就业，2016~2021年就业的农民工始终保持在1.5亿人以上。其中，在京津冀、江浙沪和珠三角地区就业的农民工超过1.1亿人，占比超过40%。从农民工就业的城市分布看，60%以下的农民工在地级市以上城市就业。2016年外出农民工中进入地级以上城市的人数为11190万，占外出农民工总量的66.3%，其中进入省会城市的农民工占外出农民工总量的22.6%，进入直辖市的农民工占比为8.6%[①]。2016年，中央党校"农业转移人口市民化问题调研"项目组对山西省的太原市、吕梁市、大同市、忻州市等市区和山西省的临县、方山县、柳林县、宁武县等地的农业转移人口市民化的意愿及障碍的问卷调查也显示，愿意成为城市居民的农业转移人口中，44.7%的人选择地级城市，24.2%的人选择省会城市，16.9%的人选择县城，10%的人选择特大城市及副省级城市，4.2%的人选择建制镇[②]。

表9-19　　　　　　　2011~2021年农民工地区分布　　　　　　单位：万人

年份	输出地			输入地					
	东部地区	中部地区	西部地区	东部地区	中部地区	西部地区	京津冀地区	江浙沪地区	珠三角地区
2011	10790	7942	6546	16537	4438	4215	—	—	—
2012	11191	8256	6814	16980	4706	4479	—	—	—
2013	10454	9335	7105	16174	5700	4951	—	—	—
2014	10664	9446	7285	16425	5793	5105	—	—	—
2015	10300	9174	7378	16008	5599	5209	—	—	—
2016	10400	9279	7563	15960	5746	5484	2143	5309	4767
2017	10430	9450	7814	15993	5912	5754	2215	5387	4722
2018	10410	9538	7918	15808	6051	5993	2188	5452	4536

① 资料来源：《2018年农民工监测调查报告》。
② 刘兆征：《农业转移人口市民化的意愿、障碍及对策——基于山西的调查分析》，载《国家行政学院学报》2016年第3期，第97页。

第9章　推进农民工市民化促进城乡融合发展

续表

年份	输出地 东部地区	输出地 中部地区	输出地 西部地区	输入地 东部地区	输入地 中部地区	输入地 西部地区	输入地 京津冀地区	输入地 江浙沪地区	输入地 珠三角地区
2019	10416	9616	8051	15700	6223	6173	2208	5391	4418
2020	10124	9447	8034	15132	6227	6179	2076	5179	4223
2021	10282	9726	8248	15438	6571	6280	2125	5339	4219

注：2015年数据在2016年与2015年《农民工监测调查报告》中不一致，本书采用较新的2016年数据。

资料来源：2011~2021年《农民工监测调查报告》。

由于城市是以人口和产业聚集为特征的经济、社会、资源、环境相互作用的综合体，因而集聚效应越明显的城市创造就业岗位的能力越强，农民工市民化的意愿也越强。但是，在既定的社会经济发展水平、自然资源和生态环境条件下，城市对人口的承载能力有一个适度区间。农民工大规模流入东部地区和大城市，加重了这些城市的负荷。资源紧张和环境恶化，集聚效应也会随之减弱。由此，其也面临着来自这些方面所产生的衍生问题：

第一，导致了东部地区和大城市，尤其是特大城市的生活成本不断上涨，社会经济融入度降低。由于农民工多在非正规部门就业，其非农就业收入难以弥补在大城市的定居成本，更不能满足其体面生活的需求，因此，虽然农民工在大城市能够获得就业岗位，但较难实现经济融入，更谈不上社会融入。许多东部发达城市农民工随迁子女在公办学校就读比例偏低，如广东一些工业发达城镇的比例不足30%。尽管一些超大、特大城市中农民工随迁子女公办学校就读比例达到了80%以上，但这是以关停民办农民工子弟学校，子女被迫回原籍地就读为代价。与之相比，500万以下人口城市中农民工子女"随迁率高、留守率低"。2017年以来，全国义务教育阶段进城务工人员随迁子女数量增长速度趋缓，仍有约57%的外出农民工家庭为成员分离和儿童留守状态。[1]

住房是保障农民工在城市安定生活之所，在很大程度上给予了他们一种归属感。但随着城市人口规模的扩大，农民工居住面积、设施条件等居住保

---

[1] 程郁等：《分层次推进农民工市民化——破解"愿落不能落、能落不愿落"的两难困境》，载《管理世界》2022年第4期，第61页。

障水平逐渐降低（见表9-20）。在一些"人口倒挂"的东部沿海工业城市，很多从事制造业的农民工很少参与所在城市的社会生活，他们仍采取"宿舍—车间—食堂"三点一线的生活方式，社会融入度极低[①]。

表9-20　　　　　2018~2021年进城农民工人均居住面积　　　　单位：平方米

年份	500万人以上	300万~500万人	100万~300万人	50万~100万人	50万人以下
2018	15.9	19.4	20.8	21.2	23.7
2019	16.5	19.7	20.6	20.9	23.7
2020	16.9	20.3	21.6	22.6	25.3
2021	17.0	20.4	22.3	22.2	25.5

资料来源：根据2018~2021年《农民工监测调查报告》整理得出。

第二，大城市，尤其是特大城市的户籍门槛随着外来人口的增加而日渐提高。大城市，尤其是特大城市出现了土地和水资源紧张、能源短缺、交通拥堵、废弃物污染、大气环境质量恶化等现代城市病。城市扩张所消耗的资源环境成本超过了它所带来的聚集效应。据统计，2020年北京市常住人口为2189.3万人，人口规模已远远超过城市总体规划中设定的到2020年达到1800万人口的标准[②]。由于资源环境超过了这些城市人口承载能力适度区间，甚至超过了城镇承载能力的极限，大城市，尤其是特大城市对户籍门槛把控得越来越严格，为每年或若干年的人口流动建立了额度化、指标化管理制度，并对取得城市户籍规定了较难实现，甚至是极为苛刻的条件。比如，2016年，北京出台积分落户管理办法（试行），并于2018年4月启动申报。积分落户政策试行期间，北京确定了每年6000人的落户规模，并对外来人口规定了就业、住所、教育背景、居住区域、创新创业、纳税、年龄、荣誉表彰、守法记录等九项积分落户指标，只有满足其中4项以上条件，才能获得落户资格。2022年，北京共有122219人参与积分落户申报[③]，公示拟取得落户资

[①] 程郁等：《分层次推进农民工市民化——破解"愿落不能落、能落不愿落"的两难困境》，载《管理世界》2022年第4期，第62页。
[②] 资料来源：《北京市第七次全国人口普查公报》。
[③] 《本市2022年积分落户申报结束 122219人在线提交申请》，北京市人民政府网，2022年5月14日，http://www.beijing.gov.cn/ywdt/gzdt/202205/t20220514_2709871.html。

格人员 6006 人，比例约为 4.91%。其中，有近九成公示人员涉及"高精尖"领域，其中超五成来自科学研究、技术服务及文化产业，超三成来自高新技术行业[1]。本来平等的公民权被政府垄断，成为奖励突出贡献者的"私权"。而且，严格的户籍政策也抑制了其他政策对农民工市民化的推动作用，如承包地流转快速增加却未能带来户籍城镇化水平的快速提高[2]。如此一来，多数农民工难以承担其在城市定居的生活成本，即使其经济收入能够满足在大城市体面生活的需求，也迈不过大城市的户籍门槛。

与东部地区和大城市不同，中西部地区和中小城市，由于人口与产业聚集程度低，资源环境压力小，农民工在这些地区就业，无须承担较高的生活成本，而且这些地区的城镇户籍已基本放开。但这些地区农民工所占的比重却相对较低，其中最重要的原因，是这些地区经济发展程度较低，产业支撑不足，进而难以为农民工提供相应的就业岗位。我国中西部地区的中小城市以传统产业居多，产品的附加值较低，加之中小城市的相关配套设施薄弱，很难形成有效的产业聚集效应，其产业的辐射作用也十分有限。

我国农民工市民化的困境在于落户供求之间的结构性错配，特大城市、大城市的就业机会较多，但生活成本高落户难度大，农民工及其家属和子女难以永久迁入；中西部地区和中、小城镇的生活成本较低，获得城镇户籍容易，但缺乏产业支撑，就业机会不足，因此难以吸引农民工就业。近年来，我国农业劳动力转移的速度趋于下降，与大城市，尤其是特大城市资源环境承载能力下降，生活成本上升，以及户籍门槛提高有着密切关系。虽然进入中西部地区，小城市和小城镇的农民工比重在上升，但其增速也在减弱，其中重要的原因，是这些地区的就业岗位难以满足农民工的就业需求。

9.3.2 农民工市民化意愿与市民化能力之间的矛盾

市民化意愿是农民工市民化进程的起点[3]，市民化行为是由农民工市民

---

[1] 《北京积分落户入围人员近九成来自"高精尖"》，潇湘晨报网，2022 年 7 月 11 日，https://baijiahao.baidu.com/s?id=1738068284101169465&wfr=spider&for=pc。

[2] 刘敬悉：《承包地流转对农业转移人口市民化的影响研究》，南京审计大学硕士研究生学位论文，2021 年，第 45 页。

[3] 叶俊焘、钱文荣：《不同规模城市农民工市民化意愿及新型城镇化的路径选择》，载《浙江社会科学》2016 年第 5 期，第 65 页。

化意愿转化而来的①。农民工市民化意愿，是其对市民化的一种主观心理期望，是市民化进程的主观动力②。一般来说，市民化意愿主要取决于农民工的私人收益。简单来讲，农民工的市民化私人收益包括两方面内容：一是经济收益，即由于就业稳定性提高、人力资本存量增加所带来的工资性收入的增长，以及与市民获得同等的社会保障等基本公共服务所带来的社会福利水平的提高；二是发展收益，即因市民化带来的人力资本投资机会的增加、子女受教育程度和质量的提升，以及融入城市社区和城市文明等带来的货币性与非货币性收益。受城乡二元经济结构的影响，我国工业与农业之间、城市与乡村之间存在着巨大的发展差距，农业劳动力转移到城镇从事非农产业，并完成从农民向市民的身份转换，无论是经济收益还是发展收益都是十分可观的。2016年，中央党校"农业转移人口市民化问题调研"项目组对山西省太原市、大同市等市区，以及方山县、宁武县等县域的农业转移人口市民化意愿及障碍的问卷调查显示，有69.8%的农业转移人口愿意成为城市居民③。2021年，赵婷婷对成都农业转移人口市民化意愿的问卷调查结果显示，69.23%的农业转移人口愿意在城市永久居留④。由此可见，当前我国农业转移人口市民化意愿已经达到较高水平。

但是，市民化意愿只是农民工的主观期望，这一主观期望能否实现，取决于其市民化能力是否与这一主观意愿相匹配。市民化能力是指农民工承担的市民化私人成本，能够支付其家庭在城市体面生活所需的基本生活支出的能力。由于决定农民工市民化意愿的市民化私人收益只是一种预期性收益，而市民化私人成本却是即期，以及以后逐期都要进行的实际支付。只有农民工市民化能力可以承担其市民化私人成本，保障其家庭在城市体面生活，农民工才能融入城市社会，获得市民化的预期私人收益。农民工市民化能力主要取决于农民工的人力资本存量、就业稳定性以及工资水平。

---

① 张笑秋：《心理因素对新生代农民工市民化意愿的影响——以湖南省为例》，载《调研世界》2016年第4期，第17页。

② 刘小年：《农民工市民化的影响因素：文献述评、理论建构与政策建议》，载《农业经济问题》2017年第1期，第71页。

③ 刘兆征：《农业转移人口市民化的意愿、障碍及对策——基于山西的调查分析》，载《国家行政学院学报》2016年第3期，第97页。

④ 赵婷婷：《基于推拉理论的农业转移人口市民化意愿研究——以成都市为例》，四川大学硕士学位论文，2021年，第49页。

第9章 推进农民工市民化促进城乡融合发展

人力资本是农民工市民化能力形成的基础和决定性因素,但目前我国农民工人力资本存量总体水平较低。由表9-21可见,2011~2020年我国农民工文化程度以初中为主,初中及以下文化程度者占全部农民工总数的比重为70%以上,还存在着相当比例的未上过学的人员。即使是经济发达的上海也是如此,2020年受访农民工拥有大学专科以上学历者占比为24%,初中及以下教育程度的占55.2%[1]。而其中,老一代农民工已经错过了学历门槛和技能等形成积累的青年阶段[2],许多新一代农民工正在虚度这一青年阶段。农民工参加劳动技能培训的比重也很低,2017年这一占比仅为32.9%[3],拥有职业资格(技术等级证书)的更少。2020年上海受访农民工接受职业教育比例仅为9%,比2015年还低0.7个百分点[4]。农民工的学历层次和职业技能水平不高,长期只能在传统劳动密集型服务业、建筑业和制造业等非正规部门就业,而在相对人力资本要求较高的电力、热力、燃气及水生产和供应业、信息传输、软件和信息技术服务业、金融业、科学研究和技术服务业、教育、卫生和社会工作和公共管理、社会保障和社会组织等行业的就业比例极低,与城镇非私营单位差距较大(见表9-22和表9-23)。这导致了农民工就业质量普遍较低,工作稳定性和环境差,工资和福利水平低,财富积累缓慢,抵御风险能力较弱。

表9-21　　　　　2011~2021年农民工文化程度构成　　　　　单位:%

年份	未上过学	小学	初中	高中	大专及以上
2011	1.5	14.4	61.1	17.7	5.3
2012	1.5	14.3	60.5	18.0	5.7
2013	1.2	15.4	60.6	16.1	6.7
2014	1.1	14.8	60.3	16.5	7.3

---

[1] 王林波:《生活质量水平持续提高期待更快融入城市生活——上海"十三五"时期农民工市民化分析报告》,载《统计科学与实践》2021年第12期,第38页。

[2] 陈万莎:《家庭视角下村改居社区农民市民化研究》,载《理论界》2022年第1期,第103页。

[3] 资料来源:《2018年农民工监测调查报告》。

[4] 王林波:《生活质量水平持续提高期待更快融入城市生活——上海"十三五"时期农民工市民化分析报告》,载《统计科学与实践》2021年第12期,第38页。

续表

年份	未上过学	小学	初中	高中	大专及以上
2015	1.1	14.0	59.7	16.9	8.3
2016	1	13.2	59.4	17	9.4
2017	1	13	58.6	17.1	10.3
2018	1.2	15.5	55.8	16.6	10.9
2019	1	15.3	56	16.6	11.1
2020	1	14.7	55.4	16.7	12.2
2021	0.8	13.7	56	17	12.6

资料来源：根据2011~2021年《农民工监测调查报告》整理得出。

表9-22　　2011~2021年农民工从业行业分布占比情况　　单位：%

年份	第一产业	第二产业	制造业	建筑业	第三产业	批发和零售业	交通运输仓储和邮政业	住宿餐饮业	居民服务修理和其他服务业	其他
2011	—	—	36.0	17.7	—	10.1	6.6	5.3	12.2	—
2012	—	—	35.7	18.4	—	9.8	6.6	5.2	12.2	—
2013	0.6	56.8	31.4	22.2	42.6	11.3	6.3	5.9	10.6	8.5
2014	0.5	56.6	31.3	22.3	42.9	11.4	6.5	6.0	10.2	8.8
2015	0.4	55.1	31.1	21.1	44.5	11.9	6.4	5.8	10.6	9.8
2016	0.4	52.9	30.5	19.7	46.7	12.3	6.4	5.9	11.1	11.0
2017	0.5	51.5	29.9	18.9	48.0	12.3	6.6	6.2	11.3	11.6
2018	0.4	49.1	27.9	18.6	50.5	12.1	6.6	6.7	12.2	12.9
2019	0.4	48.6	27.4	18.7	51.0	12.0	6.9	6.9	12.3	12.9
2020	0.2	48.1	27.3	18.3	51.5	12.2	6.9	6.5	12.4	13.5
2021	0.5	48.6	27.1	19.0	50.9	12.1	6.9	6.4	11.8	13.7

资料来源：根据2011~2021年《农民工监测调查报告》整理得出。

第9章 推进农民工市民化促进城乡融合发展

表9-23　　2020年分行业城镇非私营单位就业人员及其占比　　单位：千人、%

行业	全国	占比	国有单位	占比	城镇集体单位	占比	其他单位	占比
农林牧渔业	857	0.50	580	1.04	18	0.66	258	0.23
采矿业	3521	2.07	180	0.32	27	1.00	3314	2.96
制造业	38055	22.33	464	0.83	219	8.08	37372	33.35
电力、热力、燃气及水生产和供应业	3797	2.23	1024	1.84	34	1.25	2739	2.44
建筑业	21533	12.64	891	1.60	832	30.68	19809	17.68
批发和零售业	7869	4.62	478	0.86	92	3.39	7300	6.52
交通运输、仓储和邮政业	8122	4.77	1085	1.95	78	2.88	6959	6.21
住宿和餐饮业	2566	1.51	206	0.37	26	0.96	2334	2.08
信息传输、软件和信息技术服务业	4871	2.86	256	0.46	6	0.22	4609	4.11
金融业	8590	5.04	686	1.23	70	2.58	7834	6.99
房地产业	5254	3.08	221	0.40	92	3.39	4940	4.41
租赁和商务服务业	6436	3.78	962	1.73	195	7.19	5279	4.71
科学研究和技术服务业	4312	2.53	1522	2.74	47	1.73	2743	2.45
水利、环境和公共设施管理业	2456	1.44	1221	2.19	49	1.81	1185	1.06
居民服务、修理和其他服务业	828	0.49	118	0.21	38	1.40	672	0.60
教育	19589	11.5	16370	29.43	467	17.22	2752	2.46
卫生和社会工作	10519	6.17	8945	16.08	352	12.98	1222	1.09
文化、体育和娱乐业	1495	0.88	855	1.54	17	0.63	624	0.56
公共管理、社会保障和社会组织	19722	11.57	19566	35.17	54	1.99	102	0.09

资料来源：根据《中国劳动统计年鉴》整理得出。

一般来说，签订长期合同标志着农民工就业的正规化和稳定化，但农民工与雇主和用人单位签订劳动合同的比重较低，2016年这一比重仅为

35.1%，其中签订有利于员工长期就业的无固定期限合同比重仅为12%[①]，即使签订长期劳动合同，也往往是以降低工资水平为代价，短期和流动性就业是农民工就业的普遍形式[②]。这就意味着，大多数农民工不能通过工作经验积累和技能开发等获得人力资本投资，而只能通过被迫频繁的流动获得就业机会，增加收入[③]。而职业频繁更迭使其在低层次技能重复开发中收益甚微，难以实现高质量成长[④]。特别是由此增加的只是农民工个体的收入，不能增加农民工群体的收入，只是一种群体内部的向下竞争或替代[⑤]。农民工的工资水平也远低于城镇职工，2012~2020年农民工平均月工资仅为同期城镇非私营单位就业人员的50%~60%，与国有单位差距尤为明显，而且所表现出来的四个方面的差距均呈现持续扩大的趋势（见表9-24）。显然，如此低的收入水平，难以弥补农民工市民化的各项成本，家庭化迁移更是难以实现，也更不可能满足其像城镇居民家庭那样获得体面生活的需求。由此可见，我国农民工市民化能力与市民化意愿之间的矛盾还十分突出，市民化能力在一定程度上难以满足市民化意愿。

表9-24 2012~2020年农民工月平均工资与城镇非私营单位就业人员的月平均工资及其比较

单位：元、%

年份	农民工月平均工资	城镇非私营单位就业人员月平均工资						
		全国	农民工占比	国有单位	农民工占比	城镇集体单位	农民工占比	其他单位	农民工占比
2012	2290	3897	58.76	4030	56.83	2815	81.34	3863	59.28
2013	2609	4290	60.81	4388	59.46	3242	80.47	4288	60.85
2014	2864	4697	60.98	4775	59.98	3562	80.41	4707	60.84
2015	3072	5169	59.43	5441	56.46	3884	79.10	5076	60.53

---

① 资料来源：《2016年农民工监测调查报告》。

②⑤ 石智雷等：《不稳定就业与农民工市民化悖论：基于劳动过程的视角》，载《社会》2022年第1期，第98页。

③ 石智雷等：《不稳定就业与农民工市民化悖论：基于劳动过程的视角》，载《社会》2022年第1期，第97页。

④ 郑爱翔、李黎丹：《新生代农民工市民化进程中的职业技能开发策略及动态演进规律——一项基于扎根理论的研究》，载《教育发展研究》2022年第3期，第28页。

续表

年份	农民工月平均工资	城镇非私营单位就业人员月平均工资							
		全国	农民工占比	国有单位	农民工占比	城镇集体单位	农民工占比	其他单位	农民工占比
2016	3275	5631	58.16	6045	54.18	4211	77.78	5461	59.97
2017	3485	6193	56.27	6760	51.56	4604	75.70	5942	58.65
2018	3721	6868	54.18	7456	49.91	5055	73.61	6621	56.20
2019	3962	7542	52.53	8242	48.07	5218	75.93	7266	54.53
2020	4072	8115	50.18	9011	45.19	5716	71.24	7727	52.70

注：城镇非私营单位就业人员月平均工资＝城镇非私营单位就业人员年平均工资/12个月。

资料来源：根据2012~2020年《农民工监测调查报告》和《2021年中国劳动统计年鉴》整理得出。

9.3.3 农民工市民化需求与地方政府人口城市化动力之间的矛盾

农民工市民化能否顺利推进，不仅取决于农民工市民化诉求，也取决于输入地政府是否愿意接纳他们进入。由于我国长期实行二元经济体制，改革开放之前城乡二元结构的强度非但未能缩小反而趋于强化。虽然改革开放以来，二元经济趋于弱化，但城乡间在经济发展、基础设施建设、公共服务供给等方面还存在巨大的差距，这些差距直接反映在农民的经济收入远低于城镇职工，以及农民与市民在社会保障待遇方面的明显不同。城乡劳动力市场分割的藩篱被破除后，我国农业劳动力宁愿忍受与亲人分离之苦，也要进入城市非农产业就业。其根本原因就在于城乡经济与社会发展存在明显差距。虽然多数老一代农民工由于难以承担市民化成本，不得不在难以适应非农就业的年龄段返回农村，但作为劳动力市场主体的新一代农民工，则具有更加强烈的市民化诉求。新一代农民工很难忍受日复一日、重复单调的农村生产和生活，甚至于很多从小就在城市中生活，基本上没有从事过农业生产，缺少进行农业生产的基本技能和对土地的依恋情结，其思想观念、生活方式、行为习惯等方面逐渐与城市居民趋同，同时受教育程度更高，更具有创新性，也更容易接受城市文明的影响，他们对城市的亲近感、认同感和归属感也更为强烈，其最终的归途不是返回乡村，而是融入城市。国家统计局河北调查总队课题组2022年的研究结果显示，新生代农民工市民化融入度高于老一代农民工，在经济融入和文化融入上的差异尤为突出[①]。

享有基本公共服务是每个公民的基本权利，确保每个公民都能享有基本公共服务是政府的重要职责。尽管中央政府试图加快推进农民工市民化进程，但市民化实际上高度受制于各地方政府的经济发展水平、财政收入和支出规模与结构，以及公共服务能力等条件，而各地方政府出于利益最大化角度考虑，普遍缺少推进农民工市民化的主动性和积极性。这是因为，在现行的行政管理体制下，公共服务的提供具有典型的属地特性。推进农民工市民化需要大笔财政资金，用于农民工的社会保障、子女教育和住房保障、城市基础设施建设，以及城市管理等方面。这些财政支出及其与之相关的大量协调管理方面的工作，都不可能在短期内对经济增长起到明显作用。从机会成本的角度分析，相同的财政支出和同样的工作量，若是放到招商引资、土地征用、增加税源等方面，就会在较短的时期内获得更大的政绩。同时，由于农民工市民化，让他们享有与市民相同的社会保障等公共服务待遇，在城市公共服务资源短期内不可大幅度增加的条件下，还可能会引起城市居民的不满。与农民工相比，城市居民无疑更具有话语权，其对城市执政者的影响更大。由此，这不仅会增加政府大量额外工作量，还会因为这些矛盾处理不好而影响政府官员在城市居民中的声誉，故而各地方政府对推进农民工市民化或是犹豫观望或是消极应付。

而且，随着大中城市产业结构转型升级，地方政府对一般技能的农民工的需求相对减少，其对流入人口实行差别待遇，在制定较高户籍门槛的同时，为高学历、高技能的人口提供远远高于普通城市居民的福利待遇，激化了区域间人才引入竞争，把大量的农民工群体隔离于城镇户籍之外。一些地方政府的农民工市民化政策只局限于本地农民工，并以宅基地换房换社保等方式，把大量的农用地转为非农用地，获取了大量的土地增值收益。在推进城市化进程中，各地政府普遍"化地"不"化人"，导致我国人口城市化远远滞后于土地城市化。地方政府缺乏推进农民工市民化的动力，农民工的市民化诉求难以得到实现，使得我国户籍人口城镇化率远低于常住人口城镇化率（见表9-25）。

---

① 国家统计局河北调查总队课题组：《"十三五"河北农民工市民化融入度不断提升》，载《中国统计》2022年第4期，第23页。

表 9–25　2001~2021 年常住人口城镇化率与户籍人口城镇化率的比较

年份	常住人口城镇化率（%）	户籍人口城镇化率（%）	常住人口城镇化率与户籍人口城镇化率的差额（%）
2001	37.66	26.66	11.00
2002	39.09	27.89	11.20
2003	40.53	29.73	10.80
2004	41.76	30.76	11.00
2005	42.99	31.99	11.00
2006	44.34	32.54	11.80
2007	45.89	32.89	13.00
2008	46.99	33.29	13.70
2009	48.34	33.74	14.60
2010	49.95	34.15	15.80
2011	51.83	34.67	17.16
2012	53.10	35.37	17.73
2013	54.49	35.93	18.56
2014	55.75	36.67	19.08
2015	57.33	39.90	17.43
2016	58.84	41.25	17.59
2017	60.24	42.32	17.92
2018	61.50	43.37	18.13
2019	62.71	44.38	18.33
2020	63.89	45.40	18.49
2021	64.72	46.70	18.02

资料来源：（1）2001~2020 年常住人口城镇化率数据来自《2021 年中国统计年鉴》；（2）2001~2018 年户籍人口城镇化率数据来自 "2018 年我国人口城镇化率及年均增幅分析"，http://www.chyxx.com/industry/201805/636416.html；（3）2020~2021 年户籍人口城镇化率数据来自 "2 亿多人常住城镇，却没有城镇户口，国家提出目标了"，https://baijiahao.baidu.com/s?id=1738213993484197988&wfr=spider&for=pc；（4）2019 年户籍人口城镇化率数据来自《中华人民共和国 2019 年国民经济和社会发展统计公报》。

9.3.4　农民工市民化的社会收益分享与社会成本分担之间的矛盾

农民工市民化不仅可以提高农民工的个人生存与发展能力，大幅度提升其生活水平，改善其生活条件，更关系到国民经济与社会发展全局，对于二元经济转型、经济结构调整和增长方式转变意义重大，存在着多样化的社会收益。对农民工输出地而言，农民工市民化可以提高劳均耕地面积，促进土地规模经营，提高农业劳动生产率；也可以减少用于提供社会保障与公共产品的财政支出，减轻财政负担。对于输入地来讲，农民工市民化可以为其提供低成本劳动力，促进资本积累和非农产业发展；也可以增强城市的聚集功能，降低其非农产业的生产成本与交易成本，提高城市综合竞争力。从国民经济发展全局的角度来看，农民工市民化可以促进农民工及其子女和农村居民的人力资本投资，提高全社会的人力资本水平；同时，还可以通过增加农民工和农民的经济收入，转变农民工群体的消费方式、消费习惯，扩大消费需求；通过提高对住宅、城市基础设施和公共服务的需求，带动投资需求。上述各种因素综合作用，会促进经济发展方式的转变，实现工业化、农业现代化、新型城镇化的良性互动。

农民工市民化不仅存在着巨大的社会收益，也需要承担相应的社会成本。农民工市民化的社会成本主要包括：（1）就业服务成本是指为了提高农民工就业的岗位匹配和岗位适应能力，除农民工本人之外，其他经济、社会主体需要支出的费用。这些支出主要包括就业信息提供、职业技能培训等方面的支出。（2）城市基础设施建设与维护成本是指农民工流入地政府为了接纳农民工及其家属、子女所需新增的电力、交通、给排水、燃气、环卫、绿化等公共基础设施建设和维护方面的支出。（3）城市管理成本是指农民工流入地政府在外来人口大规模增加的条件下，为满足社会对公共交通、公共安全、公共卫生、环境保障等方面的需求，新增加的管理人员工资、管理设施的购入，以及其他物质消耗的费用。（4）教育成本是指人口流入地政府为了满足农民工随迁子女接受义务教育的需求，在师资配备、教学设施等方面新增的支出。（5）社会保障成本是指农民工群体为了享受与城镇居民同等的社会保障待遇，在养老、医疗、失业、工伤保险和社会救助等方面增加的支出。（6）住房保障成本是指政府为了保障农民工在城镇的基本居住需求，在保障房、公租房建设及租房补贴方面所支出的费用。（7）制度转换成本是指在推进农民工市民化制度创新过程中所发生的制度设计、新旧制度间的过渡与衔接、关联性制度安排间的配套等所产生的成本。

从理论上讲，推进农民工市民化，在收益分享和成本分担上要遵循成本与收益相契合的原则，谁获得了收益谁就要承担相应的成本，获得的收益越多，分担的成本也越多。根据这一原则，农民工既然获得了市民化的私人收益，当然也应承担相应的私人成本。由于用工企业雇用农民工从事生产活动，其直接收益体现在企业利润上，因此，用工企业也应分担部分社会保障成本和职业技能培训成本。企业这部分成本分担，相对容易界定。由于农民工市民化意味着要获得与城镇居民均等的社会保障待遇，企业为农民工所缴纳的社保基金的比重应与城镇职工相一致。至于职业技能培训成本支出，则取决于企业经营需求，不可能由政府统一规定。企业生产活动对员工的技术水平要求较高，则需要为农民工提供相对较多的职业技能培训，反之，则无须提供较多技能培训支出。一般来说，企业成本在市民化成本中所占比重较小，仅为3.7%[①]。

以上两个主体的收益分享与成本分担界定清晰，其在获得市民化收益时，也愿意分担成本。但是，农民工市民化的社会收益与社会成本分担界定不清晰，各地方政府出于自身利益的考虑，普遍愿意获得市民化的社会收益，却不愿意分担其市民化的成本，而这就极易演变为地方政府与中央政府、地方政府与地方政府间讨价还价、地方政府不断扯皮推脱的局面。如何在输出地政府、输入地政府和中央政府之间分担农民工市民化成本，一直是理论与实践中难以解决的问题。其原因在于：

一是农民工市民化对人口输入、输出地，以及对国民经济与社会发展整体的社会收益，虽然可以做出相当明确的理论分析，但由于这些收益都具有综合性特点，很难完全归源于农民工市民化的一方面因素，加之区域间外部效应的存在，难以对其进行准确测度，并依此进行具体分配。

二是农民工市民化的社会收益通常具有长期性，在短期内难以取得较好的成效，但其成本支出则具有即期性和连续性的特点。虽然农民工市民化的社会收益远远大于其社会成本，但要在短期内用其社会收益弥补成本支出却还有着相当大的难度。这也是影响地方政府分担农民工市民化成本积极性的重要因素。

三是农民工市民化成本分担受到地方政府财力不足的制约。对于中小城

[①] 李小敏等：《我国农民工市民化成本的地域差异》，载《经济地理》2016年第4期，第136页。

市、小城镇来说，虽然农民工数量不多，所应承担的市民化成本相对较少，但这些城镇经济发展水平较低，财政收入不高，解决城镇居民的社会保障等公共服务问题尚存在较大困难，更不要提解决农民工的这些问题。大城市、特大城市虽然经济发展水平高，经济总量大，财政收入也远高于中小城市和小城镇，但这些城市农民工数量也远远高于其他城镇，加之城镇居民享受的社会保障、子女教育等公共服务水平相对较高，农民工市民化成本也远高于中小城市和小城镇。考虑到农民工市民化成本具有动态积累性特点，不仅长期以来城乡二元户籍制度、二元社会保障制度所形成的城乡居民在公共服务待遇上的巨大差距，导致农民工市民化的成本难以在短期内减少，而且由于这一问题长期得不到有效解决，使得农民工市民化的社会成本累计起来，也难以在短期内得以化解。

中国社会科学院城市发展与环境研究所测算，仅解决社会保障和公共服务问题，农民工市民化需要人均10万元，也就是从2012~2032年，政府至少要支付40万亿~50万亿元用于农民工的社会保障和公共服务支出[①]。刘晓测算表明，中部地区农业转移人口市民化人均总成本为12.74万元（2010年不变价），其中政府分担66103元、企业分担26648元、个人需分担34599元，三者的分担比例分别为51.91%、20.93%、27.17%，而政府分担中，中央政府分担20069元，地方政府分担47373元，两者分担比例分别为29.76%和70.24%[②]。李小敏的研究发现，经济越发达的地区其市民化总成本越高[③]，而随着农民工市民化所在城市发展水平的提升，中央和地方各级政府在其中承担的成本支出更大[④]。程名望和何洋测算显示，2006~2016年，上海市农民工市民化公共成本从204.97亿元增至1231.68亿元，其中养老保险、教育和城市管理成本是市民化公共成本的主要组成部分[⑤]。章平和莫雪

---

① 吕炜：《农业转移人口市民化理论思辨与实践认知》，东北大学出版社2016年版，第14~15页。
② 刘晓：《农业转移人口市民化成本测算及其分担》，载《求索》2018年第4期，第69页。
③ 李小敏等：《我国农民工市民化成本的地域差异》，载《经济地理》2016年第4期，第136页。
④ 杜宇：《城镇化进程与农民工市民化成本核算》，载《中国劳动关系学院学报》2013年第6期，第49页。
⑤ 程名望、何洋：《上海市农民工市民化成本测算与分析——基于上海2220份问卷的实证分析》，载《农业经济与管理》2019年第2期，第12页。

艳对粤港澳大湾区广州、深圳、珠海、佛山、惠州、东莞、中山、江门及肇庆九市农民工市民化成本的测算结果显示，公共成本占市民化总成本的比重高达91%，其中居住保障成本占比最高[①]。由此可见，地方政府无疑是农民工市民化成本的主要承担者。地方政府，即使是经济发达地区的地方政府也缺乏推进农民工市民化的动力。农民工市民化成本分担又受到地方政府财力不足的"硬"约束，这一问题的解决就演变为地方政府与中央政府、地方政府与地方政府间讨价还价、地方政府不断扯皮推脱的局面。

9.4 推进农民工市民化促进城乡融合发展的对策建议

《国家新型城镇化规划（2014—2020年）》和《中共中央关于制定国民经济和社会发展第十四个五年规划和二〇三五年远景目标的建议》中都把"农业转移人口市民化"作为一项重要内容。农民工是农业转移人口的主体，不论是实现"十四五"规划，还是实现二〇三五年远景目标，都需要努力破解农民工市民化面临的多重矛盾，促进城乡融合发展。

9.4.1 提高中小城市小城镇产业支撑和大城市综合承载能力，为农民工提供就业岗位和生活空间

9.4.1.1 改革等级制的城镇管理体制，均衡配置公共资源

不同农民工群体对于不同规模城市的落户意愿不同。跨省农民工偏好于超大城市，省内农民工更倾向于大中城市。2019年中国家庭金融调查数据显示，46.4%的跨省流动农民工愿意在1000万以上人口的超大城市中落户，省内农民工这一比例为29.1%；而34.5%、31%、27.9%和27.4%的省内农民工分别愿意在500万~1000万人、300万~500万人、100万~300万人和100万人以下人口的城市中落户[②]。张敏和董建博2022年的研究显示，一般中小城市、省会或副省级城市、直辖市的农业转移人口在流入地实现市民化

[①] 章平、莫雪艳：《粤港澳大湾区九市农民工市民化成本测算及对策》，载《特区实践与理论》2022年第3期，第91页。

[②] 程郁等：《分层次推进农民工市民化——破解"愿落不能落、能落不愿落"的两难困境》，载《管理世界》2022年第4期，第58页。

的意愿呈现依次上升趋势①。由此可见，农民工落户偏好于规模较大城市，而形成这一现象的原因就在于我国特大城市、大城市与中小城市、小城镇的资源配置严重失衡，而这又与我国现阶段的城镇行政管理体制密切相关。

我国现阶段的城镇行政管理体制具有明显的等级制特点，在省、副省、地、县、乡五个行政层级的制度安排下，公共资源配置多集中于行政级别高的特大城市和大城市，而中小城市、小城镇则无法获得充足的公共资源，进而导致行政等级较低的中小城市和小城镇不仅无法为农民工提供与城镇居民均等的公共服务，更为严重的是这些城镇由于基础设施建设相对滞后，难以发挥城镇的聚集效应，不能为农民工提供更多的就业岗位。解决这一问题必须改革等级制的城镇管理体制，为农民工市民化提供均衡配置公共资源的制度保障。

第一，打破城市的行政区域限制，以城市群为主体，形成大中小城市、小城镇协调发展的城镇空间体系，并以此为依托，建立产业分工协作的生产力空间拓展格局，推动要素资源自由流动，促进人口集聚与产业集群协同发展。东部地区要重点发挥大城市、特大城市对中小城市、小城镇的辐射作用，提升东部城市群的发展质量，加强其对全国经济、社会发展的引领作用；中西部地区要在资源环境承载力强、中心城市发展基础好的地区积极培育区域性城市群，壮大中小城市，带动小城镇发展，使更多的农民工实现就地市民化。

第二，推动县域经济高质量发展，把县城作为农民工市民化的重要载体。2022年，中共中央办公厅、国务院办公厅印发了《关于推进以县城为重要载体的城镇化建设的意见》。截至2021年底，我国1472个县的县城和394个县级市的城区常住人口为2.5亿人，占全国城镇常住人口的近30%②。目前，县城是农民购房的主要聚集地，能充分满足农民传统近缘关系的诉求，也是创业型农民工落户的理想之地③。因此，一是推进省直管县的行政管理体制改革，完善县级城市的综合管理职能；二是盘活县域经济、人文、自然资源，

---

① 张敏、董建博：《就地还是异地？——农业转移人口市民化地区选择的影响因素分析》，载《丽水学院学报》2022年第3期，第27页。

② 张锐：《放大县城农业转移人口市民化的重要载体功能》，载《中关村》2022年第6期，第28页。

③ 张锐：《放大县城农业转移人口市民化的重要载体功能》，载《中关村》2022年第6期，第29页。

第9章 推进农民工市民化促进城乡融合发展

培育一批特色产业和特色小镇；三是加强对县域的财政金融支持力度，为县域产业发展和人口集聚提供良好的基础设施和公共服务；四是积极引导和支持外出农民工返乡创业。

9.4.1.2 综合考虑东部、中部、西部地区基本公共服务情况和农民工市民化的需求，推进城镇间的区域合作

把城乡结构、产业结构、城镇结构、区域结构的调整结合起来，一是积极引导劳动密集型产业向中西部地区和中小城市、小城镇转移，实现产城融合发展，提升这些地区的就业吸纳能力；二是加大中、西部地区和中小城市、小城镇的基础设施建设力度，提高这些地区的生活吸引力，引导农业转移人口在这些地区落户；三是在提高中西部地区和中小城市、小城镇就业、生活承载能力的同时，降低大城市、特大城市的人口聚集成本。

9.4.2 把劳动力市场建设与对农民工的人力资本投资结合起来，提高农民工市民化能力

人力资本是通过自身投资所形成的体现在人身上的能力，人力资本较高的劳动力更易于获得良好的就业机会和更高的收入。人力资本对农民工市民化具有显著正向影响，人力资本每提升一个单位，市民化意愿就增加0.397个单位[1]，新生代农民工市民化会增加1.5个百分点，此外，人力资本越高，农民工市民化的能力越强，也更多地分布在社会声望更高的职业中[2]。但是，农民工往往依靠劳动强度以及对相对恶劣劳动条件的忍耐程度获得生产的相对竞争优势，这种非熟练劳动供给与城市主流劳动力市场形成自然的分割，形成了一个以农民工为主体的制度性分割的次级劳动力市场，而正因如此，农民工的人力资本产生了制度性贬值，这并未反映出其真实的价值[3]。人力资本对农民工市民化的积极作用必然要求一个统一开放、竞争有序的劳动力市场，以及完善的劳动力市场服务体系，从而使得农民工可以在自由、公正、安全和有尊严的条件下工作。

---

[1] 徐美银：《人力资本、社会资本与农民工市民化意愿》，载《华南农业大学学报（社会科学版）》2018年第4期，第59页。

[2] 张笑秋：《新生代农民工人力资本与市民化研究——以新人力资本理论为视角》，载《学海》2022年第4期，第15~16页。

[3] 熊景维、张冠兰：《农民工市民化权能：一个综合视角的理论》，载《社会主义研究》2022年第4期，第143页。

9.4.2.1 完善劳动力市场，切实保障农民工群体合法权益

第一，统筹城乡就业政策体系，破除妨碍劳动力流动的体制和政策障碍，消除影响平等就业的不合理限制。虽然随着二元经济体制改革的不断深入，对农民工的就业歧视已得到了很大程度的遏制，但对农民工的就业歧视仍在不同程度上普遍存在。农民工往往因为户籍以及处于较低的职业层级而受到身份、薪酬等方面的歧视，而当其遭受不公平对待时，就会形成强烈的被剥夺感和被歧视感，市民化意愿也会受到限制[①]。由此，一是要尊重农民工，崇尚劳动，深刻认识农民工对社会经济发展的贡献；二是要摒弃地方保护主义，消除户籍因素对工资差异的影响，彻底取消对农民工的歧视性就业限制，平等对待外来务工群体，建立城乡劳动者公平竞争的市场化就业选择机制。

第二，健全劳动法律法规，完善劳动者权益保障制度，加强对农民工的劳动保护和法律援助。一是健全农民工工资保障制度，坚持同工同酬，完善最低工资制度，形成合理的工资增长机制，建立健全保障农民工工资支付长效机制；二是完善劳动关系协商协调机制，成立农民工工会，健全工资集体协商机制，推进中小企业劳动合同签订与履行工作；三是加强对劳动力市场监督与管理，健全劳动基准、劳动监察与劳动争议处理的法律机制，打击各种违法用工，加大违法惩治力度，提高违法成本；四是优化工作环境，提供必要的劳动安全防护，减少职业病患，减少工伤事故；五是提高农民工的法律意识和维权意识，为他们提供有效的维权渠道。

9.4.2.2 完善劳动力市场服务体系，为农民工提供就业服务

第一，建立覆盖全国城乡的劳动力市场信息网络系统。通过互联网、大数据等技术手段，做好劳动力市场的信息收集、整理与发布工作。这样可以及时、准确地反映劳动力市场供求变动信息，精准匹配岗位，降低劳动力市场摩擦，引导农业转移劳动力的合理流动。

第二，大力发展多种形式的规范化劳动力就业中介组织，形成包括就业信息发布、咨询指导、职业介绍、技能培训等在内的社会化服务体系，为农民工群体提供与城镇居民同样的就业服务，降低农民工就业过程中的求职成本。

---

① 熊景维、张冠兰：《农民工市民化权能：一个综合视角的理论》，载《社会主义研究》2022年第4期，第145页。

第三，完善促进创业带动就业的保障制度，为自我雇佣的农民工提供创业和经营服务。自我雇佣的农民工的市民化意愿高于受雇的农民工，而且51.09%的自我雇佣农民工具有市民化的经济能力，比受雇的农民工高约3.08个百分点[1]。由此可见，提升自我雇佣农民工的创业和经营能力，对于推动其市民化十分重要。因此，需要加强创业培训，为有创业意愿的农民工提供信息咨询、开业指导、创业孵化、跟踪辅导、创业担保贷款等相关创业服务[2]。而其中，创业和经营资金尤为重要。政府可以在融资上给予更低的门槛和贷款利率等优惠政策，在财政上提供更多的创业补贴、税收减免等优惠政策。

9.4.2.3 加强对农民工的职业培训，提高农民工职业能力

职业培训有助于提升农民工的职业选择能力、适应力和就业稳定性，获得更高的劳动报酬以及城市融入度。蔡静2021年的研究发现，参加培训会使农村转移劳动力的平均市民化能力水平上升34.2%[3]。

第一，提高农民工对职业培训的认识，增强自主学习意识。部分农民工视野较窄，缺乏远见，自身对学习和培训持有消极观念，宁可将用于培训的时间花在简单体力劳动上，也不愿意"浪费时间"在培训上。这就需要采取以下措施：一是积极引导农民工参加培训，并进行大力宣传，使广大农民工认识到技能培训的重要性；二是给予农民工一定的培训补贴或奖励。如韶关市对取得国家职业资格证书、职业技能等级证书、专项职业能力证书和培训合格证书的农业转移人口分别给予1000元到3000元不等、1000元到3000元不等、400元到1600元不等、300元到2000元不等的补贴[4]。

第二，建立多元化的社会培训体系。根据农民工的受教育程度和个人情况，建立政府主导的对接式培训、特定企业技能培训、多主体的合作式培训体系。一是要加大政府对农民工职业技能培训的资金投入，对于通用性较强

---

[1] 朱磊：《自我雇佣行为对农民工市民化能力的影响》，中国社会科学院大学硕士学位论文，2022年，第16页。

[2] 王林波：《生活质量水平持续提高期待更快融入城市生活——上海"十三五"时期农民工市民化分析报告》，载《统计科学与实践》2021年第12期，第41页。

[3] 蔡静：《农村转移劳动力人力资本对市民化影响研究》，安徽财经大学硕士学位论文，2021年，第33页。

[4] 范琳珍等：《着力破除农业转移人口市民化的就业壁垒——〈韶关市农业转移人口市民化就业创业政策扶持实施细则（试行）〉解读》，载《韶关日报》2021年7月20日，第A01版。

的一般性职业技能培训，要由政府组织并承担主要培训费用；二是只适用于特殊企业的专用型职业技能培训，则交由企业组织安排，并负责经费支出；三是整合高校、政府部门和社会机构的教育培训资源，鼓励建立产教融合的实训基地，从而提高农民工的培训质量和培训效率。

第三，要加强就业导向型培训，强化农民工职业基础能力建设，增强培训内容的市场适应性和职业发展的前瞻性。一是开发进阶式职业技能培训。职业技能培训要注重个性化和实用性，保持自身技能与行业、企业需求的一致性，主动关注产业转型升级和新兴产业领域中的知识、技术和机会，进行知识技能的探索性开发[1]。二是加强职业道德、思想意识教育。职业道德和思想意识水平决定了一个劳动者的职业高度。由于对农民工的定位大多在较低的职业层级，因此，对农民工的培训往往只关注于技能培训，而忽视职业道德、思想意识教育农民工群体同样具有职业发展潜力，通过相关教育可以使其提升职业意识，规范职业行为，养成优秀职业品格，成为敬业守信、德才兼备、创新进取、精益求精的劳动者。三是推进终身学习，健全终身职业技能培训制度，提升劳动者终身职业能力和综合素质。

9.4.2.4 做好农村的基础教育、职业教育和女性教育工作

第一，做好农村基础教育工作。一是要增加对农村的教育投入，建立农村义务教育经费保障的长效机制，为农村基础教育"兜底"；二是加快农村基础教育资源建设，在县城和条件较好的乡镇优化配置师资力量、教学设施等；三是高度重视乡村教师培养工作，加强教育培训工作，提高其理论素质和教学能力，建立了解乡村实际、服务乡村需要的教师团队，推动教师待遇补助、岗位升级、职称评定与乡村教学经历挂钩，提高乡村教师的工作生活待遇，吸引和留住优秀教师；四是创新教育模式，加强素质教育，全面提高农业劳动力人力资本水平；五是依托互联网实现优质教育资源共享，建立教育云智能交流平台。

第二，做好农村职业教育工作。一是组建农村劳务合作社、扶贫就业公司等人力资源服务平台；二是制定优惠政策鼓励社会办学，吸引企业家、党政干部、专家学者、医生教师和技能人才等参与培训；三是要加大对农村职

---

[1] 郑爱翔、李黎丹：《新生代农民工市民化进程中的职业技能开发策略及动态演进规律——一项基于扎根理论的研究》，载《教育发展研究》2022年第3期，第29页。

业教育和成人教育的经费投入，多渠道筹集办学资金，设立就业创业专项资金；四是创新培训模式，针对社会治理、产业发展、职业技能等方面进行精准化培训。如陕西省千阳县创办"田间大学"，采取"菜谱式""实践式""观赏式"三种培训模式，将培训课堂设在"田间地头"[1]。

第三，应特别重视对女性的教育工作。现如今，女性无论作为子女、配偶还是母亲在家庭中的作用越发重要。女性在城市融入上具有优势，其可以更好地通过社区空间实践和参与社区本地化网络建设，更好地促进整个流动家庭实现社区嵌入[2]。但农村家庭对女性教育的重视程度普遍偏低，这导致其知识文化水平相对较低，在承担各种责任时往往力不从心。由此，必须提高对女性教育的认识，保证每个女性都能完成九年义务教育，有机会平等地接受高中、高等教育，以及各种形式的继续教育。

9.4.2.5 做好农民工随迁子女的义务教育和学前教育工作

大多数农民工父母相信知识可以改变命运，他们极为重视随迁子女的教育，甚至于为了子女能够获得优质教育资源而不惜"孟母三迁"。农民工随迁子女在城市接受到更为优质的教育，既有利于子孙辈未来更好地融入城市，也能让父辈们在城市中安居下来。2022年，李支立和麻宝斌调研显示，80%以上的湖北进城务工人员随迁子女能够在城市公办学校接受教育，农业转移人口对其随迁子女在城市受教育状况表示认可的比例稳定在80%以上[3]。

第一，要建立公平的入学准入机制，确保农民工子女享有公平受教育的权利。一是全面放开包括超大城市、特大城市在内所有等级城市义务教育阶段公办学校对农民工子女入学的限制，实现义务教育"零门槛"，与城市居民子女之间"无差别"；二是按照常住人口分配教育资源，将农民工随迁子女纳入城镇教育规划体系，根据农民工随迁子女的实际入学人数，适当增加义务教育阶段公办学校的招生名额；三是流入地政府应落实农民工随迁子女义务教育经费，将其纳入财政保障范围。

---

[1] 董世洪、郁建兴：《城乡融合进程中农村居民市民化的中国方案——基于浙江省海盐县、陕西省千阳县的调查》，载《中南民族大学学报（人文社会科学版）》2021年第2期，第83页。

[2] 谷玉良：《农业转移人口市民化：空间实践及其性别差异》，载《求实》2021年第1期，第106页。

[3] 李支立、麻宝斌：《"十三五"时期湖北农业转移人口市民化水平测度及分析》，载《湖北社会科学》2022年第6期，第66页。

第二，保障农民工随迁子女平等参与异地升学考试及录取。一是探索建立适应农民工就业特点的随迁子女的学籍管理模式，为他们顺利完成九年义务教育及参与异地升学考试及录取创造制度条件；二是原则上拥有3年及以上初高中阶段完整学籍并在当地实际学习，且父母监护人一方在本地有稳定工作并持有居住证3年及以上的初高中应届考生，可在流入地参加中高考等各类考试①。

第三，要统筹解决农民工子女的义务教育和学前教育问题。政府应该填补农民工随迁子女学前教育这个"空白地带"，并进一步落实普惠性的学前教育政策，规范幼儿园的招生政策，加大学前教育投入力度，实现学前教育公民同办，满足农民工子女的学前教育需求。

9.4.3 把户籍制度改革与城乡公共服务均等化结合起来，降低农民工市民化成本、提高其市民化收益

虽然改革开放以来，我国城乡分割的二元户籍制度的改革取得了很大进展，但附着于户籍制度及其相关制度上的公共服务及权利并未完全实现均等化，地方政府对农民工的户口"进入"具有选择性，农民工的身份转变进程相对较慢。宋扬的研究显示，如果户籍全面放开，城乡户籍的劳动者享受完全相同的待遇，劳动力的优化配置会大幅增加GDP，改革的成本与GDP的增加基本上可以抵消，还会大幅度缩小收入差距②。由此，中央和地方政府要坚定户籍制度改革信心与决心，进一步加大户籍制度改革力度，正视农民工的公共服务需求，加大农村地区的公共服务供给，完善农民工社会保障制度。然而也要看到，尽管推进农民工进城落户受到政策的鼓励和支持，但要充分考虑到农民工的切身利益，充分尊重农民工的真实意愿。

9.4.3.1 根据城镇综合承载能力和功能定位，制定差别化落户政策

第一，各地政府根据本地实际发展情况出台适合本地区的具体户籍制度改革方案，逐步放开放宽各级城市落户限制，将户籍与福利剥离，让户籍回归人口信息管理功能。一是进一步扩大全面取消落户限制的大城市范围，争

---

① 李爱民等：《我国农业转移人口深度市民化研究》，载《中国软科学》2022年第8期，第74页。

② 宋扬：《户籍制度改革的成本收益研究——基于劳动力市场模型的模拟分析》，载《经济学（季刊）》2019年第3期，第828页。

取"十四五"完成时，全面放开城区常住人口 500 万人以下城市落户限制；二是放开放宽超大城市、特大城市落户限制，在 2035 年基本实现社会主义现代化时，全面取消特大城市的落户限制，21 世纪中叶，全面取消超大城市的落户限制；三是当前要降低超大城市、特大城市和大城市落户条件，优化积分结构，取消积分落户年度指标限制，大幅削减学历、职称、纳税、购房、投资等能力性指标权重，实行以合法稳定就业和居住年限为主的积分落户制度[1]；四是完善以居住证为载体的城镇常住人口基本公共服务提供机制，进一步简化居住证办理程序，增加居住证附着的公共服务和办事便利项目，最终全面实行居住证制度，完全取消户籍制度；五是突破不同行政层级的城市户籍障碍，积极探索城市群中不同城市间的统一户籍政策，制定人口自由迁移的实施办法。

第二，建立动态户籍管理制度。一是利用大数据建立全国公开统一的跨部门、跨地区的户口及相关业务的数字化平台，实现信息整合和共享，简化户口迁移等业务程序。如宁波、温州试点"浙里新市民"应用系统，新市民在手机端就能完成居住登记、电子居住证申领转换、健康证明等高频事项的办理。二是建立自行报备制度。包括农民工在内的每个流动人口到达一个城市居住时可自行报备，有关部门受理审核后，应为其提供户籍或居住证及其附加的均等基本公共服务。

9.4.3.2 加大农村公共服务供给，不断缩小城乡居民的社会福利差别

2022 年，佟大建等研究发现，农民工与城市居民之间享受的基本公共服务的差距在缩小，这在减弱农民工对自身与城市居民之间身份的差距感知从而提高自己对城市人的身份认同的同时，增强了对城市的地域认同，在主观上逐渐融入城市，从而提高了其城市居留意愿以及农民工市民化的稳定性[2]。

城乡公共服务均等化意味着城乡利益结构重塑，公共资源重新配置。但这是一个帕累托改进的过程，即在城市地区公共服务供给能力提升的同时，通过统筹配置城乡公共服务资源，强化农村基本公共服务保障，不断提升农

---

[1] 程郁等：《分层次推进农民工市民化——破解"愿落不能落、能落不愿落"的两难困境》，载《管理世界》2022 年第 4 期，第 62 页。
[2] 佟大建等：《农民工市民化：测度、现状与提升路径——基本公共服务均等化视角》，载《经济学家》2022 年第 4 期，第 124 页。

村公共服务供给能力。一是不断完善农村最低生活保障制度，保障申报程序的公平公正，确保信息的公开透明，切实保障低保农民的利益；二是加大对农村社会养老保险的补贴力度，减轻农民缴费负担，提高缴费水平；三是强化对农民医疗保障的扶持，提升农村医疗水平，改善医疗条件，组建农村医疗队伍，鼓励村民自愿参保，加强对农村医保基金的监督和管理；四是引导公共服务资源向农村转移，增加对农村地区的公共服务投入，提升农村公共服务水平，缩小城乡居民间的社会福利差距。

随着城乡公共服务的均等化，城乡融合程度也会随之不断加深，清晰隔离的城镇和乡村的边界也将消失，"市民"和"农民"不再是地域上的区别或职业上的区别，农民可以在乡村户籍所在地、工作地就地市民化，即"原地市民化"，其同样可以在权利、待遇、生活方式、文明性、舒适性等方面由农民转化为市民[①]。山东寿光围绕"环境美、田园美、村庄美、庭院美"，实施农村道路、厕所、供电、学校、饮水、供暖等"七改"工程和"硬化、净化、绿化、亮化、美化、文化"等"六化"工程，构建"城乡一体、优质均衡"的现代教育体系，探索"养老十扶贫"模式，开展"百万市民幸福社保工程"等，促进城乡基本公共服务均等化[②]。

9.4.3.3 完善农民工社会保障制度，建立适应其就业特点的社保运行机制

社会保障水平的提升会显著提高农民工城市居留意愿，农民工对于自己是"本地人"的认同度更高。但现阶段农民工并没有完全被纳入到城市社会保障体系之中，与城市居民相比福利差距依然较大[③]。因此，我们需要尽快完善农民工社会保障制度，实现农民工社会保障在全国范围内的转移接续和高效统筹。

1. 完善农民工社会保障制度，逐步将农民工纳入城乡一体化的社保体系

第一，优先发展农民工医疗保险和养老保险，解决他们最基本的权益保障问题。一是保障农民工在常住地、就业地参加城镇医疗保险和养老保险等社会保险，并放开参保的户籍限制。农民工空间流动性加大，相对于在其他

[①] 刘小敏、黎明泽：《"原地市民化"：乡村振兴背景下中国农民市民化的新路向——基于发达地区15个非农化乡村的调查》，载《学术研究》2019年第9期，第57页。

[②] 参见张友祥、徐世江、葛晓军执笔的调研报告：《乡村振兴战略推进中的寿光模式》，2019年5月。

[③] 佟大建等：《农民工市民化：测度、现状与提升路径——基本公共服务均等化视角》，载《经济学家》2022年第4期，第124页。

地方的参保，农民工在本地参保更有利于提高其市民化意愿[1]。二是提高农民工参加城镇职工医保的参与率。相对于城镇居民医保，农民工参加城镇职工医保更有利于提高其市民化意愿[2]。现实中，许多农民工应享而未享有城镇职工医保，政府及相关部门应开展劳动合同、劳动法相关督查，保障农民工的合法权益。此外，农民工也应参加职业培训，提升劳动技能，增加参与城镇职工医保的可能性。

第二，助力农民工实现在城市的"安居梦"，遏制居住隔离不断恶化的趋势。城镇安居是市民化之基[3]，缺乏"稳定住房"已成为阻碍有户口迁移意愿的农业转移人口在城镇落户的主要原因。拥有产权住房能显著提高农民工的经济融入、社会适应、心理认同以及文化接纳水平，是实现定居的重要因素[4]。但是，一方面相对于生活成本和社会保障成本，居住成本在农民工私人成本中占比最高，高达82.3%[5]；另一方面农民工与城镇本地居民在居住空间上形成不同程度的隔离状态，加剧了两者在经济资源、公共资源、关系资源和信息资源分配方面的不平等，降低了农民工对城镇的归属感和依赖感，从而抑制了农民工市民化[6]。由此，一是全面实现住房与户籍制度及相关福利制度脱钩，防止城市房价高企造成农民工过度聚居，为农民工提供"可支付健康住房"[7]；二是将农民工纳入城市公共住房保障体系。保障性住房可以显著促进农民工融入城市[8]，因而要逐步将农民工纳入城镇保障性住房覆盖范围内。在扩大农民工自有产权的经济适用房、限价商品房申请的同

---

[1] 安超帆：《医疗保险参保、居住证制度与流动人口市民化意愿——基于2017年全国流动人口动态监测数据》，载《调研世界》2022年第9期，第49~50页。

[2] 安超帆：《医疗保险参保、居住证制度与流动人口市民化意愿——基于2017年全国流动人口动态监测数据》，载《调研世界》2022年第9期，第51页。

[3] 洪银兴等：《城镇化新阶段：农业转移人口和农民市民化》，载《经济理论与经济管理》2021年第1期，第4页。

[4] 王子成、郭沐蓉：《住房实现模式对流动人口市民化的影响效应分析：城市融入视角》，载《社会经济体制比较》2020年第2期，第114页。

[5] 胡世文：《私人成本、市民化能力与农民工市民化意愿》，暨南大学硕士学位论文，2020年，第43页。

[6] 徐清华、张广胜：《居住隔离与农民工市民化》，载《华南农业大学学报（社会科学版）》2022年第1期，第44页。

[7] 叶裕民：《积极推进市民化，培育城市群创新发展新动能》，载《国家治理》2021年第2期，第20页。

[8] 王子成、郭沐蓉：《住房实现模式对流动人口市民化的影响效应分析：城市融入视角》，载《社会经济体制比较》2020年第2期，第116页。

时，我们坚持租购同权，增加公租房、廉租房等多种房源的配租；三是将农民工纳入到个人住房公积金制度，放宽低收入者公积金提取标准，扩大公积金使用范围，如支付房租、物业费等；四是政府通过土地出让、税收、低息贷款等优惠政策鼓励和引导多元化社会力量投资建设、经营公共租赁住房，鼓励用工企业提供保障性住所；五是政府给予购买新建住房的农民工以财政补贴，如2016年鹰潭市由财政按所购房屋面积300元/平方米给予奖励[1]；六是完善社会融合政策以消除群体隔阂，为不同群体相互融合创造条件，如社会组织和团体应该主动接纳农民工群体。

第三，在现有城镇救助制度的基础上，将农民工纳入城镇社会救助网络，为农民工在城镇正常工作和生活提供最基本的托底性生存保障。

第四，建立城乡一体化的社会保障体系。从城乡医疗保险水平比较来看，相对于城镇居民和职工医保，农村医疗保险的报销水平相对较低，而且异地就医所能报销的医疗费用会更低，使其难以有效缓解潜在的健康风险[2]。故而，相对于在户籍地参与的农村合作医疗保险，农民工在城市本地参保更有利于提高其市民化意愿。城乡医疗保险差异是城乡二元社会保障的一个典型代表，而要消除这种差异，就需要建立同质、同权、同享的城乡一体化社会保障体系。

2. 建立适应农民工就业特点的社会保障运行机制，完善农民工社会保障关系的有序接转机制

第一，要根据农民工群体在完成市民化之前，就业不稳定、流动性强、经济承受能力低的特点，细化和完善农民工群体的社会保障运行机制。将农民工纳入本地社会保障发展规划，根据本地农民工数量、结构和需求的变化及趋势，分类、分层次有序地增加面向农民工的社会保障有效供给。一是将居住稳定的正规就业农民工逐步纳入城镇职工保险；二是流动性比较强的农民工实行门槛低、标准低的参保政策，可参与城镇居民保险；三是重点关注缴费困难的非正规就业农民工群体，适度减免其社会保险的缴费金额或缴费比例。

第二，通过构建信息共享平台，可以减少接转手续，提高管理效率，并

---

[1] 祝振晨：《城镇化背景下的鹰潭市农民工市民化问题研究》，江西财经大学硕士学位论文，2021年，第12页。

[2] 周佳璇、赵少锋：《医疗保险可以提升农民工消费水平吗？——基于市民化意愿视角》，载《消费经济》2022年第2期，第80页。

提升统筹层次。在碎片化、属地化且与户籍挂钩的社会保障制度之下，当前我国社会保障体系筹层次较低，医疗保险和养老保险等保险关系转移接续仍然存在障碍。由此，一是提高基金统筹层次和管理层级，实现城镇职工基本养老保险、失业保险、工伤保险基金全国统筹，对城乡居民基本养老保险基金和基本医疗保险基金实行省级统一管理；二是完善社保关系转移接续政策，建立健全国家统一社会保险公共服务平台。加强社会保障信息化建设，构建中央、省、市、县、乡镇（城镇社区）的广覆盖、全畅通的城乡一体化社会保障信息服务网络，为农民工群体提供更多的便利服务。

9.4.4 完善土地"三权"保护和退出机制，把农民土地权益转化为进城资本

我国农民工迁移户口的意愿较低的另一个主要原因就是农民工对其在农村的承包地、宅基地、集体收益分配权的预期收益期望值不断提升，担心迁移户口后会失去附着于农村户口上的各项权益，因此出现了只愿意在城市定居而不愿意迁移户口的情况。2021年，赵婷婷在对成都农业转移人口市民化意愿展开的问卷调查中发现，仅23.93%的农业转移人口是愿意迁移户籍的，其中57.14%人口在老家是没有承包地的；如果允许农业转移人口落户城市却不丧失农村承包地与宅基地，农业转移人口的市民化意愿显著上升约58.97%[1]。由此可见，土地制度安排会影响农民工的市民化选择。虽然近年来，我国农村土地制度改革有了重大突破，但是一些中央政府的顶层设计还没完全落实到位，农村三项土地制度改革中出现的一些问题还没有得到妥善解决。从总体上讲，现阶段中国土地制度仍具有明显的城乡二元化特点，农民工群体的土地权益实现受到现有土地制度的制约，土地红利未能给农民和农民工群体带来相应的财产性收益。推进农民工市民化要解决好农民工、就业与土地之间的关系，保障农民工的土地财产权，允许农民工带着"土地财产权"进城，把农民土地权益转化为进城资本，更好地发挥好土地等资源要素的劳动力配置效应[2]。

---

[1] 赵婷婷：《基于推拉理论的农业转移人口市民化意愿研究》，四川大学硕士学位论文，2021年，第49页。
[2] 郭晓鸣、张克俊：《让农民带着"土地财产权"进城》，载《农业经济问题》2013年第7期，第7~8页。

9.4.4.1 深化农村集体产权制度改革，保障包括农民工在内的集体经济组织成员的基本权益

第一，要通过农地确权，弄清土地"集体所有"具体落实到组、村、乡（镇）级集体经济组织中哪一个层级的集体。

第二，要在做好农村集体经济组织成员身份界定工作的基础上，进一步明确集体成员与集体经济组织的委托代理关系。

第三，发挥集体经济组织在土地撂荒方面的监督作用、在平整和改良土地方面的主导作用、在促进土地适度规模经营方面的桥梁作用。

第四，壮大农村新型集体经济，健全集体产权经营制度，建立符合市场经济的集体资产运行机制，发展多种形式的股份合作制度，激发农村集体产权的发展活力，增加农民集体资产收益。

9.4.4.2 落实新的农村土地承包法，强化农村土地承包经营权的物权属性，形成所有权、承包权、经营权三权分置，经营权流转的格局

2022年，蒙佳欣研究发现，当个人承包地面积小于2亩时，农民工倾向于将承包地交由家人或亲朋耕种，而当承包地面积大于2亩时，承包地的流转概率有明显提升，但家庭耕种的承包地一半以上没有收益甚至负收益，流转土地的收益相对更稳定、更高[①]。这是因为，土地流转可以将土地资源集中在专业化经营者手中，从而极大地提高农地的产出效率，获得较高的经济收益，更好地支持农民工向城市迁移，而这必然要求加快土地产权改革，增强土地的流动性。

2002年，我国发布了《中华人民共和国农村土地承包法》，并于2018年进行了最新修正。新的农村土地承包法对农村土地承包关系稳定性、"三权分置"、农户的合法权益等方面加以规范和完善。落实新的农村土地承包法，需要从以下几个方面入手：

第一，充分尊重农民工意愿，切实维护进城落户农民工的土地承包权、宅基地使用权、集体收益分配权，不得以退出农村"三权"作为农民工进城落户的条件。几千年来，中国农民没有真正通过耕种获得长久的富裕，却时常面对社会经济的不确定性，生存是其行为选择的基本信条，也由此形成了

---

① 蒙佳欣：《农民工市民化背景下承包地处置方式的影响因素研究》，武汉工程大学硕士学位论文，2022年，第26~27页。

对土地的情感依附。农村土地及其关联的一切是农民工的最后生存保障，当城市的生活成本超过他们所能承受的范围时，他们希望能有条后路可退。农民工是具有独立意识的理性个体，其会基于自身特性做出土地处置的自我判断、自我选择。维护农民工"三权"实际上也是尊重农民工对于自身权利的捍卫。农民工自身权益得到有效保障，可以极大增强其市民化的信心和积极性。

第二，支持引导农民工依法自愿有偿转让土地经营权，完善权益流转机制。持续、稳定地获得流转土地供给是新型农业经营主体进行规模化现代农业生产经营的关键前提[1]。而这就需要推动农村土地经营权流转，一是要清晰界定所有权、承包权和经营权三者之间的责权利关系，形成"集体所有、农民承包、经营主体经营"的三权分置制度模式；二是要在承包权与经营权主体之间合理分割农地占有、使用、收益，以及处分的各项权能，在稳定土地承包权的同时，放活经营权，扩大土地流转的范围、规模，提升土地流转速度；三是建设农村土地产权租赁、抵押、入股、置换、转让等流转市场，完善流转中的交易机制，为经营权流转双方创造良好的市场条件。如浙江省海盐县建立了县、镇（街道）、村（社区）三级农村土地流转和产权交易服务平台，构建三级土地流转服务网络，成立土地经营权抵押物评估中心[2]。

第三，对土地流转情况进行监管，保障流转各方利益不受侵犯。一是在社、村、镇三级监督下，按照法定程序流转，并签订书面协议，约定流转期限、价格以及双方的权利和义务；二是对于大规模土地经营权受让者，村社应安排人员进行实地考察，以确认其经营实力；三是加强对土地流转后监督，建立实地随机抽查机制，避免受让方未按流转合同约定的用途来利用和经营土地。

9.4.4.3 努力化解现有土地征收制度遗留下来的历史问题，为新的《土地管理法》的顺利实施做好制度准备

随着城市化进程的快速推进，大量农村土地被征收，随之产生了大量失

---

[1] 辛毅等：《"显性市民化"与"隐性市民化"对农民土地转出行为的影响》，载《资源科学》2020年第5期，第894页。

[2] 董世洪、郁建兴：《城乡融合进程中农村居民市民化的中国方案——基于浙江省海盐县、陕西省千阳县的调查》，载《中南民族大学学报（人文社会科学版）》2021年第2期，第81页。

地农民。土地被征收后,农民尽管直接由农村户籍转变为城市户籍,但他们脱离了农业生产方式,被动地以家庭或个人为单位进入到劳动力市场,长期以地缘和血缘维系的社会关系网络被打破[1],面临着非农就业技能缺乏以及身份认同的困境[2]。或许征地收入可以在一定程度上保障其生存,但要在新的社会经济结构下实现高水平、高质量的发展则面临着极大挑战。马林靖等对天津市宝坻区周良水苑小区的调研结果显示,2018年失地农民实现正规就业比例为13%,仅比征地前的2008年上升了4%,非正规就业和未就业的分别为48%和37%,比征地前的2008年上升了22%和30%,从事的行业主要集中在社会服务、制造业、建筑业和餐饮零售[3]。围绕土地征收所产生的非法征地、补偿不合理、失地安置等矛盾冲突日益凸显。因此,必须化解现有土地征收制度遗留下来的历史问题,通过新《中华人民共和国土地管理法》的顺利实施,保障失地农民的合法权益,激发他们的自主性、能动性,为其在城市中积极发展创造内在动力。

第一,严格区分公益性用地和经营性用地,根据新修订的《中华人民共和国土地管理法》将政府的土地征收权限定在公共利益需要的范围之内。严守农用地和生态用地红线,落实地方政府的保护责任,防止"改革"过程中的耕地非农化和生态用地建设化。

第二,健全和规范征地程序。一是要强化征地公告、征地补偿安置方案公告及征地补偿登记制度,增加工作透明度;二是通过建立公众(农民)参与、公开查询、举行听证及举报等制度,健全土地征收过程的社会监督机制;三是明确申诉的程序和专门的仲裁机构,建立土地纠纷仲裁机制。

第三,改变按照土地原用途补偿的原则,考虑土地市场供求情况以及土地的区位因素、当地经济发展状况及政府的宏观政策等因素,参照土地的市场价格,以各地区片价作为确立补偿的基本依据,确保被征地农民得到足够的补偿,保障农民公平分享土地增值收益。

第四,建立城乡统一的建设用地市场。一是允许符合规划和用途管制的

---

[1] 陈万莎:《家庭视角下村改居社区农民市民化研究》,载《理论界》2022年第1期,第103页。

[2] 刘京京:《强力嵌入与柔性整合:滩区迁建移民的市民化进程研究——以山东省甄城县L社区为例》,华中师范大学硕士学位论文,2022年,第3页。

[3] 马林靖等:《城郊农民市民化后就业类型及收入差异比较——以天津宝坻区为例的实证研究》,载《河北农业大学学报(社会科学版)》2022年第4期,第119页。

集体建设用地进入市场依法流转；二是加快制定和颁布规范集体建设用地入市流转的专门法规和管理办法，明确流转的条件、流转的方式、流转的收益分配办法和产权管理办法。对于符合规划和用途管制的农村集体经营性建设用地，允许其入股、租赁和出让，发挥市场在资源配置中的决定性作用，与国有土地一起入市，同价同权。

9.4.4.4 建立并完善兼顾"公平与效率"的宅基地制度

调查显示，我国农村至少有 7000 万套闲置房屋，农村居民点空闲和闲置地面积达 3000 万亩，一些地区乡村农房空置率超过 35%[①]。2022 年，崔宝玉和易凤研究发现，宅基地确权可以通过保障宅基地产权安全性来强化占有权，也可以通过宅基地流转、抵押等配置实现收益权，进而提升农民市民化意愿[②]。由此需要完善闲置宅基地和闲置农房依法自愿有偿流转政策。

第一，改革完善农村宅基地制度，放松对宅基地使用权流转的限制。一是建立宅基地使用权流转以及有偿退出制度，建立宅基地差别化有偿使用制度；二是通过农村宅基地的确权登记工作，推进农民住房财产权抵押、担保、转让试点，实现农民的房地利益；三是打通退出宅基地与在城市落户的连接渠道，制定农村住房置换城镇住房或者享受购房补贴的相关优惠政策[③]。如河南农业转移人口可以将自己在农村的宅基地按照相同的面积进行与城市住房面积的兑换。

第二，鼓励引导新一代农民工有偿流转宅基地。相对于老一代农民工，新一代农民工对于农村住房和宅基地的利用程度、主观情感较低，其更在意务工地住房效用[④]。由此可见，新一代农民工更有意愿，也更有可能将宅基地进行流转。由此可以为新一代农民工办理宅基地退出手续提供便利，缩短办事流程，并为其提供较高的现金补偿或条件较好的安置住房。老一代农民工也可以通过稳定他们在城市生活的信心，引导其退出农村宅基地。

9.4.5 完善"人钱挂钩"和"人地挂钩"政策，健全市民化激励机制

在现有的财政体制下，中央和地方政府之间公共服务的分担责任不明晰，

[①] 《建了没人住 7000 万套闲置农房如何盘活》，载《人民日报》2018 年 7 月 8 日。

[②] 崔宝玉、易凤：《当农民还是做市民：宅基地确权对农民市民化意愿的影响——来自 CRHPS2019 的微观证据》，载《农村经济》2022 年第 8 期，第 58 页。

[③④] 顾岳汶等：《农业转移人口市民化过程中住房消费选择研究——基于行为经济学的分析视角》，载《城市问题》2022 年第 7 期，第 73 页。

地方政府的财权与公共支出责任不匹配,户籍人口增加必然会带来地方政府公共支出的增长,但由于缺少稳定的能随户籍人口增加而增长的财政资金筹集渠道,财政收入却不会相应地增长。这一情况不仅削弱了地方政府推进农民工市民化的内在动力,还进一步导致了地方政府财政吃紧,难以应对农民工落户后所需的公共服务额外支出。为此,必须深化财政制度改革,形成财权与事权相匹配的财政体制。

9.4.5.1 明确中央政府和地方政府的支出责任,改革政府的政绩考核体系

第一,明确中央政府和地方政府的支出责任。2016年国务院出台的《关于实施支持农业转移人口市民化若干财政政策的通知》中明确指出,要强化地方政府尤其是人口流入地政府的主体责任,建立健全支持农业转移人口市民化的财政政策体系[①]。1994年,我国初步建立起多级预算管理体制,但并没有合理地界定和划分中央与地方政府财政资金管理关系以及各级各地政府事权和财权范围,这就为中央和地方政府在农业转移人口市民化中责任分担不明晰埋下伏笔。由此就应该按照法律规定、受益范围、成本效率和基层优先等原则,明确界定中央政府和地方政府在基本公共服务领域的事权和支出责任,明确中央与地方政府的工作职责范围。中央财政负责对全国性公共产品和服务进行宏观调节和分配的支出责任,地方政府负责承担与本地区公共性事务相关的具体费用。对于跨地区的公共产品和服务,根据其具体情况,划分主次责任后,再由中央和地方各级政府共同承担。由此,一是在强化地方政府主体责任的同时,按权责匹配原则还要加强中央政府的政策制定和推进的主导作用,以及成本分担的责任;二是必须改革地方政府的政绩考核体系,加强流入地与流出地政府之间协同合作,确定合理的成本分摊比例,平衡区域间的利益差异,建立健全横向转移支付的财政政策体系。

第二,改革地方政府的政绩考核体系,为地方政府推进农民工市民化提供制度激励。地方政府是推进农民工市民化的主体,解决地方政府推进农民工市民化动力不足问题,是促进农民工市民化的前提。只有地方政府具有推进农民工市民化的意愿,才有可能积极主动地落实中央政府推进农民工市民

---

① 《国务院关于实施支持农业转移人口市民化若干财政政策的通知》,中华人民共和国中央政府网,2016年8月5日,http://www.gov.cn/zhengce/content/2016-08/05/content_5097845.htm。

化的顶层设计，努力化解农民工市民化面临的多重困难，否则，就会利用中央与地方政府的信息不对称，对中央政府政策采取消极应付的态度。因此，必须改革地方政府的政绩考核体系，为地方政府推进农民工市民化提供制度性激励。一是要把推进农民工市民化工作纳入地方政府政绩考核的指标体系，并增加其在政绩考核指标体系中的权重；二是把地方政府推进农民工市民化工作的绩效，作为决定政府主要领导职位晋升和相应惩处的重要依据；三是政绩考核指标体系的重点，要从经济指标为主向民生指标为主转变，激励地方政府主动解决农村公共服务供给不足的问题，降低农民工市民化成本；四是地方政府的考核体系要强调其推进农民工市民化政策对本地区经济社会发展的长期影响，以避免政府官员为追求短期绩效而影响其对中央政府推进农民工市民化政策的落实。

9.4.5.2 增加地方税收来源，实现由"土地财政"向"税收财政"转变

第一，增加地方政府的税收来源。一是优化共享税的划分方式，适当增加地方政府在共享税中的分成比例，对于较为明显的区域性税收以及对宏观经济不产生较大影响的税收，应根据实际情况将其划归地方政府；二是逐步优化税制结构，扩大地方税源，提高直接税比重，探索开征房产税、遗产税等税种，逐步建立以所得税和财产税为主体税种的地方税收体系。由此，确保地方政府有稳定可靠的税收来源，在摆脱地方政府对"土地财政"的依赖的基础上，提高其承担农民工市民化成本的能力。

第二，完善"人地挂钩"政策，根据吸纳农业转移人口进城落户的数量，合理确定城镇新增建设用地规模，保障其用地需求[①]。实现由"土地财政"向"税收财政"转变不是限制地方政府的土地供应，而是要真正实现满足农业转移人口进城对土地需求的适度土地供给，这就需要"人地挂钩"政策的约束，由此才能更有效地实现由"土地财政"向"税收财政"转变。

9.4.5.3 规范财政转移支付制度，提高地方政府承担市民化成本的能力

加大中央政府向地方政府财政转移支付的力度，通过财力转移提高地方政府公共服务的供给能力。

[①] 国土资源部　发展改革委　公安部　人力资源社会保障部　住房城乡建设部关于印发《关于建立城镇建设用地增加规模同吸纳农业转移人口落户数量挂钩机制的实施意见》的通知，中华人民共和国中央政府网，2016年9月29日，http://www.gov.cn/gongbao/content/2017/content_5204901.htm。

第一，完善"人钱挂钩"政策。一是按照事权财权匹配原则，健全中央和省两级专项资金的转移支付制度，对跨省落户、省内落户和本市落户实行差异化的标准，兼顾中央政府对跨省流动的支持和强化省级政府均衡省内流动的职责[①]；二是以常住人口而不是户籍人口作为转移支付的依据，中央和省政府要加大对跨省（市）农民工集中地区的财政支持，协调和平衡人口输入地和输出地之间的财政压力，推动财政转移支付和财政性建设资金与流动人口市民化、非户籍人口公共服务供给挂钩。

第二，加大中央政府农业转移人口市民化奖励资金力度，各地方政府做好落实及配套工作。一是加大中央政府农业转移人口市民化奖励资金支持力度。2022年，财政部印发的《中央财政农业转移人口市民化奖励资金管理办法》中指出，中央农业转移人口市民化奖励资金为一般性转移支付资金，用于推动各地区为农业转移人口提供与当地户籍人口同等的基本公共服务，促进基本公共服务均等化。2022年财政部下达了农业转移人口市民化奖励资金50亿元，加上此前已下达的资金350亿元，累计下达资金400亿元[②]。但是，2019年落户人数最多省份的新落户农业转移人口获得中央财政市民化奖励资金人均仅为1100多元[③]，远低于农业转移人口市民化成本，这必然难以调动地方政府的积极性。由此要求中央政府逐步增加农业转移人口市民化奖励资金，奖励资金分配要切实以各省农业转移人口实际进城落户数为核心因素，进一步加大对农业转移人口落户规模大、新增落户多、基本公共服务成本高的地区的支持力度，为了稳定市民化成果，对以前年度落户人口的奖励资金应逐步降低退坡的幅度[④]。二是各地方政府应根据各辖区内吸纳农业转移人口情况，调整资金配置，保证各辖区有足够的财力为农民工群体提供基本公共服务。

9.4.5.4 加大对中小城市、小城镇和落后地区的财力支持，平衡大中小城市间、发达地区与落后地区之间的公共服务能力

大多数中小城市、小城镇和落后地区地方财政能力不足，难以充分满足转移人口市民化的需求。一是对于这些地区应该以中央财政支持为主，并根

[①][②][④] 《财政部下达农业转移人口市民化奖励资金》，中华人民共和国中央政府网，2022年5月9日，http://www.gov.cn/xinwen/2022-05/09/content_5689219.htm。

[③] 国家发展和改革委员会：《国家新型城镇化报告2019》，人民出版社2020年版，第34~37页。

据市民化成本和财政资源的情况给予倾斜。这样可以充分发挥中央财政的调节和支持作用，促进大中小城市间、发达地区和落后地区间公共服务能力的均衡。二是提高地方财政的负担能力，缩小地区间在提供基本公共服务能力上的差距，推进地区间基本公共服务均等化和进城落户农业转移人口与当地户籍居民享受同等基本公共服务"两个均等化"[①]。

---

① 《财政部下达农业转移人口市民化奖励资金》，中华人民共和国中央政府网，2022 年 5 月 9 日，http://www.gov.cn/xinwen/2022-05-09/content_5689219.htm。

第 10 章

强化土地制度改革关联效应
促进城乡融合发展

2013年党的十八届三中全会以来，我国土地制度改革不断推向深入，但受土地产权结构的高度复杂性、土地制度变迁的路径依赖和低效锁定等多重因素的影响，土地制度改革尚未形成协同推进的联动效应；土地与户籍、财政、金融等制度的综合配套改革也未能取得实质性进展。从中国转型发展的实际情况看，二元土地制度仍是制约城乡融合发展的主要制度因素；从中国土地制度改革绩效的角度分析，优化土地制度改革的关联效应是破解土地制度改革面临的症结性难题，也是化解土地制度改革多重利益矛盾的关键。优化土地制度改革的关联效应，形成土地资源优化配置机制，促进城乡要素的等价交换与优化配置，对于促进城乡融合发展具有重要意义。

10.1 制度关联框架下土地制度改革的关联效应

土地是人类经济社会发展的空间载体，其配置效率和利用效率的高低，在很大程度上影响着一国（或地区）经济社会发展的潜力与实力。正因如此，进入现代社会以来，世界主要经济体均对土地制度安排进行过重大调整。第二次世界大战后，发展中国家基于国家现代化目标而进行的土地制度改革更是非常普遍。自家庭联产承包责任制改革发轫以来，我国土地制度改革持续至今，涵盖的领域也愈加广泛，但其改革红利却远未得到充分释放①②③，要对其中的原因进行理论解释，就离不开对土地制度改革可能产生的关联效应的解析。

10.1.1 制度的关联性

无论何种制度，都是在特定经济和社会结构影响下，约束和规范各类社会主体行为的规则，它自身的内容既会受到特定经济社会发展进程的影响，又会反过来对特定经济社会发展进程产生积极或消极的影响④。与此同时，制度本身不会自动生成，而是由社会所建构⑤，这就决定了单项制度不会孤立存在，总是与其他社会制度存在多样化的联系，其维系和演化也并不完全取决于自身的逻辑，还要受到其他相关联制度的约束和影响⑥。

10.1.1.1 层次性关联

从制度的约束主体或作用领域角度看，单项制度从产生到演化的复杂过程，总是在特定的制度环境（即基础性制度）下发生的。这样，如果单项制度不能很好地支持基础性制度发挥应有作用，甚至与基础性制度的目标相背离，那么该单项制度迟早将被彻底淘汰或被全面更新。另外，当基础性制度发生变化时，单项制度一般很难不受其影响而维持原有特征。只要单项制度同基础性制度的变迁方向不一致甚至相反，那么单项制度也可能就会在基础性制度变迁的权威影响下发生剧烈变化乃至被完全替代。

10.1.1.2 时间性关联

制度的时间性关联，通常可以区分为共时性关联和历时性关联两种基本类型。其中，共时关联强调制度之间在时间截面上跨域的交互影响，而历时

---

① 陶然、汪晖：《中国尚未完成之转型中的土地制度改革：挑战与出路》，载《国际经济评论》2010年第2期，第98~100页。

② 付宗平：《中国农村土地制度改革的动力、现实需求及影响》，载《财经问题研究》2015年第12期，第121~122页。

③ 国土资源部：《农村土地制度改革三项试点工作进入到最关键的攻坚阶段》，载《国土资源》2017年第5期，第14~15页。

④ ［美］道格拉斯·C.诺思著，杭行译：《制度、制度变迁与经济绩效》，格致出版社、上海三联书店、上海人民出版社2008年版。

⑤ Mark Granovetter., The Myth of Social Network Analysis as a Special Method in the Social Sciences, In Connections, 1990, 13 (2), pp. 13–16.

⑥ 盛广耀：《制度变迁的关联性与户籍制度改革分析》，载《经济学家》2017第4期，第60页。

关联则强调制度之间在时序上的动态依存关系。根据青木昌彦（2001）的观点①，制度的共时性关联是指作用于不同领域（公共资源、交易或经济交换、组织、社会交换、整体、一般性组织）的各类制度，在制度化关联和制度互补机制作用下形成的具有一致性目标指向的依存关系。其中，制度化关联就是由新创制度将相关制度进行统合的过程，而制度互补机制则是不同领域的制度形成相互依存关系的过程。当然，在经济社会演化过程中，制度之间也会形成历时性关联，并表现为重叠嵌入、重新组合或捆绑、历时性制度互补三种形式。其中，重叠嵌入是指某一域的制度进入（或被植入）其他域而产生新的制度并发挥新作用的过程；重新组合或捆绑是指对原有制度进行调整、融合或拆散重组，并借此在新的历史时期内达成更高制度绩效的过程；历时性制度互补是指原本具有互补关系的制度之间，某种制度在其他制度发生变化时所发生的适应性调整过程。

制度的时间性关联关系表明，在观测制度绩效时，仅仅观察单项制度本身的绩效是远远不够的，只有同时考虑该项制度发挥作用的过程和其变迁过程是否具备帕累托改进性质，才能全面理解该项制度的客观价值。

10.1.1.3 结构性关联

尽管现实中存在大量的制度关联现象，但是在不同的制度关联系统中，制度的关联强度却存在高低之分，决定着整个制度体系的综合绩效和演化趋势。根据张旭昆（2004）的观点②，同一制度体系下，制度之间的结构性关联关系可划分为可分离性关联、非分离性关联和准分离性关联三种形式。其中：可分离性制度关联是指各项制度尽管统一于同一制度体系，但相互之间具有完全独立关系；非分离性制度关联，是指同一制度体系内的各项制度之间完全具有耦合关系，"牵一发而动全身"；准分离性制度关联是指同一制度体系内的各项制度之间同时具有独立关系和耦合关系的情形。

制度间结构性关联关系的存在表明，即使在短期内具有较高绩效水平的某一综合性制度体系，其长期绩效也可能因内部单项制度间的非协调性而趋向下降；只有当同一制度体系内的分项制度保持良好互动关系时，制度体系

---

① ［日］青木昌彦著，周黎安译：《比较制度分析》，上海远东出版社2001年版。
② 张旭昆：《制度系统的性质及其对于演化的影响》，载《经济研究》2004年第12期，第115~116页。

的效能才会得以全面体现。

综上所述,制度之间关联现象的客观存在,暗含了如下三个基本结论:其一,某项制度的绩效,在其他关联制度及其变迁过程的影响下,既可能被放大,也可能被弱化。其二,整个制度体系的绩效,取决于内部各项制度之间互补关系的强弱。只有当单项制度间形成良性互动效应时,基础性制度预期达到的社会目标才能得以顺畅实现。其三,不同制度体系之间同样可能具有关联性,特定制度体系的绩效也会受到其他关联性制度体系的绩效变化和演进方向的影响。

如果设某一制度体系 I 由具体的制度 I_1,I_2,…,I_n 构成,即有 $I=\{I_1, I_2, …, I_n\}$ 成立,与此同时,同制度体系 I 存在共时关联或历时关联的其他制度集合为 $\{A, B, …, K\}$,则制度体系 I 的绩效 P_I 显然同时取决于每一项内部制度的绩效和其他关联制度(或制度体系)的绩效,即有下式成立:$P_I = F(P_{I1}, P_{I2}, …, P_{In}, P_A, P_B, …, P_K)$。

此时,P_I 关于 P_{I1},P_{I2},…,P_{In},P_A,P_B,…,P_K 的偏导数大于零,就构成了 P_I 不断上升的必要条件,同时也构成了制度体系 I 趋于稳定的必要条件;反之,如果 P_I 关于 P_{I1},P_{I2},…,P_{In},P_A,P_B,…,P_K 的偏导数小于零,则意味着 P_I 将趋于下降,制度体系 I 的稳定性也将面临挑战。

10.1.2　土地制度体系的关联性

10.1.2.1　土地制度体系的内部关联性

从正式制度角度看,土地制度体系是界定和调整土地产权约束(包括所有、占有、使用、处置等方面的权利)的各类法律、法规和政策的总和,其基本目标是保证土地资源的合理配置和高效利用。狭义的土地制度体系由土地的所有制度、使用制度和管理制度构成;而广义的土地制度体系除了上述制度之外,通常还包括土地的规划制度、保护制度、征用制度、税收制度等。

1. 狭义土地制度体系的内部关联性

在狭义土地制度体系下,土地所有权制度是关于土地占有、使用、收益和处分权利的各类法律法规的总和;土地使用制度是土地所有者、使用者和经营者在土地占有与使用过程的行为规范的总和;土地管理制度是国家对土地权属、地籍、土地利用、土地市场和土地税费等在宏观上进行管理、监督和调控的制度、机构与手段的总称。显然，狭义的土地制度体系内，各项制度之间的联系是异常紧密的：(1) 土地的所有制度决定着不同经济社会主体在土地配置过程中的权力边界，以及土地利用过程中剩余索取权和剩余控制权的分配原则。(2) 土地使用制度无法决定改变土地的最终归属和利用边界，但它在二者的权利界定区间内，决定着土地的利用效率以及由此带来的经济剩余和社会剩余总量。因此，在条件成熟的情况下，有可能反过来倒逼二者发生必要的调整。(3) 土地管理制度同样决定着不同类型的土地的使用边界，对土地占有者和使用者关于各类用途土地之间的结构及其开发、整理或补充，均会确定明确的监管和调控，但却不能改变土地所有制度下土地的终极处置权、剩余索取权和剩余控制权。

以我国农村现行狭义土地制度体系为例：一方面，村集体拥有各类土地的所有权，既可以对集体经营性建设用地和未利用土地进行直接经营，又可以采取转让、入股等形式进行间接利用；而对于农业用地，村集体通常并不直接使用，而是承包给农户或其他社会经济主体经营，后者可以因此获得收益权和流转权，但是其在经营和流转过程中如果改变了农用地的基本用途，村集体则有权终止甚至收回承包地，农村土地所有制度对使用制度和管理制度无疑具有统领意义。另一方面，农用地"三权分置"背景下，农民凭借承包权获得农地后，既可以选择自我经营，也可以将土地流转给村集体内外的个人和组织，甚至还可以将土地作价入股各类经济组织。这种权利安排在不改变农地所有权的前提下，赋予了农民广泛的土地使用权利，既有利于促进农业适度规模经营、提高土地利用效率，又有利于农户增收、摆脱土地束缚。另外，现有土地管理制度下，土地管理部门主要负责贯彻执行国家土地法律法规并制定实施配套行政规章，编制当地土地利用规划，审批和监管土地农用地转用、征用和划拨工作，开展农民集体所有土地的确权颁证事务，解决土地所有权、使用权的争议和纠纷等。显然，这一制度安排既可以为强化农村集体土地所有制提供根基保障，又可以充分实现农民的土地权利，而且还可以在土地征收、征用、划拨等环节实现地方政府的自我约束，从而有利于土地资源在城乡间实现合理配置和有效利用。

2. 广义土地制度体系的内部关联性

广义制度体系的内容更为丰富，除所有制度、使用制度、管理制度外，通常还包括土地规划制度，土地征收、征用与划拨制度，土地保护制度和土

地税收制度等。各类分项制度的内部关联性主要体现在四方面:

其一,土地规划制度是国家和地方政府根据长期经济社会发展需要和地区自然条件与资源状况,以土地利用规划为基础,对各类土地进行配置与利用的总体安排。显然,在各类土地制度中,土地规划制度处于最高层级,对其他土地制度安排具有统御地位,从根本上决定着其他土地制度作用空间的大小。与此同时,当国家或地方因经济社会发展迫切需要而对其他土地制度进行调整时,土地规划制度则应进行前置性调整。

其二,土地的征收、征用、划拨制度,主要是在土地所有权或使用权变更、跨地域(主要是跨城乡)再配置过程中,调解利益相关者(农民、村集体、地方政府、社会组织)权利义务关系。其中,土地征收是政府出于公共利益需要,按照法律规定的程序和权限将农村集体土地转变为国有土地,并依法给予被征地的农村集体和被征地农民合理补偿或妥善安置的行为;土地征用是政府为了满足公共利益需要,强制使用集体土地后给予农村集体或农民补偿,使用后再归还集体或农民的行为;而土地划拨则是指政府在土地使用者缴纳补偿、安置费用后将土地交付使用者或将土地使用权无偿交付给土地使用者的行为。显然,土地征收、土地划拨同土地征用的区别,关键在于是否相伴发生了土地所有权的变更。前两者一般会导致土地性质由集体所有转变为国家所有,而土地征用则只涉及使用权的暂时变更;另外,从补偿或安置角度看,土地征收和征用过程一般均需要土地使用者对村集体或农民给予补偿或安置,而土地划拨过程中土地使用者通常仅需支付少量的土地补偿或安置费用,甚至可以无偿获得土地使用权。理论上讲,无论是永久改变土地所有权性质的土地征收和土地划拨行为,还是在一定期限内改变土地使用权的土地征用行为,均会改变土地的产业用途和城乡社会主体的利益关系,因而均会对区域内的产业结构和GDP总量变化产生显著影响,同时在农民补偿或安置过程中也会对城乡人口的社会福利状况产生直接的调节效应。如果这一调节功能发挥得当,应该能够在促进农村土地"农转非"、支持城镇化建设、优化城乡空间结构、完善大中小城市体系并发挥辐射带动农村发展等方面产生积极的促进作用;反之,如果这一功能发挥不当,则有可能在土地再配置领域引发"城市偏向"现象,导致农村集体组织和农民利益无法得到充分保障。

其三,土地保护制度是对农用地进行数量、用途、肥力及附属设施(如水利设施、电力设施等）进行全面保护的行为规范。在土地保护制度的作用下，农用地的错配、滥用现象将在相当大程度上得以限制，从而有利于保障农产品供给安全和农业可持续发展。

其四，土地税收制度是土地税收法律法规和土地税征收办法的总称。我国土地税收涵盖了土地获取、保有、利用和转让等各个环节，2006年农业税取消后，主要包括土地占用税、土地增值税、城镇土地使用税、房产税、契税、城市维护建设税、个人所得税中的土地税、企业所得税中的土地税、营业税、印花税等。显然，土地税收制度的存在，不但在为政府筹集财政资金、调节土地财富（由土地占有、经营、转让等过程而获取的财富）分配等方面具有不可替代的作用，而且由于能够提高土地占用和保有的成本，因而能够在相当大程度上促进土地资源的合理利用、抑制不当土地投机行为等。当然，由于土地税收制度的变化（如税目的增减、税率的升降），能够直接影响土地占有或使用者（包括政府）的经济收益，因而土地税收制度又会以这种经济收益的变化为中介，对土地征收、征用、划拨制度乃至管理制度和规划制度产生客观影响。比如，如果现有土地税收制度有利于显著增加政府土地出让收益和土地占有者（或开发利用者）的土地经营收益，则地方政府就会倾向于放松土地征收管制，土地占有者也会倾向于扩大土地开发利用的规模。反之，则反是。

10.1.2.2 土地制度体系的外部关联性

进入现代社会以来，土地在人类经济社会发展过程中具有其他资源无法替代的政治、经济、社会、生态乃至文化功能。因而，土地制度的产生、发展和变迁过程，都不可避免地会与其他领域中的相关制度产生交互影响，既可能成为其他相关制度综合绩效增进的"推进器"，也可能构成其他相关制度综合绩效提升的关键阻力；反之，土地制度绩效的变化，既可能在相关外部制度的支持下有所增进，也可能因外部制度的非协同性而出现下滑。简言之，土地制度体系不仅存在着普遍的内部关联性，而且存在着广泛的外部关联性。择其要者，这种外部关联性集中体现在如下三个主要方面：

1. 土地制度与金融制度的关联性

所谓金融制度，是一国以法律形式所确立的金融体系结构以及组成这一体系的各类银行和非银行金融机构的职责分工与相互联系，通常由上层（法律、规章制度、货币政策)、中间层(金融机构和监管机构)和基础层(金融活动和金融交易参与者的行为)构成。市场经济条件下,我国土地制度与金融制度之间所具有的高度关联性可分解为三个方面:

其一,土地制度及其变迁过程决定着农村金融活动的规模和结构。农业农村和农民对金融活动的需求,是一种典型的引导性需求,与土地制度及其变迁进程所创造的农村经济活力息息相关。一般来说,土地制度(改革)越是有利于激发农民的生产积极性、越是有利于农民增收致富、越是有利于促进产业发展、越是有利于吸引优秀人才返(入)乡创业,农村产业投资、消费升级所引致的信贷需求规模就越大,信贷需求结构就越多元化,金融机构对涉农金融制度安排的支持力度与主动创新的力度也就越高。

其二,金融制度特别是农村金融制度显著影响着土地制度的实施完整性和制度目标的实现程度。现有土地制度体系的总体目标是在兼顾公平与效率的前提下提高土地资源的配置效率。经过深入分析可发现,土地流转制度、经营制度、征收与征用制度、出让制度等四项制度的预期目标的实现,均需要高效金融制度安排下金融机构的积极介入和恰当补位予以支持。否则,在金融资金缺位的情况下,以上每一项制度所要实现的目标均可能大打折扣。

其三,城市土地市场的健康有序发展与城市金融活动(也可理解为金融制度)的不断优化存在显著的交互影响。一方面,城市化进程是一国经济社会发展步入快车道的重要标志之一,而城市土地市场的健康有序发展则是城市化建设的基础工程。事实上,在城市土地市场做大过程中,农村土地征收、城市土地"招拍挂"或产业园区开发环节,政府部门所需资金很大程度上依赖于金融部门通过制度创新和产品创新予以全面支持。另一方面,在快速城市化过程中,金融机构的利润增长,在相当大程度上取决于自身资金供给能否有效满足城市土地扩张背景下"一级开发"和"二级开发"过程中各类市场主体的信贷需求,而后者显然又至少同土地规划制度、征收制度、转让制度、税收制度存在高度关联性。

改革开放以来,我国制度改革几乎在国民经济的各个领域全面展开,而其改革绩效同金融制度的支持广度和支持力度存在极为密切的关系。从未来视角看,深化土地制度改革,盘活农村土地这一最丰富且最重要的"沉睡资产",对于我国城乡融合发展的深远意义不言自明,而金融制度可能产生的积极效应将会主要表现为如下四个层面：

第一，为农地规模化经营解决后顾之忧。实践表明，我国绝大多数农村"两委"组织在进行耕地或四荒地整治从而发展集体经济的过程中，普遍面临严重的资金短缺难题。通常，在集体经济组织获得经济盈余的预期不尽明显的情况下，农户的支持和参与自然难以广泛发生。这种情况下，如果金融机构能够以金融工具创新、金融活动边界延伸为标志进行广泛的制度创新，村级集体经济组织的发展将迎来前所未有的发展机遇。

第二，为盘活闲置宅基地和闲置住宅创造"撬动杠杆"。近年来随着我国"空心村"数量的快速增加，农村闲置宅基地总量也在同步增长，如何盘活此类土地资源，使其顺利转换为增量耕地或农业园区，正在成为各级政府和众多村庄迫切希望解决的现实问题。实际上，《中华人民共和国土地管理法》（以下简称《土地管理法》）已经明确规定，"国家允许进城落户的农村村民依法自愿有偿退出宅基地，并鼓励农村集体经济组织及其成员盘活利用闲置宅基地和闲置住宅"。然而，闲置宅基地和闲置住宅的盘活资金由何处来？显然，在地方政府特别是县、乡政府财政资金有限、绝大多数农村村级集体资金积累水平低下的背景下，金融制度协同性创新所形成的金融撬动机制，将会成为弥补这一资金缺口的重要路径。

第三，为经营性建设用地的合理开发利用提供外部助力。事实证明，农村集体在合乎各类法律规定和用途管制的前提下，自主利用农村经营性建设用地开展涉农或非农产业项目，是村集体增加自身资金积累并以其支持村庄多元化发展的重要收入渠道。这种情况下，通过金融渠道而非村庄自我积累渠道筹集所需资金的过程中，金融制度的助力效应就会显得尤为突出。

第四，为外部资金进入农村开展农业产业化或一二三产业融合化项目提供强大"拉力"。近年来，在国家各类产业政策的支持下，城镇产业主体进驻农村开展农业产业化经营，或是开发一二三产业融合项目已经成为改造传统农业的积极趋势。但是这一实践进程在全国各地却存在巨大差异，绝大多数地区推进难度颇高，而缺乏必要资金的推动正是引发这一矛盾的关键所在。由此可见，金融机构在资金融通环节所能提供的便利，将成为农村打造具有比较优势乃至绝对优势产业项目的强力"引擎"。

2. 土地制度与户籍制度的关联性

中华人民共和国成立后不久，户籍制度就成为一种与城乡二元结构高度黏合的人口制度。1951年出台的《城市户口管理暂行规定》基本完成了城市户口登记制度，而1958年出台的《中华人民共和国户口登记条例》则标志着新中国户籍制度的完整建立和对城乡居民（农业户口和非农业户口）的户籍区分，这一制度一直持续至2014年《关于进一步推进户籍制度改革的意见》的发布。客观而言，时至今日，城乡户籍的改革仍然面临巨大障碍。一方面，农村居民转变为城镇居民（即农村人口的市民化）的过程仍然存在多重矛盾，如地方政府城市化动力与农村人口市民化需求之间的矛盾、农村人口市民化的社会收益与社会成本分担之间的矛盾等。另一方面，城镇人口转换为农村人口的"逆城市化"过程，尽管在理论上可行，但在现实环节却也面临诸多困难，比如无法获得土地承包资格权、无法获得宅基地资格权、分享集体经营性建设用地相关权益时极易遭受存量农村居民的抵制等。

其实，农村居民市民化还是城镇居民"逆城市化"过程之所以困难重重，均在相当大程度上反映了我国土地制度与户籍制度之间的密切关联。

其一，在农村社会保障覆盖面狭窄或保障水平较低的情况下，户籍制度与土地制度的紧密联系，既是对农村人口的权益保护，也是对其市民化的隐性抑制。具体来说，在保留农村户籍的情况下，农村居民可以因此而保留土地承包权及其衍生的经营权和流转权，可以保留附着在集体经营性建设用地上的潜在收益权，也可以保留宅基地使用权。换言之，以上权益在一定程度上构成了农村人口市民化过程的重要机会成本，也构成了无法迁居城镇的农村居民的经济社会保障和最后退路。

其二，农村人口市民化障碍显著的情况下，既会在客观上加剧农村居民对农村土地的依赖，也会在相当程度上提升其对农村土地制度改革的期待。只要土地制度或其变迁过程有利于其实现持续增收，由此获得较强的市民化支付能力，并且在市民化后能够获得与原有城市居民等同的城市服务和福利，那么农民就会倾向于放弃农村户籍，实现永久性的乡城迁移。

其三，在农村人口市民化障碍大部分或全面消除的情况下，在相当长一段时间内，也不能轻易得出土地制度与户籍制度无关的结论。近年来，我国中小城市落户条件不断放宽的同时，农民在市民化过程中放弃农村户籍的意愿却并不强烈。随着农村土地制度改革力度的不断加大和2014年发布的

《国务院关于进一步推进户籍制度改革的意见》的政策支持，农地承包经营权、宅基地使用权和集体收益分配权的预期价值显然会不断提高；一旦放弃不可逆的农村户籍，显然就等于彻底放弃了上述权利可能产生的未来收入流。

综上可见，只要在全部生命周期内农村居民市民化的全部净收益不高于其农村基于土地权利的全部净收益、且国家层面未对现有土地制度与户籍制度进行彻底脱钩处理的条件下，土地制度与户籍制度之间的紧密关联就不会消失。进一步稍加扩展，这种关联又可以从城乡居民之间公共服务差异和土地增值收益分配两个层面加以观察。首先，从经济层面看，土地制度与附着在户籍制度之上的公共服务制度存在高度关联。多年来，我国城乡之间公共服务的供给模式存在巨大差异，农村基本公共服务供给主要由县级及以下政府特别是村集体自行解决，但在财力有限的情况下，这种供给无论是从规模上、质量上还是从类型上看，均远远不及城镇体系的供给水平。与此同时，高水平的城镇公共服务供给往往与城镇户籍直接挂钩，诸如高水平的保障住房、义务教育、养老、医疗、就业支持等社会服务通常存在一道基于户籍的"隔离墙"。近年来，尽管这一"隔离墙"已经有所突破，但尚未完全消失。其次，从土地制度改革过程所产生的增值收益分配机制角度看，有研究表明，在土地征收、转让和开发全过程中，我国省级层面和城市层面，集体（农民）、政府和开发商所得土地增值收益的平均比例分别为 3.70∶22.32∶73.98 和 4.21∶26.01∶69.78[①]，土地制度改革的最大受益者并不是农民，而是城镇居民。

3. 土地制度与财政制度的关联性

我国土地制度与财政制度的高度关联性，源于经济社会发展进程中土地（及其产出）资源同财政资金的互需与互补关系。

从财政制度一端看，工业化和城市化起步阶段，由于工业和服务业税收贡献有限，因而所需资金就将主要来自土地产出甚至土地资源本身。在这种情况下，无论是广义土地制度体系还是狭义土地制度体系下的各类制度安排，都会成为影响财政资金筹集的核心变量。

---

① 数据来源：林瑞瑞等：《土地增值产生环节及收益分配关系研究》，载《中国土地科学》2013 年第 27 期，第 7 页。

第10章　强化土地制度改革关联效应促进城乡融合发展

从土地制度一端看，土地利用效率和农业技术水平的提升，不仅取决于土地制度安排对农业农村发展所需要素的动员与激活能力的强弱，而且很大程度上依赖于政府财政资金的支持。这种情况下，财政预算制度、税收制度、财政支出制度等一系列财政制度安排，就会显著影响涉农财政投入的总量和结构，从而反作用于农民对现行土地制度的评价和土地制度变迁的预期，甚至由此引发诱致性制度变迁过程。

从实践层面看，中华人民共和国成立后的计划经济时期，农村土地的集体所有制度、集体经营制度和农产品统购统销制度，为政府部门获取农业剩余并支持城市工业发展奠定了强大的物质基础。巴里·诺顿（2010）的研究结果显示，1951~1978年，我国农村土地收益中转化为政府税收的总额高达978亿元，以工农产品剪刀差形式转化为政府收入的总额为5100亿元，而政府的农业投资仅为二者之和的28.96%（1760亿元）[1]。

改革开放特别是20世纪90年代中期以来，各地围绕经济增长而全面开展的区域竞争开始趋于激烈[2]。这一背景下，由于制造业、房地产业和服务业对GDP的拉动效应远高于农业，因而地方政府普遍引入用地优惠供给这一重要砝码，将其作为吸引域外资金进入、激活当地固定资产投资热情的"磁石"。受此影响，各地在城乡土地规划、土地征用、土地转让等方面进行了广泛的制度创新，农村土地经由"农村集体所有→政府垄断性征收→政府独家转让"的通道加速流向城镇体系，低地价成为了城镇化和工业化的重要推力。图10-1显示了1978~2020年以1970年不变价格计算的第二、第三产业产值的变化情况。1996年开始，无论是第二产业还是第三产业产值均保持了快速上升势头，第二产业不变价产值由1996年的8839.9亿元增至24025.5亿元，第三产业不变价产值更是由1996年的5940.3亿元增至2020年的47270.7亿元，分别增长了71.78%和595.77%。与此同时，经计算发现，这一期间第二、第三产业产值变化与土地征用面积之间均存在较明显的相关关系，相关系数均为正值且分别为0.516和0.502[3]。

---

[1] ［美］巴里·诺顿著，安佳译：《中国经济：转型与增长》，上海人民出版社2010年版，第52页。

[2] 周黎安：《中国地方官员的晋升锦标赛模式研究》，载《经济研究》2007年第7期，第36~50页。

[3] 根据中国统计年鉴（历年）相关数据计算得到。

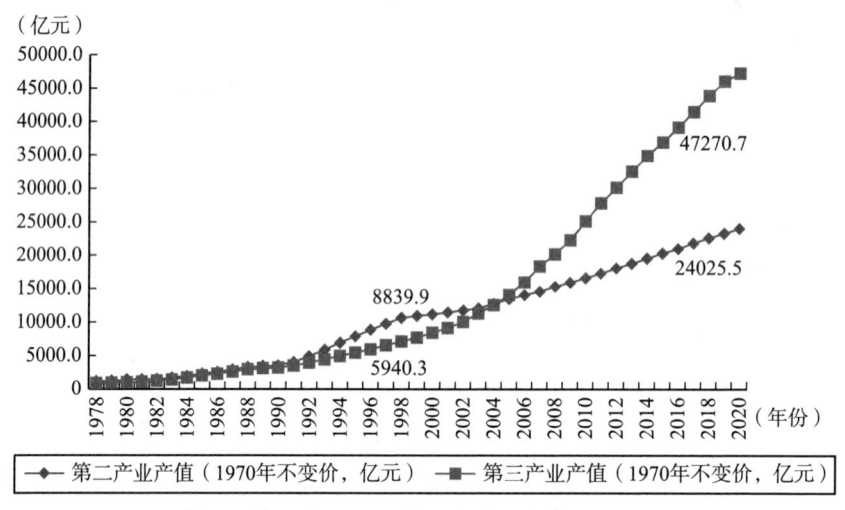

图 10-1　第二、第三产业 1970 年不变价生产产值（1978~2020 年）

资料来源：根据中国统计年鉴相关数据计算得到。

如果说改革开放初期，土地财政现象并未成为一种全国性普遍现象，土地制度与地方财政制度的关联尚不够紧密的话，那么 1992 年财政部《关于国有土地使用权有偿使用收入征收管理的暂行规定》的颁布，则极大激发了地方"以地谋发展"的积极性，土地制度与财政制度之间的关联性变得更加紧密，"土地财政"已经成为各地经济发展的主流模式①。这一模式的具体做法可概括如下：首先，县级及以上政府以唯一买方的身份，以较低价格将农村土地征收为国有土地；随后，政府以国有土地唯一卖方的身份，通过"招拍挂"、建设"经济开发区"或"工业园区"等途径，将国有土地以较高价格转变为工商业用地和住宅用地，从而获得巨额财政收益。表 10-1 数据显示，2001 年我国土地出让成交价为 1295.89 亿元，2007 年稳定突破 1 万亿元大关，2017 年突破 5 万亿元，2021 年达到历史最高点 87051 亿元。与此同时，其在地方财政收入中所占的比例也由 2001 年的 16.61% 波动攀升至 2020 年 84.02% 的历史峰值，2021 年这一数字尽管有所下降，但仍然高达 78.36%，"土地财政"的特点非常明显。

---

① 注：这一模式先是以东南沿海地区为主，而后中西部地区逐渐效仿跟进。

第 10 章　强化土地制度改革关联效应促进城乡融合发展

表 10-1　　　　土地出让金及其占地方财政收入的比重

年份	土地出让金（亿元）	地方财政一般预算收入（亿元）	土地出让金占比（%）
2001	1295.89	7803.30	16.61
2002	2416.79	8515.00	28.38
2003	5421.31	9849.98	55.04
2004	6412.18	11893.37	53.91
2005	5883.82	15100.76	38.96
2006	8077.64	18303.58	44.13
2007	12216.72	23572.62	51.83
2008	10259.80	28649.79	35.81
2009	17179.53	32602.59	52.69
2010	27464.48	40613.04	67.62
2011	32126.08	52547.11	61.14
2012	28042.28	61078.29	45.91
2013	43745.30	69011.16	63.39
2014	34377.37	75876.58	45.31
2015	31220.65	83002.04	37.61
2016	36461.68	87239.35	41.79
2017	51984.48	91469.41	56.83
2018	65096	97903.38	66.49
2019	77914	101080.61	77.08
2020	84142	100143.16	84.02
2021	87051	111084.23	78.36

资料来源：2001~2017 年土地出让金和地方财政一般预算收入数据转引自中国国土资源统计年鉴（2011~2018）和中国统计年鉴（2020）；2018~2021 年地方财政一般预算收入数据转引自历年中国统计年鉴，2018 年土地出让金收入数据转引自《财政部：2018 年全国卖地收入 6.5 万亿，创历史！占地方预算收入 2/3》，网易，2019 年 1 月 25 日，https://www.163.com/dy/article/E6CMMETD053904UH.html；2019 年土地出让金收入数据转引自《去年全国卖地 7.8 万亿！创 32 年土地出让金收入较高纪录！》，搜狐焦点，2020 年 2 月 19 日，https://sz.focus.cn/zixun/33326b73b75911f9.html；2020 年土地出让金收入数据转引自《财政部：2020 年全国国有土地使用权出让收入 84142 亿元 同比增长 15.9%》，新浪财经，2021 年 1 月 28 日，https://finance.sina.com.cn/roll/2021-01-28/doc-ikftssap1446540.shtml；2021 年土地出让金收入数据转引自《2021 年全国卖地收入破 8 万亿元堪称史诗级增长》，深圳房地产信息网，2022 年 1 月 30 日，http://news.szhome.com/373240.html。另外，本表中"土地出让金收入占比"为课题组根据"土地出让金"与"地方财政预算一般收入"之比计算得到。

10.1.3 土地制度改革关联效应的实践内涵

土地具有多元化的经济社会功能和使用价值,其内在权益的变化涉及城乡居民、社会组织乃至政府的经济社会收益,且其收益的分配具有异乎寻常的复杂性。因而,作为国家制度体系中具有基础性地位的土地制度的改革,必将产生广泛而显著的外溢效应。

事实证明,新中国每一个重大经济发展阶段的开启,都与土地制度改革密切相关,[①]而历次重大土地制度改革之后经济社会发展之所以实现快速发展,其内在强大动力并不是单纯来自土地制度改革本身,而是因为土地制度改革推进过程中与其相关联的各类制度改革(如产业制度、财政制度、金融制度)等保持了并行推进的格局。换言之,显著的土地制度改革关联效应,才是其充分发挥制度变迁内在潜能的必要条件。

从这一角度看,土地制度改革关联效应的实践内涵就在于,每一项土地制度改革效能的形成,不但要同其他土地制度改革形成内部合力,而且需要同其他外部制度之间形成跨域协同和时序耦合。

10.2 强化土地制度改革关联效应促进城乡融合的作用机理

城乡融合发展是扭转城乡经济发展失衡、消除社会资源配置城镇化倾向、优化城乡空间结构、打造城乡基本公共服务均等化格局、促进城乡居民共同富裕的过程,也是中国特色社会主义现代化强国建设的必由之路。尽管实现城乡融合发展,需要诸多领域协同创新予以推动,但是由于土地制度与农业、农民和农村的利益关联度极高,因而千方百计优化土地制度改革的内外部关联效应,就构成了城乡融合发展的题中应有之义和不容忽视的实践着力点。

10.2.1 强化土地制度改革关联效应 助力城乡产业融合的内在机理

产业融合是城乡融合的基础和重要支撑[②][③],而通过提高土地制度改革内

[①] 涂圣伟:《城乡融合发展呼唤土地制度改革新突破》,载《光明日报》2019年7月1日,第2版。
[②] 魏后凯:《深刻把握城乡融合发展的本质内涵》,载《中国农村经济》2020年第6期,第5~8页。
[③] 苗智慧、余文华:《乡村振兴背景下城乡融合发展的四个维度》,载《南都学坛》2022年第2期,第86~92页。

部关联性的同时，强化土地制度改革同财政制度改革、金融制度改革、户籍制度改革以及其他关联制度改革的交互影响，激活土地要素的内在经济价值，无疑是促进城乡产业融合发展、提升农村产业发展动能的关键所在。

第一，统筹推进农村土地征收、集体经营性建设用地入市和宅基地制度改革，能够为城乡间的产业衔接和农村地区的产业集聚创造基础条件。

早在2015年，我国就在33个县（市、区）启动了农村土地征收、集体经营性建设用地入市、宅基地制度改革等三项土地制度改革试点工作，但是长期以来三项制度改革却是在不允许相互打通的情况下独立进行的，33个县（市、区）中的每一个地区并不是同时推进三项制度改革，而是只针对其中的一项制度进行探索性改革。随着时间的推移，这种"互不打通"的分项制度改革必然会出现边际收益递减现象，而通过强化各项改革的耦合联动机制，助力提升土地要素的空间流动性，有利于农村地区将土地资源盘活为市场资产并显著提高农村资金积累水平，从而有利于最大限度提升农村产业自身发展能力，为城乡间的产业衔接和农村地区的产业集聚创造基础条件。比如：其一，通过强化土地征收制度改革与集体经营性建设用地流转制度改革的联动机制，特别是通过鼓励就地入市或异地调整入市，有效增加集体经营性建设用地入市总量，弥补土地征收规模下降引发的城镇土地需求缺口，确保城镇产业发展在更为集约地利用土地资源的基础上，能够获得较为稳定的增量土地，并由此不断推进城市与农村之间的空间融合进程。其二，打通土地规划制度改革、宅基地改革与集体经营性建设用地改革联动通道，推动农村存量宅基地集约布局，全面落实宅基地有偿退出机制，允许并鼓励村集体进行包括闲置宅基地和闲置房屋在内的宅基地集中整理，进行复垦或转为集体经营性建设用地，从而为丰富本地农业和非农产业业态创造便利条件，并广泛吸引具有一二三产业融合特征的城镇产业（以及人才、技术、信息、管理等生产要素）进入农村产业体系，为城乡之间的产业融合奠定空间基础。

第二，提高农用地"三权分置"改革同财政制度改革、金融制度改革的协同性，有利于为农村产业发展创造便利条件。

长期以来，尽管各级政府高度重视稳步推进农用地"三权分置"改革，以期通过引导土地适度规模经营，培育现代化农业产业组织并借此涵养农业生产力。然而，实现这一目标，显然需要财政和金融力量发挥"中介效应"这一前提。事实上，农用地"三权分置"改革赋予了土地经营者更广泛的土地权利，因而有利于激发城乡各类经济主体参与现代化农业或一二三产业融合发展项目的投资意愿，但在其资金实力较弱、获得财政和金融支持难度高企的条件下，其主观意愿很难转化为现实行动。这种情况下，提高农用地"三权分置"改革同财政制度改革、金融制度改革的协同性，以此支持和鼓励农村承包地经营权的有序流转或有组织地入股现代化农业经营组织（如家庭农场、农业专业合作组织、农业龙头企业等），引导土地适度集中，消除土地细碎化经营和规模不经济对于农业发展的不利影响，可以有效促进传统农业向现代农业的转型与升级，丰富农村涉农产业业态、拓展农业产业链条。与此同时，通过鼓励和支持城镇工商资本下乡，以规模化流转农用地、租赁或受让经营性建设用地（或地上建筑物）等恰当方式，广泛开展涉农产业项目或一二三产业融合项目，借此将先进技术、优秀人才、科学管理、充分信息注入农村产业，显然有利于延伸农业产业链条或丰富农村产业业态，优化农村生产与市场衔接的内在机制，全面提高农村各类生产要素的生产效率和涉农产业的全要素生产率，并借助于保障较高土地租金、吸引农户入股、吸纳农业剩余劳动力就地就业等形式，赋予农户更多地分享来自二三产业的增值收益的权利。

第三，鼓励村集体依法灵活参与"三项改革"协同推进过程，使其在行使"三块地"土地所有权相关权利、自我经营或股权投资的同时，唤醒土地"沉睡"资产，以此增加农村内部经济积累，为乡村全面振兴特别是城乡产业融合提供坚实的物质保证[①]。

【专栏1】农村土地流转的"江门创新"，成广东改革典型案例

广东江门是一个农业大市，在各级农业农村部门的鼓励和引导下，当地各个乡村的承包地正逐步形成基本连片规模流转的局面。相关数据显示，截至2021年底，江门全市农村承包地流转总面积为154.72万亩，流转率达到61.55%，年流转均价达930元/亩。

上述局面的出现，主要得益于江门市政府多元化的政策引导。2021年江门市政府发布《江门市加快推进农村承包土地经营权流转的实施意见》，江

---

① "三块地"是指农用地、农村集体经营性建设用地和宅基地，而"三项改革"是指农村土地征收、集体经营性建设用地入市、宅基地制度改革等三项土地制度改革。

门市农业农村局也印发了《江门市农村承包土地经营权流转示范片创建工作方案》，提出鼓励支持承包土地向家庭农场、农民专业合作社、农业龙头企业等新型农业经营主体流转，并确定了多项奖补举措（流转耕地300~500亩的示范片一次性奖补30万元，对流转耕地500亩以上的示范片一次性奖补60万元）。与此同时，江门市还探索创新了"两预两委托"土地流转模式，通过镇、村集体与村民达成统筹流转、连片经营意向，推动农民零散土地"预整合"，再委托镇或村集体统筹经营，委托第三方统一发布公开招标，有效解决了农村土地碎片化问题。

［资料来源：转引自《农村土地流转的"江门创新"，成广东改革典型案例》，新浪网，2022年3月1日，http://k.sina.com.cn/article_7517400647_1c0126e4705902y2ar.html，引用时有删节和修改。］

【专栏2】平度市明村镇资本下乡搭建城乡产业协同发展平台

近年来，平度市明村镇积极抓住国家城乡融合发展试验区试点机遇，推进工商资本入乡，打造城乡产业协同发展平台，成功建设了集樱桃西红柿品种引进、种植、销售于一体的城乡产业协同示范园区。2021年，明村镇示范园区实现了近10亿元的产值。

一、政府群众联心，助力产业基础建设

平度市明村镇积极探索在政府引导下工商资本下乡引领农民致富的合作共赢模式，吸引北京农夫天下有限公司到明村镇进行投资，组织群众与工商资本合作。一是土地保障。由公司成立合作社占主要股份，部分村民参股，合作社通过流转土地建设农夫天下樱桃西红柿产业园，吸纳周边农户进行樱桃西红柿的标准化种植。二是园区配套保障。明村镇争取政策资金100万元改造提升园区生产路，同时争取50万元的农水价格配套项目，完善了园区路、水、电等基础配套设施，并配备了亚洲第一台欧洲进口智能分拣设备。目前，园区占地面积1200亩，已完成总投资8000万元，建有47个设施大棚。

二、资本集体联合，助力产业规模壮大

一是创新运营模式。产业园采用"公司+合作社+园区+农户"的运营模式，以"统一管理、统一药肥管理、统一品种、统一种植、统一销售"的"五统一"方式进行管理。通过技术输出、托管带动等方式逐级向下辐射，形成"托管链条"，实现对樱桃西红柿全生命周期的把控。目前，园区可实现年产量750万斤，销售收入达6000万元，有效带动就业200余人，带动明村镇经济收入10亿元。二是打造产业品牌。为扩大明村樱桃西红柿影响力，增强品牌效应，明村镇成立了平度市樱桃西红柿产业协会，实现抱团发展，通过标准化生产、市场监管等有效措施，进行釜山88樱桃西红柿的标准化、品牌化建设，授权使用明村镇的产地标识，支持、保护农夫天下系列品牌发展，并设立防伪标识。三是拓宽销售渠道。吸引周边种植户按照园区管理方法进行生产，辐射带动周边建设高质量大棚600余个；开拓北京、深圳等21个消费市场，引领线下销售。

三、公司农户联手，助力增收渠道拓宽

一是农户入股合作社。为了建立工商资本、村集体和农民之间紧密利益联结机制，村党支部组织动员村民与合作社签订土地入股合同，将村庄部分土地统一流转出租给合作社，并无偿提供办公用房。二是农户参与园区生产。土地流转后，从传统种植业中解放出来的农民除了获得土地租金收益外，还通过入园打工、租种大棚，实现了"家门口"就业致富。三是农户自主经营入股。部分农户以自主经营的大棚入股合作社，由合作社提供"育苗、农资、技术、管理、销售"一体化"家门口"指导服务，生产的樱桃西红柿直接打包送往合作社统一销售，减轻农户自寻销路压力，有力带动农户增收。

[资料来源：转引自《平度市明村镇资本下乡搭建城乡产业协同发展平台》，青岛市发展和改革委员会官网，2022年7月26日，http：//dpc. qingdao. gov. cn/fzggz_45/czhc_45/gzdt_45/202207/t20220726_6288211. shtml，转引时有部分删节和修改。]

10.2.2 强化土地制度改革关联效应　助力城乡空间结构优化的内在机理

从区域经济角度看，我国城乡发展失衡状况的持续，是城乡空间结构失调和资源要素配置不合理的结果[1]。事实上，在城市偏向性政策的引导下，兼具生产资源和社会资源双重属性的农村土地长期流向城镇体系，有力支持了我国工业化和城镇化建设。然而，这一土地流动过程也相伴发生了大量城市空间失调、农村空间失调和城乡空间失调等问题，未来城乡空间结构的优化任务异常艰巨，迫切需要以土地制度改革为纽带，有效集聚各类制度安排的改革成果，为城乡空间的高质量融合提供强力支撑。具体来说，切实提高

---

[1] 林聚任、张小莉：《城乡空间协调发展与融合——基于胶东地区的研究》，载《南京社会科学》2020年第6期，第57页。

第10章　强化土地制度改革关联效应促进城乡融合发展

土地制度改革关联效应，助力城乡空间结构优化的内在机理主要体现如下：

第一，经过长期政策倾斜性支持，我国城镇空间内产业发展用地得到了极大满足，经济"发动机"功能日趋强大；与之相匹配，如若能够尽快补齐"三生"空间中生活和生态空间的发展短板，必然会对城镇发挥其生产和生活的全面"涓滴效应"产生积极影响[1][2]。鉴于此，统筹推进土地征收制度改革和城市土地规划制度改革，优先增加城镇地区生活用地、公共服务用地、景观用地和生态用地供给，不但有利于快速完善城镇基础设施和提升城镇整体包容性，而且会进一步便利城乡要素的交互流动，对向城市迁移的农村剩余劳动力也将更具吸引力和现实容纳能力。

第二，提高乡村内部宅基地的流动性、废弃闲置宅基地整理的积极性、宅基地整理资金的可获得性以及集中整理后的可变现程度，是优化和完善农村空间结构的必要条件[3][4]。为此，全面畅通宅基地与集体经营性建设用地的转换渠道，协同推进农村金融制度改革、财政支农制度改革和农村集体经营性建设用地市场交易制度改革，至少会在下述三个方面取得显著效果：其一，通过优先安排公共服务用地并适度增加基础设施建设的财政支持力度，可以全面改变农村生产性和生活性基础设施匮乏所引发的对于非农产业、高素质劳动力、先进科学技术的排斥效应。其二，全面打通宅基地与集体经营性建设用地转换渠道的同时，消除农村集体经营性建设用地有序开发、利用特别是入市障碍，能够有效撬动城镇工商业资本的顺畅流入，从而能够有效增加农村集体收入，并通过就业机制和股权分配机制，提升农村居民的工资性收入和资产性收入水平。其三，在保障农户正常居住需要的基础上，科学合理地统筹推进宅基地制度改革和农村金融制度改革、财政支农制度改革，通过将集中连片的宅基地转换为农用地或生产经营性建设用地，并对其进行恰当的资产化运作，同样能够吸引城镇工商业资本的进入，从而有利于农村一二

---

[1] 林聚任：《新城乡空间重构与城乡融合发展》，载《山东大学学报》（哲学社会科学版）2022年第1期，第80页。

[2] 鲁达非、江曼琪：《城市"三生空间"特征、逻辑关系与优化策略》，载《河北学刊》2019年第2期，第155~158页。

[3] 孟磊等：《农村宅基地制度改革赋能乡村振兴路径研究》，载《乡村论丛》2023年第5期，第57页。

[4] 于水、王亚星、杜焱强：《农村空心化下宅基地三权分置的功能作用、潜在风险与制度建构》，载《经济体制改革》2020年第2期，第85页。

三产业的融合发展与农村居民收入的快速增长。总之，借助于"三块地"改革及相关制度联动改革的顺畅推进，农村地区要素短缺、农民增收过度依赖城镇务工、农业孤立发展的城乡关系将得到全面改观，城乡不平衡发展的空间关系也将得到有效改善。

第三，有利于优化城市空间结构，强化以城带乡的扩散效应[1][2]。众多客观事实证明，加快打造大、中、小城市和小城镇协调发展的"空间连续体"，更为有利于创造或提升城镇体系对广大乡村腹地的多元化需求（如空间需求、产业需求、人口需求、生态需求、文化需求等），由此形成对乡村的全面辐射与拉动，使城乡两大系统真正走向融合发展之路。当然，这一格局的实现，客观上需要土地制度改革与诸多关联制度改革的共同推进并协同发力。具体来说：一是统筹推进土地规划制度改革和集体经营性建设用地改革，优化小城市和城乡接合部地区集体经营性建设用地的就地入市机制。与此同时，以"有效市场+有为政府"的双重力量，引导大中城市疏解产业和基本公共服务机构向小城市与小城镇有序梯度转移，充实和完善后者"接城联乡"功能，并在城乡空间功能均衡化过程中发挥桥梁纽带作用。二是在小城市和小城镇范围内，借助财政、金融、规划等部门的支持，统筹推进农村土地流转制度和宅基地制度改革，重点开展现代农业和一二三产业融合园区（项目）建设，打造本地产业向城乡两端自然延伸的特色和功能。

10.2.3 强化土地制度改革关联效应 助力城乡居民共同富裕的内在机理

城乡居民收入差距问题一直是我国城乡发展失衡的一个重要表现。图10-2显示了改革开放以来我国城乡居民收入差距的变化情况：一方面，1978~1985年期间，城乡居民人均可支配收入比（农村居民=1）由2.57降至1.859之后，1986~2009年，这一数值逐渐由2.123攀升至3.333的历史峰值，此后该数值不断下降，2020年降至新世纪以来最低点的2.559。另一方面，1978年至今城乡居民人均可支配收入的绝对差额持续扩大，已经从1978年的209元攀升至2020年的26702元。

---

[1] 张敦福：《扩散理论与中国区域发展研究》，载《山东师大学报（人文社会科学版）》2021年第5期，第100~102页。

[2] 徐晓军、孙权：《从"边缘城市"到"城市边缘"：中国特色郊区化发展战略转型》，载《求索》2023年第1期，第165~166页。

第10章　强化土地制度改革关联效应促进城乡融合发展

事实上，城乡居民收入差距的不断拉大，很早就引起了我国理论界和实践界的高度关注，其中"制度归因论"在众多成果中所获得的认同最为普遍，大量实证研究成果表明，带有城乡二元特征的土地制度以及土地制度改革同其他相关制度改革之间缺乏应有的积极关联是引发城乡居民收入增长不同步现象的重要原因之一①。由此可见，进一步优化农村土地制度安排、突破农村土地资源赋能农民收入增长的实践操作屏障，并全面发挥经济和社会配套政策的"催化"作用，对于拓展农民增收途径、变潜在收入为现实收入，从而推动城乡居民共同富裕格局的实现将产生积极而深远的影响。

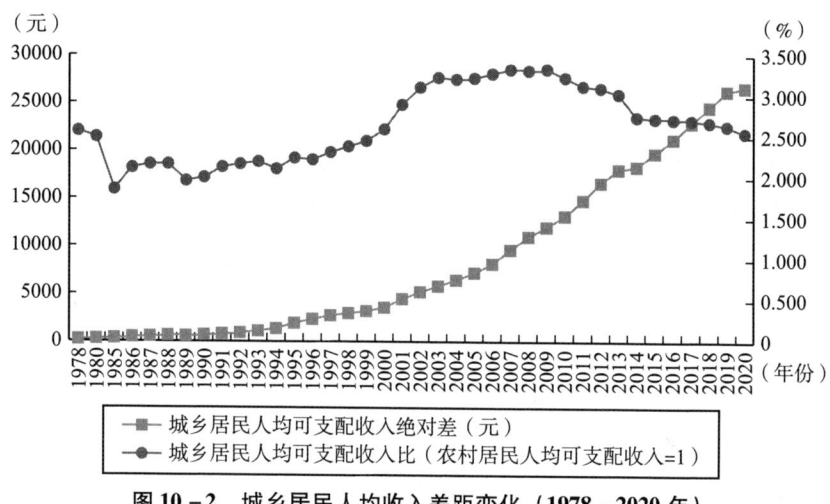

图 10-2　城乡居民人均收入差距变化（1978~2020 年）

注：2014 年以前，农村居民收入数据为人均纯收入。
资料来源：根据《中国统计年鉴》（历年）相关数据计算得到。

第一，土地制度改革联动财政制度改革，为农村产业发展提供资金助力。农村产业类别单一、现代化产业项目发展缓慢进而农民收入增长乏力的一个重要直接原因是缺乏内部资金积累和外部资金支持。因而，在积极推进"三块地"改革的过程中，协同推进地方财政制度改革，在土地征收——转让环节，彻底扭转现有逆向财政机制，建立土地增值收益主要用于"三农"用途的分配格局，将极大扭转"三农"发展缺乏外部资金支持的不利局面，也将

---

① 王庆华：《我国城乡收入差距扩大的制度分析》，载《山西财经大学学报》2006 年第 6 期，第 58 页。

为农业增收、非农产业发展以及农村生产性基础设施的完善创造多重便利条件。

第二，土地制度改革联动金融制度改革，为农村居民财产性收入快速增长创造基础条件。有数据显示，2021年农村居民财产净收入占可支配收入比重仅为2.48%[①]，增长潜力巨大。事实上，如果将土地制度改革与金融制度（特别是金融产品制度）改革共同推进，有效释放农用地经营权、集体经营性建设用地入市权、农民住房财产权的抵押贷款权能，将会全面激活尚处"沉睡"状态的土地财产权能，使农村居民（或农村集体经济组织）通过土地财产权的资本运作，特别是吸引社会资本加快进入农村产业，从而获得稳定而可观的经济收益。

第三，土地制度改革联动户籍制度改革，推动农村居民农业收入和非农收入同步增长。根据2014年国务院《关于进一步推进户籍制度改革的意见》，农村居民落户城镇后，可不退出土地承包经营权、宅基地使用权、集体收益分配权。这种情况下，有必要进一步扩大城镇公共服务对迁居农民的覆盖面，使其在养老、医疗、住房、就业、子女教育等方面获得更为均等化的保障，借此在减少农村剩余劳动力、扩大农村适度规模经营范围的过程中，同时增加本地农民和外迁农民的农业经营收益与非农就业收入。

第四，深化承包地流转制度改革与调整优化农村投资政策统筹推进，通过多元经济和社会政策的引导与支持，鼓励农业产业化龙头企业以组织化流转[②]方式获得农业用地的经营权，全面推进规模化农业项目或一二三产业融合项目，将在提高农民土地资产性收益、解决农业剩余劳动力就地就业等方面发挥积极的促进作用，进而为农民的长期增收提供持续支撑。

第五，在确保农村集体经营性建设用地与国有土地同地同价同权的基础上，加快培育和发展农村集体经营性建设用地市场，消除农村集体经营性建设用地的交易障碍，盘活闲置农村集体经营性建设用地资源、提升农村集体经营性建设用地市场交易价格，同时以其顺利入市为契机带动农村本地非农

[①] 资料来源：中国统计年鉴（2022）。
[②] 注释：此处"组织化流转"是与"农民自发流转"相区别的土地流转形式，是指作为农地转出方的农户，以一个整体而非分散个体的形式，与农地转入方基于统一流转合约或权益分配方案等正规文件，通过集体行动而实施的农地流转过程。与农民自发流转相比，组织化流转具有交易效率更高、土地利用效率更高、社会效率更高等潜在优势。参见徐世江：《农地组织化流转与城乡融合发展的条件积累》，载《辽宁大学学报（哲学社会科学版）》2021年第4期，第65~75页。

产业的快速发展以及农民非农化就业，显然会在增加农民工资性收入、土地财产性收入等方面提供强大动力。

第六，以《土地管理法》和农业农村部下发的《关于积极稳妥开展农村闲置宅基地和闲置住宅盘活利用工作的通知》等重要法律法规为遵循，推进各类发展规划在村域层面的"多规合一"，在此基础上通过积极而多元的政策创新，鼓励农村通过闲置宅基地统一复垦、利用闲置宅基地和现有集体经营性建设用地，与城市人力资本、物质资本有效匹配，发展符合乡村比较优势的一二三产业融合项目（如休闲农业、观光农业、乡村旅游、餐饮民宿、电子商务、农产品仓储加工物流等项目），将为激活农村特色产业、改善农村人居环境、实现宅基地用益物权的市场价值、提高农民持续增收能力等方面拓展出巨大的市场空间。

第七，加快引导村"两委"领办新型集体经济组织步伐，全面落实新型集体经济组织特别法人地位，对其利用农村土地经营权开展抵押、担保、对外投资、股权合作等正常市场经济活动给予特别关注和支持，使其在高效利用本地土地资源发展适宜产业的同时，能够不断提高村集体资金积累能力和为乡村振兴提供自我投资的能力，摆脱对于外部投入的高度依赖，也将会对补齐农村"三农"发展短板产生强大的拉动效应[①]。

10.3 中国土地制度改革的历史考察与现状分析

新中国成立初期仍然属于典型的"乡土社会"，1949年依靠土地为生的农村人口数量为48402万人，占全社会总人口的比例高达89.36%[②]。2022年末，全国人口141175万人，其中城镇常住人口92071万人，农村人口占比虽然降至34.78%，但总量仍然高达49104万人[③]。我国仍处于"城乡社会"阶段，土地制度改革所带来的各类资源的再配置，对于城乡融合发展具有举足轻重的作用。因此，我国自新中国建立至今，不断对土地制度进行改革，不

[①] 徐世江：《中国城乡二元结构转型与农村自生发展能力培育问题研究》，中国农业出版社2022年版，第139~142页。
[②] 资料来源：国家统计局官网，https://data.stats.gov.cn/easyquery.htm?cn=C01。
[③] 资料来源：《中华人民共和国2022年国民经济和社会发展统计公报》，国家统计局官网，http://www.stats.gov.cn/sj/zxfb/202302/t20230228_1919011.html。

断破除土地制度对经济社会发展的制约，持续探索土地制度适应并促进经济社会发展的机制与路径。

自新中国建立至改革开放前，我国的土地制度改革大致经历了三个阶段，1949~1952年，我国赋予广大农民对于土地的完整产权；1953~1957年，在农业合作化运动中，农民个体所有的土地制度完成了向社会主义公有制（集体所有制）的转变；1958~1977年，在全国范围内确立了"三级所有、队为基础"的集体土地所有制。1958年至改革开放前，农村土地的所有权和使用权统一，归属于村集体。这种产权高度集中于村集体的土地产权制度及由此派生的集体劳动制度，促进了资本积累，推进了重工业优先发展的进程，对在短期内构建完整的国民经济体系起到了重要作用。这一制度安排割裂了土地与农民个体劳动成果之间的联系，严重影响了农民的生产积极性，是农业、农村、农民贫困落后的重要原因。1978年安徽省凤阳县小岗村农民自发地"分田到户"改革方案，得到了中央的肯定，由此拉开了改革开放后全国土地制度改革的帷幕。

10.3.1　改革开放以来中国土地制度改革的历史考察

从土地产权制度变迁角度看，改革开放以来我国土地制度改革可以划分为1979~2007年以家庭联产承包责任制度为主的"两权分离"改革阶段、2008~2012年土地综合改革的探索阶段，以及2013年以来以承包地"三权分置"和"三块地改革"为主要内容的综合改革三个阶段。

10.3.1.1　1979~2007年土地制度"两权分离"改革阶段

1. 农村土地"两权分离"制度的确立

在党的十一届三中全会召开之前，我国的经济发展受到较为严重的破坏，1977年和1978年人均GDP仅分别为344元和385元人民币[①]，而同期世界人均GDP分别为1743.4美元和2025.9美元[②]，我国与世界平均水平差距巨大。在这种形势下，1978年底召开的党的十一届三中全会做出把全党的工作重点和全国人民的注意力转移到社会主义现代化建设上来，实行改革开放的决策。会议深入讨论了农业问题，认为"全党目前必须集中主要精力把农业尽快搞

---

① 资料来源：国家统计局官网，https://data.stats.gov.cn/easyquery.htm?cn=C01。
② 资料来源：世界银行官网，https://data.worldbank.org.cn/indicator/NY.GDP.PCAP.CD?view=chart。

上去，因为农业这个国民经济的基础，这些年来受到了严重的破坏，目前就整体来说还十分薄弱"[①]。同一年，安徽省凤阳县小岗村农民自发"分田到户"，采取了"包干到户"的生产责任制。小岗村的"分田到户"是在不改变土地所有权的前提下，将使用权分给农户，实现了土地所有权和使用权分离。实践证明小岗村的"分田到户"和"包干到户"做法取得了成功。中央充分肯定了"包干到户"的地方实践并在全国推行。经过几年的总结和实践，1982年中国共产党历史上第一个关于农村工作的中央一号文件正式出台，文件明确指出包产到户、包干到户都是社会主义集体经济的生产责任制。1983年的中央一号文件明确提出联产承包责任制是"在党的领导下我国农民的伟大创造，是马克思主义农业合作化理论在我国实践中的新发展"。1983年中央一号文件发布后，"我国农村实行承包到户的比例已扩大到95%以上"[②]，家庭联产承包责任制作为我国农村基本经营制度正式确立，其核心是农村土地承包经营制度。农村土地承包经营制度将土地产权分为所有权和承包经营权（即农民对土地的使用权），所有权仍归集体所有，承包经营权属于承包土地的农民。土地承包经营制度的确立，标志着我国农村土地制度进入所有权和使用权"两权分离"阶段。

2. 使用权转让的发展过程

在农村土地"两权分离"阶段，土地的使用权即承包经营权经历了从禁止转让、政策允许但法律禁止、政策和法律允许和对转让进行规范的四个阶段。

第一，1978~1983年土地使用权禁止转让阶段。农村土地承包经营制度实现了土地所有权和使用权的分离，但两权分离之初，法律规定土地的承包经营权不准转让。1982年《中华人民共和国宪法》（以下简称《宪法》）第十条规定："任何组织或者个人不得侵占、买卖、出租或者以其他形式非法转让土地"；同年的《全国农村工作会议纪要》规定："社员承包的土地，不准买卖，不准出租，不准转让，不准荒废，否则，集体有权收回；社员无力经营或转营他业时应退还集体"。显然，农村土地承包经营制度确立之初，法律与政策都禁止农村土地承包经营权转让。

[①] 《中国共产党第十一届中央委员会第三次全体会议公报》，中央政府门户网站，2009年10月13日，https://www.gov.cn/test/2009-10/13/content_1437683.htm。

[②] 刘守英：《农村土地制度改革：从家庭联产承包责任制到三权分置》，载《经济研究》2022年第2期，第19页。

第二，1984~1987年政策允许但法律禁止的使用权转让阶段。随着农业的发展，农村开始出现剩余劳动力，同时整个社会经济也在蓬勃发展，而户籍制度又在一定程度上限制了农村剩余劳动力的自由转移，在这种形势下"离土不离乡"就地吸纳农村剩余劳动力的社队企业[①]应运而生。随着社队企业的发展，农村转让土地承包经营权的情况开始出现。针对这种现实情况，政策做出了调整，在一定条件下允许了使用权转让。1984年中共中央一号文件《中共中央关于一九八四年农村工作的通知》提出"鼓励土地逐步向种田能手集中。社员在承包期内，因无力耕种或转营他业而要求不包或少包土地的，可以将土地交给集体统一安排，也可以经集体同意，由社员自找对象协商转包，但不能擅自改变向集体承包合同的内容"。这一规定为农村土地承包经营权转让提供了政策依据，但相关的法律仍然禁止转让。1986年的《中华人民共和国民法通则》第八十条规定"土地不得买卖、出租、抵押或者以其他形式非法转让"。1986年的《中华人民共和国土地管理法》第二条规定："任何单位和个人不得侵占、买卖或者以其他形式非法转让土地"。

第三，1988~1994年法律和政策均允许土地使用权转让阶段。在土地使用权转让问题上，政策与法律的不一致严重制约了土地使用权的转让。在这种形势下，法律做出了适应经济社会发展客观需要的调整，允许土地使用权转让。1988年宪法修正案将原第十条第四款修改为"任何组织或者个人不得侵占、买卖或者以其他形式非法转让土地。土地的使用权可以依照法律的规定转让。"同年修订的《土地管理法》第二条第四款规定："国有土地和集体所有的土地使用权可以依法转让。土地使用权转让的具体办法，由国务院另行规定。"至此，宪法和部门法均已允许土地使用权转让，政策也更加明确。此后承包经营权转让的现象更加普遍。在东南沿海发达地区，农村集体经营性建设用地流转现象也开始出现，并且产生了农村集体经营性建设用地流转的民间隐性市场，主要包括出让、出租和抵押等交易形式[②]。1993年《中共中央、国务院关于当前农业和农村经济发展的若干政策措施》提出"在坚持土地集体所有和不改变土地用途的前提下，经发包方同意，允许土地的使用

---

① 1984年3月1日中共中央、国务院转发农牧渔业部《关于开创社队企业新局面的报告》，同意将社队企业改称乡镇企业，并提出发展乡镇企业的若干政策，以促进乡镇企业的迅速发展。
② 孔祥智等：《农村集体经营性建设用地改革：内涵、存在问题与对策建议》，载《农村金融研究》2014年第9期，第11页。

第10章　强化土地制度改革关联效应促进城乡融合发展

权依法有偿转让"。

第四，1995~2007年进入土地使用权转让阶段。在政策和法律均允许土地使用权转让之后，在实践中出现了强迫农民流转土地等损害农民利益的问题。为了解决实践中出现的问题，同时也为了进一步完善相关政策和法律，国家对法律和政策做了进一步的调整。

1995年《国务院批转农业部〈关于稳定和完善土地承包关系的意见〉的通知》中明确提出"建立土地承包经营权流转机制"。2003年3月1日起施行的《中华人民共和国农村土地承包法》（以下简称原《土地承包法》）第十条明确规定："国家保护承包方依法、自愿、有偿地进行土地承包经营权流转。"政策方面，针对当时出现的强迫农民流转承包地的现象，2004年4月30日国务院办公厅《关于妥善解决当前农村土地承包纠纷的紧急通知》明确"严格禁止违背农民意愿强迫流转承包地"，"流转土地承包经营权是农民享有的法定权利，任何组织和个人不得侵犯和剥夺"。

在农村土地承包经营权可以流转的同时，集体经营性建设用地流转试点改革也在展开。1999~2000年，原国土资源部法规司、利用司在芜湖、苏州和湖州等地布置了集体建设用地流转试点，大约与此同时原国土资源部土地利用司组织对城乡接合部土地市场及河南、浙江、上海、江苏、广东五省市的农村集体建设用地流转进行了专题调研。在试点、调研及充分讨论和征求意见的基础上，2003年中共中央、国务院下发《关于做好农业和农村工作的意见》，明确提出"通过集体建设用地流转、土地置换、分期缴纳土地出让金等形式，合理解决企业进镇的用地问题，降低企业搬迁的成本"。2004年《国务院关于深化改革严格土地管理的决定》提出"在符合规划的前提下，村庄、集镇、建制镇中的农民集体所有建设用地使用权可以依法流转"，首次对集体建设用地流转的条件和范围进行了明确。

2007年10月1日起施行的《中华人民共和国物权法》（以下简称《物权法》）第一百二十八条规定："土地承包经营权人依照农村土地承包法的规定，有权将土地承包经营权采取转包、互换、转让等方式流转。流转的期限不得超过承包期的剩余期限。未经依法批准，任何人不得将承包地用于非农建设"。《物权法》明确宅基地使用权为用益物权，第一百五十二条规定："宅基地使用权人依法对集体所有的土地享有占有和使用的权利，有权依法利用该土地建造住宅及其附属设施"，但未涉及宅基地使用权转让问题。

10.3.1.2　2008~2012年土地制度综合改革的探索与准备阶段

农村土地"两权分离"改革，通过赋予农民土地使用权和促进土地使用权流转，提高了农业劳动生产率和土地产出率。但是由于土地承包权与经营权合二为一，流转双方的土地权益不能明确划分，农民担心土地流转会在转让土地使用权的同时失去土地承包权，一些农民宁可让农地荒芜或者交由亲戚邻居免费耕种，也不愿流转土地。即使有些农民将土地流转出去，由于担心失去土地未来的财产增值收益，土地流转也多限于转让方与转入方的短期交易。就土地转入方来说，由于不具备完整的土地经营权，且受流转期限的约束，也不可能对土地进行长期投资。随着大量年轻人进城，农村"人地分离"现象日益普遍，"谁来种地"问题日益严峻。如何在农业劳动力大规模转移的条件下，促进农地规模经营，解决"谁来种地"问题，是土地制度改革需要解决的重大课题。

1978~2007年，虽然土地制度改革的主要内容是实施以两权分离为特征的家庭联产承包责任制，但征地、集体建设用地和宅基地制度改革也在全国普遍开展。这一阶段征地制度改革的主要内容是在突出土地征收强制性的同时，探索如何对征地农民进行合理补偿[①]；我国集体建设用地流转经历了一个由宽松到严格限制的过程，虽然1992年以来集体经营性建设用地流转进入严管期，但以地方政府为主导的集体建设用地使用权的隐性流转一直存在[②]；

[①] 中华人民共和国成立后，为满足经济社会发展对建设用地的需求，国家实行了土地征收制度，征收对象是农村集体所有的土地。1982年5月国务院颁布《国家建设征用土地条例》，从国家发展战略的高度对农地征收行为进行约束，同时突出了征收的强制性。随着工业化和城镇化的快速发展，对土地的需求不断扩张，因为城市建设用地只能使用国有土地，所以造成征地规模不断扩大，"一些地方还存在滥用征地权、征地补偿标准不合法、征地补偿安置不落实、侵犯农民权益等问题，群众反映十分强烈"。《宪法修正案（2004年）》将宪法第十条第三款"国家为了公共利益的需要，可以依照法律规定对土地实行征用"修改为"国家为了公共利益的需要，可以依照法律规定对土地实行征收或者征用并给予补偿"。这次修改明确区分了土地"征收"和"征用"，并且明确提出"给予补偿"。给予农民征地补偿得到了国家根本大法的确认。但是，在征地实践中，农民没有得到合理补偿和安置，权益受损情况仍然普遍存在。

[②] 20世纪80年代随着乡镇企业的快速发展，集体经营性建设用地规模逐年增加，出现了侵占耕地、宅基地的情况。进入90年代后，国家加强了对集体经营性建设用地的管理，规定只有先转为国有土地的农村集体经营性用地，才能作建设用地之用。但这一时期集体建设用地使用权的隐性流转一直存在，地方政府在实践中不断摸索，各地先后出现了不同的集体建设用地入市模式，如重庆市的"地票"模式、成都市的"还权赋能"模式、广东省的"同权市场"模式等创新性模式。集体建设用地市场的自发实践推进了土地制度改革（田旭：《集体经营性建设用地入市研究：基于城乡融合发展视角》，载《辽宁大学学报（哲学社会科学版）》2021年第4期，第76~84页）。

宅基地改革的主要内容是规范宅基地的分配标准，明确宅基地的用益物权①。上述改革对于满足工业化和城市化的用地需求起到了重要作用。然而，由于缺乏统一协调的顶层设计，征地制度在弥补财政收入不足，加强城市基础设施建设的同时，也导致了农民土地权益受损。此外，集体用地使用权隐性流转亟需法律规范；宅基地闲置现象普遍存在且日趋严重。在保障中国粮食安全、生态安全的前提下，通过征地、集体建设用地和宅基地的制度综合配套改革，缩小征地范围，提高补偿标准，在满足城乡用地需求的同时，合理分配土地增值收益，对于工业化、城镇化健康发展，促进农业现代化具有重要意义。

正是基于上述实践需求，2008年党的十七届三中全会《中共中央关于推进农村改革发展若干重大问题的决定》对承包地、宅基地、征地制度、集体经营性建设用地的改革进行了全面的规划，明确了改革方向。这一重大决定明确提出要"加强土地承包经营权流转管理和服务，建立健全土地承包经营权流转市场，按照依法自愿有偿原则，允许农民以转包、出租、互换、转让、股份合作等形式流转土地承包经营权，发展多种形式的适度规模经营"；"完善农村宅基地制度，严格宅基地管理，依法保障农户宅基地用益物权"；"改革征地制度，严格界定公益性和经营性建设用地，逐步缩小征地范围，完善征地补偿机制"，"经批准占用农村集体土地建设非公益性项目，允许农民依法通过多种方式参与开发经营并保障农民合法权益"；"逐步建立城乡统一的建设用地市场，对依法取得的农村集体经营性建设用地，必须通过统一有形的土地市场、以公开规范的方式转让土地使用权，在符合规划的前提下与国有土地享有平等权益"。这是中央首次提出统一城乡建设用地市场，同地同权。

2010年的中央一号文件提出"加快农村集体土地所有权、宅基地使用权、集体建设用地使用权等确权登记颁证工作"，同时提出"加快修改土地

---

① 20世纪90年代中期开始，我国农村宅基地闲置现象产生并日趋严重。为了减少宅基地闲置及粗放利用、超标准占用或一户多宅等问题，1997年4月，中共中央、国务院印发《关于进一步加强土地管理切实保护耕地的通知》，第一次以中央文件形式提出"一户一宅"的要求。1998年修订的《土地管理法》规定"一户一宅、限定面积"，即"农村村民一户只能拥有一处宅基地，其宅基地的面积不得超过省、自治区、直辖市规定的标准"。2007年10月1日起施行的《中华人民共和国物权法》明确宅基地使用权为用益物权。在实践中，经济发达地区的宅基地使用权转让已成为较为普遍的现象。

管理法"的要求。土地确权是深化土地制度改革的前提和基础。农村土地确权登记提出修改相关法律的建议,为接下来的土地制度综合改革奠定了基础。2012 年,中央再次以一号文件要求:"加快推进农村地籍调查,2012 年基本完成覆盖农村集体各类土地的所有权确权登记颁证,稳步扩大农村土地承包经营权登记试点"。

上述中央政府的统筹安排不仅推进了农村土地制度改革进程①,也为 2013 年以来的土地制度综合改革做了较为充分的前期准备。

10.3.1.3 2013 年以来土地制度综合改革阶段

2013 年,中央一号文件对农村土地承包经营权流转作出了明确规定。同年党的十八届三中全会通过了《中共中央关于全面深化改革若干重大问题的决定》,对农村土地征收、集体经营性建设用地入市、宅基地制度改革作出重要部署。这标志着我国进入农村土地制度综合改革阶段。

1. 承包地"三权分置"改革的提出及推进

(1) 承包地"三权分置"改革的提出。2013 年中央一号文件提出"全面开展农村土地确权登记颁证工作。健全农村土地承包经营权登记制度,强化对农村耕地、林地等各类土地承包经营权的物权保护","完善相关法律制度","引导农村土地承包经营权有序流转,鼓励和支持承包土地向专业大户、家庭农场、农民合作社流转,发展多种形式的适度规模经营"。在此基础上,2014 年中共中央办公厅、国务院办公厅印发的《关于引导农村土地经营权有序流转发展农业适度规模经营的意见》提出"坚持农村土地集体所有,实现所有权、承包权、经营权三权分置",承包地"三权分置"正式提出,在全国范围内开展承包地"三权分置"实践。

(2) 承包地"三权分置"改革的推进。2017 年党的十九大报告明确指出"巩固和完善农村基本经营制度,深化农村土地制度改革,完善承包地'三权'分置制度",承包地"三权分置"改革方向得到进一步确认。此后历年中央一号文件对承包地"三权分置"改革都进行强调或作出部署。法律方面,经修改并于 2019 年 1 月 1 日起执行的《中华人民共和国农村土地承包法》(以下简称新《土地承包法》)对土地承包方承包经营权转让和土地经营

---

① 以土地使用权流转为例,截至 2012 年底,全国家庭承包耕地流转总面积达到 2.78 亿亩,占家庭承包经营耕地总面积的 21.24%。

权流转作了明确规定,并明确规定耕地承包期为三十年,本轮承包期届满后再延长三十年,草地、林地承包期届满后依照前款规定相应延长。为了保护进城农民权益,规定不得以退出土地承包经营权作为农户进城落户的条件(参见专栏3)。

【专栏3】《中华人民共和国农村土地承包法》关于承包经营权及承包期条款

第二条 本法所称农村土地,是指农民集体所有和国家所有依法由农民集体使用的耕地、林地、草地,以及其他依法用于农业的土地。

第三条 国家实行农村土地承包经营制度。

农村土地承包采取农村集体经济组织内部的家庭承包方式,不宜采取家庭承包方式的荒山、荒沟、荒丘、荒滩等农村土地,可以采取招标、拍卖、公开协商等方式承包。

第九条 承包方承包土地后,享有土地承包经营权,可以自己经营,也可以保留土地承包权,流转其承包地的土地经营权,由他人经营。

第十条 国家保护承包方依法、自愿、有偿流转土地经营权,保护土地经营权人的合法权益,任何组织和个人不得侵犯。

第十六条 家庭承包的承包方是本集体经济组织的农户。

农户内家庭成员依法平等享有承包土地的各项权益。

第十七条 承包方享有下列权利:

(一)依法享有承包地使用、收益的权利,有权自主组织生产经营和处置产品;

(二)依法互换、转让土地承包经营权;

(三)依法流转土地经营权;

(四)承包地被依法征收、征用、占用的,有权依法获得相应的补偿;

(五)法律、行政法规规定的其他权利。

第二十一条 耕地的承包期为三十年。草地的承包期为三十年至五十年。林地的承包期为三十年至七十年。

前款规定的耕地承包期届满后再延长三十年,草地、林地承包期届满后依照前款规定相应延长。

第二十七条 承包期内,发包方不得收回承包地。

国家保护进城农户的土地承包经营权。不得以退出土地承包经营权作为农户进城落户的条件。

承包期内,承包农户进城落户的,引导支持其按照自愿有偿原则依法在本集体经济组织内转让土地承包经营权或者将承包地交回发包方,也可以鼓励其流转土地经营权。

2023年中央一号文件明确要"研究制定第二轮土地承包到期后再延长30年试点工作指导意见"。延长土地承包期将给土地承包者和经营者对承包经营期限的稳定预期,从而有利于土地流转,有利于承包者和经营者对土地进行长期投入,有利于发展规模经营。

此外,农业农村部正在探索建立农户承包地有偿退出机制。农业农村部在2022年9月《关于政协第十三届全国委员会第五次会议第02847号(农业水利类239号)提案答复摘要》中表示"近年来,农业农村部组织部分县(市、区)开展农村承包地退出试点","下一步,我部将继续指导有条件的试点地区在充分尊重农民意愿的基础上,探索建立农户承包地有偿退出机制"[①]。

2. "三块地"改革试点的启动及推进

(1) "三块地"改革试点的背景。在"三块地"改革试点前,与土地制度相关的经济社会问题比较严重。第一,"失地农民"问题严重。因征地制度缺陷造成的补偿标准低、补偿不到位、缺乏社会保障等"失地农民"问题严重,社会矛盾较尖锐[②][③]。第二,农村土地闲置问题突出。"西南财经大学中国家庭金融调查与研究中心对全国29个省、262个县市的住户进行跟踪调查发现,2011年和2013年我国农村土地闲置面积分别为13.5%和15%"[④]。闲置的土地既包括撂荒的耕地,也包括"空心村"的宅基地。第三,城乡收入差距过大,农民财产性收入过低。"从收入构成来看,无论是工资性收入、转移性收入、经营性收入还是财产性收入,农村居民都远远低于城镇居民,

---

[①] 《关于政协第十三届全国委员会第五次会议第02847号(农业水利类239号)提案答复摘要》,农业农村部官网,2022年09月02日,http://www.moa.gov.cn/govpublic/zcggs/202209/t20220914_6409245.htm。

[②] 参阅卢海元:《土地换保障:妥善安置失地农民的基本设想》,载《中国农村观察》2003年第6期,第48页。

[③] 参见程怀儒:《现行农村征地制度的缺陷与失地农民权益保护》,载《甘肃社会科学》2014年第1期,第224页。

[④] 李升发、李秀彬:《耕地撂荒研究进展与展望》,载《地理学报》2016年第3期,第371页。

尤其是财产性收入差距更大"①,"如果农民的财产性收入得不到有效增长,两者之间的收入差距会进一步加大"②。农民财产性收入的增长受到土地承包经营权流转、征地、宅基地及集体建设用地增值收益分配等制度的约束③。这些问题的存在严重制约着农业农村的发展及城乡融合的进程,党和国家高度关切,2013年对农村土地征收、集体经营性建设用地入市、宅基地制度改革作出重要部署,2014年中央一号文件提出"深化农村土地制度改革",具体包括"完善农村土地承包政策""引导和规范农村集体经营性建设用地入市""完善农村宅基地管理制度""加快推进征地制度改革"等措施。2014年12月中央全面深化改革领导小组第七次会议和中央政治局常委会会议审议通过《关于农村土地征收、集体经营性建设用地入市、宅基地制度改革试点工作的意见》(以下简称《试点工作的意见》)。

(2)"三块地"改革试点的启动。2015年2月十二届全国人大常委会第十三次会议审议通过《关于授权国务院在北京市大兴区等三十三个试点县(市、区)行政区域暂时调整实施有关法律规定的决定》,授权在试点地区暂时调整实施《中华人民共和国土地管理法》《中华人民共和国城市房地产管理法》有关法律规定,授权期限截至2017年12月31日。2015年3月正式启动农村土地征收、集体经营性建设用地入市、宅基地制度改革试点工作。这三项土地制度改革试点工作被简称为"三块地"改革。

(3)"三块地"改革试点的推进。"三块地"改革最初在一个试点地区只开展一项试点,其中集体经营性建设用地入市和宅基地制度改革试点各15个,土地征收制度改革试点3个。2016年9月将土地征收制度改革和集体经营性建设用地入市扩大到全部33个试点县(市、区)。2017年11月宅基地制度改革拓展到全部33个试点县(市、区)。2017年11月十二届全国人大常委会第三十次会议决定试点期限延长至2018年12月31日,试点过程中,党中央、国务院出台一系列重要文件,特别是每年的中央一号文件对农村土地制度改革三项试点工作提出新任务,明确新要求。

---

① 刘淑清:《关于农民财产性收入问题的思考》,载《经济问题》2014年第7期,第90页。
② 高志仁:《农民财产性收入与城乡差距》,载《经济科学》2008年第4期,第125页。
③ 何绍周、彭博、马也:《农民财产性收入增长面临的制度性约束——基于市场和法治的视角》,载《农业技术经济》2012年第6期,第95页。

3. "三块地"改革的推进

（1）土地征收制度改革的推进。农村土地征收制度改革的推进主要表现在明确土地征收范围、规范土地征收程序、完善对被征地农民的保障机制等方面，主要体现在2019年修正的《中华人民共和国土地管理法》（以下简称新《土地管理法》）中。新《土地管理法》规定了六种可以征地情形及征地补偿原则（参见专栏4）。

【专栏4】《中华人民共和国土地管理法》关于土地征收的条款

国家为了公共利益的需要，可以依法对土地实行征收或者征用并给予补偿。

第四十五条　为了公共利益的需要，有下列情形之一，确需征收农民集体所有的土地的，可以依法实施征收：

（一）军事和外交需要用地的；

（二）由政府组织实施的能源、交通、水利、通信、邮政等基础设施建设需要用地的；

（三）由政府组织实施的科技、教育、文化、卫生、体育、生态环境和资源保护、防灾减灾、文物保护、社区综合服务、社会福利、市政公用、优抚安置、英烈保护等公共事业需要用地的；

（四）由政府组织实施的扶贫搬迁、保障性安居工程建设需要用地的；

（五）在土地利用总体规划确定的城镇建设用地范围内，经省级以上人民政府批准由县级以上地方人民政府组织实施的成片开发建设需要用地的；

（六）法律规定为公共利益需要可以征收农民集体所有的土地的其他情形。

第四十八条　征收土地应当给予公平、合理的补偿，保障被征地农民原有生活水平不降低、长远生计有保障。

征收土地应当依法及时足额支付土地补偿费、安置补助费以及农村村民住宅、其他地上附着物和青苗等的补偿费用，并安排被征地农民的社会保障费用。

征收农用地的土地补偿费、安置补助费标准由省、自治区、直辖市通过制定公布区片综合地价确定。制定区片综合地价应当综合考虑土地原用途、土地资源条件、土地产值、土地区位、土地供求关系、人口以及经济社会发展水平等因素，并至少每三年调整或者重新公布一次。

征收农用地以外的其他土地、地上附着物和青苗等的补偿标准，由省、自治区、直辖市制定。对其中的农村村民住宅，应当按照先补偿后搬迁、居住条件有改善的原则，尊重农村村民意愿，采取重新安排宅基地建房、提供安置房或者货币补偿等方式给予公平、合理的补偿，并对因征收造成的搬迁、临时安置等费用予以补偿，保障农村村民居住的权利和合法的住房财产权益。

（2）集体经营性建设用地入市制度改革的推进。集体经营性建设用地入市制度改革的推进体现在国家对入市方式和程序等作出了明确规定，主要体现在新《土地管理法》和2021年9月1日起施行的《中华人民共和国土地管理法实施条例》（以下简称新《土地管理法实施条例》）中（参见专栏5和专栏6）。

【专栏5】《中华人民共和国土地管理法》关于集体经营性建设用地的条款

第六十三条　土地利用总体规划、城乡规划确定为工业、商业等经营性用途，并经依法登记的集体经营性建设用地，土地所有权人可以通过出让、出租等方式交由单位或者个人使用，并应当签订书面合同，载明土地界址、面积、动工期限、使用期限、土地用途、规划条件和双方其他权利义务。

前款规定的集体经营性建设用地出让、出租等，应当经本集体经济组织成员的村民会议三分之二以上成员或者三分之二以上村民代表的同意。

通过出让等方式取得的集体经营性建设用地使用权可以转让、互换、出资、赠与或者抵押，但法律、行政法规另有规定或者土地所有权人、土地使用权人签订的书面合同另有约定的除外。

集体经营性建设用地的出租，集体建设用地使用权的出让及其最高年限、转让、互换、出资、赠予、抵押等，参照同类用途的国有建设用地执行。具体办法由国务院制定。

【专栏6】《中华人民共和国土地管理法实施条例》关于集体经营性建设用地的条款

第五节　集体经营性建设用地管理

第四十一条　土地所有权人应当依据集体经营性建设用地出让、出租等方案，以招标、拍卖、挂牌或者协议等方式确定土地使用者，双方应当签订书面合同，载明土地界址、面积、用途、规划条件、使用期限、交易价款支付、交地时间和开工竣工期限、产业准入和生态环境保护要求，约定提前收回的条件、补偿方式、土地使用权届满续期和地上建筑物、构筑物等附着物处理方式，以及违约责任和解决争议的方法等，并报市、县人民政府自然资源主管部门备案。

为深化集体经营性建设用地改革，2023年中央一号文件提出"深化农村集体经营性建设用地入市试点，探索建立兼顾国家、农村集体经济组织和农民利益的土地增值收益有效调节机制。"为规范集体经营性建设用地使用权出让合同管理，2023年3月自然资源部和国家市场监督管理总局制定了《集体经营性建设用地使用权出让合同》《集体经营性建设用地使用权出让监管协议》示范文本（试点试行）（以下简称"9号文"）。"9号文"的出台标志着集体经营性建设用地改革进入关键性的制度完善阶段，试点结束后集体经营性建设用地入市改革将全面推行。

（3）宅基地"三权分置"改革的提出及推进。《试点工作的意见》提出改革完善农村宅基地制度，完善宅基地权益保障和取得方式，对超标准占用宅基地和一户多宅等情况，探索实行有偿使用；探索进城落户农民在本集体经济组织内部自愿有偿退出或转让宅基地；改革宅基地审批制度。在总结试点经验的基础上，2018年中央一号文件提出完善农村承包地"三权分置"制度，并提出"探索宅基地所有权、资格权、使用权'三权分置'"的要求。至此，宅基地"三权分置"改革正式提出。

为了推进宅基地"三权分置"改革，国家对宅基地主管部门进行了调整。新《土地管理法》第五条明确规定："国务院自然资源主管部门统一负责全国土地的管理和监督工作"，但对于宅基地，第六十二条规定："国务院农业农村主管部门负责全国农村宅基地改革和管理有关工作"。新《土地管理法实施条例》增加了"宅基地管理"一节（参见专栏7和专栏8）。

【专栏7】《中华人民共和国土地管理法》关于宅基地的条款

第五条　国务院自然资源主管部门统一负责全国土地的管理和监督工作。

第六十二条　农村村民一户只能拥有一处宅基地，其宅基地的面积不得超过省、自治区、直辖市规定的标准。

人均土地少、不能保障一户拥有一处宅基地的地区，县级人民政府在充分尊重农村村民意愿的基础上，可以采取措施，按照省、自治区、直辖市规定的标准保障农村村民实现户有所居。

农村村民建住宅，应当符合乡（镇）土地利用总体规划、村庄规划，不得占用永久基本农田，并尽量使用原有的宅基地和村内空闲地。编制乡（镇）土地利用总体规划、村庄规划时应当统筹并合理安排宅基地用地，改善农村村民居住环境和条件。

农村村民住宅用地，由乡（镇）人民政府审核批准；其中，涉及占用农用地的，依照本法第四十四条的规定办理审批手续。

农村村民出卖、出租、赠予住宅后，再申请宅基地的，不予批准。

国家允许进城落户的农村村民依法自愿有偿退出宅基地，鼓励农村集体经济组织及其成员盘活利用闲置宅基地和闲置住宅。

国务院农业农村主管部门负责全国农村宅基地改革和管理有关工作。

【专栏8】《中华人民共和国土地管理法实施条例》关于宅基地管理的条款

第四节 宅基地管理

第三十三条 农村居民点布局和建设用地规模应当遵循节约集约、因地制宜的原则合理规划。县级以上地方人民政府应当按照国家规定安排建设用地指标，合理保障本行政区域农村村民宅基地需求。

乡（镇）、县、市国土空间规划和村庄规划应当统筹考虑农村村民生产、生活需求，突出节约集约用地导向，科学划定宅基地范围。

第三十四条 农村村民申请宅基地的，应当以户为单位向农村集体经济组织提出申请；没有设立农村集体经济组织的，应当向所在的村民小组或者村民委员会提出申请。宅基地申请依法经农村村民集体讨论通过并在本集体范围内公示后，报乡（镇）人民政府审核批准。

涉及占用农用地的，应当依法办理农用地转用审批手续。

第三十五条 国家允许进城落户的农村村民依法自愿有偿退出宅基地。乡（镇）人民政府和农村集体经济组织、村民委员会等应当将退出的宅基地优先用于保障该农村集体经济组织成员的宅基地需求。

第三十六条 依法取得的宅基地和宅基地上的农村村民住宅及其附属设施受法律保护。

禁止违背农村村民意愿强制流转宅基地，禁止违法收回农村村民依法取得的宅基地，禁止以退出宅基地作为农村村民进城落户的条件，禁止强迫农村村民搬迁退出宅基地。

中央对于深化宅基地"三权分置"改革也不断提出新的要求。2021年中央一号文件提出"加强宅基地管理，稳慎推进农村宅基地制度改革试点，探索宅基地所有权、资格权、使用权分置有效实现形式"，"保障进城落户农民土地承包权、宅基地使用权、集体收益分配权，研究制定依法自愿有偿转让的具体办法"。目前我国还没有针对宅基地的立法，对此，2023年2月《农业农村部关于落实党中央、国务院2023年全面推进乡村振兴重点工作部署的实施意见》提出"制定农村宅基地管理暂行办法，加强宅基地管理基础工作"，同时提出"加快房地一体确权登记颁证，建设全国统一的农村宅基地管理信息平台"①。

10.3.2 土地制度综合改革的主要成效

自2013年我国进行土地制度综合改革以来，取得了较为显著的成效。首先，承包地、征地、集体经营性建设用地和宅基地等各类农村土地同步改革取得了显著成效，此前我国的土地制度改革主要是对某一类土地进行单独的改革；其次，开启了农村土地确权登记颁证工作，为进一步改革奠定了坚实的基础；再次，"三块地"改革试点积累了经验，发现了问题，为进一步改革提供了思路，指明了重点和方向；最后，对相关法律制度进行了适应经济社会发展需要的调整和完善。

10.3.2.1 承包地"三权分置"改革的主要成效

在农村土地中，承包地最先进行改革，因而成效也较为显著，主要体现在如下几个方面。

1. 承包地确权率、流转面积和流转率显著增加

承包地确权率从2013年的90.13%提高到2021年的95.28%，流转面积从2013年的3.4亿亩增加到2021年的5.6亿亩，流转率从25.70%增加到35.37%（参见表10-2）。

---

① 《农业农村部关于落实党中央、国务院2023年全面推进乡村振兴重点工作部署的实施意见》，中华人民共和国农业农村部，2023年02月03日，http://www.moa.gov.cn/govpublic/FZJHS/202302/t20230221_6421194.htm。

表 10-2　　　　　　　　全国家庭承包经营耕地流转及确权情况

年份	家庭承包经营耕地面积（亩）	承包经营耕地流转面积（亩）	流转率（%）	确权率（%）
2013	1327092049	341020217	25.70	90.13
2014	1328758837	403394670	30.36	89.47
2015	1342367812	446833652	33.29	89.34
2016	1363892762	479208068	35.14	88.77
2017	1385014106	512113203	36.98	88.26
2018	1396938505	539020347	38.59	90.41
2019	1545766706	554980363	35.90	92.63
2020	1561662447	532189184	34.08	95.32
2021	1574659398	556978588	35.37	95.28

资料来源：《中国农村经营管理统计年报》（历年）。

2. 推动了《土地承包法》的修改和完善（参见专栏3）

（1）区分"土地承包经营权"和"土地经营权"，扩大承包地流转范围。原《土地承包法》第十五条规定："家庭承包的承包方是本集体经济组织的农户"，第十六条第一款规定承包方"依法享有承包地使用、收益和土地承包经营权流转的权利"，根据这两项规定，承包经营权只能在本集体经济组织内部流转，这显然严格限制了承包地流转的范围和条件，与承包地"三权分置"改革的目的相悖。新《土地承包法》在不改变"家庭承包的承包方是本集体经济组织的农户"的前提下，明确区分了"土地承包经营权"和"土地经营权"，其中土地承包经营权转让要在本集体经济组织内部进行，而土地经营权流转则不受此限制。

（2）延长了土地承包期。原《土地承包法》第二十条规定："耕地的承包期为三十年。草地的承包期为三十年至五十年。林地的承包期为三十年至七十年"。新《土地承包法》将耕地承包期再延长三十年，草地、林地承包期相应延长。

（3）对进城农民的土地承包经营权作出了规定。原《土地承包法》没有涉及进城农民的土地承包经营权问题，新《土地承包法》规定："不得以退出土地承包经营权作为农户进城落户的条件"。

承包地"三权分置"改革推动了《土地承包法》的修改，修改后的法律消除了对承包地流转范围的限制，有效推动了承包地流转；延长土地承包期，以法律的形式增强了承包经营权的稳定性，有利于承包地长期、稳定流转；有效保护了进城农民的合法权益，鼓励了农民进城及承包地流转。

3. 推动了新型农业经营主体的发展

承包地流转和规模化经营是培育和发展新型农业经营主体的必要条件。承包地"三权分置"改革显著增加了承包地流转面积，促进了新型农业经营主体的发展。到2023年4月，"全国依法登记的农民合作社达223万家，纳入名录管理的家庭农场超过400万个，辐射带动全国近一半的农户，成为构建现代农业经营体系的重要依托"[1]。

10.3.2.2 "三块地"改革试点的主要成效

《国务院关于农村土地征收、集体经营性建设用地入市、宅基地制度改革试点情况的总结报告——2018年12月23日在第十三届全国人民代表大会常务委员会第七次会议上》（以下简称《试点情况的总结报告》）对"三块地"改革试点的主要成效进行了总结。总结认为试点"形成了一批可复制、可推广、利修法的制度创新成果"。截至总结时，"33个试点县（市、区）已按新办法实施征地1275宗、18万亩；集体经营性建设用地已入市地块1万余宗，面积9万余亩，总价款约257亿元，收取调节金28.6亿元，办理集体经营性建设用地抵押贷款228宗、38.6亿元；腾退出零星、闲置的宅基地约14万户、8.4万亩，办理农房抵押贷款5.8万宗、111亿元"[2]。"三块地"改革试点"推动了城乡统一的建设用地市场建设"，"增强了农村产业发展用地保障能力"，"增加了农民土地财产收入"，"提升了农村土地利用和治理水平"。《试点情况的总结报告》指出了改革试点中涉及的重点问题，针对改革中遇到的法律障碍提出了修法建议，为进一步改革指明了方向。

10.3.2.3 "三块地"改革的主要成效

1. 农村土地征收制度改革的主要成效

农村土地征收制度改革的主要成效体现在相关法律规定的修改和完善上。

---

[1] 《农业农村部召开推进新型农业经营主体高质量发展座谈会》，农业农村部官网，2023年4月19日，http://www.moa.gov.cn/xw/zwdt/202304/t20230419_6425705.htm。

[2] 参阅《国务院关于农村土地征收、集体经营性建设用地入市、宅基地制度改革试点情况的总结报告——2018年12月23日在第十三届全国人民代表大会常务委员会第七次会议上》，中国人大网，http://www.npc.gov.cn/npc/c12491/201812/3821c5a89c4a4a9d8cd10e8e2653bdde.shtml。

原《土地管理法》规定："国家为公共利益的需要，可以依法对集体所有的土地实行征用"，新《土地管理法》修改为"国家为了公共利益的需要，可以依法对土地实行征收或者征用并给予补偿"，明确了可以征收土地的六种情形，并规定了征地补偿的原则和标准（参见专栏4）。相关法律规定的修改规范了土地征收的范围、程序，明确了征收补偿的原则和标准，使征地行为更加规范，既保护了农村土地，又保障了被征地农民的合法权益。

2. 集体经营性建设用地入市制度改革的主要成效

（1）推动了《土地管理法》相关内容的修改和完善。原《土地管理法》没有针对集体经营性建设用地的规定，但是第四十三条规定"任何单位和个人进行建设，需要使用土地的，必须依法申请使用国有土地"，"前款所称依法申请使用的国有土地包括国家所有的土地和国家征用的原属于农民集体所有的土地"。根据这条规定，集体经营性建设用地不能直接入市，这显然与集体经营性建设用地入市制度改革是相悖的。集体经营性建设用地入市制度改革推动《土地管理法》做出了修改，一个是删除了原第四十三条的规定，另一个是增加了专门针对集体经营性建设用地的条款，对集体经营性建设用地入市的方式和程序等作出了详细规定（参见专栏5）。新《土地管理法实施条例》增加了"集体经营性建设用地管理"一节，主要内容见专栏6。

（2）农村集体建设用地入市面积明显增加。自然资源部数据显示，截至2019年10月底，33个试点县（市、区）集体经营性建设用地入市地块12644宗，面积12.5万亩[1]。全国农村集体建设用地出租出让面积由2015年的320.97万亩提高至2021年的479.46万亩[2]。

（3）出台了一批地方性鼓励、规范集体经营性建设用地入市的政策。一些地方政府如江苏省溧阳市、常州市新北区，浙江省湖州市安吉县、金华市浦江县，湖南省长沙市长沙县，安徽省六安市，河北省定州市，等等，出台了试行的集体经营性建设用地入市管理办法，上海市于2023年6月印发了《上海市深化农村集体经营性建设用地入市试点工作方案》。

---

[1] 《对十三届全国人大三次会议第1318号建议的答复》，中华人民共和国自然资源部，2020年9月8日，http://gi.mnr.gov.cn/202010/t20201001_2563314.html。

[2] 资料来源：《中国农村政策与改革统计年报（2015）》、《中国农村政策与改革统计年报（2021）》。

3. 宅基地"三权分置"改革取得的主要成效

（1）推动了相关法律的修改和完善。第一，新《土地管理法》调整了宅基地主管部门。新《土地管理法》规定"国务院农业农村主管部门负责全国农村宅基地改革和管理有关工作"。国务院农业农村主管部门负责宅基地改革和管理工作，充分反映了宅基地改革与"三农"问题高度相关，也充分体现了国家对农民权益的高度重视，有利于推进宅基地改革。第二，新《土地管理法》允许进城落户的农村村民依法自愿有偿退出宅基地，而原《土地管理法》未涉及宅基地退出问题。第三，新《土地管理法实施条例》增加了"宅基地管理"一节（参见专栏7和专栏8）。

（2）推动实施新一轮农村宅基地制度改革试点并取得初步成效。2020年9月，在全国104个县（市、区）以及3个地级市启动实施新一轮农村宅基地制度改革试点，探索完善宅基地分配、流转、退出、使用、收益等制度的方法路径。同时，结合农村一二三产业融合发展等工作，指导各地采取有力措施，积极稳妥盘活农村闲置宅基地资源[1]。江苏省沛县、常州市武进区、溧阳市、昆山市、盱眙县、泗阳县6个试点县（市、区）聚焦探索宅基地所有权、资格权、使用权分置实现形式，制定了80多份改革试点文件，农户宅基地资格权认定、宅基地基础信息调查、宅基地审批、闲置宅基地盘活利用、信息化建设等方面的经验成果得到推广运用，改革试点取得初步成效[2]。

10.3.3 当前土地制度改革存在的主要问题

事实证明，我国土地制度改革已经开展多年，也已取得了一系列初步成效，但同活化农村土地潜能、提高农民土地财产权收入水平、促进城乡发展要素有序流动，进而为城乡融合发展夯实基础的改革目标相比，仍然存在明显差距，改革成效有待尽快提升。

10.3.3.1 土地制度综合改革攻坚环节推进缓慢

1. 土地制度改革的攻坚核心

从改革时序角度看，承包地改革是我国土地制度改革进程中推进时间最

---

[1]《关于政协第十四届全国委员会第一次会议第02655号（农业水利类238号）提案答复的函摘要》，农业农村部官网，2023年08月22日，http：//www.moa.gov.cn/govpublic/NCJJTZ/202308/t20230825_6435027.htm。

[2]《江苏省农村宅基地制度改革试点稳步推进》，农业农村部官网，2022年9月29日，http：//www.hzjjs.moa.gov.cn/zjdglygg/202209/t20220929_6412232.htm。

长、空间覆盖范围最广、配套改革措施最为成熟的改革,有待破解的实践难题已经较少。相比之下,农村集体经营性建设用地入市制度改革和宅基地"三权分置"改革起步较晚且覆盖范围较小。然而,由于农村集体经营性建设用地入市制度改革和宅基地"三权分置"改革蕴含巨大的潜在关联效应,故而它们应该成为未来土地制度改革的攻坚核心。具体原因在于:第一,农村集体经营性建设用地的有序入市,可以在相当程度上弥补因征地制度改革导致国有建设用地供给缩减所生成城市建设用地的缺口,在城乡建设用地配置领域实现市场调节对政府行政干预的有效替代,有利于全面优化农村土地资源的价格形成机制、显著提升集体经营性建设用地的配置效率。第二,集体经营性建设用地获得与国有建设用地同地同价入市资格并顺畅入市,将大幅增加村集体和农户的经济收益。村集体资金积累水平的提高,将显著增强其宅基地集中整治能力,进而为宅基地"三权分置"改革创造更大行动空间。第三,宅基地"三权分置"改革的顺畅推进,既有利于农户利用闲置房屋获取更多财产性收益,又有利于推进农民工市民化和由此引致的承包地改革的进一步深化;又有利于宅基地整治后集体经营性建设用地增量的提升,从而同时有利于征地制度改革和集体经营性建设用地入市制度改革的深化。

2. 集体经营性建设用地入市改革与宅基地"三权分置"改革推进缓慢

(1) 集体经营性建设用地改革的现存问题。2014 年,我国正式形成农村集体经营性建设用地入市提法,但直至目前既没有可复制推广的实践经验,更没有形成大规模的市场体系。就本研究所掌握的资料看,农业农村部和自然资源部甚至没有关于全国农村集体经营性建设用地入市规模的数据。相关近似数据显示,全国农村集体建设用地出租、出让面积由 2015 年的 320.97 万亩提高至 2021 年的 479.46 万亩,但村集体该项收入仅由 434.29 亿元提高至 468.54 亿元,前者增幅为 49.38%,但后者增幅仅为 7.89%[①]。另外,自然资源部相关数据显示,截至 2019 年 10 月底,33 个试点县(市、区)集体经营性建设用地入市地块 12644 宗,面积 12.5 万亩,总价款仅约 476.6 亿元,收取调节金只有 50.4 亿元,而办理集体经营性建设用地抵押贷款仅为 687 宗和 85.2 亿元[②]。具体来说,农村集体经营性建设用地入市制度改革尚

---

① 资料来源:《中国农村政策与改革统计年报 (2015)》、《中国农村政策与改革统计年报 (2021)》。
② 《对十三届全国人大三次会议第 1318 号建议的答复》,中华人民共和国自然资源部,2020 年 9 月 8 日,http://gi.mnr.gov.cn/202010/t20201001_2563314.html。

存在如下三方面问题：

第一，尚未实现对入市前置条件的有效突破。2022年中央全面深化改革委员会第二十七次会议通过的《关于深化农村集体经营性建设用地入市试点工作的指导意见》明确提出了农村集体经营性建设用地入市的基本要求，2023年自然资源部在其组织开展的视频培训会议上明确提出了农村集体经营性建设用地入市的两项前置条件，即完成实用性村庄规划和完成集体土地所有权和使用权确权登记。然而2019年自然资源部和农业农村部开展"多规合一"实用性村庄规划编制试点的村庄只有6200多个，占全国村庄的比例仅为1.06%[①]。全国集体经营性建设用地的确权完成率普遍不高，大部分存量农村集体经营性建设用地并未完成县（市、区）政府及自然资源部门的审批[②]，全国性地完成村庄规划任务和集体经营性建设用地确权登记任务可能尚需时日[③]。

第二，与国有建设用地"同地同权"入市机制尚未得到全面落实。与国有建设用地交易不同，农村集体经营性建设用地入市过程普遍面临入市前村集体经济组织或镇级联营公司腾退整备成本高、市场交易环节税费高的基本特点，且存在开发权空间转移受限、收益分配过程中村集体话语权缺失、市场交易主体难以获得信贷支持等一系列现实难题。有数据显示，北京大兴区集体经营性建设用地入市改革试点期间，全区集体经营性建设用地腾退整备成本高达122万元/亩，而全国不同地区集体经营性建设用地入市交易的综合税费率各不相同，其中较低的地区约占土地成交总价的10%~20%，但较高的地区则高达40%以上[④]。

第三，入市管理办法高度欠缺。就本研究所掌握的资料看，截至目前，

[①] 资料来源：根据世界网《农业农村部：实施乡村振兴战略的先导性、基础性工作》相关数据和《中国农村政策与改革统计年报》相关数据计算得到。参见《农业农村部：实施乡村振兴战略的先导性、基础性工作》，世界网，2020年10月27日，http：//news.yktworld.com/redian/202010270853401647365.html。

[②] 刘卫柏、李中：《城镇化进程中的农村土地制度改革研究》，人民出版社2021年版，第283~284页。

[③] 注释：有信息显示，作为农业农村大省的山东省，2023年才开始以聊城市为试点区域开展村庄规划立法工作。参见《山东省首个村庄规划管理办法3月起施行》，中华人民共和国农业农村部官网，2023年2月9日，http：//www.moa.gov.cn/xw/qg/202302/t20230209_6420246.htm。

[④] 资料来源：张晓明：《集体经营性建设用地同权入市道阻且长 需进一步加强政府引导和制度供给》，载《中国经贸导刊》2022年第10期，第90页。

第 10 章　强化土地制度改革关联效应促进城乡融合发展

国内仅有为数极少的县（市、区）级地方政府出台了试行的《集体经营性建设用地入市管理办法》①，除上海市于 2023 年 6 月印发了《上海市深化农村集体经营性建设用地入市试点工作方案》外，鲜有省市级政府出台类似文件，更没有全国性的具体指导意见或实施办法，导致集体经营性建设用地市场机制建设严重滞后，集体经营性建设用地市场价格发现与决定功能严重缺失，加之入市条件、入市程序、跨区域入市衔接机制、收益分配监管机制的缺位，极易引发集体经营性建设用地在出让、租赁、入股等各交易环节的失范风险。国家层面由"积极推广"向"深化试点"的部署转变，充分表明了这一点②。

（2）宅基地"三权分置"改革的现存问题。截至 2019 年 10 月底，宅基地改革试点地区共腾退出零星、闲置的宅基地约 26 万户和 14.5 万亩③，相对于全国约 1.7 亿亩的农村宅基地总面积而言仅是极其微小的部分。另外，在改革开放以来我国农村人口数量大幅减少约 2.39 亿人的情况下，宅基地面积不但没有减少反而累计增加超过 3000 万亩④，闲置宅基地面积也达到 3000 万亩⑤。具体来说，宅基地"三权分置"改革的现存问题可分解如下：

第一，宅基地历史遗留问题难以解决。新中国成立以来，宅基地政策历经多次变化，拥有农村宅基地的社会主体类型多样，而且"一户多宅"和"面积超标"现象非常普遍⑥，使得"三权分置"改革推进过程中需要面对的利益交织格局异常复杂，很难做到效率与公平的兼顾。

---

① 如江苏省溧阳市、常州市新北区、浙江省湖州市安吉县、金华市浦江县、湖南省长沙市长沙县等。
② 2019 年以来，中央层面就积极推动农村集体经营性用地入市改革相继出台了众多激励文件（比如，2019 年中共中央、国务院印发的《关于构建更加完善的要素市场化配置体制机制的意见》和《关于建立健全城乡融合发展体制机制和政策体系的意见》，以及 2021 年国务院办公厅印发的《关于建立健全城乡融合发展体制机制和政策体系的意见》等），但 2022 年中央全面深化改革委员会第二十七次会议审议通过的《关于深化农村集体经营性建设用地入市试点工作的指导意见》，则强调农村集体经营性用地入市改革必须"审慎稳妥推进"。
③ 《对十三届全国人大四次会议第 6921 号建议的答复》，中华人民共和国自然资源部，2021 年 11 月 12 日，http://gi.mnr.gov.cn/202111/t20211112_2703310.html。
④ 邹一南：《积极推进农村宅基地制度改革试点》，载《学习时报》2020 年 8 月 12 日。
⑤ 柳文：《闲置资源是怎样生金的》，载《经济日报》2022 年 4 月 21 日。
⑥ 第三次全国农业普查数据公报（第四号）相关数据显示，我国农村"一户多宅"农户占比达到 12.5%，"面积超标"农户占比更是高达 50.2%。参见《第三次全国农业普查主要数据公报（第四号）》，中华人民共和国中央人民政府官网，2017 年 12 月 16 日，https://www.gov.cn/xinwen/2017-12/16/content_5247677.htm。

第二，宅基地的有效腾退和整理难度巨大。一般来说，单户宅基地占地面积较小，且无法实现空间上的异地转移，腾退整理的潜在收益（经济收益或社会收益）不大。相比之下，农户宅基地连片退出后，理论上具备了集中进行工商业开发、复垦或转为集体经营性建设用地的可能性，综合价值将会大幅度提升。但是，现实中宅基地连片治理的难度却超乎想象。一方面，集中连片治理需要县乡政府或村集体经济组织当期投入大量资金，说服农户主动腾退宅基地的交易成本、农户腾退后宅基地的整理成本高企[1][2]；另一方面，由于县乡政府财力和村集体经济实力均非常有限，在宅基地改革预期收益不清或较低的情况下，为宅基地改革投入巨额资金，显然超出其能力范围。有数据显示，2021年全国农村当年经营收益不足50万元的村占全部村庄的比例高达90.4%[3]，由此组织宅基地腾退整理工作的难度可想而知。

第三，宅基地连片整理后的转用渠道不畅通。通常，宅基地连片整理后的转用渠道主要包括复垦为耕地或集体公益性建设用地、转为集体经营性建设用地、借助"增减挂钩"政策转变为城市建设用地指标。但是事实上，其一，复垦或转为集体公益性建设用地的转用机制，尽管有利于增加村庄农业用地总量或改善村庄总体风貌，但是由于通常不符合农村集体经济组织的"成本收益"考量，因而在现实中很少发生[4]。其二，转为集体经营性建设用地的路径，既取决于村庄集体经营性建设用地存量状况，又取决于转用后的集体经营性建设用地能否快速带来足以覆盖宅基地整理成本的近期经济收益。只有同时满足以上两项条件，地方政府或村级集体经济组织才可能成为宅基地"三权分置"改革的积极推动者。当然，即使宅基地转化为集体经营性建设用地的渠道比较畅通，也通常需要有金融资本或社会资本的提前介入并垫支部分（乃至全部）宅基地整理资金（或闲置房屋改造资金），对于区位不理想、交通条件落后的村庄而言，显然并不具备可行性。其三，"增减挂钩"

---

[1] 朱新华、王晗：《不同农村宅基地资本化模式中农户参与意愿及其影响因素》，载《资源科学》2016年第9期，第1702~1710页。

[2] 刘卫柏、李中：《宅基地制度改革的政策演变、模式比较与路径选择》，载《中国行政管理》2019年第9期，第152~154页。

[3] 资料来源：《中国农村政策与改革统计年报》（2021年）。

[4] 注：贺雪峰（2021）对宅基地转用为耕地的成本和收益情况进行了概要数据分析。参见贺雪峰：《宅基地、乡村振兴与城市化》，载《南京农业大学学报（社会科学版）》2021年第4期，第1~8页。

政策引导下的宅基地转用渠道，则同地方政府城市建设用地需求的高低直接关联——城市建设用地指标高度紧张的东部地区，地方政府开展拓展这一渠道的动力会比较强劲，而经济欠发达、城市建设用地指标较为宽裕的中西部地区，地方政府拓展这一渠道的动力则会比较弱。概言之，无论从理论角度还是从实践角度观察，当前宅基地整理的转用渠道不畅构成了现实中的常态，亟待地方政府通过制度创新予以疏通。

10.3.3.2 内部关联效应不理想

事实上，我国当前土地制度改革中的每一项改革，都是一个庞大的系统工程，是我国城乡二元结构转型和城乡融合发展进程中无法相互分割且与其他制度改革必须协同推进的战略性工程，只有各项改革协同发力，才能有效避免"孤岛效应"的发生。不过从现实情况看，我国当前土地制度改革过程仍然没有形成积极的联动效应。

1. 承包地改革对宅基地制度改革和集体经营性建设用地入市改革的支持力度微弱

在市场经济体制改革不断深化和城乡人口流动不断加剧的背景下，小规模且细碎化的承包地已经无法为农民收入增长提供长期支撑，其功能日益向保障性功能转化。在这种情况下，承包地"三权分置"改革的推进，特别是经营权流转制度改革的推进，既可以有效助力农业适度规模经营，又可以加速农业剩余劳动力的市民化迁移，从而有利于引导农民主动退出闲置宅基地。当然，如果村集体经济组织具备较强的产业经营能力，能够吸引更多农户将承包地经营权流转给村集体，则会产生有利于宅基地制度改革和经营性建设用地入市改革的双重支持效应。原因在于，随着村级集体经济组织土地经营规模的扩张，村集体经济积累水平将获得空前提高，从而其宅基地退出补偿能力和集中连片整理的资金垫付能力均将得到显著提升，而其进行集体经营性建设用地整备活动所需前期投入也将获得充足保障，并进一步为其获得较高入市收益创造客观条件。

然而，我国耕地"三权分置"改革进程中，承包地流向村级集体经济组织的规模非常小，双层经营体制下村集体"统"的能力并未因之而得到提升，反而大有被削弱态势，村集体开展宅基地"三权分置"改革和集体经营性建设用地改革的能力也并未因此得到有效提升。最新官方数据显示，2021年我国承包地流转去向中，流转入农户、家庭农场、专业合作社和企业的比例高达99%以上，流入其他主体（自然包括村集体）的比例仅为0.70%；与此同时，在全部村集体中，年经营收益达到50万元以上水平的村所占比例仅为9.6%，村集体为宅基地改革和集体经营性建设用地入市改革提供资金支持的能力微乎其微[①]。

2. 集体经营性建设用地入市改革对宅基地制度改革和土地征收制度改革的支持力度微弱

如前所述，集体经营性建设用地制度改革与宅基地制度改革的理论关联度较高。一方面，宅基地"三权分置"改革进程中，农户腾退宅基地的一个重要转用方向就是集体经营性建设用地，因而集体经营性建设用地入市改革进程的加快，将对村集体增加闲置宅基地退出补偿能力产生积极影响；另一方面，集体经营性建设用地入市转变为城市建设用地，既可以填补由征地减少造成的城市用地缺口，又可以增加农村集体的财产性收入，对于征收制度改革的深化具有重大现实意义。

不过从现有数据观察，集体经营性建设用地改革并未发挥出以上两方面作用。官方数据显示，2021年我国农村集体建设用地出租出让宗数不足8.2万宗，出租出让面积仅为479.5万亩，农村集体出租出让集体经营性建设用地的总收入更是仅为468.5亿元，土地征收制度改革的土地缺口补偿能力以及宅基地制度改革的资金支持能力的提升可谓杯水车薪[②]。

3. 土地征收制度改革对承包地改革、宅基地改革和集体经营性建设用地改革的支持力度微弱

土地征收制度改革在土地制度改革总体系统中的作用在于通过土地征收总量的缩减来替代性地支持农村集体经营性建设用地入市改革，并以集体经营性建设用地入市改革为中介，以村集体和农户财产性收益的增长为客观呈现，支持宅基地"三权分置"改革。

不过现实情况表明，近年来土地出让金收入依然是地方政府财政收入的首位来源，地方政府缩减征收总量的意愿并不强烈，在集体经营性建设用地入市改革和宅基地"三权分置"改革推进过程中满足于完成"规定动作"的主观倾向难以避免。相关数据显示，我国土地出让金收入规模已经由2015年的31220.65亿元攀升至2021年的87051亿元，其在地方财政一般预算收入

[①②] 资料来源：《中国农村政策与改革统计年报》（2021年）。

中所占的比重也由 2015 年的 37.61% 快速提高至 2020 年的 84.02%，2021 年这一比重尽管有所下降，但是仍然高达 78.36%[①]。

4. 宅基地制度改革对集体经营性建设用地改革和征地制度改革的支持力度微弱

闲置宅基地面积的减少是宅基地"三权分置"改革的一个重要的标志性成果，而闲置宅基地经过集中整理和政府审批，一般会转变为集体经营性建设用地。鉴于此，宅基地制度改革的深化，必将对集体经营性建设用地入市改革产生积极影响，并以其为纽带，间接支持土地征收制度改革。

然而正如前文所述，宅基地"三权分置"改革涉及政府、村集体和农户多元利益的重大调整，因而改革虽然仍处于试点阶段，但仍经历了一波三折的政策变化。受此影响，宅基地改革进程中闲置宅基地退出总量始终在低位徘徊，对集体经营性建设用地改革和征地制度改革的支持力度十分微弱。有测算数据显示，2018 年全国闲置宅基地总量为 360 万亩，闲置率达到 10.7%，东部地区的闲置率甚至高达 13.5%[②]，但另有数据显示，2015 年宅基地制度改革启动至 2018 年底，全国 33 个试点县（市、区）共腾退零星和闲置宅基地面积仅为 8.4 万亩[③]，总量和其在闲置宅基地中的占比非常低。

10.3.3.3 外部关联效应有待提升

1. 土地制度改革与户籍制度改革联动效应远未形成

人口城镇化特别是农村人口的"永久性城乡迁移"是一国现代化进程中的必然现象和基本规律。不过，我国的现实情况并非如此。可获得数据显示，2021 年我国常住人口城镇化率为 64.72%，但户籍人口城镇化率仅为 45.4%，二者仍然存在 19.32% 的差距[④]。这一现象背后，在于我国居民的土地权利和公共服务权益同其户籍性质密切相关。一般来说，只有农村户籍人口，才可享受全部土地权益，也只有城镇户籍人口，才可获得全部城镇居民的公共服务权益。换言之，完整的农村土地权益和城镇公共服务权益之间存在着功能上的替代关系，只是这种替代关系以是否拥有户籍为依据，而非以是否常住

---

① 资料来源：同表 10-1 数据来源。
② 资料来源：转引自《农村住房空置近 2500 万套! 数量最多的竟然不是西部?》，新浪财经，2019 年 4 月 28 日，https://finance.sina.com.cn/roll/2019-04-28/doc-ihvhiqax5569768.shtml。
③ 资料来源：转引自《试点地区腾退闲置宅基地 8.4 万亩》，新浪新闻，2019 年 8 月 6 日，https://news.sina.com.cn/c/2019-08-16/doc-ihytcitm9692025.shtml。
④ 资料来源：中国统计年鉴（2022）。

为依据。如果缺乏户籍制度改革的联动,由土地制度改革引发的失地农民数量的增长,必将成为进一步促进城乡高效融合的新障碍。

2013年发布的《中共中央关于全面深化改革若干重大问题的决定》和2014年发布的《国务院关于进一步推进户籍制度改革的意见》,均对城镇户籍制度改革提出了新的要求,"创新人口管理,加快户籍制度改革,全面放开建制镇和小城市落户限制,有序放开中等城市落户限制,合理确定大城市落户条件,严格控制特大城市人口规模"。但是截至目前,全国仅有部分地区并且主要是县(市、区)级区域单向取消了本地区内部城乡间的户籍限制,即允许农村居民无条件取得城镇户籍,不过各省份均未放开本区域内部的户籍限制,超大城市、特大城市的户籍限制仍然非常严格,基本公共服务尚未完全覆盖全部常住人口。另外,《2022年农民工监测调查报告》相关数据显示,农民工随迁子女在公办幼儿园或普惠性民办幼儿园的入园率仅为69.7%。上述情况表明,由土地制度改革释放的失地农民在常住城镇期间,极大可能无法轻易获得城镇户籍,进而无法自由获得全面的城镇公共服务和其他配套福利,土地制度改革与户籍制度改革的良性联动效应尚未形成。

2. 土地制度改革与财政制度改革联动效应不足

我国土地制度改革是一个强制性制度变迁和诱致性制度变迁相互结合、共同发生的过程,离不开各级政府财政活动的参与和推动,其改革绩效的高低与财政制度改革的全面支持密不可分。

1994年分税制改革以来,地方政府财权与事权不匹配现象开始出现,并随着经济体制改革的推进,逐渐形成财权上收与事权下解的非对称性逆向运动趋势①。相关数据显示:1995年地方财政收入占国家财政收入的47.83%,而财政支出占国家财政支出的70.76%,地方财政支出为财政收入的161.72%;2021年,地方一般公共预算收入占国家一般预算收入的比重有所提高,达到54.84%,但与此同时,地方一般公共预算支出占国家一般公共预算支出的比重也大幅提高至85.73%,地方一般公共预算支出占一般公共预算收入比重同向攀升至189.61%②。由此可见,长期以来地方政府同时面临着巨大的财政资

---

① 储德银、邵娇、迟淑娴:《财政体制失衡抑制了地方政府税收努力吗?》,载《经济研究》2019年第10期,第41页。

② 资料来源:根据中国统计年鉴(2001、2022)相关数据计算得到。

金筹措压力和事权压力。

为了应对以上双重压力，特别是在横向"晋升锦标赛"格局中，地方政府的行动理性通常会表现为两个方面：其一是在全力推动工商业发展从而扩大税源的同时，通过农村土地国有化后的"招拍挂"运作努力增加地方财政收入；其二是对事权范围内的政府公共决策进行顺序排列，在财政支出方面优先支持高层级政府安排的"规定动作"和能够为本级政府快速带来显著行政绩效或财政"回报"的项目。

显然，"三块地"改革过程中，土地征收制度改革"缩小征地范围"的要求，意味着地方政府"以地谋发展"的空间将被大大压缩，甚至会对地方财政收入产生负面影响①，加之近年来经济下行压力增大、地方债务负担激增，地方政府推进土地制度改革的主动性必然不强。另外，由于农村集体经营性建设用地入市和宅基地改革的全面铺开，需要地方政府启动大量前期制度配套调整、市场体系建构工作，甚至需要政府投入大量资金。因此，在潜在收益估算困难、激励机制相对欠缺的背景下，地方政府的积极性必然难以调动起来。

不但如此，由于当前土地制度改革涉及复杂利益关系的重大调整，特别是涉及地方政府财政收入获取途径的重大变化，因而在财权与事权不匹配的背景下，地方政府与中央政府在推进土地制度改革进程方面的考量存在着难以协调一致的客观问题。实践领域中，地方政府在推进土地制度改革过程中满足于完成"规定动作"、拖延或不愿实施"自选动作"的情况比比皆是，有些地方政府及部门甚至成为"侵占耕地""以租代征""未批先建""非法批地""弄虚作假"等违法用地的主导者和推动者。以自然资源部2021年通报的57个土地违法案例中，地方政府及部门构成违法主体的案例就多达37个，2022年通报的45个土地违法违规典型案例中，地方政府及部门构成违法主体的案例仍然多达18个，涵盖全国绝大多数省区②。

---

① 王健、冯雨豪、吴群：《"三块地"改革是否影响地方政府土地财政收入》，载《农村经济》2022年第2期，第25页。

② 参见《再度亮剑 自然资源部公开通报57个土地违法违规案例》，今日头条，2021年5月31日，https：//www.toutiao.com/article/6968376446246978061/；《自然资源部通报45个土地违法违规典型案例》，贵州省自然资源厅，2022年12月1日，https：//zrzy.guizhou.gov.cn/wzgb/xwzx/xtywl/202212/t20221201_77288451.html。

3. 土地制度改革与金融制度改革联动效应缺失

当代经济发展格局下，金融机构一直是推动各类制度变革的主力军。不过，金融机构在参与农村土地制度改革的过程中，却面临较多制约：其一是身处农村土地改革最前沿区域的县域金融机构，缺乏产品创新自主权，县级农发行、农业银行、邮政储蓄银行更是没有独立法人资格，信贷审批权处于空白状态，金融机构因地制宜提供差异化金融服务的弹性极小。其二，金融机构在支持地方土地制度改革时往往需要获得工商、税务、农业农村等政府部门的支持与配合，独立发挥作用的能力相对有限。其三，农业农村部门和个人在面向金融机构申请抵押、担保、贷款等融资活动时，一般需要村、乡、县等多层级多部门签批，手续异常烦琐，严重影响金融业务的规模。

与此同时，进入经济新常态阶段，金融机构风险防范意识明显增强，但其在支持土地制度改革的业务活动中，仍然无法避免如下三类风险：其一，农村信用体系建设严重滞后，信贷活动面临严重的信息不对称干扰；其二，在土地市场价值评估体系发育缓慢的状态下，信贷投放规模难以准确估算，容易引发信贷泡沫风险；其三，在融资主体违约或违法后，缺乏明确的政策法规依据，导致抵押物或土地权益处置与变现难度高企，从而推高信贷资金回收风险。

综上，截至目前，金融机构在参与土地制度改革的进程中，仍然面临诸多障碍和风险，这些障碍和风险部分源于相关法律法规不完善，部分源于土地权益市场体系发育缓慢，很难在短期内实现彻底扭转，金融机构积极性自然难以得到有效提升。

2020年和2021年，我国金融业增加值占GDP的比重分别达到8.2%和8.0%[①]，在全球处于较高水平，金融活动对经济发展和各项改革事业的赋能能力显著提高。从我国土地制度改革实践来看，承包地"三权分置"改革、宅基地"三权分置"改革、集体经营性建设用地入市改革过程中，农民、村集体、承包地经营权转入方、集体经营性建设用地使用权转入方甚至地方政府均存在着巨大而迫切的融资需求。

然而从实践层面看，尽管国务院早在2015年就下发了《国务院关于开

---

① 资料来源：根据中国统计年鉴（2022）相关数据计算得到。

展农村承包土地的经营权和农民住房财产权抵押贷款试点的指导意见》(国发〔2015〕45号),面对如此庞大的资金需求市场,金融机构的反应却不够明显,产品创新不足,对土地制度改革的支持力度非常有限。有数据显示,截至2018年9月底,全国232个试点地区中,平均每个试点地区农村承包土地经营权抵押贷款规模仅为4.16亿元,59个试点地区中平均每个试点地区农房财产权抵押贷款规模仅为8.75亿元[1]。另有数据显示,截至2019年10月底,全国33个试点县(市、区)集体经营性建设用地已入市地块12644宗,办理集体经营性建设用地抵押贷款687宗、85.2亿元,平均获得抵押贷款的比例为5.43%,而平均每宗地块获得的抵押贷款额度仅为67.38万元[2]。

4. 相关法律调整滞后与法律规定冲突现象仍然存在

土地制度改革涉及众多经济社会群体利益的多重调整,需要由相关法律法规对调整原则和调整办法进行确认,确保土地制度改革参与方能够在参与改革的过程中形成稳定预期并采取理性参与策略。

承包地"三权分置"、集体经营性建设用地入市、宅基地"三权分置"等改革政策出台后,我国对相关法律已做出一定程度的修正或调整,但仍不够到位。宅基地"三权分置"改革的重要内容就是从原使用权中分离出资格权,且允许农户资格权可以退出、使用权可以转让。但对于宅基地资格权,2020年和2021年起施行的直接调整农村土地法律关系的《中华人民共和国土地管理法》和《中华人民共和国民法典》却均未涉及,对于使用权转让的具体条件和程序也没有规定;类似地,对于当前改革实践中争议比较大的宅基地继承问题,两部法律同样没有涉及。

不但如此,在土地制度改革相关法律调整滞后于实践所需的同时,个别法律法规之间相互冲突现象仍然存在。比如,"集体建设用地使用权"一词已被各改革试点地区所采用,但《中华人民共和国物权法》及其他相关法律却并未予以确认,其中也没有本应列入却并未列入的集体建设用地使用权登

---

[1] 《农地经营权抵押贷款达964亿元》,中国政府网,2019年1月19日,https://www.gov.cn/xinwen/2019-01/19/content_5359177.htm。

[2] 资料来源:根据中华人民共和国自然资源部相关数据计算所得。参见《对十三届全国人大三次会议第1318号建议的答复》,中华人民共和国自然资源部官网,2020年9月8日,http://gi.mnr.gov.cn/202010/t20201001_2563314.html。

记规定①②；再比如，2016年中央一号文件《关于全面深化农村改革加快推进农业现代化的若干意见》中明确提出赋予农民土地承包经营权抵押和担保权能，但是《中华人民共和国担保法》第三十七条却明确规定耕地、宅基地不得抵押，《中华人民共和国物权法》第一百八十四条一般性地规定耕地和宅基地等土地使用权不可抵押③。

10.3.3.4 农民土地权益维护力度有待提升

农民的广泛参与，既是土地制度改革能够稳步推进的前提条件，又是土地制度改革取得显著成效的标志。1978年发端的承包地改革之所以得以持续稳定地推行，其原因就在于获得了农民的普遍支持，为农民带来了实实在在的增量收益。

近年来开展的"三块地"改革，由于改革时间尚短，均处于探索阶段，各地操作模式各不相同，缺乏具有广泛适用性的普遍经验，因而农民难以在改革进程中对自身的土地财产权益形成正确判断和收益评价，极易持有暂时不参与的"观望"态度。

与此同时，集体经营性建设用地入市改革和宅基地改革作为全新的制度变迁现象，涉及的利益关系错综复杂，集体经营性建设用地入市条件、入市流程、入市价值评估、不同入市方式的利弊权衡、入市收益分配方式以及宅基地资格权退出、宅基地使用权流转的成本收益权衡，对于农民群体而言均是对其知识和信息的严峻挑战，其自我权益维护能力严重不足，亟须政府部门和社会相关机构提供助力；否则，贸然推进改革进程，极易引发不必要的社会风险。

10.4 土地制度改革关联效应影响城乡融合发展的实证检验

10.4.1 研究设计

本节通过构造固定效应回归模型（Fixed Effects Model，FEM）、断点回归

---

① 曹笑辉、曹克奇：《告别"权利的贫困"：农村集体建设用地入市法律问题研究》，法律出版社2012年版。
② 刘卫柏、李中：《城镇化进程中的农村土地制度改革研究》，人民出版社2021年版，第283页。
③ 注释：《中华人民共和国物权法》第一百八十四条原文为"耕地、宅基地、自留地、自留山等集体所有的土地使用权，但法律规定可以抵押的除外"。

模型（Regression Discontinuity Design，RDD），检验土地制度改革关联效应对城乡融合发展的影响。

10.4.1.1 固定效应回归模型（Fixed Effects Model，FEM）

固定效应可以在一定程度上减轻省略变量误差带来的内生性，我们将基准回归模型设定为固定效应模型：

$$urc_{it} = \alpha_0 + \alpha_1 d_{it} + \beta_i Z_{it} + \mu_i + year_t + \varepsilon_{it} \tag{10.1}$$

其中，urc_{it}为被解释变量，表示i省份t时期的城乡融合发展水平；d_{it}为核心解释变量，表示i省份t时期的"三块地"改革状态；Z_{it}为一系列控制变量，μ_i与$year_t$分别为省份、年份固定效应，ε_{it}为随机扰动项，α_0、α_1、β_i为模型待估参数。

10.4.1.2 断点回归模型（Regression Discontinuity Design，RDD）

断点回归能够利用断点附近的样本有效估计处理效应，较为适用于政策评估和因果分析。如果城乡融合发展水平在"三块地"政策实施前后发生了显著的跳跃，则可以认为其受到"三块地"政策的显著影响。断点回归模型在断点d处样本个体得到处理的概率从0跳跃到1，或者从a跳跃到b（其中$0<a<b<1$），而d点前后的其他协变量X并未有显著的跳跃，那么可以认为制度变量对被解释变量有显著影响。对此，考虑一个断点的模型设定为：

$$urc_{it} = \alpha_0 + \alpha_1 d_{it} + \lambda_{it}(x_{it} - c) + \gamma_{it}(x_{it} - c)d_{it} + \beta_i Z_{it} + \varepsilon_{it} \tag{10.2}$$

其中，urc_{it}为被解释变量，d_{it}为解释变量，x_{it}为配置变量，c为临界值，$(x_{it} - c)$为指派变量，表示样本时间点到临界值的距离，Z_{it}为协变量，ε_{it}为随机扰动项，α_0、α_1、λ_{it}、γ_{it}、β_i为模型待估参数。

10.4.2 变量选择及统计特征

我们的研究范围包括除港澳台以及西藏外的30个省份，研究年份为2013~2020年，与价格有关变量均以2013年为基期进行了处理。

10.4.2.1 变量选择

1. 被解释变量

本部分被解释变量（urc_{it}）为城乡融合发展水平。截至目前，已有文献多从不同的研究视角构建城乡融合发展评价指标体系，并采用全局主成分分析①②③、层次分析④或耦合协调度⑤⑥⑦等不同方法对其进行测度，取得了有借鉴意义的研究成果，但仍存在可扩展之处。我们基于以人为本的城乡融合发展理念以及考核城乡融合发展目标完成进度的研究逻辑，从经济融合、社会融合、生态融合三个维度出发，构建了包含 20 个子指标的指标体系（见表 10-3），并采用主成分分析法测度了 2013~2020 年中国省际城乡融合发展水平（见表 10-4）。

表 10-3　　　　　　　　城乡融合发展评价指标体系

目标	指标维度	指标名称	指标计算或说明	目标值	属性	类型
城乡融合发展进程评价	经济融合	二元转化 二元对比系数 X_1	（第一产业 GDP 比重/第一产业就业人数）/（非第一产业 GDP 比重/非第一产业就业人数）	0.86	正	对比
		居民生活 城乡居民消费水平比 X_2	城镇居民消费指数/农村居民消费指数	1	负	对比
		城乡居民人均可支配收入比 X_3	城镇居民人均可支配收入/农村居民人均可支配收入	1	负	对比
		城乡居民家庭恩格尔系数比 X_4	城镇居民家庭恩格尔系数/农村居民家庭恩格尔系数	1	正	对比
		居民投资 城乡居民人均固定资产投资额比 X_5	城镇居民人均固定资产投资额/农村农户人均固定资产投资额	1	负	对比

---

① 周佳宁、秦富仓、刘佳、朱高立、邹伟：《多维视域下中国城乡融合水平测度、时空演变与影响机制》，载《中国人口·资源与环境》2019 年第 9 期，第 166~176 页。
② 谢守红、周芳冰、吴天灵：《长江三角洲城乡融合发展评价与空间格局演化》，载《城市发展研究》2020 年第 3 期，第 28~32 页。
③ 胡汉辉、申杰：《全国统一大市场建设如何赋能乡村振兴》，载《华南农业大学学报（社会科学版）》2023 年第 1 期，第 23~25 页。
④ 梁梦宇：《新时代城乡融合发展的理论逻辑与实现路径研究》，吉林大学博士论文，2021。
⑤ 王颖、孙平军、李诚固：《2003 年以来东北地区城乡协调发展的时空演化》，载《经济地理》2018 年第 7 期，第 59~66 页。
⑥ 张海朋、何仁伟、李光勤：《大都市区城乡融合系统耦合协调度时空演化及其影响因素——以环首都地区为例》，载《经济地理》2020 年第 11 期，第 56~67 页。
⑦ 王青、曾伏：《中国城乡协调发展水平的分布动态、区域差异及收敛性研究》，载《软科学》2023 年第 8 期，第 23~30+45 页。

第10章 强化土地制度改革关联效应促进城乡融合发展

续表

目标	指标维度	指标名称	指标计算或说明	目标值	属性	类型
城乡融合发展进程评价	社会融合	城乡生均基础教育经费支出比 X_6	城镇生均基础教育经费支出额/农村生均基础教育经费支出额	1	负	对比
		城乡基础教育师生比 X_7	城镇基础教育师生比/农村基础教育师生比	1	负	对比
		城乡基础教育高级教师比 X_8	(城镇基础教育正高级+副高级教师数/城镇基础教育总教师数)/(农村基础教育正高级+副高级教师数/农村基础教育总教师数)	1	负	对比
		城乡每千人医疗卫生机构床位数比 X_9	城镇每千人医疗卫生机构床位数/农村每千人医疗卫生机构床位数	1	负	对比
		城乡每千人卫生技术人员比 X_{10}	城镇每千人卫生技术人员数/农村每千人卫生技术人员数	1	负	对比
		城乡医院高级卫生技术人员比 X_{11}	城市医院正高级+副高级卫生技术人员占比/乡镇卫生院正高级+副高级卫生技术人员占比	1	负	对比
		城乡居民基本医疗保险参保率 X_{12}	城乡居民基本医疗保险参保人数/应参保人数	1	正	状态
		城乡居民基本养老保险参保率 X_{13}	城乡居民基本养老保险参保人数/应参保人数	1	正	状态
		城乡社会保障水平 X_{14}	城乡社会保障支出总额/国内生产总值	26.32%	正	状态
	生态融合	城乡垃圾无害化处理率对比 X_{15}	城镇垃圾无害处理率/农村垃圾无害处理率	1	负	对比
		城乡卫生厕所普及率对比 X_{16}	城镇卫生厕所普及率/农村卫生厕所普及率	1	负	对比
		建成区绿化覆盖率 X_{17}	绿化覆盖面积/城市建成区面积	45%	正	状态
		森林覆盖率 X_{18}	森林覆盖面积/土地总面积	30%	正	状态
		可再生能源能源消费总量占比 X_{19}	可再生能源消费量/能源消费总量	20%	正	状态
		工业固体废物综合利用率 X_{20}	一般工业固体废物综合利用量/(一般工业固体废物产生量+综合利用往年储存量)	90%	正	状态

表10-4　　　　　　　　中国省际城乡融合发展水平

省市	2013年	2014年	2015年	2016年	2017年	2018年	2019年	2020年
北京	0.3175	0.3473	0.3687	0.3727	0.3923	0.4212	0.4520	0.4837
天津	0.4821	0.4861	0.5056	0.4971	0.5002	0.5328	0.5542	0.5740
河北	0.2689	0.2942	0.3134	0.3127	0.3334	0.3552	0.3835	0.4180
上海	0.3351	0.3515	0.3562	0.3496	0.3513	0.3386	0.3480	0.3942
江苏	0.3255	0.3428	0.3686	0.3580	0.3837	0.4075	0.4347	0.4615
浙江	0.3212	0.3376	0.3610	0.3606	0.3761	0.4057	0.4360	0.4714
福建	0.3014	0.3137	0.3384	0.3492	0.3607	0.3808	0.4047	0.4290
山东	0.2804	0.2908	0.2973	0.2781	0.2813	0.2928	0.3084	0.3272
广东	0.3154	0.3313	0.3548	0.3544	0.3736	0.3984	0.4229	0.4570
海南	0.2708	0.2743	0.2781	0.2957	0.3104	0.3318	0.3598	0.3763
山西	0.2785	0.2994	0.3211	0.3190	0.3344	0.3589	0.3842	0.4160
安徽	0.2826	0.3068	0.3242	0.3225	0.3307	0.3406	0.3667	0.3952
江西	0.2854	0.3003	0.3229	0.3257	0.3483	0.3624	0.3935	0.4127
河南	0.2653	0.2896	0.3062	0.3052	0.3277	0.3526	0.3818	0.4096
湖北	0.2797	0.2907	0.2860	0.2716	0.2896	0.3250	0.3707	0.4140
湖南	0.2901	0.3109	0.3365	0.3375	0.3563	0.3812	0.4071	0.4356
内蒙古	0.2491	0.2663	0.2837	0.2804	0.2943	0.3119	0.3308	0.3501
广西	0.2736	0.2852	0.3000	0.2733	0.2894	0.3053	0.3303	0.3452
重庆	0.2894	0.3139	0.3341	0.3320	0.3331	0.3207	0.3780	0.4169
四川	0.3071	0.3154	0.3369	0.3429	0.3528	0.3706	0.4001	0.4259
贵州	0.2695	0.2823	0.2986	0.3004	0.3134	0.3407	0.3613	0.3863
云南	0.3778	0.4333	0.4428	0.4321	0.4443	0.4681	0.4939	0.5031
陕西	0.2682	0.2775	0.2967	0.2958	0.2934	0.3115	0.3365	0.3659
甘肃	0.2353	0.2411	0.2568	0.2568	0.2754	0.2944	0.3200	0.3383
青海	0.2283	0.2523	0.2562	0.2482	0.2646	0.2974	0.3212	0.3486
宁夏	0.3688	0.3716	0.3837	0.3964	0.4093	0.4271	0.4414	0.4580
新疆	0.2270	0.2381	0.2551	0.2541	0.2787	0.2984	0.3161	0.3388
辽宁	0.2574	0.2557	0.2615	0.2576	0.2882	0.3125	0.3393	0.3621
吉林	0.2609	0.2837	0.3069	0.3032	0.3171	0.3506	0.3790	0.4112
黑龙江	0.3007	0.2935	0.2967	0.2793	0.2807	0.2953	0.3221	0.3463

第10章　强化土地制度改革关联效应促进城乡融合发展

采用同样的方法，可以计算出全国、东部、中部、西部以及东北部地区2013~2020年的城乡融合发展情况（见图10-3）。

从图10-3可见，全国及各地区城乡融合发展水平增长趋势明显，分别由0.2885、0.3275、0.2803、0.2758、0.2730上升至0.4193、0.4462、0.4138、0.3835、0.3732，年均增速分别为5.48%、4.52%、5.73%、4.82%、4.57%。虽然区域城乡融合发展水平存在东高西低东北更低的水平差距，但随着国家区域政策的发展和完善，中部、西部与东北部地区城乡融合发展的落后现象正在逐步改善。

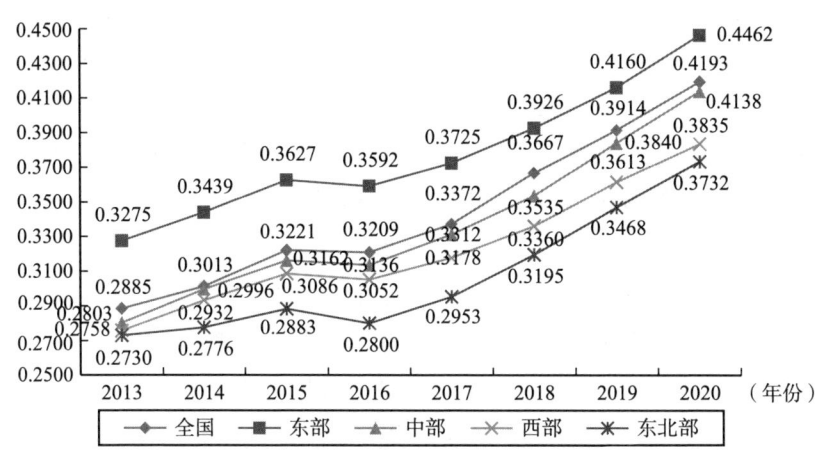

图10-3　中国城乡融合发展水平区域对比

2. 核心解释变量

核心解释变量（d_{it}）为"三块地"改革。2015年十二届全国人大常委会第十三次会议审议了《关于授权国务院在北京市大兴区等33个试点县（市、区）行政区域暂时调整实施有关法律规定的决定（草案）》的议案，允许北京市大兴区等33个试点县级行政区域[①]暂时调整实施土地管理法等关于集体

---

① 33个试点的所属范围为除港澳台外的31个省份：北京市大兴区、天津市蓟县、河北省定州市、山西省泽州县、内蒙古自治区和林格尔县、辽宁省海城市、吉林省长春市九台区、黑龙江省安达市、上海市松江区、江苏省常州市武进区、浙江省义乌市、浙江省德清县、安徽省金寨县、福建省晋江市、江西省余江区、山东省禹城市、河南省长垣市、湖北省宜城市、湖南省浏阳市、广东省佛山市南海区、广西壮族自治区北流市、海南省文昌市、重庆市大足区、四川省郫县、四川省泸县、贵州省湄潭县、云南省大理市、西藏自治区曲水县、陕西省西安市高陵区、甘肃省陇西县、青海省湟源县、宁夏回族自治区平罗县、新疆维吾尔自治区伊宁市。鉴于数据的可得性与完整性，本部分内容并未包括西藏地区。

建设用地使用权不得出让等规定，提高被征地农民分享土地增值收益的比例，允许农村集体经营性建设用地入市，实行宅基地自愿有偿退出、转让机制。2017年，历经2年多的试点工作虽取得了一定的成效，但"三块地"改革的系统性、整体性和协同性仍然不足，综合效益的显化需要时间①。为充分发挥各试点促进土地增效、农民增收以及农业农村发展的政策效果，"三块地"改革能够三管齐下充分发挥政策合力。十二届全国人大常委会第三十次会议通过决定，将"三块地"改革试点期限延长一年，至2018年底。2019年8月十三届全国人大常委会第十二次会议表决通过关于修改土地管理法的决定，并将农村"三块地"改革的成功经验全部吸收到土地管理法之中。我们应该充分考虑"三块地"改革的整体性、系统性、协同性以及关联效应。为此，我们将2017年"三块地"改革试点期限延长政策实施时点的制度安排作为处理变量，分析2017年断点处该政策对城乡融合发展的局部处理效应，2013~2016年取值为0，2017~2020年取值为1。

3. 控制变量

（1）产业结构升级（ind）。产业结构升级有助于要素资源在城乡间的流动和优化配置，促进城乡融合发展。参考干春晖等学者②的研究，以三产产值占比/二产产值占比测度产业结构高度化，数据来源为《中国统计年鉴》。

（2）财政支农力度（fsr）。财政支农力度体现在各类强农、惠农的财政政策支持上。包括促进农业生产③、激发乡村创业就业活力④、引导新型农业经营主体发展⑤、优化农村人居环境⑥等方面的税收优惠，以补贴方式扩大乡

---

① 严金明、陈昊、夏方舟：《深化农村"三块地"改革：问题、要义和取向》，载《改革》2018年第5期，第49页。
② 干春晖、郑若谷、余典范：《中国产业结构变迁对经济增长和波动的影响》，载《经济研究》2011年第5期，第4~16+31页。
③ 对农业生产者销售的自产农产品，生产销售有机肥、农膜等免征增值税。
④ 对增值税小规模纳税人、小型微利企业分别免征增值税与减免企业所得税；取消除烟叶以外的农业特产税，全部免征牧业税；在农产品销售、初加工等环节实施增值税、企业所得税减免优惠政策，并对农村及建设用地流转尚不需缴纳土地增值税等。
⑤ 根据《关于加快构建政策体系培育新型农业经营主体的意见》，新型农业经营主体主要包括专业大户、家庭农场、农业合作社、农业产业化龙头企业。
⑥ 对农村污水处理、生活垃圾分类和无害化处理处置等项目与从事符合条件的环境保护和节能节水项目所得给予免征、减征企业所得税或增值税；对重点扶持的公共基础设施项目给予"三免三减半"的企业所得税优惠政策；对农村饮水安全工程等新建项目或者运营管理单位给予企业所得税、增值税、房产税、城镇土地使用税、契税、印花税等优惠政策；对农村电网维护费免征增值税等。

第10章 强化土地制度改革关联效应促进城乡融合发展

村内需、带动乡村产业发展的转移支付政策,以及以投资促进资源与要素流向乡村基础设施、医疗保健、社会保障等方面的财政购买政策。我们使用财政农林水事务支出额来衡量财政支农力度,数据来源为《中国统计年鉴》和各省(自治区、直辖市)统计年鉴,单位为亿元。在回归时,我们采用了对数平滑处理。

(3)财政分权(fd)。政府的自主分配,一方面可能为了追求经济的快速增长而将资金优先用于城市发展或产业建设,不利于城乡的融合发展;另一方面可能为了乡村的振兴和可持续发展,而将财政资金倾斜于农业农村发展,从而促进城乡融合发展水平的提升。根据陈安平等学者的研究[1],财政分权(fd)=(地方财政预算内支出/地方人口)/(地方财政预算内支出/地方人口+中央财政预算内支出/全国人口)。数据来源为《中国统计年鉴》及各省(自治区、直辖市)统计年鉴,单位为%,回归时取对数平滑处理。

(4)金融规模(fds)。金融规模的扩大,既能够通过其扩散效应缓解城镇化进程中企业发展、基本建设等资金约束,也能够通过城市资本拥挤和竞争效应向农村溢出,进而为乡村发展提供资金支持,促进城乡融合发展。以地区金融业增加值占GDP比例测度金融发展规模,数据来源为《中国统计年鉴》及各省(自治区、直辖市)统计年鉴。

(5)市场化程度(mar)。市场化程度提升能够降低市场主体间的交易成本,有助于提高要素资源配置效率和畅通城乡循环,进而促进城乡融合发展。我们使用王小鲁等学者[2]测算的市场化指数作为衡量市场化程度的代理变量。

(6)交通基础设施(tra)。加强交通基础设施建设可以提高交通网密度和输送效率,有助于压缩区域间的时空距离,降低要素资源的往来成本,进而能够扩宽城乡要素资源优化配置的空间范围,促进城乡融合发展。我们以(铁路里程+公路里程)/行政区划面积作为交通基础设施的代理变量,相关数据来源为CSMAR数据库以及各省统计年鉴,单位为里程/平方公里。

(7)数字经济(dig)。数字乡村的建设有利于整合和充分利用各类要素

---

[1] 陈安平、杜金沛:《中国的财政支出与城乡收入差距》,载《统计研究》2010年第11期,第34~39页。

[2] 王小鲁、胡李鹏、樊纲:《中国分省份市场化指数报告》,社会科学文献出版社2021年版,第223~225页。

资源，为乡村振兴激活要素活力；数字经济的跨时空传播、交流等优势可以加速新型城镇化建设，促进城乡融合发展；此外，数字经济所产生的新业态也是促进城乡融合发展的重要驱动力量。因此，我们选择数字经济作为影响城乡融合发展的控制变量。

当前，关于数字经济测度的研究并没有形成统一的标准，主要存在三种度量方法：一是直接使用腾讯研究院或赛迪研究院等权威机构公开发布的数字经济发展指数；二是根据数字经济的界定范围估计数字经济的规模，但由于其对数据可得性要求甚高，且各国关于数字经济的统计制度尚不健全[1]，并没有得到广泛的应用；三是根据数字经济的内涵和范围界定，通过构建数字经济指标体系综合计算得到数字经济发展水平。但现有文献多根据研究需要选取少数代表性指标对数字经济进行测度，存在指标涵盖面不足或使用二手数据合成指标的情况，可能会影响数字经济测度结果的合理性以及结论的可信性。我们基于数据的可获得性和准确性，参考柏培文等学者的指标选取方法[2]，从数字产业、数字创新、数字用户以及数字平台活跃度四个维度对数字经济发展水平进行测度。选择这四个维度的理由是：数字产业活跃度反映了数字经济产业的发展程度，是数字经济发展的核心支撑；数字创新活跃度反映了数字经济发展的创新环境，是数字经济发展的内生动力；数字用户活跃度体现了用户的数字化水平，是数字经济发展的用户基础；数字平台活跃度反映了网络平台的数字化水平，是数字经济快速发展的基础设施。具体指标选取如表 10 - 5 所示。

表 10 - 5　　　　　数字经济发展指标体系（观测值 = 240）

一级指标	二级指标	均值	属性
数字产业活跃度	信息传输、软件和信息技术服务业城镇单位就业人员占比	0.6082	+
	软件业务收入对数	2.5680	+
	通信设备、计算机及其他电子设备制造业总产值对数	2.9437	+

---

[1] 彭刚、赵乐新：《中国数字经济总量测算问题研究——兼论数字经济与我国经济增长动能转换》，载《统计学报》2020 年第 3 期，第 1～13 页。

[2] 柏培文、张云：《数字经济、人口红利下降与中低技能劳动者权益》，载《经济研究》2021 年第 5 期，第 91～108 页。

第10章　强化土地制度改革关联效应促进城乡融合发展

续表

一级指标	二级指标	均值	属性
数字创新活跃度	规模以上工业企业R&D经费支出对数	6.2641	+
	规模以上工业企业R&D项目（课题）数对数	3.8121	+
	专利申请授权数对数	4.4615	+
数字用户活跃度	移动电话普及率（部/人）	1.0373	+
	电信业务总量对数	2.9838	+
	人均互联网宽带接入用户数	0.2315	+
数字平台活跃度	互联网域名数对数	1.6952	+
	网民数对数	3.3075	+
	企业拥有网站数对数	4.0299	+

注：所有与价格有关的指数均以2013年为基期进行了消胀处理。
资料来源：《中国统计年鉴》、《中国科技统计年鉴》、各省统计年鉴以及CNNIC中国互联网络信息中心，所有与价格有关指数均以2013年为基期剔除价格影响。

在对以上指标进行标准化处理的基础上，采用主成分分析法测度数字经济发展指标①。

（8）土地流转（area）。土地是城乡生产、生活的载体，土地流转能够通过土地规模经营推动农业现代化，促进城乡融合发展。我们以土地流转面积作为该指标的代理变量，数据来源为《中国农村经营管理统计年报》《中国农业年鉴》以及《全国农村固定观察点调查数据汇编》，单位换算为百万亩。

10.4.2.2　统计特征

上述各变量指标的描述性统计如表10-6所示。

表10-6　　　　　各变量描述性统计（观测值=240）

变量名称	变量代码	均值	标准差	最小值	最大值
城乡融合发展	urc	0.342	0.065	0.227	0.574
"三块地"改革	d	0.500	0.501	0.000	1.000
产业结构升级	ind	1.300	0.711	0.572	5.297
财政支农力度	lnfsr	6.268	0.537	4.812	7.200

① KMO检验结果显示，KMO值为0.874（大于0.8）；Bartlett检验结果显示指标变量之间存在显著的相关性，说明采用主成分分析法测度数字经济发展情况具有合理性。

续表

变量名称	变量代码	均值	标准差	最小值	最大值
财政分权	lnfd	4.455	0.041	4.375	4.541
金融规模	fds	0.076	0.030	0.032	0.196
市场化程度	mar	8.138	1.824	3.580	11.916
交通基础设施	tra	0.995	0.523	0.100	2.234
数字经济	dig	0.000	0.762	-1.923	1.740
土地流转	land	16.005	14.297	0.271	68.973

10.4.3 结果分析

10.4.3.1 基准回归结果

根据公式（10.1），使用双向固定效应模型估计了"三块地"改革（d）对城乡融合发展（urc）的影响，基准回归结果如表10-7所示。

表10-7 "三块地"改革对城乡融合发展影响的基准估计结果

变量	模型1	模型2	模型3	模型4	模型5	模型6	模型7	模型8	模型9
d	0.059*** (0.000)	0.035*** (0.000)	0.027*** (0.000)	0.028*** (0.000)	0.028*** (0.000)	0.021*** (0.000)	0.017*** (0.001)	0.152*** (0.000)	0.157*** (0.000)
ind		0.063*** (0.000)	0.039** (0.025)	0.044** (0.014)	0.049** (0.020)	0.066*** (0.002)	0.062*** (0.003)	0.058*** (0.000)	0.056*** (0.001)
$lnfsr$			0.051** (0.014)	0.043* (0.046)	0.046** (0.018)	0.024** (0.028)	0.016* (0.096)	0.035** (0.036)	0.034** (0.032)
$lnfd$				0.348 (0.108)	0.344 (0.117)	0.294 (0.123)	0.218 (0.121)	0.278 (0.112)	0.267 (0.116)
fds					0.317 (0.431)	0.596 (0.133)	0.584 (0.197)	0.515 (0.103)	0.523 (0.122)
mar						0.018*** (0.000)	0.019*** (0.000)	0.008*** (0.000)	0.009*** (0.000)
tra							0.092*** (0.000)	0.083** (0.022)	0.080** (0.017)

续表

变量	模型1	模型2	模型3	模型4	模型5	模型6	模型7	模型8	模型9
dig								0.020* (0.072)	0.020* (0.068)
$land$									0.001 (0.140)
Con	0.313*** (0.000)	0.243*** (0.000)	-0.043 (0.703)	-1.549 (0.100)	-1.532 (0.110)	-1.317 (0.120)	-0.908 (0.233)	-0.783* (0.098)	-0.729 (0.121)
省份固定	是	是	是	是	是	是	是	是	是
年份固定	是	是	是	是	是	是	是	是	是
观测值	240	240	240	240	240	240	240	240	240
R^2	0.588	0.676	0.703	0.708	0.709	0.744	0.767	0.914	0.916

注：*** 表示 $p<0.01$，** 表示 $p<0.05$，* 表示 $p<0.1$。

在表 10-7 中，模型 1 显示了未引入控制变量的情况下"三块地"改革对城乡融合发展的影响，回归系数为 0.059 且具有显著性，表明"三块地"改革政策的实施显著地促进了城乡融合发展。

模型 2 至模型 9 是在模型 1 的基础上增加产业结构升级、财政支农力度、财政分权、金融规模、市场化程度、交通基础设施、数字经济以及土地流转等控制变量的回归结果。可见，依次增加控制变量后的模型拟合程度不断提高（R^2 从 0.588 增加到 0.916），从解释变量影响系数角度来看，"三块地"改革对城乡融合发展的影响均具有显著性。从控制变量影响系数角度来看，产业结构升级、财政支农力度、市场化程度、交通基础设施以及数字经济对城乡融合发展的影响系数均显著为正；财政分权、金融规模以及土地流转对城乡融合发展的影响虽然为正，但不具有显著性，可能的原因是：财政分权对城乡融合发展的影响，可能更多的是间接影响，或体现在财政支农力度上，或融合于"三块地"改革政策中；金融规模的扩大虽具有促进城乡融合发展的潜力，但因金融向乡村的溢出不足或利用效率不高，并没有达到期望的效果；土地流转对城乡融合发展的影响不显著，可能的原因是农地所有权、经营权、承包权在土地流转中的权利边界不够清晰，农民承包地退出机制尚不健全、土地流转方式仍较为单一，配套性制度安排，诸如农村土地产权交易市场、城乡居民基本公共服务均等化等制度安排有待完善。

10.4.3.2 内生性处理

基准回归虽然尽可能地控制了影响城乡融合发展的因素，但依然可能存在内生性问题：一方面，与城乡融合发展水平较低的地区相比，城乡融合发展水平较高的地区要素资源包括土地要素更容易实现自由流动和优化配置，可能会达到更好的"三块地"改革（农村土地征收、集体经营性建设用地入市、宅基地管理制度改革）实施效果，从而导致"三块地"改革与城乡融合发展具有潜在的双向因果关系。另一方面，模型虽已控制影响城乡融合发展的重要变量，但却无法完全控制那些既与"三块地"改革相关又能影响城乡融合发展的不可观测变量，由此产生遗漏变量问题。我们参考张川川等（2015）的研究①，采用断点回归法［公式（10.2）］来克服内生性问题。

1. 分组变量连续性检验

为了避免因"内生分组"问题导致的断点回归失效，需要对断点处分组变量的连续性进行检验，检验结果如图 10-4 所示。可见，断点两侧密度函数估计值的置信区间有较大的重叠部分，证实了断点两侧的密度函数并无显著差异，检验结果为不存在内生分组，具备进行断点回归分析的条件。

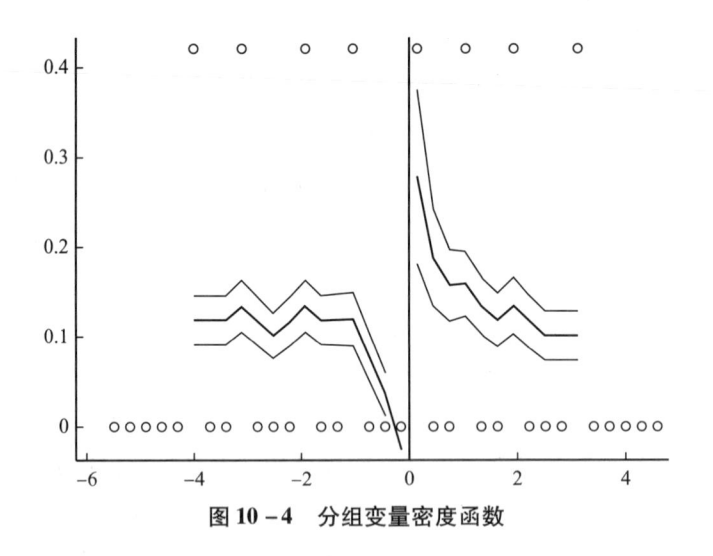

图 10-4 分组变量密度函数

① 张川川、John Giles、赵耀辉：《新型农村社会养老保险政策效果评估——收入、贫困、消费、主观福利和劳动供给》，载《经济学（季刊）》2015 年第 1 期，第 203~230 页。

2. 最优带宽检验

最优带宽检验结果如图 10-5 所示，其中右下角最优带宽（Bandwidth）图中红线所对应的带宽即为最优带宽 1.9，不同带宽虽然会影响估计结果的大小，但总体来看差异不大，且除个别估计值接近零外均为正值，估计值对带宽的依赖性不高。

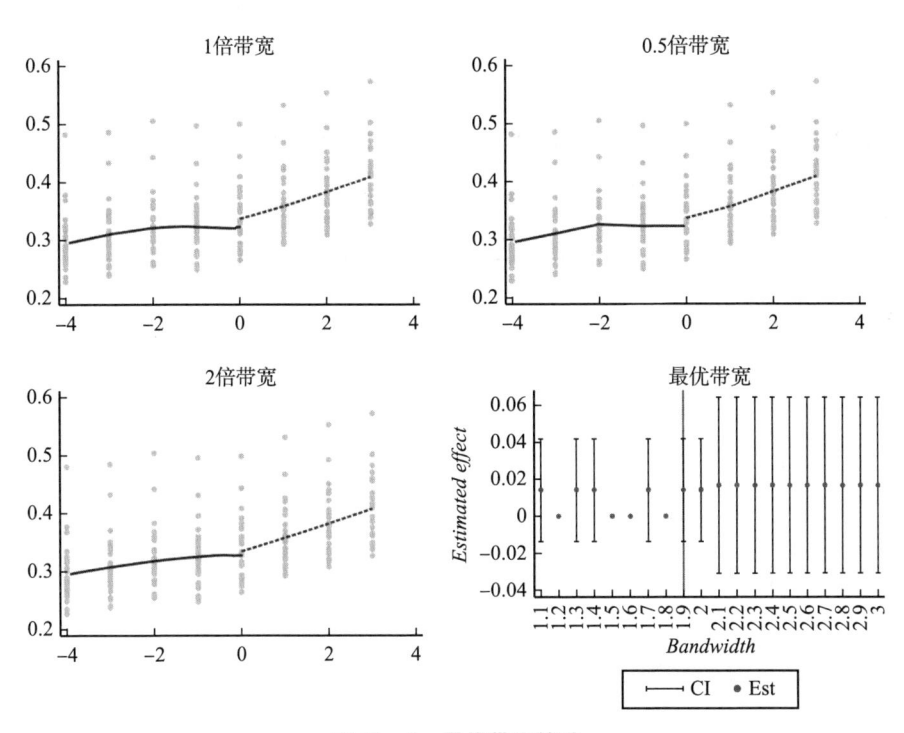

图 10-5 最优带宽检验

3. 三角核局部线性回归

未引入协变量时，三角核局部线性回归结果如表 10-8 所示，一倍最优带宽下的局部沃尔德（lwald）估计值显著为正，从图 10-5 的 1 倍带宽图中可见，城乡融合发展在断点 $d=0$ 处有显著的跳跃。

表 10-8　　未引入协变量的三角核局部线性回归结果

urc	Coef.	Std. Err.	z	P>|z|	95% Conf.	Interval
lwald	0.014	0.001	9.440	0.000	0.011	0.017

引入协变量（产业结构升级、财政支农力度、财政分权、金融规模、市场化程度、交通基础设施、数字经济以及土地流转）后，三角核局部线性回归结果如表10-9所示，一倍最优带宽下的局部沃尔德（lwald）估计值依然显著为正，城乡融合发展在断点 $d=0$ 处同样存在显著的正向跳跃（见图10-6）。表明"三块地"改革有效地提高了城乡融合发展水平，二者之间是一种正向联动变化关系，该回归结果与固定效应模型解释变量的回归系数影响方向一致，控制了内生性后实证结果具有稳健性。

表10-9　　　　　　引入协变量的三角核局部线性回归结果

urc	Coef.	Std. Err.	z	P>|z|	95% Conf.	Interval
lwald	0.011	0.002	4.530	0.000	0.006	0.016

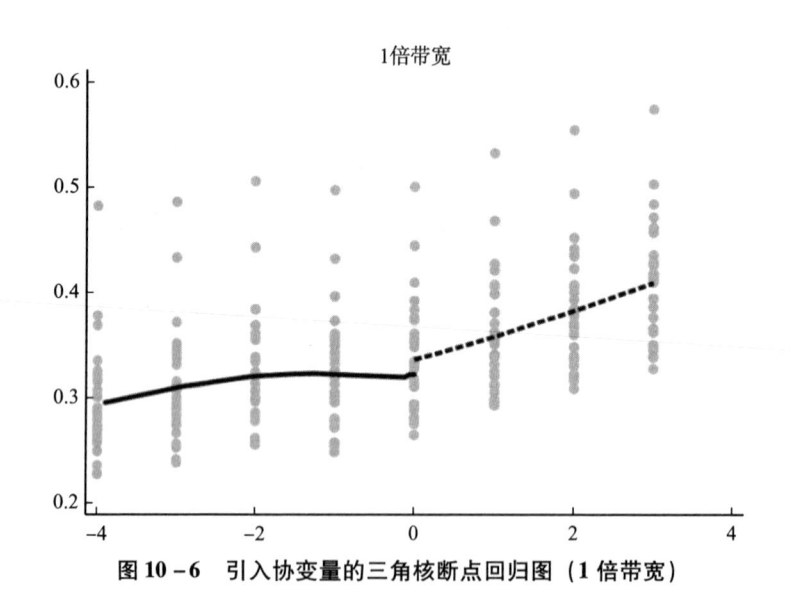

图10-6　引入协变量的三角核断点回归图（1倍带宽）

4. 协变量密度函数连续性检验

为判断城乡融合发展水平的"跳跃"是否全部归功于"三块地"改革的处理效应，需要进一步判断协变量在断点处的条件密度函数是否存在跳跃：如果存在跳跃，则不能全部归功于处理效应；如果不存在跳跃，则进一步证明了实验结果的稳健性。从协变量密度函数在断点处的回归结果（表10-10）可见，P值均大于0.1，无法拒绝密度函数在断点处连续的原假设，因此，所有协变量的条件密度函数在断点处均具有连续性,表明将城乡融合发展水平的"跳跃"归功于"三块地"改革的处理效应具有一定的合理性。

表 10 – 10　　　　　　　协变量密度函数在断点处的回归结果

urc	Coef.	Std. Err.	z	P>z	95% Conf.	Interval
ind	0.066	0.175	0.380	0.705	-0.276	0.409
lnfsr	0.040	0.126	0.320	0.749	-0.206	0.287
lnfd	-0.001	0.011	-0.110	0.910	-0.023	0.021
fds	0.001	0.008	0.110	0.911	-0.014	0.016
mar	0.369	0.442	0.830	0.404	-0.497	1.234
tra	0.015	0.136	0.110	0.914	-0.252	0.282
dig	0.184	0.177	1.040	0.298	-0.163	0.530
land	1.097	3.757	0.290	0.770	-6.267	8.461

10.4.3.3　异质性分析

通过城乡融合发展水平的区域对比可见,中国的城乡融合发展水平具有明显的区域异质性,那么"三块地"改革对城乡融合发展的影响是否具有区域异质性呢?我们通过将总体样本划分为东部、中部、西部以及东北部地区进行对比分析①:面板数据固定效应回归结果如表 10 – 11 所示,三角核断点回归图(1 倍带宽)如图 10 – 7 所示。

表 10 – 11　　　　　　　　区域异质性估计结果

变量	模型 10 东部地区	模型 11 中部地区	模型 12 西部地区	模型 13 东北部地区
d	0.205*** (0.000)	0.177*** (0.009)	0.088** (0.023)	0.158 (0.143)
ind	0.017** (0.013)	0.012 (0.754)	0.004 (0.809)	0.014* (0.051)

---

① 其中东部地区包括北京、天津、河北、上海、江苏、浙江、福建、山东、广东、海南,中部地区包括山西、安徽、江西、河南、湖北、湖南,西部地区包括内蒙古、广西、重庆、四川、贵州、云南、陕西、甘肃、青海、宁夏、新疆,东北部地区包括辽宁、吉林、黑龙江。

续表

变量	模型 10 东部地区	模型 11 中部地区	模型 12 西部地区	模型 13 东北部地区
lnfsr	0.050 (0.265)	0.045 * (0.067)	0.002 ** (0.028)	0.156 ** (0.023)
lnfd	0.671 * (0.075)	0.122 (0.395)	0.297 (0.335)	1.206 ** (0.046)
fds	0.987 * (0.075)	0.547 ** (0.041)	0.300 * (0.062)	2.940 *** (0.006)
mar	0.011 ** (0.043)	0.011 * (0.059)	0.008 * (0.055)	0.007 * (0.093)
tra	0.021 (0.725)	0.042 * (0.063)	0.007 * (0.068)	0.448 * (0.082)
dig	0.043 ** (0.028)	0.002 (0.960)	0.007 *** (0.003)	0.003 * (0.095)
$land$	0.002 (0.164)	0.001 (0.123)	0.000 (0.780)	0.003 *** (0.002)
Con	-2.389 (0.116)	1.089 (0.239)	1.585 (0.275)	-4.295 * (0.058)
省份固定	是	是	是	是
年份固定	是	是	是	是
观测值	80	48	88	24
R^2	0.925	0.851	0.949	0.430

注：*** 表示 $p<0.01$，** 表示 $p<0.05$，* 表示 $p<0.1$。

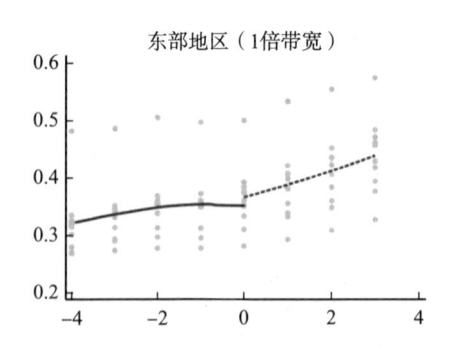

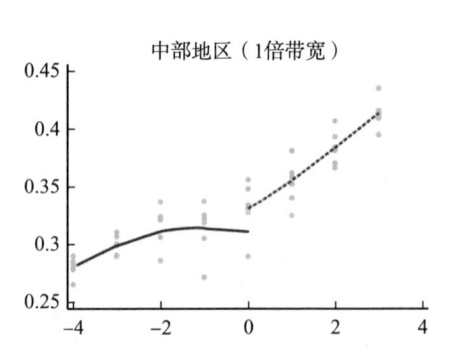

东部地区（1倍带宽）

中部地区（1倍带宽）

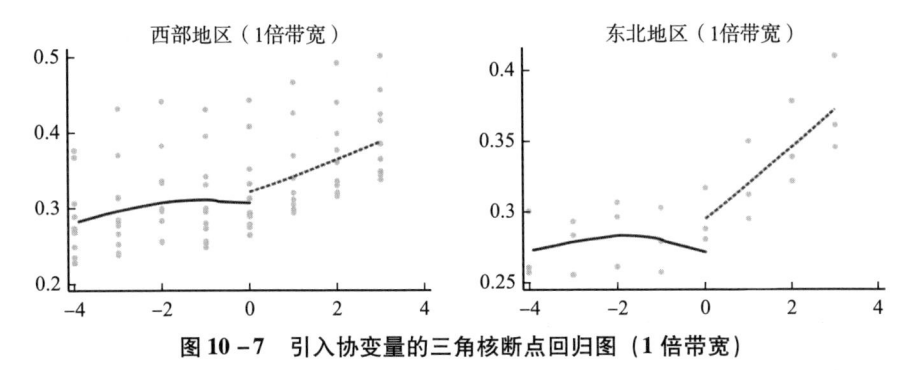

图 10-7　引入协变量的三角核断点回归图（1 倍带宽）

注：东部地区最优带宽为 Bandwidth：2.3512139；loc Wald Estimate：0.01463343；P>|z|：0.000；中部地区最优带宽为 Bandwidth：2.0531651；loc Wald Estimate：0.01997565；P>|z|：0.052；西部地区最优带宽为 Bandwidth：2.2895937；loc Wald Estimate：0.01482922；P>|z|：0.012；东北部地区最优带宽为 Bandwidth：2.0715917；loc Wald Estimate：0.02354836；P>|z|：0.849。

固定效应回归结果，从影响程度角度来看，东部、中部、西部以及东北部地区的"三块地"改革对城乡融合发展均具有促进作用，其中东部地区的影响系数为 0.205，高于中部 (0.177)、东北部 (0.158) 以及西部地区 (0.088)。这种影响程度的区域异质性可能源于各地区的自然地理条件、经济社会发展水平的差异。东部地区具有较好的区位优势、资本积累与科技进步优势，工业化与农业现代化发展基础雄厚，"三块地"改革既能够促进农业劳动力转移、提升农业转移劳动力市民化意愿，也能够促进农业劳动力生产生活方式的转变，盘活和优化农村内部资源，实现更高水平的城乡融合发展；中部地区具有广阔的市场潜力、承东启西的区位优势、四通八达的交通条件，但人均资源占有量较少、生态环境较为脆弱、产业体系不够完全，生产加工、科技创新、物流仓储等环节存在发展瓶颈，因此"三块地"改革对城乡融合发展的促进作用与东部地区存在一定的差距；东北部地区近年来在经济结构、产业结构、农业现代化等方面有了显著的发展，但存在人口结构性外流和财政实力相对有限等瓶颈，与东部地区相比差距明显，因此"三块地"改革对城乡融合发展的促进作用低于东部、中部地区；西部地区工业化、城镇化以及农业现代化水平较低，土地市场发育较为迟缓，因此"三块地"改革对城乡融合发展的促进作用远低于东部、中部以及东北部地区。从显著性角度来看，东部、中部、西部"三块地"改革对城乡融合发展的促进作用均通过了显著性检验，而东北部地区该促进作用却没有通过显著性检验，可能的原因是东北地区的财政实力相对有限，市场化建设不够完备等。控制变量中土地流转的显著性区域异质性明显,东部、中部以及西部地区土地流转对城乡融合发展的影响均不显著,而东北地区土地流转能够显著的促进城乡融合发展。

10.4.3.4 稳健性检验

我们采用变量缩尾回归的方法进行稳健性分析。通过对所有连续型变量进行1%缩尾处理,不同区域的固定效应回归结果如表10-12所示,断点回归结果如图10-8所示。

表10-12　　　　　连续型变量1%缩尾回归结果

变量	模型14 东部地区	模型15 中部地区	模型16 西部地区	模型17 东北部地区
d	0.213 *** (0.000)	0.179 *** (0.008)	0.072 ** (0.031)	0.157 (0.130)
ind	0.016 ** (0.012)	0.012 (0.758)	0.007 (0.730)	0.012 * (0.077)
$lnfsr$	0.053 (0.224)	0.051 * (0.062)	0.008 ** (0.037)	0.155 ** (0.018)
$lnfd$	0.641 * (0.099)	0.132 (0.365)	0.279 (0.394)	1.042 ** (0.043)
fds	0.915 * (0.077)	0.546 ** (0.042)	0.478 * (0.062)	2.895 *** (0.008)
mar	0.010 ** (0.042)	0.010 * (0.093)	0.010 ** (0.021)	0.002 * (0.076)
tra	0.006 (0.916)	0.038 * (0.072)	0.008 * (0.062)	0.306 * (0.051)
dig	0.047 * (0.090)	0.001 (0.993)	0.021 *** (0.002)	0.005 * (0.096)
$land$	0.003 (0.151)	0.001 (0.119)	0.000 (0.777)	0.003 *** (0.004)
Con	-2.250 (0.152)	1.178 (0.201)	1.550 (0.292)	-3.527 * (0.066)

第 10 章　强化土地制度改革关联效应促进城乡融合发展

续表

变量	模型 14 东部地区	模型 15 中部地区	模型 16 西部地区	模型 17 东北部地区
省份固定	是	是	是	是
年份固定	是	是	是	是
观测值	78	47	84	23
R^2	0.926	0.823	0.948	0.542

注：*** 表示 p<0.01，** 表示 p<0.05，* 表示 p<0.1。

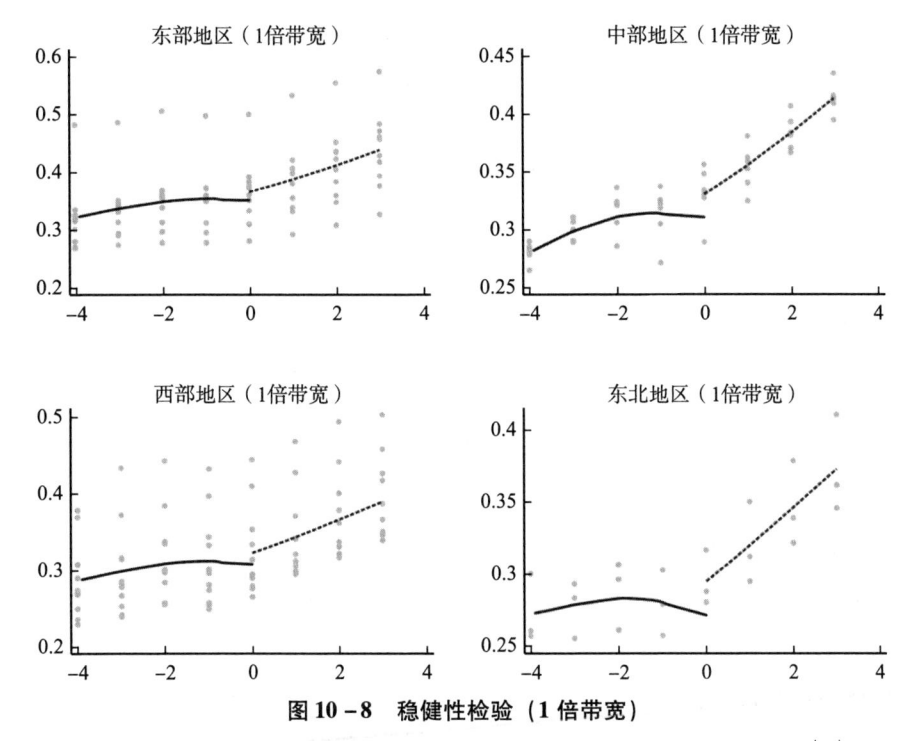

图 10-8　稳健性检验（1 倍带宽）

注：东部地区最优带宽为 Bandwidth：2.3512139；loc Wald Estimate：0.01463343；P>|z|：0.000；中部地区最优带宽为 Bandwidth：2.0531651；loc Wald Estimate：0.01997565；P>|z|：0.052；西部地区最优带宽为 Bandwidth：2.2862340；loc Wald Estimate：0.01483193；P>|z|：0.010；东北部地区最优带宽为 Bandwidth：2.0715917；loc Wald Estimate：0.02354836；P>|z|：0.679。

从固定效应回归结果可见，在对所有连续型变量进行缩尾处理后，东部、中部、西部以及东北部地区的"三块地"改革对城乡融合发展的影响系数分别为 0.213、0.179、0.072、0.157，除东北部地区的系数没有通过显著性检验外，其他地区均通过了 1% 显著水平检验，与基准回归结果及异质性分析结果并无明显的差别。

从断点回归结果可见，在对所有连续型变量进行缩尾处理后，东部、中部、西部以及东北部地区的城乡融合发展水平均在"三块地"改革政策实施点处存在明显的正向跳跃，各地区最优带宽估计值和显著性也并无明显变化，进一步验证了回归结果的稳健性，具有一定的参考价值。

10.4.4 主要结论

基于中国 2013~2020 年省际面板数据系统地构建衡量城乡融合发展的指标体系，并使用主成分分析法测度了中国省际城乡融合发展水平，进一步采用双向固定效应、断点回归等模型实证检验了"三块地"改革对城乡融合发展的影响，得到的主要结论如下：

第一，中国城乡融合发展水平日益提高，区域间城乡融合发展不平衡问题逐步解决。基于经济融合、社会融合、生态融合三个维度，构建了包含 20 个细分指标的指标体系，使用主成分分析法测算与评估了中国城乡融合发展水平。结果显示，全国、东部、中部、西部，以及东北部地区的城乡融合发展水平均呈上升趋势；虽然区域间城乡融合发展存在着东高西低东北更低的不平衡现象，但中部、西部、东北部地区的城乡融合发展水平年均增速要高于东部地区，一定程度上说明中国区域城乡融合发展不平衡问题正在逐步改善。

第二，"三块地"改革对城乡融合发展具有积极的促进作用。固定效应回归结果显示，"三块地"改革对城乡融合发展影响的回归系数为正且具有显著性。断点回归结果显示，城乡融合发展水平在"三块地"改革政策的实施点具有显著的正向跳跃，增加协变量后显著性并无明显变化。无论是固定效应回归还是断点回归检验，都表明"三块地"改革对城乡融合发展具有积极的促进作用，总体验证了本章土地制度改革对于促进城乡融合发展的作用机理。但是客观而言，我国土地制度综合改革的时间尚短，如能在日后不断解决其中所存在的问题、克服当前所面临的困境，其综合成效和巨大潜力将得到全面显现。

第三，区域异质性分析结果表明，东部、中部、西部地区"三块地"改革对城乡融合发展的影响显著为正，而东北部地区却没有显著的影响，可能的原因是东北地区的财政实力相对有限，市场化建设不够完备。

第四，稳健性检验结果表明，在对所有连续型变量进行 1% 缩尾处理后，固定效应与断点回归结果并无明显变化，验证了实证结果的稳健性，具有一定的参考价值。

10.5 土地制度及关联制度改革联动的典型案例剖析
——以山东省寿光市为例

10.5.1 调研区域选择

本书选择山东省作为土地制度改革调研地区。山东省是我国经济强省，也是农业大省，"三农"事业发展质量较高。较强的经济实力和较雄厚的农业经济基础为山东省土地制度改革及城乡融合发展创造了条件，土地制度改革也进一步促进了山东省的经济社会发展。对山东省进行调研既能够总结改革的成功经验，也能够探寻制约改革的瓶颈，为其他地区的改革提供借鉴和启示。

本团队在初步调研中发现，山东省寿光市土地制度及关联制度的联动改革进行得比较顺利，有效地促进了农业发展、改善了农民生活、促进了城乡要素的平等交换与优化配置。因此本书选择以寿光市农村的土地制度改革为典型案例进行剖析。

寿光市是山东省下辖的一个县级市，由潍坊市代管。它位于山东省中北部，潍坊西北部，渤海莱州湾西南岸，总面积为2072平方千米，下辖5个街道、9个乡镇和975个行政村。寿光市属于平原地形，这种地形非常有利于土地的成片开发利用。寿光市实现县域经济较发达，是全国百强县，是"中国蔬菜之乡"，农业经济发达，在经济社会发展过程中创造了蔬菜产业化引领农业与非农产业协调发展、城乡融合的"寿光模式"。2021年，寿光市实现地区生产总值（GDP）953.6亿元，一般公共预算收入103.3亿元。截至2021年末，寿光市户籍人口为111.28万人，第七次人口普查常住人口约为116.34万人，寿光市为人口净流入地区。按常住人口计算，2021年，寿光市人均GDP约8.2万元，高出全国人均GDP约0.1万元，金融机构各项存贷款余额"双过千亿"，人均存款近10万元。

图10-9和图10-10分别从经济发展总体水平和农民收入水平两方面反映了寿光市与山东省及全国平均水平的对比情况。图10-9显示自2000~2021年，除了2018~2020年3年之外，寿光市的人均GDP均高于全国平均

水平；图10-10显示自2000~2021年，寿光市农村居民的人均可支配收入明显高于山东省和全国平均水平。数据表明不论在山东省还是全国范围内，寿光市农村居民收入水平均较高，"三农"事业发展质量较高。

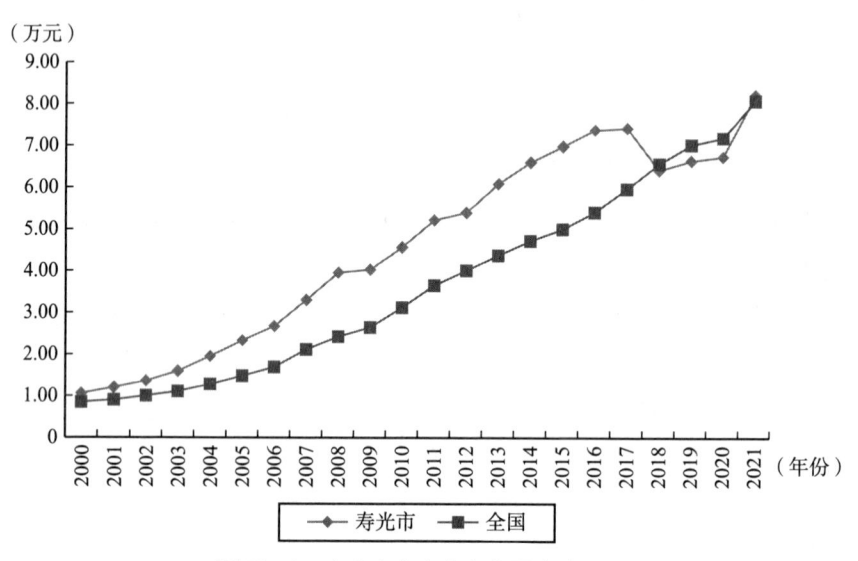

图10-9　山东省寿光市和全国人均GDP

资料来源：寿光市数据来源于寿光市统计局，全国数据来源于国家统计局官网。

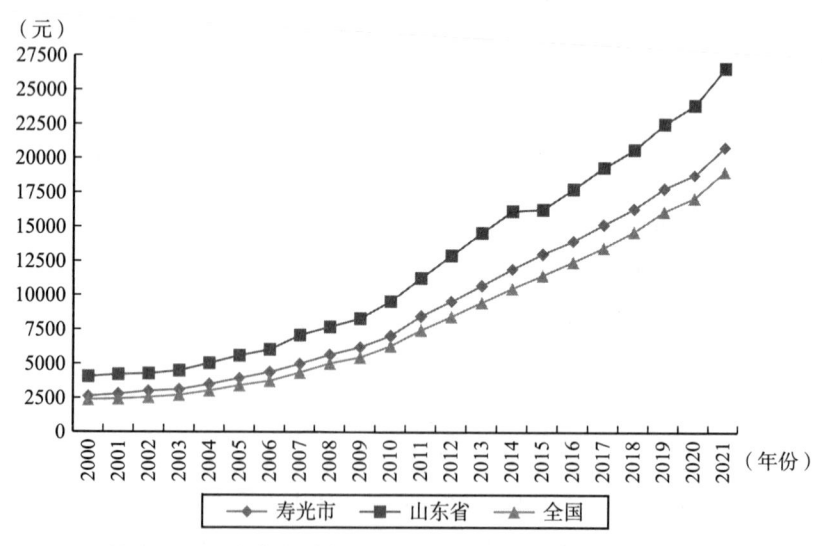

图10-10　山东省、寿光市及全国农村居民人均可支配收入

资料来源：山东省、寿光市数据来源于山东省统计局官网，全国数据来源于国家统计局官网。

10.5.2 承包地"三权分置"改革案例剖析——以寿光市承包地经营权组织化流转为例

10.5.2.1 寿光市承包地经营权组织化流转的实践

1. 村"两委"牵头 D 村承包地经营权组织化流转的实践[①]

承包地所有权、承包权、经营权"三权分置"改革的核心在于经营权流转。寿光市 D 村承包地实行组织化流转，成效显著。D 村位于山东省寿光市东端，属于纯农业村庄，实有耕地 4486 亩，人均耕地长期保持在 2.1 亩左右。该村在经济发展方面既没有区位优势，也没有资源优势，2008 年之前一直处于农业基础薄弱、村集体收入高度紧张、人居环境非常恶劣的状态。为了全面改变村庄发展面貌，2008 年村"两委"牵头组建了以彩椒种植和销售为主要业务的果菜合作社。因采取了严格的统一监管措施，彩椒的品质得到充分保障，故而快速通过了绿色食品认证，彩椒不但畅销国内外，而且价格远高于同类产品。但是，随着彩椒种植收益的不断提高，经营用地供需矛盾也变得愈加突出。为此，2012 年村"两委"领办了土地股份合作社，按照每亩承包地折算 1 股和"保底分红+按股分红"的盈余分配原则[②]，在未发生任何上访事件的情况下，集中流转了村内全部土地（农户参与率100%），并将村头闲置场地改造为彩椒交易市场投入合作社。合作社随即开展了大规模的土地整理和生产作业区基础设施（水、电、路）配套建设。此后，根据社员统一意见，合作社对承包地进行了投标式二次流转，显著提高了农地规模化经营水平，目前全村已经涌现出 20 余个经营面积超 30 亩的家庭农场和 6 个大型农业园区。

因兴办果菜合作社特别是土地股份合作社，2013 年 D 村年人均纯收入就快速上升至 1.6 万元，由全市落后村一跃进入领先村行列，2022 年这一数字更是提高至 4.3 万元，远超同期山东省和寿光市平均水平，村集体收入也早在 2016 年就跨越了 100 万元门槛。有了集体资金的保障，该村基本公共服务和治理模式发生了重大变革，先后获得了山东省文明单位、全国创新社会治理最佳案例、全国基层党建创新典型案例等一系列荣誉。

[①] 徐世江：《农地组织化流转与城乡融合发展的条件积累》，载《辽宁大学学报（哲学社会科学版）》2021 年第 4 期，第 65~75 页。

[②] 注：保底分红为每年 600 元/股；按股分红比例为村集体占 60%，社员（即农户）占 40%。

2. 乡（镇、街道）主导的行政村承包地经营权成建制流转的实践

寿光市相邻的 5 个村 WD、WX、QL、HL、KJ 位于寿光市南部，各村承包地基本情况如表 10-13 所示。

表 10-13　　　　　　　　　5 村承包地情况　　　　　　　　　单位：亩

行政村	耕地	种植园用地	林地	草地	合计
WD	985.95	32.70	0.00	0.00	1018.65
WX	519.90	53.70	91.50	0.00	665.10
QL	944.70	104.85	0.00	0.00	1049.55
HL	1390.35	68.10	23.85	0.00	1482.30
KJ	1008.60	19.20	13.20	12.00	1053.00

寿光市于 2016 年启动了这 5 个村合并为社区的项目，同时启动了 5 个村承包地经营权成建制[①]流转工作。承包地经营权成建制流转是指整个村集体的承包地经营权被统一流转出去。5 个村具体的做法是，各村留下少量农用地，其余农用地经营权全部流转给所在街道，街道按照每亩每年 1600 元的标准向每位村民支付使用费用。5 个村承包地成建制地流转给街道后，由街道统一安排使用。除了这 5 个村，寿光市文家街道桑家村、古城街道安家村、田柳镇王高五村、洛城街道东斟灌村、台头镇北洋头和南兵村等村已经实现了农地经营权 100% 整体流转。

截至 2021 年底，寿光市农地总面积 172.91 万亩，其中耕地 147.32 万亩，种植园用地 4.20 万亩，目前已流转农地 54.26 万亩，总的农地流转率为 31.4%，高于同期全国 25.3% 的水平。寿光市"十四五"规划到 2025 年底全市农村土地流转面积达到 65 万亩。

10.5.2.2　承包地经营权组织化流转剖析

1. 成功经验

平原地形特点使寿光市非常适合发展规模农业，也有利于承包地的大面

---

① "成建制"最初是指部队中的整个排、整个连、整个团等整编制地采取某种一致行动，现在引申为指整个行政单位采取一致行动。实践中有事业单位编制的成建制划转、医保的成建制转出转入等。

积流转。寿光市承包地经营权流转的成功经验在于组织化流转，包括小范围内的组织化流转和较大范围内的成建制流转。

承包地成建制地流转有利于集中成片开发利用土地，发展农业规模化经营，提高农业生产效率，同时极大地降低了承包地流转的交易成本。但是我国绝大部分地区由于地形原因或地方政府原因，不具备成建制流转的条件，因此D村的组织化流转经验更具有复制、推广的意义。D村土地股份合作社的承包地组织化流转，成功解决了村庄特色农产品规模化经营的用地难题，种植户经营收入和非种植户承包地股权收入同时实现了快速增长。村集体农地整理投入和闲置场地投入也获得了较高回报，村庄人居环境、基本公共服务和村庄治理的改善工作，均在村集体资金投入力度不断加大的背景下取得了突出成效，"三农"共进局面已经形成。

2. 实施中的难题①

相较于自发性流转而言，承包地组织化流转具有一系列效率优势，但在调研中也发现了承包地组织化流转中存在的一些难解问题。

（1）承包地承包权配置的制度安排存在组织化流转的隐性障碍。承包地经营权是附着于承包权之上，从"承包经营权"中分离出的承包地权利。在人地关系高度紧张的强约束下，基于加总潜在产出均等化理念设计的农地承包经营权平均分配制度，是农民户均耕地面积非常有限且地块高度细碎化的根源，也造成了承包地"经营权"异常分散的格局，导致集中成片承包地的供给远低于需求②。

（2）农户土地流转条件各异推高组织化流转的合约价格。初始地块"承包权"归属的高度分散性，决定了农户参与承包地流转的诉求多种多样，其合意的承包地流转价格也各不相同。比如对于外出劳动力较多的非农户或举家外出的非农户而言，承包地经营收益在其家庭总收入中占比较低，承包地的收入保障功能和社会保障功能已经严重弱化，其合意的承包地转出价格可能较低；反之，对于纯农户和农业兼业户而言，由于其家庭收入以农业经营

---

① 徐世江：《农地组织化流转与城乡融合发展的条件积累》，载《辽宁大学学报（哲学社会科学版）》2021年第4期，第72~73页。

② 学者贺雪峰曾对本团队在调研中发现的这一问题做出过概括和总结。贺雪峰：《关于实施乡村振兴战略的几个问题》，载《南京农业大学学报（社会科学版）》2018年第3期，第19~26+152页。

收入为主，承包地的收入保障功能和社会保障功能几乎无法替代，因而其合意的承包地转出价格就可能较高。但是，为了获得足够的集中成片承包地，承包地转入方只能选择单位价格"就高不就低"的原则；否则，纯农户和农业兼业户的反对行为，极有可能造成"插花田"的存在，并成为未来集约化经营的严峻挑战。

（3）村"两委"及乡镇（街道）政府部门的集体声誉直接影响着组织化流转的顺畅程度。承包地经营权交易市场基本空白是我国各类承包地流转主体所面临的共同现实。这一背景下，承包地转入方为了降低交易成本，往往会求助于当地村"两委"或乡镇（街道）政府部门。然而，村"两委"或政府部门成员同农户沟通与协商的效果，很大程度上取决于其自身"声誉"水平。如果其集体"声誉"水平较高，那么其在承包地流转过程中就更容易取得农户的信任，流转交易也更为顺畅。反之，如果集体"声誉"水平较低，农户对其是否已被委托方"俘获"的疑问就将产生，因此极可能采取集体抵制行动，导致组织化流转终止。

（4）工商企业作为承包地转入方的情况下，组织化流转目标的实现与其资金实力、商业信誉和政府支持/监管力度密切相关。组织化流转模式下，在较长的履约期内，如果转入方经营不善，农户就可能遭遇流转收益兑现风险（如减付或拒付问题）以及转入方中途弃约后土地复耕成本过高的风险①。因此，农户在参与组织化流转活动时，不仅会充分关注承包地合约价格高低问题，而且会极其重视承包地流转收益的安全问题，引发对工商企业资金实力、商业信誉和政府支持/监管力度的综合审视。如果这种审视结果不理想，即便承包地转入方提供的合约价格较高，农户不参与交易或退出交易的可能性仍会较高。

（5）村集体作为承包地转入方的情况下，实现组织化流转目标可能会受到村"两委"产业发展能力和产业发展意愿的双重影响。村民自治制度下，承包地组织化流转涉及大量农户的长期利益变化，因此依托于土地集中而制定的产业发展规划，必须在同时满足保障农户收益稳定性和可增长性这两个条件时，才能付诸实施。否则，农民就会对承包地收入保障功能和社会保障功能受损产生质疑，而这一点显然又取决于村"两委"班子经济决策能

---

① 黄丽萍：《东南沿海农地承包经营权连片流转探析——基于浙江、福建和广东三省的调查》，载《农业经济问题》2009年第8期，第71~77+111页。

力与经济发展能力的高低。与此同时，村"两委"既肩负村庄管理的职责，又有接受乡镇政府指导、协助乡镇政府开展工作的义务，工作任务非常繁重。在地方政府引导与激励强度不高的情况下，"平稳型"（而非"进取型"）村"两委"开展大规模承包地流转、发展村级集体经济的意愿可能不够强烈，因此承包地组织化流转可能无法发生。

10.5.3 宅基地与集体经营性建设用地入市联动改革案例剖析——以寿光市5村合并社区为例

寿光市共有975个行政村，已有近1/10的村在农民自愿的前提下以不同方式完成了合村并居、退出（部分）宅基地的改革。本课题组对寿光市最大的合村并居退出宅基地项目进行了较为深入的调研。这一项目的主要内容是5个相邻行政村退出原有宅基地，就近重新选址建社区，5村合并为一个社区，社区占地面积小于原5村宅基地面积的，腾出部分宅基地。腾出的宅基地在用途上不再是宅基地，在产权上也不再属于原村集体，实现了宅基地的退出。退出的宅基地经其他改革程序成为建设用地入市，从而完成了宅基地改革，实现了建设用地在城乡间的流动和配置，提高了土地资源的利用效率。

10.5.3.1 5村合并社区宅基地改革

1. 5村合并社区宅基地改革实践

（1）5村原有宅基地情况。5村原有宅基地情况如表10-14所示。其中已利用宅基地是指已经分配给村民、村民已经实际使用的宅基地。寿光市已完成宅基地确权登记，一户一宅，不存在一户多宅情况，所以已利用宅基地数量是户数与户均宅基地的乘积。各村宅基地面积明显大于已利用宅基地面积，表明宅基地闲置问题较为严重。

表10-14　　　　　　　5村原有宅基地情况

行政村	户数	人口	户均宅基地（平方米）	已利用宅基地（平方米）	村宅基地（平方米）	宅基地闲置率（%）
WD	288	860	230	66096	112361	41.18
WX	305	1083	210	63955	163582	60.90
QL	207	590	233	48205	80223	39.91

续表

行政村	户数	人口	户均宅基地（平方米）	已利用宅基地（平方米）	村宅基地（平方米）	宅基地闲置率（%）
HL	312	1001	245	76378	133613	42.84
KJ	255	886	243	61965	112388	44.87
合计	1367	4420	—	316598	602168	47.42

（2）项目性质和开发商。寿光市5村合并为社区的项目启动于2016年，最初列入乡村建设规划项目，后改为棚户区改造项目，是当时寿光市最大的棚户区改造项目。该项目由寿光市政府统一规划，并由5个村所在街道组织实施。该项目的开发商是寿光市惠农新农村建设投资开发有限公司。寿光市惠农新农村建设投资开发有限公司性质为国有企业，实际控制人为寿光市财政局。

（3）项目实施方式。项目采用宅基地置换安置房、地上附着物估价补偿的方式实施，安置房进行精装修。项目实施前5村已按照国家关于"一户一宅"的规定对宅基地进行了确权，一块宅基地换一套180平方米安置房，安置房有180平方米独立户型和120平方米加60平方米复合户型两种，村民自主选择，选择后签订确认书，一经确认不再更改。农户宅基地上附着物的补偿金额由第三方评估确定，并享有拆迁时效奖惩。房屋拆除后，村委会为村民提供活动板房作为临时住房直至项目完成。参见图10-11关于某农户房屋拆迁的相关文书。

（4）社区建成分配情况。5村合并的社区名为YS社区，于2018年建成。YS社区分为A、B、C三个区，各村按原村民构成集中安置，各村所在区及楼号由社区建设领导小组和村委会商定。各村村委会负责本村安置房分配工作，各村分配方案相同。参见图10-12。根据分配方案，安置房、车库、储藏室成本价均为2100元/平方米，符合条件的农户每户一套安置房，无需购买，安置房以180平方米为标准，超出或不足部分按成本价找补，另需缴纳楼层差价；每套安置房配有一个车库，车库以社区车库平均面积为标准，超出或不足部分按成本价找补；储藏室按成本价出售，村民自愿购买，储藏室数量不足时抓阄确定购买资格；具体楼号、房号抓阄确定。村民也可以放弃安置房及配套车库，按照成本价获得货币补偿。实际情况是，5村共1367户，全部选择安置房，无一户选择货币补偿。截至2018年10月21日，5村全部农户完成选房摇号工作，90%以上农户当年入住安置房。

图 10-11　山东省寿光市 KJ 村棚户区改造拆迁补偿相关文书

■■村公寓楼分配方案

■■社区■■■■村,根据棚户区改造政策,共规划公寓楼18栋,楼房均为"5+1"模式。其中C19#、C20#、C21#、C22#、C23#、C25#、C26#、C27#、C28#、C29#、C30#、C31#、C32#、C33#、住宅楼为三个单元120+60平方米户型,C12#、C17#、C18#住宅楼为二个单元120+60平方米户型,C13#住宅楼为一个单元180平方米户型,共计250户(楼房不足部分到B区补齐)。经新村建设领导小组研究,村民代表会议讨论,制定以下分配方案。

一、分房前的相关工作

1、严格按照《旧村改造方案》要求,核定应分安置房,并张榜公示,同时公布户型。

2、严格核实临时安置房及违章建设现状,未签订临时安置承诺书私自搭建临时安置房或旧村拆迁后未经审批建设其他建筑物的,签订限期拆除协议书,逾期不拆除的,按违法建设依法处理,并取消今后村集体给予的所有福利待遇及补贴。

3、由专业机构测算核实每套安置房。车库面积并进行统一编号、搭配。准备楼盘分布图。每户一个车库,分配时一次性拾阄确定安置房和车库具体位置。

4、安置房按照每户180 m²计算,超出或者不足部分面积按照2100元/m²进行找补,车库按照全社区平均面积核成本价2100元/m²多退少补。待工程决算审计结束后,如果价格低于2100元/m²,多收部分再给各户退回;如果价格高于2100元/m²,不再收取。

5、楼差系数:按实际面积一层补20元/m²,二层上交70元/m²,三层上交80元/m²,四层上交20元/m²,五层补150元/m²(另免费送阁楼)。

1、具体分房时间和地址以书面通知为准,有分房资格的一户只能选派一名具有完全行为能力的代表参加。

2、分房时■■司法所、■■法律服务所等法律部门全程参与并见证。

3、各户临时安置费的截止日期为本村房款集中结算领取房子钥匙的规定日期,逾期未办理房款结算和钥匙交接的不再享受临时安置费。

4、双子户未满18周岁的,在《旧村改造方案》通过之前出生的,按照《旧村改造方案》中规定的两条办法"方案一:分房时只分一套,第二套待长子(女)满18周岁时,从村集体剩余房子中随机抓取;方案二:分房时可提前拾阄分房,但须成本价向村委缴纳全部房款,待长子(女)18周岁时再无息退回房款,也可按照年息6%的标准一次性缴纳楼房成本价利息款"中任选一条执行;在《旧村改造方案》公布后符合政策出生的,另行拾阄分配,按照出生(以医院出生证明为准)先后顺序拾阄,最终截止时间为社区第一个村拾阄前一天的24时。

5、自交安置房钥匙后30天内,未拆迁的房屋和临时安置房及其他建筑物,必须按照所签订的协议和承者书自行拆除,逾期不拆的依法强行拆除并取消今后村集体给予的所有福利待遇及补贴。

6、阁楼归顶楼户所有,但因其不具备生活居住功能条件,不能用于对外出租居住。若向外出租用作其他用途,需向村委(或物业)写出书面申请,把关审批后方能进行。对外出租不能进行非法经营和扰民活动,不能对本小区居民安全和正常生活造成影响,否则村委(或物业)有权进行干预并采取停电、停水、取消福利待遇等措施。

7、各户在房屋装修过程中,不准对楼房的建筑结构进行破

二、楼房分配

(一)分房资格

凡符合《旧村改造方案》有关规定,并签订房屋拆迁协议或者签订拆除房屋、临时安置房及其他建筑物拆迁协议书的,经公示无异议,即取得分房资格,未达到以上条件的视为自动放弃分房资格,无权参与分房。

(二)分房办法

1、组合。①根据各户签订的户型确认书,按同类户型自由组合若干单元小组,5户为一单元小组。②单元小组确定后,剩余户作为散户参与分配。为便于各户组合,该项工作原则上在正式分房前完成。

2、拾阄。①先拾单元阄确定各组合小组的具体分配单元。②同一栋楼既有单元阄又有散户阄的,拾阄确定组合单元和散户在本栋。③各散户在组合单元之外的楼房中直接进行大拾阄,确定所在楼栋、单元及楼层号,签订楼房分配确认书。④各组合小组内的各户具体楼层由各小组自行分配,上报楼房分配确认书存档。

所有拾阄都按照会场签到的顺序先拾顺序阄,然后再拾正式阄。具体组合、单元及楼号,抓阄人分别在有关记录册、图表或方位图上签字确认,拒不签字确认的视为自动放弃分房资格,房子由村委处理。

3、房款找补。各户楼房分配定位后,新村建设领导小组按照各户楼房和车库具体面积和楼差价格计算出实缴房款数,进行多退少补,结清后领到钥匙。

4、沿街商业作为村集体资产,用于保障小区正常运转,经集体研究并报党工委审批方能处理。

三、其他事项

坏,不准对整个楼房的外立面进行破坏,不准安装橱栏式防盗窗,空调主机必须安放在设计位置。

8、无法定赡养人、抚养人、无劳动能力和精神障碍等情况的户,若其亲属参与拾阄的,必须由当事人指定、近亲属鉴定并由村委确认或由村委指定监护人,签订监护协议,负责当事人的分房及今后的生活照顾。

9、以上方案未尽事宜和特殊情况由新村建设领导小组或村民代表会议研究确定。

附:楼层价格表

楼层	价格(元/平方米)
车库	2100
一层	2080
二层	2170
三层	2180
四层	2120
五层	1950

2018年10月6日

图10-12 山东省寿光市KJ村安置房分配方案

（5） YS 社区基本情况。

第一，社区位置。5 村合并为一个 YS 社区。

第二，社区的教育、医疗资源及生活配套情况。社区附近的教育资源主要包括社区 300 米范围内的公立幼儿园、小学各一所，300～3000 米范围内的公立幼儿园、小学、初中各 2 所。此外，3000 米范围内的医疗资源包括镇级医院 2 家，县级医院 1 家，以及 1000 米范围内的公交车 2 路。社区绿化率高达 30%，容积率仅为 1.2。社区商业网点提供餐饮、娱乐、金融等服务。社区的水、电、暖、燃气、排污等基础设施统一纳入市政工程管理。

第三，社区的治理结构及集体收入与支出情况。在治理方面，5 个村仍保留原治理结构，各自独立运行。社区所在街道派驻党务人员协调管理 5 个村的各项工作。社区自建立至课题组进行调研时各项工作运行良好，社区的 A 区、B 区、C 区之间及 5 个村之间没有任何矛盾冲突。5 个村庄的集体收支仍然各自独立，而社区公共支出由街道承担。

第四，农民对社区生活的评价。本课题组在社区内对居民进行了随机访谈，并深入一些家庭进行了深入访谈，发现居民对社区生活质量普遍表示满意，评价较高。村民最为满意的是项目实施方式，即宅基地换安置房，不但不需要花钱，还可以获得地上附着物货币补偿，并且安置房是精装修的，厨房、卫生间设施齐备，入住只需添置电视机、洗衣机、空调等家用电器及家具。

（6） 宅基地退出情况。社区占地情况如表 10-15 所示。

表 10-15　　　　　　　　YS 社区占地面积

地区	公寓楼 栋	公寓楼 占地面积（平方米）	社区面积（平方米）
A 区	44	23809	134759
B 区	34	18615	87227
C 区	30	17073	86823
合计	108	59497	308809

5 村合并社区后，公寓楼占地 59497 平方米，较 5 村实际已利用宅基地减少近 260000 平方米（合 390 亩）；包括公共绿地、商业网点、公共用房等

在内的整个社区占地 308809 平方米，较 5 村实际已利用宅基地减少近 8000 平方米；整个社区占地面积较 5 村全部宅基地减少了 290000 平方米（合 435 亩）。合村并居极大地节约了农村住宅建设用地。5 村合并社区腾出宅基地 290000 平方米，接近原 5 村全部宅基地面积的 50%。腾出的宅基地所有权仍然属于村集体，使用权在政府的主导下进行市场交易。农民和村集体不再占有腾出后入市交易的这部分宅基地，这部分宅基地实现了"退出"。退出的宅基地经入市程序为城市所用，成为事实上的城市用地。

2. 5 村宅基地改革剖析

（1）改革方式。5 村社区合并涉及宅基地的两种改革方式，分别是宅基地"三权分置"和宅基地退出。宅基地"三权分置"是指宅基地的所有权、资格权、使用权分置，其中所有权和使用权归村集体，资格权归农户。5 村退出原有宅基地就近重新选址建的社区土地性质和用途不变，仍为所有权属于各村集体的宅基地；社区用地是公共宅基地，不再是一户一宅，使用权归村集体；农户仍拥有宅基地资格权，表现为农户拥有以原宅基地换取安置房的权利。宅基地退出是指合并为社区后，各村均退出了一部分宅基地，退出的宅基地转为集体经营性建设用地入市。

在安置房分配过程中，所有农户都选择安置房，无一农户选择货币补偿而放弃宅基地资格权，对于安置房，农户没有土地使用权，只拥有安置房本身的所有权和使用权，农户可以自用、出租和出售安置房。安置房就是事实上的"小产权房"，但是经政府规划建设的小产权房。5 村合并社区，腾出近一半的宅基地，腾出的宅基地转为集体经营性建设用地，所有权仍属于村集体，使用权在政府的主导下入市。农民以免费获得社区安置房的方式获得补偿。

（2）成功经验。"村改居"或"合村并居"的方式在其他地区也有施行，但一些地区施行并不顺利，甚至引起农民的强烈不满，寿光市 5 村合并社区退出宅基地的方式取得了参与各方共赢、各方都满意的良好效果。相对于"村改居"或"合村并居"失败地区，寿光市的不同之处同时也是寿光市取得成功的经验主要有以下几个方面。

第一，政府组织实施，农民利益得到保障。农民掌握的信息有限，对市场运行方式缺乏全面了解及掌控能力，在市场交易中谈判能力差，是市场经济中的弱势群体，如果项目完全市场化运作，农民的利益很可能受到侵害。

第10章　强化土地制度改革关联效应促进城乡融合发展

5村合并社区项目由寿光市政府发起，由5村所在街道组织实施，由国有企业作为开发商，"国"字当头，农民利益有保障，避免了完全市场化运作可能造成的对农民利益的损害。

第二，宅基地退出补偿合理，农民积极参与。项目以宅基地置换安置房的方式实施，且安置房为精装修，没有附加条件，有地就有房，农民可以零成本改善居住条件和生活环境，同时农民还可以获得地上附着物货币补偿、拆迁货币奖励及免费临时住房，所以，农民积极参与，项目进展顺利，从立项到完成仅用3年多时间。

5村合并社区的宅基地退出补偿充分体现了人格财产溢价[①]。人格财产是附着了财产所有人情感、精神因素的财产，其重置成本应高于其市场价值[②]，高出的部分就是人格财产的溢价。根据人格财产理论，宅基地（包括地上房屋）是典型的人格财产，对宅基地的补偿应包含人格财产溢价。在寿光市5村合并社区的实践中，各方在不了解人格财产理论的情况下，给予宅基地的退出补偿事实上包含了宅基地作为人格财产的溢价。5村农户原来居住的正房加厢房合计的平均面积为110平方米，120平方米的精装修安置房足以补偿原住房面积，但补偿中另外给予每户60平方米精装修安置房，这60平方米精装修的安置房就是对宅基地人格财产价值的补偿。近两年，寿光市靠近城区的宅基地退出补偿精装修安置房的面积达到了200平方米、个别村庄甚至达到了300平方米，这些村庄的宅基地退出补偿既包含了人格财产溢价，也充分体现了级差地租[③]。合理的退出补偿应包括宅基地的市场价值、人格财产溢价及级差地租。

第三，农民身份、社区土地性质不变，项目实施障碍小。退出原有宅基地进入社区后农民身份不变，不涉及户口、市民身份等问题。社区土地性质仍为集体宅基地，不涉及不动产证等问题。因此，项目涉及的制度和政策调整较少，实施障碍较小。

第四，社区品质较高，农民生活质量明显提高。社区绿化率30%，容积

[①] 梁妹娜：《城乡融合发展取向的宅基地产权制度改革研究》，载《辽宁大学学报（哲学社会科学版）》2021年第4期，第90~91页。

[②] Margaret Jane Radin, Property and Personhood, Stanford Law Review, 1982, 34 (5): 957-1015。

[③] 张桂文：《深化农村土地制度改革促进城乡融合发展》，载《辽宁大学学报（哲学社会科学版）》2021年第4期，第57页。

率1.2，有健身、休闲、娱乐设施，整体居住环境较舒适；农户家的水、电、暖、燃气、排污等接入市政系统，摆脱了从前定时供水、自行供暖、使用煤气罐、旱厕等种种不便的生活方式；社区教育、医疗、生活配套齐全。农民生活质量明显提高，对5村合并社区项目评价普遍较高。

第五，宅基地改革，实现各方共赢。宅基地"三权分置"，社区占用宅基地的所有权和使用权归村集体，而资格权则属于农户。农户凭资格证获得安置房的所有权和使用权，农户可以自用也可以出租或出售安置房。可以出租、出售安置房使农户获得了同城市居民一样的获取房产收益的权利和机会。5村合并社区，退出近一半的宅基地，退出的宅基地转为集体经营性建设用地，所有权仍然属于村集体，使用权由政府主导入市，实现城乡间要素流动。通过宅基地改革，农民生活质量提高，城市获得建设土地，政府分享了土地增值收益，整个社会实现了帕累托改进。

(3) 存在的问题。寿光市5村合并社区的宅基地改革开展顺利，实现了各方共赢，是一次成功的改革，积累了可复制、可推广的经验。改革中暴露出来的问题比较少，特别是需要近期内解决的问题少，从长期看，必须要解决的问题是安置房的产权问题。根据村里的分配方案和相关文书，安置房的所有权和使用权属于农户，农户可以转让或继承。然而，农户并没有安置房的产权证。没有产权证极大地限制了房产的交易，房产交易受限，这使农民很难像城市居民一样获得房产收益，农民的资产收益仍难以实现，更大的问题是农户作为安置房所有者的法律地位没有得到法律保障。

10.5.3.2 集体经营性建设用地改革

1. 集体经营性建设用地改革实践

(1) 集体经营性建设用地直接入市。在2014年中央一号文件提出集体经营性建设用地入市并于2015年进行试点之后，寿光市农村已经明确的集体经营性建设用地参照试点地区的办法开展了入市改革实践，但没有出台明确的政策。2021年3月，寿光市政府出台了《寿光市农村集体经营性建设用地入市实施办法（征求意见稿）》，其内容没有突破国家试点地区的具体实施办法，并说明"本办法为国家农村集体经营性建设用地入市政策出台前的过渡期办法，有效期两年。如果上级出台集体经营性建设用地入市政策，则以上级政策规定为准"。征求意见稿在征求意见期间内未收到任何修改意见或建议，也即成为正式文件。寿光市在农村集体经营性建设用地入市的政策和实践方面没有突破国家试点的改革内容。

（2）退出宅基地转集体经营性建设用地入市。在农村生产和生活实践中，集体经营性建设用地、集体公益性建设用地和宅基地三类建设用地之间没有严格的区分，在实际操作中可以由村集体根据需要进行调整。寿光市集体经营性建设用地的改革体现在退出宅基地间接入市的做法上，退出的宅基地不是直接入市，而是先转为集体经营性建设用地，再以集体经营性建设用地入市。以寿光市5村合并社区的改革为例，5村合并社区后，退出的宅基地转为农村集体经营性建设用地，然后入市，但不是由村集体主导入市，而是由政府主导入市。

2. 集体经营性建设用地入市改革剖析

（1）成功经验。寿光市集体经营性建设用地入市改革的成功经验体现在退出宅基地转为集体经营性建设用地后入市的做法上，成功的关键在于政府主导。对此本书将在"寿光市土地制度改革的成功经验"中详述。

（2）存在的问题。寿光市集体经营性建设用地直接入市和宅基地转集体经营性建设用地间接入市的具体实施办法都还不完善，存在"一事一议"的情况，这增加了交易成本，并且因缺乏充足的政策和法律依据而存在一定的风险。

10.5.3.3 寿光市土地制度改革的成功经验

1. 各项土地制度改革联动

承包地、宅基地、集体经营性建设用地改革联动是寿光市土地制度改革成功的关键。在5村合并社区案例中，承包地、宅基地、集体经营性建设用地协同改革，5村的承包地成建制流转，5村合并社区节约出来的宅基地转集体经营性建设用地后入市。土地制度改革联动，既实现了农地规模化经营，提高了土地资源的利用效率，又增加了农民的财产性收入，提升了农民生活品质，实现了土地制度改革的多重目标。

2. 政府主导改革

在5村合并社区案例中，政府主导承包地流转，政府主导社区建设及宅基地退出，政府主导退出的宅基地入市。政府在主导社区建设及宅基地退出的过程中，充分保障了农民的权益，给予农民满意的补偿，获得满意的补偿是农民顺利退出宅基地的关键。在寿光市范围内，退出的宅基地的所有权归属情况并不一致，有的经政府征收后转为国有土地，有的仍为村集体所有土地，但所有权由政府托管。在国家没有放开土地所有权变更的条件下，寿光市在宅基地、集体经营性建设用地改革过程中暂时搁置土地所有权问题，根据城乡经济社会发展需求，切实地解决了土地资源在城乡间合理流动及优化配置问题，其经验值得借鉴。2020年3月发布的《中共中央 国务院关于构建更加完善的要素市场化配置体制机制的意见》及2021年12月发布的《国务院办公厅关于印发要素市场化配置综合改革试点总体方案的通知》已经体现了宅基地入市的意向，预期相关试点工作也将展开，这是对寿光市宅基地间接入市做法的肯定。

10.5.4　土地关联制度改革案例剖析——以寿光市金融、财政制度改革为例

10.5.4.1　寿光市关联土地制度的金融制度改革实践

寿光市作为县级市对与土地制度关联的户籍制度、社会保障制度及相关法律没有改革的权限，但可以就财政、金融等具体实施办法进行改革。寿光市早在2009年3月7日就印发了《寿光市农村住房抵押借款暂行办法》《寿光市大棚抵押借款暂行办法》和《寿光市土地使用权抵押借款暂行办法》，在事实上开展了"两权"抵押贷款工作。

据中国人民银行寿光市支行数据显示，2009年4月至2010年8月1日，寿光市用于支持农业生产的信贷资金75.6亿元，同比增长48.2%，其中蔬菜大棚、农村住房、承包土地经营权贷款已达6亿元；截至2013年6月底，寿光市农村住房抵押贷款已累计发放2140万元。除了"两权"外，寿光市还开展了林权、海域使用权、盐田使用权、农产品订单等抵押贷款工作，2009~2012年，寿光市利用各种新型抵押方式发放的贷款累计超过51亿元，而同期寿光市涉农财政补贴总计为4.32亿元，农民通过新型抵押贷款方式获得的融资超过涉农财政补贴的10倍以上。寿光市关联土地制度的金融制度改革持续到2016年成为国家"两权"抵押贷款试点地区。至2018年末，寿光市农村承包土地经营权抵押贷款余额为8.3亿元，试点期间累计发放贷款2800多笔，合计10.5亿元。

10.5.4.2　寿光市关联土地制度的财政制度改革实践

寿光市的土地制度及关联制度改革均由政府主导。土地制度改革涉及农民利益的调整，为了切实保障农民利益，改革过程中寿光市政府既没有拖欠

应向农民支付的各项资金,也没有让农民垫付某项资金,而是通过财政间接承担了各项应向农民直接支付的资金和保障所需的资金。

为了支持"社会主义新农村建设",寿光市政府于 2010 年 12 月 10 日以寿光市财政局作为主要出资人成立了寿光市惠农新农村建设投资开发有限公司。寿光市惠农新农村建设投资开发有限公司是国有全资企业,经营范围包括以企业自有资金对城乡基础设施、新农村、小城镇建设项目进行投资;房地产开发及房屋租赁。寿光市惠农新农村建设投资开发有限公司的股权结构如图 10 – 13 所示。

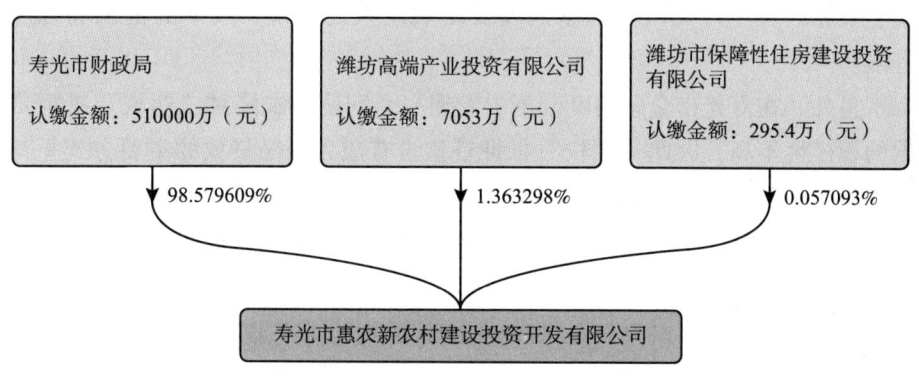

```
┌─────────────────┐   ┌─────────────────┐   ┌─────────────────┐
│  寿光市财政局    │   │ 潍坊高端产业投资 │   │ 潍坊市保障性住房 │
│                 │   │    有限公司      │   │  建设投资有限公司│
│ 认缴金额:       │   │ 认缴金额:        │   │ 认缴金额:        │
│ 510000万(元)   │   │  7053万(元)    │   │ 295.4万(元)    │
└─────────────────┘   └─────────────────┘   └─────────────────┘
         │ 98.579609%         │ 1.363298%          │ 0.057093%
         └────────────────────┼────────────────────┘
                              ▼
              ┌─────────────────────────────────┐
              │ 寿光市惠农新农村建设投资开发有限公司 │
              └─────────────────────────────────┘
```

图 10 – 13 寿光市惠农新农村建设投资开发有限公司股权结构

在寿光市 5 村合并社区项目中,政府通过寿光市惠农新农村建设投资开发有限公司支付了各项资金。寿光市惠农新农村建设投资开发有限公司的收入主要来源于项目中退出的宅基地的开发,以及社区剩余安置房的出租、出售。

10.5.4.3 寿光市土地外部关联制度改革剖析

1. 成功经验

2018 年底"两权"抵押贷款试点工作结束后,通过修正法律,农用地承包经营权抵押贷款的法律障碍被消除,各地相继出台农村承包土地经营权抵押贷款实施办法,这充分证明了寿光市相关金融制度改革的超前性和正确性;2018 年寿光市 5 村合并社区项目的顺利完成,并获得村民的高度评价,肯定了在项目实施过程中有针对性的财政制度改革的积极作用。寿光市土地外部管理制度改革的成功经验主要体现在两个方面。

（1）政府主导改革。土地制度改革是一项系统工程，需要外部关联的金融制度、财政制度的协调配合，但微观经济主体及村、镇级行政机构都没有权利和能力进行此类制度改革。寿光市政府主导了支持和配合农村土地制度改革的金融制度、财政制度的改革。如果没有寿光市政府主导，与土地制度相关的金融、财政制度的改革无从实施。

（2）因势利导进行改革。土地制度改革客观上需要外部关联制度与其协调配合，寿光市政府因势利导、顺理成章地对外部关联制度进行了相应的改革。

2. 存在的问题

寿光市土地关联制度改革过程中存在的突出问题是改革不彻底、不到位，其主要原因在于寿光市受国家制度及宏观政策的约束，改革的范围和程度有限。

另外，在寿光市金融制度改革中发现一个问题，农民对"两权"抵押贷款的积极性不高，因此"两权"抵押贷款没有成为农民贷款的主要方式。其原因主要在于对于人均收入较高的寿光农民而言，"两权"的抵押价值低，因而贷款额度低，不能满足农民对资金的需求。以承包土地的经营权贷款为例，寿光市农地租金大约1000～1500元/亩，农民承包地面积大约3～4亩/人，以每户3～5人计，每户承包地面积不超过20亩，以20亩计，每户承包经营权抵押贷款额度不超过30000元。寿光市经济较为发达，较低的贷款额度不能满足农民对资金的需求。所以，农民贷款的积极性不高。此外，承包土地经营权抵押贷款的手续较为复杂，贷款人需要在齐鲁产权交易中心进行产权登记，才能获得贷款。贷款额度低，手续复杂，使大多数农民放弃承包土地经营权抵押贷款。农民住房财产权抵押贷款同样存在农房抵押价值低、手续复杂的问题。因此在寿光市，虽然试点期间"两权"抵押贷款的效果较好，但在试点结束、"两权"抵押贷款方式的不足充分暴露出来之后，"两权"抵押贷款的额度大幅降低。"农信贷"即农民信用贷款，因其额度高、手续简便，而成为寿光市农民主要的贷款方式。

10.6 强化土地制度改革关联效应的对策建议

10.6.1 夯实基础保障：优化政府主导行为与坚持农民主体地位并重

改革开放以来，我国土地制度改革从承包地领域的"两权"分离发端

(1978年)并递进演变为"三权分置"格局(2014年),此后则进一步以分类试点的形式拓展至"三块地"领域(2015年),2017年开始进一步扩大试点范围、延长试点时间,其为农业农村农民长期全面发展和城乡均衡发展不断赋能的改革目标异常清晰,对未来中国特色社会主义现代化建设的重大意义也尤为明显。

回顾这一改革历程可以发现,其每一阶段的演化均是强制性变迁与诱致性变迁有机结合的结果,政府组织的有力主导和农民群体的自发创新共同构成了改革实践不断深化的内在动因。从这一角度看,强化土地制度改革的关联效应,同样需要以不断优化政府主导行为、坚持农民主体地位作为最基础的保障。

10.6.1.1 不断优化政府主导行为

历经40余年的不断探索,我国土地制度改革已经进入深水区,缩小土地征收范围、赋予农村集体经营性建设用地与国有土地同等入市权利等改革内容甚至已经开始触及政府系统的财政利益。为此:

第一,中央政府和省级政府站在顶层设计的高度,明确界定地级政府乃至县级政府[①]在推进各项土地制度改革过程中的权责利关系,并运用各类行政管理手段,坚决杜绝其在缩小土地征收范围、农村集体经营性建设用地入市领域的消极应付现象。

第二,全面推进"多规合一"性规划入村工作,将各项土地制度改革与"三生空间"优化问题进行统筹安排,综合考量乡村发展的现实需求和长期需要,一体化安排农村生产发展、人居环境改善、生态与文化资源保护利用等各类活动,显著促进农业农村和农民的全面发展,避免多类规划交叉重复、相互冲突等现象的发生,为农村土地制度改革特别是"三块地"制度改革的顺畅推进提供总体导向。

第三,加强土地制度改革相关政策的宣传、解释工作的同时,加强监管、坚决遏制和妥善处理土地制度改革过程中的非法事件,赢得农民最广泛的支持。

10.6.1.2 毫不动摇地尊重农民主体地位

改革开放至今,土地制度改革之所以能够稳步推进且未对经济社会发展

[①] 事实证明,地级政府和县级政府是对"土地财政"依赖度最高的两级政府,因而至少在短期内,其对推进土地征收制度和农村集体经营性建设用地入市制度改革容易出现积极性不足倾向。

产生消极影响,就在于中央和地方对诱致性制度变迁的高度重视,以及对农民主体地位的高度尊重。当前,农地经营权流转改革和"三块地"改革尚处于起步阶段,很多原则性和关联性改革措施,亟待通过基层实践加以调校、检验甚至落实。这种情况下,继续保障农民主体地位、增进农民主体利益、调动农民创新的积极性,对于保障土地制度改革联动效应就显得至关重要。

第一,全面尊重农村农民的改革意愿,摆脱一蹴而就和无视客观约束的错误倾向,全面保证改革过程的稳妥性,积极鼓励并支持农村农民在土地配置和利用方面的创新举措。

第二,在各项土地制度改革推进过程中,坚守农民合法权益不受侵害的改革底线,将农民财产性收入和经营性收入稳步增长、"三生"空间质量不断改善作为改革的出发点和落脚点,将农民改革创新的先进经验有机融入政府改革方案。

第三,基于土地制度改革领域新法规、新现象、新市场快速增多的现实,加大对农村农民的改革赋能力度,整合政府部门、人民团体、社会组织等各类相关机构力量,面向农村农民,系统传播土地制度改革相关知识、技术、信息以及运用土地资源开展创新性、现代化生产经营活动的基本经验和技能,使农村农民能够真正具备抓住土地制度改革机遇、在土地制度改革不断深入过程中灵活运用土地资源增收致富的长期能力。

【专栏9】江西龙南:共享村落激活乡村振兴新动能

江西省龙南市渡江镇高标准打造共享村落黄花湾,走出了一条"乡村与城市共享、三产与一产共享、龙南与湾区共享"的乡村振兴新路子。

拓宽共享村落的"广度"。渡江镇凭借地处"城市近郊、高速出口"的优势,依托莲塘村现代农业产业示范园,盘活黄花湾70栋村民闲置用房和72亩左右空地资源,采取"村民出租空房空地,政府打造景观环境,业态入驻自主经营"的模式,为创新产业、青年创业、乡村旅游、养老休闲等产业在乡村落地提供平台,赋予乡村发展新动力。该镇持续聚焦环境优化提升和乡风文明传递,将黄花湾打造成集休闲旅游、爱国主义教育、非遗文化、私人工作室、餐饮私厨、农副产品交易中心等多位一体的文化休闲带,撬动200余万元的金融和社会资本进入农村,打破了城乡二元对立的结构,推动城乡融合发展。

挖掘传统文化的"深度"。渡江镇充分探索传统文化与村落融合模式，将原有的6栋祠堂、土坯房修缮为马头墙风格的建筑群，利用祠堂、土坯房等老建筑及3处空地、1处园林、4处村巷等空间融合俗语谚语、楹联、匾额、墙画等赋予客家文化和本土文化含义，打造老话彩墙、谚语步道、歇后语林等形成"景观与文化共融、标识与文化共建"的文化系统，形成文化"处处可见、处处可闻"的氛围。该镇充分发掘黄英镇文化，打造建设树德小学堂、莲塘精舍，将黄英镇生平、著作、思想以及其背后蕴含的阳明文化进行陈列展示，每月定期举办悟道讲坛，邀请文化学者悟道讲学，深度讲解传播。此外，还吸纳客家梅子等3家文化业态，以手工制作、沉浸体验等方式展示客家非遗织带制品，让非遗文化看得见摸得着有实物，打造文创产业，架起传统文化与现代文明互融互通的桥梁，真正将黄花湾打造成集黄英镇文化、非遗文化、阳明文化、客家文化为一体的传统文化部落。

强化产业融合的"力度"。渡江镇依托黄花湾共享村落旅游资源优势，以提升一三产业融合力度为重点，打造了集农产品展销、线下博览交易、大型商品展、大型会议、大型宴会、商务洽谈、创业培训等为一体的农商会展区，带动15户农户农产品销售，拓展销路实现"内外销并进"。黄花湾引进10余家丰富业态如别院民宿、大型餐饮、私人工作室等既满足游客吃住行、游购娱的需求又吸引大量人流，节假日期间每日游客可达到5000余人次，还成为当地农产品销售的重要平台，推动15户农户农产品销售。

资料来源：转引自《【赣南苏区振兴十周年】江西龙南：共享村落激活乡村振兴新动能》，中安在线，2022年6月30日，http://news.anhuinews.com/shehui/202206/t20220630_6111971.html，转引时有部分删节。

10.6.2 巩固和放大承包地"三权分置"改革成效[①]

在农村"三快地"改革进程中，承包地"三权分置"改革起步最早，农民自发参与的水平也最高。但是近年来我国农地流转规模的扩大和流转比例

---

① 徐世江：《农地组织化流转与城乡融合发展的条件积累》，载《辽宁大学学报（哲学社会科学版）》2021年第4期，第65~75页。

的提高，并未理所当然地打破农地小规模经营格局①，甚至引发了"小农户复制"现象②，农业用地的再配置效率仍然存在巨大提升空间。鉴于此，有必要在巩固现有承包地"三权分置"改革已有成效的基础上，切实扭转原有"自发式"流转的弊端，以积极推进"组织化"流转为突破口，全面提高农用地的利用效率。所谓农地自发性流转，是指农地流转双方基于个性化合约或口头约定而实施的农地流转过程，而农地组织化流转，是指作为农地转出方的农户，以一个整体而非分散个体的形式，与农地转入方基于统一流转合约或权益分配方案等正规文件，通过集体行动而实施的农地流转过程。

第一，继续坚持农地第二轮延包以"户"为单位（而非以"人"为单位）签订承包合同，以及"增人不增地、减人不减地"的基本原则，鼓励各地在此基础上开展广泛的制度创新③，切实提高集中连片农地的有效供给水平，弱化组织化农地流转过程中的农地供需矛盾。

第二，进一步健全农村社会保障体系，着力提高农村社会保障支付水平，缓解农民对农地社会保障功能的过度依赖，借此降低农户土地流转的自我评估价格，提高农户长期流转的意愿。与此同时，在政府拟重点推进相关农业产业化项目或农业园区建设过程中，如果涉及农地的规模化流转，可以尝试引入农地转入方和转出方双向补贴政策，吸引双方的主动配合和主动参与。

第三，加大工商资本参与农地经营权组织化交易的审核及全程监管、指导和支持力度。探索建立规模化农地流转登记备案制度、合同履约保证金制度和相关工商企业信用信息提示制度，及时将企业信用水平较低的工商资本纳入监管系统，而对商誉良好的工商资本参与行为，则应为其提供诸如工商注册、税收优惠、融资便利等方面的可达性政策支持。

第四，由地方政府因地制宜地制订村"两委"班子工作绩效评价指标体系，并动态优化其内容构成和评价结果运用机制，适当突出经济发展能力与

---

① 韩旭东、王若男、杨慧莲、郑风田：《土地细碎化、土地流转与农业生产效率——基于全国 2745 个农户调研样本的实证分析》，载《西北农林科技大学学报（社会科学版）》2020 年第 5 期，第 143～153 页。

② 郑阳阳、王丽明：《土地流转中为什么会形成大量小农复制》，载《西北农林科技大学学报（社会科学版）》2020 年第 7 期，第 90～98 页。

③ 注：比如，"虚拟确权"就是近年来该领域内一种较具代表性的制度创新。参见夏柱智：《虚拟确权：农地流转制度创新》，载《南京农业大学学报（社会科学版）》2014 年第 6 期，第 89～96 页。

发展绩效的权重，引导村"两委"班子主动开展农地规模化流转，并以其为基础整合村庄经济资源，提高村庄经济活力，增强村庄的内生发展动力。

【专栏10】陕西省赵家峁村农地组织化流转及其实践效果

赵家峁村隶属于陕西省榆林市，距离城区30公里，地貌以丘陵、沟壑为主，人均耕地约3.3亩。2013年前，赵家峁村多数青壮年常年外出务工，人口和产业"空心化"特征明显，耕地撂荒现象非常普遍，产业缺乏支撑、农户增收困难、村民人心涣散是村庄发展的主要掣肘。2014年赵家峁村被确定为陕西省首批农村集体产权制度改革试点村，从而走上了以农地组织化流转为基础、以"三变"改革为路径、以一二三产业有机融合为特征的产业化变革之路。2017年，赵家峁村股份经济合作社正式成立，推出了以土地股、人口股、劳龄股、旧房股作为基础与保障股，资金股为发展股的"4+1"股权设置模式，各种股权占比分别为38%、22%、5%、12%和23%。在此基础上，合作社将所有农地和集体经营性建设用地统一纳入股权系统。根据地形地貌、乡土文化特点，赵家峁村规划设计了五个产业功能区，分别由股份经济合作社下辖的1个农业发展有限公司、2个种植养殖专业合作社和1个乡村文化旅游公司负责运营管理，单一的村民身份转变为合作社股东和合作社员工的双重身份，每年不但可以获得股份分红收益，同时还可以获得在园区、景区务工的工资收益。

利用村民自愿筹集的435万元启动资金，依托于农地经营权的组织化流转、农地集中化整理以及多功能价值整合性开发，赵家峁村农地实现了小块地、绺绺田向大块地、整装田的转变，可利用面积大幅增加，先后建成了405亩的时令水果采摘基地、1000亩的旱作农业示范区、1500亩的生态经济林示范区、35亩的现代养殖小区、300亩的葡萄酒生产基地、266亩的农家休闲垂钓区和1500亩的杏树文化观光区，将全村打造成了以"杏花溪谷、峁上人家"为主题的休闲度假村，实现了三次产业的就地高质量融合。农民和农村也因此实现了双受益：农民人均收入由2013年前的不足3000元提高到2019年的20000元，村集体收入仅2019年就达到350万元，"三农"发展面貌进而发生了彻底改观，2019年其成功经验被推介至全国。

资料来源：转引自徐世江：《农地组织化流转与城乡融合发展的条件积累》，载《辽宁大学学报（哲学社会科学版）》2021年第4期，第65~75页。

10.6.3 聚焦攻坚核心：加快建设城乡土地使用权交易市场体系、稳步推进宅基地"三权分置"改革

10.6.3.1 加快建设城乡土地使用权交易市场体系

从改革时序角度看，承包地改革是我国土地制度改革进程中推进时间最长、范围最广、配套改革措施最为成熟的改革，有待破解的实践难题已经较少。相比之下，"三块地"改革刚刚起步，新制度在操作层面上面临诸多"卡点"，有必要投入更多改革精力。当然，"三块地"改革过程中，集体经营性建设用地入市改革和征地制度改革属于"一体两面"关系，消除农村集体经营性建设用地入市障碍，并不会对城镇建设用地供给总量产生明显冲击，同时又可以为村集体和农民增加长期财产性收益创造便利条件。正因如此，农村集体经营性建设用地改革在当前土地制度改革体系中的联动影响非常突出，加快农村集体经营性建设用地使用权交易市场体系建设步伐，就构成了当前有序推进土地制度改革进程的核心任务之一。

（1）积极推进农村集体建设用地确权颁证工作。全面开展农村地籍调查，在此基础上尽快完成集体经营性建设用地和宅基地的确权颁证任务，摸清城乡土地使用权交易市场供给侧"家底"，为农村集体经营性建设用地入市审批计划的制定、空间余缺的调剂乃至区域土地规划的调整提供充分的基础信息。

（2）集中力量创建农村集体经营性建设用地交易市场。注重部门协同，从入市条件、入市程序、价格评估机制、土地供需网络信息系统建设、中介服务组织选育，以及交易规则、融资与担保机构引入等全流程下的各个环节着手进行平行推进，确保农村集体经营性建设用地交易市场具备高起点、高规格、高成熟度等综合特征，使其在城乡建设用地的配置中发挥决定性作用，为农村集体经营性建设用地顺畅入市，进而为农村农民盘活土地这一"沉睡资产"打通"最后一公里"通道。

（3）加强农村集体经营性建设用地交易市场前后两端的规制工作。一是在市场交易前端，严把土地进入市场的关口，强化对农村土地非法转用现象的监管和整治，坚决杜绝经济利益驱动下非法侵占农用地现象的发生；二是在市场交易后端，充分论证和制定增值收益分配政策与调节金征收政策，科学处理好国家、村集体、农民和土地使用权人之间的利益关系，确保村集体

和农民的土地权益免受侵害。

10.6.3.2 稳步推进宅基地"三权分置"改革

"三块地"改革是一体化的改革，这种一体性蕴含于城镇建设用地、农村集体经营性建设用地和宅基地三者之间的逻辑联系之中。按照"三块地"改革的基本要求，首先是要在城镇建设用地来源上缩小农村土地的征地范围，非公共利益需求不能实施农村土地征收。那么，城镇经济社会发展过程中的建设用地需求如何才能得到有效保障？"三块地"改革所提供的答案就是通过农村集体经营性建设用地入市来提供必要供给，从而为农村集体经营性建设用地入市预留了改革空间。不过问题在于，有数据显示，我国农村建设用地面积为19.12万平方公里，其中宅基地占比为70%，总面积达到13万平方公里[1]。这也就意味着即使假设农村公益性建设用地面积为零，当前农村集体经营性建设用地存量的上限也仅为6.12万平方公里，即便这部分存量土地能够全部顺畅入市，也难以满足城市建设用地的全部需求。不但如此，就区域分布来看，农村集体经营性建设用地的主体集中在经济先发的东南沿海地区且大部分处于在用状态，而经济后发但城镇建设用地需求旺盛的中西部地区却存量较少，如果没有增量补充，全国农村集体经营性建设用地入市规模恐将严重不足。由此可见，农村宅基地"三权分置"改革将在"三块地"改革进程中肩负起弥补集体经营性建设用地入市缺口的艰巨任务。实际上，有数据显示，2019年全国宅基地的闲置率高达18.1%[2]，这一数据为弥补这一缺口提供了可能。与此同时，数量如此庞大的闲置宅基地，一方面构成了农村土地资源和农民前期投资的严重浪费，另一方面则构成了一种可观的"沉睡资产"，如果利用得当，其巨大经济价值和社会价值的盘活，必将对乡村振兴和城乡均衡发展产生深远的积极影响。

（1）积极推进宅基地确权登记和历史遗留问题处置工作。在广泛摸底调查的基础上，面向宅基地所有权人（村集体）、地上房屋所有者（农民）和房屋使用者（使用权人）同时颁证，确认三方合法权益；与此同时，在精准勘测的基础上，对历史遗留的一户多宅、建新不拆旧、面积超标、违法占用

---

[1] 资料来源：《乡村相见：创新政策工具盘活闲置宅基地助力乡村振兴》，搜狐网，2020年8月17日，https://www.sohu.com/a/413461543_120194067。

[2] 资料来源：《深化宅基地改革 为乡村振兴"打好地基"》，闪电新闻，2021年3月13日，https://sdxw.iqilu.com/share/YS0yMS03NTk0NDg2.html。

农田建房等问题开展集中整治。通过上述两方面的前期治理行动，为后期宅基地整理、退出、流转、置换、抵押、资产化运作奠定坚实基础。

（2）保障和促进宅基地所有权人的宅基地资产运作权能。我们鼓励和支持村集体组织根据村庄宅基地利用的实际情况，采取多种形式对闲置宅基地进行收储、整理和再利用。一方面，细化闲置宅基地复垦后补充耕地指标和集中整理后转为集体建设用地或城乡建设用地的指标核实确认机制；另一方面，鼓励和支持村集体基于闲置宅基地整理后获得的新增集体经营性建设用地，以入市或自主运作等方式，灵活推进农村非农产业发展，以此促成村集体稳定增收和农村产业的多样性发展。

（3）丰富农民宅基地资格权的实现形式。根据农户多元化的退出意愿，因地制宜地广泛推进农民宅基地资格权变现形式创新，既要充分考虑单一实现路径的形式多样性，又要全面探索组合式实现模式的可能性。与此同时，我们全面完善了宅基地退出补偿机制，在实物补偿、货币补偿等一次性补偿机制的基础上，灵活增设了诸如投资或入股村级集体经济组织等长期补偿机制。

（4）建立完善的宅基地使用权流转机制。激活宅基地使用权的潜在经济价值，是提高农民财产性收入、丰富农村产业业态的重要手段，也是宅基地"三权分置"改革的主要目标之一。为此，一是灵活放开农村闲置宅基地使用权流转市场，支持社会投资主体以租用闲置宅基地及其地上房产为基础的产业经营活动，并通过确权颁证途径确认其使用权人的合法地位。二是最大限度地活化宅基地使用权的经济权能，通过财政、税收等调节手段鼓励其投资行为，并全力促成金融机构为其提供融资服务。

【专栏11】象山"三权分置"改革：农村闲置宅基地，修出绿水青山下的"金屋银屋"

宁波市象山县鹤浦镇南田岛中部的小百丈村，是个实实在在的海岛小村，村民一千余人。绿水青山之中的小百丈村产业单一，村民谋生依赖种植橘树和茶树。2018年之前，全村人均年收入仅在1万元左右，越来越多的农民选择外出务工，一批批宅基地闲置，农宅年久失修，小百丈村面临着"空心村"的困局。小百丈村受限于地理因素（距离最近的高速公路路口有三十多公里，还要在码头坐轮渡），集体经济薄弱，加上人才流失，尽管空置房屋很多，然而发展乡村旅游业，也是有心无力。

宅基地"三权分置"改革开启以来，象山县陆续出台《推动农村宅基地"三权分置"的实施意见（试行）》等1+11个配套政策，形成了具有象山特色的农村宅基地和闲置农房开发利用新路径，闲置农房—引进项目—签订协议—拆建改建—颁发三证—抵押贷款—开启运营—共同致富为乡村振兴注入了新动能。

象山县自然资源和规划局选中的第一批改革试点里，就有鹤浦镇小百丈村。改革试点开始不久后的2018年4月25日，小百丈村村民王定龙收到了浙江省的第一本农村宅基地"三权分置"不动产权登记证，以及自家石头屋及土地的第一笔租金——5年8.5万多元。原来，他将自己的宅基地和房屋使用权流转给了宁波安可旅游开发有限公司开发民宿，流转期限为20年整。有村民说，宅基地改革之前，本村的房子租不到理想价格而且担心老宅被破坏、侵占而不敢出租，"三权分置"让他们开始了放心大胆的尝试。"反正房子也是空着，租给安可公司，我们家收入提高了，房子也更漂亮了。"据了解，全村共有15处房屋和6300余亩土地被流转给了安可公司，按照协议，20年可累计获得租金320余万元。

经过一年的精心修缮，2019年5月28日，投资7000万元统一开发的精品民宿"安可橘宿"项目开业，温柔的海风和造型独特别致的小石头屋，引来一批批慕名前来的游客。"橘宿"负责人指出，山清水秀、民风淳朴的海岛小村，还没有真正的民宿进驻，多年的民宿经营经验使其一下就看中了小百丈村，但真正让其团队下定决心投资的，是"三权分置"。流转来的房屋和土地都有相对应的不动产权登记证，小小的一本证书足以让其团队定心。更重要的是，利用产权证还能进行抵押贷款，为日后的经营减免了后顾之忧。"安可橘宿"一拨接一拨的游客，给村里带来了人气，也为村民带来了就业和商机。有村民在民宿"上班"，当上了"农业管家"；有村民修整好自家果园，开放游客采摘；还有村民自己也琢磨起了办民宿。

在安可团队的精心设计和操刀下，村里多了大大小小的"网红景点"，村容村貌的巨大变化，也吸引了镇政府的目光。据了解，鹤浦镇拨款550万元，用于小百丈村的两处遗址修建和布展。修建完成后的张苍水兵工厂遗址、宋朝就已存在的马筋酒坊，和象山第一个大型全竹结构游客接待中心即将亮相。同时，安可团队正在筹备"农产品文创"的开发上线，重点开发小百丈村本地特产的农产品，把村民的劳动果实推给大家，让"橘宿"和小百丈村共创共赢。小百丈村党支部书记王叶永表示，村里一系列的改观，与安可民宿良好的经营状况相辅相成。小百丈村党支部书记表示"'三权分置'改革后，村容村貌变美了，配套设施更加完善，村民的口袋鼓起来，村集体的经济也壮大了，去年我们村集体增收2万元。"

2018年前破旧的"空心村"，如今迎来了四面八方携亲带友的游客，"三权分置"为海岛小村的发展按下了"快进键"。

资料来源：转引自《象山"三权分置"改革：农村闲置宅基地，修出绿水青山下的"金屋银屋"》，宁波广电网，2020年6月9日，https：//www.ncmc.nbtv.cn/xwdsg/nb/30345623.shtml，转引时有部分修改和删节。

10.6.4 放大中介效应：以多重制度改革协同提升土地资源再配置效率

改革开放特别是2013年《中共中央关于全面深化改革若干重大问题的决定》、2014年《关于全面深化农村改革加快推进农业现代化的若干意见》两个重磅文件发布以来，农村土地制度改革涉及的土地类型在原有改革仅限于农用地的基础上实现了巨大突破，集体经营性建设用地和宅基地均已进入改革视域，各地特别是试点地区的改革实践也已取得众多成功经验。不过，从理论上讲，尽管随着土地制度改革进程的加速，城乡各类经济社会主体利用农村土地的总体权利空间大大拓展，但其能否在行动上产生对于农村土地制度改革的积极回应，从而农村土地制度改革能否显著提高土地资源的城乡配置效率，显然还取决于同土地制度改革相配套的诸多领域的制度改革能否有效激发相关利益主体的行动意愿和行动能力。简言之，土地制度改革效能的显现和提升，必须建立在其他相关制度同步改革来实化各类行动主体行动权利，并由此释放应有中介效应或放大效应的前提之上。

第一，积极推进户籍制度联动改革。一是在中小城市落户限制基本取消的背景下，全面建立和实施农村转移人口市民化后的社会成本分摊机制，加大城镇转移人口保障房建设力度，并在教育、医疗、养老等领域有针对性地提高农村转移人口的基本公共服务的可获得性和便捷性，彻底消除附着在城镇户籍之上的福利差异。二是进一步因地制宜地推进小城镇建设，通过小城镇完善的基本公共服务体系和高效链接城乡的产业体系，吸纳更多农村人口就地或就近实现城市化转移。三是广泛开展系列化的乡-城迁移人口发展能力提升活动，显著提高其城市就业能力和社会融入能力，借此增强城镇对农村居民的"拉力",引导其主动退出小规模土地和闲置宅基地。

第二,着力实施财税制度联动改革。一是坚持"经济利益驱动"原则,借助税收优惠、财政补贴、财政投资等财政杠杆,鼓励农村广泛开展农业用地的组织化流转、集体经营性建设用地的入市前整理、闲置宅基地(及地上房屋)的集中整理和向农业用地或集体经营性建设用地的转换,显著提高农村土地面向城乡社会实现开放性再配置的综合效率;二是以拓宽税源渠道为根本,在减少土地征收总量的同时,倒逼城镇体系提高土地集约利用水平,提高土地的单位经济产出;三是坚持"多予少取"原则,优先保障"三农"资金和优先安排"三农"公共服务,提高农业农村生产和生活基础设施的保有量和保有水平,为吸引农村外部资金积极参与土地制度改革进程创造尽可能多的便利条件;四是进一步完善地方事权与财权的匹配关系,基于审慎评估,适度扩大地方税(如消费税、资源税等)的征税范围,适当提高其整体税率水平,缓解土地财政收入锐减可能带来的冲击;与此同时,适度提高国有土地收益基金的提取比例,切实保障集体经营建设用地入市土地增值收益调节金的及时与足额收取,以缓解地方土地财政收入下降的负面影响;另外,从长期角度看,则应将土地财政收入的性质逐步由财政补充资金转型为各类公益基金,彻底消除地方政府对土地财政的过度依赖。

第三,全面加速涉农金融制度联动改革。在坚决打击农村非法金融活动的同时,我们全力争取各类商业金融机构面向农业全产业链、农村土地制度改革全领域,主动降低贷款门槛和利率水平,广泛创新贷款品种和贷款模式,积极拓宽贷款渠道,以改变农村资金"净流出"的局面,有效破解村集体、外部经济社会组织在参与农村土地制度改革过程中所面临的资金短缺困扰,使金融资金真正成为助力土地制度改革、引导农村产业多元化发展的"源头活水"。

第四,积极开展城乡规划制度联动改革。当前大范围的土地制度改革,一方面赋予了村集体、农民、社会投资主体和地方政府更为广泛的土地经济权能;另一方面也极易诱发无序甚至非法开展土地运作的"机会主义"行为。基于此,一是统筹落实"多规合一"机制,使城乡规划形成"横向到边、纵向到底"的土地配置蓝图;二是立足城乡差异化功能之间的互补需求,确定土地制度改革后农村土地功能再配置的"空间边界",确保"三生空间"的协同优化;三是由高层级政府协调建立跨区域土地规划的有序衔接机制,确保土地规划全局效率;四是加大城乡规划执行过程的督查力度,确保规划刚性约束标准不"退坡"。强化法律法规调整与土地制度改革的联动,消除改革中的障碍。

第五,动态优化法律法规体系。我国土地制度改革是在多类型、多层次法律法规体系约束下实施的,因而其推进效率同法律法规体系的完善程度以及法律法规之间的衔接程度密切相关。为此,一是从国家层面,加快土地制度改革相关法律法规的修订与完善工作,避免各类法律法规之间相互冲突、互不衔接现象的发生①。二是从地方层面,在有效落实国家法律法规的基础上,立足本地实际,及时出台地方性配套法规,因地制宜地规制土地制度改革实践,突出与本地土地制度改革客观条件和重点目标之间的契合性。

【专栏12】德清县金融赋能土地制度改革成效显著

自2015年德清县成为全国土地制度改革试点县以来,全县金融系统因地制宜探索打通土地制度改革的金融服务端口,取得了土地增效、农民增收、集体壮大、产业升级等一系列显著成效。

一、强化土地金融体系建设,融资畅通推动改革突破。一是加强政策引领支持,保障信贷资源有效供给。在人民银行德清县支行积极推动下,当地金融业持续出台《鼓励金融机构开展农村综合产权抵押贷款、农村宅基地使用权抵押贷款的指导意见》等政策支持文件,合理调配金融资源,全面激活土地要素活力。二是建立科学评估体系,合理确定抵押物价值。出台了《德清县农村承包土地经营权公允价值评估办法》,旨在探索建立农村产权价值评估体系。借贷双方可以通过多种方式,按照市场化原则合理确定贷款额度。

---

① 比如:进一步明确《中华人民共和国土地管理法》中土地征收、征用过程中,"公共利益"的范围和内容,明确《中华人民共和国土地管理法》和《中华人民共和国物权法》中农村土地征收补偿中关于安排被征地农民社会保障费用的范围与标准,确保土地征收制度改革稳步推进;在《中华人民共和国土地管理法》中明确农村集体经营性建设用地入市的具体程序,避免农村集体经营性建设用地入市过程的随意性;由国务院尽快出台与《中华人民共和国土地管理法》关于集体经营性建设用地使用权出让、转让、互换、出资、赠予、抵押等规定相对应的具体办法,提高农村集体经营性建设用地入市交易的可操作性;增加《中华人民共和国土地管理法》和《中华人民共和国物权法》对农村宅基地使用权转让的细节性规定,推动农村宅基地有序流动;等等。

同时鼓励金融机构优化抵质押物评估流程，如德清农商银行对于集体经营性建设用地直接以成交价作为依据，不再收取额外抵质押物评估费用，减轻农户资金负担。三是积极创新金融产品，积极探索农村资产担保方式。人民银行德清县支行持续引导金融机构创新符合土地权项目属性、融资特点的金融产品和服务模式。如农行德清县支行创新推出全国首笔农村集体经营性建设用地使用权抵押贷款，助力德清实现全国第一宗农村集体经营性建设用地入市。同时，以"三权分置"改革为契机，发放了全国首批"单一"宅基地使用权抵押贷款，有效实现了农民"按揭建房"的目标。2021年以来共盘活农村宅基地1080亩、农房129万平方米，共计发放农村住房抵押贷款和宅基地使用权抵押贷款1535笔，金额5.76亿元。

二、完善配套措施，有效疏通抵押物融资堵点。一是简化业务办理流程，多方位提升金融服务质效。银行机构在确权登记颁证的基础上，简化业务办理流程，持续推进"三张清单"机制，为客户提供线上办理抵押登记的便利，进一步实现限时放贷，提高服务效率。同时创新支付方式，推广"聚合支付"，为交易主体提供融资、结算等全方位金融服务。二是依托数字赋能，金融科技助推土地权益交易信息对称化。如德清农商银行通过"丰收驿站"平台展示农村综合产权交易信息，及时向广大村民传播各项权能交易信息，加快农村综合产权的流转交易。截至目前，已经成功发放了275笔农村土地流转承包经营权抵押贷款，总金额达到了4.47亿元。

三、开拓多业态发展，资源盘活撬动乡村振兴。一是金融加速全域土地整治，释放农地资源和空间要素红利。一方面，农发行德清县支行通过土地"两项指标"信贷支持模式，以低于5年期LPR10个BP的优惠利率，为前期碎片化、无序化的土地资源统筹整合提供中长期贷款，目前已发放全域土地整治项目贷款4.25亿元。另一方面，创新制定了"农地+委托经营"模式，灵活实现借款人对优质土地的流转或租赁，并通过对运营收益的分成增加就业和农村经济收入。二是依托"标准地"加强用地供需对接，培育新型农业经营主体。农行德清县支行为德清某农业股份有限公司发放全省首笔农业"标准地"抵押贷款，以该宗集体建设用地的使用权作为担保物，综合授信2500万元，经营带动周边村民就业70余人。2021年来，通过农地要素整合培育了176家新型经营主体，目前村集体经营性收入已经达到了144万元，农村居民人均可支配收入也达到了4.3万元。三是赋予地上物价值的确权，全力支持产业融合发展。率先启动农业设施确权颁证和抵押融资工作,创新建立了农业设施直接抵押贷款新方式,以比其他农企贷款低150BP的优惠利率发放贷款,激活农业生产设施权益,加快农业全产业链发展,现已发放农业设施抵押贷款9笔,金额1800万元。

资料来源:转引自《德清县金融赋能土地制度改革成效显著》,中国人民银行杭州中心支行,2022年10月14日,http://huhehaote.pbc.gov.cn/hangzhou/2927497/4681574/index.html,转引时有部分删节。

第 11 章

推进基本公共服务均等化促进城乡融合发展

我国二元经济转型已临近后刘易斯转折阶段，城乡关系正在经历从相互割裂到融合发展的历史性转变。实现城乡融合发展需要以城乡基本公共服务均等化作为先决条件。通过全面提升城乡基本公共服务均等化水平促进城乡融合发展，已然成为实施乡村振兴战略，解决新时代我国社会主要矛盾，实现中华民族伟大复兴，走向共同富裕的必然选择[①]。

11.1 城乡基本公共服务均等化促进城乡融合发展的理论分析

城乡基本公共服务均等化是实现城乡融合发展的前提条件。二者之间存在相互契合的逻辑关系。

11.1.1 基本概念界定

11.1.1.1 城乡基本公共服务均等化概念的界定

"城乡基本公共服务"是国家根据所处的社会发展阶段、基于社会共识、为维护社会稳定、保护人民普遍的生存与发展权利而为城乡人民提供的公共产品和服务。城乡基本公共服务的内涵具有阶段性和基础性特征。基本公共服务的范围界定并非一成不变。这种阶段性特征，一方面是由于城乡基本公共服务供给受不同阶段国家经济社会发展的实际资源水平制约；另一方面随着国家经

---

① 张桂文：《深化农村土地制度改革促进城乡融合发展》，载《辽宁大学学报（哲学社会科学）》2021 年第 4 期，第 55 页。

济发展水平和人民生活水平的提高，公民基本权利需求的内容也在不断发展变化，相应的基本公共服务范围也应随之逐步扩展。基本公共服务的基础性特征，特指所提供的公共产品和服务重点是基于社会共识维护社会稳定、保护人民普遍的生存与发展权利，主要包括满足居民基本生存权而提供的基本医疗、公共卫生和养老保障；满足居民生活质量提升需求的公共基础设施、公共安全、公共文化、环保以及基本法律服务；满足居民发展能力提升需求的教育和就业服务等。现行国家政策文本中对基本公共服务范畴的界定也在随着时代发展而逐渐演进。国务院2017年3月正式印发的《"十三五"推进基本公共服务均等化规划》列出的"十三五"国家基本公共服务清单包括公共教育、公共文化体育服务、劳动就业创业服务、残疾人服务、社会保险服务、医疗卫生服务、社会救助服务和住房保障服务八个方面。2018年12月，中共中央、国务院印发《关于建立健全基本公共服务标准体系的指导意见》，将以往的八方面基本公共服务内容进一步扩展和细化，系统化表述为"幼有所育、学有所教、劳有所得、病有所医、老有所养、住有所居、弱有所扶以及优军服务保障、文体服务"九大领域。此后从国家到地方各级政府出台相关标准和规划均采用九大领域的表述。综上所述，基本公共服务与一般性公共服务的区别主要体现在保障范围上。根据当前经济社会发展的阶段性特征，在以往文献研究的基础上，综合考量相关支撑数据的可获得性，本书将基本公共服务研究重点集中在城乡基本公共设施服务、基本公共教育服务、基本公共医疗健康服务和基本社会保障服务四个领域。其中城乡基本公共设施主要包括城乡道路、水电气、宽带及广播电视等基础设施。城乡基本公共教育服务的可及性主要包括城乡教师和教育经费等公共教育资源的供给程度。城乡基本公共医疗服务主要包括城乡医疗机构、人员、设施的供给程度。城乡基本社会保障服务主要包括城乡居民医疗保险和养老保险两方面的保障性服务供给程度。"公共服务均等化"以政策文本形式首次出现在"十一五"规划中，其表述为"公共服务均等化是公共财政的基本目标之一，是指政府要为社会公众提供基本的、在不同阶段具有不同标准的、最终大致均等的公共物品和公共服务。公共服务均等化的主要实现手段是政府间转移支付制度"[1]。

---

[1] 《中共中央关于制定国民经济和社会发展第十一个五年规划的建议（辅导读本）》，人民出版社2005年版，第575页。

第 11 章 推进基本公共服务均等化促进城乡融合发展

基于上述相关概念分析和政策指向，本研究将"城乡基本公共服务均等化"界定为城乡居民对于基本公共设施服务、基本公共教育服务、基本公共医疗健康服务和基本社会保障服务，在种类、数量和质量上的可获得性逐渐趋于一致的过程。本研究所指的城乡基本公共服务均等化的内涵主要包括三方面：第一，城乡基本公共服务均等化的价值取向是以效率为基础的公平。效率是基础性价值目标，效率体现的是供给主体应最大限度地利用有限资源，意味着在公共服务供给过程中尽可能避免公共资源浪费，意味着要在现有资源约束下提供数量种类尽可能多、质量水平尽可能高的基本公共服务。公平是结果性的价值目标。城乡基本公共服务旨在保障城乡居民的基本权利，公平体现的是产生于人们对于社会正义的人文需求，要求公共服务供给不应为某类人群所专有，不应受地域所限，部分群体的消费过程不能把另一部分人排斥在外。不仅城市居民和农村居民的基本公共服务需求应该得到相同程度的关注，根据中国转型发展的实际，那些已经在城镇工作，却没有获得城镇户籍的农民工群体的基本公共服务需求也不应被社会长久忽视。第二，城乡基本公共服务均等化是一个动态过程。城乡基本公共服务均等化本质是一个过程，是随着社会经济的发展和体制机制的完善，将城市和农村发展作为有机整体，统筹提高城乡的教育、医疗卫生、社会保障和基础设施等基本公共服务水平，逐步缩小城乡居民享有公共服务差距的过程。城乡基本公共服务均等化是一个动态发展的过程。受多方面复杂条件影响，经济社会的发展水平、社会经济发展所面临矛盾的多样化、政府财力的有限性、公民对各项公共服务需求紧迫程度的差异，以及形成目前城乡公共服务非均等局面的成因复杂等因素的存在，实现城乡公共服务均等化必然是一个长期的动态的过程。第三，城乡基本公共服务均等化标准的界定。机会均等和结果均等是均等化的两个基本内涵。城乡基本公共服务均等化评价标准应以马克思主义的公平理论为基础，将以人为本，实现成果共享作为根本价值取向，同时兼顾机会均等化和结果均等化。然而，由于机会均等化的可观测数据所限，与机会均等相比，结果均等更加便于观测，因此，目前大多数研究使用的城乡基本公共服务均等化观测工具主要是由结果性观测指标构成。同样由于数据所限，本课题研究同样以可观测的结果均等化作为主要观测标准，基于王波[1]、

---

[1] 王波：《城乡基本公共服务均等化的空间经济分析》，首都经济贸易大学博士学位论文，2016 年。

翟继辉[①]的测评思路，重点测评城乡居民在基本公共设施、基本公共教育、基本公共医疗健康和基本社会保障四类基本公共服务的绝对水平和均等化程度。尽管本研究对均等化的测评以结果均等化的观测指标为主，但本研究在结果解释时会着力避免以评价结果一元导向作为绝对价值判断依据，会更加注重基于均等化过程性的内涵分析，从机会均等化角度对均等化测评结果进行成因分析，并根据机会均等与结果均等的要求提出相应的对策建议。

11.1.1.2 城乡融合发展概念的界定

2019 年颁布实施的《中共中央国务院关于建立健全城乡融合发展体制机制和政策体系的意见》明确提出，要"促进城乡要素自由流动、平等交换和公共资源合理配置，加快形成工农互促、城乡互补、全面融合、共同繁荣的新型工农城乡关系，加快推进农业农村现代化"[②]。综合政策文本、相关学术文献对城乡融合基本内涵的阐释[③][④]，本研究将城乡融合发展概念界定为：通过建立健全城乡要素和产品统一市场，在经济、社会、文化和生态方面实现城乡共同繁荣、共享成果的演进过程。

从城乡融合发展的目标属性看，城乡共同繁荣、共享成果的核心要义是城乡居民生产和生活水平差距不断缩小。正如国家在城乡融合发展体制机制建设的指导思想中明确提出的，建立健全城乡融合发展体制机制和政策体系要以"缩小城乡发展差距和居民生活水平差距为目标"。在总量不变情况下的差距缩小本身并不是发展，更谈不上城乡融合发展。伴随着总量扩大的城乡差距越来越凸显，不能使城乡居民共享发展成果，也不是融合发展。缺乏制度稳定预期，头痛医头脚痛医脚的发展本质上也无法形成城乡融合发展。城乡融合不仅要实现发展，而且要形成一个城乡差距不断缩小的发展态势，更要形成稳定性和可持续性的发展态势。只有城乡发展和城乡居民生活水平差距不断缩小的发展才是城乡共同繁荣、共享发展成果的

[①] 翟继辉：《中国城乡社会保障均等化问题研究》，东北农业大学博士学位论文，2016 年。

[②] 《中共中央国务院关于建立健全城乡融合发展体制机制和政策体系的意见》，载《人民日报》2019 年 5 月 6 日。

[③] 许彩玲、李建建：《城乡融合发展的科学内涵与实现路径——基于马克思主义城乡关系理论的思考》，载《经济学家》2019 年第 1 期，第 96～103 页。

[④] 魏后凯：《深刻把握城乡融合发展的本质内涵》，载《中国农村经济》2020 年第 6 期，第 5～8 页。

第 11 章　推进基本公共服务均等化促进城乡融合发展

城乡融合发展。

从城乡融合发展的内容属性看,城乡融合发展由经济融合、社会融合、文化融合和生态融合四位一体的融合内容构成。城乡融合内容属性规定的是城乡居民在哪些方面实现共同繁荣,以及共享什么样的发展成果,这是理解城乡融合本质内涵的关键,决定城乡融合的客体指向。

城乡经济融合主要指城乡产业互补和工农互促的现象。一方面,农业是工业发展的基础,为工业发展提供必需的原材料和市场。农业发展和生产力提升产生的农业剩余劳动力,通过人口迁移,可以为工业发展提供源源不断的剩余劳动力红利。另一方面,工业对于农业剩余人口的吸收,则通过提升农村人均可耕地面积,为农业大规模机械作业、农产品深加工业和以农业为基础的服务业发展提供必要基础,从而促进农业农村现代化。如果没有工业支持,农业易被锁定于封闭的产业链条,在自然条件限制下,自我维持能力非常脆弱。农业只有在机械、化肥、材料等工业所提供的新技术辅助下、在现代化服务业提供的金融服务和管理创新等支撑下才能实现产业升级,破除自我封闭的内循环,实现现代化可持续发展。

城乡社会融合主要指城乡社会生活的互补。城市和乡村具有不同的社会功能。从城乡发展历程来看,城市和乡村融合实质上是要"结合城市和乡村生产生活方式的优点而避免两者的偏颇和缺点"[①]。城市是工商服务业和人口聚集地,具有强大资源组织和集聚能力,承载社会交流的枢纽功能。城市社会生活一方面催生了知识技术创新活力,产生了社会前进动力,更加追求个体的主体性和自由。另一方面,由于选择更加多样化和人际关系疏离,城市社会环境也容易引发孤独、焦虑和抑郁等心理行为障碍。乡村社会生活由农业生产方式决定,与城市社会生活相比相对单调,但是具有土地和自然环境的亲和性,亲缘关系和邻里关系连接相对紧密。随着时代变迁和社会发展进步,农村正在发生翻天覆地的变化,耕读传家、父慈子孝的祖传家训,邻里守望、诚信重礼的乡风民俗也需要在传承中不断拓展和延伸。城市社会生活和乡村社会生活互通有无,具有高度互补性。如果城乡居民在医疗卫生、基础教育、公共安全、就业服务、养老保障、公共福利等基本公共服务需求方

[①] 《马克思恩格斯全集(第4卷)》,人民出版社1974年版,第368页,转引自许彩玲、李建建:《城乡融合发展的科学内涵与实现路径——基于马克思主义城乡关系理论的思考》,载《经济学家》2019年第1期,第98页。

面的基础性差异逐渐消弭,城乡社会生活将跳出优劣比较的窠臼,会以认可和接纳的平等视角,重新认识差异化的城乡社会功能,真正实现在社会生活领域的城乡互补和融合。

城乡文化融合主要指城乡文化互促。城市和乡村人口的聚集开放程度不同,形成了差异化的城乡文化演化路径。城市文化的核心属性是综合式,具有兼容并蓄、开放多元和流变创新等特点。乡村文化的核心属性则是扎根式,基本特点是基于乡土传统的扬弃吸纳和独立自洽。注入城市文化新元素的乡土文化更容易焕发新的发展活力。吸收乡土文化传统元素的城市文化也更容易在繁华和喧嚣之后寻到文化之根而不会迷失。城乡居民所享受的城市文化不应是高级和低级的代名词。城乡文化互促的前提是城乡文化平等交流、自由沟通的基础性条件。只有当城乡居民获取基本公共服务的便利性实现均等化,城乡之间基于平等尊重,才能真正实现城乡文化的交流互促和自由融通。正如习近平总书记在 2022 年底中央农村工作会议上强调:"我国拥有灿烂悠久的农耕文明,必须确保其根脉生生不息,做到乡村社会形态完整有效,文化基因、美好品德传承弘扬,农耕文明和城市文明交相辉映,物质文明和精神文明协调发展,广大农民自信自强、振奋昂扬,精神力量充盈。"[①]

城乡生态融合主要指城乡生产生活环境同样整洁优美,实现人与自然和谐共生。蓝天、碧水、净土是城市和乡村居民共同的生态需求,城乡融合是人与自然和谐共生的客观要求。首先,城市生态建设发展离不开农村农业农民。恩格斯早在一个多世纪前就曾深刻地指出"庞大的居民以衣食住行等形式消费掉的土地的组成部分以粪便等形式留在了城市,而无法再回归原来的土地,这不仅破坏了人与土地之间的物质变换,破坏了土地的持久肥力和农业发展的自然条件,而且还造成对城市的污染和毒害"[②]。"只有通过城市和乡村的融合,现在的空气、水和土地的污染才能排除,只有通过这种融合,才能使目前城市中病弱群众的粪便不致引起疾病,而被用作植物的肥料"[③]。

---

① 资料来源:习近平 2022 年 12 月 23 日在中央农村工作会议上的讲话。
② 许彩玲、李建建:《城乡经济互动发展:马克思、恩格斯城乡关系思想的当代视界》,载《经济研究参考》2014 年第 11 期,第 80 页。
③ 《马克思恩格斯全集(第 4 卷)》,人民出版社 1974 年版,第 321 页,转引自许彩玲、李建建:《城乡融合发展的科学内涵与实现路径——基于马克思主义城乡关系理论的思考》,载《经济学家》2019 年第 1 期,第 99 页。

当前城市垃圾和污水分类、集约化处理、循环利用的做法正是这种早期城乡生态融合思想的当代体现。"现代化越往前走、物质生活越丰富，人民群众越喜欢山清水秀的田园风光，农业除了保障粮食和重要农产品供给，其生态涵养、休闲观光、文化传承的功能就越能发挥积极作用"①。更重要的是，城市生态发展领域的建设和其他领域发展建设一样离不开农民工群体的劳动贡献。其次，农村生态发展建设同样离不开城市和工业的支持。根据国家的现代化发展战略，我们要实现的农业现代化，是绿色的农业现代化，是生态低碳农业。落实中央"三农"工作要求，实现农业生产、农村建设、乡村生活生态良性循环，生态农业、低碳乡村，做到资源节约、环境友好，守住绿水青山，均离不开城市生态建设积累的人力资本、资金、技术和管理经验。只有推动形成节约资源和保护环境的城乡空间格局、产业结构、生产方式、生活方式②，才能让良好生态环境成为城乡人民生活的增长点，才能让经济发展带来实实在在的城乡环境效益，才能让中华大地处处天更蓝、山更绿、水更清、环境更优美，真正走向城乡生态文明的新时代③。

11.1.2　城乡基本公共服务均等化与城乡融合发展的契合关系

马克思城乡关系理论告诉我们，城乡分离不可持续，城乡融合才是人类历史的发展趋势。马克思曾经指出："由于农业和工业的分离，由于大的生产中心的形成，而农村反而相对孤立化"④。马克思、恩格斯认为城乡分离"把一部分人变为受局限的城市动物，把另一部分人变为受局限的乡村动物，并且每天都重新产生二者利益之间的对立"⑤。"城乡关系一改变，整个社会也跟着改变"⑥。在社会主义发展的新历史方位，我国社会的主要矛盾已转化

---

① 习近平：《加快建设农业强国 推进农业农村现代化》，载《当代党员》2023 年第 7 期，第 2 页。
② 《中共中央关于党的百年奋斗重大成就和历史经验的决议》，载《人民日报》2021 年 11 月 17 日。
③ 习近平：《在省部级主要领导干部学习贯彻党的十八届五中全会精神专题研讨班上的讲话》，载《人民日报》2016 年 5 月 10 日。
④ 中共中央马克思恩格斯列宁斯大林著作编译局：《马克思恩格斯选集（第 25 卷）》，人民出版社 1974 年版，第 733 页。
⑤ 《马克思恩格斯全集（第 3 卷）》，人民出版社 1974 年版，第 57 页。
⑥ 马克思、恩格斯：《马克思恩格斯选集（第 1 卷）》，人民出版社 2012 年版，第 157 页。

为人民日益增长的美好生活需要和不平衡不充分的发展之间的矛盾。现阶段中国社会最大的发展不平衡是城乡发展的不平衡，最大的发展不充分是农村发展的不充分。促进城乡融合发展是在新时代经济社会发展阶段，解决中国社会最大的发展不充分和不平衡问题的主要任务之一。在推进城乡融合发展的过程中，城乡基本公共服务均等化具有不可替代的核心基础性作用。城乡基本公共服务与城乡融合发展之间具有紧密的契合关系。二者之间的契合逻辑主要体现在目标的一致性和内容的匹配性上。

11.1.2.1 基于目标的契合关系

城乡基本公共服务均等化是实现城乡融合发展的必要条件，也是实现城乡融合发展的最终目标。城乡居民获取基本公共设施服务、基本公共教育服务、基本公共医疗健康服务和基本社会保障服务的种类、规模、质量和便利程度逐渐趋于一致，能够推动城乡居民基本权益平等化，不断缩小城乡生产、社会文化生活和生态环境之间的差距，实现城乡共同发展和共享成果。城乡基本公共服务均等化并非最终目标。城乡基本公共服务均等化的结果好不好，应以是否促进了城乡融合发展。二者目标契合关系把握不好，容易导致片面强调基本公共服务均等化结果，不顾城乡发展条件和城乡生产生活需求存在巨大差异性的客观现实，强行追求城乡基本公共服务完全一致，规划和执行标准"一刀切"，容易催生政绩工程和面子工程，造成公共资源的占用浪费，导致城乡融合发展进程停滞不前。城乡基本公共服务均等化的推进效果，要以是否有利于城乡产业发展、居民生活水平整体提升和城乡生态条件整体改善作为最终评价标准。二者结果应始终统一于城乡共同繁荣、共享成果。

11.1.2.2 基于内容的契合关系

城乡基本公共服务均等化与城乡经济、社会、文化和生态四位一体的融合内容紧密契合。从城乡基本公共服务均等化与城乡经济融合的契合关系来看，城乡基本公共服务均等化，通过为城乡要素双向流动和优化配置提供基础性条件，实现城乡产业互促和工农互补，促进城乡经济融合。改革开放至今，我国的产业升级、结构优化和城市化发展，以及经济持续高速增长均与农村剩余劳动力转移释放的劳动力红利密不可分。农业农村现代化同样离不开要素的双向流动和优化配置。一方面，农村剩余劳动力流出，客观上可以提升农村人均土地面积，通过优化农村产业的要素配置，为农业现代化和农

第11章　推进基本公共服务均等化促进城乡融合发展

村产业优化提供必要条件。另一方面，乡村振兴、人才先行。城乡基本公共服务均等化，特别是基本公共设施、教育、医疗和社会保障等基本公共服务的均等化可以有效降低人力资本向农村流动的成本，增加收益，促进人力资本带动资金、先进技术和管理向农村反向流动，助推农业农村现代化发展。相关预测性研究证据显示，至少2035年以前，如果乡城劳动力迁移障碍被逐渐清除、城乡收入水平在人力资本可比条件下相等，那么劳动力部门间转移可以对年均GDP增长率贡献2~3个百分点[①]。

从城乡基本公共服务均等化与城乡社会融合的契合关系来看，城乡基本公共服务均等化为消弭城乡社会生活基础性差异，实现城乡社会生活功能互补提供必要条件。城市和乡村社会功能的互补性主要体现在"城市求变，乡土寻根"。人的社会发展总是在自由与联结之间寻求一种平衡，偏向任何一种极端均会过犹不及。城乡基本公共服务均等化为实现这种城乡社会发展的平衡，进而在社会生活领域实现城乡融合发展提供了必要条件。城乡基本公共服务均等化的根本目标是让城乡居民在医疗卫生、基础教育、公共安全、就业服务、养老保障、公共福利等方面实现便利度和可获得性均等化，消除城乡生产生活方式的优劣之争，以社会基本权利平等的视角重新定位和认识城乡社会功能的差异性和互补性。

从城乡基本公共服务均等化与城乡文化融合的契合关系来看，城乡基本公共服务均等化为城乡文化平等交流、自由沟通，实现城乡文化融合创造基础性条件。基本公共服务均等化是城乡文化能够平视、互通和双向交流的桥梁。城乡基本公共服务均等化通过构建城乡平等和相互尊重的观念基础，为实现文化生活领域的城乡融合发展创造基础性条件。只有城乡居民在用水、用电等生活便利性设施、医疗卫生领域实现均等化，乡村文化才能脱离陈规陋习的窠臼，才可不必仰视或抵触城市文化，才能更加自信大胆地扬弃和吸收可以滋养自己的先进城市文化元素。只有城乡居民在基础教育和社会保障等领域实现均等化，城市文化才可不必羞于从乡村文化中汲取营养，才能直面自己文化寻根的内在发展需求。

从城乡基本公共服务均等化与城乡生态融合的契合关系来看，城乡基本

[①] 蔡昉、杨涛：《城乡收入差距的政治经济学》，载《中国社会科学》2000年第4期，第21页。

公共服务均等化为满足城市和乡村居民共同的生态需求，实现人与自然和谐共生创造了基础性条件。生态环境和生活卫生基础设施均等化是满足城乡融合发展生态需求的关键。一方面，城乡生态环境基础设施的均等化，可以形成节约资源和保护环境的城乡空间格局，加速建立城乡综合性大气、水、土壤污染防治体系，让经济发展带来实实在在的城乡环境效益；另一方面，城乡一体化的垃圾分类和农村人居环境整治，让农业除了保障粮食和重要农产品供给之外，充分发挥其生态涵养、休闲观光、文化传承的积极作用，可以让良好生态环境成为城乡人民生活获得感的共同增长点，真正让城乡人民共同走进绿色生活的新时代。

11.1.3 城乡基本公共服务均等化促进城乡融合发展的作用机理

城乡基本公共服务均等化与城乡融合发展之间的契合关系，源于基本公共服务均等化可以通过促进城乡要素双向流动，推动城乡经济、社会、文化和生态四位一体融合发展，实现城乡共同繁荣，共享发展成果。

11.1.3.1 城乡基本公共服务通过助推人力资本带动其他要素回流乡村促进城乡融合发展

城乡融合发展的关键在于乡村振兴，乡村振兴的关键在于人才。习近平总书记在2022年末召开的中央农村工作会议上的讲话中用一组数字指出农业农村仍然是我国现代化建设的短板，"主要表现在：农业生产效率相对较低，农业劳动生产率仅为非农产业的25.3%；农业比较效益低下；农产品国际竞争力明显不足，国内粮食等农产品价格普遍超过国际市场；农村基础设施和公共服务落后于城市；城乡居民收入比为2.5∶1、消费支出比为1.9∶1"[①]。习近平总书记在聚焦农村发展面临问题的基础上进一步指出"一些农村发展乏力，关键在于缺人才，缺发展引路人、产业带头人、政策明白人"。"同时，要引进一批人才，有序引导大学毕业生到乡、能人回乡、农民工返乡、企业家入乡，创造机会、畅通渠道、营造环境，帮助解决职业发展、社会保障等后顾之忧，让其留得下、能创业。"[②]

为乡村振兴和城乡融合发展提供人才驱动的首要环节是补齐乡村基本公共服务短板。农村基础设施和公共服务明显落后于城市，客观上会阻碍人力

---

①② 习近平：《加快建设农业强国　推进农业农村现代化》，载《求是》2023年第6期。

资本向乡村回流。如果城乡基本公共服务差距得不到明显改善，意味着乡村居民相对于城镇居民，在谋求个体和家庭的经济生产，以及社会、文化和生态宜居方面均会存在明显劣势。要想从根本上实现人力资本引得来、留得住、发展好，关键要从基础条件下手补齐乡村基本公共服务的短板。通过补齐乡村基本公共服务短板，提升城乡基本公共服务均等化水平，营造引人留人的良好环境，逐渐消除人才职业发展和社会保障等后顾之忧，不仅可以吸引更多人力资本回乡、留乡，而且可以通过人力资本回流进一步带动投资资金、管理经验和知识技术等要素和资源向农村回流，通过以城带乡的方式助力乡村振兴，推动城乡融合发展。

通过补齐基本公共设施服务短板吸引人力资本回流。加强乡村基础设施建设，提升基础设施完备度，可以整体提升产业从业人员收入。日本、韩国以及中国台湾的小农经济之所以存活，正是因为有类似于"农协"这样的集体组织提供了相对完善的电力供应和灌溉等基础设施公共服务①。数字化信息、现代化灌溉、供电和道路等基础设施，是现代农业转型、升级和发展的必要先决条件，且具有典型规模经济特征。这些基础设施由农户个人提供通常缺乏效率。基础设施公共服务越发达，农场或家庭经济运行所需的最低固定资产规模越小，越易于降低个体运营成本，在竞争中胜出的概率越大②。此外，农村的一二三产业融合发展，开发农业产业新功能、农村生态新价值，发展生态旅游、民俗文化、休闲观光等等，都离不开乡村基本公共设施的支持。因此，因地制宜地面向乡村产业需求提升基本公共设施服务水平，为农业内外部产业升级提供优质基本公共设施服务，可以通过降低农户经营的固定资产投资比例，提升管理、资本和技术收益率，进而吸引更多人力资本带着管理经验、资金资本和知识技术入乡返乡留乡。

通过补齐基本公共教育服务短板来吸引人力资本回流。持续稳定地加强乡村基础教育投入，完善乡村教育基础设施，形成稳定优质的教师队伍，提升乡村基础教育质量，是消弭城乡居民隔代人力资本投资二元差异的关键。通过城乡基本公共教育服务均等化，提升基础教育质量，不仅可以为农村产

---

① 管册：《日本农协的发展及其对中国的经验启示》，载《当代经济管理》2014 年第 6 期，第 27～31 页。

② 赵燕菁、宋涛：《地权分置、资本下乡与乡村振兴——基于公共服务的视角》，载《社会科学战线》2022 年第 1 期，第 41～50＋281～282 页。

业发展提供扎实的通用性人力资本支撑，优化继续进行个人人力资本投资和创业就业择业潜力，而且可以显著提升乡村居民子女的升学和就业竞争力，有效缓解乡村居民对下一代的教育焦虑，提升人力资本返乡留乡意愿。

通过补齐基本公共医疗健康服务短板来吸引人力资本回流。提升乡村医疗公共服务便利度和基本医疗卫生服务水平，通过优质的基础医疗服务，不仅可以为乡村劳动者提供基本生命保障，免除健康维护方面的后顾之忧，而且可以积累健康人力资本，彻底消除因病致贫，助力人力资本向乡村回流。

通过补齐基本社会保障服务短板来吸引人力资本回流。通过城乡居民社会保障一体化，逐渐实现让农村居民与城市居民一样，失业后可以领取失业救济金，达到年龄可以正常退休，退休后可以领取退休金，可以全面降低回乡生产生活的风险防范成本，有效提升各类人力资本向乡村回流、投入乡村建设的意愿。

不同类型人力资本回流产生城乡融合效应的作用机理不同。由于人力资本与其载体具有不可分割的同一性，本课题将人力资本界定为具有基础教育以上受教育水平，能够运用政策、资金和技术资源显著提升生产效率的劳动者。根据个人人力资本投资的异质性特征，对人力资本回流产生的城乡融合效应的作用机理分别进行讨论如下。

管理型人力资本回流是指具有系统性乡村治理思想和能力，能够领导村民增收致富的人员在乡村党政领导干部岗位任职。既包括上级党组织提拔选用、村民选举产生的党政致富带头人，也包括回乡任职的大学生村官、选调生、扶贫干部，等等。随着国家治理体系和治理能力现代化进程不断向前推进，各项事业的治理责任主体逐渐由相关的政策法规甚至法律所明晰。2019年颁布的《中国共产党农村工作条例》明确规定："地方各级党委和政府主要负责人、农村基层党组织书记是本地区乡村振兴工作第一责任人。"2021年开始实施的《中华人民共和国乡村振兴促进法》第六条规定："国家建立健全中央统筹、省负总责、市县乡抓落实的乡村振兴工作机制。"

管理型人力资本是通过乡村振兴促进城乡融合发展的第一责任主体。管理型人才作为乡村振兴的带头人，需要充分运用管理智慧和治理能力，通过系统推进产业、人才、文化、生态、组织振兴，提升乡村综合治理绩效，促进城乡融合发展。从产业视角来看，管理型人力资本可以充分利用国家的惠农富农政策，基于乡土资源、地域特点和产业集群，因地制宜地筛选规划"土特产"项目，组织帮扶资源，落实帮扶措施，创新实施方案，以产业塑形，促进农村产业振兴。从人才视角来看，管理型人力资本可以依据乡村发展需求有组织有规划有目标地开展培训，提升农民素质，育好用好乡土人才。通过培养、提拔和引进人才，为人才创造机会、畅通渠道、营造环境，促进乡村人才振兴。从文化视角，管理型人力资本可以通过举办各类文化活动，创新文化公共产品和服务供给，破除乡村陈规陋习和封建迷信，弘扬公序良俗，以当地民俗文化特色与现代文明要素相结合，推动农耕文明创造性转化、创新性发展，提升村民文化素养，激发村民依靠自身力量发展的志气心气底气，以文化助力乡村振兴。从生态视角，管理型人力资本可以通过落实乡村绿色发展的法律和政策、因地制宜地制定和落实乡村生态发展具体管理举措、健全和落实乡村绿色发展的生态补偿机制等，带领村民转变竭泽而渔、焚薮而田、大水大肥的发展模式，推动发展生态农业，转变粪便、污水和垃圾等处理方式，促进人居生态环境的改善，实现生产生活生态良性循环，促进农村生态发展。从组织视角，更需要管理型人力资本落实以党建促振兴的相关要求，建立和完善党组织领导的自治、法治、德治相结合的乡村治理体系。

创业型和技术型人力资本回流是指劳动者带着资金和技术以个体、家庭、集体或公司经营形式入乡、返乡、留乡进行创业和就业的现象。创业型和技术型人力资本是乡村振兴促进城乡融合发展的核心实施主体，二者高度互补，密不可分，相互依存。由于很多回乡创业者通常都是从个体和家庭创业起步，并未对资本和技术的严格明确分工，所以对二者回流产生城乡融合发展效应的作用机理一并加以讨论。

创业型和技术型人力资本通过推动乡村产业振兴促进城乡融合发展。创业型和技术型人力资本通过充分挖掘当地优势资源，培育产业发展新动能，促进城乡融合发展。农村当地优势资源主要是基础性生产要素。我国有40多亿亩林地，近40亿亩草地。江河湖海和山川峡谷大多分布在广大乡村，而且百里不同风，千里不同俗，地貌丰富，风物各异。这些由独具特色的地质地貌、历史文化、传统工艺及民俗风情构成的自然资源与人文资源，都是产业发展的特色资源。然而，将绿水青山转化为金山银山，既要有资源开发需要配套的资金，又要有将生态保护和产业开发相结合的技术知识，最重要的还要有能够将资源、资金和技术组织起来的人。回乡的创业型和技术型人才在了解本地优势和掌握开发资金、信息两方面均具优势。基于在外务工创业的积累，他们更了解外面的市场需求，更懂得如何将具有历史传承、地域特点、民族风情等特色资源制作推广为被市场接受认可的产品，更懂得如何充分运用有形和无形合约、资源开发技术，如何找到金融互助、生产销售和服务联合资源，实现城乡优势资源的有效整合，更懂得如何通过现代科学技术发展集约型现代化农业，如何通过发展创意观光农业、乡村生态休闲旅游等产业提升乡村产业发展的附加价值。不仅如此，创业型和技术型人力资本返乡创业就业如果取得成功，并且能够在生产效率和经济效益方面树立标杆，还可以进一步通过示范带动效应吸引更多人力资本和资金、技术要素进入该行业及上下游相关行业领域，通过提供配套产品等方式共同开拓市场，通过内部分工深化形成产业集群，推进农村一二三产业融合发展，提高农村产业创新力、竞争力和全要素生产率。一旦形成以城带乡产业发展的良性互动，创业型和技术型人力资本将通过滚雪球效应带动更多资金、知识和技术等要素向乡村聚集，促进乡村产业形成、壮大、转化、升级和发展。

　　乡村社会、文化和生态发展同样离不开创业型和技术型人力资本的回流。从乡村社会发展看，创业型和技术型人力资本不仅能够实现自我创业就业，还可以开辟新的创业就业渠道，以创业就业方式转变引领乡村社会生活内容和社会组织形式转变。创业型和技术型人力资本回流引导的创业就业方式转变，有助于将村民之间的社会交流内容从家长里短逐渐拓宽至资源开发、产业发展技术知识和市场信息交流。创业就业方式转变随着产业分工的发展深化，还将进一步拓展传统的根植于亲友关系的地方人际关系网络，逐渐衍生出基于产业互助的农民专业合作社、农民股份合作社以及其他与产业服务相关的协会组织，提高村民之间的互动互助互信和自治水平，推动建立和形成以分工合作、重约守信、互帮互助、共同勤劳致富为基础的社会交往方式，进而开启乡村社会发展的现代化进程。从乡村文化发展看，以城乡产业融合发展和创业就业方式转变为基础，回流乡村的创业型和技术型人力资本通过示范引领作用，在潜移默化中影响村民创业择业的理念和行为，有助于推动敢于尝试的企业家精神和创新冒险精神的萌芽和发展，引领一种创业干事的精神氛围，将创业和创新文化渗透进乡村的历史文化、农耕文化以及山水文化中，通过促进传统农耕文明和现代产业文化的有机结合，让乡村文化逐渐迈入现代化发展进程，重拾文化自信，进而焕发新的勃勃生机。从乡村生态发展看，"乡村振兴，生态宜居是关键"①。一方面，回流乡村的创业型和技术型人力资本与没有乡土情怀和印记的纯粹投资者相比，更有美化家乡、保护家乡生态完整和践行绿色发展理念的意愿和动机。另一方面，乡村生态发展迫切需要回流乡村的创业型人力资本带回来的金融和技术等知识和信息资源。习近平总书记指出，"发展绿色金融，是实现绿色发展的重要措施……要利用绿色信贷、绿色债券、绿色股票指数和相关产品、绿色发展基金、绿色保险、碳金融等金融工具和相关政策为绿色发展服务"②。返乡创业型和技术型人力资本可以通过关注、识别并充分利用绿色金融产品和政策，助力家乡的生态发展建设。此外，绿色新品种选育、生态养殖、节水以及生产流通等方面的先进农业科技和实用技术的推广应用，破解农业发展的资源环境约束、生态系统保护修复以及农业农村废物循环利用技术的引进和改良，绿色食品可追溯技术体系和农村生态系统监测平台的建立，山水林田湖草系统治理数据的采集，等等，都离不开创业型和技术型人力资本的引领、执行、助力与参与。

11.1.3.2 城乡基本公共服务均等化通过助推农村剩余劳动力城乡转移促进城乡融合发展

首先，城乡基本公共服务均等化可以通过双重机制促进农村劳动力向城市转移。一是助推机制。城乡基本公共服务均等化通过增加对农村劳动力的教育和医疗等人力资本投资，提升劳动生产率，释放更多的农村剩余劳动力向城乡迁移。一方面，优质均衡的医疗卫生服务可以通过改善农民健康状况提升劳动能力，良好的教育公共服务则能够帮助农民更好地了解现代农业发展趋势，学习和应用现代农业技术，提高农民的科学文化素养，提升农民的技术水平和创新能力。农民健康水平的提升、技术水平和创新能力的提高可以提高农业劳动生产率，进而持续释放农业剩余劳动力。一部分农业剩余劳动力可以被农村产业升级和结构调整所吸收，还有一部分仍会向城市迁移。另一方面，受教育年限延长、拥有技能资格证书或者健康状况良好，能够显

---

① 《中共中央国务院关于实施乡村振兴战略的意见》，载《人民日报》2018年2月5日。
② 《习近平主持召开中央全面深化改革领导小组第二十七次会议强调强化基础注重集成完善机制严格督察按照时间表路线图推进改革》，载《人民日报》2016年8月31日。

著提升农民工在城市中的生存发展的能力，增加城市创业和就业的收益，进而显著增加农民工留城意愿①。二是引力机制。城乡基本公共服务均等化可以通过降低农民工定居城市的生活成本吸引农村剩余劳动力向城市转移。从2014年启动新一轮户籍制度改革以来，中小城市的人口迁移限制和公共品供给歧视正在逐渐减弱。但在吸纳农民工数量最多的超大城市，这种限制和歧视则并未表现出明显减弱趋势②。特别是许多大城市的基本公共服务供给仍然存在严格的户籍和教育程度限制。例如，在一些城市，外来务工人员需要累积一定的社保年限，才能让子女在城市入学。农民工由于无法使用新农合医保，城市就医成本高昂。公务员和事业编招考也存在户籍限制。这些限制客观上提高了城市基本公共服务可及性，导致农民工获取基本公共服务需要付出比本地居民更高的成本。因此，在公共设施、教育、医疗和社会保障等方面进一步扩大城市公共服务可及范围，逐渐消除城市基本公共服务的"门槛条件"，给予农民工同等待遇，可以通过不断降低农民工城市生活成本，推动农村剩余劳动力持续向城市迁移。

其次，农村剩余劳动力的城乡迁移可以为城乡经济融合发展提供所必需的土地要素驱动、劳动要素驱动和消费驱动。一是农村剩余劳动力转移会增加农村人均土地资源，通过土地规模经营推进农业现代化。人均土地资源增加使农业长期投资变得有利可图，为农业机械设备使用和农业技术进步创造了有利条件。通过先进农业机械和农业技术的采用，推进农业现代化进程促进城乡经济融合发展③。二是农村剩余劳动力的城乡迁移有助于满足城市化进程中不断增长的用工需求，降低企业用工成本，促进非农产业发展。根据国家统计局发布的《2022年农民工监测调查报告》，在农民工就业行业中，制造业就业占比27.4%，建筑业占比17.7%，从事居民服务修理和其他服务业的比重为11.9%④。农村剩余劳动力转移满足城市非农产业的用工需求，

---

① 张启春、汤学兵：《人口迁移、就业机会与基本公共服务的实证研究——以湖北迁出人口为例》，载《统计与决策》2008年第16期，第89~91页。

② 邹一南：《农民工市民化困境与新一轮户籍制度改革反思》，载《江淮论坛》2020年第4期，第54~61页。

③ 张桂文、王青、张荣：《中国农业劳动力转移的减贫效应研究》，载《中国人口科学》2018年第4期，第18~29+126页。

④ 《2022年农民工监测调查报告》，中华人民共和国中央人民政府，2023年4月28日，https://www.gov.cn/lianbo/2023-04/28/content_5753682.htm。

有利于降低企业的用工成本,通过促进城市非农产业发展,吸纳更多的农业劳动力转移,进而形成农业与非农业生产的良性互动。三是农民工市民化可以通过扩大消费需求促进城乡经济融合发展。农民工市民化,一方面通过就业稳定性和薪酬水平的提高,提高其可支配收入水平,进而增强其消费能力;另一方面可以通过融入市民社会,转变消费观念,提高其边际消费倾向。无论消费能力的增强还是边际消费倾向的提高,都会增加农民工群体的消费支出。扩大消费需求可以加强城乡间经济联系,促进工农业产品的价值实现,进而带动城乡融合发展。

最后,通过城乡基本公共服务均等化促进农村剩余劳动力持续迁移,不仅可以促进城乡经济融合,而且可以在城乡经济融合的基础上进一步推动城乡社会、文化和生态融合。随着收入增长,农民工对于城市社会的融入需求也在不断攀升。农民工在城市公共设施、子女入学、医疗和社保方面获得的权利越均等,"公民资格"越明显,适应和融入城市社会的意愿就会越强烈,越能提升农民工对城市社会生活的认同感和归属感。城乡基本公共服务差距越小,新市民对自身具有乡土印记的文化理念就会越自信,越有可能在城市生产生活和社会文化交流中坚守和传播乡土特色与传统元素,进而促进城市的文化繁荣。城市生态宜居建设更是离不开农民工提供的技能和劳力。从城市基本公共服务设施建设、轨道道路交通,到学校、医院楼堂馆所的土木工程,再到苗木花圃、垃圾清洁、管道疏通等等城市规划和环境生态建设项目,其执行的每个链条和环节,都离不开农民工依靠自己的能力和智慧所做出的巨大贡献。

城乡基本公共服务均等化促进城乡融合发展作用机理的核心在于助推要素在双向流动中实现优化配置。在所有要素中,人的要素是实现城乡融合发展的核心。农村剩余劳动力转移不仅为城市产业发展提供劳动红利,而且可以通过提升农村人均土地资源为农村产业发展开辟广阔空间。人力资本的城乡流动可以带动投资资金、管理经验和知识技术向农村回流,助力乡村的产业、人才、文化、生态和组织振兴。城乡要素双向流动通过优化要素资源配置,实现个人收益和社会溢出双重效应,不断推动城乡融合发展。其作用机理如图11-1所示。

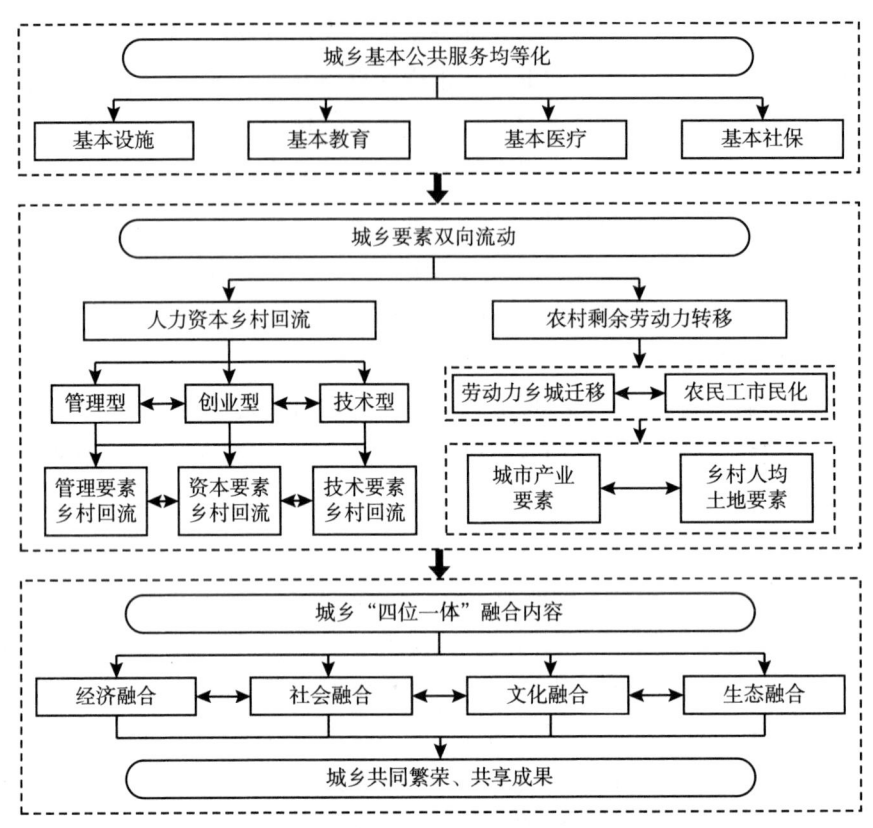

图 11-1 城乡基本公共服务均等化促进城乡融合发展的作用机理

综上，城乡基本公共服务均等化与城乡融合发展之间存在紧密契合关系：城乡基本公共服务均等化为实现城乡融合发展提供必要条件，以实现城乡融合发展为最终目标，与城乡经济、社会、文化和生态四位一体的融合内容息息相关。城乡基本公共服务均等化主要通过两条路径促进城乡融合发展：一方面通过助推人力资本带动其他要素回流乡村促进城乡融合发展，另一方面通过助推农村剩余劳动力向城市转移促进城乡融合发展。

11.2 我国城乡基本公共服务均等化和城乡融合发展水平测度

为考察我国目前城乡基本公共服务均等化和城乡融合发展的整体和区域水平，下面将从指标构建入手，基于我国2013~2021年省际面板数据，分别对二者进行量化测度。

11.2.1 城乡基本公共服务均等化水平测度

首先，构建指标体系。关于基本公共服务均等化的测度研究，大多数学者通过构建多层次指标体系，并使用综合评分法、熵权法、层次分析法、主成分分析法、TOPSIS以及数据包络分析等合成综合指数来测度城乡基本公共服务水平[1]，进而采用变异系数、基尼系数以及信息熵等方法测算城乡基本公共服务均等化水平[2]。也有学者从政府基本公共服务财政支出、公共投入产出[3]，以及居民公共服务满意度[4]等角度测算基本公共服务均等化水平。鉴于单一指标难以反映某一地区的基本公共服务状况，故而本研究通过构建多层次指标体系的方式来测度城乡基本公共服务水平，进而采用信息熵方法测度城乡基本公共服务均等化水平。考虑到数据资料的权威性与可得性，以及指标的连贯性，本书参考现有研究，选取了与公众切身利益密切相关的基础设施、公共教育、公共医疗以及社会保障四大类指标来反映城乡基本公共服务水平。城市和农村子系统各包含12个相同指标（见表11-1）。

---

[1] 刘成奎、王朝才：《城乡基本公共服务均等化指标体系研究》，载《财政研究》2011年第8期，第25~29页；杨晓军、陈浩：《中国城乡基本公共服务均等化的区域差异及收敛性》，载《数量经济技术经济研究》2020年第12期，第127~145页；张德钢、郭皓皓、陆远权：《财政透明度对基本公共服务均等化的影响研究》，载《宏观经济研究》2021年第11期，第5~16+111页；王新民、南锐：《基本公共服务均等化水平评价体系构建及应用——基于我国31个省域的实证研究》，载《软科学》2011年第7期，第21~26页；武力超、林子辰、关悦：《我国地区公共服务均等化的测度及影响因素研究》，载《数量经济技术经济研究》2014年第8期，第72~86页；熊兴、余兴厚、王宇昕：《我国区域基本公共服务均等化水平测度与影响因素》，载《西南民族大学学报（人文社科版）》2018年第3期，第108~116页；陈昌盛、蔡跃洲：《中国政府公共服务：体制变迁与地区综合评估》，中国社会科学出版社2007年版。

[2] 林阳衍、张欣然、刘晔：《基本公共服务均等化：指标体系、综合评价与现状分析——基于我国198个地级市的实证研究》，载《福建论坛（人文社会科学版）》2014年第6期，第184~192页；杨晓军、陈浩：《中国城乡基本公共服务均等化的区域差异及收敛性》，载《数量经济技术经济研究》2020年第12期，第127~145页。

[3] 曾红颖：《我国基本公共服务均等化标准体系及转移支付效果评价》，载《经济研究》2012年第6期，第20~32+45页；王小华、温涛：《城乡居民消费行为及结构演化的差异研究》，载《数量经济技术经济研究》2015年第10期，第90~107页；缪小林、王婷、高跃光：《转移支付对城乡公共服务差距的影响——不同经济赶超省份的分组比较》，载《经济研究》2017年第2期，第52~66页。

[4] 吕炜、张妍彦：《城市内部公共服务均等化及微观影响的实证测度》，载《数量经济技术经济研究》2019年第11期，第101~120页。

表 11-1　　　　　　城乡基本公共服务均等化指标体系

类别	指标选取	数据来源
基础设施	用水普及率（%）	中国城乡建设统计年鉴
	燃气普及率（%）	中国城乡建设统计年鉴
	排水管道密度（公里/平方公里）	中国城乡建设统计年鉴
公共教育*	小学生均公共教育经费支出（元）	中国教育经费统计年鉴
	小学生均教育经费基建支出（元）	中国教育经费统计年鉴
	初中生均公共教育经费支出（元）	中国教育经费统计年鉴
	初中生均教育经费基建支出（元）	中国教育经费统计年鉴
公共医疗	每千人拥有的卫生技术人员（个）	中国卫生和计划生育统计年鉴，中国卫生健康统计年鉴
	每千人拥有的执业（助理）医师（个）	中国卫生和计划生育统计年鉴，中国卫生健康统计年鉴
	每千人口医疗卫生机构床位数（个）	中国社会统计年鉴
社会保障	最低生活保障平均标准（元/人月）	中国社会统计年鉴
	最低生活保障覆盖率（%）**	中国社会统计年鉴、CSMAR 数据库

注：*因城市缺乏相应指标数据，故而使用普通小学、中学公共教育经费支出与教育经费基建支出作为城市的替代指标。

**城乡居民最低生活保障覆盖率是由城、乡居民最低生活保障参保人数（万人）与城镇人口（万人）、农村人口（万人）的比值计算得出。

其次，确定测度方法。本部分借鉴杨晓军、陈浩等学者的研究[①]，使用被广泛应用的、具有较高可信度的客观赋权方法熵权法来测度城市与农村的基本公共服务水平综合得分，并基于测度结果参考根据韩增林等学者的研究[②]，依据信息熵原理测度城乡基本公共服务均等化水平，具体测算步骤如下：

第一步，对所有的指标进行无量纲化处理。

$$Y_{ijt} = \begin{cases} \dfrac{X_{ijt} - \min X_{ijt}}{\max X_{ijt} - \min X_{ijt}}, & X_{ijt} \text{为正向指标} \\ \dfrac{\max X_{ijt} - X_{ijt}}{\max X_{ijt} - \min X_{ijt}}, & X_{ijt} \text{为负向指标} \end{cases} \qquad (11.1)$$

---

① 杨晓军、陈浩：《中国城乡基本公共服务均等化的区域差异及收敛性》，载《数量经济技术经济研究》2020 年第 12 期，第 127~145 页。

② 韩增林、李彬、张坤领：《中国城乡基本公共服务均等化及其空间格局分析》，载《地理研究》2015 年第 11 期，第 2035~2048 页。

其中，i 表示省份，j 表示测度指标，t 表示年份，Y_{ijt} 是无量纲化处理之后的标准化指标值，X_{ijt} 是处理前的原始系统指标值。

第二步，求信息熵。

$$e_j = \frac{-1}{\ln(mn)} \sum_{i=1}^{m} \sum_{t=1}^{n} \left[\frac{Y_{ijt}}{\sum_{i=1}^{m}\sum_{t=1}^{n}Y_{ijt}} \ln\left(\frac{Y_{ijt}}{\sum_{i=1}^{m}\sum_{t=1}^{n}Y_{ijt}}\right) \right] \quad (11.2)$$

第三步，求冗余度 d_j。

$$d_j = 1 - e_j \quad (11.3)$$

第四步，求指标权重 w_j。

$$w_j = \frac{d_j}{\sum_{j=1}^{q} d_j} \quad (11.4)$$

第五步，求城市和农村的基本公共服务水平。

$$PL_{it} = \sum_{j=1}^{q} w_j Y_{ijt} \quad (11.5)$$

第六步，求城乡基本公共服务均等化水平的信息熵函数。

$$E_S = -\left\{ \frac{PL_C}{\sum PL_C} \ln \frac{PL_C}{\sum PL_C} + \frac{PL_R}{\sum PL_R} \ln \frac{PL_R}{\sum PL_R} \right\} \quad (11.6)$$

其中，E_S 为信息熵，PL_C、PL_R 分别为城市和农村的基本公共服务水平。信息熵值越大信息越分散，城乡基本公共服务水平差距越小，城乡基本公共服务均等化水平越高。当 PL_C 与 PL_R 相等时，信息熵为最大值 $E_{\max} = \ln 2$，为高水平均等化。

第七步，求城乡基本公共服务均等化水平。

$$E = \frac{E_S}{E_{\max}} \quad (11.7)$$

即以实际熵值 E_S 和最大熵值 $E_{\max}$ 的比值衡量城乡基本公共服务均等化水平。

最后，分析测度结果。我国城乡基本公共服务均等化水平的测度结果如表 11-2 所示。2013~2021 年，全国整体的城乡基本公共服务均等化水平呈逐年递增趋势，从 0.0528 上升到 0.0680，年均增长 3.22%。增速排在前十位的省份为福建、广东、重庆、浙江、河南、四川、安徽、陕西、河北和海南，增长率分别为 9.22%、7.66%、7.33%、6.87%、6.42%、5.28%、

5.24%、5.11%、5.07%和4.75%。截至2021年，城乡基本公共服务均等化水平最高为北京（0.1583），最低为辽宁（0.0471）。城乡基本公共服务均等化水平排在前十位的省份为北京、上海、福建、青海、浙江、新疆、海南、重庆、天津、江苏，其均等化水平分别为0.1583、0.1048、0.088、0.0831、0.0822、0.0782、0.0776、0.0743、0.0712和0.0695。

表11-2 2013~2021年中国各省份城乡基本公共服务均等化水平变化趋势一览表

省份	2013年	2014年	2015年	2016年	2017年	2018年	2019年	2020年	2021年	年均增长率（%）
贵州	0.0435	0.0452	0.0464	0.0470	0.0495	0.0532	0.0547	0.0575	0.0880	9.22
甘肃	0.0361	0.0409	0.0448	0.0484	0.0517	0.0568	0.0641	0.0677	0.0652	7.66
云南	0.0422	0.0429	0.0436	0.0517	0.0545	0.0599	0.0614	0.0661	0.0743	7.33
青海	0.0483	0.0527	0.0552	0.0643	0.0717	0.0798	0.0817	0.0853	0.0822	6.87
四川	0.0305	0.0321	0.0318	0.0343	0.0366	0.0394	0.0427	0.0465	0.0502	6.42
黑龙江	0.0396	0.0398	0.0416	0.0437	0.0490	0.0514	0.0531	0.0555	0.0597	5.28
湖南	0.0398	0.0415	0.0409	0.0440	0.0453	0.0469	0.0503	0.0548	0.0598	5.24
吉林	0.0457	0.0474	0.0475	0.0460	0.0519	0.0532	0.0605	0.0647	0.0681	5.11
陕西	0.0352	0.0351	0.0359	0.0367	0.0385	0.0417	0.0436	0.0469	0.0523	5.07
内蒙古	0.0535	0.0553	0.0550	0.0570	0.0615	0.0688	0.0706	0.0753	0.0776	4.75
河北	0.0456	0.0470	0.0490	0.0470	0.0493	0.0524	0.0508	0.0599	0.0657	4.65
辽宁	0.0431	0.0437	0.0453	0.0489	0.0517	0.0531	0.0534	0.0569	0.0615	4.55
宁夏	0.0409	0.0410	0.0425	0.0442	0.0453	0.0461	0.0514	0.0541	0.0581	4.49
海南	0.0426	0.0459	0.0447	0.0469	0.0484	0.0486	0.0509	0.0537	0.0578	3.89
广西	0.0406	0.0381	0.0388	0.0428	0.0460	0.0424	0.0443	0.0506	0.0549	3.84
新疆	0.0415	0.0401	0.0429	0.0445	0.0451	0.0455	0.0511	0.0529	0.0539	3.34
湖北	0.0480	0.0467	0.0437	0.0485	0.0505	0.0525	0.0541	0.0563	0.0600	2.85
浙江	0.1280	0.1222	0.1215	0.1596	0.1343	0.1349	0.1651	0.1615	0.1583	2.7
安徽	0.0466	0.0479	0.0521	0.0499	0.0526	0.0509	0.0510	0.0526	0.0577	2.69
重庆	0.0442	0.0465	0.0497	0.0500	0.0497	0.0475	0.0522	0.0545	0.0542	2.59
江苏	0.0573	0.0589	0.0609	0.0605	0.0618	0.0631	0.0652	0.0692	0.0695	2.46
广东	0.0649	0.0644	0.0588	0.0680	0.0707	0.0742	0.0782	0.0831	0.0782	2.35

续表

省份	2013年	2014年	2015年	2016年	2017年	2018年	2019年	2020年	2021年	年均增长率（%）
福建	0.0437	0.0413	0.0412	0.0427	0.0442	0.0462	0.0482	0.0523	0.0525	2.33
江西	0.0555	0.0567	0.0580	0.0596	0.0596	0.0607	0.0630	0.0634	0.0644	1.87
山东	0.0486	0.0468	0.0478	0.0527	0.0509	0.0501	0.0489	0.0508	0.0539	1.3
河南	0.0530	0.0486	0.0501	0.0477	0.0536	0.0513	0.0500	0.0560	0.0560	0.69
山西	0.1016	0.0994	0.0990	0.1035	0.0998	0.1025	0.1052	0.1027	0.1048	0.39
北京	0.0847	0.1186	0.0988	0.0968	0.0813	0.0806	0.0820	0.0823	0.0831	-0.24
上海	0.0485	0.0403	0.0369	0.0388	0.0393	0.0471	0.0488	0.0451	0.0471	-0.37
天津	0.0905	0.0745	0.0732	0.0767	0.0721	0.0778	0.0745	0.0795	0.0712	-2.95
全国	0.0528	0.0534	0.0533	0.0567	0.0572	0.0593	0.0624	0.0653	0.0680	3.218

全国均值（0.0680）以上的省份有11个，包括东部地区7个省份（北京、天津、上海、江苏、浙江、福建、海南）、西部地区4个省份（重庆、陕西、青海、新疆）（见图11-2）。值得关注的是青海和天津，尽管均等化水平在波动中略有下降，但由于均等化基础较好，目前的均等化水平仍旧位于全国前列。

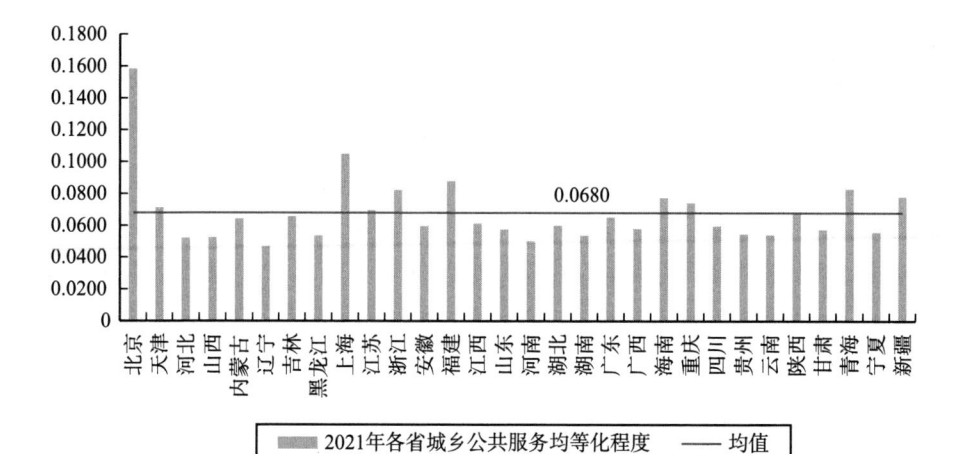

图11-2 2021年各省城乡公共服务均等化程度

进一步将全国样本按国家统计局划分标准分为东部、中部、西部以及东北部地区①，由图 11-3 可见，2013~2021 年，各地区城乡基本公共服务均等化水平均呈逐年递增趋势，但具有明显的区域异质性。全国及东部、中部、西部、东北部的城乡基本公共服务均等化水平分别由 0.0528、0.0636、0.0411、0.0507 和 0.0476 上升至 0.0680、0.0827、0.0563、0.0644 和 0.0555，年均增速分别为 3.22%、3.33%、4.03%、3.03% 和 1.96%。东部地区城乡基本公共服务均等化水平整体高于西部、东北部以及中部地区，年均增速低于中部地区，但高于西部和东北部地区。

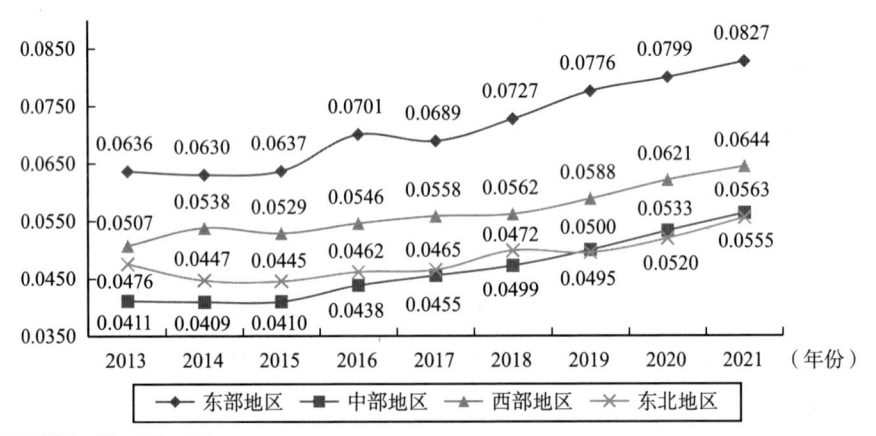

图 11-3 2013~2021 年东部、中部、西部和东北部区域城乡基本公共服务均等化水平

将全国样本以秦岭—淮河一线划分为南方、北方地区②，各地区城乡基本公共服务均等化水平均呈逐年递增趋势，但同样具有明显的区域异质性（见图 11-4）。2013~2020 年，南方地区的城乡基本公共服务均等化水平低于北方地区，但以更高的速度提高，并于 2021 年超过了北方地区。具体而言，考察期内南方与北方地区的城乡基本公共服务均等化水平分别由 0.0480、0.0576 上升为 0.0683、0.0678，年均增速分别为 4.5%、2.06%。

---

①② 东部地区包括京、津、冀、沪、苏、浙、闽、鲁、粤、琼 10 省份；中部地区：包括晋、皖、赣、豫、鄂、湘 6 省份；西部地区包括蒙、桂、渝、川、贵、云、藏、陕、甘、宁、青、新 12 省份，考虑数据可得性与完整性，未包含西藏地区；东北部地区包括：辽、吉、黑 3 省份。

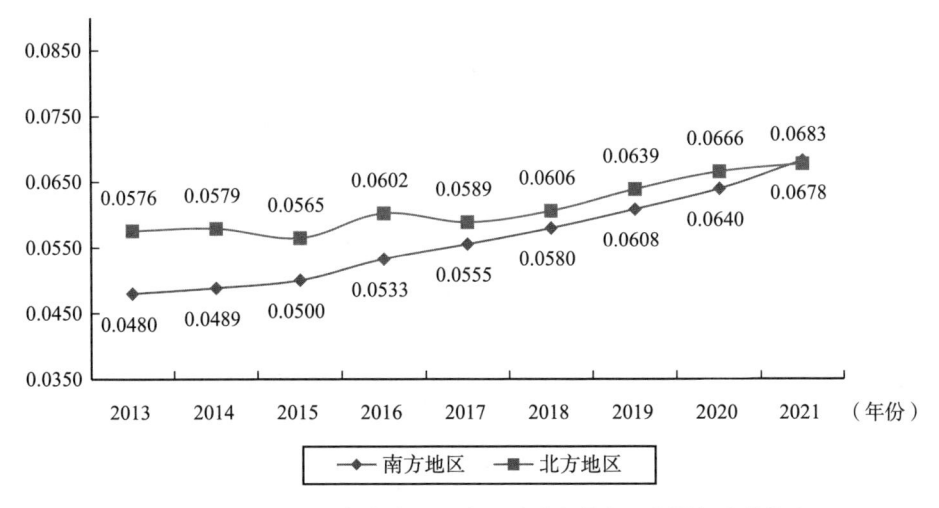

图 11-4 2013~2021 年南方和北方区域城乡基本公共服务均等化水平

综上所述，我国城乡融合发展水平测度结果表明，2013~2021 年我国城乡基本公共服务均等化水平呈现显著逐年递增趋势，但具有明显的区域异质性。从省际角度考察，除天津、辽宁、青海外城乡基本公共服务均等化水平有所下降外，其他省区城乡基本公共服务均等化水平均呈上升趋势；从区域角度考察，东部地区城乡基本公共服务均等化水平要高于西部、东北部以及中部地区，年均增速低于中部地区，但高于西部和东北部地区，而中部地区的年均增速要高于东部、西部以及东北部地区。2013~2020 年，南方地区的城乡基本公共服务均等化水平低于北方地区，但以更高的速度提高，并于 2021 年超过了北方地区。

11.2.2 城乡融合发展水平测度

基于本章对城乡融合发展概念的界定（详见 11.1.1.2 节），并考虑数据的权威性与可获性，从经济、社会、文化、生态四个维度对我国城乡融合发展水平进行测度。

关于指标体系，根据前节统计分析和文献基础，城乡人均可支配收入比和城镇化水平等指标能够直接反映城乡经济融合发展的状况。在城乡社会融合方面，现有研究多使用城乡人均医疗保健支出比、城乡居民人均交通通信支出比、失业保险覆盖率等指标进行测度。在文化融合方面，主要根据数据可用性采用城乡教育文化娱乐服务支出、人均拥有公共图书馆藏量等指标进行测评。城乡生态融合发展则使用城乡绿化面积比、城乡绿化覆盖率之比等指标进行衡量。关于城乡融合发展水平测度的代表性研究文献依据如表11-3所示。

表11-3　　城乡融合发展水平测度的代表性研究文献

代表性文献	指标维度	测度方法
付海英等（2006）[1]	自然资源禀赋、城镇化水平、基础设施、经济技术联系、社会联系	层次分析法
汪宇明等（2012）[2]	生活质量、公共服务、经济福利	主成分分析法
周江燕、白永秀（2014）[3]	空间、社会、经济、生态	全局主成分分析法
高波、孔令池（2017）[4]	空间结构、经济结构、基础设施、公共服务、生态环境	全局主成分分析法
王颖等（2018）[5]	经济、人口、空间、社会文化	耦合协调度
周佳宁等（2019）[6]	人口、空间、经济、社会、生态	全局主成分分析法
廖祖君等（2019）[7]	人口、空间、经济、社会、生态	熵值法
韩磊等（2019）[8]	经济、社会、生活水平	均权法
刘明辉、卢飞（2019）[9]	"人""地""资本"	全局主成分分析法
赵德起、陈娜（2019）[10]	前提、动力、结果	横纵向拉开档次法
张海朋等（2020）[11]	经济、社会、生态	均方差决策法、耦合协调度模型、趋势面分析等
周佳宁等（2020）[12]	人口、空间、经济、社会、生态	全局主成分分析法
张新林等（2020）[13]	空间、经济、社会	熵值法
张海朋等（2021）[14]	经济、社会、生态	熵值法
黄永春等（2022）[15]	人口、空间、经济、社会、生态	熵权TOPSIS法
王耀晨、张桂文（2022）[16]	经济、社会、生态	主成分分析法
谢会强、吴晓迪（2023）[17]	"人""地""资本"	熵值法

第11章 推进基本公共服务均等化促进城乡融合发展

续表

代表性文献	指标维度	测度方法
崔建军、赵丹玉（2023）[18]	空间、经济、居民、生态、公共服务	改进后的熵值法
王松茂等（2023）[19]	经济、社会、空间、生态	熵值法

注：[1] 付海英等：《市域城乡统筹现状评价及其影响因素关联分析》，载《农业技术经济》2006年第6期，第44~49页。

[2] 汪宇明等：《中国城乡一体化水平的省区分异》，载《中国人口·资源与环境》2012年第4期，第137~142页。

[3] 周江燕、白永秀：《中国城乡发展一体化水平的时序变化与地区差异分析》，载《中国工业经济》2014年第2期，第5~17页。

[4] 高波、孔令池：《中国城乡发展一体化区域差异分析》，载《河北学刊》2017年第1期，第101~108页。

[5] 王颖等：《2003年以来东北地区城乡协调发展的时空演化》，载《经济地理》2018年第7期，第59~66页。

[6] 周佳宁等：《多维视域下中国城乡融合水平测度、时空演变与影响机制》，载《中国人口·资源与环境》2019年第9期，第166~176页。

[7] 廖祖君、王理、杨伟：《经济集聚与区域城乡融合发展——基于空间计量模型的实证分析》，载《软科学》2019年第8期，第54~60+72页。

[8] 韩磊、王术坤、刘长全：《中国农村发展进程及地区比较——基于2011~2017年中国农村发展指数的研究》，载《中国农村经济》2019年第7期，第2~20页。

[9] 刘明辉、卢飞：《城乡要素错配与城乡融合发展——基于中国省级面板数据的实证研究》，载《农业技术经济》2019年第2期，第33~46页。

[10] 赵德起、陈娜：《中国城乡融合发展水平测度研究》，载《经济问题探索》2019年第12期，第1~28页。

[11] 张海朋等：《大都市区城乡融合系统耦合协调度时空演化及其影响因素——以环首都地区为例》，载《经济地理》2020年第11期，第56~67页。

[12] 周佳宁、邹伟、秦富仓：《等值化理念下中国城乡融合多维审视及影响因素》，载《地理研究》2020年第8期，第1836~1851页。

[13] 张新林、仇方道、朱传耿：《时空交互视角下淮海经济区城乡融合发展水平演化》，载《自然资源学报》2020年第8期，第1867~1880页。

[14] 张海朋等：《环首都地区城乡融合水平时空分异及乡村振兴路径》，载《自然资源学报》2021年第10期，第2652~2671页。

[15] 黄永春等：《数字经济、要素配置效率与城乡融合发展》，载《中国人口·资源与环境》2022年第10期，第77~87页。

[16] 王耀晨、张桂文：《中国城乡融合发展进程评价》，载《统计与决策》2022年第24期，第33~38页。

[17] 谢会强、吴晓迪：《城乡融合对中国农业碳排放效率的影响及其机制》，载《资源科学》2023年第1期，第48~61页。

[18] 崔建军、赵丹玉：《数字普惠金融能够促进城乡融合发展吗？——基于门槛效应模型的实证检验》，载《经济问题探索》2023年第3期，第79~96页。

[19] 王松茂、尹延晓、徐宣国：《数字经济能促进城乡融合吗：以长江经济带11个省份为例》，载《中国软科学》2023年第5期，第77~87页。

通过对上述文献分析发现，通过构建多层次指标体系测度城乡融合发展水平是学术界普遍使用的方法。若想准确测度城乡融合发展水平，需要综合考虑分析性指标（对比类）、显示性指标（状态类）以及传导性指标（动力类）[1]。借鉴现有研究成果，基于本文对城乡融合发展内涵的界定，并考虑数据的权威性与可获得性，从经济、社会、文化、生态四个维度构建用于评价我国城乡融合发展水平的指标体系。具体指标选取如表11－4所示。

表11－4　　　　　　城乡融合发展指标体系一览表

融合类型	指标选取	类型	属性	数据来源
经济融合	城乡人均可支配收入比	对比	负	中国统计年鉴
	城乡恩格尔系数比	对比	正	中国统计年鉴
	城乡固定资产投资比	对比	负	中国固定资产投资统计年鉴
	城镇化水平	状态	正	中国统计年鉴
社会融合	城乡宽带接入用户比	对比	负	中国统计年鉴、CSMAR数据库
	城乡人均医疗保健支出比	对比	负	中国统计年鉴、CSMAR数据库
	城乡交通和通讯支出比	对比	负	中国统计年鉴、CSMAR数据库
文化融合	广播节目综合人口覆盖率	动力	正	中国社会统计年鉴
	电视节目综合人口覆盖率	动力	正	中国社会统计年鉴
	人均拥有公共图书馆藏量（册）	动力	正	中国文化文物和旅游统计年鉴
	城乡教育文化娱乐服务支出比	对比	负	中国统计年鉴、CSMAR数据库
生态融合	城乡人均公园绿地面积比	对比	负	中国城乡建设统计年鉴
	城乡绿化覆盖率比	对比	负	中国城乡建设统计年鉴
	污水处理率	动力	正	中国环境统计年鉴
	生活垃圾无害化处理率	动力	正	中国环境统计年鉴

在测度方法选择上，城乡融合发展水平依旧采用熵权法进行测度，具体方法见式（11.1）～式（11.5）。城乡融合整体发展水平测度结果显示，2013～2021年，全国整体的城乡融合发展水平呈逐年递增趋势，从0.3796上升为0.5121，年均增长3.81%（见表11－5）。增速排在前十位的省份为贵州、四川、云南、甘肃、青海、湖南、吉林、陕西、河北和广西，增长率分别为

---

[1]　对比类指标表示城乡融合的原因、状态类指标表示城乡融合的结果、动力类指标体现城乡融合的过程。周佳宁、邹伟、秦富仓：《等值化理念下中国城乡融合多维审视及影响因素》，载《地理研究》2020年第8期，第1836～1851页。

7.77%、6.89%、6.81%、6.78%、6.17%、6.07%、5.26%、5.06%、4.93%和4.88%。截至2021年，城乡融合发展水平最高为上海，最低为贵州。在全国均值（0.5121）以上的省份有11个，包括东部地区7个省份——上海、北京、天津、浙江、江苏、福建和广东、西部地区1个省份——宁夏、东北部地区3个省份——辽宁、吉林、黑龙江（见图11-5）。达均值以上东部七省的城乡融合发展水平值分别为0.9312、0.6785、0.6730、0.6517、0.6225、0.5860和0.5513。宁夏城乡融合发展水平值为0.5528，辽宁、吉林和黑龙江城乡融合发展水平值为0.5674、0.5348和0.5136。

表11-5　2013~2021年中国各省份城乡融合发展水平变动趋势一览表

省份	2013年	2014年	2015年	2016年	2017年	2018年	2019年	2020年	2021年	年均增长率（%）
贵州	0.2011	0.2175	0.2405	0.2540	0.2691	0.2758	0.3320	0.3335	0.3369	6.66
甘肃	0.2465	0.2709	0.3064	0.3117	0.3214	0.3464	0.3773	0.3970	0.4122	6.64
云南	0.2252	0.2430	0.2620	0.2851	0.2800	0.3220	0.3598	0.3487	0.3630	6.15
青海	0.3013	0.3102	0.3417	0.3687	0.3773	0.4045	0.4065	0.4639	0.4732	5.80
四川	0.2748	0.3113	0.3337	0.3384	0.3636	0.3634	0.4035	0.4151	0.4304	5.77
黑龙江	0.3289	0.3791	0.3981	0.4086	0.4233	0.4259	0.4686	0.5163	0.5136	5.73
湖南	0.3087	0.3162	0.3406	0.3633	0.3875	0.4112	0.4261	0.4489	0.4745	5.52
吉林	0.3527	0.3846	0.4098	0.4213	0.4476	0.4513	0.4882	0.5181	0.5348	5.34
陕西	0.2741	0.2798	0.3108	0.3229	0.3340	0.3671	0.3942	0.3933	0.3973	4.75
内蒙古	0.3486	0.3765	0.4046	0.4296	0.4534	0.4534	0.4817	0.5049	0.5042	4.72
河北	0.3248	0.3486	0.3472	0.3794	0.4074	0.3892	0.4193	0.4463	0.4571	4.36
辽宁	0.4087	0.4565	0.4854	0.4990	0.5076	0.5093	0.5412	0.5577	0.5674	4.19
宁夏	0.4028	0.4254	0.4618	0.4582	0.4655	0.4857	0.5070	0.5326	0.5528	4.04
海南	0.3525	0.3432	0.3482	0.3670	0.4304	0.4428	0.4517	0.4806	0.4834	4.02
广西	0.3234	0.3338	0.3453	0.3648	0.3801	0.3902	0.4341	0.4369	0.4376	3.85
新疆	0.3332	0.3303	0.3455	0.3602	0.3594	0.3903	0.4124	0.4368	0.4480	3.77
湖北	0.3774	0.4013	0.4197	0.4423	0.4405	0.4535	0.4705	0.4864	0.4972	3.51
浙江	0.4949	0.5400	0.5524	0.5680	0.6094	0.6168	0.6359	0.6439	0.6517	3.50
安徽	0.3535	0.3757	0.3752	0.3854	0.4187	0.4261	0.4342	0.4609	0.4653	3.50

续表

省份	2013年	2014年	2015年	2016年	2017年	2018年	2019年	2020年	2021年	年均增长率(%)
重庆	0.3653	0.3776	0.3944	0.4149	0.4291	0.4161	0.4624	0.4756	0.4799	3.47
江苏	0.4748	0.5186	0.5361	0.5318	0.5805	0.5816	0.5855	0.6082	0.6225	3.44
广东	0.4243	0.4501	0.4632	0.4796	0.4916	0.5154	0.5501	0.5448	0.5513	3.33
福建	0.4520	0.4662	0.4713	0.4842	0.5076	0.5177	0.5446	0.5641	0.5860	3.30
江西	0.3619	0.3736	0.3794	0.3833	0.4160	0.4143	0.4287	0.4567	0.4682	3.27
山东	0.3970	0.4138	0.4135	0.4302	0.4569	0.4492	0.4687	0.4842	0.4969	2.85
河南	0.3491	0.3404	0.3602	0.3817	0.3651	0.3875	0.4163	0.4255	0.4341	2.76
山西	0.3581	0.3685	0.3854	0.3980	0.4110	0.4122	0.4421	0.4650	0.4399	2.60
北京	0.5628	0.5710	0.5642	0.6001	0.6207	0.6300	0.6256	0.6566	0.6785	2.36
上海	0.8152	0.8802	0.8832	0.8882	0.9097	0.9122	0.9337	0.9082	0.9312	1.68
天津	0.5937	0.6079	0.5971	0.6272	0.6205	0.6274	0.6434	0.6600	0.6730	1.58
全国	0.3796	0.4004	0.4159	0.4316	0.4495	0.4596	0.4848	0.5024	0.5121	3.81

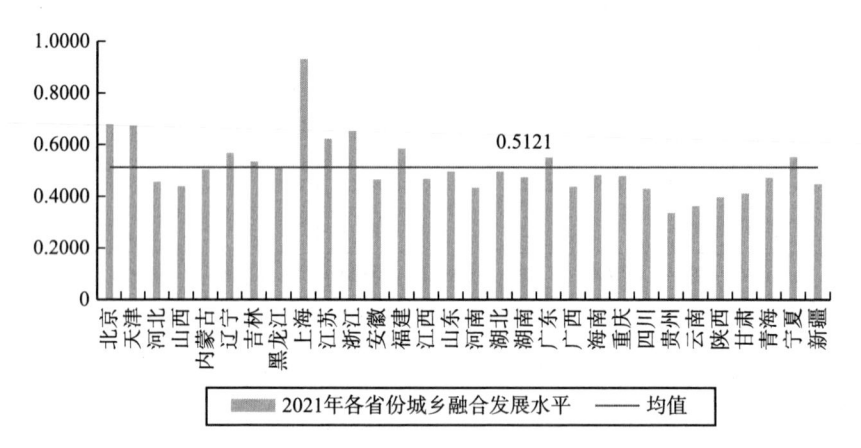

图11-5 2021年各省份城乡融合发展水平

将全国样本按国家统计局划分标准分为东部、中部、西部以及东北部地区，各地区城乡融合发展水平均呈逐年递增趋势，但具有明显的区域异质性（见图11-6）。东部地区城乡融合发展水平要高于东北、中部以及西部地区，但年均增速却低于东北部、西部以及中部地区。具体而言，东部、中部、西

第 11 章 推进基本公共服务均等化促进城乡融合发展

部以及东北部地区的城乡融合发展水平分别由 0.4892、0.3515、0.2996、0.3634 上升至 0.6132、0.4632、0.4396、0.5386，年均增速分别为 2.86%、3.51%、4.91%、5.04%。

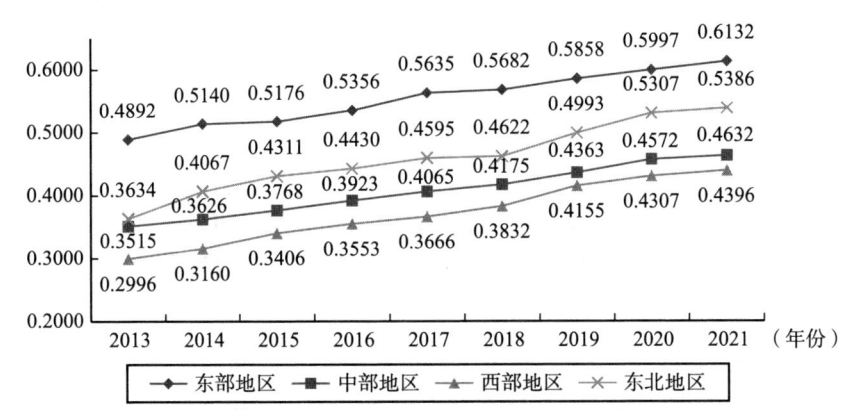

图 11-6　2013~2021 年东部、中部、西部和东北部区域城乡融合发展水平

将全国样本以秦岭—淮河一线划分为南方、北方地区，各地区城乡基本公共服务均等化水平均呈逐年递增趋势，但同样具有明显的区域异质性（见图 11-7）。南方地区的城乡融合发展水平要高于北方地区，但年均增长率却低于北方地区。具体而言，考察期内南方与北方地区的城乡融合发展水平分别由 0.3870、0.3721 上升为 0.5186、0.5055，年均增速分别为 3.73%、3.90%。

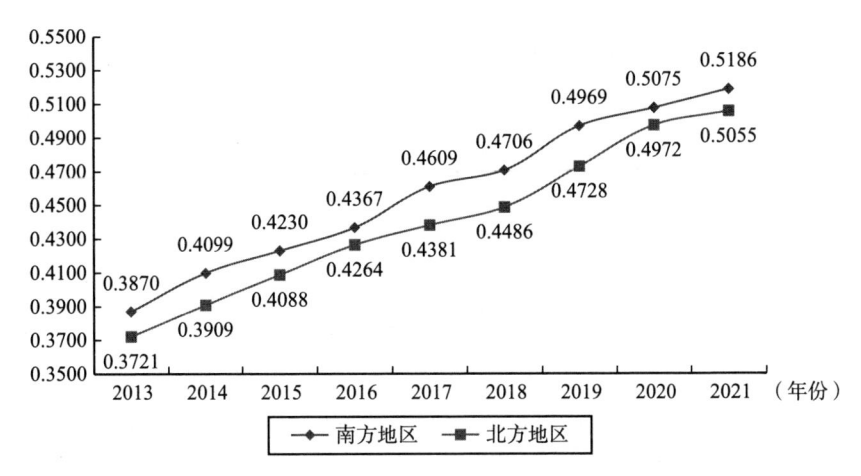

图 11-7　2013~2021 年南方和北方区域城乡融合发展水平

综上所述，水平测度结果充分表明：2013～2021 年我国城乡融合发展水平整体上呈现出显著的逐年递增趋势，同时也表现出明显的区域性发展差异。这种区域性差异主要体现在两方面：一是东部地区城乡融合发展水平高于东北、中部以及西部地区，但年均增速低于东北部、西部以及中部地区；二是南方地区的城乡融合发展水平高于北方地区，但年均增长率低于北方地区。由此可见，尽管存在区域性发展差异，但这种城乡融合发展的区域性差距在不断缩小。

11.3 城乡基本公共服务均等化影响城乡融合发展水平效应检验

基于理论分析，以及对城乡基本公共服务均等化和城乡融合发展水平的测度，下面基于我国 2013～2021 年省际面板数据，运用双向固定效应模型检验分析我国城乡基本公共服务均等化对城乡融合发展的影响。

11.3.1 计量模型

模型一是固定效应模型。固定效应模型可以在一定程度上减轻省略变量误差带来的内生性，本书通过构造固定效应回归模型（Fixed effects model, FEM）来检验城乡基本公共服务均等化的城乡融合发展效应。基准模型设定为：

$$urc_{it} = \alpha_0 + \alpha_1 eq_{it} + \beta_i Z_{it} + \mu_i + year_t + \varepsilon_{it} \quad (11.8)$$

模型（11.8）中，urc_{it} 为被解释变量，表示 i 省份 t 时期的城乡融合发展水平；eq_{it} 为核心解释变量，表示 i 省份 t 时期的城乡基本公共服务均等化水平；Z_{it} 为一系列控制变量，μ_i 与 $year_t$ 分别为省份、年份固定效应，ε_{it} 为随机扰动项，α_0、α_1、β_i 为模型待估参数。

模型二是空间计量模型。城乡融合发展具有空间关联性[1]，某一地区的城乡融合发展水平在受到本地相关因素影响的同时，也会与邻近地区的城乡融合发展水平有关。同时，基本公共服务本身具有外部性，城乡基本公共服

---

[1] 周佳宁、邹伟、秦富仓：《等值化理念下中国城乡融合多维审视及影响因素》，载《地理研究》2020 年第 8 期，第 1836～1851 页；郭海红、刘新民、刘录敬：《中国城乡融合发展的区域差距及动态演化》，载《经济问题探索》2020 年第 10 期，第 1～14 页。

务均等化水平的提高对城乡融合发展的影响很可能具有空间外溢性，为验证这一可能性，本书将进一步引入空间因素进行分析，空间模型设定为：

$$urc_{it} = \alpha_0 + \rho \sum_{j=1}^{n} w_{ij} urc_{it} + \alpha_1 crl_{it} + \beta_i Z_{it} + \mu_i + year_t + \varepsilon_{it} \quad (11.9)$$

$$urc_{it} = \alpha_0 + \alpha_1 crl_{it} + \beta_i Z_{it} + \mu_i + year_t + \varepsilon_{it} \varepsilon_{it} = \delta \sum_{j=1}^{n} w_{ij} \varepsilon_{it} + \omega_{it} \quad (11.10)$$

$$urc_{it} = \alpha_0 + \rho \sum_{j=1}^{n} w_{ij} urc_{it} + \alpha_1 crl_{it} + \theta_1 \sum_{j=1}^{n} w_{ij} crl_{it} + \beta_i Z_{it} + \theta_i \sum_{j=1}^{n} w_{ij} Z_{it} + \mu_i + year_t + \varepsilon_{it} \quad (11.11)$$

模型（11.9）~模型（11.11）分别为空间自回归模型（SAR）、空间误差模型（SEM）以及空间杜宾模型（SDM），w_{ij}为空间权重矩阵。空间权重矩阵的设定是空间研究的重点，本章构建了四种空间权重矩阵以确保回归结果的准确性和稳健性。这些矩阵包括邻接权重矩阵（W1）、地理权重矩阵（W2）、经济权重矩阵（W3）以及经济地理嵌套权重矩阵（W4）。其中邻接权重矩阵（W1）参考卢娜等学者的研究[1]，赋值方式为地区间相邻为1，不相邻为0；地理权重矩阵（W2）借鉴何昭丽和王松茂的研究[2]，赋值方式为地区间相邻为地理距离平方倒数，不相邻为0；经济权重矩阵（W3）参考张学良的研究[3]，使用各地区人均GDP构建经济空间权重矩阵，具体构建方法为：

$$W3 = 1/|\bar{Q}_i - \bar{Q}_j| \quad (11.12)$$

其中，$\bar{Q}_i$与$\bar{Q}_j$分别为i省与j省（$i \neq j$）2013~2021年期间的人均GDP均值。

经济地理嵌套权重矩阵（W4）参考邵帅的研究[4]，构建方式为：

---

[1] 卢娜等：《突破性低碳技术创新与碳排放：直接影响与空间溢出》，载《中国人口·资源与环境》2019年第5期，第30~39页。

[2] 何昭丽、王松茂：《"一带一路"沿线四大区域入境旅游全要素生产率的空间差异及溢出效应研究》，载《数量经济技术经济研究》2020年第6期，第130~147页。

[3] 张学良：《中国交通基础设施促进了区域经济增长吗——兼论交通基础设施的空间溢出效应》，载《中国社会科学》2012年第3期，第60~77+206页。

[4] 邵帅等：《中国雾霾污染治理的经济政策选择——基于空间溢出效应的视角》，载《经济研究》2016年第9期，第73~88页。

$$W4 = \psi W2 + (1-\psi)W3 \qquad (11.13)$$

其中，ψ 为地理距离权重（$0<\psi<1$），表示嵌套权重矩阵中地理距离权重的重要程度，设定为 0.5。

11.3.2 变量选择与统计特征

本节的研究主体为 2013~2021 年中国省级面板数据，考虑到数据的可得性与完整性，未包含港澳台地区以及西藏地区。所有与价格相关的变量均以 2013 年为基期剔除了价格的影响。

关于变量选择。被解释变量为城乡融合发展水平（urc），使用本节 11.2.2 部分所测度的城乡融合发展水平衡量。核心解释变量为城乡基本公共服务均等化（eq），使用本节 11.2.1 部分所测度的城乡基本公共服务均等化水平衡量。控制变量包括：（1）市场化程度（mar）。市场化程度的提高能够降低信息成本、交易成本等，有助于构建城乡要素资源统一大市场、促进城乡要素资源的优化配置，进而有利于城乡融合发展。借鉴李永友等学者的研究[1]，使用王小鲁等学者[2]测算的市场化指数作为衡量市场化程度的代理变量。（2）金融规模（fds）。金融规模的扩大，一方面能够通过其扩散效应向农村溢出，通过缓解资金约束的途径促进农村人力资本投资与资本积累，有利于城乡融合发展；另一方面由于城市与乡村市场主体的金融获取能力存在显著差异，"精英俘获"与"寻租"不可避免，不利于城乡融合发展。参考石大千等学者的研究[3]，以地区金融业增加值占 GDP 比例测度金融发展规模，数据来源为《中国统计年鉴》及各省（自治区、直辖市）统计年鉴。（3）财政分权（fd）。财政分权是地方政府财政自主权的重要体现，借鉴陈安平等学者的研究[4]，使用（地方财政预算内支出/地方人口）/（地方财政预算内支出/地方人口 + 中央财政预算内支出/全国人口）测度，数据来源为《中国统计年鉴》。

---

[1] 李永友、周思娇、胡玲慧：《分权时序与经济增长》，载《管理世界》2021 年第 5 期，第 71~86+6 页。

[2] 王小鲁、胡李鹏、樊纲：《中国分省份市场化指数报告》，社会科学文献出版社 2021 年版，第 223~225 页。

[3] 石大千等：《智慧城市建设能否降低环境污染》，载《中国工业经济》2018 年第 6 期，第 117~135 页。

[4] 陈安平、杜金沛：《中国的财政支出与城乡收入差距》，载《统计研究》2010 年第 11 期，第 34~39 页。

(4) 产业结构升级（ind）。产业结构升级能够促进要素资源在城乡间的优化配置，有利于三次产业融合发展，进而有利于城乡融合发展。参考干春晖等学者[①]的研究，以三产产值占比/二产产值占比衡量，数据来源为《中国统计年鉴》。(5) 土地流转（area）。土地流转有利于实现土地规模经营，提高土地利用效率，进而促进农业农村现代化和新型城镇化，有利于城乡融合发展。以土地流转面积作为该指标的代理变量，回归时采用对数平滑方法进行处理。其中 2005～2018 年的数据来源于《中国农村经营管理统计年报》；2019～2021 年的数据来源于《中国农村政策与改革统计年报》。(6) 科技创新（tec）。"科技是第一生产力"，科技创新有利于建设现代化产业体系，是促进乡村振兴、推进新型城镇化进程以及城乡融合发展的主要动力。使用 RD 经费支出占 GDP 的比重测度，数据来源为《中国统计年鉴》。各变量的描述性统计如表 11-6 所示。

表 11-6　　　　各变量描述性统计（观测值=270）

变量名称	变量代码	均值	标准差	最小值	最大值
城乡融合发展水平	urc	0.448	0.127	0.201	0.934
城乡基本公共服务均等化	crl	0.059	0.022	0.031	0.165
市场化程度	market	8.239	1.848	3.580	12.390
金融规模	fds	3.391	1.141	1.664	8.131
财政分权	fd	86.117	3.552	79.148	93.683
产业结构升级	ind	1.324	0.717	0.572	5.297
土地流转	lnarea	16.113	1.152	12.510	18.049
科技创新	tec	0.018	0.012	0.004	0.065

11.3.3　模型检验

首先进行多重共线性检验。为了避免多元回归中出现多重共线性问题，

[①] 干春晖、郑若谷、余典范：《中国产业结构变迁对经济增长和波动的影响》，载《经济研究》2011 年第 5 期，第 4～16+31 页。

我们参考李虹和邹庆的研究①，在回归分析之前对各变量进行了多重共线性检验，方差膨胀因子 VIF 检验结果如表 11-7 所示。各变量 VIF 检验值均显著小于 7，表明模型没有出现变量冗余情况②，满足经验法则所要求的最低数值，可以认为通过了多重共线性检验。

表 11-7　　　　　　　　　　　VIF 检验

变量名称	变量代码	VIF	1/VIF
城乡基本公共服务均等化	crl	6.400	0.156
市场化程度	market	3.160	0.317
金融规模	fds	4.080	0.245
财政分权	fd	3.530	0.284
产业结构升级	ind	3.520	0.284
土地流转	lnarea	1.800	0.556
科技创新	tec	6.720	0.149
Mean VIF		4.170	

其次进行空间自相关检验。在进行空间计量分析之前，需要对城乡基本公共服务均等化和城乡融合发展在本文所构建的四种不同空间权重矩阵下进行全局莫兰空间自相关检验③，以决定是否在回归模型中引入空间因素。检验结果显示，各空间权重矩阵下莫兰指数均通过了显著性检验，表 11-8 报告了经济地理嵌套权重矩阵（W4）下的检验结果。可见，研究期内，我国城乡基本公共服务均等化和城乡融合发展的历年全局 Moran's I 指数均通过了 5% 的显著性水平检验，绝大多数通过了 1% 的显著性水平检验。结果表明，城乡基本公共服务均等化与城乡融合发展均具有较强的正向空间关联性，在回归分析中引入空间因素更为合理。

---

① 李虹、邹庆：《环境规制、资源禀赋与城市产业转型研究——基于资源型城市与非资源型城市的对比分析》，载《经济研究》2018 年第 11 期，第 182~198 页。
② 耿甜伟、陈海、张行、史琴琴、刘迪：《基于 GWR 的陕西省生态系统服务价值时空演变特征及影响因素分析》，载《自然资源学报》2020 年第 7 期，第 1714~1727 页。
③ Moran P. A. P., Notes On Continuous Stochastic Phenomena. Biometrika, 1950, 37 (1/2), pp. 17-23.

第 11 章　推进基本公共服务均等化促进城乡融合发展

表 11 – 8　　　　　　　　　全局莫兰空间自相关检验

年份	城乡基本公共服务均等化 Moran's I	P-value	城乡融合发展 Moran's I	P-value
2013	0.365	0.000	0.412	0.000
2014	0.206	0.012	0.399	0.000
2015	0.258	0.002	0.379	0.000
2016	0.255	0.001	0.404	0.000
2017	0.274	0.001	0.415	0.000
2018	0.311	0.000	0.413	0.000
2019	0.244	0.001	0.390	0.000
2020	0.251	0.001	0.402	0.000
2021	0.183	0.010	0.407	0.000

由于全局莫兰指数无法测度城乡基本公共服务均等化与城乡融合发展集聚的空间依赖性和空间差异性。需要进一步进行局部 Moran's I 检验[①]，以确定研究对象的空间特征，检验结果如图 11 – 8 所示。可见中国大多省份这两项指数落在第一、第三象限，具有高高聚集、低低聚集的特征，选用空间计量模型可以更全面、准确地测度城乡基本公共服务均等化的城乡融合发展效应。

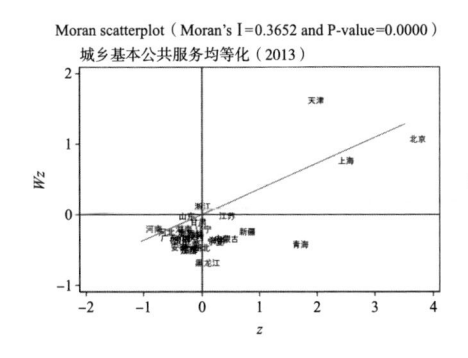

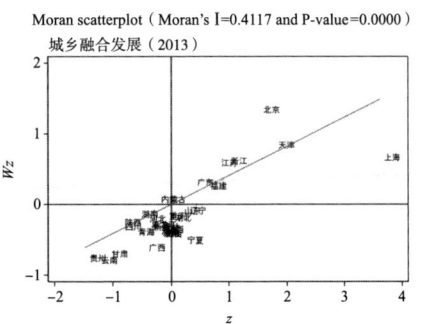

Moran scatterplot（Moran's I=0.3652 and P-value=0.0000）
城乡基本公共服务均等化（2013）

Moran scatterplot（Moran's I=0.4117 and P-value=0.0000）
城乡融合发展（2013）

[①]　Anselin L., Local Indicator of Spatial Association – Lisa. Geographical Analysis, 1995 (27): 93 – 115.

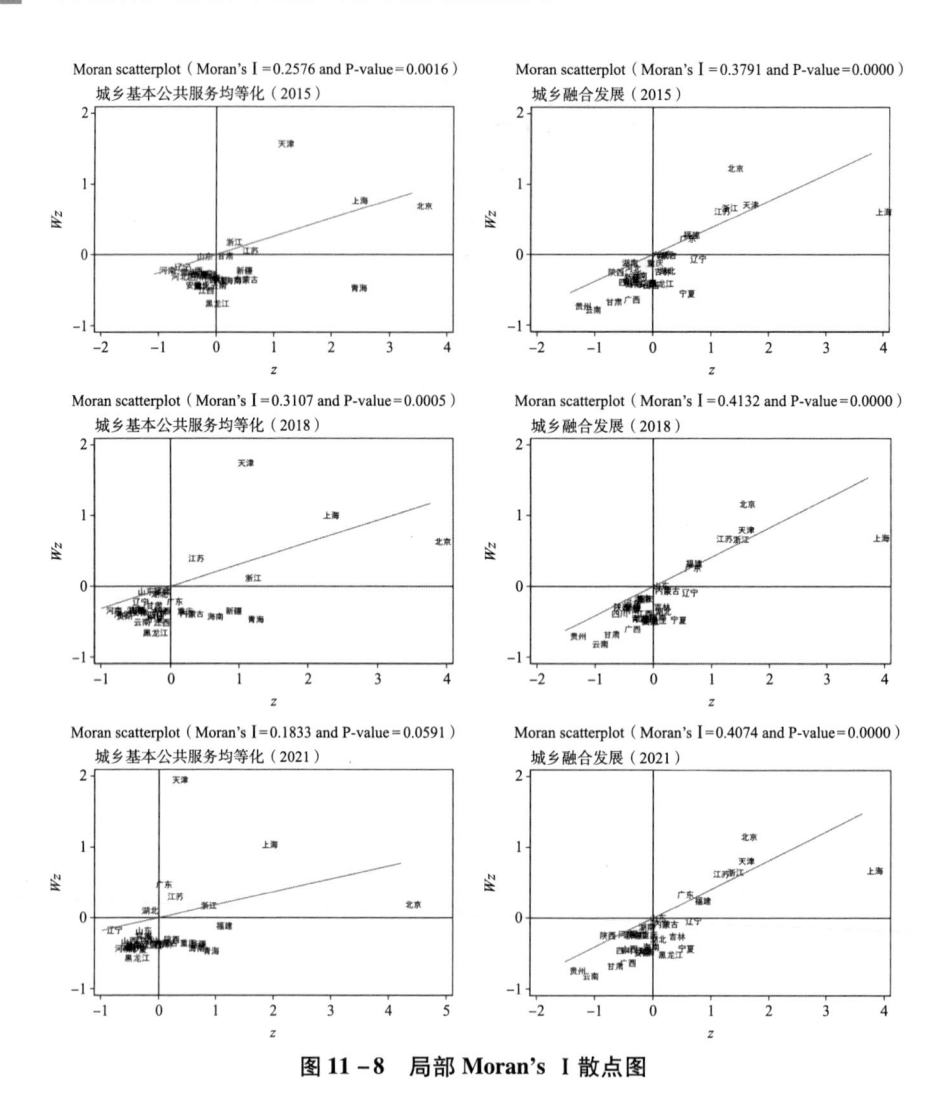

图 11-8　局部 Moran's I 散点图

最后进行空间诊断检验。拉格朗日乘数（LM）、似然比（LR）等检验结果如表 11-9 所示。检验结果表明，时空双向固定的 SDM 模型较为适合本章的分析。

表 11-9　　　　　　　　　　空间诊断检验

检验类型	Stat.	P-value
LM-error	93.316	0.000
Robust LM-error	42.562	0.000

续表

检验类型	Stat.	P-value
LM-lag	62.178	0.000
Robust LM-lag	11.424	0.001
LRtest – SDM 模型可退化为 SAR 模型	50.80	0.000
LRtest – SDM 模型可退化为 SEM 模型	62.55	0.000
Hausman 检验	15.610	0.000
空间固定效应优于双向固定效应	67.230	0.000
时间固定效应优于双向固定效应	800.020	0.000

11.3.4 回归结果分析

一是基于固定效应模型的基准回归结果分析。根据公式（11.8），使用双向固定效应模型估计了城乡基本公共服务均等化（crl）对城乡融合发展（urc）的影响，基准回归结果如表 11-10 所示。其中，模型 1 未引入控制变量，仅包含城乡基本公共服务均等化对城乡融合发展的影响，回归系数为 3.832 且通过了 1% 的显著性水平检验，表明城乡基本公共服务均等化水平的提高能够显著地促进城乡融合发展。模型 2~模型 7 是在模型 1 的基础上增加市场化程度、金融规模、财政分权、产业结构升级、土地流转以及科技创新等控制变量的回归结果。可见，依次增加控制变量后的模型拟合程度不断提高（可解决系数 R^2 从 0.410 增加到 0.820）。从解释变量影响系数的角度来看，城乡基本公共服务均等化对城乡融合发展的影响具有显著性。从控制变量影响系数角度来看：市场化程度、金融规模、产业结构升级、土地流转以及科技创新等控制变量对城乡融合发展的影响均通过了显著性检验，与本章的理论预期相符。财政分权对城乡融合发展的影响不具显著性，可能的原因是财政分权对城乡融合发展具有正反两方面影响：一方面政绩锦标赛体制会刺激财政支出流向区位优势明显的城市地区以实现利益最大化，不利于城乡融合发展；另一方面具有更高财政自主权的地方政府具有更强的能力来解决本地区城乡发展不平衡问题，有利于城乡融合发展。如果这两种相反拉力的作用效果大体持平，则财政分权对城乡融合发展的影响很可能缺乏显著性。因此，解决问题的关键在于以现代化治理理念取代锦标赛体制下的政绩观，引导政府财力在城乡间进行均衡配置。

表11－10　　　　　　　基于固定效应模型的基准回归结果

变量名称	变量代码	模型1	模型2	模型3	模型4	模型5	模型6	模型7
城乡基本公共服务均等化	crl	3.832*** (0.000)	2.671*** (0.000)	2.236*** (0.000)	2.316*** (0.000)	1.357*** (0.000)	1.319*** (0.000)	0.887*** (0.000)
市场化程度	market		0.033*** (0.000)	0.025*** (0.000)	0.026*** (0.000)	0.023*** (0.000)	0.016*** (0.000)	0.012*** (0.000)
金融规模	fds			0.047*** (0.000)	0.046*** (0.000)	0.026*** (0.000)	0.021*** (0.000)	0.014*** (0.002)
财政分权	fd				-0.005* (0.057)	-0.002 (0.327)	-0.000 (0.885)	-0.000 (0.992)
产业结构升级	ind					0.068*** (0.000)	0.054*** (0.000)	0.051*** (0.000)
土地流转	lnarea						0.048*** (0.000)	0.050*** (0.000)
科技创新	tec							4.350*** (0.000)
常数项	Con	0.223*** (0.000)	0.021 (0.447)	-0.045* (0.053)	0.382* (0.090)	0.200 (0.310)	-0.705*** (0.007)	-0.697*** (0.005)
省份固定	Prov fixed	是	是	是	是	是	是	是
年份固定	Year Fixed	是	是	是	是	是	是	是
观测值	Obs	270	270	270	270	270	270	270
可决系数	R^2	0.410	0.555	0.705	0.710	0.781	0.802	0.820

注：*、**、***分别表示在10%、5%、1%水平上显著，括号内为p值。

二是基于固定效应模型的内生性分析。尽管本章已尽可能控制了影响城乡融合发展的变量，但仍然可能存在内生性问题。借鉴王子凤和张桂文的研究[1]，选取核心解释变量的滞后一期为工具变量进行2SLS估计来缓解内生性

---

[1] 王子凤、张桂文：《数字经济如何助力农民增收——理论分析与经验证据》，载《山西财经大学学报》2023年第2期，第16~28页。

问题，并进一步参考蔡贵龙等学者的研究[①]，将模型中所有控制变量均取滞后一期进行回归分析以进一步缓解内生性，回归结果如表 11-11 所示。从使用工具变量后的回归结果可见，LM 统计值均通过了 1% 显著性水平检验，表明不存在不可识别问题。F 统计值均大于 10% maximal IV size（16.38），表明工具变量并非弱工具变量。处理了内生性后，城乡基本公共服务均等化对城乡融合发展的影响依然具有显著性，表明本书的实证结果具有可靠性。

表 11-11　　基于固定效应模型滞后一期的内生性分析结果

变量名称	变量代码	模型 8 2SLS	模型 9 2SLS
城乡基本公共服务均等化	$L.crl$	1.040 * (0.052)	1.508 *** (0.005)
常数项	Con	-1.453 *** (0.000)	-1.362 *** (0.000)
控制变量	Z_{it}	是	—
控制变量均滞后一期	$L.Z_{it}$	—	是
省份固定效应	$Prov\ fixed$	是	是
年份固定效应	$Year\ fixed$	是	是
观测值	Obs	240	240
可决系数	R^2	0.779	0.778
Anderson canon. corr. LM statistic		150.989 *** (0.000)	150.020 *** (0.000)
Cragg-Donald Wald F statistic		393.540	386.802

注：*、**、*** 分别表示在 10%、5%、1% 水平上显著，括号内为 p 值。

三是基于固定效应模型的地区异质性分析。以上回归结果考察了研究期内，我国省际城乡基本公共服务均等化对城乡融合发展的影响，然而我国城乡基本公共服务均等化与城乡融合发展均存在着明显的区域差异性，那么城乡基本公共服务均等化的城乡融合发展效应是否同样具有区域异质性？基于对这一

[①] 蔡贵龙等：《国有企业的政府放权意愿与混合所有制改革》，载《经济研究》2018 年第 9 期，第 99~115 页。

问题的思考，本小节首先将全国总体样本划分为东部、中部、西部以及东北部四个地区来进行异质性分析，回归结果如表11-12所示。结果表明，城乡基本公共服务均等化的城乡协调发展效应具有明显的区域异质性。从影响系数大小角度来看，中部地区的影响系数（2.399）要高于东部（1.535）、东北部（0.281）以及西部地区（0.144），可能的原因是：中部地区具有发达的交通网络和连接东西的区域优势，也具有承接东部地区产业转移的运输成本比较优势和劳动力竞争优势，中部地区城乡基本公共服务均等化水平的提高对城乡要素双向流动与优化配置的促进能力更强，进而其城乡融合效应更明显；东部地区是农业转移人口的主要流入地（如广东、浙江、北京等省份），劳动力资源的聚集加剧了其基本公共服务的压力，当劳动力资源的涌入速度超过该地区发展需求时，反而不利于资源的优化配置。虽然东部地区的城乡基本公共服务均等化的城乡融合效应低于中部地区，但明显高于东北部和西部地区。从显著性水平角度来看，东部与中部地区城乡基本公共服务均等化的城乡融合发展效应均通过了5%的显著性水平检验，但东北部与西部地区的影响系数均未通过显著性检验，可能的原因是：东北部地区是重要的老工业基地和粮食产区，具有深厚的传统产业发展底蕴，但存在着经济体制僵化[1]、生产要素外流等问题[2]，市场配置资源的体制机制有待改善；与其他地区相比，西部地区的市场经济发展较为滞后，产业链、供应链有待完善，此外区域地理因素制约了西部地区的农业生产效率提升，导致其城乡基本公共服务均等化的城乡融合效应不明显。尽管如此，伴随着"西部大开发""东北振兴"等国家区域发展战略的持续推进，城乡基本公共服务均等化的城乡融合发展效应将会逐渐缩小。

表11-12　基于固定效应模型的东部、中部、西部和东北部区域异质性分析结果

变量	模型10	模型11	模型12	模型13
	东部	中部	西部	东北部
crl	1.535*** (0.000)	2.399** (0.014)	0.144 (0.663)	0.281 (0.783)

---

[1] 孙久文等：《"建立更加有效的区域协调发展新机制"笔谈》，载《中国工业经济》2017年第11期，第26~61页。

[2] 安树伟、常瑞祥：《中国省际经济增长的传递及其机制分析》，载《中国软科学》2016年第11期，第74~83页。

续表

变量	模型10 东部	模型11 中部	模型12 西部	模型13 东北部
Con	-0.675* (0.077)	-0.869* (0.095)	-0.562 (0.277)	-1.056 (0.171)
控制变量	是	是	是	是
省份固定效应	是	是	是	是
年份固定效应	是	是	是	是
观测值	90	54	99	27
R^2	0.811	0.897	0.881	0.947

注：*、**、***分别表示在10%、5%、1%水平上显著，括号内为p值。

为进一步考察南北方城乡基本公共服务均等化产生的城乡融合发展效应是否同样具有区域异质性，并且弥补中部和东北部地区的样本量较少存在因回归自由度较低而影响回归结果可信度的可能性等问题，以南方、北方地区为划分方式进行区域异质性检验，结果如表11-13所示。分析结果表明，南方城乡基本公共服务均等化对城乡融合发展的促进作用较北方地区更强。可能的原因：一是南方地区具有较好的自然禀赋，土壤肥沃、资源丰富、气候温暖，更适合农业发展；二是南方地区拥有更便利的海运和内河航运（长江、珠江）优势，多为吸引劳动力流入的主要地区（如广东、江苏、浙江、上海等），有利于资源要素的流动与优化配置。

表11-13　基于固定效应模型的南方和北方区域异质性分析结果

变量	模型14 南方	模型15 北方
crl	1.310*** (0.001)	0.986*** (0.003)
Con	-0.421 (0.191)	-1.510*** (0.001)
控制变量	是	是
省份固定效应	是	是

续表

变量	模型 14	模型 15
	南方	北方
年份固定效应	是	是
观测值	135	135
R^2	0.830	0.804

注：*、**、*** 分别表示在 10%、5%、1% 水平上显著，括号内为 p 值。

四是固定效应模型的稳健性分析。本部分通过更换核心解释变量和对连续型变量进行缩尾处理两种方式来考察回归结果的稳健性。第一，更换核心解释变量。城乡基本公共服务均等化包括城乡公共基础设施均等化、公共教育均等化、公共医疗均等化以及社会保障均等化四个维度，将各维度指标得分作为核心解释变量的替代变量进行回归分析，结果如表 11-14 中的模型 16~模型 19 所示。第二，连续型变量缩尾处理。为避免异常值对回归结果准确性的影响，借鉴蔡贵龙等学者的研究[1]，对所有连续型变量进行 1% Winsorize 缩尾处理，回归结果如表 11-14 中的模型 20 所示。分析结果表明，替换核心解释变量以及进行变量缩尾的模型回归结果均未改变城乡基本公共服务均等化对城乡融合发展的正向影响，验证了前面基准回归结果的稳健性。

表 11-14　　　　　　　　　　稳健性分析

变量	模型 16	模型 17	模型 18	模型 19	模型 20
	城乡公共基础设施均等化	城乡公共教育均等化	城乡公共医疗均等化	城乡社会保障均等化	变量缩尾
crl	1.439***	0.809**	0.450***	0.312***	0.954***
	(0.000)	(0.014)	(0.000)	(0.000)	(0.000)
Con	-0.735***	-0.787***	-0.822***	-0.822***	-0.532**
	(0.002)	(0.003)	(0.001)	(0.001)	(0.029)

---

① 蔡贵龙、柳建华、马新啸：《非国有股东治理与国企高管薪酬激励》，载《管理世界》2018 年第 5 期，第 137~149 页。

续表

变量	模型16 城乡公共基础设施均等化	模型17 城乡公共教育均等化	模型18 城乡公共医疗均等化	模型19 城乡社会保障均等化	模型20 变量缩尾
控制变量	是	是	是	是	是
省份固定效应	是	是	是	是	是
年份固定效应	是	是	是	是	是
R^2	0.839	0.809	0.824	0.824	0.830

注：*、**、***分别表示在10%、5%、1%水平上显著，括号内为p值。

五是空间计量回归结果分析。表11-15汇报了SDM模型的估计结果。不同空间权重矩阵下，城乡融合发展的空间自回归系数ρ均通过了显著性检验，表明我国城乡融合发展具有显著的正向空间溢出效应，即一省的城乡融合发展水平提升能够促进与其临近或具有经济关联省份的城乡融合发展。核心解释变量城乡基本公共服务均等化对城乡融合发展的影响系数显著为正。

表11-15　　　　　　　　　SDM模型回归结果

变量	空间权重矩阵			
	W1	W2	W3	W4
crl	0.667* (0.063)	0.804* (0.051)	0.650* (0.069)	0.637** (0.018)
$W.crl$	2.998*** (0.000)	4.144*** (0.000)	4.112*** (0.001)	1.979* (0.085)
控制变量	Yes	Yes	Yes	Yes
时间固定	Yes	Yes	Yes	Yes
空间固定	Yes	Yes	Yes	Yes
ρ	0.234*** (0.001)	0.452*** (0.000)	0.238*** (0.000)	0.263** (0.011)
R-squared	0.781	0.850	0.797	0.852
Log-likelihood	453.472	434.637	490.026	421.705
Obs	270	270	270	270

注：*、**、***分别表示在10%、5%、1%水平上显著，括号内为p值。

进一步采用偏微分方法①，可以得到城乡基本公共服务均等化对城乡融合影响的效应分解（见表11-16）。结果显示，本地区城乡基本公共服务均等化对本地区城乡融合发展的影响（直接效应）、对近邻地区或经济关联地区城乡融合发展的影响（溢出效应）以及总效应（直接效应与溢出效应之和）均显著为正。研究表明，城乡基本公共服务均等化水平的提升不仅会促进本地区的城乡融合发展，同时还会对邻近或经济关联地区的城乡融合发展产生积极的促进作用。基于不同空间权重矩阵的回归结果并无明显差别，一定程度上验证了本书研究结论的稳健性。

表11-16　　　　　　　　　效应分解结果

变量	空间权重矩阵			
	W1	W2	W3	W4
Direct	0.899** (0.017)	1.247** (0.011)	0.676* (0.068)	0.768* (0.075)
Indirect	4.121*** (0.000)	7.922*** (0.001)	4.203*** (0.001)	2.777* (0.062)
Total	5.020*** (0.000)	9.169*** (0.001)	4.879*** (0.001)	3.546** (0.037)
控制变量	是	是	是	是
时间固定效应	是	是	是	是
省份固定效应	是	是	是	是
R^2	0.781	0.850	0.797	0.852
Log-likelihood	453.472	434.637	490.026	421.705
Obs	270	270	270	270

注：*、**、***分别表示在10%、5%、1%水平上显著，括号内为p值。

11.3.5　小结

基于我国2013~2021年省际面板数据，运用面板数据双向固定效应模型分析了城乡基本公共服务均等化对城乡融合发展的影响，并采用空间杜宾固

---

① LeSage J., Pace R. K., . Introduction to Spatial Econometrics. Florida：CRC Press, 2009.

定效应模型分析了该影响的空间溢出效应,得到的主要结论如下:

第一,城乡基本公共服务均等化对城乡融合发展具有显著的促进作用。固定效应回归结果显示,城乡基本公共服务均等化能够显著地促进城乡融合发展水平的提升。通过依次增加控制变量后模型的拟合程度不断提高,但不影响本书的研究结论;使用工具变量法缓解了内生性后,结论依然具有稳健性。

第二,以东部、中部、西部、东北部地区为异质性的分析结果表明,东部与中部地区城乡基本公共服务均等化对城乡融合发展的影响均具有显著性,然而东北部与西部地区该影响却未通过显著性检验,可能的原因是:东北部地区存在着经济体制僵化、生产要素外流等问题,市场配置资源的体制机制有待改善;西部地区的市场经济发展较为滞后,产业链供应链有待完善;以南方、北方地区异质性的分析结果表明,南方城乡基本公共服务均等化对城乡融合发展的促进作用较北方地区更强。

第三,城乡基本公共服务均等化对城乡融合发展的影响具有显著的空间外溢性。使用不同空间权重矩阵的回归结果验证了该空间溢出效应的稳健性,即一省的城乡基本公共服务均等化水平的提升,在促进本省城乡融合发展的同时,也能够带动与其地理区位临近或经济发展相关地区的城乡融合发展。

因此,经验证据支持理论分析结论,即通过完善公共资源均衡配置机制促进城乡基本公共服务均等化是实现城乡融合发展的必由之路,城乡基本公共服务均等化对城乡融合发展具有显著的促进作用。上述结论充分解释和佐证了加快城乡基本公共服务均等化进程的重大现实意义。

11.4 我国城乡基本公共服务均等化的政策实践与成效

我国的"基本公共服务"政策实践伴随着社会生产力发展和经济社会制度的变革经历了一个从无到有、由点到面、从零散到系统的演变过程,面对不同时期的主要困难和主要历史任务,从有针对性地提出应对策略到形成系统性治理体系,实现了阶段性跨越,取得了显著政策成效[①]。

---

① 陈雪娟、胡怀国:《我国城乡基本公共服务的阶段性跨越——现代化进程中的透视》,载《中国行政管理》2011年第2期,第7~13页。

11.4.1　我国城乡基本公共服务均等化的政策实践演进路径

从提出基本公共服务理念，到不断完善基本公共服务战略构想，推进政策措施的细化和具体落实，我国的城乡基本公共服务均等化政策实践大体经历了五个阶段[①]。

11.4.1.1　2003～2008 年，识别区域基本公共服务差距问题阶段

国家对基本公共服务战略重要性的认识以"三农"问题为开端和历史背景。改革开放后，随着人民公社体制逐渐解体，农村地区在经历了公共产品的社区供给体系崩溃和政府公共服务体系长期缺位之后，与农业和农民问题一同引起了中央政府的高度重视[②]。2003 年初的中央农村工作会议是一个重要的政策分水岭，中央首次提出了对"三农"实行"多予、少取、放活"的方针。从那时至今，中央每年均围绕"三农"相关议题发布中央一号文件，将"三农"问题放在中国特色社会主义现代化建设"重中之重"的地位。同年召开的中共十六届三中全会首次明确提出将提供"公共服务"作为政府职能之一。以"三农"政策为背景，我国农村的基本公共服务体系和社会安全网络得以逐渐构筑，政府财政缺位情况下农村基本公共服务市场化供给趋势得到了明显扭转[③]。2005 年"公共服务均等化"的提法首次出现在国家战略规划层面。党的十六届五中全会通过的《中共中央关于制定国民经济和社会发展第十一个五年规划的建议》，首次提出要"按照公共服务均等化原则，加大对欠发达地区的支持力度"，将农村作为欠发达地区加强公共服务的重点，在加强农村地区的文化教育、公共卫生、基础设施建设上提出了具体措施，在科学发展观指导下为促进区域间基本公共服务均等化奠定了方向性基础。2006 年党的十六届六中全会则进一步为实现基本公共服务均等化指明了工作方向。会议审议通过的《中共中央关于构建社会主义和谐社会若干重大问题的决定》明确将"基本公共服务体系更加完备，政府管理和服务水平有较大提高"作为构建和谐社会的目标。此后，党中央每年发布的中央一号文件，均会提及基本公共服务均等化相关内容，这些政策文件对于政府公共资

---

①　涉及的相关政策见本书附录 3：我国城乡基本公共服务均等化相关政策法规（部分摘编）一览表。

②③　林万龙：《从城乡分割到城乡一体：中国农村基本公共服务政策变迁 40 年》，载《中国农业大学学报（社会科学版）》2018 年第 6 期，第 24～33 页。

源过度向城市倾斜进行了纠偏,从国家层面明确释放出强化乡村基本公共服务体系建设的政策导向。

11.4.1.2　2008~2012年,明确界定基本公共服务具体内容阶段

2008年国家首次在中央文件中明确提出了基本公共服务的具体内容。在《中共中央、国务院关于切实加强农业基础设施,进一步促进农业发展农民增收的若干意见》中,首次将基本公共服务内容明确为义务教育、基本医疗服务、低生育率、公共文化、社会保障、扶贫开发、公共交通和人居环境八个方面。2010年国家战略规划进一步强调继续推进基本公共服务均等化,逐步完善覆盖城乡居民的基本公共服务体系。《中共中央关于制定国民经济和社会发展第十二个五年规划的建议》提出"要增加政府支出用于改善民生和社会事业比重,扩大社会保障制度覆盖面,逐步完善基本公共服务体系,形成良好的居民消费预期。"2012年,我国第一部国家层面的基本公共服务总体性规划得以形成。根据《"十二五"规划纲要》的相关要求,经过国务院常务会议讨论通过的《国家基本公共服务体系"十二五"规划》首次从国家层面明确规定了我国公民有权享受政府提供的基本公共服务范围、项目和标准,在基本公共教育、劳动就业服务、社会保险、基本社会服务、基本医疗卫生、人口和计划生育、基本住房保障、公共文化体育及残疾人基本公共服务等领域,确定了44类80个基本公共服务项目和标准。

11.4.1.3　2012~2017年,明确提出基本公共服务"均等化"要求阶段

2012年,国家从我国进入全面建成小康社会决定性阶段这一战略全局出发,明确提出了基本公共服务"均等化"的战略要求,对基本公共服务"均等化"进行了系统化战略部署。一是系统总结了基本公共服务"均等化"取得的成就。二是将基本公共服务均等化作为全面建成小康社会的重要目标。提出要"加快形成科学有效的社会管理体制,完善社会保障体系,健全基层公共服务和社会管理网络"[①]。三是将实现基本公共服务均等化作为建设社会主义市场经济、转变经济发展方式的重要手段。明确指出要"健全中央和地方财力与事权相匹配的体制,完善促进基本公共服务均等化和主体功能区建设的公共财政体系","努力实现城镇基本公共服务常住人口全覆盖","加快

[①] 胡锦涛:《坚定不移沿着中国特色社会主义道路前进　为全面建成小康社会而奋斗——在中国共产党第十八次全国代表大会上的报告》,载《求是》2012年第22期,第10页。

完善城乡发展一体化体制机制,着力在城乡规划、基础设施、公共服务等方面推进一体化"①。四是将提供优质公共服务作为推进政治体制改革的重要方向。提出要"推动政府职能向创造良好发展环境、提供优质公共服务、维护社会公平正义转变"②。五是将基本公共服务均等化作为改善民生、创新社会管理的重要方面。提出要"加快形成政府主导、覆盖城乡、可持续的基本公共服务体系"。"改进政府提供公共服务方式,加强基层社会管理和服务体系建设,增强城乡社区服务功能"③。2015年,国家进一步明确要把基本公共服务体系建设重点转移到推进基本公共服务"均等化"上来,进一步丰富了基本公共服务的内涵。《"十三五"规划》将"就业、教育、文化、社保、医疗、住房等公共服务体系更加健全"与全面建成小康社会目标紧密衔接。2017年,国家进一步强调基本公共服务"均等化"的扎实推进与落实,并在印发的第二个基本公共服务规划中,明确将基本公共服务"均等化"写进了规划目标。《"十三五"推进基本公共服务均等化规划》在强调基本公共服务均等化的核心、内涵、重点及重要意义的基础上进一步明确了制度建设框架和政策措施体系。提出要建立基本公共服务清单制,确定了公共教育、劳动就业创业、社会保险、医疗卫生、社会服务、住房保障、公共文化体育、残疾人服务八个领域的81个服务项目,以及每个项目的具体服务对象、服务指导标准、支出责任、牵头负责单位等,要求在规划期内落实到位,并结合经济社会发展状况,按程序进行动态调整,以此作为政府履行职责和公民享有相应权利的依据。

11.4.1.4　2018~2022年,进一步细化基本公共服务均等化标准阶段

2018年我国首次从国家层面制定了基本公共服务标准体系。中共中央、国务院印发的《关于建立健全基本公共服务标准体系的指导意见》(简称《指导意见》),将以往的八方面基本公共服务内容进一步扩展和细化,系统化表述为"幼有所育、学有所教、劳有所得、病有所医、老有所养、住有所居、弱有所扶以及优军服务保障、文体服务"。首次提出要建立健全基本公共服

---

① 胡锦涛:《坚定不移沿着中国特色社会主义道路前进　为全面建成小康社会而奋斗——在中国共产党第十八次全国代表大会上的报告》,载《求是》2012年第22期,第12页。

② 胡锦涛:《坚定不移沿着中国特色社会主义道路前进　为全面建成小康社会而奋斗——在中国共产党第十八次全国代表大会上的报告》,载《求是》2012年第22期,第14页。

③ 胡锦涛:《坚定不移沿着中国特色社会主义道路前进　为全面建成小康社会而奋斗——在中国共产党第十八次全国代表大会上的报告》,载《求是》2012年第22期,第16页。

务标准体系，明确中央与地方提供基本公共服务的质量水平和支出责任，以标准化促进基本公共服务均等化、普惠化、便捷化。明确要求到2025年，基本公共服务标准化理念融入政府治理，标准化手段得到普及应用，系统完善、层次分明、衔接配套、科学适用的基本公共服务标准体系全面建立。2021年我国出台了第一部专门针对国家基本公共服务的标准体系。根据《指导意见》和《十四五规划》相关要求，国家发展改革委、教育部、卫生健康委等20个部门经国务院批复同意，联合印发了《国家基本公共服务标准（2021年版）》，包括了9大领域、22个大类、80个服务项目。《标准》明确了现阶段我国由国家提供基本公共服务项目的基础标准，作为各级政府履行基本公共服务职责和人民享有相应权利的依据，开启了党和国家以标准化推动基本公共服务均等化的新阶段。在向地方政府印发《标准》的通知中，明确提出地方要对照国家标准结合实际制定具体实施标准、界定主要服务范围、落实支出责任、强化能力保障、推进公开共享和强化责任担当6方面具体落实要求。对标国家标准，北京、上海、江苏、安徽等全国各省和地市均相继出台了地方性《基本公共服务实施标准》。2022年，国家发展改革委等21部门联合印发的《"十四五"公共服务规划》进一步明确了以标准化推进基本公共服务均等化的路径，提出要对标对表国家基本公共服务标准，结合地方实施标准，采取针对性更强、覆盖面更广、作用更直接、效果更明显的举措，促进公共服务资源向基层延伸、向农村覆盖、向边远地区和生活困难群众倾斜，加快补齐基本公共服务的软硬件短板。《规划》围绕"七有两保障"，设计了22项指标，其中约束性指标7项，预期性指标15项，首次将覆盖面更广、服务内容更丰富、需求层次更高的非基本公共服务和能够与公共服务密切配合、有序衔接的高品质多样化生活服务同步纳入规范范围，提出了系统提升公共服务效能的支持政策。

11.4.1.5 党的二十大以来开启迈向共同富裕的基本公共服务均等化建设新征程

2022年，党的二十大报告中明确提出要"着力解决好人民群众急难愁盼问题，健全基本公共服务体系，提高公共服务水平，增强均衡性和可及性，扎实推进共同富裕。到2035年基本公共服务实现均等化"。我国基本公共服务均等化的政策实践经历了聚焦问题，厘清基本公共服务的内涵，界定国家法定基本公共服务体系的内容，明确国家基本公共服务标准，系统推进基本公共服务均等化，完善公共服务体系，以及建立与公共服务体系相适应的财政体制等一系列探索。政策实践演进的基本路径为，基于制定和实施政策的相关历史经验提出战略构想，选择有条件的地区试验示范，在总结地方实践经验的基础上，将经验上升到国家政策层面，推进全局工作①。政策实践演进的基本趋势为，从"一元主导"到"多元合作"、从"单层供给"到"多层多类"、从"阵痛发力"到"全面关怀"②。在党中央集中统一领导下，我国的一系列城乡基本公共服务均等化改革探索取得了巨大成就。党中央、国务院通过一系列制度设计，建立了从中央到地方由法律、法规、规划、标准到具体实施办法的治理制度架构和体系。随着各项政策措施不断落地，具有新时代中国特色社会主义的城乡基本公共服务体系已经初步形成，特别是城乡基本公共设施、基本公共教育、基本公共医疗和基本公共保障服务均等化水平不断提升，数量和质量都取得了显著进展。

11.4.2 我国城乡基本公共服务均等化政策实践所取得的成效

我国基本公共服务均等化政策实践在遵循中国特色社会主义道路普遍经验的基础上取得了两方面突出成效：一是通过国家级重点专项规划有效推动了城乡基本公共服务保障体系的不断完善；二是通过从中央到地方层层细化的标准有力推动了城乡基本公共服务均等化水平的快速提升。

11.4.2.1 以国家级专项规划不断完善城乡基本公共服务保障体系

从"十二五"到"十四五"，基本公共服务规划连续三次被列为国家重点专项五年规划，纳入我国国民经济社会发展规划体系。党中央、国务院根据发展实际不断深化和细化对我国基本公共服务的具体部署。三个规划彼此接续，有力推动了我国基本公共服务持续发展③。从发文主体看，"十二五"和"十三五"规划由国务院发布实施，重点关注观念引领、顶层设计，"十四五"规划则由国家发展改革委牵头联合相关部门发布实施，更加侧重政策意图和顶层设计的实施落地。基本公共服务概念和范围的界定呈现出从框架确立、内容明晰到动态调整的变化趋势。"十三五"规划以"十二五"框架

---

① 丁元竹：《实现基本公共服务均等化的实践和理论创新》，载《学术前沿》2022年第5期，第4~13页。

② 李燕凌、高猛：《农村公共服务高质量发展：结构视域、内在逻辑与现实进路》，载《行政论坛》2021年第1期，第24页。

③ 见本书附录4中"十二五"、"十三五"和"十四五"基本公共服务规划对照表。

为基础，将基本公共服务保障范围明晰为 8 个领域 81 个项目。"十四五"规划则围绕顶层设计的落地落实，将基本公共服务整合扩展为幼有所育、学有所教、劳有所得、病有所医、老有所养、住有所居、弱有所扶、优军服务保障和文体服务保障 9 个结果导向性保障框架，并且将公共服务、基本公共服务和非基本公共服务统筹纳入规划内容，进一步提出基本公共服务范围动态调整的规划落实思路："随着我国经济社会发展水平的不断提升，基本公共服务、非基本公共服务与生活服务之间的边界也将随之发生变化，公共服务体系的范围、水平和质量都将稳步有序提升，不断满足人民日益增长的美好生活需要。"三阶段规划所确立的战略目标侧重点则以前一阶段规划完成取得的成就为基础，呈阶段性递进态势。"十二五"的目标是建立基本公共服务体系和制度体系。"十三五"则重点完善基本公共服务体系和健全体制机制，明确列出基本公共服务任务清单，并且将基本标准从规划中分离出来，专门制定和发布基本公共标准体系。"十四五"在国家制度内容和体系均建立完善的前提下，重点关注基本公共服务的供给质量，明确提出"要基本形成政府保障基本、社会多元参与、全民共建共享的公共服务供给格局"。此外，"十三五"规划和"十四五"规划都附有具体的指标性目标。特别是"十四五"规划的主要指标，通过删除了完成情况比较好的保持性指标，将基本社会保险和基本社会服务中的部分指标整合进老有所养指标，新建了幼有所育指标，以及将各学段的基本公共服务内容整合进学有所教指标，形成了直面问题、具有极强操作性、由 9 个结果导向指标构成的相对完整的指标体系。

  三个规划以强大的政治势能，将资源、力量和意志整合凝聚在一起，不断推动我国的制度保障体系发展和完善，统筹推动我国基本公共服务事业的战略发展，有力保障了基本公共服务均等化发展稳步可持续地拾级而上，实现从普惠共享公平可及到优质共享内涵式发展的全面提升[1]。

  "十二五"之初，我国基本公共服务和相关体制机制均面临供给不足、发展不平衡的突出矛盾[2]。"十二五"结束时，我国已初步构建起覆盖全民的国家基本公共服务制度体系，各级各类基本公共服务设施不断改善，国家基

---

[1] 姜晓萍、吴宝家：《人民至上：党的十八大以来我国完善基本公共服务的历程、成就与经验》，载《管理世界》2022 年第 1 期，第 56～70 页。
[2] 《国务院关于印发国家基本公共服务体系"十二五"规划的通知》，载《中华人民共和国国务院公报》2012 年第 21 期，第 37 页。

本公共服务项目和标准得到全面落实，保障能力和群众满意度进一步提升。截至2015年，义务教育均衡发展深入推进，国民受教育机会显著增加，九年义务教育巩固率达到93%，进城务工人员随迁子女在流入地公办学校就读的比例超过80%。覆盖城乡的社会保障体系进一步健全，城乡居民养老保险制度实现整合，保障水平稳步提高。基本公共卫生服务项目增加到12类，全民医保体系加快健全，基本医保参保率超过95%，大病保险覆盖全部城乡居民医保参保人员，国家基本公共卫生服务经费和城乡居民基本医疗保险补助标准分别提高到每人每年40元和380元；现代公共文化服务体系建设积极推进，农村公共文化服务能力增强，广播、电视人口综合覆盖率均达到98%[①]。

"十三五"时期则在"十二五"基础上，进一步弥补了我国基本公共服务在规模、质量、平衡发展和体制机制创新方面的短板。到"十三五"结束时，我国已经形成了更加健全的基本公共服务制度体系，不仅建立了基本公共服务清单制度，而且出台了国家《基本公共服务标准（2021年版）》，明确了国家向全民提供基本公共服务的底线范围，为政府履行职责和公民享有相应权利提供了依据。基本公共服务资源覆盖面持续向基层、农村、边远地区和困难群众倾斜，城乡区域人群间基本公共服务差距不断缩小。中西部地区公共服务设施条件明显改善，部分指标逐步追平东部地区。城乡之间制度性差异明显减少，实现了"新农合"与城镇居民医保制度并轨运行，全面建立统一的城乡居民医保制度，统筹城乡的居民基本养老保险制度逐步健全。

截至2020年，全国96.8%的县级单位实现义务教育基本均衡发展，85.8%的进城务工人员随迁子女在公办学校就读或者享受政府购买学位的服务。劳动年龄人口平均受教育年限达到10.8年，义务教育普及程度达到世界高收入国家平均水平。覆盖全学段的学生资助政策体系更加完善，普惠性幼儿园覆盖率达到84.7%，九年义务教育巩固率达到95.2%、大班额基本消除，高中阶段教育毛入学率达到91.2%，高等教育毛入学率达到54.4%，进入普及化发展阶段。全民健康保障能力显著提升，每千人口医疗卫生床位数

[①] 《国务院关于印发国家基本公共服务体系"十二五"规划的通知》，载《中华人民共和国国务院公报》2012年第21期，第15页。

达到6.5张，每千人口拥有执业（助理）医师数达到2.9人。建成世界上规模最大的社会保障体系，参加基本医疗保险人数达到13.6亿人，基本养老保险参保人数达到9.99亿人[①][②]。

11.4.2.2 以标准体系构建持续推进城乡基本公共服务均等化进程

当前，我国的基本公共服务制度供给取得了突破性进展。中央出台指导意见、部委出台标准体系和规划，地方制定实施标准，三个层级的制度共同构成了横纵维度立体、实践逻辑清晰、权责分工明确的相对完整的治理体系。特别是基本公共服务标准，作为基本公共服务的一项特色核心制度安排，实现了"从无到有，从有到全"的突破。根据2018年中央印发的《关于建立健全基本公共服务标准体系的指导意见》相关要求，按照"十四五"规划的具体部署，发改委牵头联合20部门制定发布的《国家基本公共服务标准（2021版）》在服务内容、对象、质量标准、支出责任、牵头单位等方面明确底线要求，为地方标准的制定和实施提供基础。省市则遵循国家要求、对接部委基本公共服务标准，根据地区经济发展水平、区划布局、文化习俗、人口结构与需求状况等因素，制定共性与特色共容的具体实施标准[③]。在横纵立体式标准体系全面建立施行的强力推动下，我国基本公共设施、教育、医疗和社保服务均等化程度得到了迅速提升。

2013~2021年我国城市与农村的公共基础设施建设取得了迅速发展（见表11-17）。具体而言，城市与农村的燃气普及率分别从94.25%、19.5%增长到98.04%、33.63%，年均增长率分别为0.49%、7.05%，绝对差距与相对差距分别从74.75%、79.31%下降到64.41%、65.70%，分别以年均1.84%和2.33%的速度缩小。城市与农村的供水普及率分别从97.56%、68.24%增长到99.38%、84.2%，年均增长率分别为0.23%、2.66%，绝对差距[④]与相对差距[⑤]分别从29.32%、30.05%下降到15.18%、15.27%，分别

---

① 《国务院关于"十四五"公共服务规划的批复》，载《中华人民共和国国务院公报》2021年第35期，第33~34页。
② 《"十四五"公共服务规划》，中华人民共和国国家发展和改革委员会，2022年3月25日，https://www.ndrc.gov.cn/fggz/fzzlgh/gjjzxgh/202203/P020220325303659788299.pdf。
③ 姜晓萍、吴宝家：《人民至上：党的十八大以来我国完善基本公共服务的历程、成就与经验》，载《管理世界》2022年第10期，第60页。
④ 绝对差距 = 城市指标 - 农村指标。
⑤ 相对差距 = (城市指标 - 农村指标)/城市指标。

以年均7.90%和8.11%的速度缩小。城市与农村的排水管道密度分别从9.71公里/平方公里、3.57公里/平方公里，增长到13.97公里/平方公里、7.53公里/平方公里，年均增长率分别为4.65%、9.78%，农村比城市的年均增长率高5.13个百分点，虽然绝对差距以年均0.60%的速度略有提高，但相对差距以年均3.87%的速度持续缩小。

表11-17　　2013~2021年城乡基本公共设施服务主要指标年度变化一览表

公共基础设施		2013年	2014年	2015年	2016年	2017年	2018年	2019年	2020年	2021年	年均变化率(%)
燃气普及率(%)	城市	94.25	94.57	95.3	95.75	96.26	96.7	97.29	97.87	98.04	0.49
	农村	19.5	20.32	21.38	22	25.02	25.61	26.81	30.87	33.63	7.05
	绝对差距	74.75	74.25	73.92	73.75	71.24	71.09	70.48	67	64.41	-1.84
	相对差距	79.31	78.51	77.57	77.02	74.01	73.52	72.44	68.46	65.70	-2.33
供水普及率(%)	城市	97.56	97.64	98.07	98.42	98.3	98.36	98.78	98.99	99.38	0.23
	农村	68.24	69.26	70.37	71.9	78.8	79.2	80.5	83.9	84.2	2.66
	绝对差距	29.32	28.38	27.7	26.52	19.5	19.16	18.28	15.09	15.18	-7.90
	相对差距	30.05	29.07	28.25	26.95	19.84	19.48	18.51	15.24	15.27	-8.11
排水管道密度（公里/平方公里、%）	城市	9.71	10.27	10.36	10.61	11.21	11.69	12.34	13.22	13.97	4.65
	农村	3.57	3.83	4.18	4.52	5.29	6.46	7.41	7.18	7.53	9.78
	绝对差距	6.14	6.44	6.18	6.09	5.92	5.23	4.93	6.04	6.44	0.60
	相对差距	63.23	62.71	59.65	57.40	52.81	44.74	39.95	45.69	46.10	-3.87

资料来源：根据2013~2021年《中国城乡建设统计年鉴》中的城、乡市政公用设施水平数据计算整理而得。

2013~2020年，城乡普通小学、初中和农村小学、初中的生均公共教育经费支出均呈逐年递增趋势（见表11-18）[①]。普通小学和农村小学的生均公共教育经费支出分别从2838.54元、2552.28元增加到3661.73元、3080.64元。普通初中和农村初中的生均公共教育经费支出分别从4217.82元、3912.48

[①] 因公共教育经费支出与教育经费基建支出指标缺乏城镇数据，故而使用普通小学、初中与农村普通小学、初中相应指标进行对比分析。

元增加到 5509.26 元、4370.25 元。中小学生均公共教育经费支出城乡绝对差距在大部分年份均处于 20% 以内的相对较小区间。尽管两个指标的城乡相对差距在大部分年份呈现增加趋势,但是 2019 年以后小学生均公共教育经费支出差异扩大的趋势出现了明显逆转,由 16.25% 降为 15.87%。初中的生均公共教育经费支出城乡相对差距显著缩小,基本稳定在 20% 左右,缓解了持续下滑压力。

表 11-18　2013~2020 年城乡基本公共教育服务主要指标年度变化一览表

公共教育		2013 年	2014 年	2015 年	2016 年	2017 年	2018 年	2019 年	2020 年	年均增长率(%)
小学的生均公共教育经费支出(元)	普通小学	2838.54	3099.81	3096.65	3245.62	3365.21	3520.50	3598.23	3661.73	3.70
	农村小学	2552.28	2686.90	2665.01	2793.78	2898.64	2988.21	3013.38	3080.64	2.72
	绝对差距	286.26	412.91	431.64	451.84	466.57	532.29	584.85	581.09	10.64
	相对差距(%)	10.08	13.32	13.94	13.92	13.86	15.12	16.25	15.87	6.70
初中的生均公共教育经费支出(元)	普通初中	4217.82	4462.76	4475.35	4586.37	4855.25	5108.44	5242.63	5509.26	3.89
	农村初中	3912.48	3796.25	3785.58	3886.16	4015.75	4142.55	4191.38	4370.25	1.59
	绝对差距	305.34	666.51	689.77	700.21	839.50	965.89	1051.25	1139.01	20.69
	相对差距(%)	7.24	14.93	15.41	15.27	17.29	18.91	20.05	20.67	16.17

资料来源:根据 2014~2021 年《中国教育经费统计年鉴》整理计算而得。

我国从 2009 年开启新医改进程,确立了"预防为主、以农村为重点、中西医并重"[1] 等新时期医疗卫生工作的方针,将"促进基本公共卫生服务逐步均等化"[2] 作为五项重点改革任务之一。为了统筹推进城乡卫生、医疗、医药和医保一体化改革,通过机构改革组建了国家卫生健康委员会,全面启动了各项政策工具和配套措施。据不完全统计和摘编,2009 年至今,国家层

---

[1] 中共中央 国务院:《中共中央 国务院关于深化医药卫生体制改革的意见》,载《中华人民共和国卫生部公报》2009 年第 5 期,第 2 页。
[2] 《国务院关于印发医药卫生体制改革近期重点实施方案(2009—2011 年)的通知》,载《中华人民共和国卫生部公报》2009 年第 5 期,第 11 页。

面共计出台了30余项旨在提升城乡基本公共医疗服务能力的法律、法规和政策（见本报告的附录5）。我国城乡基本公共医疗健康服务均等化程度总体迅速提升。2013~2021年，我国城乡基本公共医疗服务均等化程度取得了巨大成效（见表11-19）。具体而言，除城市个别年份略减外，城乡相应指标均呈现递增趋势，即使在受新冠疫情影响最为严重的年份（2020、2021）也实现了可观增长。城乡每千人拥有执业（助理）医师数分别从3.73人、2.42人增加到3.39人、1.48人，城乡年均增长率分别为1.20%和6.34%。绝对差距和相对差距分别从56.34%、1.91%下降到35.12%、1.31%，以年均4.60%和5.74%的速度缩小。城乡每千人拥有卫生技术人员数分别从9.18人、3.64人增加到9.87人、6.27人，城乡年均增长率分别为0.91%和7.03%。绝对差距和相对差距分别从5.54%、60.35%下降到3.6%、36.47%，以年均5.25%和6.10%的速度缩小。每千人拥有医疗卫生机构床位数分别从7.36张、3.35张增加到7.47张、6.01张，城乡年均增长率分别为0.19%和7.58%。绝对差距与相对差距分别从4.01%、54.48%下降到1.46%、19.54%，分别以年均11.86%和12.03%的速度缩小。截至2021年底，全国已有县级医疗卫生机构2.3万个，乡镇卫生院3.5万个，村卫生室59.9万个，已实现每个脱贫县至少有1家公立医院、消除了6903个村卫生室无村医"空白点"，全面实现了医疗卫生机构县乡村全覆盖[①]。

表11-19　2013~2021年城乡基本公共医疗服务主要指标年度变化一览表

年份		2013年	2014年	2015年	2016年	2017年	2018年	2019年	2020年	2021年	年均增长率（%）
每千人拥有执业（助理）医师数（人）	城市	3.39	3.54	3.72	3.79	3.97	4.01	4.10	4.25	3.73	1.20
	农村	1.48	1.51	1.55	1.61	1.68	1.82	1.96	2.06	2.42	6.34
	绝对差距	1.91	2.03	2.17	2.18	2.29	2.19	2.14	2.19	1.31	-4.60
	相对差距（%）	56.34	57.34	58.33	57.52	57.68	54.61	52.20	51.53	35.12	-5.74

---

① 《我国医疗卫生机构实现县乡村全覆盖》，中华人民共和国中央人民政府，2022年5月24日，https://www.gov.cn/xinwen/2022-05/24/content_5692135.htm。

续表

年份		2013年	2014年	2015年	2016年	2017年	2018年	2019年	2020年	2021年	年均增长率(%)
每千人拥有卫生技术人员数（人）	城市	9.18	9.70	10.21	10.42	10.87	10.91	11.10	11.46	9.87	0.91
	农村	3.64	3.77	3.90	4.08	4.28	4.63	4.96	5.18	6.27	7.03
	绝对差距	5.54	5.93	6.31	6.34	6.59	6.28	6.14	6.28	3.6	-5.25
	相对差距(%)	60.35	61.13	61.80	60.84	60.63	57.56	55.32	54.80	36.47	-6.10
每千人拥有医疗卫生机构床位数（张）	城市	7.36	7.84	8.27	8.41	8.75	8.70	8.78	8.81	7.47	0.19
	农村	3.35	3.54	3.71	3.91	4.19	4.56	4.81	4.95	6.01	7.58
	绝对差距	4.01	4.3	4.56	4.5	4.56	4.14	3.97	3.86	1.46	-11.86
	相对差距(%)	54.48	54.85	55.14	53.51	52.11	47.59	45.22	43.81	19.54	-12.03

资料来源：根据2014~2017年《中国卫生和计划生育统计年鉴》、2018~2022年《中国卫生健康统计年鉴》以及2014~2022年《中国社会统计年鉴》整理计算。

2013~2021年我国城市与农村的基本社会保障服务逐年稳步发展（见表11-20）。具体而言，城市与农村的最低生活保障平均标准分别从373.31元/月、202.83元/月增加到711.40元/月、530.18元/月，年均增长率分别为8.39%、12.76%；年均增长率分别为8.39%、12.76%；虽然绝对差距有所扩大，但相对差距以可观的速度持续缩小，年均差距缩小速度为7.04%。城市与农村的人均社会保障支出分别从4323元、1648元增加到8497元、3937元，年均增长率分别为8.81%、11.50%，尽管绝对差距有所拉大，但相对差距仍在以年均1.76%的速度稳步缩小。

表11-20 2013~2021年城乡基本社会保障服务主要指标年度变化一览表

年份		2013年	2014年	2015年	2016年	2017年	2018年	2019年	2020年	2021年	年均增长率(%)
最低生活保障平均标准（元/月）	城市	373.31	410.5	451.1	494.6	540.6	579.7	624	677.6	711.4	8.39
	农村	202.83	231.38	264.8	312	358.39	402.78	444.63	496.86	530.18	12.76
	绝对差距	170.48	179.12	186.3	182.6	182.21	176.92	179.37	180.74	181.22	0.77
	相对差距(%)	45.67	43.63	41.30	36.92	33.71	30.52	28.75	26.67	25.47	-7.04

续表

年份		2013年	2014年	2015年	2016年	2017年	2018年	2019年	2020年	2021年	年均增长率（%）
人均社会保障支出（元）	城市	4323	4816	5340	5910	6524	6988	7563	8116	8497	8.81
	农村	1648	1877	2066	2328	2603	2921	3298	3661	3937	11.50
	绝对差距	2675	2939	3274	3582	3921	4067	4265	4455	4560	6.89
	相对差距（%）	61.88	61.03	61.31	60.61	60.10	58.20	56.39	54.89	53.67	-1.76

资料来源：2014~2022年《中国社会统计年鉴》、CSMAR数据库。

党的十八大以后，我国城乡基本公共服务均等化水平稳步提升。特别是2018年以后的公共服务标准体系建设，为我国城乡基本公共服务均等化的可持续发展提供了关键性制度基础。城乡基本公共设施服务的均等化程度逐年攀升，基本公共教育服务差距扩大趋势得到及时逆转，在全球疫情肆虐、全球经济下滑的情况下实现了城乡基本医疗公共服务均等化。

11.5　我国城乡基本公共服务均等化面临的主要问题及其成因

"十四五"时期是我国全面建成小康社会、实现第一个百年奋斗目标之后，乘势而上开启全面建设社会主义现代化国家新征程、向第二个百年奋斗目标进军的第一个五年。人民群众日益增长的美好生活需要对公共服务体系提出了新的更高要求。面对新形势、新挑战，我国公共服务资源配置机制不够完善、公共服务发展不平衡不充分等问题仍然比较突出。下面从五个方面分析当前推进我国城乡基本公共服务均等化进程中存在的具体问题和成因。

11.5.1　城乡基本公共服务均等化财政资源保障问题及成因

"十四五"时期，我国城乡基本公共服务均等化财政资源配置问题主要表现在用于基本公共服务的财政资金总量、结构分配和利用效率三个方面。

第11章　推进基本公共服务均等化促进城乡融合发展

在财政总量增长背景下,城乡基本公共服务均等化发展关键取决于财政保障基本公共服务支出水平、城乡财政分配份额,以及财政资金的利用效率。从基本公共服务的财政资源投入来看,我国的城乡基本公共服务均等化财政保障性投入的 GDP 占比依旧相对较小,与发达国家相比仍有不小差距。2019 年,OECD 国家财政教育支出、卫生健康支出、社保支出占 GDP 比重的平均值分别为 5.1%、7.9% 和 13.3%,而我国则分别为 4%、1.7% 和 8%[①]。"十四五"时期是我国全面建成小康社会后向第二个百年奋斗目标前进的第一个五年。完成基本公共服务全覆盖、全达标的"十四五"规划目标要求财政预算资金提供更加有力的保障。从区域财政投入结构来看,城乡间基本公共服务财政投入差距尚需持续缩小。以城乡教育财政资源投入为例,2013~2020 年,我国普通小学[②]与农村小学生均公共教育经费支出的绝对差距与相对差距分别从 286.26 元、10.08% 扩大到 581.09 元、15.87%。普通小学生均教育经费基建支出从 127.97 元增加到 214.92 元,年均增长 7.69%,而农村小学生均教育经费基建支出则从 121.47 元下降到 110.24 元,年均下降 1.38%,二者的绝对差距与相对差距均呈逐年扩大趋势。普通初中与农村初中的生均公共教育经费支出的绝对差距与相对差距分别从 305.34 元、7.24% 增加到 1139.01 元、20.67%,分别以年均 20.69% 和 16.17% 的速度扩大。普通初中生均教育经费基建支出从 289.56 元增加到 373.08 元,年均增加 3.69%,而农村初中生均教育经费基建支出从 271.67 元下降到 168.17 元,年均下降 6.62%,二者的绝对差距与相对差距同样呈逐年扩大趋势。从资金使用绩效来看,基本公共服务财政资金使用绩效尚需进一步提升。一是在资金实际使用过程中,仍然存在着信息不对称、道德风险、挪用、骗取或套取、少拨或滞拨等问题。在用于弥补乡村基本公共服务短板的扶贫资金使用中,依旧存在侵占财政扶贫资金及违规收费等违纪违规行为[③]。二是用于提升乡村基本公共服务水平的支农资金的使用效率还存在明显地区差异。根据一项针对我国 30 个省级行政区 2009~2019 年的面板数据进行的相关测算,财政用于基

---

① 闫坤、黄潇:《中国式分权、财政纵向失衡与基本公共服务供给研究》,载《经济学动态》2022 年第 12 期,第 37~38 页。

② 因公共教育经费支出与教育经费基建支出指标缺乏城镇数据,故而使用普通小学、初中与农村普通小学、初中相应指标进行对比分析。

③ 于树一、黄潇:《财政资金"双框架"监管体系的构建——基于脱贫攻坚与乡村振兴有效衔接的视角》,载《北方论丛》2022 年第 1 期,第 119 页。

本公共服务支农资金的使用效率由西部地区向东部地区、东北地区和中部地区依次递减，中部地区在财政支农支出的使用上还存在较为严重的管理无效率现象①。

分析上述问题成因主要包括四个方面：首先，城乡基本公共服务均等化所需的公共财政资源投入不足与政府投入偏好密切相关。党的十八大明确提出要"推动政府职能向创造良好发展环境、提供优质公共服务、维护社会公平正义转变"。政府财政资金的投入方向不仅可以直接决定城乡基本公共服务领域的公共财政资金投入总量，而且可以作为风向标，引导社会经济资源向基本公共服务领域流动。因此，当前加大基本公共服务财政投入总量，迫切要求政府加快从"生产偏好型财政"向"服务偏好型财政"转变的进程，加快从"城市偏好型财政"向"均衡发展型财政"转变的速度。此外，从中央财政在农业二次分配层面上，中央财政资金更多地关注水利、良种和农机等方面的投入，以保障粮食安全，对农村其他基本公共服务方面的资金分配相对较少。因此，为了从根本上满足人民群众逐步增长的公共服务需求，客观上要求政府的财政投入偏好进一步从以"经济建设为中心"过渡到"经济建设和公共服务两手抓"上来。

其次，城乡基本公共服务投入结构失衡主要源于中央和地方财政分权和事权的不匹配，客观上导致了乡村的基本公共服务财力保障能力整体偏低②。目前，我国实行的分税制对基层财政能力限制较多。流转税、增值税等优质税种纳入国税范畴上解中央，地方财政的税种数量和质量均不如国税税种。地方基础设施建设和公共服务支出很大程度上需要依靠中央财政转移支付。一段时间内，地方依靠土地财政和城镇化建设拉动房地产业。房地产业的连带效应可以在短期内实现财政收入和GDP的迅速增长。但房地产业降温后，地方财政收入锐减，导致一些地方政府城乡基本公共服务财政投入能力明显不足。2019年东部地区九省市税收收入占全国税收收入的比重为58.4%③，落后省份面临的更多是有财权无财力，无法足量有效提供教育、医疗卫生等

---

① 石磊、金兆怀：《我国乡村振兴中财政支农效率优化问题研究》，载《当代经济研究》2021年第5期，第112页。

② 姜晓萍：《基本公共服务供给对城乡收入差距的影响机理与测度》，载《中国行政管理》2017年第8期，第84~89页。

③ 《我国的中央和地方财政关系》，中国人大网，2020年8月12日，http：//www.npc.gov.cn/npc/c30834/202008/08bd 6bb 3168 e49 16a2 da92 ac68771386.shtml。

基本公共服务①。我国现有的政府层级为 5 级管理体制：国—省—市—县—乡，财政管理体制也按照这个结构实行各级政府"分灶吃饭"。中央财政资金逐级下拨，经省至市，由市至县。但在中央财政资金逐级下拨的过程中，省、市政府都会对资金进行再分配，有的还会转变使用领域。特别是在市级层面，市级政府既管城市又管农村，由于人口、产业和资源都聚集在城市之中，因此市级政府在财政资金投放上会倾向于城市基础建设和公共服务。中央财政资金下拨到县级政府后，与市级政府类似，大部分资金也投入到新城镇建设，能够下拨到乡镇一级的资金数量相当少。我国多数地区目前还实行"乡财县管"的基层财政管理体制，乡镇政府不设国库，乡镇收入需要上缴县级政府，乡镇支出由县级财政支付。这一财政制度造成经济落后地区乡镇政府的财政支付能力极低，在农村基础设施建设和基本公共服务建设上的投入基本有心无力。

再次，按照户籍身份获取基本公共服务资源的方式尚未得到彻底改变。当前，我国基本公共服务资源按户籍人口配置的状况已明显不适应人口在城乡间大规模流动的需要。2022 年，由国务院批复印发的《"十四五"新型城镇化实施方案》明确要求"常住人口 300 万以下的城市完全取消落户限制，对于 300 万以上的 I 型大城市，全面放宽落户条件"。国家发展改革委印发的《2021 年新型城镇化和城乡融合发展重点任务》明确提出，要推动具备条件的城市群和都市圈内社保缴纳年限和居住年限累计互认，简单来说就是"城市群内落户资格互认"。但是从各省整体推进和落实情况来看，进展尚不显著。

最后，财政资金使用绩效不高的主要原因是资金监管效能较低。资金监管效能低主要表现为财政监管主体的监管能动性不高，监管方法手段落后，没有能力监管，不会监管，或者监管内容的适度性不强，该监管的没管到位，存在监管漏洞等。如果资金监管效能不能提升，就无法及时发现和解决基本公共服务资金投入使用过程中出现的资金闲置、资金投入使用的精准度不高、政策执行的偏差，以及资金浪费等问题②。要让财政资金投入使用成效更大，亟需进一步优化财政资金监管体系，提高监管效能。

---

① 付敏杰：《分税制二十年：演进脉络与改革方向》，载《社会学研究》2016 年第 5 期，第 215～240＋245～246 页。

② 于树一、黄潇：《财政资金"双框架"监管体系的构建——基于脱贫攻坚与乡村振兴有效衔接的视角》，载《北方论丛》2022 年第 1 期，第 116～126＋172 页。

11.5.2 城乡基本公共设施服务均等化的短板及其成因

目前，我国农村基本公共设施建设存在的主要短板包括三个方面。一是部分农村基本公共设施服务种类不全。经过脱贫攻坚，由于有中央扶贫资金的大力支持，国家贫困县中通硬化路、通动力电、通信信号覆盖、通宽带互联网和广播电视信号覆盖的行政村比重均达99%以上。然而全部实现垃圾集中处理或清运的行政村比重仅为89.9%，而全部实现集中供水的行政村比重则仅为65.5%[1]。二是部分对农村地区生态产业发展起到至关重要作用的基础设施建设相对薄弱。一些地方环保等基础设施建设进展相对缓慢，仍旧存在"有新房没新村、有新村没新貌"现象。三是部分农村基本公共设施服务覆盖面不够广泛。乡村居民在居住舒适度、交通便捷度和服务易得性上与城市居民尚有不小差距。截至2021年，城乡燃气普及率的均等化程度为52.62%。城乡垃圾无害化处理率均等化程度达到了80.13%。城乡污水处理率均等化程度为69.65%，城乡公路里程数均等化程度则仅为26.49%[2]。

乡村基本公共设施短板问题存在的根本原因在于乡村资金保障和建设规划能力整体偏弱。一方面，乡村基本公共设施投资渠道相对单一。不仅面向农村开展金融服务的机构较少，而且在农村吸纳的存款也大量流向了偿付能力更强的非"三农"领域，特别是流向城市。2023年，按照中央农办主任、农业农村部部长唐仁健在面对央视采访时的分析测算，未来5~10年，高标准农田、设施农业、公共服务等乡村建设投资需求有近15万亿元，对建材、水泥、钢筋、机械等基础产业的拉动作用很大[3]。但是，农业农村基础设施建设投资周期长、收益低、见效慢，很多项目并不适合商业性金融参与，而且由于投资政策和投资环境的限制，多元主体融入农村建设的复杂性和个体化特征日益呈现，社会资金在农村建设上的投资也会受到较多限制[4]。因此，

---

[1] 《国家脱贫攻坚普查公报（第四号）——国家贫困县基础设施和基本公共服务情况》，载《中国统计》2021年第2期，第10~11页。

[2] 根据国家统计局各省城乡数据计算，计算公式为：指标均等化程度 = 1 - 城乡标准差/城乡均值。

[3] 《农业农村部部长：要想尽一切办法新增千亿斤粮食产能》，2023年1月8日，https://m.gmw.cn/baijia/2023-01/08/1303247757.html。

[4] 吴惠芳、陈健、王惠、罗钦涛、魏浩龙：《多元主体参与乡村建设实践路径与效能的比较研究》，载《中国农业大学学报（社会科学版）》2022年第1期，第73页。

加强乡村基本公共设施建设的系统性规划，依靠五级财政协同发力是补齐乡村基本公共设施服务短板的当务之急。另一方面，由于地域广阔、地形复杂，县乡政府缺乏整体建设规划和产业布局的能力，乡村建设规划往往缺位。即使有规划，相较于城市仍旧相对落后和滞后。一些地区主要采用城市规划的思路和理念来编制村庄规划，对农民实际生产生活需求的重视不够，对乡村特有的文化氛围和习俗传统重视不够，导致部分村庄规划的"城市味道"过重，村庄规划的科学性不强。部分地区在进行乡村建设规划编制时对农村的教育、养老和医疗等公共设施建设缺乏系统性考虑，村庄规划的前瞻性不强[①]。由于缺乏总体规划和系统规划的理念，各部门分别规划、分别实施，造成基础设施不足和重复建设并存的矛盾情况。

11.5.3 城乡基本公共教育服务均等化的短板问题及成因

我国城乡基本公共教育服务均等化与其他基本公共服务领域相比整体处于较高水平，城乡教育经费投入的均等化水平相对较高。尽管如此，下列3方面的问题仍然不容忽视。其一，乡村校舍及硬件设施投入与城市差距在缓慢拉大。2013~2020年，普通小学生均教育经费基建支出从127.97元增加到214.92元，年均增加7.69%；而农村小学生均教育经费基建支出从121.47元下降到110.24元，年均下降1.38%。普通初中生均教育经费基建支出从289.56元增加到373.08元，年均增加3.69%；而农村初中生均教育经费基建支出从271.67元下降到168.17元，年均下降6.62%。中小学生的城乡教育经费基建支出的绝对差距与相对差距均呈逐年扩大趋势。其二，乡村学校可及程度尚未得到政策的充分关注。20世纪90年代末起开始实施的以"撤点并校"为主导的农村学校布局调整，使部分地区的乡村学校软硬件设施得到优化，一些乡镇合并后的中心学校也产生了相应的规模效益。另外，乡村学校数量骤减使得当地一些原本可以就近入学的儿童迫于上学路途遥远而"失学"，甚至产生因贫辍学、因距离辍学、寄宿率居高、中心学校大班额骤增等新的乡村基础教育问题。尽管2012年出台的《关于规范农村义务教育学校布局调整的意见》开始对前期"撤点并校"政策进行纠偏，在国家统

---

① 高鸣、魏佳朔、雷泽：《推进乡村建设行动应注意的几个问题》，载《农村经营管理》2022年第9期，第19~20页。

筹下的乡村义务教育布局也在实践中不断调整，但随着乡村人口在城镇化进程中不断向发达地区、城区流动，教育布局的成本控制与质量提升矛盾仍未得到根本解决。一项关于湖北、江西两省6县市的抽样调查研究发现，小学寄宿率已经高达60%，初中甚至达到了77%。其三，乡村优质师资流失问题尚未得到根本解决。一是数据表明城乡学校优质师资占比差距在缓慢扩大。根据测算，2019～2021年，城乡普通初中教师本科及以上文化程度均等化程度由99.35%下降为96.76%。城乡普通初中师生比均等化程度从91.79%微降1.04个百分点，变动为90.75%，每万名小学生拥有教师数均等化程度则由82.71%微降0.72个百分点，变动为81.99%[①]。数据表明乡村优质师资缓慢流失的趋势尚未得到根本逆转。二是乡村教师严重缺编。由于乡村学校正式编制教师数量相对较少，乡村中小学仍存在一定比例的代课教师。这些乡村学校的代课教师和临聘教师由于没有稳定的财政经费支持，待遇普遍不高，工作积极性不强、流动性很大。三是乡村教师专业发展程度差距较大。乡村教师的学历背景、教育背景和教育教学水平存在较大的差异。在20世纪末，部分水平欠缺的民办教师和无编教师成为最初的代课教师。随着教师队伍改革的不断深入，清退代课教师、补充特岗教师来提高教师质量成为必然选择。特岗教师的学历背景和教育背景也不尽相同，大部分特岗教师缺乏系统的职前培训，通过考试入编后就被分配到乡村学校任教。这些特岗教师往往不是本地生源，对当地的风土人情了解甚少，对乡村学生的管理能力也比较欠缺，往往需要花费数年时间去提升自身教学水平。四是本土培养的优秀师资流失严重。乡村教师专业技能一旦成熟或者有更好的职业选择就会离开乡村学校。由于乡村学校职称评审指标较城镇学校相对宽松，部分乡村学校教师升职即走，优秀的乡村教师也很容易被城镇学校"挖走"。部分乡村学校已然成为城镇学校教师的"培养基地"[②]，这种既引不来又留不住优秀教师的困境，不利于乡村学校课程开发、学校管理、资源利用和对学生关爱水平的提升，对城乡教育优质均衡发展产生了严重负面影响。

　　乡村基本公共教育服务短板问题存在的根本原因主要在于两方面。一是

[①] 根据国家统计局各省城乡数据计算，计算公式为：指标均等化程度 = 1 - 城乡标准差/城乡均值。

[②] 陈鹏、李莹：《全面乡村振兴视域下乡村基础教育的新认识与新定位》，载《陕西师范大学学报（哲学社会科学版）》2021年第5期，第131页。

基层政府教育财政保障能力不足，导致教育财政支出责任和筹资能力之间不匹配，是阻碍城乡基本公共教育均等化的重要原因。尽管当前国家提倡"以县为主、省级统筹"的经费保障模式，但是现实操作中，农村基本公共教育服务的支出事权依旧在县级以下的基层政府。基本公共教育服务经费主要来自市县财政，中央和省级政府对基本公共教育服务经费承担的比例相对较低。在中央号召"六稳""六保"的大环境下，县区政府需要全面保障工资、民生和运转。城镇化和经济发展水平差距现实存在，经济发展水平相对较弱的县市，教育经费来源渠道单一，经费筹集能力不足，却需承担大部分的基本公共教育服务支出，导致经济薄弱县市的基本公共教育服务的经费保障能力相对较弱[1]。二是稳定乡村教师队伍的政策需要进一步完善。党和国家历来重视乡村基础教育教师队伍建设，从权益保障、提高待遇、交互流转等方面出台了一系列惠及乡村教育和乡村教师的政策举措。然而偏远乡村学校所在地区由于经济发展水平欠佳，教师生活和工作环境依旧远远没有办法与城市学校教师相比。根据我国《中华人民共和国义务教育法》，义务教育阶段教师工资的参照对象是当地的公务员。尽管如此，有研究表明，我国教师的平均工资水平在国民经济各行业中长期处于中等偏下的水平。中小学教师工资水平不仅低于公务员，而且低于学历相当的行业工资水平[2]。单纯依靠现行的教师编制配备和管理激励政策并不能从根本上解决乡村教师流失问题，也无法从根本上实现引进来且留得住优秀教师的目标。未来需要从大幅提升乡村教师的工资待遇、着力改善乡村教师工作环境和加强从城到乡的教师流动激励等多方面入手，进一步提升乡村学校师资水平。

11.5.4 城乡基本公共医疗服务均等化的短板问题及成因

尽管我国城乡基本医疗服务均等化整体水平在快速提升，但仍有一些领域的均等化指标进展相对缓慢。一是城乡医疗服务供给能力差距依旧明显。2019～2021年，城乡每万人拥有卫生机构数的均等化程度仅提升了0.91个

---

[1] 陈鹏、李莹：《全面乡村振兴视域下乡村基础教育的新认识与新定位》，载《陕西师范大学学报（哲学社会科学版）》2021年第5期，第126~136页。

[2] 安雪慧：《我国中小学教师工资水平变化及差异特征研究》，载《教育研究》2014年第12期，第44~53页。转引自杜屏、谢瑶：《农村中小学教师工资与流失意愿关系探究》，载《华东师范大学学报（教育科学版）》2019年第1期，第104页。

百分点。城乡每千人拥有的卫生技术人员和城乡每千人拥有的医生数由于基础相对薄弱,虽然经过大幅提升,仍未能突破比较均衡的门槛,均等化程度分别为 75.35% 和 76.09%。城乡每万人拥有卫生机构数的均等化程度则仅为 61.08%,成为制约城乡医疗服务能力均等化水平提升的短板所在[1]。二是乡村医疗服务质量依旧不能有效满足乡村就诊需求。农村的非正式医疗活动依旧在相当大的范围内存在,可以从一个侧面表明正规医疗制度框架下提供的医疗卫生服务尚不能满足乡村居民的就医诊疗需求。根据一项田野调研,"某乡村庙会期间,'庙宇仙人'的主要任务之一就是为赶庙会的病人看病,人数甚多,有的庙会甚至达到每天百人的就诊量,其中还不乏年轻人"[2]。

当前,乡村基本公共医疗服务短板问题存在的根本原因主要在于乡村医疗系统化改革方案还需时间相互衔接和实施落地,相关政策还需根据实施效果进一步完善。一是医疗体系中各级医疗机构的职能、分工和相互衔接关系还需要进一步理顺。在 2009 年启动的新医改政策组合拳的系统推动下,已经建立了由县级医院、乡镇卫生院、村卫生室构成的乡村三级医疗卫生体系。但是在具体实施中,镇卫生院的机构运行存在垂直管理和医疗服务的依赖重叠,在负责对乡村卫生站进行评估和补贴分发的同时,还要与其竞争病患,其角色定位有待进一步明晰[3]。"一村一室"政策实施的初衷是保证农村尤其是落后地区农村的医疗服务供给能力,但在实际执行中,"一村(至少)有一室",在一些地区演变为一村只能有一室,在农村交通相对不便时极易造成村卫生室的区域垄断,进一步导致村级医疗服务供给不足[4]。根据一项调研,县卫健局和乡镇卫生院对村卫生室的排查、评估的内容主要包括医疗机构许可证、村医资质等材料是否"上墙"、基本药物品种是否达 80 种以上、医疗环境是否清洁;健康管理数据台账是否更新、健全;相关政策是否公示;是否有饮用水;等等。这些条件是保证村卫生室科学、规范工作的前提,但在执行过程中却走了样或进行了变通。比如:政策与宣传信息上墙等同于健

---

[1] 根据国家统计局各省城乡数据计算,计算公式为:指标均等化程度 = 1 - 城乡标准差/城乡均值。
[2] 焦思琪、王春光:《农村多元医疗体系的型构基础与逻辑研究》,载《社会学研究》2022 年第 1 期,第 53 页。
[3] 赵黎:《新医改与中国农村医疗卫生事业的发展——十年经验、现实困境及善治推动》,载《中国农村经济》2019 年第 9 期,第 61~63 页。
[4] 杜创:《"村医集体辞职"折射农村医疗困境》,载《人民论坛》2019 年第 36 期,第 72 页。

康教育宣讲项目的完成；村医资质的拥有等同于具备基本的医疗服务能力；"中医药品齐全""中医健康教育宣传上墙"等同于村医具备中医药知识和服务能力，而关于村医的医疗水平与居民的满意程度并未真正纳入对村卫生室工作的考核范畴[①]。

二是乡村专业诊疗服务队伍的稳定和发展还需要进一步加强。为解决村医对收入现状不满意、对职业前景不乐观、队伍不稳定的问题，2013年国家卫生健康委员会发布《关于进一步完善乡村医生养老政策 提高乡村医生待遇的通知》，要求各地采取先预拨、后结算的方式发放乡村医生补助，由县级财政部门直接将补助经费的80%以上按月拨付乡村医生，余额经考核后发放。这一举措在相当大程度上绕开了乡镇政府和乡镇卫生院，使县级财政部门直接面对村医，避免了公共卫生补贴被克扣和乱摊派等现象。但与此同时，县级财政部门在缺乏卫生专业知识的现实情境下，如何整合专业力量，如何用好财政资源，由谁作为行政主体为村医这一乡村医疗服务供给主体提供有效职业引导、监督与激励，则成为当下亟需解决的重要问题[②③]。相关调研显示，尽管当下农村实现了"村村有村医"，然而村民却时常抱怨"没有医生给我们看病"，并表示现在最迫切的需求是"下派"一个能看病的村医[④]。

11.5.5 城乡基本社会保障均等化的症结性难题及成因[⑤]

当前，我国城乡基本社会保障均等化存在的主要症结性难题在于，如何通过加快城乡医疗和养老保险一体化进程，进一步扩大参保范围，实现城乡居民的基本社会保障应保尽保。从养老保险来看，农村养老保险应保尽保水平整体仍然偏低。2009年以后，新型农村社会养老保险在农村试点运行。2011年，城镇居民社会养老保险在城镇试点运行，2014年新农保和城镇居民

[①④] 焦思琪、王春光：《农村多元医疗体系的型构基础与逻辑研究》，载《社会学研究》2022年第1期，第56页。

[②] 莫悉明、黄志辉：《中国乡村医疗卫生服务面临的制度模糊》，载《国外社会科学》2019年第3期，第155~157页。

[③] 郭志远、王国、刘海荣等：《乡村振兴背景下我国农村医疗卫生服务供给侧问题研究》，载《锦州医科大学学报（社会科学版）》2020年第3期，第46~51页。

[⑤] 平欲晓、刘月平：《乡村振兴背景下完善农村多层次医疗保障体系研究——基于中部S县的调查》，载《农业考古》2022年第4期，第247~252页。

基本养老保险被合并实施,统称为"城乡居民基本养老保险制度"①。然而,2013~2021年,我国城市与农村的人均社会保障支出年均增长率仍旧以年均6.89%的速度增长。截至2021年,我国城乡居民养老保险参保率均等化程度仅为12.62%②。从医疗保险来看,城乡医疗保险应保尽保尚未完全实现。我国城乡医疗保险的一体化改革推进难度最大,但是步伐却最快。2016年,国务院发布《关于整合城乡居民基本医疗保险制度的意见》,提出在保留原有的城镇职工医疗保险制度的基础上,整合"城镇居民基本医疗保险"和"新农合",建立统一的"城乡居民基本医疗保险制度"。通过统一城乡医保的报销药品目录和定点医疗机构,抹平城乡医保待遇差距,打破医保制度的城乡分割③。整合后,参保人数在两年之内迅速攀升,2018年参保比例已经达到95%以上④。尽管如此,2018年至今,医保覆盖率基本停滞在95%水平,距离医保全覆盖目标始终相差6000余万人口。而且,漏保人群中城市人口占比高于农村人口,非就业人口高于就业人口,流动人口高于居住与就业地统一人口⑤。解决漏保难题不仅是医保改革实现城乡一体化和全覆盖的"最后一公里",同样也是其他基本社会保障需要直面的症结性难题。

我国城乡基本社会保障应保尽保推进困难的根源之一是现行财政补助分配办法中,基于地方经济总量分配,中央和地方政府财政补助并不利于大城市取消参保限制,也不利于增强基层政府财政资源保障能力⑥和政策执行激励。城乡居民的养老和医疗保险缴费均以各级政府财政补助为主、个人缴费为辅。各级政府财政补助主要分为中央、省、市和县四级。中央财政对经济落后地区人均社保缴纳的财政补助通常要高于经济发达地区。省级财政的做

---

① 都闪闪:《城乡居民基本养老保险参保缴费影响因素的分析——基于河南省某市的调查》,载《金融理论与实践》2021年第11期,第111~118页。
② 根据国家统计局各省城乡数据计算,计算公式为:指标均等化程度=1-城乡标准差/城乡均值。
③ 金燕华、刘昌平、汪连杰:《城乡居民医保整合改善了农村居民的生活质量吗——基于医疗、健康与经济三维视角的政策绩效评估》,载《社会保障研究》2023年第3期,第54页。
④ 《2022年全国医疗保障事业发展统计公报》,中华人民共和国中央人民政府,2023年7月11日,https://www.gov.cn/lianbo/bumen/202307/content_6891062.htm。
⑤ 王超群:《谁没有参保?中国城乡居民医疗保险参保的人群特征研究》,载《社会保障评论》2023年第2期,第76页。
⑥ 缪小林、张蓉、于洋航:《基本公共服务均等化治理:从"缩小地区间财力差距"到"提升人民群众获得感"》,载《中国行政管理》2020年第2期,第67页。

第 11 章　推进基本公共服务均等化促进城乡融合发展

法与央财相类似，也依据省内地区经济差异采取差额社保个人缴费补助办法。流动人口在常住地参保，理论上更有利于保护和实现参保人的权益。但在实际实施过程中，无论是户籍地政府还是常住地政府均面临亟须破解的现实困境。现行的社保补助方法尚不能为城乡居民应保尽保提供充分助力。一方面，户籍地政府对于流动人口参保鞭长莫及；另一方面，常住地政府不仅需要解决流动性为参保带来的巨大难题，而且缺乏财力的有力支撑和管理的绩效激励。从养老保险的社区推进进程来看，当前城镇社区采取的主要手段是结合就业实名制工作机制对各街道（镇）基层公共服务平台对应安排城乡居保参保实名制管理工作。尽管如此，根据一些调查，由于人员流动性大、有限的城镇社区基层行政管理队伍也并不能精准掌握并及时更新未参保（或断保缴费）人员的基本信息，基本无法落实一户一策的参保扩面推进措施[1]。从医保改革进程看，调查显示，2015～2018 年，参加城乡居民医疗保险的流动人口中只有约 10% 在常住地参保。截至 2022 年，尽管大部分城市已经取消了城乡居民医疗保险参保的户籍限制，仍有 17 个城市对流动人口参保设置了户籍限制。这些城市包括：北京、上海、厦门、拉萨、西宁、海东、南京、无锡、苏州、台州、宁波、杭州、佛山、惠州、东莞、深圳和广州等[2]。城市经济越发达，流动人口越多，人均基本保险缴费地方标准越高，常住地政府用于支付人均基本保险缴费的财政补助金额就越高，客观上导致流动人口参加当地城乡居民保险给常住地政府带来的财政负担也就越重。医疗和养老保险财政补贴表现出的这种"从富效应"[3]，导致常住地政府通常会设置各种显性和隐性的常住地参保制度屏障。例如，设置户籍、居住证积分申领等显性制度门槛，采用故意不向流动人口宣传城乡居民参保制度，使用复杂的缴费方式来提高流动人口参保的门槛等隐性参保限制。这些政策行为的根源均出于常住地政府减轻地方财政负担的动机[4]。

---

[1] 刘静：《成都市郫都区推进城乡居民养老保险持续参保缴费的探索》，载《四川劳动保障》2022 年第 10 期，第 40 页。

[2] 王超群：《谁没有参保？中国城乡居民医疗保险参保的人群特征研究》，载《社会保障评论》2023 年第 2 期，第 84 页。

[3] 海龙：《城乡居民基本养老保险财政补贴政策的缘起、发展与走向》，载《中州学刊》2021 年第 4 期，第 71 页。

[4] 王超群：《谁没有参保？中国城乡居民医疗保险参保的人群特征研究》，载《社会保障评论》2023 年第 2 期，第 853 页。

根源之二是绩效考核激励不足可能导致基层政府社保政策宣传执行力度不够。据调查，2016年城乡居民医疗保险制度整合之前，各地对村干部推动新农合参合往往有绩效考核要求，村干部会不遗余力推动参保。针对外出务工农民、低收入家庭和与村委会有矛盾的村民三大困难群体外，村干部通过做工作、集体经济代缴甚至个人垫资等方式，能够保证绝大部分村民参保。然而，2016年城乡居民医疗保险制度整合之后，保费征收逐步由人社部门、卫健部门和医保部门移交给税务部门，税务部门对村委会、居委会开展城乡居民医疗保险征缴工作的绩效考核力度有所下降可能是近年社保覆盖率提升速度减缓的另一个重要原因。未来，要想提高城市（包括农村）居民对城乡居民医疗保险的参保率，需要完善社区居委会（和村委会）的绩效考核，加强基层机构保费征缴执行力度。

根源之三是现行个人社保缴纳方法不利于提高漏保人员个人参保意愿和能力[1]。城乡居民养老保险和医疗保险均以政府补助为主，个人缴费为辅。不同之处在于，养老保险分为低中高三个档次，而医疗保险则采用统一的标准。从城乡居民养老保险来看，为缩小城乡居保与城镇职工基本养老保险的待遇差距，让城乡居民共享经济发展的成果，国家基础养老金最低标准大致5年调整一次。但是不论是中央政府负责的基础养老金最低补贴，还是地方政府负担的缴费补贴，补贴标准的调整均缺乏长效机制，基础养老金财政补贴标准的确定尚无科学的测算依据，究竟应根据城乡居民的人均可支配收入还是参照物价水平尚无定论，不利于参保者对于参保成本和参保待遇增长形成稳定预期，以及城乡居民养老保险制度"保基本"目标的实现。从城乡居民医疗保险来看，每年由中央政府发布指导标准，各地具体制定本地的固定缴费标准。这种个人定额缴费筹资方式清晰易懂，操作简单，是城乡居民医保制度得以建立、推广和全面发展的重要保证，具有不可替代的重要历史意义。然而值得关注的是，统一缴费金额标准对于不同收入人群和收入来源稳定程度不同人群参保行为的影响大相径庭，进而容易引发另一种不公平。2016~2021年，在定额缴费标准下，城镇最高20%收入组实际缴费的收入占比不到0.3%，而农村最低20%收入组实际缴费的收入占比高达

---

[1] 高秋明、杜创：《财政省直管县体制与基本公共服务均等化——以居民医保整合为例》，载《经济学（季刊）》2019年第4期，第1351~1372页。

4%~6%[1]。由于农村家庭和最低收入家庭的缴费负担相对较重，城乡居民医疗保险缴费标准不断提高，影响了农村和低收入家庭的参保意愿，不利于巩固基本医疗保险全民覆盖的目标[2]。根据一项调查，尽管统一后的城乡居民医疗保险的保费远低于职工医疗保险，对于收入有限的非就业人员，每年4%~6%的定额缴费收入占比仍旧会明显带来经济负担加重的感受，如果标准逐年增加，收入却没能同步上升，则引致部分低收入城乡居民退保[3]。

　　根源之四是扩大两大险种覆盖范围的具体制度安排存在进一步完善空间。一是医保和养老保险等转移接续制度需要进一步完善。保险转移接续客观上会增加转入地的财政投入，若得不到相应弥补，则会导致转入地的权利和义务不对等，因此从市级统筹、省级统筹到全国统筹，实现的基础在于需要进一步明晰各级各地之间的财政支出职责。此外，由于缺乏全国性险种转移接续的统一操作规范，以及对转移接续过程中的缴费年限认定标准、转移接续后的生效时间、统筹基金是否转移等具体问题的明确规定，导致地区间在实务操作中缺乏统一标准，客观上阻碍了城乡基本社会保障转移接续的执行效率。二是精准扶贫时期形成的农村低保保障标准和官方贫困标准"两线合一"，尽管大幅提升了农村低保保障标准，扩大了应保群体规模，然而中央财政预算安排占农村低保总预算安排的比例不升反降，导致地方政府受到财政能力掣肘而使低保覆盖率不能同步上升。三是一些地区存在扶贫项目和低保"二选一"的不规范操作。精准扶贫战略使得相当比例的贫困农户获得了开发式扶贫项目的机会。一些符合低保资格标准的农户可能在一些地方"二选一"不规范操作下，因为已经获得开发式扶贫项目而被漏保[4]。四是由于国家对扶贫资金监管很严格，一些基层执行者出于规避问责风险而更倾向于收紧审查资格，"多退出少纳入""能不保则不保"成为一些基层执行者

---

[1] 王超群：《谁没有参保？中国城乡居民医疗保险参保的人群特征研究》，载《社会保障评论》2023年第2期，第86页。

[2] 仇雨临：《以待遇为基础　健全基本医疗保险动态筹资机制》，载《中国医疗保险》2021年第2期，第34页。

[3] 王昭茜、仇雨临：《逆向选择还是制度"漏洞"：全民医保下的不连续参保行为研究》，载《兰州学刊》2021年第6期，第136页。

[4] 韩华为、高琴：《中国农村低保制度的瞄准精度和减贫效果——基于2013年和2018年CHIP数据的实证分析》，载《公共管理学报》2021年第4期，第91、第171页。

的行为逻辑，这种"自保式"的低保执行方式也是漏保偏误居高不下的重要原因①。

11.6 国外基本公共服务均等化的社会实践与经验借鉴

城乡基本公共服务均等化是人类社会进步与发展的一个重大社会现象，世界许多国家都将基本公共服务均等化作为国家公共治理的核心内容。比较美国、英国、澳大利亚、日本基本公共服务的社会实践，以及这一实践过程中的经验教训对于我国推进城乡基本公共服务均等化具有重要的启示和借鉴作用。

11.6.1 美国基本公共服务均等化

11.6.1.1 美国基本公共服务历史沿革

美国是一个典型的联邦制国家，其政府体系横向包括国会、行政、司法三个部门，它们相互制约、分工协作，互相牵制；纵向则包括联邦政府、州政府和地方政府，它们共同构成了畅通的农村公共服务供应网络。具体来说，联邦政府负责国防、外交、公共福利以及宏观经济管理等事务；州政府则主要负责高等教育、公共工程、交通等基础公共服务；而地方政府则负责提供中小学教育、消防、警察等服务②。美国的公共服务均等化主要体现在减少州与州之间、地区与地区之间的差距。

1774年，美利坚合众国成立，虽然只有二百多年的历史，但其基本公共服务体系的建设却起步较早，到目前为止，在基本公共服务均等化方面，世界公认美国做得较好。美国的基本公共服务制度源自殖民地时期的社会救济思想，这种思想与美国的宗教信仰传统、美国的"母国"即英国，以及美国所深受影响的欧洲文化密切相关。殖民地时期，北美大陆尚待开发、生产和生活条件较差、生产力水平不高，居民的基本生活难以得到有效保障，社会救助非常必要。教会通过各种慈善活动向贫困者提供生活帮助，向病人提供医疗服务。最初的救助对象是本地居民，后来扩展到没有工作的成年男性、黑人和妇女，国家逐渐把针对病人的医疗救助纳入到国家保障体系当中，救

---

① 李棉管：《自保式低保执行：精准扶贫背景下石村的低保实践》，载《社会学研究》2019年第6期，第212页。

② 艾丽：《中国公共服务均等化研究》，武汉大学博士论文，2012年，第25页。

济制度形成。南北战争维护了美国的国家统一，内战结束后，美国经济发展迅猛，政治稳定，为基本公共服务体系的建立提供了良好的外部条件。基本公共服务体系开始覆盖全国，并形成了基本公共服务均等化态势，但是社会救济仍是这一时期社会公共服务领域的主要内容，虽然也已包括教育、养老和医疗等方面，但在很多方面仍不完善。1929~1933 年，美国发生了波及世界的经济大危机，危机对美国社会产生了巨大影响，人们陷入困苦之中，政府开始意识到社会基本公共服务的不足。罗斯福新政在有效缓解经济危机的同时，也在制度上为基本公共服务均等化提供了保障，推动了该制度的初步建成，并为基本公共服务均等化奠定了坚实基础。20 世纪 60 年代，美国基本公共服务体系全面建成。经过多年发展，美国在教育、医疗、养老等方面已经基本实现均等化[1]。

11.6.1.2 美国基本公共服务均等化的财政管理

作为一个实行地方分权的联邦制国家，美国没有统一的公共服务行政系统，公共服务的责任多由州和地方政府承担。美国联邦政府通过确定财政拨款项目的方式将联邦意图付诸实施。通过立法的途径实现了对公共服务的宏观调控，并指导着公共服务的发展进程和方向[2]。

美国的分级财政体制使得地方政府承担了大部分公共支出责任，但是缺乏相应的税收来源。为了解决这一矛盾，政府采取了建立转移支付来协调解决问题的措施，以此为公共服务的均等化提供保障。为满足基本需求，例如健康、教育等方面的均等化政策意图，美国政府建立了以有条件补助为特征的公共服务均等化财政转移支付模式。这种有条件转移支付主要包括专项补助和分类补助两种形式。第一，专项补助是美国联邦政府使用时间最长的一种转移支付形式，也是联邦政府对地方和州政府进行补助的主要形式。据统计，20 世纪 90 年代初，约 70% 的联邦专项补助按照人口、人均收入或财政收入等因素确定获得资助的州和地方政府，并用于地方社区发展、住房、教育等公共服务领域[3]。这些专项补助由联邦政府指定用途、规定金额、期限

---

[1] 张华：《中国城镇化进程中城乡基本公共服务均等化研究》，辽宁大学博士论文，2018 年，第 16 页。

[2] 程岚：《实现我国基本公共服务均等化的公共财政研究》，江西财经大学博士论文，2009 年，第 127 页。

[3] 程岚：《实现我国基本公共服务均等化的公共财政研究》，江西财经大学博士论文，2009 年，第 130 页。

和其他具体要求，州和地方政府不得挪作他用，并通过有关法律规章来保障其合理拨付和有效使用①。第二，分类补助是美国实现公共服务均等化的另一个重要机制。分类补助只规定某一类支出项目的补助总额，不规定具体用途和要求，由州和地方政府自行决定具体使用项目。接受分类补助的州或地方政府需要按照指定的用途和方式使用资金，并向联邦主管部门提交关于补助计划执行情况的书面报告②。分类补助弥补了专项补助支付范围狭窄、接受补助者自主性差的缺点，使得各个地区政府能够参与到决策过程中来，并建立责任机制，促进了公共服务均等化的实现。美国的分类补助始于1981年，包括健康、犯罪控制、社区发展、社会服务、就业培训、城市交通、贫困救助、妇幼照顾和基础教育9大类资助项目。

美国对专项拨款的监督和管理非常重视，这主要表现在以下几个方面：第一，设有专门的机构——拨款委员会，负责对专项拨款进行监督管理；第二，对专项拨款的使用过程进行监督；第三，对专项拨款项目的使用效果进行考察，审计总署负责绩效评估，并将其作为将来转移支付的参考依据；第四，拟定《单一审计法案》，对转移支付资金进行严格审计，由独立审计师或州和地方政府的独立审计师执行。

11.6.1.3 美国基础设施服务均等化举措与实践

美国在19世纪初开始进行大规模基础设施建设，并于19世纪中叶加强了对农村基础设施的建设。在道路建设方面，美国国会于1862年和1864年通过了两项法律，为农村经济的发展提供了极大的交通便利。1912年，国会资助"公共道路办公室"监督农村邮路的修筑。1916年国会通过了《联邦高速公路法》，旨在资助农村公路的修建。1956年出台了新一轮联邦公路资助法案，规划41000英里州际公路。在电力发展方面，美国从1936年正式开展农村电气化计划，联邦政府在制定《1936年农村电气化法令》的基础上，建立了农村电气化管理局和田纳西流域管理局。到20世纪60年代，98%的农村地区实现了电气化。在通信设施发展方面，1944年美国修订了《1936年农村电气化法》，并为发展农村电话提供了长期低息贷款，极大地提高了农村电话普及率。之后，随着互联网宽带的兴起，1994年克林顿政府通过了互联

---

①② 吕国范：《发达国家资源产业扶贫的模式及经验启示》，载《商业时代》2014年第29期，第121页。

网信息援助项目,该项目主要为农村地区互联网服务计划提供赠款。2003年农村公用事业服务局通过"社区联系赠款项目"为农村地区提供了3000多万美元的宽带援助。甚至在美国很多偏远、人口稀少的农村地区也建立了无线宽带网络。美国农村基础设施建设依赖于以政府为主导、市场和自愿模式并存的多元供给机制。由联邦和州政府负责规模大的项目或对全国都受益的项目;规模居中的项目则是由地方政府负责;规模小的项目如路灯提供等则由乡(镇)基层政府负责,或在政府的依法监督下由农场主个人等自行经营管理①。

11.6.1.4　美国教育服务均等化举措与实践

美国的教育服务均等化过程一直是推进教育公平和提升教育质量的过程,因为获得教育公平和质量提升是任何一个社会公民都应该享有的基本权利。在追求教育公平上,美国进行了以下教育改革:

第一,废除族裔校际差异。1954年,美国最高法院废除了种族隔离制度,不同族裔的学生可以平等地到同一学校就读,由此拉开了教育公平的序幕。1981年,美国教育部通过《教育巩固与提高法案》以法律形式提出了为印第安人、亚洲人、黑人、拉美人以及白人等弱势学生提供教育的计划,并在十余年内拨出7亿美元的专款资助这些学生。同时,超过50%的州推出并开始实施补偿教育计划。这一时期,美国的基础教育政策开始向"弱势群体"倾斜,主张通过为少数族裔和贫困家庭的儿童提供补偿教育来平衡和提高整体基础教育水平,从而确保他们能够享有平等的师资和教学设施。

第二,促进校内教育公平。1991年,时任总统老布什签署颁布了《美国2000:教育战略》,而在1994年,时任总统克林顿颁布了《2000目标:美国教育法》,都主张为每个人提供高质量教育的平等机会。2002年,时任总统布什颁布了《不让一个孩子掉队》法案,旨在提高学生的学习成绩并消除基础教育中的严重分化现象。该法案采取的具体措施包括设立公立学校、转变政府职能以及注重教育质量监测等。而在2010年,时任美国总统奥巴马颁布了《改革蓝图:初等与中等教育法修订》,该法主要关注每个人享有优质教育的方案,包括重视对弱势群体的补偿、强调优秀教师和校长的公平分配,

---

①　樊丽明、郭健:《城乡基本公共服务均等化的国际比较:进程与经验》,载《中央财经大学学报》2012年第7期,第2页。

以及关注学生之间的差异和扩大教育选择等措施。

在提升教育质量上,也出台了一揽子计划①:

1983年,美国国家优质教育委员会颁布《国家在危机中:教育改革势在必行》,这被视为美国教育战略转向的转折点,在标准制订、课程改革、教师认证、资金追加等方面进行了详细规定,由此拉开了提升教育质量的序幕。

1991年,《美国2000:教育战略》确立了2000年需要达到的六大教育目标。其中对所有学生规定了关键知识领域需要掌握的核心知识和技能,并专门提到学生在数学和科学两个学科的成绩要达到世界一流水平。

1994年,《2000美国教育目标法》首次以立法的形式资助和鼓励各州建立自己的学术和测试标准,用以衡量学生的学习进步情况。从那以后,几乎每一个州都制定了课程标准。对那些考试失败的学生和学校,各州会采取相应的惩罚措施,比如:年级考试失败的学生将不能自然升级;毕业考试失败的将不能获得毕业证书;依据学生的学习成绩对学校进行排名;把学生的学习成绩与教师业绩挂钩;向社会公布学生"成绩报告卡"等。

2001年,《不让一个孩子掉队》要求各州建立严格的学术标准和评估体系,确保所有学生无论其种族、收入、居住地、语言背景如何,都能在未来12年内达到学术上的"掌握"(proficiency)程度。该法案的核心条款之一是提高学术标准并监测学生学业成绩。各州必须建立适用于全州公立学校学生的课程内容标准和学术进步标准,并通过统一的学科考试每年评估学生的学业进展情况。每年的学科考试结果将与全国的考试指标进行比较,以确定各州的进步程度。另外,每两年,各州还必须抽样4年级和8年级的学生参加全国性的数学和阅读统一考试(全国教育进展评价,National Assessment of Educational Progress,简称为NAEP),用以检测和对比各州的教育质量。

2009年,奥巴马总统提出了"力争上游"计划,旨在推动美国历史上最大规模的联邦教育改革,以促进各州提高教育质量并承担相应义务。该计划实施的具体措施包括联邦教育部制定全国统一的教育标准、支持优质的特许学校、改革和关闭表现不佳的学校,激励各州争取"冲顶赛跑"拨款,并推进创新战略以提高学生学业成就、促进学校持续发展和增强学校系统活力。

---

① 《美国基础教育质量监测考察报告》,广东省教育研究院,2013年1月6日,https://gdae.gdedu.gov.cn/gdjyyjy/byyjcg/202008/91f2c7c7d62d4a819f7e123b5eb844ca.shtml。

第 11 章　推进基本公共服务均等化促进城乡融合发展

11.6.1.5　美国公共医疗服务均等化举措与实践

美国公共医疗服务主要包括医院制度和医疗保险制度。在医院制度上，美国在 1920 年开始确立医院的职能地位，之后在医院病床数量、医生数量与医生补贴等方面做了规定。在病床数量方面，美国联邦政府于 1946 年出台了希尔—伯顿法案，旨在增加农村地区的医院病床数量，1986 年城乡每千人病床数之比就已经达到了 4.1∶4。在医生数量与医生补贴方面，1970 年联邦和州政府联合推出了国家卫生服务合作项目，投入 20 多亿美元，有效安置了 1.5 万余名医生。美国又于 1989 年推行医疗服务激励项目，旨在为医生资源匮乏地区的医生提供较为可观的经济回报，奖金比例由 1989 年的 5% 提升至 1991 年的 10%，并延续至今[1]。

在医疗保险体系中，医疗保险由美国联邦政府的公共医疗服务中心负责，连同公众卫生局、社会保障部、州政府保健医疗机构共同管理，其中政府举办的基本公共医疗服务是美国医疗保险体系中的一小部分。同时，医疗保险制度不是针对全民而是为特殊人群制定的。截至 2010 年，美国有 16.3% 的民众（4990 万人）没有任何医疗保险，这意味着他们一旦不幸患病，就可能因支付不起天价医疗费用而债台高筑、倾家荡产[2]。一项统计显示，美国有近 11% 的民众完全无法偿还医疗欠款，而 32% 的民众表示支付医疗费用存在困难[3]。在城乡差异方面，城乡医疗保险覆盖面存在差距，农村覆盖比为 80%，城市覆盖比为 84%。受资金限制，农村居民很难参加私人医疗保险，政府资助的公共医疗保险项目，主要包括医疗保险制度（Medicare）和公共医疗补助制度（Medicaid），对低收入的农村居民显得尤为重要[4]。2004 年，接受医疗白卡（Medicaid）[5] 的农村人口为 3750 万人，占农村总人

---

[1]　樊丽明、郭健:《城乡基本公共服务均等化的国际比较：进程与经验》，载《中央财经大学学报》2012 年第 7 期，第 4 页。

[2]　Number Of Uninsured Americans Drops By 1.3million, Kaiser Health News, 2012 - 09 - 13, http://khn.org/morning-breakout/census-numbers-2/.

[3]　The Burden of Medical Debt: Results fromthe Kaiser Family Foundation/New York Times Medical Bills Survey, Kaiser Family Foundation, 2016 - 01 - 05, http://kff.org/health-costs/report/the-burden-of-medical-debt-results-from-the-kaiser-family-foundationnew-york-times-medical-bills-survey/.

[4]　张群:《美国的医疗保险制度现状及引发的思考》，载《中国卫生经济》2007 年第 6 期，第 79 页。

[5]　医疗白卡（Medicaid 白卡）是美国联邦和州政府共同拨款的联合医疗补助计划，为低收入人群提供免费或低成本的医疗保险。

口的 63.4%①。

美国民众医疗保险覆盖面窄的情况在奥巴马执政时期得到了缓解。2011年,奥巴马政府针对美国的医疗体系进行了一系列改革,也就是通称的"奥巴马医保政策"(Obamacare)。在国会 2010 年《平价医疗法案》的授权下,联邦政府出台了一系列行政干预手段,主要有三个目标:全民医保、降低成本、削减赤字。在《平价医保法案》实施的五年间,无保险人口从 2011 年的近 5000 万人下降到了 2015 年初的 3230 万人,占总人口的百分比也从 2011 年初的 15.7% 下降到了 2015 年第三季度的 9.2%。在 18~65 岁这一年龄段中,无保险人口比例的下降趋势更加显著,从 2011 年的 22.3% 大幅下降到了 2015 年的近 13%②。医疗保险覆盖率得到了显著提高。

11.6.1.6　美国养老服务均等化举措与实践

美国的养老金制度已经有 100 多年的历史。19 世纪 70 年代,美国的铁路行业发展使得养老金方案应运而生。19 世纪末 20 世纪初,私人养老金方案扩大到高等教育等公共服务部门。20 世纪 20 年代,养老金福利制度进一步扩展到银行业和保险业,也开始出现了税收优惠待遇,养老金的筹资多是现收现付模式。20 世纪上半叶,美国经历了经济大萧条,大量养老金方案中断;正是在这一时期,《社会保障法案》颁布实施;斯图德贝克尔公司倒闭,2000 多名参保员工养老金打水漂。20 世纪 70 年代,美国政府制定了一系列法案,包括《员工退休收入保障法案》《税收法案》、401K 方案等。20 世纪 90 年代,世界银行推出的养老金三支柱模式③在美国得到推广和应用。21 世纪初,三支柱模式中的第三支柱——个人养老金账户制度得到空前发展,其资金规模迅速增长。2020 年,美国颁布了养老金政策的新法案《确保一个强有力的退休法案》④。

---

①　[美] 戴维·德兰诺夫,李国芳译:《你的生命价值多少》,中国人民大学出版社 2004 年版。
②　Obamacare Facts. ObamaCare., obamacarefacts, 2014-08-08, https://obamacarefacts.com/uninsured-rates/;《为医消得人憔悴:奥巴马医疗改革方案的成败与反思》,知乎,2016 年 6 月 24 日,https://zhuanlan.zhihu.com/p/21421728。
③　养老金三支柱模式包括满足基本养老保障的第一支柱基本养老金,为提高退休生活标准而补充公共养老金的职业/企业年金,为补充一、二支柱而增加的私人养老金。对应到美国则是第一支柱联邦公共养老金、第二支柱 401K、403B 计划、第三支柱个人退休账户计划。
④　明立杏、金晶华:《美国养老金制度对中国养老金制度改革的启示》,载《中国人力资源社会保障》2023 年第 10 期,第 55~57 页。

美国的养老金模式，包括公共养老金制度、401（K）计划和个人退休账户制度。第一，美国的公共养老金制度是由政府主导、强制实施的社会养老保险制度，即联邦退休金制度。该制度属于世界银行提出的多支柱养老金体系中的第一支柱公共养老金制度。退休金的领取对象包括退休员工及其配偶和未成年子女。具体的养老金待遇确定机制包括退休年龄、计发办法和待遇调整三个方面。在退休年龄方面，实现了劳动关系和社会保障关系的相对分离，通过引入"全额领取年龄"模式建立了"早减晚增"式初始退休金调节机制。在计算办法方面，建立了基于个体的、全国统一的基本保险金额计算办法，并通过分级加权实现了收入再分配和减少老年贫困等功能。在待遇调整方面，建立了基于生活成本调整的退休金指数化自动调整机制[①]。

第二，美国的401（K）计划是一种自愿性质的养老金计划，由雇主和雇员共同承担，旨在为雇员提供退休金。该计划允许雇员从工资中划拨一部分资金到个人的退休账户中，而雇主也可以为雇员提供匹配资金。401（K）计划的名字来源于美国1978年在《国内税收法》里增补的第401条，第K项条款。具体的计划实施细节包括：雇员可以选择投资方式，如股票、信托、基金等；雇员可以选择领取方式，如按月领、按年领、一次性领取等。

第三，个人退休账户（Individual Retirement Account，IRA）是美国养老金第三支柱的主要构成，由个人自愿参加，旨在为个人提供退休金。个人退休账户包括传统IRA、罗斯IRA、简易雇主计划IRA、工资扣除型简易雇主计划（SAR - SEP IRA）和雇员储蓄激励匹配计划（SIMPLE IRA）等类型。个人退休账户允许个人从工资中划拨一部分资金到个人的退休账户中，而雇主也可以为雇员提供匹配资金[②]。

11.6.2 英国基本公共服务均等化

11.6.2.1 英国基本公共服务历史沿革

英国是单一制的中央集权国家，它由威尔士、英格兰、北爱尔兰、苏格兰四个地区和大伦敦市共同组成。地方政府的权力和责任由中央政府决定，

[①] 董克用、施文凯：《美国社会保障退休金确定机制——方法、特点与启示》，载《人口与经济》2021年第1期，第132页。

[②] 董才生、陈静：《美国养老金制度对中国企业职工养老金制度改革的启示》，载《社会科学战线》2014年第9期，第191页。

中央政府可以随时通过立法程序安排地方政府的权责，甚至取消或设立某些地方政府。1688年，英国通过"光荣革命"确立了君主立宪政体，成为世界上第一个工业化国家，其发展速度一直处于世界领先地位。工业化进程和社会化生产为英国基本公共服务体系的建立提供了前提条件。在工业化发展过程中，英国的传统家庭保障功能并不能解决失业、贫困等问题，因此需要国家出台政策来解决这些社会问题。经过上百年的发展，特别是第二次世界大战之后的改革、建设、完善，形成了一整套"从摇篮到坟墓"的基本公共服务体系。1948年7月，英国政府宣布已经建成世界上第一个福利国家，也是第一个由政府涉足社会救济事业的国家。英国基本公共服务体系的建立和发展与英国人口流动联系紧密，随人口的变化而相应调整，但其首要的价值理念始终是"公平"。经过多年发展，英国的基本公共服务设施不断完善，为基本公共服务均等化提供了有效保障[①]。

11.6.2.2 英国基本公共服务均等化的财政管理

英国实行相对集中的财政管理体制，这一管理体制与高度集权的政治体制相适应。中央政府掌握了大部分的财政收入，包括个人所得税、公司所得税、消费税、关税以及增值税等。地方政府仅有有限的税收权利，税收收入的主要来源是财产税。在财政支出方面，有2/3都是通过政府的转移支付取得[②]。英国政府实现财政收支统一管理，从而为中央政府的集权提供保障，但也引入了中介机构进行协调和监督。具体包括以下几个方面：

第一，英国的财政制度主要由中央政府转移支付和专项拨款组成。均等化转移支付主要用来平衡地区间提供公共服务财政能力的差异，其占比约为全部转移支付的90%；而专项拨款则主要专项用于城市公共设施、教育、社会福利、环境保护等公共服务的供给上，占比约为全部转移支付的10%。均等化转移支付从1929年开始实行，1967年更名为税收支持拨款，一直延续至今。在确定均等化转移支付额度时，中央政府主要考虑各地的支出需求和收入能力等因素。支出需求使用地方政府标准支出评估值进行衡量，而地方政府的财政收入能力则使用标准地方税收入和商业财产税返还这两部分进行

[①] 张华：《中国城镇化进程中城乡基本公共服务均等化研究》，辽宁大学博士论文，2018年，第103~106页。

[②] 艾丽：《中国公共服务均等化研究》，武汉大学博士论文，2012年，第29页。

衡量。每个地方政府获得的税收支持拨款数额由具体的计算公式决定[①]。因此，英国中央政府对各地方政府的转移支付的目的是平衡地区间的财政能力差异，实现区域间基本公共服务均等化。

值得注意的是，英国的均等化转移支付要满足"下限"和"上限"的要求。根据英国法律，中央政府对地方政府的均等化转移支付额每年至少要有一定程度的增长，增长率应不小于规定的"下限"。如果地方政府按照公式计算出的转移支付增长率小于"下限"，则一律按"下限"进行拨款。同时，中央政府也规定对各地方政府的均等化拨款年增长率不得超过一定的"上限"。如果地方政府计算出的均等化拨款额增长率高于"上限"，则一律按照"上限"进行拨款。根据地方政府各部门职能的不同，中央政府把地方政府分成三个类别，分别规定不同的"下限"和"上限"。教育和社会服务当局"下限"和"上限"分别为8%和31.5%，治安和消防当局则为3%和4.9%，郡县地方当局分别为3%和12.5%。拨款上下限的调整也根据拨款类别分别进行[②]。

第二，在转移支付中引入中介机构。在英国的转移支付中，通常不是上下级政府直接对接讨论，而是引入专门的中介机构进行具体事务的协调、分配和处理。比如，环境部协调的是中央与地区之间的事务，地方当局协会协调的是地区与郡、区之间的事务。值得一提的是，地方当局协会由郡和区地方当局自愿成立，主要用来协调地区与郡、区之间的财政转移支付关系。这种在转移支付中引入中介机构的做法，既有利于上级政府系统了解地方的需求，也有利于促进转移支付的公正性，进而有利于公共服务均等化的实现，同时，还有利于地方需求信息向上级政府的传递，从而能够更有效率地进行资源配置，更能满足公民需求。

第三，建立转移支付资金监督管理机制。在英国，地方政府获得的转移支付资金受到审计委员会的审计和监督，并提供相应的运营情况指标和报告。此外，审计委员会还会对中央政府有关政府间关系的立法和政策进行评估，提出改进意见。英国还建立了有效的社会监督机制。一方面，中央政府和地方政府的收支情况必须根据议会的要求进行报告，通常该报告经过审计后可

[①] 程岚：《实现我国基本公共服务均等化的公共财政研究》，江西财经大学博士论文，2009年，第135页。

[②] 杨永风：《河北省基本公共服务均等化研究》，河北经贸大学硕士论文，2016年，第32页。

向公众公开。另一方面，审计人员会及时回答公众对政府收支报告的任何疑问。此外，支出单位和提供公共服务的公司、企业也必须接受社会公众的监督，其使用转移支付资金的情况必须经过审计并向使用者公开。

11.6.2.3 英国基础设施服务均等化举措与实践

英国的社会基础设施主要是与社会资本合作进行建设与供给。英国是最早实行政府与社会资本合作进行公共基础设施项目建设的国家之一。政府与社会资本合作的历史发展经历了两个阶段，其中在2012年之前的模式是"私人融资倡议"（Private Finance Initiative，PFI），政府在公共项目建设中的占比不高，资金主要来自社会资本。社会资本主要参与公共基础设施的设计、建造、融资和运营，主要项目包括学校、医院、住房、警察局、法院、图书馆以及监狱等。这些社会资本包括银行和资本市场的固定利率产品和长期融资工具等融资渠道。在2012年之后，英国政府开始推出PF2（Private Finance 2），对原先的私人融资倡议进行了改革。采用PF2有助于加快和降低采购项目成本，可以控制从招标到选定投标人的时间，并通过合同部分环节的调整提高项目的灵活性。作为股东，社会资本在PF2项目公司的管理中将拥有更大的话语权和融资回报。政府投资也依据商业机构条款对项目进行参股[1]。

英国的基础设施还包括可持续能源、交通运输等。在可持续能源的发展上，英国政府高度重视风能、生物能、太阳能等可再生能源的开发和应用，根据计划，到2025年，英国40%的电力供应将来自核能。英国拥有70多个机场，是欧洲最大的航空运输系统。2015年英国全部机场抵离旅客2.52亿人次，其中国际旅客为2.10亿人次，货物吞吐量230万吨。英国共有60多家民用机场，其中35个机场年客流量在10万人次以上。英国拥有欧盟第四大铁路网络，1997年铁路部门完成私有化，现通车总里程为1.58万公里，电气化率为33.42%。2015年全年铁路发送旅客16.8亿人次，全年旅客周转量640亿人公里；2014~2015财年，铁路货物周转量222亿吨公里，日均6082万吨公里。英国拥有100多个港口，52个港口年吞吐量在100万吨以上，是整个欧洲第2大港口，海运承担了95%的对外贸易运输[2]。

---

[1] 《英国PPP合作机制具有借鉴意义》，人民网，2017年11月18日，http://industry.people.com.cn/n1/2017/1118/c413883-29654518.html。

[2] 《驻英国经商参处．英国基础设施状况》，中华人民共和国商务部，2017年11月18日，http://gb.mofcom.gov.cn/article/i/201609/20160901392578.shtml。

第11章　推进基本公共服务均等化促进城乡融合发展

2021年，英国政府决定筹资6400亿英镑建设基础设施，包括学校、医院、住宅、交通网络、能源、房产等。为加强基础设施建设，英国政府发布了《国家基础设施战略》。围绕经济复苏、平衡和加强联盟以及到2050年实现英国的净零排放三个中心目标，该战略进一步明确了英国将通过对私人投资的支持，以及对基础设施交付方式的全面改革来实现政府改造英国基础设施网络的计划[1]。

11.6.2.4　英国教育服务均等化举措与实践

英国教育服务均等化的目标就是考虑如何为公民提供更好的、更加公平的教育服务。无论是基础教育还是高等教育，英国政府对各类学校的具体管理并不直接介入，只是制定教育发展规划、政策、检查评估等。英国政府非常重视教育的战略化管理，积极研究当前教育发展中的突出问题，并注重研究教育发展的长远问题和战略问题，重视从体制、机制上寻找解决办法。通过增加管理权限，学校减少了地方政府的干预，依据就近入学的原则来合理安排学校，优化调整教育布局结构。英国政府及各类学校通过不断降低办学成本，提高教学质量，提供更多的教育服务，进一步促进了本国教育服务的均等化[2]。

具体而言，英国的教育服务均等化过程是实行全纳教育、建立自由学校的过程。在全纳教育方面，全纳教育不仅仅关注残疾儿童、问题青少年等弱势群体，还关注每一名儿童都能享有高质量的教育。20世纪90年代以来，英国把全纳教育理念作为其基础教育政策的根本价值追求，着力于提高每一所学校的教育质量，确保每一名学生都享受到均等化的基本公共教育服务。1997年，新工党开始执政，提出要通过普及教育实现全纳社会。新工党发布了《追求卓越的学校教育》（Excellence in School），表明教育改革要注重绝大多数学生而非少数学生，将教育薄弱地区和学校作为改革突破口。1998年实施的确保开端计划（Sure Start），目的是给弱势和少数民族学生提供更广泛而优质的公共教育服务，为每个儿童提供早期教育和公平的起点。2003年，政府发布《每个孩子都重要：为了孩子的变化》（Every Child Matters：

---

[1]　《6400亿英镑投入，英国基础设施重建吸引全球投资瞩目》，中国工程机械商贸网，2021年1月22日，https：//news.21-sun.com/detail/2021/01/202101221135405.shtml。

[2]　张华：《中国城镇化进程中城乡基本公共服务均等化研究》，辽宁大学博士学位论文，2018年，第103~104页。

Change for Children）提出了儿童发展的五个目标：一是确保每个孩子身心健康；二是保证孩子的安全；三是让每个孩子都有幸福感并有所收获；四是要让孩子参与社会活动中去，并为社会做出积极贡献；五是要培养孩子独立生活的能力①。2007 年，政府颁布《儿童计划：建设更美好的未来》（The Children's plan：Building Brighter Futures），专门提出要为残疾儿童设施建设和杜绝青少年反社会行为提供经费支持。2009 年发布的《新机遇：未来机会均等》（New Opportunities：Fair Chances for the children）提出要为每个孩子的学习和生活提供安全、健康、快乐的环境和终身成功的教育机会，开发每个孩子的潜能。同年，《你的孩子，你的学校，我们的未来：建设 21 世纪学校系统》（Your Child，Your schools，Our future：Building a 21st Century Schools System）提出要缩小区域间、学校间的教育质量差距，更加关注弱势群体，"采取适应学生需要的方式进行教学并使学生不断进步，增进学生的幸福和健康，并有机会表达自己的观点"。

在致力于打造优质学校方面，英国制定了多项学校政策。《2002 年教育法》规定任何一所学校都有可能成为重要政府直接拨款学校（Grant-maintained School），也有可能成为特色学校（Specialist School），目的是确保每所学校都能成为优质学校。《你的孩子，你的学校，我们的未来：建设 21 世纪学校系统》（Your Child，Your schools，Our future：Building a 21st Century Schools System）提出在 21 世纪确保每个学生都能进入行为良好、纪律严格、有秩序且安全的学校。2010 年，针对私立学校和公立学校的教育质量差距严重、社会团体办学自主权受限等问题，英国政府开始实行自由学校教育政策，旨在帮助不断下滑的英国基础教育重新回到世界前列。自由学校也可以算作"免费"学校，不收学费，受政府资助。该类学校是由家长、老师、企业、组织、大学等向教育部申请经费建立，为响应地方或组织要求而建，所以具有较高的自由性，并且不受地方政府的直接管辖，不受国家课程标准的约束，可以自由招募教职员工，甚至可以改变教学日程。另外，英国教育标准局（Office for Standards in Education，Children's Services and Skills，Ofsted）会对所有的公立学校和部分私立学校进行检查测评，并把学校分为优秀（Out-

---

① 杨香涛：《浅谈英国科学课程教学中的体验式学习》，载《课程教学研究》2019 年第 3 期，第 90 页。

standing)、良好（Good）、需要改进（Required Improvement）和不合格（Inadequate）。评级结果会直接影响学校的规模和声誉。

11.6.2.5 英国公共医疗服务均等化举措与实践

英国拥有世界上最悠久、最健全的国民医疗健康保障系统，至今已有一百多年的历史。1948年，英国颁布《国家卫生服务法》，实施国民健康保险制度，全体国民都可加入健康保险服务，只要住在英国的人，不需要取得保险资格，就可免费或低价享受医疗卫生服务。2000年7月，英国政府公布了全国医疗五年改革计划。其目的是大幅度缩短病人等候就医的时间，建立一套便利病人的医疗服务体系。同时，还大力推行"社区社会保护"计划，使医疗保障能够提供更好的服务[①]。

英国国家医疗服务体系（National Health Service，NHS）是世界上为数不多的国民免费医疗服务之一，为全国居民提供免费或低价的医疗服务，包括住院、门诊、牙科、眼科、药品等。在基本医疗设施上，2018年英国约有15万张的医院床位，较1988年减少了一半，英国的床位数已经十分低，每千人拥有2.6个床位。在医护人员方面，英国国民医疗服务体系雇佣了100多万名全职（full-time equivalent，FTE）员工（不包括为全科医生工作的人员），但国民医疗服务体系内护理人员仍然相当短缺。据英国健康教育部门估计，截至2015年3月，护理人员的缺口约为8.9%，预计至2020年这一比例将上升至11.4%[②]。

英国国家医疗服务体系有两大特色，一是实行分级诊疗。国民医疗服务体系具体由国家卫生健康局负责，包括两个层级的医疗体系。第一层级为初级医疗，通常以社区为主，通常由全科医生在社区驻诊提供医疗保健服务。病人90%以上的问题都在全科医生这里得到处理[③]。即使全科医生确认需要将病人转诊以接受进一步治疗，治疗结束后，病人通常也会再次被转回到自己的全科医生处，由全科医生评估具体的病情发展。第二层级是医院服务，由国家卫生健康局负责，各科的专科医师会接手社区所转介的病人，那些重

[①] 张华：《中国城镇化进程中城乡基本公共服务均等化研究》，辽宁大学博士学位论文，2018年，第104页。

[②] 淦宇杰：《新冠疫情之下的英国国民医疗服务体系：历史、应对和演化》，北京大学公共治理研究所，2021年4月2日，http://www.ggzl.pku.edu.cn/info/1111/1905.htm。

[③] 王广坤：《全科医生：英国医疗服务与公共卫生管理的守门员》，澎湃新闻，2020年3月20日，https://www.thepaper.cn/newsDetail_forward_6551332。

大的意外事故及急诊者将由他们来处理。二是由中央政府负担税收筹措资金。在资金来源上，国民医疗服务体系资金的约80%来自一般税收，18%为国家保险，2%来自病人。在资金使用上，筹集的资金60%被用于支付雇员工资，另外20%的预算用于药品和其他物品，其余20%的预算则用于建筑物、设备、培训费用、医疗设备、餐饮和清洁[①]。

11.6.2.6 英国养老服务均等化举措与实践

英国的养老金制度经过百年的发展，经历了如下四个阶段[②]。

第一阶段（1908~1924年），此阶段实行的是免费养老金制度。在此阶段，英国政府对特定人群（70周岁以上且年收入低于21英镑的老人）每周免费发放25便士的补贴，此时的免费发放带有社会救济的性质。

第二阶段（1925~1958年），此阶段实行的是缴费型养老金制度。1925年颁布的《寡妇、孤儿和老年人纳款性养老金法案》确立了养老金缴费领取的性质。此后，养老金的覆盖范围逐渐扩大，保障水平逐渐提高。在这一阶段，英国基本形成了覆盖范围较广的养老金体系。

第三阶段（1959~2016年），养老金私有化改革开启，多层次养老金体系逐渐形成。1959年，国家分级养老金计划开始实施，收入高者可以通过"多缴多得"的分级方案，在退休后获得更多的养老金。之后，随着养老金私有化的不断发展，英国养老金制度形成了国家养老金、雇主职业年金及个人养老金三大支柱。

第四阶段（2016年至今），英国国家基本养老保障政策进一步明确，多层次养老金体系稳步发展。2016年，英国国家养老金体系经历了一次重大变革，由原来的国家分级养老金计划逐步转变为只负责基本保障水平的新国家养老金计划，即不再提供"多缴多得"的国家养老金计划，所有居民的国家养老金金额只与缴纳国民保险的年限有关，并且大幅提高了国家基本养老金的水平。这一转变使得英国国家养老金体系简单明了，目的明确，只负责保障居民的退休后的基本生活，将更多的责任赋予了雇主职业年金和个人养老金计划。

英国的养老金体系包括国家养老金、职业年金以及个人养老金三大支柱。

[①] 《新冠疫情之下的英国国民医疗服务体系：历史、应对和演化》，北京大学公共治理研究所，2021年4月2日，http://www.ggzl.pku.edu.cn/info/1111/1905.htm。

[②] 王婷：《英国的养老金制度及其对我国的启示》，载《新西部》2019年第18期，第167页。

第11章 推进基本公共服务均等化促进城乡融合发展

第一，国家养老金主要来源于工作人群所支付的国民保险，其支付标准根据个人年龄和缴费记录而调整。只有缴费年份达到规定的人，才能领取英国国家养老金。国家养老金实行的是基本保障，保障水平相对较低。英国2020年度的标准金额为175.2英镑一周，约为英国收入中位数的三分之一，是OECD国家中的较低标准[1]。此外，国家养老金正在不断扩大养老覆盖面，面向低收入和最低工资人群的国家养老金储户。预计到2030年，超过80%的人群都能收到全额的国家养老金，并会进一步提升男女平等程度。

第二，英国的职业年金制度采取的是自愿参与模式。职业年金的费用由雇主、雇员和政府共同承担。截至2019年，参与职业年金的人数为1923万人[2]，占英国总人口的28.8%。

第三，个人养老金制度主要面向富裕人群或自谋职业者，通过从保险公司等金融机构购买金融产品得以实现。政府通过减免税、推动国家职业储蓄信托等方式鼓励参保和投资。

11.6.3 澳大利亚基本公共服务均等化

11.6.3.1 澳大利亚基本公共服务历史沿革

澳大利亚是一个联邦制国家，其政府分为联邦、州和地方三个级别。为了与政府分级管理相适应，澳大利亚实行典型的分税、分级财政管理体制。澳大利亚财政收入的90%来自税收，其中70%由联邦政府贡献，余下30%的税收来自州和地方政府。因此，澳大利亚州政府在很大程度上依赖中央政府的拨款来履行其支出义务。这种高度集中的财政体制为中央政府利用财政转移支付来均等化公共服务提供了重要基础。

澳大利亚的公共服务制度可以追溯到20世纪初。1908年，澳大利亚政府通过了"老年金法"，这是澳大利亚历史上第一个全国性的社会保障法案。这项法案规定，任何在澳大利亚居住并年满65岁的人都有权获得政府提供的养老金。这项政策对于当时的澳大利亚社会来说是一项重大的变革，因为它为退休老年人提供了保障。随着时间的推移，澳大利亚的公共服务供给得到

---

[1] 于涛、肖雨晴：《英国养老金体系改革的经验与借鉴》，载《中国物价》2022年第6期，第81页。

[2] Office for National Statistics. UK pension surveys: redevelopment and 2019 results, Office for National Statistics, 2020-06-29, https://www.ons.gov.uk/releases/ukpensionsurveysredevelopmentand2019results.

了不断完善和扩展。20世纪30年代，澳大利亚政府实施了失业保险计划，为失业者提供了一定程度的保障。20世纪40年代，政府又推出了儿童津贴政策，为有子女的家庭提供了经济援助。20世纪50年代，澳大利亚政府进一步扩大了社会保障范围，实施了医疗保险计划和工伤保险计划，为澳大利亚公民提供了全面的医疗和工伤保障。此外，政府还通过住房补贴和其他福利计划帮助低收入家庭获得住房和其他基本需求。21世纪以来，澳大利亚政府不断加强社会保障制度的改革和完善。2009年，澳大利亚政府实施了全国性的"国民养老金"计划，将老年金和其他退休金计划整合为一个全国性的养老金计划。此外，政府还推出了许多其他计划，如残疾人津贴、家庭津贴和儿童保险计划等，为不同人群提供了不同的保障和福利。

11.6.3.2 澳大利亚基本公共服务均等化的财政管理

澳大利亚的财政管理制度是由联邦政府、各州和地区政府共同管理，注重联邦政府、各州和地区政府之间的合作与协调，以实现国家经济和社会发展的共同目标。具体包括以下三个方面：

第一，澳大利亚政府建立了均等化的转移支付制度。澳大利亚的财政均衡并不是指个人之间的公平，也不是确保不同州居民获得相同的服务水平，而是指各州财政能力的均等化。尽管各州政府有能力提供相应的公共产品，然而由于它们的财政收入有限，因此联邦政府的转移支付制度对于实现财政均衡显得尤为重要。澳大利亚政府会科学而全面地评估各州的财政能力和支出需求，并根据计算结果来确定转移支付的额度。联邦政府的财政收入约有50%以转移支付的形式向各州提供支持，这一模式也被其他国家所借鉴[①]。

第二，各州和地方政府获得相应资金后，再进行二次分配，其中"增量资金"专门用于对弱势群体的资助。"增量资金"主要包括四类：一是经常性供资——向州和地方政府进行拨款，然后通过州和地方政府分三期向民营学校进行拨款；二是为残疾学生提供额外资金；三是土著寄宿倡议——在规定情况下向北方领地、昆士兰州、西澳大利亚州和维多利亚州的合格民营学校提供资助补贴；四是特殊情况经费（短期紧急援助）——在特定情况下，向民营学校提供援助[②]。

---

① 艾丽：《中国公共服务均等化研究》，武汉大学博士论文，2012年，第28~29页。
② 马健生、刘红霞、刘云华：《澳大利亚基础教育改革发展新动向：举措、特点和问题》，载《比较教育学报》2022年第5期，第39页。

第三,澳大利亚政府建立了严格的财政问责制度。为克服信息不对称以及成本较高等问题,政府内部实行了分权和提高透明度的改革,进一步强化了财政问责制度。其主要做法具体包括:一是联邦政府每年都会发布一份财政预算,其中列出了政府的开支和收入计划。政府需要对预算的执行情况进行公开透明的报告,并接受审计机构的审计。二是联邦政府、各州、地区政府都需要向公众和议会提供财政报告,详细说明其支出、收入和借贷情况。三是各个独立的财政监管机构,如澳大利亚国库、澳大利亚税务局、澳大利亚审计局等,负责监督和管理政府的财政活动,确保政府合法、透明和高效地运作。四是澳大利亚政府鼓励公众参与和监督政府的财政活动。政府会通过官方网站和其他渠道公开财政信息,并定期举行公众听证会、磋商会等,让公众和利益相关方能够表达意见和建议。

11.6.3.3 澳大利亚基础设施服务均等化举措与实践

澳大利亚是一个以农业为主的经济体,因此政府一直致力于农村基础设施的建设和投入。自二战以后,联邦和各州政府开始注重公路建设,并将其延伸至农村地区。在农村电气化改造方面,澳大利亚自1950年起就将农村电气化列为农村地区发展规划和资源配置的重要方面。政府一直通过补助农村电网的方式,促进农村电气化进程。在农村水利设施建设方面,政府通过修建水利工程等措施,建成了农业综合灌溉系统,这些系统包括合理的节水灌溉工程系统、科学的灌溉制度和作物管理技术。同时,政府注意加强水资源管理,推行节水系统,对发展旱作及节水农业给予一定的补贴和扶持,并运用价格杠杆促进节约用水。在农村电信设施建设方面,政府于2007年制定了农村电信覆盖计划,现在宽带互联网服务已覆盖99%的村庄。随着城市和农村的融合,道路、供水、煤气、电力管网的居民住房覆盖率已基本达到100%,除少数地区的居民需要自建生活污水处理设施外,95%以上的居民生活污水纳入管网统一处理。到21世纪初,澳大利亚已成为农业机械化和信息化高度发达的国家,通过节约劳动力来提高劳动生产率[①]。

11.6.3.4 澳大利亚教育服务均等化举措与实践

澳大利亚教育管理主要由联邦政府、州和领地政府、学校委员会和学校

---

① 樊丽明、郭健:《城乡基本公共服务均等化的国际比较:进程与经验》,载《中央财经大学学报》2012年第7期,第2页。

校董会等多个层级负责,其中联邦教育部门负责制定教育政策和制度,协调国家级教育计划,提供联邦层面的资金和资源支持,并监督学生和教师的注册和质量标准;州和领地教育部门负责制定和实施当地的教育政策和计划,包括学校课程、教学标准、考试和评估等,同时监管学校和教师的工作和表现;学校委员会是学校管理和决策的主要机构,由教师、家长、学生和其他社区成员组成,负责制定和实施学校政策和计划,包括学校课程、财务管理、设施维护等;学校校董会是学校管理的最高层级,由学校管理人员、当地州长代表、教师代表、学生代表、教育研究咨询委员会正副主席和其他机构观察员组成,负责管理和领导学校的日常事务和决策。多个层级的教育体系为教育服务均等化共同做出贡献,具体表现为提高教育质量、促进教育机会均等、缩小教育差距、改善教育资源分配、支持弱势群体等。

具体来说,澳大利亚教育服务均等化的举措与实践主要包括促进教育公平和教育质量提升两个方面。

第一,澳大利亚联邦政府对土著学生、残疾学生等弱势群体学生提供了相应的支持。对土著学生的支持上,2016年,澳大利亚政府开始实施互联互通计划(Connected Beginnings)。该计划通过将儿童保育、妇幼保健和家庭支持相结合,为选定的处于弱势地位的土著居民提供帮助。另外,澳大利亚政府于2018年、2019年、2020年分别签署了《国家学校改革协议》(the National School Reform Agreement)、《爱丽斯泉教育宣言》(Alice Spring Mparntwe Declaration),《缩小差距协议》(National Agreement on Closing the Gap),改革的重要目标之一就是缩小土著学生与非土著学生之间的学业成就差距,即缩小土著与非土著学生之间的读、写、算方面的学业表现差距、入学率差距和12年教育完成率三方面的差距,从而达到提升学校表现的目的[1]。

针对残疾学生,2016年,澳大利亚开始实施"全纳支持计划"(Inclusion Support Programme,ISP)。该计划旨在帮助有额外需求,包括残疾(或正在接受残疾评估的)儿童,以及来自文化和语言多样化家庭、土著、难民或人道主义干预背景的儿童享受到主流的儿童保育服务。澳大利亚联邦政府在2014~2017年一共向残疾学生投入了53亿澳元,这是第一次澳大利亚政

---

[1] 马健生、刘红霞、刘云华:《澳大利亚基础教育改革发展新动向:举措、特点和问题》,载《比较教育学报》2022年第5期,第36页。

府在残疾学生群体中投入如此多的经费，2016年和2017年分别投入了14亿澳元和15亿澳元。在2016年的预算中，澳大利亚联邦政府提供额外的11820万澳元给学校，以支持2016~2017学年残疾学生的教育[①]。

第二，在提高学校教育质量方面，澳大利亚实施了一揽子计划[②]。澳大利亚政府近年来致力于提高学生的学业水平，以"学生优先"的指导原则为基础，推出了"学生优先"改革计划，该计划专注于四个领域，即高质量教学、家长参与、学校自主权和国家课程的完善。该计划的核心目标是提高澳大利亚学校的教育质量和学生的学业水平。

在高质量教学方面，澳大利亚政府将提升师资队伍和教学质量作为提高基础教育质量的首要目标。为此，政府发布了《立即行动：为课堂做好准备的教师》报告，旨在改善师范教育质量保证体系，设立严格透明的遴选过程，确保理论和实践相融合，采用多元化的评估机制，创建教师教育国家研究基地等。

在家长参与方面，政府启动了"学习潜能资源网站"（Learning Potential Resources），有效引导家长参与孩子的教育活动，并成立家长组织，参与学校的日常决策和组织运作，充分发挥家长作为孩子教育过程中利益攸关者的作用。

在增强学校自治方面，政府开启了"独立公立学校计划"（Independent Public Schools，IPS），为公立学校提供了更多决策权，鼓励学校和家长以及当地社区之间进行更加紧密的联系。该计划于2017年6月结束后，政府继续致力于推进学校领导专业自主权领域的工作。

最后，在完善课程体系方面，政府重点打造了STEM学科课程，着重开发语言课程，以确保所有学生都具备在全球市场上取得成功和竞争所需的知识和技能。

11.6.3.5 澳大利亚公共医疗服务均等化举措与实践

澳大利亚公共医疗服务包括公私混合系统、三级医疗服务体系等。

第一，澳大利亚经过70多年的发展，形成了由公共系统与私人资金服务

---

① 蔡娟：《新世纪以来澳大利亚学校改进的举措与挑战》，载《外国中小学教育》2018年第2期，第4页。
② 马健生、刘红霞、刘云华：《澳大利亚基础教育改革发展新动向：举措、特点和问题》，载《比较教育学报》2022年第5期，第38页。

一起运作的"混合系统"。1946年以来，澳大利亚陆续颁布了《药物福利法》（1947）和《国家卫生部法案》（1948），以提供免费医疗服务为目标。1953年，澳大利亚实施了《国家卫生法》，规定政府直接为贫困人口提供医疗保障服务。1975年，澳大利亚通过《健康保险法》，规定有能力负担医疗保险费的公民应按收入比例分摊费用，享有公立医院和社区诊所的免费治疗。然而，自由党在1976年上台后开始征收"全民医疗保险附加费"，并提出只有最需要的人才能享受福利的观点，导致全民医疗制度变得虚假。直到1983年工党霍克政府执政后，相关制度操作细则才得以明确，1984年10月1日正式实施了《全民医疗保险法》。73年的努力使得澳大利亚成功建立了覆盖面广且相对完善的全民医疗保险制度。这种医疗保险制度为所有公民提供医疗服务保险，允许公民享受公立医院的免费服务，并鼓励自愿购买私人医疗保险，联邦政府还提供30%的补助，形成了以Medicare公共保险为主、私人医疗保险为辅的医疗保险模式[①]。

在公共医疗保险方面，澳大利亚建立了覆盖全民的国民医疗照顾制度（简称Medicare），包括强制实施的国民医疗津贴计划（Medical Benefits Scheme，MBS）和药品津贴计划（Pharmaceutical Benefits Scheme，PBS）等。国民医疗津贴计划实现了全民医疗，药品津贴计划让大多数处方药物都属于补助范围。值得一提的是，澳大利亚政府为全民医疗保险（Medicare）设立了"安全网"，一旦病人个人支付的费用达到临界值（对于拥有医疗优惠卡的低收入家庭，其达到安全网的临界值是668.10澳元，对于其他病人则是2093.3澳元），病人将获得其自付费用80%的额外补贴。此外，医生收取超过Medicare收费标准以上的费用与报销标准之间的差额不能超过一定的限额。对于药品购买费用的规定是，在一年内，病人购买PBS目录内的药品支出超过了临界值就有资格获得额外补贴。2018年，一般病人临界值为1521.8澳元，优惠卡持有者临界值为384澳元，一般病人每个处方需付费39.5澳元，优惠卡持有者只需付6.4澳元[②]。

在私人医疗保险方面，联邦政府在1997年开始实施"商业医疗保险激励

[①] 樊丽明、郭健：《城乡基本公共服务均等化的国际比较：进程与经验》，载《中央财经大学学报》2012年第7期，第4页。

[②] 《关于澳大利亚医疗卫生系统你知道多少？》，搜狐网，2019年6月28日，https：//www.sohu.com/a/323664575_775299。

第 11 章　推进基本公共服务均等化促进城乡融合发展

计划"：政府通过减少个人所得税的方式，对所有购买商业医疗保险的个人或家庭给予所交保费30%的补贴。1999年，联邦政府规定：凡是在30岁后才购买商业医疗保险的人，其保费每年递增2%。如果投保期超过10年，则不再适用这一规定。2005年，联邦政府对65岁及以上的人群又放宽了补贴金额：政府对65~69岁人群的商业医疗保险保费给予35%的补贴，70岁以上人群给予40%的补贴。1999年，联邦政府推出了"终身医疗保险计划"，旨在寻求公立和私立卫生系统的协调发展，让人们拥有选择特需和个性化医疗服务的机会[1]。

第二，澳大利亚已经构建了三级医疗服务体系。第一级是初级（全科）医疗系统，主要由社区全科医生（GP）提供服务。全科医生也被称为家庭医生，被视为卫生保健系统中的"守门人"，全科医生提供的服务包括普通疾病的问诊、体检、咨询、处方、治疗、小手术、避孕、转诊、计划免疫等。他们通常自己经营私人诊所。第二级是专科医疗服务系统，专科医疗服务是指由私人专科医生或者医院提供的专科服务，是医疗卫生系统中重要组成部分。高年资的专科医生通常开设私人诊所，同时又在公立医院和私立医院工作，有些还担任医学院校的教学职务。看专科医生通常需要预约，患者有时需要等候较长时间。第三级是公立医院服务系统，公立医院主要接收急诊或专科医生转诊的病人，提供急诊、门诊和住院治疗服务。主要承担疑难杂症和危急病人的救治，在医疗服务体系中起"兜底"作用。私立医院主要提供更多个性化服务，例如：病人可以选择医生和私人病房等。澳大利亚公立医院一般由州（领地）政府管理，并接受联邦政府和州（领地）政府的共同资助[2]。

值得一提的是，在澳大利亚的医疗保险制度中，城乡医疗保险服务的差别相对较小。其中，政府提供了超过80%的医疗保险服务，私人医疗保险筹资占10%~15%，居民自费比例仅占6%~7%[3]。然而，在全民医疗保险制

---

[1]《关于澳大利亚医疗卫生系统你知道多少？》，搜狐网，2019年6月28日，https：//www.sohu.com/a/323664575_775299。

[2]《关于澳大利亚医疗卫生系统你知道多少？》，搜狐网，2019年6月28日，https：//www.sohu.com/a/323664575_775299；刘向容：《分级诊疗政策实施效果实证分析》，上海交通大学硕士论文，2016年，第23页。

[3] Wilkinson D., Blue I., The new rural health, South Melboure：Oxford University Press, 2004：100.

度的建设过程中,为解决城乡之间医疗保障的不均衡,政府采取了多项政策措施。其中,1978年政府将初级卫生保健体系建设确立为农村卫生发展的重要方向和目标,采取了多种措施,例如依托综合性大学设立专门为农村培养医疗卫生专业人才的学校,建立较大规模的医院并由政府雇佣全科医生,举办社区卫生服务中心和老年护理院并提供其他卫生服务等。这些措施使得城乡医疗保障待遇差别大幅缩减,基本实现了城乡医疗卫生服务的均等化[①]。

11.6.3.6 澳大利亚养老服务均等化举措与实践

澳大利亚的养老金制度可以追溯到20世纪初。1908年,澳大利亚政府通过了"老年金法",这是澳大利亚历史上第一个全国性的社会保障法案。这项法案规定,任何在澳大利亚居住并年满65岁的人都有权获得政府提供的养老金。这项政策对于当时的澳大利亚社会来说是一项重大的变革,因为它为退休老年人提供了保障。此后,澳大利亚联邦政府陆续通过了《所得税评测法案》《国家保险法》《超级职业养老金保障法》等,不断完善养老金制度。2009年,澳大利亚政府实施了全国性的"国民养老金"计划,将老年金和其他退休金计划整合为一个全国性的养老金计划。

澳大利亚的养老金制度覆盖范围非常广,超过90%的澳大利亚人在退休后能够领取养老金,这对于保障老年人的生活质量和促进经济发展都有着积极的作用。澳大利亚的养老金制度是由三个支柱构成的。第一支柱是由联邦政府提供的养老金,称为老年人补贴金(Age Pension),适用于符合条件的65岁及以上的澳大利亚公民和永久居民。该养老金的资格和数额将根据申请人的收入、资产和居住状态等因素来确定。第二支柱是强制性的职业养老金计划,也称为超级基金(Superannuation),由雇主按照员工工资的9.5%缴纳,以供员工退休时领取。该计划的投资和管理受到政府的监管和保护。第三支柱是自愿的个人储蓄计划,也是超级基金的一种形式,以及自愿的职业养老金计划,它们可以帮助个人在退休时获得更多的收入。澳大利亚政府在努力完善养老金制度,提高养老金的数额和可持续性,以适应人口老龄化的趋势和社会的变化[②]。

---

① 樊丽明、郭健:《城乡基本公共服务均等化的国际比较:进程与经验》,载《中央财经大学学报》2012年第7期,第4页。
② 叶蕾:《澳大利亚养老金制度对中国的启示作用》,载《清华金融评论》2017年第1期,第54页。

11.6.4 日本基本公共服务均等化

11.6.4.1 日本基本公共服务历史沿革

日本是单一制国家，实行中央集中领导下的地方自治体制。地方政府分为都、道、府、县和市、町、村等级。其中，都、道、府、县是平行的一级行政区，直属中央政府，但各自都拥有自治权，目前共有47个，下设市、町、村。日本政府的事权严格限制于公共事务方面，许多事务都由地方政府和中央一起承担，如卫生、教育、交通、社会福利等。

日本位于亚欧大陆东端，属于亚洲，是一个四面临海的岛国。第二次世界大战以后，凭借朝鲜战争对物资的大量需求，日本经济进入复兴时期，1950~1970年期间工业化的加速发展，城市化水平不断提高，有大量的农村劳动力进入城市，农村农民收入增长相对缓慢，城乡差距拉大。针对此种状况，政府出台一系列政策，对农村地区投入大量资金，全力扶持农业经济发展，同时通过工业反哺农业，实现农业现代化，很快成为世界第二大经济强国。日本基本公共服务的供给及其均等化变迁也同样令人惊叹不已。日本的基本公共服务是从20世纪50年代中后期开始建设的。70年代，建立了比较完备的社会保障体系，基本实现全民覆盖。80年代中期，随着城乡经济的迅速发展，大量农村人口快速转化为城镇人口，为城乡基本公共服务均等化的发展带来了机遇和挑战。日本仿效英美国家进行新公共管理改革，基本公共服务逐渐实现了均等化，公共服务体系涵盖了基础设施、教育、医疗等方面。

11.6.4.2 日本基本公共服务均等化的财政管理

日本在战后的经济高速增长过程中，出现了地区发展差距不断扩大、收入分配不均等问题，不过由于日本政府实施的一系列均等化政策，日本经济社会始终没有偏离均衡发展的轨道。其中，"地方交付税"制度以及国库支付金制度在实现均等化目标方面发挥了尤为重要的作用。

地方交付税制度是日本于1954年建立的一种转移支付制度，旨在通过中央政府向地方政府交付一定金额的资金来保障地方的行政财源，实现地方自治并促进区域间的均衡发展。这一制度被誉为世界上最为完美和精确的"收支均衡型"转移支付制度。地方交付税的资金来源于国税（包括所得税、法人税、消费税、烟酒税等）的一定比例。地方交付税包括普通交付税和特别交付税，其计算过程具有严格的公式和步骤。地方政府获得的地方交付税收入可以自主支配。

国库支付金是一种政策性转移支付资金，用于实施中央政府的经济社会政策，其目的是保证各地公共服务的水平和质量。在 20 世纪中叶，日本中央政府下放了一些事权，但对于一些比较重要的事权，如社会保障、义务教育等，采用了中央和地方共同负责的机制。也就是说，基层政府负责处理具体事务，中央和地方各级政府按所负责任大小分担资金。国库支付金是以中央政府指定用途的形式支付的，地方政府对于使用不当的，可以停止拨付或要求退回所拨款项。与地方交付税不同的是，国库支付金作为中央本级支出，其监督管理需要由大藏省进行监督指导，由会计检察院进行审计。要求国库支付金的专款专用，并通过对申请报告内容真实性、资料真实性及支出进展、工程进度等进行调查、监督，以保证国库支付金的有效使用。国库支付金的使用对于支持地方加强基本公共服务供给具有重要的意义，也是中央政府保证各地公共服务水平和质量标准化的重要手段。

11.6.4.3 日本基础设施服务均等化举措与实践

日本农村基础设施的发展是与日本新农村建设运动同步进行的。从 1956 年开始，日本实行了农村工业化的政策。日本在其农村工业化过程中，国家制定了一系列的政策，通过财政支持，努力帮助其农村地区改善交通等基础设施，同时也在医疗、教育等方面为农村的发展提供支持，从而为日本的农村工业发展创造良好的发展环境。

1956～1962 年，日本开始实施第一次农村工业化计划，除了利用当地农民的资金和政府农业金融机构的贷款外，国家还采取了特殊补贴措施，提高了中央、都道府县和市町村三级政府的补贴水平，以支持基础设施建设。1967 年，日本政府颁布了"经济社会发展计划"，强调综合农业政策，将新农村建设置于农业经济发展和农村现代化的核心地位，不断深化农业生产和农民生活的基础设施建设，积极推动城乡发展平衡，被称为"第二次新农村建设"。自 20 世纪 90 年代以来，日本政府一直大力投资于农业基础设施建设，1998 年，农林水产省投资高达 10840 亿日元（约合 90 亿美元），用于加强农业生产和改善农村环境；1999 年，投资额增至 10910 亿日元。此外，用于改善农业结构的投资也在持续增加，1998 年为 370 亿日元，1999 年再增加

360亿日元①。日本农村基础设施建设的费用分摊和后期管理制度非常明确，通常根据项目的等级，在中央和地方政府甚至农户之间按比例分摊费用，并对项目建成后的管理作出相应规定。

11.6.4.4　日本教育服务均等化举措与实践

日本十分重视教育的作用，不仅实行由中央政府掌管的全民免费的义务教育，而且基础教育投资还呈几何倍数增长，1965~1973年，日本公共教育投资年均增长17.6%，超过了经济总量增速，这一举措即使日本的国民素质在短时期内得到明显提升，也为日本的工业化、城市化发展奠定了坚实基础。同时，日本政府为了实现教育的均等化，对农村的教育投入也十分重视。当时的日本农村，最好的建筑就是中小学校舍，不仅建筑牢固，而且操场也很大。自然灾害发生时，学校是日本人首选的避难所。此外，日本还在偏远地区的农村设立教育设施，为普及和发展农村教育提供优越的硬件条件，以保障偏远地区的基本教育供给。到20世纪80年代，高中阶段教育已在日本普及，40%的适龄农村青年直接跨进大学校园②。

具体而言，日本的教育服务均等化过程是推进义务教育普及化和标准化的过程。在义务教育普及上，日本义务教育普及率近乎100%。日本一直以来都非常重视教育。早在"明治维新"时期，他们就开始实行全民义务教育。这个时期，教育从过去象征身份的价值变为国民立身处世的途径。通过改革，他们做到了"邑无不学之户，家无不学之人"。到2000年，日本的9年制义务教育普及率接近100%。此外，日本还通过各项政策促进了义务教育普及化和教育公平。具体包括：第一，《日本国宪法》和《教育基本法》既为普及义务教育提供法律保障，又有力地保障了学生接受均等化的基本公共教育服务的权利。这两部法律不但规定了国家、地方采用奖学金等办法确保义务教育之后有能力的学习者不因家庭经济困难而失学，还提出要把帮助学习者，尤其是处境不利的学生享受到均等化的教育机会作为国家、社会团体和家庭应当履行的责任和义务。第二，《日本国宪法》第14条第1项规定，法律面前，所有国民平等；在政治、经济和社会生活中，不能因种族、信仰、性别、社会身份等因素而遭受歧视。第26条第1项规定，

---

① ［日］冈部守，章政译：《日本农业概论》，中国农业出版社2004年版，第174页。
② 张华：《中国城镇化进程中城乡基本公共服务均等化研究》，辽宁大学博士学位论文，2018年，第111页。

所有国民享有与其能力相应的平等地接受教育的权利，义务教育为免费教育。第三，1947年的《教育基本法》第3条规定，所有国民一律平等地享有与其能力相应的受教育机会。第四，2001年第36次修改后的《学校教育法》共九章和附则，提出义务教育阶段的教育目标是实施适合学生身心发展的教育①。

在教育标准化方面，日本强调执行平等而统一的教育教学要求。日本的儿童观强调每个孩子都有相同的潜力，这是一种普遍存在的现象。为了实现实际平等，日本采用了中央高度集权的管理模式来推进学校教育。学校的课程和教学内容都是统一的，包括文化学科、德育和特别活动，这些都是根据文部科学省发布的学习指导纲要确定的。规范化的课程设置为实现学校之间教学内容和教育质量的均等化提供了保障。除了规范化课程之外，日本的学校还提供了许多选修课程，以促进学生综合素质的均等发展。尽管日本的学校不开设奥林匹克班等特殊班级，然而在21世纪初，日本在诺贝尔奖自然科学领域的获奖人数位居世界第二，仅次于美国，其中包括9位物理学奖得主、7位化学奖得主和3位生理医学奖得主②。

这些举措也体现了日本的全纳教育理念，即教师在教育和评估过程中始终坚持平等原则。对待所有学生一视同仁，不进行排名或贴上标签。考试成绩仅作为评估教师教学效果的手段，学生个人信息不会公开，仅向学生本人通报。学生平等参与班级内的各项活动，不再存在任何形式的评优。

11.6.4.5 日本公共医疗服务均等化举措与实践

日本的公共医疗服务均等化主要体现在医疗保险制度的逐步建立与完善上。1922年，日本创立了医疗保险制度，但只适用于城市人口。1948年，日本修改了《国民健康保险法》，规定由市町村公营国民健康保险。20世纪50年代中期，日本相继实施了开征国民健康保险费、建立保险准备金贷款及安排国库经费专项补助等一系列措施，使国民健康保险制度得以建立。但是，到1955年末，大约1/3的人口仍未加入保险，其中近1000万人是低收入者③。为

---

① 杜晓敏：《全纳教育视野下的基本公共教育服务均等化研究》，华东师范大学博士学位论文，2016年，第72~73页。

② 《19年得19个诺贝尔奖，日本教育真的厉害？背后原因并不简单》，搜狐网，2020年8月29日，https://www.163.com/dy/article/FL7KB2P1053791LG.html。

③ 张靖卓：《我国公共服务均等化的区域差异研究》，天津商业大学硕士学位论文，2014年，第44页。

了解决这个问题，日本政府先把所有人纳入保险范围，实现全民保险之后政府再补贴，采取了较为公平灵活的做法。1958 年，日本国会通过新法，要求所有国民都必须强制参加国民健康保险，1959 年再次修订并颁布新的《国民健康保险法》，决定从 1961 年 4 月起在全国所有市町村全面实施，并要求全国的农民、个体经营者等无固定职业和收入者均必须强制加入这一医疗保险[①]。这样，日本用了 30 多年的时间，完成了从旧法到新法的转变，实现了医疗保险全覆盖，也成为继英国和挪威之后，世界上较早实现医疗保险全覆盖的国家。之后，日本建立了一个全面覆盖、标准收益、公平支付、效率相对较高的医疗服务体系。日本实行全民医保计划，每个年满 20 岁的日本国民都必须加入医疗保险体系，其中雇主医疗保险约占 62.8%[②]。诊疗费用与用药价格由国家统一制定，政府还经常根据物价因素等对诊疗项目及用药的价格进行调整。

在日本，医疗费用由三个组成部分构成：患者在接受医疗治疗时个人支付的费用、国民健康保险费以及国家和地方政府提供的医疗补贴。其中国民健康保险费会根据每家和每位居民的收入进行分摊，具体交付金额取决于个人所在地的医疗费用总额和收入水平。医疗保险费用包括雇主代表员工缴纳的保险费（SHI）、保险持有者缴纳的保险费以及地方和中央政府的补贴。目前，日本医疗保险费率大约是工资收入的 8%。只有通过医疗保险组织审核批准的医院和诊所才能为被保险者提供医疗服务。这些医疗机构会定期将医疗账单提交给医疗保险部门，并由医疗费用支付基金会和国民健康保险团体联合会（第三方机构）代表医疗保险部门进行审查和支付，以确保支付过程不会浪费资源。需要注意的是，除了儿童和老年人外，公共医疗保险的自付比例为 30%。3 岁以下的儿童自付比例为 0%，70~74 岁的老年人自付比例为 20%，75 岁以上的老年人自付比例为 10%[③]。

日本的基层医疗服务主要由私立非营利性专科诊所提供。基层的专科

---

① 李锋清：《战后日本农村医疗保险的发展及其启示》，载《日本研究》2009 年第 2 期，第 56 页。
② 孟力等：《透视健康服务业》，载《天津经济》2013 年第 11 期，第 26 页。
③ 《日本的医疗保险与国内比一比》，搜狐网，2018 年 4 月 19 日，https：//www.sohu.com/a/228777231_612369。

承担了普通疾病的诊断需求,如果诊所觉得病人需要做进一步的精密检查或手术,诊所医生会给病人开具介绍信转去大医院治疗和动手术。在初级医疗系统中,约 1/3 的医生在专科诊所工作,其余 2/3 的医生则自行创业,创业形式通常是一名医生配合十几名护士。2011 年日本诊所全职员工配置平均为 7.2 人,其中包括 1.2 个医生、1.8 个护士和 2.1 个前台。从医院构成上看,2013 年日本 15% 的医院由中央政府或地方政府举办,其余的医院均为私立非营利性医院。从床位数量上看,20% 的床位属于公立医院,80% 的床位属于私立非营利性医院[①]。需要指出的是,日本的私立非营利性医院也接受政府各种津贴补助,患者医疗支付也在公共医保资金支付的范围内,所以私立非营利性医院被看作是公共医疗的一部分。非营利性医院的结余资金被视为公共资金,不能私自处理,必须全部用于医院发展。

在日本政府的努力下,日本在世界卫生组织的《世界健康报告》(World Health Report)中因为"高品质的医疗服务"和"医疗负担的平等程度","国民平均寿命高"等原因,蝉联第一位。

11.6.4.6 日本养老服务均等化举措与实践

日本的养老金统称为年金,养老金保险制度设立于 1959 年。日本政府在 1961 年实施的《国民年金法》中确定了国家年金制度,并在当年实现了养老保险全覆盖。该国民养老金制度规定 20 岁以上的国民均有义务加入基础养老金,分别由政府和被保人负担相应资金,两者比例是 1∶2。之后 1985 年先后通过了《厚生年金法》和《共济年金法》,初步形成二层公共养老金体制。第一层是国民年金,即基础性养老保险,由全体国民强制性参加。第二层是厚生年金和共济年金,与收入有关。1991 年日本政府成立国民年金基金,1999 年对养老保障体系进行改革。改革后的日本养老金制度分为三大支柱体系。

日本养老金制度分为三大支柱体系,分别是第一支柱的国民年金、厚生年金和共济年金、第二支柱的多类型雇主养老金计划、第三支柱的个人养老金计划。

---

① 《为什么说日本医疗体系是个好榜样》,虎嗅网,2016 年 3 月 9 日,https://www.huxiu.com/article/141205.html。

第 11 章　推进基本公共服务均等化促进城乡融合发展

日本的第一支柱年金包括国民年金、厚生年金和共济年金。第一，满足 20 岁以上未满 60 岁的日本居民均有义务加入国民年金，参保者每月向国民年金缴纳约 15000 日元的保费，日本居民平均每月可领取约 55000 日元的养老金。日本约有 6800 万人参与国民年金，占全国人口的 54.4%。第二，厚生年金主要是针对企业雇员参与的养老金计划，并且每一个企业雇员都有义务参加，其保费由企业雇主和雇员各承担一半。第三，共济年金主要是针对公务员参与的养老金计划，并且每一名公务员都有义务参加，其保费由国家和公务员个人各承担一半。此外，考虑到日本有大量配偶没有工作，其保费由加入厚生年金或共济年金的配偶来承担。

第二支柱的日本年金是一种多种类型的雇主养老金计划，主要包括收费确定模式（DB）、缴费确定模式（DC）、一次性退职金模式（LSSB）以及中小企业退休金共济模式（Chutaikyo）等。日本在 2001 年以前，主要采用收费确定模式，2001 年之后开始向缴费确定模式过渡。一次性退职金模式是由企业为员工缴纳的类似薪酬递延支付的计划，员工无须额外自行缴纳，由专业机构进行管理，目前 80% 的日本企业正在使用该计划。中小企业退休金共济模式主要针对中小企业雇员，由雇主负责缴纳，专业机构进行管理[1]。

第三支柱的个人养老金计划包括个人型定额供款养老金计划（Individual-Type Defined Contribution，iDeCo）和个人储蓄账户计划（Nippon Individual Savings Account，NISA）。个人型定额供款养老金计划是以日本国家养老基金联合会为主体实施的个人养老金计划，采用缴费阶段和投资阶段不征税、领取阶段征税的 EET（Exempting-Exempting-Taxing）税收优惠模式。个人储蓄账户计划是一种享受税收减免的账户系统，账户内可投资储蓄和基金，并设有自购买之日起 20 年内不征税的政策。该计划本质是具有税收优惠的储蓄账户，以高额的税费减免额度在日本广受民众的支持与欢迎，大大提升了日本民众养老储蓄累积效果与效率[2]。

值得一提的是，2000 年，日本针对日益老龄化的社会问题，引入了长期护理保险。这项保险是强制性的，覆盖了 65 岁及以上的老年人以及 40~64

---

[1] 巴蕾：《中英美日四国三支柱养老金体系对比浅析》，载《新理财》2022 年第 9 期，第 30 页。
[2] 张译文：《日本第三支柱养老金税收政策经验与借鉴》，载《税务研究》2023 年第 8 期，第 98 页。

岁的失能老年人。护理服务范围广泛，包括家庭护理、短期看护、上门服务和各种辅助设施，这些设施也在公共保险的支付范围内。大多数提供家庭护理服务的机构为私立机构，其中62.6%为私立营利性机构，36.4%为私立非营利性机构，0.4%由政府管理。长期护理保险不允许覆盖私立营利性机构提供的服务。筹资方面，一半来自保费，一半来自税收。40岁以上的人都需要缴纳保费，65岁及以上的老年人的保费根据其收入来决定。日本的雇主和雇员共同分担长期护理保险费，承担比例为5∶5，此外，居民的长期护理保险自付比例为10%，日本根据收入情况设定了自付总额的上限①。

11.6.5　美、英、澳、日四国基本公共服务供给经验借鉴

11.6.5.1　美、英、澳、日四国基本公共服务供给模式

在公共服务供给方面，美国、英国、澳大利亚、日本都是各级政府共同提供公共服务，但运作模式各不相同。具体如表11-21所示。美国公共服务的运作模式是联邦政府引导，州政府、地方政府主导，地方政府在公共服务的供给上有较大自主权，实行的是政府引导下的多元供给模式。除了政府，供给公共服务的主体还包括：一是农学专业学校。19世纪后期，赠地学院在美国农村快速发展中扮演了重要角色。这些学院是由国会指定的高等教育机构，要求各州凡有国会议员一名就拨联邦土地3万英亩，用于开创有关农业和机械技艺方面的专业学院，培养农业发展所需的职业技能人才。这些学院后来多数发展为州立大学。二是私有企业。一些企业通过大量投资农业科技推广等方式参与公共服务供给。规模较大的农场主也会通过修建农场道路、采用农业新技术等经营措施，在一定程度上提供农村公共服务。此外，还有一些私人企业在农业保险领域提供保障。三是社区性质的公共服务团体。一些农民组织起来，提供满足本社区需要的公共服务，比如在社区内提供仓储设施、修建道路、提供农业信息等，成为不可或缺的公共服务供给者②。

---

① 《为什么说日本医疗体系是个好榜样》，虎嗅网，2016年3月9日，https://www.huxiu.com/article/141205.html。

② 张华：《中国城镇化进程中城乡基本公共服务均等化研究》，辽宁大学博士学位论文，2018年，第108页。

表 11-21　　美国、英国、澳大利亚、日本公共服务供给比

国家	公共服务供给方	公共服务供给模式
美国	联邦政府、州政府、地方政府	联邦政府引导，州政府、地方政府主导
英国	中央政府、地方政府	中央政府既对地方政府进行管理和监督，也集中提供公共服务
澳大利亚	中央政府、州政府、领地政府	协作分工、共同提供
日本	中央政府、地方政府	中央集权为主，地方自治与分权为辅

英国公共服务的供给模式是中央集权，中央政府既对地方政府进行管理和监督，也集中提供公共服务。但英国最开始是以放任型的自由市场经济模式为主导提供公共服务，以政府为主导始于"二战"结束后。"二战"后，英国政府开始对公共服务进行直接主导，政府不但对公共服务进行规划与管理，而且通过控制在手中的大量资源，直接向公共服务对象提供服务。

澳大利亚公共服务的供给模式是协作分工、共同提供。在澳大利亚，中央政府（即联邦政府）和六个州政府及两个领地政府共同对公共服务进行管理。联邦政府主要负责国防、外交、经济管理、移民、税收、社会保障等方面的事务，而州政府则主要负责教育、卫生、交通、警察等方面的事务。联邦政府和州政府都有各自的立法机关、行政机关和司法机关，各自独立运作，但在某些领域需要合作和协调。

日本公共服务的供给模式以中央集权为主，地方自治与分权为辅。中央政府在日本政府体系中具有相当大的权力和控制力。日本的地方政府和地方自治机构在政治上和财政上都受到中央政府的相对控制和监督。但是，在实际公共服务的供给与管理中，日本政府也允许一些地方采取自治和分权措施，以适应地方的实际情况和需求。

11.6.5.2　美、英、澳、日四国基本公共服务均等化国别经验

基于上述关于基本公共服务均等化的国别实践，可以得出六个方面经验启示。第一，公共服务均等化进程要与经济发展阶段相适应。经济发展水平为公共服务均等化提供源头活水。公共服务均等化的实践举措需要根据本国国情、经济发展水平、社会结构状况、政治经济体制特点等因素进行科学调整。发达国家通过不断的公共服务改革，公共服务体系不断完善，

形成了包括公共教育体系、公共医疗卫生体系、公共就业服务体系、社会保障体系、公共住房体系、公共科技和公共文化体系、公共安全体系、环境保护体系、公共基础设施体系在内的完善的公共服务体系，财政在这些公共服务上的支出占比较高。以财政教育支出占各国 GDP 的比重为例，2020 年，中国公共财政教育支出占 GDP 仅 4.22% 和美国 6.0%、澳大利亚 6%、英国的 4.6% 相比，仍有一定增长空间①②。教育部财务司司长郭鹏在 2022 年指出，我国国家财政性教育支出占 GDP 比例近十年的平均数是 4.13%，与世界平均 4.3% 和 OECD 国家平均 4.9% 的水平相比还有一定差距③。基于此，我们可以看到，我国仍然是世界上最大的发展中国家，社会生产力总体水平仍不高，政府财力有限，城乡区域差异较大。因此，一方面公共服务体系建设必须始终坚持尽力而为、量力而行的原则，厘清社会事业各领域基本和非基本公共服务的边界，确保把有限的资源用到广大人民群众最急需、最困难、最迫切的领域。另一方面基本公共服务均等化要根据循序渐进的原则，与我国经济发展相匹配，可以先考虑以解决弱势群体的最基本保障为标准。

  第二，正确处理中央与地方财权与事权的关系是实现公共服务均等化的必要条件。实现公共服务均等化的前提是有效且合理的财政转移支付制度。美国、英国、澳大利亚、日本这些实施财政转移支付的国家，都是通过法律规定中央与地方的事权范围，各级政府所负担的事权和所拥有的财权范围界定非常明确，根据事权决定支出项目。各级政府都能较为容易地计算本级的财政收入额、财政支出额以及相互间的差额，并将这些数据作为上级财政转移支付财力的基本核算依据。由此给我国带来的启示与借鉴是，实现基本公共服务均等化，要明确中央和地方的事务权限，并在此基础上，划分中央与地方财政收入和支出比例。确立中央事情中央办、地方事情地方办的管理体制，中央和地方政府的事务权限要通过法律界定，并合理划分中央政府和地方政府的职责范围和财政收支范围。此外，当中央事务交给地方办理时，必

---

  ① 《公共财政教育支出的国际比较》，新浪财经，2019 年 11 月 6 日，https：//finance.sina.com.cn/zl/china/2019-11-06/zl-iicezzrr7716755.shtml。
  ② 《国家财政性教育经费连续 9 年"不低于 4%"》，经济日报，2021 年 12 月 6 日，https：//www.gov.cn/xinwen/2021-12/06/content_5656023.htm。
  ③ 《教育部：我国国家财政性教育支出占 GDP 比例达世界平均水平》，中国教育网，2022 年 9 月 27 日，https：//news.eol.cn/meeting/202209/t20220927_2247920.shtml。

须向地方政府转移资金予以支持①。当地方政府公共服务供给不足且无力解决的情况下，中央政府可以直接采取措施帮助解决地方政府面临的问题。

第三，社会力量是公共服务的重要供给方。《"十四五"公共服务规划》提出，"进一步放宽市场准入，放管结合，支持社会力量参与公共服务，发挥好各类企事业单位、协会商会、公益团体等市场主体和社会组织的作用"，"发挥政府引导作用，鼓励支持社会力量重点加强养老、托育、教育、医疗等领域普惠性和规范性服务供给，面向广大人民群众提供价格可负担、质量有保障的普惠性非基本公共服务"。改革开放以来，虽然政府在不断提升公共服务的提供水平，但在政府之外的主体参与公共服务提供的力度、范围、广度都非常有限。如何引入社会力量推动公共服务供给体系多元化发展，实现基本公共服务均等化成为当前全面深化改革的重要议题。结合美国、英国、澳大利亚、日本等在社会力量参与公共服务方面的经验和做法，政府可以在"突破"和"引导"上有所作为。一方面，要突破的是政府对公共服务供给的垄断和由此带来的资源困境，这就要求政府首先从观念上树立服务型政府的意识，继而在行动上改变政府职能，推动体制机制改革，加强政府监管和风险防控等，为后续引导社会力量参与公共服务供给提供良好的政商环境、政社环境。另一方面，要积极引导社会力量，激发社会参与公共服务供给的热情，提高社会参与公共服务供给的能力，最终建立公共服务多元主体供给的新格局。这里主要涉及两方面的内容，一是，如何积极引导社会力量，可以参考美国、英国、澳大利亚的做法，引入市场竞争，寻求市场与政府在公共服务提供上的有机跨界合作。另外，可以加强政府与企业合作的动态监管，推动制定并实施政府购买服务目录、政府转移职能目录和社会组织承接政府职能目录，完善信息公开、资金审计与监管、公共财政等相关制度，将制度监督与社会监督结合起来。二是，如何提高社会参与公共服务供给的能力，这里可以借鉴的有：推动公益创投机制，挖掘和发现公共需求，搭建平台建立需求与供给的对接机制，激发社会活力，鼓励社会力量发挥各自优势投身公益事业；建立新型公益创投承载体，拓宽公益创投资金的来源、使用范围；改变无偿的现金资助方式，运用多种社会投资工具发展公益创投，并建立相

---

① 胡巍：《财政转移支付制度的国际比较及其借鉴》，载《商丘师范学院学报》2013 年第 10 期，第 103 页。

应的退出机制;减少行政干预,发挥基金会等社会组织在公益创投中的积极作用[1]。

第四,分级诊疗制度是促进医疗服务均等化的有效尝试。《国务院办公厅关于推进分级诊疗制度建设的指导意见》指出,"建立分级诊疗制度,是合理配置医疗资源、促进基本医疗卫生服务均等化的重要举措,是深化医药卫生体制改革、建立中国特色基本医疗卫生制度的重要内容,对于促进医药卫生事业长远健康发展、提高人民健康水平、保障和改善民生具有重要意义"。所谓分级诊疗,就是"基层首诊、双向转诊、急慢分治、上下联动"。在分级诊疗的模式下,基层医疗机构主要负责为常见病和多发病患者提供基础性医疗服务,为病情稳定的患者提供康复、护理服务;二级医疗机构主要接收由三级医疗机构转诊过来的急性病恢复期患者、术后恢复期患者和危重症稳定期患者;三级医疗机构主要负责急危重症和疑难杂症的诊治工作。各级医疗机构分工协作,能够提高医疗卫生服务效率,促进医疗资源的合理利用[2]。目前,我国医疗卫生界普遍支持分级诊疗制度,但在执行上仍有不足的地方。比如,虽然农村形成了"村卫生室—乡镇卫生院—县医院—临近城市三甲医院——线城市三甲医院"的五级分级诊疗体系,但农村和远郊居民并不严格遵循基层首诊和逐级转诊,而是要权衡医疗机构的诊疗水平、医疗费用、距离远近等因素,并根据自身病情灵活选择。个体的自主选择让分级诊疗的制度设计形同虚设。这就出现小病也要高价就医的局面,即人们纷纷聚集到三甲医院就诊。这种行为不仅挤兑了宝贵的医疗资源,也影响了患者的就诊效率。英国的分级诊疗服务体系可以为我国提供一个借鉴,一方面在家门口的初级医院提供优质医疗资源;另一方面在这些初级医院配备医疗水平高超的全科医生,由全科医生提供基本医疗保健服务,将小病锁定在社区。从而推动优质医疗资源扩容和区域均衡布局,为患者提供公平可及、系统连续、优质高效的卫生健康服务。

第五,共同承担医疗费用对于医疗服务均等化持续发展具有重要作用。美国是唯一一个不向公民提供全民医疗保健的高收入大国,由此形成了美国

---

[1] 《借鉴国际经验 推动公共服务供给体系多元发展》,光明日报,2014年11月2日,https://epaper.gmw.cn/gmrb/html/2014-11/02/nw.D110000gmrb_20141102_3-06.htm。

[2] 杜瑶、贾慧萍、陈在余:《我国分级诊疗制度的现状与对策分析》,载《中国药物经济学》2018年第6期,第22~25+36页。

不平等的医疗体系。一方面，医疗不平等体现在医疗资源分配不平等，穷人越来越看不起病。美国沃克斯新闻网报道说，美国约3280万人没有医疗保险。2019年，1/4的美国人因付不起医药费被迫放弃重症治疗。疫情发生以来，美国生活贫困、缺乏保险的儿童数量一直在上升。凯泽家庭基金会的一份民调显示，近30%的美国人在过去一年要么停药，要么减少用药。另一方面，医疗不平等体现在高昂的医疗开支却换来很差的国民健康状况上。美国独立研究机构"联邦基金"分析了经合组织（OECD）38个成员国的卫生系统数据，发现美国的医疗保健支出是这些国家中最高的。仅在2021年，美国医疗保健领域的支出几乎是经合组织国家平均水平的两倍，甚至达到韩国、新西兰和日本等部分国家的三到四倍。但高昂的医疗支出并没有提高美国民众的健康水平。数据显示，美国人患有多种慢性疾病的比例和肥胖率是经合组织国家中最高的，新冠疫情导致的死亡人数也位居第一[1]。高额的医疗支出，但国民健康状况奇差。相反，维持着一个利润丰厚的营利性医疗体系[2]。然而，全民医疗也存在弊端。英国的全民免费医疗卫生服务体系，即"人人享有免费医疗"，是英国为之骄傲的社会福利之一，但近年来也备受诟病。诟病之处包括：一是医院预约等待时间大幅增加。全英平均预约社区医院的等待时间长达13天，常规检查要等2~6周。二是急救服务多次严重延误、病患投诉率居高不下。三是政府为看病买单，催生众多医疗处方诈骗。四是政府财政负担沉重，出现医生减薪、加班的情况[3]。对我国的借鉴是，虽然我国实行的是全民医疗，但并不是免费医疗。这既不像美国那样不顾及绝大多数人民的基本权益，也不像英国那样对财政造成巨大负担，而是在最大限度保持弱势群体、低收入人群的医疗救助托底保障的基础上，加强职工医疗保险和居民医疗保险的基本医疗保障，并补充大病保险等医疗保险。这既能有效化解城乡居民就医负担较重的问题，体现了公平性、合理性和发展的可持续性，也符合我国国情，与国家经济发展水平和财政能力相符合。

第六，多种养老金税收优惠模式可以增加参保吸引力。目前我国养老面

---

[1] 《美媒：美国医疗体系之恶，令人难以忍受！》，中国日报网，2023年2月8日，https：//cn.chinadaily.com.cn/a/202302/08/WS63e36460a3102ada8b22e36e.html。

[2] 《富裕的国家，不平等的医疗体系》，人民网，2022年2月10日，http：//world.people.com.cn/n1/2022/0210/c1002-32348905.html。

[3] 《国民医保体系：救死扶伤却难治自己的"病"》，人民网，2016年11月16日，http：//world.people.com.cn/n1/2016/1116/c1002-28872301.html。

临着两大问题。第一是人口老龄化和老龄人口高龄化都呈现逐步加深态势。第七次人口普查结果，我国60岁及以上人口为2.64亿人，占总人口的18.70%。2050年我国60岁以上老年人将达到4.83亿人，80岁以上老年人将达到1.08亿人。第二是我国养老制度的第一支柱独大，而第二支柱和第三支柱的发展相对滞后。我国第一支柱参保人口覆盖率达到73%，而第二支柱参保人口覆盖率仅为5.1%，第三支柱相关政策在2021年才首次提及，尚处于起步阶段①。因此，如何增加养老保险覆盖面以及如何采取多种税收优惠模式形成合理的三大支柱格局，成为我国养老制度改革迫在眉睫的事。像美国、英国、澳大利亚、日本这样的发达国家，均采用了多种税收优惠模式，不仅有延税型的EET（Exempting - Exempting - Taxing）模式，而且有非延税型TEE（Taxing - Exempting - Exempting）模式或叠加财政补贴，有效地满足了不同参保群体的多样化需求。EET模式主要面向中高收入纳税人，TEE模式面向较低收入纳税人和自由就业者，政府补助则主要面向低收入家庭中作为经济支柱的主要收入就业者以及家庭供养负担较重的低收入就业者、就业困难群体等②。在多种养老金税收优惠模式下，一方面，参保者有充分选择权，且加入退出自由。另一方面，养老账户资金使用范围广泛，参保者可以在几个账户之间进行转接。因此，根据这四国的经验，我国可以引入TEE税收优惠方式，形成EET与TEE并驾齐驱、税收优惠与补助并存的政策支持格局。对中高收入纳税人采用延税型EET模式，对中低收入纳税人和自由就业者采用非延税型TEE模式，对很低收入纳税人采用全程免税的EEE（Exempting - Exempting - Exempting）模式。

11.7 完善公共资源均衡配置机制促进城乡基本公共服务均等化的对策建议

解决我国城乡基本公共服务均等化面临的主要问题需要完善公共资源均衡配置机制。一方面从治理能力入手，增加基本公共服务财政资源总量，优

---

① 巴蕾：《中英美日四国三支柱养老金体系对比浅析》，载《新理财》2022年第9期，第30页。

② 李丽丽：《第三支柱个人养老金：美国、新西兰、加拿大三国的发展经验与启示》，载《国际金融》2022年第11期，第33页。

化财政资源配置结构,提升财政资源使用效率;另一方面锚定基本公共服务供给的短板,通过提升乡村基本公共设施筹资和规划能力,提高乡村基本公共教育服务质量,提升基本公共医疗服务资源的城乡一体化均衡配置水平,深化城乡一体化基本社会保障制度改革,破解城乡基本公共服务均等化推进过程中的症结性难题,持续提升城乡基本公共服务均等化水平,为城乡融合发展筑基赋能。

11.7.1 深入推进治理能力现代化,优化城乡基本公共服务财政资源配置

实现城乡基本公共服务均等化的必要基础和基本前提是要通过治理能力提升用足用好基本公共服务财政资源,需要从四个方面入手优化城乡基本公共服务财政资源配置:从治理理念层面解决基本公共服务的财政投入总量问题;从治理能力入手解决城乡基本公共服务财政分配结构问题;以治理体系作为抓手协调好城乡和区域之间的基本公共服务资源配置问题;以监管效能提升解决财政资源使用效率问题。

11.7.1.1 转变政府治理理念,纠正政府投入偏好,增加城乡基本公共服务财政资源投入

一是明确树立政府公共服务治理理念。在全面建成社会主义现代化强国的新的历史时期,政府的首要任务之一是满足社会公共需求、为全社会提供充足优质的公共产品和服务。为了将政府基本定位从"经济建设为中心"的管理型政府过渡到"经济建设和公共服务两手抓"的公共服务型政府,需要从政府治理理念转变开始,实现职能转变、机构设置和运行机制的系统化调整[①]。中央和地方各级政府均要切实转变唯经济指标的政绩观,在政策制定和财政预算安排上更多地考虑社会公平、地域公平、身份公平,在经济发展布局和产业结构调整过程中更加注意与社会发展及公共服务的衔接。将城乡基本公共服务均等化作为公共财政的基本职责,从国家到地方各级公共财政均要为基本公共服务均等化提供必要资源和主要财力支持。

二是确立各级财政优先保障基本公共服务的工作思路。优先保障基本公

---

① 田小龙:《服务型政府建设路径的研究述评》,载《公共管理与政策评论》2020年第5期,第87~96页。

共服务均等化的财政支出，推动财政资源配置从优先于经济目标向优先于社会目标转变，进一步突出政府的公共服务职能。公共财政退出一般竞争性、营利性领域，大力加强基本公共服务支出，减少经济增长对财政工具和财政投资的依赖，进一步弱化公共财政的生产建设职能。确保不同区域均具备提供城乡基本公共服务的财力基础，不断推动基本公共服务全域均衡配置。根据不同阶段不同区域的发展实际，动态优化政府基本公共服务清单。在国家统一标准下因地制宜择定地方政府应当承担的城乡公共服务项目，以及每个项目的具体服务对象、服务指导标准、支出责任、牵头负责单位。确保城市和乡村能够实现共同进步和发展。应坚持把保障和改善城乡居民生活水平作为公共财政的根本任务，不断优化公共财政城乡支出结构，完善农村公共服务投入长效机制。在城乡公共资源配置和公共服务能力差距较大的情况下，政府部门要将更多增量公共资源配置到农村，加强农村公共服务供给能力建设，保障农村交通、水电、互联网等公共资源无差别投入，提高农村教育、医疗卫生、科技文化等公共服务的水平，奠定城乡基本公共服务均等化的基础。确保优先解决群众最关心最直接最现实的利益问题。以解决群众问题为导向编制涵盖公共交通、教育、文化、卫生、社会保障、就业等多方面的重点项目服务标准。确保基本公共服务财政支出资金的有效使用。通过建立"全口径"的政府预算体系，加强对财政预算资金的统筹规划与绩效管理，提高基本公共服务财政支出资金的供给效率。通过全面公开财政预决算信息，我们可以进一步提高基本公共服务专项资金的有效性和透明度，并广泛接受人民群众的监督。

11.7.1.2 提升政府治理能力，纠正财政纵向失衡，优化基本公共服务均等化财政支出结构

一是建立有利于推进城乡基本公共服务均等化的中央、省、市、县、乡五级政府事权与财权匹配机制。深入推进基本公共服务领域财政事权和支出责任划分改革，对标基本公共服务事项清单，划清各级政府之间财政事权的边界。科学构建央地之间、地区之间、城乡之间的政府基本公共服务事权分权的有效机制。深入推进财政税收制度改革，构建以共享税为主的中央地方收入分配格局，加快建立以个人所得税、房产税等直接税为主体税种的地方税体系，提高中央和地方两个主体的税收承受能力，为地方各级政府的基本公共服务供给提供充足的财政资金保障。完善均等化的央地财政关系制度，

保证各级地方政府具有能够实现基本公共服务的财力[①]。各级财政部门统筹安排中央补助资金和省级转移支付资金,保障基本公共服务事项的支出需求[②]。从需求角度出发,按照供需匹配的原则,进一步明确中央公共财政专项转移支付的支持方向。

二是加大省级政府转移支付对省域内基本公共服务财力差距的调节力度。针对乡村公共服务自身外溢性和增值性较差问题,通过建立省域内城乡一体化基本公共服务财政保障体系,通过优化财政支出结构、完善省以下财政体制、深化财政管理改革等途径,持续强化基本公共服务财政供给,确保将与基本公共服务提供相关的公共资源更多地投放给农村和接纳农业转移人口较多的城镇[③]。完善省级转移支付制度,加大省级政府转移支付对省域内基本公共服务财力差距的调节力度,切实提升乡村基本公共服务供给能力。健全基本公共服务支出责任分担机制,引导公共财政资源向脱贫地区、乡村、基层倾斜,切实提升市、县政府在农村公共服务供给上的投入意愿。加强财政资金的使用效率,根据一般性公共财政转移支付与城乡发展实际和城乡居民真实需求相匹配原则,推动公共财政资金从城市和城镇化建设较快地区,更多地流向欠发达地区和农村地区。

三是合理划分市、县、乡三级政府公共服务事项的边界。地市政府应明确财权和财政资金分配比例,制定财政事权和支出责任划分方案、基本公共服务均等化规划、基本公共服务均等化共同财政事权和支出责任划分改革方案。要将保障和改善城乡居民生活水平作为市级公共财政的重要任务,不断优化公共财政城乡支出结构,完善农村公共服务投入长效机制,确保财政支出增量的一定部分用于农村公共服务。合理划分一般性转移支付资金流向城区、郊区和农村地区的比重,切实提高乡村基本公共服务供给能力。县乡政府应该切实提高城乡一体化的治理水平和能力,推动基本公共服务资源向基层下沉。强化县乡政府基本公共服务职能,明确公共服务部门的工作职责和业务流程。在整合基层行政审批和公共服务职责的基础上,加强乡镇和城乡

[①] 任梅、刘银喜、赵子昕:《基本公共服务可及性体系构建与实现机制——整体性治理视角的分析》,载《中国行政管理》2020年第12期,第84~89页。

[②] 《浙江推进基本公共服务均等化 首次明确95项标准》,中国新闻网,2022年5月27日,https://www.chinanews.com.cn/gn/2022/05-27/9765401.shtml。

[③] 刘承礼:《省以下政府间事权划分与城乡基本公共服务均等化》,载《财政科学》2019年第1期,第34~40页。

社区综合服务机构与服务平台建设，充分发挥线上线下一体化服务平台的综合便民服务作用。制定村级治理的赋权清单，有计划、有重点、分层次、分阶段、多形式地组织实施乡村干部培训，确保基层治理权责统一，权力放得下、接得住、管得好。

四是引导社会组织、行业组织、村民自治组织协同参与基本公共服务治理。建立政府主导、社会参与、市场灵活配置的城乡公共服务资源配置模式，逐步实现城乡基本公共服务供给主体多元化、供给形式多样化。优化基本公共服务产品供给机制，提高供给能力。积极培育基层社会治理力量，引导社会主体参与乡村治理，并充分调动乡村居民参与治理的积极性。利用好各类基层社会资源，推动资源下沉，采取上下联动、纵横协调的方式，确保公共服务沉得下、立得住、推得开，不断提升人民群众对公共服务的满意度。

五是提升县乡政府基本公共服务数字治理能力。充分发挥数字治理的精准性、协调性和有效性，实现"数据多跑路、群众少跑路"，促进县域基本公共服务提质增效。应用新技术手段改变县乡政府发现、解决公共服务资源配置不均衡问题的方式，加快基本公共服务的数据化决策、智能化决策和民主化决策进程。推进县乡政府利用现代信息技术使"条条块块"的职能部门有机整合为一个整体，延长基层政府的管理半径，降低治理成本。依托高速网络、人工智能、云计算等新技术，打破部门之间信息孤岛状态，提高跨部门处理利农惠农的公共服务事务效率，提高县乡政府基本公共服务效能。推动大数据、区块链、云计算和物联网等技术在乡村规划、社会保障、医疗卫生、环境保护等领域的广泛应用。推动乡村公共服务数字化、标准化、智能化，进一步降低农村公共服务成本，提高公共服务精准度。利用新技术手段为农村居民提供实时信息数据、互动式线上教育、远程医疗会诊、娱乐节目传输等现代化的公共服务，发挥信息化和网络大数据等先进技术促进农村基本公共服务的能力，弥补农村基本公共服务资源的不足。建设县域、乡镇多层次数字技能培训基地，创新"线上+线下"数字技能学习渠道，特别是针对乡村老年人、妇女和儿童等特殊人群的数字技能帮扶，着力提升县域城乡居民的数字素养，弥合"数字鸿沟"。

11.7.1.3 完善政府治理体系，逐步弱化直至取消以户籍为基础配置公共服务资源的方式

省级和地方政府应充分认识到公共资源按户籍人口配置的状况已不适

应人口在城乡间大规模流动的需要。为了适应城市化发展需要和人口变化趋势，应深入落实国家关于户籍制度改革的相关要求，逐步放开流动人口限制和城市落户管控，进一步提高城市对农村人口的吸纳能力。以户籍制度改革走在全国前列的浙江省为例，最新发布的《浙江省推动落实常住地提供基本公共服务制度有序推进农业转移人口市民化实施方案（2023—2027年）》提出全省除杭州市区外全面取消落户限制政策，并率先落实国家的相关要求，在全省范围内推行社保缴纳、居住时间等户籍准入年限累计互认，逐步拓展到长三角区域内累计互认，给其他省区提供了可资借鉴的政策样本。其他省区即便无法在短期内实现"零门槛"落户的户籍制度改革，也应加快取消和削减学历、社保、纳税等限制性落户条件的要求，特别是对稳定就业和居住2年以上的重点农业转移人口群体的落户限制，推动省域内各地实现户籍准入年限同城化累计互认、居住证互通互认，积极制定和出台进城务工农民就地转换成为市民的政策措施，为进城务工农民定居放宽限制要求，使城乡居民户籍迁移更加便利化，破除城乡之间、区域之间人口流动的限制，大力推动农业转移人口向市民化转化。为缓解中心城区人口吸纳能力有限的问题，还可以进一步加大力度建设大城市周边卫星城市和新市镇，通过优化城市空间结构吸纳更多非农就业人口。将城市公共服务基础设施向周边延伸，为城市和城镇新居民享受公共服务和社会保障提供方便。

  城市政府应通过基本公共服务资源按常住人口规模配置，补齐城市公共资源供给不足和服务水平不高的短板，切实解决基本公共资源供给与城市实际承载人口不匹配问题。面对落户门槛降低后外来人口的大量流入，城市政府要加大公共服务基础设施建设投入，提高土地、住房、就业、公共服务等方面的人口承载能力，不断降低城市新落户的经济压力和生活成本。在外来人口特别是进城农民数量快速增长的地区，完善以流入地为主的流动人口基本公共服务供给制度，逐步实现基本公共服务投资标准由户籍人口总量向常住人口总量扩展，有序实现流动人口在经常居住地能够便捷地享有基本公共服务。结合户籍制度改革和完善农村土地管理制度，逐步实现基本公共服务待遇与户籍性质相脱离，加大对农业转移人口市民化的财政支持力度并建立动态调整机制，完善社保异地结算、钱随人走等相关制度安排，保障符合条件的外来人口与本地居民平等享有基本公共服务，提高流动人口融入城市的能力①，有效解决城市化进程中的人口安置问题。在保障居民享有公共服务的同时，城市政府要适应辖区内城乡人口迁移的变化，在地区经济结构中大力发展旅游业、物流业等第三产业，为进城定居农民提供适合其能力和需求的就业岗位，使其享有与城市居民同等的生活条件和经济来源，平稳地完成由农民—农民工—市民的身份转化。适应地区之间、城乡之间劳动力和人才流动量大、交换频繁的趋势，不断健全城乡统一、区域统一的人力资源市场体系，加快建立地区之间、城乡之间衔接协调的劳动力流动政策体系和交流合作机制，真正实现城乡劳动力和技术人才无障碍的双向流动，促进城乡劳动力就业权利和机会的平等，提高城乡之间迁移劳动者能够公平地享受各项公共服务的水平。在流入人口增速较快的新市镇、新城区加大基本公共服务用地和居民住房用地的政策倾斜，增加公共服务基础设施建设投入，特别是要注重基础教育、医疗卫生、公共文化等公共服务领域的投入，实现进城农民和城市居民的公共服务均等化和社会保障一体化，满足人才引进和人口增长所带来的公共服务需求。

11.7.1.4 健全财政监管体系，优化资金监管效能，提升基本公共服务财政资金使用绩效

各级政府要进一步健全基本公共服务财政资金监管体系，转变财政支出预算管理观念，强化财政资金使用绩效意识。明确财政部门的资金分配管理责任、预算部门的支出管理责任、审计部门的监督管理责任，以责任落实推动提升财政资金使用绩效。建立健全基本公共服务财政资金监管部门联动工作机制，财政、审计、规划、建设和使用部门在基本公共服务财政支出绩效评价工作中各司其职、协同配合，形成监督监管合力。基本公共服务预算单位要按"谁申报、谁使用、谁负责"的原则，承担财政资金绩效管理的主体责任，财政部门要严格审查基本公共服务项目申报方案，统筹考虑科学安排，加强资金使用的全过程监管，把有限的公共财政资金用在刀刃上；审计部门要充分发挥其财政资金监督和绩效监管作用，及时发现财政、预算单位在绩效管理、执行中存在的问题。以全面实施基本公共服务预算绩效管理为载体，以财政资金使用绩效评价为抓手，推动基本公共服务预算编制的科学性。公

---

① 《辽宁省人民政府办公厅关于印发辽宁省"十四五"公共服务规划的通知》，辽宁省人民政府网，2022年1月1日，https：//www.ln.gov.cn/web/zwgkx/zfwj/szfbgtwj/2022n/A86E9D9E832D4DE3936439B1945BEC23/index.shtml。

共服务部门在编制预算时,要科学合理预测基本公共服务项目预算的绩效目标,确保财政资金切实应用于人民群众急需的公共服务基础设施建设和提升公共服务质量上。

各级财政、审计部门应进一步加大财政资金绩效评价力度,减少部门自评项目比重,并指导第三方审计机构客观公正地开展绩效评价。同时,应有针对性地抽查绩效评价情况或开展再评价,以提高绩效评价的质量。中央财政部门要建立基本公共服务财政资金使用绩效评价结果反馈和整改机制,定期将绩效评价结果进行全国通报,强化绩效目标考核,提升各地区、各部门履行绩效责任的主体意识,并跟踪整改落实情况。还要完善财政资金使用绩效评价结果与预算安排的衔接机制,把绩效评价结果直接与后续基本公共服务项目和资金安排挂钩,将评价结果作为下年度预算安排和改进管理的重要依据,进一步强化监管结果运用,树立绩效评价结果的权威性。审计署和各地审计部门要依法加强基本公共服务预算绩效管理审计监督,进一步扩大抽查面。监察和巡视部门要负责受理移交的基本公共服务预算绩效管理违纪违法问题线索,及时回馈检查处理情况,同时要加大基本公共服务绩效管理监督评价结果向社会公开力度,及时回应社会和群众的关切问题,增强社会公众在基本公共服务中的参与度和关注度。

省、市、县、乡四级上下联动,着力提升农村公共服务资金使用绩效,创新构建"钱随人走"的制度体系,切实提高基本公共服务领域转移支付分配的合理性和精准度,完善以人为核心的转移支付制度,把财政资金配置到最需要的地方,实现"人走到哪里,资金就跟到哪里,基本公共服务也提供到哪里"[①]。用于支持贫困地区和欠发达地区的中央财政资金,直接向县级政府拨付,减少中间层次的截留,并且不安排或少安排当地财政配套经费,减少基层政府财政压力。各级政府在加大农村基本公共服务资金投入的同时,还应规范和优化财政资金的分配,通过财政稽查、经费审计和第三方评估等方式,确保财政资金计划在逐级下拨过程中得到合理运用。财政部门要加大对基本公共服务预算编制的绩效目标审核力度,加强对预算执行过程的指导和监督,对申请财政资金的基本公共服务项目支出设定可衡量、可比较、可

---

① 《推进基本公共服务均等化,浙江制定这一标准》,浙江发改公众号,2022 年 5 月 27 日,https://mp.weixin.qq.com/s/v8t1XKYr-1WXMOl7GpvXzw。

评价的绩效目标，提升预算的精细化、科学化程度，逐步建立起"预算编制有目标、预算执行有监控、预算完成有评价、评价结果有反馈、反馈结果有应用"的全过程基本公共服务预算绩效管理机制，将预算刚性执行和绩效约束贯穿于公共财政资金使用的全过程，切实提高基本公共服务财政资源的配置效率和使用效益。

11.7.2 提升乡村基本公共设施筹资和规划能力，补齐城乡基本公共设施均等化短板

为了从根本上解决乡村基本公共设施数量偏少、种类不全、质量不高等短板问题，应从改进基本公共设施投融资方式和城乡一体化建设规划两方面入手，通过提升乡村基本公共设施资金保障和建设规划能力，补齐乡村基本公共设施服务短板。

11.7.2.1 通过多元化投融资增强乡村基本公共设施服务的资金保障能力

提升乡村基本公共设施服务的资金保障能力，需要重点用好财政保障和金融支农资金，形成财政优先、保障引领，金融创新支持的多元投资格局。

一是财政优先保障。省级政府应充分利用各项涉农中央财政转移支付资金，科学制定耕地地力保护补贴、农田建设补助资金、农业资源及生态保护补助资金、动物防疫等补助经费和渔业发展补助资金的直达分配方案并将其分解下达到市县，为促进粮食、油料等重要农产品稳产保供奠定坚实基础。充分发挥农村综改守正创新、系统集成、特色鲜明、因势利导、正向激励的机制创新优势，积极落实中央财政农村综合改革转移支付资金实施美丽乡村建设奖补。省级财政应加大省级统筹力度。应着力创新财政支持公共服务和三农发展的方式，着力构建与乡村振兴和公共服务需要相适应的财政政策体系。其中，四川省级财政保障水平值得借鉴。2022年四川省级一般公共预算用于乡村振兴资金达1726.7亿元，占全省总量的14.5%。2023年，省级财政一般公共预算乡村振兴方面资金进一步增加到227.1亿元。省级政府还应充分利用发行专项债券的方式，面向社会筹集公共服务和"三农"建设资金，如2018年四川省在上海证券交易所发行了全国首单乡村振兴债券——泸县乡村振兴专项债券，首期发行金额为5亿元。在市县政府层面，市县政府应在省级政府财政资金引导示范下，积极落实省级专项债券资金和省级财政资金支持重点领域，大力支持乡镇街道以村内道路硬化、卫生净化、村庄亮化、环境美化为目标，以村庄项目建设为载体，改善农村宜居宜业条件，创新乡村治理机制，建设有持续自我发展能力的宜居宜业和美乡村，不断改善农民生产生活环境，提高农民获得感幸福感。在乡镇政府层面，应该充分利用上级财政资金，支持农村群众急难愁盼的村内公益项目建设，解决农村行路难、饮水难和农业基础设施薄弱等问题。充分发挥公共财政资金的示范引领作用，创新乡村基本公共设施建设的多元化融资渠道，鼓励和引导社会资金投向农村公共服务基础设施建设。充分发挥乡村居民通过自筹自助参与乡村发展建设的积极性，实现农民民主决策与政府奖补有机结合。强化农村公益事业发展机制，补齐农村基本公共设施建设短板，加大对村民民主议定的村内道路、农田水利、村容村貌改造等农村公益事业建设项目的财政奖补力度。

二是金融创新支持。建立完善金融服务"三农"的市场体系、组织体系、产品体系，把更多金融资源配置到农村重点领域和薄弱环节，更好地满足乡村振兴多样化、多层次的金融需求，推动城乡融合发展[①]。一方面需要加强信贷间接融资支持力度。鼓励和引导开发性、政策性金融机构充分发挥其服务国家战略、保本微利的优势，加大对农村公共服务的支持力度，在业务范围内为农村公益性基础设施建设提供中长期信贷支持。发挥政策性银行的金融资金导向作用，引导国有银行、股份制银行和地方性银行向基本公共设施建设领域投入。加大商业银行对乡村基本公共设施项目的支持力度。积极拓宽乡村金融贷款抵押物范围，推行土地、林地和海岛经营权和农民宅基地等依法合规抵押贷款。提升农村金融机构的服务能力。持续深化农村金融改革，加大对机构法人对县域、业务在县域的金融机构的支持力度，保持农村信用合作社等县域农村金融机构法人地位和数量总体稳定，推动农村金融机构回归支农助农本源。积极开展农户小额信用贷款、保单质押贷款、农机具和大棚设施抵押贷款等业务。另一方面需要充分运用多样化金融工具增强乡村基本公共设施服务的投融资能力。积极推进财政金融政策融合支持乡村振兴战略制度创新试点，充分发挥财政和金融两大政策手段优势，用好"财政+金融"工具和"财政+担保"手段。支持以市场化方式设立乡村振兴基金，撬动金融资本、社会力量参与乡村基本公共设施建设。综合利用债券、

[①] 王晶晶：《健全农村金融服务体系赋能乡村振兴》，载《中国经济时报》2023年2月24日。

保险、产业投资基金等方式为农村公共服务项目融资提供支持,不断提升农村地区公共服务的享有水平和质量。农业农村部门和乡村振兴部门与金融机构合作,开发适应农村经济发展的季节性、短期性、小规模金融产品。完善土地流转和土地使用权入股的政策体系,加大农村土地、林地和海岛权属流转制度改革力度,增强农村地区土地资源变现能力,扩展农村集体组织公共服务资金来源渠道。省级财政部门积极利用地方政府专项债券支持农村公共服务基础设施建设,指导各地谋划设计公共服务发债项目,集中用于农村基础设施建设和公共服务设施等建设。推广山东省在全国率先开展的诸城"按揭农业"、寿光"信用农业"、荣成"供应链融资"和"鲁担惠农贷"等典型模式,以解决农村公共服务基础设施建设和农业经营主体融资困难。积极利用地方政府专项债券支持农村基本公共设施建设,各地结合本地区实际需求和有利条件,谋划设计基本公共服务建设发债项目,集中用于城乡基础设施和公共服务设施建设。

11.7.2.2 通过城乡统筹规划提升乡村基本公共设施服务水平

一是统筹不同行政区域层级之间的基本公共设施建设规划。各级政府必须以系统思维谋划顶层设计,在区域内通盘考虑城乡发展规划编制,破除层级间相互独立分割的体制弊端,加快打通市、县、乡要素平等交换和多向流动的制度性通道。在城乡基本公共设施建设能力存在较大差距的情况下,省级政府部门可将更多增量公共资源直接配置到县级,防止城市政府对资源的过滤和分流。市级政府要加强所属农村地区公共服务基础设施的建设,保障交通、水电、互联网等公共资源在城区、郊区和农村无差别投入,将城市公共服务资源向远郊区和县乡延伸,奠定市域内城乡基本公共服务均等化的基础,从而加快形成市、县、乡、村衔接互补的建管格局,逐渐打破城市和乡村之间的发展壁垒,形成基本公共设施城乡融合发展新格局。

二是统筹城乡不同地理区域之间的基本公共设施建设规划。通过优化城乡地理空间利用,合理确定城乡不同片区的功能定位和发展重点,择优培育重点城镇,构建重点突出、紧凑集约、特色鲜明、空间有序的城乡基本公共设施体系。在统筹地理区域间基本公共设施建设方面,浙江经验比较值得借鉴。按照习近平总书记提出的"八八战略"指引,浙江充分发挥不同地理区域各自的优势,重点做好"山"和"海"两篇文章。在山区围绕发展美丽经济、绿色经济积极打造产业基础设施建设,"海"的文章主要通过推进环杭州湾经济圈基本公共设施规划。各地在借鉴浙江经验过程中，可以根据本地区自然地理特征和城镇发展潜力进行重大交通和管网设施布局，塑造形成"中心城区—城乡接合区—中心乡镇——般乡镇—村庄"五级城乡空间聚落体系，提升城乡道路、公共交通、物流运输和信息网络衔接互通的质量和水平，为各类公共资源在地区间、城乡间实现优化配置提供基础条件。

三是以县域为抓手，实现基本公共设施建设由县城向乡村延伸。统筹县域产业结构、基础设施、公共服务等设施的空间布局，强化县城综合公共服务能力，把乡镇建设成为公共服务的区域中心，实现县、乡、村基本公共服务功能衔接和资源互补。浙江省景宁从优化国土空间布局、重大交通基础设施建设、市政设施项目建设以及对外融通等方面入手，完善城乡一体化基础设施体系建设规划。首先，建立了国土空间规划与城乡规划建设特色管控机制，加强县域内生态保护红线、永久基本农田、城市开发边界约束，构建县城"一新一老一副城"的组团式空间结构，形成"1+4+N"的城镇体系。其次，推进区域重大交通基础设施网络化规划建设机制，与国家公园、大花园、大通道和花园城市群建设一体化规划，同时推进过境公路、铁路、机场规划建设，推动县域内公铁联运、站城一体、零距离换乘。最后，创新城乡市政设施项目一体化开发建设模式，加快建设生态型现代能源互联网，推进县城的电力、通信、公交、供水、燃气、污水收集等市政管网升级改造并向乡村延伸。景宁为县域基本公共设施建设规划提供了值得全国借鉴的经验。县级规划应通过推进基本公共设施服务网络向农村辐射，实现城乡基础设施互联互通、共建共享，改善乡村人居环境和产业发展基本公共设施环境。通过功能兼容和多规合一，统筹推进县域产业分工、生态环保、要素市场和体制机制一体化规划，满足生产、生活、生态和安全对城乡基本公共设施提出的多层次需求。通过统一城乡数字建设标准，加强城乡数字资源整合共享与利用，数字乡村与智慧城市平台互联互通，推动信息化、网络化、大数据基础设施向乡村延伸，实现城乡数据要素资源自由流动。

11.7.3 以质量提升为导向精准锚定政策发力点，补齐城乡基本公共教育服务短板

为解决当前城乡基本公共教育服务均等化进程中城乡教育服务可及性困境和质量提升问题，需要通过精准施策，切实提升教育经费保障力度，优化

基本公共教育设施空间布局，补齐乡村师资稳定性和质量短板。

11.7.3.1 加强各级基本公共教育服务经费保障

一是基本公共教育服务事权上移。2021年，教育部、国家发展改革委和财政部联合发布《关于深入推进义务薄弱环节改善与能力提升工作的意见》，提出推进义务教育薄弱环节改善与能力提升需坚持"省级统筹，有序推进"原则，明确要求"省级统筹相关资金和项目，合理确定工作目标和任务，加大对欠发达地区倾斜力度"。其目的就是要改变当前省级政府在基本公共教育服务总体规划和整体统筹方面普遍缺位的现状。第一，建立和完善省市两级基本公共教育服务经费补助制度。省市两级政府需充分发挥统筹协调城乡基本公共教育均等化发展的职能，不仅需要在教育经费保障方面按照中央要求完成规定动作，而且应针对省域市域发展实际，因地制宜地对区县进行差异化教育财政补贴，弥补县区由于经济发展缓慢，在保障基本教育服务时所产生的资金缺口。针对经济欠发达重点区县乡村基本公共教育服务短板弱项，通过"一县一策""一乡一策"和"一村一策"增强投入倾斜力度，纠正县乡村财力和责任不对称，赋能乡村基本公共教育服务水平提升。第二，建立规范的省级基本公共教育服务财政转移支付制度。一方面，应提高一般性转移支付资金额度。由于中央对地方的转移支付公用经费补助资金，不得用于人员经费以及基建项目支出，县级政府通常只能依靠地方财力来保障人员经费和校舍改造等基建支出，因此容易产生中央和上级资金不敢用，地方资金不够用的现象。省级统筹在充分掌握基层基本公共教育发展急难愁盼问题的基础上，适当提高一般性转移支付金额，有助于从根本上提升经济基础薄弱地区的教育发展经费保障能力。另一方面，应根据省情县情村情和政府政策导向丰富教育专项转移支付可选项目。除基本的公用经费、助学资助等常规专项外，还可根据薄弱县市的基础教育发展需求，设立免费教科书补贴、中小学校服补贴、校园基建、文体设施更新、数字化、教改、教师专业发展、人才引进等常态化和竞标性财政转移支付项目库。用好定点和对口帮扶的横向转移支付政策和资金，将财力状况较好地区的剩余财力分配给教育发展薄弱县区，形成省域内互帮互助的良好态势。

二是提升基本教育公用经费投入产出效能。教育财政统筹应基于以造血为主、输血为辅的原则开展项目决策、资金拨付和产出效果测评。对于中央下达的义务教育经费，应从省级层面制定义务教育经费专项资金管理办法，进一步明确支出方向比例，在有利于教育发展的有限支出范围内，充分给予学校资金自主使用权[1]。通过明确和细化支出标准，建立支出标准的动态调整机制。进行预决算验收后，应及时收回结余款项，避免发生生均经费充足的学校出现大量结余，而教育经费相对匮乏的学校资金缺口又得不到弥补的苦乐不均现象，全面提升各县区义务教育经费使用效能。省级一般性转移支付应该重点支持造血功能。可以基于县级教育财政收支缺口、教育财政支出总额以及教育财政支出绩效等激励性指标优化省级财政转移支付额度的计算方式，将竞争机制引入一般性转移支付拨付标准，充分发挥财政引导和激励作用[2]。应加强在核定转移支付数额方面的监管，补助资金下拨给下级财政部门后，按照谁设计谁监管的原则，在不频繁干扰正常教育教学工作秩序的情况下，通过定期和不定期相结合的方式对经费去向进行审计、巡查，减少和杜绝财政资金被挪用、浪费甚至扣留的情况。专项转移支付的项目设计需杜绝为了完成上级财政指标而强制下达，需通过竞争性、指标性或者标准化流程从制度设计上保障资金供给能够紧密联系实际，确保能满足乡村教育发展紧迫需求，杜绝由于专项经费拨付的随机性、碎片化所导致的专项资金使用效率低下[3]。

11.7.3.2 夯实硬件基础提升城乡基本公共教育服务水平

一是提升城乡基本公共教育服务可及性。学位资源配置首先需要与常住人口变化相协调，在有条件地区试行根据地理空间可达性进行学位资源配置，鼓励地方在有条件的乡村积极探索小班和混班教学的学校运行模式、管理手段与监管标准。省、市级政府进一步优化农村教育机构布局调整，对于撤并农村小规模教学点的改革方案需审慎研究，特别是对于"三区"学校决不能简单一撤了之，要发挥好农村学校对于乡村振兴的促进作用，将农村教育作为构建城乡公共服务均等化体系的切入点。正确处理集中办学节约成本和教育公平的关系，通过办好必要的农村小规模学校，依法保障农村学生特别是山区、海岛等交通不便地区学生就近入学的权利，杜绝出现因学校撤并造成

---

[1] 黄凯斌：《英法基本公共教育服务均等化的治理与借鉴》，载《决策与信息》2021年第6期，第82页。

[2] 禤燕华：《我国中央转移支付对基本公共教育服务均等化的影响研究》，华中师范大学硕士论文，2022年。

[3] 陈涵：《促进大连市义务教育均等化的财政保障研究》，东北财经大学硕士论文，2022年。

学生无力支付交通住宿费用的就学困难情况。在加强农村教育资源配置的同时，也要扩大新建城区和新城镇所需教育资源的高质量供给，配套教育机构建设须与住宅建设首期项目同步规划、同步建设、同步交付使用。城市和城镇公办学校应无差别、不附加条件地对农民工随迁子女开放，采取政府购买服务等方式对面向农民工等群体服务的公益性民办学校、普惠性民办幼儿园进行扶持。落实符合条件的农民工随迁子女接受义务教育后在居住地参加中考、高考的政策。进一步提升农民工子弟学校教育质量，完善农民工子女学籍转移和借读制度，确保农民工子女不受地域和学籍限制依法接受义务教育。

二是加强学前、县中、职教和高等教育资源的城乡均衡配置。进一步提高学前教育普及水平，在城镇新增人口、流动人口集中地区和农村地区新建、改扩建一批幼儿园，加强城镇小区配套管理，加快补齐普惠性学前教育资源短板。针对农村儿童"入幼难、托育难"问题，加大投入发展农村 0~3 岁托幼服务和学前教育，采取鼓励村镇小学、社会机构设立附属幼儿园的形式增加农村幼儿园数量，加大补贴力度支持民办幼儿园转制为普惠幼儿园等形式，引导社会力量和个人依法开办幼儿托育机构，发展学校、社会等多种形式的托育服务，将托育服务纳入社区服务体系，鼓励社区社会组织、社工机构和志愿服务队伍开展儿童照料服务。深入研究和完善普职分流政策，强化基础能力建设，是提升县域普通高中整体质量和规模的重要措施。依托相关高校托管和支援县级中学，组织东部发达地区面向西部"国家乡村振兴重点帮扶县"开展对口教育帮扶。扩大中高等职业教育院校招生规模，面向中西部和农村地区实施委托培养、订单培养、定向就业等措施，提高职业教育与产业融合水平，为农村学生提供有利于直接就业的职业教育内容。

11.7.3.3 补齐软件短板提升城乡基本公共教育服务质量

一是优化城乡教师编制管理弥补城乡教师队伍结构性缺口。教师编制是我国公办学校教师人力资源管理的重要依据，也是教师队伍建设的支撑性要素，决定了城乡各类学校所能提供教学产品的总量、质量和学生的培养规模。在落实国家和各地制定的城乡统一的中小学教职工编制标准的基础上，各地机构编制部门和教育部门应根据人口变化和迁移趋势以及课程和教学内容的变化，适度提高教师基本编制核定标准，稳定农村教师队伍总体规模。还应结合本地经济社会发展的实际情况，深入研究区域人口变化趋势、人口迁移、双减政策、课程变化等因素对教师需求的影响。创新和改革中小学教职工编制核定方式,研究在原有生师比核算方式的基础上,将班师比、学时比等指标纳入教师基本编制核算体系,科学设计多种影响因素相结合的核算方式,科学核定农村教师编制总量。针对农村教育资源配置的难点问题核定教师编制。充分考虑农村学校布局分散、规模较小、交通不便等特殊情况,向农村小规模学校和"三区"地区村小学增加教师编制,保障开齐开足国家规定课程。针对乡镇中心校、寄宿制学校等在校学生数量较多的实际问题,按照学生数量一定比例核定校医、专职心理教师、住宿生活教师等编制,满足农村学校中因师资力量不足导致的公共卫生、食品安全、学生心理和低龄寄宿学生的生活照料需要。在城乡教师编制总量和结构基本满足教育资源均等化配置的过渡期间,采取"特岗计划"等方式新增的教师编制,要优先保障农村学校、艰苦地区和边远地区学校,满足农村学校体音美、信息化、心理健康等紧缺学科需要。进一步完善城乡教师编制动态调整和周转使用制度,定期动态调整城市和农村教职工编制总量。顺应人口流动和迁移趋势,将部分地区的富余教师编制调剂到人口迁入的新城区和新城镇的新建学校。通过收回职能萎缩的事业单位空余编制、在教育系统内充分挖潜、通过新技术手段替代部分事业编制等方式,将编制资源及时地调剂补充到最需要教师编制的学校。深入推进农村教师"县管校聘"改革,改变教师编制"核定到校"的固有模式,采取教师编制"核定到市"和"核定到县"的提级管理体制,探索实施将教师编制核定到市级教育部门的制度。由市级教育部门统筹使用教师编制,根据城乡一体化和资源均衡配置的需要,在所属城区和农村学校中科学分配教师资源,促进市域内城乡教师资源均等化。推动教师由学校人向系统人转变,推进教师有序流动,盘活教师资源,释放教师潜力,激发工作动力,建立人权事权财权统一的教师管理体制。机构编制管理部门、教育督导部门、事业单位人事管理部门建立联合监督检查机制,严查挤占、挪用、截留农村教师编制问题,严禁各级各类农村学校长期空编和有编不补、编外用人。

二是稳定乡村教师队伍提升城乡教师专业素养的均等化水平。首先,各地应根据一定时期内城乡教育需求,制定教师培养和引进计划,加强与师范院校协作培养工作力度,探索实施定向培养或公费师范生等政策,建立稳定的师资供给机制。师范院校要深化师范教育课程改革,强化师范生职业素养提升和乡村教育情怀养成,增加全科教学、信息化教学和体音美等小学科教学的内容,培养一批志愿扎根乡村学校的高学历人才。引导和支持师范院校与农村学校、师范院校教师与农村教师形成学习共同体、研究共同体和发展共同体，共同发展、共同育人，支持农村教师专业发展与职业成长，提升农村教师队伍专业水平。其次，通过农村教师职后培训，可以培养农村教育教学骨干队伍。统筹国、省、市、县、校五级教师培训资源，构建分类、分层、分岗、分科的教师培训体系，更加精准满足乡村教师职业发展需求。适应教育信息化发展趋势，加强乡村中小学教师信息技术应用、人工智能、大数据等专项能力培训，提升乡村教师运用信息技术推进教育方式、育人方式改革的能力。加快补齐农村、脱贫地区以及城市薄弱地区的师资短板，鼓励以定向培养方式为脱贫地区、农村培养幼儿教师。再次，推进县域内校长、教师交流轮岗制度化、常态化。采取城乡教师交流、跨校竞聘授课、对口支援薄弱学校等多种途径和方式，积极引导优秀校长和骨干教师向农村学校、薄弱学校流动，有效提升交流轮岗工作质量。构建城乡教师资源统筹使用体系。鼓励探索教师跨学科、跨学段转岗机制，鼓励通过跨校兼课、教师走教等方式实现区域内教师资源共享。通过税收减免或政府购买服务等形式鼓励培训机构、社会组织和专业人才为农村学校提供科学、体育、艺术教育服务。建立健全城乡教师流动机制，通过降低职称评定门槛、提高乡村学校教师待遇、优先评优选先等政策措施，鼓励城镇优秀骨干教师到农村学校支教，发挥优秀退休教师的作用，一方面解决乡村学校教师缺员和学科结构不合理问题，另一方面通过优秀骨干教师的辐射引领，带动和促进乡村学校教师专业发展。推进一体化大学区、集团化办学，实行城市学校与农村学校联合办学，组成城乡一体化教育集团。在集团内部实现管理人员、教师队伍无障碍交流，高水平学校向农村薄弱学校输送优秀校长，派遣骨干教师，农村学校教师和校长赴城市学校学习、挂职、锻炼。通过集团内部校际合作，实现城乡学校的共同发展，均衡配置城乡教育资源。最后，可以参考借鉴英法等教育均等化经验，由中央财政直达，统一全国义务教育阶段教师收入标准，从根本上消除造成优秀乡村教师不断流失的城乡和地域性收入差距[1]。全国各地中小学教师薪酬差别主要是由于绩效工资、各种津贴奖金不统一。在现行财政制度下，我国的中小学教师工资由岗位工资、薪级工资、绩效工资和津贴补贴等组成。

---

[1] 黄凯斌：《英法基本公共教育服务均等化的治理与借鉴》，载《决策与信息》2021年第6期，第82页。

岗位工资和薪级工资是基本工资，国家有统一标准。国家转移支付和县级财政基本能够保证支付教师的基本工资，而绩效工资、各种津贴补贴、奖金，国家则没有统一的政策，由地方政府根据财政实力发放。为了充分保证教师薪酬处于中上收入水平，从而吸引优秀人才从事义务教育工作，大幅提高中西部地区、小城市和农村地区对优秀教师的吸引力。建议按照英法等国核算标准和经验，将义务教育阶段教师薪酬标准提升至全国城镇居民的平均收入水平的 3~4 倍。

11.7.4 城乡一体化均衡配置公共医疗服务资源，补齐乡村基本公共医疗服务短板

为切实提升乡村正规医疗服务水平，弥补服务机构、医护资源和医疗服务可及程度的城乡差距，需从各级医疗机构职能衔接、城乡医疗卫生资源共享和乡村诊疗服务队伍稳定发展三个维度入手，全面系统落实国家城乡一体化基本公共医疗体制改革方案。

11.7.4.1 统筹城乡医疗卫生体系建设

一是实施城乡医疗卫生服务设施投资和建设的总体规划。不断完善县城、乡镇、村三级公共卫生和防疫保健网络，构建集预防、保健、康复、教育和基本医疗等功能的农村基层卫生服务体系。加大对乡镇卫生院和基层防疫保健机构的投入，加强农村基层卫生机构的基础设施建设，改造就医环境、增添先进设备、提升医疗服务水平，满足农村居民"小病不出乡，大病不出县"的就近就医需求。不断探索完善居民、职工两类医疗保险归并为统一的国民基本医疗保险，探索建立医疗保险一体化管理体制，解决基本医疗保险制度存在多部门管理、城乡碎片化发展和医疗卫生资源使用率低下等问题，建立起城乡统一的医疗保险管理体制，不断创新完善医保信息管理平台，在提高医保经办效率的同时，切实推进城乡医疗保险一体化发展进程。

二是加强乡镇卫生院和社区卫生服务中心的疾病预防职责。立足于平急结合、城乡协同，积极应对可能出现的大规模疫情，持续提升农村地区的疫情防控能力，协助做好农村传染病和疫情的发现、上报、隔离、管控，协同构建起强大的城乡一体的公共卫生体系。根据基层卫生服务的功能定位和农民群众健康的实际需求，逐步实现从单纯医疗服务职能向预防、保健、防疫、医疗等乡村综合公共卫生服务模式转变。提升农村基层医疗卫生机构服务能力，使其能够为农村群众开展流行病、常见病、多发病的巡诊随访和健康教育，发挥农村基层医疗卫生机构在流行传染病和疫情早发现、早预防、早干预的作用。加强对大数据、云计算、高速传输、AI仿真等新技术在农村医疗卫生公共服务体系中的运用，借助互联网技术和医联体，在县级医疗卫生服务机构中引入远程医疗技术，保障患者在县域内即可享受到发达地区的优质医疗资源。利用大数据病例诊断农村居民常见病、慢性病、多发病，采取异地视频问诊、AI智能诊断、远程实时手术等技术手段提高农村医疗卫生公共服务水平。

三是推广家庭医生签约制度和乡村全科医生制度，提高农村地区医疗卫生服务可及性。针对农村居民健康意识的普遍缺乏、多油多盐的不良膳食习惯，以及老年群体和留守儿童健康存量较低的情况，在农村地区推广家庭医生签约制度。充分发挥家庭医生健康"守门人"功效，打通农村医疗卫生服务供给的"最后一公里"。加强农村基层医务人员岗位吸引力，采取订单培养和全科医生培养等措施，为农村家庭医生签约制度的实施提供优质医疗服务人才保障。完善农村地区基本药物制度和推进优质医疗卫生资源下沉，为农村家庭医生签约制度的实施提供物力保障。深化城乡基本医疗保险一体化改革，为农村居民接受家庭医生签约服务提供费用分担保障。在此基础上，通过政策宣讲、卫生科普和政务通知等方式，在农村实施多渠道宣传推广，让家庭医生签约服务惠及更多农村群众。

11.7.4.2 共享城乡医疗卫生资源

一是加快推动城乡一体化的卫生健康共同体建设。进一步加强以国家区域医疗中心、医联体、医共体建设为重点的"三医联动"，不仅是健康中国战略实施与人类卫生健康共同体构建的迫切要求，也是公共卫生事业自身发展的需要，是融合城乡卫生健康事业发展、根本解决城乡医疗资源倒置矛盾与虹吸现象的根本举措。按照国务院制定的关于医疗联合体建设的要求，加大力度建立城乡"医疗联合体"，采取成立城市医疗集团、县域医共体、专科医院联盟和远程医疗协作网等措施，整合现有城乡公共卫生机构和医院，打破医疗卫生机构管理体制的城乡条块分割状态，纵向整合各级医疗卫生机构。地方政府以市立三甲综合医院为龙头、县级医院为骨干、基层防疫保健机构和乡镇街道卫生院为服务支点，构建城乡贯通、资源共享的城乡医疗卫生体系。不同地区、等级和专业的医疗机构可以采取兼并、托管和合作等形式实现城乡一体化联合发展。支持城市地区医疗卫生机构通过购买或兼并乡镇卫生院等方式,组建城乡医疗集团或设立分院;探索实践所有权与管理权分离的改革试点模式,将乡镇卫生院的管理权委托给大规模专业化的医疗卫生机构;整合资源实现一体化发展,城市中心医院与乡镇偏远卫生院探索构建以人才为核心、以技术为支持的结对发展模式;在医疗联合体内实行大型诊疗设备共享、患者病历信息共享、专业技术人员交流共享,在不进行重复建设的前提下扩大优质医疗资源的服务范围,特别是向农村居民提供高水平的公共卫生医疗服务。

二是加强县级医院、乡镇卫生院临床专科和技术管理能力建设。在县级医院发展急诊科、妇产科、儿科、重症医学科、中医科、精神科、老年医学科、康复医学科、感染性疾病科等学科,提升肿瘤、心脑血管疾病等重大疾病诊疗能力,鼓励依托现有资源建立相关专科专病中心。统筹推进医疗人才组团式帮扶国家乡村振兴重点帮扶县医院工作。增强乡镇卫生院二级及以下常规手术等医疗服务能力,根据人口分布情况和农民医疗卫生需求,优化设置社区卫生服务站和村卫生室。对人口较少和距离中心城区距离较近的村可通过巡回医疗、邻村延伸服务、上级医疗卫生机构驻村服务等方式,方便群众看病就医。推进分级诊疗和双向转诊制度,实现基层首诊、分级诊疗、双向转诊、急慢分治的就医新格局,打造农村群众小病去村卫生所、常见病慢性病多发病去乡镇卫生院、大病急病重病去三级医院或专科医院就诊的医疗卫生服务体系,切实解决"看病贵、看病难"这一困扰农村群众的难点问题。

三是利用大数据技术和高速信息传输网络加强智慧医院建设。发展远程医疗,形成更加高效的城乡医疗机构协同发展,扩大农村地区优质医疗资源供给,增强现有高水平医疗机构辐射服务能力。促进城乡医疗资源信息化共享,加快完善"智慧医疗"体系建设,探索推广互联网+医疗的远程医疗服务模式,大力发展智能医疗弥补农村公共卫生基础建设的差距。加强农村公共卫生应急管理体系建设,全面推进"大数据手段+网格化管理"的重大疫情防控机制常态化运行,实施农村公共卫生应急管理体系补短板工程,打造平战结合的重大疫情城乡医疗救治体系,建立重大疫情的医疗应急救助机制。深入推进农村基层医疗卫生服务机构药品统一招标与统一销售系统,建立农村医疗应急紧缺物资和药品的产能储备长效机制,为农民提供安全、低价、稳定的药品供应渠道。

11.7.4.3 优化城乡医疗卫生人才队伍

一是促进农村地区医疗卫生人才队伍总量增长。各地区卫生主管部门要会同有关部门按照规定标准核定县级和乡镇街道医疗卫生机构人员编制。加大基层、边远地区和紧缺专业人才编制保障力度，缩小城乡、地区之间医疗卫生人才配置差距，满足农村医疗卫生公共服务对人员编制的需要。不断完善农村医疗卫生人员编制管理，建立与城乡常住人口变化相协调的基本公共医疗卫生服务人力资源供给机制，按城乡实际服务人口规模配置医疗卫生人力资源。探索建立以市和县为单位的医疗卫生单位人员编制总量动态调整机制，允许人员编制根据实际需要在市域和县域内统筹使用，用好用足事业单位富余人员编制资源。

二是鼓励高水平医疗卫生人才到农村基层工作。建立城市高水平医疗机构中高级职称医务人员下乡支援制度，明确医务人员在农村基层服务年限作为职称晋升和职务晋升的刚性指标。建立城乡卫生技术人员定期交流机制，名医下乡与乡医进城相结合，实现以强带弱、以城带乡的人才共同发展格局。优化乡村基层卫生健康人才能力提升培训项目，加强在岗培训和继续教育。支持县乡基层医疗卫生机构单独公开招聘，引导医科大学毕业生到乡镇基层医疗卫生机构工作。艰苦边远地区县级及乡村基层医疗卫生机构可根据情况，适当放宽学历、年龄等招聘条件，对急需紧缺卫生健康专业人才采取面试、直接考察等方式公开招聘。支持城市高水平医疗机构在职或退休医师到乡村基层医疗卫生机构多点执业，开办乡村诊所，充实乡村卫生健康人才队伍。完善乡村基层卫生健康人才激励机制，落实职称晋升和倾斜政策，优化乡镇医疗卫生机构岗位设置，按照政策合理核定乡村基层医疗卫生机构绩效工资总量和水平。

三是重视城乡医疗卫生人才的培训教育工作。针对农村医疗卫生人才队伍学历层次低、医疗技术水平不高的实际情况，定期选送农村医疗卫生从业人员进行委托培养、驻院培训、进修提升，不断提高农村医疗卫生人才队伍的技术水平。加强医教协同联动培养人才工作力度，落实医科大学学生毕业从医后教育和继续教育，完善县级医院住院医师规范化培训制度。鼓励县级医院和乡镇卫生医疗机构医生参加学历继续教育、考取执业医师资格，推动乡村医生向执业医师转化，引导医学专业高校毕业生免试申请乡村医生执业注册。加强公共卫生、全科、儿科、重症医学、呼吸、精神科、传染病、老年医学等领域农村急需紧缺专业人才培养培训，完善公共卫生与临床医学复合型人才培养机制。推进基层诊疗机构助理全科医生培训，继续加强全科专业住院医师规范化培训，实施全科医生转岗培训，扩大全科医生队伍。深入实施乡村医生特岗计划、农村订单定向医学生免费培养，多途径培养培训乡村卫生健康工作队伍，改善乡村卫生服务和治理水平，建立一支留得下、用得上的乡村医疗卫生技术人员队伍。

11.7.5 深化城乡一体化基本社会保障制度改革，破解应保尽保症结性难题

为了进一步推动实现城乡社会保障一体化和应保尽保，需要从现行财政补助分配办法入手，增强基层政府财政资源保障能力；从改革现行缴费方法入手推动实现城乡居民应保尽保，从绩效考核激励入手提升基层政府社保政策宣传执行力度。

11.7.5.1 用好基本社保财政补贴，推动城乡基本社会保障一体化发展

财政补贴能够显著提升参保居民信心、增强居民制度认同度、信任度和参保积极性，有助于消弭居民对于基本保险"一怕政策变，二怕不兑现"的制度信任危机[1]，是国外社会保险制度确立和发展的基本经验[2]。我国启动城乡社会保障一体化改革以来，财政补贴对象和数量逐年增加，补贴标准不断提高，投入规模和筹资责任也在不断扩大。历经十余年改革探索，城乡一体化的社会保障制度是否能够逐渐走向成熟还取决于是否能够进一步完善财政补贴政策。

一是进一步推动城乡基本社会保障财政补贴计发比率均等化。1942年发布的被誉为现代社会保障制度建设"里程碑"的《贝弗里奇报告》，提出了社会保险方案应遵循六个基本原则，即"基本生活待遇标准统一，缴费费率统一，行政管理职责统一，待遇标准适当，广泛保障，分门别类，适合不同人群"。其中，给付的保险待遇标准统一是社会保险方案的首要原则。为确保财政补贴的均等化和基础保障标准的统一性，应逐步统一城乡社会保障财

---

[1] 杨翠迎：《农村基本养老保险制度理论与政策研究》，浙江大学出版社2007年版。
[2] 杨娜：《国外农村社会养老保险制度对我国的启示》，载《哈尔滨市委党校学报》2017年第6期，第70~71页。

政补贴的计发比率。基本社会保障的财政补贴标准应根据各地城乡居民人均可支配收入来确定。我国现行的城乡基本社会保障采取的是定额补贴方式。为了改善由于各地经济发展不均衡带来的保障水平差距，应在充分考虑到各地区收入水平与生活标准的差异的前提下，将现行的城乡社保定额补贴方式转变为按照比率补贴方式，基于收入关联型的统一比率计发。

二是合理确定城乡基本社会保障财政补贴标准。合理确定财政补贴标准并进行动态化调整，不仅能够提高城乡居民参保的积极性，而且能增强城乡居民对政府和社会保障制度的信任度，是城乡居保财政补贴政策走向制度化和规范化的关键举措，更是保障城乡居保制度持续和稳定的重要保障。基本社会保障须在精算平衡原则的指导下实现制度"保基本"的目标。确定财政补贴标准时应充分考虑制度的目标、城乡居民的人均可支配收入水平和物价水平等因素，综合测算基础养老金最低标准和缴费补贴标准，并建立财政补贴标准的动态调整机制。

三是确保基本社会保障的财政补贴事项与财力相匹配。为改善财政责任分担的不均衡状态，中央财政在确定地方政府财政责任时要充分考虑不同省份的财政实力、城乡居民人均可支配收入、人口老龄化等因素的情况。省级政府则应在充分考虑所辖区市、县政府差异的基础上，设计差别化的社会保障财政责任分担机制。将财政补贴向基层政府特别是贫困地区的基层政府倾斜，通过差别化的财政补贴政策，稳步解决现行财政责任分担机制带来的失衡问题。

四是提升财政补贴资金的使用效能。进一步完善城乡社保财政投入绩效评价机制，以便及时有效地反馈财政补贴资金的运行效果。确立财政补贴资金绩效评价指标体系，自上而下地加强对各级财政补贴资金的年度考核，及时反馈财政补贴资金存在的问题。通过实地调研参保居民对财政补贴标准和财政投入方式的认知度和满意度，研判社保财政补贴在防范老弱病残风险方面的实际功效，及时发现社保财政补贴使用过程中存在的问题，避免财政投入资金的流失，提升补贴资金的运转效率[①]。

11.7.5.2 提升居民参保意愿，充实个人缴费资金蓄水池

尽管政府是城乡基本社会保障的重要筹资主体，财政补贴是城乡基本

---

① 海龙：《城乡居民基本养老保险财政补贴政策的缘起、发展与走向》，载《中州学刊》2021年第4期，第71~77页。

社会保障的"中流砥柱",而且我国政府对城乡居民社会保障高度重视,然而不应忽视的是,财政补贴占城乡基本社会保障基金的比重过高,远超保费收入,可能引发财政补贴的不可持续,以及个人缴费责任的弱化,为此还需进一步改革现行保险缴费方法,不断提升居民参保意愿,补充个人缴费蓄水池。

一是引导城乡居民转变养老观念,提升自筹社保资金的责任意识。基本社会保障本质上是一项基于不同代际全体人民群众互帮互助的长期性制度,需要立足长远推动制度的可持续发展。基于未来经济发展和人口老龄化结构变动趋势,政府财政补贴压力迅速且明显增强。进一步强化个人筹资的责任意识,可以有效避免养老保险制度对政府财政的"绑架",促进基本社保制度健康可持续运行。应引导城乡居民充分认识到养老方式改变的紧迫性,充分认识到在经济社会高速发展、人口老龄化问题日益凸显、家庭结构日益核心化、少子化问题日益严重的背景下,医疗、养老和残弱救助问题不是单纯依靠个体和家庭就可以独立解决的。应引导城乡居民与时俱进、实事求是地树立现代化社会保障观念,树立"早参保、早缴费、多缴费"的社会保障理念,以更加积极的态度主动了解城乡居保的主要内容和运行机制。

二是加强政策宣传力度,提升居民对于基本社会保障的信任度。对于基本社会保障政策的了解和满意程度是影响城乡居民是否参保,以及选择何种缴费档次的重要因素。大多数缴纳基本医保和养老保险的城乡居民,仅以满足最低缴费要求为目标,简单地选择最低缴费档次,背后的重要原因是对城乡基本社会保障政策的了解程度不高。因此,需要加强城乡基本社会保障宣传力度。政府、用人单位、社区和媒体机构均是政策宣传的责任主体。应特别加强社区和乡村基层的政策宣传力度,以打通"社保政策进万家"的"最后一公里"。针对社区重点关注家庭和重点关注人群应有重点宣传举措。在宣传方式上,可将"静态宣传"与"动态宣传"相结合。通过在社区居民和村民经常聚集的地方悬挂横幅标语、村委会宣传栏张贴大型海报等,形成固定的宣传形式,使人们在平时生活中可以随时随地感受城乡基本社保政策。动员基层工作人员,结合居民和村民生活习惯,定期组织以宣传养老保险制度为目的的文艺节目,利用社区活动、乡镇赶集、农民工返乡过年以及年度养老保险缴费期间等契机,在人口密集处摆设摊点进行现场互动,为群众讲解政策,派发宣传资料,形成流动宣传模式,提高村民对城乡居保政策的了解程度。在宣传内容方面,用通俗易懂的语言,做好政策解读工作。针对缴费档次、待遇水平等城乡村民最为关心的问题进行重点标识和讲解,使村民能够真正懂得城乡基本社会保障能够为个体和家人带来的实惠和好处。

三是改进个人缴费方法,提升城乡居民缴费激励。城乡基本社会保障的绝大部分参保者是农村居民和城市流动人口。这部分城乡居民经济行为特征主要表现为,现期收入不够稳定导致对未来的收入预期不高,具有显著的风险厌恶型偏好,与投资期限更长和流动性更差的医保社保缴纳账户相比,更愿意将钱存在自己名下的银行账户中,与未来不确定性较强的较高收益相比更加偏好于当下具有确定性的较低收益。为此,在政策制定和实施时,应充分认识城乡居民的经济行为特征,针对城乡居民的真实诉求和现实顾虑,调整城乡基本社会保障政策的征缴方式。允许有经济能力和意愿补缴的村民进行往年补缴,允许城乡居民根据自己的实际情况按月、按季或按年交纳,通过分解城乡居民一次性缴纳较高档次费用的压力,提高城乡居民选择高档次缴费的可能性和缴费档次,增加个人账户总体缴费金额。政府分配入口补贴,应在保基本的基础上适当拉开缴费档次与补贴标准的差距,使具有缴费倾向的人群能够看到高档次缴费带来的好处,真正达到激励参保的积极效应。在出口补贴方面,调整了"长缴多缴多得"的激励机制,将定额补贴调整为比例值补贴,增加多缴多得吸引力[①]。

11.7.5.3 加大社保政策执行力度,推动城乡居民应保尽保

一是进一步推动城乡居民基本养老保险应保尽保。第一,中央、地方政府、村集体、个人应共同努力发展多层次、多支柱养老保险体系。进一步完善从中央到省、市、县、乡镇(街道)的五级社会保障管理体系和服务网络。完善落实养老保险基金省级统收统支和政府责任分担机制,是确保退休人员基本养老金按时足额发放的重要措施。采取个人缴、集体助、政府补的方式筹集保险资金,扩大年金制度覆盖范围。规范发展第三支柱养老保险,不断提高养老金的待遇水平。第二,优化基础养老金发放标准动态调整机制,

---

① 王超群:《谁没有参保?中国城乡居民医疗保险参保的人群特征研究》,载《社会保障评论》2023年第2期,第90~93页。

第11章 推进基本公共服务均等化促进城乡融合发展

逐步提高基础养老金发放水平。完善城乡居民基本养老保险待遇确定和基础养老金正常调整机制。借鉴职工养老金待遇调整机制,根据区域发展水平、物价水平、城乡居民收入增长水平等适时提高城乡居民养老保险制度的基础养老金水平,逐步实现养老金发放水平与物价水平提高联动,与当地社会平均工资的同比增长,确保养老金能够满足参保退休人员的基本生活需要。探索将基础养老金与缴费年数、缴费金额挂钩,对于缴费年数久、缴费档次高的参保者,按一定标准增发基础养老金。第三,逐步缩小城乡居民在基本养老保险制度方面的差异。优化整合各级城乡养老保险管理机构和社会保险经办服务机构设施,逐步建成省级乃至全国统一的养老保险公共服务平台。进一步按照全国统一社会保险公共服务平台的建设规范标准,以社保卡为载体,提供窗口服务、网上服务、自助服务等多种服务方式。将养老保险公共服务平台与政府政务服务平台对接,实现省、市、县社保业务部门的数据实时同步和集中统一管理,通过线上线下深度融合、不断完善功能和优化服务,实现城乡养老保险一体化发展。第四,适应人口大规模流动、就业快速变动的趋势,建立全国统一的养老保险体系。要完善全国统一的社会保险公共服务平台,充分利用互联网、大数据、云计算等信息技术创新服务模式,深入推进社保经办数字化转型。完善社会保险关系登记和转移接续措施,实现应保尽保、应助尽助、应享尽享。各地应继续按照国家统一规定,切实做好企业职工基本养老保险全国统筹对接工作,社会保险关系转移接续工作,落实好职工基本养老保险遗属待遇和病残津贴政策,真正实现进城务工人员的保障权益不受其流动地域政策限制,能够自由进行转移接续和享受养老保障。第五,加强基本养老保险基金投资安全监管,确保养老保险基金的征收、投资和营运在阳光下进行。养老保险基金投资应在符合安全性原则的前提下采用多元化投资策略,以最大程度地分散风险,并保证相对稳定的投资回报。投资组合中应包括一定比例的金融资产投资与实业投资,用来实现基金保值和稳健增值。

二是进一步推动城乡居民基本医疗保险应保尽保。实现基本医疗保险全民覆盖是我国"十三五"规划和党的十九大报告提出的重要目标。为落实"十四五"规划和党的十九大确定的目标任务,实现中国基本医疗保险制度公平发展,建议从以下几方面入手进一步推动城乡居民基本医疗保险应保尽保。第一,进一步提高城乡居民基本医疗保险的筹资水平和报销标准,逐步实现与城市居民基本医疗保险和城镇职工基本医疗保险制度并轨运行，做到筹资水平一致、报销标准一致和结算流程一致，使农村居民和进城务工人员能够公平地获得高水平城市医疗服务。第二，充分运用数字智能等科技手段征缴保费。通过多种方式，如农村信用合作社储蓄卡、银行卡划扣代收、工资卡自动划扣、网上银行缴纳、支付宝转账、微信小程序支付等，可以降低保费征缴成本，提高征缴效率。第三，在有条件地区开展试点尝试建立强制参保制度。尝试推行新生儿出生即参保政策，使新生儿出生当年即可享受基本医疗保险政策，解决新生儿基本医疗保险全覆盖问题，同时提升1岁及以上婴幼儿参保率。如果强制参保试点确实能够降低基本医疗保险保费征收成本，提高征管效率，那么可以进一步考虑修订《中华人民共和国社会保险法》，改自愿参保为强制参保，要求未参加职工医疗保险的人群均需参加城乡居民医疗保险。第四，普及以家庭为单元的参保方式。目前，我国农村居民实行以家庭为单元参保，城镇居民仍以个人为单元参保。以家庭为单元参保，可以有效降低政府补贴压力，有助于提升城乡居民医疗保险筹资能力，推动城乡居民医疗保险与职工医疗保险制度最终走向融合。我国《社会保险法》第二十八条规定："符合基本医疗保险药品目录、诊疗项目、医疗服务设施标准以及急诊、抢救的医疗费用，按照国家规定从基本医疗保险基金中支付。"这意味着，我国基本医疗保险既不应该有个人账户与社会统筹基金之分，也不应该有社会统筹基金与门诊统筹基金之分。应将职工家属纳入职工医疗保险，职工及其家属医疗保险和城乡居民医疗保险均应依照《社会保险法》规定，均按照医疗保险"三个目录"报销，只是二者的待遇水平因筹资水平差距而暂时存在差异。随着中国城镇化推进，待城乡居民医疗保险筹资水平与职工及其家属医疗保险日趋接近之时，可以进行整合，建立筹资与待遇水平完全一样的全民统一的国民健康保险制度。第五，推行常住地参保。常住地参保是指在哪里工作、入学、常住，就在哪里参保。常住地参保可以有效解决异地安置老人、流动人口等异地就医问题。破除常住地参保的财政补贴障碍，逐渐消除中央政府对发达和欠发达地区（主要是地市州、县区政府）财政补贴的剪刀差，做到中央财政补贴"随人走"。将基本医疗保险全民覆盖的绩效考核指标从户籍人口改为常住人口。通过绩效考核，地方政府可以激励流动人口参加本地基本医疗保险。第六，建成全国统一、互联互通的医疗保障信息系统。逐步统一职工医疗保险和城乡居民医疗保险信息系统。

第 11 章　推进基本公共服务均等化促进城乡融合发展

逐步实现医疗保障信息系统与民政部门、公安部门等其他相关部门之间的信息共享。在初步建立的异地就医全国联网结算平台基础上，继续完善异地就医住院即时结算制度。通过系统整合和信息清洗即时发现未参保人员，有效甄别重复参保人员，实现医疗保险全民覆盖。

三是切实提升农村最低生活保障瞄准精度。为了提升城乡低保均等化水平，需重点补齐农村低保短板，从以下几方面提升低保瞄准精度和减贫效果。第一，中央财政在农村低保保障标准逐步调升的过程中，应进一步提高农村低保专项转移支付力度，削弱地方政府因受财力掣肘而削减低保覆盖人口的动机，通过保证地方能够按照补差标准对低保家庭进行足额补贴的财力，降低漏保倾向。第二，进一步规范多维度低保资格审核机制。各省民政部门应该会同其他相关机构，通过专家论证和试点推行等手段，制定更具本地适应性的《低保家庭经济状况认定办法》，对包括家庭收入、财产、刚性支出、供养人赡养能力等多维度认定标准做出更加明确细致的界定，为农村低保政策执行过程提供规范而又具有地方适应性的政策依据。第三，构建低保家庭主动发现机制。民政部门应利用大数据比对等信息技术，依托现有的用来管理低收入家庭经济状况信息的核对平台，结合当地多维度低保资格认定标准，主动搜寻符合条件的困难家庭，将应保家庭及时纳入低保范围。拓展低保瞄准中的公众参与途径，借助现代信息技术改善居民经济状况的核查和核对，通过立法手段来提高对骗保行为的惩戒力度。第四，完善基层低保执行激励机制。对于低保执行主体因非主观因素造成的错保，建立适度容错机制。针对低保执行主体主动发现符合条件的低保家庭，建立了奖励机制。通过专项治理和制度建设来强化对错保的问责。将漏保添加为审计问责事项。在"脱贫不脱政策"的摘帽地区，进一步强化开发式扶贫和农村低保两项政策的有效衔接。杜绝搞平衡"二选一""政策互斥"等不规范做法，通过降低农村低保的错保率实现"应保尽保"[1]。

党的十九届五中全会描绘了全面建设社会主义现代化国家的宏伟蓝图，把全体人民共同富裕取得更为明显的实质性进展作为重要奋斗目标。完善公共资源均衡配置机制、促进城乡基本公共服务均等化，是推进城乡融合发展

---

[1] 韩华为、高琴：《中国农村低保制度的瞄准精度和减贫效果——基于 2013 年和 2018 年 CHIP 数据的实证分析》，载《公共管理学报》2021 年第 4 期，第 92 + 171 页。

实现全体人民共同富裕的必由之路。为了进一步提升城乡基本公共服务均等化水平，需要在充分总结本土成就和国际经验、保持当前良好发展态势的基础上，进一步对标实现共同富裕的新要求，直面我国城乡基本公共服务均等化进程中存在的短板和差距，以更大的责任担当为城乡融合发展实现全体人民共同富裕贡献中国方略。

第 12 章

优化城乡空间结构促进城乡融合发展

习近平总书记强调，要把县域作为城乡融合发展的重要切入点，推进空间布局、产业发展、基础设施等县域统筹，把城乡关系摆布好处理好，一体设计、一并推进。城乡空间是落实城乡融合发展各项政策措施的载体，通过优化城乡空间结构，实现以工促农、以城带乡，将城市的现代性要素辐射和扩散至乡村，最终实现工农互促、城乡互补、协调发展、共同繁荣，形成城乡融合发展新格局。城乡融合的驱动力主要在"城"，但成效主要看"乡"。本章在空间经济学、区域经济学、马克思空间经济等相关理论的基础上，构建城乡空间结构的理论框架，系统阐释城乡空间结构优化促进城乡融合发展的作用机理及其实现条件，基于实践层面分析我国城乡空间结构失调、空间效率不高的现状，利用统计分析法对我国城乡空间结构耦合协调性进行测度，分析其时空格局演变特征，采用空间计量模型研究城乡空间结构优化对城乡融合发展的影响。提出城乡空间结构优化的着力点是加强城乡统筹与管理，持续优化城镇空间布局和形态，发挥县城以城带乡的关键节点作用，构建城乡多中心网络结构、促进区域间城乡空间协调发展等对策建议。这些研究不仅有助于优化城乡经济发展空间格局、促进新型城镇化建设、构建新型工农城乡关系，而且有利于带动乡村实现全面振兴。

12.1 城乡空间结构及其优化的理论分析

当前学术界关于城乡空间结构的相关理论还不成熟，尤其是基于城乡二元经济视角来分析城乡空间结构的理论还需完善。本节在概括城乡空间结构的经济学含义及其构成的基础上,分析一个经济体二元经济不同发展阶段城乡空间结构的动态演进,并从空间视角分析城乡融合发展的特征,基于 Desa-kota 理论分析县城是优化城乡空间结构促进城乡融合发展的关键节点。这些观点和理论总结为后文分析奠定了坚实的理论基础。

12.1.1 城乡空间结构的经济学含义

12.1.1.1 城乡空间结构的理论释义

空间是与时间相对的一种物质存在形式,空间结构为特定系统中各要素在空间上的分布与组合形态,相互关系抽象为点、线、面进行描述,空间结构在一定程度上决定着经济发展方式及资源配置效率。城乡空间是城市和乡村生产、生活、生态的共同载体,终极目标是实现城乡高度融合。

学界关于城乡空间结构的研究较少,更多地关注城市空间结构。关于城市空间结构的研究大体始于 20 世纪 60 年代。福利(Foley)在 1964 年曾首次阐述城市空间结构的定义,认为城市空间结构包括空间和非空间属性两种基本属性,通过文化价值、功能活动和物质环境三种要素在空间中的分布特征和相互作用表现出来[1]。韦伯(Webber)认为,城市空间结构在包括物质和活动空间分布态势的同时,也涵盖要素间的相互影响与作用,以各种"流"的形式展现出来[2]。1971 年伯恩(Bourne)尝试采用系统理论来解读城市空间结构,阐释了城市系统中的城市形态、城市要素的相互作用、城市空间结构三者之间的关系[3]。据此,1973 年哈维(Harvey)提出,任何城市理论都应该建立在研究空间形态和内在机制的基础上[4]。国内学者对城市空间结构的研究起步较晚,并且是在国外研究的基础上进行的。顾朝林等认为,城市空间结构是指从空间的视角来挖掘城市形态及其相互作用的表达方式[5];

---

[1] Foley L. D., An approach to metropolitan spatial structure, In Webber M. M. et al. (eds.) Exploration into Urban Structure. Philadelphia: University of Pennsylvania Press, 1964, pp. 21 – 78.

[2] Webber M. M., Exploration into Urban Structure. Philadelphia: University of Pennsylvania Press, 1964, pp. 79 – 153.

[3] Bourne L., Internal Structure of the City: Readings on Space and Environment, Oxford: Oxford University Press, 1971, pp. 28 – 57.

[4] Harvey D., Social Justice and the City, Baltimore: Johns Hopkins University Press, 1973, pp. 120 – 194.

[5] 顾朝林、甄峰、张京祥:《集聚与扩散——城市空间结构新论》,东南大学出版社 2000 年版,第 3 页。

第12章 优化城乡空间结构促进城乡融合发展

张水清、杜德斌认为，城市空间结构主要指在特定时间内，城市不同要素通过相互作用而展现出来的空间结构，它既反映在城市空间组织中，即城市的等级体系中，也反映在城市内部结构中，从某种程度上来说，它代表着城市功能的空间载体与表达形式[1]；付磊认为城市空间结构具有复杂和丰富的概念内涵，它表征城市物质形态要素和社会经济结构要素的空间分布，是非空间属性与空间属性交互作用的结果[2]；杨喜平等和黄晓军认为城市空间结构是指在一定历史时期内，城市各个要素通过其内在机制（包括与社会过程之间的相互关系）相互作用而表现出的空间形态[3]；柴彦威认为，城市空间结构主要是指不同人类活动与功能集合在城市空间上的投影[4]。

学术界关于城市空间结构内涵的研究为本项目深入研究奠定了基础，更为城乡空间结构的概念界定提供了思路。但是，既有文献在研究城市空间结构时较少考虑乡村在城市发展中的作用。事实上，乡村作为城市发展的腹地，也是城市发展的"稳定器"和"缓冲区"，通过以城带乡，促进城乡融合发展，才能带动乡村实现全面振兴。

本书认为，城乡空间结构是指城乡作为两大地理空间，所有自然要素与人类生产、生活、生态在地理空间的分布及各要素所形成的结构性组合方式，其实质是城市与乡村之间的人口、社会、经济、生态、文化等互动关联在城乡地域空间上的反映。本书将研究对象的空间尺度扩展至整个城乡地域空间，通过构建以中心城市、县城、中心乡镇为载体的城乡空间体系，在政治、经济、交通、文化、资源等综合因素的影响下，呈现出不同的职能分工、建设定位、发展规模，通过交通发展轴、产业发展轴，优化大中小城市以及乡村各类空间的组合关系，在城乡间进行合理布局并有机协同，推动形成以城市群为主体、都市圈为支撑、中小城市和重点城镇为骨干、县城为基础、乡村

---

[1] 张水清、杜德斌：《上海中心城区职能转移与城市空间结构优化》，载《城市发展研究》2001年第6期，第44页。

[2] 付磊：《转型中的大都市空间结构及其演化——上海城市空间结构演变的研究》，中国建筑工业出版社2012年版，第12~52页。

[3] 杨喜平、方志祥：《移动定位大数据视角下的人群移动模式及城市空间结构研究进展》，载《地理科学进展》2018年第7期，第880~881页；黄晓军：《现代城市物质与社会空间的耦合》，社会科学文献出版社2014年版，第15~18页。

[4] 柴彦威、王德、甄峰、周素红：《中国城市空间结构》，科学出版社2021年版，第1~5页。

为腹地的空间格局①,打造产业协同发展区,促进空间品质进一步提升,推动形成布局合理、层级清晰、疏密有致、分工协作、功能完善的空间形态,最终构成城市带动乡村发展的多元化网络体系,促使城镇和乡村共促共进、共生共存。从某种意义上说,城乡空间结构既是城乡空间布局结构,又涉及城乡要素的构成和分布关系。

12.1.1.2 城乡空间结构的主要构成

城乡空间结构包括城市空间结构和乡村空间结构,促进城乡空间结构优化要统筹好生产、生活、生态三大空间布局。

1. 城市空间结构的构成要素

城市空间结构的构成要素包括城市生产空间、城市生活空间、城市生态空间。第一,城市生产空间是指城市居民在从事生产活动的特定功能区域基础上,形成的产业区位、生产规模与聚集程度,从而形成不同规模的生产空间。第二,城市生活空间是指城市内不同社会群体活动所产生的空间与配套功能空间。本书认为,城市生活空间范围包括城市建成区、县城等用于居住、娱乐、公共服务等日常生活活动形成的生活空间。第三,城市生态空间是指城市范围内生态系统内各构成要素之间的空间位置、组织方式、组织秩序在时空上的表达。城市生产空间、生活空间、生态空间三大方面的构成也是相互影响、相互促进的。

2. 乡村空间结构的构成要素

乡村空间结构的构成要素包括乡村生产空间、乡村生活空间、乡村生态空间。第一,乡村生产空间指的是在乡村地区用于农业生产、农村非农产业和其他相关经济活动的区域。这包括农田、农村非农企业、农村集市等区域。乡村生产空间的核心功能是支持并促进农业生产和农村经济发展,在满足农

---

① 中国区域科学协会副会长肖金成指出,城市群是由若干大都市及围绕大都市形成的都市圈所构成的庞大的城市密集区,一直是国家层面力促区域发展的重要战略部署之一。都市圈是城市群的核心,亦是推进城市群高质量发展的重要抓手。根据《国家发展改革委关于培育发展现代化都市圈的指导意见》,都市圈是指"城市群内部以超大特大城市或辐射带动功能强的大城市为中心,以 1 小时通勤圈为基本范围的城镇化空间形态"。都市圈是大城市发展到一定阶段后与周边市县密切互动进而呈现出的城镇化空间形态。进入新时代,以通勤高效、城乡一体、协同发展为特征的都市圈加速兴起。都市圈发展的背后,是多年来国家力促城市群发展的政策部署。参考资料:《国家发展改革委关于培育发展现代化都市圈的指导意见》(发改规划〔2019〕328 号)、《都市圈提速》,新华社客户端,2022 年 10 月 9 日,https://baijiahao.baidu.com/s?id=1746214673361888141&wfr=spider&for=pc。

村居民生产和生活需求的基础上，为城市居民提供农产品，以及为城市非农产业提供所需的物质资源。第二，乡村生活空间是指乡村空间范围内的建制镇、乡、村的居民点的居民进行居住、生活和休闲娱乐的区域。它包括村庄、农户住宅、商业设施、社区活动中心、公共服务设施等。乡村生活空间的目标是提供舒适的居住环境、基本的公共服务设施和便利的社区设施，提高农民的生活品质。乡村生活空间不仅为农民提供了居住、生活和休闲的场所，也为城市居民提供了乡村旅游、乡村文化体验等服务，促进了城乡交流与合作。第三，乡村生态空间是指农村地区的自然环境和生态系统，包括农田、山地、河流、湖泊、湿地、森林等。乡村生态空间的保护与合理利用对于维护生态平衡、保护生物多样性、减少环境污染和生态破坏，进一步促进可持续发展至关重要，为城市提供清洁的水源、空气和环境。乡村生产、生活、生态三大空间是相互交织、相互依存的，它们的综合规划和协调发展，可以为乡村提供可持续发展的基础，提高农民的生活质量以及农村经济的发展水平。

12.1.2 城乡空间结构的动态演进

从世界各国经济发展史来看，工业化发展带动城镇化，进而推动城乡空间结构的演进与优化。参考前面对二元经济转型理论的分析，一个国家或经济体的二元经济转型过程大体经历经济结构的二元分化、二元经济发展、刘易斯转折阶段以及后刘易斯转折阶段四个阶段的时序演变，最终进入一元化发展的现代社会。二元经济转型在不同发展阶段具有不同的城乡关系发展特征，直接影响城乡空间结构特征，并呈现规律性变化。

第一阶段，在二元经济结构的形成阶段，主导产业以农业为主，逐渐发展小规模工业，城市发展呈现若干小城镇，职能较为单一，空间结构呈现分散面状式特征，城乡空间结构为小范围内经济活动，分工协作不强，相互间联系不太紧密，相对封闭独立。第二阶段，在二元经济发展阶段，工业化开始，劳动密集型产业日益发展起来，城市地理空间中的优势区位日益发展成为增长极，初步形成城市等级体系，"核心—外围"二元结构日益形成，外围上有零星的点状结构，城乡空间结构以向中心城市聚集为主。第三阶段，当二元经济发展至刘易斯转折阶段时，主导产业从劳动密集型为主转向资本密集型重工业为主，并向技术密集型转型，城市中优势区位发展增加，速度加快，经济发展与空间差距扩大，"核心—外围"二元结构趋于稳定，基于原始网络的点状分布的结构已经成熟，城乡空间结构以中心城市的聚集为主，功能向小城市、镇、村等外围扩散。第四阶段，一个国家进入到后刘易斯转折阶段时，产业发展以技术密集型精加工工业为主，服务业发展迅速，出现城市边缘区，城市群和都市圈陆续出现，形成比较合理的城市等级体系，"核心—外围"二元结构逐渐向"核心—边缘区—外围"三元结构转变，空间结构呈现合理规律的点状分布，高级的网络层次链接，城乡空间结构演进以由中心城市向周边乡镇扩散为主。最后，当一国进入现代化国家发展阶段，产业结构以技术密集型为主的创意产业、知识密集型产业为主，城市群和都市圈发展较为完善，形成相对完整的城乡网络体系，城乡空间结构呈现相对的集中与分散，并形成多中心网络化，实现城市对乡村的带动，城乡空间相互作用持续、稳定、均衡发展。以上观点总结如表12-1所示。

表12-1　　二元经济不同发展阶段城乡空间结构的演进情况

发展阶段	主导产业	城市发展特征	城乡发展演进阶段	空间结构形态	城乡空间结构变动
二元经济结构形成阶段	自然采摘，农业	若干小城镇，规模小，职能单一	低水平均衡阶段	分散面状的空间结构	小范围内经济活动的封闭循环
二元经济发展阶段	农业为主，劳动密集型轻工业为辅	优势区位发展成增长极，初步形成城镇等级体系	"核心—外围"二元结构逐渐形成	分散的面状，零星的点状结构	以向中心城市聚集为主
刘易斯转折阶段	资本密集型重工业为主，并向技术密集型转型	优势区位发展增加，速度加快，经济发展与空间差距扩大	"核心—外围"二元结构趋于稳定	基于原始网络的点状分布的结构	中心城市的聚集为主，功能向外围扩散
后刘易斯转折阶段	以技术密集型精加工工业为主，服务业发展迅速	出现城市边缘区，城市群和都市圈陆续出现，形成比较合理的城镇等级体系	"核心—边缘区—外围"三元结构	合理规律点状分布，高级的网络层次链接	以中心城市向周边扩散为主
现代化国家发展阶段	以技术密集型为主的创意产业、知识密集型产业为主	城市群和都市圈发展较为成熟，形成完善的多元化城乡网络体系	城乡空间一体化阶段	相对的集中与分散，并形成多中心网络化	实现城乡空间结构的相对均衡，空间相互作用持续、稳定、均衡

资料来源：笔者根据"城乡空间结构的动态演进"这一部分研究内容整理得出。

第12章 优化城乡空间结构促进城乡融合发展

受经济发展和工业化推动,一个经济体的城乡空间结构也在不断演进,城市周边的县域,包括中小城镇及乡村地区都被带动,大量农业人口向城市边缘区,向县域聚集,新的城市副中心形成,最终形成城市空间与乡村空间互联互通的多元化网络化结构。城乡空间结构演变的终极状态结构如图12-1所示。

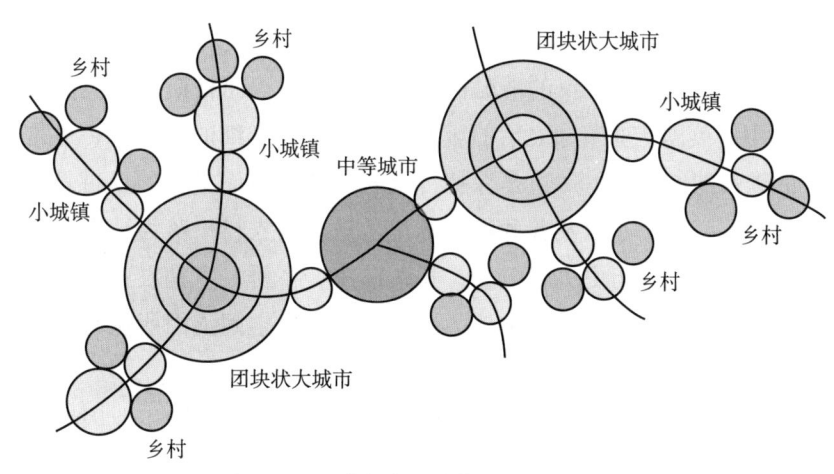

图12-1 城乡空间结构演变终极状态

资料来源:根据李晶:《新型城镇化背景下关中县域城乡空间结构转型模式研究》,中国建筑工业出版社2020年版,第19~20页整理而得,部分区域作者有所调整。

12.1.3 基于空间视角分析城乡融合发展的特征

城乡融合是空间生产和再生产的结果,空间规划布局是城乡融合的决定性因素之一[1]。基于空间视角分析城乡融合发展,其特征主要表现为以下三大方面:

12.1.3.1 生产空间融合是城乡融合的基本前提

马克思恩格斯在《德意志意识形态》中指出,"物质劳动和精神劳动的最大的一次分工,就是城市和乡村的分离"[2]。这意味着,在一定的历史发展

---

[1] 刘威、徐明珪:《"城乡"作为一个治理单元:城乡共治的理论争辩与中国实践》,载《学习与探索》2022年第11期,第51页;范颖、苟建汶、李果:《城乡融合引领下乡村空间生产与"乡村+"发展路径探讨——成都公园城市城乡融合乡村振兴典型案例的启示》,载《农村经济》2021年第7期,第136~137页。

[2] 《马克思恩格斯文集》(第1卷),人民出版社2009年版,第556页。

阶段，城乡分离以及城乡对立是生产力发展的必然结果，有进步性和必然性，但资本主义发展过程中工商业繁荣导致城乡矛盾的尖锐化和对立也是显而易见的。马克思和恩格斯正是从城乡对立、城乡分离出发，最终做出了"消灭城乡对立不是空想，不多不少正像消除资本家与雇佣工人的对立不是空想一样。消灭这种对立，日益成为工业生产和农业生产的实际要求"[①] 的科学论断。这里的城乡之间分离，其最显著的表现便是城市与乡村之间地理空间的隔离。"城市已经表明了人口、生产工具、资本、享受和需求的集中这个事实，而在乡村则是完全相反的情况：隔绝和分散"[②]。恩格斯在《英国工人阶级状况》中对英国产业革命之后的城乡分离进行了详细的描述，一边是伦敦等巨大的繁荣的城市，另一边是保持传统农业的落后而贫穷的乡村。城市成了工业中心、商业中心以及各种物质的集散地，而农村沦落为被剥削和被掠夺的境地。可见，从历史进程分析，长久以来，乡村一直是农业生产的聚集地，城市变成了非农产业的集中地，城市和乡村在空间上因所从事生产劳动的不同而形成了分离。

伴随生产力高度发展，城乡空间结构不断优化，城市中工业因城市土地成本、劳动力需求、环境要求、空间需要等也将远离城市中心地带，逐渐转移到中小城市、城镇，甚至出现乡村工业化现象，郊区的城市化可以为这些产业提供发展空间。随着产业结构不断优化调整，产业布局不断优化，农业产业链条日益延长，农产品深加工能力与水平不断强化，乡村产业日益多元化，农村以农业为基础的一、二、三产业出现融合发展的趋势，农业的多功能性日益凸显，尤其是与乡村旅游、体验经济、休闲经济联系起来，其生态功能和文化功能的贡献日益凸显。从城市发展来看，都市农业在城市中出现并且发展速度不断加快，范围不断扩大，不仅有利于食品安全、环境改善，还有利于社区建设、增加就业机会和文化传承等，对城市的可持续发展和居民的生活质量带来了积极的影响。由此，城乡之间因生产发展使得原有城乡间生产空间的泾渭分明趋向得到弱化。城市轨道交通快速发展，将城市中心区与周边地区的经济发展密切连为一体，既防止了城市出现产业空心化，又避免了农村产业失去城市的重要依托。

---

① 《马克思恩格斯文集》（第1卷），人民出版社2009年版，第326页。
② 《马克思恩格斯文集》（第1卷），人民出版社2009年版，第556页。

12.1.3.2 生活空间融合是城乡融合的重要特征

一直以来,都将生活在城市的群体视为市民,而生活在乡村的群体视为农民。传统的城乡空间边界是清晰的,且农民生产地和生活地是重合的。随着一个经济体二元经济的转型发展,工业化、城镇化不断深入,大批农村劳动力转移到城镇从事非农产业,城乡空间格局也发生深刻变化,传统的城乡空间关系正在发生改变。在市场主体对聚集收益与聚集成本的权衡之下,城市空间结构呈现出由单一中心向多中心演化,空间布局向农村地带蔓延的趋势。一方面,城镇人口规模不断扩大,城镇基础设施建设更加完备,城镇居民的生活质量不断提升;另一方面,中小城市、小城镇的发展强化了城市对乡村的辐射和带动作用,随着农业现代化的不断推进,以及农村以农业为基础的一、二、三产业融合发展,城乡居民的收入差距和消费差距日益缩小,农村居民的生活方式、消费观念越来越具有现代化特征。生态保护、观光休闲、文化传承、健康养生等农业农村的多功能开发,也吸引了城镇居民到乡村休闲度假,甚至迁入乡村体验田园生活。

目前,中国已临近后刘易斯转折阶段,城乡之间出现空间交错,最显著的表现便是城市与乡村之间地理空间的隔离越来越小。区域经济学的近邻效应（Neighborhood Effects）理论揭示了区域内各种经济活动之间或各区域之间的空间位置关系对其相互联系所产生的影响[1]。地理位置上的"近邻"是其他形式（包括文化、组织、制度、社会和认知等多维层面）的基础,地理"近邻"使得互动、合作、学习、接触成为可能。某种程度上地理"近邻"是形成持久关系的一个条件,是交换非编译知识（习惯、惯例、公约）的载体[2]。因此,城乡之间地理空间融合是城乡融合的首要标识,表现为城乡之间地理空间的广度融合,田园城市与现代乡镇并存,实现城市群、都市圈、大中小城市、县城、乡镇在地域空间中有序分布并有机协同,共享城镇基础设施、公共产品、公共服务的外部经济收益,方便在产业间实现就业转移,农业转移人口逐渐市民化,县域城乡融合发展成为主要趋势,农民工就近就地城市化,城乡居民认知和观念差异日益缩小,价值融合成为普遍共识,农

---

[1] 近邻效应遵循"距离衰减规律",即各种经济活动或区域的经济影响力是随空间距离的增大而呈减小的趋势。

[2] 胡晓辉:《中国区域发展的制度研究——近邻效应、制度空间与机会窗口》,浙江大学出版社2019年版,第25~33页。

村居民的生活方式与城市居民接近，越来越现代化。从生存方式看，农民从原来一直靠自给自足为主的生存方式，随着经济和社会的发展，许多农民开始具有市场经济的意识，将农产品进行商业化生产和销售。现代农民借助先进的农业技术、市场运作和创新的经营模式，寻找多元化的收入来源，逐渐走向市场化。他们的生存方式越来越多样化，既有自给自足的生活方式，也有商业化的市场方式。从消费方式的角度来看，农村居民的消费水平和消费观念不断提升，农村消费规模也大幅度增加，随着互联网的普及和电子商务的发展，农村居民通过网络渠道购买商品的方式越来越多，农村电商的快速崛起为农村居民提供了更多的选择和便利，同时也促进了就业，扩大了农产品销售的渠道。电子商务加速向农村覆盖并重塑农村社会的消费模式，数字消费联通城乡消费大市场，将加速城乡消费市场的互动融合，使得城乡消费市场更加紧密地联系在一起。与此同时，农民进城向往城市生活，农民工就近就地实现城市化，市民下乡追求价值实现，人口在城乡间实现双向流动的人口融合，农村居民生活方式越来越现代化，农民市民化与市民乡居化交叉存在。生活空间融合拉近了市民与农民的距离，弥合了市民与农民的生存与发展差距，为城乡间关系的良性互动创造了条件。因此，生活空间融合是城乡融合的重要特征。

12.1.3.3 生态空间融合是城乡经济社会可持续发展的生态保障

在经济发展初期，由于人口的不断增长，人均农业资源占有量趋于减少，农业劳动生产率十分低下，农村落后、农民贫困的"农村病"十分突出；城乡居民收入差距不断拉大，农业劳动力和人口的城乡迁移，启动了近现代的城镇化进程。在城镇化发展初期，由于城市聚集的人口较少，城镇化速度较慢，城市系统能够维持正常运转。这一阶段"城市病"症状虽不明显，但由于政府对城市的规划与管理严重滞后，往往为"城市病"留下隐患。工业化的快速发展，促使人口开始大规模向城市集中，城镇化初期所形成的城市基础设施系统越来越不适应城市快速发展的需要，当一国进入工业化与城镇化中期发展阶段，"城市病"开始显现并日益突出。伴随着城乡空间结构的不断优化，城市从单一中心城市不断向外扩张，向郊区边缘区域扩展，城市生态环境逐渐变差，城市污染开始向农村转移并扩散。从理论上讲，由于农业劳动力和人口大规模地城乡迁移，提高了农业生产要素的配置效率，这一阶段"农村病"应会有较大程度地缓解。但是如果这一阶段农业土地资源与人

第12章 优化城乡空间结构促进城乡融合发展

口资源过度流出,就会恶化城乡收入和发展差距,使"农村病"更加严重;而"农村病"的加重,又会进一步加剧人口在城市的集中,从而进一步恶化"城市病"。进入城镇化发展中期阶段,如果"城市病"和"农村病"没有得到有效治理,即使城镇化率不断提高,甚至达到城镇化后期水平,城乡二元结构矛盾还会依然存在,甚至会强化;不仅如此,由于城市边缘群体与贫民窟的普遍存在,城市内部也会出现二元分化[①]。

城镇化的本质是人的城镇化,城乡融合发展的目的也是为了人。根据世界经济发展史分析,工业化发展推动着城市化进程,工业化带动劳动力需求增长,影响城市化的规模与速度,工业化也会影响城乡空间结构。然而,工业化的负面效应便是带来了严重的环境问题,影响了人类生活的质量,进而影响着城镇化的发展质量。单中心向外扩张的城乡空间结构,往往是城市生态环境最差的阶段,也是城市污染向农村扩散的阶段。伴随着二元经济转型的不断深入,随着人们收入水平的不断提高,使城乡居民从基本生存需求转向对高质量美好生活的需要。自然生态、蓝绿空间、环境健康逐渐成为城乡居民关注的焦点。改变传统粗放型城镇化模式,通过城乡空间结构的优化,大中小城市和小城镇协调发展,在减轻单中心城市资源环境压力的同时,加强城乡基础设施建设,对"农村病"与"城市病"进行综合治理,已成为二元经济转型中后期经济社会可持续发展的迫切要求。已完成二元经济转型的国家普遍在进入刘易斯转折阶段以后,开始重视城乡空间结构的优化和城乡生态环境的改善,大都在完成二元经济转型进入现代化国家的过程中实现了城乡生态空间融合。

生态环境是人类赖以生存和发展的根基,城乡生态空间融合是城乡经济社会可持续发展的生态保障。城乡生态空间融合要求城乡居民的生产、生活都要遵循绿色发展理念,坚持资源节约、环保优先、自然修复为主的方针。既不能因为城市非农产业和人口高度聚集就放松对生态环保的要求,更不能由于乡村人口分散、生态环境压力较小就成为城市污染的扩散地。一方面,通过大中小城市和小城镇协调发展,优化城乡社会资源配置,减少城乡环境治理的生产成本和交易成本,改善城乡居民的生产和生活环境;另一方面,

---

[①] 参见张桂文:《中国城镇化进程中"农村病"和"城市病"及其治理》,载《辽宁大学学报(哲学社会科学版)》2014年第3期,第18~19页。

根据不同区域的资源环境承载能力，统筹考虑人口分布、经济发展、国土利用，合理确定城镇发展、农业生产、生态保护三类空间，实现生产空间集约高效、生活空间宜居适度、生态空间山清水秀①。

12.1.4 县城是优化城乡空间结构促进城乡融合发展的关键节点——基于 Desakota 理论

麦吉（McGee，1987，1991）认为在城乡交界处通过城乡之间高强度、高密度的物能交换构造一个全新的空间体系，他用 Desakota（desa 指村庄，kota 指城镇）表示这类特殊区域的产生及不断发展的过程。其主要观点是：一是该区域同时具有农村和城市行为，是一种城乡高密度混合区；二是农村的农业行为与城市的非农行为混合是该区域形成的基础；三是该区域聚集了大量的人口，促进了该区域的劳动密集型产业、生活服务业、交通运输业的发展；四是城乡间的联系比较密切。Desakota 区是城市与乡村两个地域系统经济活动在空间上的高密度重合造成的，构成了城市空间扩展的重要部分，该区域具有典型的城乡混合特点，主要包括四部分：其一，与中心城市通勤时间在一日内的大都市外围区；其二，位于大城市之间，沿高速公路或铁路发展的走廊区；其三，除了中心城市，次级中心周边也会产生类似的区域；其四，与城市形成密切联系，人口集聚的农业与非农业混合的农村区域②。

根据麦吉的 Desakota 理论，Desakota 区位于城乡交界处，这一城乡融合区域形成了一种人口密集、生活便利的城乡混杂区域，在我国，这部分区域主要表现为县城。从严格的政治学意义上说，县城是指县治所在的镇或街道，也即县级行政机关的所在地。然而，县城通常不仅是政治中心，而且也是一县的经济和文化中心。从地域位置看，它地处城尾乡头，处在畅通内外、连接城乡的枢纽位置；从人口分布看，城镇中高强度集聚的人口主要来源于农村地区，但又具有城市居民生产和生活方式的特点。因此，县城是城乡融合发展的关键纽带，能够发挥关键作用。其一，作为城镇体系的重要一环，县城具有城镇的一般特征，能够在城市群和都市圈的范围内融入邻近大城市发

---

① 孙景淼：《乡村振兴战略》，浙江人民出版社 2018 年版，第 105 页。
② 刘荣增、王淑华：《新时代中国城乡空间治理与融合的机理与路径》，载《学习论坛》2020 年第 11 期，第 41~42 页。

展，从县域看，其在获取行政和市场资源时处于优先位置，在汇聚本地要素和商品中也发挥着核心作用。其二，县城发挥着连接城市、服务乡村的作用，能够增强其对乡村的辐射带动能力，推动县乡村功能衔接互补，促进县城基础设施和公共服务向乡村延伸覆盖，强化县城与邻近城市发展的衔接配合。

位于"城尾乡头"的县城是连接城市、服务乡村的天然载体，也是构建新型工农城乡关系、促进城乡融合发展的关键支撑。从经济社会发展的角度看，县城具有联结城乡的作用；从行政管理层次角度讲，县城具有沟通省市与农村基层的特殊功能。以县城为载体，在城市与农村之间形成资源互通、循环畅通、双向促进、互动共赢的良性格局，对于推进城镇化转型，促进城乡融合发展具有重要意义。

本书研究的城乡空间结构强调以县城为基本单元推进城乡融合发展，发挥县城连接城市、服务乡村作用，增强其对乡村的辐射带动能力，促进县城基础设施和公共服务向乡村延伸覆盖，促进县乡村功能衔接互补，强化县城与邻近城市发展的衔接配合，形成城乡要素流动、产业与空间互动、市场与政府协同的长效机制。目标是构建与城乡经济社会融合发展相匹配的城乡空间结构体系，形成紧凑开敞的城镇空间、有机分布的乡村空间、持续发展的区域生态空间[①]。

12.2 城乡空间结构优化促进城乡融合发展的作用机理及实现条件

城乡空间结构优化是促进城乡融合发展的重要环节，学术界关于二者关系的研究尚不完善。本部分重点分析了城乡空间结构优化在促进城乡融合发展中的作用机理，通过促进城乡两大空间功能互补分工协作、产业布局优化调整、生产要素循环畅通、生态环境共保共治等措施，推动城乡生产空间高效化、生活空间有序化、生态空间清洁化，最终促进城乡实现高质量融合发展。在此基础上，从健全完善的市场体系、充分发挥市场机制的资源配置功能、正确发挥政府在关键环节的调节作用三大方面概括了城乡空间结构优化

---

① 李晶：《新型城镇化背景下关中县域城乡空间结构转型模式研究》，中国建筑工业出版社2020年版，第7~8页。

促进城乡融合发展的实现条件。

12.2.1 城乡空间结构优化促进城乡融合发展的作用机理

12.2.1.1 城乡空间结构优化—分工协作功能互补—城乡互惠共生

1. 城乡空间结构优化有利于城乡间的分工协作

二元经济转型中城乡空间结构优化的过程，也是城乡两大空间基于比较优势的分工与交换过程。马克思和恩格斯在《德意志意识形态》中分析资本主义及其以前各社会经济形态生产力状况时，提出了城乡间以及区域间的分工与协作的思想。他们指出，"各民族之间的相互关系取决于每一个民族的生产力、分工和内部交往的发展程度"，"一个民族内部的分工首先引起工商业劳动同农业劳动的分离，从而也引起城乡的分离和城乡利益的对立。分工的进一步发展导致商业劳动同工业劳动的分离"[1]。马克思认为形成城乡间与区域间分工的主要原因，首先归结于自然条件和自然资源在地表面上的分布不均衡，因为生产力水平较低的情况下，人类的生产活动主要受制于自然条件[2]。马克思接着指出："把特殊生产部门固定在一个国家的特殊地区的地域分工，由于利用各种特点的工厂手工业生产的出现获得了新的推动力"[3]。这意味着，根据马克思恩格斯的分工与协作理论，尽管区际分工是因自然资源分布不均而产生，然而它又随着社会生产力的发展而得到发展。城市和乡村作为两大地域空间，是在自然条件和资源分布不均的状态下，城乡范围内所有地理要素与人类活动在自然空间上相互独立又相互联系，进而发挥各自优势，进行合理分工与协作，实现功能互补，共促共建。

从城乡空间关系发展看，大城市的聚集效应和辐射效应推动着乡村产业的发展。其一，由于区位上的集聚，企业和居民可以共享城镇基础设施、公共产品、公共服务等获得外部经济收益。恩格斯在《英国工人阶级状况》中写到"城市越大，搬到里面来就愈有利，因为这里有铁路、有运河、有公路；可以挑选的熟练工人愈来愈多……"其二，集聚效应提高了劳动力市场的效率。企业在区位上相互靠近，可以形成共同的劳动力市场从而共享"熟练的工人库"，进而节约工人的培训成本和搜寻成本，同时保持相对稳定

---

[1] 《马克思恩格斯文集》（第1卷），人民出版社2009年版，第520页。
[2] 《区域经济学》编写组：《区域经济学》，高等教育出版社2018年版，第32页。
[3] 《马克思恩格斯文集》（第5卷），人民出版社2009年版，第409～410页。

第 12 章 优化城乡空间结构促进城乡融合发展

的工资水平。而厂商的大量集聚为居民创造了更多的择业机会，有效降低对工作岗位的搜寻成本和流动成本。其三，集聚促进信息的交流和技术的推广和扩散，能够提高工作效率，有利于知识的积累和创新能力的加强。这个聚集过程既有"虹吸"效应，又具有辐射作用，中小城市将迎来产业转移，同时专业化分工开始起步，乡村的腹地功能、生态价值将会充分显现，而基于城乡间分工协作的关联网络也将进一步发育，在地域尺度上将带来不同等级、不同功能城乡间用地结构和空间结构的变化。

城乡空间结构优化，通过产业的优化布局、人口等要素的有序流动与土地等自然资源合理配置，促进了城市规模的优化与城乡空间体系的不断完善，城市群、都市圈的逐步形成和日益完善，带动了大中小城市与小城镇协调发展。从城市对乡村影响的角度分析，城市空间结构的不断优化，城市非农产业和城市居民对农产品的市场需求随之扩大，对农产品和农业资源的多样化需求也在不断增加，进而为农业生产和农业农村多功能开发提供了市场条件；非农产业在城市体系的聚集和发展所形成的用工需求，也为农业劳动力向城市转移，优化农业农村资源配置提供了前提条件。从农村对城市影响的角度考察，城乡空间结构不断优化，农业劳动力的城乡转移，在改善农业农村资源配置、促进土地规模经营的同时，也满足了城市非农产业的用工需求，降低了城镇用工成本；农地的适度规模经营，农业农村多功能的拓展，在推进农业农村现代化的同时，也满足了城市非农产业和城市居民对农产品的需求。从城乡融合发展的角度探讨，城乡空间结构优化，依托城市群和都市圈，形成了大中小城市、小城镇和乡村协调发展的空间格局，不仅意味着不同规模、不同地域的城市分工合作、优势互补的产业分工体系基本完备，更意味着农村从自给自足的小农经济转变为现代化农业经济，依托现代农业的农村一、二、三产业融合，农业农村的生态保护、观光休闲、文化传承、健康养生等多重价值实现，不仅增加了农村居民收入，弥合了城乡居民的收入与消费差距，也强化了城乡间分工合作关系，使城乡间经济联系日益紧密。传统的小农经济往往以家庭经营为主，土地利用面积相对较小，劳动力集中在简单的农业活动上，而土地规模经营则追求规模化、专业化和科技化，对于城市中的科技、信息、数据、人力资本等现代生产要素需求不断提高，农业专业化分工也在不断增强。城乡间的产品与要素的分工与交换，进一步提升分工协作效率，促进城乡经济越来越向一体化发展。可以看出，一个经济体二元经济转型过程中城乡空间结构的优化过程,是城市由单一中心向多中心发展,大中小城市、小城镇、乡村合理分布的城乡空间体系,以及城市群和城市带的形成与发展过程,同时也是城乡间比较优势的分工与交换过程。

2. 分工协作促进城乡互惠共生,走向高质量融合

1879年,德国真菌学家德贝里最早提出"共生"一词。共生理论包括共生单元、共生环境和共生模式三种要素,该理论认为,一是共生现象产生的基础是协作,但也包含竞争,竞争型共生系统的竞争是通过共生单元结构的创新和功能优化来提升共生单元的竞争力,是通过竞争获得共同发展。二是共生过程是共生单元在一定条件下的发展进化过程,体现了共生单元的共同激活、共同适应、共同发展的过程。三是共生系统发展的趋势是进化,对称互惠共生是进化的本质体现,也是共生系统中最具效率性和稳定性的系统[1]。城市与乡村作为两大空间,是经济活动的重要载体,二者是一个互补互促、互利互融的有机整体,在经济社会发展中发挥着不同的功能。城市是引领、辐射和带动乡村发展的发动机,乡村则是支撑城市发展的重要依托和土壤。促进城乡高质量融合要将城市的资本、人才和技术优势与农村的资源和生态优势有机结合,形成1+1>2的合力效应,使城市和农村的比较优势得到充分发挥、发展潜力得到有效释放。

根据共生理论,共生意义上的竞争不是共生单元的相互排斥,而是单元间通过吸引达成协作。在城市经济集聚和乡村经济分散的天然分工模式下,城乡空间系统的发展必然经历由低级到高级的逐步演进过程,其城市内部之间、城乡之间的关系由松散的关联发展到紧密的联系,城乡间的分工合作由不成熟逐渐走向成熟,最终形成合理的劳动地域分工体系,城乡之间结构和功能将趋于发展和完善[2],互补、协同发展与融合也将成为趋势。由城乡间简单、互通有无的交往形成的"共生关系"只是城乡之间点状或间歇式的共生,通过城乡间的合理分工协作,进一步发展应该是区域城乡空间的高质量融合发展,即对称互惠的一体化共生。

其一,城乡间分工协作可以实现资源优化配置。城市通常具有先进的生

---

[1] 刘荣增、王淑华:《新时代中国城乡空间治理与融合的机理与路径》,载《学习论坛》2020年第11期,第42页。

[2] 刘荣增、王淑华:《新时代中国城乡空间治理与融合的机理与路径》,载《学习论坛》2020年第11期,第41页。

产技术、高素质的人力资本和丰富的物质资本等，而农村则具有丰富的土地资源和优良的自然生态条件。通过城乡分工，城市和农村各自利用自身优势资源进行专业化的生产，并通过贸易和合作共享资源，提高整体生产效率。其二，城乡间分工协作可以扩大市场规模，促进需求多样化。城乡间的分工协作，在推进了工业化和城镇化进程的同时，也增加了劳均土地规模，促进了农业现代化发展，进而增加了城乡居民的可支配收入。根据马斯洛的需求层次理论，城乡居民可支配收入的不断增加会带动其对工农产品多样化市场需求不断增长，为进一步深化城乡分工合作提供了市场条件，进而形成了城乡分工合作—优化资源配置—扩大市场需求—深化城乡分工合作的良性循环。其三，城乡分工协作可以推动技术进步和创新。城市通常是科技研发和创新中心，而农村则是实践和应用科技创新成果的重要基地。通过城乡分工协作，城市可以为农村提供先进的农业技术和管理经验，提高农业生产效率。同时，农村对涉农科技成果的应用，以及农业农村发展对科技创新的需求，也可以推动城市科技研发中心改进现有技术和研发出最新科技成果。

城乡分工协作促进了城乡互惠共生的机理在于优化资源配置、扩大多样化市场需求、推动技术创新等方面的优势互补。通过城乡分工的合作与协作，城市和农村可以实现互利共赢，促进经济社会的共同发展。城乡空间结构优化能够有效发挥城市地域系统和乡村地域系统的功能特征，并根据城乡居民需要结构的变化，拓展乡村的功能特征，从乡村空间价值由单纯的向城市供给农产品，逐渐走向提供生态保护、观光休闲、文化传承、健康养生等多重价值，进而促进以农业和农村自然生态为基础的一、二、三产业融合，延长农业产业链和价值链；在城乡空间结构优化的前提下，城乡间的分工合作不仅可以发挥城市对乡村的带动与辐射作用，加速工农互促的步伐，还可以通过大中小城市、小城镇的分散性聚集特点，降低企业的生产成本和交易成本，促进城市非农产业的资本积累。从动态均衡的角度看，城乡是命运共同体，大中小城市、县城、乡镇、村庄分工协作，互利互惠，共同繁荣，城乡共生系统才能进入更高级、更广阔的发展空间，才能够有更高层级的发展，实现更高质量的融合。

12.2.1.2 城乡空间结构优化—产业布局优化调整—城乡经济融合

1. 城乡空间结构优化促进产业合理布局与调整

城乡空间是城市和乡村两大地域系统生产、生活、生态的共同载体，在生产空间中，产业是非常重要的一部分，产业的布局与调整是城乡空间结构优化的核心内容。第一，城乡空间结构优化有助于拓展产业发展空间。恩格斯认为，如果不是有计划地把大工业在全国尽可能平衡地分布，则资本主义生产的无政府状态将导致工业不断聚集在城市和城市规模不断盲目扩大之间的"恶性循环"，"虽然向城市集中是资本主义生产的基本条件，但是每个工业资本家又总是力图离开资本主义生产所必然造成的大城市，而迁移到农村地区去经营"，"资本主义大工业不断地从城市迁往农村，因而不断地造成新的大城市"①。马克思主义经典作家揭示了产业需要平衡分布，也要经历从城市向农村转移的历史过程。也就是说，城乡空间结构优化意味着，大城市发展到一定阶段后，在聚集经济与聚集不经济的综合作用下，一些产业从大城市向中小城市、城镇、农村陆续迁移。在这一过程中，产业结构不断升级，城市间与城乡间的分工协作进一步深化，大城市功能将得到纾解，留在城市中心区的很大比例是高科技产业以及现代服务业，其他很多产业逐渐转移分布到中小城市、县城及其他乡村县域地区，进而形成了产业雁行发展格局。伴随着对农产品多样化需求的增加，农村的生态、文化、康养等功能得到挖掘，农村区域的乡村旅游业、生态环保、农耕文化、健康养生等新产业和新业态日益发展，城乡间产业布局进一步优化，原有城乡生产空间的泾渭分明现象将弱化，乡村中的农业生产和非农业发展将在空间上并存，城市也因技术优势而成为科技创新的高地。

第二，城乡空间结构优化能够延伸农业产业链，有助于发展特色产业，融合多业互动，推动农村一二三产业融合发展。县城地处城尾乡头，两端分别连接农产品生产基地和消费市场，不仅是城乡空间优化的重要载体，也是推动农业农村"接二连三"的最佳区域，是城乡间产业合作的天然"对接点"。优化城乡空间结构，一方面，通过大中小城市、小城镇协调发展带来的多中心聚集效应，以资源的优化配置，提高城乡居民的可支配收入，为农业全产业链发展提供了市场条件。另一方面，通过以县城为重点的小城市发挥连接城乡的作用，促进以工补农、以城带乡，为乡村地区开展全产业链开发提供物质技术条件。此外，优化城乡空间结构还会通过强化乡村产业布局实现县域统筹，培育本地特色产业，在县城重点发展比较优势明显、带动农

---

① 《马克思恩格斯文集》（第9卷），人民出版社2009年版，第313页。

业农村能力强、就业容量大的农产品加工业、农业生产性服务业和乡村旅游等服务业，梯次推进县乡村联动发展，促进农业产业链延伸，推动农村一二三产业融合发展。以现代农业为基础、乡村新产业新业态为补充的多元化乡村经济，将会产生叠加效应，促进城乡产业协同发展。

2. 产业布局优化进一步促进城乡经济融合

城乡产业发展是城乡人地关系演变的"晴雨表"。马克思主义经典作家很早就认识到产业的合理优化布局是实现城乡融合发展的重要途径之一。马克思主义理论认为，有计划地合理布局生产力有利于城乡融合发展[1]，恩格斯在《反杜林论》中首次提出了未来社会主义社会生产力均衡布局的思想，指出，"只有按照一个统一的大的计划协调地配置自己的生产力的社会，才能使工业在全国分布得最适合于它自身的发展和其他生产要素的保持或发展"[2]。并且进一步指出，"从大工业在全国的尽可能均衡的分布是消灭城市和乡村分离的条件，这方面来说，消灭城市和乡村的分离也不是什么空想"[3]。马克思和恩格斯在分析社会化大生产时，已经预测到了资本主义工业生产在加强城乡联系的同时又导致严重的城乡对立，提出了在无产阶级夺取政权后"把农业和工业结合起来，促使城乡对立逐步消灭"的主张[4]，马克思和恩格斯早就预测未来社会主义社会生产力布局是有利于促进工农结合和城乡融合的。列宁在《俄共（布）纲领草案》中指出，消灭城乡对立、实现城乡统筹是共产主义建设的根本任务之一，促进工农业生产有机联系是实现城乡融合的主要途径。同时指出，"只有农业人口和非农业人口混合和融合起来，才能使农村居民摆脱孤立无援的地位。……正是农业人口和非农业人口的生活条件接近才创造了消灭城乡对立的条件"[5]。进一步地，从产业发展的历程分析，一个经济体不断崛起的过程中，产业的发展是一个从低级到高级、从简单到复杂的过程，产业的升级与调整本身要表现在一定的城乡空间范围内。在土地资源异常紧张的客观约束条件下，产业的布局是政府与企业在综合考虑交通、市场、劳动力、金融服务能力等区域整体配套能力

---

[1] 《区域经济学》编写组：《区域经济学》，高等教育出版社2018年版，第31页。
[2] 《马克思恩格斯文集》（第9卷），人民出版社2009年版，第313页。
[3] 《马克思恩格斯文集》（第9卷），人民出版社2009年版，第314页。
[4] 《马克思恩格斯文集》（第2卷），人民出版社2009年版，第53页。
[5] 《列宁文集》（第2卷），人民出版社2013年版，第197页。

后做出的决定，是多方博弈后的均衡解。随着产业的合理布局与优化调整，产业与上下游形成的产业链和关联产业会逐步完善和扩大，并在城乡空间上表现为一定的空间形态和空间单元，这种空间形态和单元日益调整升级，并与周边组织进行物质、信息交流，必将带动周围的人口流动。也就是说，城乡空间结构布局优化，有利于优化城乡产业布局，在布局调整过程中形成城乡发展空间新秩序，城市产业发展带动了农村劳动力向城市转移，土地形成规模经营，带动了资源下乡，满足城乡居民对农产品的多样化需求，使农村生态保护、农耕文化、健康养生、休闲观光等多重功能得到挖掘，一二三产业不断融合，农村与城市的联系更加紧密，城乡之间的差距不断缩小。以城市群、都市圈为依托，完善大中小城市协调发展格局，大城市的辐射作用日益凸显，带动县域周边区域的发展，进而带动农村的发展，真正形成更大的"引擎效应"，全面激发经济发展活力，有效推进了城乡经济融合的进程。

12.2.1.3 城乡空间结构优化—生产要素双向流动—城乡要素融合

1. 城乡空间结构优化促进生产要素双向流动

城市与乡村既是一个相互联系的系统，又是相对独立的共生单元，二者之间通过聚集与辐射，不断推进生产要素在城乡间的自由交换与相互作用。

第一，城乡空间结构优化通过空间系统作用于环境促进要素流动。根据系统理论，环境与系统密切关联相互作用，即环境塑造着系统，系统影响着环境。系统与环境的相互作用，促进了系统间与系统内部各种要素的流动与交换，并通过这种流动与交换强化系统与环境的相互作用。城乡作为一个开放的、复杂的系统，同样遵循着系统发展演化的一般规律，每时每刻都与环境发生着联系，并通过城乡空间系统与外部环境的相互作用，促进劳动力、资金、信息、技术等要素的流动与交换，进而通过城乡空间系统—环境—要素流动之间的互动作用，提高城乡系统对环境变化的自组织和自适应能力。图 12-2 显示了城乡空间之间多维要素的流动和相互作用的复杂情况。城乡空间系统可划分为城市子系统和乡村子系统，具体分为大城市系统、中小城市系统、乡村系统三个层次（图 12-2 中自右向左的三个圆形表示），这一复杂的城乡空间系统不仅与外部环境（国际、国内与区域）相联系，还包括与内部环境（同等级城市、不同等级城镇和乡村）相联系。城乡空间结构优化，能够促进城乡空间系统不断完善，打破行政壁垒、地方保护和市场分割，

第 12 章　优化城乡空间结构促进城乡融合发展

有利于营商环境的优化，加快建立全国统一大市场竞争规则，打通制约经济循环的关键堵点，破除妨碍城乡要素自由流动和平等交换的体制机制壁垒，优化土地、劳动力、资本、技术、数据、信息等要素的空间配置。

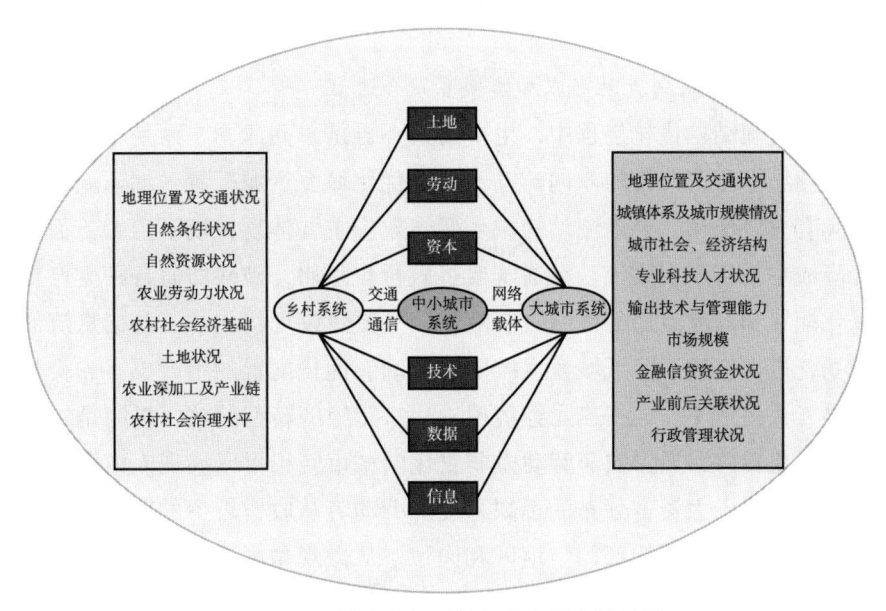

图 12-2　城乡空间系统间生产要素的作用

资料来源：根据系统理论与本项目内容整理而得。

第二，城乡空间结构优化通过交通、通讯网络均衡布局促进生产要素流动。城乡空间结构优化有助于建立较为健全的公共交通网络，将城市的公共交通网络拓展延伸至乡村地区，降低企业生产成本和城乡居民出行成本。城乡空间结构优化不仅能够促进高速公路、高铁、航空布局更加网络化，促进物质要素的空间流动，在数字经济快速发展的条件下，还可以加速虚拟空间、智能网络发展，实现信息类生产要素的空间共享，并通过通讯网络与交通网络的相互作用，促进各类生产要素流动与优化配置。比如，虚拟空间的交通信息共享和智能导航，可以提供实时的交通情报和行程规划服务，有助于乡村居民获取最新的交通信息，缩短城乡居民的出行时间和产品的运输时间。总之，有形交通基础设施和无形通讯虚拟智能网络互联互通有利于降低生产成本和交易成本，促进生产要素的流动和优化配置。昂温和波特的"城乡联系与流"思想提出加强城乡"流"要素联系，构建城乡网络。城乡空间结构优化的目标不仅是促进城市发展,更强调对乡村发展的带动作用。在城乡间构建点、线、面"三位一体"相互交织的交通通讯网络,形成稳定性强、可恢复性高、快速便捷的物流与信息流的交换网络,对于通过城乡要素的双向自由流动,优化城乡资源配置,缩小城乡发展差距,促进城乡共同繁荣具有重要作用。

2. 生产要素双向流动可以加速城乡融合进程

城乡空间结构优化进程中,生产要素不再是单向流动,而是城乡间的双向流动。城乡生产要素的双向流动,对于优化城乡资源配置、加速城乡融合进程具有重要作用。要素流动的城乡融合效应主要体现在以下三个方面:第一,降成本。生产要素流动畅通既要打破行政阻碍,破除妨碍各种生产要素市场化配置和商品流通的体制机制障碍,又要建设现代化物流与信息流的网络体系,进而有助于降低城乡生产要素流动、优化配置的生产成本和交易成本。第二,提效率。根据二元经济理论,二元经济转型的核心机制是农业劳动力非农化转移,通过农业劳动力非农化向城市转移可以实现人力资本的优化配置,调整人力资本分布的稀缺程度。劳动者从收益较少的部门、地区和岗位转移到收益较多的部门、地区和岗位,从微观角度看,会提高非农转移者的收入水平,降低城镇企业的用工成本;从宏观角度讲,会扩大消费需求,带动投资需求,促进经济增长。城乡生产要素的双向流动,能够通过生产要素优化配置,提升城乡生产效率。一方面,农业劳动力进入城市可以在满足城市非农产业的用工需求,降低用工成本,促进资本积累的同时,增加人均耕地面积,通过农业规模经营,提高农业劳动生产率;另一方面,城市是各种优质要素和非农产业的集聚地,具有资本、技术、人才和市场优势,城市资本、技术和人才下乡,有利于充分利用城市优质要素和现代生产、经营方式,激活农村的各类资源和要素,促进农业农村加快发展。第三,促创新。熊彼特认为,所谓创新就是要"建立一种新的生产函数",实现"生产要素的重新组合"[1],创新活动的主体是人,通过劳动力的自由流动、优化配置能够有效提高人力资本的配置效率,进一步促进人力资本投资。具体来讲,劳动力的流动、迁移,有助于提高劳动者的岗位匹配程度,增加其人力资本的投资收益,进而提高其人力资本的投资意愿和投资能力,有利于提升人力资

---

[1] [美]熊彼特:《经济发展理论》,商务印书馆2017年版,第75~76页。

本投资总量。根据马克思政治经济学理论，人是生产力中唯一能动要素，人力资本存量的增加，可以通过劳动者职业技能的提高，生产工艺的改进，新能源新材料的使用以及生产工具与机器设备的改造、更新等途径推进技术进步。技术、数据等生产要素与传统生产要素相互作用，能够发挥乘数效应加速创新进程，在5G、大数据、人工智能、工业互联网等新型基础设施的赋能支撑下，各种生产要素在城乡间的自由流动和相互作用，可以促进城乡经济的高质量发展。

12.2.1.4 城乡空间结构优化—生态环境共保共治—城乡生态融合

1. 城乡空间结构优化促进城乡生态环境共保共治

城乡规划分割会影响各类要素在乡村合理落地，难以推进基础设施、公共服务、生态环保等方面的统筹发展。在城乡两大空间发展过程中，城市的用地空间有规划、有布局，包括居住用地、公共设施用地、工业用地、仓储用地、对外交通用地、道路广场用地、市政公用设施用地、绿地、特殊用地、水域以及其他用地；而乡村的用地空间较为无序，缺乏规划，呈现出弃耕撂荒、粗放经营、无序占用的现象，农用地、宅基地、污损废弃工矿用地、生态用地以及相关配套用地并没有集中规划布局。根据"核心—边缘"理论，城乡关系虽是核心区域与边缘区域的关系，但也是带动、互补、利益一体化、相辅相成的关系。日本学者岸根卓朗从系统论角度出发，提出了构建"城乡融合系统"理念，强调发展"农工一体复合社会系统"，"自然—空间—人类系统"实现三维立体城乡融合[1]。

城乡空间结构优化的过程，也是将城市和乡村两大地域系统结合起来，促进生态环境共保共治的过程。主要表现在：第一，城乡空间结构优化有助于推动城乡统筹生态规划，共同制定减排规划，实现生态环境共同保护，城乡资源共同节约与高效利用。城乡空间结构优化，通过城乡一体规划设计，推动城乡基础设施统一规划、统一建设、统一管护，统筹布局道路、供水、供电、信息、广播电视、防洪、物流和垃圾污水处理等设施，逐步向乡村延伸覆盖。亦能够加速健全城乡统筹规划制度，统筹县域城镇和村庄规划建设，通盘考虑土地利用、产业发展、居民点建设、人居环境整治、生态保护、防

---

[1] ［日］岸根卓朗，何鉴译：《环境论——人类最终的选择》，南京大学出版社1999年版，第397页。

灾减灾和历史文化传承的因素，统筹安排县域农田保护、生态涵养、村落分布等空间布局。第二，城乡空间结构优化更有利于发挥县城生态安全的支撑"接点"作用，也就是县城的"生态接点"功能，促进城乡实现绿色可持续发展。第三，城乡空间结构优化能够进一步优化用地空间，充分发挥乡村的生态价值，推进农村生态用地规划，促进农村生态用地保护。

2. 城乡生态环境共保共治促进城乡融合发展

第一，通过促进城乡减排实现城乡融合发展的低碳性。通过建设低碳城市、低碳乡村和低碳社区，倡导主张低碳消费、低碳交通和低碳的生活方式。第二，通过城乡环境保护实现城乡融合发展的生态性。建设生态城市、美丽城市和美丽乡村，严格保护乡村生态空间，协同高效治理城乡环境污染，高水平保护城乡生态环境，建设环境友好型城市和环境友好型乡村。第三，通过城乡资源高效利用实现城乡融合发展的节约性。建设节水、节能、节地、节材型城市与乡村，构建资源节约型城乡经济体系，确保城乡资源高效流动、双方共享与永续利用。城乡生态环境的共保共治可以促进资源的再循环和可持续发展。城市产生的大量废弃物可以通过农村的农田和农业生产过程进行循环利用，减少资源浪费和环境污染。同时，农村的生态系统和自然环境也为城市居民提供了休闲、旅游和环境保护等方面的资源补充。总而言之，通过城乡间生态环境共保共治与资源共享，发挥协同效应，推动城乡融合发展提升低碳性、生态性与节约性，实现城乡融合发展的可持续，也体现了以人为核心的城镇化的总体趋势。

总体来看，一个经济体二元经济转型过程中城乡空间结构的优化过程，是城市由单一中心向多中心发展，大中小城市、小城镇、乡村合理分布的多元化空间体系，以及城市群和城市带的形成与发展过程，同时也是城乡间基于比较优势的分工与交换过程。城乡空间结构优化旨在将以城市群为主体构建的大中小城市和小城镇、乡村协调发展的城乡格局衔接起来，形成多中心、多层级、多节点的城乡空间网络体系，促进两个地域功能互补和分工协作、产业布局优化调整、生产要素循环畅通、生态环境共保共治、基础设施互联互通、公共服务共建共享，进而推动城乡生产空间高效化、生活空间有序化、生态空间清洁化，为城乡融合发展创造有利条件，尤其是带动乡村实现全面发展。城乡空间结构优化可以促进城乡融合发展，其作用机理可以概括如图12-3所示。

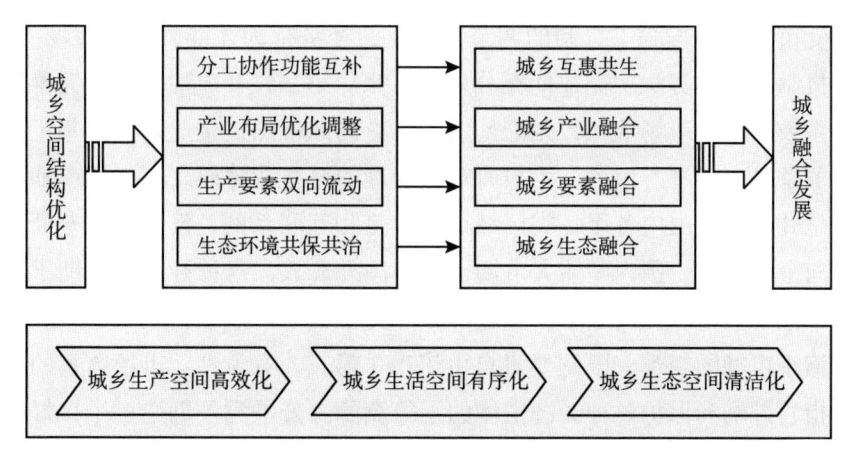

第12章　优化城乡空间结构促进城乡融合发展

图 12-3　城乡空间结构优化促进城乡融合发展的作用机理

12.2.2　城乡空间结构优化促进城乡融合发展的实现条件

12.2.2.1　健全完善的市场体系

城乡空间结构优化有助于促进城乡良性互动，实现城乡融合发展。在这个过程中，既要发挥市场对资源配置的决定性作用，又要发挥有为政府的调节作用，才能在城乡空间结构优化过程中纠正市场失灵[①]、防范政府失灵[②]。无论是有效市场还是有为政府，都需要健全完善的市场体系。

市场体系是指相互联系、相互补充的各级各类市场的总和。市场调节资源配置的前提，是各类生产要素和产品都进入市场，形成比较完备的市场体系[③]。健全完善的市场体系具有以下四大基本特征：第一，统一性。市场体系的统一性要求市场体系在构成上是完整统一的，不仅包括完善的一般商品市场，具体为消费资料市场和生产资料市场，而且包括发达的生产要素市场，具体体现为劳动力市场、土地市场、资本市场、技术市场、信息市场、数据市场等。在市场经济发展过程中，生产要素市场具有十分重要的地位。没有发达的生产要素市场，市场机制在资源配置中的决定性作用就不能实现。只有形成完善的生产要素市场，使其投入也面向市场，所需要的各种生产要素都从市场上获

[①]　市场失灵是指由于内在功能性缺陷和外部条件缺陷所引起的市场机制在资源配置的某些领域运作不灵，达不到资源的最优配置。

[②]　政府失灵是指政府的经济调节措施在许多方面不理想，政府发挥不了预定的经济调节作用。

[③]　《马克思主义政治经济学概论》编写组．马克思主义政治经济学概论（第二版），人民出版社、高等教育出版社 2021 年版，第 80 页。

取，受市场价格与竞争机制的调节，企业的经济行为才能真正受市场支配，市场机制的优胜劣汰功能才能充分发挥出来。第二，开放性。健全完善的市场体系鼓励自由市场准入，无论是国内还是国际市场，企业和个人基于平等的竞争条件自由进入市场，无须面对不合理的壁垒或障碍。不仅城市和农村市场是开放的，国内各级各类区域市场也是相互联系的，没有行政垄断，共同面向全国开放，国内整体大市场也要对国外开放，这种开放性有助于激发竞争，推动创新和提高效率。反之，部门或地区对市场的分割以及市场壁垒，则会缩小市场的规模，限制要素自由流动。第三，竞争性。市场体系的竞争性是指它鼓励和保护各种经济主体的平等竞争。公平竞争创造一个良好的市场环境，以促进生产要素的合理流动和优化配置，形成企业自主经营、公平竞争，消费者自由选择、自主消费的市场体系，提高经济效率。而一切行政封闭、行业垄断、不正当竞争都有损市场效率。第四，有序性。各类市场都必须在国家法律、法规的规范下有序运行，以维护竞争公平。市场无序、规则紊乱是市场经济正常运行的严重障碍，它会损害整个社会经济运行的效率。

恩格斯在《英国工人阶级状况》中说"……城市……这种大规模地集中，二百五十万人这样集聚在一个地方，使这二百五十万人的力量增加了一百倍"，知识、技术、人才集合起来能够产生更大的能量。而人才一般多是一技独长，聚众之长就会形成人才集聚优势，形成"合理结构"[①]。优化城乡空间结构促进城乡实现良性互动，关键是要充分发挥城市集聚经济优势，提高城市核心竞争力；同时，要通过城市的扩散效应，带动乡村发展，实现城乡要素的双向流动、工农互促和城乡互补。以统一、开放、竞争、有序的市场体系为基础，充分发挥市场机制的资源配置功能，更好地发挥政府宏观调控和微观规制的作用，促进多中心城镇体系的形成，基于多中心城市体系分散性集聚的特点，既可以充分发挥城市的集聚经济效益，又有利于以县城为连接大中城市和乡村的枢纽，通过城乡要素双向流动带动乡村发展，进而促进城乡资源空间配置的动态优化。

12.2.2.2 充分发挥市场机制的资源配置功能

城乡空间优化是市场主体对收益与成本权衡的结果，充分发挥市场机制在资源配置方面的决定性作用，才能有利于市场主体做出合理的选择。

[①] 董利民：《城市经济学》（第2版），清华大学出版社2016年版，第6~37页。

第12章 优化城乡空间结构促进城乡融合发展

在城乡空间结构优化的过程中，用地空间是非常重要的组成部分，土地价格是重要标尺，可通过租金或房价，调整人口的空间分布和企业的空间选址行为。沃纳·赫希（W. Hirsch）对人口和企业选址行为做过研究，家庭成员在收入减去交通费用后的预算约束条件下选择住房和非住房商品，已达到家庭效用最大化，城镇家庭选址受地租价格机制影响，权衡企业距离中心商业区的远近和土地租金的高低①，均衡点为图12-4中 E。企业选址也是如此，对土地投资和非土地投资采取的决策以追求利润最大化为依据，且满足边际产出递减规律，企业选址需要在接近中心区和低价格土地之间做出权衡，最终均衡点为图12-4中的 E。在现实中，城乡空间分布类似于一个同心圆分布模式，受到土地价格或租金的影响，家庭或企业的分布在效用或利润最大化决策下形成了不同的城镇空间形态和结构。企业的不同分布会影响着产业的集聚与转移，人口的分布则会影响着就业、消费以及生产。

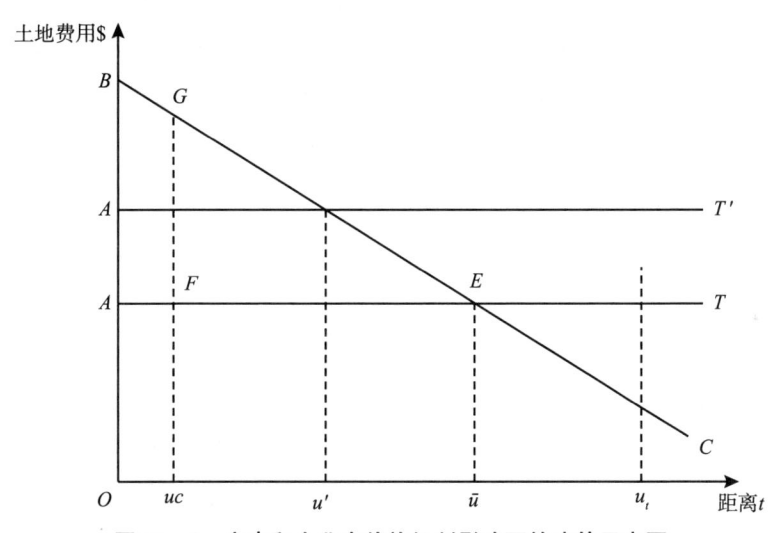

图12-4 家庭和企业在价格机制影响下的决策示意图

资料来源：[美] 沃纳·赫希，刘世庆等译：《城市经济学》，中国社会科学出版社1990年版，第70页。

具体来看，市场主体根据收益和成本做出选择。城市作为空间，是不同经济主体（主要是企业和家庭）的集聚之地。马克思说："城市本身表明了

---

① [美] 沃纳·赫希，刘世庆等译：《城市经济学》，中国社会科学出版社1990年版，第70页。

人口、生产、工具、资本、享乐和需求的集中；而乡村所看到的却是完全相反的情况，孤立和分散"①。集聚会产生集聚经济，"若没有集聚经济，社会经济活动就不必采用空间集中的形式，从而也就不一定会导致城市的产生和发展"②。集聚经济又称集聚经济利益、集聚经济效益或集聚收益，一般是指因企业、居民在空间上的集中而带来的经济利益或成本节约③。人口空间上的集聚在给居民、企业乃至整个城镇经济带来集聚收益的同时，在这一聚集过程中，也会产生各种各样的额外成本或额外费用，这就是集聚成本或集聚不经济。作为一种行为抑制因素，成本能够影响所有经济行为主体的选择④。

城乡空间结构的优化是市场主体对集聚收益与集聚成本权衡的结果。在健全完善的市场体系下，市场主体能够理性地权衡集聚收益与集聚成本，从而自动达到城市的最佳规模。城市规模是市场主体对集聚收益与集聚成本权衡的结果，集聚经济的存在使城镇空间规模趋于扩大，而随着城镇空间规模的扩大，又会产生集聚不经济。因此，集聚收益与集聚成本的大小决定了城镇化规模的大小。集聚收益是人口城镇化的诱因，作为吸引人口不断向城镇集聚的"向心力"，是城镇各利益主体选择城镇化的根本出发点和落脚点，具体包括近邻效应、分工效应、结构效应、规模效应、洼地效应等⑤。集聚规模越大，集聚收益就越大。然而，集聚成本的存在使得要素空间集聚不可

---

① 马克思恩格斯选集（第3卷），人民出版社1972年版，第56页。
②③ 吕玉印：《城市发展的经济学分析》，上海三联书店2000年版，第14页。
④ [美]詹姆斯·布坎南：《成本与选择》，浙江大学出版社2009年版，第42页。
⑤ 近邻效应是指域内各种经济活动之间或各区域之间的空间位置关系对其相互联系所产生的影响；分工效应是指由分工导致的专业化生产，提高了劳动生产率，从而获得收益的增加；结构效应是指由于结构的优化，所获得的收益增加；规模效应是指由于城镇规模的扩大，获得递增的报酬；洼地效应也称为"城市场效应"，中心城市对周围地区的作用力遵循距离衰减规律，即距离城市越近，场效应越强，反之亦然；土地成本是指使用土地所需支付的费用，主要包括土地使用权取得费及土地开发费；生活成本是指人们为维持特定的生活水平，购买产品与服务所花费的金钱，主要是指房屋所在地与业主平时的工作、生活圈之间所产生的各类成本；用工成本是指企业（单位）因雇佣劳动力而支付的费用，主要包括劳动报酬、社会保险、劳动安全卫生、职工培训及其相关费用；社会成本是指经济活动中私人成本与外部成本的总和；拥挤成本是指市民因拥堵造成的经济损失，主要包括因拥堵造成的时间成本以及由此产生的经济成本。参考吕玉印：《城市发展的经济学分析》，上海三联书店2000年版，第130页；冯云廷：《城市经济学》，东北财经大学出版社2011年版，第49页；[英]艾伦·W.伊文思，甘士杰、唐雄俊等译：《城市经济学》，上海远东出版社1992年版，第74页；何勤、王飞鹏：《劳动合同法实施后企业用工成本的增量分析与应对措施》，载《中国劳动关系学院学报》2009年第5期，第43~46页；张国胜、陈瑛：《社会成本、分摊机制与我国农民工市民化——基于政治经济学的分析框架》，载《经济学家》2013年第1期，第79~82页。

能无止境地集聚下去，集聚不经济作为城镇空间集聚产生的"离心力"，制约着城镇集聚规模的扩大，聚集成本包括土地成本、拥挤成本、生活成本、用工成本、社会成本等。集聚收益和集聚成本这两股力量的大小决定了城市空间规模的大小，城乡空间结构同样也是由吸引和集聚的向心力、扩张和分散的离心力共同作用形成。

最终城市规模的大小由集聚收益与集聚成本的差值即集聚效用或集聚利润（$U=I-C$）决定。差值 U 越大，集聚规模就越大；差值 U 越小，集聚规模就越小，当集聚收益（I）与集聚成本（C）相等时，不会有人（农民）进入城镇，也不会有人（城里人）离开城镇，城镇的规模达到稳定或均衡状态（见表12-2）。以上所述集聚收益与集聚成本的权衡以及城镇稳态规模的形成，需要充分发挥市场机制的资源配置功能确保经济行为主体能够获得充分的信息，在完全自由竞争的环境下做出合理的选择。

表 12-2　　　　　　　　　集聚效用对集聚方向的影响

$U>0$ ($I>C$)	$U<0$ ($I<C$)	$U=0$ ($I=C$)
集聚	分散	稳定或均衡

综上所述，聚集效应的存在，企业由于生产成本与交易成本的降低，以及市场需求的扩大，获得了更多的利润；居民由于就业机会的增加、择业成本的降低，以及多样化商品的集中，增加了工资收入，提高了效用满足程度。但是要素聚集也是有成本的，人口与要素的聚集会导致地租上涨、交通成本和工资水平的上升；在特定区域的人口与要素聚集超出了土地承载能力，就会由于"拥挤"而产生交通堵塞、环境污染、住宅紧张等问题。如果说聚集利益是人口与要素向特定区域集中的向心力的话，那么聚集成本则会对特定区域产生离心力。在市场主体对聚集收益与聚集成本的权衡之下，城市空间结构呈现出由单一中心向多中心演化，要素空间布局向农村地带蔓延的趋势[①]。以城市群为特征的大中小城市、小城镇协调发展的多中心城市体系的形成，通过多中心分散性集聚，在发挥城市集聚效应的同时，通过城乡要素

[①] 张桂文、冯双生等：《中国二元经济转型与农村土地制度改革》，经济科学出版社2017年版，第4页。

的双向流动，带动了乡村经济发展，优化了城乡空间结构，促进了工农互促、城乡互补，从而实现城乡融合发展。

12.2.2.3 正确发挥政府在资源空间配置方面的调节作用

在上述内容中，我们分析了市场主体的区位竞争、要素流动与重组对城乡空间结构优化的作用，结论是在市场机制的作用下，城乡空间结构会呈现出由单一中心向多中心演化，要素空间布局向农村地带蔓延的趋势。但是，这种抽象的理论分析只是考虑了生产要素空间聚集的经济效应，并没有涉及其社会效应和环境效应；只是把市场机制对资源配置看作是一个瞬间实现过程，而忽略了市场机制实现资源优化配置是一个动态的长期过程。如果我们放松上述假设，就会发现虽然在健全完善的市场体系下，追求利益最大化的理性经济人，可以在商品与要素价格的引导下，通过生产要素的流动与重组，最终实现资源空间配置的帕累托最优，但不仅涉及社会效应与环境效应的领域会出现市场失灵；在市场机制对资源配置的动态调整过程中，也会伴随着诸多交易成本和不确定性所带来的效率损失。更何况，现实中的市场也不是理想中的完全竞争市场，追求利益最大化的市场主体也不是具有完全理性的经济人，市场体系的不完善、垄断因素的存在，以及市场主体机会主义的策略行为都会使市场机制的资源配置功能不能正常发挥。因此，通过城乡空间结构优化促进城乡融合发展，离不开政府在这一领域的宏观调控与微观规制。

第一，市场机制无法解决集聚经济的负外部经济问题。在市场经济条件下，资源在城乡间的再配置是空间聚集经济效应的结果。但是市场机制实现资源优化配置的一个重要前提条件是市场主体的经济活动没有外部经济效应。外部经济效应的基本含义是市场主体的生产或消费行为对于其他经济主体所产生的未能或无法由价格体系来反映和计量的影响，通常分为正的外部性与负的外部性。负外部性是指市场主体的经济活动对其他经济主体产生了不利影响，但没有提供相应的补偿；正外部性则是指市场主体的经济活动给其他经济主体带来了有利影响，但没有索取相应的费用。市场主体经济活动的正外部性是聚集经济产生的重要原因，它促进了生产要素在有利的区位上聚集，并通过聚集经济利益使企业和居民受益。但是，市场主体的空间聚集行为也会产生负外部效应，比如要素空间聚集过程中产生的空气污染、水污染以及交通拥堵等。由于这种负外部效应无法通过市场价格来计量和计量，市场机制也就难以自发地消除负外部效应的影响。在城乡空间结构优化过程中，各国政府通常通过税收限制、建立市场替代等制度安排，通过外部效应内部化的办法，来消除集聚经济的负外部性影响。

第二，市场机制无法实现资源空间配置的社会效益最大化。二元经济转型中城乡空间结构的优化表现为城市由单一中心向多中心发展，大中小城市、小城镇合理分布的城市空间体系的形成与发展过程，以及多中心城市体系对乡村的辐射和带动过程。但是由于垄断、要素流动成本等因素的存在，城乡空间结构的优化是一个长期的动态演化过程。在这一过程中城市地区由于区位条件优越，非农产品的价格需求弹性与收入需求弹性较高，在经济发展中居于核心地位，从边缘地区吸纳要素与资源不断壮大自己，并引起边缘地区的经济衰落。缪尔达尔曾指出，由于不断递增的内部和外部经济的作用，核心区经济增长总是表现为一种上升的、循环的正反馈运动，而边缘区则表现为一种下降的负反馈运动，因此，"市场力量的作用通常倾向增加而不是减少区际差异"。

由于土地位置的固定性，二元经济转型城乡空间结构演化，不表现为土地要素的物理运动，而是表现为其他可流动性生产要素在城乡间、城市内部、农村内部的流动与组合，从而形成了人口与产业在不同区域的空间布局。土地不仅是人类生产与生活的空间载体，更是农业再生产不可替代的生产要素。土地不仅具有经济功能，同时也具有满足人们对食品需求、缓解失业压力的社会保障功能，以及涵养水土、调节温度与湿度、维护生物多样性的环境净化与保全的功能。市场机制的作用，会使资源不断地从经济效益低的部门转移到经济效益高的部门，追求利益最大化的市场主体的迁移流动和要素重组活动，就会导致二元经济转型中农地配置过少与非农用地配置过多，从而影响土地的保障功能和生态净化保全功能的实现。消除生产要素空间聚集过程中的核心—边缘的区域二元结构，保障国家的粮食安全和生态环境安全，政府必须通过对城乡规划与土地用途管制等制度安排，调节生产要素，特别是土地资源在城乡间、农业与非农产业间的合理配置，科学规划生产、生活、生态用地。

第三，市场机制无法解决城乡空间结构优化过程中土地增值收益的合理分配问题。在市场机制的作用下，城乡空间结构优化是生产要素空间集聚经济与集聚不经济综合作用的结果。在生产要素的空间聚集利益的吸引下，企业和居民向着具有区位优势的地域集中，由于空间聚集效应的存在，企业可以在同样的技术约束条件下，获得更大的产出；居民也可以获得更多的就业机会和更高程度的效用满足。企业和居民在空间聚集的过程，也就是对聚集经济利益的分享过程。但由于土地资源所具有的区位固定性和稀缺性，企业和居民空间聚集与区位竞争的结果必将导致土地租金和土地价格上涨，在竞争均衡的条件下，聚集经济利益完全资本化于土地收益之中。如果土地资源配置过程中土地增值收益完全归土地所有者所有，那么必然带来巨大的社会收入分配不公。这种单纯由于对土地的占有就能够获得的财产性收入，不仅通过地租与土地价格的上涨提高企业的用工成本和居民的生活费用，还会诱发对土地与房地产的投机性炒作，严重影响市场机制对土地资源的合理配置。

为了解决城乡空间结构优化过程中土地收益分配不公的问题，各国政府对于用途改变带来的土地增值收益，都采取税收、近地补偿①、"减步法"②等不同的制度安排，以实现土地增值收益的社会分享。通过上述制度安排，一方面减少了由于土地占有和土地投机行为所造成的社会收入分配不公，另一方面也可用土地增值收入进行城市基础设施建设，增加公共物品的供给，以扩大生产要素的空间聚集效应，提高土地资源的利用效率。

进一步分析，我们还发现，尽管城乡空间结构优化中存在着市场失灵的现象，然而政府对空间结构的调控与规制也存在着政府失灵的可能。如城乡规划、土地用途管制，以及土地增值收益分配中的寻租行为，这些行为不仅会使政府的政策目标难以实现，还有可能带来更大的收入分配不公。所以，实现二元经济转型中城乡空间结构的优化，不仅要通过土地制度及其相关的制度安排来弥补市场失灵，更要通过对政府官员的激励与约束，尽最大可能减少政府失灵。

综上所述，城乡空间结构优化促进城乡融合发展的实现条件是在健全完善的市场体系的前提下，实现有效市场与有为政府的有机结合，在充分发挥市场对资源配置决定性作用的同时，更好地发挥政府的作用（见图12-5）。

---

① 近地补偿原则是德国土地征收时对土地所有权人采用的一种补偿办法，是指用被征购土地旁边类似用地作为参照进行征地补偿。华生：《新土改——土地制度改革焦点与难点辨析》，东方出版社2015年版，第Ⅳ页。

② "减步法"是日本土地征用时所采用的一种对土地增值收益分配所采取的一种制度安排，是指在近郊和旧城区改造中，涉及土地用途改变时，土地所有权人必须交出相当部分的土地用于公共设施用地和弥补建设成本。华生：《新土改——土地制度改革焦点与难点辨析》，东方出版社2015年版，第Ⅳ页。

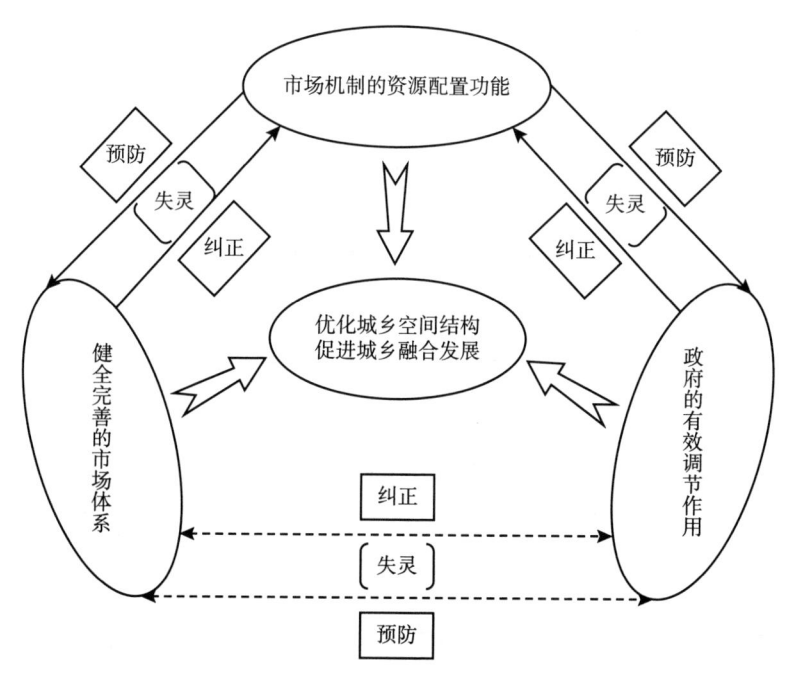

图 12-5　城乡空间结构优化促进城乡融合发展的实现条件

12.3　我国城乡空间结构演进的总体特征与失调表现

新中国成立以来，我国城乡空间关系经历了四大发展阶段，各个阶段呈现不同的城乡空间格局。当前我国已进入城乡空间融合发展阶段，城乡空间结构演进呈现出空间布局形态多元化、结构协同化、动力升级化、县域显现化的发展特征，但总体上看，城乡空间在规划、用地、人口、生态、格局等多个方面仍表现为失调状态。为此，本部分将对我国城乡空间关系的历史演进，当前城乡空间结构演进的特征与问题进行剖析，为我国优化城乡空间结构实现城乡融合发展提供实践依据。

12.3.1　我国城乡空间结构的历史演进

城乡空间关系是非常复杂的。考察城乡空间结构的历史演进有助于更好地分析当前的现状，找出存在的问题，以更好地对未来城乡空间协调发展做出预测和判断。新中国成立以来，我国城乡空间关系经历了四大发展阶段，分别是城乡空间隔离（1949~1978年）、乡村空间剥夺（1979~2002年）、城乡空间统筹发展（2003～2016年）、城乡空间融合（2017年至今），如表12-3所示。

表12-3　　　　　　　我国城乡空间结构的历史演进

阶段	城乡空间价值	城乡空间格局特点	城乡空间格局演进路径
城乡空间隔离（1949～1978年）	空间价值尚未形成。	依托老城区发展，扩张缓慢，城乡空间建设规划隔离，空间发展均衡。	城乡空间缺乏竞争，空间依赖性不强。
乡村空间剥夺（1979～2002年）	城市化加速，城市集聚明显，空间价值开始形成。	城乡空间开始分化，城市繁荣，乡村相对落后，城乡二元结构加剧。	城乡空间要素进行整合，城市加快扩张，打造城市增长极，发展中心城区，小城镇发展迅速。
城乡空间统筹发展（2003～2016年）	城乡空间价值主要表现为"中心—外围"结构，城乡空间价值链形成。	城市版图迅速扩张，老城区趋于成熟，新区开始建设，城乡产城融合，一体化发展加速，城市群、都市圈经济开始成为一般空间形态。	空间竞争激烈，城乡功能分化，城市多中心化发展，县域经济日益发展起来。
城乡空间融合（2017年至今）	城乡空间价值主要体现为乡村振兴与城乡有机融合，城乡等值理念凸显。	城市有机更新，空间修复和再造成为城市发展的主导趋势，以城市群为主体形态，都市圈持续发展壮大，乡村振兴成为新的趋势，大力发展县域经济，城乡多元空间格局形成。	"中心+组团"格局开始形成，城乡空间依赖性增强，注重提升空间品质，满足空间多样化需求。

资料来源：米梓溪、周韬：《乡村振兴战略下我国城乡空间结构变迁及一体化组织机制》，载《城市发展研究》2022年第3期，65页；高相铎：《我国城乡空间关系转变的规划响应研究——以天津市为例》，天津大学博士论文，2017年。

城市与乡村代表两类不同的空间，两类空间具有不同的功能和价值，形成了天然的价值链。新中国成立之后，我国城乡空间建设规划隔离，空间价值尚未形成，城乡空间隔离，缺乏竞争，空间依赖性不强。改革开放之后，我国启动了以经济建设为中心，工业得到发展，城市日益繁荣的进程，城乡空间开始分化，城乡二元结构加剧。这一阶段被称为乡村空间剥夺阶段，城市处于空间价值链的核心环节，对广大外围地区空间价值进行控制，形成了一定程度的空间剥夺。这在一定程度上推动了我国工业的巨大发展，经济增速较快，经济实力不断增强。21世纪之后，随着经济发展进入崭新的阶段，"三农"问题日益凸显，我国开始重视发展农业，关注农民，增强农村活力，城乡关系进入空间统筹发展阶段，城乡功能分化，城市多中心化发展，县域经济日益发展起来，空间竞争激烈，城乡空间价值主要表现为"中心—外围"结构，城乡空间价值链形成。随着城市化的推进和城市竞争的加剧，城市资本不断向乡村地区流动，乡村空间成为空间价值链上的重要一环，其竞争力在乡村资本的积累下不断增强，其价值和功能不断显现。2017年我国进入城乡空间融合发展阶段，城乡空间依赖性增强，城乡空间与相应产业形成互补耦合发展格局，城市群为主体形态，都市圈持续发展壮大，县域经济发展起来，城乡等值理念凸显，两大地域多元空间格局形成。

12.3.2 当前我国城乡空间结构发展的总体特征

12.3.2.1 城乡空间布局形态多元化

党的十八大以来，城镇化空间布局持续优化，以城市群为主体的城乡空间格局初步形成。直辖市、省会城市、计划单列市和重要节点城市等中心城市辐射功能不断增强，北京、上海、广州、深圳等城市龙头作用进一步发挥，带动所在区域中小城市、小城镇不断发展壮大。

"十三五"时期以来，国家先后制定实施了京津冀、长三角、珠三角、哈长、辽中南、山西中部盆地、山东半岛、中原、长江中游、海峡西岸、北部湾、呼包鄂榆、宁夏沿黄、兰西、关中平原、成渝、黔中、滇中、天山北坡等19个城市群发展规划，再加上新疆喀什和西藏拉萨城市圈，"19+2"的城市群格局已经基本形成并稳步发展。京津冀协同发展、粤港澳大湾区建设、长三角一体化发展取得重大进展，成渝地区发展驶入快车道，长江中游、北部湾、关中平原等城市群集聚能力稳步增强。长三角以上海为核心，带动南京、杭州、合肥、苏锡常、宁波五大都市圈共同发展。粤港澳大湾区以香港、澳门、广州、深圳四大中心城市为引擎，辐射周边区域。京津冀以北京、天津为核心城市，带动河北省及周边省区邻市，成为我国北方经济规模最大、最具有活力的经济圈。成渝、长江中游、关中平原等城市群省际协商协调机制不断建立健全，一体化发展水平持续提高。城市群建设成效显著，城市群集聚人口和经济作用持续显现。多地积极推动都市圈发展，城际铁路、市域（郊）铁路、城际公交加快建设，便捷通勤交通网络加速形成。根据《中国城市发展潜力排名：2022》报告显示，基于21个指标研究2022年中国19个城市群发展潜力，长三角、珠三角遥遥领先，其次是京津冀、长江中游、成渝城市群，之后是山东半岛、粤闽浙沿海、中原城市群等。长三角、珠三角人口增量、经济规模居前，产业创新实力领先，GDP、A＋H股上市公司数量和专利授权量合计分别占全国的29.1%、74%和68%[1]。

项目组以各城市群规划划定范围为依据，统计分析城市群对国家城镇化与经济社会发展的贡献，2020年，我国19个城市群的空间面积约300万平方公里，常住人口规模约11.5亿人，创造的地区生产总值高达90万亿元，相当于以1/3的国土面积承载全国八成以上人口，产出将近90%的国内生产总值[2]，城市群人口经济集聚态势明显，城市群作为新型城镇化的主体空间形态，深刻影响着我国经济社会发展的格局。根据项目组测算19个城市群的GDP占比和人口占比的数据，整理得到表12－4，可以看出，2010～2020年19个城市群地区人口占全国的比重从76.44%上升到81.28%，GDP占全国的比重从85.31%提高到86.08%，分别提高4.84个和0.77个百分点，可见人口聚集程度更高，2020～2021年19个城市群的人口增加了407.73万人。从这些城市群10年间的发展可以看出，人口和经济聚集态势也呈现一定显著的差异。从GDP占比指标看，2020年长江三角洲所占比重最高，达到16.58%，长江中游城市群为9.27%，珠江三角洲、京津冀、中原城市群均超过8%，这些城市群国际竞争力明显提高，成为中国参与国际竞争的主要阵地，特别是长三角城市群的经济体量已与印度相当，业已成为世界第六大城市群[3]。从常住人口占比指标看，中原城市群占比为10.96%，长江三角洲占比为9.94%，京津冀、长江中游城市群均超过8%。山东半岛城市群的GDP占比和常住人口占比在2020年分别为7.58%、7.46%，实现了惊人的人口与经济协调发展，而哈长城市群、辽中南城市群、天山北坡城市群在GDP占比和人口规模占比上实现了双下降，从GDP占比看，辽中南下降程度最高，下降2.12个百分点，哈长城市群下降1.77个百分点，天山北坡为下

---

[1] 《任泽平：2022中国城市群发展潜力排名》，新浪财经，2023年01月02日，https：//finance.sina.com.cn/stock/2023-01-02/doc-imxytwqq9065351.shtml？nm=$（name）。

[2] 数据来自《中国城市建设统计年鉴2020》和《中国统计年鉴2021》。

[3] 解安、林进龙：《新型城镇化：十年总结与远景展望》，载《河北学刊》2023年第1期，第119～120页。

第12章 优化城乡空间结构促进城乡融合发展

降程度最低,仅为0.07个百分点;从常住人口占比看,哈长城市群下降程度最高,下降0.78个百分点,其次为辽中南城市群,下降0.41个百分点,天山北坡下降了0.34个百分点。综合全国范围的整体分析,城市群各项经济、人口指标在全国具有举足轻重的地位,集聚效应越来越强,已经成为国家推进城镇化和经济发展的战略核心区,带动了都市圈、中心城市以及县城经济的发展,对农村地区带动的作用也在显现。随着中西部城镇化的快速推进,中西部地区与东部地区的城镇化水平差距也在逐步缩小。

表12-4　19个城市群GDP和人口占比变动情况

城市群名称	城市数量	GDP占比 2010年	GDP占比 2020年	提高（2010~2020年）	常住人口占比 2010年	常住人口占比 2020年	提高（2010~2020年）	常住人口增长（2020~2021年）
	个	%	%	百分点	%	%	百分点	万人
长江三角洲	25	16.19	16.58	0.39	7.83	9.94	2.11	105.63
珠江三角洲	9	8.43	8.90	0.47	4.19	5.54	1.35	37.76
京津冀	14	9.79	8.74	-1.05	7.79	8.21	0.42	-268.35
山东半岛	17	9.04	7.58	-1.46	7.15	7.46	0.31	8.30
北部湾	15	2.02	2.12	0.10	2.97	3.12	0.15	27.20
成渝	16	5.29	6.73	1.44	7.33	6.97	-0.36	451.09
海峡西岸	11	4.01	4.95	0.94	4.12	4.22	0.10	44.50
长江中游	30	7.74	9.27	1.53	8.95	8.96	0.01	69.96
关中平原	12	2.08	2.31	0.23	3.19	3.25	0.06	-14.80
中原	30	6.06	8.03	1.97	8.91	10.96	2.05	-212.65
哈长	10	3.82	2.05	-1.77	3.65	2.87	-0.78	188.64
辽中南	11	4.44	2.32	-2.12	2.90	2.49	-0.41	-28.86
黔中	6	0.80	1.20	0.40	1.94	2.07	0.13	-1.20
滇中	5	1.11	1.53	0.42	1.63	1.66	0.03	-18.20
呼包鄂榆	4	1.97	1.31	-0.66	0.81	0.85	0.04	5.90
山西中部	5	0.98	0.88	-0.10	1.14	1.14	0.00	3.40
兰西	9	0.60	0.63	0.03	1.09	0.96	-0.13	2.04

续表

城市群名称	城市数量	GDP 占比 2010年	GDP 占比 2020年	提高(2010~2020年)	常住人口占比 2010年	常住人口占比 2020年	提高(2010~2020年)	常住人口增长(2020~2021年)
	个	%	%	百分点	%	%	百分点	万人
天山北坡	7	0.62	0.55	-0.07	0.45	0.11	-0.34	3.30
宁夏沿黄	5	0.32	0.39	0.07	0.40	0.51	0.11	4.07
合计	240	85.31	86.08	0.77	76.44	81.28	4.84	407.73

数据来源：中经网统计数据库以及全国各省市历年统计年鉴。

12.3.2.2　城乡空间布局协同渐强化

中国正在构建以陆桥通道、沿长江通道为两条横轴，以沿海、京哈京广、包昆通道为三条纵轴，以主要城市群地区为支撑，以轴线上其他城市地区为重要组成的"两横三纵"城市化战略格局。随着交通运输、产业转移、要素流动不断增强，城镇空间布局结构走向协同化，"两横三纵"重点轴带相互间的经济联系明显加强，相互支撑、相互促进的效应不断显现。重点城市群、都市圈、大中小城市等不同层次和形态之间的相互影响日益扩大，多方向、多领域、多层次的耦合互动效应明显加强。"两横三纵"重点轴带内部以及经济带之间的发展差距呈现缩小趋势，人口与经济分布的匹配程度明显提高。

近10年来，"两横三纵"轴带人口和经济占比总体提升，自2010~2018年"两横三纵"轴带总体上 GDP 占全国之比提高了2.36个百分点，人口占全国之比提高了1.00个百分点[①]，2021年 GDP 占全国比重为97.38%，人口占全国比重为78.53。从表12-5可以看出，在这些轴带上，沿海轴带、沿长江轴带、京广京哈轴带 GDP 占全国比重分别为34.76%、29.00%、20.29%，常住人口占全国比重分别为25.49%、19.00%、19.13%，这三大轴带聚集态势更加明显，聚集经济作用较强；而陇海兰新轴带、包昆轴带的 GDP 占全国比重分别为6.76%、6.57%，常住人口占全国人口的比重分别为7.53%、7.38%，这两大轴带的聚集效应稍微弱一些，有待于充分释放。相对而言，

---

① 中国宏观经济研究院国土开发与地区经济研究所课题组、高国力、刘保奎：《中国新型城镇化空间布局调整优化的战略思路研究》，载《宏观经济研究》2020年第5期，第6~7页。

"两横三纵"城镇化轴带之外的其他大中小城市、县城、各类城镇等不同形态间的互促互动功能不断释放,呈现互相影响、互相支撑的空间互动效应。

表 12-5　　　　"两横三纵"轴带 GDP 和人口占比变化

轴带名称	城市数量	GDP 占比		常住人口占比	
		2020 年	2021 年	2020 年	2021 年
	个	%	%	%	%
沿长江轴带	50	29.00	29.00	19.00	19.00
陇海兰新轴带	38	6.97	6.76	7.53	7.53
沿海轴带	88	35.17	34.76	25.43	25.49
京哈京广轴带	48	20.77	20.77	19.29	19.13
包昆轴带	27	6.75	6.57	7.38	7.38
合计	251	98.66	97.38	78.63	78.53

数据来源:中经网统计数据库以及全国各省市历年统计年鉴。

12.3.2.3　城乡空间布局动力升级化

当前,传统依靠要素投入和规模效应作用的线性、准线性城市增长动力模式向要素组织的化学效应、几何效应引起的增长动力模式转型升级。具体表现为两大方面:

第一,高铁等更快速的交通设施提高生产性服务业的效率,释放设施升级效应。国家铁路局于 2022 年 4 月发布的《2021 年铁路统计公报》指出,2021 年全国铁路固定资产投资完成 7489 亿元,投产新线 4208 公里,其中高速铁路 2168 公里。截至 2021 年,全国铁路营业里程达到 15 万公里,其中,高速铁路营业里程达到 4 万公里,较 2015 年末的 1.98 万公里,增加了 2.02 万公里,稳居世界第一,提前实现了"四纵四横"的高铁网络布局。2021 年铁路复线率 59.5%,电气化率 73.3%,西部地区铁路营业里程 6.1 万公里,全国铁路路网密度 156.7 公里/万平方公里。铁路客货运量保持增长,2021 年全国铁路旅客发送量完成 26.12 亿人,比上年增长 18.5%。全国铁路货运总发送量完成 47.74 亿吨,比上年增长 4.9%[①]。2003 年秦沈高铁的开通,标

---

① 根据《2021 年铁路统计公报》整理得出。

志着中国自此步入高铁时代。高速铁路的运营标志着铁路运输进入崭新的现代化时代，凭借其速度快、运力大、能耗低以及舒适安全等优点，高速铁路很快占据交通运输体系的核心地位，促进了生产要素的流通与融合，带动了城乡与区域经济的飞速发展。

第二，数字经济突飞猛进发展，人工智能（AI）、区块链技术、5G技术、虚拟现实（VR）和增强现实（AR）技术、基因编辑技术等新技术层出不穷，带来颠覆性变革，将释放空间结构优化效应。国家统计局相关数据整理近十年的数据显示，我国互联网普及率从2011年的38.3%增至2020年的70.4%，增长1.84倍；同期移动电话普及率从73.55部/百人增至112.91部/百人，增长1.54倍；电信业务总量增长速度较快，从2011年的11725.78亿元增至2020年的136763.33亿元，增长11.66倍。团队根据31个省份近十年互联网普及率、互联网相关从业人数、互联网相关产出、移动互联网用户数以及数字金融普惠发展这五大指标，运用统计学的熵权法构建数字经济发展指标体系，分别测算出31个省份2011~2020年的数字经济发展指数，再将31个省份数据算数平均化，得出我国2011~2020年的数字经济发展指数（见图12-6），经过测算，我国数字经济发展水平从2010年0.0697增至2020年的0.4874，增长6.99倍，尤其是2016年之后，数字经济发展明显提速加快，对城市聚集经济、产业结构以及劳动力结构都产生了深远影响，催生了数字乡村和数字农业，加速城乡数字治理，正在重塑城乡空间布局。

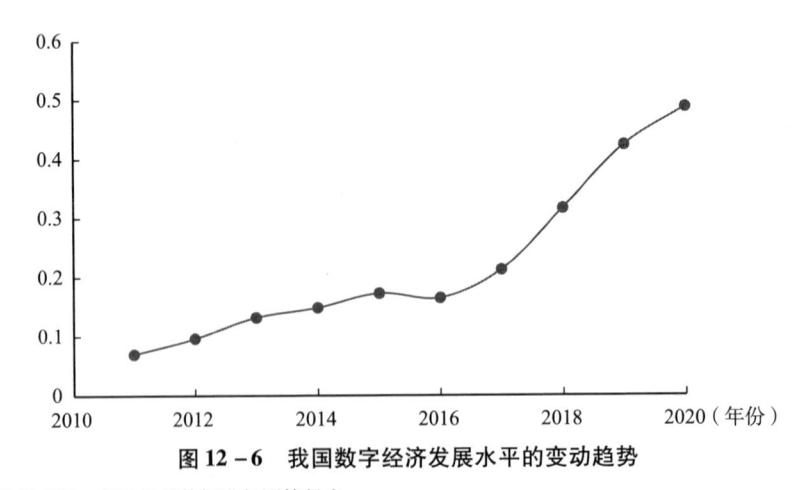

图12-6 我国数字经济发展水平的变动趋势

资料来源：根据相关数据进行测算得出。

12.3.2.4 城乡空间布局县域显现化

以县域为基本单元推进城乡融合发展，县城综合服务能力和乡镇服务农民功能不断完善。县城补短板强弱项工作稳步推进，"1＋N＋X"系列文件体系初步形成。2020年以来，国家发展改革委印发了《关于加快开展县城补短板强弱项工作的通知》以及若干配套文件，形成了"1＋N＋X"系列政策性文件体系，2022年，中共中央办公厅、国务院办公厅出台《关于推进以县城为重要载体的城镇化建设的意见》，系统提出县城建设的指导思想、工作要求、发展目标、建设任务、政策保障和组织实施方式，明确了目标任务、项目范畴和建设标准，进一步凸显了推进以县城为重要载体的城镇化建设的重要性，在城镇化战略中具有独特的地位和作用。中央预算内投资、企业债券、政策性信贷等各类资金统筹支持力度加大，县城公共服务、环境卫生、市政公用、产业培育等设施加快提档升级，带动乡村基础设施和公共服务持续完善，对县域经济的辐射作用不断增强，对提振农民消费的支撑作用更加彰显，县域经济的带动作用不断强化。当前，120个县城建设示范地区积极谋划启动示范性项目，初步形成一批行之有效的先进经验和可行模式，这些县城建设示范工作稳步开展。

12.3.3 当前我国城乡空间结构失调的主要表现

12.3.3.1 现行城乡规划体系尚未一体化

第一，我国存在城市和乡村两个规划体系、两套规划管理制度，在规划方面存在城乡脱节、重城市轻农村的问题。现行城市空间规划缺乏乡村腹地的支撑，城市一般都有规划，但不少农村规划缺位，相当一部分乡村无规划或规划不实用，宅基地违规乱建，有新房没新村、有新村没新貌，农村基础设施、公共服务设施等布局整体上缺乏科学指引。第二，现有的规划体系缺乏城乡全域规划。虽然也有部分地区将规划覆盖到城市、镇、乡、村，但更多注重以"点"为重点，重规划建设，缺乏对"面"域空间的统筹规划，没有真正覆盖到城乡空间。第三，现有规划体系与其他体系衔接不够紧密。虽然有部分区域探索"多规合一"的规划模式，但各个规划编制目的不一，规划编制的部门不同，从规划顶层设计、内容到管理层面，各个规划的衔接都存在诸多问题。在城乡融合发展的背景下，城乡规划的衔接、融合以及科学合理布局，影响城市与乡村主导产业、基础设施、公共服务、生态环保等统筹发展与推进，也影响各类生产要素在乡村的合理落地。

12.3.3.2 大中小城市、城镇、乡村协调发展格局尚未形成

城镇规模结构失调，尚未建立起大中小城市、小城镇协调发展的科学合理的城镇化规模格局。

第一，超大城市急剧扩张是当前城镇化格局演变的主要特征。目前，中国少数特大城市因承担功能过多，产业高度集聚，导致城市规模快速扩张，房价偏高、交通拥堵、环境污染等"城市病"凸显。根据魏后凯（2020）的研究，到2035年，城区人口1000万以上的超大城市数量将在现有增长的基础上继续增加。2020年我国超大城市共有7座，分别是上海、北京、深圳、重庆、广州、成都、天津，这些城市的城区人口都超过了1000万，到2035年，如果按照这种态势发展下去，超大城市的数量可能会增加5座达到12座[1]。

第二，部分中小城市和小城镇出现萎缩，社会发展后劲不足。人口和其他生产要素将加速向中心城市及都市圈集聚，加剧与中等城市的发展落差，部分四五线城市人口增长缓慢或持续流出将成为常态。一些中小城市和小城镇因基础设施和公共服务发展滞后，产业支撑不足，就业岗位较少，经济社会发展后劲不足。这种现象在东北尤为严重，根据第七次的人口普查数据，黑龙江省伊春市全境常住人口为878881人，而2010年的第六次人口普查伊春市共有1148126人，短短10多年的时间伊春人口就下降了接近1/4。2023年之初，黑龙江省伊春市和齐齐哈尔市有6个街道被撤销并改成了镇。实际上，伊春、齐齐哈尔两市人口的减少并不是一个特例，整个东北地区的人口也在大量减少。分析"七普"和"六普"的数据，可以发现过去十年间21个超大特大城市[2]中，有20个城市实现了人口增长，只有哈尔滨常住人口出现下降。从2015~2018年，27个300万人

---

[1] 魏后凯：《科学合理的城镇化格局有利于共同富裕》，载《北京日报》2021年11月8日，第10版。

[2] 根据中国第七次人口普查数据，中国超大城市有7个，分别是上海、北京、深圳、重庆、广州、成都、天津，此外还有武汉、东莞、西安、杭州、佛山、南京、沈阳、青岛、济南、长沙、哈尔滨、郑州、昆明、大连一共14个特大城市，因此，中国超大特大城市共计21个。

以上大城市城区人口（含暂住人口）增长12.7%，建成区面积增长18.6%，远高于全国城镇平均增长速度。这期间，全国建制镇数量增长3.8%，其建成区人口仅增长8.1%，建成区面积仅增长6.2%[1]。此外，城镇发展特色不足。有的地方把城镇化简单等同于城市建设，贪大求快，脱离实际追求"第一高楼"，建宽马路、大广场，忽视城市精细管理和广大居民需求，忽视地方文化的传承创新和城市个性塑造，造成"千城一面""千楼一面"。在特色小城镇建设中，一些地方存在盲目跟风、借机搞房地产开发的倾向[2]。

第三，县域经济的枢纽作用发挥不足。当前虽然县域经济在政策层面给予了非常大的发展空间，在实际践行层面，县域经济潜能在空间区位、产业基础、市场要素、资源禀赋和政策红利等方面的优势难以充分释放，城乡空间融合发展难以深入推进。再加上受到"城市偏向"政策的遗留影响，导致大城市发展较为迅速，对于近域乡村的带动与辐射能力较为有限，小城镇发展受到限制，乡村空间布局较为分散，县域经济发展还有很大的提升空间，其枢纽带动作用还有待于释放和发挥。

12.3.3.3 城乡建设用地结构有待优化

我国城乡建成区由城市建成区、县城建成区、镇建成区、乡建成区和村庄建设用地构成。根据图12-7所示，本书整理统计出我国2000~2021年城乡建成区的构成比例变化情况。从该图可以看到，五大类型建成区面积中，城市建成区、县城建成区、镇建成区这三大类型的建成区占比一直呈现上升趋势，城市建成区面积增长速度最快，从11.31%增加至24.23%，翻了一倍多；县城建成区面积所占比例在9%以内，呈现不断提高的趋势，从6.62%提高至8.16%；镇建成区面积占比增长速度较快，从2000年的9.17%增至16.83%，从侧面反映我国近些年来城镇化的高速发展和县域经济的不断扩大。五大类型建成区面积中，乡建成区占比最小，一直保持在5%以内；村庄建设用地面积占比最大，从68.32%下降至48.49%。虽然自21世纪以来，乡村建成区和村庄建设用地面积占比一直呈现下降趋势，但二者之和在2021年仍超过50%，2000年，村庄建设

---

[1] 魏后凯、李玏、年猛：《"十四五"时期中国城镇化战略与政策》，载《中共中央党校（国家行政学院）学报》2020年第4期，第11页。
[2] 魏后凯：《以提高质量为导向》，载《人民日报》2019年4月19日，第9版。

用地面积是城市建成区的6.04倍，2021年已降至2.00倍，但是乡村建成区面积仍然占据较高的比重。由此可以看出，城乡建设用地结构不太合理，有必要提高乡村土地的集约利用程度，为城市建成区腾出更多的用地指标。

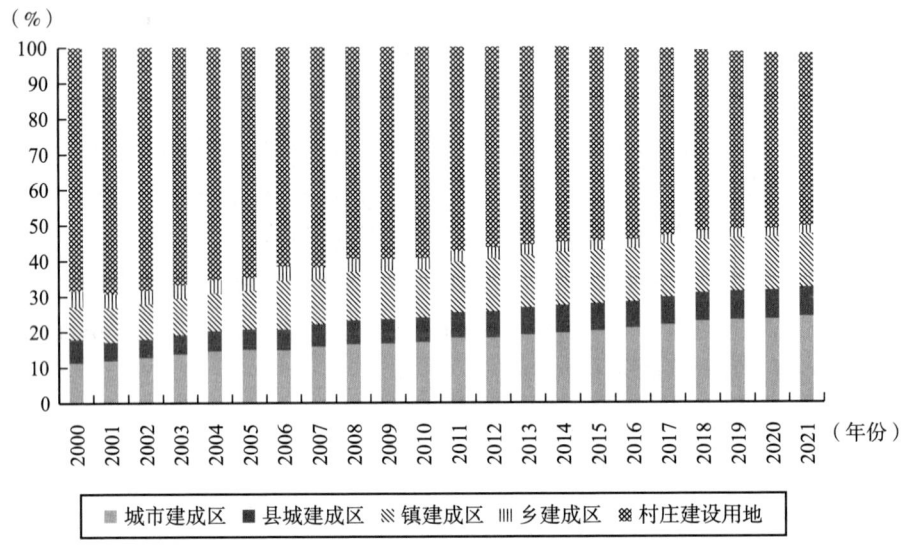

图12-7 2000~2021年我国城乡建成区比例结构变动情况

资料来源：历年《中国城乡建设统计年鉴》。

此外，我国城镇建设占用耕地情况较多。从年内中国减少耕地面积和建设占用耕地面积两大指标分析，本团队根据历年《中国国土资源统计年鉴》（更新至2018年）整理统计出中国建设占用耕地面积情况（见图12-8），得出2000~2017年我国减少耕地面积累计1470.90万公顷，建设占用耕地面积合计439.08万公顷，占年内减少耕地面积的平均比例为51.85%。尤其是在2007年之后，我国建设占用耕地面积超过了年内减少耕地面积的一半，2010年之后这一指标更是超过70%，此后从未低于这一比例水平，到2014年更是高达86.11%，到2017年为81.90%，2010~2017年，建设占用耕地面积平均占年内减少耕地面积的80.23%。

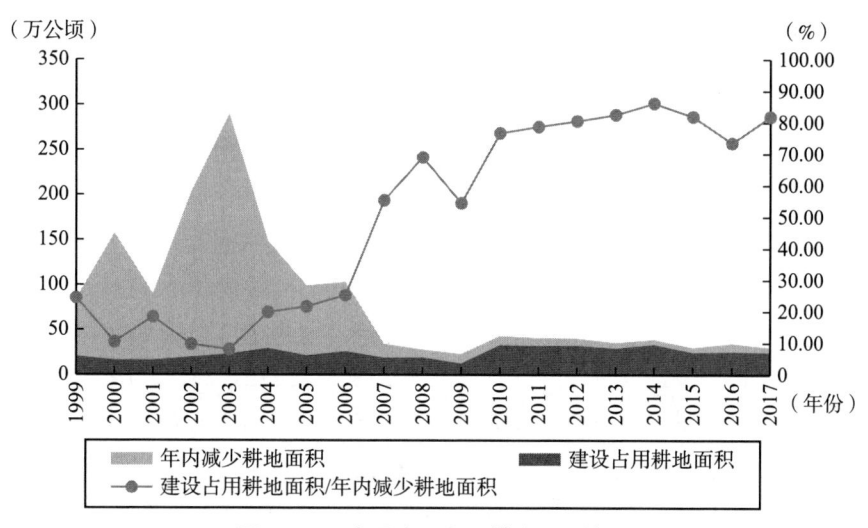

图 12 - 8　中国建设占用耕地面积情况

资料来源：历年《中国国土资源统计年鉴》。

12.3.3.4　城乡用地与人口空间配置存在矛盾

21 世纪以来，我国城镇化呈现稳步发展的趋势，从图 12 - 9 可以看出，城镇人口 2000 年为 45906 万人，到 2021 年增至 91425 万人，增加了 45519 万人，增长了约 2 倍，城镇人口年均增长率为 3.33%。城市建成区面积 2000 年为 22439.3 平方公里，2021 年为 62420.53 平方公里，增加了 39981.23 平方公里，增长了约 2.78 倍，城市建成区面积年均增长率为 4.99%，用城市建成区面积代表土地城镇化，用城镇化率代表人口城镇化，那么土地城镇化的增长速度约为人口城镇化的 2.50 倍。从图 12 - 10 可以清晰地看出，我国城镇用地规模增长弹性系数（城市建成区面积增长率与城镇人口增长率之比）基本上处于 1 以上，建成区面积的增长率快于城镇人口增长率的年份较多。从 2000～2021 年这 21 年我国的城镇用地规模增长弹性系数均值为 1.47 可知，中国城镇建成区面积增长速度几乎是城镇人口增长率的 1.47 倍。一般情况下，基于城镇环境保护的需要，系数应该大于 1，中国城市规划设计院认为城镇用地规模弹性系数（也称城镇用地扩张合理性系数）为 1.12 比较合适[①]。很显然，中国的城镇用地扩张高于其合理区间。

---

① 冯云廷：《城市经济学》，东北财经大学出版社 2011 年版，第 200 页。

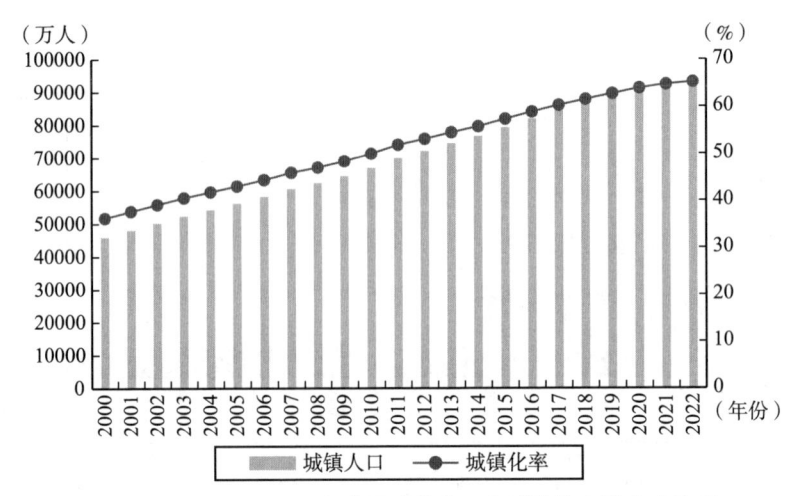

图 12-9　2000~2022 年我国城镇人口和城镇化率的变动情况

资料来源：《中国统计年鉴》。

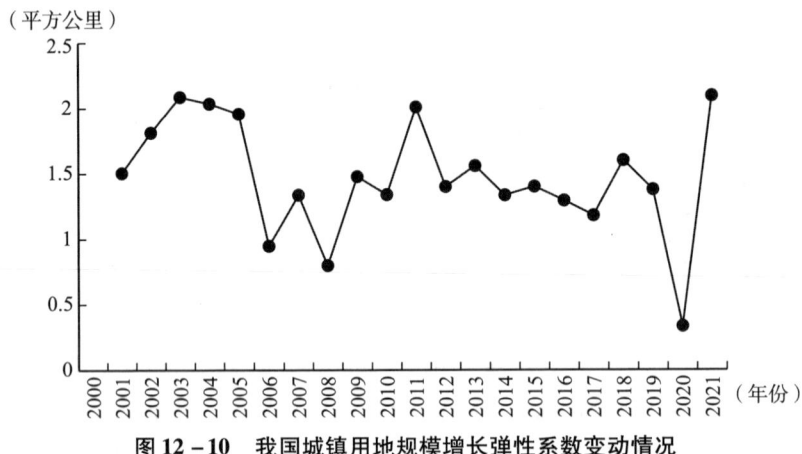

图 12-10　我国城镇用地规模增长弹性系数变动情况

资料来源：历年《中国城乡建设统计年鉴》和《中国统计年鉴》计算得出。

从建成区人口密度这一角度考察，尽管城市人口密度有缓慢增加的趋势，然而我国建成区的人口密度却是在逐渐下降。2000 年后，我国城市、县城、建制镇和乡镇的人口密度却逐年减少，呈现出逐渐下降的趋势。根据历年《中国城乡建设统计年鉴》，项目组绘制出我国不同建成区的人口密度图，如图 12-11 所示。可以看出，城市建成区人口密度从 2000 年的 17301.65 人/平方公里降低至 2021 年的 7328.98 人/平方公里，每平方公里的人口数量减少了 9972.67 人；县城建成区人口密度从 2000 年的 10778.07 人/平方公里降低至 2021 年的 6630.25 人/平方公里，每平方公里的人口数量减少了 4147.82 人；建制镇建成区人口密度从 2000 年的 6741.18 人/平方公里降低至 2021 年的 3826.98 人/平方公里，每平方公里的人口数量减少了 2914.20 人；乡建成区人口密度从 2000 年的 6400.55 人/平方公里降低至 2021 年的 3735.95 人/平方公里，每平方公里的人口数量减少了 2664.60 人。虽然村用地的人口密度有所提高，但是提高幅度非常缓慢，村用地人口密度从 2000 年的 5992.41 人/平方公里提高至 2021 年的 6182.38 人/平方公里，每平方公里的人口数量仅增加了 189.97 人。以上数据变动情况说明我国土地城镇化后并未得到有效利用，重规模和数量，忽视质量，城镇用地低效使用，呈现"摊大饼式"的土地高消耗、人口低吸收的城镇化特征。第三次全国国土调查数据显示，当前中国城市用地 522.19 万公顷，建制镇用地 512.93 万公顷，而村庄用地达到 2195.56 万公顷。与之形成对比的是，2021 年底，我国城镇常住人口为 9.1 亿，其中县城及县级市城区人口仅占全国城镇常住人口的不到 30%，而乡村人口达到 4.98 亿。这一组数据说明，中国当前城乡间以及城市和城镇间的建设用地与常住人口的空间配置存在一定错位①。

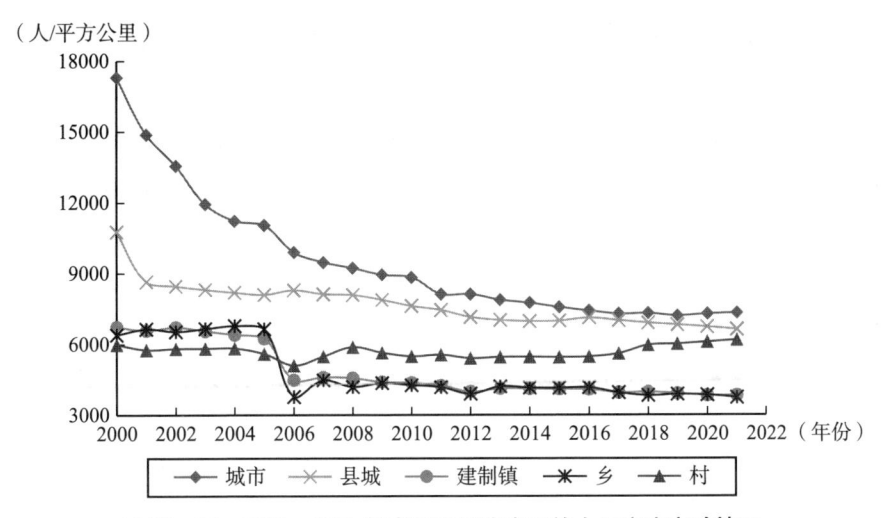

图 12-11 2000~2021 年我国不同建成区的人口密度变动情况

资料来源：历年《中国城乡建设统计年鉴》。

---

① 陆铭、李鹏飞：《区位与分工：论统一大市场建设下的县域城镇化》，载《农业经济问题》2023 年第 1 期，第 22 页。

12.3.3.5 乡村"空心化"问题突出，土地集约利用程度不高

1. 乡村"空心化"较为突出

中国城镇化每提高1个百分点，就会有1000万以上的乡村剩余劳动力向城市转移[1]。据统计，我国乡村人口从2000年的80837万人减少至2022年的49104万人，减少了39.26%；同期内，农业就业人口占比从2000年的50.00%降低至2021年的22.87%，每年数以亿计的农民工像候鸟一样往返于城乡之间，形成了具有中国特色的农村劳动力的非永久性城乡迁移。特别是20世纪90年代中后期，农村劳动力外出打工的数量急剧增加，根据数据测算，1998~2016年外出农民工的总量增加了约13857万人，平均每年新增约770万人[2]，2021年外出农民工数量达到1.72亿人，再加上本地农民工，即在户籍所在乡镇地域以内从业的农民工的数量，我国进入城市打工的农民工总量从2008年的22542万人上升到2012年的26261万人，2016年提高到28171万人，2021年达到29251万人[3]，基本相当于每5人中就有1个农民工。这部分"流动群体"长期滞留在城市，又未能融入城市，导致乡村地区空置宅院占比逐渐增大，使用率却十分低[4]，出现"人走房空"的现象，更为严重的是空心村和整村闲置，形成大规模的"空心化"景观，由人口空心化逐渐转变为乡村人口、土地、产业和基础设施空心化。同时，"一户多宅"的普遍问题，导致新建住房选择在村庄外围或交通线沿线建设，造成乡村聚落外围建筑质量较好、建设年代较新，加剧乡村的空心化趋势，而聚落中心多为质量较差、长期无人居住的建筑，乡村建设用地闲散和浪费，最终导致乡村外延的异常膨胀和内部的急剧荒芜，形成乡村形态上的空心分布状况。

2. 农村老龄化问题严峻

21世纪以来，农民工进城务工大部分集中在青壮年劳动力这一群体，根

---

[1] 付卫东：《跨越"中等收入陷阱"：我国职业教育面临的机遇和挑战》，载《职业技术教育》2013年第31期，第8页。

[2] 根据张桂文：《中国二元经济结构转换研究》，吉林人民出版社2001年版，第71页和国家统计局发布的历年全国农民工监测调查报告数据计算得出。

[3] 《2021年农民工监测调查报告》，国家统计局，2022年4月29日，http://www.stats.gov.cn/tjsj/zxfb/202204/t20220429_1830126.html。

[4] 李晓江、尹强、张娟等：《〈中国城镇化道路、模式与政策〉研究报告综述》，载《城市规划学刊》2014年第2期，第2~6页。

据历年《农民工监测调查报告》数据，从农民工年龄构成看，2008年50岁以上农民工占比仅为11.4%（其中外出农民工占4.2%），近些年来增长速度较快，2017年为21.3%，2021年达到27.3%。但21~40岁的农民工仍占最大比例，2008年为59.5%，2012年达到54.4%，之后有所下降，2021年仍为46.6%，2021年农民工的平均年龄为41.7岁，城乡迁移人口中青壮年仍占较大比例，留在农村的大多是"三八、六一、九九"部队①。近些年来，随着社会对教育重视程度的提高，举家搬迁的农民工家庭越来越多，子女进入县城接受教育，老年人滞留乡村地区的比例越来越大，农村人口老龄化异常严重。2000年我国城镇60岁以上人口占比为9.67%，农村为10.89%，到2010年城镇60岁以上人口比例为11.69%，农村高达14.98%，城镇老龄化水平提高了2.02个百分点，而农村则提高了4.09个百分点。第七次全国人口普查数据显示，农村老年人口占农村总人口的23.81%，老龄化率高于城市15.82%。农村老年人健康状况总体水平83.9%，低于城市老年人91.64%的水平②。由此可见，我国农村地区人口老龄化速度快、人口老龄化城乡倒置差异不断加剧。未来人口老龄化的城乡差异持续扩大的态势还将继续③，贫困地区的农村更是如此，面临着巨大的挑战。全国已有超过78%的乡村已经进入老龄化社会，乡村的深度老龄化和超级老龄化问题严峻④。

3. 乡村土地集约利用程度有待提高

本团队整理出我国历年人均建成区面积的变动情况，见图12-12。从这个图总体可以看出，我国城市人均建成区面积最小，其次是县城，然后是建制镇、乡和村庄。根据图12-12的变动趋势分析，21世纪以来，城市人均建成区面积呈现稳步上升趋势，自2000年的57.78平方米增加至2021年的136.44平方米；县城人均建成区面积的上升趋势较为平缓，从2000年的92.78平方米增加至150.82平方米；相对于前两者，村庄人均用地面积较高，21世纪以来的发展趋势呈现先缓慢上升后不断下降趋势，从2000年的

---

① "三八、六一、九九"分别指妇女、儿童、老人。
② 《人口老龄化加剧 养老难题何解》，载《中国青年报》2023年11月15日，第7版。
③ 城乡老龄化人口差距扩大的趋势估计约到2036年前后将会缩小。参见童玉芬、李玉梅、刘传奇：《我国城镇化进程中的城乡人口老龄化趋势及政策启示》，载《人口与经济》2014年第6期，第12~21页。
④ 王红霞：《乡村人口老龄化与乡村空间演进——乡村微观空间视角下的人口老龄化进程探究》，载《人口研究》2019年第5期，第66~68页。

166.88 平方米增加至 2006 年的 195.67 平方米，而后出现下降，到 2021 年又回归至 161.75 平方米，这一方面反映了我国村庄用地面积和村庄人口呈同比例变化的趋势；另一方面也提醒我们要节约土地，提高利用效率。而从建制镇和乡的人均建成区面积数据发展趋势看，二者增长速度较快，建制镇人均建成区面积从 2000 年的 148.34 平方米增加至 2006 年超过了 200 平方米，2021 年又增加至 261.32 平方米，年均增长速度达 2.73%；乡人均用地面积从 2000 年的 156.24 平方米增加至 2021 年的 267.27 平方米，年均增长率达 2.59%。由此可以看出，建制镇、乡和村庄建成区的土地利用节约程度明显低于城市和县城地区。单纯考察村庄人均用地面积来看，这一指标在 2006 年达到 195.67 平方米，此后一路下降，2021 年降至 161.75 平方米。统筹城乡空间发展应当关注乡村空间的土地集约利用程度，我们要避免建制镇和乡村建设发展带来的盲目建设，谨防土地浪费。

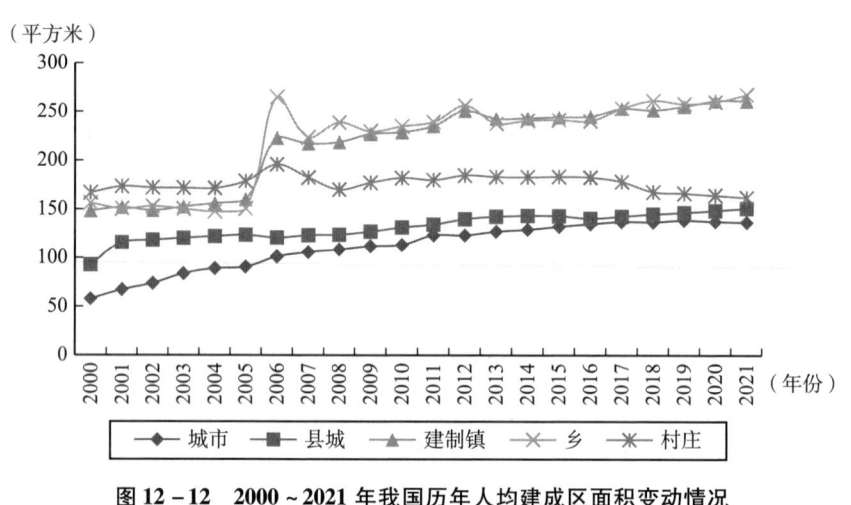

图 12-12　2000~2021 年我国历年人均建成区面积变动情况

资料来源：历年《中国城乡建设统计年鉴》。

通过 2020 年全国土地利用遥感监测数据可以发现，全国范围内的村庄用地大量集中在河北、河南、山东等地区，而河北北部和南部的部分地区以及河南远离郑州的地区，人口增长缓慢，甚至出现了人口负增长。结合村庄用地和普查数据可知，在冀鲁豫三省，村庄用地多的地区和人口增长缓慢（甚至负增长）的地区高度重合。这意味着，在这些地区已经出现了大量闲置的农村建设用地（包括集体经营性建设用地和宅基地），而且未来随着人口进一步流动，这一现象仍会进一步加剧①。

12.3.3.6 资源消耗急剧增长，生态环境恶化

1. 能源资源消耗急剧增长，利用效率偏低

我国城镇化水平每提高1个百分点，消耗煤炭87.58万吨，石油21.44万吨，天然气8.08万吨②。而我国城镇化发展速度较快，2000~2022年城镇化率年均增长速度为2.80%，可见其消耗的煤炭、石油和天然气的数量之多。更为严峻的是，与发达国家和区域以及同等发展水平的国家和区域相比，我国能源利用效率明显偏低。

根据《中国能源统计年鉴》数据，我国万元国内生产总值能源消费量呈总体下降趋势，2005年进入刘易斯转折阶段以来，由2005年的1.4吨标准煤/万元降到2010年的1.13吨标准煤/万元，2015年的0.63吨标准煤/万元降至2019年的0.55吨标准煤/万元。此外，我国二氧化碳排放量与世界其他地区相比仍然较高，通过表12-6和图12-13可见，2020年世界二氧化碳排放量为0.4088千克，而我国为0.7488千克，是世界平均水平的1.83倍，相当于东亚与太平洋地区的1.34倍，欧盟的4.23倍，北美的3.25倍，经合组织成员的3.50倍，中高收入国家的1.12倍，高收入国家的3.46倍。但从我国经济发展阶段来看，1990~2020年中国二氧化碳排放量呈现较为明显的下降趋势，从1990年的2.1154千克降低到2020年的0.7488，虽然21世纪初有所上升，但总体呈现下降态势。

表12-6　　　　中国与世界部分地区二氧化碳排放量的比较

单位：千克/2010年美元GDP

国家或地区	2020年
中国	0.7488
世界	0.4088

---

① 陆铭、李鹏飞：《区位与分工：论统一大市场建设下的县域城镇化》，载《农业经济问题》2023年第1期，第23页。

② 李晶：《新型城镇化背景下关中县域城乡空间结构转型模式研究》，中国建筑工业出版社2020年版，第34页。

续表

国家或地区	2020 年
东亚与太平洋地区	0.5590
欧洲联盟	0.1769
北美	0.2304
经合组织成员	0.2142
中高等收入国家	0.6703
高收入国家	0.2164

资料来源：世界银行 WDI 数据库。

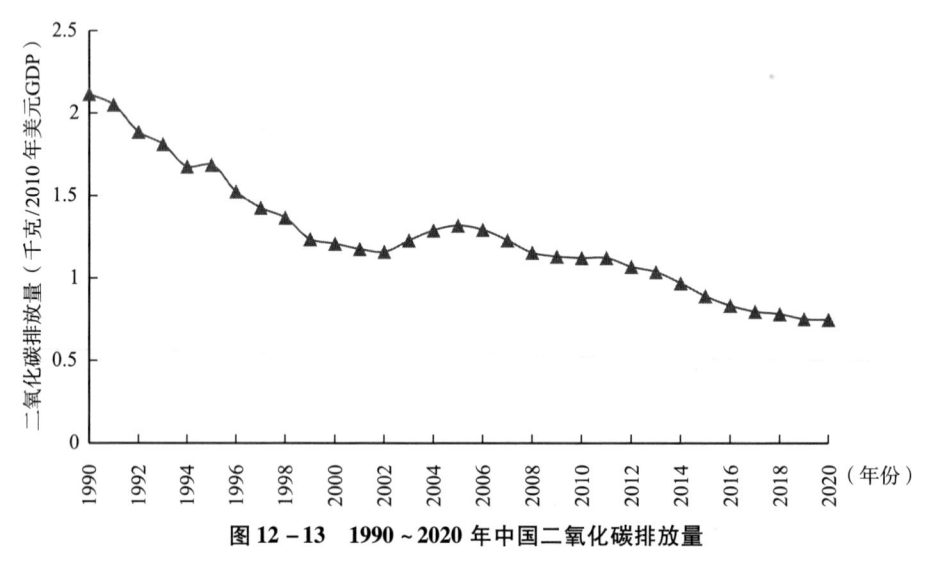

图 12-13　1990~2020 年中国二氧化碳排放量

资料来源：世界银行 WDI 数据库。

从水的生产率这一指标看，虽然中国水的生产率持续上升，由 1980 年的 0.9528 美元/立方米增加至 2020 年的 25.71 美元/立方米（见图 12-14），但与世界其他国家或地区相比仍然较低，从 2020 年看，水的生产率仅相当于经合组织成员的 52.67%，高收入国家的 45.60%（见表 12-7）。

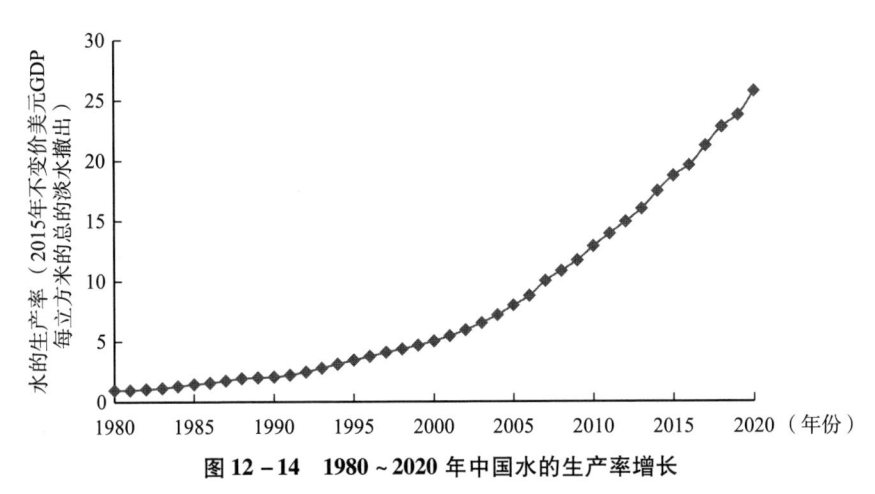

图 12－14　1980～2020 年中国水的生产率增长

资料来源：世界银行 WDI 数据库。

表 12－7　　　　　　　2020 年中国与世界水的生产率比较

单位：2015 年不变价美元 GDP 每立方米的总的淡水撤出

国家或地区	水的生产率
中国	25.71
世界	20.91
经合组织成员	48.81
中高等收入国家	10.79
高收入国家	56.38

资料来源：世界银行 WDI 数据库。

2. 生态破坏较为严重，生态功能退化

古希腊哲学家亚里士多德在其名著《政治学》中写道："人们为了生活来到城市，为了生活的更好留在城市"[1]。长期以来，中国城市外延式扩展、人口低密度和无规划的城市发展模式严重破坏了生态环境[2]。统筹城乡空间

---

[1] 周元、孙新章：《中国城镇化道路的反思与对策》，载《中国人口资源与环境》2012 年第 4 期，第 57 页。

[2] Arku G. Rapidly Growing African Cities Need to Adopt Smart Growth Policies to Solve Urban Development Concerns. Urban Forum, 2009, 20 (3): 253-270.

布局与规划面临着资源约束趋紧、环境污染严重、生态系统退化的严峻形势，各类生态环境风险不容忽视，空间发展的约束更趋刚性化，生态保护红线、永久基本农田、城镇开发边界等国土空间管控边界约束日益强化。农用地同时具有为国民经济发展提供产品、积累资本的经济功能和保护植被、涵养水源、改良土壤、净化空气、美化环境、保存物种基因等生态功能[①]。农地过度非农化导致这些功能加速消退，对生态环境造成极大破坏，不利于人类的可持续发展。城市空间关系失调带来的生态破坏问题较为普遍，主要表现在以下几方面：

第一，原有生态系统的生态功能正在逐渐退化。随着城镇化发展，高污染工业、机动车辆、人口密度、硬化路面不断增加，植被锐减，生态调节功能下降[②]。第二，生物多样性降低[③]。城镇中居住生活的密集人群是整个区域的生物主体，而植物种类大多是经过选择而保留或种植的，单一化趋向十分明显。第三，土地污染和退化。农村城镇化过程中，很多地方由于乡镇工业的迅速发展，土地资源受到污染，生态功能下降。特别值得注意的是，东北黑土区作为我国粮食安全的"压舱石"，黑土地的退化现象严重，耕地质量下降较为严重，据监测，我国东北黑土有机质从开垦之初的3%～6%下降到了目前的2%～3%，黑土表层平均每年流失0.3～1厘米，也就是说，我国正以每年400年积累的速度在消耗黑土，一部分耕地的黑土层厚度由开垦之初的80～100厘米，下降到目前的40～50厘米，部分地区甚至下降到20～30厘米[④]。具体主要表现为：耕地变薄，即耕地中含有黑土的耕作层变薄；耕地变硬，长期耕作后，土壤有机质减少的同时，物理结构也会变差，此外，长期不合理的耕作方式会使耕作层底部形成一个犁底层，犁底层比较坚硬，不仅水和养分很难渗透，植物的根系也很难穿透，因此犁底层以下的养分和水难以被作物利用；耕地变"瘦"，是指土壤的有机质含量下降，甚至少于未开垦的原始土壤。中国科学院东北地理与农业生态研究所教授张兴义曾做

---

① 胡伟艳：《城乡转型与农地非农化的互动关系》，科学出版社2012年版，第1～7页。
② 王夏晖、张惠远、王波等：《快速城镇化进程中的环境安全研究》，载《城市问题》2008年第5期，第11～15页。
③ 尹伟华：《我国城镇化进程中生态环境问题及对策》，载《中国经贸导刊（理论版）》2017年第23期，第24～25页。
④ 《东北黑土区持续退化 土层厚度较开垦初下降60～70厘米》，央广网，2015年6月24日，http://china.cnr.cn/ygxw/20150624/t20150624_518939116.shtml。

过一个著名的黑土实验，将表层黑土剥去30厘米后种植大豆，即使过量使用化肥也会减产40%～60%，而玉米则几乎绝收。2020年习近平总书记在吉林考察时强调，要"保护好黑土地这个耕地中的大熊猫"。第四，自然生态景观遭到破坏。城镇建设过程中，地基开挖、管道埋设、地面平整等，都会改变已处于平衡状态的原始地貌、水系和植被，使原有的自然生态景观遭到破坏①。从土壤质量来看，全国土壤环境风险得到基本管控，土壤污染加重趋势得到初步遏制，但这一问题必须得到重视②。

3. 水污染、大气污染、水土流失等问题仍需高度重视

在快速的土地城镇化进程中，各级政府的绝大部分资金首先投向市政通信、交通、电力等优先发展的领域，环境基础设施的建设速度往往滞后于城镇建成区的扩展速度，致使城镇水污染、大气污染、噪声污染以及水土流失等加剧。③随着"三区三线"④"三线一单"⑤等落地实施，新型城镇化空间布局的刚性约束作用日益增强。

其一，水污染严重。城市建设的加快和急剧扩张，各种废污水排放量大大超过了水系自身的自净能力，导致水污染越来越严重。许多流经城市的河流已成为排放工业、生活废水的污水沟，城市用水取水口不得不一迁再迁。2016年，全国地表水Ⅴ类和劣Ⅴ类水质断面分别占6.9%和8.6%，合计占15.5%，地下水水质监测为较差级和极差级的监测点分别占45.4%和14.7%，合计占60.1%⑥。2021年地表水Ⅰ～Ⅲ类水质断面比例比年度目标高出1.4

---

①③ 王夏晖、张惠远、王波等：《快速城镇化进程中的环境安全研究》，载《城市问题》2008年第5期，第11～15页。

② 这一段数据根据以下资料整理，张天培：《国务院生态环境保护情况报告公布》，载《人民日报》2022年4月20日，第2版；《2021年全国生态环境质量明显改善》，中华人民共和国中国人民政府官方网站，2022年4月18日，http：//www.gov.cn/xinwen/2021-05/26/content_5612827.htm。

④ "三区"是指城镇空间、农业空间、生态空间三种类型的国土空间。其中，城镇空间是指以承载城镇经济、社会、政治、文化、生态等要素为主的功能空间；农业空间是指以农业生产、农村生活为主的功能空间；生态空间是指以提供生态系统服务或生态产品为主的功能空间。"三线"分别对应在城镇空间、农业空间、生态空间划定的城镇开发边界、永久基本农田、生态保护红线三条控制线。

⑤ "三线一单"是指以生态保护红线、环境质量底线、资源利用上线为基础，编制生态环境准入清单，力求用"线"管住空间布局、用"单"规范发展行为，构建生态环境分区管控体系的环境管理机制。

⑥ 环境保护部：《2016中国环境状况公报》，中华人民共和国环境保护部，2017年6月5日，http：//www.zhb.gov.cn/gkml/hbb/qt/201706/t20170605_415442.htm。

个百分点；重点流域水质持续改善，但水生态环境改善成效还不稳固，少数地区消除劣Ⅴ类断面难度较大，部分重点湖泊蓝藻水华居高不下，污染源周边和地下水型饮用水水源保护区存在污染风险，水生态系统失衡等问题亟待解决。

其二，大气污染严重。城镇化使工业企业高度集中，加重了区域大气污染，二氧化硫、氮氧化物、烟尘等大气污染物排放量长期居高不下。2016年，全国338个地级及以上城市中，75.1%的城市环境空气质量超标①，平均超标天数比例为21.2%，重度污染2464天次、严重污染784天次。在开展降水监测的474个城市（区、县）中，酸雨城市比例为19.8%，酸雨频率平均为12.7%②。2021年全国地级及以上城市空气质量优良天数比率为87.5%，同比上升0.5个百分点，好于年度目标2.3个百分点；PM2.5浓度下降比例好于年度目标13.6个百分点。但是，还有29.8%的城市PM2.5平均浓度超标，区域性重污染天气过程仍时有发生。

其三，生活垃圾及二次污染严重。城市居民产生的数量巨大的生活垃圾大多运至近郊作填埋处理，而相当多的填埋垃圾仅仅是一倒了之，缺乏防渗、防臭等无害化处理，生活垃圾大部分露天堆放，不仅占用大片耕地，还会传播病毒、细菌，其渗透液还会污染地表水和地下水，导致水环境恶化等，二次污染严重③。

其四，水土流失加剧。水土流失是当前重大生态环境问题，我国是世界上水土流失最严重的国家之一，大规模开发建设是造成水土流失的主要原因。在城镇化建设过程中，大量开山采石、砍伐森林，造成了严重的水土流失，城镇地形地貌受到破坏。早在2009年初，中国每年因水土流失损失耕地约100万亩。"十五"期间，每年因生产建设活动新增的水土流失面积超过1.5万平方公里，增加的水土流失量超过3亿吨④。第一次全国水利普查显示，

---

① 空气质量指数（AQI）大于100的天数为超标天数。其中，101~150之间为轻度污染，151~200之间为中度污染，201~300之间为重度污染，大于300为严重污染。

② 环境保护部：《2016中国环境状况公报》，中华人民共和国环境保护部，2017年6月5日，http://www.zhb.gov.cn/gkml/hbb/qt/201706/t20170605_415442.htm。

③ 王夏晖、张惠远、王波等：《快速城镇化进程中的环境安全研究》，载《城市问题》2008年第5期，第11~15页。

④ 李彪：《全国每年损失约百万亩耕地 新规划出台要求5年内年均减少土壤流失8亿吨》，每日经济新闻，2015年11月2日，http://www.nbd.com.cn/articles/2015-11-02/958331.html。

我国水土流失面积294.91万平方公里，占国土总面积的30.72%。全国年均损失耕地100万亩，黄土高原严重区每年流失表土1厘米以上，东北黑土地变薄，一些地方的黑土层流失殆尽。其中，水利部2010~2012年开展的第一次全国水利普查显示，东北黑土区侵蚀沟道已达295663条。[1] 按照水土流失强度来划分等级，截至2000年底，轻度、中度、强度、极强度和剧烈等各级别水土流失的面积分别为163.84万、80.86万、42.23万、32.42万和37.57万平方公里，分别占水土流失总面积的45.9%、22.7%、11.8%、9.1%和10.5%[2]。水利部组织完成的2021年度全国水土流失动态监测工作结果显示，2021年度我国水土流失面积和强度、水蚀和风蚀态势还在持续。数据显示，2021年全国水土流失面积267.42万平方公里，各强度等级水土流失面积中，强烈及以上等级面积占全国水土流失面积比例为18.93%。全国水土流失面积中，水力侵蚀面积为110.58万平方公里，风力侵蚀面积为156.84万平方公里[3]。

12.4　我国城乡空间结构耦合协调性测度及其时空格局演变

　　城市与乡村是一个互补互促、互利互融的有机整体。城市是引领、辐射和带动乡村发展的发动机，乡村则是支撑城市发展的重要依托和土壤。在当前新型城乡关系构建过程中，城乡空间结构的优化主要以城市空间结构的改造与提升为主，很少考虑乡村空间结构问题，但城市空间结构优化必须以乡村腹地为支撑，城乡空间结构的优化更离不开乡村空间结构的调整，而从我国城乡发展的实践分析，当前我国城乡空间结构呈现失调的状态。遵循着这一思路，本节从我国城乡社会发展的实践出发，从城市空间和乡村空间两大系统的发展水平出发，从生产、生活、生态"三生空间"分析我国新时代城乡两大空间系统耦合协调的时空格局演化，对新时代城市空间结构对乡村发

---

[1]　李彪：《全国每年损失约百万亩耕地 新规划出台要求5年内年均减少土壤流失8亿吨》，每日经济新闻网，2015年11月2日，http://www.nbd.com.cn/articles/2015-11-02/958331.html。

[2]　李智广、曹炜、刘秉正等：《中国水土流失现状与动态变化》，载《中国水土保持》2008年第12期，第8~11页。

[3]　《2021年度我国水土流失面积强度"双下降"》，载《人民日报》2022年6月30日，第17版。

展的辐射与带动状况进行考察。

12.4.1 研究方法

本书以耦合协调度作为衡量城乡空间结构关系的量化指标,城乡耦合协调度越大,表明城市空间结构与乡村空间结构的耦合协调越好,城市空间结构对乡村发展的辐射带动力越强,城乡空间结构优化做得越好。

第一,本节采用熵权法测算城市与乡村两大子系统的空间结构发展水平,主要目的在于通过对比所涉及的 31 个省份的城市空间结构发展水平与乡村空间结构发展水平,并进行耦合分析,讨论两者是否协调发展以及协调发展程度。

第二,本节选取耦合协调度模型测度全国以及 31 个省份的城乡两大系统的空间结构的耦合协调度。根据耦合度的定义,可得出耦合度的测度模型为:

$$C = 2 \times \left[\frac{XY}{(X+Y)^2} \right]^{\frac{1}{2}}$$

其中,X 和 Y 为无量纲化处理后的城市系统的空间发展水平和乡村系统的空间发展水平。耦合度可以说明两大系统之间的相互作用、相互影响关系,但是对于两者之间的协调发展水平如何,耦合度并不能给出一个真实反映,而耦合协调度模型能够反映两大系统间空间关系发展的耦合协调发展水平,因此,本节需要在耦合度模型的基础上建立耦合协调度模型,公式如下:

$$D = \sqrt{C \times (aX + bY)}$$

其中,a、b 分别表示城市系统的空间发展水平和乡村系统的空间发展水平在协调发展中所占的权重。在二元经济转型发展过程中,城市和乡村作为两大地理空间,两者缺一不可,其关系并不是对立关系,而是功能互补、互相促进,在城乡协调发展系统中既要促进新型城镇化,又要推进乡村振兴,二者同等重要,故 a 和 b 的取值都为 0.5。计算结果 D 表示两者的耦合协调度,取值范围为 0 ~ 1。数值越大则表示两者的协同发展度越高。本节根据耦合协调度数值以及程娜等学者的研究[1],按照每 0.1 单位为一个等级,共将

---

[1] 程娜、朱靖然、张凌飞:《我国海洋产业集聚与碳减排协同发展研究》,载《学习与探索》2022 年第 12 期,132 ~ 141 页。

其划分为十个等级。具体来说，在 0~0.5 区间，共分为极度、重度、中度、轻度、临近五个失调等级，在 0.5~1 区间，共分为勉强、初级、中级、良好、优质五个协调等级，具体参见表 12-8。耦合协调度在 0~0.5 区间，表明城市空间与乡村空间的耦合协调发展总体上处于失调状态，城市空间结构对乡村发展的辐射带动力处于弱的状态；而在 0.5~1 区间，则表明城市空间与乡村空间的耦合协调发展总体上处于协调状态，城市空间结构对乡村发展的辐射带动力处于强的状态（见表 12-8）。

表 12-8　　城乡空间结构耦合协调状态的划分标准

指数名称	数值范围	总体状态	具体状态	指标意义
耦合协调度 D	$0 < D \leq 0.1$	失调	极度失调	城乡两大空间耦合协调发展总体上处于失调状态，城市空间结构对乡村发展的辐射带动力处于较弱的状态
	$0.1 < D \leq 0.2$		重度失调	
	$0.2 < D \leq 0.3$		中度失调	
	$0.3 < D \leq 0.4$		轻度失调	
	$0.4 < D \leq 0.5$		临近协调	
	$0.5 < D \leq 0.6$	协调	勉强协调	城乡两大空间耦合协调发展总体上处于协调状态，城市空间结构对乡村发展的辐射带动力处于较强的状态
	$0.6 < D \leq 0.7$		初级协调	
	$0.7 < D \leq 0.8$		中级协调	
	$0.8 < D \leq 0.9$		良好协调	
	$0.9 < D \leq 1$		优质协调	

12.4.2　指标体系构建

12.4.2.1　指标选择原则

重塑新型城乡关系，推进城乡融合发展，旨在城乡共同作用下实现新型城镇化与乡村振兴的统筹推进，协调发展。前提是对城市和乡村两大子系统的空间结构发展水平进行测度，指标的选择与体系构建是非常重要的，项目组在进行指标体系构建时坚持以下三大原则：

第一，整体性原则。城乡空间系统具有整体性，涉及产业、资源、人口等各个组成部分，它们在整体框架中发挥了至关重要的作用。系统内各个指标、各个要素的变动和调整，都会通过特定的传导机制影响到整个系统。因此，团队在构建指标体系时，应该尽可能全面地反映城市和乡村两大空间结构的体系特征。2013年5月24日，习近平在中央政治局第六次集体学习时概括性提出了生产空间、生活空间、生态空间——"三生空间"的概念。他强调："国土是生态文明建设的空间载体。要按照人口资源环境相均衡、经济社会生态效益相统一的原则，整体谋划国土空间开发，科学布局生产空间、生活空间、生态空间，给自然留下更多修复空间"。2022年8月，习近平总书记在辽宁盘锦考察时强调，要坚持治山、治水、治城一体推进，科学合理规划城市的生产空间、生活空间、生态空间，多为老百姓建设休闲、健身、娱乐的公共场所。习近平总书记再次强调"三生空间"问题，凸显了一个地区生产空间、生活空间与生态空间的协调发展重要性。在此基础上，考虑到一个经济体城乡二元经济转型中人口尤其是转移劳动力面临的教育、医疗及相关配套的基本公共服务问题，起着至关重要的作用，团队在"三生空间"基础上，考虑到生活空间中基本公共服务对城乡居民生活的重要作用，在指标体系的设计上融入了公共服务的相关指标，使测度指标体系不仅体现了生产空间集约高效、生活空间美丽宜居、生态空间山清水秀的美好愿景，也反映了城乡空间系统中的人文关怀和社会关切。

第二，代表性原则。城乡空间系统具有一定的动态性，尤其是伴随着人口、土地等要素的动态配置、城乡产业的发展，城市与乡村两大空间不断融合，不论是从生产要素的流动的角度看，还是就产业发展与外部经济社会联系的角度讲，城乡空间结构系统都呈现出动态发展的过程。本书坚持问题导向与目标导向相结合，聚焦城乡二元结构存在的主要问题和短板，瞄准城乡融合发展的目标任务，充分发挥指标体系对城乡空间结构的"标尺"和"指挥棒"作用，遴选"牵一发而动全身"的典型指标。例如，生产空间选择了科技创新三级指标，生活空间选择了公共服务三级指标，生态空间选择了资源利用三级指标。

第三，相对性原则。城乡空间结构优化要从低级调整到高级，是一个渐进的过程，不可能一蹴而就。随着经济社会发展环境的不断变动，城乡空间系统也会日益复杂。本书在选择指标时具有一定的相对性，城市和乡村两大子系统的三级指标选择并不完全一致，城市有城市的特点，乡村有乡村的特征，尤其是生产空间这一维度，城市用人均工业用地面积、高技术产业从业人员年平均人数、高技术产业企业个数三个指标进行诠释，乡村则选择采用农村人均用电量、农作物亩均机械总动力、人均农作物播种面积三大指标。再加上受数据可得性的制约，以及地域空间的限制，有些三级指标对二级指标的诠释具有一定的相对性特征。

12.4.2.2 不同层次的指标选取

本书主要从生产空间、生活空间、生态空间三个维度定量刻画城乡两大子系统的空间结构的演变过程与特征。其中：生产空间以承载工农业生产和服务功能为主，主要从产业发展、科技创新两大方面选择指标进行刻画；生活空间是以提供人类居住、购物、文化、休闲娱乐以及其他日常活动为主导功能的地域，主要从居民生活、居民文化、信息化、基本公共服务四大方面选择指标进行刻画；生态空间是人们赖以生存的生态环境存在的基本空间，主要从人居环境和资源利用两大方面选择指标进行刻画。基于此，结合现有统计资料可得性，遵循着整体性、代表性、相对性的原则，确定了城乡空间系统协调性测度的指标体系，如表12－9所示。

表12－9   中国城乡空间系统协调性测度的指标选择

目标层	维度层	指标层	具体指标	单位	指标属性
城市空间系统 X	生产空间	产业发展	人均工业用地面积 $X1$	平方米	正
		科技创新	高技术产业企业个数 $X2$	个	正
			高技术产业从业人员年平均人数 $X3$	人	正
	生活空间	居民生活	城市居民人均消费支出 $X4$	元	正
		居民文化	城镇居民人均文化娱乐消费支出 $X5$	元	正
		信息化	城市电话年末用户数占家庭总户数的比重 $X6$	—	正
		公共服务	城市生均教育经费支出额 $X7$	元	正
			城市每万人拥有城市执业（助理）医师数 $X8$	人	正
	生态空间	人居环境	建成区绿化覆盖率 $X9$	%	正
			城市人均公园绿地面积 $X10$	平方米/人	正
		资源利用	城市污水处理率 $X11$	%	正

续表

目标层	维度层	指标层	具体指标	单位	指标属性
乡村空间系统 Y	生产空间	产业发展	人均农作物播种面积 Y1	公顷	正
			农村人均用电量 Y2	千瓦时	正
		科技创新	农作物亩均机械总动力 Y3	千瓦/公顷	正
	生活空间	居民生活	农村宽带接入用户占家庭总户数的比重 Y4	万户	正
		居民文化	农村居民平均受教育程度 Y5	%	正
		信息化	农村电话年末用户数占家庭总户数的比重 Y6	万户	正
		公共服务	生均教育经费支出额 Y7	元	正
			农村每万人医疗卫生机构床位数 Y8	张	正
	生态空间	人居环境	农村人均公园绿地面积 Y9	平方米/人	正
		资源利用	乡村污水处理能力 Y10	万立方米/日	正
			沼气池产气总量 Y11	万立方米	正

12.4.3 数据来源及数据处理

12.4.3.1 数据来源及描述性统计

本节的数据来源主要有历年《中国统计年鉴》《中国国民经济和社会发展统计公报》、CNKI 中国经济与社会发展统计数据库，EPS 数据平台，其中少部分缺失数据采用随机森林法（Random Forest）进行补充。该方法属于一种集成算法（Ensemble Learning），在机器学习中，随机森林属于有监督学习算法，是一个包含多个决策树的分类器，并且其输出的类别是由个别树输出的类别的众数而定，这一方法可以组合多个弱分类器，最终结果通过投票或取均值，使得整体模型的结果具有较高的精确度和泛化性能。随机森林的基本单元是决策树，它在训练时随机选择观察和特征来构建多个决策树，并在预测时平均结果。随机森林的优点可以用于分类和回归任务，并且可以很容易地评估数据特征的重要性，可以判断出不同特征之间的相互影响，因此，本书采用这种方法能够根据数据运行特征更加准确地填补缺失数据，共收集31 个省份 2013~2020 年各项指标的相关数据，经过整理，数据的描述性统计结果参见表 12-10 所示。

第12章 优化城乡空间结构促进城乡融合发展

表12-10　　　　　　　　　　描述性统计

指标	观测值	最大值	最小值	中位数	平均数	标准差
人均工业用地面积	248	34.65	3.00	11.30	12.25	5.63
高技术产业企业个数	248	10670.00	8.00	572.00	1034.14	1585.88
高技术产业从业人员年平均人数	248	4015335.00	1200.00	218831.00	429376.40	759272.50
城市居民人均消费支出	248	48271.60	13678.60	21539.70	22825.61	6470.58
城镇居民人均文化娱乐消费支出	248	3298.00	212.50	994.15	1087.67	501.84
城市电话年末用户数占家庭总户数的比重	248	41240.51	46.99	1075.75	1308.48	2639.96
城市生均教育经费支出额	248	96263.70	8510.92	17481.15	21835.57	14909.90
城市每万人拥有城市执业（助理）医师数	248	47.00	10.00	17.00	19.32	7.88
建成区绿化覆盖率	248	49.10	18.10	40.25	39.73	3.70
城市人均公园绿地面积	248	21.05	5.85	12.79	13.32	2.79
城市污水处理率	248	100.30	0.10	94.05	91.55	10.72
人均农作物播种面积	248	1.37	0.03	0.26	0.31	0.23
农村人均用电量	248	40847.27	44.73	660.50	2460.26	6280.91
农作物亩均机械总动力	248	26.98	2.89	6.13	7.06	3.71
农村宽带接入用户占家庭总户数的比重	248	1416.40	0.00	164.15	292.46	304.05
农村居民平均受教育程度	248	0.36	0.03	0.13	0.14	0.05
农村电话年末用户数占家庭总户数的比重	248	1014.00	0.10	124.00	183.32	185.99
生均教育经费支出额	248	111498.00	7001.34	14957.56	19073.30	15272.14
农村每万人医疗卫生机构床位数	248	75.60	22.82	41.18	42.21	9.83
农村人均公园绿地面积	248	8.13	0.04	1.32	1.93	1.77
乡村污水处理能力	248	36.86	0.00	0.45	2.08	4.14
沼气池产气总量	248	273287.50	687.30	27044.05	42778.11	49891.34

689

12.4.3.2 数据处理及方法

城乡空间发展评价指标体系中,各项评价指标属性均为正,正向指标意味着该项评价指标数值越大,越接近城乡融合发展的目标。此外,各项评价指标计量单位不同,具有不可比较性,不可以直接计算。在对多维数据进行熵权法分析之前,需要对数据进行无量纲化处理,以消除量纲限制,转化为无量纲的数值,对指标数据的无量纲化处理方式如下:

$$Z = \frac{X - X_{\min}}{X_{\max} - X_{\min}}$$

其中,Z 为经过无量纲化处理后的数据,X 为原始数据,$X_{\max}$ 为最大值,$X_{\min}$ 为最小值。

12.4.4 我国城乡两大系统的空间结构发展水平

根据前面构建的指标体系,结合 2013~2020 年 31 个省份各项指标的相关代表性数据,本节运用熵权法进行赋权,采用 Phthon 3.9 软件编制程序进行测度,主要思路是:首先,通过熵权法分别测度城市的生产空间、生活空间以及生态空间发展指数;其次,以上述三大发展指数为基础,综合运用此方法测算出城市空间系统的总体发展指数,得到 31 个省份城市空间系统的发展指数;最后,对 31 个省份的数据进行算数平均,得到 2013~2020 年城市空间结构发展水平指数,以此来测算我国城市空间系统的发展水平。同理,测算得到农村空间系统的发展水平。

12.4.4.1 城市空间系统发展的总体水平

我国城市空间系统总体发展水平呈现波动性上升趋势,如图 12-15 所示。从 2013 年的 0.2060 增加至 2016 年的 0.2453,此后有所下降,2017 年降至 0.2318,2020 年又缓慢上升至 0.2407,年均增长率达到 2.2936。从图 12-16 可以看出,2020 年北京、上海、江苏、浙江、广东城市空间总体发展水平较其他省份高一些,处于 0.4 以上,14 个省份处于 0.1~0.2,8 个省份处于 0.2~0.3,黑龙江、山西、辽宁、青海、宁夏 5 个省份甚至低于 0.1 以下。

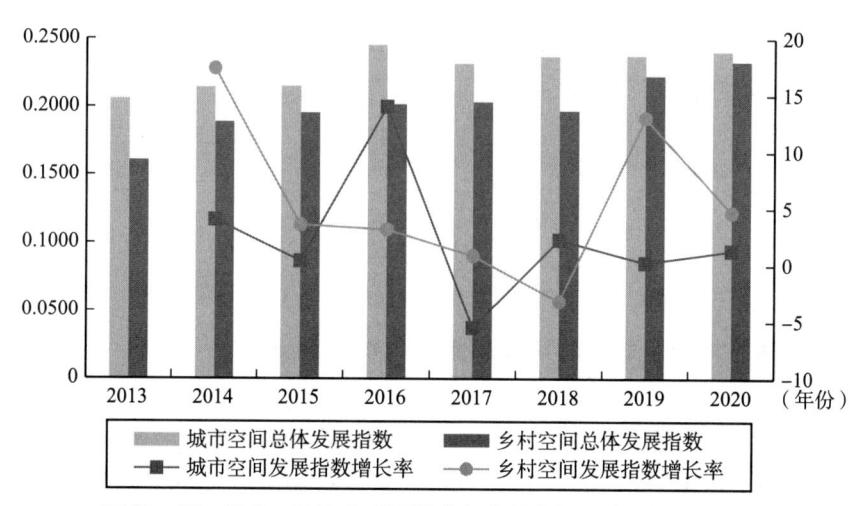

图 12-15　2013~2020 年我国城市与乡村空间系统总体发展水平

资料来源：根据相关数据测算整理得出。

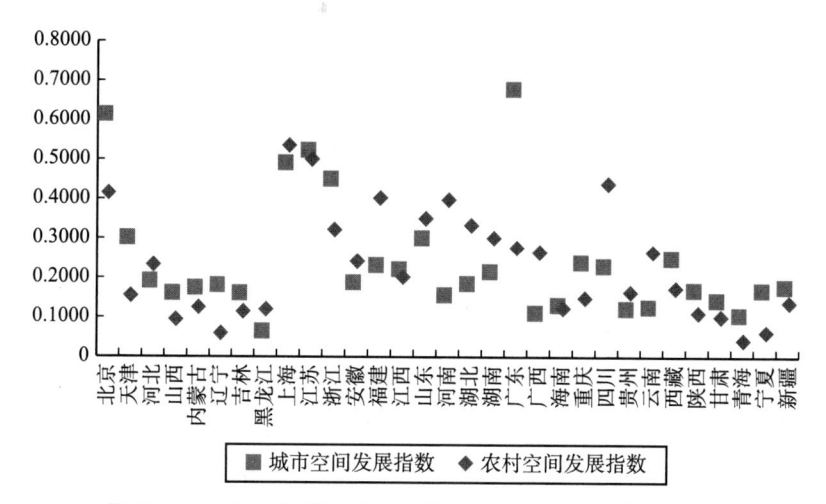

图 12-16　2020 年我国各省份城市、农村空间发展指数情况

资料来源：根据相关数据测算整理得出。

12.4.4.2　乡村空间系统发展的总体水平

与城市空间系统发展水平相比，我国乡村空间系统总体发展水平略低一些，发展趋势呈现波动性上升态势。2013~2020 年城市空间总体发展指数平均值为 0.2285，而同时段农村空间总体发展指数平均值为 0.2006。

分时段分析我国农村空间总体发展指数，从 2013 年的 0.1610 增加至

691

2017年的0.2036，2018年虽有所下降，此后又增速明显，2020年达到0.2333，年均增长率达到5.6483，高于城市空间发展指数。从图12-16可以看出，2020年北京、上海、江苏、福建、四川五大省份的乡村空间总体发展水平高于其他省份，处于0.4以上，11个省份处于0.1~0.2之间，6个省份处于0.2~0.3之间，山西、辽宁、青海、宁夏4个省份甚至低于0.1以下。

12.4.5 我国城乡空间耦合协调度时空格局演化

以31个省份2013~2020年城市空间结构发展水平指数、农村空间结构发展水平指数为基础，根据耦合协调度模型测度全国31个省市的城乡两大系统的空间结构的耦合协调度，分析我国城乡空间总体耦合协调的时空格局演变，并对城乡生产空间、城乡生活空间、城乡生态空间耦合协调的时空格局演变情况进行分别测算。

12.4.5.1 我国城乡空间总体耦合协调的时空格局演化

1. 我国城乡空间总体耦合协调发展的时序变化特征

2013年以来，我国城乡空间系统耦合协调度总体上处于失调状态，呈现低水平缓慢上升态势（见图12-17）。以2016年为分界点，我国城乡空间耦合协调发展历程可以划分为两大阶段：第一阶段是2013~2016年，耦合协调度呈总体上升趋势。2013年我国城乡空间系统的耦合协调度为0.3967，处于轻度失调状态，此时我国有12个省份处于轻度失调状态，8个省份处于中度失调状态，7个省份比较领先，达到了协调状态。到2014年耦合协调度均值突破0.4，达到临近协调状态，此后一直处于这一区间，2016年耦合协调度均值曾一度高达0.4443，这意味着9个省份处于临近协调状态，也有9个省份处于协调状态。第二阶段是2017~2020年，耦合协调度呈现波动性的上升趋势。城乡空间系统的耦合协调度均值此后有所下降，2018年下降到0.4399，到2020年又达到0.4628，此时10个省份处于轻度失调状态，10个省份处于临近协调状态，8个省份处于协调状态。总体上，从这些数据可以看出，进入中国特色社会主义新时代以来城乡空间系统间的耦合协调程度总体上处于从轻度失调过渡到临近协调状态，城乡耦合协调发展呈现不断优化的上升趋势，但距离协调发展还有一段距离。

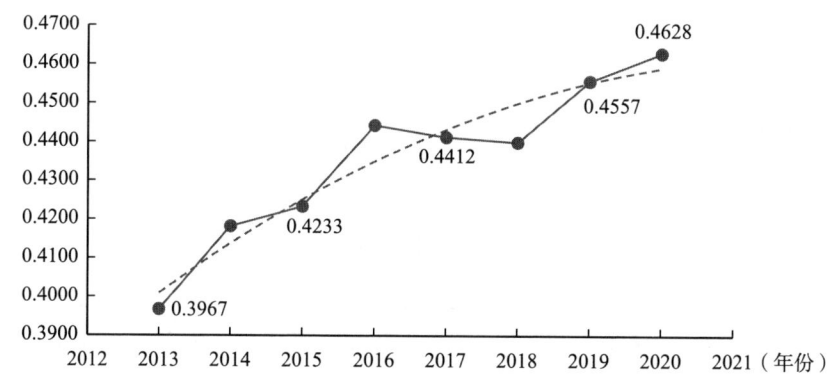

第 12 章 优化城乡空间结构促进城乡融合发展

图 12-17 2013~2020 年我国城乡空间总体耦合协调发展的时序变动情况

资料来源：根据相关数据测算整理得出。

2. 我国城乡空间总体耦合协调发展的空间演化特征

第一，高水平协调区呈现中心极化特征。高水平协调区以经济发达省份为主，以长江三角洲、珠江三角洲为主体呈城乡空间中心极化趋势。2013~2020 年城乡空间系统的耦合协调度均值达到 0.5 以上的省份分别是北京、上海、江苏、浙江、福建、山东、广东、四川。2020 年上海、北京、江苏处于中级协调状态，浙江、广东处于初级协调状态。

第二，低水平失调区呈现一定程度的地域锁定。低水平失调区以西北地区省份为主，甘肃、青海、宁夏三个省份 2013~2020 年城乡空间系统的耦合协调度均值仅为 0.2~0.3，处于中度失调状态，甘肃为 0.2955，青海为 0.2726，宁夏为 0.2993。2020 年西北地区贵州、甘肃、宁夏、新疆、陕西、内蒙古几大省份都处于轻度失调状态，而从其他区域来看，东北地区城乡空间系统的耦合协调度均值处于 0.32~0.37，处于轻度失调状态。

第三，西南地区城乡空间耦合协调发展程度提高速度较快。从图 12-18 可以看出，西南地区城乡空间协调发展分布不太均衡，贵州最低，耦合协调度均值为 0.3239。从颜色可以看出，西南地区由 2013 年较深到 2020 年逐渐变浅，表明西南地区的城乡空间耦合协调度不断提高。云南省由 2013 年的 0.2620 上升至 2020 年的 0.4292；贵州省由 2013 年的 0.2474 上升至 2020 年的 0.3733；四川省由 2013 年的 0.4196 上升至 2020 年的 0.5644，跨入到勉强协调区域。

693

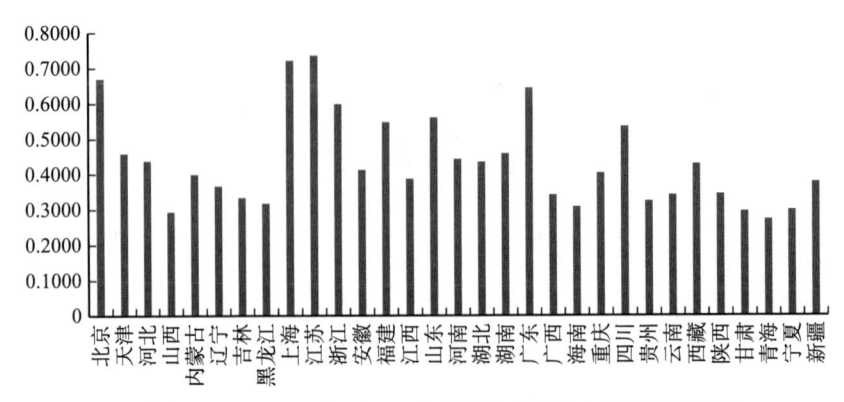

图 12-18　2013~2020 年 31 省份城乡空间耦合协调发展情况

资料来源：根据相关数据测算整理得出。

第四，耦合协调度呈现"南高北低"的空间格局。虽然 2013~2020 年我国城乡空间关系的发展变化幅度不大，31 个省份城乡空间耦合协调度的差距在南北方向上呈现逐步缩小态势，得到一定程度的改善。从 2020 年来看，全国城乡空间耦合协调度总体上呈现"南高北低"的空间格局。

12.4.5.2　我国城乡生产空间耦合协调的时空格局演化

1. 我国城乡生产空间耦合协调发展的时序变化特征

2013 年以来，我国城乡生产空间耦合协调发展始终处于低水平轻度失调状态，并呈现倒"U"形下降趋势，参见图 12-19 折线图及其趋势线。以 2016 年为分界点，城乡生产空间耦合协调度大体分为两大阶段：第一阶段为 2013~2016 年，城乡生产空间耦合协调度呈现上升趋势，位于倒"U"形曲线前半段，从 2013 年的 0.3178 上升至 2016 年的 0.3320，其中，浙江、山东 2 个省份处于临近协调状态，13 个省份处于中度失调状态，10 个省份处于重度失调状态。第二阶段为 2017~2020 年，城乡生产空间耦合协调度呈现波动性下降趋势，位于倒"U"形曲线后半段，从 2017 年的 0.3322 下降至 2019 年的 0.3243，2020 年虽有所上升，达到 0.3259，但并没有回到 2017 年的顶点水平，2020 年 12 个省份处于中度失调状态，11 个省份处于重度失调状态，依旧是浙江、山东 2 个省份发展比较好，处于临近协调状态。总之，我国城乡生产空间耦合协调发展水平很低，相对于城乡生活空间、城乡生态空间的耦合协调发展水平也是最低的，仅在 0.3178~0.3322 之间，且耦合协调发展水平处于下降趋势，说明城市与乡村两大空间在生产方面的耦合协调性有待于大幅度优化与提高。

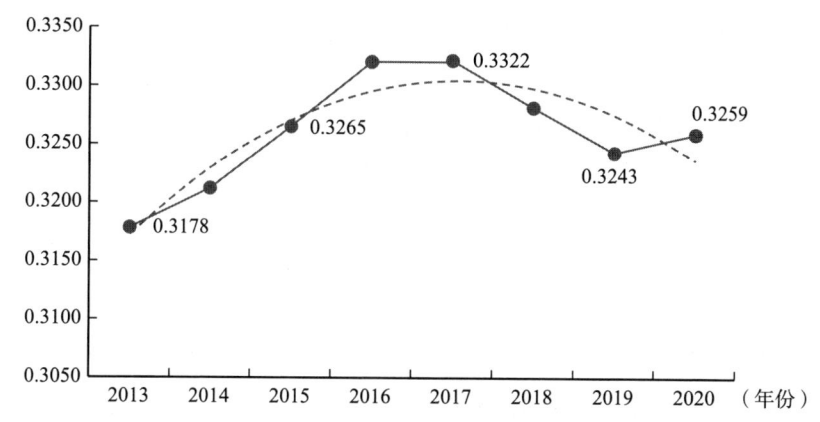

第 12 章 优化城乡空间结构促进城乡融合发展

图 12-19　2013~2020 年我国城乡生产空间耦合协调发展的时序变动情况

资料来源：根据相关数据测算整理得出。

2. 我国城乡生产空间耦合协调发展的空间演化特征

第一，高水平耦合协调区呈现省份集中。从 2013~2020 年，我国城乡生产空间耦合协调发展类型处于协调状态的只有上海、江苏、广州三大省份，占比仅为 9.67%（见图 12-20）。广东从 2013 年的 0.5477 上升至 2020 年的 0.5570，江苏从 2013 年的 0.5922 微降至 2020 年的 0.5841，上海从 2013 年的 0.6629 微降至 2020 年的 0.6111。

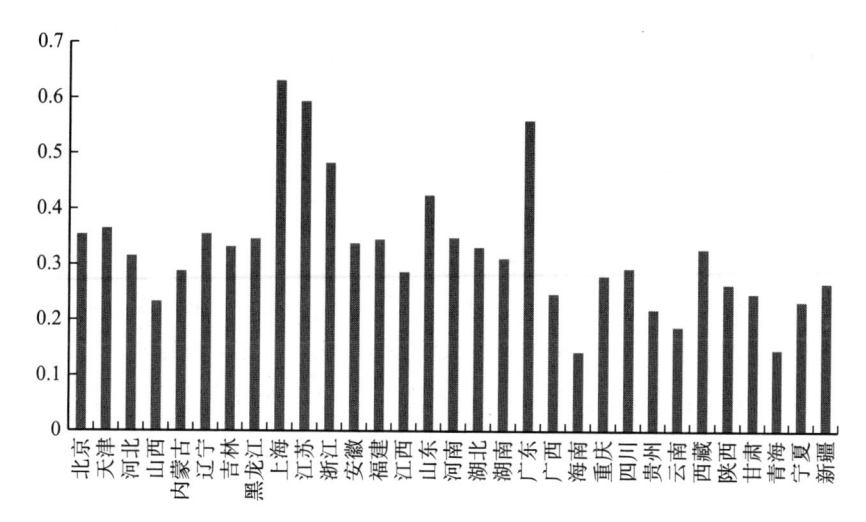

图 12-20　2013~2020 年 31 省份城乡生产空间耦合协调发展情况

资料来源：根据相关数据测算整理得出。

695

第二，耦合失调区表现为大面积低水平锁定，且变动较小。2020年失调省份达到28个，占比达90.33%，其中，轻度失调区间的省份达11个，占比达到35.48%，中度失调有3个省份。结合图12-20显示2013~2020年我国31省份城乡生产空间耦合协调发展情况进行分区域分析，东北地区三省份始终处于轻度失调状态，8年间未发生变化；西部地区失调程度较为明显，西北地区以青海最为严重，西南地区以云南省最为严重，两省一直处于中度失调状态，青海省的城乡生产空间耦合协调度从2013年的0.1158增至2020年的0.1669，云南省的城乡生产空间耦合协调度从2013年的0.1735增至2020年0.1814；中部省份发展耦合协调发展程度有所改善，湖南省和江西省从2013年的中度失调区域到2020年迈入了轻度失调区域。

第三，生产空间耦合协调发展呈现"东南高、西北低"的空间格局。

12.4.5.3 我国城乡生活空间耦合协调的时空格局演化

1. 我国城乡生活空间耦合协调发展的时序变化特征

新时代我国城乡生活空间耦合协调发展整体上处于低水平临近协调状态，并呈现倒"U"形下降趋势，见图12-21折线图及其趋势线。以2015年为分界点，城乡生活空间耦合协调度大体分为两大阶段：第一阶段为2013~2015年，城乡生活空间耦合协调度呈现波动上升趋势，位于倒"U"形曲线前半段，从2013年的0.4203下降至2014年的0.3829，到2015年又上升到0.4571，其中9个省份处于协调状态，剩下22个省份处于失调状态，其中11个省份处于临近协调状态，11个省份处于轻度失调状态。第二阶段为2016~2020年，城乡生活空间耦合协调度呈现下降趋势，位于倒"U"形曲线后半段，从2016年的0.4503下降至2020年的0.4211，与2013年基本持平。2020年7个省份处于协调状态，其中北京处于良好协调状态，长江三角洲的上海、江苏、浙江处于初级协调状态，天津、广东、四川处于勉强协调状态；剩下24个省份处于失调状态，其中7个省份处于临近协调状态，11个省份处于轻度失调状态，6个省份处于中度失调状态。总之，我国城乡生活空间耦合协调发展水平还是处于临近协调状态，虽相对于城乡生产空间、城乡生态空间的耦合协调发展水平，处于中间发展水平，大致区间在0.3829~0.4571，但耦合协调发展趋势是下降的，说明城市与乡村两大空间在生活方面的耦合协调性有待于大幅度提高。

图 12-21　2013~2020 年我国城乡生活空间耦合协调发展的时序变动情况

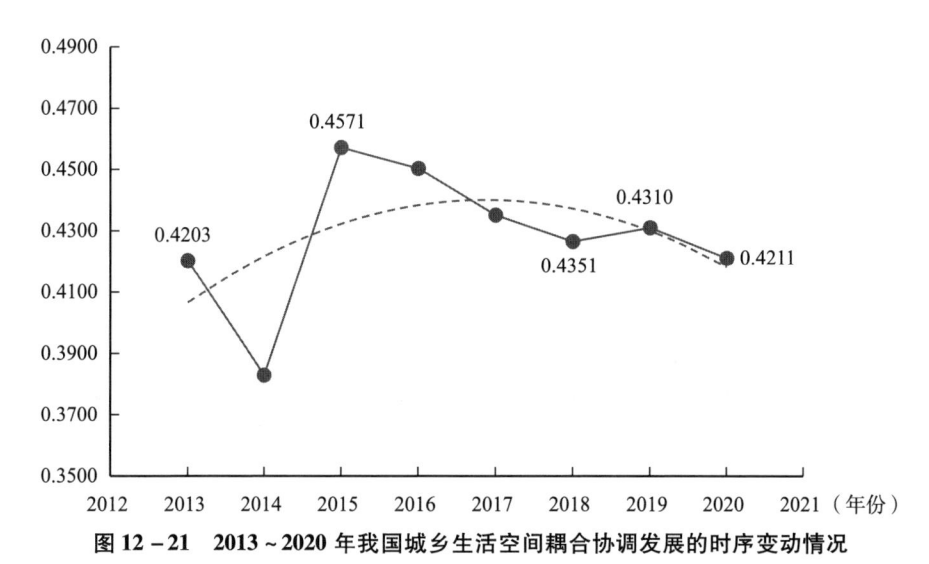

资料来源：根据相关数据测算整理得出。

2. 我国城乡生活空间耦合协调发展的空间演化特征

根据我国 31 个省份城乡生活空间耦合协调类型变化及其数值演变特征，并且结合 2013~2020 年 8 年间各省份城乡生活空间耦合协调发展状况，绘制了 31 省份城乡生活空间耦合协调度均值示意图，如图 12-22 所示。第一，低水平失调区呈现一定程度的区域扩散。我国城乡生活空间耦合中度失调区域从西部地区扩大至东北地区、中部地区。2013 年我国城乡生活空间耦合协调类型处于中度失调的省份主要集中在西北地区，仅有广西、贵州、宁夏三个省份，2020 年扩散至黑龙江、辽宁、山西省，再加上原来 3 省，共 6 个省份。黑龙江省城乡生活空间耦合协调度从 2013 年的 0.3049 下降至 2020 年的 0.2503；辽宁省从 2013 年的 0.4404 下降至 2020 年的 0.2807，连续下降两个等级；山西省从 2013 年的 0.3222 下降到 2020 年的 0.2993。

第二，高水平协调区聚焦于经济发达地区省份。进入中国特色社会主义新时代以来，北京、天津、上海、江苏、浙江、广东六大省份的城乡生活耦合协调度最高，主要聚集在京津冀、长三角、珠三角区域。2020 年，在原来 6 省的基础上，四川省的城乡空间耦合协调度达到 0.5118。

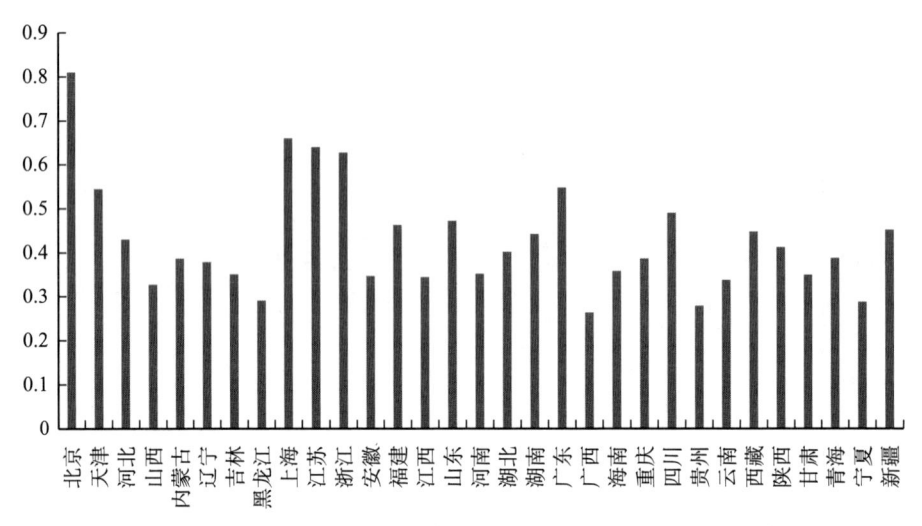

图 12-22　2013~2020 年 31 省份城乡生活空间耦合协调发展情况

资料来源：根据相关数据测算整理得出。

12.4.5.4　我国城乡生态空间耦合协调的时空格局演化

1. 我国城乡生态空间耦合协调发展的时序变化特征

新时代我国城乡生态空间耦合协调发展整体上处于波动性上升趋势，总体上处于勉强协调状态，从图 12-23 的折线图可以看出，这一时段虽波动性较强，但从趋势线可以看出，处于不断上升的发展态势。我国城乡生态空间耦合协调度在 2013 年为 0.4605，处于临近协调状态。目前，我国 19 个省份处于失调状态，其中 11 个省份处于轻度失调状态，7 个省份处于临近协调状态，1 个省份处于中度失调状态；12 个省份处于协调状态，其中福建省处于良好协调状态，江苏、山东、浙江三省处于初级协调状态，其他 8 省处于勉强协调状态。到 2015 年城乡生态空间耦合协调度增加至 0.5029，开始步入协调发展状态。2016 年虽有所下降，2017 年又大幅上升至 0.5297，耦合协调类型也向勉强协调状态进一步倾斜，此后波动性上升，2020 年为 0.5331，达到新时代这一时段的最高点。目前，我国 18 个省份处于协调状态，其中 4 个省份处于中级协调状态，10 个省份处于初级协调状态，4 个省份处于勉强协调状态；而 13 个省份处于失调状态，其中 7 个省份处于临近协调状态，4 个省份处于轻度协调状态，2 个省份处于中度协调状态。

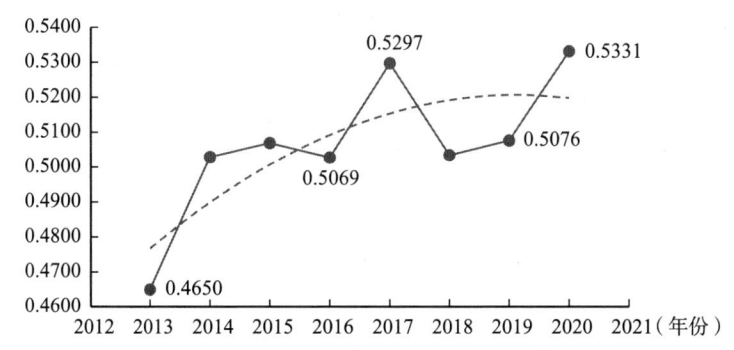

第12章 优化城乡空间结构促进城乡融合发展

图12-23　2013~2020年我国城乡生态空间耦合协调发展的时序变动情况

资料来源：根据相关数据测算整理得出。

总之，我国城乡生态空间耦合协调发展水平大致区间在0.3829~0.4571，还是处于协调状态，但仍然是勉强协调状态。相对于城乡生产空间、城乡生活空间的耦合协调发展水平，仍然是耦合协调发展水平最高的，生态耦合协调发展趋势是在不断上升的，说明城市与乡村两大空间在生态方面的耦合协调发展还处于较好的状态，但与理想城乡生态耦合协调还有一段距离，仍需不断优化。

2．我国城乡生态空间耦合协调发展的空间演化特征

根据我国31个省份城乡生态空间耦合协调类型变化及其数值演变特征，并且结合2013~2020年8年间各省份呈现的生态空间耦合协调发展状况，绘制了31省份城乡生态空间耦合协调度均值示意图，如图12-24所示。

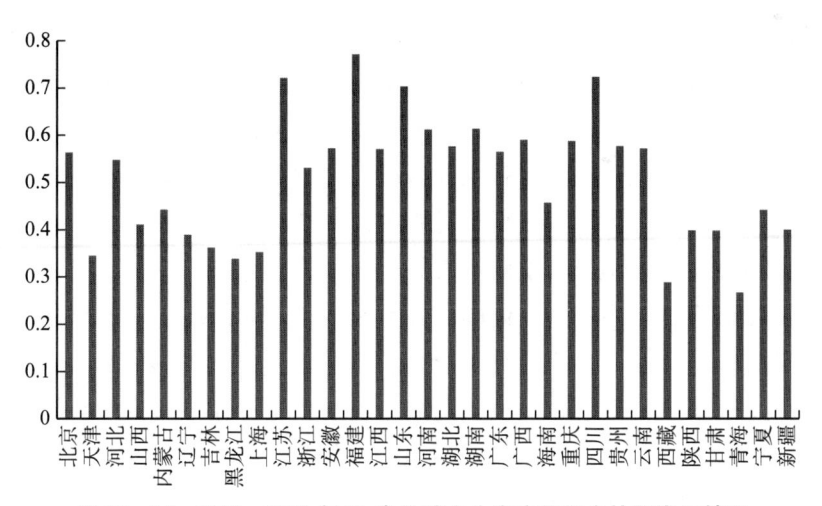

图12-24　2013~2020年31省份城乡生态空间耦合协调发展情况

资料来源：根据相关数据测算整理得出。

第一，城乡生态空间高水平协调区占比较大，并呈现一定程度的区域扩散，从东南沿海向内陆中西部区域扩大。2013年我国处于生态空间中级协调以上的省份只有一个福建省，2020年扩大到福建、山东、四川、河南四个省份。如图12-24所示，我国2013~2020年有16个省份处于城乡生态空间协调区，占比已经超过50%，这些省份分布在东南沿海、西部内陆、中部区域，其中江苏、福建、四川、山东的城乡生态空间耦合协调度处于初级协调区域。2020年北京、河北、山西、江苏、浙江、安徽、福建、江西、山东、河南、湖北、湖南、广东、广西、重庆、四川、贵州、云南18个省份城乡生态空间耦合协调度处于协调区域，达到较高占比水平。

第二，黄河以南区域城乡生态空间耦合协调发展程度提高速度较快。黄河以南地区城乡生态空间协调发展虽分布不太均衡，但除了陕西、甘肃两省之外，其余省份2020年均已处于初级协调区域，其中9个省份处于初级协调区域。从2013~2020年，有些省份的城乡生态空间协调发展实现了两级跳，河南从2013年的0.5148提高至2020年的0.7632，湖北从2013年的0.4872提高至2020年的0.6722，湖南从2013年的0.4758提高至2020年的0.6376，重庆从2013年的0.4777提高至2020年的0.6297。

12.4.6 实证结果分析

根据上述中国特色社会主义新时代以来城乡空间耦合协调度时空格局演化的结果分析，可以得出以下结论：

第一，从我国城乡两大系统的空间结构发展水平看，新时代我国城市空间系统与乡村空间系统的总体发展水平均呈现波动性上升趋势，但与城市空间系统发展水平相比，我国乡村空间系统总体发展水平略低一些。这说明从生产、生活、生态三大方面进行空间考察，2013~2020年我国城乡空间总体发展水平不断上升，但农村发展仍然明显落后于城市。

第二，从我国城乡空间总体耦合协调的时空格局演变看，基于时序分析，2013年以来，我国城乡空间系统耦合协调度总体上处于失调状态，呈低水平缓慢上升态势。这意味着，虽然我国城市空间系统对乡村发展的辐射带动作用处于偏弱状态，但已呈现出不断增强的态势，这在一定程度上说明，我国城乡空间结构的优化水平在不断提升。

基于空间分析，2013~2020年城乡空间系统的耦合协调度均值达到0.5以

第 12 章　优化城乡空间结构促进城乡融合发展

上的省份分别是北京、上海、江苏、浙江、福建、山东、广东、四川，说明这八个省份城市空间系统对乡村的辐射带动作用较强，城乡空间结构优化较好。具体看，2020 年上海、北京、江苏三省以城带乡的辐射带动力要强于浙江、广东。低水平失调区主要局限在西北、东北两大地区，呈现一定程度的地域锁定，意味着这两大地区城市发展对乡村的辐射能力较弱。西南地区城市空间系统对乡村带动作用的提升速度较快，尤其是四川省，已跨入勉强协调区域。综合全国来看，城市空间系统与乡村空间系统的耦合协调水平呈现"南高北低"的空间格局，但区域分布上呈现逐年缩小态势。这一方面与经济发展水平有关，另一方面也体现了南方地区城市化发展对乡村的辐射推动作用要高于北方地区。

第三，从我国城乡生产空间耦合协调的时空格局演化看，基于时序分析，2013~2020 年我国城乡生产空间耦合协调发展始终处于低水平轻度失调状态，并呈现倒"U"形后半段下降趋势，在三大空间里，城乡生产空间的耦合协调发展水平是最低的。这说明，在生产方面，城市空间结构对于乡村的辐射带动力呈现先上升后下降的变动特点，但总体上一直处于较弱的态势，这种带动作用是低于生活方面和生态方面的。这体现了城乡空间结构优化过程中，要强化产业发展和布局以及要素集聚等对城乡融合发展的推动作用。基于空间分析，城乡生产空间耦合协调发展类型处于协调状态的只有上海、江苏、广东三大省份，2020 年失调省份达到 28 个，占比达 90.33%。这说明在生产方面，我国城乡两个空间耦合协调水平不高，城市空间结构对乡村辐射带动作用非常有限，东北地区、西北地区、西南地区 8 年间一直处于辐射带动力的弱区间，虽然数值显示，中部省份有所改善，但弱状态也是从中度弱到轻度弱。从全国版图的区域分析，城市空间结构优化对乡村空间发展在生产方面的辐射带动力呈现"东南高、西北低"的空间格局，全国大面积区域的辐射带动力较弱，这警示我们要加强城乡的产业优化布局与调整，让城市的工业化惠及到更广阔的乡村。

第四，从我国城乡生活空间耦合协调的时空格局演化看，基于时序分析，2013~2020 年我国城乡生活空间耦合协调发展整体上处于低水平临近协调状态，且近五年来发展趋势是下降的。这意味着在生活方面，我国城乡两大空间耦合协调发展还不协调，城市空间结构优化对乡村的辐射带动力还处于较弱的状态，且并没有呈现出从弱区间走向强区间的变动趋势，这说明基于生活方面我国城市空间与乡村空间的协调发展还有待于大幅度改善。基于空间分析，2020 年只有江苏、浙江、天津、广东、四川、北京、上海 7 个省份城乡生活空间耦合处于协调状态，其余省份都处于失调状态。这说明在生活方面城市空间结构优化对乡村发展的辐射带动力较强的都是经济发达地区，全国大部分省份的辐射带动作用还是较弱的。从近年来发展趋势分析，低水平失调区呈现一定程度的区域扩散，从西部地区扩大至东北地区、中部，说明我国城市生活空间结构优化对乡村发展的带动作用不仅没有改善，反倒有一定的扩大趋势，这也反映了我国以人为核心的城镇化建设、乡村振兴战略的实施还不够深入，农民生活方式的现代化仍有待于加强。

第五，从我国城乡生态空间耦合协调的时空格局演化看，基于时序分析，新时代我国城乡两大系统的生态空间耦合协调发展整体上处于波动性上升趋势，总体上处于勉强协调状态。这表明在生态空间方面，我国城市空间结构优化对农村空间发展的辐射带动力是较强的，且带动作用不断增强。这与我国近年来贯彻绿色发展理念、建设美丽乡村以及落实"双碳"约束是分不开的，但与理想城乡生态融合发展还有一段距离，仍需不断优化。基于空间分析，近年来，城乡生态空间耦合协调区域占比较大，这说明城市空间结构优化在生态方面辐射带动乡村发展的作用较强，并呈现一定程度的区域扩散，从东南沿海向内陆中西部区域扩大。2020年北京、河北、山西、江苏、浙江、安徽、福建、江西、山东、河南、湖北、湖南、广东、广西、重庆、四川、贵州、云南18个省份处于协调状态，说明这些省份在生态方面城市空间与乡村空间耦合协调发展的水平较高，尤其是黄河以南区域，以城带乡的生态辐射带动作用不断提速，其余13个省份稍弱一些。

12.5 我国城乡空间结构优化对城乡融合发展的影响
——基于城市群视角的分析

从理论上分析，城乡空间结构优化通过促进城乡两大空间功能互补分工协作、产业布局优化调整、生产要素双向流动、生态环境共保共治，进而实现城乡融合发展。本部分通过我国经济社会发展实践，对城乡空间结构优化对城乡融合发展的影响进行了计量检验。当前中国进入城市化下半程，城市群迅速崛起，我国区域经济协调发展正步入新阶段，空间发展和结构聚散从多个尺度和多个维度展开角逐，空间经济发生变化，集聚现象更为明显，正在重塑中国区域经济版图。近年来，我国城乡空间结构优化进程较为明显的表现是城市群的迅速崛起,并成为主体形态,再加上数据可得性的限制,本节采用城市群空间结构来代表城乡空间结构。由于城市群不仅包括不同规模的诸多城市,也包括不同城市、城镇周边的乡村,城市群空间结构不仅反映城市群中城市与城市间的空间结构关系,也可以反映城市与乡村之间的空间结构关系。核心城市要影响到乡村系统,不单单通过带动自身周边乡村地区的方式,还要通过其他次级城市影响更为边远的乡村地区。本节旨在对城市群空间结构优化对城乡融合发展的影响进行计量检验。研究特色在于:项目组在城乡融合发展影响因素研究中,考虑了空间结构因素,补充了现有研究的不足;不同于传统研究以省域视角讨论区域空间结构,以城市群视角来构建区域空间结构指标;在模型构建过程中,使用空间计量方法消除了变量的空间自回归性,提高了实证检验的准确性。

12.5.1 研究方法与模型设定

12.5.1.1 研究方法

1. 熵权法

熵权法作为一种多指标决策分析方法,相对于其他赋权方法,该方法能深刻反映指标的区分能力,确定较好的权重赋权更加客观,不需要对指标的重要性进行主观赋值,减少了主观性对决策结果的影响;另外,该方法有理论依据,可信度也更加高,熵权法适用于指标间相关性较弱的情况,能够更好地处理指标间的相互影响,本节采用熵权法来测度城乡两大子系统的空间结构发展水平。熵权法首先对数据进行标准化处理,统一量纲,然后,计算评价对象在某指标下的占比。进而计算出该指标的熵值、差异系数和该指标在综合评价中所占的权重。最后,计算出城市和乡村各自当年的发展水平综合评价。

2. 耦合协调度模型

基于本节对我国城乡两大系统的空间结构的协调性测度进行研究,结合各种耦合度测度模型的适用条件,本文参考张竟竟等(2013)关于城乡协调发展评价指标体系的研究[①],综合运用协调度模型和综合评判模型,以得到可靠的城乡融合发展度。本部分选取耦合协调度模型进行测度。

---

① 张竟竟、郭志富:《县域尺度的河南省城乡协调发展空间格局研究》,载《经济地理》2013年第9期,第58~64页。

首先，用熵权法得出的城市发展水平 $f(U)$ 与乡村发展水平 $f(R)$ 计算综合评价指数 T 与协调系数 C，如公式（12.1）、公式（12.2）所示。T 反映了城市与乡村的综合发展水平，其中，α 和 β 为待定权重，在共同富裕理念的指导下，本章认为城市居民与乡村居民的福利水平是同等重要的，因此，取 $\alpha = \beta = 0.5$。在协调系数 C 中的 K 为调节系数，研究中多取 $K=2$。

$$\text{综合评价指数}: T = \alpha f(U) + \beta f(R) \quad (12.1)$$

$$\text{协调系数}: C = \left\{ \frac{f(U) \times f(R)}{[\frac{f(U)+f(R)}{2}]^2} \right\}^K \quad (12.2)$$

其次，使用协调度模型 D 整合城乡协调系数 C 及综合评价指数 T 的信息，得到被解释变量城乡融合发展度（$Coor$）。协调度模型适用于两个子系统间的协调度评价，如公式（12.3）所示。协调度的取值范围在 0～1。其数值越高，两系统协调程度越高，反之则相反。

$$\text{协调度}: D = (C \times T)^{0.5} \quad (12.3)$$

12.5.1.2 计量模型设定

考虑到城市群间城乡融合发展程度、城市群空间结构以及相关经济因素，可能存在空间自相关性。项目组在考察城市群空间结构对城乡融合发展程度的影响中考虑空间自相关性因素，基于传统面板最小二乘法计量模型，将空间权重矩阵与相关变量相结合，构建空间计量模型，一般形式如下公式（12.4）所示：

$$y_{it} = \rho W y_{it} + \beta x_{it} + \phi W x_{it} + \mu_i + y_t + \varepsilon_{it}$$
$$\varepsilon_{it} = \lambda W \varepsilon_{it} + v_{it} \quad (12.4)$$

其中，i 表示城市群，t 表示年份；y_{it} 表示被解释变量，x_{it} 表示核心解释变量和控制变量；W 为空间权重矩阵；u_i 为个体效应，r_t 为时间效应；ε_{it} 为随机误差项；ρ 和 λ 为空间自相关回归系数。当 $\lambda = 0$ 时，模型为空间杜宾模型；当 $\lambda = 0$ 且 $\phi = 0$ 时，为空间滞后模型；当 $\rho = 0$ 且 $\phi = 0$ 时，为空间误差模型。具体使用哪一种模型形式需要通过相关空间检验来进行选择。

地理学第一定律认为，事物与其他事物在空间上相关，且距离越近关联越紧密。构建空间计量模型以及相关空间计量检验都需要设定空间权重矩阵 W。本节参考王艳飞（2016）的研究构建了城市群邻接空间权重矩阵[①]，如

[①] 王艳飞、刘彦随、严镔、李裕瑞：《中国城乡协调发展格局特征及影响因素》，载《地理科学》2016 年第 1 期，第 20～28 页。

公式（12.5）所示。其中 i 和 j 表示城市群。

$$W = \{1, i \neq j; 0, i = j\} \tag{12.5}$$

12.5.2 变量选择与数据说明

12.5.2.1 变量选择

1. 被解释变量

城乡融合发展应当尽可能多地囊括区域居民各个方面的生活福利水平。本项目使用熵权法，选用经济、科教文化、卫生和社会保障三个维度16个人均指标作为子指标，分别合成城市与乡村两个子系统的发展程度指标，主要采用熵权法和耦合协调度模型测算，将二者合成为城乡融合发展度，如表12-11所示。

表12-11　　　　　　　城乡融合发展度的评价指标

目标层	指标维度	指标名	指标性质
城乡融合发展程度	经济维度	人均地区生产总值	正
		人均社会消费品零售额	正
		职工平均工资	正
		人均机构存款余额	正
	科教文化维度	教育从业人员比例	正
		人均教育事业费用支出	正
		中学师生比	正
		小学师生比	正
		人均科学技术费用支出	正
		人均公共图书馆藏量	正
	卫生和社会保障维度	卫生和社会工作人员比例	正
		人均医院卫生院床位数	正
		人均医师数	正
		养老保险参保人数比例	正
		医疗保险参保人数比例	正
		失业保险参保人数比例	正

本节以各城市市辖区作为城市系统，各城市下辖县与县级市作为乡村系统。本节之所以这样设定，一是因为《中国城市统计年鉴》将各市总数据与市辖区数据分列安排，而全国县级市街道的相关数据数量庞大且可得性较差；二是因为市辖区经济密度高，其政治经济文化相对于周边县级市，处于支配性地位。市辖区的经济活动是极化与涓滴效应的主要来源；三是虽然严格来说，下辖县与县级市的街道在政府规划中属于城市地区，但其与乡村经济社会关系极为紧密，本书认为应当将其归为乡村系统。所以下面所说的城市变量都特指该城市市辖区的相关变量。

2. 解释变量

本部分使用城市群空间结构作为解释变量。项目组认为，根据经济要素与经济活动在城市群城市系统内部的集聚程度，城市群空间结构可以分为单中心和多中心两种模式。当城市群中大量的经济要素与经济活动集聚于一个城市时，城市群空间结构趋于单中心的城市群空间结构。单中心城市群是指以一个特大城市为核心，周边分布了几个次级中等城市，这些中等城市又与若干次级小城市紧密联系在一起。其中，大中小城市之间的垂直联系主次分明。核心城市居于主导地位，周边中小城市处于受支配地位。当城市群的经济要素与经济活动较为平均地分布于多个城市，城市群空间结构趋于多中心的城市群空间结构。而多中心城市群则是以多个城市共同担当核心城市的职能。多个核心城市横向联系，互相分工合作关系明确，而主从关系不明显。需要说明的一点是，单中心与多中心城市群空间结构的分类，并不是非此即彼的绝对互斥关系，而是表示一种经济资源与活动的集聚程度大小的相对关系，绝大多数城市群的空间结构实际上介于这两种理想化空间结构模式之间。

学界关于城市群空间结构的测度方法有赫芬达尔指数法、首位城市集中度法、位序规模法和首位度法等。这些测量方法都可以使用城市群经济规模和人口规模数据进行构建以表示空间结构。本书选用首位城市集中度法（Con），使用市辖区经济总量与人口规模数据，分别合成首位城市经济集中度（$Congdp$）与首位城市人口集中度（$Conpeo$）作为主检验的解释变量，互为验证。首位城市集中度用首位城市的人口或经济规模与整个城市群的城市系统总人口或经济规模之比，来表示首位城市在整个城市群中的重要性，以此来衡量整个城市群的空间结构。首位城市集中度计算方法如公式（12.6）

所示。其中，首位城市表示市辖区 GDP 或人口最大的首位城市，$X1$ 表示首位城市的相关规模。A 为城市群中城市系统的 GDP 规模或人口规模总和。首位城市集中度（Con）介于 $[1/n, 1]$ 之间，n 表示城市群中城市个数。首位城市集中度越小，城市群空间结构越趋向于多中心城市群，该指数越接近于 1，城市群空间结构越趋向于单中心城市群。参考现有研究[①]，本部分选用赫芬达尔指数法（H），基于市辖区经济与人口规模，分别合成经济规模的赫芬达尔指数（$Hgdp$）与人口的赫芬达尔指数（$Hpeo$）作为稳健性检验的替代解释变量。

$$首位城市集中度：CON = \frac{X1}{A} \tag{12.6}$$

3. 控制变量

本书参考相关研究成果[②]，从经济发展水平、经济结构、投资、对外贸易、消费、基础设施水平、城市化水平七个方面选取相关控制变量，如表 12-12 所示。

表 12-12　　　　　　　　　控制变量的选择

控制维度	变量名	变量缩写
经济发展水平	城市群人均生产总值	GDP
经济结构	城市群二三产业比重	*Industry*
投资因素	人均城市固定资产净值年平均余额	*Cinvest*
	人均乡村固定资产净值年平均余额	*Rinvest*
	人均地方一般公共预算支出	*Gov*
	教育事业费支出	*Edu*

---

① 魏守华、方聪波：《经济发展水平、政治中心分布与城市首位度》，载《现代经济探讨》2021 年第 9 期，第 1~11 页；于斌斌、郭东：《城市群空间结构的经济效率：理论与实证》，载《经济问题探索》2021 年第 7 期，第 148~164 页。

② 王小鲁、樊纲：《中国收入差距的走势和影响因素分析》，载《经济研究》2005 年第 10 期，第 24~36 页；徐敏、姜勇：《中国产业结构升级能缩小城乡消费差距吗?》，载《数量经济技术经济研究》2015 年第 3 期，第 3~21 页；张建波、马万里、迟诚：《城乡收入差距的地方政府因素分析》，载《山东大学学报（哲学社会科学版）》2016 年第 1 期，第 14~22 页；王艳飞、刘彦随、严镔等：《中国城乡协调发展格局特征及影响因素》，载《地理科学》2016 年第 1 期，第 20~28 页；宋佳莹、高传胜：《教育投入、服务业发展与城乡收入差距——基于省际面板数据的机制分析》，载《南京审计大学学报》2022 年第 3 期，第 102~111 页。

续表

控制维度	变量名	变量缩写
对外贸易因素	外资企业数量占比	Foreign
消费因素	人均社会消费品零售总额	Inc
基础设施水平	人均排水管道长度	Fac
城市化水平	市辖区总人口占城市群总人口比重	City

12.5.2.2 数据来源与处理

虽然我国总体上形成了"19+2"国家级城市群，但出于数据的完整性与可获得性角度，本项目选取京津冀、长三角、珠三角、成渝、长江中游、山东半岛、粤闽浙沿海、中原、关中平原、北部湾、哈长、辽中南、山西中部、黔中、滇中、呼包鄂榆、兰州—西宁、宁夏沿黄18个国家级城市群作为研究对象。各大城市群的区域划分以城市群的发展规划为准。由于各城市群的区域划分随时间变化而有所变化，且某些城市比如温州市被多个城市群划入规划，本节以首次被划入规划的城市范围为准。由于其数据的可获得性较差，本节忽略了一些城市群规划中的自治州、单个县级市以及香港、澳门特别行政区。

本部分所使用的数据来源于《中国城市统计年鉴》。由于行政区域规划调整，莱芜市于2019年被划归济南市，儋州市于2015年被设立为地级市，海东市于2013年被设立为地级市，本节随行政区域规划的调整而进行数据调整。对于缺失的年份与城市数据，采用插空法进行补充。为了消除离群值与异常值对计量检验的影响，对原始数据进行缩尾处理。

12.5.2.3 变量的描述性统计

各变量的描述性统计结果如表12-13所示。

表12-13　　　　　　　　变量描述性统计

变量类型	变量名称	缩写	样本数	均值	标准差	最小值	最大值
被解释变量	城乡融合发展度	Coor	180	0.548	0.0695	0.363	0.727
核心解释变量	首位城市经济集中度	Congdp	180	0.435	0.172	0.178	0.772
	首位城市人口集中度	Conpeo	180	0.356	0.136	0.115	0.705

续表

变量类型	变量名称	缩写	样本数	均值	标准差	最小值	最大值
替代解释变量	生产总值赫芬达尔指数	Hgdp	180	0.293	0.149	0.0876	0.613
	人口赫芬达尔指数	Hpeo	180	0.219	0.114	0.0591	0.543
控制变量	非农产业占比	Industry	180	0.922	0.0346	0.817	0.984
	人均排水管道长度	Fac	180	3.988	2.828	0.974	17.06
	人均乡村固定资产净值年平均余额	Rinvest	180	24317	24628	2300	126457
	人均城市固定资产净值年平均余额	Cinvest	180	38775	16871	9244	86503
	城市群人均生产总值	GDP	180	66336	41030	15597	222647
	市辖区总人口占城市群总人口比重	City	180	0.391	0.117	0.213	0.803
	人均社会消费品零售总额	Inc	180	25476	14423	5124	84240
	外资企业数量占比	Foreign	180	0.0511	0.0383	0.00847	0.151
	人均地方一般公共预算支出	Gov	180	10431	5094	3152	30192
	教育事业费支出	Edu	180	1734	775.1	561.7	5294

表 12-14 总结了城乡融合发展度的地域分布与变化趋势。从地域分布上看，我国东部沿海地区城市群的城乡融合发展程度总体上好于中西部地区。从时间趋势上看，在 2011~2020 年 10 年的考察期内，除了东北地区的辽中南城市群与哈长城市群外，其余城市群的城乡融合发展度都得到了提升。在 2011~2018 年期间，城市群城乡融合发展度整体上是持续上升的，而在 2019~2020 年，城乡融合发展度总体上则表现出一定的恶化与恢复。首位城市经济集中度与首位城市人口集中度的地域分布与变化如表 12-15、表 12-16 所示。城市群的首位城市经济集中度普遍高于首位城市人口集中度，这也表明，首位城市的劳动生产率高于其他次级城市。基于地域分布上分析，我国东部沿海地区城市群的首位城市经济集中度与人口集中度总体上低于中西部地区。基于时间趋势上分析，东部沿海城市群的首位城市经济集中度与人口集中度总体表现出下降的趋势，而中西部地区城市群的首位城市经济集中度与人口

集中度则总体表现出上升的趋势。这种区域经济资源先集聚后涓滴分散的趋势，也与"核心—边缘理论"关于城市群演变的描述基本一致。

表 12-14　　　　城乡融合发展度的区域分布与时间趋势

城市群	2011年	2012年	2013年	2014年	2015年	2016年	2017年	2018年	2019年	2020年
京津冀	0.507	0.526	0.552	0.557	0.564	0.574	0.576	0.577	0.530	0.542
长三角	0.595	0.628	0.643	0.669	0.674	0.690	0.693	0.727	0.705	0.725
珠三角	0.622	0.629	0.646	0.601	0.613	0.620	0.642	0.689	0.673	0.706
山东半岛	0.504	0.536	0.563	0.586	0.575	0.579	0.580	0.599	0.534	0.536
海峡西岸	0.487	0.521	0.516	0.547	0.547	0.555	0.559	0.584	0.544	0.572
哈长	0.491	0.513	0.520	0.544	0.531	0.543	0.536	0.562	0.488	0.479
辽中南	0.543	0.576	0.593	0.601	0.608	0.599	0.593	0.627	0.534	0.534
中原	0.411	0.438	0.468	0.483	0.497	0.501	0.511	0.530	0.474	0.490
长江中游	0.399	0.483	0.501	0.529	0.530	0.543	0.535	0.566	0.532	0.552
成渝	0.466	0.489	0.526	0.541	0.525	0.493	0.453	0.478	0.510	0.511
关中平原	0.469	0.492	0.508	0.533	0.527	0.544	0.535	0.563	0.505	0.523
北部湾	0.424	0.435	0.460	0.470	0.450	0.456	0.462	0.475	0.406	0.433
山西中部	0.537	0.573	0.579	0.595	0.605	0.608	0.610	0.639	0.584	0.608
呼包鄂榆	0.613	0.622	0.631	0.672	0.633	0.684	0.665	0.683	0.651	0.667
黔中	0.363	0.387	0.413	0.466	0.467	0.477	0.519	0.461	0.463	0.485
滇中	0.501	0.556	0.511	0.574	0.577	0.589	0.562	0.601	0.534	0.560
兰西	0.486	0.513	0.485	0.509	0.539	0.547	0.570	0.568	0.524	0.573
宁夏沿黄	0.497	0.522	0.510	0.541	0.553	0.567	0.561	0.585	0.543	0.555

表 12-15　　　　首位城市经济集中度的区域分布与时间趋势

城市群	2011年	2012年	2013年	2014年	2015年	2016年	2017年	2018年	2019年	2020年
京津冀	0.461	0.460	0.468	0.458	0.444	0.419	0.408	0.400	0.440	0.426
长三角	0.320	0.300	0.284	0.275	0.258	0.240	0.220	0.207	0.193	0.183
珠三角	0.282	0.294	0.297	0.309	0.306	0.303	0.313	0.300	0.290	0.289
山东半岛	0.178	0.197	0.192	0.189	0.195	0.191	0.217	0.218	0.230	0.227
海峡西岸	0.234	0.245	0.218	0.215	0.206	0.205	0.202	0.202	0.218	0.222

第12章 优化城乡空间结构促进城乡融合发展

续表

城市群	2011年	2012年	2013年	2014年	2015年	2016年	2017年	2018年	2019年	2020年
哈长	0.274	0.269	0.255	0.269	0.295	0.313	0.329	0.349	0.360	0.382
辽中南	0.339	0.343	0.349	0.388	0.398	0.376	0.349	0.358	0.356	0.359
中原	0.356	0.383	0.401	0.401	0.413	0.405	0.419	0.426	0.447	0.443
长江中游	0.264	0.257	0.261	0.264	0.261	0.263	0.314	0.316	0.314	0.304
成渝	0.460	0.451	0.447	0.464	0.473	0.484	0.470	0.457	0.464	0.464
关中平原	0.580	0.572	0.575	0.583	0.607	0.607	0.664	0.673	0.706	0.715
北部湾	0.283	0.292	0.291	0.285	0.281	0.284	0.302	0.286	0.295	0.294
山西中部	0.726	0.728	0.734	0.751	0.762	0.769	0.770	0.771	0.770	0.772
呼包鄂榆	0.485	0.483	0.469	0.462	0.467	0.469	0.400	0.403	0.379	0.395
黔中	0.638	0.648	0.657	0.657	0.647	0.585	0.580	0.594	0.607	0.608
滇中	0.682	0.699	0.714	0.713	0.728	0.724	0.717	0.712	0.702	0.693
兰西	0.557	0.581	0.562	0.574	0.562	0.562	0.578	0.587	0.588	0.556
宁夏沿黄	0.568	0.579	0.582	0.582	0.585	0.588	0.599	0.609	0.611	0.608

表12-16 首位城市人口集中度的区域分布与时间趋势

城市群	2011年	2012年	2013年	2014年	2015年	2016年	2017年	2018年	2019年	2020年
京津冀	0.363	0.363	0.370	0.347	0.324	0.302	0.300	0.301	0.298	0.294
长三角	0.251	0.246	0.232	0.228	0.223	0.220	0.213	0.211	0.208	0.205
珠三角	0.322	0.320	0.317	0.315	0.344	0.339	0.334	0.330	0.318	0.306
山东半岛	0.472	0.125	0.123	0.118	0.115	0.136	0.135	0.148	0.180	0.210
海峡西岸	0.307	0.316	0.266	0.265	0.252	0.252	0.243	0.241	0.238	0.235
哈长	0.287	0.288	0.290	0.290	0.310	0.311	0.310	0.309	0.310	0.312
辽中南	0.332	0.331	0.332	0.333	0.334	0.331	0.313	0.338	0.343	0.347
中原	0.301	0.316	0.290	0.293	0.211	0.193	0.198	0.208	0.209	0.211
长江中游	0.231	0.155	0.156	0.153	0.147	0.147	0.215	0.214	0.215	0.206
成渝	0.409	0.404	0.401	0.399	0.386	0.370	0.365	0.352	0.350	0.348
关中平原	0.415	0.417	0.420	0.425	0.439	0.441	0.504	0.531	0.522	0.512
北部湾	0.228	0.229	0.230	0.207	0.189	0.226	0.227	0.230	0.232	0.235
山西中部	0.573	0.570	0.570	0.571	0.572	0.572	0.553	0.575	0.580	0.586

续表

城市群	2011年	2012年	2013年	2014年	2015年	2016年	2017年	2018年	2019年	2020年
呼包鄂榆	0.414	0.415	0.413	0.410	0.420	0.416	0.412	0.370	0.406	0.429
黔中	0.407	0.407	0.407	0.407	0.381	0.325	0.328	0.332	0.336	0.340
滇中	0.695	0.701	0.704	0.704	0.705	0.659	0.619	0.598	0.600	0.601
兰西	0.489	0.524	0.498	0.524	0.470	0.467	0.466	0.467	0.470	0.474
宁夏沿黄	0.440	0.439	0.451	0.457	0.467	0.473	0.479	0.488	0.496	0.504

12.5.3 计量检验结果

12.5.3.1 空间自回归检验

在构建空间计量模型之前,需要检验相关变量在考察期是否存在空间自相关关系。受篇幅限制,此处仅给出空间权重矩阵下,被解释变量城乡融合发展度以及解释变量首位城市经济集中度、首位城市人口集中度、生产总值赫芬达尔指数、人口赫芬达尔指数的全局莫兰指数测算结果,结果如表12-17所示。在考察期部分年份中,被解释变量与解释变量之间存在正向的空间自相关关系。

表12-17 全局莫兰指数结果

时间	变量名	Coor	Congdp	Conpeo	Hgdp	Hpeo
2011	Moran's I	0.013	0.182	0.038	0.153	0.07
	P-Value	0.370	0.003	0.211	0.009	0.089
2012	Moran's I	0.039	0.191	0.105	0.154	0.103
	P-Value	0.222	0.002	0.035	0.009	0.036
2013	Moran's I	0.095	0.192	0.123	0.153	0.108
	P-Value	0.055	0.002	0.02	0.009	0.029
2014	Moran's I	0.084	0.194	0.13	0.158	0.118
	P-Value	0.073	0.002	0.016	0.007	0.022
2015	Moran's I	0.101	0.192	0.097	0.156	0.094
	P-Value	0.044	0.002	0.048	0.008	0.047

续表

时间	变量名	Coor	Congdp	Conpeo	Hgdp	Hpeo
2016	Moran's I	0.082	0.198	0.094	0.157	0.099
	P – Value	0.075	0.002	0.055	0.007	0.044
2017	Moran's I	0.076	0.205	0.119	0.165	0.128
	P – Value	0.088	0.001	0.027	0.006	0.02
2018	Moran's I	0.083	0.198	0.111	0.164	0.128
	P – Value	0.075	0.002	0.036	0.006	0.021
2019	Moran's I	−0.008	0.189	0.121	0.164	0.126
	P – Value	0.509	0.002	0.027	0.006	0.022
2020	Moran's I	−0.019	0.176	0.127	0.154	0.122
	P – Value	0.608	0.004	0.022	0.008	0.026

本书参考现有理论研究，认为尽管有时候被解释变量存在显著的空间自相关现象，但被解释变量是否存在空间自相关关系与是否要在模型中添加空间滞后项并非必要条件[1]，通过 LM 检验以便进一步确定空间计量模型的具体形式，如表 12 - 18 所示，结果表明应该使用空间滞后模型，然后进行 Hausman 检验，空间滞后模型的 Hausman 检验结果通过了 1% 的显著性水平检验，拒绝随机效应原假设。最终，本部分确定使用双向固定效应下的空间滞后模型进行估计，并采用双向固定效应下的面板 OLS 模型、空间杜宾模型与空间误差模型的结果作为参考印证。

表 12 - 18 LM 检验结果

解释变量	Congdp		Conpeo		Hgdp		Hpeo	
检验方法	统计值	p 值	统计值	p 值	统计值	p 值	统计值	p 值
Moran's I	3.006	0.003	3.535	0.000	2.992	0.003	3.339	0.001
拉格朗日乘数—误差检验	6.519	0.011	9.362	0.002	6.463	0.011	8.247	0.004

---

[1] 姜磊：《空间回归模型选择的反思》，载《统计与信息论坛》2016 年第 10 期，第 10~16 页。

续表

解释变量	Congdp		Conpeo		Hgdp		Hpeo	
检验方法	统计值	p值	统计值	p值	统计值	p值	统计值	p值
稳健的拉格朗日乘数—误差检验	0.580	0.446	1.845	0.174	0.743	0.389	1.649	0.199
拉格朗日乘数—滞后检验	21.469	0.000	32.887	0.000	22.253	0.000	29.940	0.000
稳健的拉格朗日乘数—滞后检验	15.530	0.000	25.370	0.000	16.533	0.000	23.342	0.000

12.5.3.2 主检验估计结果

本书首先以城市群首位城市经济集中度与首位城市人口集中度作为解释变量，分别考察双重固定效应下的面板最小二乘法模型（模型1、2）、空间滞后模型（模型3、4）、空间杜宾模型（模型5、6）和空间误差模型（模型7、8）结果，并着重考察空间滞后模型，以考察城市群空间结构对城乡融合发展关系的影响。结果如表12-19所示。

表12-19　　　　　　城乡融合发展的影响因素分析

变量	(1) OLS	(2) OLS	(3) SAR	(4) SAR	(5) SDM	(6) SDM	(7) SEM	(8) SEM
$Congdp$	-0.157*** (-2.656)		-0.176*** (-3.351)		-0.130** (-2.328)		-0.194*** (-3.880)	
$Conpeo$		-0.070* (-1.676)		-0.072* (-1.949)		-0.058* (-1.822)		-0.081** (-2.275)
$Industry$	0.465* (1.723)	0.279 (1.065)	0.617** (2.502)	0.374 (1.568)	0.382 (1.470)	0.437* (1.834)	0.673*** (2.911)	0.489** (2.087)
Fac	0.001 (0.527)	0.001 (0.441)	0.001 (0.421)	0.001 (0.369)	0.003* (1.770)	0.004** (2.240)	0.000 (0.176)	0.001 (0.318)
$Rinvest$	0.000 (1.316)	0.000* (1.909)	0.000* (1.709)	0.000** (2.352)	0.000*** (2.857)	0.000*** (3.022)	0.000** (2.494)	0.000*** (3.145)
$Cinvest$	-0.000 (-1.076)	-0.000 (-0.923)	-0.000 (-1.151)	-0.000 (-0.968)	-0.000** (-2.408)	-0.000*** (-3.160)	-0.000 (-1.143)	-0.000 (-1.384)

续表

变量	(1) OLS	(2) OLS	(3) SAR	(4) SAR	(5) SDM	(6) SDM	(7) SEM	(8) SEM
GDP	-0.000 (-0.721)	-0.000 (-0.400)	-0.000 (-0.781)	-0.000 (-0.381)	-0.000* (-1.739)	-0.000* (-1.741)	-0.000** (-2.043)	-0.000 (-1.573)
City	-0.369*** (-4.809)	-0.334*** (-4.370)	-0.356*** (-5.301)	-0.321*** (-4.745)	-0.404*** (-6.038)	-0.426*** (-6.448)	-0.368*** (-5.942)	-0.356*** (-5.537)
Inc	0.000** (2.257)	0.000* (1.973)	0.000*** (2.873)	0.000** (2.429)	0.000** (2.063)	0.000** (2.092)	0.000*** (5.682)	0.000*** (4.967)
Foreign	-0.164 (-0.734)	-0.155 (-0.679)	-0.136 (-0.695)	-0.136 (-0.676)	-0.315 (-1.471)	-0.164 (-0.787)	-0.293 (-1.589)	-0.245 (-1.276)
Gov	-0.000* (-1.896)	-0.000** (-1.983)	-0.000** (-2.327)	-0.000** (-2.403)	-0.000 (-0.322)	0.000 (0.413)	-0.000** (-1.880)	-0.000* (-1.746)
Edu	0.000*** (3.553)	0.000*** (3.852)	0.000*** (4.226)	0.000*** (4.519)	0.000*** (4.588)	0.000*** (4.490)	0.000*** (4.291)	0.000*** (4.390)
常数项	0.252 (1.018)	0.360 (1.451)						

注：***、**、*分别表示在1%、5%和10%水平上显著，括号内为标准误差。

回归结果中，代表城市群空间结构的变量首位城市经济集中度（Congdp）与首位城市人口集中度（Conpeo），在所有模型中估计参数都是显著为负的。Congdp的估计参数比Conpeo的参数显著程度更高。实证结果表明，城市群越趋于多中心空间结构，越会提高城乡融合发展程度，城市群越趋于单中心空间结构，越会阻碍城乡融合发展。

控制变量方面，在所有模型中，变量人均乡村固定资产净值年平均余额（Rinvest）、市辖区总人口占城市群总人口比重（city）、教育事业费支出（Edu）与人均社会消费品零售总额（Inc）的回归系数均显著且方向一致。其中，Rinvest与Inc系数显著为正，增加农村地区的投资、扩大地区消费需求有利于城乡融合发展。Edu回归参数显著为正，教育投入的增加使城乡居民获得教育机会更加趋于平等，农村人力资本质量、劳动生产率得以提升进而缩小城乡收入差距。而关于城市化率对城乡融合的影响问题，学界并未达成一致结论。本项目代表城市化率因素的city变量的回归系数显著为负。这可能是因为，第一，出于数据的可得性与完整性，有些研究使用整个城市群市辖区总人口占城市群总人口比重来代表城市化率，而有些研究使用城镇化率。第二，人口过度集中于市辖区，不利于县域产业发展，也不利于城乡融合发展。第三，政府主导的城市化对城市系统有偏向，显著地扩大了城乡收入差距[①]。

非农产业占比（Industry）、人均地方一般公共预算支出（Gov）三个变量的回归系数在大部分模型中显著。Industry 回归系数在部分模型中显著性为正，一是由于产业结构升级创造了大量劳动岗位，提高了工资水平，尤其是农民工的劳动报酬；二是产业结构升级扩大并丰富了非农产业商品服务的供给，带来工业品相对价格的下降，进而提高了农村居民的消费水平，进而缩小了城乡消费差距[②]。Gov 回归系数在部分模型中显著性为负，这是由于地方财政支出具有一定的城市偏向性。城市投资因素（Cinvest）、外资投资因素（Foreign）、经济水平（GDP）参数显著性较弱。

12.5.4 稳健性检验

为了检验城市群空间结构对城乡融合发展程度影响的可靠性，本部分通过替换核心解释变量的方式进行稳健性检验。本文借鉴于斌斌和郭东的处理方法[③]，进一步使用地区生产总值与人口总数数据分别合成生产总值赫芬达尔指数（Hgdp）与人口赫芬达尔指数（Hpeo），用来表示城市群空间结构。计算方法如公式（12.7）所示。其中，A 为城市群中所有城市系统的 GDP 规模或人口规模总和，X_i 表示城市市辖区 i 的相关规模，n 表示城市群中城市个数。赫芬达尔指数（H）介于 [1/n, 1] 之间，赫芬达尔指数越小，城市群结构越趋向多中心空间结构，该指数越接近于 1，城市群结构越趋于单中心空间结构。

$$\text{赫芬达尔指数}: H = 10^3 \times \sum_{i=1}^{n}\left[\frac{X_i}{A}\right]^2 \quad (12.7)$$

稳健性检验以城市群地区生产总值赫芬达尔指数与人口赫芬达尔指数作为替代解释变量，分别检验双重固定效应下的面板最小二乘法模型（模型 1、2）、

[①] 张建波、马万里、迟诚：《城乡收入差距的地方政府因素分析》，载《山东大学学报（哲学社会科学版）》2016 年第 1 期，第 14~22 页。

[②] 徐敏、姜勇：《中国产业结构升级能缩小城乡消费差距吗？》，载《数量经济技术经济研究》2015 年第 3 期，第 3~21 页。

[③] 于斌斌、郭东：《城市群空间结构的经济效率：理论与实证》，载《经济问题探索》2021 年第 7 期，148~164 页。

空间滞后模型（模型3、4）、空间杜宾模型（模型5、6）和空间误差模型（模型7、8）结果，并着重考察了空间滞后模型。稳健性检验结果如表12-20所示。

表12-20　　　替换解释变量的稳健性检验的结果

变量	(1) OLS	(2) OLS	(3) SAR	(4) SAR	(5) SDM	(6) SDM	(7) SEM	(8) SEM
$Hgdp$	-0.179** (-2.278)		-0.193*** (-2.799)		-0.228*** (-2.977)		-0.235*** (-3.395)	
$Hpeo$		-0.061 (-0.859)		-0.066 (-1.056)		-0.076 (-1.304)		-0.080 (-1.289)
$Industry$	0.438 (1.613)	0.269 (1.018)	0.566** (2.281)	0.364 (1.513)	0.440* (1.787)	0.452* (1.866)	0.686*** (2.876)	0.475** (1.996)
Fac	0.002 (0.655)	0.001 (0.466)	0.001 (0.601)	0.001 (0.395)	0.005** (2.411)	0.004** (2.275)	0.001 (0.541)	0.001 (0.345)
$Rinvest$	0.000 (1.438)	0.000* (1.868)	0.000* (1.835)	0.000** (2.308)	0.000*** (2.940)	0.000*** (3.014)	0.000*** (2.634)	0.000*** (3.107)
$Cinvest$	-0.000 (-0.902)	-0.000 (-0.816)	-0.000 (-0.935)	-0.000 (-0.844)	-0.000** (-2.449)	-0.000*** (-3.146)	-0.000 (-1.059)	-0.000 (-1.248)
GDP	-0.000 (-0.623)	-0.000 (-0.333)	-0.000 (-0.653)	-0.000 (-0.308)	-0.000** (-2.052)	-0.000* (-1.708)	-0.000** (-2.031)	-0.000 (-1.506)
$City$	-0.361*** (-4.682)	-0.326*** (-4.232)	-0.348*** (-5.132)	-0.313*** (-4.584)	-0.404*** (-6.129)	-0.417*** (-6.243)	-0.377*** (-5.985)	-0.347*** (-5.326)
Inc	0.000** (2.281)	0.000* (1.948)	0.000*** (2.848)	0.000** (2.396)	0.000** (2.323)	0.000** (2.043)	0.000*** (5.733)	0.000*** (4.890)
$Foreign$	-0.116 (-0.508)	-0.172 (-0.751)	-0.087 (-0.437)	-0.152 (-0.754)	-0.269 (-1.310)	-0.164 (-0.775)	-0.221 (-1.177)	-0.272 (-1.400)
Gov	-0.000** (-2.011)	-0.000** (-2.215)	-0.000** (-2.451)	-0.000*** (-2.656)	0.000 (0.016)	0.000 (0.329)	-0.000* (-1.713)	-0.000* (-1.920)
Edu	0.000*** (3.619)	0.000*** (3.891)	0.000*** (4.278)	0.000*** (4.556)	0.000*** (4.559)	0.000*** (4.529)	0.000*** (4.125)	0.000*** (4.310)
常数项	0.248 (0.991)	0.354 (1.418)						

注：***、**、*分别表示在1%、5%和10%水平上显著，括号内为标准误差。

本书通过比较主检验结果和稳健性检验结果，发现替换解释变量后，在所有模型中，以城市群地区生产总值计算出的赫芬达尔指数（$Hgdp$），其回归系数依然显著为负；以城市群人口计算出的赫芬达尔指数（$Hpeo$），其回归系数虽然依旧为负，但不再显著。以上检验表明，相对于城市群人口的空间结构，经济空间结构对城乡融合发展的影响更为显著。同时，控制变量的情况与前面主检验结果基本一致。综合来看，本书认为前面的主检验估计结果是比较可靠，也是稳健的。

12.5.5 结论

城乡融合发展是我国实现共同富裕的重要手段与必由之路。同时，随着我国经济社会的进一步发展，城市群已成为我国城镇化发展到当前阶段较为高级的空间组织形式，也是城乡空间结构优化的主体形态。

本书利用2011~2020年我国18个城市群的数据，构建城乡融合发展程度与城市群空间结构的相关指标体系。指标数据表明，从地域分布上看，我国东部沿海地区城市群的城乡融合发展程度总体上好于中西部地区。我国东部沿海地区城市群的首位城市经济集中度与人口集中度总体上则低于中西部地区。从时间趋势上看，在2011~2020年10年考察期内，除了东北地区的辽中南城市群与哈长城市群外，其余城市群的城乡融合发展度都得到了提升。东部沿海城市群的首位城市经济集中度与人口集中度总体呈现下降趋势，而中西部地区城市群的首位城市经济集中度与人口集中度则总体呈现上升趋势。

本书通过建立空间计量模型对城市群空间结构对城乡融合发展的影响进行了实证分析和检验，并进行了稳健性检验。经过空间计量检验，研究得出结果：使用首位城市经济集中度与首位城市人口集中度来代表城市群空间结构，二者在所有模型中估计参数都是显著为负的，这说明城市群空间结构越趋于多中心空间结构，会提高城乡融合发展程度，城市群空间结构越趋于单中心空间结构，会阻碍城乡融合发展。也就是说，城市群的多中心空间结构能够显著促进城乡融合发展，而城市群的单中心空间结构会抑制城乡融合发展。本书的研究为中国城乡融合发展影响因素研究提供了新的视角，在一定程度上丰富了现有研究，同时也为我国城市群建设与城乡融合发展提供了宝贵的理论依据。但由于数据的可得性问题，本书没有将县级市纳入整个城市群空间结构指标中。如何将城市群中"核心城市—次级城市"关系与各个

"地级市市辖区—县级市街道"关系有机结合起来构建更为完善的空间结构指标,这对下一步城市群的研究极为重要。

12.6 优化城乡空间结构促进城乡融合发展的对策建议

习近平总书记在党的二十大报告中强调:"必须坚持问题导向。问题是时代的声音,回答并指导解决问题是理论的根本任务。"本章前面的理论与经验实证研究表明,我国城乡空间结构演进总体上促进了城乡融合发展。但当前我国城乡空间结构还呈现失调特征,城乡规划体系尚未一体化,大中小城市、小城镇、乡村协调发展格局尚未形成,城乡建设用地结构有待优化,县域经济发展带动辐射作用还不强。通过对城、乡两个空间结构的耦合协调性进行测度,发现我国城市空间系统与乡村空间系统的耦合协调水平呈现"南高北低"的空间格局。在城市群发展过程中,超大特大城市作为核心城市,对其余区域和城镇的"极化效应"远远大于"扩散效应"。根据这些问题和研究结论,本部分从推进城乡规划一体化、持续优化空间布局和形态、发挥县城以城带乡的关键节点作用以及促进区域间城乡空间协调发展等方面提出对策建议。

12.6.1 加强城乡统筹与管理,推进城乡规划一体化

12.6.1.1 强化城乡全域规划设计,推进城乡规划一体化

第一,构建城乡一体化规划框架,弥补城乡规划脱节的痛点。整合城乡规划体系,制定一体化的城乡规划体系,确保城市和乡村规划相互协调、衔接;强化乡村建设的规划引领,鼓励有条件的地区编制实用性村庄规划;统筹县域城镇和村庄规划建设,因地制宜、分类推进村庄建设,规范开展全域土地综合整治;推动农村整体规划,包括新村建设、基础设施和公共服务设施等的科学规划,保护传统村落、民族村寨和乡村风貌,严禁随意撤并村庄搞大社区、违背农民意愿大拆大建;加强交通、物流、通讯基础设施建设,以减少区域间与城乡间的交易成本,活跃资源流动,从而扩大城市系统对乡村系统的涓滴效应的范围与强度。第二,实施城乡全域规划,确保城乡发展有机衔接。推动城市、镇、乡、村四级规划全覆盖,注重整体空间布局;通过制定政策和标准,加强对地域空间的统筹规划,避免只注重单个项目或点

位规划,而忽视了整体空间布局的重要性。第三,确保城乡规划与其他体系的有效衔接。住房城乡建设部城乡规划司作为牵头单位,联合其他政府有关部门共同制定相关政策和规范,明确城市和乡村规划的关系,推动规划一体化;推动各规划部门协同工作,推动各项规划在制定过程中充分考虑其他体系的因素,建立多规合一的协调机制;各个规划的编制部门应该进行有效的沟通,确保规划目标一致,相互衔接,确保在规划设计和实施阶段有更好的整体协同效应。第四,实施参与式规划,促进公众参与城乡规划。促进社会各界对规划的参与,特别是农民、村民等基层群体,通过座谈会、听证会等形式,广泛听取意见,形成具有代表性和科学性的规划;利用现代科技手段,如社交媒体、在线调查等,增加公众对规划的参与度,形成多方共治的局面。使居民能够直接参与规划决策,确保规划符合人民的实际需求。

12.6.1.2 建立健全城乡规划体系,优化城乡空间布局

第一,建立系统完整的城乡发展规划框架。制定统一的城乡发展规划纲要,将城市规划和农村规划有机结合,实现协同高效的城乡发展。对城乡进行全面而长期的发展规划,明确城市的发展方向、土地利用、交通设施、公共服务设施和环境保护等各方面的内容,保证城市有序可持续发展。在县域层面,要根据城乡一体化进程,统筹研究村庄发展模式,实现城乡发展的协调。在镇域层面,要合理规划村庄分布,在选择交通位置较优、发展条件较好的中心村进行重点建设的同时,兼顾周边散居村落,以此改变农村人口分散、服务设施缺乏的状态。第二,推进县域内城镇村三级的统一规划,实现功能互补、有机链接。建立全面的城乡规划体系,将城市和乡村规划纳入统一的规划框架,明确发展方向、空间布局、产业布局、基础设施等内容,通盘考虑土地利用、产业发展、居民点建设、人居环境整治、生态保护、防灾减灾和历史文化传承等因素,实现县乡村功能衔接互补,实现城乡之间的有机衔接和统筹发展。第三,通过科学合理的城乡发展规划引导,注重保护耕地和生态环境。城乡空间结构失调特征之一就是资源消耗急剧增长,生态环境恶化,二元经济转型中优化城乡空间结构要注重土地的合理利用和优化生态布局,保护农田和生态环境。要加强土地利用管理,遵循节约集约用地原则,科学规划土地利用,合理控制城市扩张速度,遏制乱占耕地现象,提高土地利用效率和生态保护水平;要规范开展全域土地综合整治,合理推进农用地和建设用地整理,以不损害农民利益为前提,坚决遏制耕地"非农化"、

严格管控"非粮化",严禁随意撤并村庄搞大社区、违背农民意愿大拆大建;注重规划和建设公共空间和绿地,包括公园、广场、步行街等,提供休闲娱乐、社交交流的场所,增加城市的宜居性和营造人文氛围。第四,加强规划管理能力。为了加强城乡规划管理部门的组织和协调能力,培养专业人才,推动规划制定、实施和监督的科学化和规范化,我们需要加强规划的制定、执行、监督和评估,以确保规划的科学性、合理性和可持续性;推进农村土地整治和村庄更新,加强农村土地整治工作,优化农村空间格局,建设宜居、宜业、宜游的美丽乡村,提升农村居民的生活品质。

12.6.1.3 加强制度创新,注重城乡规划的统筹和管理

第一,要建立统一的城乡基础设施规划、建设和管理机制,推进城乡基础设施供给的均等化。加大城乡基础设施建设投入,重点提升农村基础设施建设水平,完善农村道路、供水、供电、通信等基础设施,根据不同地区情况,逐步改造和硬化通往自然村的道路,加强村组之间以及村内道路的修建连通,使农村基础设施日益完善,农村发展环境持续优化。第二,应加强县、乡、村三级教育、医疗、社会保障等基本公共服务供给的统筹协调,推进城乡基本公共服务的统一规划和统一管理,推进城乡基本公共服务均等化。第三,建立健全城乡规划管理的政策法规和制度机制,完善城乡规划的编制、实施和监测评估等方面的管理办法,确保规划的科学性、统一性和可操作性。第四,评估和监管机制双管齐下,确保规划执行效果。建立评估机制,对城乡规划的实施效果进行定期评估,评估结果可作为制定政策和调整规划的依据,以确保规划的实际效果符合预期。强化监管机制,对规划的执行过程进行监督,确保各项规划得到切实执行,防止规划执行过程中的腐败和不当行为。

12.6.2 优化空间布局和形态,促进大中小城市、小城镇、乡村协调发展

当前,我国城市群发展过程中,超大特大城市作为核心城市,对其余区域和城镇的"极化效应"远远大于"扩散效应",应警惕大城市的急剧扩张和小城镇的萎缩。从城市体系规模结构看,推动"多点多极多中心化"发展,在城市空间规划中,鼓励形成多个城市中心,避免单一中心过于集中,减少核心区域的人口压力和环境负担,吸引人口和产业向城市边缘扩散,优化城镇化的规模格局,充分发挥多层级中心城市的作用,优化城市空间布局,

提高城市资源环境的承载能力，改善居民生活质量，促进以城市群、都市圈和中心城市为引领，大、中、小城市与小城镇、乡村建设协同发展，推动形成疏密有致、分工协作、功能完善、科学合理的城镇化空间格局。

12.6.2.1 科学控制超大特大城市规模，有效激活中小城市

第一，在规模格局上，优化提升中心城市功能，加快中心城市转型升级，充分发挥其引领带动作用，系统运用资源环境承载能力、国土空间开发适宜性评价、城市体检结果，开展城市风险评估，促进超大特大城市优化发展。第二，有序实施中心城区人口密度高且人口持续流入的超大特大城市的功能疏解。按照减量提质、瘦身健体的要求，科学规划城市生产、生活、生态空间，有序疏解与城市发展方向不适应、比较优势弱化的产业及功能设施，引导过度集中的公共资源向外转移，合理降低中心城区开发强度和人口密度，提高健康宜居安全水平；特大城市、超大城市疏解功能时要注意节奏，对就业岗位多、社会影响大的功能疏解要特别慎重，坚持因地制宜的原则。第三，提高中小城市的承载能力和特色魅力。按照综合承载能力、开发强度和发展潜力标准，优化生产、生活和生态空间布局，促进大中小城市和小城镇网络化发展；选择中小城市附近的一些乡村，通过培育特色小镇，实现中小城市与乡村的紧密结合，找准发力领域，实现小而强、小而优、小而潮，特色小镇可以发展以农业、手工艺、文化等为特色的产业，吸引游客和投资；鼓励各类空间形态创新转型探索，支持科创走廊、科学城、生态城、文化城、未来社区、共享农庄等多样化发展模式，形成特色化的创新共同体、城乡融合体、产城转型体和职住平衡体。

12.6.2.2 分类推动城市群的多中心空间结构建设，增强综合承载能力

根据前面的计量检验，城市群的多中心空间结构能够显著促进城乡融合发展，而城市群的单中心空间结构则会抑制城乡融合发展。我国大中小城市、小城镇、乡村协调发展的空间格局未能形成的重要原因之一，是我国城市群多属于单中心空间结构，未能很好地带动不同规模的城镇协调发展。要优化城乡空间结构，实现城镇与乡村发展的良性互动，必须分类推动城市群的多中心空间结构建设。为此需要做好以下工作：第一，明确城市群多中心发展战略。制定明确的城市群多中心发展战略，明确每个中心的定位、功能和发展方向，避免各个中心发展定位高度重合，有助于不同中心城市的互补性和协同性；政府应当优化城市群空间结构，力争在城市群内部形成大中小城市

合理搭配的空间布局，避免城市群各种资源过于集中于一个超大核心城市。引导各城市之间充分分工合作，合理匹配各种经济资源。第二，推动聚集效应与扩散效应有机结合并相互促进。顺应和把握城乡空间发展规律，通过中心区域和先富地区的不断升级，发挥率先示范和引领作用，在促进自身发展的同时带动后发地区。贯彻实施京津冀协同发展、长江经济带、粤港澳大湾区和成渝经济圈、深圳建设中国特色社会主义先行示范区、浙江建立共同富裕先行示范区、浦东新区高水平改革开放打造社会主义现代化建设引领区等国家区域发展战略，将中心城市和先发区域的聚集升级与带动后发和周边区域的扩散作用相结合，促进不同区域协调发展。第三，分类推进城市群建设。推动长三角、粤港澳、京津冀等区域成为引领高质量发展的强劲动力源，支持成渝城市群成为支撑西部大开发新格局的重要引擎和中国经济第四极，提升山东半岛、海峡西岸、北部湾等沿海城市群成为推动国土空间均衡开发的重要增长极，引导哈长城市群、辽中南城市群、呼包鄂榆等收缩型城市群提升城市品质，引领区域发展。第四，推动产业布局优化。制定政策，引导不同产业在城市群内不同中心发展。鼓励高端产业在核心中心发展，支持新兴产业在新兴中心崛起，保障基础产业在次中心和特色小镇的稳定发展；加强城市群内部产业协同发展，鼓励不同城市之间优势产业的协同配合和互补，实现资源共享和产业链的完整性，提高整体竞争力。第五，建立城市群内部协同机制。强调城市群内部城市之间的协同发展，确定各城市的功能定位和发展重点，从而实现资源优化配置和互补发展；推动建立城市群多层次、常态化协商协调机制，有序引导城市群发展，深化基础设施、产业科技、生态环境、公共服务等领域合作；优化交通和基础设施网络，加强城市群内部的交通和基础设施建设，确保各个中心之间的快速便捷连接，优化公路、铁路、城市轨道交通等交通网络，提高城市群内部的流动性；建立城市群内部的协同机制，促进各个中心之间的信息共享、资源互补。通过建立合作平台，推动城市群内部产业、科技、文化等要素的优化配置。

12.6.2.3 发挥现代化都市圈的引领示范作用，带动乡村特色农业发展

第一，优化都市圈空间结构，推进中心区功能和产业扩散。在空间布局和形态方面，采取长短结合的推进策略，重点推进实施分类分级的都市圈规划建设，使之成为新时期推进新型城镇化的核心区域，培育发展现代化都市圈；发挥都市圈在承载人口流动、配置要素资源、组织产业协作方面的高效

作用。第二，推动城市圈建设与乡村协同发展。明确城市圈发展的方向和乡村的定位，科学确定都市圈的范围和层级。核心都市圈、重点都市圈、潜在都市圈要分类推进，实施差别化政策。重点支持中心城市与远郊区县或周边城市一体化发展，促进都市圈健康成长，突出城市圈对乡村发展的引领和支持作用，确保两者有机衔接。第三，引入现代农业技术和绿色产业。鼓励城市圈内的企业引入现代农业技术和绿色产业，提高农村经济的质量和效益；通过合作社、科技示范基地等方式，带动乡村农业的现代化发展；鼓励都市圈内的农民成立合作社与城市企业合作，实现农产品的深加工和市场化销售，提高农产品附加值。第四，打造乡村旅游和休闲胜地。制定政策，支持城市圈内乡村发展旅游和休闲产业；通过改善乡村环境、保护传统文化、开发乡村民宿等方式，吸引城市居民和游客到乡村消费和度假。第五，建设科技创新基地。在城市圈内的乡村建设科技创新基地，吸引科技人才和企业参与。通过科技创新，推动乡村产业升级和技术进步；推动城乡人才的交流与合作，通过建立人才培训机制、设立人才交流平台，使得城市的专业人才能够参与乡村发展中，提升乡村的管理水平和服务水平。

12.6.2.4 促进特色小镇健康规范发展，推进乡村全面振兴

第一，根据功能定位，积极培育特色小镇。推动落实《关于促进特色小镇规范健康发展意见的通知》及《关于印发全国特色小镇规范健康发展导则的通知》，加强对特色小镇建设的监测监督监管，促进特色小镇健康发展。明确城镇功能定位，强化公共服务和产业支撑，充分重视中小城市在空间提升和功能嵌入上的重要作用；建立特色小镇品牌，打造小镇独有的历史、形象以及文化符号，制定宣传策略，提高小镇的知名度，吸引更多人群关注和参与，积极培育一批新增长点、新增长极、新增长带，提高城镇的吸引力、承载力以及产业支撑能力。第二，积极进行产业引导和支持。制定产业引导政策，鼓励小镇发展符合地方特色的产业。可以通过税收优惠、财政支持等方式，吸引企业在特色小镇投资兴业；在乡村周边建设产业园区，为中小城镇的企业提供发展空间。通过引导企业向乡村产业园区转移，促进乡村产业升级和就业增长；推动小镇产业链的延伸，建立完整的产业链，例如，从农业生产到农产品加工，再到品牌销售，形成产业链的完整发展；制定政策鼓励大中城市的一些产业向周边的小城镇和乡村延伸，通过税收优惠、用地支持等方式，吸引企业在这些地区设立分支机构，带动当地产业发展。第三，

引入创新创业项目，激发农村创新创业活力。吸引创新型企业和创业团队入驻小镇，推动小镇的创新发展；通过设立创业孵化器、提供创业资金等方式，培育小镇的创新氛围；在小城镇设立创新创业平台和创业孵化中心，支持城乡居民创业，提供创业培训、资金支持等服务，帮助当地居民创办小型企业和农业创新项目。第四，推动城乡融合发展示范区建设。选择一些中小城市、小城镇和附近乡村，建设城乡融合发展示范区或城乡一体化发展示范区，通过示范区建设，再加上政策支持、项目引导等手段，吸引更多资源流入乡村，实现城市和乡村共同发展，形成良好的示范效应。第五，构建城市群与小城镇、乡村之间的协同发展网络。建立城市群和小城镇、乡村之间的信息沟通平台，推动资源、人才、技术等要素的有序流动，形成协同效应；发展农村文化和旅游产业，通过挖掘和保护乡村的历史文化、自然风光等资源，发展乡村旅游和文化产业，以中小城市、小城镇为中心，发展农业生态旅游，通过提供农家乐、采摘园等服务，吸引城市居民和游客到乡村体验田园生活，促进乡村经济多元化发展。

12.6.3 提升县城发展质量，发挥县城以城带乡的关键节点作用

当前，我国城乡融合发展过程中，县域经济发展带动辐射作用还不强。2022年出台的《关于推进以县城为重要载体的城镇化建设的意见》进一步明确，以县城为重要载体推进城镇化建设，发挥县城连接城市、服务乡村作用，增强对乡村的辐射带动能力。位于"城尾乡头"的县城是连接城市、服务乡村的天然载体，已成为推动乡村全面振兴、促进城乡融合发展的关键"节点"，不仅具有满足人民群众就业安家需求的巨大潜力，也是构建新型工农城乡关系、促进城乡融合发展的关键支撑。优化城乡空间结构促进城乡融合发展须持续提升县城发展质量，切实增强县城"以城带乡"的关键"节点"作用。

12.6.3.1 促进以县城为关键节点助推县域城乡融合发展

第一，推进县域统筹。主要是从推进空间布局、产业发展、基础设施等方面介入，把城乡关系摆布好处理好，一体设计、一并推进，构建多层次、多领域、多形式的城乡发展共同体。第二，强化县城的中心功能，发挥扩散效应，促进县城带动乡村发展。增强县城的中心功能和综合服务能力，重点是加强基础设施建设，提高公共服务水平，辐射带动乡村发展。第三，补齐

县城短板弱项。推进公共服务、环境卫生、市政公用、产业配套等设施提级扩能，加快补齐公共卫生防控救治、垃圾无害化资源化处理、污水收集处理、排水管网建设、老旧小区改造等短板弱项，积极促进农业产业向工业转移以及农业人口的非农化，推进县城产业配套设施提质增效、市政公用设施提档升级、公共服务设施提标扩面、环境基础设施提级扩能，增强综合承载能力和治理能力。

12.6.3.2 分类推进县城发展，提升县城发展质量

第一，实行差别化战略，按照区位禀赋和发展基础的差异，分类促进小城镇健康发展，加强政府的规划引导和扶持，促进特色小镇规范健康发展。第二，要赋予县城更多的资源整合使用的自主权，还要防止资源过度集中，产生"虹吸"效应。第三，按照现代小城市的标准来推进县城的建设，增强产业支撑能力，建立各具特色，符合主体功能定位的现代产业体系，提高县城的人口吸纳能力和吸引力。第四，建立具有多种形式的城乡发展共同体，发展典型推广经验。支持一批具有良好区位优势和产业基础、资源环境承载能力较强、集聚人口经济条件较好的县城发展，例如在教育、医疗、文化等领域进行探索，树立先进典型，总结各地有益的经验，全面推进城乡产业、教育、医疗、文化、生态等共同体的建设，使其成为推动城乡融合发展和一体化的重要平台，不断总结推广以城带乡改进乡村治理的典型经验和有效做法，发挥以点带面的榜样和引领作用。

12.6.3.3 深化县城"经济接点"功能，推动一二三产业融合发展

第一，发展县城特色产业，促进农村产业升级。县城两端分别连接农产品生产基地和消费市场，有利于城乡要素跨界配置，是推动农业农村"接二连三"的最佳区域，引导劳动密集型产业、县域特色经济及农村二三产业在县城集聚发展，培育特色农业、农村旅游等新兴产业，是补强城镇体系的重要环节。第二，强化乡村产业布局县域统筹，通过加强城乡连接和互通，促进城市和农村的交流和共享资源，实现城市和农村的有机结合，通过培育本地特色产业、承接外部产业转移和吸引社会资本参与等方式，推动乡村产业发展。在县城重点发展比较优势明显、带动农业农村能力强、就业容量大的农产品加工业、农业生产性服务业和乡村旅游服务业，支持农村产业转型升级，推动农村一二三产业融合发展。第三，梯次推进县乡村联动发展，促进农业产业链延伸和城乡要素循环通畅，鼓励农村居民参与城市经济活动，发

展农村产业和服务业,扩大乡村经济的发展空间和增长动力,提高农民收入水平。

12.6.3.4 提高县城辐射带动乡村能力,促进县乡村功能衔接互补

第一,加强以县城为载体促进城乡人才双向流动,提升人才培养质量。加强城乡人才流动与培养,通过多种措施鼓励城市人才到农村发展,强化农村人才培养和教育,促进城乡之间的人才交流与融合,推动城乡经济社会协调发展。尤其要着力做好新生代农民工、灵活就业农民工社会保障,落实农民工随迁子女入学和转学政策等惠民工程。建立有效激励机制,推动县城各类人才积极参与乡村振兴。推动建立"以城带乡"义务教育发展机制,形成城乡教育联合体;鼓励支持县城大力发展农业职业教育,建强县城职业学校、技工学校,建立健全农民教育培训体系,多措并举提升农民素质。第二,推进县城基础设施向乡村延伸、公共服务和社会事业向乡村覆盖。推进县城基础设施向乡村延伸,不仅体现在改善乡村的供水供气供热管网,还要建设联结城乡的冷链物流、电商平台、农贸市场网络,带动农产品进城和工业品入乡。加强县域空间交通网络规划,促进交通轴线适度超前发展,注重推进城乡客运一体化。推进县城基本公共服务向乡村覆盖。鼓励县级医院与乡镇卫生院建立紧密型县域医疗卫生共同体,发展城乡教育联合体,健全县乡村衔接的三级养老服务网络,发展乡村普惠型养老服务和互助性养老。第三,发挥县城治理效能和辐射作用,加强并改进乡村治理。切实提高县城街道社区治理服务水平,积极做好县城农业转移人口集中社区和城郊农村社区的帮扶救助、法律援助、心理疏导、社会融入、社区康复等服务工作,进而辐射带动乡村治理效能提升。健全乡镇和县级部门联动机制,吸引支持高校毕业生、农民工、致富能手、机关企事业单位优秀党员干部到村任职,加强培训,提高治理能力,完善乡村治理工作协同运行机制。

12.6.4 加强区域合作,促进区域间城乡空间协调发展

根据前面实证结果考察,当前我国城市空间系统与乡村空间系统的耦合协调水平呈现"南高北低"的空间格局,体现了南方地区城市化发展对乡村的辐射推动作用要高于北方地区,而西北、东北两大地区城市发展对乡村的辐射能力较弱,西南地区城市空间系统对乡村带动作用的提升速度较快。为此,要加强区域性合作,促进区域间城乡空间协调发展。

12.6.4.1 加强区域交流与合作，建立区域间城乡协同发展机制

第一，借鉴经验，落后地区向先进地区汲取经验。东北、西北等地区应结合自身状况，积极向东南沿海城乡融合发展试验区学习城乡生产、生态、生活三生空间融合发展的经验，消化吸收，进而形成符合自身特色的发展模式。第二，建立健全跨区域城乡联动机制。各省份可以设立专门的机构或协调小组，通过成立联席会议、共享信息平台等方式，负责推动区域间城乡协同发展，加强协同作战，优化城乡空间布局。同时，政府应该加强协调和推动力度，政府应建立跨部门、跨地区的协调机制，形成合力，推动城乡融合发展的各项措施得以有效贯彻落实；注重推进毗邻区域合作城乡融合发展进程，加速块状经济融合，提高国内大循环的覆盖面，坚持差异化协同理念，率先着眼于大城市周边和省际毗邻区域，推进行政边界、地理边界、经济边界和社会文化边界多维耦合。第三，加强区域间城乡一体化平台建设，实现信息共享。建设城乡一体化信息平台，可以实现各项政策、规划、项目等信息的实时共享，提高各地协同发展的信息透明度和运行效率；通过共建基础教育、医疗培训联动平台，完善养老机构与医疗机构对口支援、合作共建协作机制等方式，建立农村服务共享平台，整合医疗、教育、文化、社会服务等资源，实现城市服务向农村延伸，提高农村居民的生活品质；加强跨区域的研发合作、科技创新和信息共享，建立跨区域的科研合作机制，共享研发成果，提高技术创新的能力和水平，促进科技成果在城乡之间的流动，提高城乡的创新能力。第四，开展区域间的生态环境协同治理，共同保护和修复自然资源。实施区域生态环境协同治理计划，联合治理空气、水、土壤污染等环境问题，降低生态环境负担，促进城乡生态空间的协同发展。

12.6.4.2 促进生产要素自由流动，释放城乡融合发展活力

推动城乡区域协调发展的关键在于打破区域与城乡的地域限制，实现资源整合、优势互补。第一，加强制度创新，打破区域行政壁垒和市场分割，打通制约经济循环的关键堵点，加快建设高效规范、公平竞争、充分开放的全国统一大市场。第二，加快生产要素的市场化配置进程，东、中、西、东北地区可以通过跨区域的协同合作，实现资源、技术、人才、数据等生产要素的自由流动，形成全国性的城乡协调发展格局，促进区域间的均衡发展。第三，推动跨区域营商环境一体化。建立全国性的企业注册、税收、人才引进等服务体系，简化企业办事流程，降低跨区域经营的交易成本，提高市场

的透明度和效率，推动各地的营商环境一体化发展。第四，加强城乡交通和信息网络建设，促进跨区域物流和交通一体化。在城乡道路建设、智能交通和互联网信息服务方面加大投入，构建全国一张网的信息网络，有效地促进城乡空间之间的信息传递和经济活动，提高城乡交流的质量和效率；优化跨区域的物流和交通体系，建设高效物流网络和交通基础设施，形成多中心网络结构，推动全国范围内一体化，进一步降低商品和服务的运输成本，提高市场的整体效率；重点打通农村交通与物流运输"最后一公里"，提高农村交通通达深度，进一步提升城乡交通运输一体化服务水平，加快完善县、乡、村三级物流体系；提升农村地区路网覆盖的深度和广度，要全面布局乡村网络覆盖，加强乡村网络建设，促进区域性城乡空间协调发展。

12.6.4.3 推进跨区域产业协同发展，畅通城乡经济循环

其一，加强区域产业协同，建立城乡产业链衔接机制。加强顶层设计，部分省份或邻近地区依托区域优势，形成区域产业发展一体化，推动区域间产业协同发展。其二，加强区域政府间合作，依托不同地区的特色农业，推进乡村产业的多元化发展。加强各地政府对特色农业发展的引导，打造新型农业经营主体，改变传统农业的经营方式，延伸农业产业链，提升农业价值链，实现农业产业可持续发展；促进区域间要素流动和商品流通，培育和推广特色农产品品牌，促进区域间农产品差异化发展；以特色农业为基础，积极推进不同区域在乡村一二三产业融合方面的合作，促进乡村产业的多元化发展。其三，促进区域间产业合作。通过建立产业联盟、合作园区等方式，在产业发展中实现互利共赢。可由地方政府牵头，由不同地区的企业和行业协会组成针对特定产业成立产业联盟，推动信息共享、政策沟通，形成全方位的产业合作网络；鼓励不同区域的企业与农业合作社进行全面合作，对特色农产品在生产、加工、销售等方面形成完整的产业链，通过合作社形式整合农业资源，提高农民收益；建立跨区域的供应链体系，加强物流和供应链管理，提高整个供应链的效益和灵活性，促进产业上下游之间的合作。

附　录

附录1　典型国家和地区刘易斯第一、第二转折点的判断

1.1　先行工业化国家刘易斯第一、第二转折点的判断

在先行工业化国家中，英国是世界上最早开始二元经济转型的国家，也是最早实现二元经济转型的国家，作为先驱者，英国在转型中经历了对抗、艰辛、冲突与苦难。法国工业化进程较为缓慢，持续性的过渡是法国二元经济转型的基本特点，具体表现为缓慢性、渐进性和区域异质性，二元经济转型道路异常艰难。相对于英、法，德国是一个后起的发达国家，虽姗姗来迟，但二元经济转型进展迅速。

1.1.1　先行工业化国家刘易斯第一转折点判断

本项目基于 Minami 准则三——农业部门实际工资的动向作为判断标准。如果农业实际工资开始上升，则表明该国已经跨越了刘易斯第一转折点，劳动力市场从劳动力无限供给阶段转向有限供给阶段；如果农业实际工资快速上升，则表明已跨越刘易斯第二转折点，因此农业部门实际工资的变化成为问题的焦点。

1.1.1.1　英国刘易斯第一转折点的判断

根据 B. R. 米切尔的统计，梳理出英国 1788～1900 年一个多世纪的农业货币工资变化情况（1900＝100），考虑到工资将会受到经济周期等因素的影响，对原有的货币工资剔除价格因素，继续采用 B. R. 米切尔的消费物价指

数进行剔除，为了与货币工资指数统一，本书对原有文献中消费物价指数进行了"1900＝100"的重新估算，并将农业货币工资与消费物价指数进行了比较，最终得到了1788~1900年英国农业部门实际工资指数的数据，如附图1-1所示。从整个时序考察，农业部门实际工资水平总体处于上升的态势，可分为两个时段：第一时段：1785~1855年，农业工资水平在震荡波动中趋升，波幅较大；第二时段：1855~1900年，从1855年开始，农业实际工资指数上升的趋势不再出现反复波动，上升速度逐渐加快，尤其是1870年之后，呈45度直线上升趋势。

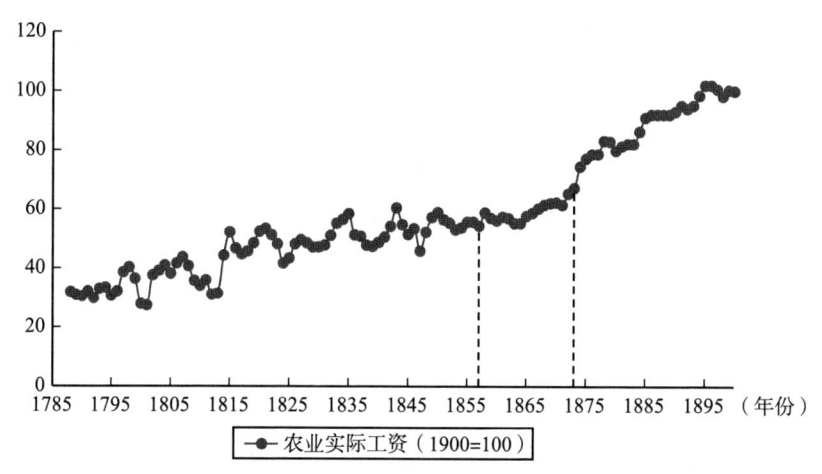

附图1-1 英国农业部门实际工资指数变动轨迹（1788~1900年）

资料来源：[英] B. R. 米切尔，贺力平译：《帕尔格雷夫世界历史统计（欧洲卷）1750~1993年（第四版）》，经济科学出版社2002年版，第911~915页。

针对英国劳动力市场变动状况，刘易斯认为，1790~1840年50年间英国的实际工资率稍有下降，而1840~1849年建筑业工资指数仅比90年前1750~1754年高4%，因此可以认为英国在工业革命的50年中生活费用工资并没有提高。悉尼·波拉德认为，在19世纪50年代之前的一个多世纪中，英国工资趋近于保持在或接近于贫困生存线的水平上，劳动力的供给基本处于一种过剩状况，市场环境对劳动者一方非常不利。从19世纪中期左右开始，英国的劳动力市场发生了重大变化，农业劳动供给开始短缺，与之前的工人工资徘徊在贫困生存线或其他固定水平上不同，此后，工农两个部门的实际工资都开始增加，工资像水蛭一样紧紧依附着上升的国民产值曲线。

C. P. 金德尔伯格认为，劳动无限供给的二元经济在19世纪上半叶的英国存在过，1850年之后就不存在了。以上三个学者的研究也证明了英国的劳动力市场在19世纪50年代出现了较大变动，而之前却没有出现工资的大幅度上升。

对此，一些学者展开了争论。国内外一些学者认为工业革命时期工人的实际工资出现了上升，时间出现在19世纪20年代；而哈蒙德、霍布斯保姆、汤普森等则认为工人的实际工资并没有得到提高，工人阶级的生活状况更加糟糕。以上学者有的是根据当时历史的观察所产生的定性认识，有的则是通过短时间的数据进行判断，针对转折点理论的判断，我们应该从更长的历史视角来考察转型发展，不能局限于某一段区间。从超过一个世纪的历史视角考察，这个阶段只是比之前的1805~1815年有所上升，之后又出现低谷，所以不能把1820年作为农业实际工资开始上升的时期。伦敦工匠的研究表明，18世纪70年代到1820年实际工资陷入了一个长期的低估阶段，19世纪30~40年代虽然持续好转，但只不过是恢复到18世纪50~60年代的水平。施瓦茨在研究1700~1860年伦敦人民的生活标准的文章中，提出："到1820年，实际工资已经超过1790年的水平。但直到19世纪40年代或更晚，实际工资才超过1740年的水平"。再一次证伪了1820年为刘易斯第一转折点出现的时间。随着时间的推移，工人的基本生活支出也在不断提升。因此，可以判断整个第一次工业革命期间，农业部门的实际工资仍然维持在生存工资水平，并没有出现显著上升。

因此，可以初步判断19世纪50年代中期为英国刘易斯第一转折点出现的时段。从19世纪70年代开始，农业部门的实际工资上升速度更快，刘易斯第二转折点可能出现在这一时期。

1.1.1.2 法国刘易斯第一转折点的判断

对于法国刘易斯第一转折点的判断，沿用英国的标准，基于Minami准则三作为判断标准——非熟练工人实际工资的动向，鉴于法国非熟练工人实际工资的历史数据很难查询，考虑到当时法国非熟练工人构成了工人的较大比例，技术工人所占比例较小，我们先来考察工人的实际工资情况。根据B. R. 米切尔的统计，梳理出法国从1840~1913年70余年的工人实际工资变化情况（1900=100），如附图1-2所示。

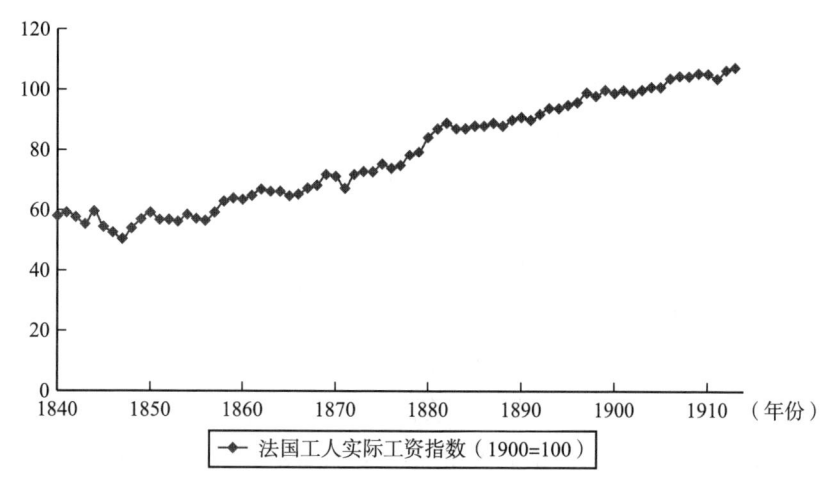

附图 1-2　法国工人实际工资指数变动轨迹（1840~1913 年）

资料来源：［英］B. R. 米切尔，贺力平译：《帕尔格雷夫世界历史统计（欧洲卷）1750~1993 年（第四版）》，经济科学出版社 2002 年版，第 911~915 页。

从附图 1-2 可以看出，19 世纪 40~60 年代，法国工人的实际工资一直很低，且处于波动的状态。根据马胜祥的研究，从 1820 年至法兰西第二帝国时期实际工资徘徊不前，这时期法国工人一直都在为生存而挣扎。根据详细史料记载，复辟王朝（1815~1830 年）时期，工人平均日工资为 1.5~3 法郎，女工报酬要少很多，女工的平均收入为每天 1 法郎，最多 1.5 法郎。工人的生活非常艰苦，连肉、糖和某些必需食品的极简单的伙食费用都比普通工人一天挣的工资多 1 倍。在七月王朝（1830~1848 年）时期，工人的名义工资相当固定，但生活费用提高了 15%~20%，工人的实际生活水平下降了。企业主经常使用女工、童工来代替男工，当时童工占总雇佣人数的 12.5%，而女工则占到了 40%。在里昂丝织业中心，有的人一天工作 18 小时仅仅拿到 1 法郎的工资，可见当时工人的工资之低。因此，基本可以判断出法国从二元经济转型伊始到 19 世纪 60 年代之前实际工资没有出现上升的情况。

从附图 1-2 可以看出 19 世纪 60 年代之后，工人实际工资开始有微微上升的趋势，70 年代之后上升速度开始加快，1870~1914 年法国工人实际工资上涨将近 75%，城市工人的工资不断增加，而生活必需品的价格在不断下降，从当时最大的城市巴黎考察，巴黎工人的日均工资从 1872 年的 4.5 法郎增加到 1906 年的 7.5 法郎，每公斤面包价格由 1872 年的 0.36 法郎降至 1909 年的 0.34 法郎，且糖、肉一直维持在较低价格水平上。因此，19 世纪 70 年代初工人的实际工资是上升的，同时工人的生活质量也有了新提升，不少工人略有储蓄，他们大多比过去吃得好，开始吃肉食、喝咖啡以及饮酒等，在衣着打扮、家居摆设、消遣方式上也开始模仿资产阶级，读报、上影剧院、出去郊游、逛公园或到外地旅游、听音乐会等。

请注意这里的工人包括熟练工人和非熟练工人的工资，实际上，主要考察非熟练行业工人的工资水平来判断刘易斯第一转折点出现的时段。而根据史料记载，第三共和国前期，随着生产的发展和国民收入的增加，农业工人的工资有所提高，乞丐在官方正式的登记册中不再出现。农民最基本的物质需要，如食物、衣着和住房，此时都有相当程度的满足。在饮食方面，许多人吃上了白面包，肉、家禽和酒的消费量显著增加。这一观点得到了很多研究者的认同。罗杰·普莱斯认为："19世纪下半叶，由于经济增长导致工人实际工资和生活水平的不断提高"；罗歇·马格劳认为，里昂工人的名义工资在19世纪60年代晚期到20世纪第一个十年上涨了10%，根据B. R. 米切尔的统计，这个时间段，物价指数平均只上涨了0.9%，总之，里昂工人的实际工资确实是上涨了，里昂作为当时法国的最大纺织中心，纺织工人大多是非熟练工人，从这一点也能够证明，非熟练工人的实际工资在19世纪70年代初开始上升。第一次世界大战后，从20世纪20年代中期起，法国工人的工资不仅名义上继续增加，实际上也有显著提高，1929年的工人实际工资比一战之前提高了10%～15%，工人家庭不仅在食品的数量上基本得到满足，在质量上也有所改善。

从总的趋势可以粗略判断，自从19世纪70年代初，法国非熟练工人的实际工资出现了上涨，可以判断法国的刘易斯第一转折点出现在19世纪70年代初期。

接下来，我们将基于"Minami 准则四——两大部门的工资差距趋于扩大"这个标准进行进一步验证。根据南亮进提出的判断刘易斯转折点的五个标准的准则四，在劳动力无限供给时期，资本主义部门劳动力与生计部门劳动力工资差距趋于平稳；在第一个转折点之后工资差距逐步拉大；快到第二个转折点处两部门的差距缩小；在第二个转折点之后工资差距恢复稳定。

本文仅从各阶级死者留下财产数量的变化这一指标就可以看出贫富差距的拉大。费雷—保罗·科达丝瓦尼在研究1856～1858年和1873～1875年这两个阶段死者留下的财产时发现，里尔市的财富有了巨大的增长，人口增加了34%，而遗嘱留下的平均财富却增长了135%。但同时，留下遗嘱的成年人数从32%下降到25%，在不同社会阶层中存在着惊人的反差。1856~1858年，统治阶级（工匠、白领工人、公务员）占死者人数的32.4%，占遗产财富的9.5%，工人占死亡人数的59.4%，只占遗产财富的0.4%；到1873~1875年，工人阶级占死亡人数的67.6%，但只占财富的0.2%。工人留下财产的人数从18.2%降到5.6%，1856~1858年一个工业家留下的财富相当于一万个工人的遗产，17年以后则相当于2万个工人的遗产。因此，工人工资虽有所提高，但工人阶级和资产阶级的差距却在悄无声息地拉大，这在19世纪60年代已经出现端倪，而在第三共和国早期，工人的工资有较大幅度的上涨，但和中上层的差距却越来越大，1870~1914年，法国工资增长了几乎两倍，但工人工资只翻了一番，可见19世纪70年代之后，差距更加显著，也从侧面证明了法国刘易斯第一转折点出现的时间大约为19世纪70年代初。

1.1.1.3 德国刘易斯第一转折点的判断

根据B. R. 米切尔的研究，整理出了德国1834~1914年80余年的工人实际工资变化情况（1900=100），如附图1-3所示。统计数据的说明，这里工人工资所涉及的行业包括采掘业、制造业和建筑业，这三个行业是当时非熟练工人从事的主要行业，能够有效反映德国二元经济转型中非熟练工人的实际工资动向。

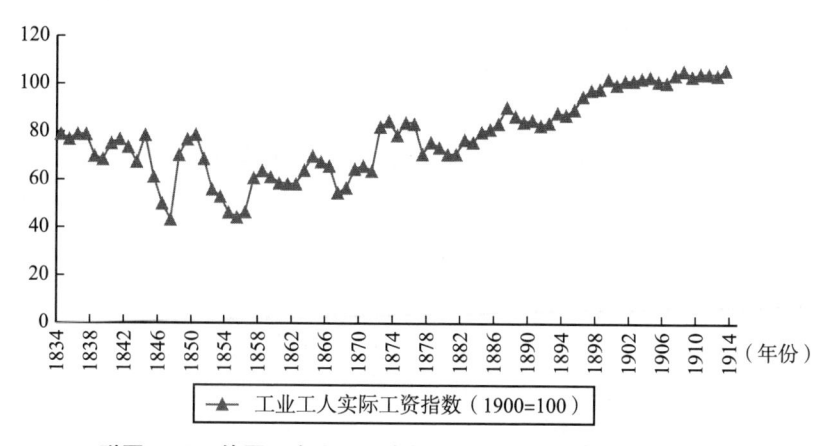

附图1-3 德国工人实际工资指数变动轨迹（1834~1914年）

资料来源：[英] B. R. 米切尔，贺力平译：《帕尔格雷夫世界历史统计（欧洲卷）1750~1993年（第四版）》，经济科学出版社2002年版，第911~915页。

根据附图1-3，19世纪90年代之前，德国工业中非熟练工人的工资一直处于震荡波动中，尤其是19世纪40~50年代，振幅较大。直到19世纪90年代初，德国非熟练工人的实际工资才开始出现上涨。

由于一些非熟练工人不仅仅工作在城市，农村中也存在着大量工人，本文再考察农业部门实际工资的变动情况。若农业部门的实际工资开始上涨，表明农业剩余劳动力开始变得稀缺。从附图1-4可以看出，从19世纪90年代初开始，德国农业部门的实际工资开始出现上升的趋势。综上，可以判断德国于19世纪90年代初进入刘易斯转折阶段。

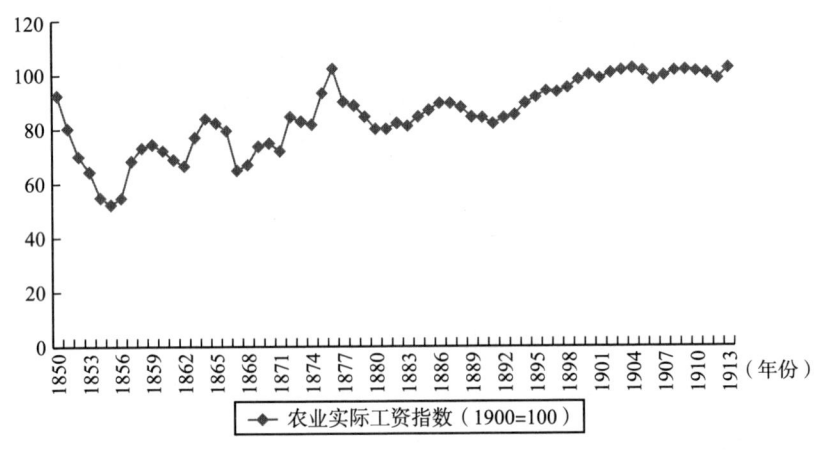

附图1-4 德国农业部门实际工资指数变动轨迹（1850~1914年）

资料来源：[英] B. R. 米切尔，贺力平译：《帕尔格雷夫世界历史统计（欧洲卷）1750~1993年（第四版）》，经济科学出版社2002年版，第911~915页。

接下来，本部分根据既有的研究验证了德国刘易斯第一转折点出现的时间。J. J. Lee 认为，"直到19世纪末期，非熟练劳动力一直处于一种过剩状态"，可以推断19世纪末期，非熟练劳动力从过剩逐渐转为短缺。"1894年之后所发生的经济复苏期间，劳动力显得更加短缺"。19世纪80~90年代，德国由粮食出口国转变成粮食进口国，根据二元经济理论，这是刘易斯转折阶段出现的典型特征，农业剩余劳动力短缺满足不了日益发展的工业和城市需求，粮食只能依靠进口。根据宫崎犀一的研究，德国1870~1913年的经济周期循环可以看出，德国实际工资指数在19世纪90年代也开始上升。其实早在19世纪60年代末70年代初这段时期，劳工供需关系在德国地区之间已经开始脱节，德国西部地区出现了劳动力的短缺，但东部地区剩余劳动力的迁移马上弥补了西部的短缺，使得德国进入刘易斯转折阶段的步伐又向后推了20年左右的时间。

1.1.2 先行工业化国家刘易斯第二转折点判断

1.1.2.1 模型设定

刘易斯第一转折点之后，工农两大部门的工资差距逐渐扩大，这样工业部门的高工资将会驱使农业剩余劳动力进一步向工业转移，甚至出现加速的趋势。随着刘易斯第二转折点的到来，农业剩余劳动力的数量变少，因此转移的速度逐渐减慢。根据汪进、钟笑寒的研究，采用劳动力转移速度来判断刘易斯第二转折点：随着一国二元经济发展，农业劳动力占比将经历从加速下降转为减速下降的过程，而这个经济发展水平（人均 gdp）下的拐点为刘易斯第二转折点[①]。

为了刻画农业劳动力比重随人均国民生产总值的变化而呈现的先加速下降后减速下降的规律，引入人均国民生产总值的三次多项式，以英国为例将模型设定如下，法国和德国同样如此。

$$Lp_{et} = \beta_0 + \beta_1 \times \lg dp_{et} + \beta_2 \times \lg dp_{et}^2 + \beta_3 \times \lg dp_{et}^3 + \mu_t$$

其中 Lp_{et} 代表历年英国农业劳动力比重，为被解释变量，gdp_{et} 代表历年英国人均国内生产总值，$\lg dp_{et}$ 代表对 gdp_{et} 取对数，μ_t 为随机误差项。

根据此模型的政策含义，$\beta_1 > 0$，$\beta_2 < 0$，$\beta_3 > 0$，这样才能满足农业劳动力转移先加速后减速的规律。其中，农业劳动力转移的速度为 $dLp_{et}/d\lg dp_{et} = \beta_1 + 2\beta_2 \times \lg dp_{et} + 3\beta_3 \times \lg dp_{et}^2$，刘易斯转折点也就是该模型二阶导数等于零的点，即满足 $\lg dp_{et} = -\beta_2/3\beta_3$。

1.1.2.2 数据来源及说明

英国的农业劳动力比重（Lp_{et}）根据迪恩和科尔的著作中的数据计算得到，人均国内生产总值（gdp_{et}）根据麦迪森《世界经济千年统计》中数据获得。选取麦迪森数据的原因在于其数据具有较长时间的相对一致口径，并且用1990年国际元处理了通货膨胀与汇率问题以及边界和人口问题，使数据具有横向和纵向的可比性。数据跨度为1801~1911年，中间间隔10年。法国农业劳动力比重（Lp_{ft}）根据弗朗索瓦·卡龙等文献资料整理得到，人均国内生产总值（gdp_{ft}）根据麦迪森数据获得。数据跨度为1861~1972年，由于历史数据可得性的限制，中间间隔大约5年。德国的农业劳动力比重（Lp_{gt}）根据王章辉等

[①] 汪进、钟笑寒：《中国的刘易斯转折点是否到来——理论辨析与国际经验》，载《中国社会科学》2011年第5期，第22~37页。

文献资料整理得到，人均国内生产总值（gdp_{gt}）根据麦迪森数据获得。数据跨度从1852~1966年，由于历史数据可得性的限制，中间间隔大约5年，其中两次世界大战期间数据不详。先行工业化国家各变量的统计性描述如附表1-1所示。

附表1-1　　　　　　先行工业化国家各变量的基本统计特征

国家	变量	平均数	最大值	最小值	标准差
英国	Lp_{et}	0.2014	0.3540	0.0860	0.0916
	gdp_{et}	2824.33	4709.00	1482.00	1162.50
法国	Lp_{ft}	0.3571	0.5100	0.1200	0.1284
	gdp_{ft}	4804.20	12539.00	1769.00	3228.25
德国	Lp_{gt}	0.3603	0.5500	0.1020	0.1247
	gdp_{gt}	3537.32	9388.00	1426.00	2047.51

1.1.2.3　模型估计结果及分析

根据 Eviews 软件分别对三国模型进行估计。通过一阶差分消除自相关后得到英国模型为：

$$Lp_{et} = -176.5337 + 65.6576 \times \lg dp_{et} - 8.1329 \times \lg dp_{et}^2 + 0.3356 \times \lg dp_{et}^3$$
$$(-3.33) \quad (3.30) \quad (-3.28) \quad (3.25)$$
$$\bar{R}^2 = 0.99 \quad F = 508.11 \quad DW = 2.09$$

从模型回归结果看，该模型的拟合优度较高，方程总体通过显著性检验，$\lg dp_{et}$、$\lg dp_{et}^2$、$\lg dp_{et}^3$在5%的显著性水平下通过t检验，显著性不为零。$\lg dp_{et}$的系数为65.6576 > 0，$\lg dp_{et}^2$的系数为 -8.1329 < 0，$\lg dp_{et}^3$的系数为0.3356 > 0，满足设定模型的理论预期。英国农业劳动力转移的刘易斯转折点出现在$\lg dp_{et} = -\beta_2/3\beta_3 = 8.08$，即$gdp_{et} = e^{8.08} = 3229.23$国际元处，根据英国人均国内生产总值的数据，1869年开始超过3000国际元，为3031国际元，1870年为3190国际元，1871年为3332国际元，因此，本节大致估算英国刘易斯第二转折点出现在19世纪70年代初。

通过二阶差分消除自相关后所得法国模型为：

$$Lp_{ft} = -19.1983 + 7.2285 \times \lg dp_{ft} - 0.8638 \times \lg dp_{ft}^2 + 0.0334 \times \lg dp_{ft}^3$$
$$(1.8172) \quad (-1.8282) \quad (1.7876)$$
$$\bar{R}^2 = 0.99 \quad F = 356.32 \quad DW = 2.02$$

从模型回归结果看，该模型拟合优度较高，方程总体通过显著性检验，

$\lg dp_{ft}$、$\lg dp_{ft}^2$、$\lg dp_{ft}^3$ 在 10% 的显著性水平下通过 t 检验，显著性不为零。$\lg dp_{ft}$ 的系数为 7.2285 > 0，$\lg dp_{ft}^2$ 的系数为 -0.8638 < 0，$\lg dp_{ft}^3$ 的系数为 0.0334 > 0，满足模型的理论预期。法国刘易斯第二转折点出现在 $\lg dp_{ft} = -\beta_2/3\beta_3 = 8.62$，即 $gdp_{ft} = e^{8.62} = 5541.39$ 国际元处，根据法国人均国内生产总值的历史数据，1950 年开始超过 5000 国际元，为 5271 国际元，1951 年为 5553 国际元，1962 年为 5659 国际元，因此，大致估算法国的刘易斯第二转折点出现在 20 世纪 50 年代初。

通过二阶差分消除自相关后所得德国模型为：

$$Lp_{gt} = -40.1870 + 15.5854 \times \lg dp_{gt} - 1.9571 \times \lg dp_{gt}^2 + 0.0803 \times \lg dp_{gt}^3$$
$$(1.83) \quad (-1.79) \quad (1.81)$$
$$\bar{R}^2 = 0.95 \quad F = 76.07 \quad DW = 2.02$$

从模型回归结果看，该模型拟合优度较高，方程总体通过显著性检验，$\lg dp_{gt}$、$\lg dp_{gt}^2$、$\lg dp_{gt}^3$ 在 10% 的显著性水平下通过 t 检验，显著性不为零。$\lg dp_{gt}$ 的系数为 15.5854 > 0，$\lg dp_{gt}^2$ 的系数为 -1.9571 < 0，$\lg dp_{gt}^3$ 的系数为 0.0803 > 0，满足模型的理论预期。德国刘易斯第二转折点出现在 $\lg dp_{gt} = -\beta_2/3\beta_3 = 8.1241$，即 $gdp_{gt} = e^{8.1241} = 3374.83$ 国际元处。根据德国人均 GDP 的历史数据，德国历史上有四个时间段出现上述人均 GDP 的大约数值，分别是 20 世纪 10 年代初、20 世纪 20 年代中期、20 世纪 30 年代初期和 20 世纪 40 年代末期。从整个世界史的视角分析德国的状况，20 世纪 20 年代中期、30 年代初期、40 年代末期由于第一次世界大战、1929～1933 年资本主义经济危机、第二次世界大战的外部影响，两次世界大战德国作为战败国，经济受到重创，而经济危机也使得德国受到波及，经济均出现下滑，人均 GDP 出现下降是必然的，人口数量由于战争原因也会下降，这三个时期都是由于外部因素的影响，而 1910 年时人均 GDP 达到了 3348 国际元，而到了 1911 年时为 3408 国际元，这段时间人均 GDP 的显著增加主要是由于德国内部按自身经济规律运行的结果。综合分析，可以大致判断德国的刘易斯第二转折点出现在 20 世纪 10 年代初左右。

1.2 后起工业化国家和地区刘易斯第一、第二转折点的判断

后起工业化国家和地区中，日本是亚洲最早开始二元经济转型的国家，也是该区域内最早完成二元经济转型进入发达经济体的国家，明治维新改革之后，日本启动了二元经济转型进程。韩国与中国台湾地区启动二元经济转

型时间基本相同，均为"二战"之后，两地均是在较短的时间内实现"压缩式"转型，创造了经济奇迹，为后来者提供了宝贵的经验。

1.2.1 日本刘易斯第一、第二转折点的判断

日本从 1872 年到第二次世界大战前，农业部门的劳动力长期处于稳定均衡状态，由此推断日本的刘易斯转折阶段应在二战后出现。根据 B. R. 米切尔的统计，梳理出 1930~1970 年日本农业部门实际工资数据，如附图 1-5 所示。日本农业实际工资指数在二战结束前后出现了短暂的波动，这主要由于战争引发的通货膨胀和粮食危机，20 世纪 50 年代初该指数一直呈现上升的趋势，直到 50 年代中期，日本农业工资恢复到历史高位，并呈缓慢上升态势，根据 Minami 准则三，日本刘易斯第一转折点出现。20 世纪 60 年代初农业实际工资指数出现快速上升的趋势，说明日本的刘易斯第二转折点已经到来。日本学者南亮进根据非资本主义部门工资与劳动边际生产力的比较、非资本主义部门工资和边际生产力之间的相关系、非资本主义部门实际工资的动向、工资差别的变化、非资本主义部门对资本主义部门劳动供给的弹性五个方面的判别标准，得出日本刘易斯第二转折点出现在 20 世纪 60 年代初。综合分析，日本的刘易斯转折阶段非常短，大致从 20 世纪 50 年代中期到 20 世纪 60 年代初。

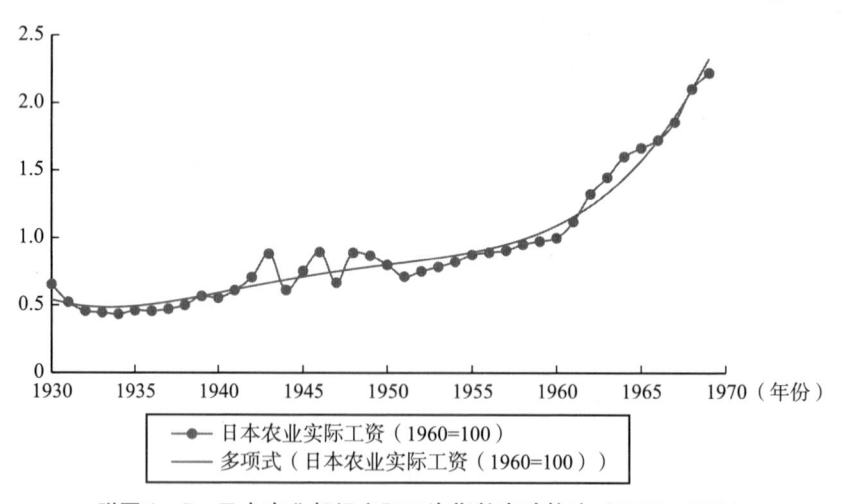

附图 1-5 日本农业部门实际工资指数变动轨迹（1930~1970）

资料来源：［英］B. R. 米切尔，贺立平译：《帕尔格雷夫世界历史统计（亚洲、非洲和大洋洲卷）1750-1993 年（第三版）》，经济科学出版社 2002 年版，第 138~140、981~984 页。

1.2.2 韩国刘易斯第一、第二转折点的判断

韩国从1963年进入经济快速增长期，农业剩余劳动力开始大规模地向城市工业转移，由此推断韩国的刘易斯转折阶段应出现在这个时点之后。费景汉和拉尼斯通过考察开放经济条件下韩国经济增长与就业问题的基础上，认为韩国的刘易斯转折点发生在1966~1967年，梅森等认为，20世纪60年代中期之后，韩国就不再是劳动力过剩的经济了，换言之，韩国在60年代中期之后劳动力开始出现短缺的状况。Bai根据韩国的农业边际劳动生产率和农业实际工资率的变动趋势、不同部门的就业人数变化、劳动供给弹性、熟练与非熟练劳动力的工资变化等角度，对韩国急剧变化的劳动力市场进行论证，得出韩国在20世纪60年代中后期劳动力市场经历了刘易斯转折变化。本书通过对韩国农业实际工资及农户实际收入的变动情况考察劳动力市场的结构性变化。

根据B.R.米切尔的统计，梳理出1958~1992年韩国农业部门实际工资指数的数据，如附图1-6所示。韩国农业实际工资指数从20世纪60年代中后期开始出现缓慢上升的趋势。根据Minami准则三，韩国刘易斯第一转折点出现。20世纪70年代中后期农业实际工资指数出现快速上升的趋势，说明韩国的刘易斯第二转折点已经到来。

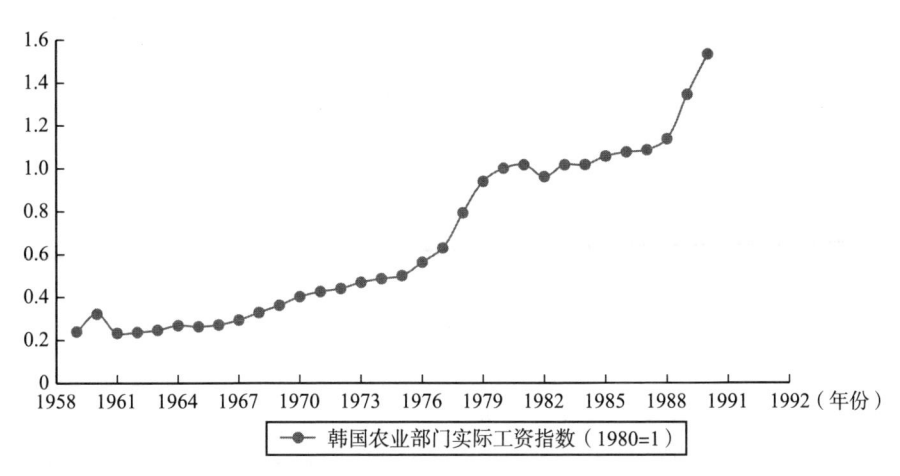

附图1-6　韩国农业部门实际工资指数变动轨迹（1958~1992年）

资料来源：［英］B.R.米切尔，贺立平译：《帕尔格雷夫世界历史统计（亚洲、非洲和大洋洲卷）1750-1993年（第三版）》，经济科学出版社2002年版，第138~140、981~984页。

从韩国每户农户的实际收入分析，当时的农户收入无非是务农收入和外出兼业工资之和，而兼业主要是在非熟练部门工作，因此利用这个指标能够大体反映当时韩国农业部门的工资状况。从附图1-7可以看出，韩国每户农户的实际收入从1965年的21.6604万韩元增加到1968年的22.7105万韩元，之后有所提升，尤其是1970年之后上升更快，1974年上升到35.0389万韩元，因此，农户的收入水平也在此期间出现转折点，进一步验证了刘易斯第一转折点出现的时间。从整个社会的工资水平分析，1960年工资实际下降了0.7%，但1969年工资增速提高到34.2%，达到20世纪60年代的最高值。70年代韩国工资增速年均25.2%，高于60年代7.5个百分点，高于80年代10.9个百分点，韩国在20世纪70年代经历了工资快速上涨的时期。综上，可以推断韩国在20世纪60年代中后期经历了刘易斯第一转折点。

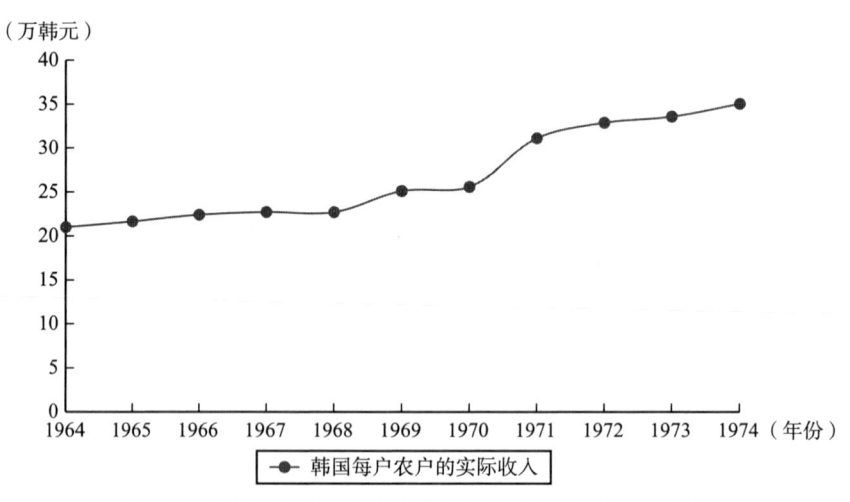

附图1-7 韩国每户农户的实际收入的变动情况（1964~1974年）

资料来源：张世和：《战后南朝鲜经济》，中国社会科学出版社1983年版，第80页。

通过韩国农业实际工资指数初步判断，韩国的刘易斯第二转折点出现在20世纪70年代后期。宋丙洛认为，韩国在1977年劳动力转移完毕，农业机械化在农村普及，实际工资迅速增加，经济发展跨越了刘易斯转折点。王诚认为转折点出现在20世纪80年代初。韩国在20世纪80年代初开始从资本密集型产业向技术密集型产业升级，从侧面反映了劳动力市场紧缺的状态。因此，可以粗略地认为，韩国刘易斯第二转折点出现在20世纪80年代初。

综上，韩国刘易斯转折阶段是从20世纪60年代中后期到20世纪80年代初。

1.2.3 中国台湾地区刘易斯第一、第二转折点的判断

目前，学术界大多数学者认为中国台湾地区刘易斯转折点发生在20世纪60年代中后期，部分学者混淆了刘易斯第一转折点、第二转折点的划分标准，因此有必要进行重新整理加以澄清，并根据现有文献，对中国台湾地区的刘易斯转折阶段做出判断。

根据日本学者陈俊勋的研究，"二战"后中国台湾农业部门的实际工资在1966~1968年之后出现了急剧上升的倾向，而且根据对中国台湾当时经济景气周期波动进行研究，认为1966年以后的实际工资上升趋势与经济景气波动并无关系，说明从20世纪60年代后半期开始，中国台湾地区的劳动力市场已经进入劳动力不足的状态。除此之外，他通过对农业劳动边际生产力和农业实际工资的关系、劳动力市场的供求平衡等多个判断指标分析，进一步证实了上述结论。李月发现中国台湾日雇佣农业劳动工资出现先平稳后上升的趋势，在20世纪60年代后半期上升速度较快，由此认为中国台湾于20世纪60年代中后期迎来刘易斯第一转折点，而且通过劳动力转移及收入差距等方法证明了自己得出的结论。费景汉和拉尼斯在考察开放经济条件下中国台湾经济增长与就业问题的基础上，认为中国台湾的刘易斯转折点发生在1964~1965年。于宗先、王金利从失业率的角度考察人口供求状况，中国台湾地区的失业率在1965年左右开始大幅下降，1967年降低到2%以内，换言之，20世纪60年代中期之后，在中国台湾只要想要工作的劳动者基本上都很容易找到工作。刘志成认为中国台湾地区刘易斯转折点是在20世纪80年代。

根据上述学者研究，对中国台湾刘易斯转折点处于20世纪60年代中后期的判断主要从农业实际工资上升这个标准出发，结合其他标准，如农业的劳动边际生产力和农业实际工资的关系等进行粗略分析，而这些标准并不能准确证明中国台湾在20世纪60年代中后期达到了刘易斯第二转折点，这只能证明中国台湾在此时进入刘易斯转折阶段，跨越了刘易斯第一转折点。从劳动力供求实际情况考察，1970~1980年中国台湾地区处于充分就业的状态，结构性劳动力短缺现象较为严重，最缺乏的劳动力类型为年轻、未婚与低生育水平的妇女劳工，1980年之后由劳动力结构性恶化转为普遍劳力短缺。再从制造业的实际薪资增长率考察，1950~1964年增长率为4.3%，

1965～1973年为5.9%，1974～1983年为6.1%，1984～1989年增长到8.8%。可见，劳动力实际工资上涨的速度，见证了中国台湾劳动力市场由无限供给到劳动力局部不足，再到全面不足。本书认为20世纪80年代中国台湾地区出现劳动力供给的全面不足是对刘易斯第二转折点的暗示。综上分析，粗略判断中国台湾地区刘易斯转折阶段处于20世纪60年代后半期到20世纪80年代初期。

附录2 以人为核心的新型城镇化水平测度

新型城镇化是适应中国具体国情、具有中国特色的以人为核心的城镇化，是人口、经济、社会、空间和生态共同发展的城镇化。目前学术界多采用复合指标法对新型城镇化水平进行定量分析，指标体系的构建并没有形成统一的标准。王新越等构建了包含人口、社会、经济、空间、生活方式、生态环境、城乡一体化、创新与研发8个子系统的新型城镇化评价体系，并采用熵值法测度了山东省17个地级市的新型城镇化发展水平[1]；李红燕和邓水兰基于经济、人口、空间、社会、平等、生态等多个维度构建衡量新型城镇化的指标体系，并利用熵值法估算各指标权重[2]；肖振宇等、刘淑茹等从人口、空间、经济、社会生活、生态环境五个层面构建指标体系，利用改进的CRITIC赋权法度量了西部地区新型城镇化水平综合指数[3]；廖中举和张志英结合创新、协调、绿色、开放、共享五大发展理念，从生态、经济、社会、政治和文化五个维度测度了新型城镇化水平[4]。本部分在参考此前研究的基础上，从人口城镇化、土地城镇化、产业城镇化、社会城镇化、生态城镇化五个维度出发，构建了衡量新型城镇化的指标体系，具体指标选取如附表2-1所示。

---

[1] 王新越等：《山东省新型城镇化的测度与空间分异研究》，载《地理科学》2014年第9期，第1069~1076页。

[2] 李红燕、邓水兰：《新型城镇化评价指标体系的建立与测度——以中部六省省会城市为例》，载《企业经济》2017年第2期，第187~192页。

[3] 刘淑茹、魏晓晓：《基于改进CRITIC法的西部地区新型城镇化水平测度》，载《生态经济》2019年第7期，第98~102页。

[4] 廖中举、张志英：《省际新型城镇化发展水平测度与比较》，载《统计与决策》2020年第20期，第168~171页。

附表2-1　　　　　　　　新型城镇化指标体系构建

一级指标	二级指标	指标方向
人口城镇化	城市人口密度（人/平方公里）	+
	城镇常住人口占总人口的比重（%）	+
	每十万人口高等学校平均在校生数（人）	+
土地城镇化	人均城市道路面积（万平方米/人）	+
	城市建设用地面积/（平方公里）	+
	建成区面积（平方公里）	+
经济城镇化	产业合理化指数①	+
	产业高级化指数②	+
	人均社会消费品零售额（元/人）	+
社会城镇化	城市用水普及率（%）	+
	城镇在岗职工基本养老保险参保人数（万人）	+
	城镇职工基本医疗保险参保人数（万人）	+
生态发展	一般工业固体废物综合利用量（万吨）	+
	城市日均污水处理能力（万立方米/日）	+
	人均二氧化硫排放量（千克/人）	-

进一步采用面板数据熵权法测算各指标权重，并得到各省市新型城镇化水平（见附表2-2）。

附表2-2　　　　　　　　新型城镇化水平

省份	2012年	2013年	2014年	2015年	2016年	2017年	2018年	2019年	2020年	年增长率（%）
北京	0.0931	0.0945	0.0966	0.0968	0.0971	0.0992	0.0999	0.1006	0.1006	0.8881
天津	0.0768	0.0784	0.0824	0.0862	0.0895	0.0903	0.1000	0.1011	0.1026	3.7477
河北	0.0863	0.0852	0.0883	0.0922	0.0986	0.0996	0.1044	0.1074	0.1083	2.8400

---

① 使用泰尔指数法测算。参考干春晖、郑若谷、余典范：《中国产业结构变迁对经济增长和波动的影响》，载《经济研究》2011年第5期，第4～16+31页。

② 使用向量指数法衡量。参考付凌晖：《我国产业结构高级化与经济增长关系的实证研究》，载《统计研究》2010年第8期，第79～81页。

续表

省份	2012年	2013年	2014年	2015年	2016年	2017年	2018年	2019年	2020年	年增长率（%）
山西	0.0802	0.0893	0.0940	0.0970	0.0977	0.0964	0.0991	0.1041	0.1005	2.8259
辽宁	0.0985	0.1037	0.1049	0.1054	0.1074	0.1089	0.1148	0.1144	0.1202	2.4430
吉林	0.0651	0.0678	0.0698	0.0707	0.0674	0.0739	0.0687	0.0705	0.0756	1.7849
黑龙江	0.0793	0.0810	0.0852	0.0927	0.0942	0.0924	0.0931	0.0899	0.0877	1.1893
上海	0.1041	0.1057	0.1062	0.1068	0.1034	0.1042	0.1056	0.1074	0.1094	0.5645
江苏	0.1312	0.1345	0.1409	0.1450	0.1494	0.1552	0.1603	0.1654	0.1668	3.0187
浙江	0.0878	0.0931	0.0966	0.0998	0.1042	0.1086	0.1144	0.1182	0.1226	4.4000
安徽	0.0735	0.0775	0.0804	0.0833	0.0857	0.0892	0.0956	0.1016	0.1026	4.4016
福建	0.0610	0.0695	0.0721	0.0697	0.0708	0.0783	0.0837	0.0861	0.0838	4.1397
江西	0.0667	0.0677	0.0709	0.0762	0.0751	0.0777	0.0827	0.0844	0.0839	2.8584
山东	0.1244	0.1239	0.1304	0.1365	0.1418	0.1520	0.1582	0.1665	0.1640	3.5361
河南	0.0874	0.0898	0.0968	0.1009	0.1030	0.1073	0.1135	0.1183	0.1179	3.8784
湖北	0.0857	0.0853	0.0894	0.0890	0.0896	0.0988	0.1041	0.1107	0.1077	2.8528
湖南	0.0689	0.0714	0.0746	0.0753	0.0790	0.0850	0.0868	0.0910	0.0879	3.0661
广东	0.1484	0.1523	0.1584	0.1665	0.1719	0.1806	0.1851	0.1987	0.2003	3.8865
海南	0.3061	0.3272	0.3425	0.3536	0.3041	0.3317	0.3605	0.3985	0.4359	4.7111
重庆	0.2065	0.2312	0.2577	0.2840	0.3131	0.3428	0.3700	0.3955	0.3966	10.2253
四川	0.1728	0.1914	0.2101	0.2243	0.2510	0.2768	0.3045	0.3295	0.3298	10.0973
贵州	0.0558	0.0598	0.0524	0.0521	0.0535	0.0579	0.0642	0.0684	0.0635	1.5321
云南	0.0657	0.0600	0.0651	0.0655	0.0673	0.0696	0.0712	0.0777	0.0749	1.5437
陕西	0.0939	0.0949	0.0951	0.0828	0.0854	0.0887	0.0939	0.1043	0.0958	0.2285
甘肃	0.0620	0.0600	0.0616	0.0654	0.0680	0.0729	0.0682	0.0688	0.0648	0.5088

附录3　城乡基本公共服务均等化相关政策法规一览表

附表3-1　我国城乡基本公共服务均等化相关政策法规（部分摘编）一览表

序号	发文年限	文件名称	发文部门
1	2005	《中共中央关于制定国民经济和社会发展第十一个五年规划的建议》	中国共产党第十六届中央委员会第五次全体会议
2	2006	《中共中央关于构建社会主义和谐社会若干重大问题的决定》	中国共产党第十六届中央委员会第六次全体会议
3	2008	《关于切实加强农业基础设施，进一步促进农业发展农民增收的若干意见》	中共中央 国务院
4	2010	《中共中央关于制定国民经济和社会发展第十二个五年规划的建议》	中国共产党第十七届中央委员会第五次全体会议
5	2012	《国家基本公共服务体系"十二五"规划》	国务院
6	2012	党的十八大报告：《坚定不移沿着中国特色社会主义道路前进 为全面建成小康社会而奋斗》	胡锦涛代表第十七届中央委员会
7	2015	《中共中央关于制定国民经济和社会发展第十三个五年规划的建议》	中国共产党第十八届中央委员会第五次全体会议
8	2017	《"十三五"推进基本公共服务均等化规划》	国务院
9	2017	党的十九大报告：《决胜全面建成小康社会 夺取新时代中国特色社会主义伟大胜利》	习近平代表第十八届中央委员会
10	2018	《关于建立健全基本公共服务标准体系的指导意见》	中共中央 国务院
11	2020	《中共中央关于制定国民经济和社会发展第十四个五年规划和二〇三五年远景目标的建议》	中国共产党第十九届五中全会

附　录

续表

序号	发文年限	文件名称	发文部门
12	2021	《国家基本公共服务标准（2021年版）》	国家发展改革委、教育部、卫生健康委等21部门
13	2022	《"十四五"公共服务规划》	国家发展改革委等21部门
14	2022	党的二十大报告：《高举中国特色社会主义伟大旗帜　为全面建设社会主义现代化国家而团结奋斗》	习近平代表第十九届中央委员会
15	2023	《关于进一步完善医疗卫生服务体系的意见》	中共中央办公厅　国务院办公厅
16	2021	浙江省人民政府办公厅关于印发浙江省公共服务"十四五"规划的通知	浙江省人民政府办公厅
17	2021	苏州市"十四五"基本公共服务均等化规划	苏州市人民政府办公厅
18	2022	辽宁省人民政府办公厅关于印发辽宁省"十四五"服务业发展规划的通知	辽宁省人民政府办公厅

附录4　基本公共服务规划主要内容对照表

附表 4-1　"十二五"、"十三五"和"十四五"基本公共服务规划主要内容对照表

主要内容	"十二五"规划	"十三五"规划	"十四五"规划
发布时间	2012年7月	2017年1月	2022年1月
发布主体	国务院	国务院	国家发展改革委联合21部门
关于基本公共服务概念的界定	基本公共服务,指建立在一定社会共识基础上,由政府主导提供的,与经济社会发展水平和阶段相适应,旨在保障全体公民生存和发展基本需求的公共服务。 享有基本公共服务属于公民的权利,提供基本公共服务是政府的职责	基本公共服务是由政府主导、保障全体公民生存和发展基本需要、与经济社会发展水平相适应的公共服务	公共服务包括基本公共服务、普惠性非基本公共服务两大类。 基本公共服务是保障全体人民生存和发展基本需要、与经济社会发展水平相适应的公共服务,由政府承担保障供给数量和质量的主要责任,引导市场主体和公益性社会机构补充供给。 非基本公共服务是为满足公民更高层次需求、保障社会整体福利水平所必需但市场自发供给不足的公共服务,政府通过支持公益性社会机构或市场主体,增加服务供给、提升服务质量,推动重点领域非基本公共服务普惠化发展,实现大多数公民以可承受价格付费享有。 为满足公民多样化、个性化、高品质服务需求,一些完全由市场供给、居民付费享有的生活服务,可以作为公共服务体系的有益补充,政府主要负责营造公平竞争的市场环境,引导相关行业规范可持续发展,做好生活服务与公共服务衔接配合

附　录

续表

主要内容	"十二五"规划	"十三五"规划	"十四五"规划
关于基本公共服务范围的界定	基本公共服务范围，一般包括保障基本民生需求的教育、就业、社会保障、医疗卫生、计划生育、住房保障、文化体育等领域的公共服务，广义上还包括与人民生活环境紧密关联的交通、通信、公用设施、环境保护等领域的公共服务，以及保障安全需要的公共安全、消费安全和国防安全等领域的公共服务	以清单细化服务范围，具体包括公共教育、劳动就业创业、社会保险、医疗卫生、社会服务、住房保障、公共文化体育、残疾人服务等8个领域的81个项目	幼有所育、学有所教、劳有所得、病有所医、老有所养、住有所居、弱有所扶、优军服务保障和文体服务保障。 随着我国经济社会发展水平的不断提升，基本公共服务、非基本公共服务与生活服务之间的边界也将随之发生变化，公共服务体系的范围、水平和质量都将稳步有序提升，不断满足人民日益增长的美好生活需要
关于基本公共服务均等化的界定	基本公共服务均等化，指全体公民都能公平可及地获得大致均等的基本公共服务，其核心是机会均等，而不是简单的平均化和无差异化	基本公共服务均等化是指全体公民都能公平可及地获得大致均等的基本公共服务，其核心是促进机会均等，重点是保障人民群众得到基本公共服务的机会，而不是简单的平均化	
关于战略目标的主要框架	供给有效扩大 发展较为均衡 服务方便可及 群众比较满意	均等化水平稳步提高 标准体系全面建立 保障机制巩固健全 制度规范基本成型	基本公共服务均等化水平明显提高。 普惠性非基本公共服务实现提质扩容。 生活服务高品质多样化升级
关于重点任务的主要框架	1. 基本公共教育 2. 劳动就业服务 3. 社会保险 4. 基本社会服务 5. 基本医疗卫生 6. 人口和计划生育 7. 基本住房保障 8. 公共文化体育 9. 残疾人基本公共服务 10. 促进城乡、区域基本公共服务均等化 11. 增强公共财政保障能力 12. 创新供给模式 13. 规划实施	1. 国家基本公共服务制度 2. 基本公共教育 3. 基本劳动就业创业 4. 基本社会保险 5. 基本医疗卫生 6. 基本社会服务 7. 基本住房保障 8. 基本公共文化体育 9. 残疾人基本公共服务 10. 促进均等共享 11. 创新服务供给 12. 强化资源保障	1. 推进基本公共服务均等化 2. 扩大普惠性非基本公共服务供给 3. 推动生活服务为公共服务提档升级拓展空间 4. 系统提升公共服务效能 5. 加强规划实施保障

续表

主要内容	"十二五"规划	"十三五"规划	"十四五"规划
是否附国家基本标准	是	否	否
是否附主要指标体系	否	是	是
是否附基本公共服务任务清单	否	是	否

附录 5　新医改相关法律法规和政策要点一览表

附表 5-1　新医改相关法律法规和政策（部分摘编）要点一览表

序号	发布时间	发文部门	政策名称	政策重点
1	2009 年	中共中央国务院	《中共中央国务院关于深化医药卫生体制改革的意见》	启动新医改。提出医药分开改革思路。建成完善的基层医疗服务体系，加快农村三级医疗卫生服务网络建设。重点办好县级医院，并在每个乡镇办好一所卫生院，采取多种形式支持村卫生室建设，使每个行政村都有一所村卫生室
2	2009 年	国务院	《医药卫生体制改革近期重点实施方案》（2009—2011 年）	实施（新医改）医药卫生体制五项重点改革：一是加快推进基本医疗保障制度建设，二是初步建立国家基本药物制度，三是健全基层医疗卫生服务体系，四是促进基本公共卫生服务逐步均等化，五是推进公立医院改革试点
3	2009 年	国务院办公厅	《医药卫生体制五项重点改革年度主要工作安排》（2009—2011 年）	国务院层面推进新医改工作年度任务
4	2009 年	卫生部等 9 个部门	《关于建立国家基本药物制度的实施意见》	启动基本药物制度建设。公立医院取消 15% 的药品加成、全部配备和使用国家基本药物，实施基本药物零差率销售
5	2009 年	国家卫生计生委	《国家基本公共卫生服务规范》（2009 年、2011 年和 2017 年）	确立并逐步提升人均基本公共卫生服务经费补助标准，扩展服务项目类别
6	2010 年	国务院办公厅	《进一步鼓励和引导社会资本举办医疗机构的意见》	放宽社会资本举办医疗机构的准入范围，改善社会资本举办医疗机构的执业环境，以增加全社会医疗卫生资源，缓解看病难的问题

续表

序号	发布时间	发文部门	政策名称	政策重点
7	2010年	国务院办公厅	《建立和规范政府办基层医疗卫生机构基本药物采购机制的指导意见》	基本药物制度配套政策。规范基本药物集中招标采购，解决药品价格虚高、部分药品断供等突出问题
8	2010年	国务院办公厅	《关于建立健全基层医疗卫生机构补偿机制的意见》	基本药物制度配套政策。为破除以药养医建立补偿机制。明确补偿渠道、金额和方式，建立多渠道补偿的长效机制和调动积极性的绩效考核机制。在政府举办的已实施基本药物制度的基层医疗卫生机构实施"一费制"。将基层医疗卫生机构现有的挂号、诊查、一般治疗费和药事服务成本合并为一般诊疗费
9	2011年	国家卫生健康委、财政部、国家中医药局	《关于做好基本公共卫生服务（项目）工作的通知》（2011年、2013年、2015—2022年）	部委层面推进落实新医改工作年度任务
10	2012年	国务院办公厅	《关于印发深化医药卫生体制改革年度重点工作任务的通知》（2012—2022年）	国务院层面推进新医改工作年度任务
11	2012年	国务院办公厅	《"十二五"期间深化医药卫生体制改革规划暨实施方案》	深化医疗保障、医疗服务、公共卫生、药品供应以及监管体制等领域综合改革，着力在全民基本医保建设、基本药物制度巩固完善和公立医院改革方面取得重点突破
12	2013年	国务院办公厅	《关于巩固完善基本药物制度和基层运行新机制的意见》	基本药物制度配套政策。明确一般诊疗费项目的收费标准原则上控制在人均10元左右，全面实施一般诊疗费
13	2015年	国务院办公厅	《全国医疗卫生服务体系规划纲要（2015—2020年）》	优化医疗卫生服务体系布局结构，建立分工协作机制，提高不同类型和不同层级的医疗卫生服务机构之间的协同程度，降低相互之间的利益冲突
14	2015年	国务院办公厅	《关于推进分级诊疗制度建设的指导意见》	推进分级诊疗制度的国家指导意见。完善分级诊疗政策体系，形成医疗卫生机构分工协作机制

续表

序号	发布时间	发文部门	政策名称	政策重点
15	2015年	国务院办公厅	《关于进一步加强乡村医生队伍建设的实施意见》	到2025年,乡村医生总体具备中专及以上学历,逐步具备执业助理医师及以上资格,乡村医生各方面合理待遇得到较好保障,按照每千服务人口不少于1名的标准配备乡村医生
16	2016年	中共中央、国务院	《"健康中国2030"规划纲要》	提出"把健康融入所有政策"。"以农村和基层为重点,通过完善基层医疗卫生系统建设,普遍提高居民健康素养水平,降低慢性非传染性疾病发病率和重大慢性病过早死亡率,减少卫生支出"。推动"健康领域基本公共服务均等化","逐步缩小城乡、地区、人群间基本健康服务和健康水平的差异,实现全民健康覆盖"
17	2016年	国务院医改办等7部门	《关于推进家庭医生签约服务的指导意见》	加强基层医疗卫生机构与二级以上医院用药目录衔接统一,优化转诊服务,到2035年,家庭医生签约服务覆盖率达到75%以上,基本实现家庭全覆盖
18	2016年	国家卫生计生委等15部门	《关于实施健康扶贫工程的指导意见》	健康中国框架下助力扶贫攻坚的国家级指导意见
19	2016年	国家卫生计生委、国务院扶贫办	《健康扶贫工作考核办法》	健康中国框架下助力扶贫攻坚的部委实施政策
20	2016年	国家发展改革委等4部门	《推进医疗服务价格改革的意见》	推动医疗机构建立科学合理补偿机制,理顺医疗服务价格,改进管理方式,规范价格行为。到2020年,逐步建立以成本和收入结构变化为基础的价格动态调整机制,基本理顺医疗服务比价关系。积极探索建立通过制定医保支付标准引导价格合理形成的机制
21	2017年	国务院	《"十三五"深化医药卫生体制改革规划》	提出医保与医疗、医药联动改革的原则。医保制度建设主要集中在提高筹资和保障水平、整合城乡居民基本医疗保险制度和扩大覆盖面、完善大病保险和医疗救助制度等方面

续表

序号	发布时间	发文部门	政策名称	政策重点
22	2017 年	国务院办公厅	《中国防治慢性病中长期规划（2017—2025年)》	到2025 年，慢性病危险因素得到有效控制，实现全人群全生命周期健康管理，力争30~70岁人群因心脑血管疾病、癌症、慢性呼吸系统疾病和糖尿病导致的过早死亡率较2015 年降低20%。逐步提高居民健康期望寿命，有效控制慢性病疾病负担
23	2017 年	国务院办公厅	《关于推进医疗联合体建设和发展的指导意见》	关于分级诊疗制度创新的国家指导意见。落实医疗机构功能定位，提升基层服务能力，理顺双向转诊流程
24	2018 年	国家卫生健康委、国家中医药局	《关于进一步做好分级诊疗制度建设有关重点工作的通知》	实施分级诊疗制度的部委政策。推进医联体建设。以区域医疗中心建设为重点推进分级诊疗区域分开。以县医院能力建设为重点推进分级诊疗城乡分开。以重大疾病单病种管理为重点推进分级诊疗上下分开。以三级医院日间服务为重点推进分级诊疗急慢分开
25	2018 年	国务院办公厅	《医疗卫生领域中央与地方财政事权和支出责任划分改革方案》	在公共卫生、医疗保障、计划生育、能力建设四个方面明确中央和地方的财政事权和支出责任
26	2019 年	中共中央、国务院	《关于建立健全城乡融合发展体制机制和政策体系的意见》	将健全农村医疗卫生服务体系作为推动实现城乡基本公共服务普惠共享的重要工作内容，要求通过建立和完善相关政策制度，着重解决好乡村医疗卫生人才队伍建设问题，提高基层医务人员岗位吸引力，改善以乡镇卫生院和村卫生室为组成基础的农村基层医疗卫生机构的条件
27	2020 年	全国人民代表大会常务委员会	《基本医疗卫生与健康促进法》	发展医疗卫生与健康事业，保障公民享有基本医疗卫生服务，提高公民健康水平，推进健康中国建设
28	2022 年	国务院令	《医疗机构管理条例（第二次修订)》	加强对从事疾病诊断、治疗活动的医院、卫生院、疗养院、门诊部、诊所、卫生所（室）以及急救站等医疗机构的管理，促进医疗卫生事业的发展，保障公民健康
29	2022 年	国家卫生健康委	《医疗机构设置规划指导原则（2021-2025年)》	促进医疗卫生资源优化配置，协调发展城乡医疗服务体系，增强医疗服务能力，提升医疗服务公平性与可及性

续表

序号	发布时间	发文部门	政策名称	政策重点
30	2022年	国务院办公厅	《"十四五"国民健康规划》	规划2025年，2035年的国民健康目标和重点任务
31	2023年	中共中央办公厅 国务院办公厅	《关于进一步深化改革促进乡村医疗卫生体系健康发展的意见》	到2025年，乡村医疗卫生体系改革发展取得明显进展。乡村医疗卫生机构功能布局更加均衡合理，基础设施条件明显改善，智能化、数字化应用逐步普及，中医药特色优势进一步发挥，防病治病和健康管理能力显著提升，乡村重大疫情和突发公共卫生事件应对处置能力不断增强。乡村医疗卫生人才队伍发展壮大，人员素质和结构明显优化，待遇水平得到提高，养老等社会保障问题有效解决。乡村医疗卫生体系运行机制进一步完善，投入机制基本健全，基层首诊、双向转诊、急慢分治、上下联动的分级诊疗格局初步形成

附录6　城乡空间结构的实践调研
——以吉林省为例

东北地区是我国重要的工业和农业基地，维护国家国防安全、粮食安全、生态安全、能源安全、产业安全的战略地位十分重要，东北的发展关乎国家发展大局。作为我国区域发展"四大板块"之一，东北振兴意义重大，城乡融合发展是实现振兴的重要一环。本书选择东北地区具有代表性的吉林省为例进行深入调研，分析吉林省城乡空间结构的发展情况，对于促进东北地区，尤其是中西部地区城乡空间融合发展具有借鉴与启示意义。

6.1　吉林省城乡空间结构的发展现状

6.1.1　吉林省城乡规模等级现状

根据调研，吉林省目前划分为8个地级市（其中长春为省会城市、副省级城市）、1个自治州和60个县（市、区）。按照具有城市建制的城市规模进行划分，以城区人口数量为标准，包括长春市、吉林市2个大城市，延吉市1个中等城市以及四平市、松原市、辽源市、通化市等25个小城市。但其中很多地级市，例如四平市、辽源市常住人口在50万人以下，也属于小城市，甚至小于县级市的规模。

从附表6-1中吉林省城乡规模等级划分，可以看出，吉林省城乡等级规模分布不均匀，各个等级城市数量和发展水平不平衡。

附表6-1　　　　　　　　吉林省城乡规模等级　　　　　　　　单位：个

等级	名称	数量
中心城市	长春市、吉林市	2
县级市	榆树市、双辽市等	20
县城	农安县、永吉县、通化县等	16
省重点镇	隆山镇、农安镇、合隆镇等	81
市重点镇	长春市重点镇、吉林市重点镇、四平市重点镇、辽源市重点镇	24
一般乡镇	—	527
村庄	—	3000+

资料来源：吉林省农业农村厅《县域总体情况》文件资料。

6.1.2 吉林省城乡人口空间现状

吉林省城乡人口空间现状的分析如附表6-2所示，自2012年起，吉林省总人口数量持续减少，数量从2726.5万人降至2021年的降至2577.1万人，相较于10年前，吉林省常住人口数量减少了约150万人，减少幅度达到了5.52%；城镇人口数量占总人口数量比例不断提升，十年间提升9.24%，乡村人口数量呈下降趋势，且下降幅度较大，人口城镇化率增速不断放缓，低于全国（2021年）65%的人口城镇化率水平；城乡劳动力数量占比保持稳定，十年间增幅不到3%。总体而言，城镇人口数量与乡村人口数量相当，城镇劳动力数量与乡村劳动力数量占比相当，保持着相对稳定的人口结构特征。

附表6-2　　　　　劳动力结构视角下的人口结构　　　　　　单位：万人

时间	总人口数	城镇人口数	及占比	乡村人口数	及占比	城镇劳动力数量	及占比	乡村劳动力数量	及占比
2012	2726.5	1309.1	53.4%	1417.4	46.6%	692.58	25.40%	748.5	27.45%
2013	2701.5	1266.7	54.54%	1434.8	45.46%	697.09	25.80%	751.41	27.81%
2014	2678.5	1258.4	55.74%	1420.1	44.26%	701.65	26.20%	756.33	28.24%
2015	2671.3	1247.8	56.81%	1423.5	43.19%	706.83	26.46%	757.95	28.37%
2016	2662.1	1289	57.64%	1373.1	42.36%	712.23	26.75%	760.62	28.57%
2017	2645.5	1303.7	58.75%	1341.8	41.25%	715.27	27.04%	752.26	28.44%
2018	2615.8	1297.3	59.71%	1318.5	40.29%	718.46	27.47%	741.86	28.36%
2019	2608.9	1284.2	60.85%	1324.7	39.15%	723.02	27.71%	729.82	27.97%
2020	2601.7	1279.8	61.63%	1321.9	38.37%	725.08	27.87%	716.17	27.53%
2021	2577.1	1266.5	62.64%	1310.6	37.36%	728.01	28.25%	696.68	27.03%

资料来源：吉林省统计局《2021年统计年鉴》。

在总人口不断减少的情况下，大多数人选择留在城市，且意愿分布在中心和次中心城市等经济发展具有优势的地区的人口比例较大，如附表 6-3 所示。吉林省作为典型的人口单核省，长春市目前是全省唯一人口净流入的城市。其中，中心城市长春市，次中心城市吉林市、松原市，是吉林省人口数量居前三位的地区，其人口数量合计占全省人口数量比重的 62.8%，其他城市的总人口均在 200 万以下。

附表 6-3 城镇等级规模视角下的人口结构表

城镇等级	人口规模（单位：万人）	城镇名称	城镇数量（单位：个）
中心城市	>500	长春市	1
次中心城市	200~500	吉林市、松原市	2
中、小城市	100~200	四平市、通化市、白城市、延边朝鲜族自治州	4
	50~100	辽源市、白山市	2
重点镇区	20~50	梅河口	1
一般镇区	<20	长白山	1
合计			12

资料来源：吉林省统计局《2021 年统计年鉴》。

6.1.3 吉林省城乡产业分布现状

2021 年 7 月，吉林省委在十一届九次全会上提出，全面实施"一主六双"高质量发展战略。同时以由中心延伸的"四轴带"布局作为对外开放的贸易之路。"一主六双"产业空间布局，完整地规划了吉林省未来产业发展态势，初步形成了省内产业聚集性发展的雏形。

1. 吉林省重点产业

吉林省的工业产业种类繁多，如附表 6-4 所示。持续推进重点产业如汽车、石化等稳定持续发展，其工业规模已达到万亿级别，是吉林省的重要支柱性工业产业。"十四五"时期，吉林省坚持把发展壮大实体经济，加强装备制造、医药健康、电子信息、冶金建材、商用卫星、通用航空、开发利用新型能源等产业建设，作为振兴的着力点。坚持生活性服务业品质化、生产性服务业融合化发展方向，突出现代生活服务业的发展优势，以森林休闲旅游、避暑旅游、乡村旅游、冰雪旅游等特色旅游项目为先导产业，注重科技服务的成长和发展，并将人文、环保等生态因素融入各个产业，实现文化创新与生产创新并举等新兴发展态势。积极发展现代农牧业，开创特色种植养殖业、乡村现代服务业创新发展。吉林省十分重视农业的基础性地位，吉林省的重点农牧产品呈发展带形式分布于周边的农业种植集散地，北部和东南部以水稻种植为主，西北部平原地区，地势平整，重点发展杂粮种植和畜牧业，中部大黑山周围作为东西部的分界，重点种植黄金玉米和农产品，带状的农业分布为吉林省其他产业发展提供了更加丰富的区位条件，为全省的空间结构布局留下了极大的发展空间，全力保障国家粮食安全。目前，吉林省委提出将以新能源、新装备、新材料、新农业、新旅游、新电商"六新产业"为主攻方向，以新基建、新环境、新生活、新消费"四新设施"为建设重点，加快数字化转型、智能升级、融合创新。

附表6-4　　　　　　　　吉林省重点产业及分布

工业		服务业		农业
量级分类	具体产业	分类	具体产业	具体产业
万亿级	汽车、化工	先导型	避暑旅游 乡村旅游 冰雪旅游经济 森林休闲旅游 旅游配套建设	肉牛养殖 园艺特产 现代畜牧业 种植蓄养循环 特色种植蓄养业 乡村现代服务业
千亿级	食品 装备制造 医药健康 电子信息 冶金建材 新材料、新能源 商用卫星 通用航空	优势型	现代物流 现代金融 商贸服务 农业服务 汽车服务	
		成长型	康养服务 电子商务 科技服务 商务会展 家政服务	
百亿级	轻工业纺织	前瞻型	信息服务 节能环保 文化服务 人力资源服务	

资料来源：中商产业研究院《2022年吉林省产业布局》。

2. 吉林省十大产业集群

产业聚集是生产率提升的重要因素，产业聚集所形成的区域化聚集经济，更易导致小规模区域化水平增加。如果一个城市通过地区经济发展所提供的资源来集中生产某种产品，那么就会形成一个行业内部的聚集，而城市化经济的发展，更容易导致大都市的工业聚集，大规模区域化水平取决于城市的经济发展，而非不同的产业。相关的产业如原料生产和加工产业，配件生产和组装产业等在产业集群内可以获得极大的区位优势，节约成本的同时避免浪费交易成本。

吉林省十大产业集群在省内的分布现状具有分布密集、覆盖面广的特点，将主导产业汽车制造等先进制造业和数字经济现代化服务业形成一个集群，分布于中心城市周边，逐步对其他市区和村镇带来产业经济发展的辐射作用。边缘分布的重工冶金业和机械装备制造业集群，占据了地理位置优势和资源优势，极大程度降低了对中心城市的环境影响。除了重工业之外，还形成了农产品加工、医药健康、冰雪旅游、出口加工和新能源开发等产业集群。

6.1.4 吉林省城乡交通网络现状

以宏观视角来看，全省的交通网络四通八达，总体而言，以中心城市为出发点密集分布其周边。航空、铁路、公路和内河航运等交通方式的基础建设都比较完善，基本形成了以铁路为主、航空和公路客运为辅、内河航运为补充的立体交通网络。

公路建设方面，规划建设"一个环线、四条高速、六个方向"高速公路网络，目前已通车的高速有长春五环、京哈高速、珲乌高速、长深高速、长辽高速等。

铁路建设方面，吉林省铁路分布密集，交通基础设施比较发达，铁路网密度相较我国其他省区更加密集，铁路路线总长达4000多公里，所形成的铁路网络大体是以西北到东南和西南到东北两个交叉走向的路线为主干部分。目前已经通车的铁路有京哈铁路、长图铁路、平齐铁路、沈吉铁路、四梅铁路等。其中，京哈线由南到北穿过整个吉林省，从吉林省内可直达多个全国主要城市，作为多个城市的主干线路不仅联通东北地区与首都，也是承接俄罗斯商业贸易和旅游业的重要通道之一。

航空建设方面，到目前为止，吉林省已经建成并投入使用的有长春龙嘉国际机场、延吉朝阳川国际机场、白山长白山机场、通化三源浦机场、白城长安机场、松原查干湖机场 6 个运输机场。航线规模不断扩大，已经基本全面覆盖全国省会城市，通行 223 条航线，可达 98 个城市和地区，无论是热门旅游航线还是航空货运航线都初步形成了较完善的网络体系。

6.1.5 吉林省城乡用地空间现状

吉林省城乡用地空间现状如附表 6-5 所示。对于城镇而言，土地主要的用途是作为居住用地，商业用地所占比例较小，生态用地和产业建设用地占据城市用地的大部分，且按照"中心—外围"理论多分布在城市外围；对于乡村而言，农业活动占用地总面积的大部分，建设用地不到整个乡村用地的万分之五，更远远低于城市建设用地面积，还有许多闲置用地，包括荒废沙化以及人口城镇化所遗留下来的荒废土地亟待利用。

附表 6-5　　　　吉林省用地空间结构分布表　　　　单位：万公顷

	分类	面积
城镇	城镇居住用地	50.26
	商业用地	9.525
	建设用地	18.49
	生态用地	15.024
	合计	93.299
乡村	乡村居住用地	20.78
	农业活动用地	618.71
	乡村建设用地	0.529
	闲置土地	162.112
	合计	802.131

资料来源：吉林省统计局《2021 年统计年鉴》。

随着城市化建设逐年增加城镇建设用地，乡村建设用地和乡村居民点也在不断减少。乡村居住用地在推动城镇化进程中逐步转变为城镇化现代化建设用地，引导乡村人口向城镇流动，对乡村居住用地重新规划，由散变聚，促使农村进一步缩小居住用地面积。

6.2 吉林省城乡空间结构发展的空间计量检验

6.2.1 研究方法

在研究一个区域内空间的各项属性时，往往会与多个指标具有相关性。首先我们可以对诸多影响因素进行量化对比，如经济发展情况可以用地区的人均 GDP 来代表，那么就可能与城乡用地面积比例、城乡人口数量比例、城乡劳动力数量比例、城乡产业建设投入比例、城乡交通完善程度比例、城乡人均收入消费比例、城乡基础设施建设投资比例等多个因素有关。在量化的基础上，接下来具体研究思路如下：首先，对这些指标做相关性检验，选取相关性较高的指标进行分析；然后，构建空间计量模型，以吉林省地市为区域单位，采用区域经济学中常用的 Moran's I 对相关性较高的变量进行空间相关性检验，以便于确定各个区域空间上的联系显著性；最后得出结论并分析结果。

6.2.2 数据来源与数据处理

本次实验所用的两组数据主要来源于中经网统计数据库《吉林省宏观年度数据库》和《各城市宏观年度数据库》。第一组数据主要用于全局莫兰指数检验，采用吉林省 2012~2021 年各指标的时间序列数据，具体数据的统计性描述参见附表 6-6。

附表 6-6　　　　全局莫兰指数检验数据的统计性描述

指标	最大值	最小值	平均值	中位数	方差	标准差
人均 GDP	55148.0	32005.0	42415.8	41574.5	7222.9	6852.2
农业产值	13163.8	2181.9	10134.3	10674.5	3017.6	2862.8
交通可达里程	4398.4	2064.3	2607.7	2297.5	704.9	668.7
居民消费水平	16443.0	12276.3	14702.0	14856.5	1330.4	1262.1
农户建设投入	253.5	114.1	176.0	152.3	52.6	49.9
非农户建设投入	124413.9	9262.2	23579.0	13359.4	35474.6	33654.1
农村劳动力数量	696.7	760.6	741.1	749.9	20.8	19.7
城镇劳动力数量	728.0	692.6	712.0	713.7	12.1	11.5

第二组数据主要用于局部莫兰指数检验，统计的是2021年吉林省及周边市级行政单位的截面数据，选取的区域包括吉林省的九个市级行政区长春市、吉林市、白城市、松原市、四平市、辽源市、通化市、白山市和延边朝鲜族自治州，内蒙古的通辽市和兴安盟，辽宁省的铁岭市、抚顺市、本溪市和丹东市，黑龙江省的绥化市、大庆市、牡丹江市、哈尔滨市和齐齐哈尔市的GDP总量、人均GDP、非农产值占比、农业产值占比、居民消费总额、非农就业占比、农业就业占比、城市交通客运量、农户建设投入，具体数据统计性描述如附表6-7所示。

附表6-7　　　　局部莫兰指数检验数据的统计性描述

指标	最大值	最小值	平均值	中位数	方差	标准差
GDP总量	51960000	1480000	8982918.2	3030000	13922912	13551567
人均GDP	179566	22060	60197.8	53147	37829	36820.1
非农产值占比	99.3	56.7	94	96.9	9.6	9
农业产值占比	43.3	0.7	6	3	9.67	9.4
居民消费总额	34438322	91	4241281.3	1112170	8426263.8	8201522.9
非农就业占比	100	643266	99	99.9	2.3	2.2
农业就业占比	9	0.1	1	0.1	2.3	2.2
城市交通运客量	69132.2	497	11600.5	5086	17261.3	16800.9
农户建设投入	43036632	314943	7143049.8	2826053	12758864	12418567

6.2.3　空间计量检验结果

运用软件ArcGIS 10.8得到各变量各年份的全局Moran's I（见附表6-8），且P值和Z得分都在显著范围之内。

附表6-8　　　　2012~2021年度各指标Moran's I

年份	城乡人均GDP比例	城乡劳动力比例	城乡产业建设投入比例	城乡交通可达数量比例	城乡居民消费比例
2012	0.289	0.104	0.068	0.293	0.496
2013	0.294	0.376	0.118	0.844	0.508

续表

年份	城乡人均GDP比例	城乡劳动力比例	城乡产业建设投入比例	城乡交通可达数量比例	城乡居民消费比例
2014	0.291	0.367	0.132	0.550	0.496
2015	0.288	0.395	0.103	0.294	0.478
2016	0.308	0.395	0.114	0.330	0.455
2017	0.306	0.395	0.140	0.595	0.443
2018	0.377	0.333	0.153	0.533	0.421
2019	0.365	0.384	0.151	0.120	0.491
2020	0.381	0.512	0.149	0.442	0.412
2021	0.411	0.463	0.164	0.122	0.503

6.2.4 空间计量检验结果分析

1. 全局空间相关性检验结果分析

本书采用吉林省各年度城乡人均GDP之比、城乡劳动力数量之比、城乡产业建设投入之比、城乡交通可达数量之比、城乡居民消费之比五个具有代表性的变量分别计算其各年度的Moran's I，具体参见表中2012~2021年吉林省十年间各指标的Moran's I，代表了全省整体上的空间相关性，我们主要选取最有研究意义的2021年的数据和检验结果进行具体分析，如附表6-9所示，其他年份的分析方法同理。

附表6-9　　　　　　2021年各指标Moran's I

变量	Moran's I	P值	Z得分
城乡人均GDP之比	0.411	0.00	1.73
城乡劳动力数量之比	0.463	0.00	4.67
城乡产业建设投入之比	0.164	0.00	-2.34
城乡交通可达数量之比	0.122	0.00	1.94
城乡居民消费水平之比	0.503	0.00	7.31

从 P 值来看，五个变量的 P 值都为零，均小于 0.01，表明有 99% 的概率可以拒绝零假设，空间检验结果都具有较强显著性。

从 Z 得分来看，城乡居民消费水平之比和城乡劳动力数量之比的 Z 得分都大于 2.58，这两个指标的结果分别是 7.31 倍标准差和 4.67 倍标准差，居民消费水平和劳动力在空间上属于一个较强的聚合分布；城乡人均 GDP 之比和城乡交通可达数量之比的 Z 得分都大于 1.65，这两个指标的结果分别是 1.73 倍标准差和 1.94 倍标准差，人均 GDP 和交通可达在空间上属于显著性不强的聚合分布；然而城乡产业建设投入之比的 Z 得分为 -2.34 小于 -1.96，建设投入在空间上属于一个较为显著的离散分布，在发展上并不具有整体性。

从 Moran's I 指数来看，城乡居民消费水平之比的 Moran's I 为 0.503，其绝对值大于 0.50，则说明在空间上，居民消费水平这个指标总体上具有很强的相关性；城乡人均 GDP 之比和城乡劳动力数量之比的 Moran's I 分别为 0.411 和 0.463，其绝对值在 0.40 和 0.50 之间，那么城乡人均 GDP 和劳动力数量在整体上也具有较强的相关性。

然而值得注意的是，城乡交通可达数量之比和城乡产业建设投入之比的 Moran's I 分别为 0.122 和 0.164，其绝对值都在 0.10 到 0.20 之间，处于一个较低的水平，所以在城乡交通可达程度和产业建设投入上具有的空间相关性并不高，各地区需要在这两个方面建立协调性的发展战略，提高交通便捷度，增强各地交通的空间互动，对水平较低的地区加大交通和产业建设投入。

2. 局部空间相关性检验结果分析

本次检验选取吉林省的九个市级行政区长春市、吉林市、白城市等作为检验对象，以及与吉林省接壤的其他省内的市级行政区作为参考，分别是辽宁省的铁岭市、抚顺市、本溪市和丹东市；黑龙江省的齐齐哈尔市、大庆市、绥化市、哈尔滨市和牡丹江市；以及内蒙古自治区的兴安盟和通辽市。这些市级行政区不仅在位置上与吉林省相邻，在各种经济指标上也具有一定的相关关系，选取五个经济指标，在这些城市之间进行局部相关性检验，得出的 Moran 散点示意图，体现各城市之间的局部空间相关关系。

根据各经济指标来看，在城乡产业建设投入比例、城乡交通可达比例、城乡人均收入比例这三个指标，主要以"高—高"和"低—高"的类型存在，表明吉林省在产业建设的投入和回报都具有较高的水平，受益于吉林省十大产业集群,汽车、化工、冶金、材料、医疗等产业主导经济发展,新兴的冰雪旅游业、新能源等极具发展前景。

但值得注意的是,吉林省在城乡人均GDP比例和城乡劳动力比例这两个指标上,"低—低"和"高—低"类型占主要地位,这与日渐严重的人口萎缩现象有密切关系,近年来,吉林省生育率处于超低水平,甚至陷入了低生育率水平陷阱,人口流失严重。

根据各城市区域来看,长春市与吉林市在五个指标中都呈现"高—高"趋势,作为吉林省的中心城市,资源、人口和地理位置都处于主导地位,是集中发展的重点区域,北邻黑龙江省的中心城市哈尔滨市,在空间相互作用的原理下,经济得到发展是常态;南部的辽源市和通化市多分布以"高—低"和"高—高"的形态,这里的区域在北部有中心城市的引导与带动,南部有相邻的辽宁省重点农业发展地区的拉动,所以自身的经济发展情况属良性。

然而,也有一些发展情况不容乐观的地区,北部的白城市、松原市和四平市,向西与内蒙古自治区边缘经济水平较低的城市相接,所受到的带动作用较小;东部的延边朝鲜族自治州、白山市在指标中主要以"低—低"和"低—高"的形式出现,不仅受到中心城市的影响较小,东南部也与其他国家相邻,一方面,由于我们自身对外开放的程度不高,珲春小城作为中国唯一地处中俄朝三国交界的边境窗口城市,与俄罗斯、朝鲜山水相连,与韩国、日本隔海相望,对外贸易发展有待加强。另一方面,也因为特殊的国际形势,人们无法充分享受到对外交流和国际贸易所带来的福利,削弱了地理上的区位优势。总体而言,中心城市与周边城市的经济发展水平不同步主要还是源于中心城市的经济带动能力不强,主要城市的功能性不强以及对外交流的力度不强,亟须建设成熟的城市群体系和都市圈,进一步加强对外开放的力度。

6.3 吉林省城乡空间结构存在的问题

6.3.1 城乡用地分配不合理,资源配置不均衡

用地划分和资源配置问题对城乡空间关系影响深远。直到现在,吉林省城乡对于土地资源的利用还是有很大的差异,城乡空间关系存在发展水平不

高，地域不均衡的问题。很多政策顺应发展要求对城市边界进行扩张并且扩张速度不断加快，但是由于对这部分扩张的土地不能合理利用，形成了许多发展水平较低且利用率不高的郊区和县区，造成大量土地闲置。不同的土地利用方式在生态、居住、产业发展等方面各有其功能和作用，一个区域土地利用的规划对资源配置也有直接影响。

资源配置不均衡这个问题在新中国成立初期就有体现，当时的中国为了尽快实现工业化制定了优先发展重工业的策略并长期奉行，然而当时我国经济水平落后，却有着以资本密集为特点的重工业，为此，农民收入水平持续走低，经济增长迟缓，工业水平也一直停滞不前。吉林省的产业结构急需优化调整，三大产业发展不协调不平衡问题也可以追溯至此。调查与研究显示，农业发展速度过于缓慢，现代化程度不高，由于第三产业的投入较低，开放性不足导致全省产业的发展严重不平衡，而第二产业占比过高，造成了产业结构单一，周边的镇区也因为发展资源的掣肘很难活跃，所以人口都集聚在主城区，这对中心城市造成不小的人口压力，与该地区资源环境承载能力的矛盾逐渐加剧。

6.3.2 乡村人口收缩现象严重，人才流失

对于城乡的发展与规划，人口的分布情况是一个关键的因素，城乡人口融合程度对于经济的高质量发展起着至关重要的作用。然而，吉林省目前仍然存在严重的人才流失问题，甚至整个省人口的数量已经出现了紧缩现象。2011年吉林省总人口数量为2726.5万人，以此作为分界点，此后不断下降，2022年降至2559.6万人。全省市区许多行业的就业人数不及全国平均水平，这个问题在乡村更加明显，不仅乡村劳动力逐年呈下降趋势，乡村干部队伍也有严重断层。在过去的10年之内，整个吉林省只有长春市人口处于正增长状态但增长幅度很小。吉林省的人口流动分别是由省内向省外流动、由乡村向城镇流动两个方向，乡村空心化、无产化、老龄化的现象在乡村劳动力急剧下降的情况下多地出现。

6.3.3 基础设施建设不优，城市功能性不强

交通基础设施体系建设在社会经济发展中发挥着基础性支撑作用，乡村交通条件不发达，交通优势受地理位置、地形、经济发展等因素的影响。吉

林省已有配套的交通基础设施,多集中在省内各城市内部和城市之间;但在本省县域交通的发展布局上建设不优,且空间分布不均衡,如吉林省东北部的非城市地区。

不断变动的老龄化人口结构,决定了当前的等级规模制度已经不符合现实人口现状,在此基础上,结合城乡人口分布和城乡用地规划原理,建立新的城乡空间系统。中心城市相较而言功能过于集中,空间布局在整体上看比较分散,综合吸引力具有较大的提升空间,对于周边的县域及乡村的辐射能力差,辐射带动拉力不足。

6.4 优化吉林省城乡空间结构的对策建议

6.4.1 合理用地划分,促进城乡要素双向流动

第一,合理划分用地空间。本着"因地制宜,科学规划"的原则,减少城市盲目建设扩张,维护乡村一般农田用地。政府在对土地规划利用时,应当充分考虑其功能和用途,对未来的环境保护和使用方式作出长期规划,尽量减少因建设扩张而产生的闲置土地。同时,积极合理利用村民搬迁后遗留下的闲置土地,成立专业的合作社促进生产发展,进一步增加当地群众和乡村集体经济收入。第二,促进城乡要素双向流动。建立健全城乡要素平等有效流动的政策体系。目前,生产要素主要依赖于利润吸引而流动,乡村生产要素如资金、技术、劳动等持续向城市流动,但是却很难从城市生产中向乡村流动,各要素间的双向流动出现了隐性的壁垒。在促进城乡共同繁荣的过程中,要深化土地改革,推进农村集体经营性建设用地入市,引导城市将占地面积大、劳动力密集的产业向乡村市场转移,继而推动劳动力、资本和技术在城乡之间流动,改变生产资源由乡村向城镇的单方向流动为城乡之间要素的双向流动,实现城乡各类生产要素的合理配置。第三,加大对外开放力度。相对于我国处于内陆的其他省份而言,吉林省在国际贸易上具有优越的地理位置。向西借助中蒙大通道,经白城到达中蒙、中俄边境口岸,形成了吉林西部对俄、蒙的开放格局;向东由长吉图通道经珲春口岸,连通俄罗斯、朝鲜和韩国等多个国际港口。发挥吉林省对外开放的窗口城市的作用,珲春与俄罗斯滨海边疆区、哈巴罗夫斯克边疆区等开展了广泛的贸易合作,推进

对俄贸易，以此带动吉林省整体的开放与开发，成为内陆开放新高地。

6.4.2 优化产业结构，推进人才强省战略

第一，优化产业结构。吉林省的三大产业发展不协调不平衡，产业结构亟须优化调整。传统经济产业在全省经济总量中占比较高，优化产业结构，减少劳动密集型产业，平衡三大产业之间的发展关系，推进农业现代化发展，可以使得吉林省的产业优势更加突出。促进资源的合理配置，加快区域对外开放的步伐，促进要素流动，形成资金链、信息链，为电子商务、新型农产品加工、医药健康、冰雪旅游、出口加工、新能源开发、矿产冶金深加工等产业带来新的发展机遇，为推动经济高质量发展注入强大内生动力。第二，推进人才内育。在人才流失，人口紧缩的环境下，实现城乡空间结构的优化，要积极促进城乡人口融合，加快乡村人口向城镇人口转变，提高人口城镇化率，加快农业转移人口市民化。第三，要加大人才引进力度，鼓励人才留省创业，弥补各行业人才缺口，重视本土人才培养，提高福利待遇，鼓励各个层次的人才留乡创业，弥补乡村发展各级队伍的断层现象。

6.4.3 发挥城市群效应，加强都市圈建设

第一，构建城乡绿色生态交通网络体系。实现中心城市的强力拉动作用，需要完善的交通网络作为支撑。长春市地处东北地区的中心位置，是建立东北亚交通综合网络的一个重要环节。"公、铁、机、港"立体交通网络的完善，可以更充分地利用区域交通基础设施优势，克服地理、地势方面的劣势。要有效提升乡村道路交通条件，通过道路等级提升和新建，打造畅通舒适的城乡交通网络。有了交通的支撑，整个吉林省就能以更加开放的姿态，从后方到前沿，将资源优势转变为经济优势。同时，在优化交通基础设施的基础上，做好绿化和环保工作，使用新能源、可再生燃料和新型公共交通工具。第二，发挥城市群的集聚效应。"十四五"期间规定发展要突出城市群效应，发挥资源集聚效应、辐射带动效应、要素配置枢纽效应和科创引领效应，打破五大壁垒，推进城市群一体化、深度融合和高质量发展。以人口规模作为划分标准，可以看出吉林省的中小型城市数量远远多于大城市，不符合城市规模等级梯度递增的原理。大城市功能过度集中，应当实施必要的功能疏解，避免过度的"虹吸效应"，在支持大城市加快创新发展的同时，给中小城市

平等的发展权，引导中小城市特色发展，以构建合理的多中心城市体系，充分发挥城市群效应。重视乡村对于发展的生态引领作用，发挥乡村的独特优势，打造更加舒适的生态环境，促使城乡在同等地位上融合发展，逐步缩小发展差距。第三，加大长春现代化都市圈建设力度，从区域协调、生态环保、资源能源、基础设施、综合交通、产业发展、空间结构、城市特色等多个角度，强化城市资源整合和跨区域产业协作，构建核心引领、梯次推进、协调联动的发展新格局。进一步加大营商环境改善力度，从国际汽车城、现代农业城、"双碳"示范城、科技创新城、新兴消费城、文化创意城"六城联动"发展部署出发，按照"西产业、东生态、中服务"的思路实行总体功能布局，塑造"带型＋指状＋星座"的城市空间形态，为新时代长春集聚发展优势、推进现代化建设注入强劲动能。

参 考 文 献

[1] [德] 迪特·森哈斯，贾根良、梅俊杰译：《欧洲发展的历史经验》，商务印书馆2015年版。

[2] [美] 维托·坦茨，王宇等译：《政府与市场——变革中的政府职能》，商务印书馆2014年版。

[3] [美] 巴里·诺顿著，安佳译：《中国经济：转型与增长》，上海人民出版社2010年版，第52页。

[4] [美] 保罗·A. 萨缪尔森、威廉·D. 诺德豪斯：《经济学（第12版）》（上册），中国发展出版社1993年版。

[5] [美] 戴维·德兰诺夫，李国芳译：《你的生命价值多少》，中国人民大学出版社2004年版。

[6] [美] 道格拉斯·C. 诺思著，杭行译：《制度、制度变迁与经济绩效》，格致出版社、上海三联书店、上海人民出版社2008年版。

[7] [美] 费景汉、古斯塔夫·拉尼斯，洪银兴等译：《增长和发展：演进观点》，商务印书馆2004年版。

[8] [美] 霍利斯·钱纳里：《工业化和经济增长的比较研究》，上海人民出版社2015年版。

[9] [美] 刘易斯·芒福德，倪文彦等译：《城市发展史：起源、演变与前景》，建筑工业出版社1989年版。

[10] [美] 罗宾·巴德、迈克尔·帕金著，王秋石、张弘译：《经济学精要》（第二版），中国人民大学出版社2004年版。

[11] [美] 马尔科姆·吉利斯、德怀特·珀金斯、唐纳德·R. 斯诺德格拉斯：《发展经济学》，科学出版社1989年版。

[12] [美] 迈克尔·P. 托达罗，印金强、赵荣美译：《经济发展与第三

773

世界》，中国经济出版社 1992 年版。

[13]［美］曼瑟尔·奥尔森，陈郁、郭宇峰、李崇新译：《集体行动的逻辑》，格致出版社、上海人民出版社 2014 年版。

[14]［美］沙里宁：《城市：它的发展、衰败与未来》，中国建筑工业出版 1986 年版。

[15]［美］舒尔茨：《改造传统农业》，商务印书馆 1987 年版。

[16]［美］沃纳·赫希，刘世庆等译：《城市经济学》，中国社会科学出版社 1990 年版。

[17]［美］熊彼特：《经济发展理论》，商务印书馆 2017 年版。

[18]［美］詹姆斯·布坎南：《成本与选择》，浙江大学出版社 2009 年版。

[19]［日］岸根卓郎：《迈向 21 世纪的国土规划——城乡融合系统设计》，科学出版社 1990 年版。

[20]［日］岸根卓朗，何鉴译：《环境论——人类最终的选择》，南京大学出版社 1999 年版。

[21]［日］冈部守，章政译：《日本农业概论》，中国农业出版社 2004 年版。

[22]［日］南亮进，关权译：《经济发展的转折点：日本经验》，社会科学文献出版社 2008 年版。

[23]［日］桥本寿朗、长谷川信、宫岛英昭等，戴晓芙译：《现代日本经济》，上海财经大学出版社 2001 年版。

[24]［日］青木昌彦著，周黎安译：《比较制度分析》，上海远东出版社 2001 年版。

[25]［日］速水佑次郎，［美］弗农·拉坦：《农业发展的国际分析》，中国社会科学出版社 2000 年版。

[26]［日］田岛俊雄：《刘易斯转折点和中国农业农村经济问题》，中国台北：中央研究院人文社会科学研究中心，2008 年版。

[27]［意］卡洛·M. 奇波拉，吴良健等译：《欧洲经济史（第三卷）：工业革命》，商务印书馆 1989 年版。

[28]［英］B. R. 米切尔，贺力平译：《帕尔格雷夫世界历史统计（欧洲卷）1750—1993 年（第四版）》，经济科学出版社 2002 年版。

[29] [英] 安格斯·麦迪森，李德伟等译：《世界经济二百年回顾》，改革出版社1997年版。

[30] [英] 埃比尼泽·霍华德，金经元译：《明日的田园城市》，商务印书馆2000年版。

[31] [英] 艾伦·W. 伊文思，甘士杰、唐雄俊等译：《城市经济学》，上海远东出版社1992年版。

[32] [英] 彼得·马赛厄斯、M. M. 波斯坦，王春法等译：《剑桥欧洲经济史（第七卷）：工业经济：资本、劳动力和企业》（上册），经济科学出版社2003年版。

[33] [英] 杰拉尔德·M. 迈耶：《发展经济学的先驱理论》，云南人民出版社1995年版。

[34] [英] 悉尼·波拉德（Sidney Pollard）：《大不列颠的劳动力状况》，转引自 [英] 彼得·马赛厄斯、M. M. 波斯坦，王春法等译：《剑桥欧洲经济史（第七卷）：工业经济：资本、劳动力和企业》（上册），经济科学出版社2003年版。

[35] [法] 弗朗索瓦·卡龙，吴良健等译：《现代法国经济史》，商务印书馆1991年版。

[36] 《中共中央关于党的百年奋斗重大成就和历史经验的决议》，载《人民日报》2021年11月17日。

[37] 《中共中央关于制定国民经济和社会发展第十一个五年规划的建议（辅导读本）》，人民出版社2005年版。

[38] 《中共中央国务院关于建立健全城乡融合发展体制机制和政策体系的意见》，载《人民日报》2019年05月06日。

[39] 《中共中央国务院关于深化医药卫生体制改革的意见》，载《中华人民共和国卫生部公报》2009年第5期。

[40] 《中共中央国务院关于实施乡村振兴战略的意见》，载《人民日报》2018年2月5日。

[41] 艾丽：《中国公共服务均等化研究》，武汉大学博士论文，2012年。

[42] 安超帆：《医疗保险参保、居住证制度与流动人口市民化意愿——基于2017年全国流动人口动态监测数据》，载《调研世界》2022年第9期。

[43] 安树伟、常瑞祥：《中国省际经济增长的传递及其机制分析》，载

《中国软科学》2016年第11期。

[44] 巴蕾：《中英美日四国三支柱养老金体系对比浅析》，载《新理财》2022年第9期。

[45] 白春礼：《强化国家战略科技力量》，载《中共中央关于制定国民经济和社会发展第十四个五年规划和二〇三五年远景目标的建议辅导读本》，人民出版社2020年版。

[46] 白理刚、鲍巧玲：《城郊乡村地区的城乡融合规划研究——以西昌市东部城郊乡村地区为例》，载《小城镇建设》2019年第5期。

[47] 白启鹏、衣保中：《基于马克思城乡关系理论的我国新型城镇化发展路径分析》，载《内蒙古社会科学（汉文版）》2015年第6期。

[48] 白雪秋、聂志红、黄俊立等：《乡村振兴与中国特色城乡融合发展》，国家行政学院出版社2018年版。

[49] 白永秀、王颂吉：《马克思主义城乡关系理论与中国城乡发展一体化探索》，载《当代经济研究》2014年第2期。

[50] 白永秀：《城乡二元结构的中国视角：形成、拓展、路径》，载《学术月刊》2012年第5期。

[51] 白永秀：《后改革时代的关键：城乡经济社会一体化》，载《经济学家》2010年第8期。

[52] 柏培文、张云：《数字经济、人口红利下降与中低技能劳动者权益》，载《经济研究》2021年第5期。

[53] 卞靖：《乡村振兴：农业现代化发展——市场机制与政策体系研究》，中国社会科学出版社2019年版。

[54] 蔡昉、杨涛：《城乡收入差距的政治经济学》，载《中国社会科学》2000年第4期。

[55] 蔡昉：《"十二五"时期中国经济增长新特征》，载《青海社会科学》2011年第1期。

[56] 蔡昉：《二元经济作为一个发展阶段的形成过程》，载《经济研究》2015年第7期。

[57] 蔡昉：《农民工市民化与新消费者的成长》，载《中国社会科学院研究生院学报》2011年第3期。

[58] 蔡昉：《农业劳动力转移潜力耗尽了吗》，载《中国农村经济》

2018年第9期。

[59] 蔡昉:《中国的二元经济与劳动力转移——理论与政策》,中国人民大学出版社1990年版。

[60] 蔡昉:《中国人口与劳动问题报告NO.8——刘易斯转折点及其政策挑战》,社会科学文献出版社2007年版。

[61] 蔡昉:《中国式现代化发展战略与路径》,中信出版集团2022年版。

[62] 蔡贵龙、柳建华、马新啸:《非国有股东治理与国企高管薪酬激励》,载《管理世界》2018年第5期。

[63] 蔡贵龙等:《国有企业的政府放权意愿与混合所有制改革》,载《经济研究》2018年第9期。

[64] 蔡静:《农村转移劳动力人力资本对市民化影响研究》,安徽财经大学硕士学位论文,2021年。

[65] 蔡娟:《新世纪以来澳大利亚学校改进的举措与挑战》,载《外国中小学教育》2018年第2期。

[66] 蔡翼飞、马佳丽:《农业转移人口市民化的内需拉动效应研究》,载《河北经贸大学学报》2022年第3期。

[67] 蔡翼飞:《加快推进农业转移人口市民化是实施扩大内需战略的重要着力点》,载《中国投资》2021年第ZB期。

[68] 蔡云辉:《论近代中国城乡关系与城市化发展的低速缓进》,载《社会科学辑刊》2004年第2期。

[69] 曹敏:《建立健全体制机制 推进城乡融合发展》,载《中国经贸导刊》,2019年第10期。

[70] 岑乾明、宋卫琴:《分工理论:理解马克思主义城乡观的钥匙》,载《求索》2010年第9期。

[71] 曾红颖:《我国基本公共服务均等化标准体系及转移支付效果评价》,载《经济研究》2012年第6期。

[72] 曾建中、李银珍、刘桂东:《数字普惠金融赋能乡村产业兴旺的作用机理和空间效应研究——基于县域空间动态面板数据的实证检验》,载《国际金融研究》2023年第4期。

[73] 柴彦威等:《中国城市空间结构》,科学出版社2021年版。

[74] 常宗耀:《乡村城市化:马克思的理论及其启示》,载《北方论丛》2010年第3期。

[75] 陈安平、杜金沛:《中国的财政支出与城乡收入差距》,载《统计研究》2010年第11期。

[76] 陈昌盛、蔡跃洲:《中国政府公共服务:体制变迁与地区综合评估》,中国社会科学出版社2007年版。

[77] 陈方:《城乡关系:一个国外文献综述》,载《中国农村观察》2013年第6期。

[78] 陈涵:《促进大连市义务教育均等化的财政保障研究》,东北财经大学博士论文,2022年。

[79] 陈吉元、韩俊:《人口大国的农业增长》,上海远东出版社1996年版。

[80] 陈建军:《"无限供给"走向终结》,载《IT经理世界》2004年第21期。

[81] 陈鹏、李莹:《全面乡村振兴视域下乡村基础教育的新认识与新定位》,载《陕西师范大学学报(哲学社会科学版)》2021年第5期。

[82] 陈睿:《马克思恩格斯的城乡关系理论及其对当代的启示》,载《中共福建省委党校学报》2006年第5期。

[83] 陈万莎:《家庭视角下村改居社区农民市民化研究》,载《理论界》2022年第1期。

[84] 陈锡文、陈昱阳、张建军:《中国农村人口老龄化对农业产出影响的量化研究》,载《中国人口科学》2011年第2期。

[85] 陈锡文:《城乡统筹解决三农问题》,载《改革与理论》2003年第3期。

[86] 陈潇:《美国农业现代化发展的经验及启示》,载《经济体制改革》2019年第6期。

[87] 陈雪娟、胡怀国:《我国城乡基本公共服务的阶段性跨越——现代化进程中的透视》,载《中国行政管理》2011年第2期。

[88] 陈炎兵:《健全体制机制 推动城乡融合发展》,载《中国经贸导刊》2019年第3期。

[89] 陈燕妮:《马克思恩格斯城乡融合思想与我国城乡一体化发展研

究》，中国社会科学出版社 2017 年版。

[90] 陈轶：《城乡关系发展理论与实践——以石家庄为例》，东南大学出版社 2016 年版。

[91] 陈雨露：《中国农村金融发展的五个核心问题》，载《中国金融》2010 年第 Z1 期。

[92] 陈钰芬、范嵩盈：《区域知识创新水平的测度逻辑及比较》，载《统计研究》2022 年第 10 期。

[93] 陈媛媛、傅伟：《特大城市人口调控政策、入学门槛与儿童留守》，载《经济学（季刊）》2023 年第 1 期。

[94] 程怀儒：《现行农村征地制度的缺陷与失地农民权益保护》，载《甘肃社会科学》2014 年第 1 期。

[95] 程杰、尹熙：《流动人口市民化的消费潜力有多大？——基于新时期中国流动人口消费弹性估算》，载《城市与环境研究》2020 年第 1 期。

[96] 程岚：《实现我国基本公共服务均等化的公共财政研究》，江西财经大学博士论文，2009 年。

[97] 程名望、何洋：《上海市农民工市民化成本测算与分析——基于上海 2220 份问卷的实证分析》，载《农业经济与管理》2019 年第 2 期。

[98] 程娜、朱靖然、张凌飞：《我国海洋产业集聚与碳减排协同发展研究》，载《学习与探索》2022 年第 12 期。

[99] 程郁、王宾：《农村土地金融的制度与模式研究》，中国发展出版社，2015。

[100] 程郁等：《分层次推进农民工市民化——破解"愿落不能落、能落不愿落"的两难困境》，载《管理世界》2022 年第 4 期。

[101] 迟福林、殷仲义：《发展型社会：惠及 13 亿人的基本公共服务》，载《人民论坛》2008 年第 24 期。

[102] 崔宝玉、易凤：《当农民还是做市民：宅基地确权对农民市民化意愿的影响——来自 CRHPS2019 的微观证据》，载《农村经济》2022 年第 8 期。

[103] 崔建军、赵丹玉：《数字普惠金融能够促进城乡融合发展吗？——基于门槛效应模型的实证检验》，载《经济问题探索》2023 年第 3 期。

[104] 崔树强等:《基于地理学视角的城乡融合发展研究进展与展望》,载《经济地理》2022 年第 2 期。

[105] 崔越:《马克思、恩格斯城乡融合理论的现实启示》,载《经济与社会发展》2009 年第 2 期。

[106] 戴红宇:《"市民化"进程中乡城迁移家庭的子女教育困境》,载《当代教育科学》2022 年第 3 期。

[107] 戴宏伟、郑立晨、王佳宁:《喜新厌旧?高科技产业政策有效的边界条件与跟风行为:基于 205 个地级市政府工作报告的实证研究》,载《中国软科学》2023 年第 7 期。

[108] 党国英:《乡村振兴长策思考》,载《农村工作通讯》2017 年第 21 期。

[109] 丁宝根、赵玉、邓俊红:《中国种植业碳排放的测度、脱钩特征及驱动因素研究》,载《中国农业资源与区划》2022 年第 5 期。

[110] 丁元竹:《实现基本公共服务均等化的实践和理论创新》,载《学术前沿》2022 年第 5 期。

[111] 董才生、陈静:《美国养老金制度对中国企业职工养老金制度改革的启示》,载《社会科学战线》2014 年第 9 期。

[112] 董克用、施文凯:《美国社会保障退休金确定机制——方法、特点与启示》,载《人口与经济》2021 年第 1 期。

[113] 董利民:《城市经济学》(第 2 版),清华大学出版社 2016 年版。

[114] 董敏、郭飞:《城市化进程中城乡收入差距的"倒 U 型"趋势与对策》,载《当代经济研究》2011 年第 8 期。

[115] 董世洪、郁建兴:《城乡融合进程中农村居民市民化的中国方案——基于浙江省海盐县、陕西省千阳县的调查》,载《中南民族大学学报(人文社会科学版)》2021 年第 2 期。

[116] 都闪闪:《城乡居民基本养老保险参保缴费影响因素的分析——基于河南省某市的调查》,载《金融理论与实践》2021 年第 11 期。

[117] 杜创:《"村医集体辞职"折射农村医疗困境》,载《人民论坛》2019 年第 36 期。

[118] 杜江等:《科技金融对科技创新影响的空间效应分析》,载《软科学》2017 年第 4 期。

[119] 杜屏、谢瑶:《农村中小学教师工资与流失意愿关系探究》,载《华东师范大学学报(教育科学版)》2019年第1期。

[120] 杜晓敏:《全纳教育视野下的基本公共教育服务均等化研究》,华东师范大学博士论文,2016年。

[121] 杜瑶、贾慧萍、陈在余:《我国分级诊疗制度的现状与对策分析》,载《中国药物经济学》2018年第6期。

[122] 杜宇:《城镇化进程与农民工市民化成本核算》,载《中国劳动关系学院学报》2013年第6期。

[123] 杜志雄、肖卫东:《农业规模化经营:现状、问题和政策选择》,载《江淮论坛》2019年第4期。

[124] 樊丽明、郭健:《城乡基本公共服务均等化的国际比较:进程与经验》,载《中央财经大学学报》2012年第7期。

[125] 樊天玉:《农业转移人口市民化保障成本测算研究》,上海工程技术大学硕士学位论文,2021年。

[126] 范洪敏、穆怀中:《人口老龄化会阻碍中等收入阶段跨越吗?》,载《人口研究》2018年第1期。

[127] 范颖、苟建汶、李果:《城乡融合引领下乡村空间生产与"乡村+"发展路径探讨——成都公园城市城乡融合乡村振兴典型案例的启示》,载《农村经济》2021年第7期。

[128] 方辉振:《论形成城乡经济社会发展一体化新格局的必然性》,载《中共南京市委党校学报》2008年第1期。

[129] 方松海、白瑜洁:《城乡经济社会发展一体化改革回眸——工农城乡关系30年变迁》,载《中国延安干部学院学报》2009年第1期。

[130] 方忠明、朱铭佳:《改革协同推进城乡融合发展:乡村振兴的海盐模式》,中国社会科学出版社2018年版。

[131] 费利群、滕翠华:《城乡产业一体化:马克思主义城乡融合思想的当代视界》,载《理论学刊》2010年第1期。

[132] 冯双生、张桂文:《宅基地置换中农民权益受损问题及对策研究》,载《农业经济问题》2013年第12期。

[133] 冯云廷:《城市经济学》,东北财经大学出版社2011年版。

[134] 付翠莲:《新时代以城乡融合促进乡村振兴:目标、难点与路

径》，载《通化师范学院学报》2018年第1期。

[135] 付海英等：《市域城乡统筹现状评价及其影响因素关联分析》，载《农业技术经济》2006年第6期。

[136] 付磊：《转型中的大都市空间结构及其演化——上海城市空间结构演变的研究》，中国建筑工业出版社2012年版。

[137] 付敏杰：《分税制二十年：演进脉络与改革方向》，载《社会学研究》2016年第5期。

[138] 付卫东：《跨越"中等收入陷阱"：我国职业教育面临的机遇和挑战》，载《职业技术教育》2013年第31期。

[139] 付宗平：《中国农村土地制度改革的动力、现实需求及影响》，载《财经问题研究》2015年第12期。

[140] 干春晖、郑若谷、余典范：《中国产业结构变迁对经济增长和波动的影响》，载《经济研究》2011年第5期。

[141] 高波、樊学瑞、王辉龙：《土地市场化能改善城乡收入差距吗？——来自中国232个地级及以上城市的经验证据》，载《华东师范大学学报（哲学社会科学版）》2019年第1期。

[142] 高波、孔令池：《中国城乡发展一体化区域差异分析》，载《河北学刊》2017年第1期。

[143] 高伯文：《一九五三年至一九七八年工业化战略的选择与城乡关系》，载《中共党史研究》2010年第9期。

[144] 高德步：《经济发展与制度变迁：历史的视角》，经济科学出版社2006年版。

[145] 高德步：《英国工业化过程中的农业劳动力转移》，载《中国人民大学学报》1995年第3期。

[146] 高帆：《从割裂到融合：中国城乡经济关系演变的政治经济学》，复旦大学出版社2019年版。

[147] 高耿子：《从二元分割到城乡融合发展新思路——中国农村经济高质量发展研究》，载《现代经济探讨》2020年第1期。

[148] 高鸣、魏佳朔、雷泽：《推进乡村建设行动应注意的几个问题》，载《农村经营管理》2022年第9期。

[149] 高鸣、郑庆宇：《党的十八大以来我国农村改革进展与深化方

向》，载《改革》2022 年第 6 期。

［150］高秋明、杜创：《财政省直管县体制与基本公共服务均等化——以居民医保整合为例》，载《经济学（季刊）》2019 年第 4 期。

［151］高铁梅、范晓非：《中国劳动力市场的结构转型与供求拐点》，载《财经问题研究》2011 年第 1 期。

［152］高相铎：《我国城乡空间关系转变的规划响应研究——以天津市为例》，天津大学博士论文，2017 年。

［153］高志仁：《农民财产性收入与城乡差距》，载《经济科学》2008 年第 4 期。

［154］耿甜伟等：《基于 GWR 的陕西省生态系统服务价值时空演变特征及影响因素分析》，载《自然资源学报》2020 年第 7 期。

［155］耿小娟、柳建平：《贫困地区的农户农业女性化——基于甘肃省 14 个贫困村调查数据的研究》，载《人口与经济》2020 年第 3 期。

［156］谷玉良：《农业转移人口市民化：空间实践及其性别差异》，载《求实》2021 年第 1 期。

［157］顾朝林、于方涛、李王鸣等：《中国城市化格局·过程·机理》，科学出版社 2008 年版。

［158］顾朝林、甄峰、张京祥：《集聚与扩散——城市空间结构新论》，东南大学出版社 2000 年版。

［159］顾益康、邵峰：《全面推进城乡一体化改革——新时期解决"三农"问题的根本出路》，载《中国农村经济》2003 年第 1 期。

［160］顾岳汶等：《农业转移人口市民化过程中住房消费选择研究——基于行为经济学的分析视角》，载《城市问题》2022 年第 7 期。

［161］管洪彦、孔祥智：《农地"三权分置"典型模式的改革启示与未来展望》，载《经济体制改革》2018 年第 6 期。

［162］管珊：《日本农协的发展及其对中国的经验启示》，载《当代经济管理》2014 年第 6 期。

［163］桂河清等：《农业转移人口市民化扩大其消费需求的实证研究——基于倾向得分匹配及无条件分位数分解的方法》，载《农业技术经济》2018 年第 8 期。

［164］郭海红、刘新民、刘录敬：《中国城乡融合发展的区域差距及动

[165] 郭家堂、骆品亮：《互联网对中国全要素生产率有促进作用吗？》，载《管理世界》2016年第10期。

[166] 郭建军：《我国城乡统筹发展的现状、问题和政策建议》，载《经济研究参考》2007年第1期。

[167] 郭岚：《上海城乡一体化测度研究》，载《上海经济研究》2017年第7期。

[168] 郭晓鸣、张克俊：《让农民带着"土地财产权"进城》，载《农业经济问题》2013年第7期。

[169] 郭志远等：《乡村振兴背景下我国农村医疗卫生服务供给侧问题研究》，载《锦州医科大学学报（社会科学版）》2020年第3期。

[170] 国家发展和改革委员会：《国家新型城镇化报告2019》，人民出版社2020年版。

[171] 国家计委经济研究所课题组：《二元结构矛盾与90年代的经济发展》，载《经济研究》1993年第7期。

[172] 国家统计局河北调查总队课题组：《"十三五"河北农民工市民化融入度不断提升》，载《中国统计》2022年第4期。

[173] 国土资源部：《农村土地制度改革三项试点工作进入到最关键的攻坚阶段》，载《国土资源》2017年第5期。

[174] 国务院发展研究中心农村部课题组：《从城乡二元到城乡一体：我国城乡二元体制的突出矛盾与未来走向》，中国发展出版社2014年版。

[175] 国务院发展研究中心农村经济研究部：《从城乡二元到城乡一体：我国城乡二元体制的突出矛盾与未来走向》，中国发展出版社2014年版。

[176] 海龙：《城乡居民基本养老保险财政补贴政策的缘起、发展与走向》，载《中州学刊》2021年第4期。

[177] 韩华为、高琴：《中国农村低保制度的瞄准精度和减贫效果——基于2013和2018年CHIP数据的实证分析》，载《公共管理学报》2021年第4期。

[178] 韩俊：《破除城乡二元结构 走城乡融合发展道路》，载《理论视野》2018年11月。

[179] 韩俊:《台湾农业劳动力转移问题探析》,载《台湾研究集刊》1988年第4期。

[180] 韩俊:《统筹城乡经济社会发展改变城乡二元结构》,载《红旗文稿》2003年第12期。

[181] 韩俊:《中国城乡关系演变60年:回顾与展望》,载《改革》2009年第11期。

[182] 韩磊、王术坤、刘长全:《中国农村发展进程及地区比较——基于2011~2017年中国农村发展指数的研究》,载《中国农村经济》2019年第7期。

[183] 韩先锋等:《互联网能成为中国区域创新效率提升的新动能吗?》,载《中国工业经济》2019年第7期。

[184] 韩增林、李彬、张坤领:《中国城乡基本公共服务均等化及其空间格局分析》,载《地理研究》2015年第11期。

[185] 韩长赋:《城乡统筹解决"三农"问题》,载《时事报告》2003年第5期。

[186] 何勤、王飞鹏:《〈劳动合同法〉实施后企业用工成本的增量分析与应对措施》,载《中国劳动关系学院学报》2009年第5期。

[187] 何绍周、彭博、马也:《农民财产性收入增长面临的制度性约束——基于市场和法治的视角》,载《农业技术经济》2012年第6期。

[188] 何秀荣:《建立健全城乡融合发展体制机制的几点思考》,载《区域经济评论》2018年第3期。

[189] 何一民:《近代中国城市发展与社会变迁》,科学出版社2004年版。

[190] 何昭丽、王松茂:《"一带一路"沿线四大区域入境旅游全要素生产率的空间差异及溢出效应研究》,载《数量经济技术经济研究》2020年第6期。

[191] 贺小刚等:《期望落差下的组织搜索:长期债务融资及其价值再造》,载《中国工业经济》2020年第5期。

[192] 贺雪峰:《关于实施乡村振兴战略的几个问题》,载《南京农业大学学报(社会科学版)》2018年第3期。

[193] 洪银兴、陈雯:《城市化和城乡一体化》,载《经济理论与经济管

理》2003年第4期。

[194] 洪银兴等:《城镇化新阶段:农业转移人口和农民市民化》,载《经济理论与经济管理》2021年第1期。

[195] 胡汉辉、申杰:《全国统一大市场建设如何赋能乡村振兴》,载《华南农业大学学报(社会科学版)》2023年第1期。

[196] 胡锦涛:《坚定不移沿着中国特色社会主义道路前进为全面建成小康社会而奋斗——在中国共产党第十八次全国代表大会上的报告》,载《求是》2012年第22期。

[197] 胡世文:《私人成本、市民化能力与农民工市民化意愿》,暨南大学硕士学位论文,2020年。

[198] 胡巍:《财政转移支付制度的国际比较及其借鉴》,载《商丘师范学院学报》2013年第10期。

[199] 胡伟艳:《城乡转型与农地非农化的互动关系》,科学出版社2012年版。

[200] 胡晓辉:《中国区域发展的制度研究——近邻效应、制度空间与机会窗口》,浙江大学出版社2019年版。

[201] 胡祖才:《城乡融合发展的新图景》,载《求是》2019年第14期。

[202] 黄凯斌:《英法基本公共教育服务均等化的治理与借鉴》,载《决策与信息》2021年第6期。

[203] 黄丽萍:《东南沿海农地承包经营权连片流转探析——基于浙江、福建和广东三省的调查》,载《农业经济问题》2009年第8期。

[204] 黄奇帆:《中国式现代化的产业体系和市场体制》,引自林毅夫:《读懂中国式现代化——科学内涵与发展路径》,中信出版集团2023年版。

[205] 黄群慧、陈创练:《新发展格局下需求侧管理与供给侧结构性改革的动态协同》,载《改革》2021年第3期。

[206] 黄群慧:《改革开放40年中国的产业发展与工业化进程》,载《中国工业经济》2018年第9期。

[207] 黄守宏:《乡镇企业是国民经济发展的推动力量》,载《经济研究》1990年第5期。

[208] 黄小明:《收入差距、农村人力资本深化与城乡融合》,载《经济学家》2014年第1期。

[209] 黄晓军：《现代城市物质与社会空间的耦合》，社会科学文献出版社 2014 年版。

[210] 黄永春等：《数字经济、要素配置效率与城乡融合发展》，载《中国人口·资源与环境》2022 年第 10 期。

[211] 黄志海：《乡村振兴背景下推动城乡产业融合发展面临的问题及对策》，载《农业经济》2023 年第 5 期。

[212] 黄祖辉、邵峰、朋文欢：《推进工业化、城镇化和农业现代化协调发展》，载《中国农村经济》2013 年第 1 期。

[213] 纪竞垚、刘守英：《代际革命与农民的城市权利》，载《学术月刊》2019 年第 7 期。

[214] 贾大明：《我国农村经济发展的走势及对城乡统筹解决"三农"问题的建议》，载《经济研究参考》2004 年第 24 期。

[215] 贾敬敦等：《农业农村现代化与科技创新重大问题研究》，科学技术文献出版社 2019 年版。

[216] 贾兴梅、刘俊杰、贾伟：《城乡一体化与区域经济增长的空间计量分析》，载《城市规划》2015 年第 12 期。

[217] 简新华、何志扬、黄锟：《中国城镇化与特色城镇化道路》，山东人民出版社 2010 年版。

[218] 江瑞平：《日本〈农地法〉的历史沿革》，载《世界农业》1989 年第 10 期。

[219] 姜德昌、夏景才：《资本主义现代化比较研究》，吉林人民出版社 1989 年版。

[220] 姜磊：《空间回归模型选择的反思》，载《统计与信息论坛》2016 年第 10 期。

[221] 姜晓萍、吴宝家：《人民至上：党的十八大以来我国完善基本公共服务的历程、成就与经验》，载《管理世界》2022 年第 10 期。

[222] 姜晓萍：《基本公共服务供给对城乡收入差距的影响机理与测度》，载《中国行政管理》2017 年第 8 期。

[223] 姜长云：《科学理解推进乡村振兴的重大战略导向》，载《管理世界》2018 年第 4 期。

[224] 姜作培：《把握城乡统筹城发展的辩证关系》，载《福建论坛》

2003 年第 8 期。

[225] 焦必方、林娣、彭婧妮：《城乡一体化评价体系的全新构建及其应用：长三角地区城乡一体化评价》，载《复旦学报（社会科学版）》2011 年第 4 期。

[226] 焦会娜：《农业转移人口市民化对房地产库存的影响研究》，重庆大学硕士学位论文，2021 年。

[227] 焦思琪、王春光：《农村多元医疗体系的型构基础与逻辑研究》，载《社会学研究》2022 年第 1 期。

[228] 焦伟侠、陈俚君：《关于统筹城乡经济协调发展的思考》，载《经济体制改革》2004 年第 1 期。

[229] 焦晓云：《城镇化进程中"城市病"问题研究：涵义、类型及治理机制》，载《经济问题》2015 第 7 期。

[230] 解安、林进龙：《新型城镇化：十年总结与远景展望》，载《河北学刊》2023 年第 1 期。

[231] 金太军：《市场失灵、政府失灵与政府干预》，载《中共福建省委党校学报》2002 年第 5 期。

[232] 金燕华、刘昌平、汪连杰：《城乡居民医保整合改善了农村居民的生活质量吗——基于医疗、健康与经济三维视角的政策绩效评估》，载《社会保障研究》2023 年第 3 期。

[233] 孔祥智、张效榕：《从城乡一体化到乡村振兴——十八大以来中国城乡关系演变的路径及发展趋势》，载《教学与研究》2018 年第 8 期。

[234] 孔祥智：《英国在工业化、城市化进程中是怎样处理工农关系的》，载《前线》1999 年第 4 期。

[235] 孔祥智等：《农村集体经营性建设用地改革：内涵、存在问题与对策建议》，载《农村金融研究》2014 年第 9 期。

[236] 兰小欢：《置身事内——中国政府与经济发展》，上海人民出版社 2021 年版。

[237] 蓝红星、王婷昱、施帝斌：《中国农业农村现代化的生成逻辑、内涵特征与推进方略》，载《改革》2023 年第 7 期。

[238] 黎煦：《刘易斯转折点与劳动力保护》，载《首都经济贸易大学学报》2007 年第 4 期。

[239] 李爱民、年猛、戴明锋：《我国农业转移人口深度市民化研究》，载《中国软科学》2022 年第 8 期。

[240] 李爱民：《我国城乡融合发展的进程、问题与路径》，载《宏观经济管理》2019 年第 2 期。

[241] 李保民：《我国统筹城乡就业的回顾与展望——基于马克思主义经济学视角》，载《华北水利水电学院学报（社科版）》2009 年第 6 期。

[242] 李春玲：《社会变迁与青年问题——近年来青年社会学的关注点及研究取向》，载《中国社会学年鉴（2011—2014）》，中国社会科学出版社 2016 年版。

[243] 李德伟：《中国将迎来劳动力供给的"刘易斯转折点"吗？》，载《理论前沿》2008 年第 12 期。

[244] 李锋清：《战后日本农村医疗保险的发展及其启示》，载《日本研究》2009 年第 2 期。

[245] 李谷成、范丽霞、冯中朝：《资本积累，制度变迁与农业增长——对 1978～2011 年中国农业增长与资本存量的实证估计》，载《管理世界》2014 年第 5 期。

[246] 李海鹏、李卓、张俊飚：《中国农业能源回弹效应的形成机制、时空演变及影响因素》，载《中国人口·资源与环境》2022 年第 10 期。

[247] 李红燕、邓水兰：《新型城镇化评价指标体系的建立与测度——以中部六省省会城市为例》，载《企业经济》2017 年第 2 期。

[248] 李虹、邹庆：《环境规制、资源禀赋与城市产业转型研究——基于资源型城市与非资源型城市的对比分析》，载《经济研究》2018 年第 11 期。

[249] 李晶：《新型城镇化背景下关中县域城乡空间结构转型模式研究》，中国建筑工业出版社 2020 年版。

[250] 李俊成、王文蔚：《谁驱动了环境规制下的企业风险承担："转型动力"还是"生存压力"？》，载《中国人口·资源与环境》2022 年第 8 期。

[251] 李丽丽：《第三支柱个人养老金：美国、新西兰、加拿大三国的发展经验与启示》，载《国际金融》2022 年第 11 期。

[252] 李棉管：《自保式低保执行：精准扶贫背景下石村的低保实践》，载《社会学研究》2019 年第 6 期。

[253] 李明哲等：《经济发达地区农民工市民化水平多维分异与影响机理分析——以苏州市为例》，载《农村经济与科技》2022年第9期。

[254] 李泉：《中外城乡关系问题研究综述》，载《甘肃社会科学》2005年第4期。

[255] 李升发、李秀彬：《耕地撂荒研究进展与展望》，载《地理学报》2016年第3期。

[256] 李松、王政：《群体上访60%与土地有关》，载《半月谈》2013年第11期。

[257] 李天芳：《我国新型城镇化进程中城乡关系协调路径研究》，人民出版社2017年版。

[258] 李小敏等：《我国农民工市民化成本的地域差异》，载《经济地理》2016年第4期。

[259] 李晓江等：《〈中国城镇化道路、模式与政策〉研究报告综述》，载《城市规划学刊》2014年第2期。

[260] 李学兰、王海元：《产业结构升级提升了城市生产率吗？——基于空间计量模型的实证检验》，载《云南财经大学学报》2017年第2期。

[261] 李燕凌、高猛：《农村公共服务高质量发展：结构视域、内在逻辑与现实进路》，载《行政论坛》2021年第1期。

[262] 李永友、周思娇、胡玲慧：《分权时序与经济增长》，载《管理世界》2021年第5期。

[263] 李珍、张楚：《论居民医保个人筹资机制从定额制到定比制的改革》，载《中国卫生政策研究》2021年第7期。

[264] 李支立、麻宝斌：《"十三五"时期湖北农业转移人口市民化水平测度及分析》，载《湖北社会科学》2022年第6期。

[265] 李智：《聚焦"稳定住房"提升农业转移人口市民化质量——基于2.3万农民工居住状况的调查分析》，载《中国经贸导刊》2021年第23期。

[266] 李智广等：《中国水土流失现状与动态变化》，载《中国水土保持》2008年第12期。

[267] 李仲生：《发达国家的人口变动与经济发展》，清华大学出版社2011年版。

[268] 李仲生：《发展中国家的人口增加与经济发展》，世界图书出版公司 2012 年版。

[269] 厉以宁：《论城乡一体化》，载《中国流通经济》2010 年第 11 期。

[270] 厉以宁：《走向城乡一体化：建国 60 年城乡体制的变革》，载《北京大学学报（哲学社会科学版）》2009 年第 11 期。

[271] 梁梦宇：《新时代城乡融合发展的理论逻辑与实现路径研究》，吉林大学博士论文，2021 年。

[272] 梁琦、黄利春：《马克思的地域分工理论、产业集聚与城乡协调发展战略》，载《经济前沿》2009 年第 10 期。

[273] 梁姝娜：《城乡融合发展取向的宅基地产权制度改革研究》，载《辽宁大学学报（哲学社会科学版）》2021 年第 4 期。

[274] 廖柳文、高晓路：《人口老龄化对乡村发展影响研究进展与展望》，载《地理科学进展》2018 年第 5 期。

[275] 廖元昌：《边疆民族地区城乡融合发展研究——以云南省德宏州为例》，载《中共云南省委党校学报》2019 年第 3 期。

[276] 廖中举、张志英：《省际新型城镇化发展水平测度与比较》，载《统计与决策》2020 第 20 期。

[277] 廖祖君、王理、杨伟：《经济集聚与区域城乡融合发展——基于空间计量模型的实证分析》，载《软科学》2019 年第 8 期。

[278] 《列宁文集》（第 2 卷），人民出版社 2013 年版。

[279] 林刚：《关于中国经济的二元结构和三元结构问题》，载《中国经济史研究》2000 年第 3 期。

[280] 林刚：《良性互动与恶性循环——关于中国城乡关系历史变动的一点思考》，福建教育出版社 2007 年版。

[281] 林刚：《中国工农——城乡关系的历史变化与当代问题》，载《中国农村观察》2014 年第 5 期。

[282] 林家彬：《我国"城市病"的体制性成因与对策研究》，载《城市规划学刊》2012 年第 3 期。

[283] 林聚任：《新城乡空间重构与城乡融合发展》，载《山东大学学报》（哲学社会科学版）2022 年第 1 期。

[284] 林聚任、张小莉：《城乡空间协调发展与融合——基于胶东地区

的研究》，载《南京社会科学》2020 年第 6 期。

[285] 林聚任、刘佳：《空间不平等与城乡融合发展：一个空间社会学分析框架》，载《江海学刊》2021 年第 2 期。

[286] 林瑞瑞等：《土地增值产生环节及收益分配关系研究》，载《中国土地科学》2013 年第 27 期。

[287] 林万龙：《从城乡分割到城乡一体：中国农村基本公共服务政策变迁 40 年》，载《中国农业大学学报（社会科学版）》2018 年第 6 期。

[288] 林阳衍、张欣然、刘晔：《基本公共服务均等化：指标体系、综合评价与现状分析——基于我国 198 个地级市的实证研究》，载《福建论坛（人文社会科学版）》2014 年第 6 期。

[289] 林毅夫、蔡昉、李周：《中国的奇迹：发展战略与经济改革》，上海三联书店、上海人民出版社 1994 年版。

[290] 林毅夫等：《读懂中国式现代化——科学内涵与发展路径》，中信出版集团 2023 年版。

[291] 林影倩、庞明礼：《政府绩效考核何以推进乡村振兴：一个"治理赋能—问责嵌入"解释框架——基于湖南省 W 镇的经验分析》，载《甘肃行政学院学报》2022 年第 1 期。

[292] 刘成奎、王朝才：《城乡基本公共服务均等化指标体系研究》，载《财政研究》2011 年第 8 期。

[293] 刘承礼：《省以下政府间事权划分与城乡基本公共服务均等化》，载《财政科学》2019 年第 1 期。

[294] 刘红梅、张忠杰、王克强：《中国城乡一体化影响因素分析——基于省级面板数据的引力模型》，载《中国农村经济》2012 年第 8 期。

[295] 刘宏杰：《市民化能力对农户宅基地退出的影响研究》，西北农林科技大学硕士学位论文，2021。

[296] 刘江：《21 世纪初中国农业发展战略》，中国农业出版社 2000 年版。

[297] 刘京京：《强力嵌入与柔性整合：滩区迁建移民的市民化进程研究——以山东省甄城县 L 社区为例》，华中师范大学硕士学位论文，2022 年。

[298] 刘敬悉：《承包地流转对农业转移人口市民化的影响研究》，南京审计大学硕士研究生学位论文，2021 年。

[299] 刘静、张锦华：《城市异质影响下的农民工市民化程度——基于需求可识别双变量 Probit 和 HLM 模型的测度与分析》，载《浙江社会科学》2021 年第 10 期。

[300] 刘静：《成都市郫都区推进城乡居民养老保险持续参保缴费的探索》，载《四川劳动保障》2022 年第 10 期。

[301] 刘昆：《我国的中央和地方财政关系》，载《中国财政》2020 年第 20 期。

[302] 刘明辉、卢飞：《城乡要素错配与城乡融合发展——基于中国省级面板数据的实证研究》，载《农业技术经济》2019 年第 2 期。

[303] 刘奇、王飞：《论统筹城乡经济社会发展》，载《中国农村经济》2003 年第 9 期。

[304] 刘荣增、王淑华：《新时代中国城乡空间治理与融合的机理与路径》，载《学习论坛》2020 年第 11 期。

[305] 刘瑞明等：《农业科技战略人才力量建设研究：内涵、需求与路径》，载《中国人事科学》2022 年第 12 期。

[306] 刘守英、章元：《"刘易斯转折点"的区域测度与战略选择：国家统计局 7 万户抽样农户证据》，载《改革》2014 年第 5 期。

[307] 刘守英：《农村土地制度改革：从家庭联产承包责任制到三权分置》，载《经济研究》2022 年第 2 期。

[308] 刘守英：《土地活才有城乡融》，载《农村经营管理》2019 年第 6 期。

[309] 刘守英：《土地制度与中国发展》，中国人民大学出版社 2018 年版。

[310] 刘淑清：《关于农民财产性收入问题的思考》，载《经济问题》2014 年第 7 期。

[311] 刘淑茹、魏晓晓：《基于改进 CRITIC 法的西部地区新型城镇化水平测度》，载《生态经济》2019 年第 7 期。

[312] 刘威、徐明琨：《"城乡"作为一个治理单元：城乡共治的理论争辩与中国实践》，载《学习与探索》2022 年第 11 期。

[313] 刘向容：《分级诊疗政策实施效果实证分析》，上海交通大学硕士论文，2016 年。

[314] 刘小敏、黎明泽：《"原地市民化"：乡村振兴背景下中国农民市民化的新路向——基于发达地区 15 个非农化乡村的调查》，载《学术研究》2019 年第 9 期。

[315] 刘小年：《农民工市民化的影响因素：文献述评、理论建构与政策建议》，载《农业经济问题》2017 年第 1 期。

[316] 刘晓：《农业转移人口市民化成本测算及其分担》，载《求索》2018 年第 4 期。

[317] 刘彦随：《中国新时代城乡融合与乡村振兴》，载《地理学报》2018 年第 4 期。

[318] [英] 阿瑟·刘易斯，施炜等译：《二元经济论》，北京经济学院出版社 1989 年版。

[319] 刘禹君：《加快建立健全城乡融合发展体制机制》，载《吉林日报》2018 年 7 月 6 日。

[320] 刘兆征：《农业转移人口市民化的意愿、障碍及对策——基于山西的调查分析》，载《国家行政学院学报》2016 年第 3 期。

[321] 柳如眉、刘淑娜、柳清瑞：《人口变动对东北地区经济增长的影响研究》，载《中国人口科学》2021 年第 5 期。

[322] 柳文：《闲置资源是怎样生金的》，载《经济日报》2022 年 4 月 21 日。

[323] 卢海元：《土地换保障：妥善安置失地农民的基本设想》，载《中国农村观察》2003 年第 6 期。

[324] 卢娜等：《突破性低碳技术创新与碳排放：直接影响与空间溢出》，载《中国人口·资源与环境》2019 年第 5 期。

[325] 陆铭、李鹏飞：《区位与分工：论统一大市场建设下的县域城镇化》，载《农业经济问题》2023 年第 1 期。

[326] 罗荣渠：《现代化新论——世界与中国的现代化进程》，商务印书馆 2004 年版。

[327] 罗志如、厉以宁：《二十世纪的英国经济——"英国病"研究》，商务印书馆 2013 年版。

[328] 吕国范：《发达国家资源产业扶贫的模式及经验启示》，载《商业时代》2014 年第 29 期。

[329] 吕炜、张妍彦：《城市内部公共服务均等化及微观影响的实证测

度》，载《数量经济技术经济研究》2019年第11期。

[330] 吕炜等：《农业转移人口市民化理论思辨与实践认知》，东北财经大学出版社2016年版。

[331] 吕玉印：《城市发展的经济学分析》，上海三联书店2000年版。

[332] 马健生、刘红霞、刘云华：《澳大利亚基础教育改革发展新动向：举措、特点和问题》，载《比较教育学报》2022年第5期。

[333]《马克思恩格斯文集》（第1卷），人民出版社2009年版。

[334]《马克思恩格斯文集》（第5卷），人民出版社2009年版。

[335]《马克思恩格斯文集》（第9卷），人民出版社2009年版。

[336]《马克思恩格斯选集》（第1卷），人民出版社2012年版。

[337]《马克思恩格斯选集》（第2卷），人民出版社2012年版。

[338]《马克思恩格斯选集》（第3卷），人民出版社1972年版。

[339]《马克思恩格斯选集》（第3卷），人民出版社2012年版。

[340]《马克思恩格斯选集》（第4卷），人民出版社2012年版。

[341]《马克思恩格斯全集》（第2卷），人民出版社1956年版。

[342]《马克思恩格斯全集》（第3卷），人民出版社1974年版。

[343]《马克思恩格斯全集》（第4卷），人民出版社1974年版。

[344]《马克思恩格斯全集》（第8卷），人民出版社2009年版。

[345]《马克思恩格斯全集》（第20卷），人民出版社1974年版。

[346]《马克思恩格斯全集》（第23卷），人民出版社1972年版。

[347]《马克思主义政治经济学概论》编写组：马克思主义政治经济学概论（第二版），人民出版社、高等教育出版社2021年版。

[348] 马克思：《资本论》（第1卷），人民出版社1975年版。

[349] 马克思：《资本论》（第2卷），人民出版社1975年版。

[350] 马克思：《资本论》（第3卷），人民出版社1975年版。

[351] 马林靖等：《城郊农民市民化后就业类型及收入差异比较——以天津宝坻区为例的实证研究》，载《河北农业大学学报（社会科学版）》2022年第4期。

[352] 马胜祥：《法国现代化》（下册），河北人民出版社2004年版。

[353] 马远军等：《我国城乡关系研究动向及其地理视角》，载《地理与地理信息科学》2006年第3期。

[354]《毛泽东著作选编》，中共中央党校出版社 2002 年版。

[355] 梅兴文、冯譞：《代际支持与农村老年人健康水平——基于返乡农民工家庭的研究》，载《人口与发展》2023 年第 4 期。

[356] 蒙佳欣：《农民工市民化背景下承包地处置方式的影响因素研究》，武汉工程大学硕士学位论文，2022 年。

[357] 孟磊等：《农村宅基地制度改革赋能乡村振兴路径研究》，载《乡村论丛》2023 年第 5 期。

[358] 孟力等：《透视健康服务业》，载《天津经济》2013 年第 11 期。

[359] 孟祺：《数字经济与高质量就业：理论与实证》，载《社会科学》2021 年第 2 期。

[360] 苗智慧、余文华：《乡村振兴背景下城乡融合发展的四个维度》，载《南都学坛》2022 年第 2 期。

[361] 明立杏、金晶华：《美国养老金制度对中国养老金制度改革的启示》，载《中国人力资源社会保障》2023 年第 10 期。

[362] 莫悉明、黄志辉：《中国乡村医疗卫生服务面临的制度模糊》，载《国外社会科学》2019 年第 3 期。

[363] 缪小林、王婷、高跃光：《转移支付对城乡公共服务差距的影响——不同经济赶超省份的分组比较》，载《经济研究》2017 年第 2 期。

[364] 缪小林、张蓉、于洋航：《基本公共服务均等化治理：从"缩小地区间财力差距"到"提升人民群众获得感"》，载《中国行政管理》2020 年第 2 期。

[365] 穆怀中、范洪敏：《环境规制对农民工就业的门槛效应研究》，载《经济学动态》2016 年第 10 期。

[366] 穆良平：《主要工业国家近现代经济史》，西南财经大学出版社 2005 年版。

[367] 倪峰：《2018 年以来特朗普政府的内政外交及中美关系》，引自王灵桂主编的《2018 年的中国与世界》，社会科学文献出版社 2021 年版。

[368] 倪鹏飞、颜银根、张安全：《城市化滞后之谜：基于国际贸易的解释》，载《中国社会科学》2014 年第 7 期。

[369] 年猛：《中国城乡关系演变历程、融合障碍与支持政策》，载《经济学家》2020 年第 8 期。

[370] 聂槟、尚锋：《2020～2021年越南对外贸易的发展与展望》，引自解桂海主编：《越南蓝皮书：越南国情报告（2021）》，社会科学文献出版社2023年版。

[371] 聂伟、风笑天：《就业质量、社会交往与农民工入户意愿？——基于珠三角和长三角的农民工调查》，载《农业经济问题》2016年第6期。

[372] 牛若峰：《要全面理解和正确把握农业现代化》，载《农业经济问题》1999年第10期。

[373] 牛若峰：《中国农业的发展与变革》，中国统计出版社1997年版。

[374] 潘启龙、韩振、陈珏颖：《美国农村阶段发展及对中国乡村振兴的启示》，载《世界农业》2021年第9期。

[375] 潘向东：《真实繁荣》，社会科学文献出版社2016年版。

[376] 潘晓成：《论城乡关系——从分离到融合的历史与现实》，人民日报出版社2018年版。

[377] 彭刚、赵乐新：《中国数字经济总量测算问题研究——兼论数字经济与我国经济增长动能转换》，载《统计学报》2020年第3期。

[378] 彭真善、曹伏良、李靖波：《中国转型期城乡收入差距的制度成因分析》，载《财经理论与实践》2008年第1期。

[379] 平欲晓、刘月平：《乡村振兴背景下完善农村多层次医疗保障体系研究——基于中部S县的调查》，载《农业考古》2022年第4期。

[380] 戚聿东、刘翠花、丁述磊：《数字经济发展、就业结构优化与就业质量提升》，载《经济学动态》2020年第11期。

[381] 钱加荣：《强化农业科技创新在国家创新体系中的战略地位》，载《中国农村科技》2023年第7期。

[382] 钱雪亚、宋文娟：《城市基本公共服务面向农民工开放度测量研究》，载《统计研究》2020年第3期。

[383] 仇雨临：《以待遇为基础健全基本医疗保险动态筹资机制》，载《中国医疗保险》2021年第2期。

[384]《区域经济学》编写组：《区域经济学》，高等教育出版社2018年版。

[385] 屈愿：《马克思主义城乡发展理论对我国解决"三农问题"的启示》，载《经营管理者》2011年第10期。

[386] 人民论坛：《科技创新——中国式现代化创新发展之路》，中国科学技术出版社 2023 年版。

[387] 任保平：《城乡发展一体化的新格局：制度、激励、组织和能力视角的分析》，载《西北大学学报（哲学社会科学版）》2009 年第 1 期。

[388] 任梅、刘银喜、赵子昕：《基本公共服务可及性体系构建与实现机制——整体性治理视角的分析》，载《中国行政管理》2020 年第 12 期。

[389] 任育锋等：《中国农村宅基地资源时空分布及利用特征》，载《中国农业大学学报》2020 年第 10 期。

[390] 任重：《教育、医疗公共品供给与城乡收入差距的关系研究》，南开大学博士学位论文，2010 年。

[391] 戎殿新、司马军：《各国农业劳动力转移问题研究》，经济日报出版社 1989 年版。

[392] 单豪杰：《中国资本存量 K 的再估算：1952~2006 年》，载《数量经济技术经济研究》2008 年第 10 期。

[393] 邵秦：《略谈台湾城市人口与城镇化特点》，载《社会学研究》1986 年第 5 期。

[394] 邵帅等：《中国雾霾污染治理的经济政策选择——基于空间溢出效应的视角》，载《经济研究》2016 年第 9 期。

[395] 沈可、李雅凝：《中国的人口老龄化如何影响科技创新？——基于系统 GMM 方法与动态面板门槛模型的经验证据》，载《人口研究》2021 年第 4 期。

[396] 盛广耀：《制度变迁的关联性与户籍制度改革分析》，载《经济学家》2017 第 4 期。

[397] 石大千、丁海、卫平、刘建江：《智慧城市建设能否降低环境污染》，载《中国工业经济》2018 年第 6 期。

[398] 石红梅：《基本公共服务均等化视角下的我国基本社会保障研究》，载《河海大学学报（哲学社会科学版）》2015 年第 1 期。

[399] 石磊、金兆怀：《我国乡村振兴中财政支农效率优化问题研究》，载《当代经济研究》2021 年第 5 期。

[400] 石先进：《美国推动新经贸规则体系对全球价值链格局的影响》，引自张宇燕、孙杰、姚枝仲主编：《世界经济黄皮书：2023 年世界经济形势

分析与预测》，社会科学文献出版社 2022 年版。

［401］石智雷、刘思辰、赵颖：《不稳定就业与农民工市民化悖论：基于劳动过程的视角》，载《社会》2022 年第 1 期。

［402］史育龙：《提高农业转移人口市民化质量加快释放内需潜力》，载《宏观经济管理》2021 年第 11 期。

［403］［美］舒尔茨，梁小民译：《改造传统农业》，商务印书馆 2006 年版。

［404］［美］舒尔茨，吴珠华等译：《论人力资本投资》，北京经济学院出版社 1990 年版。

［405］宋佳莹、高传胜：《教育投入，服务业发展与城乡收入差距——基于省际面板数据的机制分析》，载《南京审计大学学报》2022 年第 3 期。

［406］宋文豪、黄祖辉等：《数字金融使用对农村家庭生计策略选择的影响——来自中国农村家庭追踪调查的证据》，载《中国农村经济》2023 年第 6 期。

［407］宋扬：《户籍制度改革的成本收益研究——基于劳动力市场模型的模拟分析》，载《经济学（季刊）》2019 年第 3 期。

［408］宋迎昌：《城乡融合发展的路径选择与政策思路——基于文献研究的视角》，载《杭州师范大学学报（社会科学版）》2019 年第 1 期。

［409］隋筱童：《马克思恩格斯城乡关系理论研究及新时代启示》，载《兰州学刊》2020 年第 10 期。

［410］孙成军：《中共三代领导集体对城乡统筹发展的探索及经验启示》，载《毛泽东思想研究》2006 年第 3 期。

［411］孙景淼等：《乡村振兴战略》，浙江人民出版社 2018 年版。

［412］孙久文、张可云、安虎森、贺灿飞、潘文卿：《"建立更加有效的区域协调发展新机制"笔谈》，载《中国工业经济》2017 年第 11 期。

［413］孙亚南：《二元经济转型国际比较研究》，中国社会科学出版社 2016 年版。

［414］孙亚南、张桂文：《二元经济转型中的人口转变分析》，载《西北人口》2022 年第 5 期。

［415］谈世中：《发展中国家经济发展的理论和实践》，中国金融出版社 1992 年版。

[416] 覃诚等:《中国分地区农业农村现代化发展水平评价》,载《中国农业资源与区划》2022 年第 4 期。

[417] 谭崇台:《发达国家发展初期与当今发展中国家经济发展较研究》,武汉大学出版社 2008 年版。

[418] 谭崇台:《发展经济学》,上海人民出版社 1989 年版。

[419] 谭燕芝、刘旋、赵迪:《农村金融网点扩张与县域资金外流——基于 2005—2012 年县域经验证据》,载《中国经济问题》2018 年第 2 期。

[420] 汤韵:《台湾城市化发展及其动力研究:基于空间计量经济学的实证分析》,浙江大学出版社 2011 年版。

[421] 唐标明:《城乡高质量融合发展探析——以临桂新区、临桂区、四塘镇及横山屯为例》,载《当代广西》2019 年第 9 期。

[422] 唐筱霞:《韩国实施工业反哺农业政策对我国的启示》,载《福建行政学院学报》2010 年第 3 期。

[423] 陶然、汪晖:《中国尚未完成之转型中的土地制度改革:挑战与出路》,载《国际经济评论》2010 年第 2 期。

[424] 田国强:《和谐社会构建与现代市场体系完善》,载《经济研究》2007 年第 3 期。

[425] 田小龙:《服务型政府建设路径的研究述评》,载《公共管理与政策评论》2020 年第 5 期。

[426] 田旭:《集体经营性建设用地入市研究:基于城乡融合发展视角》,载《辽宁大学学报(哲学社会科学版)》2021 年第 4 期。

[427] 铁明太:《中国特色统筹城发展研究》,湖南人民出版社 2009 年版。

[428] 佟大建等:《农民工市民化:测度、现状与提升路径——基本公共服务均等化视角》,载《经济学家》2022 年第 4 期。

[429] 涂圣伟:《城乡融合发展呼唤土地制度改革新突破》,载《光明日报》2019 年 7 月 1 日。

[430] 完世伟:《当代中国城乡关系的历史考察及思考》,载《当代中国史研究》2009 年第 2 期。

[431] 万军:《中国制造业应对全球产业竞争格局变化的策略研究》,引自王灵桂主编:《2018 年的中国与世界》,社会科学文献出版社 2021 年版。

[432] 汪凡等：《中国基础教育公共服务均等化空间格局及其影响因素》，载《地理研究》2019年第2期。

[433] 汪进、钟笑寒：《中国的刘易斯转折点是否到来——理论辨析与国际经验》，载《中国社会科学》2011年第5期。

[434] 汪小勤：《二元经济结构理论发展述评》，载《经济学动态》1998年第1期。

[435] 汪宇明、刘高、施加仓、蔡萌：《中国城乡一体化水平的省区分异》，载《中国人口·资源与环境》2012第4期。

[436] 王必达、张忠杰：《中国刘易斯拐点及阶段研究——基于31个省际面板数据》，载《经济学家》2014年第7期。

[437] 王波：《城乡基本公共服务均等化的空间经济分析》，首都经济贸易大学博士论文，2016年。

[438] 王超群：《谁没有参保？中国城乡居民医疗保险参保的人群特征研究》，载《社会保障评论》，2023年第2期。

[439] 王超群等：《城乡居民医疗保险差别定额缴费对财政补助的影响——基于2019年CHFS数据的模拟》，载《财政研究》2022年第11期。

[440] 王春超、蔡文鑫：《流动人口市民化与推进路径测算研究——基于同质化水平测度的视角》，载《经济社会体制比较》2021年第5期。

[441] 王东京、孙浩、林冰蓓：《领读西方经济史》，中国青年出版社2013年版。

[442] 王红霞：《乡村人口老龄化与乡村空间演进——乡村微观空间视角下的人口老龄化进程探究》，载《人口研究》2019年第5期。

[443] 王晶晶：《健全农村金融服务体系赋能乡村振兴》，载《中国经济时报》2023年2月24日。

[444] 王凯等：《中国非户籍人口市民化空间格局优化研究》，载《城市规划》2022年第2期。

[445] 王林波：《生活质量水平持续提高期待更快融入城市生活——上海"十三五"时期农民工市民化分析报告》，载《统计科学与实践》2021年第12期。

[446] 王璐、杨汝岱、吴比：《中国农户农业生产全要素生产率研究》，载《管理世界》2020年第12期。

[447] 王美艳：《农民工还能返回农业吗？——来自全国农产品成本收益调查数据的分析》，载《中国农村观察》2011年第1期。

[448] 王美艳：《农民消费潜力估计——以城市居民为参照系》，载《宏观经济研究》2016年第2期。

[449] 王青、刘亚男：《八大综合经济区乡村振兴水平的空间差异及分布动态》，载《统计与决策》2023年第10期。

[450] 王青、刘亚男：《中国乡村振兴水平的地区差距及动态演进》，载《华南农业大学学报（社会科学版）》2022年第2期。

[451] 王青、曾伏：《中国城乡协调发展水平的分布动态、区域差异及收敛性研究》，载《软科学》2023年第8期。

[452] 王青、曾伏：《中国省际城乡发展协调度的测算、时空演变特征及影响因素》，载《农村经济》2022年第9期。

[453] 王庆芳、郭金兴：《中国农村剩余劳动力估计：2010—2018年》，载《经济理论与经济管理》2021年第12期。

[454] 王庆华：《我国城乡收入差距扩大的制度分析》，载《山西财经大学学报》2006年第6期。

[455] 王松茂、尹延晓、徐宣国：《数字经济能促进城乡融合吗：以长江经济带11个省份为例》，载《中国软科学》2023年第5期。

[456] 王婷：《英国的养老金制度及其对我国的启示》，载《新西部》2019年第18期。

[457] 王夏晖、张惠远、王波等：《快速城镇化进程中的环境安全研究》，载《城市问题》2008年第5期。

[458] 王小华、温涛：《城乡居民消费行为及结构演化的差异研究》，载《数量经济技术经济研究》2015年第10期。

[459] 王小鲁、胡李鹏、樊纲：《中国分省份市场化指数报告》，社会科学文献出版社2021年版。

[460] 王小鲁、樊纲：《中国收入差距的走势和影响因素分析》，载《经济研究》2005年第10期。

[461] 王新民、南锐：《基本公共服务均等化水平评价体系构建及应用——基于我国31个省域的实证研究》，载《软科学》2011年第7期。

[462] 王新越等：《山东省新型城镇化的测度与空间分异研究》，载《地

理科学》2014 年第 9 期。

[463] 王询：《工业化过程中的劳动力转移》，东北财经大学出版社 1994 年版。

[464] 王艳飞、刘彦随、严镔、李裕瑞：《中国城乡协调发展格局特征及影响因素》，载《地理科学》2016 年第 1 期。

[465] 王耀晨、张桂文：《中国城乡融合发展进程评价》，载《统计与决策》2022 年第 24 期。

[466] 王颖等：《2003 年以来东北地区城乡协调发展的时空演化》，载《经济地理》2018 年第 7 期。

[467] 王永香、刘洋、李伟：《中国农村土地征收制度变迁的轨迹、逻辑与动力机制——基于历史制度主义视角》，载《西北农林科技大学学报（社会科学版）》2023 年第 1 期。

[468] 王勇辉等：《农村城镇化与城乡统筹的国际比较》，中国社会科学出版社 2011 年版。

[469] 王瑜等：《农民工跨越市民化经济门槛分析——基于生活工资 Anker 法的新测量工具》，载《经济地理》2018 年第 9 期。

[470] 王章辉、黄柯可：《欧美农村劳动力的转移与城市化》，社会科学文献出版社 1999 年版。

[471] 王昭茜、仇雨临：《逆向选择还是制度"漏洞"：全民医保下的不连续参保行为研究》，载《兰州学刊》2021 年第 6 期。

[472] 王忠武：《当代中国城乡关系的三重建构机制》，载《学术月刊》2012 年第 12 期。

[473] 王子成、郭沐蓉：《住房实现模式对流动人口市民化的影响效应分析：城市融入视角》，载《社会经济体制比较》2020 年第 2 期。

[474] 王子凤、张桂文：《数字经济如何助力农民增收——理论分析与经验证据》，载《山西财经大学学报》2023 年第 2 期。

[475] 王子凤、张桂文：《数字经济对城乡居民收入差距影响的实证检验》，载《统计与决策》2023 年第 22 期。

[476] 魏后凯、黄秉信：《农村绿皮书：中国农村经济形势分析与预测（2018—2019）》，社会科学文献出版社 2019 年版。

[477] 魏后凯、闫坤、谭秋成：《中国农村发展报告——以全面深化改

革激发农村发展新动能》，中国社会科学出版社 2017 年版。

［478］魏后凯、黄秉信：《农村绿皮书：中国农村经济形势分析与预测（2018—2019）》，社会科学文献出版社 2019 年版。

［479］魏后凯、李玏、年猛：《"十四五"时期中国城镇化战略与政策》，载《中共中央党校（国家行政学院）学报》2020 年第 4 期。

［480］魏后凯、刘长全：《中国农村改革的基本脉络、经验与展望》，载《中国农村经济》2019 年第 2 期。

［481］魏后凯：《科学合理的城镇化格局有利于共同富裕》，载《北京日报》2021 年 11 月 8 日。

［482］魏后凯：《深刻把握城乡融合发展的本质内涵》，载《中国农村经济》2020 年第 6 期。

［483］魏后凯：《以提高质量为导向》，载《人民日报》2019 年 4 月 19 日。

［484］魏守华、方聪波：《经济发展水平、政治中心分布与城市首位度》，载《现代经济探讨》2021 年第 9 期。

［485］吴白乙：《拉丁美洲和加勒比发展报告（2010—2011）》，社会科学文献出版社 2011 年版。

［486］吴东立等：《给农业插上科技的翅膀——科技创新与农业现代化》，中国农业出版社 2020 年版。

［487］吴方卫：《我国农业资本存量的估计》，载《农业技术经济》1999 年第 6 期。

［488］吴丰华：《近代以来中国城乡关系演进与新型城乡关系的形成研究》，人民出版社 2021 年版。

［489］吴海民：《我国刘易斯拐点的新检验——基于 1990—2010 年农业和工业部门劳动边际生产率的考察》，载《贵州财经学院学报》2012 年第 3 期。

［490］吴惠芳、陈健、王惠、罗钦涛、魏浩龙：《多元主体参与乡村建设实践路径与效能的比较研究》，载《中国农业大学学报（社会科学版）》2022 年第 1 期。

［491］吴丽娟、刘玉亭、程慧：《城乡统筹发展的动力机制和关键内容研究述评》，载《经济地理》2012 年第 4 期。

参考文献

[492] 吴伟年:《城乡一体化的动力机制与对策思路——以浙江省金华市为例》,载《世界地理研究》2002年第4期。

[493] 吴学凡:《马克思、恩格斯的城乡差别思想》,载《西北师大学报(社会科学版)》2008年第4期。

[494] 吴雪、周晓唯、张翔婷:《城乡基本医疗保险制度整合的目标与策略》,载《湖南农业大学学报(社会科学版)》2015年第3期。

[495] 吴要武:《"刘易斯转折点"来临:我国劳动力市场调整的机遇》,载《开放导报》2007年第6期。

[496] 吴长剑:《我国基本公共服务城乡一体化的路径再造——"并轨与整合"分析框架》,载《湖北社会科学》2014年第9期。

[497] 武力:《1949—2006年城乡关系演变的历史分析》,载《中国经济史研究》2007年第1期。

[498] 武力超、林子辰、关悦:《我国地区公共服务均等化的测度及影响因素研究》,载《数量经济技术经济研究》2014年第8期。

[499] 武勇杰:《新型城镇化背景下中小城市发展的关键问题研究》,北京交通大学博士论文,2018年。

[500] 习近平:《加快建设农业强国推进农业农村现代化》,载《求是》2023年第6期。

[501] 习近平:《把乡村振兴战略作为新时代"三农"工作总抓手》,载《社会主义论坛》2019年第7期。

[502] 习近平:《高举中国特色社会主义伟大旗帜为全面建设社会主义现代化国家而团结奋斗——在中国共产党第二十次全国代表大会上的报告》,载《人民日报》2022年10月26日。

[503] 习近平:《决胜全面建成小康社会 夺取新时代中国特色社会主义伟大胜利——在中国共产党第十九次全国代表大会上的报告》,载《人民日报》2017年10月28日。

[504] 习近平:《在省部级主要领导干部学习贯彻党的十八届五中全会精神专题研讨班上的讲话》,载《人民日报》2016年05月10日。

[505]《习近平主持召开中央全面深化改革领导小组第二十七次会议强调强化基础注重集成完善机制严格督察按照时间表路线图推进改革》,载《人民日报》2016年8月31日。

［506］肖周燕：《政府调控、市场机制与城市发展》，载《中国人口·资源与环境》2016年第4期。

［507］谢传会、赵伟峰、程业炳：《马克思、恩格斯城乡融合思想视域下城乡融合机制构建研究》，载《云南农业大学学报（社会科学）》2019年第13期。

［508］谢冬水：《土地供给干预与城乡收入差距——基于中国105个城市的面板数据》，载《经济科学》2018年第3期。

［509］谢会强、吴晓迪：《城乡融合对中国农业碳排放效率的影响及其机制》，载《资源科学》2023年第1期。

［510］谢守红、周芳冰、吴天灵：《长江三角洲城乡融合发展评价与空间格局演化》，载《城市发展研究》2020年第3期。

［511］辛毅等：《"显性市民化"与"隐性市民化"对农民土地转出行为的影响》，载《资源科学》2020年第5期。

［512］邢来顺、周小粒：《德意志帝国时期社会现代化的历史考察》，载《华中师范大学学报》2008年第4期。

［513］邢祖礼、陈杨林、邓朝春：《新中国70年城乡关系演变及其启示》，载《改革》2019年第6期。

［514］熊虎、沈坤荣：《地方政府债务对创新的挤出效应研究》，载《经济科学》2019年第4期。

［515］熊景维、张冠兰：《农民工市民化权能：一个综合视角的理论》，载《社会主义研究》2022年第4期。

［516］熊兴、余兴厚、王宇昕：《我国区域基本公共服务均等化水平测度与影响因素》，载《西南民族大学学报（人文社科版）》2018年第3期。

［517］徐美银：《人力资本、社会资本与农民工市民化意愿》，载《华南农业大学学报（社会科学版）》2018年第4期。

［518］徐敏、姜勇：《中国产业结构升级能缩小城乡消费差距吗？》，载《数量经济技术经济研究》2015年第3期。

［519］徐奇渊、马盈盈：《全球产业链重组背景下的产业链外移及其应对》，引自谢伏瞻、蔡昉等主编：《经济蓝皮书：2023年中国经济形势分析与预测》，社会科学文献出版社2022年版。

［520］徐清华、张广胜：《居住隔离与农民工市民化》，载《华南农业大

学学报（社会科学版）》2022年第1期。

[521] 徐世江：《农地组织化流转与城乡融合发展的条件积累》，载《辽宁大学学报（哲学社会科学版）》2021年第4期。

[522] 徐世江：《中国城乡二元结构转型与农村自生发展能力培育问题研究》，中国农业出版社2022年版。

[523] 徐同文：《地市城乡经济协调发展研究》，社会科学文献出版社2008年版。

[524] 徐晓军、孙权：《从"边缘城市"到"城市边缘"：中国特色郊区化发展战略转型》，载《求索》2023年第1期。

[525] 徐勇：《挣脱土地束缚之后的乡村困境及应对——农村人口流动与乡村治理的一项相关性分析》，载《华中师范大学学报（人文社会科学版）》2000年第2期。

[526] 许彩玲、李建建：《城乡经济互动发展：马克思、恩格斯城乡关系思想的当代视界》，载《经济研究参考》2014年第11期。

[527] 许彩玲、李建建：《城乡融合发展的科学内涵与实现路径——基于马克思主义城乡关系理论的思考》，载《经济学家》2019第1期。

[528] 许经勇：《"刘易斯拐点"倒逼发展方式转型》，载《北方经济》2014年第8期。

[529] 禤燕华：《我国中央转移支付对基本公共教育服务均等化的影响研究》，华中师范大学博士论文，2022年。

[530] 薛清生：《韩国高度重视农村工业的发展》，载《科学与管理》1995年第1期。

[531] 薛润、梁正：《构建现代化中国科技创新体系》，南方出版传媒2021年版。

[532] 闫坤、黄潇：《中国式分权、财政纵向失衡与基本公共服务供给研究》，载《经济学动态》2022年第12期。

[533] 严金明、陈昊、夏方舟：《深化农村"三块地"改革：问题、要义和取向》，载《改革》2018年第5期。

[534] 杨翠迎：《农村基本养老保险制度理论与政策研究》，浙江大学出版社2007年版。

[535] 杨殿闯、李伟伟：《台湾工业化、城镇化加速时期农业政策调整

的经验与特点》，载《世界农业》2012 年第 12 期。

[536] 杨慧敏、许家伟、李小建：《城镇化进程中平原农区县域人口分布变化特征及影响因素——以豫东平原柘城县为例》，载《地理研究》2023 年第 6 期。

[537] 杨俊青、王玉博、靳伟择：《劳动力有限供给条件下的二元经济转化探索》，载《中国人口科学》2022 年第 1 期。

[538] 杨娜：《国外农村社会养老保险制度对我国的启示》，载《哈尔滨市委党校学报》2007 年第 6 期。

[539] 杨佩卿：《现代化目标：新中国城乡关系演进脉络和价值取向》，载《西安财经大学学报》2020 年第 5 期。

[540] 杨喜平、方志祥：《移动定位大数据视角下的人群移动模式及城市空间结构研究进展》，载《地理科学进展》2018 年第 7 期。

[541] 杨香涛：《浅谈英国科学课程教学中的体验式学习》，载《课程教学研究》2019 年第 3 期。

[542] 杨晓军、陈浩：《中国城乡基本公共服务均等化的区域差异及收敛性》，载《数量经济技术经济研究》2020 年第 12 期。

[543] 杨永风：《河北省基本公共服务均等化研究》，河北经贸大学博士论文，2016 年。

[544] 姚明明：《中国农业转移人口市民化及其成本分担机制研究》，首都经济贸易大学出版社 2019 年版。

[545] 姚万军、曾霞、楚克本：《土地私有化是促进农地流转的必然选择吗？——基于日本经验的实证分析》，载《南开经济研究》2016 年第 1 期。

[546] 姚毓春、梁梦宇：《新中国成立以来的城乡关系：历程、逻辑与展望》，载《吉林大学社会科学学报》2020 年第 1 期。

[547] 叶昌友、张量：《论马克思、恩格斯的城乡融合思想》，载《求索》2009 年第 12 期。

[548] 叶俊焘、钱文荣：《不同规模城市农民工市民化意愿及新型城镇化的路径选择》，载《浙江社会科学》2016 年第 5 期。

[549] 叶蕾：《澳大利亚养老金制度对中国的启示作用》，载《清华金融评论》2017 年第 S1 期。

[550] 叶维钧、张秉忱等：《中国城市化道路初探》，中国展望出版社

1988 年版。

[551] 叶兴庆、金三林等：《走城乡融合发展之路》，中国发展出版社 2019 年版。

[552] 叶胥、杜云晗、何文军：《数字经济发展的就业结构效应》，载《财贸研究》2021 年第 4 期。

[553] 叶裕民：《积极推进市民化，培育城市群创新发展新动能》，载《国家治理》2021 年第 2 期。

[554] 易定红：《中国的刘易斯拐点：问题、影响与对策》，载《中国劳动》2020 年第 2 期。

[555] 易赛健：《城乡融合发展之路——重塑城乡关系》，中原农民出版社、红旗出版社 2019 年版。

[556] 尹伟华：《我国城镇化进程中生态环境问题及对策》，载《中国经贸导刊（理论版）》2017 年第 23 期。

[557] 于斌斌、郭东：《城市群空间结构的经济效率：理论与实证》，载《经济问题探索》2021 年第 7 期。

[558] 于树一、黄潇：《财政资金"双框架"监管体系的构建——基于脱贫攻坚与乡村振兴有效衔接的视角》，载《北方论丛》2022 年第 1 期。

[559] 于水、王亚星、杜焱强：《农村空心化下宅基地三权分置的功能作用、潜在风险与制度建构》，载《经济体制改革》2020 年第 2 期。

[560] 于涛、肖雨晴：《英国养老金体系改革的经验与借鉴》，载《中国物价》2022 年第 6 期。

[561] 于宗先、王金利：《台湾人口变动与经济发展》，联经 2009 年版。

[562] 余茂辉、吴义达：《国内城乡一体化的理论探索与实践经验》，载《乡镇经济》2009 年第 7 期。

[563] 袁岳驷：《统筹城乡发展机制研究——以全国统筹城乡综合配套改革试验区成都市为例》，西南财经大学博士论文，2010 年。

[564] 袁政：《中国城乡一体化评析及公共政策探讨》，载《经济地理》2004 年第 3 期。

[565] 袁志刚、解栋栋：《统筹城乡发展：人力资本与土地资本的协调再配置》，载《经济学家》2010 年第 8 期。

[566] 袁志刚：《三问"刘易斯拐点"》，载《解放日报》2010 年 9 月

809

12 日。

[567] 岳龙华、杨仕元、申荣太:《中国的刘易斯转折点到来了吗?——基于农业部门工资决定的视角》,载《人口学刊》2013 年第 3 期。

[568] 翟继辉:《中国城乡社会保障均等化问题研究》,东北农业大学博士论文,2016 年。

[569] 张宝元:《城市生存压力对农民工市民化意愿的影响研究》,贵州大学硕士研究生学位论文,2022 年。

[570] 张川川、John Giles、赵耀辉:《新型农村社会养老保险政策效果评估——收入、贫困、消费、主观福利和劳动供给》,载《经济学(季刊)》2015 年第 1 期。

[571] 张德钢、郭皓皓、陆远权等:《财政透明度对基本公共服务均等化的影响研究》,载《宏观经济研究》2021 年第 11 期。

[572] 张登国:《我国城乡一体化的动力体系研究》,载《乡镇经济》2009 年第 11 期。

[573] 张敦福:《扩散理论与中国区域发展研究》,载《山东师大学报(人文社会科学版)》2021 年第 5 期。

[574] 张凤林:《人力资本理论及其应用研究》,商务出版社 2011 年版。

[575] 张光辉:《二元经济转型视角下农民工市民化研究》,辽宁大学博士学位论文,2019 年。

[576] 张广婷、江静、陈勇:《中国劳动力转移与经济增长的实证研究》,载《中国工业经济》2010 年第 10 期。

[577] 张桂文:《二元转型及其动态演进下的刘易斯转折点讨论》,载《中国人口科学》2012 年第 4 期。

[578] 张桂文:《从古典二元论到理论综合基础上的转型增长——二元经济理论演进与发展》,载《当代经济研究》2011 年第 8 期。

[579] 张桂文:《加快农业转移人口市民化》,载《人民日报》2023 年 1 月 20 日。

[580] 张桂文:《深化农村土地制度改革促进城乡融合发展》,载《辽宁大学学报(哲学社会科学版)》2021 年第 4 期。

[581] 张桂文:《中国二元经济结构转换研究》,吉林人民出版社 2001 年版。

[582] 张桂文、邓晶晶、张晓鹤：《协调城乡发展 推进共同富裕》，载《西南民族大学学报（人文社会科学版）》2023年第8期。

[583] 张桂文、王青、张荣：《中国农业劳动力转移的减贫效应研究》，载《中国人口科学》2018年第4期。

[584] 张桂文、王子凤：《马克思城乡关系理论中国化的历史演进及实践经验》，载《政治经济学评论》2022年第6期。

[585] 张桂文、袁晖光：《中国二元经济转型的难点及其破解思路》，载《当代经济研究》2012年第11期。

[586] 张桂文、冯双生等：《中国二元经济转型与农村土地制度改革》，经济科学出版社2017年版。

[587] 张桂文、孙亚南：《二元经济转型视角下中国潜在经济增长率分析》，载《当代经济研究》2015年第12期。

[588] 张桂文、周健等：《制度变迁视角下的中国二元经济转型》，社会科学文献出版社2021年版。

[589] 张国胜、陈瑛：《社会成本、分摊机制与我国农民工市民化——基于政治经济学的分析框架》，载《经济学家》2013年第1期。

[590] 张果等：《城乡一体化发展的动力机制研究——以成都市为例》，载《地域研究与开发》2006年第6期。

[591] 张海朋等：《环首都地区城乡融合水平时空分异及乡村振兴路径》，载《自然资源学报》2021年第10期。

[592] 张海朋等：《大都市区城乡融合系统耦合协调度时空演化及其影响因素——以环首都地区为例》，载《经济地理》2020年第11期。

[593] 张海鹏：《中国城乡关系演变70年：从分割到融合》，载《中国农村经济》2019年第3期。

[594] 张红梅：《戴尔·乔根森及其经济理论——第十二届约翰·贝茨·克拉克奖获得者评介》，载《经济学动态》1997年第5期。

[595] 张厚安：《乡政村治——中国特色的农村政治模式》，载《政策》1996年第8期。

[596] 张华：《中国城镇化进程中城乡基本公共服务均等化研究》，辽宁大学博士论文，2018年。

[597] 张建波、马万里、迟诚：《城乡收入差距的地方政府因素分析》，

载《山东大学学报（哲学社会科学版）》2016年第1期。

［598］张建平、葛扬：《土地配置扭曲与城乡收入差距——基于城镇化不平衡发展的视角》，载《华中农业大学学报（社会科学版）》2021年第3期。

［599］张建平、沈博：《改革开放40年中国经济发展成就及其对世界的影响》，载《当代世界》2018年第5期。

［600］张竟竟、郭志富：《县域尺度的河南省城乡协调发展空间格局研究》，载《经济地理》2013年第9期。

［601］张靖卓：《我国公共服务均等化的区域差异研究》，天津商业大学博士论文，2014年。

［602］张军、吴桂英、张吉鹏：《中国省际物质资本存量估算：1952—2000》，载《经济研究》2004年第10期。

［603］张军、章元：《对中国资本存量K的再估计》，载《经济研究》2003年第7期。

［604］张克俊、杜婵：《从城乡统筹、城乡一体化到城乡融合发展：继承与升华》，载《农村经济》2019年第11期。

［605］张敏、董建博：《就地还是异地？——农业转移人口市民化地区选择的影响因素分析》，载《丽水学院学报》2022年第3期。

［606］张沛等：《中国城乡一体化的空间路径与规划模式——西北地区实证解析与对策研究》，科学出版社2015年版。

［607］张启春、汤学兵：《人口迁移、就业机会与基本公共服务的实证研究——以湖北迁出人口为例》，载《统计与决策》2008年第16期。

［608］张强：《中国城乡一体化发展的研究与探索》，载《中国农村经济》2013年第1期。

［609］张庆君、闵晓莹：《财政分权、地方政府债务与企业杠杆：刺激还是抑制》，载《财政研究》2019年第11期。

［610］张群：《美国的医疗保险制度现状及引发的思考》，载《中国卫生经济》2007年第6期。

［611］张锐：《放大县城农业转移人口市民化的重要载体功能》，载《中关村》2022年第6期。

［612］张水清、杜德斌：《上海中心城区职能转移与城市空间结构优

化》，载《城市发展研究》2001年第6期。

[613] 张天培：《国务院生态环境保护情况报告公布》，载《人民日报》2022年4月20日。

[614] 张小林：《城乡统筹：挑战与抉择》，南京师范大学出版社2009年版。

[615] 张晓山：《构建新型城乡关系——新农村建设政策体系研究》，社会科学文献出版社2014年版。

[616] 张笑秋：《心理因素对新生代农民工市民化意愿的影响——以湖南省为例》，载《调研世界》2016年第4期。

[617] 张笑秋：《新生代农民工人力资本与市民化研究——以新人力资本理论为视角》，载《学海》2022年第4期。

[618] 张新林、仇方道、朱传耿：《时空交互视角下淮海经济区城乡融合发展水平演化》，载《自然资源学报》2020年第8期。

[619] 张旭昆：《制度系统的性质及其对于演化的影响》，载《经济研究》2004年第12期。

[620] 张学良：《中国交通基础设施促进了区域经济增长吗——兼论交通基础设施的空间溢出效应》，载《中国社会科学》2012年第3期。

[621] 张延龙：《完善农村集体经营性建设用地入市流转收益分配机制》，载《中国社会科学报》2018年7月18日。

[622] 张延曼：《新时代中国特色城乡融合发展制度研究》，吉林大学博士论文，2020年。

[623] 张译文：《日本第三支柱养老金税收政策经验与借鉴》，载《税务研究》2023年第8期。

[624] 张溢堃、王永生：《中国省域城乡要素流动测度方法与时空特征》，载《地理学报》2023年第8期。

[625] 张勇：《拉美劳动力流动与就业研究》，当代世界出版社2010年版。

[626] 张勇：《四川省城镇空间结构优化研究》，西南财经大学博士论文，2014年。

[627] 张瑜、苍巍巍：《"空心化"背景下的乡村产业振兴路径》，载《农业经济》2022年第8期。

[628] 张志新、周亚楠、丁鑫：《高标准农田建设政策对农业绿色发展的影响研究》，载《农林经济管理学报》2023年第1期。

[629] 章平、莫雪艳：《粤港澳大湾区九市农民工市民化成本测算及对策》，载《特区实践与理论》2022年第3期。

[630] 赵德起、陈娜：《中国城乡融合发展水平测度研究》，载《经济问题探索》2019年第12期。

[631] 赵黎：《新医改与中国农村医疗卫生事业的发展——十年经验、现实困境及善治推动》，载《中国农村经济》2019年第9期。

[632] 赵婷婷：《基于推拉理论的农业转移人口市民化意愿研究》，四川大学硕士学位论文，2021年。

[633] 赵祥：《建立健全城乡融合发展的体制机制》，载《深圳特区报》2018年12月4日。

[634] 赵煦：《英国城市化的核心动力：工业革命与工业化》，载《兰州学刊》2008年第2期。

[635] 赵燕菁、宋涛：《地权分置、资本下乡与乡村振兴——基于公共服务的视角》，载《社会科学战线》2022年第1期。

[636] 赵洋：《中国特色社会主义城乡关系变迁：历史、理论与现实》，载《思想理论教育导刊》2016年第9期。

[637] 赵玉榕：《台湾农业劳动力流动浅析》，载《台湾研究集刊》1987年第3期。

[638] 郑爱翔、李黎丹：《新生代农民工市民化进程中的职业技能开发策略及动态演进规律——一项基于扎根理论的研究》，载《教育发展研究》2022年第3期。

[639] 中共中央政策研究室：《习近平关于社会主义经济建设论述摘编》，中央文献出版社2017年版。

[640] 中国工程院"加快农业农村现代化发展战略研究"课题组：《加快农业农村现代化发展战略研究》，科学出版社2022年版。

[641] 中国宏观经济研究院产业所课题组：《改革开放40年中国工农关系演变：从缓和走向融合》，载《改革》2018年第10期。

[642] 中国宏观经济研究院国土开发与地区经济研究所课题组、高国力、刘保奎：《中国新型城镇化空间布局调整优化的战略思路研究》，载《宏

观经济研究》2020 年第 5 期。

[643] 中国科学院国情分析研究小组：《城市与乡村——中国城乡矛盾与协调发展研究》，科学出版社 1994 年版。

[644] 中国农业经济学编写组：《中国和农业经济学》，辽宁人民出版社 1984 年版。

[645] 中国人民银行上海总部调查统计部课题组：《刘易斯转折点研究：判断、趋势及对策（二）》，载《金融发展评论》2011 年第 7 期。

[646] 中国社会科学院新型城市化研究课题组：《中国新型城市化道路——城乡双赢：以成都为案例》，社会科学文献出版社 2007 年版。

[647] 中国社会科学院研究生院城乡建设经济系：《城市经济学》，经济科学出版社 1999 年版。

[648] 中金公司研究部、中金研究院：《创新：不灭的火炬》，中信出版集团 2022 年版。

[649] 周春山、刘毅：《发达国家的再工业化及对我国的影响》，载《世界地理研究》2013 年第 1 期。

[650] 周耿斌、姜涵：《乡村振兴战略下城乡融合发展的体制机制障碍及其破解——以花都区梯面镇为例》，载《岭南学刊》2018 年第 5 期。

[651] 周广肃等：《外出务工经历有益于返乡农民工创业吗?》，载《经济学（季刊）》2017 年第 2 期。

[652] 周佳宁等：《多维视域下中国城乡融合水平测度、时空演变与影响机制》，载《中国人口·资源与环境》2019 年第 9 期。

[653] 周佳宁、邹伟、秦富仓：《等值化理念下中国城乡融合多维审视及影响因素》，载《地理研究》2020 年第 8 期。

[654] 周佳璇、赵少锋：《医疗保险可以提升农民工消费水平吗？——基于市民化意愿视角》，载《消费经济》2022 年第 2 期。

[655] 周健、邓晶晶：《数字经济发展的人口红利效应——来自中国的经验证据》，载《人口与经济》2023 年第 4 期。

[656] 周江燕、白永秀：《中国城乡发展一体化水平的时序变化与地区差异分析》，载《中国工业经济》2014 年第 2 期。

[657] 周凯：《中国城乡融合制度研究》，吉林大学博士论文，2012 年。

[658] 周蕾：《转型期制造业空间重构与城乡空间结构响应》，科学出版

社 2021 年版。

[659] 周黎安：《中国地方官员的晋升锦标赛模式研究》，载《经济研究》2007 年第 7 期。

[660] 周黎安：《中国政府治理的变革与现代化》，引自蔡昉等：《中国式现代化——发展战略与路径》，中信出版集团 2022 年版。

[661] 周叔莲、郭克莎：《中国城乡经济及社会协调发展研究》，经济管理出版社 1996 年版。

[662] 周天勇：《"刘易斯拐点"到来了吗》，载《中国财经报》2010 年 8 月 3 日。

[663] 周天芸：《金融扶贫、存款外流与农村金融困境》，载《金融发展研究》2018 年第 4 期。

[664] 周文：《新型城镇化和乡村振兴背景下的城乡融合发展研究》，载《政治经济学评论》2022 年第 3 期。

[665] 周游、魏博阳、谢凌峰：《我国城乡关系历史演变下空间协调规划的优化建议》，载《西部人居环境学刊》2019 年第 6 期。

[666] 周元、孙新章：《中国城镇化道路的反思与对策》，载《中国人口·资源与环境》2012 年第 4 期。

[667] 周振华：《论中国式现代化道路的若干特点》，载《经济研究》1980 年第 8 期。

[668] 周志山：《从分离与对立到统筹与融合——马克思的城乡观及其现实意义》，载《哲学研究》2007 年第 10 期。

[669] 朱寰：《工业文明兴起的新视野——亚欧诸国由中古向近代过渡比较研究》（上册），商务印书馆 2015 年版。

[670] 朱寰：《工业文明兴起的新视野——亚欧诸国由中古向近代过渡比较研究》（下册），商务印书馆 2015 年版。

[671] 朱建江：《乡村振兴与中小城市小城镇发展》，经济科学出版社 2018 年版。

[672] 朱磊：《自我雇佣行为对农民工市民化能力的影响》，中国社会科学院大学硕士学位论文，2022 年。

[673] 祝振晨：《城镇化背景下的鹰潭市农民工市民化问题研究》，江西财经大学硕士学位论文，2021 年。

［674］邹心平：《论城乡统筹、城乡一体化、城乡融合概念的歧见及使用》，载《老区建设》2019 年第 12 期。

［675］邹一南：《从二元对立到城乡融合：中国工农城乡关系的制度性重构》，载《科学社会主义》2020 年第 3 期。

［676］邹一南：《积极推进农村宅基地制度改革试点》，载《学习时报》2020 年 8 月 12 日。

［677］邹一南：《农民工市民化困境与新一轮户籍制度改革反思》，载《江淮论坛》2020 年第 4 期。

［678］左雯敏、樊仁敬、迟孟昕：《新中国城镇化演进的四个阶段及其特征——基于城乡关系视角的考察》，载《湖南农业大学学报（社会科学版）》2017 年第 3 期。

［679］Ampatzidis Y., Bellis L. D., Luvisi A. iPathology: Robotic Applications and Management of Plants and Plant Diseases, Sustainability, 2017, 6 (9).

［680］Anker R, Anker M., Living Wages Around the World: Manual for Measurement, Northampton: Edward Elgar Publishing, 2017.

［681］Anselin L., Local indicator of spatial association – LISA, Geographical Analysis, 1995 (27).

［682］Arku G., Rapidly Growing African Cities Need to Adopt Smart Growth Policies to Solve Urban Development Concerns, Urban Forum, 2009, 20 (3): 253 – 270.

［683］Baker R., Why Poor People Stay Poor: A Study of Urban Bias in World Development by Michael Lipton, Modern Asian Studies, 1979.

［684］Basu B., Another Look at Wage Distortion in a Developing Dual Economy, Australian Economic Papers, 2004, 43 (2).

［685］Basu B., Efficiency Wages, Agglomeration, and a Developing Dual Economy, The Annals of Regional Science, 2004, 38 (4).

［686］Bengs C., Urban-Rural Relations in Europe, in collections of Interregional Conference on Strategies for Enhancing Urban-rural Linkages Approach to Development and Promotion of Local Economic Development, 2006.

［687］Bose G., Agrarian Efficiency Wages in a Dual Economy, Journal of Development Economics, 1996, 49 (2).

[688] Bourne L., Internal Structure of the City: Readings on Space and Environment, Oxford: Oxford University Press, 1971.

[689] Butzer R., Mundlak Y., Larson D F., Measures of fixed capital in agriculture [M]//Productivity growth in agriculture: an international perspective, Wallingford UK: CABI, 2012.

[690] Crush J., Caesar M., Why Food Remittances Matter: Rural-Urban Linkages and Food Security in Africa, International Institute for Environment and Development, 2017.

[691] Doernberg A., Weith T., Urban-Rural Interrelations—A Challenge for Sustainable Land Management. In: Weith T., Barkmann T., Gaasch N., Rogga S., Strauß C., Zscheischler J. (eds) Sustainable Land Management in a European Context, 2021.

[692] Douglass M., A Regional Network Strategy for Reciprocal Rural-urban Linkages: An Agenda for Policy Research with Reference to Indonesia, Third World Planning Review, 1998.

[693] Duranton G., Puga D., Micro-Foundations of Urban Agglomeration Economies, In Handbook of Regional and Urban Economics, Henderson, J. V., Thisse, J. F., Netherlands: North-Holland, 2004 (4).

[694] Faggian A., McCann P., Human Capital, Graduate Migration and Innovation in British Regions, Cambridge Journal of Economics, 2009 (33).

[695] Fei J. C. H., Ranis G., Development of the Labor Surplus Economy: Theory and Policy, Development of the Labor Surplus Economy: Theory and Policy, 1964.

[696] Fergusson L., The Political Economy of Rural Property Rights and the Persistence of the Dual Economy, Journal of Development Economics, 2013, 103 (4).

[697] Foley L. D., An Approach to Metropolitan Spatial Structure, In Webber M. M. et al. (eds.) Exploration into Urban Structure. Philadelphia: University of Pennsylvania Press, 1964.

[698] Friedmann J., Regional Development Policy: A Case Study of Venezuela Cambridge, Boston: The MIT Press, 1966.

[699] Friis C. , Telecoupling: A New Framework for Researching Land-Use Change in a Globalised World, Telecoupling, 2019.

[700] Friis C. , Jonas Østergaard Nielsen, Otero I. , Haberl H. , Hostert P. , From Teleconnection to Telecoupling: Taking Stock of An Emerging Framework in Land System Science, Journal of Land Use Science, 2016, 11 (2).

[701] Gollin D. , The Lewis model: A 60-year retrospective, Journal of Economic Perspectives, 2014, 28 (3).

[702] Greiner C. , Sakdapolrak P. , Rural-Urban Migration, Agrarian Change, And the Environment in Kenya: A Critical Review of The Literature, Popul Environ, 2013 (34).

[703] Harvey D. , Social Justice and the City, Baltimore: Johns Hopkins University Press, 1973.

[704] Hirschman A. , The Strategy of Economic Development, City of New Haven: Yale University Press, 1965.

[705] Hodder R. , Development Geography, London: Routledge, 2000.

[706] Ito J, Ni J. , Capital Deepening, Land use Policy, and Self-sufficiency in China's Grain Sector, China Economic Review, 2013, 24.

[707] Jorgenon D. , The Development of a Dual Economy, The Economic Journal, 1961.

[708] Kirkpatrick C. Barrientos A. , The Lewis Model after 50 Years, The Manchester School, 2004, 72 (6).

[709] LeSage J, Pace R K. , Introduction to Spatial Econometrics, Florida: CRC Press, 2009.

[710] Lewis A. , Economic Development with Unlimited Supplies of Labour, The Manchester School, 1954, 22 (2).

[711] Lynch K. , Rural-Urban Interaction in the Developing World, New York: Routledge, 2005.

[712] Margaret Jane Radin, Property and Personhood, Stanford Law Review, Vol. 34, No. 5 (May, 1982).

[713] Mark Granovetter. , The Myth of Social Network Analysis as a Special Method in the Social Sciences, In Connections, 1990, 13 (2).

[714] McGee T. , The Extended Metropolis: Settlements Transition in Asia, Honolulu: Hawaii University Press, 1991.

[715] McGee. , Urbanisasi or Kotadesasi? The Emergence of New Regions of Economic Interaction in Asia, Honolulu: EWCEAPI, 1987.

[716] McGee. , The Emergence of Desakota Regions in Asia: Expanding a Hypothesis, In: Ginsburg N. The Extended Metropolis: Settlement transition in Asia Honolulu: University of Hawaii Press, 1991.

[717] Meiyan W. , The rise of labor cost and the fall of labor input: Has China reached Lewis turning point? China Economic Journal, 2010, 3 (2).

[718] Mishra, Satyendra Nath, IDRC-TTI Workshop on Rural Urban Linkage (February 20, 2013), Satyendra Nath Mishra, IDRC-TTI workshop on rural urban linkage, Workshop Report 26, Anand: Institute of Rural Management Anand, 2013.

[719] Mookherjee D. , Asian MCR: Urban-RuralInterface and Multidimensionality of the Spread Region. In: The Asian Megacity Region, The Urban Book Series. Springer, Cham, 2020.

[720] Moran P. A. P. , Notes on continuous stochastic phenomena, Biometrika, 1950, 37 (1/2).

[721] Myrdal G. , Economic Theory and Under-development Regions, Gerald Duckworth, 1957.

[722] Olsson J. , Rural-Urban Spatial Interaction in The Global South: Long-Distance Mobility Changes, Desires and Restrictions Over Two Decades in Rural Philippines, Geografiska Annaler: Series B, Human Geography, 2012, 94 (3).

[723] Overbeek G. , Terluin L. , Rural Areas Under Pressure: Case Studies of Rural-urban Relationships across Europe, The Hague: Agricultural Economics Research Institute, 2006.

[724] Pangarso A. , The Synergism of Food Industry and The Local Economy in Addressing Rural-Urban Linkage in Semarang Regency, The 1st International Conference on Urban Design and Planning, 2020.

[725] Perroux F. , Economic Space: Theory and Applications, The Quar-

terly Journal of Economics, 1950.

[726] Porter M. E. , The Competitive Advantage: Creating and Sustaining Superior Performance, NY: Free Press, 1985.

[727] Potter R. B. , Binns J. A. , Elliott J. A. and Smith D. , Geographies of Development, 3rd edition, Harlow: Addison Wesley Longman, 2008.

[728] Rangazas P. , Mourmouras A. , Wage and Fertility Gaps in Dual Economies, Eurasian Economic Review, 2013, 3 (1).

[729] Ranis G. , Arthur Lewis's contribution to development thinking and policy, The Manchester School, 2004, 72 (6).

[730] Ravazzoli E. , Hoffmann C. , Fostering Rural Urban Relationships to Enhance More Resilient and Just Communities. In: Leal Filho W. , Marisa Azul A. , Brandli L. , Gökçin Özuyar P. , Wall T. (eds) Sustainable Cities and Communities. Encyclopedia of the UN Sustainable Development Goals, Springer, Cham, 2020.

[731] Repp A. , Zscheischle J. , Weith T. , Strauß C. , Gaasch N. , Müller K. , Urban-rurale Verflflechtungen: Analytische Zugänge und Governance-Diskurs. Müncheberg: Diskussionspapier Nr. 4, Leibniz-Zentrum für Agrarlandschaftsforschung (ZALF) e. V, 2012.

[732] Rondinelli D. A. , Secondary Cities in Developing Countries: Policies for Diffusing Urbanization, London: SAGE Publications, 1983.

[733] Seto K. C. , Reenberg A. , Boone C. G. , Fragkias M. , Haase D. , Langanke T. , et al. , Urban Land Teleconnections and Sustainability, Proceedings of the National Academy of Sciences of the United States of America, 2012, 109 (20).

[734] Shifa A B. , The dual policy in the dual economy—The political economy of urban bias in dictatorial regimes, Journal of Development of Economics, 2013, 105 (1) .

[735] Stead D. , Urban-rural Relationships in the West of England, Built Environment, 2002 (28).

[736] Tacoli C. , McGranahan G. , Satterthwaite D. , Urbanisation, Rural-Urban Migration and Urban Poverty, International Institute for Environment and De-

velopment, Working Paper, 2015.

［737］The Committee for the Prize in Economic Sciences in Memory of Alfred Nobel, Economic, Growth, Technological Change, and Climate Change, October 8, 2018.

［738］Unwin T., Urban-rural and Interaction in Developing Countries: a Theoretical Perspective. In Potter, Unwin, eds, The Geography of Urban-rural Interaction in Developing Countries. London: Routledge Press, 1989.

［739］Veenhuizen R. V., Cities Farming for Future: Urban Agriculture for Green and Productive Cities, RUAF Foundation, IDRC and IIRR, 2006.

［740］Villamil A., Wang X., and Zou Y., Growth and development with dual labor markets, The Manchester School, 88.6, 2020.

［741］Vitolina Z., Jansone E., The Rural-Urban Interaction in Zemgale Region, Latvia, Section Environmental Economics, 2019.

［742］Voccideo C., Tenets of Lewis' Dualistic Theory of Development and its Relevance to the Historical Development Process of Zimbabwe, This paper was prepared by Voccideo Chikura from University of Zimbabwe (Department of Economics), which is get from voccideochikura@gmail.com, vachikura@icloud.com.

［743］Von Hippel et al., Comparing Business and Household Sector Innovation in Consumer Products: Findings From a Representatives Study in the United kingdom. Management Science, 2012.

［744］Wang X., Piesse J., The micro-foundations of dual economy models, The Manchester School, 2013, 81 (1).

［745］Webber M. M., Exploration into Urban Structure, Philadelphia: University of Pennsylvania Press, 1964.

［746］Wei G., Yabuuchi S., Imperfect Labor Mobility and Unemployment in a Dual Economy, Review of International Economics, 2006, 14 (4).

［747］Wilkinson D., The new rural health. South Melboure: Oxford University Press, 2004.

后　　记

本书是国家社科基金重大项目"二元经济转型视角下中国新型城乡关系的构建研究"的结项成果。非常感谢国家社科基金对本项目的立项资助，使我有条件对这一具有重大理论与现实意义的课题进行专项研究。

1997年攻读博士学位之时，出于社会责任感和对二元经济理论的研究偏好，我把"中国二元经济结构转换"作为博士论文选题，从此二元经济转型就成了我的研究重点。我于2000年获得博士学位，2001年我的博士学位论文由吉林人民出版社出版发行。此后我又承担了多项与二元经济转型直接相关的省级科研项目，并于2006年、2011年分别主持并完成了国家社科基金一般项目"中国二元经济转型的政治经济学分析"、国家社科基金重大项目"制度变迁视角下的中国二元经济转型研究"，基于这两项成果形成的学术专著分别于2011年由经济科学出版社和2021年由社会科学文献出版社出版发行。

2020年底全国哲学社会科学规划办公室向全国招标"研究阐释党的十九届五中全会精神国家社会科学基金重大项目"，在上述研究的基础上，本项目组根据这一重大研究专项课题指南中"构建工农互促、城乡互补、协调发展、共同繁荣的新型工农城乡关系研究"的方向，拟定了"二元经济转型视角下中国新型城乡关系的构建研究"这一具体选题，并于2021年4月承接了这一研究任务。如果说前两个国家社科基金项目，是对中国二元经济转型进行专题研究，这一重大研究专项则是在对经典二元经济理论进行修正与完善的基础上，研究中国二元经济转型中如何协调工农关系和城乡关系，特别是研究如何解决中国后刘易斯转折阶段促进城乡融合发展面临的症结性难题，构建工农互促、城乡互补、协调发展、共同繁荣的新型工农城乡关系。这一项目于2024年4月顺利结项，并由经济科学出版社出版发行。

本书由张桂文教授提出写作提纲，由项目组成员讨论确定。导论、第1、第2、第3、第4、第5、第6、第7章、第8章由张桂文教授执笔；第9章由周健教授执笔；第10章由徐世江、梁姝娜教授执笔；第11章、第12章分别由袁晖光教授、孙亚南教授执笔。仁成好教授、贾晓华、田旭、吴亮副教授，邓晶晶、王子凤、李莹莹博士，吴桐、张晓鹤、董凡铭、关雨竹、马永洋在读博士协助张桂文教授进行了文献收集与整理、数据收集与更新、部分章节的数据测算与计量检验，以及结项报告的校对与排版工作。全书由张桂文教授总纂定稿，孙亚南教授参与书稿的修改、校对与定稿工作。

感谢张晓山、黄泰岩、韩保江、胡家勇、邱海平、张抗私、杨松、林木西、谢地教授在项目开题论证中给予的帮助。

感谢各子项目负责人王青、周健、张友祥、袁晖光、孙亚南教授在项目的论证、开题，以及项目调研过程中所做出的贡献。

感谢我的博士研究团队在项目阶段性成果和最终成果形成过程所做出的贡献。这一研究团队，除了上述参与本书写作的成员外，还有冯双生教授、徐敏教授、王耀晨博士、王明君在读博士。

本书在写作过程中参阅了大量国内外文献，从中得到诸多启示，在此对相关作者表示感谢。本书的责任编辑为本书的出版做了大量的工作，使本书增色颇多，也一并在此表示感谢。

本书是在新的历史条件下，运用马克思政治经济学的理论与方法，以二元经济转型为视角探讨后刘易斯转折阶段中国新型城乡关系的构建。受本人和团队成员的学识水平的限制，书稿中的疏漏乃至不足在所难免，敬请专家和学术同仁斧正。

我们所生活的时代赋予了我们这一代人在中国二元经济转型中承上启下的历史重任。目前中国二元经济转型已进入后刘易斯转折阶段，构建工农互促、城乡互补、协调发展、共同繁荣的新型工农城乡关系，对于促进城乡融合发展，全面建设社会主义现代化强国，实现全体人民共同富裕具有关键性作用。此生有幸选择了教学和科研工作，促使我能够在诸多学术同仁的帮助与指导下，主持完成此项国家社科基金重大专项研究任务。

谨以此项成果献给在农村和城市辛苦劳作的农民和农民工兄弟，献给日益繁荣富强的祖国！

张桂文
2024 年 10 月 26 日